스펄전 설교전집 18

소선지서 Ⅱ

독자 여러분들께 알립니다!

'CH북스'는 기존 **'크리스천다이제스트'**의 영문명 앞 2글자와
도서를 의미하는 **'북스'**를 결합한 출판사의 새로운 이름입니다.

스펄전 설교전집 18

소선지서 II

1판 1쇄 발행 2024년 8월 7일

지은이 찰스 스펄전
옮긴이 이광식
발행인 박명곤 **CEO** 박지성 **CFO** 김영은
기획편집1팀 채대광, 김준원, 이승미, 이상지
기획편집2팀 박일귀, 이은빈, 강민형, 이지은, 박고은
디자인팀 구경표, 임지선
마케팅팀 임우열, 김은지, 전상미, 이호, 최고은

펴낸곳 CH북스
출판등록 제406-1999-000038호
전화 070-4917-2074 **팩스** 0303-3444-2136
주소 서울시 강서구 마곡중앙6로 40, 장흥빌딩 10층
홈페이지 www.hdjisung.com **이메일** support@hdjisung.com
제작처 영신사

스펄전 설교전집 18

The Treasury of the Bible

스펄전 설교전집

소선지서 II

이광식 옮김

CH북스

크리스천 다이제스트

차례

■ 미 가

■ 나 훔

■ 하 박 국

■ 말 라 기

미가

제
1
장

성령, 시대의 필요

"너희 야곱의 족속아 어찌 이르기를 여호와의 영이 성급하시다 하겠느냐 그의 행위가 이러하시다 하겠느냐 나의 말이 정직하게 행하는 자에게 유익하지 아니하냐"- 미 2:7

형제들이여, 선지자가 이스라엘 백성을 향해 "오, 너희 야곱의 족속아"(야곱의 집, KJV)라고 부를 때, 그 칭호가 그들에게 얼마나 준엄한 책망이 되는지요? 그것은 마치 "너희는 야곱의 이름은 가졌으나 그의 성품은 갖지 못했다"라고 말하는 것과도 같습니다. 이는 "네가 살았다 하는 이름은 가졌으나 죽은 자로다"(계 3:1)라고 하는 신약 말씀의 구약적인 표현입니다. 그들은 그들이 이스라엘의 씨라는 것을 기뻐하였고, 하나님이 명예롭게 선택하신 종 야곱의 후손으로서 그들에게 주어진 특권들을 자랑했습니다. 하지만 그들은 야곱처럼 행하지 않았습니다. 그들에게는 야곱이 가졌던 여호와께 대한 믿음이 없었습니다. 그들은 야곱에게 있었던 기도의 능력에 대해 아무것도 알지 못했고, 언약에 대한 그의 신뢰도 알지 못했습니다. 미가의 이 진술은, 그의 시대에 야곱의 후손들이 "야곱의 집"이라는 이름을 자랑하면서도 실상은 그 이름에 합당하지 못했음을 의미합니다. 이름의 의미를 상실했을 때 이름에만 집착하는 것만큼 해로운 것이 없습니다. 우리는 그런 쇠락의 상태에 빠지지 않기를 바랍니다. 하나님의 영이 우리를 향해 부정적으로 "오, 너희 하나님의 교회로 불리는 자들이여"라고 부르셔야 하는 일이 없기를 바랍니다.

그리스도인이라는 칭호로 불리면서도 그리스도인이 아닌 것은, 속이는 자가 되거나 혹은 속는 자가 되는 것입니다. 그 이름에는 큰 책임이 수반됩니다. 실상은 없이 이름만 있는 것이라면, 끔찍한 저주가 초래될 것입니다. 우리가 하나님의 백성이 아닐 때 감히 그분의 백성이라는 이름을 취한다면 그것은 하나님의 진리를 범하는 죄입니다. 그것은 그 이름에 합당한 자들에게서 그들의 명예를 강탈하는 것입니다. 그것은 하나님의 성령을 거스르는 실제적인 거짓말입니다. 그리스도의 영이 우리 가운데 없을 때 그리스도인의 이름을 취하는 것은, 그리스도의 신부에 대한 명예훼손입니다. 이는 우리 입술로는 그리스도의 명예를 높이면서 우리의 삶으로는 그분을 불명예스럽게 하는 것입니다. 이것이 가룟 유다의 죄, 곧 입맞춤으로 인자를 배반한 죄를 반복하는 것이 아니고 무엇일까요?

형제들과 자매들이여, 나는 다시 말합니다, 우리가 이런 상태에 떨어지지 않기를 바랍니다! 우선 고려되어야 할 것은 이름이 아니라 진실이며, 신앙 고백이 아니라 사실입니다. 하나님을 향해 진실하면서, 대적자들이 곧잘 만들어내곤 하는 수치의 이름을 가지는 편이, 우리 주님을 향해서는 거짓되면서도, 성인들의 이름으로 치장하고 가장 정통적인 신자들로 간주되는 것보다 낫습니다. "야곱의 집"이라는 이름이 있건 없건, 우리는 야곱처럼 씨름하는 자가 되고, 야곱처럼 탁월한 방백들이요, '하나님의 참 이스라엘'로 나타날 수 있기를 바랍니다!

주님께서는 자기 백성들이 그분의 백성으로서의 성품보다는 그 이름만 가지는 상태인 것을 발견하셨을 때, 그들에게 여호와의 영에 대하여 말씀하셨습니다. 이는 그들의 회복이 바로 그 방향에서 시작되어야 하기 때문이 아닐까요? 그들의 악한 영이 주님의 선하신 영에 의하여 제거될 수 있기 때문이 아닐까요? "너희 야곱의 족속아, 어찌 이르기를 여호와의 영이 성급하시다 하겠느냐?" 형제들이여, 하나님의 교회가 쇠퇴할 때마다, 교회를 부흥하게 하는 가장 효과적인 방법 가운데 하나는 성령에 관한 진리를 많이 전하는 것이라고 나는 믿습니다. 그분 자신이 곧 교회의 생기(生氣)입니다. 하나님의 영이 있는 곳에 능력이 있습니다. 성령이 물러나시면, 경건의 활력도 쇠퇴하기 시작하며, 따라서 힘은 곧 소멸하게 됩니다. 만일 우리가 퇴보하고 있다고 느끼면, 우리는 하나님의 영을 향하여 외치도록 합시다. "주의 길에서 나를 살아나게 하소서"(시 119:37). 슬프게도 어떤 교회가 미지근해지고 있음을 인식한다면, 성령께서 그 교회의 부흥을 위하여 은혜롭게 역사해주시도록 구하는 것이 우리의 기도가 되어야 합니다.

하나님의 영의 활동에 동료 그리스도인들의 주의를 돌리도록 합시다. 그리스도인들은 그분 안에서 좁아지는 것이 아니라 그들이 스스로 자기 안에서 좁아지는 것입니다. 넓히기 위해서는 성령께 돌이켜야 합니다. 곧 죽을 상태에 처한 이들을 소생시키고 강하게 하실 수 있는 이는 오직 그분 한 분이십니다. 나는 여기서, 선지자를 통해 말씀하실 때 자기 백성의 퇴보를 책망하시고, 즉시 그들의 마음을 성령으로 향하게 하시는 하나님의 지혜에 감탄합니다. 성령이 그들을 방황에서 돌이키게 하시고, 그들로 그들의 소명에 합당하게 행하도록 하실 수 있기 때문입니다. 이 하나님의 지혜에서 배우기를 바랍니다. 그리고 겸손한 심령과 진지한 믿음으로 여호와의 영을 바라보도록 합시다.

이스라엘을 향하여 하나님의 영에 대하여 말하면서, 선지자 미가는 이 본문에서 특이한 언어를 사용합니다. "너희 야곱의 족속아, 어찌 이르기를 여호와의 영이 성급하시다 하겠느냐? 그의 행위가 이러하시다 하겠느냐? 나의 말이 정직하게 행하는 자에게 유익하지 아니하냐?" 이 본문으로 말할 때, 하나님의 영이 나로 말하도록 도우시고, 여러분은 잘 듣도록 도우시길 바랍니다!

1. 하나님의 영을 통제하려는 자들을 탄핵함

첫째로, 우리는 이 구절을 하나님의 영을 통제하려는 자들을 탄핵하기 위해 주어진 말씀이라고 생각할 수 있습니다. "여호와의 영이 성급하시다 하겠느냐?" (주의 영이 제약을 받느냐? KJV 참조) 이는 '너희가 그분을 포로로 삼고, 그분으로 너희의 지시에 따라 말씀하시게 할 수 있느냐?'는 의미로 볼 수 있습니다.

이와 관련하여, 하나님이 이스라엘로 보내셨으나 인기가 없었던 어떤 선지자들이 있었습니다. 그들이 전한 메시지는 환영받지 못했습니다. 사람들은 그것을 견딜 수 없었고, 그런 반응을 우리는 6절에서 볼 수 있습니다. "너희는 예언하지 말라 이것은 예언할 것이 아니거늘 욕하는 말을 그치지 아니하는구나." 이런 선지자들의 말은 그들의 양심에 너무나 와 닿았고 그들을 너무 부끄럽게 만들었습니다. 그래서 그들이 말합니다. "예언하지 마시오. 우리는 당신에게서 듣고 싶지 않소이다." 이들에 대해 미가가 대꾸합니다. "여호와의 영이 제약을 받느냐?"

당시에 성령을 전적으로 침묵시키려는 일부 무리가 있었습니다. 그들은 땅에서 영적인 가르침이 사라지기를 원했고, 인간적인 지혜의 음성이 반박되는 일이 없기를 바랐습니다. 하지만 그들이 하나님의 영을 침묵시킬 수 있을까요? 그분은 한결같이 자기 뜻대로 말씀해오셨고, 앞으로도 계속 그렇게 하시지 않을까요? 바람처럼, 그분은 그 자신이 원하는 곳을 향해 부는 자유의 영이 아니시던가요? 설혹 대적자들이 하나님의 말씀을 전하는 메신저들을 칼로 모두 죽일 수 있다 해도, 그분이 다른 사람들을 찾아내지 않으실까요? 그들이 또 죽임을 당해도, 그분은 돌들로부터도 진리를 전할 그분의 전령들을 일으키실 수 있지 않겠습니까? 성경이 남아 있는 동안은, 성령이 사람의 아들들을 향한 목소리를 그치지 않으실 것입니다. 그리고 성령이 머물러 계시는 동안에는, 정직한 마음과 혀로 성경을 풀어 설명하고 효과적으로 전할 사람들이 사라지지 않을 것입니다. 어디서든지 사람이 하나님의 영을 침묵시키는 일이 가능할까요? 그렇게 하려고 시도한다면 그들은 유죄를 면하지 못할 것입니다. 하지만 그들의 시도는 성취되지 못합니다. 그들은 이런저런 사람들에게서 "성령을 소멸하려"(참조. 살전 5:19) 시도할 수 있겠지만, 성령이 효과적으로 일하고 계신 사람들의 마음에서는 결코 그렇게 할 수 없습니다. 전능의 영이 저항을 받을 수는 있겠지만, 패배당하는 일은 있을 수 없습니다. 여호와의 영을 억제하려는 것은, 마치 힘센 사람들이 태양을 붙잡아두려 하고, 바람을 봉인하려 하고, 혹은 바다 물결을 멈추려 시도하는 것이나 다름없습니다.

"여호와께서 그 팔을 나타내실 때
무엇이 그의 일을 멈출 수 있으리?"

여호와께서 말씀하시면 그대로 됩니다. 누가 그분의 말씀에 저항할 수 있습니까? 그분의 성령이 말씀과 함께할 때, 그것이 땅에 떨어지겠습니까? 그분이 말씀하십니다. "내 말은 헛되이 내게로 되돌아오지 아니하리라"(사 55:11). 지구상의 모든 죄인과 지옥의 악마들도 그 위대한 칙령을 바꾸지 못합니다. 때때로 거룩한 일의 역사에는 소강상태가 있는 것처럼 보입니다. 하나님이 침묵하시는 것 같이 보이고, 마치 그분이 사람에게 싫증이 나서, 더는 그들에게 말씀하시지 않는 것처럼 보일 때가 있습니다. 하지만 머지않아, 예기치 못한 어느 때에, 주의 말씀이 다시금 들려옵니다. 어떤 진지한 심령이 영적 죽음과 같은 저 끔찍한 침묵을 깨고, 다시 원수를 패배시킵니다. 거대한 생명의 영이 분출되고, 하나님의 뜻에 따라 빛과 진리가 임합니다. 사람들이 조금도 바라거나 전망하지 못할 때 그럴 수 있습니다. 예수께서 십자가에 달리셨을 때, 바로 그때 성령께서 강림하시고 십자가의 승리가 시작됩니다. 내 형제들이여, 여호와의 영은 침묵하시지 않습니다. 사람들이 떠드는 소리 위에서, 주의 음성이 들려옵니다.

한편, 저 변절한 이스라엘 사람들은 단지 특정한 사람들에게만 그분의 이름으로 말하도록 허용함으로써 하나님의 영을 제약하려고 시도했습니다. 그들은 자기들이 선지자들을 선택하려 했고, 그것은 말할 것도 없이 나쁜 선택이었습니다. 11절을 보십시오. "사람이 만일 허망하게 행하며 거짓말로 이르기를 내가 포도주와 독주에 대하여 네게 예언하리라 할 것 같으면 그 사람이 이 백성의 선지자가 되리로다." 그들은 그들의 탐욕을 용인해주고, 그들의 욕망에 영합하고, 장황한 아첨으로 그들의 교만을 부풀려줄 설교자들을 좋아했습니다.

이 시대 역시, 계시의 규약들을 벗어던지고 스스로 자랑스럽게 "사상"이라고 하는 날조된 아첨의 말을 일삼는 자들에게로 크게 기울었습니다. 자유로운 정신을 가진 자들, 마음이 넓다고 하는 사람들, 옛것을 멸시하고 새로운 것을 찾아다니는 사람들, 이들이 바로 많은 사람의 우상입니다. 사람들에게 세상으로부터의 분리와 주를 향한 거룩함을 강조하는 사람들에 대하여 말하자면, 그들은 '청교도적'이고 구식으로 여겨집니다. 미가 시대에 이스라엘은 오직 거짓 선지자들에게만 들으려 했고, 다른 선지자들에 대해서는 귀 기울이지 않았습니다. 미가가 말합니다. "뭐라고! 너희가 선택한 그런 자들 때문에, 여호와의 영이 말하지 않고 침묵하셔야 한단 말이더냐? 성령은 누구에게든지 자기가 원하시는 대로 말씀하시는 분이 아니더냐?"

자유로운 성령을 속박하려고 하는 것이 모든 시대 교회들의 경향입니다. 그들은 우리에게 너무 많은 설교자가 생길까 두려워합니다. 그래서 일종의 노동조합 같은 것에 의해 그 수를 억제하려 합니다. 어떤 교회들에서는, 인간적으로 정해놓은 어떤 준비 과정을 다 마치고 규정된 방식으로 안수를 받은 후가 아니면, 누구도 하나님의 이름으로 말해서는 안 됩니다. 하나님의 영이 안수받은 사람들을 통해 말씀하실 수는 있어도, 다른 사람들을 통해서 말씀하시면 안 되는 셈입니다. 내 마음 깊은 곳에서, 나는 예언의 자유를 소중히 여깁니다. 모든 사람이 성령의 이름으로 말할 수 있는 권리가 아닌, 친히 기뻐하시는 누구를 통해서든 말씀하실 수 있는 성령의 권리를 말하는 것입니다. 그분은 다른 사람들에게 임하여 머무실 수 있으며, 우리가 그분의 주권을 제한하는 것을 하나님은 금하십니다! 주여, 누구든 주께서 원하시는 자를 보내소서! 하나님의 사역자로서 거룩한 직무를 맡을 자들을 친히 선택하소서! 하나님의 성령은, 글을 모르는 가난한 자들 가운데서도, 교육받고 세련된 사람들 가운데서와 마찬가지로 분명하고 담대한 목소리를 내실 수 있으며, 또한 그들을 잠잠하게 하실 수도 있습니다. 그분은 제약받지 않으시기 때문이며, 또한 인간의 헛된 영광에 개의치 않는 이들을 도구로 사용하는 것이 그분의 방식이기 때문입니다. 그분은 삶과 입술로 그분의 진리를 증언할 자기의 사람들에게 기름을 부으십니다. 이에 대해 신앙을 고백하는 교회가 비난하고 거부하면서 이렇게 말할지도 모릅니다. "주께서는 이런 자들을 통해 말씀하시지 않는다." 하지만 사람들의 판단에도 불구하고 주의 말씀은 설 것입니다. 하나님의 참된 사역자들은 그분에 의해 인정되며, 지혜는 자기의 자녀로 인하여 옳다 함을 얻습니다(참조. 눅 7:35). 주의 영은 제한되지 않을 것이며, 어떤 규칙과 양식들, 심지어 선한 사람들이 고안해 낸 방식들에 의해서도 제약받지 않으실 것입니다. 바람이 임의로 불 듯, 성령의 능력은 사람을 기다리지 않으며, 사람 때문에 지체하지도 않으십니다.

더 나아가, 이 사람들은 그분의 증언을 바꿈으로써 하나님의 영을 제약하려고 했습니다. 그들은 선지자들이 그들을 부끄럽게 만드는 주제에 대해 말하는 것을 원치 않았습니다. 그들은 선지자들에게 부드러운 주제에 대해서만 말하라고 요구했습니다. "우리가 안전하게 죄를 지울 수 있도록 말하라. 죄에 대한 벌이 우리가 두려워할 만큼 압도적이지 않다고 말하라. 일어나서 '더 큰 희망'으로 우리에게 아첨함으로써 마귀를 위한 옹호자가 되라"고 요구했습니다. "결국, 인간이란 불쌍하고 남에게 해를 끼치지 못할 존재이니, 잘못을 범하는 이유는 어쩔 수 없이 그렇게 하는 것이라고 우리에게 암시하라. 하나님이 그런 죄를 눈감아 주실 것이라고 말하라. 설혹 그분이 인간을 잠깐 동안 벌하시더라도 곧 모든 것이 좋게 될 것이라고 말하라." 그런 방식의 가르침이 이스라엘이 바라는 것이었습니다. 그리고 의심의 여지 없이 그들은 그런 방식으로 말하는 선지자들을 찾았습니다. 수요가 공급을 만드는 식이었습니다. 하지만 미가는 담대하게 묻습니다. "여호와의 영이 제약을 받느냐?" 여러분은 그분이 어조를 낮추시고, 그분의 계시를 여러분의 취향에 맞게 바꾸신다고 생각합니까?

형제들이여, 여러분에게 묻겠습니다. 여러분은 복음이 마치 밀랍으로 만들어진 코와 같아서 세대가 바뀔 때마다 변하는 얼굴에 맞추어 모양을 바꾼다고 생각합니까? 하나님의 영에 의해 한 번 주어진 계시가 시대의 유행에 따라 해석되어야 합니까? "진보적인 사고"가 주의 영을 억제하는 끈이 되는 것입니까? 어떤 새로운 것이 지혜로운 자들의 둥지에서 부화했다고 해서 여러 해 전에 많은 사람을 구원한 옛 진리가 추방되어야 합니까? 성령의 증언이 우리의 뜻에 따라 형성되고 바뀐다고 여러분은 생각합니까? 하나님의 영이 시대의 교사가 아니라 도리어 학생이 되어야 합니까? "주의 영이 제약을 받습니까?"

계시에 대한 존중심이 사라져버린 고집 센 사람들, 그들의 뻔뻔함과 교만을 생각할 때, 내 영은 속에서 끓습니다. 그들은 여호와께 지혜를 가르치려 합니다. 그들은 그분의 말씀을 비평하고 그분의 진리를 수정합니다. 어떤 성경의 교리들은 정녕 중세기의 신조로 취급되어 버림을 받습니다. 다른 교리들은 사실이 아니라고 할 순 없지만 암울하다는 이유로 비난을 받습니다. 바울은 법정에 소환되어 질문을 받고 트집이 잡힙니다. 주 예수께서 처음에는 격찬을 받다가 나중에는 복잡한 설명으로 외면당합니다. 여러분은 목회자들의 가르침이 시대 정신에 부합해야 한다는 말을 듣습니다. 우리는 그런 식으로 진리를 배반하는 것과 아무런 관련을 맺지 않을 것입니다. "주의 영이 제약을 받느냐?" 그분의 사역자들이 마치 그분이 제약을 받으시는 것처럼 말해야 합니까? 정녕 주께서 우리에게 맡기신 진리의 보화를 우리는 사는 날 동안 존중하며 지킬 것입니다. 하나님이 우리를 도우십니다. 우리는 "바른 말을 본받아 지키라"(딤후 1:13)는 사도들의 말씀에 무관심하지 않은 것과 마찬가지로, 우리가 주의 말씀이라고 믿는 것을 철자 하나라도 바꾸지 않을 것입니다.

이 배교하는 이스라엘 백성 중의 어떤 이들은 하나님의 증언에 반대할 정도로 멀리 갔습니다. 8절을 주목하여 보십시오. "근래에 내 백성이 원수같이 일어나서." 하나님의 친 백성이 하나님의 영의 원수들이 될 때 그것은 슬픈 일입니다. 하지만 스스로 야곱의 집이라고 고백하는 자들이, 살아계신 하나님의 음성을 경청하는 대신, 심판석에 앉아서 그분의 말씀을 판단하기 시작하고, 심지어 그것을 반박하고 있습니다. 진리에 대한 최악의 원수들은 불신자들이 아니라, 거짓 고백자들입니다. 이 사람들은 자신들을 하나님의 백성이라 불렀습니다. 하지만 그러면서도 그분의 영을 대적하여 싸웠습니다. "무엇이라고?", 미가가 말합니다. "주의 영이 제약을 받느냐?" 하나님의 영이 실패하십니까? 사람들의 마음속에서 일하시는 그분의 활동이 아무것도 아닌 것이 되고 맙니까? 하나님의 진리가 수치를 당하고, 인간의 마음에 아무런 영향을 끼치지 못할까요? 복음이 세상에서 쫓겨나게 될까요? 복음을 믿는 자가 세상에서 없어지게 될까요? 그것을 선포하는 자, 그것을 위해 살아가는 자, 또한 그것을 위해 죽는 자가 없어지게 될까요? 우리는 조롱을 담아서 묻습니다. "여호와의 영이 제약을 받느냐?"

형제들이여, 옛 신앙의 성공에 대한 내 확신은, 많은 사람이 그것을 저버렸다고 해서 조금도 줄어들지 않습니다. "모든 육체는 풀과 같고 그 모든 영광은 풀의 꽃과 같으니 풀은 마르고 꽃은 떨어지되 오직 주의 말씀은 세세토록 있도다 하였으니, 너희에게 전한 복음이 곧 이 말씀이니라"(벧전 1:24,25). 설혹 모든 신앙 고백자들이 순교를 당한다고 해도, 그들의 재에서부터, 마치 하늘의 불사조처럼, 진리는 다시 일어날 것입니다. 주의 영은 살아계시며, 그러므로 하나님의 진리 역시 반드시 살 것입니다. 모든 진리는 불멸이 아닙니까? 하물며 하나님의 성역(聖域) 안에 있는 진리야 말해 무엇하겠습니까? 인간의 죄, 하나님의 은혜, 예수의 사명, 그분의 피의 능력, 그의 부활의 영광과 통치와 재림에 대한 성령의 증언, 이 증언은 정녕 멈추거나 실패하지 않을 것입니다. 그토록 많은 이들이 돌이켜 헛된 것들을 향하더니, 이제는 십자가의 원수들이 되고 만 것은 심히도 슬퍼할 일입니다.

하지만 여러분, 두려워 마십시오. 승리가 확실한 손 안에 있습니다. 오, 하나님의 영을 통제하려는 너희여, 그분이 누구신지를 기억하고, 절망 중에 너희의 입술을 깨물라! 그분을 대적하여 너희가 무엇을 할 수 있으랴? 가서 폭풍에 재갈을 물리고, 북풍에 굴레를 씌우고, 그러고 나서 여호와의 영이 너희에 의해 제어될 수 있으리라고 꿈꾸어보라! 그분은 그분이 기뻐하실 때 말씀하실 것이며, 그분이 원하시는 자를 통해 말씀하실 것이며, 또한 그분이 기뻐하시는 대로 그분의 말씀에는 능력이 있을 것입니다. 아무도 그분의 손을 멈출 수 없으며, 누구도 그분에게 "당신이 무엇을 하십니까?"라고 말하지 못합니다. 여기까지 이 본문의 첫 번째 요지를 충분히 다루었습니다.

2. 성령을 탓하려는 자들을 침묵시킴

이 말씀에서 찾을 수 있는 두 번째 교훈의 요지는 성령을 탓하려는 자들을 침묵시키는 것입니다. 어떤 이들은 감히 하나님의 성령까지도 비난합니다. 본문을 다시 읽어보십시오. "너희 야곱의 족속아, 어찌 이르기를 여호와의 영이 성급하시다[여호와의 영이 제약을 받겠느냐, KJV] 하겠느냐? 그의 행위가 이러하시다 하겠느냐?" 만약 어떤 일이 잘못되었으면, 성령이 그로 인해 비난을 받으셔야 합니까?

교회의 평판이 낮으면, 그것을 하나님 탓이라고 할 수 있습니까? 확실히 교회가 초기 시대에 비하면 생명과 힘과 능력과 영성과 거룩함에서 충만하지 못한 것은 사실입니다. 그런 이유로 어떤 이들은 복음이 고루하고 시대에 뒤떨어진 것이라고 넌지시 암시합니다. 달리 말하면, 하나님의 영이 옛 시대처럼 강력하지 않다는 것입니다. 그에 대한 대답은 이것입니다—"여호와의 영이 제약을 받느냐? 이 일들이 그가 행하신 바냐?" 우리가 만일 미지근하다면, 그것이 불의 영의 잘못입니까? 만일 우리가 우리의 증언에서 미약하다면, 그것이 능력의 영의 잘못입니까? 우리가 기도에서 연약하다면, 그것이 우리의 연약함을 도우시는 성령의 잘못입니까? 이런 일들이 그분이 행하신 것입니까? 우리로서는 성령을 탓하는 대신 우리의 가슴을 치고 우리 마음을 훈계해야 마땅하지 않습니까? 만약 교회가 한때 그랬던 것처럼 "아침 빛같이 뚜렷하고 달같이 아름답고 해같이 맑고 깃발을 세운 군대같이 당당하지"(아 6:10) 않다면, 이는 복음이 순전하고 신실하게 전파되지 않았기 때문이 아닌가요? 또한 복음을 믿는 자들이 복음에 따라 진지하고 거룩하게 살지 않았기 때문이 아닌가요? 그것이 바로 이유가 아닌가요? 어떤 경우든, 이런 일들이 성령이 하신 일입니까? 결함과 퇴보, 능력의 결핍, 신앙의 빈약, 이런 일들을 성령의 탓으로 돌릴 수 있습니까? 하나님이 금하십니다! 우리는 결코 이스라엘의 거룩하신 분을 탓할 수 없습니다.

이런 말도 들립니다. "세상의 상태를 보세요. 복음이 주어진 이후로 거의 이천년이 지났는데, 세상에서 얼마나 적은 일부만 그 빛을 받았습니까? 얼마나 많은 사람이 여전히 그들의 우상에게 기울고, 얼마나 많은 악덕과 오류와 가난과 불행이 세상에서 발견되고 있습니까!" 우리는 이 모든 슬픈 사실들을 알고 있습니다. 하지만 이런 일들을 그분이 행하셨습니까? 말해보십시오, 성령이 언제 어둠과 죄를 창조하셨습니까? 어디에서 그분이 악덕이나 억압의 창시자가 되셨단 말입니까? 전쟁과 싸움이 어디서 비롯되는 것입니까? 그런 일들이 그분에게서 나옵니까? 그런 것은 바로 우리의 정욕에서 나는 것이 아닙니까? 세상이 여전히 아우게이아스 왕의 외양간(그리스 신화에서, 삼천 마리의 소를 기르면서 삼십 년 동안 한 번도 치운 적이 없다고 한 외양간 – 역주) 같고, 정녕 청소해야 할 필요가 절실하지만, 하나님의 영이 그렇게 되도록 조금이라도 역할을 하셨단 말입니까?

복음이 널리 전해진 곳에서는, 주의 말씀이 사람들을 정직히 행하도록 효력을 발휘하지 않았습니까? 최근의 수년 동안에, 카니발 축제가 개화되고 문명화되지 않았습니까? 노예무역이라든가 다른 악습들이 기독교의 영향력으로 종식되지 않았습니까? 그런데, 어떻게 그리스도의 영이, 복음의 정신이, 비난을 받을 수 있단 말입니까? 여러분은 어둠을 태양 탓으로 돌릴 셈입니까? 여러분은 돼지의 더러움을 수정 같은 시냇물 탓으로 돌리겠습니까? 여러분은 역병을 바다에서 불어오는 신선한 바람 때문이라고 탓하겠습니까? 그렇게 하는 것이 정당하고 분별 있는 행동입니까? 아닙니다. 우리는 인간의 어둠과 죄와 불행을 인정합니다. 오, 우리의 머리가 물이 되고 우리의 눈이 눈물 근원이 된다면, 우리는 이런 일들에 대해 주야로 울 것입니다(참조. 렘 9:1)! 하지만 이런 일들은 하나님의 영이 행하신 것이 아닙니다. 이런 일들은 아래로부터 온 영에서 비롯됩니다. 위에서 오시는 분은 그것들을 치료하실 것입니다. 그분은 제약을 받지 않으십니다. 이런 일들은 그분이 행하신 일이 아닙니다. 그분의 복음이 전파되는 곳, 즉 사람들이 복음을 믿고 복음을 따라 사는 곳에는 빛이 비추어졌으며, 그들이 거룩해졌고 또 복을 받았습니다. 생명과 사랑, 빛과 자유, 다른 모든 선한 것들이 주의 영으로부터 나옵니다.

"그분이 다스리는 곳마다 복이 넘치니
간힌 자는 사슬이 풀어져 기뻐 뛰며
피곤한 자는 영원한 안식을 찾고
모든 가난한 자들이 복을 누리리."

하지만 어떤 사람들이 말합니다. "그래요, 하지만 요즘에 회심자들이 얼마나 적은지를 보세요. 사람들이 잘 출석하지 않는 예배당들이 많고, 한 해의 시작에서 끝이 되도록 회심자는 거의 찾아볼 수 없는 다른 예배당들도 많습니다." 이 모든 일이 인정됩니다. 대단히 유감스럽게도 그렇게 인정됩니다. 하지만 "주의 영이 제약을 받으시며, 이런 일들이 그가 행하신 일입니까?" 우리가 진실에 훨씬 가까운 다른 이유를 찾을 순 없습니까? 오 선생들이여, 회심자들이 없다면 우리는 그 일로 하나님의 영을 탓하거나 비난할 수 없습니다. 그리스도께서 전파되었습니까? 믿음이 발휘되었습니까? 그 탓에 대해서는 설교자가 자기 몫을 받아야 합니다. 그가 관련된 교회 역시 마땅히 있어야 할 말씀의 복을 위해 얼마나 기도하였는지를 반드시 살펴보아야 합니다. 그리스도인들은 패배의 이유를 찾기 위해 그들 자신의 마음을 살펴보기 시작해야 합니다. 만약 하나님의 일이 우리 가운데서 제약을 받고 있다면, 우리 가운데 하나님의 영의 활동을 막는 어떤 은밀한 죄가 있을 수 있습니다. 하나님의 영은 그의 성품의 거룩하심 때문에, 거룩하지 못하고 믿지 않는 사람들과 함께 일하는 것을 거절하실 수밖에 없습니다. 여러분은 "그들이 믿지 않음으로 말미암아 거기서 많은 능력을 행하지 아니하시니라"(마 13:58)는 말씀을 읽어보지 못했습니까? 불신앙이 비옥한 땅을 황무지로 바꿀 수 있지 않겠습니까? 성령님 자신은 그분의 능력에서 제약을 받지 않으십니다. 하지만 우리의 죄가 그분 자신을 우리에게서 감추시도록 만듭니다. 회심자의 부족은 그분이 행하신 일이 아닙니다. 우리가 그분의 능력 안에서 행하지 않은 것입니다. 우리는 지존하신 성령님께 어떤 탓을 돌리려는 일말의 생각도 혐오스러워하며 털어버립니다. 그런 일에 대해 당혹하고 부끄러워해야 하는 것은 우리 자신입니다.

하지만 한편으로, 어떤 개별적인 성인들에 의해 크게 나타났던 능력이 결핍되었다고 말하는 사람들이 있습니다. 갈멜산 꼭대기에 올라가서 하늘을 구름으로 덮을 수 있는 사람들은 이제 어디에 있습니까? 민족을 회심시키는 사도와 같은 사람들은 어디에 있습니까? 더 좋았던 시대에 볼 수 있었던 영웅들과 순교자들은 지금 어디에 있습니까? 우리는 그저 작은 사람들로서 작은 일만 하는 소인배의 시대에 떨어지지 않았습니까? 그럴지도 모릅니다. 하지만 이것이 위대하신 성령의 잘못은 아닙니다. 우리의 퇴보는 그분이 행하신 일이 아닙니다. 우리가 우리 자신을 망쳤으며, 우리의 도움은 오직 그분 안에서만 찾을 수 있습니다. 오늘 우리는 "여호와의 팔이여, 깨소서, 깨소서"(사 51:9)라고 부르짖는 대신, "시온이여, 깰지어다, 깰지어다, 너는 티끌을 털어 버릴지어다, 네 아름다운 옷을 입을지어다"(사 52:1,2) 하는 외침에 귀를 기울여야 합니다. 만약 우리가 그 소리에 마음을 기울였더라면, 우리 중의 많은 이들이 큰 위업을 성취했을지 모릅니다. 우리 중의 가장 약한 이들이 다윗과 견줄 수도 있었고, 우리 중에서 강한 이들은 하나님의 사자들(angels)과도 같았을 것입니다. 우리가 우리 자신 안에서 제약을 받은 것입니다. 우리는 손 내밀면 잡을 수도 있었던 능력의 가능성을 붙잡기 위해 손을 내밀지 않았던 것입니다.

우리는 선하신 하나님의 영을 넌지시 비난하는 사악한 짓을 하지 맙시다. 오히려 우리는 진실하고 겸손하게 우리 자신을 탓하도록 합시다. 우리가 빛 가운데서 살아오지 않았다면, 우리 가운데 많은 부분이 어둡게 되었다고 어찌 놀랄 수 있겠습니까? 우리가 하늘의 떡을 먹지 않고 지냈다면, 어찌 우리가 쇠약해졌다고 놀랄 수 있습니까? 주님에게 돌아갑시다. 다시 성령과 불로 세례 받기를 구합시다. 그러면 주님의 놀라운 일들을 다시 보게 될 것입니다. 그분이 우리 앞에 열린 문을 두시니, 만약 우리가 들어가지 않으면 그것은 우리의 탓입니다. 그분은 후히 주시고 꾸짖지 않으시니, 만약 우리가 여전히 빈궁하다면, 그것은 우리가 구하지 않았거나 혹은 잘못 구했기 때문입니다.

여기까지, 나는 이 본문을 통해, 하나님의 영을 비난하려는 자들을 침묵시키기 위해 충분히 말했다고 생각합니다.

3. 주의 영을 의지하는 자들을 격려함

세 번째로, 우리의 주제는 더 즐거운 단계로 들어갑니다. 이제 나는 본문을 통해 여호와의 영을 의지하는 자들을 격려하고자 합니다. 내 형제들이여, 이 아침에 우리는 기쁜 마음으로 주의 영이 제약을 받지 않으신다는 사실을 기억하도록 합시다.

우리 자신의 제약과 관련하여 우리의 고충을 직시해봅시다. 우리는 얼마나 좁고 얕은 그릇인지요! 우리는 얼마나 빨리 비어버리는지요! 우리는 주일 아침에 일어나 어디에서 하루의 힘을 찾을 것인지 궁금해합니다. 여러분은 이렇게 한숨지으며 말하지 않습니까? "오호라! 오늘 주일학교에서 능력 있게 가르칠 수가 없을 것 같구나. 몸은 몹시 둔하고 무겁게 느껴지고, 내 생각과 감정은 아둔하고 공허하게만 느껴지는구나." 그럴 때 여러분 자신에게 말하십시오. "주의 영이 제약을 받느냐?" 주의 영이 당신을 도우실 것입니다. 당신은 누군가에게 그의 영혼에 관하여 말할 예정이지만, 적당한 말이 나오지 않을 것이라고 느낍니다. 당신은 할 말을 주겠다고 하신 그분의 약속을 잊어버립니다. "주의 영이 제약을 받습니까?" 그분이 당신의 마음과 혀를 준비시키지 못할까요?

그리스도의 사역자로서 나는 끊임없이 나 자신의 제약을 느낍니다. 아마도 나는 다른 누구보다도, 이처럼 자주 모이는 청중 앞에서 말해야 하고 또 말한 모든 것을 인쇄해야 하는 것에 대해, 나 자신의 약함과 무능함에 직면합니다. 이런 일들에 충분히 유능한 자가 누구입니까? 나는 25년 전에 그랬던 것에 비하면 지금은 여러분에게 말하는 능력이 절반도 되지 않는다고 느낍니다. 비록 전능하신 하나님께 대한 나의 믿음은 지금까지의 어느 때보다 확고하지만, 내가 의식하는 개인적인 능력은 가라앉고 있습니다. 하지만 여호와의 영은 제약을 받지 않으십니다. 여전히 이 약속이 우리의 기쁨입니다—"내 은혜가 네게 족하다"(고후 12:9). 우리가 약해져도 저 사도와 더불어 "내가 약한 그 때에 강함이라"(고후 12:10)고 말할 수 있다면, 그것은 기쁨입니다.

보십시오, 주의 능력이 영광스럽게 나타나며, 우리의 약함 가운데서 온전하게 나타납니다! 오십시오, 연약한 일꾼들이여, 지친 노동자들이여, 와서 제약을 받지 않으시는 성령 안에서 기뻐합시다! 오십시오, 바위를 쟁기질하고 모래를 경작하는 듯이 보이는 그대여, 와서 '주의 영은 전능하시다'고 하는 이 사실을 붙드십시오! 그분이 방망이를 휘두르실 때 깨어지지 않은 바위는 남아 있지 않을 것이며, 그분이 불이 되실 때 녹지 않은 금속은 없을 것입니다. 여전히 우리의 주님은 약속대로 그의 성령을 우리 안에 두시고, 그분의 능력으로 우리를 두르십니다. 이것이 그분의 약속입니다—"네가 사는 날을 따라서 능력이 있으리로다"(신 33:25).

이는 또 다른 문제, 즉 명예로운 지도자들의 결핍이라는 문제를 다루게 합니다. 우리는 이 시대에 외칩니다—"지난 시대의 탁월한 교사들은 어디에 있습니까?" 주께서는 사람을 오빌의 금보다 귀하게 만드셨습니다. 옛 시대에는 선하고 위대한 인물들이 교회의 기둥들이었지만, 지금 그들은 어디에 있습니까? 명성 있는 목사들이 죽었는데, 그들의 계승자들은 어디에 있습니까? 옛 형제들에게는 서로 이런 대화를 나누는 것이 드문 일이 아니었습니다. "저 자라나고 있는 젊은이들을 보세요. 저들은 우리가 잃어버린 사람들에 필적할 것입니다." 나는 선한 대의에 대해 비관하는 사람들에 속하지 않습니다. 하지만 하늘로 올라간 엘리야들을 계승할 엘리사들을 볼 수 있다면 정말이지 기쁠 것입니다. 오, 또 다른 루터나 칼빈이여! 오, 녹스(Knox)나 래티머(Latimer), 혹은 휫필드나 웨슬리 같은 사람이여! 우리의 아버지들은 우리에게 로메인(Romaine)과 뉴턴(Newton), 토플레디(Toplady)와 로울랜드 힐(Rowland Hill)에 대해 들려주었습니다. 이들과 같은 사람들은 어디에 있습니까? 우리가 "어디에?"라고 말하면 "어디에?"라는 메아리가 들려올 뿐입니다.

하지만 여기에 우리의 소망이 있습니다: 여호와의 영은 제약을 받지 않습니다. 그분은 그분의 군대를 위한 기수(旗手)들을 일으키실 수 있습니다. 그분은 우리 선조들의 눈을 기쁘게 했던 어떤 별에 못지않게 오늘도 창공에 빛나는 별들을 그분의 교회에 주실 수 있습니다. 금 촛대 사이를 거니시는 이는 희미한 등잔들을 손질하시고 일곱 배나 밝게 타도록 하실 수 있습니다. 바로와 대면하도록 모세를 찾으셨던 분, 이세벨과 맞서도록 엘리야를 찾으신 분이, 오늘의 적수들과 맞설 한 사람을 찾으실 수 있습니다. 사도적인 인물들로 구성된 군대를 준비시키는 것이 하늘과 땅의 창조주에게는 작은 일일 것입니다. 이에 대해 우리는 두려움을 갖지 맙시다. 위로 올라가신 분, 사로잡혔던 자들을 사로잡아 이끄시는 분이, 사람들에게 큰 선물을 주셨으니(참조. 엡 4:8), 세상 종말까지 그 선물들은 소진되지 않을 것입니다. 여전히 그분은 교회의 필요에 따라 복음 전도자들을 주시고, 목사들과 교사들을 주십니다. 증인들의 계승이 중단되지 않을까 하는 두려움은 모두 던져버립시다. 주의 말씀은 영원히 설 것이며, 그것을 선포할 사람도 없어지지 않을 것이기 때문입니다.

형제들이여, 지금 우리 앞에 있는 위대한 진리는, 우리가 사는 시대의 특징 때문에 우리가 낙망하지 않도록 할 수 있습니다. 이 시대는 끔찍한 불안으로 가득합니다. 리비에라(Riviera) 지방에서의 지진은 사방에서 일어나고 있는 훨씬 큰 환난의 한 전형일 뿐입니다. 사회의 기반이 흔들리고 있습니다. 주춧돌들이 빠지고 있습니다. 이 세기의 끝에서 무엇을 보게 될는지 아무도 예측하지 못합니다. 시대는 갈수록 불경스럽고, 불신앙적이며, 무관심해지고 있습니다. 이 세대의 사람들은 앞선 세대들보다 더 많은 소득을 탐내고, 더 서둘러 자기들의 야심을 따릅니다. 사람들은 변덕스럽고, 까다롭고, 굶주린 듯 흥분과 감각적인 만족을 추구합니다. 여기에 진리가 있습니다: "주의 영은 제약을 받지 않습니다." 복음은 모든 시대, 인간 사회의 모든 상태를 위한 것이 아닙니까? 그것은 로마 시대의 상황에서뿐 아니라 런던과 아일랜드의 상황에서도 필요한 것이 아닙니까? 오 주여, 바로 그렇습니다! 우리의 선조들은 주님을 의지했습니다. 그들은 주님을 의지했고, 또 주께서는 그들을 건지셨습니다! 그러니 우리는 즐거운 확신으로 그 동일한 구원의 능력을 찾아 의지할 것이며, 우리 마음으로 이렇게 말할 것입니다. "주의 영은 제약되지 않습니다." 그분이 우리를 끝까지 붙드실 것입니다.

때때로, 우리는 사람들의 딱딱한 마음 때문에 고충을 겪습니다. 이에 관하여는 주님을 위해 일하는 사람들이 가장 잘 압니다. 만약 누군가 자기 자신의 힘으로 마음을 변화시킬 수 있다고 생각한다면, 그가 원하는 누군가에 대해 그 일을 시도해보라고 하십시오. 그러면 그는 곧 어찌할 바를 모르게 될 것입니다. 옛 아담은 젊은 멜란히톤(Melanchthon, 종교개혁자 루터의 동료, 비텐베르크 교수로서 종교개혁 신학의 발전과 확립에 크게 기여함-역주)에게는 너무나 강합니다. 우리의 약한 팔로는 본성의 부패라는 큰 돌을 굴려 떨어뜨릴 수 없습니다. 자, 그러면 어떻게 해야 합니까? 주의 영은 제약을 받지 않으십니다! 당신이 이렇게 외쳤습니까? "오호라! 내가 한 주정꾼을 고쳐보려고 시도했었지만, 그는 다시 타락한 생활로 돌아갔습니다!" 예, 그가 당신을 이겼군요. 하지만 주의 영이 제약을 받으십니까? 또 당신은 이렇게 소리칩니다. "그는 맹세의 서약을 했습니다. 그런데 그가 그것을 깨뜨렸습니다." 예, 당신의 굴레가 부서진 것 같군요. 하지만 주의 영이 제약을 받으십니까? 그분이 마음을 새롭게 하여 죄를 향한 사랑을 쫓아내실 수 없을까요? 당신의 설득의 말에 하나님의 영이 함께 하신다면, 그 회심자는 자기 서약을 지킬 것입니다.

"오호라", 또 다른 사람이 외칩니다. "나는 한 타락한 여인을 구해냈다고 생각했습니다. 하지만 그녀는 다시 자기의 죄로 돌아갔습니다." 이렇게 수고하며 섬기는 사람들에게 그런 일은 특별한 일이 아닙니다. 하지만 주의 영이 제약을 받습니까? 그분이 죄인인 그 여인을 구원하실 수 없을까요? 그분이 그녀의 용서받은 심령에 예수님을 향한 놀라운 사랑을 창조하실 수 없을까요? 우리는 당혹스러워하지만, 성령님은 그렇지 않으십니다.

"하지만 내 경우에는 바로 내 자식이 문제랍니다." 한 어머니가 외칩니다. "아! 그를 어려서부터 부드럽게 양육했습니다. 하지만 그는 엇나가고 말았습니다. 나는 그가 하나님의 말씀을 듣도록 설득할 수 없습니다. 그에게 아무것도 할 수 없습니다." 친애하는 어머니, 그 일을 무능의 고백록에 기록하시고, 그런 후 그 바닥에 믿음으로 이렇게 쓰십시오. "하지만 주의 영은 제약을 받지 않으신다." 하나님을 믿으십시오. 그리고 여러분 자신이 약하다는 발견이 하나님께는 모든 것이 가능하다는 여러분의 확신을 흔들지 못하게 하십시오. 그것이 내게는 위로의 근원이며, 힘의 보고(寶庫)로 여겨집니다. 이스라엘의 거룩하신 분을 제한하지 마십시오. 타락한 인간 본성에서 생겨나는 말썽 때문에 성령이 제한되거나 제약을 받는다고 생각하지 마십시오. 여러분이 애정 어린 눈물과 예수님께 대한 진지한 믿음으로 그분에게 가져오는 어떤 사정도 고쳐질 수 없는 문제로 외면당하지 않을 것입니다. 어떤 사람에 대해서도 절망하지 마십시오. 만군의 여호와께서 우리와 함께하시기 때문입니다.

한 사람이 말합니다. "아 좋습니다, 하지만 저는 교회 앞에 놓인 큰 문제로 마음이 눌린답니다. 런던이 구원받아야 하고, 세상에 빛이 비추어져야 합니다. 인도와 중국과 아프리카의 무수한 영혼들을 생각해보세요. 이 모든 사람에게도 복음이 전파되어야 하지 않겠습니까? 이 세상의 왕국들이 우리 주의 나라가 되어야 하지 않습니까? 이런 일이 어떻게 이루어질까요?"

선생들이여, 나로서는 런던 하나만 생각해도 빈곤과 불행의 세상이니, 이 세계를 흑암의 권세에서 구하는 것은 거의 불가능하다고 봅니다. 혹 여러분은 세상이 주께 돌아올 소망은 없다고 주장하는 이론이 타당하다고 여기십니까? 그래도 나는 놀라지 않습니다. 눈으로 보는 것과 귀로 듣는 것으로만 판단하자면, 그럴 가망이 없어 보이기 때문입니다. 하지만 주의 영이 제약을 받으십니까? 정녕 선하신 주님께서 교회로 자기의 무력함을 자각하게 하시는 것은, 그로 인해 온전히 하나님의 능력에만 의지하도록 하심이 아닐까요? 주위를 둘러보아도 교회는 과업을 수행하는 데 도움이 되는 것을 찾을 수 없습니다.

교회는 눈을 들어 구원을 이루시는 그분의 오심을 바라보아야 합니다. 외적으로 가망이 없어 보이는 가운데서도 교회는 은밀한 도움으로 풍족해질 수 있습니다. 하나님의 영이 우리의 눈에 기름을 바르시면, 우리 눈은 불 말과 불 병거들이 주의 종들이 있는 산을 두르고 있는 것을 볼 것입니다. 보십시오, 별들이 그 길에서 우리의 대적들과 싸우고, 땅이 여자를 도울 것이며(참조. 계 12:16), 바다가 그 풍부한 것을 하나님을 위해 쏟아낼 것입니다. 주께서 그 팔을 걷으실 때, 우리는 이보다 더 큰 일들을 볼 것이며, 그때 우리는 천으로 우리의 얼굴을 감싸고 한때 지존자를 의심했던 것을 부끄러워할 것입니다. "보라, 인자가 오시리니, 그가 오실 때에 믿음을 보겠느냐?"(참조. 눅 18:8). 주께서 우리를 도우사 우리의 가장 어두운 시간에도 그분의 팔이 짧아지지 않았음을 느끼게 하시기를 바랍니다!

4. 더 나은 것들을 구하는 자들을 교훈함

이제 이 본문으로 더 나은 것들을 구하는 자들을 교훈하며 마무리하려고 합니다. 나는 이 회중에 예수 그리스도로 말미암아 하나님과 화평을 누리기 원하는 사람들이 많기를 바랍니다. 여러분은 이미 죄를 자각하고 있습니다. 하지만 여러분은 바로 그 자각 때문에 낙심과 거의 절망에까지 내몰리고 있습니다. 이제 이 말에 주목하십시오: 구원을 위해 여러분이 필요로 하는 은혜가 무엇이든, 성령께서 그 일을 여러분 안에 이루실 수 있습니다. 여러분은 죄의 감각을 좀 더 부드럽게 느끼길 바랍니다. 주의 영이 제약을 받습니까? 그분이 그것을 여러분에게 주실 수 없을까요? 여러분은 구원의 길을 인식할 수 있기를 바랍니다. 그분이 여러분에게 가르치실 수 있지 않을까요? 여러분은 그리스도를 향해 첫걸음을 뗄 수 있기를 바랍니다. 여러분은, 사실상, 전심으로 오직 그분만을 의지하기를 바라며, 그래서 그분 안에서 평화를 발견하길 바랍니다. 주의 영이 제약을 받으십니까? 그분이 당신에게 믿음을 주시지 못할까요? 당신은 소리칩니다. "저는 믿고 싶습니다. 하지만 어떻게 말해야 할지 모르겠습니다." 성령이 당신에게 믿도록 도우실 것입니다. 그분이 당신의 마음에 빛을 비추시면, 그리스도를 믿는 믿음이 당신에게 쉽고 단순한 일이 될 것입니다. 하나님의 영은 제약을 받지 않으십니다. 그분은 당신을 어둠에서 나오게 하여 그분의 아름다운 빛에 들어가도록 이끄실 수 있습니다. 당신이 당신 자신의 자연적인 능력에 의지하던 모든 것에서 떠났다면, 그분을 향해 부르짖으십시오. "주여, 나를 도우소서!" 성령은 우리 안에서 모든 일을 행하시기 위해 오셨습니다. 그리스도의 일들을 가지고 그것을 우리에게 보이시는 것은 그분의 일입니다. 그분의 은혜로운 가르침에 복종하십시오. 자원하는 마음으로 순종하고자 하면, 그분이 당신을 모든 진리 가운데로 인도하실 것입니다.

이 말에도 주목하시기 바랍니다: 비록 여러분이 심령의 깊은 침체에 빠져, 완전히 갇혀서, 도무지 빠져나올 수 없다고 느껴도, 주의 영은 제약을 받지 않으십니다. 그분에게는 침울하거나 낙심하는 일이 없습니다. 그분의 이름은 위로자이시니, 능히 위로하실 수 있습니다. 비록 여러분이 오늘 불안한 생각과 고통 때문에 자신을 자학하고 싶을 지경이어도, 주의 영이 제약을 받으십니까? 힘을 위하여 강한 분 곧 여러분의 하나님을 바라보십시오. 주께서 당신을 향해 외치고 계시지 않습니까? "땅의 모든 끝이여 내게로 돌이켜 구원을 받으라 나는 하나님이라 다른 이가 없느니라"(사 45:22). 당신의 구원뿐 아니라 당신의 힘도 그분 안에 있습니다. 우리가 아직 연약할 때에 그리스도께서 경건치 않은 자들을 위하여 죽으셨습니다(롬 5:6). 여러분이여, 영원토록 주를 의지하십시오! 주 여호와 안에 영원한 힘이 있습니다. 절대적으로 의지하십시오. 하나님의 영은 제약을 받지 않으십니다. 여러분의 의기소침과 불신은 여러분 자신이 한 일이지 그분이 행하신 일들이 아닙니다. 그분은 여러분을 이런 불행으로 내몰지 않으십니다. 그분은 여러분이 거기서 나와서, 하나님의 아들을 의지하고, 그리스도의 완성된 의 안에서 안식하라고 초청하십니다. 그러면 여러분은 즉시 빛과 평안으로 들어갈 것입니다.

하나님의 성령의 가르침을 믿음으로써, 얼마나 많은 사람이 이미 기쁨과 평화와 구원을 찾았는지를 기억해 보십시오. 본문에는 이런 질문이 있습니다. "나의 말이 정직하게 행하는 자에게 유익하지 아니하냐?" 우리 중의 많은 이들이 주의 말씀은 단지 말이 아니라 능력이라는 것을 증언할 수 있습니다. 그것은 우리에게 유익을 주었습니다. 복음은 우리에게 그저 많은 정도가 아니라, 전부였습니다. 개인적으로, 내가 복음을 전하는 것은, 내가 그것을 선택했기 때문에, 그리고 받아들일 만한 다른 모든 종교 이론들보다 그것을 더 선호하기 때문이 아닙니다. 그렇지 않습니다. 내게는 다른 진리가 없습니다. 내가 복음을 믿는 것은 내가 복음의 능력에 의해 구원받은 사람이기 때문입니다. 성령에 의해 계시된 진리가 나를 새롭게 창조했습니다. 나는 살아 있고 썩지 않는 씨로 거듭났습니다. 이 생애에서의 거룩함과 다가올 생의 행복에 대한 나의 유일한 소망은, 하나님의 아들이신 주 예수 그리스도의 인격과 공로, 그분의 삶과 죽음 안에서 발견됩니다. 복음을 버리다니요? 그것이 내 영혼을 붙잡고 있는 동안에 그런 일은 있을 수 없습니다! 나는 당황하거나 의심하지 않습니다. 내가 믿는 진리가 내게 기적을 행했기 때문입니다. 그 일에 의해 나는 새 생명을 받았고 지금도 간직하고 있습니다.

나는 한때 그런 일에 낯선 자였습니다. 나는 마치 수년 동안 등대를 지켰던 저 선한 부부와도 같습니다. 등대를 보기 위해 온 한 방문객이, 창문을 넘어 바다를 바라보다가, 그 선량한 여인에게 물었습니다. "폭풍이 닥치고 큰 파도가 등대를 넘어 몰아칠 때 두렵지 않으십니까? 등대와 그 안에 있는 모든 것이 휩쓸려 가지 않을까 두렵지 않으십니까?" 그 여인은 그런 생각은 여태 해본 적이 없다고 대답했습니다. 그녀는 거기서 아주 오랫동안 살았기 때문에 그 외딴 바위에 있는 것이 마치 본토에서 살던 때와 마찬가지로 안전하다고 느꼈습니다. 그녀의 남편은, 태풍이 불 때 염려되지 않는가 하는 질문을 받았을 때 이렇게 대답했습니다. "예, 등대가 켜졌을 때, 그 불빛을 보고 배가 파선하지 않도록, 등을 잘 관리해야 한다는 염려는 느낍니다." 등대의 안전에 관해서나 그 안에 있는 그 자신의 개인적인 안전에 대해서는, 그런 염려를 하지 않아도 될 정도로 그는 오랫동안 거기서 살아왔던 것입니다.

나의 입장도 그와 마찬가지입니다. "내가 믿는 자를 내가 알고 또한 내가 의탁한 것을 그날까지 그가 능히 지키실 줄을 확신함이라"(딤후 1:12). 이후로는 누구든지 의심과 의문으로 나를 괴롭게 하지 마십시오. 나는 내 영혼에 성령의 진리와 능력에 대한 증거들을 간직하고 있습니다. 그러니 어떤 교묘한 추론도 용인하지 않을 것입니다. 나에게 복음은 진리입니다. 만약 그것이 진리가 아니라면 나는 기꺼이 망하는 것에 만족합니다. 나는 내 영혼의 영원한 운명을 복음의 진리에 걸었으며, 거기에는 어떤 위험도 없다는 것을 압니다. 내 한 가지 관심은 그 등불이 타도록 잘 관리하는 것이며, 그로 인해 다른 사람이 빛을 얻는 것입니다. 오직 주님만이 내 등을 유지할 기름을 주실 수 있습니다. 그럴 때 나는 비로소 험하고 어두운 삶의 바다를 가로질러 빛을 비출 수 있을 것이며, 나 자신도 만족할 것입니다.

자, 고민하는 구도자여, 당신의 목회자와 또 당신이 신뢰하는 다른 많은 이들이 복음 안에서 완전한 평화와 안식을 발견했다면, 왜 당신이라고 안 될까요? 주의 영이 제약을 받으십니까? 그분의 말씀이 정직하게 행하는 자에게 유익하지 않겠습니까? 당신 역시도 그 구원의 은혜를 맛보지 않겠습니까?

마무리하면서, 한 가지만 더 언급하겠습니다. 하나님의 말씀은 정직하게 행하는 자들에게 유익합니다. 만약 말씀이 당신에게 아무 유익도 주지 않는다면, 그것은 당신이 그릇 행하고 있기 때문이 아닐까요? 당신은 모든 은밀한 죄를 버렸습니까? 당신이 정욕을 따라 살면서 어찌 하나님과 화평하기를 기대할 수 있을까요? 가망 없는 희망을 버리십시오. 당신이 만약 죄책에서 구원을 얻고자 한다면, 죄를 사랑하는 것에서 벗어나야 합니다. 당신은 죄를 가진 채로 천국에 갈 수 없습니다. 죄를 버리든지 희망을 버리든지 해야 합니다.

"회개하라"가 하나님의 말씀의 끊임없는 권면입니다. 당신이 시인하는 죄에서 떠나십시오. 당신의 주님을 십자가에 못 박은 악에서 떠나십시오. 버려진 죄는 예수의 피에 의해 용서받은 죄로 변합니다. 만약 당신이 주 안에서 자유를 찾지 못한다면, 그것은 주의 영이 제약을 받으시기 때문이 아니라, 당신의 죄가 은혜로 가는 통로의 문을 가로막기 때문입니다. 주의 영이 제약을 받으십니까? 아닙니다. 그분의 말씀은 "정직하게 행하는 자에게 유익"합니다. 정직한 마음으로 죄를 버리고, 그리스도를 믿으면, 당신도 평안을 찾고 소망과 안식을 누릴 것입니다. 시도해보십시오, 그렇지 되는지를 보십시오. 아멘.

제
2
장

성도와 죄인들을 향한 나팔 소리

"이것은 너희가 쉴 곳이 아니니 일어나 떠날지어다 이는 그것이 이미 더러워졌음이니라 그런즉 반드시 멸하리니 그 멸망이 크리라"– 미 2:10

인간에게는 보이는 것들에 집착하는 비참한 성향이 있습니다. 우리가 보는 것이 단지 일시적이고 그림자 같으며, 참된 본질과 영속성을 결핍하는 것임에도 불구하고, 우리 주변에 있는 것들이 그저 잠시 지속하다가 사라지는 것임에도 불구하고, 우리는 거기에 마음을 주고, 그것들의 헛된 반짝임과 매력에 사로잡힙니다. 끈끈이 덫에 내려앉아 떠나지 못하는 불쌍한 새들처럼, 우리는 독수리 날개 치듯 더 높은 영역으로 솟아오르지 못하고, 시간과 감각에 속하는 것들에 얽매여 있습니다. 인간의 영혼이 지상의 볼품 없는 싸구려 보석에 만족할 수 없다는 것을 잊어버리고, 갈망하는 그의 마음이 시간의 덧없는 즐거움들로는 채워질 수 없다는 것도 잊어버리고, 우리는 종종 보이지 않는 영원한 것들을 우리에게서 치워버립니다. 그런 때에 우리가 들어야 할 가장 필요한 말씀 중의 하나가 이것입니다. "이곳은 너희가 쉴 곳이 아니니 일어나 떠날지어다."

한 번 상상해보십시오. 이스라엘 자손들이 애굽에서 나와 가나안으로 가는 도중에, 장막에 살면서 불과 구름 기둥이 그들을 안내하는 대로 움직이는 것이 아니라, 마치 영원히 광야에 멈추어 있어야 하는 것처럼 머릿속에 그들이 머무는 곳마다 집과 도시와 성전을 세울 생각을 하고 있었다면 어떨까요? 그런 계획 때문에 많은 것을 잃어버리지 않았을까요? 광야에서, 애굽에서 나온 모든 사람이 멸망했을 뿐 아니라, 그들의 자녀들과 자녀들의 자녀들까지도 광야의 무덤에서 발견되고 말았을 것입니다. 그들의 조상들에게 약속된 아름다운 땅은 보지도 못한 채 말입니다. 반대로, 여러분이 알다시피, 그들은 천막 도시에서 살았습니다. 구름이 움직일 때, 모든 장막은 철거되고 그들은 행진을 시작했습니다. 구름이 멈출 때, 그들은 장막 아래에서 잠시 쉬었고, 어느 곳에서 얼마나 오래 머물지 알지 못한 채, 언제든 다시 움직일 것을 예상하였습니다. 젖과 꿀이 흐르는 땅에 아직 도착하지 않은 것을 알았기 때문입니다. 광야에서 그들을 위한 영속적인 처소는 없다는 것을 그들은 잘 알았습니다. 그들 사방에 있는 마른 땅은 그들에게 어떤 식량도 내지 않았습니다. 위로부터 그들의 양식이 떨어지지 않았다면, 그들은 황량한 사막에서 어떤 양식도 얻지 못했을 것입니다. 그들은 그들의 조상들과 마찬가지로, 하나님과 함께하는 나그네였고 순례자였으며, 일시적인 체류자들이었습니다.

자, 우리의 이 슬픈 성향은, 건물로 된 도시에서 지내기 위해 땅을 파 기초를 만들고, 벽돌을 올리면서 이렇게 말합니다. "여기서 나는 쉴 거야. 나는 충분히 오랫동안 여행을 했으니, 이제 내 영혼을 향해 이렇게 말할 수 있겠지. '영혼아, 여러 해 쓸 물건을 많이 쌓아 두었으니 평안히 쉬고 먹고 마시고 즐거워하자'"(눅 12:19). 하늘의 상속자들이 광야에서 거주하길 바라고, 요단강 건너편에 기업을 가진 사람들이 하나님이 언약으로 그들에게 주신 땅을 잊어버리고는, 이 생애에서 그들의 분깃을 즐기려고 추구한다면, 그것은 불행한 일입니다.

경건치 않은 자들이 그렇게 하는 것을 우리는 이상하게 여기지 않습니다. 그들이 할 수 있는 대로 여기서 작은 즐거움들을 추구하는 것은 당연한 일입니다. 왜냐하면, 그들이 악한 길에서 회개하지 않으면, 그들이 영원히 가질 것이라고는 그것이 전부이기 때문입니다. 나는 이 생애에서 자기 분깃을 가진 사람들이 감각적인 즐거움을 추구하고, 육체의 쾌락과 어지러운 춤을 즐기는 것을 이상히 여기지 않습니다. 그들이 더 가진 것이 무엇입니까? 돼지가 여물통에서 탐욕을 부리고, 자기 몫을 차지하려고 서로를 밀치면서 다투는 것은 보기에 이상한 일이 아닙니다. 하지만 강한 손과 펼친 팔로 구속받은 사람들이 애굽의 노예 시절보다 더 세속적으로 순응하고 악해지며 더 죽어가는 상태로 추락한다면, 우리는 그때 죄가 초래하는 황폐화를 보는 것이며, 그로 인해 애통하지 않을 수 없습니다.

각성하지 못한 사람은 이 작은 것들 너머의 일을 생각하지 않습니다. 하지만 일단 그들이 그들의 불멸의 영혼을 잠에 빠뜨리고 또 그들을 짐승의 동료가 되도록 만든 주문을 떨쳐버릴 수 있다면, 그들은 여기가 그들의 안식처가 아닌 것을 깨닫기 시작할 것이며, 그들에게 들려오는 한 음성을 들을 것입니다. "너희는 일어나 떠날지어다." 아마 그들은 이렇게 대답할 것입니다. "예, 일어나 내 아버지께로 가겠습니다. 내가 주린 배를 채우려 갈망했던 이 쥐엄 열매에서 떠나겠습니다. 그리고, 내 아버지 집에 풍족하게 있는 빵을 먹겠습니다"(참조. 눅 15:16,17).

하지만 '일어나라'는 나팔 소리가 먼 나라에 있는 탕자에게만 필요한 것이 아닙니다. 부주의한 신앙 고백자들, 한때는 달음박질을 잘했지만, 방해를 받자, 이제는 마치 영원히 여기에 머물 것처럼 세상에 만족하며 쉬는 자들, 그들 역시 잠에서 깨어나야 합니다. "잠자는 자여 깨어서 죽은 자들 가운데서 일어나라, 그리스도께서 너에게 비추이시리라"(엡 5:14). 하나님은 그분의 교회가 세상과 분리된 백성이 되길 원하십니다. 우리의 시민권은 하늘에 있습니다. 하지만 우리 중에 너무 많은 사람이, 어쩌면 어떤 시기에는 우리 모두가, 거듭나지 못한 사람들의 행실로 떨어지며, 비록 우리가 직접 행동하진 않더라도 열매 맺지 못하는 어둠의 일들에 관여하기도 합니다. 이 태만하고 육적인 성향 때문에, 우리 중에 가장 선한 사람들에게조차, 계속해서 일깨우는 소리가 임하는 것이 필요합니다. "이곳은 너희가 쉴 곳이 아니니 일어나 떠날지어다."

나는 먼저 하나님의 백성에 대해서와, 그들을 향한 경종의 소리에 대해 말할 것입니다. 그다음에 깨어난 죄인들을 위하여 말씀을 전하고, 그들 가운데서 나팔을 울릴 것입니다.

1. 그리스도를 믿는 자들을 위한 나팔 소리

첫째, 나는 이 본문을 그리스도를 믿는 자들을 위한 나팔 소리로 볼 것입니다. 이른 아침에 한 병사가 나팔 소리를 듣고 그날의 의무를 행할 준비를 하는 것처럼, 이 말씀을 듣는 그리스도의 모든 종은 섬김을 위하여 허리를 동이고 일어나야 합니다! 깨우는 소리를 들은 병사는 따뜻한 침상을 버리고 대열의 자기 자리에 나타나야 합니다. 비슷한 결과를 바라면서, 나는 오늘 나팔을 불려고 합니다. 이 나팔 소리가 날카롭고도 분명하게 들리길 바랍니다. "너희는 일어나 떠날지어다."

우선, 나는 이 소리가 특별히 우리에게 임할 때가 있다고 말합니다. 그것은 우리의 일상생활에서 소음과 부산함을 넘어 들려올 수도 있지만, 아마도 우리가 그 소리에 조금도 귀를 기울이려 하지 않을 때 들려올 필요가 있습니다. "너희는 일어나 떠날지어다."

이 음성이 성도에게 들려올 필요가 있을 때는 그들이 편안해지기 시작할 때입니다. 그들이 가파른 곤고산(困苦山, Hill Difficulty, 천로역정의 내용-역주)을 오르다가, 언덕 중턱에 있는 한 정자에 도달합니다. 거기에는 친절하게도 그 길의 주인이 마련해 둔 의자가 있고, 맞은편에는 탁자도 하나 놓여 있습니다. 그래서 여러분은 앉을 수도 있고, 그럴 마음이 있다면, 탁자 위에 팔을 올려놓은 채 잠시 달콤한 낮잠을 잘 수도 있습니다. 자, 이 정자는 순례자들의 피로 회복을 위해 지어진 것입니다. 하지만 정자는 그들이 아예 거기서 잠을 자도록 마련된 것은 아닙니다. 그들은 잠시 앉아 쉬었다가, 다시 힘을 내어 그 언덕을 올라야 합니다. 그들은 뒤를 돌아보며, 그들이 거기까지 오를 수 있었던 것에 대해 감사할 수도 있습니다. 하지만 잠을 자서는 안 됩니다.

만일 그들이 잠에 빠지면, 그들에게는 존 번연이 쓴 「천로역정」에서 크리스천에게 일어났던 것과 비슷한 일이 일어날 것입니다. 그 작품에서 크리스천은 거기서 확신의 두루마리를 잃어버렸습니다. 그래서 나중에 그것을 찾기 위해 많은 눈물을 흘리며 갔던 길을 되돌아와야 했습니다. 만약 여러분 중에 누군가 바로 지금 매우 편안하고 모든 것이 잘 되고 있다면, 긴 사투 후에, 이제 물결이 바뀌어 애써 노를 저을 필요도 없이 물 위에 떠 있을 정도라면, 나는 여러분에게 조심하라는 주의를 주고 싶습니다.

"머리 위로 덮치는 폭풍보다
기만적인 고요함을 나는 더 두려워하네."

사랑하는 하나님의 자녀여, 당신이 아주 편안해지기 시작할 때, 깨어 많은 감사를 드리고, 여러분의 형통을 정결하게 하지 않으면, 여러분은 표류하다가 슬픈 상태로 빠져들기 쉽습니다. 나는 나팔을 들고 감히 당신 가까이에 갈 것이며, 비록 당신의 귓전에 대고 큰 소리로 부는 것이 무례하게 보이겠지만, 그래도 나는 그렇게 할 것입니다. 이것이 그 소리입니다. "이것은 너희가 쉴 곳이 아니니 일어나 떠날지어다." 하나님이 당신에게 많은 복을 주셨습니다. 하지만 당신이 그것들을 당신의 신으로 삼는다면, 당신은 그것들을 저주로 바꾸는 셈입니다. 하나님이 요나에게 박넝쿨을 주셨습니다. 하지만 요나가 그 박넝쿨을 자기의 신처럼 여겼을 때, 그것이 곧 시들어버렸습니다. 여기 이 땅에서 모든 일이 잘 풀릴 때, 이 세상에 들러붙기 시작하고 여기서 당신의 위로를 찾지 않도록 조심하십시오. 그렇게 되지 않을 것입니다. 하나님이 그것을 허용하지 않으실 것입니다. 만약 당신이 형통할 때 다윗처럼 "내가 영원히 흔들리지 아니하리라 여호와여 주의 은혜로 나를 산 같이 굳게 세우셨나이다"(시 30:6,7a)라고 말하지 않으면, 당신은 곧 그와 마찬가지로 이런 말을 덧붙이게 될 것입니다. "주의 얼굴을 가리시매 내가 근심하였나이다"(시 30:7b).

또 이 음성이 그리스도인들에게 특히 필요할 때는, 그들이 이 세상과 친해지기 시작할 때입니다. 그 제휴의 결과는 악할 뿐입니다. "빛과 어둠이 어찌 사귀며, 그리스도와 벨리알이 어찌 조화된단 말입니까?"(고후 6:14,15). 아마 여러분은 이렇게 말할 것입니다. "우리는 최근에 좋은 교제를 했습니다. 우리가 집으로 아주 품위 있는 몇 사람을 초대했답니다. 그날 밤 가족 기도를 하지 못한 건 사실입니다. 우리는 성경을 꺼낼 수 없었고, 그들 앞에서 한 장도 읽지 못했지요. 그들이 그것을 좋아할지 알지 못했기 때문입니다. 그렇긴 해도 그들은 아주 근사한 부류의 사람들이었습니다. 우리는 조만간 저녁에 그들의 집에도 갈 것입니다. 그날 저녁을 그들이 어떻게 보내자고 제안할지 우리는 모릅니다. 하지만 그들이 하는 방식대로 용인해야지요. 왜냐하면, 아시다시피, 세상에서는 세상 사람들이 하는 대로 따라야 하니까요."

자, 친구들이여, 여러분에게 떠나라는 요청은 빼고서, 여러분의 양쪽 귀에 나팔을 불겠습니다. 그 소리는 마치 내 친구 맨턴 스미스(Manton Smith) 씨가 종종 은 나팔을 불 때와 마찬가지로 아주 크게 울릴 것입니다. "이것은 너희가 쉴 곳이 아니니 일어나 떠날지어다 이는 그것이 이미 더러워졌음이니라."

세상이 여러분을 사랑할 때 조심하십시오. 세상 사람들이 여러분에게 끌리도록 하는 무언가가 여러분에게 있지 않도록 하십시오. 세상 사람들이 여러분과의 교제를 아주 좋아할 때는 조심하십시오. 그럴 때 틀림없이 여러분은 주님과의 접촉이 멀어질 것이기 때문입니다. 주님은 말씀하십니다. "너희가 세상에 속하였으면 세상이 자기의 것을 사랑할 것이나 너희는 세상에 속한 자가 아니요 도리어 내가 너희를 세상에서 택하였기 때문에 세상이 너희를 미워하느니라"(요 15:19). 의와 일치한다면, 모든 사람의 사랑을 받는 것은 좋습니다. 하지만 성도가 경건치 않은 자들에게 흠모의 대상이 되고, 거기에 의존하기 시작할 때, 거기에는 하나님이 좋아하지 않으시는 무언가가 있습니다. 거룩하지 못한 일치는 하나의 위험 신호입니다. 세상이 교회를 후원할 때, 교회는 영성을 유지하기 위해 열 배나 더 은혜가 필요할 것입니다. 마치 바다의 증기선이 그 정해진 한계를 초과할 때는, 조금이라도 속도를 내려면, 항해 거리에 비례하는 것 이상으로 최대치의 동력을 소비해야 하는 것과 마찬가지입니다. "모든 사람이 너희를 칭찬하면 화가 있도다"(눅 6:26). 그런 칭찬은 예수 그리스도의 좋은 군사들에게는 해당하지 않습니다. 만약 원수가 왕의 장군들 가운데 하나를 사랑하기 시작하면, 그 왕은 그의 장군이 배반하려는가 하고 반쯤 의심할 수도 있습니다. 그런 반역에서 하나님이 우리를 건지시길 바랍니다! "이 세상이나 세상에 있는 것들을 사랑하지 말라 누구든지 세상을 사랑하면 아버지의 사랑이 그 안에 있지 아니하니"(요일 2:15). 그래서 나는 다시 나팔을 울립니다. "이곳은 너희가 쉴 곳이 아니니 일어나 떠날지어다."

아마도, 편해지기 시작하는 것도 아니고, 세상과 친한 것도 아니지만, 역시 이 나팔 소리가 특히 강조되어야 할 부류의 사람들이 있을 것입니다. 주의 백성 가운데서 지상에서 장수할 것을 꿈꾸는 사람들에게도 이 소리가 필요합니다. 여러분은 어쩌면 지금까지 질병이나 특별히 아픈 것도 없이 긴 세월을 살아왔을지 모릅니다. 약간의 백발이 있고, 당신의 그 머리털이 당신이 지나온 세월을 말해줍니다. 아마 당신의 부친은 아주 오래 살았을 것입니다. 그리고 당신의 증조부 역시도 그랬을 것입니다. 그래서 당신은 당신도 아주 오래 살 것이라고 예상합니다. 당신은 최근에 당신보다 젊은 몇 사람의 죽음에 대해 들었습니다. 하지만 당신은 여전히 죽는 것에 대해서는 생각하지 않습니다. 전혀 그렇지 않습니다. 당신은 아직 유언장도 만들지 않았으며, 당신이 떠날 상황에 대비해 어떤 준비도 하지 않았습니다. 오래 누려왔던 건강이 당신으로 우리가 불멸인 것처럼 생각하게끔 만드는 경향이 있습니다. 하지만 우리가 아무리 그렇게 상상한다고 해도, 벌레들은 그렇게 생각하지 않습니다. 당신의 관으로 쓰일 나무는 이미 베어졌고, 당신의 수의가 될 아마포는 다 준비되어 있습니다. 주께서 별안간 그분의 성전에 임하시지 않는 한, 당신이 반드시 누워야 할 한 조각의 땅이 있습니다. 정녕, 우리에겐 여기에서 오래 머물 성읍이 없습니다. 그러니 우리는 이 세상을 우리의 쉴 곳으로 삼아서는 안 됩니다.

어느 안식일에 여기 있었던 사랑하는 친구들이 다음 안식일이 돌아오기 전에 부름을 받아 떠났습니다. 또 건강 상태가 최상인 것처럼 보였던 어떤 이들이 먼저 떠났습니다. 그러므로 내 영혼이여, 발끝으로 서고, 무지한 짐승들처럼 무방비 상태로 있지 말지어다! 너의 날개는 이미 날 준비가 되었으니, 너의 주께서 새벽에 오시든지 동틀 무렵에 오시든지, 아니면 한밤중에 오시든지, 언제든 너는 그분의 명령에 따라 일어나 떠날 준비를 할지어다! 나는 이 나팔 소리를 나 자신을 위해서 울리며, 또 나의 사랑하는 친구들을 위해서 울립니다—"신을 신고 안장을 올리라, 일어나 준비하라, 너희는 일어나 떠날지어다!" 누구에게 이 소리가 가장 크게 들릴지 나는 알지 못합니다. 나는 선지자가 아니기 때문입니다. 하지만 그 음성이 우리 모두에게 임하길 바랍니다. 우리 중 누구도 여기 아래에 뿌리를 내리려 하지 맙시다. 여기는 우리가 쉴 곳이 아니기 때문입니다.

이제 두 번째의 진술을 하겠습니다. 이 소리가 크게 들려야 할 한 가지 논거가 있습니다. "일어나 떠날지어다"라는 음성은 그 뒤에 따르는 말씀으로 인해 두 배나 날카롭게 들려옵니다—"이곳은 너희가 쉴 곳이 아니라"(영어 성경에서는 '일어나 떠나라. [왜냐하면] 여기는 너희가 쉴 곳이 아니라'로 어순이 바뀜 – 역주). 여러분이 보다시피, 그것이 우리가 행동할 이유로 주어졌습니다. 영어로 "포"(for)라는 단어가 "왜냐하면"(because)이라는 의미로 사용되어 본문의 두 절을 연결합니다. 때때로 이러한 논거는 특별한 힘을 가지고 우리에게 호소합니다. 그 이유와 추론에 대해 이제 여러분에게 말하겠습니다.

하나님의 자녀여, 당신에게는 다른 종류의 안식처가 있음을 기억하십시오. "이곳은 너희가 쉴 곳이 아니니." "그런즉 안식할 때가 하나님의 백성에게 남아 있도다"(히 4:9). 저 행복한 가정, 저 번성하는 사업장이 여러분의 처소가 아닙니다. 내가 확신하건대, 설혹 여기 아래에서 얻는 최상의 부분이 영원히 당신의 것이 된다고 해도, 당신은 그것을 위에 있는 당신의 처소와 바꾸려 하지 않을 것입니다.

"오, 기쁨, 하늘의 즐거움이여,
그곳의 찬란한 영광이여,
가장 밝은 빛이 거기서 비추니
예수의 넘치는 은혜로다."

그곳에 있다는 것은 어떤 것일까요? 천국에서 성도와 천사들은 영광의 주님의 얼굴을 뵈옵고, 겸손히 그분 앞에서 찬사를 바칠 것입니다! 오 선생들이여, 우리에게 여기 아래에 한 궁전이 있다고 해도, 그리고 사람이 하루를 종일 거닐 만큼 넓은 공원과 정원들이 있다 해도, 아니, 세상의 모든 왕국을 가지고 그 왕국들의 영광을 우리가 가진다 해도, 우리는 "여기가 우리의 쉴 곳이라"고 말하지 않을 것이며, 천국을 이런 것들과 바꾸자고 동의하지도 않을 것입니다. 우리가 이 둥근 지구에서 소유할 수 있는 것, 그 안에 있는 모든 보화가, 저 영원한 행복, 영원히 하나님 우편에 있는 기쁨의 강에 비하면 무엇인가요? 여러분이 그 차이를 비교해보면, 여러분 각 사람은 이렇게 말할 것입니다. "나는 이 땅의 보잘것없는 것들에 집착해선 안 되고 할 수도 없습니다. 여기는 내 쉴 곳이 아니기 때문입니다. 여기가 나의 쉴 곳이 아니니 하나님께 감사합니다!"

고난이 찾아올 때 여러분은 이 소리를 분명하게 들을 것입니다. 사람이 육체의 고통을 갖기 시작할 때, 자기 생명보다 귀하게 여겨지던 사람이 아프고, 그러다 무덤으로 옮겨질 때, 사업과 일상에서 모든 것이 잘못되어 갈 때, 그때 그는 내 나팔이 그다지 필요하지 않을 것입니다. 이미 그는 그 울리는 소리를 아주 크게 들었기 때문입니다. 많은 것이 그에게 말합니다. "이곳은 네가 쉴 곳이 아니다." 그는 그 사실을 잘 압니다. 그는 고난을 겪으며, 지상의 모든 것에 그다지 영향을 받지 않습니다. 그는 바다에 있는 사람처럼, 파도를 따라 위와 아래로 흔들립니다. 그를 덮치는 물결이 연거푸 몰려오고, 그는 말합니다. "이제 나는 여기가 나의 쉴 곳이 아닌 것을 확실히 알겠구나."

고난을 겪는 하나님의 자녀여, 오십시오, 이 말씀은 당신에게 거슬리는 나팔 소리가 아니라 오히려 달콤한 음악처럼 들릴 것입니다. "이곳은 너희가 쉴 곳이 아니라." 그러므로 여기서 가시와 엉겅퀴가 자라는 것을 본다 해도 이상히 여기지 마십시오. 당신의 낙원은 다른 땅에 있습니다. 거기는 가시나 시련이 없을 것이며 당신을 괴롭히는 고통도 없을 것입니다.

"거기는 영원한 봄이 있고
시들지 않는 꽃들이 있다네.
죽음은 마치 해협(海峽)처럼
여기 이 땅과 저기 우리의 천국을 나누네."

이 삶의 고난은 우리로 저 요단을 건너기 위해 서둘러 나아가게 합니다. 또 그런 이유로 이 음성은 더욱 강력하게 들려옵니다. "이곳은 너희가 쉴 곳이 아니니, 일어나 떠날지어다."

성공을 누릴 때도 우리는 같은 음성을 듣습니다. 나는 내가 하나님 앞에 가장 낮아졌을 때, 내 영이 가장 낮아졌을 때, 바로 그때가 은혜가 증대되고 또 큰 성공을 얻은 때라고 생각합니다. 이 말이 매우 이상하게 들리겠지만, 지난 때를 돌아보면, 내 주님을 섬김에 있어서 내가 보낸 가장 슬픈 시기 뒤에는 어떤 큰 승리가 즉시 뒤따랐습니다. 나는 양손으로 내 주님을 위한 싸움을 싸울 수 있었습니다. 하지만 승리를 거둔 날에, 그 동일한 손은 힘이 없어 보였습니다. 이 건물이 세워지고 있을 때, 나는 매일의 어려움에 대처할 수 있었고, 그것이 세워졌을 무렵, 열성과 열정, 흔들리지 않는 확신으로 가득했습니다. 하지만 이 장소가 개방되고, 일이 완수되었을 때, 나는 주님을 위해 바알 선지자들과 맞선 후 약해졌던 엘리야처럼 느껴졌습니다.

아, 사랑하는 친구들이여, 하나님은 여러분이 원하는 것을 주시고, 또 그것의 공허함을 느끼게도 하십니다! 여러분이 그분의 자녀라면, 당신이 더 많은 것을 가질수록 그 안에서 더 적은 것을 볼 것입니다. 하나님의 자녀는, 이 세상에서 소유를 가졌을 때도, 이렇게 말하는 사람입니다. "헛되고 헛되니 모든 것이 헛되도다"(전 1:2). 주어진 것을 올바로 볼 때 여러분은 이렇게 말합니다. "왜 내가 이것을 얻으려고 그토록 고생했을까? 이것이 하나님의 선물이기에 나는 하나님께 감사드린다. 하지만 그분이 그것을 내게 주셨다는 것을 빼고는, 그 안에 아무것도 없다. 수고와 애씀과 염려는 재물의 증대와 함께 온다. 이곳, 이곳이 나의 쉴 곳이 아니다."

여기 있는 어느 젊은이가 사업에서 성공을 거두고 그 성취를 토대로 쉴 만한 어떤 지점에 도달했다고 생각한다면, 또는 장차 그 쉴 곳에 도달하리라고 생각한다면, 그는 크게 잘못 생각하는 것입니다. 그가 하나님의 자녀라면, 설혹 그가 그의 마음이 원하는 모든 것을 얻는다고 해도, 그 안에서 만족할 만한 것을 아무것도 찾지 못할 것입니다. 하나님 안에 만족이 있습니다. 하지만 이 삶의 모든 것에는, 하나님의 은혜를 빼고는, 참된 만족이나 안식이 없습니다.

사랑하는 이여, 우리가 은혜의 시기를 만날 때도 우리는 여기가 우리의 쉴 곳이라고 느끼지 않습니다. 때때로 우리는 이 기도의 집에 앉아서 이곳에 영원히 앉아 있고 싶다고 느낄 때가 있지 않습니까? 지난 주일 오전, 내가 설교를 마쳤을 때, 스토트(Stott) 형제가 가고 싶지 않다고 말했습니다. 이런 분위기 속에 머물고 싶다고 그는 말했습니다. 아마도 이 회중 가운데는, 그 설교자가 느낀 것과 같은 것을 느낀 사람들이 많지 않았을까 나는 생각합니다. 한 형제가 그에게 임했던 어떤 감흥을 묘사했습니다. 그가 묘사한 즐거움은 아주 적절한 것이고, 잘못된 것이 없었습니다. 그가 말했습니다. "목사님, 저는 따뜻한 집을 떠나 추운 곳으로 나선 사람처럼 느꼈습니다. 다른 사람들이 아주 즐거워하는 것을 보았지만, 내게는 그 안에 아무것도 없었습니다. 나는 그런 즐거움보다 나은 것들에 익숙해져 있기에, 그런 것을 즐길 수가 없었습니다."

나는 그것이 하나님의 백성의 일반적인 경험이라고 믿습니다. 이 세상의 즐거움과 비교해서 말하자면, 그들은 그분 안에서 즐거워합니다. 일반적으로 관찰할 수 있는 것은, 신자가 하나님께 가까이 가서, 보이지 않는 즐거움들을 맛보고, 하늘에서 만들어진 떡을 먹을 때, 세상의 모든 잔치와 그 안의 모든 오락과 즐거움이 아주 시시하고, 김빠지고, 부적절하게 보인다는 것입니다. 그것은 마치 레바논 눈이 녹아 흘러내리는 시원한 시냇물에서 갈증을 푼 후에 도랑물을 마시는 것과도 같습니다. 우리의 머리를 예수의 품에 기댄 후에, 이 세상에 대해 우리는 "아니다. 이곳은 우리의 쉴 곳이 아니다"라고 느낍니다. 우리는 더 나은 것을 붙잡았습니다. 더 본질적이고, 더 만족스럽고 영속적인 것을 붙잡았습니다. 그러니 이 세상이 줄 수 있는 가장 좋은 것을 만날 때, 우리는 왠지 거기에 대해 우리의 등을 돌리게 되고 이렇게 소리칩니다. "이곳은 우리가 쉴 곳이 아니다."

우리가 정녕 이것을 강하게 느끼고, 이 나팔 소리를 분명하게 듣는 때는, 우리의 많은 친구가 집으로 돌아갈 때입니다. "이것은 너희가 쉴 곳이 아니니 일어나 떠날지어다." 나는 이 태버너클 예배당의 어느 한 자리를 보면서 속으로 이런 생각을 하지 않을 때가 거의 없습니다. '저기에 앉던 친구가 있었고, 또 저기에 앉던 친구가 있었지. 그리고 여기 내 뒤에 친절하고 선했던 어느 장로님들과 집사님들이 앉아 있었지.' 이곳을 둘러볼 때마다 많은 분이 그립습니다. 여러분은 오랜 세월 잘 지내왔던 여러분의 가장 친한 친구가 강 저편에 있으며, 또 여러분에게 가장 귀했던 누군가가 여러분 앞서 떠난 것을 발견할 것입니다. 그 일을 생각하며 여러분은 속으로 생각합니다. '나 역시 일어나 떠나야겠지. 여기가 나의 쉴 곳이 아니니까.'

나는 선원들이 영국을 떠날 때 그들이 떠나면서 남겨두는 사람들의 건강을 위해 축배를 든다는 말을 들었습니다. 마침내 일정한 거리에 이르러, 몇 주 후면 목적지 항구에 이르게 되는 시기에, 그들은 축배의 말을 바꾸어서, 그들 앞에 있는 사람들, 즉 그들이 곧 만날 사람들의 건강을 위하여 마신다고 합니다. 그렇게 마시는 것이 누구의 건강도 위하는 것이 아니라는 생각을 가진다면, 그것이 선원들을 위해서나 그들의 친구들을 위해 더 나을 것입니다. 하지만 나는 그것이 그들의 관습이라고 이해합니다. 그리고 의심의 여지 없이, 그러한 관점의 변화가 그리스도인의 삶에도 있다고 생각합니다. 나는 내 뒤에 남을 사람들이나 나와 함께 있는 사람들보다, 내 앞에 있는 사람들을 더 많이 생각하는 지점에 거의 도달했습니다. 우리는 멋진 재회를 전망하고 있습니다. 그때 우리보다 앞서간 이들이 다시 나타날 것이며, 그들과 함께, 우리는 우리 주님의 환영을 받아 영원한 거처로 들어갈 것입니다. 그런 예상과 더불어, 우리는 거듭하여 이 나팔 소리를 들으며 기뻐할 수 있습니다. "이곳은 너희가 쉴 곳이 아니니 일어나 떠날지어다."

세 번째로, 이 부름의 소리를 더욱 강력하게 해 주는 한 가지 사실이 있습니다. 본문에는 이 나팔 소리에 확신을 더하고, 우리에게 순례의 행진을 지속할 이유를 제시하는 한 가지 표현이 포함되어 있습니다. 그 나팔 소리에 응답해야 할 이유가 우리 안에만 있는 것이 아닙니다. 다른 이유가 우리 사방에서 발견됩니다. 나는 여러분이 이 점에 주목하라고 말합니다. "이는 그것이 이미 더러워졌음이니라." 여러분은 세상으로 들어갈 때마다 그것이 더러워졌음을 느낍니다. 그러므로 여러분에게 임하는 말씀에 주의하십시오. "일어나 떠날지어다."

우리 주변의 오염에 의해 이 부름의 소리에 힘이 더해집니다. 여러분은 어디에 삽니까? 만약 런던에서 오염되지 않은 구역에 산다면 그는 아주 행복한 사람일 것입니다. 여러분은 런던의 어느 거리를 지나든 그곳이 더러워졌다고 느끼게 하는 대화를 듣지 않습니까? 깊은 슬픔을 가지고 말하지만, 이 지역은 정녕 더러워지지 않았습니까? 그리고 한층 더 깊은 수렁 같은 곳도 있습니다. 신문은 이 끔찍한 오염이 어느 정도에 이르렀는지를 매일 증언합니다. 해로운 독이 계속해서 퍼지는 것 같습니다. 여러분이 하나님의 은혜에 대해 무언가를 안다면, 그러한 악 가운데서는 오래 살 수 없다는 것을 느끼지 않습니까? 롯조차도, 소돔 백성 가운데서, "그들 중에 거하여 날마다 저 불법한 행실을 보고 들음으로 그 의로운 심령이 상했습니다"(벧후 2:8). 그에게, 어느 날 사신으로 찾아온 천사들에 의해, 일어나 떠나라는 부름이 임했습니다. 그는 심중으로는 틀림없이 떠나는 것이 기뻤을 것입니다. 우리 역시, 사방의 오염으로 인해, 이곳이 쉴 곳이 아님을 깨달아야 합니다.

하지만 이 오염에 대해 우리가 뼈저리게 느끼는 것은, 그 더럽혀짐이 우리 자신의 집, 우리 자신의 사업처, 그리고 우리 자신의 매일의 경험에서 발견되는 것이기 때문입니다. 이에 대해 무어라 말해야 할까요? 잘 살펴본다면, 여러분은 여러분의 거룩한 것들 안에서도 죄를 발견할 것이라고 나는 확신합니다. 하나님을 근심하게 하고, 여러분 자신을 근심하게 하는 것들이 정녕 여러분의 일상생활에 많이 있을 것입니다. 가정생활의 영역 안에서도, '이것은 나의 쉴 곳이 아니니 그것이 더러워졌음이라'고 느끼게 만드는 것이 있을 수 있습니다. 당신에게는 당신이 사랑하면서도 깊은 근심을 가지고 기도해야 하는 사람들이 있습니다. 당신은 종종 삶에서의 관계가 긴장되고 오염으로 얼룩졌다고 인식합니다. 얼마나 많은 경건한 사람들이 다윗과 더불어 이렇게 말하겠습니까? "비록 내 집이 하나님 앞에서 이와 같지 아니하여도(KJV. 개역개정은 '내 집이 하나님 앞에 이 같지 아니하냐?'로 되어 있음. KJV로는, 앞 구절에서 하나님께서 '하나님을 경외함으로 다스리는 자는 돋는 해의 아침 빛 같고 구름 없는 아침 같고 비 내린 후의 광선으로 땅에서 움이 돋는 새 풀 같다'고 하셨으나, 내 집은 [실상] 그렇지 못하다는 겸손한 자각의 의미로 읽힘 – 역주), 하나님이 나와 더불어 영원한 언약을 세우사 만사에 구비하고 견고하게 하셨[구나]"(삼하 23:5).

그렇습니다. 이것이 우리의 쉴 곳이 아닙니다. 악은 우리가 가장 가까이 접촉하는 곳까지 침투하고, 우리는 그 모든 악에서 떠나기를 갈망합니다. 우리는 마치 젖은 옷처럼 우리에게 밀착된 듯한 오염으로부터 일어나서 떠나기를 원합니다. 그래서 이 부름은 큰 힘으로 다가옵니다.

이 부름이 한층 더 강력하게 느껴지는 이유는 우리가 탄식하며 바라는 거룩함 때문입니다. 여러분 자신의 마음을 보십시오. 여러분의 생각, 여러분의 말, 심지어 동기에서 올바른 여러분의 행동들을 잘 살펴보십시오. 교만은 얼마나 자주 찾아오는지요! 여러분은 속으로 말합니다. '내가 그 일을 정말 잘했군.' 바로 그때 그 선한 행위가 오염되어 버립니다. 어쩌면 당신은 자기를 신뢰하며, 하나님을 신뢰하지 않습니다. 그 작은 '자기 확신' 혹은 하나님께 대한 그 작은 '믿음의 결핍'이, 당신이 주님께 가져오는 그것을 곧 오염시켜 버립니다. 오, 안됩니다. 우리는 죄가 없는 곳에 이를 때까지 결코 쉬어서는 안 됩니다!

"그때 나는 보고 듣고 알게 되리,
내가 이 땅에서 바라고 소망했던 모든 것들을."

사탄이 더는 유혹하지 못하고, 부패가 영원히 끝장난 곳에 이를 때까지, 우리는 절대 만족하지 않을 것입니다.

"죄와 슬픔의 세상에서 멀어져
영원토록 하나님의 품 안에 거하리."

다시 나팔을 부십시오. 클라리온의 명쾌한 소리를 다시 울리십시오. "이것은 너희가 쉴 곳이 아니니 일어나 떠날지어다 이는 그것이 이미 더러워졌음이니라."

넷째로, 이 소리가 크게 울리며 경고하는 위험을 잊어서는 안 됩니다. 이 소리에 강렬함을 더하는 요소는 거기에 더해진 이 경고입니다. "그것이 이미 더러워졌음이니라 그런즉 반드시 멸하리니 그 멸망이 크리라." 이와 관련하여 나는 하나님의 자녀들에게 이 세상의 것들이 곧 우리의 멸망이라고 말할 것입니다. 여기에는 하나님을 향해 가는 우리의 여정에 도움이 되는 것이 없습니다. 여기는 기껏해야 광야일 뿐입니다.

"찌르는 가시들이 사방에 퍼져 있고
죽음의 독초들이 자라나네;
눈에 띄는 강들조차

온통 위협하며 흐를 뿐이네."

하나님은 자기 백성을 지키시며 그들을 끝까지 보존하십니다. 하지만 그들로서는 이 세상에서 그것을 피해야 할 훈련을 제외하고는 아무것도 취할 것이 없습니다. 헛된 세상이여! 그것은 결코 명예로운 친구가 아닙니다. 그것은 하나님을 향하는 우리에게 아무런 도움이 되지 않습니다. 은혜가 없다면, 그것은 곧 우리의 파멸이 될 것입니다.

여러분 주변의 유혹들을 보십시오. "선하신 주여, 나를 도우소서"라고 소리쳐야 하지 않겠습니까? 존 번연의 「천로역정」에서 불굴 씨(Mr. Standfast)가 물거품 마님(Madame Bubble)을 마주쳤을 때를 기억해 보십시오. 그녀가 그를 만난 것은 마법의 땅(Enchanted Ground)에서였습니다. 그녀는 그에게 지갑과 모든 다양한 육적인 즐거움들을 주겠다고 제의했습니다. 불굴 씨가 그때 어떻게 했습니까? 괴로워하면서, 그는 무릎을 꿇고 기도했습니다. 그는 가난했기에, 그녀의 지갑 때문에 유혹을 받았고, 그의 마음이 헛된 것을 따라가기 시작했습니다. 그가 무릎을 꿇고 기도하는 것 외에 무엇을 할 수 있었을까요? 아, 여기가 너희가 쉴 곳이 아니라! 이곳은 쉴 곳이라기보다는 싸워야 할 곳입니다. 기도를 위한 장소이지, 잠을 위한 장소가 아닙니다. 이곳은 여러분이 쉴 곳이 아니니, 이미 더러워졌기 때문입니다. "이미 더러워졌음이니라 그런즉 반드시 멸하리니 그 멸망이 크리라." 하나님의 은혜가 막지 않으면, 이곳이 여러분을 파멸시키고 말 것입니다. 이를 숙고하면 이 나팔 소리가 더욱 크게 들리지 않습니까?

여러분은 이 세상의 죽음에 이르게 하는 영향력을 느끼지 못합니까? 바쁘게 도시를 이리저리 다니고, 혹은 온종일을 가게에서 보내면서, 이런 일들이 여러분의 마음을 굳어지게 하는 것을 느끼지 않습니까? 은혜가 찾아와 여러분을 높은 곳으로 올립니다. 하지만 그 일 자체, 곧 염려와 여러분을 몰두하게끔 하는 문제 등, 이런 것이 여러분을 오르게 하기보다는 가라앉게 만드는 경향이 있습니다. 안식일에 대해 우리가 얼마나 감사해야 마땅한지요! 또 주중의 정해진 저녁 시간에 이 작은 성소에 옴으로써, 일에서 벗어나고, 여러분의 발에 묻은 흙을 털고, 옷에 묻은 먼지를 솔로 닦아내고, 다시 새로워지고 힘을 얻어서 수고하는 일터로 돌아갈 수 있다는 것이 얼마나 감사한지요! 하나님이 세상 위에서 살도록 우리에게 은혜를 주십니다! 세상 자체는 우리를 돕지 않습니다. 우리가 일어나 "그 얼굴을 시온으로 향하여 그 길을 물으며 말하기를 너희는 오라, 잊을 수 없는 영원한 언약으로 여호와와 연합하라"(렘 50:5)고 하는 무리와 합하지 않으면, 세상은 우리의 파멸이 될 것입니다. 그렇기에 이 나팔소리가 길고 크게 울리는 것입니다.

하지만 이 소리가 가장 크게 들리는 때는 다른 사람들 안에 있는 세속성의 치명적인 영향을 보고 슬퍼해야 할 경우입니다. 교회 기록들을 살펴볼 때, 나는 때때로 눈물을 흘리지 않을 수 없습니다. 거기에는 한때 다정하게 기도하곤 했던 한 형제의 이름이 있습니다. 그는 어디로 갔습니까? 한때 그리스도의 가장 열렬한 추종자였던 한 자매의 이름이 있습니다. 그녀는 지금 어디에 있습니까? 사실 나는 그들이 어디에 있는지 알고 싶은 마음이 별로 없습니다. 그들은 한때 잘 달렸던 것으로 보였습니다. 심각한 죄에 떨어진 한 형제를 기억하는데, 그에 대한 소식이 더는 들려오지 않습니다. 어떤 사람이 이렇게 말했습니다. "만약 그 사람이 하나님의 자녀가 아니라면, 나 역시도 아닐 것입니다." 나로서는 이렇게 말할 수밖에 없었습니다. "쉿, 쉿! 당신의 영혼을 다른 사람의 상태에 내맡기는 말을 하지 마십시오. 당신은 당신 자신에 대해 거의 알지 못하며, 또 그 사람에 대해서는 아무것도 알지 못합니다." 나는 그런 식의 말을 듣고 싶지 않았습니다. 하지만 내가 알던 사람 중에는, 나 자신도 거의 같은 말을 할 수 있었던 사람들이 몇몇 있습니다. 우리는 생각하기를 '그는 하나님의 자녀임에 틀림 없지'라고 했습니다. 하지만 결국, 그 사람은 굽은 길로 돌아섰고, 그의 마음에 하나님의 은혜를 가진 적이 없었다는 것을 입증했습니다.

아아! 사랑하는 친구들이여, 이런 일들이 일어날 때, "이것은 여러분이 쉴 곳이 아닙니다." 여기서 쉴 곳을 찾는 것은, 원수의 나라에서 안식처를 구하거나, 혹은 바다 폭풍 가운데서 안식을 구하는 것이나 다를 바 없습니다. "이것은 너희가 쉴 곳이 아니니 일어나 떠날지어다. 이는 그것이 이미 더러워졌음이니라. 그런즉 반드시 멸하리니 그 멸망이 크리라." 무한한 사랑과 자비의 하나님이 여러분을 그분의 눈동자처럼 지키시지 않으면, 이 세상은 우리의 멸망입니다.

지금까지 나는 그리스도를 믿는 사람들을 향해 말했습니다. 하나님이 이들에게 복 주시기를 바랍니다! 이제 나는 나머지 몇 분(分)을 다른 사람들에게로 방향을 돌려서 말하려고 합니다.

2. 각성한 죄인들을 위한 나팔소리

두 번째로, 이 본문은 내게 각성한 죄인들을 위하여 외치는 소리로 여겨집니다. "이곳은 너희가 쉴 곳이 아니니 일어나 떠날지어다." 이 요지를 다루면서, 사려는 깊으나 아직 주 예수 그리스도를 믿지 않는 사람들을 향해 말하고 싶습니다. 나는 내 나팔을 들고 여러분 가까이에 가서, 여러분의 귓가에서, 하나님의 백성에게 울렸던 것과 같은 소리를 울리고 싶습니다. "일어나 떠나십시오. 이곳은 여러분이 쉴 곳이 아닙니다!" 일어나십시오, 더는 잠자지 마십시오! 무관심 속에 더 누워 있지 마십시오. 하나님이 도우시어 여러분이 이렇게 말하기를 바랍니다. "내가 일어나 아버지께 가리라!" 여러분은 여러분의 현재 자리를 정리해야 합니다. 그렇지 않으면 여러분은 잃은 자가 될 것입니다. 지금 여러분이 거하는 장소의 이름은 멸망성(the City of Destruction)입니다. 거기서 빠져나오기를 원한다면, 급히 달아나야 합니다. 다가올 진노에서 도망치십시오.

여러분은 죄와 자아로부터 떠나도록 부름을 받는 것입니다. 하나님의 은혜로 말미암아, 여러분은 자아로부터, 자기 자신의 의로부터, 죄와 또 죄와 함께하는 어리석은 것들로부터 떠날 준비를 해야 합니다. 오 남자와 여자여, 여러분이 본성의 상태에 머문다면, 그것은 마치 하늘의 불로 멸망하기로 내어준 소돔과 고모라의 땅에 거하는 것과 같습니다! "도망하여 생명을 보존하라. 돌아보거나 들에 머물지 말고 산으로 도망하여 멸망함을 면하라"(창 19:17). 본성의 상태에 있는 여러분이여, 죄와 저주의 상태에 있는 여러분이여, 일어나 떠나십시오. "너희는 여호와를 만날 만한 때에 찾으라 가까이 계실 때에 그를 부르라. 악인은 그의 길을, 불의한 자는 그의 생각을 버리고 여호와께로 돌아오라. 그리하면 그가 긍휼히 여기시리라. 우리 하나님께로 돌아오라. 그가 너그럽게 용서하시리라"(사 55:6-7).

왜 여러분이 일어나 떠나야 하는지, 그 이유가 여기 있습니다: 여러분은 세상에서 안식을 찾지 못했습니다. "이곳은 너희가 쉴 곳이 아니니 일어나 떠날지어다." 나는 이 말씀을 당신에게 제시합니다. 당신은 죄의 길에서 참된 평화를 찾았습니까? 아아! 만약 당신이 깨어나 하나님 앞에서 당신의 상태를 볼 수 있다면, 당신은 행복하지 않다는 것을 알 것입니다. 어떻게 행복할 수 있겠습니까? 불멸의 영혼이 필멸의 것들에 만족하다니요! 별들 아래에서 세우려는 자는 너무 낮게 세우려는 자입니다. 하늘에 보물이 없는 자는 초라한 보물을 가진 자입니다. 여러분의 모든 소유가 여기에 있다면, 그 전부라도 빈약할 뿐이니, 당신이 죽을 때 그 모든 것을 잃을 것이기 때문입니다. 당신은 살아 있는 어느 순간에도 그것을 빼앗길 수 있습니다. 당신은 지금 안식을 갖지 못합니다. 여러분이 알다시피, 재물과 관련하여, 즐기려 하면 얼마든지 즐길 수 있겠지만 실상 그것으로 전혀 즐거워하지 않는 남자와 여자들이 많습니다. 더 젊었을 때 그들은 거기서 즐거움을 얻곤 했습니다. 하지만 이제 그들도 같은 곳에 이르고, 만족하지 못한 상태로 돌아옵니다. 나는 그것을 기쁘게 여깁니다. 주님께서 그들에게 이 세상의 즐거움에서 만족을 얻도록 허락하지 않으신 것이 나는 기쁩니다.

이 세상에서 안식할 곳이 있어도, 여러분은 곧 그곳을 떠나야 할 것입니다. 오늘 밤 여러분이 가진 모든 것을 두고 떠나야 한들 무어라 말하겠습니까? 오늘 밤, 내 목소리가 아니라, 천사가 나팔 소리를 울리고 "일어나 떠나라"고 할지 누가 알겠습니까? 오늘 밤, 집으로 가는 대신, 영원한 상태로 들어가 당신의 하나님이시며 재판장이신 분을 만나게 될지 누가 알겠습니까? 그렇게 되면 당신은 어찌할까요? 지옥의 입구 위에 당신은 한 실에 매달려 있고, 그 실은 끊어지려 합니다. 그저 숨이 턱 막히면, 심장이 멈추기만 하면, 단 한순간에 당신은 영원한 세계에 있을 터인데, 거기는 하나님도 없고 소망도 없고 용서도 없는 곳입니다. 그것을 직면할 수 있습니까? 당신이 굳은 얼굴을 하지 않고, 당신에게 들려오는 이 음성에 귀를 기울여야 하는 때인 것을 느끼기를 바랍니다. "이곳은 너희가 쉴 곳이 아니니 일어나 떠날지어다."

하지만 당신이 서둘러 도망쳐야 할 또 다른 이유는 바로 당신 삶의 죄 때문입니다. 당신이 당신의 삶을 오염시켰습니다. 그러니 당신에게 어떤 일이 일어날까요? 오, 당신은 나이가 많아지면서 더 많이 더럽혀집니다. 옛적과 달리 이제 사람이 팔백 혹은 구백 세까지 살지 않는 것이 얼마나 큰 긍휼인지요! 만약 사람이 일부 사람들이 지금 행하고 있는 정도로 악을 행하길 지속한다면, 어떤 죄의 괴물이 될까요! 사람이 팔십 세를 산다면, 죄인들은 말과 생활에서 상당히 부패한 상태가 됩니다. 하지만 만약 팔백 세를 산다면, 이 세상은 거의 두 번째 지옥이 되고 말 것입니다. 옛 시대에, 세상에 죄인들이 만연하고 파멸에 이를 정도로 부패하였을 때, 하나님이 이 세상을 씻으신 것도 무리가 아닙니다. 죄가 이처럼 여러분의 둥지를 더럽히니, "너희는 일어나 떠날지어다."

진지한 마음으로 나는 여러분이 죄에서 일어나 위험에서 서둘러 떠나기를 호소합니다. 멸망이 여러분을 위협하기 때문입니다. 죄를 범한 여러분은 여기서 언제까지나 살도록 허용되지 않습니다. 바로 지금, 여러분의 죄가 여러분의 삶에 자리를 차지하기 시작하고, 당신이 늙어갈수록 그것은 더욱 심해질 것입니다. 질병은 당신의 활력을 갉아먹기 시작하고, 떠나간 건강은 당신에게 현재 삶에서 즐거움을 누릴 가능성을 남겨놓지 않으니, 숙고해보면 당신의 상태는 거의 두 배나 끔찍할 것입니다. 오, 나로서는 죄 많은 삶을 다 보내고 소망도 없이 곧 죽을 사람이 되고 싶지 않습니다! 한 무리의 늑대가 한 사람을 둘러싼 경우라도 그에 비하면 아무것도 아닙니다.

일전에 나는 인도에 있는 한 사람에 대해 들은 것이 있습니다. 그는 죽는 것에 대해 생각했습니다. 파시교도(Parsee, 8세기에 회교도의 박해 때문에 인도로 피신한 조로아스터교도의 후손-역주)의 풍습은 죽은 자를 매장하지 않는 것입니다. 그들은 시신들을 벌거벗은 채로 남겨두는데, 그들은 그것을 "침묵의 탑들"이라고 부릅니다. 그곳에는 항상 독수리들이 기다리고 있습니다. 한 시신이 거기에 놓이고 서너 시간 내에 뼈에는 살이 남지 않습니다. 어느 불쌍한 사람이, 그는 단지 기절한 것뿐이었는데, 죽었다고 여겨져서 그 탑 위에 놓였습니다. 독수리들이 왔고, 그들 중 한두 마리가 그의 살을 끔찍하게 찢었습니다. 그는 악몽에서 깬 것처럼 눈을 번쩍 떴습니다. 아직 그가 살아 있는 동안에 독수리들이 그를 삼키려 몰려오고 있었습니다. 필사적으로 자기를 방어하면서, 그는 가까스로 도망쳤습니다. 죽은 자들의 자리에 누워, 잔인하고 게걸스러운 새들의 날카로운 부리에 둘러싸이다니, 그 얼마나 큰 곤경이었을까요!

하지만 자기의 죄들이 찾아올 때 한 죄인이 처할 상황은 그보다 훨씬 두렵습니다. 오직 주님만이 그 독수리들을 쫓아내시고, 그를 회복시켜 생명과 안전을 주실 수 있습니다. 그분은 당신의 구원을 위해 오시며, 오늘 그분의 음성이 바로 이것입니다. "이것은 너희가 쉴 곳이 아니니 일어나 떠날지어다." 이제 그분에게로 도망치십시오. 그렇지 않으면, 오늘 당신이 소유한 것처럼 보이는 그 안식처가 당신을 파멸할 것입니다. 세월이 갈수록 당신은 더 세속적으로 되고 마음은 더 굳어질 것입니다. 나이 많은 사람으로서 당신은 이렇게 말하겠지요. "나에게 말해봐야 소용없어요. 내가 만약 저 곱슬곱슬한 머리를 다시 가지고, 내 어머니의 무릎에 다시 앉을 수 있다면, 무언가를 느낄 수도 있겠지요. 하지만 이제 나는 굳어져서 돌이킬 수 없답니다."

이미 수백만의 영혼을 파멸에 이르게 한 것처럼, 세상은 지금도 많은 영혼을 멸하고 있으며, 당신까지도 멸할 것입니다. 예수께로 달아나십시오, 예수께로 달아나십시오! 죄인이여, 지금 도망치십시오! 하나님이 당신을 도우십니다! 만약 한 영혼이라도 일어나 내 주님이신 그리스도께로 도망친다면 나는 충분히 보상을 얻을 것입니다. 그러나 내 기도의 응답으로 더 많은 사람이 그렇게 하지 못할 이유가 무엇입니까? 하나님께서 예수 그리스도를 위하여 여러분에게 은혜 주시기를 바랍니다! 아멘.

제
3
장

길을 여는 자와 양 떼

"야곱아 내가 반드시 너희 무리를 다 모으며 내가 반드시 이스라엘의 남은 자를 모으고 그들을 한 처소에 두기를 보스라의 양 떼 같이 하며 초장의 양 떼 같이 하리니 사람들이 크게 떠들 것이며, 길을 여는 자가 그들 앞에 올라가고 그들은 길을 열어 성문에 이르러서는 그리로 나갈 것이며 그들의 왕이 앞서 가며 여호와께서는 선두로 가시리라"- 미 2:12,13

사랑하는 친구들이여, 지난 주일 아침에 우리가 읽었던 본문인 미가서 2장에서, 여러분은 선지자가, 성령을 제한하고 예언의 목소리를 침묵시키려 한 죄 많은 백성을 향해 비난과 책망의 말씀을 전한 것을 기억할 것입니다. 선지자는 지존자로부터 오는 정당한 징계로서 그들에게 경고의 말을 전했습니다. 우리가 놀랍게도, 그 경고의 한가운데서, 선지자는 긍휼로 가득히 채워진 예언을 전합니다. 주의 영이 제약을 받지 않으실 뿐 아니라, 주의 백성 역시 제약을 받지 않을 것입니다. 그들에게 해방자요 지도자가 될 한 분이 나설 것이기 때문입니다. 심판은 하나님의 일이지만, 그분은 심판의 경고 한가운데서도, 돌이켜 순종하는 영혼들에게 은혜 베풀기를 기뻐하십니다. 신적 정의의 폭풍과 결합하여, 정녕 은방울처럼 가장 밝고도 맑은 사랑의 물방울들이 사람들 위로 떨어지는 것입니다. 우리 하나님의 복수의 날이 지나고, 용납하시는 은혜의 해가 임합니다. 하나님의 진노의 폭풍이 마치 그분의 은혜의 영광을 더욱 빛나게 하는 검은색 박편

(箔片)처럼 작용합니다. 이 경우에 벼락들이 그 일제 사격의 와중에서 멈춥니다. 선지자가 죄와 죄인들에게 임할 파멸의 말을 쏟아내고 있을 때, 하나님은 그것을 잠시 중단시키고 아주 풍성하고도 은혜로운 약속의 말씀을 주십니다. 그 말씀이 바로 오늘 이 시간에 내가 여러분 앞에 펼쳐 전하고 싶은 내용입니다. 그렇게 할 수 있도록 하나님의 성령께서 저를 도우시길 바랍니다.

거만하게도, 어떤 고집 센 사람들은 어떤 원수도 성벽 뒤에 있는 그들에게 접근할 수 없다고 확신했습니다. 여호와께서 사마리아를 한 무더기로 만들고 예루살렘을 약탈당하도록 하시겠다고 선언하셨음에도 그렇게 자신했습니다. 그들은 이웃의 밭들을 탐내고 힘으로 그것을 강탈했습니다(2절). 마치 온 지면에 재판장이 없는 것처럼 압제를 지속했습니다. 주께서는 거듭하여 그들에게 경고하셨고, 그들이 주의 백성이라는 이유로 응징에서 보존되리라고 기대해서는 안 될 것이라고 단언하셨습니다. 그들은 하나님이 그들을 보호하실 것이라고 자랑했으며, 더 나아가 주를 의지한다고 하면서 이렇게 말했습니다. "여호와께서 우리 중에 계시지 아니하냐? 재앙이 우리에게 임하지 아니하리라"(미 3:11). 주님은 "시온은 갈아엎은 밭이 되고 예루살렘은 무더기가 되리라"고 말씀하셨습니다(미 3:12). 그들은 회초리를 피할 수 없었습니다. 그들이 할 수 있는 것은 심하게 징계를 받은 후에 은혜를 바라는 일이었습니다. 그들은 포로가 되어 끌려갈 것이지만, 흩어진 데에서 다시 모이고, 떠났던 옛 땅으로 돌아올 한 날이 올 것입니다. 선지자는 시온의 딸을 향하여 외쳤습니다. "네가 바벨론까지 이르러 거기서 구원을 얻으리니 여호와께서 거기서 너를 네 원수들의 손에서 속량하여 내시리라"(미 4:10).

진실로, 주님은 추방당한 그분의 백성을 다시 돌아오게 할 방편을 잊지 않고 마련하십니다. 오늘 우리 앞에 놓인 미가서의 말씀은 선지자들의 입술에서 떨어진 많은 다른 예언의 말씀들과 일치합니다. 회개의 날에 그분의 택하신 백성을 회복하시는 것이 주님의 길이기 때문입니다. 그분이 그의 종 아모스에게 말씀하시지 않았습니까? "보라, 내가 명령하여 이스라엘 족속을 만국 중에서 체질하기를 체로 체질함 같이 하려니와, 그 한 알갱이도 땅에 떨어지지 아니하리라"(암 9:9). 그분은 택하신 자기 백성을 흩어진 가운데서도 보존하실 것이며, 그분이 친히 정하신 때에, 그분 자신이 하신 말씀을 따라, 그들을 찾으실 것입니다. "이스라엘을 흩으신 자가 그를 모으시고, 목자가 그 양 떼에게 행함 같이 그를 지키시리로다"(렘 31:10). 이렇게 모인 이들이 한 위대한 목자의 지도 아래서 그들의 땅으로 되돌아가도록 인도를 받습니다. 그 목자의 일은, 그들이 안식의 처소에 안전하게 도달할 수 있도록, 그들을 위해 모든 방해물을 부수고 그 길의 장애들을 치우는 것입니다.

나는 이 예언의 첫 번째 성취가 고레스가 바벨론을 정복하고서 이스라엘에게 그들의 땅으로 돌아가도록 허용한 일이라고 믿어 의심치 않습니다. 고레스는 "길을 여는 자"(the Breaker)로 간주될 수 있습니다. 선지자 이사야의 글에 그에 관하여 이런 말씀이 기록되었기 때문입니다. "여호와께서 그의 기름 부음을 받은 고레스에게 이같이 말씀하시되, 내가 그의 오른손을 붙들고 그 앞에 열국을 항복하게 하며 내가 왕들의 허리를 풀어 그 앞에 문들을 열고 성문들이 닫히지 못하게 하리라. 내가 너보다 앞서 가서 험한 곳을 평탄하게 하며 놋문을 쳐서 부수며 쇠빗장을 꺾[으리라]"(사 45:1,2). 그때 자원하는 마음을 가진 이스라엘 백성이 여호와의 집을 재건하기 위해 모였습니다. 이 일을 중심으로 많은 사람이 서둘러 떠났으며, 주께서 그들과 함께하시고 그들을 형통하게 하셨습니다. 모여든 사람들로 인하여 크게 떠드는 소리가 있을 것이라는 본문과 관련하여, 우리가 발견하는 예언의 성취는 바로 이 은혜 입은 자들에 대한 것입니다. 에스라는 우리에게 다음과 같이 들려줍니다. "백성이 크게 외치므로 그 소리가 멀리까지 들렸더라"(스 3:11).

하지만 형제들이여, 주님의 약속들은 해마다 반복되는 봄과 같아서, 새로운 성취들로 언제나 넘쳐납니다. 훗날, 이스라엘의 하나님은 그 풍성하신 은혜로 아브라함과 이삭과 야곱에게 하신 그분의 언약을 기억하시고, 그분의 백성을 모으실 터인데, 그들은 지금은 흩어지고 떨어져 나간 상태에 있는 백성입니다. 이들은 하나님이 보내신 그리스도에게로 회심할 것이며, 그때 선지자의 이 말씀은 성취될 것입니다. "나 여호와는 그들의 하나님이 되고 내 종 다윗은 그들 중에 왕이 되리라"(겔 34:23). 다윗의 자손, 그들의 조상들이 자기들이 무슨 짓을 하는지 모르고 죽였던 그가, 그들에게 약속된 씨로 알려질 것이며, 그때 그들은 그들이 찌른 그분을 바라볼 것이며, 그분을 위하여 슬피 울 것입니다. 그날이 곧 오게 하소서! 그때 그들의 마음에서 수건이 벗어질 것이며, 더는 이스라엘의 지도자를 구름이 가리지 않을 것입니다. 주께서 그들을 회복하실 것이며, 그들은 그분 안에서 즐거워할 것입니다. 그날에 '길을 여는 자'가 그들 앞에서 올라가고,

그들의 왕이 선두에 설 것이니, 그들은 그들의 조상의 기업으로 인도될 것입니다.

이조차도 이 예언의 의미를 다 담은 것이 아닙니다. 나는 이 본문을 미가가 희미하게 보았던 영적인 일들의 환상을 표현한 것이라고 간주합니다. 사람들이 모입니다. 참 이스라엘, 곧 하나님의 선택된 백성이자 하나님이 그의 아들 예수를 주셨고, 또 주 예수께서 구원의 일을 맡기신 이들이 하늘을 향해 행진합니다. "오직 이면적 유대인이 유대인이며 할례는 마음에 할지니"(롬 2:29). 하나님의 영에 의하여, 아브라함과 이삭과 야곱에게 주신 언약의 전체 이야기를 바울이 해석하였듯이, 형제들이여, 하나님의 능력에 의해 난 우리가 약속의 자녀이고 참된 씨이며, 믿음으로 살았던 아브라함의 영적인 가족인 것이 명백합니다. 우리가 아브라함의 믿음을 가졌다면, 우리는 아브라함의 자녀이며, 주어진 언약 역시 우리에게 해당합니다. 아브라함의 씨는 육의 혈통에 따르는 것이 아닙니다. 아브라함의 씨가 육의 혈통을 따른다면 언약의 복은 이삭이 아니라 이스마엘에게, 야곱이 아니라 에서에게 주어졌을 것입니다. 언약은 영적인 씨, 곧 하나님의 약속에 따라 하나님의 능력으로 난 자에게 해당합니다. 주께서 언약의 복이 흘러가도록 결정하신 계보는 하나님의 주권에 의해 정해진 것입니다. "택하심을 따라 되는 하나님의 뜻이 행위로 말미암지 않고 오직 부르시는 이로 말미암아 서게 하려 [하심이라]"(롬 9:11). 하나님은 육체를 따라 난 자들이 아니라 성령으로 난 사람들이 참된 상속자들이 되도록 의도하셨습니다. 그러므로 우리는 우리 곧 그리스도 예수 안에서 즐거워하고 육체를 신뢰하지 않는 우리에게 약속들과 언약이 해당한다고 믿습니다.

하나님이 택하신 모든 이들이 죄에서 방황하던 곳을 떠나 모여드는 일이 있을 것이며, 그들을 위해 그들의 기업의 땅으로 향하는 한 분명한 길이 열릴 것입니다. 길을 여는 자, 곧 그들의 왕이며 그들의 하나님이기도 하신 분이, 모든 반대를 뚫고 그들을 인도하실 것이며, 실패 없이 평온한 안식의 처소로 그들을 데려가실 것입니다. 처음에 강한 손을 펼쳐 온 이스라엘을 애굽에서 이끌어내시고 바다와 광야를 통과하게 하셨던 것처럼, 주님은 구속받은 모든 무리를 그의 영광의 처소로 이끌어가실 것입니다. 주 하나님께서 이렇게 선언하지 않으셨습니까? "여호와께 구속받은 자들이 돌아와 노래하며 시온으로 돌아오니 영원한 기쁨이 그들의 머리 위에 있고 슬픔과 탄식이 달아나리이다"(사 51:11).

위엄 있는 광경이 이 본문에서 우리 앞에 펼쳐집니다. 우리의 눈이 성령의 기름 부음을 받아 그 영광을 볼 수 있기를, 그래서 우리의 마음이 기쁨으로 뛸 수 있기를 바랍니다!

첫째로, 본문에서 나는 모여든 양 떼를 봅니다. "야곱아 내가 반드시 너희 무리를 다 모으며 내가 반드시 이스라엘의 남은 자를 모으고 그들을 한 처소에 두기를 보스라의 양 떼 같이 하며 초장의 양 떼 같이 하리니 사람들이 크게 떠들 것이며"(12절). 둘째로, 우리는 그 양 떼의 길을 여는 용사이신 목자를 봅니다. "길을 여는 자가 그들 앞에 올라가고"(13a절). 그분은 그의 능력의 팔로써 모든 반대자를 쳐부수고, 그들을 위해 포로에서 나오게 할 한 길을 여십니다. 셋째로, 선두에 선 위대한 목자를 따라 행진하는 양 떼를 보십시오. "그들은 길을 열어 성문에 이르러서는 그리로 나갈 것이며 그들의 왕이 앞서 가며 여호와께서는 선두로 가시리라"(13b절). 여호와께서 행렬을 이끄시고, 구속받은 무리가 그분을 따라 의기양양하게 행진합니다.

1. 모여든 양 떼

우선, 형제들이여, 여기에 모여든 양 떼가 있습니다. "야곱아, 내가 반드시 너희 무리를 다 모으리라." 하나님이 택하신 자들이 있는 곳을 누가 압니까? 바벨론은 예루살렘에서 멀리 떨어져 있지만, 방황하는 우리의 장소는 그보다 훨씬 멀리 하나님에게서 떨어져 있습니다. "우리는 다 양 같아서 그릇 행하여 각기 제 길로 갔거늘"(사 53:6). 먹구름이 낀 어두운 날에 우리는 방황하며 땅끝 가장 먼 곳까지 이르렀습니다. 주께서 택하신 이들이 널리 흩어져 있었고, 그들은 모두 하나님에게서 멀어졌습니다. 이 본문에서 그들을 모으리라는 하나님의 약속을 발견하는 것이 얼마나 은혜인지요! "야곱아, 내가 반드시 너희 무리를 다 모으며, 내가 반드시 이스라엘의 남은 자를 모으리라." 주님이 아니면 달리 누가 그들을 모을 수 있을까요? 하나님의 능력이 아니면 다른 어떤 능력이 그 방랑자들을 그 소굴과 숨은 곳에서 데리고 올 수 있을까요? 하나는 저 높은 비탈에 교만과 자만심에 도취해 있습니다. 다른 하나는 의기소침과 실망감으로 저 아래 골짜기에 있습니다. 하나는 세속성이라는 목초지에서 배회하며, 거기에 있는 풍성한 것들을 한껏 즐기고 있어서, 그것을 불러오기가 어렵습니다. 또 하나는 빈곤의 덩굴풀에 엉겨 반쯤은 아사 상태에 빠져 곧 죽을 것만 같고, 기쁨으로 하나님의 얼굴을 뵐 가망이 없습니다. 내 형제들이여, 이처럼 잃은 양들이 도처에 있습니다. 그들은 마치 고의로 각자 가장 위험한 곳들을 선택한 것처럼 보입니다. 그들은 어두운 산에서 비틀거리고, 뒤엉긴 덤불에 붙잡히고, 구덩이에 빠지기도 합니다. 오, 죄여, 네가 한 것이 무엇이냐? 아니, 네가 하지 않은 것이 무엇이냐? 사람들은 하나님을 거역하여 가장 극단의 자리까지 간 것처럼 보이고, 양손으로 악을 행하기에 열심인 것처럼 보입니다. 그러나 하나님이 그들을 구하기 위해 오십니다. 그분이 친히 야곱을 모으고, 이스라엘의 남은 자들을 모으십니다. 율법으로 위협하며 내몰기도 하시고, 복음의 달콤한 것으로 부드럽게 당기기도 하시면서, 정녕 그분이 그들을 이끌어 모으십니다. 어떤 경우에는 한두 가지의 도구를 쓰시고, 어떤 경우에는 아무런 도구도 쓰지 않으시면서, 그분은 사방 모든 곳으로부터 그들을 그분이 만나실 곳으로 모으실 것입니다.

> "하나님이 아시는 한 때가 있으니,
> 피로 구속받은 그분의 모든 양이
> 가증한 죄의 길을 버리고
> 양우리로 돌아와 그 문을 통과할 때라네."

이런 일은 하나님이 일하신 결과이며, 오직 그분이 하신 일의 결과입니다. 하나님이 택하신 백성의 구원에 관한 우리의 소망은 그들을 모으는 일을 수행하시는 이가 바로 하나님 자신이라는 사실에 있습니다. 에스겔 선지자를 통해서 하신 그분의 말씀을 기억하십시오. "나 곧 내가 내 양을 찾고 찾[으리라]"(겔 34:11).

본문을 면밀하게 살피면 우리는 이 모으는 일이 확실하게 수행될 것임을 볼 수 있습니다. 나는 큰 기쁨으로 '반드시'라는 단어에 주목하는데, 왜냐하면 그 단어가 두 번 반복되었기 때문입니다. "야곱아 내가 반드시 너희 무리를 다 모으며, 내가 반드시 이스라엘의 남은 자를 모으리라." 하나님이 일하시는 곳에 '만약'은 없습니다. 하나님의 예정이 승리하는 곳에 '어쩌면'은 없습니다. 여호와께서 말씀하시면, 그대로 되는 것입니다. 그분이 명령하시면, 명령하신 대로 견고히 섭니다. 그분이 두 번씩이나 '반드시'라고 말씀하신 것을 보면, 그것은 내게 애굽 왕에게 한 요셉의 말을 떠올리게 합니다. "바로께서 꿈을 두 번 겹쳐 꾸신 것은 하나님이 이 일을 정하셨음이라"(창 41:32). 하나님은 자기 뜻을 바꾸지 않으실 것입니다. 그분은 약속을 변경하지 않으실 것이며, 그의 언약을 잊지도 않으실 것입니다. 그분의 택하신 백성이 어디에 있건 그분은 반드시 그들을 모으실 것입니다.

오, 반대를 받아 흔들리는 사람이여, 거룩한 섬김에서 심한 곤경으로 내몰린 사람이여, 그대는 실망하지 마십시오. 주님의 뜻이 설 것이기 때문입니다. 당신은 실패할 수 있지만, 영원하신 하나님은 그렇지 않습니다. 당신의 일은 마치 어린아이들이 해변의 모래에서 한 일처럼 씻겨 사라질 수 있지만, 하나님이 하시는 일은 영원히 지속됩니다. 하나님은 땅을 얼마든지 흔드시는 분이지만, 누가 그분을 움직일 수 있습니까? 하나님이 '반드시'라고 말씀하실 때, 그 일에 누가 의문을 제기하겠습니까? 주님은 사람들 가운데서 속량받은 그분의 백성을 실패 없이 불러내실 것입니다. 일꾼이자 영혼을 얻는 자(soul-winner)로서 나는 이 말씀을 붙잡습니다. "내가 반드시 이스라엘의 남은 자를 모으리라." 그러면 나는 내가 헛되이 수고한다고 느끼지 않으며, 내 힘을 헛되이 써버렸다고 느끼지 않습니다. 끝이 올 때, 구원의 모든 일이 완성될 것이며, 주께서 그분의 목적을 성취하셨음을 볼 수 있을 것입니다. "아버지께서 내게 주시는 자는 다 내게로 올 것이요"(요 6:37)라고 예수님이 말씀하시니, 반드시 그렇게 될 것입니다. 그러므로 우리는 용기를 내고, 잃은 자들을 찾을 때, 그들이 반드시 찾아질 것이라는 확신을 가집시다.

이 말씀은 우리로 그들이 완전히 모일 것임을 주목하게 합니다. "야곱아, 내가 반드시 너희 무리를 다 모을 것이라." 선택된 백성 중의 일부가 아니라, 그들 모두가 악한 자의 수중에 놓인 세상에서 이끌려 나올 것입니다. 속량받은 사람 중의 일부가 아니라, 그들 각 사람이, 그들의 목자-왕의 지도력 아래서 자유로이 걸어 나오게 될 것입니다. 주께서 그분의 양 떼 중 하나도 방황하도록 남겨두지 않으실 것이며, 사자나 곰에게 넘겨주지 않으실 것입니다. 사랑하는 친구여, 한숨짓고 부르짖으며, 하나님이 당신을 모으지 않으시리라고 탄식하는 그대여, 믿음을 가지십시오. 당신은 무력하지만, 그분을 신뢰하고, 그분이 구주로서 자기의 일을 하실 것이라고 믿으십시오. "야곱아 내가 반드시 너희 무리를 다 모으며"라고 기록되어 있습니다. 그러니 당신이 비록 방황하였더라도 저 무한의 팔이 당신에게 닿지 않으리라고 생각지 마십시오. 주의 영이 제약을 받으십니까?

당신이 죄를 범했다고 해서 은혜의 힘이 미치지 못한다고 꿈꾸지 마십시오. 그분의 자비는 영원하기 때문입니다! 그저 그리스도를 바라보고, 당신의 영혼이 그분 곁에 머물도록 하십시오. 그러면 하나님이 자기 백성을 모으시는 날에 당신을 간과하지 않으실 것입니다. 비록 당신이 이스라엘 중에서 가장 작은 자이며 가장 무가치한 자라도, 하나님이 분명하게 말씀하셨습니다. "그 잃어버린 자를 내가 찾으며 쫓기는 자를 내가 돌아오게 하며 상한 자를 내가 싸매주며 병든 자를 내가 강하게 하리라"(겔 34:16). 그대, 양 떼 중에서 가장 연약한 이여, 그분은 당신을 잊지 않으십니다. 당신은 그 무리의 완전성을 위해 꼭 필요한 사람입니다. 당신이 만약 거기에 없으면, 주께서 약속하신 이 말씀이 어떻게 지켜지겠습니까? "오 야곱아, 내가 반드시 너희 무리를 다 모으리라."

더 나아가, 이 본문은 그 백성이 연합하여 모일 것이라고 선언합니다. 그들 가운데는 아름다운 연합이 있을 것입니다. "내가 그들을 한 처소에 두기를 보스라의 양 떼같이 하리라." 오, 주님께서 이 시대에 그분의 가시적 교회 안에서도 이 약속의 말씀을 온전하고 분명하게 이루시길 바랍니다! 죄인들은 각기 다른 길에서 방황하는 동안 서로를 미워합니다. 하지만 주님께서 은혜로 그들을 함께 모으실 때, 그들의 마음에는 사랑이 생깁니다. 하나님의 은혜의 능력으로 적대감이 사라집니다! 정욕이 정복당하고, 전쟁과 다툼이 멈춥니다. 하나님은 혼돈의 유발자가 아니라 평화의 창시자이십니다. 은혜로 인하여 에브라임은 유다를 시기하지 않고, 유다는 에브라임을 화나게 하지 않습니다. 내가 주목하는 것은, 죄인들이 자신들의 죄를 자각할 때 서로 다투지 않고, 성도가 구주를 바라보고 용서의 은혜 안에서 기뻐할 때 거룩한 사랑 안에서 함께 모인다는 것입니다.

하나님의 교회를 표방하는 가시적인 공동체 안에서는—내가 의미하는 것은 기독교 국가의 결합된 외적 조직입니다—많은 분열과 격렬한 다툼이 있어도, 진정한 하나님의 교회 즉 성령이 거주하시는 신령한 몸 안에는 이런 악들이 매장됩니다. 참으로 영적인 것은 마음에 있는 것입니다. 여러분은 많은 면에서 여러분과 다른 사람을 만날 수 있습니다. 하지만 하나님의 생명이 그의 안에 있고, 당신 안에도 그 생명이 있다면, 당신은 그에게서 가장 가까운 친밀감을 느낄 것입니다. 내가 읽은 책들 가운데서, 비록 저자들이 나의 관점에서 볼 때 많은 면에서 내가 반대하는 교회에 속하였지만, 종종 내 영혼 속에서 그 저자들과 참된 형제애의 느낌을 일깨워주는 것이 있음을 발견했습니다. 만약 그들이 거룩하신 나의 주님을 찬양하고, 내적 생명에 대해서 말하며, 하나님과의 연합에 관하여 언급한다면, 그리고 그것을 성령의 증거들인 감격과 생명의 능력으로 그렇게 행한다면, 그때 내 마음은 그들이 누구이든지 그들에게 가까워집니다. 여러분도 그렇지 않습니까?

주님께서 사람들을 그분께로 이끄실 때, 동시에 그분은 그들을 서로에게로 이끄시는 것입니다. 비록 타락한 본성은 분열하고, 교만과 자아가 사람들을 갈라놓지만, 주님께서 이 분열의 요소들을 새롭게 하시는 그분의 능력으로 극복하십니다. 그리하여 그분의 이 말씀이 성취됩니다. "그들을 한 처소에 두리라!" 주께서 우리를 함께 모으실 때, 어떤 사람도 우리를 흩어놓지 못합니다. 심하게 분열된 하나님의 가시적 교회 안에서 필요한 것은, 우리가 모두 더 온전히 하나님의 손 아래에 모이고, 더 온전하게 하나님의 진리의 가르침에 우리 자신을 복종시키는 것입니다. 연합의 계획들은 별 가치가 없습니다. 필요한 것은 연합의 정신입니다. 우리 주 예수님이 이렇게 기도하셨습니다. "그들도 다 하나가 되어, 세상으로 아버지께서 나를 보내신 것을 믿게 하옵소서"(요 17:21). 그분의 기도는 땅에 떨어질 수 없습니다. 교회는 그리스도 안에서 하나이며, 누구도 그 솔기 없는 의복을 갈라놓을 수 없습니다. 하지만 때가 이르면, 더욱 명백하게, 주께서 널리 흩어진 하나님의 자녀를 모아 하나가 되게 하실 것입니다(참조. 요 11:52).

이 모여드는 일은 행복하게 이루어질 것입니다. 그들은 "초장의 양 떼같이" 모여들 것입니다. 하나님이 택하신 백성이 모이는 곳은 황량하고 불행한 지역이 아니라 안전하고 평온한 지역이며, 주님이 친히 양의 우리로 정하신 곳입니다. 양들의 위대한 목자이신 주 예수 그리스도께서는 우리를 푸른 초장에 눕게 하십니다. 그분은 우리를 잔잔한 물가로 인도하십니다. 그분이 자기 양 떼를 한 곳으로 모으시고 평화롭게 눕게 하십니다. 그가 말씀하십니다. "적은 무리여 무서워 말라 너희 아버지께서 그 나라를 너희에게 주시기를 기뻐하시느니라"(눅 12:32). 그분이 우리에게 모든 것을 풍요롭게 주시고 누리게 하십니다.

오, 하나님에게서 멀리 떨어져 방황하고 있는 그대여, 주님께서 당신을 예수님이 중심이시며 목자이신 그 우리로 당신을 모으실 때까지는 당신에게 안식이 있을 수 없습니다. 당신이 예수님께 올 때 비로소 당신은 영혼의 안식을 찾을 것입니다. 하지만 그때까지는 그럴 수 없습니다. "그리하면 모든 지각에 뛰어난 하나님의 평강이 그리스도 예수 안에서 너희 마음과 생각을 지키시리라"(빌

4:7). 오직 그리스도 예수 안에서입니다. 그리스도인들은 안식 없는 영혼들의 불행한 무리가 아닙니다. 그들은 서로를 향해 짖어대며 감독자의 채찍질에 고통스러워하는 개들의 무리가 아닙니다. 오히려 그들은 행복한 연합 안에서 꼴을 먹는 양의 무리입니다. 그들 가운데 계시는 예수님이 그들을 위해 한낮에도 쉴 수 있는 곳을 찾으십니다. 그분은 자기 백성을 너무나 사랑하셔서, 그들에게 자기 자신을 나타내십니다. 그러므로 그들은 행복한 사람들이며, 크게 은혜를 입었고, 크게 명예롭게 된 백성입니다. 하나님이 그들에게 복을 주셨으니 그들이 복을 누릴 것입니다.

이 요지에서 한 가지를 더 언급해야겠습니다. 그들은 수없이 많이 모일 것입니다. "사람이 많으므로 그들이 큰 소리를 내리라"(KJV, "사람들이 크게 떠들 것이며"[개역개정]). 여호와의 진영은 매우 큽니다. 만약 당신이 주께서 택하신 백성이 아주 적은 무리이며 마지막에는 극히 소수만 구원을 얻게 되리라 생각했다면, 그것은 크게 잘못 생각한 것입니다. 구속받은 자들의 수는 어떤 사람도 능히 셀 수 없습니다.

자, 한 사람이 아주 큰 수를 셀 수 있습니다. 그런데 택함을 받은 자의 수를 사람들이 능히 셀 수 없다면, 그들의 수는 틀림없이 엄청나게 큰 수일 것입니다. 선지자는 그들이 사람이 많은 이유로 큰 소리를 낸다고 묘사합니다. 그는 "사람들로 웅성거리는 소리"를 암시합니다. 그것은 큰 무리가 내는 소리이며, 마치 벌들이 모일 때 윙윙대는 소리를 내는 것과 마찬가지입니다. 도시에서는, 부산하게 움직이는 많은 사람에 의해 나는, 묘사하기 힘든 어떤 소리가 있습니다. 사람들이 크게 모여드는 교회에도 그와 비슷한 소리가 있습니다. 에돔의 양 치는 고장 보스라에서, 세금 징수를 위한 목적으로 수를 세려고 그 지방의 모든 양 떼를 모았을 때, 거기서 나는 소음을 한 번 상상해보십시오. 그 무수한 양들의 울음이 내는, 묘사하기 어려운 그 소리를 한 번 들어보십시오! 무수히 많은 속량받은 사람들이 최종적으로 모여들었을 때, 그들이 가장 충만한 기쁨으로 목청껏 소리를 지를 때, 그 소리가 어떠할지를 암시하지 않습니까! 그 모인 무리가 함께 기도한다면, 모여든 사람의 수가 많으므로 그 기도 소리는 또 얼마나 크겠습니까? 하지만 그들이 모두 노래할 때, 그 소리는 과연 어떨까요? 요한이 "내가 하늘에서 나는 소리를 들으니 많은 물소리와도 같고 큰 우렛소리와도 같다"(계 14:2)고 말했을 때, 그 의미가 궁금하십니까? 비할 데 없는 군대와 같이 구속받은 무리가 모두 한 곳으로 모이는 것을 생각할 때, 내 눈에서는 눈물이 흐릅니다. 그 헤아릴 수 없는 양 떼를 묘사하기 시작할 때, 선지자가 시인이 되어 "사람이 많으므로 그들이 큰 소리를 내리라"고 말하는 것은 당연합니다. 나는 우리가 우리의 머리이신 주님과 함께 모이는 날, 우리 가운데서 누구도 목소리를 억제하지 않을 것이라고 믿습니다. 이 예배의 시작 때 한 사람이 서서 이 예배당을 둘러보는 것을 보았습니다. 이 큰 무리를 보기 위해서였습니다. 그도 그럴 법한 것이, 이 거대한 무리를 눈으로 본다는 것이 굉장한 일이기 때문입니다. 하지만 우리가 구속받은 큰 무리의 한가운데 서게 될 때 우리의 기쁨은 어떨까요? 멀리 또 넓게 보아도, 우리는 그 모인 무리의 끝을 볼 수 없을 것입니다. 그들이 노래하기 시작할 때, 우리의 영혼은 그 장엄한 찬송의 벅찬 감동을 어찌 감당할 수 있을까요? 나는 내가 그 신실한 회중의 한가운데서 나의 주 하나님을 향해 찬송을 부를 때, 그날 나의 목소리 상태가 최상일 것임을 압니다. 그날 사람들이 큰 소리로 찬송의 열망을 표출할 것이며, 온전해진 무수한 백성이 보좌 앞에서 그들의 마음을 쏟아 노래할 것입니다.

여기까지 미약한 방식으로나마 그 양 떼의 모임에 대해 전하였습니다.

2. 길을 여는 용사이신 목자

다음으로, 길을 여는 용사이신 목자에 대해 말하고자 합니다. "길을 여는 자가 그들 앞에 올라가고"(13절). 10절에서 주님께서 그의 백성에게 말씀하십니다. "이것은 너희가 쉴 곳이 아니니 일어나 떠날지어다 이는 그것이 이미 더러워졌음이니라." 하지만 우리는 우리 자신에게 말합니다: "그들이 지금 있는 그곳에서 어떻게 떠나지? 어떻게 저 하늘의 높은 곳에 있는 초장을 향해 나아가지? 그들은 양과 같은데, 어떻게 그들이 길을 찾는단 말인가? 그들이 원수에게 어떻게 맞서지? 그들이 어떻게 장벽들을 헤치고 나간다지? 양 떼가 사나운 늑대들이 우글거리는 길 없는 사막을 지난다는 건 부적절한 일이야. 교회가 어떻게 온전한 자들의 거주지까지 도달할 수 있을까? 먼 거리를 횡단해야 하고, 죄의 언덕들도 넘어야 하고, 캄캄한 어둠도 경험해야 할 텐데."

오, 주 하나님! 주님께서는 어떻게 양 무리와 같은 당신의 교회가 모든 어려움과 역경들을 헤치고 당신께로 이를 길을 찾는다고 예상하십니까? 그런 두려움에 대한 대답이 우리 앞에 있습니다. "길을 여는 자가 그들 앞에 올라가고." 양 떼의 위대한 목자, 그 이름이 "길을 여는 자"(the Breaker)이신 분이 그의 백성을 위하여 길을 내십니다. 그렇습니다. 그분이 그 팔의 힘으로 길을 만드십니다.

우리와 천국 사이에는 거대한 죄의 알프스가 가로놓여 있습니다. 하나님의 모든 양 무리 가운데 아무도 그 산들을 오르지 못했습니다. 그 두려운 장벽들을 넘으려 시도하는 자는 필연적으로 죽어야만 합니다. 하늘로 가는 길은 '하늘에 도전하는' 이 산들에 의해 효과적으로 막혀 있었습니다. 존재하는 통로는 없었습니다. 독수리의 눈도 길을 찾지 못했습니다. 하나의 죄가 한 사람을 천국으로 가지 못하게 막을 수 있습니다. 하지만 우리의 수많은 허물, 사악함, 해악, 잘못된 행동의 반복은 인간의 모든 능력과 지혜를 동원해도 그 일을 가망 없게 만듭니다. 나는 저 끔찍한 언덕들을 보면서, 어떻게 하나님의 양 떼가 그런 장애물에도 불구하고 영원한 복락의 상태에 도달할 소망을 가질 수 있을지 의아해합니다. 하지만 보십시오. "길을 여는 자"가 오십니다! 그 앞에서 산들이 가라앉습니다! "친히 나무에 달려 그 몸으로 우리 죄를 담당하셨으니"(벧전 2:24). 그가 대신 짊으로써 그 모든 것을 치우셨습니다. 그분이 친히 자기 백성의 죄의 짐 전부를 대신 지셨습니다. 그분이 무겁게 내리누르는 죄의 무게 전체를 견디셨고, 그의 속죄의 죽음으로써 그들의 죄악을 바다 깊은 곳으로 던지셨습니다. 그 속죄의 통로가 우리에게는 영광으로 향하는 열린 길입니다. 예수의 무덤 안에 우리의 모든 죄가 매장되었습니다. 그 수가 아무리 많아도 예수 그리스도를 믿는 자이면 그의 죄는 남아 있지 않습니다.

"길을 여는 자, 한때 우리를 대신하여 죄가 되신 분이
저주를 깨뜨리고 그 백성을 자유롭게 하셨네.
그가 죽음과 지옥의 권세를 깨시고,
이스라엘을 위하여 길을 활짝 여셨네."

"여호와의 말씀이니라. 그 날 그 때에는 이스라엘의 죄악을 찾을지라도 없겠고 유다의 죄를 찾을지라도 찾아내지 못하리니, 이는 내가 남긴 자를 용서할 것임이라"(렘 50:20). 길을 여시는 영광스러운 구주께서, 그분의 못 박힌 손과 발과 찢어진 옆구리로, 그분 자신의 희생을 통해 죄를 치우시는 기적 중의 기적을 행하셨습니다. 예수께서 말씀하십니다. "내가 곧 길이다"(요 14:6). 그분이 길이십

니다. 그 길은 과거의 죄나 현재의 죄가 효과적으로 막을 수 없습니다.

하지만 내 형제들이여, 비록 우리의 죄가 모두 용서되었어도, 그 길에는 다른 어려움이 있습니다. 우리에게는 힘이 없고, 우리 본성의 타락이 쉽게 극복되지 않기 때문입니다. 우리 마음의 딱딱함과 우리 의지의 고집스러움을 생각해보십시오. 우리 판단력의 맹목성과 쉽게 유혹에 이끌리는 우리의 정신을 생각해보십시오! 우리가 그런 장애물들을 뚫고 나갈 수 있을까요? 오, 만약 주께서 나의 모든 죄를 용서하시고, 그런 후에는 스스로 길을 찾는 조건으로 천국을 주신다면, 나에게는 여전히 가망이 없습니다. 중생한 자일지라도 육체와 더불어 심한 싸움을 싸우는 것을 발견합니다. 우리가 타락한 우리의 본성을 무릅쓰고 성공적으로 나아갈 수 있을까요?

사랑하는 이여, 길을 여는 이가 우리 앞서 올라가셨습니다. 주 예수 그리스도께서 우리의 본성을 취하시고, "모든 일에 우리와 똑같이 시험을 받으셨습니다"(히 4:15). 그분은 그 싸움의 모든 면에서 난관을 극복하셨습니다. 그리하여 그분의 승리로 말미암아 우리도 능히 정복자들이 될 수 있는 것입니다. 그분이 우리의 마음과 영을 새롭게 하시기 위해 성령을 보내십니다. 그분이 우리의 육체에서 돌 같은 마음을 제거하십니다. 우리의 감정을 그분이 통치하시고, 그분이 의도하시며, 그분이 다스리십니다. 그분이 우리의 지각을 밝히시고, 그분이 우리 영혼을 정화하십니다. 그러므로, 우리 안에서는 약해도, 그분 안에서 우리는 강하게 됩니다. 그분 안에서 강해지는 우리는 광야에서 멸망하지 않을 것이며, 우리의 순례를 지속할 것이며, 마침내 요단을 건너 최종적으로 우리 기업의 땅에 서게 될 것입니다. 길을 여는 분이 우리 앞서 올라가셨기 때문에, 우리도 죄악의 요새들을 깨뜨리며 나갈 것이며, 거룩함과 온전함에 이르는 우리의 길을 열 것입니다.

하지만, 비록 그러하여도, 죄가 용서되고 우리의 부패한 본성이 극복되어도, 여전히 또 다른 어려움이 있습니다. 저 어둠의 권세자가 직접 길을 막습니다. 그는 앞으로 나아가지 못하도록 우리를 대적합니다. 그는 길을 가로막고 서서, 우리 영혼을 내동댕이치겠다고 위협합니다. 절대 두려워하지 맙시다. 길을 여는 자가 우리 앞에 가시기 때문입니다. 원수는 그분의 강한 오른손의 힘을 압니다. 저 광야에서와 동산에서 우리 주님은 저 큰 대적을 무찌르셨습니다. 그분이 우리에게 곧 사탄을 우리 발아래에 둘 것이라고 확언하셨습니다. 우리는 지옥에 있는 모든 귀신을 두려워할 필요가 없습니다. 믿음으로 용기를 가지고 대적하기만 하면, 그들은 우리에게서 도망칠 것입니다. 우리는 우리의 안식의 항구, 저 행복의 천국에 도착할 것입니다. 길을 여시는 자, 우리의 영광스러운 주께서 십자가의 철퇴로 저 리워야단의 머리를 깨뜨리셨고, 그분의 대적들을 공개적인 비웃음거리로 만드셨습니다. 우리 주님은 에덴의 문에서 저 옛 뱀과 관련하여 이렇게 말씀하셨습니다. "여자의 후손이 네 머리를 상하게 할 것이요"(창 3:15). 이제 주님은 승천하심으로써 그 일을 행하셨고, 사로잡혔던 자들을 사로잡아 이끌어 가십니다(참조. 시 68:18; 엡 4:8).

"하나님과 동등하신 아들로서 오르시고
온통 피로 물든 의복을 입으신 채 오르셨으니,
스랍 천사들이 죽음을 이긴 그분의 명성을 노래하고
길을 여시는 그분의 영광스러운 이름을 칭송하네."

이것이 우리로 마지막 원수를 대면하게 합니다. 죽음은 영생으로 가는 길을 막습니다. 용기를 내십시오, 길을 여는 분이 이 문제에서도 여러분 앞에 가셨습니다! 예수님이 죽으셨습니다. 영원히 복되신 분이 머리를 숙이고 숨을 거두셨습니다(요 19:30). 하지만 들으십시오! 그분이 죽은 자 가운데서 일어나셨습니다! 그분이 잠시 차가운 죽음의 감옥에서 주무셨습니다. 하지만 그분은 죽음의 손에 붙잡혀 있을 수가 없었습니다. 정해진 때에 그분은 일어나셨습니다. 그분은 생명의 새로움으로 깨어나셨고, 그분 안에 있는 모든 능력 역시 깨어났습니다. 죽는 것을 두려워 마십시오. 여러분은 잘 닦여진 길로 여행할 것이기 때문입니다. 땅의 깊은 곳으로 내려가는 것을 두려워 마십시오. 거기에 여러분의 임마누엘이 주무셨기 때문입니다. 그분이 여러분 홀로 이 어두운 길을 지나도록 버려두지 않으실 것입니다. "그가 친히 말씀하시기를 내가 결코 너희를 버리지 아니하고 너희를 떠나지 아니하리라 하셨느니라"(히 13:5). 그분이 여러분과 함께 이 애굽으로 내려가실 것이며, 또한 반드시 여러분을 거기서 데리고 나오실 것입니다. 길을 여는 분이 여러분 앞에 가십니다.

하지만 내가 저 천국 문으로 들어갈 것을 바랄 수 있을까요? 저 진주 문들, 그 부드럽고 순수한 광채가 나의 비뚤어지고 죄 많은 마음을 꾸짖는데, 내가 그 입구를 통과한다고 바랄 수 있을까요? 모든 것이 절대적으로 완벽한 곳에 내가 과연 설 수 있을까요? 그 비길 데 없는 순수함 속에서 나는 움츠러들 것 같습니다. 하지만 형제들이여, 길을 여시는 분이 우리 앞에 가셨습니다. 그분이 모든 믿는 자들을 위하여 천국을 여셨습니다. 우리는 안전하게 그분이 가신 곳으로 들어갈 것입니다. 아니, 우리는 들어가야 합니다. 그분이 계신 곳에, 그분을 섬기는 자들도 있을 것이기 때문입니다. 그분이 우리 각 사람을 환영하실 것입니다. "여호와께 복을 받은 자여 들어오라, 어찌 밖에 서 있느냐"(참조. 창 24:31). 투명한 유리처럼 맑은 황금의 거리를 우리는 두려움 없이 걸을 것이며, 가장 순수한 빛으로 눈부시게 빛나는 보좌에 이르기까지, 우리는 당황하지 않고 지날 것입니다. 예수께서 우리 앞에 가셨기 때문입니다. 그분을 바라보십시오!

> "그는 아버지 우편에 계시니
> 사랑의 사람, 십자가에 못 박히신 분이라네."

지성소로 들어가는 길이 이제 명백해졌습니다. 길을 여시는 분이 위에서 아래까지 휘장을 찢으셨고, 우리로 값없이 천국에 들어가게 하셨습니다.

하지만 여기서 멈추어야겠습니다. 내가 다루는 주제는 아직 끝나지 않았으나, 시간의 제약이 있기 때문입니다.

3. 행진하는 양 떼

마지막으로, 몇 분 정도로, 왕으로서 길을 여는 자의 인도를 따라 행진하는 양 떼의 모습을 여러분에게 제시하려고 합니다. 주 예수께서 그의 죽음과 부활과 승천에서, 우리 앞에 가신 것처럼, 그분의 은혜에 의해 우리는 그분을 따르도록 인도됩니다. 은혜에서 영광으로 인도되는 것이지요. "그들은 힘을 얻고 더 얻어"(시 84:7) 앞으로 나아갑니다. 그분이 그들에게 "나를 따르라"고 말씀하십니다. 그들은 그분의 음성을 알고, 또한 그분의 양으로 그분을 따라갑니다.

우리는 이 위대한 용사가 여시는 길을 따라서 양 떼 전체가 행진하는 것을 봅니다. "길을 여는 자가 그들 앞에 올라가고", 그들은 그분의 발자취를 따라갑니다. "그들은 길을 열어 성문에 이르러서는 그리로 나갈 [것입니다]"(13절). 내 형제들이여, 보십시오. 이 얼마나 장엄한 광경입니까? 하나님이 택하신 온 무리가 승리하신 그들의 지도자를 따르고 있습니다! 여러분은 저기 광야를 지날 때 길을 인도한 불과 구름 기둥을 봅니까? 여러분은 이스라엘 온 무리가 영광스러운 행렬로 그들에게 예정된 기업을 향해 행진하는 것을 봅니까? 영적인 눈으로 볼 때는 하나님의 교회가 그러합니다. 여러 세기 동안, 모든 땅에서, 그들은 예수 곧 길을 여시는 분이 그들을 위해 열어놓으신 지정된 길을 따라 행진합니다. 여러분과 내가 그 멋진 행렬 속에 있습니다. 그러기를 바랍니다. 때때로 뒤따르는 우리는 절기도 하고 멈칫거리기도 하지만, 그럼에도 우리는 그 길에서 벗어나지 않습니다. 우리가 선택된 지도자를 떠난다면 달리 누구에게로 간단 말입니까? 지칠 수는 있어도, 우리는 계속해서 그분을 따를 것입니다.

오, 우리가 길을 여시는 그분에게 더 가까이 붙어서 가기를 바랍니다! 오, 우리의 모든 악한 습관들이 그분의 은혜로 깨어지길 바랍니다! 우리는 우리의 왕이 어디로 인도하시든 그분을 따를 것입니다. 그렇습니다. 우리는 그 무리 속에 있습니다. 나는 믿습니다. 하나님께서 우리가 그 길에서 벗어나는 것을 허용치 않을 것입니다! 다른 어떤 길도 저 위대한 길의 안내자가 마련하신 길과 같지 않습니다. 이 길은 왕의 대로이며, 따라서 우리는 사는 날 동안 이 길을 떠나지 않을 것입니다.

이 본문에서 하나님의 백성이 그들의 왕을 본받는 것으로 묘사되는 점에 주목하십시오. 본문은 이렇게 기록되어 있습니다. "그들은 길을 열어." 그분이 길을 여는 분이며, 그들도 역시 길을 여는 자들입니까? 그렇습니다. 그들 역시 길을 열었습니다. 그리스도는 자기 백성을 위한 위대한 용사이십니다. 하지만 그들 중 어느 한 사람도 투쟁 없이 면류관을 쓰지 않습니다. 하나님의 지혜 안에서 그렇게 예정되었습니다. 우리를 위해 모든 것이 행해졌다는 것은, 우리를 무위(無爲)로 이끄는 것이 아니라, 도리어 우리를 거룩한 성실로 이끕니다. 그리스도의 싸움이 어느 정도 그분의 성도 안에서 반복됩니다. 면류관은 은혜로 주어집니다. 하지만 우리는 그것을 위해 달려가야 합니다. 그리스도께서 죄를 정복하셨으니, 우리는 그분을 믿는 믿음으로 죄를 정복해야 합니다. 그분이 원수를 굴복시키셨으니, 우리 역시 영적인 악행들과 맞서 싸워야 합니다. "그들은 길을 열어."

여기에 자애로운 사랑이 있습니다. 그리스도께서 우리를 구원하기로 하셨으니, 우리에게는 해야 할 아무것도 남기지 않을 수도 있었습니다. 하지만 은혜를 나타내시려고, 그분은 투쟁에서나 영광에서, 길을 여는 것에서나 앞으로 나가는 면에서, 그리고 성문을 통과하는 일에서, 우리가 그분을 본받기를 바라셨습니다. 그분이 우리로 그의 고난에 참여함을 알게 하십니다. 오십시오, 형제와 자매들이여. "그들은 길을 열어"라는 이 본문의 말씀이 우리 안에서 성취되도록 하나님께 구합시다. 모든 죄를 깨부수자고 결심합시다. 어린 양의 피로 승리할 것을 다짐합시다. 세상을 이기는 승리는 이것이니 곧 우리의 믿음입니다(요일 5:4). 우리가 믿음을 가졌다면, 오늘 선한 목적을 위해 그것을 활용합시다.

이 백성이 길을 여는 분에 의하여 인도된 것에 주목하십시오. 그들은 그분을 따르는 일에서 인내했습니다. 그들은 길을 열었고, 성문에 이르러서는 그리로 통과했습니다. 그들은 한 번에 한 가지씩 작은 일을 행했습니다. 그들은 한 걸음씩 행진했습니다. 그들은 무슨 일에도 중단하지 않았고, 계속해서 앞으로 또 위로 행진했습니다. 그렇게 성도는 은혜에서 은혜로 나아가며, 믿음에서 더 큰 믿음으로 나아갑니다. 이 문장에 주목하십시오—"그들은 길을 열었고, 성문을 통과하였고, 그곳을 통해 지나갔다"(KJV; "그들은 길을 열어 성문에 이르러서는 그리로 나갈 것이며"[개역개정]). 마치 그들이 천천히, 하지만 확실하게, 점진적으로, 장엄하게 그렇게 한 것처럼 보입니다.

그렇게, 하나님의 은혜가 마음속으로 들어올 때, 우리는 하나님의 양으로서 그분을 따르게 됩니다. 우리는 작은 일에 주의하게 되고, 순종의 모든 면을 살피게 됩니다. 여러분이 은혜 안에 있다고 해서 한 번에 많은 일을 하면서 그것을 효과적으로 하지 못합니다. 은혜 안에서의 진보는, 그것이 위조라면, 신속할 수 있습니다. 하지만 그것이 진짜라면, 그것은 인내를 요구한다고 나는 이해합니다. 우리 주님은 "경계에 경계를 더하며 교훈에 교훈을 더하고, 여기서도 조금 저기서도 조금"(참조. 사 28:13)씩 우리에게 주십니다. 비록 우리가 느리더라도 확신을 가집시다.

하지만 이제, 그들이 왕의 지도력 아래에서 행진하고 있다는 사실을 여러분이 주목하기를 바랍니다. "그들의 왕이 앞서 가며." 그리스도께서는 언제나 자신의 교회에 앞서 행하십니다. 왜일까요? 그분이 교회를 너무나 사랑하셔서 교회로부터 떨어지실 수 없기 때문입니다. 그분이 자기 양 떼의 선두에 계신 것은 그분이 그것을 자기의 피로 사셨기 때문입니다. 그분은 천사를 보내어 그의 택하신 무리를 이끌도록 하지 않으시고, 그분이 친히 그분의 영원한 사랑의 대상을 보살피실 것입니다. 그분은 자기 교회의 필요를 아시며, 그분과 같은 분, 오직 그분만이 그 필요를 채우십니다. 그러므로 그분은 왕으로서 항상 그들의 선두에 머물러 계십니다.

형제들이여, 우리가 항상 그분을 경외하고, 존중하며, 순종하도록 합시다. 활동적으로 임재하시는 우리의 왕은 충성되고 성실한 섬김을 받으셔야 합니다. 길을 여는 자로서 그분이 우리를 섬기셨으니, 우리는 그분을 왕으로서 섬겨야 합니다. 시편 기자가 선택된 신부를 향해 어떻게 말했는지를 기억하십시오. "왕이 네 아름다움을 사모하실지라 그는 네 주인이시니 너는 그를 경배할지어다"(시 45:11). 교회로서, 우리는 다른 머리를 모릅니다. 그분의 초장의 백성으로서, 우리는 다른 지도자를 모릅니다. 담대하고 즐겁게 그분을 따라갑시다.

오늘 그분을 찬양합시다. 그분을 칭송하고 그분께 경배합시다. 그분은 여호와이십니다. 우리의 선두에 계신 그분이 우리의 주님이십니다. 그분 안에 신성의 모든 충만이 육체로 거하십니다(골 2:9). "여호와께서는 선두로 가시리라"고 기록되지 않았습니까? 여호와께서 우리의 왕이시기에, 또한 그분이 우리를 구원하실 것이기에 기뻐합시다. 진리와 의의 큰 목적이 실패할 것을 두려워한 적이 있습니까? 이 먼지를 그대에게서 떨어내십시오. 그런 생각을 떨쳐 내십시오. 여호와께서 그 무리를 이끄시면, 누가 그분에 맞설 수 있겠습니까? 한때 슬픔의 사람이셨지만 이제는 왕 중의 왕이신 예수 그리스도께서 선두에 나서시면, 그분이 친히 우리의 대적들을 처벌하실 것이며, 그들이 자랑하는 것들을 일거에 해소하실 것입니다. 그러므로 의문을 품지 말고 잠잠히 목자를 따르십시오. 그러면 당신의 길은 형통할 것입니다. 만군의 여호와께서 우리와 함께하십니다. 야곱의 하나님이 우리의 피난처이십니다. 그러므로 이 말로 서로를 위로하십시오.

내가 그 길을 여시는 분의 인도를 따르는 무리 중의 하나라는 것을 믿을 때, 내가 느끼는 기쁨을 다 표현할 수가 없습니다. 하지만 나의 슬픔은, 여러분 중에서 일부는 그분의 양 떼에 속하지 않았다는 사실입니다. 오, 여러분이 그분이 말씀하시는 바로 이 무리에 속하기를 바랍니다. "또 이 우리에 들지 아니한 다른 양들이 내게 있어 내가 인도하여야 할 터이니"(요 10:16). 오, 그분이 신속하게 당신을 인도하시길 바랍니다!

당신은 이 아침에 그리스도를 향한 마음의 소원을 느낍니까? 예수 그리스도로 말미암아 하나님과 화평하고 싶은 어떤 갈망이 있습니까? 그렇다면 당신은 그분이 자기에게 나오는 자를 결코 내쫓지 아니하신다는 확신을 가지고 자유롭게 나올 수 있습니다. 그분은 당신을 그분의 십자가로 초청하십니다. 아니, 그 분 자신에게로 초청하십니다. 지금 당신의 가슴에서 일어나는 부드러운 충동에 순종하십시오. 예수님은 잃은 자를 찾아 구원하시려는 목적으로 오셨습니다. 당신은 잃은 자입니다. 그러므로 그분이 당신을 구원하시도록 기도하십시오.

모든 선한 일의 원수가 당신에게 말하기를, 당신은 절대 끝까지 견디지 못할 것이라고 한다면, 설혹 당신이 믿더라도, 길을 여시는 분이 자기 백성 앞에 가셨고, 또 그들의 왕으로서 그들의 선두에 가시는 것을 기억하십시오. 길에서 마주칠 어떤 것도 두려워하지 마십시오. 누구도 당신을 쳐서 소망과 천국을 빼앗을 수 없습니다. 승리한 우리의 여호수아 휘하에서 행진하는 군대에 합류하십시오. 그러면 저 길을 여시는 분이 죄와 지옥과 죽음을 돌파하고 당신의 길을 여실 것입니다. 찬송이 세세토록 그분에게 있기를! 아멘.

제
4
장

끝날의 영광에 대한 환상

"끝날에 이르러는 여호와의 전의 산이 산들의 꼭대기에 굳게 서며 작은 산들 위에 뛰어나고 민족들이 그리로 몰려갈 것이라"- 미 4:1(사 2:2)

하나님의 선지자들은 고대에는 선견자들(seers)이라고 불렸습니다. 그들이 초자연적인 시력을 가지고서, 미래의 어둠을 꿰뚫고, 아직 나타나지 않았으나 하나님이 마지막 때를 위해 정해놓으신 일들을 바라보았기 때문입니다. 그들은 자연의 눈으로 볼 수 있는 것을 묘사하는 방식을 따라, 그들이 영적인 눈으로 보았던 것을 빈번하게 묘사했습니다. 그 환상은 너무나 실질적이었기에 그들은 말로 그것을 묘사할 수 있었고, 그래서 우리도 그 공개된 환상, 즉 선지자들이 초자연적인 형태로 보았던 그 영광스러운 일들을 볼 수 있게 되었습니다. 미가 선지자가 시온 산에 섰을 때를 상상해봅시다. 그는 주변을 보았고 거기에 "예루살렘을 둘러싼 산들"이 있는 것을 보았습니다. 그 산들은 높이에서는 시온을 능가했지만, 영광에서는 시온에 굴복했습니다. 그의 영혼에 저 멀리서 반짝이는 눈 덮인 레바논의 영광보다 더 귀했던 것은 시온의 작은 언덕이었습니다. 왜냐하면 그 정상에 성전이 서 있었기 때문입니다. 그 성전은 살아계신 하나님의 성지, 기쁨의 장소, 찬송의 본고장, 희생의 집, 족속들 곧 여호와께 속한 족속들이 아브라함의 하나님 여호와를 섬기기 위해 모여드는 거대한 회합 장소입니다.

솔로몬의 비길 데 없는 솜씨로 세워졌던 그 영광스러운 성전 문에 서서, 그는 미래를 내다보았고, 눈물 고인 눈으로 그 구조물이 불타는 것을 보았습니다.

그는 그것이 무너지고 그 토대까지 뒤엎어지는 것을 보았습니다. 그는 사람들이 바벨론으로 끌려가는 것을 보았고, 그 나라가 한동안 버려지는 것을 보았습니다. 다시 한번 창을 통해 보았을 때, 그는 재 위에서 성전이 세워지는 것을 보았습니다. 그것의 영광은 외적으로는 감소하였으나, 실제로는 증대했습니다. 그는 언덕 위에서 다름 아닌 메시야가 한 작은 아기의 모양으로 품에 안겨 그 두 번째 성전으로 들어가는 것을 보았습니다. 그는 거기서 그분을 보았고, 그래서 기뻐했습니다. 하지만 기쁨이 채 가시기 전에 그의 눈은 십자가를 보게 되었습니다. 그는 나무에 달린 메시야를 보았습니다. 그의 등이 채찍질로 파이고 짓이겨진 것을 보았습니다. "그는 실로 우리의 질고를 지고 우리의 슬픔을 당하였다"(사 53:4)라고 그 선지자는 말했습니다. 그는 잠시 멈추어 다윗 가문의 왕이 피 흘리시는 것을 보고 한탄했습니다. 그의 눈은 이제 오래도록 비통한 눈물을 흘리게 될 것이었습니다. 왜냐하면 저 로마의 침략군들이 그 도시에 멸망의 깃발을 세우는 것을 보았기 때문입니다. 그는 그 거룩한 도시가 불에 타고 완전히 파괴되는 것을 보았습니다. 그의 심령은 거의 그 속에서 녹아내렸습니다.

하지만 다시 한번 독수리의 날개를 타고 시간을 통과하여 날았을 때, 그리고 독수리의 눈으로 미래를 조망하였을 때, 그의 상상력은 높이 솟구쳐올랐고, 그는 마지막 날들 곧 모든 시간과 세대들의 끝에 관하여 노래하기 시작했습니다. 그는 다시 지상에 계신 메시야를 보았습니다. 그는 시온의 작은 언덕이 높이 올려지더니 구름을 넘어 마침내 천국에까지 이르는 것을 보았습니다. 그는 새 예루살렘이 위에서 내려오는 것을 보았고, 하나님이 사람들 가운데 거하시는 것과, 모든 민족이 지존하신 하나님의 성막으로 몰려들고, 거기서 그분께 거룩한 예배를 드리는 것을 보았습니다.

오늘 우리는 시온의 환난에 관한 어두운 전망을 모두 살펴보진 않을 것입니다. 오늘 우리는 교회가 통과해왔고 또 통과해야 할 고난과 시련의 거리를 뒤로하고, 믿음으로 끝날에 이를 것입니다. 머지않은 장래에 있을 일의 환상에 잠겨 묵상할 때에 하나님이 우리를 도우시길 바랍니다. "끝날에 이르러는 여호와의 전의 산이 산들의 꼭대기에 굳게 서며 작은 산들 위에 뛰어나고 민족들이 그리로 몰려갈 것이라." 선지자는 그 환상에서 두 가지를 보았습니다. 그는 높이 들린 산을 보았고, 또 민족들이 그리로 몰려가는 것을 보았습니다. 이제 여러분은 잠시 상상력을 발휘해보시기 바랍니다.

여기에 한 그림이 있습니다. 마틴(David Martin, 18세기 스코틀랜드의 화가이자 조각가-역주)의 장엄한 그림 중의 하나, 곧 다량의 빛과 어둠을 서로 뒤섞어 상상력이 가장 높은 곳까지 자유로이 그 날개를 펼치도록 묘사한 한 작품을 제외하고는, 나는 이 그림을 가히 다른 어떤 것에도 비교할 수가 없습니다. 지금의 경우에는, 여러분이 현실을 초월할 수야 없겠지만, 그럼에도 불구하고 높이 솟아오르도록 애써보십시오. 그러면 이 본문이 설교자가 표현할 수 있는 것보다 훨씬 크게 다가올 것이며, 그 의미를 능히 가늠해볼 수 있을 것입니다.

여러분은 잠시 이동하여 시온산 자락에 서 보십시오. 거기에 서서, 여러분은 그것이 단지 아주 작은 언덕일 뿐인 것을 봅니다. 바산(Bashan)은 그보다 훨씬 높으며, 갈멜(Carmel)과 샤론(Sharon)도 그것을 능가합니다. 레바논과 비교하자면, 시온은 그저 작은 동산에 불과합니다. 만약 여러분이 알프스를 떠올리거나, 더 높은 안데스, 혹은 더 장엄한 히말라야를 생각해보면, 이 시온산은 아주 작은 언덕일 뿐이며, 대단하지도 않고 딱히 묘사할 것도 없는 무명의 언덕으로 여겨질 것입니다. 거기에 잠시 서 보십시오. 마침내 하나님의 영이 여러분의 눈을 만지시고, 그러면 여러분은 이 언덕이 자라는 것을 보게 될 것입니다. 이 언덕은 그 꼭대기에 있는 성전과 함께 위로 솟아오르고, 마침내 다볼(Tabor)을 넘어섭니다. 계속해서 그것은 자랍니다. 드디어 사철 푸르른 갈멜이 뒤로 처지고, 살몬(Salmon)이 그 만년설과 함께 시온의 앞에서 가라앉습니다. 그것은 계속해서 자라나더니, 마침내 레바논의 눈 덮인 정상이 사라집니다. 그 언덕은 계속 솟아오르더니, 그 강력한 뿌리로 다른 산들과 언덕을 끌어당겨 그 자락에 속하도록 만듭니다. 그것은 계속해서 자라나, 마침내 구름을 뚫고 알프스 위에 도달합니다. 또 계속해서 자라, 히말라야가 마치 그 내부로 삼켜진 듯이 보입니다. 지상의 가장 높은 산들이 마치 그 영원한 언덕의 측면에서 뻗어 나온 뿌리들처럼 보입니다. 거기서도 그것은 계속 자라나, 여러분은 그 꼭대기를 거의 볼 수 없을 정도입니다. 세상의 더 높은 산들보다 무한대로 높이 올라, 마치 그 산들이 골짜기처럼 여겨집니다.

여러분은 이런 생각을 해 본 적이 있습니까? 여러분은 저 멀리 높은 꼭대기에, 만년설이 아니라, 맑은 수정같이 펼쳐진 땅이 있는 것과, 그 위에 왕관처럼 눈부시게 아름다운 도시가 있고, 하나님의 도시, 왕이신 예수님의 왕궁이 있는 것을 봅니까? 이 산의 꼭대기에서 비치는 빛에 의해서 해도 그 광채를 잃었습니다. 거기에는 밤이 없기에 달도 비추는 것을 멈추었습니다. 오직 높이 들린 이 한 언덕만이 사방을 밝게 비추고, 구원받은 족속들이 그 빛 가운데서 다닙니다. 시온의 언덕은 이제 다른 모든 것들보다 높이 올라서, 지상의 모든 산과 언덕들이 그 앞에서는 아무것도 아닌 것이 되었습니다. 이것이 이 본문의 장엄한 그림입니다. 시의 모든 영역에서 이처럼 광대하고 엄청난 사상을 담고 있는 시가 있는지 나는 모르겠습니다. 한 산이 솟아오르고, 확대되며, 부풀어 오르고, 자라며, 마침내 모든 높은 산들이 흡수되고 맙니다. 전에는 단지 작은 언덕에 불과하던 것이 마침내 그 꼭대기가 칠층천에 다다르는 산이 되다니요! 우리는 여기서 교회가 어떻게 될 것인지에 대한 그림을 보는 것입니다.

1. 높이 들린 시온 산, 교회

옛적에, 교회는 매우 작은 언덕인 시온 산과 같았습니다. 지상의 나라들이 그것을 보았을 때 거기서 무엇을 보았을까요? 곧 소박한 한 사람과 그와 함께 있는 열두 제자들이었습니다. 하지만 그 작은 언덕이 자랐고, 수천의 사람들이 그리스도의 이름으로 세례를 받았습니다. 그것은 다시 자라 강하게 되었습니다. 사람의 손을 대지 않고 산에서 뜨인 돌이 왕국들을 산산조각 내기 시작했습니다(참조. 단 2장). 그리고 지금 오늘 그 시온의 언덕은 높은 언덕으로 굳게 섰습니다. 하지만 저 거대한 우상 숭배의 체계에 비하면 여전히 교회는 작습니다. 힌두교도와 중국인들이 우리의 종교를 가리켜 이렇게 말합니다. "기독교는 어제 태어난 유아이지만, 우리의 종교는 아주 오래된 종교랍니다." 동양인들은 기독교를 낮은 습지대를 따라 피어오르는 어떤 음습한 공기에 비유합니다. 그들은 자기들의 종교 체계를 높이 하늘로 솟아오른 알프스와 같다고 상상합니다.

아, 하지만 우리는 이렇게 대응하지요. "당신들의 산은 무너지고 당신들의 언덕은 해체되고 있습니다. 하지만 우리의 시온 언덕은 계속해서 자라왔습니다. 이상하게 들리겠지만, 그것은 그 속에 생명을 가지고 있어서, 앞으로도 자랄 것이며, 반드시 계속해서 자라나, 마침내 모든 우상 종교 체계들은 그 앞에서 아무것도 아닌 것이 되고 말 것입니다. 거짓 신들은 무너지고 강력한 우상 숭배의 체계들이 전복될 것입니다. 그리하여 이 언덕은 그 모든 것을 능가하여 자라고, 또 계속해서 끝없이 자랄 것입니다. 이 기독교는 계속해서 자라서, 마침내 미혹에 빠진 이단의 추종자들과 우상 숭배자들을 대량으로 회심하게 할 것입니다. 이 시온의 언덕은 하늘까지 닿을 것이며, 그리하여 그리스도 안에서 하나님이 만유의 주로서 만유 안에 계실 것입니다." 이것이 바로 교회의 숙명입니다. 교회는 모든 것을 정복하고, 모든 경쟁자 위에 우뚝 설 것입니다.

우리는 이것을 두세 가지 방식으로 충분히 설명할 수 있습니다. 교회는 높은 산처럼 될 것입니다. 그것이 현저하게 뛰어나 눈에 띌 것이기 때문입니다. 나는 이 시기의 사람들의 생각이 다른 종교보다는 그리스도의 종교에 더 관련되어 있다고 믿습니다. 그것은 사실이며, 그것을 부인하는 사람은 소수일 것입니다. 다른 모든 종교 체계는 늙고 있으며, 비록 그 종교의 추종자들은 알아보지 못할 테지만, 백발이 여기저기서 돋아나고 있습니다. 마호메트에 관해 말하자면, 그는 늙어서 기운이 빠지지 않았습니까? 한때는 무척 날카로워서 믿지 않는 자들을 베던 군도(軍刀)는 세월이 지나면서 무디어졌고 그 칼집도 녹슬지 않았습니까? 오랜 우상 숭배 종교인 유교라든가 불교에 대해 말하자면, 그들의 선교사들은 어디에 있습니까? 그보다 적은 우상 숭배 종교를 그 앞에서 굴복하게 만든 예전의 활동은 어디에 있습니까? 그들은 이제 그들 자신의 한계 안에 제한되어 있는 채로 만족합니다. 그들은 더는 자랄 수 없는 때가 이르렀으며, 강하던 때는 지나고 노년으로 기울고 있다고 느낍니다. 하지만 기독교는 과거의 그 어느 때보다 더욱 두드러지고 있습니다. 세계의 모든 지역에서 모든 사람이 그것에 대해 생각하고 있습니다. 한때 굳게 닫혔던 일본의 문이 이제 기독교에 대해 열렸고, 곧 복음의 나팔 소리가 거기서도 들릴 것이며, 지존자의 아들 예수의 이름이 택하신 종들의 입술을 통해 거기서도 선포될 것입니다. 주목하여 보십시오. 그 언덕은 이미 자라고 있으며, 아직 더 높이 자랄 것입니다. 그것은 지극히 탁월하게 되어, 세상의 모든 촌락에서도 그리스도의 이름이 알려지고 높임을 받을 것입니다.

장막 속에 거하는 베두인 족속이나, 오두막에 거하는 호텐토트(Hottentot) 족속이나, 만년설 가운데 사는 라플란드(Lapland) 족속, 혹은 저 거대한 갈증의 대륙에 있는 아프리카 족속 중에서, 그리스도의 이름을 들어보지도 못한 사람은 앞으로 없을 것입니다. 더 높이, 높이, 더 높이 올라서, 북에서 남으로, 동에서 서로, 어디서나 이 산은 목격될 것입니다. 남쪽에서는 볼 수 없는 북쪽의 별과 같지 않아서, 북쪽의 "곰 자리"에 길을 내주어야 하는 남쪽의 "십자성"과 같지 않아서, 이 산은, 자연에 반하는 말로 들리겠지만, 세상의 모든 땅에서도 보일 수 있습니다. 바다 멀리에 있는 섬들도 그것을 볼 것이며, 가까이 있는 이들은 그 언덕의 발치에서 경배할 것입니다. 그것은 너무나도 탁월하게 두드러져서, 그 광채가 땅의 족속들을 기쁘게 할 것입니다. 이것이 선지자가 "여호와의 전의 산이 산들의 꼭대기에 굳게 서며 작은 산들 위에 뛰어날 것"이라고 선언했을 때, 그 본문의 한 의미라고 나는 생각합니다.

하지만 이것은 본문이 지니는 의미의 작은 일부일 뿐입니다. 본문은 그리스도의 교회가 그 위엄 속에서 경외심과 신망을 얻게 됨을 의미합니다. 유럽의 더 높은 산들의 발치에 서기 위해 언제든지 이 나라를 떠날 수 있다는 것은 나의 특권이 아니었습니다. 오히려 스코틀랜드의 작은 언덕들, 산 중턱에 안개가 머무는 곳이, 나를 더욱 감동하게 만들고 내게 어느 정도의 경외감을 주었습니다. 이런 것들은 하나님의 옛 작품들입니다. 높이 우뚝 솟아, 별들을 향해 말을 걸고, 구름 위로 그 머리를 들고서, 마치 지상에서 임명되어 하늘 높이 계신 하나님과 더불어 침묵 속에서 말하도록 파견된 사신인 것 같습니다. 하지만 시인들은 말하기를—물론 시적 재능이 적은 여행자들도 같은 것을 말하겠지요—유럽이나 아시아의 일부 거대한 산들의 발치에 서면 그 장엄한 광경에 영혼이 압도된다고 합니다. 거기 산들의 '아버지' 위에, 만년설이 햇빛을 받아 반짝이고, 인간의 영혼은 그와 같이 힘센 존재, 마치 폭풍으로 사방을 둘러싼 수비대로 삼은 듯한, 그 엄청난 성곽 같은 곳 아래에서 경이로움을 느낍니다. 우리는 그 밑바닥을 기는 곤충에 지나지 않는 것처럼 여겨지고, 반면에 그것들은 마치 하나님의 보좌 앞에 있는 그룹 천사들이 서 있는 것처럼 보입니다. 때때로 그것들은 그 얼굴을 안개구름으로 가리며, 혹 다른 경우에는 그 흰 머리를 높이 드러내고는, 영원한 침묵의 찬송을 지존자의 보좌 앞에서 부르는 것 같습니다. 산에는 경이로움을 느끼게 하는 장엄한 무언가가 있습니다. 하지만 우리의 본문에서 묘사된 것과 같은 그런 산은 하물며 어떠하겠습니까? 그 산은 지상의 모든 언덕 위에 우뚝 서고, 가장 높은 산들보다도 뛰어납니다.

교회는 그 장엄함에서 경이롭습니다. 아아, 지금 교회는 멸시를 받습니다! 불신자가 교회를 향해 짖습니다. 그것이 그가 할 수 있는 전부입니다. 옛 미신의 추종자들은 아직 교회에 경의를 표하고는 있지만 아주 미미할 뿐입니다. 그리스도 종교는 비록 그 영원성과 관련하여 우리 모두의 공경심을 살 만하지만—"그의 나오심은 예부터요 영원부터였기"(미 5:2, KJV; "그의 근본은 상고에 영원에 있느니라"[개역개정]) 때문입니다—그리스도를 알지 못하는 사람들에게 기독교는 마치 백발이 성성한 옛 종교 체계에 담대하게 도전하여 겨루는 신출내기 청년같이 보입니다. 하지만 사람들이 그리스도의 이름 앞에 엎드릴 날이 올 것입니다. 그때 십자가는 온 세계에 경의를 표하도록 명할 것이며, 예수의 이름은 배회하는 아랍인의 걸음을 멈추게 하고, 기도 시간에 그분 앞에 무릎 꿇고 엎드리게 할 것입니다. 그때 그리스도를 섬기는 사역자의 목소리가 왕의 목소리처럼 힘이 있을 것이며, 그리스도의 교회의 감독들은 우리 가운데서 제후들과 같이 되고, 시온의 아들과 딸들은 그들 모두가 왕자요 또 여왕처럼 될 것입니다. 그 시간이 옵니다. 예, 지금 가까이에 왔습니다. 여호와의 전의 산이 그 빼어난 위엄 가운데서 산들의 꼭대기에 우뚝 세워질 날이 가까이 왔습니다.

하지만 여기에는 더 깊고 더 큰 의미가 있습니다. 바로 이것입니다. 하나님의 교회가 절대적인 탁월성을 얻게 되는 그날이 올 것입니다. 그리스도의 교회는 지금 그 존속을 위해 싸워야 합니다. 많은 원수가 있고, 또 원수들은 강하기도 합니다. 그들은 교회의 이마 위에 씌워진 화관을 낚아채려 하고, 교회의 칼을 무디게 하며, 교회의 깃발을 먼지 속에서 더럽히려 합니다. 하지만 그 원수들이 모두 죽을 날이 올 것입니다. 교회를 향해 개가 감히 그 혀를 놀리지 못할 것입니다. 교회는 너무나 강하게 되어 교회와 경쟁하는 대상이 아무것도 없을 것입니다. 로마에 대해 말하자면, 여러분은 그것을 찾으려 해도 찾지 못할 것입니다. 그것은 물속에 던져진 맷돌처럼 될 것입니다. 마호메트의 탐욕스러운 미신에 관해 말하자면, 사람들이 그 행방을 물어도, 더는 그 속이는 것을 찾지 못할 것입니다. 거짓 신들에 대해서라면, 저 해오라기와 올빼미, 두더지와 박쥐에게 물어보십시오. 그러면 그것들이 그 거짓 신들을 어디로 가면 찾을 수 있는지 말해 줄 것입니다.

그날에 그리스도의 교회를 속박하려는 지상의 왕들은 없을 것입니다. 마치 교회가 보잘것없는 것인 양 교회를 통제하려 하고, 교회를 박해하고, 무쇠 팔을 들어 그것을 깨부수려고 하는 권세자는 없을 것입니다. 그때 오히려 교회는 모든 민족의 여왕이자 왕후가 되어 있을 것입니다. 교회가 모든 왕을 다스릴 것입니다. 왕들이 부복하고 그녀[교회]의 발치에서 먼지를 핥을 것입니다. 그녀의 황금 신발이 그들의 목을 밟을 것입니다. 그녀는, 제왕의 홀로, 마치 철장(鐵杖)으로 토기 그릇을 깨뜨리듯 제국들을 깨뜨릴 것입니다. 그녀가 말할 것입니다. "내가 엎드러뜨리고 엎드러뜨리고 엎드러뜨리려니와 이것도 다시 있지 못하리라 마땅히 얻을 자가 이르면 그에게 주리라"(겔 21:27). 교회의 숙명은 전 세계적인 군주제입니다. 알렉산더가 싸워 추구했던 것, 카이사르가 죽기까지 획득하려 했던 것, 나폴레옹이 그의 전 삶을 소비하여 성취하려 했던 것, 땅의 모든 영토를 포괄하여 다스리는 보편적인 군주제, 그것을 그리스도께서 가지실 것입니다! "바다도 그의 것이라 그가 만드셨고 육지도 그의 손이 지으셨도다"(시 95:5). 땅의 모든 것이 와서, 경배하고, 엎드리며, 우리를 만드신 주께 무릎을 꿇을 것입니다. 모든 무릎이 꿇을 것이고, 모든 혀가 고백하기를 "예수 그리스도는 주시니 하나님 아버지께 영광을 돌립니다"라고 할 것입니다.

이제 나는 여러분이 이 본문의 의미, 곧 교회가 자라서 성장하여, 마침내 두드러지고, 존중받으며, 탁월하게 된다는 것을 이해하리라고 생각합니다. 여기서 잠시 멈추어, 이 일이 어떻게 이루어지는 것인지 여러분에게 묻고 싶습니다.

이 일이 어떻게 이루어질까요? 내가 대답하겠습니다. 교회의 성장을 보증하는 것으로는 세 가지가 있습니다. 첫째는 모든 그리스도인의 개별적인 분발입니다. 나는 교회의 모든 노력으로 이 본문이 말하는 꼭대기에 이를 수 있다고 생각하지 않습니다. 그리스도의 교회가 방금 내가 말했던 그 탁월한 위치로 오르기에 앞서, 우리는 자연적인 작용 그 이상의 무언가를 볼 것입니다. 하지만 거기에 노력으로 공헌할 수는 있습니다. 옛 시대에, 사람들이 떠난 왕들을 기념하여 돌무덤을 쌓을 때, 통상적으로 무덤 위에 한 무더기의 돌을 올렸고, 지나가는 사람들 모두가 거기에 또 다른 돌을 던지곤 했습니다. 세월이 지나면서 그 돌무더기는 점점 커져 작은 언덕을 이룹니다. 그리스도의 교회도 현재의 세대에는 그런 방식으로 자라납니다. 각 그리스도인이 그리스도께 회심하여 자기의 돌을 하나 얹습니다. 우리는 각자 우리의 몫을 합니다. 하나님의 은혜로 우리 각 사람이 하나의 돌을 거기에 올리고, 다른 사람을 그리스도께 데려오는 도구가 됨으로써 또 하나의 돌을 보태려고 노력하는 것입니다. 이런 방식으로 교회는 자랄 것입니다. 그리고 세월이 지남에 따라, 각각의 그리스도인이 자기 주님을 섬기면서, 교회는 증대됩니다. 끝날에 이르러서, 그리스도의 백성이 노력한 것까지도 성령 하나님께서 받으실 것이며, 이 산은 산들 가운데서 높이 세워질 것입니다.

하지만 우리가 할 수 있는 모든 것이 곧 우리가 예상할 수 있는 모든 것은 아닙니다. 우리가 더 많은 것을 할 수 없어도, 더 많은 것을 기대할 수 있습니다.

이런 점에서 그리스도의 교회는 다른 모든 산과 다릅니다. 교회는 그 안에 생명의 영향력을 지니고 있습니다. 고대의 이야기에 따르면, 에트나산(Etna, 이탈리아 시칠리아섬의 활화산-역주) 밑에 불카누스(Vulcan, 로마신화에서 불과 대장장이의 신-역주)가 묻혔다고 합니다. 그들의 생각에는 어떤 장대한 거인이 그곳을 무덤 삼아 누워있는 것입니다. 그가 몸을 돌릴 때 땅은 요동치기 시작하고, 산들이 흔들리며, 불이 뿜어져 나옵니다. 우리는 그 이야기를 믿지 않습니다. 하지만 하나님의 교회는 진실로 이 활화산과도 같습니다. 그리스도께서 그 안에 묻히신 것처럼 보입니다. 그분이 움직이실 때 그분의 교회도 그분과 함께 일어납니다. 한때 그분이 저 동산에 묻히셨을 때, 그때 시온은 그저 작은 동산에 불과했습니다. 그 후 그가 일어나셨고, 그가 일어나시자 날마다 교회도 그분과 함께 일어났습니다. 그리고 그분이 시온 산에 서시는 날, 그분의 교회는 가장 높은 곳까지 올려질 것입니다. 사실 교회는 하나의 산으로서는 화산입니다. 불을 뿜어내지는 않지만, 그 속에 불을 품고 있는 산입니다. 살아있는 진리이며 살아있는 은혜인 이 내적인 불이 교회로 팽창하게 하고, 옆으로도 확장되게 하며, 교회를 높이 올려서 탑이 되게 합니다. 진리는 강하고 이기기 때문입니다. 은혜는 강하고 정복하기 때문입니다. 그리스도는 강하시고, 만왕의 왕이시기 때문입니다. 이처럼 여러분은 교회에는 그리스도인의 개별적인 노력 이상의 무언가가 있다는 것을 이해할 것입니다. 교회 안에는 그것을 팽창하고 자라게 하며, 마침내 그것을 가장 높은 곳까지 올려놓는 무언가가 있습니다.

하지만 교회의 큰 소망은, 비록 어떤 사람들에게는 미친 짓이라고 여겨질지언정, 그리스도의 재림입니다. 그분이 오실 때, 여호와의 전의 산은 산들의 꼭대기에 설 것입니다. 우리는 예수님이 언제 오실지 알지 못합니다. 소위 현대의 선지자들은 그저 자기들의 억측으로 이득을 얻으려 하는 사실에서만 선지자 노릇을 할 뿐입니다. 단 하나 그들의 말재간을 제외하고는, 그들의 주장 중에 신용을 얻을 만한 요소는 조금도 없습니다. 신학박사라 할지라도, 재림에 관한 그들의 예언으로 많은 종이만 낭비할 뿐입니다. "그 날과 그 때는 아무도 모르나니 하늘의 천사들도 [모르느니라]"(마 24:36). 그리스도는 오늘 오전에 오실 수도 있습니다. 내가 여러분에게 그리스도를 전하는 동안 별안간 하늘의 구름을 타고 나타나실 수 있습니다. 지칠 정도의 세월 동안 오시지 않을 수도 있습니다. 하지만 그분은 반드시 오십니다. 끝날에 그분이 나타나십니다.

그리스도께서 오실 때 그분은 그분의 교회가 오랜 세월 동안 수고했던 일을 재빨리 해치우실 것입니다. 그분의 나타나심은 즉각 유대인들을 회심시킬 것입니다. 그들은 왕으로서의 메시야를 고대해왔습니다. 그분이 거기 계십니다. 제왕의 위엄보다 더 빛난 위엄 속에 그분이 계십니다. 그들이 그분을 볼 것입니다. 그들이 그분을 믿을 것입니다. 그때 그분이 그들에게 말씀하시기를 그분이 곧 그들의 선조가 십자가에 못박았던 메시야라고 하실 것입니다. 그들은 그들이 찔렀던 그분을 볼 것이며, 그들의 죄 때문에 울 것이며, 위대한 메시야 주변에 모여 영광스러운 행진을 하면서 그들의 땅으로 들어가 정착할 것입니다. 그들은 다시 한번 크고 강한 나라가 될 것입니다. 예, 유대인이 사람들 가운데 방백처럼 될 것이며, 하나님의 교회에서 장자가 될 것입니다. 그때 이방인들의 충만한 수가 회심할 것이며, 모든 민족과 족속이 다윗의 자손을 섬길 것입니다. 보십시오, 교회는 먼저 자랄 것이고, 교회가 탁월하고 위대하게 자랐을 때, 민족들이 그리로 몰려올 것입니다. 교회가 우뚝 서는 것은 민족들 때문이 아니라 그리스도의 재림 때문입니다. 교회가 위대하고 두드러지고 탁월하게 된 후, 그때 민족들이 교회로 몰려오는 것입니다. 나는 그리스도의 오심을 고대합니다. 나로 삶의 전투, 곧 그리스도의 싸움이자 그리스도의 대의를 위한 싸움에서 힘을 내게 하는 것이 바로 이것입니다.

나는 마치 존 번연이 신뢰 경(Captain Credence)과 디아볼루스(Diabolus)의 싸움에서 묘사했던 것처럼 그리스도께서 오실 것을 바라봅니다(인간 영혼의 주도권을 두고 벌어지는 영적 싸움을 묘사한 작품 『거룩한 전쟁』(Holy War)의 내용-역주). 인간영혼(Mansoul)의 성읍 거주민들은 그들의 성을 어둠의 왕으로부터 지키기 위해 치열하게 싸웠습니다. 마침내 고조된 전투가 성벽 바깥에서 벌어졌습니다. 무기를 든 지휘관들과 용사들이 온종일 싸웠고 급기야 그들의 칼이 피 묻은 그들의 손에 붙어버린 지경이 되었습니다. 긴긴 시간 동안 그들은 디아볼루스의 졸개들을 격퇴하려고 애썼습니다. 그 전투의 판세는 저울추가 이리저리 기울기를 반복하는 듯했습니다. 때때로 승리는 믿음의 편에 있었고, 이내 승세가 지옥의 군주 편으로 기우는 것 같았습니다. 하지만 해가 지고 있을 때, 멀리서 나팔소리가 들려왔습니다. 임마누엘 왕자(Prince Emmanuel)가 나팔이 울리고 깃발들이 휘날리는 가운데 오고 있었습니다. 인간영혼의 사람들이 손에 계속 칼을 쥐고 이동하는 동안에, 임마누엘이 후방에 있던 적들을 공격하였고, 적군을 양 사이에 끼도록 만들었습니다. 그들은 계속해서 칼끝으로 원수들을 몰아내면서 죽은 자들의 시체를 밟고 지나갔으며, 마침내 양편이 만났습니다. 승리의 교회는 손에 손을 잡고 승리의 주님을 맞이하며 인사합니다. 반드시 그렇게 될 것입니다. 우리는 매일 매시간 싸워야 합니다. 싸움이 우리 편에 불리하도록 거의 결정되었다고 생각될 때, 우리는 천사장의 나팔소리와 하나님의 음성을 들을 것입니다. 땅의 왕들의 왕이신 그분이 오실 것입니다. 그분의 이름으로, 두려움은 녹아 사라질 것이며, 마치 살몬에서 눈이 바람에 날리듯(참조. 시 68:14) 멀리 날아가 없어질 것입니다. 그리고 우리 곧 전투하는 교회는 원수들을 짓밟고, 우리의 주님을 맞이하여 경례하고서 크게 소리칠 것입니다. "할렐루야 주 우리 하나님 곧 전능하신 이가 통치하시도다"(계 19:6).

여기까지 본문의 첫 부분을 설명했습니다.

2. 시온으로 몰려드는 민족들

우리가 살펴보아야 할 이 본문의 두 번째 부분은 이 문장입니다. "민족들이 그리로 몰려갈 것이라." 여기에 묘사된 광경은 첫 번째 부분에서만큼 웅장하진 않아도, 첫 번째와 마찬가지로 아름답습니다. 여전히 여러분의 생각 속에 이 어마어마한 산의 그림을 간직하시길 바랍니다. 구름 위까지 이르고, 지구의 어느 반구에 있는가에 상관없이 모든 인류에 의해 목격되며, 어떤 일반적인 솜씨로도 이룰 수 없으며 오직 하나님의 지혜로만 이룰 수 있는 기이한 광경입니다. 자, 기이하고 놀라운 일로서, 이제 여러분은 땅의 모든 민족이 이 거대한 산이 마치 모든 것의 중심인양 그곳으로 모여드는 것을 봅니다. 한때는 한 해의 어느 시점에 이스라엘의 모든 백성이 저 작은 시온의 언덕을 향해 가곤 했습니다. 이제는, 여러분이 보다시피 모든 사람, 이스라엘만이 아니라 지상의 모든 민족이, 이 거대한 시온 산으로 지존하신 하나님께 예배하러 옵니다. 흰 돛배들이 대서양에 있습니다. 그 배들은 바람에 앞서 달려가며, 마치 새들이 하늘을 나는 것과 같이 날아갑니다. 그 배들이 무엇을 싣고 있습니까? 그들의 고귀한 화물이 무엇입니까? 보십시오! 그들은 멀리서 옵니다. 시온의 딸들과 아들들을 땅끝에서 싣고 옵니다! 여러분은 저기 아라비아 낙타와 거대한 대상(隊商)의 행렬이 사막을 지나고 있는 것을 봅니까? 보십시오, 그들은 지존하신 하나님께 예배하기 위해 하나님의 딸들과 시온의 아들들을 데려오고 있습니다. 여러분은 지구의 모든 곳으로부터 사람들이 오는 것을 봅니다. 얼음이 어는 추운 곳에서, 작열하듯 무더운 곳에서, 바다 먼 곳에 있는 섬들에서, 그리고 저 메마른 모래땅에서 그들이 옵니다. 저 높고 거룩한 예배의 중심을 향해 그들이 모여듭니다. 물론 이것을 우리는 문자 그대로 이해해선 안 됩니다. 이는 인간의 모든 영혼이 그리스도께로 이끌리고 또 그분의 교회와 연합하게 된다는 거대한 영적인 사실을 묘사한 것입니다.

다시금, 나는 여러분이 이 묘사를 주의해서 살피라고 요청합니다. 본문은 그들이 그곳을 향해 온다고 말하지 않고, 그곳으로 "흘러들"(flow) 것이라 말합니다(KJV. "몰려갈 것이라"[개역개정]). 이 은유를 이해하시기 바랍니다. 그것은 첫째로 그들의 수를 암시합니다. 우리의 교회들이 증대할 때, 회심자들이 물방울처럼 교회로 흘러듭니다. 물방울이 모여 연못이 채워집니다. 하지만 그날에는 그들이 그곳으로 흘러듭니다. 지금은 그저 양동이에서 물을 쏟아내는 것에 불과하지만, 그날에는 언덕에서 떨어지는 폭포수처럼 쏟아질 것이며, 그 물이 그곳으로 흘러들 것입니다. 지금 우리의 회심자들은, 그 수가 아무리 많다고 해도 비교하면 소수에 불과합니다. 하지만 그때 한 민족이 한 날에 태어날 것입니다. 그 민족이 그들의 신을 단번에 버릴 것입니다. 모든 민족이 별안간 거부할 수 없는 충동에 이끌려 교회로 흘러들어올 것이며, 한 사람씩이 아니라, 하나의 거대한 무리를 이루어 들어올 것입니다. 모든 민족을 교회로 이끄시는 일에서 하나님의 능력이 목격될 것입니다. 여러분은 강이 바다로 흘러가는 것을 보았을 것입니다. 강둑까지 차오르고, 거대한 양의 물이 저 무한한 대양에 보태어지는 것입니다. 끝날에도 그럴 것입니다. 각 민족이 하나의 강처럼 되어, 이 거대한 산자락으로, 하나님의 교회 안으로 흘러들 것입니다. 인도와 중국이 그 무수한 사람들로 떼를 지어 몰려오고, 다양한 방언을 하는 땅의 모든 민족이 하나님의 산으로 흘러드는 날, 그날은 행복하고, 행복하고, 또 행복한 날입니다!

하지만 본문은 단지 수의 개념만 전달하는 것이 아닙니다. 나는 그 정확한 단어를 알지만, 그것을 사용하고 싶지 않습니다. 일부 사람이 그 의미를 알지 못할 것이 우려되기 때문입니다. 하여간 그것은 땅의 민족들이 기꺼이 그곳을 향해 간다는 뜻을 내포하며, 곧 자발성을 의미하는 것입니다. 그것이 내가 사용하고 싶은 단어입니다. 하지만 우리가 큰 의미를 포괄하는 단어를 사용하는 이유는 작은 의미들을 찾아내기 위함입니다. 그들은 기꺼이 그리스도께로 올 것입니다. 끌려오는 것이 아니며, 내몰려서 오는 것도 아니고, 강요되어 오는 것이 아니라, 주의 말씀으로 가르침을 받고 자원하여 주께 경의를 표하려고 오는 것입니다. 그들은 그곳으로 흘러들 것입니다. 마치 강이 다른 어떤 힘에 의해서가 아니라 자연 그 자체의 힘으로 자연스럽게 언덕을 따라 흘러내리듯이, 하나님의 은혜가 사람들에게 강력하게 임하면, 회심을 강요하기 위해서 의회의 조례나 국가교회나 군대의 사용이 필요 없게 되는 것입니다. "민족들이 그리로 몰려갈 것이라." 그들 스스로, 하나님의 능력의 날에 소원을 가지고, 그리로 흘러드는 것입니다. 하나님의 교회는 자원하지 않는 개종자들의 수가 늘어날 때마다 힘을 잃습니다. 사람들이 압박 때문에 교회에 합류하고 억지로 신앙 고백을 하도록 내몰릴 때마다, 그들은 흐르지 않고, 교회는 강해지는 것이 아니라 오히려 약해집니다. 하지만 그날에는 자발적인 회심자들을 얻을 것입니다. 하나님의 은혜로 자원하는 사람들이 들어올 것입니다. 그들은 그곳으로 흘러들어옵니다.

한편, 이 본문은 회심에 작용하는 능력을 나타내기도 합니다. 그들은 "그리로 몰려갈 것입니다." 템스 강을 멈추게 하려고 애쓰는 어느 천치를 상상해보십시오. 그는 홀로 배를 타고, 그 위에 서서, 강물을 뒤로 물리려고 노력합니다. 그는 바다를 향해 흐르는 물결에 대항하고, 자기 손으로 그것을 뒤로 돌아가게 하려고 애를 씁니다. 이윽고 여러분은 강둑에서 웃는 소리를 듣지 않겠습니까? 아, 바보야, 강물을 멈추려고 시도하다니! 자, 여기서 이 "흐른다"는 단어는 같은 개념을 전달합니다. "민족들이 그리로 흘러들리라"(KJV).

세속주의자들이 일어나 이렇게 말할 것입니다. "오, 왜 이 광신적인 종교로 개종하는 것이지? 시대의 추세를 살펴야지." 거짓 선지자들이 분발하여 그리스도께 대적하는 분노를 품고, 사람들을 그들의 노예로 붙잡아두려고 노력할지 모릅니다. 하지만 회심을 막아보려는 그들의 시도는 빈약한 손으로 강력한 물줄기를 되돌려보려고 애쓰는 저 천치의 행동과 같습니다. "민족들이 그리로 흘러들리라." 이 얼마나 놀라운 비전인지요! 오, 오늘 굳게 서서, 주의 선지자들처럼 미래를 내다보십시오. 오늘 교회는 마른 물줄기의 침상처럼 보입니다. 나는 여기에 서서, 약간의 물이 흘러드는 것을 봅니다. 바위들 사이로 흐르는 실낱 같은 물줄기입니다. 너무나 적어 나는 그것을 거의 감지하지 못합니다. 하지만 나는 예언의 안경을 쓰고 앞을 내다봅니다. 나는 흐르는 거대한 물줄기를 봅니다. 때때로 그것은 마치 천둥소리를 내며 흐르는 아프리카의 급한 강줄기들처럼 보입니다. 몇 년을 더 기다리면, 그 물줄기는 기손의 힘센 강처럼 되어, 그 앞에 있는 모든 것을 휩씁니다. 이 마른 침상이 떠 있는 물의 수위는 더욱 올라가고 계속해서 올라갑니다. 격동하는 기쁨의 물결은 마침내 그리스도께서 통치하시는 대양을 만나고, 하나님 안에서 자기를 잃어버립니다. 여기서 여러분은 여러분의 상상력으로 이해할 수 있는 이상의 것을 봅니다. 이 거대한 산들, 그리고 땅의 모든 민족, 그 무수한 수와 광대한 세력이 자발적으로 살아계신 하나님의 집으로 오는 것입니다.

이제 나는 실제적인 권면으로 마무리하려고 합니다. 아주 짧지만, 아주 진지하게 하는 말입니다. 땅의 민족들이 하나님의 언덕과 그분의 집으로 흘러드는 것은 찬송의 큰 주제가 아닐까요? 만약 내가 여러분에게 유럽의 모든 민족이 알프스의 등선을 오르고 있다고 말한다면, 여러분은 내게 이런 식으로 물을 수도 있습니다. "그렇게 해서 그들이 얻는 유익이 무엇입니까? 그들은 미끄러운 얼음 들판을 건너야 하고 또 험악한 벼랑으로 둘러싸인 바닥 없는 틈새에 빠져 목숨을 잃을 수도 있습니다. 그들은 한순간에 모든 것을 파괴하는 눈사태로 파묻힐 수도 있습니다. 그들이 정상에 도달한다 해도 틀림없이 지쳐서 쓰러질 것입니다. 그 사람들이 그 황량한 산꼭대기에서 바랄 것이 무엇이란 말입니까? 그들이 거기에서 살아남으려 시도한들 희박하고 찬 공기가 곧 그들을 파멸할 것입니다."

아, 하지만 하나님의 산은 그렇지 않습니다. 그 정상에는 눈이 없을 것이며, 오히려 여호와의 사랑의 빛과 온기만 있을 것입니다. 그 산등성이에는 영혼을 멸하는 갈라진 틈이 없습니다. 거기에는 한 길, 하나의 대로만 있을 것입니다(물론 부정한 자는 그리로 다니지 못합니다). 그 길은 너무나 평탄하여 여행자가 거기서 길을 잃지 않을 것입니다.

우리가 성경에서 읽는 몇몇 산들은, 비록 접근은 가능하지만, 누구도 감히 그곳에 오르기를 바라지 않습니다. 시내산 둘레에는 울타리가 있었습니다. 하지만 울타리가 없었다고 해도 누가 그곳에 오르기를 바랐을까요? 그곳에는 엄청나게 크고 길게 울리는 나팔 소리가 있습니다. 형제들이여, 우리가 오는 곳은 초자연적인 천둥이 울리는 시내산 같은 곳이 아닙니다. 우리가 오르는 언덕은 헐벗고 메마르고 황폐한 곳이 아니며, 지상의 산들처럼 오르기에 힘든 곳이 아닙니다. 우리가 오르는 곳은 하나님의 언덕입니다. 비록 높은 언덕이지만, 손과 무릎으로 겸손하게 참회하는 사람은 쉽게 오를 수 있는 언덕입니다. 당신은 당신에게 금지되지 않은 산에 오는 것입니다. 그곳에는 당신을 떨어지게 하려고 설치된 울타리가 없습니다. 오히려 당신은 자유롭게 오라는 초청의 음성을 듣습니다. 당신을 초대하시는 하나님이 당신에게 올 수 있는 은혜도 주실 것입니다. 그분이 당신에게 올 의향을 주셨다면, 그분은 그 언덕의 등선을 오를 은혜도 당신에게 주실 것입니다. 마침내 당신은 그 위에 있는 영광스러운 곳에 오르고, 그 꼭대기에 서서 기쁨에 도취될 것입니다.

그리스도께 몰려드는 민족들에 관하여 내가 말하는 동안, 이 회중 가운데에 그리스도께로 흘러드는 것이 아니라 도리어 그분에게서 멀어지는 많은 사람이 있다는 것을 생각하면 울지 않을 수 없습니다. 오호라, 영혼이여! 당신이 그분의 원수라면 천년왕국의 광채가 당신에게 무엇이란 말입니까? 그분이 맹렬한 노여움으로 그의 원수들을 짓밟으실 때, 마치 포도즙이 포도 틀 밟는 자의 의복을 물들이는 것처럼, 당신의 피가 그분의 의복을 물들일 것입니다. 죄인이여, 떠십시오. 그리스도의 오심이 교회에는 기쁨과 위안일지라도 당신에게는 필시 파멸이 되기 때문입니다. 당신은 "어서 오소서"라고 말합니다. 당신은 주의 날이 당신에게는 빛이 아니라 어둠인 것을 알지 못합니다. 그날은 화덕처럼 타오를 것이며, 교만하여 악을 행한 자들은 마른 장작 같아서, 그 불이 뜨거운 열기로 그들을 태울 것이기 때문입니다.

오! 오늘 예수님의 말씀을 듣는 여러분이여! 여러분은 오늘 그분의 교회의 산, 그 위에 십자가와 그의 보좌가 있는 곳으로 오라고 초대를 받고 있습니다. 수고하고 무거운 짐 진 자들이여, 죄로 망하였고, 죄로 파괴된 영혼들이여, 예수님이 필요하다는 것을 알고 또 느끼는 여러분이여, 죄 때문에 우는 여러분이여, 여러분은 지금 그리스도의 십자가로 오라는 말씀을 듣고 있습니다. 경건치 않은 자들을 위하여 피를 흘리신 그분을 바라보십시오, 그분을 바라보십시오. 그러면 여러분은 평화와 안식을 찾을 것입니다. 그러면 그분이 무지개 화관을 쓰시고, 폭풍의 옷을 입고 오실 때, 여러분은 그분을 뵐 수 있을 것입니다. 놀람과 공포가 아니라, 기대와 기쁨으로 그분을 뵐 것입니다. 그리고 이렇게 말할 것입니다. "여기 그분이 오셨다. 나를 위해 죽으신 인자께서 나를 찾으러 오셨다. 나를 값 주고 사신 분이 나를 받으러 오셨다. 나의 재판장이 곧 나의 구속주시니, 나는 그분 안에서 즐거워하리라!"

런던의 주민들이여, 여러분 가운데 일부는 소돔의 주민처럼 악합니다. 돌아서십시오, 하나님께로 돌아서십시오! 오 주 예수여! 당신의 은혜로 우리 각 사람을 당신에게로 돌이키소서! 당신이 택하신 자들을 오게 하소서. 당신이 속량하신 자들이 당신 안에서 기뻐하게 하소서. 민족들의 충만한 수가 당신에게로 흘러들게 하소서. 당신에게 영원무궁토록 영광이 있나이다!

제5장

영원한 상담자

"네 모사(상담자)가 죽었느냐?"- 미 4:9

이 질문은 하나님의 교회를 향한 것입니다. 본문이 다음과 같이 기록되었기 때문입니다. "너 양 떼의 망대요, 딸 시온의 산이여, 이제 권능 곧 딸 예루살렘의 나라가 네게로 돌아오리라. 이제 네가 어찌하여 부르짖느냐? 너희 중에 왕이 없어졌고 네 모사가 죽었으므로 네가 해산하는 여인처럼 고통하느냐?"(미 4:8-9). 저 가련한 하나님의 교회가 길을 잃었습니다. 가야 할 방향에 대해 의심하고 있었고, 어느 쪽으로 향해야 할지, 왼쪽으로 돌아서야 할지 오른쪽으로 돌아서야 할지 알지 못했습니다. 혼란의 고뇌 속에서 실망감으로 고개를 숙이고, 자기 왕이 사라졌다고 또 그 모사가 죽었다고 생각했습니다. 미가 선지자가 성령으로 충만하여 앞으로 나서더니, 시련을 겪는 하나님의 자녀들을 향해 이 질문을 던집니다. "네 상담자가 죽었느냐?"

이 질문은 우리에게 세 가지 의미를 내포하고 있습니다. 첫째, 교리가 담겨 있습니다. 즉 우리의 상담자가 죽지 않았다는 것입니다. 둘째, 책망이 담겨 있습니다. 우리는 때때로 마치 우리의 상담자가 죽은 것처럼 행동하기 때문입니다. 셋째, 격려가 있습니다. 우리가 어떤 상황에 놓이더라도, 그리고 무엇이든 죽고 망할 수 있어도, 우리의 상담자는 죽지 않는다는 것입니다.

1. 교리 — 우리의 상담자는 죽지 않았다.

먼저, 여기에 하나의 교리를 내포하는 질문이 있습니다. 즉, 하나님의 교회에는 상담자(Counsellor)가 있으며, 그 상담자는 죽지 않았다는 교리입니다.

옛 시대에, 여호와의 백성은 어려움에 빠질 때마다 언제나 방향을 찾을 수 있었습니다. 어떤 사람이 자기의 집을 세워야 할 것인지, 혹은 그가 전쟁에 나가야 할 것인지, 혹은 생업으로 이것을 할 것인지 저것을 할 것인지의 문제로 의문스럽다면, 그는 즉시 대제사장에게 묻고 교훈과 자문을 얻을 수 있었습니다. 에봇을 입은 대제사장은 성령에 감동되어, 그의 손을 우림과 둠밈에 얹고서, 권위 있는 대답을 주었습니다. 그래서 다윗도 아비아달에게 에봇을 가져오라 하여 "그일라 사람들이 나를 그의 손에 넘기겠나이까?"라며 물었고, 여호와께서는 "그들이 너를 넘기리라"고 대답해주셨습니다(삼상 23:11,12). 그처럼, 역사의 매우 중요한 시기마다, 성도는 끊임없이 제사장에게 가서 방향을 구하는 것이 습관이었다는 것을 여러분은 볼 수 있습니다. 우리 중에 어떤 이들은 그런 제사장들을 잃은 것을 슬퍼하며 울 수 있습니다. 어쩌면 우리는 이렇게 생각하고 있을 것입니다. '나는 어느 길로 가야할 지 모르겠구나. 방향이 없구나. 안내를 얻을 수단이 내게 없구나.' 오 그리스도인이여! 당신의 상담자가 죽었습니까? 아, 그렇지 않습니다! 성경의 교리가 분명히 우리에게 가르쳐주는 것은 하나님의 교회에 여전히 실수가 없는 안내자가 있다는 것입니다.

사랑하는 이여, 우리에게 안내자가 필요하지 않은 몇 가지가 있습니다. 예를 들어, 도덕성과 관련하여 우리는 성경의 지침 외에 다른 안내자를 원치 않습니다. 우리의 길에 두 갈래가 있어, 한쪽은 도덕적으로 그르고 다른 쪽은 옳다면, 우리는 상담자를 필요로 하지 않습니다. 우리는 단지 하나님의 성령의 도우심으로 성경으로 갈 필요가 있을 뿐이며, 어느 길을 택해야 할는지 항상 알 수 있습니다. 어떤 일이 죄라면, 우리는 우리가 그것을 범해야 할지 알기 위해 그리스도께 호소할 필요가 없습니다. 악은 그 모양이라도 피하라고 성경이 가르치기 때문입니다. 어떤 그릇된 일을 고려할 때, 비록 그 일이 우리에게 세상적인 면에서 이익을 줄 것 같아도, 우리에게는 그것을 행할 권리가 없습니다. 우리는 유익이 온다고 악을 행해서는 안 됩니다. 만일 우리가 그렇게 한다면 정녕 합당한 저주가 임할 것입니다. 우리는 어떤 경우에도 죄의 길을 갈 것인지 혹은 의의 길을 갈 것인지 질문해선 안 됩니다. 길 안내 표지가 "이것이 그 길"이라고 분명히 가리키고 있지 않습니까? 예수 그리스도께서 표시해 두신 그 길, 곧 거룩한 선지자들이 갔으며 사도들이 따랐던 그 길을 볼 때, 우리는 그 길 안에서 행해야 한다는 것을 압니다.

하지만 어려운 경우는 둘 중에 어느 것이 옳은 것인지, 어느 것을 선택해야 할지 우리가 알지 못하는 때입니다. 도덕적인 적절성과는 무관해 보이는 두 갈래 길이 있을 때, 율법에 저촉되는 것이 없고, 그리스도인으로서 우리의 신앙 고백을 얼룩지게 하지 않고서 우리에게 최선으로 보이는 것을 행할 수 있으며, 어느 길에서나 하나님을 영화롭게 하는 것을 잊지 않으면서도 어느 한 가지를 선택해야 할 때가 있습니다. 그때 우리는 곤란한 처지에 놓이고, 무엇을 해야 할는지 알지 못합니다. 우리는 고의적인 죄를 범하지 않기로 결심했습니다. 하나님의 은혜로, 우리는 곤경에서 빠져나오기 위해 죄를 짓지 않겠다고 결심했습니다. 하지만 그런 곤경에서, 우리는 어떻게 해야 할지를 모릅니다. 우리가 어떻게 말해야 할까요? 천국으로 가는 길에서 곤란하게 얽혀 있는 여행자에게, 섭리의 모호한 길에서, 선택이 그의 몫으로 남겨진 상태에서, 그의 길을 확신시켜줄 수 있는 어떤 수단이 하나님의 교회에 남아 있는 것일까요?

우리는 대답합니다. 예, 있습니다! 상담자(the Counsellor)는 죽지 않았습니다. 그리스도의 교회의 지체들이 개인적으로 안내를 얻을 수 있는 지정된 수단들이 여전히 있습니다. 이 수단들은 어떤 사람들이 상상하는 것과는 다릅니다. 예를 들어, 그것은 제비를 뽑는 것이 아닙니다. 존 웨슬리 목사는 무엇을 해야 할지를 알기 위해 아주 빈번하게 제비를 뽑았습니다. 그렇게 하는 사람이 누구이든지, 나도 마찬가지로, 그렇게 하는 것은 하나님을 시험하는 일입니다. 한 사람이 종이를 접고서 "검은 면이 나오면 가고, 흰 면이 나오면 멈춘다"라고 말한다면, 그것은 하나님의 섭리를 시험하는 것입니다.

나는 시골에서 일어났던 한 가지 일을 기억합니다. 열두 명의 배심원이 어느 죄수의 유죄를 두고 정확히 반으로 나뉘었습니다. 그들은 무모하게도 그 문제를 동전 던지기를 통해 하나님께 호소하기로 했습니다. "앞면이냐, 뒷면이냐"에 따라 그 사람이 무죄인지 유죄인지를 결정하려 한 것입니다. 그들은 그리스도인들이었고, 그들은 그렇게 하는 것이 하나님께 호소하는 것이라고 생각했습니다. 그들은 제비가 논쟁의 종결이라고 말했습니다. 옛 시대에 제비가 인정되어왔던 것은 사실입니다. 하나님은 제비뽑기를 인정하셨고, 그들에게 복을 주셨습니다. 하지만 이제 우리는 제비뽑기를 지지하는 어떤 것도 알지 못합니다. 우리에게는 그런 방식으로 하나님께 호소할 수 있다고 생각할 권리가 없습니다.

하나님은 그분의 섭리에 의해 길을 지도하시며, 그분이 그렇게 하시는 것은 의심의 여지가 없습니다. "제비는 사람이 뽑으나 모든 일을 작정하기는 여호와께 있느니라"(잠 16:33). 방향 결정이 너무 고통스러운 것이 될 때는 하나님이 돌보실 것입니다. 그러므로 우리는 주제넘게 그런 방식으로 하나님께 호소하려 해서는 안 됩니다. 우리는 그런 것들을 믿지 않습니다. "우리에게는 더 확실한 예언이 있어 어두운 데를 비추는 등불과 같으니, 너희가 이것을 주의하는 것이 옳으니라"(벧후 1:19).

또한, 명백하게 그렇지 않은 데도, 하나님께 조언을 받는다고 생각하는 어떤 사람들이 있습니다. 그들은 심지어 어떻게 할 것인지에 대해 이미 마음을 정해두고서, 목사에게 찾아와 조언을 구하기까지 합니다. 어느 목사님에게 들은 이야기를 소개하겠습니다. 그 목사님은 어느 젊은 여성에게 어떤 문제에서 그녀가 어떻게 해야 할지에 대해 면담을 요청받았습니다. 그는 그녀가 이미 마음을 정한 것을 충분히 인지할 수 있었고, 그래서 이렇게 말했습니다. "밖으로 나가서, 종들이 울리는 소리에 귀를 기울여보세요." 당연히 종들은 그녀의 귀에 "그것을 하라! 그것을 하라!"고 울렸습니다. 그녀는 집으로 돌아갔고, 그 일을 했습니다! 시간이 좀 흐른 뒤에, 그녀는 그 일을 행한 것 때문에 수치스럽게 된 것을 발견했습니다. 그래서 그녀는 그 목사님을 찾아와서 말했습니다. "목사님, 당신은 제게 틀린 조언을 주셨습니다." "아니요, 나는 그러지 않았습니다"라고 그 목사님이 말했습니다. "당신은 그 종소리를 바르게 해석하지 못했군요. 가서 다시 들어보세요." 그녀가 나갔는데, 이번에는 종들이 이렇게 울렸습니다. "절대 그것을 하지 말라! 절대 그것을 하지 말라!"

우리가 종소리를 들어보라고 조언해 줄 사람들이 많습니다. 왜냐하면 그들은 조언을 구할 때마다 스스로 결정을 내린 상태이기 때문입니다. 그들은 그것을 섭리의 인도라고 부릅니다. 그러나 진실은, 그들이 무엇을 행하기에 앞서 이미 결심했다는 것입니다. 만약 우리의 조언이 그들에게 꼭 맞으면, 그들은 그것을 받아들입니다. 하지만 그렇지 않으면, 그들은 그들 자신의 견해를 선호하고, 그들의 의향에 따라 행동합니다.

인도하심과 관련하여 몇 가지 오류들을 언급했으니, 이제 여러분은 내게 우리의 상담자가 진정 어떻게 우리를 인도하시는지 말해주기를 바랄 것입니다. 이 문제를 여러분에게 간략히 설명해보도록 하겠습니다. 이스라엘의 자녀들이 광야를 지날 때, 주님께서 그들을 인도하신 두어 가지 다른 방식들이 있었습니다. 그것은 우리가 주님의 인도 방식들을 이해하는 것에 도움이 될 수 있습니다. 그 중의 한 가지는 섭리의 불과 구름 기둥이었습니다. 또 다른 한 가지는 언제나 그들 앞서서 행진했던 언약궤였습니다. 또 다른 것은 호밥의 조언이었습니다. 그는 모세의 장인으로서 장막을 쳐야 할 최적의 장소들을 아는 사람이었습니다. 또 이스라엘 자손들에게는 우림과 둠밈을 가진 제사장들이 있었습니다. 그들은 이스라엘이 무엇을 해야 할지를 알려주었습니다. 이런 것들은 각각 영적인 의미를 지니고 있습니다.

가장 먼저, 하나님의 섭리의 불과 구름 기둥은 하나님의 백성에게 매우 귀중한 안내자입니다. 사랑하는 이여, 여러분 중에는 내가 지금 말하는 것의 의미를 이해하지 못하는 사람이 있을 것입니다. 하지만 여러분이 충분히 오랜 삶을 살았다면, 여러분은 여러분의 긴 세월에서 내가 말하고 있는 진리를 즐거이 음미할 수 있을 것입니다. 자주, 밤이 어두울 때, 이스라엘 무리는 불 기둥의 빛을 의지하여 앞으로 나아갔습니다. 그들은 필연적으로 한 방향으로 진행해야 했습니다. 다른 데에는 빛이 없었기 때문입니다. 마찬가지로 여러분은 여러분의 앞에서 행하는 섭리를 종종 볼 것입니다. 바로 지금 당신은 진퇴양난에 빠졌고, 이렇게 말합니다. "어느 길을 택할 것인가?" 별안간, 섭리가 그 길들 중의 하나를 막습니다. 자, 그럴 때 당신은 안내자를 원치 않습니다. 가야 할 길은 오직 하나이기 때문입니다. 당신이 말합니다. "두 상황 중에서 어느 것을 택할까?" 하나는 다른 누군가가 취하였고, 남은 것은 하나입니다. 그럴 때 당신은 구름을 따르는 것 외에 대안이 없습니다. 저 섭리의 기둥을 보십시오. 그러면 당신은 그것이 다른 어떤 것보다 더 선하게 당신을 인도할 것임을 알게 될 것입니다.

당신이 곤란에 처했을 때, 무엇을 해야 할지 알지 못할 때, 하나님 앞에 와서 이렇게 아뢰십시오. "오 주여, 당신의 섭리로써 제가 해야만 할 것을 보여주소서! 사건들이 명확해져서 제가 최선이 될 만한 일을 피할 수 없이 하게 하여 주소서. 두 개의 문이 있다면, 저는 어느 것이 합당한 것인지 알지 못하니, 그중 하나를 닫아주소서. 주여, 비록 닫히는 그것이 제가 가장 좋아하는 것일지라도 그렇게 하여 주소서. 그러면 저는 다른 문으로 통과해야 할 것이니, 그렇게 당신의 섭리로써 인도를 받을 것입니다."

하지만 나의 청중이여, 그와 다르게 우리는 종종 구름 기둥에 앞서 행합니다. 그것은 마치 옛 청교도들이 표현한 것과 같습니다. "구름 앞에서 달리는 자는 헛걸음을 하였으니, 곧 되돌아와야 했다." 사랑하는 이여, 구름을 따르십시오. 당신에게 방향을 제시해 줄 섭리를 요청하십시오. 어쩌면 여러분은 문제들 속에서 하나님을 바라보지 않았고, 섭리 안에서 그분의 손길을 찾지 않았을 것입니다. 고아원 운영자인 조지 뮬러 씨가 말했습니다. "내 아이들을 독립시켜 내보내는 문제에서나, 고아원을 돌볼 일꾼을 뽑는 문제에서나, 누구를 내 가족으로 받아들일 것인가 하는 문제에서, 나는 항상 하나님께 가서 인도를 구합니다. 나는 이런 작은 문제들에서도 그분의 말씀에 대한 믿음을 발휘하며, 그분이 나를 지시하시고 인도해주시기를 구합니다. 그렇게 할 때, 내가 하늘로부터 음성을 듣는 것은 아닙니다. 하지만 나는 그 음성에 버금가는 무언가를 섭리 안에서 들으며, 그것이 내게 이러저러한 일에서 내가 해야 할 것을 가르칩니다." 사랑하는 이여, 음성을 듣는다거나, 환상을 보거나, 꿈을 꾸는 것을 기대하지 말고, 오히려 섭리를 보십시오. 기이하게 작동하는 하나님의 바퀴들이 어떻게 도는지를 보고, 그 바퀴들이 도는 방향에 따라 행하십시오. 그분의 손이 어느 길을 가리키든지, 그리로 가십시오. 그렇게 하나님은 당신을 인도하실 것입니다. 당신의 상담자는 죽지 않았기 때문입니다.

섭리의 구름 기둥만 있는 것이 아닙니다. 다음으로, 믿는 자의 마음 안에 놓여 있어, 자주 그를 인도하는, 여호와의 언약궤가 있습니다. 여러분이 알다시피 언약궤는 예수님의 예표(type)이며, 예수님은 종종 마음에 즉각적으로 역사하는 그분의 성령에 의해 그리스도인을 인도하십니다. 어쩌면 여러분이 몇몇 저명한 퀘이커 교도의 삶을 읽었을 때, 여러분은 그들이 성령의 영감으로 여기는 것에 대해 비웃었을 것입니다. 그들이 칭하는 바에 따르면 그것은 그들을 "감동하는"(moving) 것이며, 어떤 곳으로 가라고 하는 것입니다. 사랑하는 이여, 그것을 비웃지 마십시오. 그 속에는 여러분이 상상하는 이상의 무언가가 있습니다. 여러분 중에는 성령에 의해 감동을 받지도 않고, 그것을 이해하지도 못하는 이들이 더러 있습니다. 본성이 너무나 딱딱하고 완고하여, 여러분은 성령의 부드러운 영향력을 느끼지 못하며, 어떤 일을 행하도록 하나님의 손이 여러분을 만지시는 감촉을 느끼지 못하는 것입니다. 하지만 그것은 단순한 공상이 아닙니다! 영적인 삶에 대해 잘 아는 사람들은 그것의 실재성을 증언할 것입니다. 나 자신도 때로는 (나는 내가 아는 것을 정직하게 말하며, 내가 느끼는 것을 증언합니다) 전혀 설명할 수 없는 이유로, 내가 왜 그 일들을 해야 하는지도 모르고, 또는 어떻게 그런 일들이 유익이 되는지 이해하지 못하고, 어떤 일을 행하도록 감동을 받은 적이 있습니다. 어떤 경우에 성경 본문이 강력하게 내 생각 속으로 들어오면, 나는 어쩔 수 없이 그것을 다루어야 했고, 나중에 그것이 최선이었음을 발견하곤 했습니다.

내 삶에 전환점이 되었고, 나를 이곳으로 인도했던 한 사건을 나는 기억합니다. 나는 한 대학에 들어가려고 결심했었습니다. 나는 마음을 정했고, 교장을 만나기로 결정했습니다. 나는 약속된 집에서 그를 만나려고 한동안 기다렸습니다. 하지만 하나님의 섭리에 의해, 그는 한 방으로 안내되었고, 나는 다른 방으로 안내되었습니다. 그는 내가 그곳에 있는 것을 몰랐고, 나 역시 그가 그곳에 있다는 것을 몰랐습니다. 그렇게 우리는 따로 앉아서 줄곧 서로를 기다렸고, 결국 나는 그를 만나지 못한 채 떠났습니다. 집으로 가는 동안에 한 성경 본문이 떠올랐습니다. "네가 너를 위하여 큰일을 찾느냐? 그것을 찾지 말라"(렘 45:5). 여러 날이 지나고, 여러 주가 지나도록, 쉴 때나 잘 때나 무슨 일을 할 때나, 내 귀에는 그 말씀이 울렸습니다. 그 구절을 곰곰이 묵상하면서 나는 생각했습니다. '이 말씀이 무엇을 의미하는지를 알겠군. 나는 나 자신을 위해서 위대한 일들을 생각하고 있었지. 하지만 이제 그런 것들을 구하지 않을 것이다.' 그렇게 나는 다른 길을 정했고, 이렇게 말했습니다. "하나님의 은혜로, 나는 그리로 가지 않을 것이다." 그때 나는 하나님의 말씀을 따름으로써 내 심령의 안식을 찾았습니다. 내가 사는 동안, 나는 그 일이 하나님의 감동이었음을 의심하지 않을 것이며, 그때의 생각을 내 머리에서 지우지 않을 것입니다. 하여간, 그 충동은 내가 그것에 순종할 때까지는 양심이 편할 수 없던 것이었습니다.

내면적인 삶을 관찰하며 하나님과의 교제 안에서 사는 그리스도인들이여, 여러분도 하나님이 주시는 충동 곧 성령의 감동을 느낄 것입니다. 여러분은 어떤 경우에 어떤 일을 하도록 감동을 받을 것입니다. 여러분에게 권고합니다. 그렇게 감동을 받으면, 여러분 안에서 성령의 속삭임을 들으면, 그것이 아무리 여러분 자신에게 이상하게 보여도 가서 그 일을 즉시 행하십시오.

어느 나이 많은 그리스도인에 관한 인상 깊은 일화가 있습니다. 어느 날 밤 그는 어떤 거리의 어느 집으로 가라는 마음의 충동을 느꼈습니다. 거리는 오십 마일이나 떨어져 있고, 밤이었지만, 그는 말에 안장을 올리고 그곳으로 서둘러 갔습니다. 드디어 그 도시에 도착했습니다. 가로등이 번들거리고 있었습니다. 다리를 건너면서, 밤의 정적을 깨는 강물 소리를 들으며 그는 잠시 멈추었습니다. 그리고 내면에서 어떤 성스럽고 조용한 충동을 느끼며 앞으로 나아갔고, 마침내 그 거리의 그 집에 도착했습니다. 그가 집 앞에 도착하여 문을 두드렸을 때, 오랜 시간을 기다려서야 대답을 들었습니다. 곧 초췌한 모습의 남자가 내려와서 물었습니다. "무슨 일입니까?" 그가 대답했습니다. "친구여, 저는 이 밤에 이곳에 가라는 음성을 듣고 당신을 보러 왔습니다. 왜 무엇 때문에 왔는지는 알 수 없습니다. 주님께서 당신의 영혼을 위해 주고자 하시는 메시지가 있는 것 같습니다." 그 남자가 놀라며 말했습니다. "하나님을 찬양합니다. 저는 5분 전에 스스로 죽으려고 이 고삐를 목에 걸었습니다." 그는 그 밧줄을 옆으로 던지고는 소리쳤습니다. "이제 저는 주님께서 저를 잊지 않으신 것을 알겠습니다. 그분이 나를 원수의 손에서 건지시기 위해 그의 종을 보내셨기 때문입니다!"

이 일이 성령의 감동으로 된 사례가 아닌지, "나는 믿지 못하겠다"고 말하는 사람들에게, 혹은 불신앙 중에서도 무턱대고 믿는다고 말하는 사람들에게, 잘 생각해보라고 말하고 싶습니다. 사랑하는 이여, 그런 일들은 있습니다. 그런 일들이 아주 눈에 띄는 방식으로 일어나는 것은 아니지만, 분명한 것은 그런 일들이 종종 경험된다는 것입니다. 상담자는 죽지 않으셨습니다. 그분은 마음에 말씀하십니다. 그분은 마음에 거룩한 충동을 일으키시며, 영혼을 감동하십니다. 그분은 우리가 꿈꾸지도 않았던 일들을 우리에게 행하십니다. 강력한 필요성이 우리의 상황에 부여될 수도 있고, 또는 우리의 의지에 부여될 수도 있습니다. 우리의 이해력에는 여전히 비밀인 채로, 우리는 우리가 생각지 않은 길로 인도되기도 합니다. 이는 우리의 상담자가 죽지 않으셨음을 입증하는 것입니다.

하지만 또 다른 방식의 인도가 있습니다. 나는 여러분에게 이스라엘 자손이 모세의 장인 호밥에 의해 안내를 받았다고 말했습니다. 그는 이스라엘이 장막을 칠 장소들을 알았습니다. 그는 어디에서 종려나무들이 자라는지를 알았습니다. 그는 큰 바위 옆 그늘진 곳을 알았고, 바위 투성이 산비탈 아래 어디에서 시냇물이 흐르는지를 알았습니다. 그는 원수들에게서 피할 최적의 은신처가 어디인지를 알았습니다. 호밥이 그들을 안내했고, 그는 복음 사역자의 예표였습니다. 하나님께서 그 명예로운 섬김을 위해 부르신 사람들이 종종 하나님의 백성을 안내하는 수단이 될 것입니다. 우리는 인도하심을 구하며 하나님의 집에 오는 많은 사람이 목회자가 정확히 그들의 사정을 묘사했다고 말하는 것을 들었습니다. 그들은 하나님의 집을 나서면서 이렇게 말하곤 했습니다. "누구도 나에 대해 목사님께 말했을 리가 없을 텐데. 또 설령 내가 직접 목사님께 말했더라도 목사님이 이보다 더 정확하게 나에게 맞는 말씀을 하실 수는 없었을 거야." 나는 그런 일을 수백 번이나 겪어보지 않았습니까? 내게 보내온 편지들에는 너무 개인적인 내용을 말하지 말라고 하는 내용도 있습니다. 실상 나는 기분이 상했다고 하는 그 사람에 대해서는 아무것도 모르는데 말입니다. 뭐라고요? 내가 너무 개인적인 문제를 언급하는 것에 반대한다고요? 내가 사는 날 동안, 나는 여러분 모두를 개인적으로 대하게 될 것입니다. 만약 어떤 사람의 행위나 판단에 오류가 있다면, 하나님의 도우심에 힘입어, 나는 그에게 그가 어디에서 잘못되었는지를 보일 것입니다. 개인적인 설교가 가장 좋은 종류의 설교입니다. 우리는 개인들에 대해 언급하는 것을 피하지 않을 것입니다. 우리는 할 수 있는 한 각 개인에게 도달하도록 애쓸 것이며, 모든 사람이 자기 언어로 하나님의 말씀을 듣고, 자기 마음을 향해 말씀하시는 것을 들을 수 있도록 애쓸 것입니다.

하지만 때때로, 여러분은 얼마나 신기하게도 여러분의 사정이 묘사되는 것을 듣는지요! 여러분이 하나님의 집에 가서 자리에 앉습니다. 목회자는 강단에 올라, 당신에게 꼭 맞게 적용되는 본문을 가지고, 당신의 위치를 정확하게 말하기 시작하고, 또 당신이 가야 할 길에 대해서도 말합니다. 돌아갈 때 여러분은 이렇게 말할 수밖에 없습니다. "저 사람은 선지자야." 아무렴, 그렇고 말고요! 여러분이 기억하실 테지만, 내가 자주 여러분에게 말해왔듯이, 이것이 주님의 참된 종을 알아보는 방식입니다. 다니엘이 주님의 참된 종이라고 인정되었던 것은 그가 왕에게 꿈과 해석을 모두 말할 수 있었기 때문입니다. 점술가들은 꿈을 듣고 나서 해석만 말할 수 있었습니다. 많은 사람이 여러분의 사정을 알았을 때는 여러분에게 조언을 줄 수 있습니다. 하지만 주님의 참된 종은 여러분의 사정에 대해 정보를 듣는 것을 원치 않습니다. 그는 그것을 미리 압니다. 여러분이 이곳에 올 때, 여러분의 동료나 이웃에게 목격되지 않았습니다. 하지만 당신이 골방에서 행한 일을 주님은 그분의 종에게 들려주셨습니다. 당신이 사업에서 행한 일을 그분이 은밀한 교제 속에서 자기 종에게 알려주셨으니, 그 일은 당신의 양심에서 명백해질 것입니다. 그는 당신의 꿈을 말할 것이고, 그에 대한 해석도 말할 것입니다. 그러면 당신은 이렇게 말할 것입니다. "진실로 그는 이스라엘의 하나님 여호와의 종이로다." 그것이 주님의 참 선지자를 구별하는 방식이니, 나는 여러분이 다른 사람을 믿지 않기를 바랍니다. 당신에게 미래를 열어 보이기 전에 당신의 경험을 먼저 알기를 바라는 점성술사나 점쟁이를 찾아가지 마십시오. 도리어 당신의 경험이 펼쳐져 드러나는 곳, 당신이 모든 고충을 안고 가서 씨름했었고 또 그것이 덜어졌던 곳으로 가십시오. 상담자는 죽지 않으셨습니다. 비록 환상 중에 말씀하시진 않아도, 그분은 여전히 자기 백성을 섭리 안에서 인도하시며, 마음의 자극과 감동으로, 또 거룩한 사역자를 통해 인도하십니다. 그것이 지극히 높으신 살아계신 하나님의 신탁입니다. 여전히 은혜로우신 상담자는 친히 자기 백성에게 조언을 주십니다.

이스라엘 자손이 인도를 받는 또 다른 방식은 제사장이 우림과 둠밈으로 여호와께 물을 때였습니다. 여기에는 우리가 "낱낱이 말할 수 없는"(히 9:5) 성스러운 신비가 있습니다. 하지만 나는 이 방식에 의해 하나님께서 제사장직에 매우 높은 명예를 부여하셨으며, 자기 백성에게도 큰 특권을 주셨다고 믿습니다. 이 제도의 특별한 은총은 우림과 둠밈 자체가 아니라 성령의 선물입니다. 이는 주 예수 그리스도께서 그의 제자들과 그의 이름을 믿는 모든 자에게 주신 약속입니다. 아, 사랑하는 이여, 여러분이 아직 성령을 받지 않았다면 여러분은 조언과 인도하심에 대해 많은 것을 알지 못하는 것입니다. 성경에 어떻게 기록되었는지를 주목하십시오. "너희는 주께 받은 바 기름 부음이 너희 안에 거하나니 아무도 너희를 가르칠 필요가 없고 오직 그의 기름 부음이 모든 것을 너희에게 가르치며 또 참되고 거짓이 없으니 너희를 가르치신 그대로 주 안에 거하라"(요일 2:27).

"하나님의 성령이 어떻게 우리를 인도하시나요"라고 여러분이 내게 묻습니까? 내가 대답하겠습니다. 스베덴보리주의자들(Swedenborgians, 18세기 스웨덴의 과학자이자 신학자였으며 새로운 계시를 받았다고 주장했던 에마누엘 스베덴보리의 영향을 받은 종파-역주)이 추정하듯이 새로운 계시를 만들어내심으로써가 아니라, 전에 계시된 말씀에 빛을 비추심으로써, 또 우리 마음에 빛을 비추심으로써 그렇게 하십니다. 성령이 우리의 영과 더불어 증언하십니다. 마찬가지로 그분이 우리에게 약속의 말씀들을 적용하십니다. 그분이 우리의 지각을 열어 성경을 이해하게 하십니다.

그뿐 아니라 복되신 성령께서는 그리스도께서 하늘에서 우리를 위해 간구하시듯 지상에서 우리를 위해 간구하십니다. 그분은 예수의 일들을 가지고 그것을 우리에게 보이실 것입니다. 그분은 옛길, 즉 우리가 믿음의 족장들과 선지자들 그리고 사도들과 순교자들의 발자취를 볼 수 있는 길로 우리를 인도하십니다. 그것이 바로 이 본문의 질문에 함의되어 있는 교리입니다. "네 상담자가 죽었느냐?"(미 4:9)

2. 책망 — 우리는 때때로 우리의 상담자가 죽은 것처럼 행동한다.

둘째로, 이 질문에는 한 가지 책망이 암시되어 있습니다. "네 상담자가 죽었느냐?" 이것이 책망이 되는 이유는 하나님의 자녀가 교리적으로는 자기의 상담자가 죽으셨다고 믿지 않지만, 실제로는 그렇게 행동하기 때문입니다. 그는 때때로 하나님의 인도를 기다리기보다는 자기 자신의 의도를 따라 달려갑니다. 다른 때에 그는 "그의 경영은 기묘하며 지혜는 광대하신"(사 28:29) 하나님이 그 손가락으로 분명하게 길을 가리키고, "달려가면서도 읽을 수 있게"(합 2:2) 비전을 명확하게 보이셨음에도 앞으로 나아가길 두려워합니다. 하나님의 자녀가 마치 아삽이 다음과 같이 말했을 때처럼 곤란한 지경에 처합니다. "내가 어쩌면 이를 알까 하여 생각한즉 그것이 내게 심한 고통이 되었더니"(시 73:16). 하지만 아삽은 이렇게 덧붙입니다. "하나님의 성소에 들어갈 때에야 그들의 종말을 내가 깨달았나이다"(시 73:17).

오 사랑하는 이여, 하박국 선지자가 위험의 때에 주께서 그에게 무엇을 말씀하실지 보려고 망대에 올라가 앉았던 것을 기억하십시오. 히스기야가 앗수르 왕 산헤립이 보낸 사신의 손에서 편지를 받았을 때 했던 일을 기억하십시오. 그는 편지를 읽은 후 "여호와의 성전에 올라가서 그 편지를 여호와 앞에"(왕하 19:14) 펼쳐 놓았습니다. 오호라! "너희 염려를 다 주께 맡기라"(벧전 5:7a)고 했지만, 여러분의 삶은 끊임없이 사소한 염려들로 혼란스러워집니다. "그가 너희를 돌보신다"(벧전 5:7b)는 것을 아는 지식이 여러분의 모든 걱정과 염려를 몰아내야 마땅합니다.

우리 중의 많은 이들이 주님의 조언을 얻는 것에 더딘 한 가지 이유는, 우리 자신의 자만심이 철저히 비워지지 않았기 때문입니다. 이스라엘 자손의 역사에서 기억할 만한 대목을 여러분에게 상기시키도록 하겠습니다. 그들이 가데스에 이르고, 가나안 경계를 따라 진행하고 있을 때였습니다. 모세가 그 땅을 둘러보고 알리도록 정탐꾼들을 보냈습니다. 그 열둘 중에서 오직 두 사람만 즐거운 보고를 가져왔고, 다른 열 명은 높은 성벽과 그 땅의 장대한 주민들에 대한 풀 죽은 이야기를 들려줌으로써 백성의 마음을 낙담케 했습니다. 모세가 "두려워 말라. 놀라지 말라"고 훈계했지만 허사였습니다. "주께서 너희들 앞에 가신다. 그가 너희를 위하여 싸우실 것이다"라고 단언하여도 소용이 없었습니다. 그가 주께서 애굽에서 그들의 목전에서 행하신 기사들을 기억하라고 호소해도 소용이 없었습니다. 겁먹고 낙심하여, 그들은 여호와 그들의 하나님을 믿지 않았습니다.

그와 상반되는 일도 있었습니다. 그들이 소심하기보다는 거만해질 때였습니다. 겁먹기 쉬운 마음은 그와 마찬가지로 주제넘기가 쉽습니다. 광야로 되돌아가라는 명령이 내려졌으나 그들은 곧 전쟁 무기를 챙겨 들고는, 주제넘게도 아말렉 자손들 및 가나안 자손들과 싸우기 위해 언덕을 올랐습니다. 그들은 패했고 그들 앞에서 쫓겨났습니다. 어제 아낙 자손들에 대한 말 때문에 위축되었던 그 백성이 다음 날 감히 하나님의 명령에 정면으로 대들다니, 누가 상상이나 하겠습니까? 더 겸손했더라면, 그들은 더 용감한 사람들이 되었을 것입니다. 아, 사랑하는 이여, 우리 자신을 우리 스스로가 평가하는 일에서, 우리는 저 이스라엘 백성을 얼마나 가깝게 닮았는지요! 하루는 너무나 나약함을 느껴 하나님을 위해 아무것도 시도할 수 없다가, 다른 날에는 우리의 심장이 높이 박동하여 주제넘게도 무슨 일이든 할 수 있다고 느낍니다! 젊은 회심자는 특히 기도할 믿음이 너무 약하다고 자주 불평하다가, 곧이어 그가 설교할 믿음은 강한 것 같다고 자랑할 것입니다. 여러분 중에 가장 오래 믿은 분들도 이 귀한 말씀의 충분한 의미를 아직 배우지 못했습니다. "아무것도 염려하지 말고 다만 모든 일에 기도와 간구로 너희 구할 것을 감사함으로 하나님께 아뢰라"(빌 4:6). 여러분은 큰 고통을 하나님 앞에 내어놓는 일과 관련해서는 큰 의식을 치르듯 유난을 떨지만, "모든 일"의 길이와 넓이에 대해서는 아직 이해하지 못하는 것 같습니다. 모든 일이란, 모든 큰일뿐 아니라 모든 작은 일도 포함합니다. 바울은 아주 구체적인 사항에 대해서도 "너희가 먹든지 마시든지 무엇을 하든지"(고전 10:31)라고 말할 수 있었습니다. 여러분은 찌푸린 날에는 조언을 구하지만, 해가 비칠 때는 그렇게 하지 않습니다. 여러분은 활동을 조정하기 위해 "구름"을 살피는 대신 날씨에 대해서만 조언을 구합니다.

이 책망은 우리의 죄뿐 아니라 우리의 어리석음에 대한 것이기도 합니다. "네 상담자가 죽었느냐?" 한 선장이 바다에 나갔을 때, 해안 가까이 많은 바위가 있는 곳, 예를 들어 아주 위험한 영국 해안에 있을 때, 여러분은 그에 대해 어떤 생각을 하십니까? 만약 그가 "자, 선원들이여, 돛을 줄이라. 바위가 너무 많다. 우리는 어디로 갈지 모른다"라고 말한다면 어떨까요? 그가 우울한 표정으로 염려하면서 갑판을 서성이면서 이렇게 말한다고 상상해보십시오. "선원들, 우리는 더 갈 수 없다. 나는 어느 쪽으로 키를 돌려야 할지 모른다. 무엇을 해야 할지 모르겠다!" 선원들이 무어라 말하겠습니까? "선장님, 항해사들은 죽었습니까?" "아니, 그들은 죽지 않았다." "그러면 신호를 보내 항해사를 불러오십시오." 그것이 여러분이 역경을 뚫고 갈 때 행동해야 할 방식입니다. 하지만 아주 빈번히 여러분은 갑판을 서성이면서 이렇게 말합니다. "오, 나는 키를 조종하여 이 좁은 해협을 뚫고 갈 수 없어! 나는 이 위기에서 절대로 빠져나갈 수 없을 거야. 나는 암초들을 절대 피할 수 없을 거야." 달려가서 신호를 보내고 항해사(the Pilot)를 부르십시오! 그것이 사는 길입니다. 우리의 상담자는 죽지 않으셨기 때문입니다. 여전히 한 항해사가 가까이 있으니, 그가 여러분의 신호를 볼 것입니다. 기도와 간구로, 감사함으로, 확실하게 여러분이 구할 것을 하나님께 아뢰십시오. 그분이 교훈으로 여러분을 인도하시고, 후에는 영광으로 여러분을 영접하실 것입니다(참조. 시 73:24).

하지만 여러분은 종종 여러분에게 상담자가 없는 것처럼 행동합니다. 여러분은 한 친구에게 달려가고, 다음에는 또 다른 친구에게 달려가서, 그들에게 조언을 구합니다. 그러나 내가 분명히 말하지만, 여러분이 만약 종일토록 피조물의 조언을 구한다면, 비록 얼마나 다양하고 많은 상담자를 여러분이 찾아도, 여러분이 얻는 것은 그만큼 많고 다양한 조언의 단편들뿐일 것입니다. 한 사람에게 들은 이야기가 있습니다. 그는 의사들을 시험해보려고, 그들이 진짜인지 확인해보려고, 내 기억에 400명에게 처방을 요청하는 글을 썼습니다. 물론 그들 모두에게 같은 증세를 말했습니다. 그런데 그는 380개의 각기 다른 처방전을 받았습니다. 그 가운데 다수는 다른 것과 정반대되는 것이었고, 서로 조금도 다르지 않은 것은 두 개도 되지 않았습니다. 그렇게 나뉠 수 있다는 것이 놀랍지 않습니까? 하지만 여러분이 여러분의 친구들에게 가서 조언을 구할 때도 마찬가지로 의견이 나뉠 것입니다. 한 사람이 말합니다. "나라면 그렇게 하겠어요." 다른 사람이 말합니다. "나라면 그렇게 하지 않겠어요." 예전에 어떤 이가 말했습니다. "이 사람이 그 맹인이다." 다른 사람들이 말했습니다. "아니다. 그와 비슷한 사람이다"(참조. 요 9:9). 그의 신분을 부인하는 자들이 있었습니다. 하지만 이렇게 말한 사람도 있었습니다. "최선의 방법은 맹인인 그 사람에게 직접 가보는 것이다." 그러자 그가 대답했습니다. "내가 그 사람입니다." 동료 인간들에게 가는 대신 주님에게 가서 그분에게 묻는 것이 가장 현명한 계획입니다. 여러분이 사방을 돌아다니며 여러분이 원하는 모든 조언을 구할 수는 있겠지만, 아무런 인도와 교훈도 얻지 못할 것입니다. 도리어 제자들의 본을 따르십시오. 그들은 곤란에 처했을 때 예수님께 갔습니다. 그분이 여러분을 광야를 통과하도록 안내하실 것이며, 천국까지 안전하게 데려다주실 것입니다.

한 사람이 말합니다. "하지만 그 위대하신 상담자에게 내가 어떻게 가까이 갈 수 있지요? 나는 깊은 절망에 빠졌습니다." 아! 그렇다면 이 질문이 하나의 책망으로서 큰 능력으로 당신에게 임하기를 바랍니다. 당신은 그분을 어떻게 발견할 수 있는지를 묻습니까? 뭐라고요? 그분이 당신과 함께 거하시지 않습니까? 당신은 그분과 함께 살지 않습니까? 당신의 상담자가 죽었습니까? 그분이 떠났습니까? 그분이 당신을 잊으셨습니까? 아니면 당신이 그분을 기억하기를 멈춘 것입니까? 그분이 당신의 친구이자 당신의 친밀한 동반자가 아니십니까? 당신은 그분을 붙들고서, 그분이 당신과 동행하시도록, 당신과 함께 머무시도록 요청하지 않는 것입니까? 당신은 그분 안에서 살지 않습니까? 진실로, 이 질문은 당신에게 하나의 책망입니다. 당신은 마치 당신의 상담자가 죽은 것처럼 살아왔기 때문입니다. 오 그리스도인이여, 만약 당신이 어떻게 그분의 보좌에 가까이 갈 수 있느냐고 물으면, 나는 당신에게 대답합니다. 기도와 믿음이라는 성스러운 사닥다리가 있습니다. 그것을 통해 당신은 오를 수 있으며, 곧 천국까지 올라가 예수님과 대화할 수 있습니다. 당신의 역경이 아무리 커도, 가서 당신의 주님에게 그 모든 것을 아뢰십시오.

여러분이 말합니다. "음, 그분이 문제들을 아십니다. 그러니 그분에게 굳이 아뢸 필요가 없습니다." 나는 여러분 모두가, 의심에 빠졌을 때는, 주님께 가서 어떤 문제에 관하여 의심에 빠졌는지 말씀드리기를 바랍니다. 가서 기도 중에 여러분 자신을 잘 점검해보십시오. 있는 그대로 고백하고, 여러분의 모든 상황을 그분께 말씀드리십시오. "그분이 문제들을 아시니 굳이 제 입으로 말할 필요가 없습니다"라고 말하지 마십시오. 오히려 그분께 문제에 관하여 전부를 아뢰십시오. 그것이 여러분에게 좋게 작용할 것이며 여러분의 아픈 마음도 진정될 것입니다. 하나님은 자기 백성의 마음이 분명하길 원하십니다. 하나님께 쉬운 언어로 말하십시오. 인간이 만든 기도서를 인용하지 말고, 분명한 음조로 여러분 자신의 탄식을 내쉬기 바랍니다. 그분에게 말하십시오. "저는 이러저러한 고충에 빠졌습니다. 그래서 당신의 은혜로운 인도를 구합니다." 돌려서 말하지 말고, 직접적으로 요점을 말하십시오. 무엇이 문제인지를 그분께 아뢰십시오. 여러분이 어려움을 고백할 때 주님이 여러분을 도우실 것입니다. 닻을 내리고, 항해사(the Pilot)가 승선하게 하십시오. 그런 다음에 여러분은 다시 닻을 올리고 출발할 수 있을 것입니다. 전능하신 야곱의 하나님이 키를 잡으시게 하고, 폭풍 치는 물결을 헤치고 여러분을 인도하시게 하고, 평화의 항구에 여러분을 내려놓으시게 하십시오. 상담자는 죽지 않으셨습니다.

여기에 우리에게 자주 적용될 수 있는 한 책망이 있습니다. 그리스도인들의 기질과 행동을 관찰할 때, 마치 상담자가 안 계신 것처럼, 나쁜 조언을 받는 것을 볼 수 있습니다. 의무가 부를 때 왜 그토록 소심하고 마음이 움츠러듭니까? 열정은 왜 또 그토록 거칠어서, 차분히 분별하지 못하는 겁니까? 역경이 닥칠 때 왜 그토록 의기소침해지는 것입니까? 형통함이 왜 여러분을 으스대게 하고 그토록 꼴사납게 행동하도록 만드는 것입니까? 그런 질문에 대한 대답은, 내가 생각하기에, 하나님의 말씀과 그분의 계명에 대해서 방자하고 무례한 태도에서 발견되기보다는, 여러분이 주님을 상담자로서 가까이하지 않기 때문입니다. 여러분은 그분과 달콤한 교제를 누리지 못합니다. 여러분이 그분의 말씀을 아무리 애써 읽어도, 여러분의 상담자와 교제를 하지 않으면, 여러분의 사정과 뜻을 그분 앞에 내어놓지 않으면, 그리고 여러분의 입을 그분과 변론할 말로 채우지 않으면, 이 책망은 바로 여러분에게 해당합니다—"네 상담자가 죽었느냐?" 그분은 영원히 살아계신 대언자이십니다. 그분의 친밀하심이 그를 경외하는 자들에게 있습니다(시 25:14). 우리의 복되신 주님은 자기 제자들을 떠나지 않으셨고, 그들을 고아처럼 버려두지 않으셨습니다. 그런데 왜 여러분은 이상한 두려움과 예감으로 당혹스러워하는 것입니까? 왜 이리저리 쫓아다니며 이 사람 저 사람에게 조언을 구하는 것입니까? "네 상담자가 죽었느냐?"

3. 격려 — 우리의 상담자는 죽지 않으셨다.

이제 마지막으로, 여기에는 낙망하는 자들을 위한 위로의 말씀이 있습니다.

격려를 위한 질문입니다. "네 상담자가 죽었느냐?"

죽어 사라진 것들이 많습니다. 여러분 중의 한 분은 지금 너무나 사랑하는 사람, 경건했던 아버지를 잃어 슬퍼하고 있습니다. 또 한 분은 어머니의 시신 위에서 오열하고 있습니다. 어느 분의 집에서는 아직 매장되지 않은 남편의 몸이 뉘어져 있습니다. 어쩌면 죽은 아이를 아직 관에 넣지도 못한 상태에서, 슬픔을 이길 힘을 얻으려고 이곳에 온 분이 있을지 모릅니다. 이들이 죽었습니다. 당신이 애정을 쏟았던 사람들입니다! 마치 꿈처럼 그들은 떠났고, 오호라, 그들이 없습니다! 한때 그들이 알았던 장소는 더는 그들을 기억하지 않을 것입니다. 당신은 울고 슬퍼합니다. 예수님도 우셨습니다. 하지만 당신은 절망해선 안 됩니다. 이들이 비록 떠났어도, 당신의 상담자는 죽지 않으셨기 때문입니다. 일부 병사들이 죽었으나 장군이 살아있습니다. 어떤 평범한 사람들이 질병에 걸려 쓰러졌으나, 상담자는 여전히 살아계십니다. 누군가 '적은 믿음'(Little-faith) 씨를 만나 이렇게 물었다고 가정해봅시다. "음, 적은 믿음 씨, 당신은 강도들을 만났습니다. 당신이 잃은 것이 무엇입니까?" 그는 이렇게 대답했을 것입니다. "오! 하나님 감사합니다! 하나님 감사합니다!" "왜 그러세요, 적은 믿음 씨?" "오, 저는 아주 많은 것을 잃었습니다. 하지만 여기를 보세요! 내 보석들을 잃지 않았답니다!"(「천로역정」의 내용, 적은 믿음 씨는 강도들을 만나 주머니의 돈을 빼앗겼으나 품속 깊은 곳에 간직한 보석을 빼앗기지는 않았음-역주).

여러분 중 한 사람이 사업장에서 집으로 돌아갑니다. 돌아갈 때 당신은 500 파운드가 든 큰 가방을 들고 가야 합니다. 가는 도중에, 누군가 당신을 따라옵니다. 그리고 당신의 주머니 손수건을 훔칩니다. 집에 도착했을 때 당신은 무어라고 말하겠습니까? "그 손수건을 잃고 싶지 않았어. 하지만 잊어버려야지, 500파운드는 안전하니까! 그들이 그것을 훔쳐가질 않아서 기쁘구나!" 여러분에게도 마찬가지입니다. 여러분은 땅의 위로 중 일부를 빼앗겼습니다. 하지만 낙심하지 마십시오. "당신의 상담자가 죽었습니까?" "아닙니다, 그분은 죽지 않으셨습니다. 그분은 여전히 나의 상담자이시며, 나를 계속해서 사랑하시고, 나를 위해 계속해서 살아계십니다. 그분의 애정은 식지 않았습니다. 그분의 은혜는 변함이 없습니다. 그분의 지혜는 측량할 수 없으니, 그분이 나의 길을 아십니다."

하지만 다른 사람이 말합니다. "저는 내 친구들을 죽음으로 잃지는 않았습니다. 정말이지 그런 일을 바라지 않습니다. 하지만 목사님, 그들이 나를 버렸습니다. 나는 목사입니다. 한때 내 곁에 섰던 집사들이 있었습니다. 하지만 이제 그들은 내게 등을 돌렸습니다. 내가 애정을 쏟은 교회가 있었지만, 디오드레베 같은 몇 사람이 자기가 으뜸 되는 것을 좋아했고, 나를 배신했습니다." 그 사람이 당신이 아꼈던 형제인가요? 비록 나는 당신의 고통을 충분히 공감하진 못해도 애석함을 느낍니다. 나는 그와 같은 일을 느끼지 못했습니다. 내 사람들은 그들의 목사를 사랑하고 모든 가능한 방식으로 그의 주변에 모이기 때문입니다. 하지만 당신을 위로하기 위해 이 말을 할 수 있습니다. 당신의 상담자는 죽지 않으셨습니다. 당신의 중요한 지지자가 당신을 그곳에서 떠나게 하려고 결심을 했다한들 어떻습니까? 당신의 친밀한 친구, 하나님의 집에 갈 때 당신과 동행했던 친구가 당신을 배반한들 어떻습니까? 당신의 상담자는 죽지 않으셨습니다.

어느 한 사람이 속삭이듯 말하는 것 같습니다. "저는 목사가 아닙니다. 하지만 저는 사람들의 복지를 추구하는 일에 종사합니다. 한때 돕는 자들이 있었습니다. 나는 일을 잘하고 있다고 생각했습니다. 그런데 그들이 한 사람씩 나를 떠났습니다. 이제는 지치고 맥이 빠진 채 홀로 남았답니다." 당신은 그들이 돌아오기를 바랄 수도 있습니다. 그들은 좋은 사람이었기 때문입니다. 하지만 이 생각으로 위로를 얻으십시오. 상담자는 떠나지 않으셨습니다. 그분은 당신을 도우실 수 있습니다.

말하는 동안 오직 한 사람의 청중만 남았던 고대의 한 웅변가에 대해 들은 적이 있습니다. 처음에 그의 연설을 들으려고 왔던 모든 사람이 떠났습니다. 하지만 그는 연설을 멈추지 않았습니다. 연설을 마쳤을 때, 그는 들을 사람은 한 사람뿐인데 어떻게 연설을 계속할 수 있었느냐고 질문을 받았습니다. 그가 대답했습니다. "그건 사실입니다. 나에게는 한 명만 남았지요. 하지만 듣는 그 한 사람이 플라톤이었습니다. 그걸로 내게 충분했지요." 마찬가지로, 당신에게도 오직 한 친구만 남았을 수 있지만, 그 한 친구가 예수님이라면, 그분으로 충분하지 않겠습니까? "기묘자요, 모사요, 전능하신 하나님"(사 9:6) 그 한 분으로 충분하지 않습니까? 오, 버림받은 영혼이여, 당신은 외로운 곳에서 친구도 없고 돕는 자도 없이 걷고 있습니다만, 당신의 상담자는 죽지 않으셨습니다.

재산을 잃어버린 가난한 당신이여, 가진 것을 다 잃어버린 빈궁한 사람이여, 건강이 약해지고, 마음이 낮아지고 낙망한 당신이여, 재물과 건강과 친구들을 잃어버린들 어떻습니까! 비록 당신이 지금 완전히 파산했다 해도, 여전히 복된 한 가지가 남아 있습니다. "당신의 상담자가 죽었습니까?" 아닙니다, 예수님은 살아계십니다! 그것을 받아 적으십시오, 예수님은 살아계십니다! 예수님을 믿는 모든 사람은 이 진리를 자기에게 적용할 수 있습니다. 한 위대한 목회자가 죽어도, 예수님은 살아계십니다. 한 친절한 친구가 죽어도, 예수님은 살아계십니다. 내 위로였던 것이 나를 실망시켜도, 예수님은 살아계십니다. 그분이 살아계시기 때문에—그분이 친히 말씀하신 것입니다—나도 살 것입니다! "나 있는 곳에 나를 섬기는 자도 거기 있으리라"(요 12:26). 그러니 그분을 신뢰하십시오. 두려움이나 낙심을 용납하지 마십시오. 당신의 생명은 안전합니다. 그분이 당신을 보전하실 것입니다.

오 나의 친구들이여, 여러분 가운데 어떤 이에게는 안내자가 없으니 그로 인해 내가 얼마나 슬퍼하는지요! 오, 내가 그 슬픈 생각을 묘사할 수 있으면 좋으련만, 그래서 여러분이 안내자가 없는 여러분 자신의 불행한 상태를 볼 수 있으면 좋으련만! 저기 사막을 보십시오. 그곳은 아라비아 광야의 한가운데입니다. 거기에는 나무가 없고, 관목도 없으며, 시원한 시냇물도 없습니다. 위로는 뜨거운 하늘과 아래로는 타는 듯한 모래만 있습니다. 거기에 외로이 방황하는 한 사람이 있습니다! 그 사람이 보입니까? 그는 초췌하고, 병약하며, 쓸쓸하기 그지없어 보입니다. 그는 땅을 쳐다보며 그가 따라갈 수 있는 낙타의 흔적이라도 찾을 수 있는지 살펴보고 있습니다. 그는 벗어날 길을 찾기 위해 여기저기를 달려보지만 모두 허사입니다. 그는 계속해서 원을 그리며 돌고 있습니다. 타는 듯한 사막이 여전히 그를 둘러싸고 있습니다. 왜 그는 이렇게 방황할까요? 그에게 안내자가 없기 때문입니다.

좀 더 그를 관찰해보십시오. 그가 눈을 사방으로 돌려 보아도 희망이 없습니다. 잠시 신기루에 현혹되어 그는 푸른 초원이 자기 주변에 있다고 생각합니다. 하지만 오호라! 그 환상은 속이는 희망입니다. 몸을 숙여 물을 마셔보지만, 그의 입은 뜨거운 모래로 채워집니다. 오 사람이여! 왜 어리석게도 신기루를 쫓아다닙니까? 그에게 안내자가 없기 때문입니다.

그를 다시 살펴보십시오. 그는 절망하여 땅에 눕습니다. 그는 신음하면서 공중에서 원을 그리고 있는 죽음의 새를 쳐다봅니다. 그는 그 새의 먹이가 될 것을 예상합니다. 그것이 멀리서 그의 냄새를 맡고 그를 삼키러 온 것입니다. 왜 그는 일어나지 않을까요? 그에게 안내자가 없기 때문입니다. 이제 그는 죽고, 독수리가 내려와 그를 덮칩니다. 그의 살이 저 끔찍한 새에 의해 뜯겨 나갑니다. 여러분이 그 사막을 지날 때, 거기에는 가슴 아픈 이야기를 들려주는 백골만 있을 뿐입니다. 왜 그 사람이 죽었을까요? 그에게 안내자가 없었기 때문입니다.

악인들은 그렇게 죽습니다. 하지만 의인들은 "시냇가에 심은 나무가 철을 따라 열매를 맺으며 그 잎사귀가 마르지 아니함 같으니 그가 하는 모든 일이 다 형통할 것입니다"(시 1:3). "악인들은 그렇지 아니함이여 오직 바람에 나는 겨와 같도다"(시 1:4). 하나님이 여러분에게 성령을 주시길 바랍니다. 그래서 여러분이 교훈을 받고, 책망을 경청하며, 이 상담자의 위로를 영원토록 즐거워하기를 바랍니다!

제
6
장
—

그리스도의 성육신과 탄생

"베들레헴 에브라다야 너는 유다 족속 중에 작을지라도 이스라엘을 다스릴 자가 네게서 내게로 나올 것이라 그의 근본은 상고에, 영원히 있느니라" - 미 5:2

지금은 우리가 원하건 원하지 않건, 그리스도의 탄생에 대해 생각할 수밖에 없는 시기입니다. 나는 크리스마스를 지키는 종교가 있다는 것이 하늘 아래 가장 큰 불합리한 일 중의 하나라고 주장합니다. 우리 주 예수 그리스도께서 그날 태어나셨다는 개연성은 전혀 없으며, 그 절기의 준수는 순전히 교황주의에 기원을 두고 있습니다. 의심할 여지 없이 가톨릭 신자들은 그날을 신성하게 여길 권리가 있겠지만, 나로서는 어떻게 철저한 개신교도가 그날을 조금이라도 신성하게 여길 수 있는지 이해하지 못하겠습니다. 세상에는 할 일이 많고, 조금 더 쉬는 것이 노동자들에게 손해는 아닐 것입니다. 크리스마스는 정말이지 우리에게 하나의 혜택입니다. 특히 그 절기가 우리로 가족 난로에 둘러앉게 하고 친구들을 한 번 더 모이게 할 수 있다는 점에서 그렇습니다. 하지만, 우리가 다른 사람들의 방식을 그대로 따르는 것은 아니지만, 주 예수의 성육신과 탄생을 생각하는 점에서는 어떤 해로움도 없습니다. 우리는 이런 사람들처럼 분류되는 것을 좋아하지 않습니다—

"그릇된 축제일을 더 큰 관심을 가지고 지키면서
다른 날들은 올바르게 지키지 않는 사람들."

옛 청교도들은 크리스마스 날 노동을 하는 시위행진을 벌였는데, 그날의 준수에 반대한다는 것을 보여주기 위함이었습니다. 하지만 우리는 그들이 그들의 반대를 아주 철저하게 보여주었다고 믿기에, 우리는 그들의 후예들로서, 그날의 미신들은 미신을 믿는 자들에게 남겨두기로 하고, 대신 그날에 생각할 수 있는 유익한 점을 취하기로 했습니다.

말해야 할 것에 대해 즉시 진도를 나가기 위해, 우리는 먼저, 그리스도를 보내신 분이 누구이신지를 주목합니다. 말씀하시는 분은 성부 하나님이시며, 그가 이렇게 말씀하십니다. "이스라엘을 다스릴 자가 네게서 내게로 나올 것이라." 둘째, 그리스도는 성육신의 때에 어디에 오신 것입니까? 셋째, 그는 무엇을 위해 오셨습니까? "이스라엘을 다스리기" 위해서입니다. 넷째, 그가 이전에도 오신 적이 있었습니까? 예, 그렇습니다. "그의 근본은 상고에, 영원히 있느니라."

1. 누가 예수 그리스도를 보내셨나?

첫째, 누가 예수 그리스도를 보냈습니까? 그 대답은 본문의 말씀으로 우리에게 돌아옵니다. 여호와께서 미가 선지자의 입을 통해 말씀하십니다. "네게서 내게로 나올 것이라." 예수 그리스도께서 아버지의 허락과 권위와 동의와 지지 없이 나오시지 않았다는 것은 묵상하기에 달콤한 생각입니다. 그분은 사람들의 구주가 되기 위하여 아버지에게서 보내어졌습니다. 오호라! 우리는 삼위일체의 위격들(Persons)에는 구분이 있으며, 한편으로 영광에서는 구분이 없다는 것을 너무나 잘 잊는 경향이 있습니다. 우리는 아주 빈번하게 우리 구원의 영예를, 혹은 적어도 구원의 깊은 은혜와 지극한 자비를 아버지에게보다는 예수 그리스도께 더 많이 돌립니다. 이것은 아주 큰 실수입니다. 어떻게 예수님이 오셨습니까? 아버지께서 그분을 보내시지 않았습니까? 그가 한 아기로 나신 것은 성령이 그를 나게 하신 것이 아닙니까? 그리스도께서 경이로운 말씀을 하신 것은, 아버지께서 그분의 입술에 은혜를 부어주셨기 때문이며, 그래서 그분이 새 언약의 유능한 사역자가 되시지 않았습니까? 비록 그리스도께서 쓴 잔을 마실 때 아버지께서 그를 버려두셨다 해도, 여전히 아버지는 아들을 사랑하시지 않았습니까? 그리고 조금 후, 삼일 후에 아버지는 그리스도를 죽은 자 가운데서 일으키셨고, 마침내 그리스도께서 사로잡은 자들을 취하시고 높은 곳으로 오르도록(참조. 시 68:18) 받으신 것이 아닙니까?

오 사랑하는 이여, 아버지와 아들과 성령을 올바르게 아는 자는 어느 한 위격을 다른 위격보다 더 높이지 않습니다. 그는 한 위격에게 다른 위격보다 더 큰 감사를 표하지 않습니다. 그는 삼위 하나님이 베들레헴에서와 겟세마네에서와 골고다에서, 모두 동일하게 구원의 일에 참여하신 것을 봅니다. "네게서 내게로 나올 것이라." 오 그리스도인이여, 당신은 인성을 가지신 예수 그리스도를 의지합니까? 당신은 오직 그분을 전적으로 신뢰합니까? 당신은 그분과 연합되었습니까? 그렇다면 당신이 하늘의 하나님께 연합되었음을 믿으십시오. 그리스도 예수의 인성에 대하여 당신이 그분의 형제이며 그분과 친밀한 교제를 누린다면, 당신은 그로 인해 영원하신 하나님과 연결되는 것이며, "옛적부터 항상 계신 이"(단 7:9)가 당신의 아버지(Father)요 당신의 친구(Friend)가 되시는 겁니다. "[그는] 네게서 내게로 나올 것이라."

성부 하나님께서 위대한 은혜의 대업을 위해 그분의 아들을 준비시키셨을 때, 당신은 여호와의 가슴에 깊은 사랑이 있음을 알지 못하였습니까? 전에 한 번 하늘에 슬픈 날이 있었고, 사탄이 추락하면서, 하늘의 별들의 삼분의 일을 끌고 갔습니다. 그때 성자 하나님께서 그의 위대하신 오른팔로 전능의 번개들을 퍼부으시고, 저 반역의 무리를 멸망의 구덩이로 몰아넣으셨습니다. 우리가 하늘의 비탄에 대해 상상할 수 있다면, 지존자의 아들이 세상이 있기 전부터 함께 있었던 아버지의 품을 떠나시던 날, 그날은 틀림없이 더 슬픈 날이었을 것입니다. "가라", 아버지께서 말씀하십니다. "아버지의 가호가 네 머리 위에 있으리라!" 그런 다음 아들은 의복을 벗으셨습니다. 얼마나 많은 천사가 하나님의 아들이 의복을 벗으시는 것을 보려고 모였을까요! 면류관을 내려놓으신 후, 그분이 말씀하셨습니다. "내 아버지여, 나는 만유의 주이며, 영원히 복된 자입니다. 하지만 이제 내 면류관을 내려놓고, 죽을 인생들처럼 될 것입니다." 그분이 스스로 눈부신 영광의 옷을 벗으시고 또 말씀하십니다. "아버지여, 나는 이제 사람들이 입은 것처럼 진흙 옷을 입을 것입니다." 그런 다음 그분은 그분을 영화롭게 한 보석 장식들도 다 벗으셨습니다. 그분은 별이 가득한 망토와 빛의 외투를 벗으시고, 그 대신 갈릴리 농부의 단순한 의복을 입으셨습니다. 탈의(脫衣)하시는 과정은 틀림없이 너무나 엄숙했을 것입니다!

게다가, 여러분은 그분이 떠나시는 과정에 대해 상상할 수 있습니까? 거리를 지나는 과정에서 천사들이 수행하고, 마침내 문에 이르렀을 때 천사들이 소리칩니다. "문들아, 너희 머리를 들지어다 영원한 문들아 들릴지어다 영광의 왕이 지나가신다"(참조. 시 24:7). 오! 예수님이 떠나실 때 틀림없이 천사들은 울었을 것입니다. 하늘의 해가 그 빛을 모두 잃은 날이기 때문입니다. 하지만 천사들은 그분을 따라갔습니다. 그들은 그분과 함께 내려왔습니다. 그분의 영이 육체로 들어갔을 때, 그분은 한 아기가 되셨고, 그분은 능력 있는 천군천사들의 돌봄을 받으셨습니다. 천사들이 그분과 함께 베들레헴의 구유에 있었고, 나중에 그분의 모친의 품에서 안전하신 것을 보았습니다. 그들은 하늘로 올라가는 길에서 목자들에게 나타나 유대인의 왕이 나셨다고 알려주었습니다.

아버지께서 그분을 보내셨습니다! 이 주제를 깊이 묵상하시기 바랍니다. 여러분의 영혼이 그 진리를 굳게 붙들고, 또한 그분의 생의 모든 시기에 아버지께서 작정하신 것을 겪으셨음을 생각하십시오. 그분의 삶의 모든 발걸음마다 '스스로 계신 분'(I AM)의 승인의 표지가 있습니다. 예수님에 대해 가지는 여러분의 모든 생각이 또한 영원하신 분, 영원히 복되신 하나님과 연결되도록 하십시오. 왜냐하면 여호와께서 말씀하시길 "[그는] 네게서 내게로 나올 것이라" 하셨기 때문입니다. 누가 그분을 보냈습니까? 대답은, 그분의 아버지입니다.

2. 예수 그리스도는 어디에 오셨나?

둘째로, 그리스도는 어디에 오셨습니까? 베들레헴과 관련된 한두 단어가 있습니다. 우리의 구주께서 베들레헴에서 나셔야 하는 것이 적절하고 옳다고 보입니다. 베들레헴의 역사, 베들레헴의 이름, 유다 지파에서 작은 베들레헴의 지위 때문입니다.

1) 먼저, 그리스도께서 베들레헴에서 탄생하시는 것이 필요한 이유는 베들레헴의 역사 때문입니다. 그 작은 베들레헴은 모든 이스라엘 백성에게 소중한 마을이었습니다. 예루살렘은 화려하게 빛을 발할 수 있었습니다. 거기에는 온 땅의 영광이라 할 수 있는 성전이 있기 때문입니다. "터가 높고 아름다워 온 세계가 즐거워함이여 시온 산이 그러하도다"(시 48:2). 하지만 베들레헴 주변에서는, 모든 유대인의 마음에 그곳을 즐거운 안식처로 여기게끔 만드는 많은 사건이 있었으며, 심지어 그리스도인들도 베들레헴을 사랑하지 않을 수 없습니다. 내가 생각하기에, 우리가 베들레헴과 관련하여 처음으로 언급해야 할 것은 슬픈 이야기입니다. 그곳에서 라헬이 죽었습니다. 여러분이 창세기 35장을 펼치면 16절에

서부터 이런 말씀을 찾을 수 있습니다. "그들이 벧엘에서 길을 떠나 에브랏에 이르기까지 얼마간 거리를 둔 곳에서 라헬이 해산하게 되어 심히 고생하여, 그가 난산할 즈음에 산파가 그에게 이르되 두려워하지 말라 지금 네가 또 득남하느니라 하매, 그가 죽게 되어 그의 혼이 떠나려 할 때에 아들의 이름을 베노니라 불렀으나 그의 아버지는 그를 베냐민이라 불렀더라. 라헬이 죽으매 에브랏 곧 베들레헴 길에 장사되었고, 야곱이 라헬의 묘에 비를 세웠더니 지금까지 라헬의 묘비라 일컫더라." 이는 아주 특별한 사건이며 거의 예언적입니다. 마리아는 자기의 아들 예수를 '베노니'라 부를 수 있었을 것인데, 그가 슬픔의 자녀가 될 것이기 때문이었습니다. 시므온이 그녀에게 말했습니다. "칼이 네 마음을 찌르듯 하리니 이는 여러 사람의 마음의 생각을 드러내려 함이니라"(눅 2:35). 하지만 그녀가 그를 베노니라고 부를 수 있었겠지만, 성부 하나님께서는 그를 어떻게 부르셨습니까? '베냐민' 곧 내 오른손의 아들입니다. 베노니는 한 인간으로서의 아들 예수입니다. 베냐민은 그분의 신성으로서의 아들 예수입니다. '베노니 – 베냐민'의 이름과 관련된 이 작은 사건은 거의 예언과 같아서, 주 예수께서 베들레헴에서 나셔야 함을 보여주는 것 같습니다.

하지만 또 다른 여인이 이 장소를 기념하게 만듭니다. 그 여인의 이름은 나오미입니다. 훗날, 아마도 야곱에 세웠던 묘비에 이끼가 덮이고 거기에 새겨졌던 글이 지워졌을 무렵, 베들레헴에는 나오미라고 하는 이름의 여인이 살았습니다. 그녀 역시 기쁨의 딸이었지만, 한편으로는 고통의 딸이기도 했습니다. 나오미는 주께서 사랑하시고 복을 주신 여인이었으나, 그녀는 낯선 땅으로 가야 했습니다. 그래서인지 그녀는 이렇게 말했습니다. "나를 나오미라 부르지 말고 나를 마라라 부르라 이는 전능자가 나를 심히 괴롭게 하셨음이니라"(룻 1:20). 하지만 그녀는 상실의 한가운데에 홀로 버려지지 않았습니다. 그녀를 붙어 따랐던 모압 여인 룻이 있었고, 이방인의 혈통을 가진 그녀가 순수한 유대 혈통의 계보와 연합하였으며, 그 계보에서 유대인과 이방인 모두의 위대한 왕이신 우리의 구주가 나셨습니다. 저 아름다운 책 룻기는 모두 베들레헴을 배경으로 합니다. 룻이 이삭을 줍기 위해 갔던 보아스의 밭이 베들레헴에 있었고, 보아스가 그녀를 발견하였고 그녀가 자기의 주 앞에 엎드렸던 곳이 베들레헴이었습니다. 그녀의 혼인이 축하를 받은 곳이 베들레헴이었습니다. 베들레헴의 거리에서 룻과 보아스는 복을 받아 자녀들을 두게 되었고, 결국 보아스는 오벳의 아버지가 되고, 오벳은 이새의 아버지, 이새는 다윗의 아버지가 된 것입니다.

베들레헴에서의 영광스럽게 빛나게 하는 마지막 사건은 다윗이 거기서 태어났다는 것입니다. 저 블레셋의 거인을 쓰러뜨린 힘센 영웅, 군주의 폭정에서 원통한 일을 당한 자들을 이끌었고, 후에는 자발적인 백성의 완전한 동의를 얻어 이스라엘과 유다의 왕위에 올랐던 다윗이 거기서 태어났습니다. 베들레헴이 왕의 도시인 것은, 거기서 왕들이 나왔기 때문입니다. 베들레헴은 작지만 크게 존중되어야 할 곳입니다. 이는 유럽의 어떤 공국(公國)들의 경우와도 비슷한데, 그런 지역들은 단지 영국 왕가의 배우자들을 배출했다는 이유만으로도 기념되고 있습니다. 그러므로, 역사에서 볼 때, 베들레헴이 그리스도의 탄생지가 되는 것은 옳았습니다.

2) 한편, 그 장소의 이름에도 무언가 특별한 것이 있습니다. "베들레헴 에브라다." 베들레헴이라는 단어에는 이중의 의미가 있습니다. 그것은 "떡의 집"과 "전쟁의 집"을 의미합니다. 예수 그리스도께서 "떡의 집"에서 태어나셔야 하지 않을까요? 그분은 자기 백성의 떡이시며, 그들은 그 떡을 먹고 삽니다. 우리의 조상들이 광야에서 만나를 먹었듯이, 우리는 여기 이 땅에서 예수를 의지해서 삽니다. 세상에서 굶주렸을 때, 우리는 세상의 찌끼를 먹고 살 순 없습니다. 그것이 돼지의 미각을 가진 속물들을 만족시키겠지만, 우리는 돼지가 아닙니다. 우리는 좀 더 본질적인 어떤 것을 필요로 합니다. 하늘의 복된 떡, 우리 주 예수의 상처 입은 몸으로 만들어지고, 그분의 고난의 화덕에서 구워진 것에서 우리는 복된 양식을 발견합니다. 낙망하는 영혼에게는 물론, 가장 강한 성도에게도 예수와 같은 양식은 없습니다. 하나님의 가족에서 가장 천한 자들이 양식을 얻으러 베들레헴으로 가며, 또한 가장 강하여 고기를 먹을 수 있는 자들도 그것을 얻으러 베들레헴으로 갑니다. 떡의 집입니다! 그곳에서가 아니면 어디에서 우리의 양식이 올 수 있을까요? 우리는 시내 산을 겪어보았습니다만, 그 울퉁불퉁한 언덕에서는 열매가 자라지 않으며, 그 가시투성이 산에서는 우리가 먹을 어떤 곡식도 나지 않습니다. 우리는 그리스도께서 변화되셨던 다볼 산도 찾아보았지만, 거기서도 우리는 그분의 살을 먹고 그분의 피를 마실 수 없었습니다. 하지만 베들레헴 곧 떡의 집은 그 이름으로 불리기에 합당했습니다. 거기서 사람이 먹을 수 있는 생명의 떡이 처음 내려왔기 때문입니다.

그곳은 또한 "전쟁의 집"이라고도 불립니다. 그리스도는 인간에게 "떡의 집"이 되시거나, 아니면 "전쟁의 집"이 되셔야 하기 때문입니다. 그분은 의인들에게는 양식이지만, 악인들에게는 전쟁을 일으키는 분이십니다. 그분이 친히 말씀하셨습니다. "내가 세상에 화평을 주러 온 줄로 생각하지 말라 화평이 아니요 검을 주러 왔노라. 내가 온 것은 사람이 그 아버지와, 딸이 어머니와, 며느리가 시어머니와 불화하게 하려 함이니 사람의 원수가 자기 집안 식구리라"(마 10:34-36). 죄인이여! 만약 당신이 베들레헴을 "떡의 집"으로서 알지 못하면, 그것은 당신에게 "전쟁의 집"이 될 것입니다. 만약 예수의 입술에서 당신이 향긋한 꿀을 받아 마시지 않으면, 당신이 꿀벌처럼 되어 저 샤론의 장미에서 향긋하고 감미로운 음료를 빨아 마시지 않으면, 바로 그 동일한 입에서 당신을 향해 양날 선 칼이 나올 것입니다. 그 입에서 의인들은 양식을 얻지만, 바로 그 입에서 당신은 질병과 파멸의 선언을 들을 것입니다. 베들레헴 예수여, 떡의 집이자 전쟁의 집이여, 우리는 당신을 우리의 떡으로 알고 또 신뢰합니다! 오, 지금 당신과 전쟁의 상태에 있는 사람들이 그들의 귀뿐 아니라 그들의 마음으로도 이 노래를 듣게 하소서.

"땅의 평화, 부드러운 자비,
하나님과 죄인들이 화목하였네."

이제 에브라다 라는 단어에 대해 살펴보겠습니다. 그것은 그곳의 옛 지명으로서, 유대인들이 여전히 부르고 사랑했던 이름입니다. 그것의 의미는 "결실이 많음" 혹은 "풍부"입니다. 아! 예수님이 결실의 집에서 태어나신 것은 좋은 일입니다. 내 형제여, 나의 열매와 당신의 열매가 많이 맺히는 곳이 베들레헴이 아니면 달리 어디이겠습니까? 우리의 가난하고 메마른 심령은 구세주의 혈관에서 수분을 공급받기까지는 하나의 열매나 꽃도 맺지 못했습니다. 땅과 우리의 심령을 비옥하게 한 것은 그의 성육신입니다. 그분이 오시기 전에 온 땅에는 찌르는 가시들과 죽음의 독성뿐이었습니다. 하지만 그분으로부터 우리의 풍요와 비옥함이 가능해졌습니다. "나는 푸른 잣나무 같으니 [내가 주로] 말미암아 열매를 얻으리라"(참조. 호 14:8). "나의 모든 근원이 [주님에게] 있습니다"(참조. 시 87:7. 위 두 구절은 설교자가 믿음의 고백을 위해 성경 본문을 약간 변형하여 사용한 것임-역주). 만약 우리가 시냇가에 심은 나무처럼 되어 철을 따라 열매를 맺는다면, 그것은 우리가 본성적으로 열매를 맺을 수 있기 때문이 아니요, 우리가 심어진 시냇가의 물 때문입니다. 주님이 말씀하십니다. "그가 내 안에 내가 그 안에 거하면 사람이 열매를 많이 맺나니"(요 15:5). 영광스러운 베들레헴 에브라다여, 그 이름이 합당하도다! 주님은 양식이 풍성한 떡의 집, 하나님의 백성을 위한 풍성한 양식의 집입니다!

3) 다음으로, 우리는 베들레헴의 지위에 주목합니다. 그것은 "유다 족속 중에 작다"(KJV는 "유다의 수천 가운데서 작을지라도" 라고 되어 있음-역주)고 했습니다. 왜 그럴까요? 예수 그리스도께서 항상 작은 자들 가운데 행하시기 때문입니다. 그분은 유다의 수천 고을 중에서도 작은 고을에서 태어나셨습니다. 바산의 높은 언덕이나, 왕의 위엄이 있는 헤브론의 산에서나, 예루살렘의 궁전에서 나시지 않고, 낮고 내세울 것 없는 마을 베들레헴에서 나셨습니다. 우리에게 한 교훈을 주는 스가랴의 본문이 있습니다: 한 사람이 붉은 말을 타고 골짜기 속 화석류나무 사이에 섰고, 그 화석류나무는 골짜기에 있습니다(슥 1:8). 붉은 말을 탄 그 사람은 항상 거기에서 말을 탑니다. 그는 산꼭대기에서 말을 타고 다니지 않고, 마음이 낮은 자들 가운데서 다닙니다. 주께서 말씀하십니다. "무릇 마음이 가난하고 심령에 통회하며 내 말을 듣고 떠는 자 그 사람은 내가 돌보리라"(사 66:2).

오늘 아침에 이곳에는 몇몇 작은 자들이 있습니다. 곧 "유다 족속 중에 작은" 자들입니다. 아무도 여러분의 이름을 들어보지 못했습니다. 그렇지 않습니까? 여러분이 땅에 묻히고, 여러분의 이름이 묘비에 새겨져도, 그것은 주목받지 못할 것입니다. 지나가는 사람들이 말할 것입니다. "나와는 아무 상관이 없다. 나는 그 사람을 알지도 못했으니까." 여러분은 여러분 자신을 대단하게 여기지 않습니다. 여러분의 학식은 아마 겨우 읽을 수 있을 정도일 것입니다. 혹 여러분이 어떤 재능이나 능력을 가졌어도, 여러분은 사람들 가운데서 멸시를 받습니다. 또는 여러분이 멸시를 받지 않아도, 여러분 자신이 자기를 멸시합니다. 여러분은 작은 자들 가운데 하나입니다. 그리스도께서는 언제나 작은 자들 가운데 있는 베들레헴에서 나십니다. 높은 마음을 가진 자들은 절대 그리스도를 안에 모시지 않습니다. 그리스도는 마음이 높은 자들 안에 거하지 않으시고, 작은 자들 가운데 거하십니다. 강하고 거만한 심령에는 예수 그리스도가 없습니다. 그분이 낮은 자들의 마음 문으로 들어오시고, 높은 자들의 마음 문에는 들어가지 않으시기 때문입니다. 상한 마음, 낮은 심령을 가진 자가 구주를 받아들이며, 다른 자들은 그렇게 하지 않습니다. 그분은 왕이나 제후를 치유하시는 것이 아니라 "상심한 자들을 고치시며 그들의 상처를 싸매십니다"(시 147:3). 이 얼마나 달콤한 생각인지요! 그분은 작은 자들의 그리스도이십니다. "베들레헴 에브라다야, 너는 유다 족속 중에 작을지라도 이스라엘을 다스릴 자가 네게서 내게로 나올 것이라."

여기서 우리는 또 한 가지 생각을 지나칠 수가 없습니다. 그것은 출산을 앞둔 예수 그리스도의 모친을 바로 그때 베들레헴에 가도록 이끈 섭리가 얼마나 아름답고 신비스러운가 하는 것입니다! 그분의 양친은 나사렛에 살고 있었습니다. 그들이 왜 그때 여행을 떠났을까요? 자연스러운 상태였다면, 그들은 집에 머물렀을 것입니다. 그렇게 특별한 상황에서 그분의 모친이 베들레헴까지 먼 여행을 원했을 것 같지는 않습니다. 하지만 가이사 아구스도가 조세 등록을 하도록 칙령을 내렸습니다(눅 2:1). 그때 그들에게 나사렛에서 세금을 내도록 할 수도 있었을 것입니다. 그러나 가이사는 사람들이 고향으로 가도록 했습니다. 왜 가이사 아구스도는 그때 그런 생각을 하게 되었을까요? 이유는 단순합니다. 사람이 자기의 길을 계획할지라도, 왕의 마음이 여호와의 손안에 있기 때문입니다. 세상의 방식으로 표현하자면, 수천 가지의 우연들이 만나 이 사건이 발생하게 된 것입니다! 우선, 가이사가 헤롯과 다투었습니다. 헤롯 가문의 한 사람이 면직되었습니다. 가이사가 말합니다. "나는 유다에 세금을 부과해야겠다. 그곳을 독립된 왕국으로 두기보다는 하나의 속주로 삼아야겠다." 자, 그 일은 시행되어야 합니다. 그런데 언제 시행되어야 합니까? 이 호적은 구레뇨가 수리아 총독이 되었을 때 처음 한 것이라고 했습니다(눅 2:2). 그런데 이 호적등록이 왜 그 특정한 시기에—아마도 12월에—시행되었을까요? 왜 그 일은 지난 10월에 시행되지 않았을까요? 왜 또 사람들은 그들이 살고 있던 곳에서 호적등록을 하면 안 되었을까요? 그들이 내는 세금은 다른 어디에서나 같은 효력이 있지 않았을까요? 그것은 가이사의 변덕이었습니다. 하지만 그것은 동시에 하나님의 작정이었습니다. 오, 우리는 영원하고 절대적인 예정이라는 숭고한 교리를 사랑합니다. 어떤 이들은 그것이 인간의 자유로운 행동과 일치하는지를 의심합니다. 우리는 잘 일치한다고 알고 있으며, 또한 그 주제에서 어떤 난점도 발견하지 못합니다. 우리는 철학자들이 난제들을 만들었다고 믿을 뿐, 우리 스스로는 아무 어려움도 발견하지 못합니다. 인간은 자기의 원대로 행하지만, 그러면서도 그는 항상 하나님의 작정을 따라 행한다고 우리는 믿습니다. 만약 유다가 그리스도를 배반한다면 "그가 그렇게 예정된 것이며", 만일 바로가 그의 마음을 굳게 한다면 그것은 "내가 이 일을 위하여 너를 세웠으니 곧 너로 말미암아 내 능력을 보이려 함이라"(롬 9:17) 하신 주님의 작정 때문입니다. 인간은 자기의 뜻대로 행합니다. 하지만 또한 하나님은 그로 그분의 뜻대로 행하게 만드십니다. 인간의 의지만 여호와의 절대적 예정 아래에 있는 것이 아니라, 큰 일이건 작은 일이건, 모든 것이 그분에게 속하였습니다. 어느 경건한 시인이 잘 표현하였습니다—

"구름의 항해를 조종하는 것은 섭리요,
떡갈나무의 뿌리가 갈라지는 것도 특별한 목적을 위함이니;
하나님은 만유를 포괄하시고
공기처럼 지구를 감싸시네."

크건 작건 그분에게서 비롯되지 않은 것이 없습니다. 여름의 먼지가 그 궤도를 돌면서, 하늘의 별들을 운행하는 손에 의해 인도를 받습니다. 하나님의 명령에 따라 이슬방울들은 장미 잎사귀에 떨어집니다. 숲의 마른 잎사귀들이 강풍에 날려갈 때, 그들이 떨어지도록 정해진 위치가 있으며, 그것을 넘어서 가지 못합니다. 큰 일이건 작은 일이건, 하나님이 거기에 계십니다. 하나님은 만유 안에 계시며, 모든 일을 그의 뜻의 결정대로 일하십니다. 비록 인간이 자기의 조물주를 거슬러 행하려 해도 그럴 수가 없습니다. 하나님은 모래톱으로 바다의 경계를 정하셨습니다. 바다가 물결을 일으켜 높아지려 해도, 그것은 정해진 수로를 넘어가지 못합니다. 모든 것이 하나님께 속했습니다. 별들의 길을 지도하시고 참새들로 날게 하시는 분, 행성들을 돌게 하시고 또 원자들을 움직이시는 분, 천둥으로 말씀하시고 또 서풍으로 속삭이시는 분에게 영광을 돌립니다! 만유 안에 하나님이 계십니다!

3. 예수님은 무엇을 위해 오셨나?

이것이 세 번째 요점으로 우리를 이끕니다. 예수님은 무엇을 위해 오셨습니까? 그분은 "이스라엘을 다스릴 자"로 오셨습니다. 매우 특이한 것은 예수 그리스도께서 "유대인의 왕으로 나셨다"는 것입니다. "왕으로 난" 자는 거의 없습니다. 사람들이 황태자로 날 순 있어도 왕으로 태어나는 경우는 드뭅니다. 어떤 아기가 왕으로 태어난 경우를 역사에서 찾을 수 없을 것입니다. 웨일스의 황태자로 태어난 사람은, 여러 해를 기다려야 합니다. 마침내 그의 아버지가 죽으면, 사람들이 그를 왕으로 추대하여 그의 머리에 왕관을 씌웁니다. 성유(聖油)라는 것을 붓고 또 다른 어리석은 의식을 치르지요. 하지만 그렇다고 그가 왕으로 태어난 것은 아닙니다. 나는 예수님을 제외하고는 왕으로 태어난 경우를 기억하지 못합니다. 우리가 노래하는 찬양 가사에는 아주 중요한 의미가 담겨 있습니다—

"자기 백성을 구하려고 나셨으니
아기로 나셨지만 왕이시라네."

지상에 오시는 그 순간 그분은 왕이셨습니다. 그분은 자기 제국을 취하기 위하여 성년이 되기까지 기다리시지 않았습니다. 오히려 그분의 눈이 햇살과 첫 인사를 나누는 순간부터 그분은 왕이셨습니다. 그분의 작은 손이 무언가를 움켜쥐는 그 순간부터, 그분은 동시에 제왕의 홀(笏)을 움켜쥐셨습니다. 그분의 맥박이 뛰자마자, 그분의 혈관이 흐르기 시작하자마자, 그분의 심장이 박동하자마자, 그 박동은 황제로서의 박동이었고, 그의 피는 왕의 혈관을 타고 흐른 것입니다. 그분은 왕으로 나셨습니다. 그분은 "이스라엘을 다스릴 자"로 오셨습니다. 한 사람이 말합니다. "아! 그러면 그분은 헛되이 온 것입니다. 그분이 통치하신 적은 거의 없으니까요. 그가 자기 땅에 오셨지만 자기 백성이 영접하지 않았습니다(요 1:11). 그분이 이스라엘에 오셨으나 그분은 그들의 통치자가 아니었고, 도리어 사람들에게 멸시를 당하고 버림을 받으셨습니다. 그들 모두에 의해 그분은 외면당하셨고 그분이 찾아오신 이스라엘에 의해 저버림을 받았습니다."

그렇지요. 하지만 "이스라엘에게서 난 그들이 다 이스라엘이 아닙니다"(롬 9:6). 아브라함의 씨라고 해서 모두가 부름을 받은 것은 아니기 때문입니다. 아, 그렇지 않습니다. 그분은 육체를 따라 이스라엘의 통치자가 되신 것이 아니라, 성령을 따라 이스라엘의 통치자가 되신 분입니다. 많은 사람이 그분에게 복종했습니다. 사도들이 그분 앞에 엎드려 그분을 그들의 왕으로 시인하지 않았습니까? 자, 이래도 이스라엘이 그분을 통치자로 맞이하지 않은 것입니까? 성령을 따라 아브라함의 후손이 된 모든 자와 모든 신실한 자 곧 "용사의 방패들"(참조. 아 4:4)이 그리스도에게 속하였고, 그분이 바로 온 땅의 왕이신 것을 시인하지 않습니까? 그분이 이스라엘을 다스리시지 않습니까? 아아, 진실로 그분이 다스리십니다! 그리스도에 의해 다스림을 받지 않는 자들은 이스라엘이 아닙니다. 그분은 이스라엘을 다스릴 분으로 오셨습니다.

내 형제여, 당신은 예수님의 통치에 굴복하지 않았습니까? 그분은 당신의 마음에 계신 통치자이십니다, 그렇지 않습니까? 우리는 이스라엘을 이것으로 알 수 있습니다—그리스도는 그들의 마음에 들어오셔서 그들의 통치자가 되신다! 한 사람이 말합니다. "오, 나는 내가 좋아하는 대로 행하며, 누구에게 속박받은 적이 없습니다." 아, 그렇다면 당신은 그리스도의 통치를 싫어하는군요. 또 한 사람이 말합니다. "나는 내 목사님에게 순복하고, 성직자나 사제에게 순복합니다. 그가 내게 말하는 것으로 충분하다고 생각합니다. 그가 내 통치자이기 때문입니다." 그런가요? 아, 불쌍한 노예여, 당신은 자기의 존엄을 알지 못합니다. 주 예수 그리스도 외에는 누구도 당신의 합법적인 통치자가 아닙니다.

또 한 사람이 말합니다. "나는 그의 종교를 시인했으며 그의 추종자입니다." 하지만 그분이 당신의 마음에서 다스리십니까? 그분이 당신의 의지에 명령하십니까? 그분이 당신의 판단력을 지도하십니까? 당신은 곤란에 처할 때마다 언제든 그분의 조언을 구합니까? 당신은 그분의 명예를 드높이고, 또 그분의 머리에 면류관을 씌워드리기를 원합니까? 그분이 당신의 통치자입니까? 만약 그렇다면, 당신은 이스라엘 중의 한 사람입니다. 그분이 "이스라엘을 다스릴 자"로 오신다고 기록되었기 때문입니다.

복되신 주 예수여! 당신은 당신의 백성의 마음에서 다스리십니다! 당신은 영원히 그들의 통치자가 되실 것입니다. 우리는 당신 외에 어떤 통치자도 바라지 않으며, 다른 누구에게도 굴복하지 않을 것입니다. 우리는 자유롭습니다, 왜냐하면 우리는 그리스도의 종들이기 때문입니다. 우리는 해방되었습니다, 왜냐하면 그분이 우리의 통치자이시기 때문입니다. 우리는 어떤 속박이나 굴종도 알지 못합니다. 왜냐하면 예수 그리스도 한 분만이 우리 마음의 군주이시기 때문입니다. 그분은 "이스라엘을 다스릴 자"로 오셨습니다. 아직 그분의 사명이 다 완성되지 않았고, 마지막 날의 영광에 이를 때까지는 여전히 그럴 것입니다. 조금 있으면 여러분은 그리스도께서 다시 오셔서 자기 백성 이스라엘을 다스리실 것을 볼 것입니다. 영적인 이스라엘뿐 아니라 자연적인 이스라엘도 그분이 다스리실 터인데, 이는 유대인이 회복되어 그들의 고국으로 돌아오고, 야곱의 족속이 그들의 성전에서 노래할 것이기 때문입니다. 하나님을 향해 다시금 히브리 찬송이 울려 퍼질 것이며, 믿지 않던 유대인의 마음이 참된 메시야의 발치에서 녹아내릴 것입니다. 출생 시에 동방의 박사들로부터 유대인의 왕으로 경배를 받으셨던 그분에게, 죽음의 때에는 한 서양인이 유대인의 왕이라는 팻말을 써 붙였습니다. 조금 있으면 그분은 사방에 있는 유대인들의 왕이 되실 것입니다. 그렇습니다. 그분은 유대인의 왕일 뿐 아니라 이방인들의 왕이 되십니다. 우주적인 군주로서 그분의 통치는 온 지구를 포괄할 것이며 통치의 시기는 영원히 지속될 것입니다. 그분은 통치자로 오셨으니, 정녕 그렇게 되실 것이며, 자기 백성 가운데서 영원히 영광스럽게 다스리실 것입니다.

4. 예수 그리스도는 전에도 오셨던가?

이제 마지막으로 다룰 것은 "예수 그리스도는 전에도 오신 적이 있는가?" 하는 주제입니다. 우리는 그렇다고 대답합니다. 왜냐하면 본문이 "그의 근본은 상고에, 영원히 있느니라"고 말하기 때문입니다.

첫째로, 그리스도는 그의 신성(Godhead)으로부터 나오셨습니다. "그의 나오심은 영원부터였느니라"(KJV; 개역개정은 "그의 근본은 영원에 있느니라"). 그분은 이 순간까지 비밀스럽고 침묵하는 위격(Person)으로 존재하셨던 것이 아닙니다. 거기서 새롭게 태어난 그 아기(Child)는 전에 기사들을 행하셨습니다. 모친의 팔에 안겨 잠든 그 아기는 현재의 아기이지만, 그의 근본은 상고(上古)에 영원히 있습니다. 그의 근본이 상고에 있는 그 아기는 아직 이 세상의 무대에는 나타나지 않았고, 그의 이름은 아직 할례자들의 연대기에 기록되지 않았습니다. 그렇지만 그의 근본은 상고에, 영원에 있습니다.

1) 상고에 그분은 선택에 있어 우리의 언약의 머리로 나오셨습니다. "곧 창세 전에 그리스도 안에서 우리를 택하사"(엡 1:4).

"그리스도는 나의 첫 번째 선택이라, 그분이 말씀하셨고,
그런 다음 우리의 머리이신 그리스도 안에서 우리 영혼을 선택하셨네."

2) 그가 나오신 것은 자기 백성을 위한 것이며, 보좌 앞에서 그들의 대표자로서, 심지어 그들이 세상에 태어나기도 전에 그렇게 하신 것입니다. 그분이 강한 손가락으로 펜 곧 영원한 철필을 움켜쥐고 자기 자신의 이름을 쓰신 일, 곧 하나님의 영원한 아들의 이름을 쓰신 일은 상고에, 영원부터였습니다. 그분이 아버지(the Father)와의 약정에 서명하시고, 자기 백성을 위하여 피로써 피를, 상처에는 상처로, 고통에는 고통으로, 슬픔에는 슬픔으로, 또한 죽음에는 죽음으로 갚기로 하신 것은 영원부터였습니다. 그분이 자기를 버리시고, 한 마디의 불평도 없이, 머리에서 발끝까지 피 흘리기로 작정하시고, 침 뱉음을 당하시고, 창에 찔리시며, 십자가의 수난을 당하기로 하신 것은 영원부터였습니다. 우리를 위한 대속물이 되기 위해 그분이 나서신 것은 영원부터였습니다. 내 영혼아, 잠시 멈추어 이를 기이하게 여길지어다!

당신이 예수의 인격 안에서 나온 것은 영원부터였습니다. 당신이 세상에 나기 전에 그리스도께서 당신을 사랑하셨고, 또한 사람이 존재하기도 전에 그분의 기쁨은 사람의 아들들과 함께 있었습니다. 자주 그분은 그들을 생각하셨습니다. 영원부터 영원까지 그분은 그들에게 자기의 애정을 쏟으셨습니다. 믿는 자여, 그분이 그토록 오래전부터 당신의 구원을 생각하셨으니, 그분이 그 일을 성취하시지 않을까요? 그분이 영원부터 나를 구원하려고 나오셨으니, 지금에 와서 그분이 나를 잃으실까요? 그분이 전에 나를 그분의 귀한 보석처럼 손에 넣으셨는데, 이제는 그분의 귀한 손가락들 사이로 나를 놓치실까요? 산들이 생겨나기도 전, 바다의 깊은 해협이 파이기 전에, 그분이 나를 선택하셨는데, 이제 와서 그분이 나를 잃으신단 말인가요? 불가능합니다!

> "그분의 손바닥에 새겨진 내 이름은
> 영원의 시간이라도 지울 수 없네.
> 그분의 마음에 새겨진 것은
> 지울 수 없는 은총의 표징이라네."

나는 그분이 그토록 오래 나를 사랑하시고 그런 후 그 사랑을 저버리지 않으실 것이라고 확신합니다. 만약 그분이 나에게 싫증내실 의향을 가지셨다면, 이미 오래전에 내게 싫증을 내셨을 것입니다. 만약 그분이 지옥만큼이나 깊고 죽음만큼이나 말할 수 없는 사랑으로 나를 사랑하시지 않았더라면, 만약 그분이 내게 그분의 온 마음을 주시지 않았더라면, 이미 오래전에 그분은 나를 외면했을 것이라고 나는 확신합니다. 그분은 내가 어떨지를 아시고, 그에 대해 충분히 오랜 시간 숙고하셨습니다. 하지만 나는 그분에게 선택되었고, 선택의 문제는 그것으로 종결되었습니다. 내가 아무리 자격 없는 자일지라도, 그분이 내게 만족하셨다면, 불평하는 것은 내 몫이 아닙니다. 그분이 내게 만족하셨고, 또 분명 만족하실 것임을 확신하는 것은, 그분이 내 허물까지도 포함하여 오래전에 나를 충분히 아셨기 때문입니다. 그분은 내가 나를 알기도 전에 나를 아셨습니다. 그렇습니다. 그분은 내가 존재하기도 전에 나를 아셨습니다. 내 몸의 지체들이 형성되기도 전에, "나를 위하여 정한 날이 하루도 되기 전에"(시 139:16) 그 모든 것이 주님의 책에 기록이 되었습니다. 그분의 애정 어린 시선이 나를 향했습니다. 그분은 내가 그분께 얼마나 나쁘게 행동할지를 아셨지만, 그럼에도 계속하여 나를 사랑하셨습니다.

> "옛적에 나타내신 그분의 사랑이 내게 금하는 생각은
> 끝날에 곤경에 빠지는 나를 그분이 버리실 거라고 여기는 것."

그럴 일은 없습니다. 그분의 나오심은 "상고에, 영원히" 있는 것이니, 앞으로도 영원할 것입니다.

둘째로, 우리는 그리스도께서 옛적에도 나오셨고, 인간에게도 나타나신 것은, 인간으로 그분을 보도록 하기 위해서였다고 믿습니다. 나는 날이 서늘할 때 에덴 동산에 거니시던 분이 예수였다고 말하기를 멈추지 않을 것입니다(참조. 창 3:8). 그분의 기쁨이 인간들에게 있었기 때문입니다. 또 나는 그리스도께서 자기 백성에게 다양한 방식, 즉 언약의 사자, 유월절 어린 양, 놋뱀, 불붙은 떨기나무 등의 다양한 모양으로 나타나셨다고 언급하기를 주저하지 않을 것입니다. 또 그리스도는 성경의 역사에서 수많은 다양한 예표의 형식으로 나타나셨는데, 그것은 성경에 가득 찰 정도입니다. 하지만 나는 네 가지 사건을 특히 언급하고자 하는데, 곧 우리 주 예수 그리스도께서 아직 우리 구원을 위해 성육신하기 전에 사람으로서 지상에 나타나셨던 경우입니다.

먼저, 창세기 18장을 참조하기 바랍니다. 거기서 예수 그리스도는 아브라함

에게 나타나셨습니다. 성경은 이렇게 기록하고 있습니다. "여호와께서 마므레의 상수리나무들이 있는 곳에서 아브라함에게 나타나시니라 날이 뜨거울 때에 그가 장막 문에 앉아 있다가 눈을 들어본즉 사람 셋이 맞은편에 서 있는지라 그가 그들을 보자 곧 장막 문에서 달려나가 영접하며 몸을 땅에 굽혀"(창 18:1,2). 하지만 아브라함이 누구에게 몸을 굽혔습니까? 그는 그중 단 한 분에게 "내 주여" 라고 말했습니다. 둘 사이에 그 영광에서 가장 두드러진 한 사람이 있었습니다. 그분이 하나님-사람(God-man)이신 그리스도이십니다. "이르되 내 주여 내가 주께 은혜를 입었사오면 원하건대 종을 떠나 지나가지 마시옵고 물을 조금 가져오게 하사 당신들의 발을 씻으시고 나무 아래에서 쉬소서"(3,4절). 여러분은 이 위엄 있는 사람(Man), 이 영광스러운 인물(Person)이 아브라함과 대화하기 위해 뒤에 머물렀다는 것을 볼 수 있습니다. 22절에는 이렇게 기록되어 있습니다. "그 사람들이 거기서 떠나 소돔으로 향하여 가고." 즉, 그들 중 둘입니다. 하지만 바로 다음 문장에서 확인할 수 있듯이, "아브라함은 여호와 앞에 그대로 섰습니다." 여러분은 이 사람(Man) 곧 주님(the Lord)이, 아브라함과 달콤한 교제를 나누시고, 아브라함에게 그분이 멸하실 성읍을 위해 탄원하도록 허용하신 것을 볼 수 있습니다. 그분은 분명히 사람의 형태로 나타나셨습니다. 그래서 그분이 유대의 거리를 걸으실 때, 그것은 그분이 사람으로서 그곳을 걸으셨던 첫 번째가 아니었습니다. 그분은 전에도 "날이 뜨거울 때에"(창 18:1) 마므레의 평지에 계셨습니다.

또 다른 경우가 있습니다. 그분이 야곱에게 나타나셨을 때인데, 창세기 32장 24절 이하에 기록되어 있습니다. 야곱의 모든 가족은 떠났습니다. "야곱은 홀로 남았더니 어떤 사람이 날이 새도록 야곱과 씨름하다가, 자기가 야곱을 이기지 못함을 보고 그가 야곱의 허벅지 관절을 치매 야곱의 허벅지 관절이 그 사람과 씨름할 때에 어긋났더라. 그가 이르되 날이 새려 하니 나로 가게 하라 야곱이 이르되 당신이 내게 축복하지 아니하면 가게 하지 아니하겠나이다 그 사람이 이르되 네 이름이 무엇이냐? 그가 이르되 야곱이니이다. 그가 이르되 네 이름을 다시는 야곱이라 부를 것이 아니요 이스라엘이라 부를 것이니 이는 네가 하나님과 및 사람들과 겨루어 이겼음이니라"(24-28절). 야곱과 씨름한 이는 사람이면서 또 하나님이십니다. "네가 하나님과 및 사람들과 겨루어 이겼음이니라." 그리고 야곱은 이 사람(Man)이 하나님이신 것을 알았습니다. 30절에서 그는 이렇게 말합니다. "내가 하나님과 대면하여 보았으나 내 생명이 보전되었다."

또 하나의 경우는 여호수아서에서 볼 수 있습니다. 여호수아가 요단강을 건너고, 약속의 땅으로 들어갔을 때, 그리고 이제 막 가나안 족속들을 몰아내고자 할 때, 보십시오! '사람이면서 하나님'(man-God)이신 용사가 여호수아에게 나타났습니다. 5장 13절 이하에서 이렇게 말하고 있습니다. "여호수아가 여리고에 가까이 이르렀을 때에 눈을 들어 본즉 한 사람이 칼을 빼어 손에 들고 마주 서 있는지라 여호수아가 나아가서 (그는 용사였으니 용사답게) 그에게 묻되 너는 우리를 위하느냐 우리의 적들을 위하느냐 하니 그가 이르되 아니라 나는 여호와의 군대 대장으로 지금 왔느니라 하는지라"(13-14a절). 여호수아는 즉시 그에게 신성이 있음을 보았고, 그래서 얼굴을 땅에 대고 경배하면서 말했습니다. "내 주여 종에게 무슨 말씀을 하려하시나이까?"(14b절). 만약 그가 창조된 천사라면 그는 여호수아를 책망하며 말했을 것입니다. "나는 네 형제 종들과 함께 된 종이니 그리하지 말라"(참조. 계 22:9). 그런데 여호수아에게 나타난 그는 어떻게 했습니까? "여호와의 군대 대장이 여호수아에게 이르되 네 발에서 신을 벗으라 네가 선 곳은 거룩하니라 하니 여호수아가 그대로 행하니라"(수 5:15).

또 한 번의 주목할 만한 사례가 다니엘서 3장에 기록되어 있습니다. 거기서 우리는 사드락, 메삭, 아벳느고가 풀무불 가운데에 던져진 것을 읽습니다. 그 풀무불은 너무나 맹렬하여 그들을 그곳에 던진 자들을 태울 정도였습니다. 별안간 왕이 그의 모사들에게 묻습니다. "우리가 결박하여 불 가운데에 던진 자는 세 사람이 아니었느냐" 그들이 왕에게 대답합니다. "왕이여 옳소이다." 왕이 또 말하기를, "내가 보니 결박되지 아니한 네 사람이 불 가운데로 다니는데 상하지도 아니하였고 그 넷째의 모양은 신들의 아들[KJV는 '하나님의 아들'(the Son of God)]과 같도다"(25절). 느부갓네살이 어떻게 알아보았을까요? 그 기이한 사람의 모습에는 무언가 고귀하고 위엄 있는 무언가가 있었고, 어떤 굉장한 영향력이 있었으며, 또 그가 무엇이든 태우고 삼킬 것 같은 맹렬한 불을 놀라운 방식으로 무력화시켰기에, 불이 하나님의 자녀들을 그슬리게 하지도 못했기 때문입니다. 느부갓네살은 그의 인성을 알아보았습니다. 그는 "나는 세 사람과 한 천사를 본다"고 말하지 않았고, "나는 분명히 네 사람을 보는데, 그 넷째의 형상은 마치 하나님의 아들과 같다"고 말했습니다. 그러므로 여러분은 그의 나오심이 "영원부터"라는 의미가 무엇인지를 이해할 것입니다.

여기서 잠시 주목하시기 바랍니다. 이 위대한 네 번의 경우는 각각 성도가 매우 중요한 임무를 수행할 때나 혹은 그 일을 막 수행하려고 할 때 일어났습니다. 예수 그리스도는 그분의 성도에게 매일 나타나시지 않습니다. 그분은 야곱이 고난에 처할 때까지는 야곱을 보러오시지 않았습니다. 그분은 여호수아가 막 의로운 전쟁을 수행하려고 하기 전에는 그를 방문하시지 않았습니다. 그리스도께서는 이처럼 아주 특별한 시기에만 자기 백성에게 자기를 현시하십니다. 아브라함이 소돔을 위해 간구할 때, 예수님이 그와 함께 계셨습니다. 그리스도인의 가장 높고 고상한 일은 간구하는 일이며, 그래서 그가 그리스도를 뵙는 기회를 얻을 수 있는 때는 간구할 때인 것 같습니다. 야곱은 씨름하고 있었습니다. 그것은 그리스도인의 의무 중 일부로서, 여러분 가운데 어떤 분들은 그런 경험을 해본 적이 없을 것입니다. 그 결과, 여러분은 예수님의 방문을 많이 받지 못했습니다. 여호수아가 용기를 발휘할 때 주님께서 그를 만나셨습니다. 사드락과 메삭과 아벳느고도 마찬가지였습니다. 그들은 의무에 충실하려고 한 것 때문에 극심한 박해를 당하게 되었습니다. 그때 그분이 그들에게 오셔서 "내가 너희와 함께하여 불을 통과하게 하겠다"고 말씀하신 것입니다. 주님을 만나기 위해, 우리가 들어가야 할 어떤 특별한 장소가 있습니다.

야곱처럼, 우리는 큰 시련 가운데 있어야 합니다. 여호수아처럼, 큰 수고 가운데 있어야 합니다. 아브라함처럼, 우리는 간구하는 큰 믿음을 가져야 합니다. 그리고 사드락과 메삭과 아벳느고처럼, 우리는 의무의 수행에 있어서 확고해야 합니다. 그렇지 않고서는 "그의 근본은 상고에, 영원히" 계시는 그분을 알지 못할 것입니다. 혹은, 비록 우리가 그분을 알기는 해도, "모든 성도와 함께 지식에 넘치는 그리스도의 사랑을 알고 그 너비와 길이와 높이와 깊이가 어떠함을 깨닫는"(엡 3:18-19) 것이 어려울 것입니다.

은혜로우신 주 예수여! 당신의 나오심은 옛적부터이며 영원부터였습니다. 당신의 나오심은 멈추지 않았습니다. 오! 당신은 오늘도 나오시며, 약한 자들을 격려하고, 지친 자들을 도우시며, 상처 입은 자들을 싸매주며, 비통한 자들을 위로하려 하십니다! 당신에게 간구하오니, 오셔서 죄인들을 정복하시고, 완고한 마음들을 굴복시키시고, 죄인들의 탐욕의 철문을 깨뜨리시며, 그들의 죄의 철 빗장을 산산이 깨뜨리소서! 오 예수여! 임하소서. 임하실 때 저에게도 임하소서! 저는 완고한 죄인입니까? 내게 임하소서, 저는 당신을 원하나이다.

"오! 당신의 은혜가 내 마음을 굴복시키니
저는 기쁘게 인도를 따르렵니다.
내 주님의 자원하는 포로가 되어
당신의 말씀의 영예를 드러내며 노래하리이다."

가련한 죄인이여! 그리스도께서는 나오심을 멈추지 않으셨습니다. 그분이 나오실 때, 그분은 베들레헴으로 가신다는 것을 기억하십시오. 당신의 마음에 베들레헴이 있습니까? 당신은 작은 자입니까? 그렇다면 그분은 당신에게 가실 것입니다. 집으로 가서 진지한 기도로 그분을 찾으십시오. 당신이 만약 죄 때문에 울게 되었다면, 그리고 당신 자신을 주목받기에는 너무나 작은 자로 인식한다면, 작은 자여, 평안히 가십시오! 그분의 나오심은 예부터요, 또 지금도 그렇게 하십니다. 그분은 당신의 낡은 집에 오실 것입니다. 그분은 당신의 가련하고 낮은 마음에 오실 것입니다. 비록 당신이 가난하고, 누더기를 입었고, 궁핍과 환난에 처했어도, 그런 당신에게 그분이 오실 것입니다. 그분의 나오심은 예부터요 또 영원부터이며, 지금도 여전히 나오십니다. 그분을 믿으십시오, 그분을 신뢰하십시오. 그러면 그분이 오셔서 당신의 마음속에 영원히 거할 것입니다.

제
7
장

그리스도는 영광스러우시니, 그분을 알리자

"그가 여호와의 능력과 그의 하나님 여호와의 이름의 위엄을 의지하고 서서 목축하니 그들이 거주할 것이라 이제 그가 창대하여 땅 끝까지 미치리라" - 미 5:4

여러분은 그리스도의 고난에 관하여는 생생한 개념을 가지고 있습니다. 여러분의 믿음은 그분이 겟세마네 동산에서 땀을 핏방울 같이 흘리신 그분을 보았습니다. 여러분은 그분이 때리는 자에게 등을 내어주시는 것을 보았고, 머리카락을 뽑는 자들에게 뺨을 내어주시고 침 뱉음을 당하는 수치에서 그 얼굴을 돌리지 않으신 것을 망연자실하여 보았습니다. 슬픈 동정심을 가지고 여러분은 그분을 따라 예루살렘 거리를 지났고, 여인들처럼 울며 애통해하였습니다. 그분이 나무에 달리셨을 때 여러분은 앉아서 그분을 지켜보았고, 여러분은 그분의 쓰린 탄식을 들으며 울었습니다—"나의 하나님, 나의 하나님, 어찌하여 나를 버리셨나이까?" 또 여러분은 그분의 승리의 외침에는 기뻐하였습니다—"다 이루었다!" 막달라 마리아와 니고데모와 더불어 여러분은 그분의 시신을 뒤따라 무덤까지 갔으며, 그 시신이 향품으로 싸인 것을 보았고, 그 외로운 잠을 보고서 떠났습니다.

여러분의 인식은 그 수난에 이어졌고 또 지금도 이어지고 있는 영광을 인식하는 면에서도 마찬가지로 예민한가요? 여러분은 사흘째 아침에 그 정복자가 그를 묶어둘 수 없었던 사망의 결박을 끊고 일어나신 것을 분명히 볼 수 있습니까? 여러분은 사로잡힌 자들을 사로잡으시고 높이 승천하신 그분을 분명히 볼 수 있습니까? 여러분은 그 승리자가 붉게 물든 옷을 입고 전투를 마치고 보스라(참조. 사 63:1-6. 보스라는 에돔의 성읍으로서 심판의 상징으로 사용되었음-역주)에서 올 때, 사망과 지옥을 그 전차 바퀴에 매달고 돌아올 때, 천사의 나팔 소리가 울린 것을 들을 수 있습니까? 여러분은 그분이 아버지의 우편에 앉으신 것을 분명히 인식하고, 그럼으로써 마침내 그분이 원수들을 그의 발판으로 삼으실 것임을 분명히 예측할 수 있습니까? 여러분은 이 아침에 그리스도의 수난에 대해 분명히 인식한 것처럼 그리스도의 통치에 관해서도 분명히 인식하십니까? 내 형제들이여, 보십시오. "유다 지파의 사자 다윗의 뿌리가 이겼으니 그가 두루마리 책을 열고 그 일곱 인을 떼실 것입니다!"(참조. 계 5:5). 지금 그분은 흰 말을 타고 진격하면서 정복하고 또 정복하고 계십니다. 보십시오! 그분의 허리춤에 천국과 지옥의 열쇠가 매달려 있습니다. "그의 어깨에는 정사를 메었고 그의 이름은 기묘자라, 모사라, 전능하신 하나님이라, 영존하시는 아버지라, 평강의 왕이라 할 것임이라"(사 9:6). "하나님이 그를 지극히 높여 모든 이름 위에 뛰어난 이름을 주사, 모든 무릎을 예수의 이름에 꿇게 하셨습니다"(빌 2:9).

내 형제들이여, 현재 충만한 영광 가운데 계신 그분을 보십시오. 그분의 수난과 수치를 인식하는 것 못지않게 그분의 영광에 대해서도 분명히 인식하시기 바랍니다. 그분의 무덤에서 울 뿐 아니라, 그분의 부활에서 기뻐하시기 바랍니다. 그분의 십자가에서 슬퍼할 뿐 아니라, 그분의 보좌 앞에서 경배하시기 바랍니다. 그저 십자가의 못과 창에 대해서만 생각할 것이 아니라, 그분의 고상한 어깨에 우아하게 걸려 있는 황제의 진홍색 도포에 대해서와, 그분의 위엄 있는 이마를 장식한 성스러운 면류관에 대해서도 생각하십시오.

나는 그런 마음으로 이 본문에 나타난 영광을 여러분에게 전하려고 합니다. 먼저, 여러분에게 그리스도의 영속적인 통치를 바라보라고 말할 것입니다. "그가 여호와의 능력과 그의 하나님 여호와의 이름을 의지하고 서서 목축하니." 다음으로, 나는 여러분에게 이 통치에서 비롯되는 것은 그분의 교회의 영원한 지속임을 주목하라고 호소할 것입니다. "그들이 거주할 것이라." 다음으로, 그분의 영속적인 통치와 교회의 계속되는 존재로부터 우리 왕의 위대성이 나옵니다. "이제 그가 창대하여 땅끝까지 미치리라."

1. 그리스도의 영속적인 통치

첫째, 그리스도의 영속적인 통치를 주의 깊게 살펴보십시오. 그분은 살아계십니다. 그분이 통치하십니다. 그분은 자기 백성을 다스리는 왕이십니다.

먼저, 그분의 통치는 그 특징에 있어서 목축과 비슷한 점에 주목하십시오. 이방인 집권자들은 백성을 임의로 주관하지만, 우리 주님은 자기 제자들의 발을 씻기셨습니다. 땅의 군주들은 종종 폭군들입니다. 그들의 멍에는 무겁고, 그들의 언어는 위압적입니다. 하지만 우리의 왕은 그렇지 않습니다. 그분의 멍에는 쉽고 그분의 짐은 가볍습니다. 그분의 마음이 온유하고 겸손하시기 때문입니다. 그분은 '목자-왕'(Shepherd-king)이십니다. 그분은 최고의 권위를 가지셨지만, 그분의 탁월성은 곧 자기가 돌보는 사랑하는 양들을 위한 지혜롭고 온유한 목자로서의 탁월성입니다. 그분은 명령하시고 또 순종을 받으시지만, 그것은 그분의 보살핌을 받고 또 그분의 음성을 잘 아는 양의 자발적인 순종입니다. 그분은 사랑의 힘과 선한 능력으로 다스리십니다. 그분의 힘은 전제군주로서의 위협에 있지 않고, 오히려 위엄 있는 왕의 인자하심에 있습니다. 시온의 자녀들이 그들의 왕을 즐거워하는 것은 "사람들이 그로 말미암아 복을 받고 모든 민족이 다 그를 복되다고"(시 72:17) 부를 것이기 때문입니다. 사람들은 전에 그런 왕을 가져본 적이 없습니다. 그분을 섬기는 것은 완벽한 자유입니다. 그분의 신민(臣民)이 되는 것은 왕이 되는 일입니다. 그분을 섬기는 것이 곧 다스리는 것입니다. 그분 목초지의 양들은 행복한 백성입니다. 만약 그들이 그분의 발자취를 따라간다면 그들의 길은 안전합니다. 만약 그들이 그분의 발치에서 잠을 잔다면 어떤 사자도 그들의 평화를 방해하지 못합니다. 만약 그들이 그분의 손에서 양식을 공급받아 먹는다면 그들은 푸른 초장에 눕는 셈이며, 어떤 부족함도 느끼지 않을 것입니다. 만약 그들이 그분 가까이에 거한다면 그들은 기쁨의 강에서 마실 것입니다. 의와 평화가 그의 보좌의 견고한 토대이며, 기쁨과 만족은 그의 통치의 장식물입니다. 오! 그런 군주에게 속한 우리는 얼마나 행복합니까! 여수룬에 있는 왕이시여, 우리는 당신께 충성된 마음으로 경의를 표합니다! 우리는 감사함으로 당신이 계신 곳으로 들어왔으며, 찬미함으로 당신의 궁정에 들어왔습니다! 당신이 우리의 왕이시며, 우리는 당신이 기르시는 백성이며, 당신의 손이 돌보시는 양입니다(시 95:7).

예수의 통치가 실제적이라는 점에 주목하십시오. "그가 서서 목축하니"라고 기록되었습니다. 우리의 위대하신 교회의 머리는 자기 백성의 양식을 공급하는 일에 적극적으로 관여하십니다. 그분은 텅 빈 나라의 보좌에 앉아 계신 것이 아니며, 통치의 홀을 휘두르지도 않고 공연히 쥐고만 계신 것이 아닙니다. 그렇지 않습니다. 그분은 서서 목축하십니다. "먹인다"(feed)는 표현은 곧 양을 돌본다는 의미이며, 목자로서 필요한 모든 일을 한다는 의미입니다. 그것은 양을 먹이는 것뿐 아니라 인도하고, 살피며, 지키고, 돌보는 것을 다 포함합니다. 교회의 머리가 되신 우리 주님은 언제나 교회의 유익을 위하여 적극적으로 활동하십니다. 그분을 통해 하나님의 성령이 끊임없이 교회의 지체들에게 내려오십니다. 그분에 의해 사역자들이 적절한 시기에 보내어지고, 적절한 곳에 교회의 일꾼들이 배치됩니다. 그분은 높은 곳으로 오르실 때 사람들을 위하여 선물들을 받으셨습니다(참조. 시 68:18 KJV; 개역개정은 "선물들을 사람들에게서 받으시며"로 되어 있음-역주). "그가 어떤 사람은 사도로, 어떤 사람은 선지자로, 어떤 사람은 복음 전하는 자로, 어떤 사람은 목사와 교사로 삼으셨으니 이는 성도를 온전하게 하여 봉사의 일을 하게 하며 그리스도의 몸을 세우려 하심이라"(엡 4:11,12). 우리 주님은 자기 교회의 상태를 살피시느라 눈을 감지 않으십니다. 사랑하는 이여, 그분은 우리의 필요를 쉼 없이 살피시는 분입니다. 그분이 오늘도 서서 자기 백성을 먹이십니다. 그들은 각기 다른 방향으로 널리 흩어져 있습니다. 하지만 우리의 능력 많은 목자는 자기 양무리의 모든 양과 어린 양들을 다 살피실 수 있으며, 그들에게 적당한 때에 적당한 분량의 음식을 공급하실 수 있습니다. 그분은 마치 '길을 여는 자'(Breaker, 참조. 미 2:13)처럼 자기 양들 앞에서 가시며, 그들은 그분이 길을 여시는 곳으로 따릅니다. "그가 서서 목축하십니다." 오, 은혜로우신 우리 왕의 세심하고 거룩한 활동이 얼마나 복된지요! 그분은 항상 우리의 대적에 맞서 싸우시고, 동시에 그분의 친구들에게는 은혜로운 영향력을 항상 끼치십니다.

또 본문에서 주목할 것은, 이 활동적인 통치의 기간이 계속된다는 점입니다. "그가 서서 목축할 것이라"고 했습니다. "그가 이따금 목축하다가 때가 되면 자기 위치를 떠날 것이라"가 아닙니다. "그가 한 날에는 교회에 부흥을 주시고, 다음 날에는 황폐하도록 버려둘 것이다"도 아닙니다. 사랑하는 이여, 그리스도와 같은 목사는 없습니다. 그분만이 아주 높고 특별한 의미에서 "나는 내 양을 안다"고 말씀하실 수 있습니다. 그분은 그들을 철저히 아십니다. 그분은 그들과 함께 느끼시며, 그들의 모든 환난에서 함께 환난을 겪으십니다. 그분은 영원히 그들과 함께하시는 분입니다. 주 예수님처럼 항상 깨어 있는 파수꾼은 없습니다. 성경에 기록되지 않았습니까? "나 여호와는 포도원지기가 됨이여 때때로 물을 주며 밤낮으로 간수하여 아무든지 이를 해치지 못하게 하리로다"(사 27:3). 주님은 졸지 않으시며 그의 손은 결코 쉬지 않습니다. 그분의 심장은 사랑으로 박동하기를 멈추지 않으며, 그분의 어깨는 자기 백성의 짐을 지시는 일에서 피곤치 않습니다. 교회가 어두운 시대를 통과할 수는 있지만, 그리스도는 한밤중에도 교회와 함께하십니다. 교회가 불타는 용광로를 지나야 할 수는 있지만, 그리스도는 불꽃 가운데서도 교회와 함께하십니다. 교회의 전체 역사를 통하여, 교회가 어디에 있든지, 그리스도께서도 거기 계셨음을 여러분은 볼 수 있습니다. 머리는 절대 몸으로부터 분리되지 않으며, 자기 배우자를 향한 이 은혜로우신 남편의 깨어 있는 돌봄은 한시도 멈추지 않습니다.

나는 여러분이 이 묘사를 잘 깨닫기 바랍니다. 오늘 아침, 이 목초지에 그분의 양이 있습니다. 또 여기에 우리의 위대하신 목자가 머리에 면류관을 쓰시고 서서 우리 모두를 먹이고 계십니다. 아니, 여기에 있는 우리뿐 아니라 온 세계에서 택하신 큰 무리 모두에게 은혜를 베풀고 계십니다. 그분은 바로 이 순간 시온의 왕으로서 다스리시고, 모든 곳에 임재하시며, 어디든 자기를 나타내시어 성도를 보호하십니다. 나는 우리 교회가 살아계시고 통치하시는 주님의 현존하는 능력과 임재와 탁월함을 믿는 믿음으로 더 큰 감화를 받기를 바랍니다. 그분은 우리가 그 시신을 향유나 향료로 처리해야 하는 죽은 왕이 아닙니다. 그분은 우리의 살아계신 지도자이자 총사령관이시며, 그 명령에 우리가 순종해야 하는 분이시고, 또한 그의 명예를 우리가 수호해야 할 분이십니다.

교회 안에 있는 그리스도의 제국은 그 활동이 효과적이며 강력하다는 사실도 잊지 마시기 바랍니다. "그가 여호와의 능력으로 먹이리라"(KJV). 어디든 그리스도께서 계시는 곳이면, 거기에 하나님이 계십니다. 무엇이든 그리스도께서 행하시는 일이라면, 그것은 전능자의 행위입니다. 오! 우리를 구속하신 그분이 다름 아닌 하나님 자신임을 묵상하는 것이 얼마나 즐거운 일인지요! 포로된 자를 포로로 삼아 이끄신 분은 여호와–예수이십니다. 오늘 굳게 서서 자기 백성의 이익을 대변하시는 분은 참 하나님에게서 나신 참 하나님이십니다. 자기 피로 구속하신 백성 전원을 안전하게 아버지의 우편으로 인도하겠다고 맹세하신 그분은 본질에서 하나님이십니다. 오 나의 형제들이여, 성육하신 하나님이라는 진리에 토대를 두고 집을 세울 때 우리는 확실한 토대 위에서 안전한 것입니다. 오 하나님의 성도여, 여러분 각 사람의 유익과 또 거대한 교회의 유익이 진정 안전할 수밖에 없는 것은, 우리의 옹호자가 하나님이시기 때문입니다. 여호와는 우리의 재판장이시며, 여호와는 우리의 입법자이시며, 여호와는 우리의 왕이시니, 그가 우리를 구원하실 것입니다. 그분이 어찌 실패하거나 낙망하실 수 있겠습니까? 그분이 팔을 펼치실 때 누가 그분에게 맞서겠습니까? 우리는 여호와의 능하신 행적을 되풀이해서 말하고, 또 옛적에 행하신 기사들을 널리 전합시다.

그분이 어떻게 거만한 바로와 애굽에게서 승리를 얻으셨는지를 기억하십시오! 바로가 말했습니다. "여호와가 누구이기에 내가 그의 목소리를 듣고 이스라엘을 보내겠느냐"(출 5:2). 그 큰소리치는 자에게, 열 가지 무서운 재앙이 여호와는 멸시받을 분이 아니심을 가르쳤고, 겸손해진 그 폭군이 여호와의 백성을 가게 했습니다. 높은 손과 펼친 팔로 여호와는 그 백성을 속박의 집에서 이끌어 내셨습니다. 저 거만한 애굽 왕의 기분이 변해 다시 지존자를 대적하려 했을 때, 여호와는 어떻게 그의 적수를 티끌보다 낮아지게 하실지를 아셨습니다. 그 생생한 광경이 보이는 것 같습니다. 미스라임의 군대가 그들의 말과 병거와 함께 여호와의 백성을 서둘러 쫓고 있습니다. 그들의 입에는 분노의 거품이 일고 있습니다. 원수가 말합니다. "내가 뒤쫓아 따라잡아 탈취물을 나누리라 내가 그들로 말미암아 내 욕망을 채우리라"(출 15:9). 저 득의양양하고 교만한 원수의 모습이 분노로 땅이라도 삼킬 태세입니다.

오 이스라엘이여! 그들의 보호는 어디에 있습니까? 이스라엘은 어떻게 저 폭력적인 군주에게서 벗어날까요? 오 야곱의 후손이여, 아브라함의 자손들이여, 잠잠히 있으십시오! 참고 신뢰하십시오! 오늘 여러분이 본 애굽 사람을 영원히 다시는 보지 않을 것이기 때문입니다(참조. 출 14:13). 말과 병거를 타고 저 잔인한 적병들이 바다 깊은 곳까지 내려갔습니다. 하지만 여호와께서 그들을 내려다보셨고 그들을 어지럽게 하셨습니다. "주께서 바람을 일으키시매 바다가 그들을 덮으니 그들이 거센 물에 납 같이 잠겼나이다"(출 15:10). 깊은 물이 그들을 덮었고, 그들은 돌처럼 밑바닥으로 가라앉았습니다. "내가 여호와를 찬송하리니 그는 높고 영화로우심이요 말과 그 탄 자를 바다에 던지셨음이로다"(출 15:1). 마지막 날에 우리의 왕이신 예수님과 그의 모든 성도에게도 그런 일이 있을 것입니니다. 그날 우리는 모두 "하나님의 종 모세의 노래, 어린 양의 노래"(계15:3)를 부를 것입니다. 그날 저 대적이 내던져지고, 악의 무리는 불태워질 것이며, 주를 미워하는 자들이 양의 기름처럼 연기를 내며 불에 탈 것입니다.

또 한 가지 언급할 것이 있습니다. 그것은 우리 주님의 왕국이 매우 장엄하다는 것입니다. 선지자는 이렇게 기록했습니다. "그가 그의 하나님 여호와의 이름의 위엄을 의지하고 목축하리라." 예수 그리스도는 크게 존중받으셔야 할 분입니다. 우리가 그분께 다가갈 때의 친밀성은 언제나 가장 깊은 경외심과 숭배의 마음으로 조절되어야 합니다. 그분은 우리의 형제(Brother)이시며, 우리의 뼈 중의 뼈요 살 중의 살이지만, 동시에 그분은 하나님과 동등함을 강탈로 여기지 않으시는 분입니다(빌 2:5, KJV역). 그분은 스스로 무명한 자가 되어 종의 형체를 가지시고, 오늘 자기 자신을 우리의 남편(Husband)이라 칭하시고, 우리를 그분 몸의 지체들로, 그분의 살과 뼈로 삼으셨습니다. 그렇지만 우리는 성경에 이렇게 기록된 것도 잊어서는 안 됩니다. "모든 천사들은 그에게 경배할지어다"(히 1:6). "하늘에 있는 자들과 땅에 있는 자들과 땅 아래에 있는 자들로 모든 무릎을 예수의 이름에 꿇게 하시고 모든 입으로 예수 그리스도를 주라 시인하여 하나님 아버지께 영광을 돌리게 하셨느니라"(빌 2:10,11).

그렇습니다. 예수 그리스도는 그분의 교회에서 위엄이 있으십니다. 형제들이여, 나는 우리가 이 점을 항상 생각하기를 바랍니다. 그리스도의 모든 법에는 영광과 위엄이 있으며, 그분의 모든 명령 또한 그러합니다. 그러니 우리가 그분의 명령을 따라 세례를 받든지 혹은 그분을 기념하여 떡을 떼든지, 혹은 그분의 십자가를 지고 사역을 하든지, 우리가 그분의 이름으로 하는 것은 무엇이든지, 사실상 그분이 우리를 통해서 행하시는 것입니다. 그런 일에는 그에 수반되는 위엄이 있으며, 이 점을 우리는 그분 앞에서 항상 경외하는 마음으로 상기해야 합니다. 오, 세상이 교회 안에 있는 그리스도의 영광을 볼 수 있다면 좋으련만! 오, 세상이 그들이 부르는 대로 이 소수, 곧 힘없고 연약하며 어리석은 무리 가운데, 누가 계신지를 알 수 있다면 좋으련만! 오 블레셋이여, 네가 만일 우리의 대장이 누구인지 알았더라면, 네가 내세우는 가드의 골리앗이 곧 머리를 숙이고 맥없이 물러갔을 것이다! 오 앗시리아여, 네가 만약 옛적에 산헤립을 치셨던 강하신 그분이 여전히 우리와 함께하시는 것을 알았더라면, 너의 군대는 곧 퇴각하여 우리에게 쉬운 승리를 안겼을 것이다!

그분의 약속을 따라, 참되고도 신비한 그리스도의 임재가 그분의 백성 가운데 있습니다. "볼지어다 내가 세상 끝날까지 너희와 항상 함께 있으리라"(마 28:20). 세상이 이것을 무시하기 때문에 하나님의 교회를 멸시하고 조롱하는 것입니다. 여기에 우리의 위로와 영광이 있습니다. 우리가 하나님의 백성이라면 우리에게는 반박할 수 없는 어떤 위엄이 있습니다. 천사들도 그것을 보며 기이하게 여깁니다. 그것은 내주하시는 하나님의 위엄입니다. 주께서는 영광을 위하여 우리 가운데 계시고, 보호를 위하여 우리를 둘러싸고 계십니다.

2. 교회의 영원한 지속

이제 우리는 시간을 할애하여 교회의 영속성에 대해 살펴볼 것입니다. 보이지 않으나 자기 백성 가운데 왕으로서 함께하시는 그리스도의 확실한 임재 때문에, 교회는 살 것입니다. 본문이 그렇게 말하고 있습니다. "그들이 거주할 것이라." 먼저, 교회가 존재한다는 점을 생각해보십시오. 이것이 얼마나 놀라운 일입니까! 세상에 교회가 있다는 것은, 아마도 모든 세대를 거쳐 가장 큰 기적일 것입니다. 인간의 역사에 정통한 사람은 내가 교회의 전 역사가 일련의 기적이며, 하나의 긴 기적의 물줄기라고 말하는 것을 지지할 것입니다. 대양 한가운데 작은 불이 하나 붙었습니다. 그런데 대양은 사나운 파도로도 그것을 끄지 못합니다! 여기에 요한이 환상 가운데 보았던 큰 기적이 있으며, 역사는 그것을 엄숙하고도 온전한 사실로 보여줍니다.

한 여자가 "아이를 배어 해산하게 되매 아파서 애를 쓰며 부르짖었습니다. 하늘에 또 다른 이적이 보이는데, 한 큰 붉은 용이 있습니다. 용이 해산하려는 여자 앞에서 그가 해산하면 그 아이를 삼키고자 합니다"(참조. 계 12:2-4). 여자가 낳은 아들은 장차 철장으로 만국을 다스릴 남자이고, 그 아이는 하나님 앞과 그 보좌 앞으로 올려집니다(5절). 여자는 교회인데, 독수리 날개를 타듯 하나님이 예비하신 광야의 피난처로 도망갑니다(6절). 마침내, 용이 크게 분노하여 여자를 추격하여 박해합니다(13절). 아주 적절한 상징이 있습니다. "뱀이 그 입으로 물을 강 같이 토하여 여자를 물에 떠내려가게 하려 하되… 용이 여자에게 분노하여 그 여자의 남은 자손 곧 하나님의 계명을 지키며 예수의 증거를 가진 자들과 더불어 싸우려고 바다 모래 위에 서 있더라"(15,17절). 하지만, 내 형제들이여, 저 영광스러운 아기 곧 주 예수 그리스도는 살아서 보좌에 앉습니다. 그리고 여자 곧 박해받는 교회도, 용의 때가 끝나고 왕이 지상에서 다스릴 때까지 살아남습니다.

내 형제들이여, 하나님의 교회가 겪지 않았던 시련이 무엇입니까? 어떤 책략을 사탄이 고안해 낼 수 없겠습니까? 불, 고문, 투옥, 추방, 몰수, 비방 등 이 모든 시련을 겪었지만, 교회는 사랑하시는 주님으로 말미암아 그 모든 것을 정복해왔습니다. 외적으로는 거짓된 교리, 내부적으로는 이단과 분파, 위선, 형식주의, 열광주의, 높은 영성을 가장하는 기만, 세속성 등이 최악의 역할을 해왔습니다. 나는 교회의 대적자의 기발한 독창성에 놀라곤 합니다. 하지만 그의 책략도 거의 끝장에 다다른 것처럼 보입니다. 그가 더 이상의 다른 것을 고안해 낼 수 있을까요? 우리는 이 시대에 어떤 주교의 기발함에 경악을 금치 못했습니다. 그리스도의 교회라고 고백하는 교회가 성경의 영감을 부인하는 사람들에게도 목사가 될 수 있도록 허용해야 한다는 법령에 우리는 슬프고 놀라서 입을 다물지 못했습니다. 이것은 해 아래서 새로운 일입니다. 교황주의와 불신앙이 개신교회라고 고백하는 교회에서 모두 합법화되고 조장되는 것입니다. 다음에는 무엇이 있을까요? 그리고 그후에는 또 무엇이 있을까요? 하지만 이 모든 것이 결국 무엇입니까? 교회는, 곧 주님께서 부르셨고 신실하며 선택된 무리로서의 교회는, 여전히 존재합니다. 주님께는 진리의 말씀을 굳게 붙드는 택하신 백성들이 있습니다. 그리고 가장 타락한 교회를 향해서도 여전히 주님은 이렇게 말씀하실 수 있습니다. “그러나 사데에 그 옷을 더럽히지 아니한 자 몇 명이 네게 있어 흰옷을 입고 나와 함께 다니리니 그들은 합당한 자인 연고라”(계 3:4).

본문에서 “그들이 거주할 것이라”고 말한 것에 주목하십시오. 그것은 교회가 간헐적으로 존재한다는 의미가 아니라, 항상 존재한다는 의미입니다. 이것은 놀라운 일입니다! 교회는 항상 있습니다! 이방인 황제들의 강대한 세력이 마치 거대한 산사태처럼 교회를 덮칠 때, 교회는 그 엄청난 무게를 마치 사람이 옷에 묻은 눈을 털어내듯이 털어내며, 해를 받지 않고 살아남습니다. 로마 가톨릭이 적개심을 더욱 격렬하고 기발한 방식으로 드러낼 때, 잔인한 살인자들이 알프스에서 성도들을 사냥할 때, 혹은 그들을 저지대에서 물어뜯을 때, 알비파(Albigenses)와 발도파(Waldenses)가 그들의 피를 강에 쏟고 또 눈을 진홍색으로 물들일 때, 교회는 여전히 살았습니다. 오히려 교회는 자기의 피에 잠겼을 때 그 어느 때보다 건강했습니다. 이 나라에서 부분적인 개혁이 일어난 후에, 종교를 표방하는 자들이 진정으로 영적인 자들을 나라 밖으로 추방해야 한다고 결정했을 때, 하나님의 교회는 잠들지 않았으며 생명의 활동을 멈추지도 않았습니다. 피로 서명된 언약은 박해받는 성도들에게 활기를 주었습니다. 갈색 관목이 무성한 스코틀랜드의 언덕에서 들리는 교회의 찬송에, 잉글랜드의 은밀한 비밀집회 장소에서 들리는 기도 소리에 귀를 기울여보십시오. 카길(Cargil)과 캐머런(Cameron)의 산지에서 거짓 왕과 배교자들을 반대하는 이들이 천둥처럼 외치는 음성을 들어보십시오. 바알에게 무릎을 꿇느니 차라리 동굴에서 썩는 것을 원했던 존 번연과 그의 동료들의 말을 들어보십시오.

"교회가 어디 있느냐?"고 내게 물어보십시오. 나는 처음 다락방에서 성령이 임하신 날 이후 지금까지 어느 시대에서나 교회를 찾을 수 있다고 대답하겠습니다. 하나의 중단없는 선으로 우리의 사도적 계승은 이어지고 있습니다. 로마의 교회를 통해서가 아닙니다. 사제들이 만들어낸 교황들의 미신적인 손을 통해서나, 왕들이 만들어낸 주교들을 통해서가 아닙니다. 그런 것을 자랑하는 이들에게 사도적 계승이 있다고 말하는 것이 얼마나 번지르르한 거짓말인지요! 사도적 계승은 참되고 선한 이들, 예수의 증언을 저버리지 않은 사람들의 피를 통해 이어진 것입니다. 참된 목회자들, 애써 수고하는 복음 전도자들, 신실한 순교자들, 그리고 명예로운 하나님의 사람들로부터, 우리는 우리의 계보를 추적하여 갈릴리의 어부들에게까지 이릅니다. 그리하여 우리가 하나님의 은혜로 영속적으로 거하는 것과, 살아계신 하나님의 참되고 신실한 교회에 그리스도께서 거하셨고 또 세상 끝날까지 거하실 것을 믿고 기뻐합니다.

사랑하는 친구들이여, '거하다'라는 단어의 사용에서 우리는 존재와 존속에 대한 개념뿐 아니라 고요하고 평온하며 해를 당하지 않는 지속이라는 개념도 주목해야 합니다. 본문은 교회가 쫓기고, 시험받으며, 두려워하면서 간신히 지탱한다고 말하지 않고 '거한다'고 말합니다. 오, 하나님의 교회가 악독한 원수들의 공격 아래서도 누릴 수 있는 평온함이여! 너 잔인한 원수여, 시온의 처녀 딸이 너를 보고 머리를 흔들며 너를 향해 웃으며 조롱하도다! 교회는 세상이 적대하며 격노하여도 평온하게 거합니다. 가장 야만스럽게 박해를 당해왔던 곳에서 어떻게 하나님의 교회가 굳게 서 있는가 하는 것은 대단히 주목할 만한 일입니다.

이 시대에 우리는 마다가스카르(Madagascar, 아프리카 남동쪽의 섬나라)에서 수년 간 몰살시키는 박해 후에, 하나님의 교회가 마치 불꽃에서 나오는 불사조처럼 잿더미에서 일어나는 것을 봅니다. 하나님이 택하신 자 중의 한 사람도 되돌아가지 않았습니다. 피로 사신 자 가운데 한 사람도 신앙을 부인하지 않았습니다. 효력 있게 부름을 받은 백성 중에서 단 한 영혼도, 비록 뜨거운 집게발에 의해 살이 뼈에서 뜯기고, 혹은 그의 고문당한 몸이 야생 짐승의 아가리에 던져진다 해도, 그리스도를 부인하게 될 수는 없습니다. 교회를 대적하여 원수가 행한 모든 일은 소용이 없었습니다. 저 오래된 반석은 폭풍의 파도에 의해 씻겨지고 또 씻겨지고 다시 씻겨져도, 또한 폭풍의 물결 속에 천 번을 잠기더라도, 심지어 그 각도나 모서리조차도 변함없이 여전히 서 있습니다. 우리는 주님의 성막에 대하여, 그 말뚝 하나도 제거되지 않았으며, 그 끈 하나도 끊어지지 않았다고 말할 수 있습니다. 주님의 집은 기초부터 꼭대기까지 여전히 완벽합니다. "비가 내리고 창수가 나고 바람이 불어 그 집에 부딪치되 무너지지 아니하나니", 아니 그 돌 하나도 무너지지 않나니. "이는 주추를 반석 위에 놓은 까닭이라"(마 7:25).

그러나 사랑하는 친구들이여, 이 모든 일이 왜 그렇게 될까요? 왜 우리는 교회가 오늘까지 지속한 것을 볼 수 있습니까? 심지어 더 나쁜 시대가 오더라도 교회는 달이 차고 기울기를 멈출 때까지 고비를 넘기고 거하게 될 것임을 우리가 어떻게 확신하는 걸까요? 이 안전의 이유가 무엇입니까? 그것은 오직 그리스도께서 교회 가운데 계시기 때문입니다. 나는 여러분이 법률적 행위나 신탁증서에 의해 정통교리가 보전된다고 믿지 않기를 바랍니다. 비국교도 중에 너무 많은 이들이 그런 것을 의지해 왔습니다. 우리는 신조에 의존할 수 없습니다. 그런 것은 나름의 방식으로 충분히 유익하고, 신탁증서 역시 그러하지만, 만일 우리가 그런 것들에 의존하려 한다면 그것들은 상한 갈대들이나 마찬가지입니다. 우리는 의회를 의존할 수 없고, 왕이나 여왕도 마찬가지입니다. 우리가 아주 정확하고 분명한 형태의 교리를 작성할 수는 있지만, 하나님께서 위로부터 새로운 은혜를 주시지 않는다면 우리는 다음 세대가 진리에서 떠나는 것을 볼 것입니다.

장로회나 독립교회나 감독제도도 교회의 생명력을 담보하지 못합니다. 나는 하나님의 교회가 감독제도 아래에서도 존속해온 것을 발견하는데, 그것은 일종의 정부 형태로서 그 장점과 단점들이 모두 있습니다. 나는 하나님의 교회가 장로회 제도에서 번성한 것을 보았고, 또한 그 아래에서 부패하는 것도 보았습니다. 나는 교회 정치의 형태가 독립적인 제도 아래에서 교회가 성공적일 수 있다는 것을 아는데, 또한 상당히 쉽게 아리우스주의로 퇴보할 수 있다는 것도 압니다. 사실상 정치 형태란 교회의 생명의 원리와는 거의 상관이 없습니다. 하나님의 교회가 존속하는 이유는 교회 제도상의 규칙들이나 조직이나 형식들 때문이 아니고, 사역자들이나 신조들 때문도 아니며, 오직 그 가운데 계시는 주님의 임재 때문입니다. 그리스도께서 사시고, 그리스도께서 다스리시는 한, 그분의 교회도 일어나 먹을 것이며 또한 안전할 것입니다. 하지만 그분이 떠나신다면, 그것이 교회에 미치는 결과는 마치 여러분이나 나에게서 하나님의 성령이 떠나시는 것과 마찬가지일 것입니다. 그런 경우에 우리는 다른 사람들처럼 약하고, 교회는 무기력해질 것입니다.

3. 우리 왕의 위대성

세 번째로, 그리스도의 영원한 통치와 교회의 영원한 지속에 이어, 우리 왕의 위대성에 관한 진술이 나옵니다. "이제 그가 창대하여 땅끝까지 미치리라." 그리스도는 그분의 교회에서 위대하십니다. 오, 그분이 통치하시는 우리의 마음에서 그분은 얼마나 위대하신지요! 내 마음은 그분의 이름을 듣기만 해도 기뻐 뜁니다.

"예수, 당신을 생각만 해도
내 마음은 환희로 가득합니다."
(한글 찬송가 85장. 구주를 생각만 해도 이렇게 좋거든)

오 면류관, 황금 면류관이 우리에게 있다면, 시온의 왕이신 그분께 씌워드립시다! 다윗의 곁에 있던 잘 조율된 수금이 우리에게 있다면, 예수의 이름을 부르며 언약궤 앞에서 춤을 추련만! 이제 그분은 정녕 우리 마음속에서 위대하게 되실 것입니다! 하지만 그분은 또한 땅끝까지 창대하게 되실 것입니다. 그것이 약속이며, 우리는 그 약속이 지금도 어느 정도는 성취되었다고 말할 것입니다. 그리스도는 모든 죄인의 회심에서 위대하게 되십니다. 참회하는 사람이 "하나님이여 죄인에게 긍휼을 베푸소서"고 간청하며 부르짖을 때, 화평을 선언하는 피가 임하여 그 괴로워하는 양심에 떨어집니다. 그리고 그 영혼은 겸손히 엎드려 그 완성된 의를 받아들일 것이며, 그때 그리스도께서는 위대하게 되십니다. 또 그분은 피로 사신 그분의 모든 성도의 성화에서 위대하게 되십니다. 그들이 그분을 위해 살 때, 기도에서 그분을 언급할 때, 그분에게 마음에서 우러나오는 찬송을 드릴 때, 그리고 그들의 삶의 행실의 빛과 입술의 증언을 통해 그분이 위대하게 되십니다. 그들이 그분을 위해 인내하고, 환난조차도 즐거운 것으로 여기며, 그분을 위한 힘겨운 수고를 기쁨으로 여길 때, 그리스도는 위대하게 되십니다.

내 형제들이여, 이 아침에 지금 얼마나 많은 배가 창파를 가르며 항해하고 있는지를 생각해보십시오. 그 배들에는 예수의 이름을 사랑하는 영혼들이 타고 있습니다. 들어보십시오! 영국 국기를 달고서 대서양과 태평양의 물결을 가로지르는 많은 선박에서 기도와 찬송 소리가 들려오는 것을 나는 듣습니다. 바다의 작은 섬들에서도 미풍을 타고 노래가 퍼집니다. 바다 건너 우리의 미국 형제들이 사는 땅에서, 슬프게도 지금 전쟁(1861. 4~1865. 4 사이에 벌어진 미국 남북전쟁을 지칭하며, 이 설교는 1864. 3. 20에 전해진 것임-역주)으로 고통을 겪고 있지만, 많은 사람의 심장은 구주의 이름을 부르며 우리의 심장과 마찬가지로 고동치고 있습니다. 이 대륙에서도 해협을 건너 네덜란드, 스웨덴, 독일, 스위스, 심지어 프랑스와 이탈리아에서도 얼마나 많은 영혼이 오늘 그분의 이름을 시인하며 그분을 찬미하고 있는지요! 사람들은 영국 여왕의 통치 영역에 대해 언급하면서, 해가 지지 않는다고 합니다. 우리는 진실로 그 표현을 주 예수의 통치 영역에 대해 말할 수 있습니다. 모든 피부색의 인류가 그분의 피를 믿습니다. 남십자성을 올려다보는 사람들과 북극성을 따라가는 사람들이 한가지로 그분의 귀한 이름에 경배합니다. 영국에서 기쁨의 찬양이 그치고 밤의 침묵으로 들어갈 때 호주에서 노래합니다. 그렇게 이 나라에서 저 나라로, 이 해안에서 저 해안으로, 순결한 헌신의 제사가 그분의 보좌 앞에 바쳐집니다. 그런 일은 어느 정도 성취되었습니다. 하지만 오호라, 수많은 사람을 덮고 있는 이 짙은 어둠을 생각할 때 그 성취의 정도는 얼마나 적은지요!

또한, 이 말씀은 완전한 의미에서 성취될 것이 보증된 약속입니다. 용기! 내 형제들이여, 용기를 내십시오! 밤은 영원하지 않습니다. 아침이 옵니다! 파수꾼이여, 그대는 무어라 말하겠습니까? 동녘을 붉게 물들이는 광선이 있지 않습니까? 하나님의 날 곧 주 예수의 날이 시작되어, 거룩한 빛의 화살들이 저 짙은 어둠을 뚫고 날아가지 않습니까? 바로 그렇습니다. 시대의 징조들을 생각할 때, 나는 우리가 살아서 더 밝고 좋은 시대를 볼 것이라고 희망합니다. 본문은 말합니다. "이제 그가 크게 되어 땅끝까지 이르리로다." 선지자여, 나는 당신이 말한 '이제' 진실로 이 날이기를 바랍니다. 지금, 바로 지금, 주께서 통치하시기를 바랍니다! 왜 그분이 지체하십니까? 왜 그분의 병거들이 더디게 올까요? 내 형제들이여, 그리스도께서는 온 세상이 돌이키기 전에 오실까요? 만일 그렇다면, 예수님을 환영합니다. 혹은 세상이 먼저 돌이킬까요? 만일 그렇다면, 그분의 긍휼을 너무나도 환영합니다. 하지만 어떤 경우든, 우리가 아는 것은 이것이니 곧 그분이 바다 끝에서 바다 끝까지, 또한 강에서부터 땅끝까지 다스리신다는 것입니다. 광야에 거하는 자들도 그분께 경배할 것이며, 그분의 원수들은 먼지를 삼킬 것입니다. 위대하신 왕의 경계가 세상의 경계 끝까지 확장될 것이며, 모든 곳에서 위대하신 목자가 다스리실 것입니다.

하지만 사랑하는 친구들이여, 이 약속의 성취는 보장된 것이지만, 그 성취를 위해 기도해야 한다는 것 역시 기억하길 바랍니다. "그래도 이스라엘 족속이 이같이 자기들에게 이루어 주기를 내게 구하여야 할지라"(겔 36:37). 끝날에 여호와의 산이 높이 오를 것입니다. 비록 삽과 망치 소리가 들리지 않아도 기도와 찬송 소리는 들릴 것이며, 그 소리가 여호와의 전에까지 올라갈 것입니다. 여러분은 그 예언의 전망을 압니다. 선지자는 여호와의 집이 한 골짜기에 선 것을 보았고, 그가 바라볼 때 그것은 작은 언덕이 되었습니다. 땅이 솟아오르기 시작했습니다. 점차 그것은 작은 언덕에서 부풀어 올라 높은 산이 되었습니다. 그것은 높이 솟았고, 그가 보는 앞에서 더 크게 자라더니, 마침내 알프스는 그에 비해 왜소하게 되었고 히말라야도 아연실색할 정도가 되었습니다. 그것은 계속해서 높이 솟았고, 여호와의 집뿐 아니라 그 산 역시도, 한때 높이 솟아 세상의 중심이라고 여겨졌던 바벨 탑보다 무한히 높아졌습니다. 이 집은 구름보다 높이 솟아 그 꼭대기가 하나님이 계신 하늘에까지 올랐습니다. 하지만 동시에 인간이 사는 땅에 토대를 두었고, 모든 민족이 이 위대한 중심을 향해 흘러들기 시작했습니다. 얼마나 놀라운 꿈입니까! 얼마나 놀라운 환상입니까! 하지만 반드시 그렇게 될 것입니다. 교회는 막 생겨난 셈이지만, 그것은 솟아오르기 시작합니다. 오, 어마어마한 움직임입니다! 교회는 솟아오르기 시작하고, 교회라는 산은 부풀어 오르고 자랍니다. 교회는 보는 이들의 시선을 잡아끕니다. 교회는 억제될 수가 없습니다. 누가 그 거대한 융기(隆起)를 억제하려고 시도할 수 있을까요? 누가 그 거대한 출생을 막겠습니까? 그 산은 마치 내부의 불에 의해 부풀어 오르듯 높이 솟아오르고, 계속해서 부풀어 올라 마침내 땅이 하늘에 닿으며, 하나님이 사람들과 소통하십니다. 그때 할렐루야 소리가 우렁차게 들려옵니다. "보라 하나님의 장막이 사람들과 함께 있으매 하나님이 그들과 함께 계시리라"(계 21:3).

하지만 결론은 이것입니다. 하나님이 나를 도우셔서 여러분의 마음에 이것을 새길 수 있게 되기를 바랍니다. 이 모든 것은 그것을 위해 기도할 뿐만 아니라 수고해야 마땅한 것입니다. 내 영혼은 그리스도께서 사람들의 눈에 영광스럽게 되시는 것을 보기를 열망합니다. 영혼이 죽은 것처럼 되어 주님 나라의 확장을 바라지도 않으면서 살아가는 사람이 여기 있습니까? 그리스도께서 사람들의 마음에서 높임 받으시는 일을 대수롭지 않게 여기는 사람이 여러분 가운데 있습니까? 물론 여러분 중에는 그리스도를 가장 귀하게 여기고 다른 무엇보다 사랑하는 사람들이 많다는 것을 내가 알며, 또 주님께서도 그것을 아십니다. 만일 그리스도께서 영광을 받으신다면, 그분은 틀림없이 여러분에 의해 영광을 받으실 것이며, 또 그분의 나라가 임한다면, 그것은 반드시 여러분을 통해 임할 것입니다. 하나님은 일하시지만, 또한 수단들을 통해 일하십니다. 그분은 여러분 안에서 행하시며. "자기의 기쁘신 뜻을 위하여 여러분에게 소원을 두고 행하게 하십니다"(빌 2:13). 영혼들이 구원을 얻어야 하지만, 그들은 수단 없이 구원을 얻지 못합니다. 잔치가 손님들을 위해 마련되었지만, 여러분이 큰길과 산울타리로 가서 사람들을 강권하여 들어오게 해야 합니다. 나는 내 주님께서 많은 면류관을 가지신 것을 압니다. 하지만 그 면류관들은 여러분이 얻기 위해 싸워야만 하는 것입니다. 은혜로 획득한 면류관을 여러분은 주님의 발치에 두고, 또 주님은 여러분이 바친 면류관을 이마에 쓰심으로써 여러분을 영예롭게 하는 것입니다.

하나님의 큰 복을 받고 또 도움을 얻은 백성으로서, 우리는 그리고 나는 주님께서 우리에게 매우 고상한 요구를 하신다고 믿습니다. 우리는 세상에 있는 다른 모든 교회보다 더 많이 하나님의 은혜와 긍휼에 빚진 자들입니다. 그러므로 우리는 주님 나라의 확장을 위해 무언가를 해야 합니다. 우리는 부를 자랑할 수 없습니다. 우리는 마치 저 주교가 바라는 것처럼 런던 도처에 수많은 교회를 세울 것이라는 계획을 자랑할 수 없습니다. 삼백만 파운드 기금을 모으려는 어떤 계획도 전적으로 하나의 꿈처럼 간주되어야 합니다. 우리는 그런 일을 시도할 수 없습니다. 만일 런던이 돈에 의해 회심할 수 있다고 해도 우리는 그런 임무를 중단해야 합니다. 우리에게는 미트라(주교가 의식 때 쓰는 모자-역주)를 쓴 주교들도 없으며, 기부하는 여왕들도 없고, 귀족들과 공작들도 없으며, 수천 파운드나 수만 파운드를 보탤 만한 사람들도 없습니다. 우리는 약한 민중일 뿐입니다. 그렇다면 우리가 하나님을 위해 할 수 있는 것이 무엇입니까? 강한 자들처럼 행하십시오! 하나님을 위해 우리가 할 수 있는 일이 무엇일까요? 용사들 못지않게 행하십시오! 오, 내 형제들이여, 우리 자신의 약함과 능력의 부족이 오히려 우리로 하나님의 일에 적합하게 해 줄 것입니다. 종종 사울의 칼과 기스의 아들의 갑옷을 제쳐두시는 그분이 다윗과 또 그의 물매와 돌을 사용하여 골리앗의 이마를 치시지 않겠습니까?

나는 지난주 내내 옛 역사의 유명한 장면을 생각했으며, 그것이 지금 우리 교회의 상태와 유사하다고 느꼈습니다. 그것은 포도주 틀에서 타작하던 요아스의 아들 기드온의 이야기입니다. 그가 그렇게 한 이유는 당시 미디안 사람들이 그 땅을 노략질하고 있었기에, 사람들의 눈에 띄지 않기 위해서였습니다. 지금 우리는 침례교인들로서, 일반적으로 눈에 띄는 것을 너무 두려워해 왔습니다. 우리는 우리의 곡식을 멀리 떨어진 포도주 틀에서 타작해왔습니다. 좁은 거리를 따라 내려온 곳에 자리한 뒷마당, 예배당을 짓기에는 불결하고 파인 구덩이 땅입니다. 사람들이 보기에는 이점이 있다고 생각할 수 없는 곳입니다. 사람들이 찾기도 어려운 곳이었는데, 바로 그곳이 우리 선조들을 위한, 그리고 그중 일부는 아직 우리 가운데 머물고 계신 분들을 위한 장소였습니다. 원수로부터 숨어, 밀을 타작하는 포도주 틀 같은 곳이었습니다. 자 이제, 우리가 더는 이 미디안 사람들을 두려워해서는 안 되는 때가 왔다고 나는 생각합니다. 하나님의 교회는 오랫동안 압박을 받고 뒤로 물러나 있었습니다. 교회는 세상이 교회의 수확물을 삼키는 것을 감수해왔습니다. 교회에 사람의 증가는 거의 없었고, 남은 것은 이십 년 혹은 삼십 년 전과 다름이 없습니다.

하지만 내 형제들이여, 우리 가운데 어떤 이들은 현재 사방이 말랐으나 우리의 양털은 이슬로 젖은 것을 보았습니다. 우리는 주님께서 우리에게 이렇게 말씀하셨다고 믿습니다. "큰 용사여 여호와께서 너와 함께 계시도다"(삿 6:12). 우리는 주님으로부터 이 명령을 받았다고 생각합니다. "너는 너의 이 힘을 의지하고 가라"(삿 6:14, KJV). 우리는 여러분 모두가 우리와 함께 갈 것이라고 기대하지 않습니다. 사람들 수가 너무 많기 때문입니다. 심약한 마음으로 떨며 전투에서 물러날 사람들, 자기 가족들을 돌보아야 하고 그들에게 양식을 공급해야 할 사람들이 많다고 우리는 예상합니다. 돈을 모으는 사람들, 모은 금화를 아까워하는 사람들도 많을 것입니다. 이런 사람들은 물론 뒤로 물러설 것이며, 그들을 가게 하십시오. 그런 사람들은 우리의 행진에 걸림이 될 뿐입니다. 염려하건대 여러분 모두가 물을 손으로 움켜 핥는 자들은 아닙니다(참조. 삿 7:5,6). 하지만 우리에게는 삶의 안락과 안위에 크게 개의치 않는 소수가 있습니다. 그들은 달려가면서 서둘러 한 모금을 마시고는, 열망과 열의와 열정을 가지고 적군에 맞서려고 달려갑니다. 우리는 바로 이들이 우리와 함께 싸움에 나갈 사람들이라고 예상합니다.

주의 이름으로, 나는 이 거대한 도시의 죄와 악에 대항할 새로운 십자군을 선포합니다. 우리가 무엇을 해야 할까요? 미디안의 군대는 수백만으로 헤아려집니다. 여기 이 거대한 도시에 삼백만의 주민이 있으며, 내가 보기엔 그중에서 이백오십만 명이 신앙적으로 그들의 오른손과 왼손도 구분하지 못할 수준입니다. 나는 내가 지금 지나치게 관대하게 말한다고 생각합니다. 왜냐하면 만약 런던에 참된 신자가 오십만 명이 있다면, 나는 런던에 대해서 지금보다 훨씬 큰 희망을 품을 수 있다고 믿기 때문입니다. 하지만 오호라! 실상은 그렇지 못합니다. 수백만, 수백만의 사람들이 골짜기에 모여들어도, 그들은 우유부단하여 주님의 편에 서지 않습니다. 여러분과 내가 무엇을 할 수 있을까요? 우리 스스로는 아무것도 할 수 없습니다. 그러나 하나님의 도우심으로 우리는 무엇이든 할 수 있습니다. 그리스도께서 계시는 곳에 힘이 있고, 하나님이 계시는 곳에 능력이 있습니다. 그러므로 우리는 하나님의 이름으로 기회가 생길 때마다 어디든 새로운 교회들을 세우도록 결심합시다. 기드온의 용사들처럼 우리의 교회 지휘관들 아래에 집결하고, 뜨거운 마음이 길을 이끄는 대로 따라갑시다.

기드온은 그의 사람들에게 두 가지 일을 하도록 명했습니다. 흙으로 빚은 항아리 안에 횃불을 감추고, 정해진 신호를 따라 항아리를 부수어 불을 밝히는 것이었습니다. 그런 다음에 나팔 소리와 더불어 크게 소리치는 일이었습니다. "여호와와 기드온의 칼이다! 여호와와 기드온의 칼이다!" 이것이 바로 모든 그리스도인이 해야 할 일입니다. 먼저, 여러분이 빛을 발해야 합니다. 여러분을 감추고 있는 항아리를 깨뜨리십시오. 여러분의 등불을 가리고 있던 항아리를 치워버리고, 빛을 비추십시오. 그런 다음에 나팔 부는 소리, 외치는 소리가 있어야 합니다. 오, 사랑하는 친구들이여, 런던의 많은 인구가 여러분이 가서 그들의 귀에 나팔을 불지 않으면 복음을 듣지 못할 것입니다. 여러분 가운데서 누군가가 거리에서 전할 때까지, 이 교회 지체들 중에서 많은 분이 복음 설교를 들어보지 못했습니다. 한 사람이 말했습니다. "저는 예배당에 가지 않았던 사람이었습니다. 하지만 제가 거리를 걷고 있을 때, 길 모퉁이에 한 젊은 사람이 서 있었습니다. 저는 그의 말에 귀를 기울였고, 하나님이 제 양심에 화살을 쏘셨으며, 그 후에 제가 하나님의 교회에 오게 되었습니다." 복음을 들고 그들에게 가십시오. 그들의 문 앞에 복음을 전달하십시오. 복음을 그들의 길목에서 전하고, 그들이 빠져나가지 못하도록 하십시오. 그들의 귀 가까이에 나팔을 부십시오. 하나님의 이름으로, 나는 여러분에게 이 일을 하라고 호소합니다.

교회의 진정한 전쟁의 함성은 기드온의 전쟁의 함성인 것을 기억하십시오. "여호와의 칼이다!" 하나님이 틀림없이 그 일을 행하실 것입니다. 그것은 하나님의 일입니다. 하지만 우리가 게을러서는 안 됩니다. 도구는 쓰임을 받아야 합니다. 여호와의 칼이며 동시에 기드온의 칼입니다. 한가한 억측에만 머물러서 잘못을 범하거나, 하나님께서 그분의 정해진 법칙과 절차에서 떠나시기를 바라는 잘못을 범해선 안 됩니다. 이런 식의 소리는 잠꾸러기의 잠꼬대일 뿐입니다. "여호와께서 자기의 일을 행하실 것이니, 우리는 가만히 앉아 있자." 그런 소리가 무슨 유익을 가져옵니까? 또한 오로지 '기드온의 칼'만이어서도 안 됩니다. 그것은 육체의 무기를 의지하는 우상 숭배적인 것이기 때문입니다. 우리는 우리 스스로 아무것도 하지 못합니다. 한편 '여호와의 칼'만 말한다면, 그것은 게으름입니다. 그 둘 다가 있어야 합니다. "여호와와 기드온의 칼이다!"

오, 내 형제들이여, 여러분이 이 교훈을 배우도록 하나님이 도우시길 바랍니다. 그런 후 여러분이 가서 빛을 비추고 외치십시오. 삶과 가르침으로써, 진리를 따라 행함으로써 그것을 증언하십시오. 여러분은 정녕 그리스도의 나라가 오게 할 것이며, 여러분이 이 일을 행한다면 그리스도의 이름이 영예를 얻을 것입니다. 내가 보기엔 지금이 영광스러운 기회로 보입니다. 사람들에게 들으려는 마음이 있습니다. 거의 모든 사람이 기꺼이 그리스도를 전하려는 사람에게 귀를 기울일 것입니다. 지금 아니면 때가 없습니다! 야곱의 자손들이여! 여러분은 양떼 가운데 있는 사자들과 같아야 하건만, 가만히 누워 졸기만 하겠습니까? 모두 일어나 먹이를 포획하십시오! 야곱의 자손들이여! 여러분은 풀 위에 내리는 이

슬과 같아야 하건만, 계속해서 지체하며 사람들을 기다리기만 하겠습니까? 그래서는 안 됩니다. 하나님의 이름으로 앞으로 가십시오. 하나님을 위하여, 그리스도를 위하여, 멸망하는 세대와 어두운 세상을 위하여, 하늘의 영광을 위하여, 그리고 지옥의 패배를 위하여, 무언가 행하도록 하십시오. 주를 아는 여러분이여, 일어나십시오! 이스라엘의 용사여, 일어나 가십시오! 그러면 하나님이 여러분에게 큰 승리와 구원을 주실 것입니다.

나는 여러분이 오늘의 말씀을 꼭 실천에 옮기기를 바랍니다. 하나님께서는 내 손에 칼을 주시고, 또 등불과 횃불을 주셨습니다. 젊은 목회자 후보생들을 가르치는 나의 대학은 이제 주님의 손에서 선을 행하기 위한 놀라운 힘이 되었습니다. 내가 기대할 수 있었던 것보다 훨씬 큰 복이 이 사역 위에 머물러 있습니다. 우리는 계속해서 그들을 내보내고 있으며, 하나님은 영혼들의 회심을 위해 그들을 사용하십니다. 나는 영혼들의 회심을 위한 일에서 우리 대학보다 복 받은 기관을 본 적이 없습니다. 우리의 노력을 평가 절하하는 말은 아니지만, 하나님께서 우리 대학에 최고의 특별한 복을 부여하셨으며, 계속해서 더욱 그렇게 하실 것이라고 나는 믿습니다. 나는 여러분 모두가, 내 설교를 듣는 이들과 읽는 이들 모두가, 이것이 여러분의 일이라고 느끼기를 바랍니다. 그리고 내가 계속해서 "여호와와 기드온의 칼이다!"라고 외치는 동안 나를 도와주시기를 바랍니다. 하나님이 일하시니, 우리도 일합니다. 하나님이 우리와 함께 하시니, 우리도 하나님과 함께 있고 또 그분의 편에 섭니다.

이 젊은이들이 교회들을 세울 것이므로, 후에 새로운 회중이 수용될 수 있는 곳을 세우도록 여러분이 도와주시기 바랍니다. 그 목적을 위해 우리는 오천 파운드의 기금을 마련하느라 애를 써 왔고, 그것을 새로운 교회들에게 대출하고 이자 없이 분할로 갚도록 하였습니다. 그것은 적은 액수에 불과하지만, 우리가 할 수 있는 정도였다고 나는 생각하며, 아껴서 선용되도록 할 것입니다. 약 삼천 파운드가 일곱 분의 목사들과 주요 인사들에 의해 약정되었습니다. 하지만 아직 아무것도 약정하지 않은 분들이 많으니, 그들이 앞으로 나서준다면 우리는 기쁠 것입니다. 그렇지 않으면 이 유용한 기금이 모아질 수가 없습니다. 이 일이 끝나면, 우리는 계속해서 예수님을 위하여 다른 일들을 행할 것입니다. 이 항아리를 깨뜨리십시오. 이 일이 끝나게 하십시오. 그리고 이 일을 통해 빛이 비추어지게 하십시오. 우리는 계속해서 하나님을 위해 무언가를 할 것입니다.

나는 여러분에게 지금 실천에 옮길 것과, 그것을 즉시 행할 것을 말하고 있습니다. 만약 여러분이 하나님을 섬기지 않고 사는 것에 만족한다면, 나는 만족하지 못합니다. 만약 여러분이 예수님의 나라가 확장되도록 무언가를 하지 않으면서 시간을 보내는 것에 기뻐한다면, 나로 여러분에게서 떠나게 하십시오. 나로 여러분을 떠나 더 따뜻한 마음과 더 거룩한 열망을 가진 이들에게로 가게 하십시오. 나는 하나님을 위해 싸워야 하기 때문입니다! 그분을 위한 승리가 쟁취되어야 합니다! 우리는 복음의 영역을 넓혀야 합니다. 우리는 영혼들이 말씀을 들을 수 있는 곳을 찾아야 합니다. 지옥이 우리의 무기력을 비웃지 못할 것이며, 하늘이 우리의 태만으로 영영 슬퍼하며 우는 일은 없을 것입니다! 일어나 행합시다. 이 일이 많은 사람에 의해 행해지도록 합시다. 이미 소수는 그들의 몫을 감당했습니다.

오 년에 걸친 약정이 가능하니, 여러분 모두 무언가를 할 수 있습니다. 그런 후, 여러분 모두가 이 일에 참여하였을 때, 개별적으로 나가서 여러분의 불붙은 횃불로 섬겨 거룩한 본보기가 되고, 여러분의 진지한 선포와 증언의 나팔 소리로 여러분의 주님을 섬기십시오. 하나님이 여러분과 함께 하실 것입니다. 미디안은 혼란에 빠질 것이며, 만군의 여호와께서 영원무궁토록 다스리실 것입니다. "믿고 세례를 받는 사람은 구원을 얻을 것이요, 믿지 않는 사람은 정죄를 받으리라"(막 16:16). 오, 죽은 영혼들이여, 그 음성을 듣고 살아나십시오.

제
8
장

겸손히 하나님과 동행하기

"사람아 주께서 선한 것이 무엇임을 네게 보이셨나니 여호와께서 네게 구하시는 것은 오직 정의를 행하며 인자를 사랑하며 겸손하게 네 하나님과 함께 행하는 것이 아니냐" – 미 6:8

우리는 이 구절의 마지막 행에 집중하여 묵상하려고 합니다: "네 하나님과 함께 행하는 것이라."

사람이 묻습니다. "내가 무엇을 가지고 여호와 앞에 나아가며 높으신 하나님께 경배할까?"(6a절). 마치 자기 자신의 질문에 대답하듯이 그는 더 묻습니다. "내가 번제물로 일 년 된 송아지를 가지고 그 앞에 나아갈까? 여호와께서 천천의 수양과 만만의 강물 같은 기름을 기뻐하실까?"(6b-7a절). 어떤 종류의 희생 제물이 그의 머리에 떠오릅니다. 하지만 그는 그 희생 제물을 자기 자신이 공급해야 한다고 생각하고, 그것이 무엇일까 하고 고민합니다. 그에게 주어진 대답이 그가 자기 질문에 대답하며 떠올렸던 생각을 꾸짖습니다. 그 대답은 이렇게 시작되기 때문입니다. "사람아, 주께서 선한 것이 무엇이며 또 네게 구하시는 것이 무엇인지를 보이셨다." 만약 우리가 하나님의 음성에 주의를 기울인다면 우리는 "내가 무엇을 가지고 나아갈까?" 라고 묻지 않을 것입니다. 그분이 이미 우리에게 그 길을 보이셨기 때문입니다.

하나님께 대한 예배는 계시의 문제이지, 인간의 고안의 문제가 아닙니다. 참된 종교는 각 사람의 취향을 나타내는 새로운 계획이 아니라, 주님 자신에 의해 마련되고 확정된 계획을 그대로 따르는 것입니다. 우리는 잘 규정된 길을 따를 뿐, 우리 자신의 길을 꾸며내려 해서는 안 됩니다. 우리는 알려지지 않은 아버지를 찾아서, 우리 자신의 길로 찾아 헤매며, 어둠 속에서 우는 아이 같은 자들이 아닙니다. 우리는 부드럽게 이끄는 따뜻한 사랑의 손길을 붙잡고 따라가는 아이들과 같습니다. 우리에게 때는 밤이 아닙니다. 참된 빛이 솟아올랐고, 우리 주변을 온통 비추고 있기 때문입니다. 아버지께서 자기 자신을 계시하셨으며, 우리는 성령으로 기름 부음을 받았습니다. 이 삶과 경건을 위하여 필요한 모든 것이 무지의 영역으로부터 밝히 드러났으며, 이제 저 선지자가 말한 것처럼 되었습니다. "사람아, 주께서 네게 보이셨다."

하나님께 대한 참된 예배는 억측의 문제로 남겨지지 않았습니다. 인간의 생각으로 안에서 짜내는 문제가 아닙니다. 오히려 그것은 분명한 계시의 문제이며, 위로부터 오는 것을 믿음으로 받아들이는 문제입니다. 우리는 모두 이것을 알고 있습니까? 우리 가운데 혹은 우리 주변에, 자기 자신이 고안한 종교를 바라는 이들이 없습니까. 그런 시도는 이 세대의 특별히 우둔한 행위 가운데 하나입니다. 우리는 이런 올무에서 벗어납시다. "사람아, 주께서 선한 것이 무엇임을 네게 보이셨다." 그러므로 더 이상의 발명은 멈추십시오. 일단 우리가 하나님으로부터 그분이 원하시는 것이 무엇인지를 알게 되었다면, 이 질문으로 더 토론하는 것은 반역이 됩니다. 무한한 지혜에 의해 영감을 받은 진술은 모든 충성된 마음을 만족시킵니다. 하나님이 말씀하시는 것이 최종적인 사실로 받아들여집니다. 더 이상의 질문을 제기하는 것은 책임을 회피하면서 하나님을 거짓말쟁이로 만드는 방식입니다. 여전히 길을 묻는 자는 실질적으로는 하나님이 그에게 보여주신 것을 부인하는 자입니다. 독단적인 것도 싫고, 확신에 찬 것도 싫고, 소위 수용할 수 있는 조건 같은 것에 머리를 쓰는 자들의 태도는 결코 겸손이 아닙니다. 그런 사람들은 바울이 좀 더 분명하게 표현했듯이, "항상 배우나 끝내 진리의 지식에 이를 수 없는"(딤후 3:7) 자들입니다. 하나님이 가르치실 때 확신하지 못하겠다는 것은 내가 보기엔 고도의 건방짐입니다. 계시가 말하는 곳에서 추가적인 질문들을 제기하는 것은 그 계시를 부인하는 것이든지 아니면 그 계시의 충분성을 의심하는 것입니다. 하나님의 선언이 우리 자신의 의견이나 관점이나 고안들에 의해 보충될 필요가 있다는 주장은 있을 수 없는 일입니다. "사람아 주께서 선한 것이 무엇임을 네게 보이셨다." 우리는 이것으로 충분하다고 여기며, 이론을 만들어내는 것을 멈추고, 실천적으로 순종하도록 합시다. 우리는 제자들이 됩시다. 이런 마음으로 우리는 참된 예배에 관하여 본질적인 요소를 배울 수 있을 것입니다.

참된 예배는 자의적인 예배일 수 없고, 자의적인 예배는 참된 예배가 될 수 없습니다. 우리는 하나님이 우리에게 요구하시는 것을 가지고 와야 하고, 하나님이 우리에게 명하시는 대로 행해야 하며, 하나님이 우리에게 선물로 주시는 것을 받아들여야 합니다. 지존자에게 다가가는 것은 우리의 취향이나 똑똑함의 문제가 아니며, 경외하는 믿음과 순종의 움직임이어야 하고, 위대하신 왕의 엄숙한 말씀 앞에 엎드리는 것이어야 합니다. "사람아 주께서 선한 것이 무엇임을 네게 보이셨다."

이 본문이 명백히 말해주는 것은 하나님께서 사람들 가운데서 높임을 받으시는 길을 단번에 영원히 확정하셨다는 것입니다. 그분은 그 길이 외적인 종교의식이나 예식들에 의한 것이 아님을 선언하셨습니다. 이런 것들에 관하여 많은 성경 구절들이 보여주는 바는, 하나님이 그런 것들 자체만을 두고서는 경멸을 퍼부으신다는 것입니다. 이 본문에서 하나님은 번제에 대해서나 일 년 된 송아지에 대해서는 한 마디도 언급하지 않으십니다. 그 질문이 제기되었지만, 하나님은 질문자가 대단한 것으로 생각했던 숫양이나 강물 같은 기름에 대해 아무런 암시조차 하지 않으셨고, 단지 이렇게 말씀하셨을 뿐입니다. "여호와께서 네게 구하시는 것은 오직 정의를 행하며 인자를 사랑하며 겸손하게 네 하나님과 함께 행하는 것이 아니냐?"

매우 눈길을 끄는 종교적인 의식들을 행하는 것보다 의롭게 행하는 것이 훨씬 더 중요한 것으로 보입니다. 자비롭게 행하는 것이 가장 값비싼 희생 제물을 바치는 것보다 낫습니다. 인간이 어느 정도의 일을 수행하든, 외적인 종교성보다는 그의 도덕적 성품에 훨씬 큰 가치가 부여됩니다. 하나님께서는 사람을 판단하실 때에, 그 사람이 화려하게 차려입고 신앙 고백을 할 때나, 회당에서 중요한 자리에 설 때나, 주요 연사로서 찬사를 받을 때나, 혹은 거룩한 명분을 위해 통 큰 기부자가 되어 눈에 띄게 행동하는 것보다는, 평소에 그가 동료들 가운데서 행동하는 것에 의해 그를 판단하십니다. "순종이 제사보다 낫고 듣는 것이 숫양의 기름보다 나으니"(삼상 15:22). 하나님께 받아들여지는 사람들은 정의롭게 행하고, 인자하게 행하며, 하나님과 겸손하게 동행하는 사람들입니다.

참된 그리스도인은 모두 정의롭게 행합니다. 만약 믿음이 사람을 정직하게 만들지 않는다면, 그 믿음은 정직하지 않은 믿음입니다. 만약 우리의 회심이 우리를 올바르게 만들지 않았다면, 주께서 우리를 다시 회심시키실 수 있습니다. 사람의 마음이 하나님과의 관계에서 바르게 될 때, 그는 동료 인간들과의 관계에서 바르게 행하기를 열망하게 되고, 부당한 이득을 취하겠다는 생각을 꺼리게 됩니다. 예수 그리스도의 피로 씻음받은 사람은 알면서도 의도적으로 자기 자신을 부당한 이득으로 더럽히지 않습니다. 그의 종들에게나, 그의 고객들에게나, 그의 고용주들에게나, 그는 올바르게 행동하는 것을 목표로 삼습니다.

이것이 전부가 아닙니다. 그는 또한 인자(仁慈)를 사랑합니다. 그는 자기 이웃을 자기 자신처럼 사랑하려고 애씁니다. 만약 행해야 할 친절한 행위가 있다면, 그는 기쁘게 그 일을 행합니다. 만약 도움이 필요하고, 구조가 필요한 불행한 일이 있거나, 베풀어야 할 선행이 있다면, 그는 이렇게 말합니다. "그 일에 관여하자. 선을 행하는 일이 내게도 좋은 일이니까." 긍휼이 풍성하신 분에게 사랑을 받는 사람은 곧 그 자신이 긍휼히 여기는 사람입니다. 자비의 하나님은 무례하고 인정사정없는 사람들을 기뻐하실 수 없습니다. 거칠고, 잔인하며, 움켜쥐려고만 하고, 남을 억압하고, 엄하기만 하여 남을 용서하지 않는 사람은, 주님께서 기뻐하시는 그런 사람들이 아닙니다.

또 다른 요점이 남아 있습니다. 그것은 세 번째 요점으로서, 그것이 세 번째로 제시되는 이유는 그것이 가장 중요하기 때문입니다. 그것은 겸손하게 네 하나님과 함께 행하는 것입니다. 이것은 내면적인 것으로서 거의 눈에 띄지 않습니다. 하지만 그것은 그 결과로써 충분히 눈에 드러납니다. 그 자체로는 눈에 드러나지 않기 때문에 간과되기가 쉽습니다. "겸손하게 하나님과 함께 행하는 것"은 정의를 행하고 인자(긍휼)를 사랑하는 것만큼이나 꼭 필요하지만, 그것을 아는 사람은 소수에 불과합니다. 그래서 나는 오늘 너무나도 중요하고 본질적인 이 주제를 간절한 마음으로 전하려고 합니다. 성령 하나님께 기도하오니, 하나님과의 겸손한 동행이 나에게 그러한 것처럼 여러분에게도 중요하게 여겨지기를 바랍니다. 사실상 이 문제는 나에게만 아니라 하나님 자신에게도 중요하게 여겨집니다. 왜냐하면 그분이 여기서 이 문제를 영적인 필수 사항 중에서도 가장 중요한 위치를 부여하셨기 때문입니다.

1. 겸손히 하나님과 함께 행하는 것은 그 자체로 탁월하다.

형제들이여, 먼저, 우리는 하나님이 요구하시고 받으시는 것 곧 우리가 겸손히 행하는 것이 그 자체로 탁월하다고 말할 수 있습니다. 이것은 선한 일이며, 도덕적으로도 선하고, 현재의 효과에서도 선하며, 영원한 결과에서도 선한 일입니다. 오 사람이여, 겸손하게 당신의 하나님과 함께 행하는 것보다 나은 것은 당신에게 없습니다. 이 본문의 단어 하나하나에 주목하시기 바랍니다. 나는 여러분이 그 탁월성을 볼 수 있도록 하나님과의 겸손한 동행에 대해 설명할 것입니다.

우선, 하나님과의 겸손한 동행이란 하나님의 존재와 임재를 의식하는 것입니다. 우리가 하나님께 받아들여지려면, 그분이 계신 것과 그분이 자기를 진지하게 찾는 자들에게 상 주시는 분임을 우리가 믿어야 합니다. 하나님이 계신 것과 또한 그분이 우리 가까이에 계신 것을 분명히 인정해야 합니다. 그분이 진실하고 참되시며, 우리가 실제로 그분 가까이서 살아가고 있음을 알아야 합니다. 우리는 그분과 함께 행해야 합니다. 그리고 이런 일은 우리가 그분이 가까이에 계신 것을 모른다면 가능하지 않습니다. 사람들은 신화에 등장하거나 개념적이거나 혹은 멀리 있는 존재와 동행하지 않습니다. 실제로 살아계신 하나님을 믿는 것이 이 문제의 근간이며, 날마다 그분과 동행한다는 것은 곧 경건의 요체입니다. 얼마나 많은 사람이 마치 하나님이 실재하지 않으시는 듯이, 마치 그분이 하나의 꿈, 신학적인 이야기, 존중할 만한 상상 정도이며 그 이상은 아닌 것처럼 여기며 살아가는지요.

하지만 하나님과의 동행이라는 개념이 받아들여지려면, 하나님이 살아계시고 또한 그분이 우리를 둘러싸고 계신다는 사실이 전제되어야 합니다. 참된 성결이 우러나오고 또 깊어지는 것은 오직 하나님의 얼굴 빛 아래에서만 있는 일이며, 그것은 또한 의식적으로 경험되는 일입니다. 경건한 사람이 행동하도록 감동을 받고, 인내하도록 도움을 입으며, 용기를 가지도록 북돋아지고, 열심의 불이 붙고, 헌신으로 고양되며, 삶에서 정결해지는 것은 하나님의 임재에 의한 것입니다. "나를 살피시는 하나님"(창 16:13)이 곧 성화의 큰 동력입니다. 주께서 아브라함에게 말씀하셨습니다. "너는 내 앞에서 행하여 완전하라"(창 17:1). 그렇지 않으면 완전함이란 있을 수 없습니다. 다윗이 말했습니다. "내가 생명이 있는 땅에서 여호와 앞에 행하리로다"(시 116:9). 달리 안전하게 행하는 길은 없습니다. 하나님이 우리의 순례길에서 친구가 아니시라면, 우리의 생각에서 동반자요 지쳤을 때 우리의 안식이 아니시라면, 우리 기쁨의 원천이요 우리 삶의 힘의 근원이 아니시라면, 우리는 결코 올바를 수 없습니다. 하나님께 가까이함이 그토록 선하거늘, 우리는 과연 그 의미를 알고 있는지요?

덧붙이자면, 영원히 살아계신 이 하나님을 우리의 하나님으로 인정하고 받아들여야 합니다. 본문은 말합니다. "겸손하게 네 하나님과 함께 행하는 것이 아니냐." 이것을 주목하십시오. 그분이 우리의 하나님이어야 합니다. 다른 존재들이 아무도 여호와를 섬기지 않아도 우리는 온 마음으로 그분을 섬길 것이라고 느껴야 합니다. "이 하나님은 영원히 우리 하나님이시라"(시 48:14). "하나님이여 주는 나의 하나님이시라 내가 간절히 주를 찾나이다"(시 63:1). 우리는 여호와께서 우리의 창조자, 보호자, 구속자이심을 믿어야 합니다. 혈관에서 생명이 고동치는 다른 어떤 피조물이 여호와를 자기의 하나님으로 인정하지 않는다고 해도, 오직 우리는 그분을 흠모하고 경배할 것입니다. 우리는 그분을 우리의 통치자, 지도자, 입법자, 도우시는 분, 반석으로 간주합니다. 세상의 모든 존재가 다른 신들을 숭배해도 우리는 오직 여호와 한 분만을 섬길 것입니다. "오직 나와 내 집은 여호와를 섬기겠노라"(수 24:15). 이 확고한 충성은 선하며, 그 충성으로 행하는 모든 일이 선합니다. 사람이 하나님을 자기의 하나님이라고 부를 수 있다고 느낄 때, 또한 그분의 언약을 자기를 위한 것으로 붙들 수 있다고 느낄 때, 그는 명예와 덕목에서 강하며, 또한 하나님을 기쁘시게 하는 모든 일에서도 강해집니다. 왜냐하면 하나님께서 그리스도 예수 안에서 우리와 언약을 맺으셨고, 우리는 소금 언약에 의해 우리 자신을 그분에게 맡겼으며, 따라서 우리는 굳게 서서 유혹에 대항하고, 보이지 않는 그분을 보는 것처럼 인내할 수 있기 때문입니다.

형제들이여, 지금 여러분의 마음이 이와 같이 하나님을 향해 고정되었습니까? 아니면 하나님에게서 멀어져 있습니까? 그분을 떠나 방황하고 있습니까? 하나님이 여러분의 하나님이신 것을 잊었습니까? 여러분은 그분을 마치 다른 사람의 하나님이신 것처럼 바라봅니까? 오, 하나님이 여러분의 하나님이 되셔서, 여러분이 전 삶을 그분과 함께 보내는 것이 아니면, 여러분은 강하거나 깨끗하거나 기뻐할 수 없습니다. 여러분이 길을 행하거나, 쉬거나, 잠을 자거나, 깰 때, 무엇을 하든 여러분의 하나님과 함께 거할 때, 비로소 여러분은 그분 안에서 행복을 발견합니다. 물고기가 바다에 거하듯이 또 새가 공중에 거하듯이 우리는 하나님 안에 거하며, 물고기나 새가 각기 바다와 하늘을 자기의 바다와 하늘이라고 부르듯이 우리는 하나님을 영원히 우리의 하나님이라고 부릅니다.

이것이 전부가 아닙니다. 본문은 하나님께 받아들여지는 사람은 하나님의 임재 안에서 항상 행한다고 묘사합니다. 하나님과 함께 "행하는 것"이란 행동 습관을 지칭하며, 하루의 일상적인 행동 속에서의 동반(同伴)을 의미합니다. 어떤 사람들은 기도 시간에 하나님 앞에 겸손히 엎드립니다. 다른 사람들은 묵상 시간에 그분의 임재 안에서 겸손하게 앉습니다. 또 다른 사람들은 종교적으로 흥분할 때 하나님께 가까이 가려고 애를 씁니다. 하지만 이 모든 것은 하나님과 동행하는 것에는 미치지 못합니다. 행한다는 것은 매우 일상적인 걸음이며, 보통의 속도로 진행하는 것이지, 큰 노력을 요구하는 것이 아닙니다. 하지만 동시에 그것은 실제로 일하는 속도이고, 그 속도에 따라 사람은 계속 일할 수 있고, 해가 질 때까지 하루의 일과를 수행할 수 있습니다. 그러므로 하나님과 함께 행하는 것은 항상 하나님과 함께 있는 것이며, 일상의 일에서 하나님과 함께 있는 것이고, 주일뿐 아니라 월 화 수 목 금 토요일에도 하나님과 함께 있는 것을 의미합니다. 가게에서도 그분과 함께 있고, 주방에서도 그분과 함께 있고, 들에서도 그분과 함께 지내면서, 사고파는 일과 무게를 재고 달아주는 일과, 쟁기질하고 수확하는 일에서와, 삶의 가장 일상적인 행동까지도 주님께 하듯 행하면서 그분의 임재를 느끼는 것입니다. 사람이 자기 하나님과 함께 '행하는' 것—바로 이것이 지존자에게 받아들여지는 것이며, 사람이 자기를 지으신 분 앞에서 바른 상태에 있는 것입니다.

그다음에 한정하는 용도로 '겸손하게'라는 단어가 오는데, 우리는 이 부분을 중요하게 다루어야 합니다. 우선 여러분에게 다른 문제들을 상기하는 것이 필요했습니다. 하나님을 항상 계시는 분으로, 우리의 하나님으로, 또한 우리의 전 삶에서 능력이 되신다고 인식하고 느껴야 하며, 그렇지 않으면 그분과의 겸손한 동행이란 있을 수 없습니다. 본문에서 먼저 '행한다'는 동사의 의미를 알아야 하며, 그렇지 않고서는 '겸손하게'라는 부사의 의미를 살피는 것은 소용이 없습니다. 겸손하게 행하라는 권면의 의미를 살피기 전에 하나님과 함께 행하는 것의 의미를 살펴야 했습니다.

하지만 이제 '겸손하게 행하는 것'을 살펴야 합니다. 우리는 우리가 행하는 모든 일에서 하나님을 향해 살되, 낮고 공손한 심령으로 살아야 합니다. 우리가 듣는 말씀은 노예처럼 웅크리고 살라는 것이 아니라 겸손하게 행하라는 것입니다. 은혜의 사람들은 우리가 어떻게 낮고 뉘우치는 심령으로 살아야 하는지를 상기시켜 줍니다. 우리가 만일 아브라함이 그랬던 것처럼 은혜를 입어 하나님과 동행하게 되었다면, 우정의 달콤한 친밀함을 누리는 와중에서도, 우리는 경외하는 마음으로 그분의 발 앞에 엎드려야 합니다. 하나님과의 동행이 가장 가깝고 분명할 때도, 우리는 그분이 우리에게 허락하시는 황송한 은혜 곧 영원하신 분과 더불어 말한다는 것을 생각하면서, 찬미와 경외심으로 압도되어야 합니다. 이러한 경외심에 끊임없는 의존의 감정이 더해져야 합니다. 겸손하게 하나님과 함께 행하는 것이란 매일의 필요를 모두 그분에게서 공급받는다는 것이며, 또한 그것을 감사의 마음으로 인정하는 의미를 포함합니다. 우리는 결코 하나님으로부터의 독립이라는 생각에 빠지지 않으며, 마치 우리가 무엇이라도 되는 것처럼, 혹은 그분을 떠나 무언가를 할 수 있는 것처럼 생각하지 않습니다. 겸손히 하나님과 함께 행하는 것은 그분의 뜻에 대한 심오한 존중과 즐거운 복종을 포함합니다. 그것은 곧 능동적인 순종과 수동적인 묵종(默從) 모두를 낳습니다. 하나님과의 겸손한 동행은 예리한 고통 아래에서도 이렇게 외칩니다. "이는 여호와이시니 선하신 대로 하실 것이니라"(삼상 3:18). 주께서 내게 그분을 섬기라고 명하실 때 나는 그분의 계명의 길로 달려가도록 은혜를 구하며 부르짖어야 합니다. 주께서 나를 징계하실 때 나는 그분이 정하신 것을 견디도록 인내를 구해야 합니다. 겸손히 하나님과 함께 행하는 것은 이 모든 것을 내포하며, 우리가 특정한 일에 대해서 말하는 것보다 훨씬 많은 것을 의미합니다. 성령께서 우리에게 상하고 통회하는 심령이 무엇을 의미하는지 가르쳐주시길 바라며, 또한 우리로 그분 앞에서 낮은 심령이 되게 해 주시기를 바랍니다.

이러한 내적 겸손의 실제적인 결과는 다른 사람들을 대할 때나 모든 문제를 대할 때 겸손한 심령으로 행하는 것으로 이어질 것입니다. 만약 한 사람이 진정으로 하나님 앞에서 살며 행하게 된다면, 그의 삶은 필시 뚜렷한 성결의 삶이 될 것입니다. 한 사람이 하나님의 영광을 의식하면, 그는 깊은 겸손의 심령으로 살 것이고, 우리는 그의 일거수일투족에서 온유하면서도 침착한 면모를 볼 수 있을 것입니다. 그의 주님처럼, 그는 마음이 온유하고 겸손할 것입니다. 그는 자기의 동료 인간들 위에 군림하려 하지 않을 것이며, 거칠거나 잔인하거나 불친절하지도 않을 것입니다. 그는 그렇게 될 수가 없습니다. 자기의 하나님 앞에서 온유하고 겸손하게 행해야 함을 느끼는 사람은 다른 사람들을 마치 자기 발밑의 먼지처럼 여기면서 짓밟을 수가 없습니다. 여러분은 그가 거들먹거리거나 마치 스스로 대단한 사람이라도 된 것처럼 머리를 쳐들고 다니는 모습을 보지 못할 것입니다. 그는 자기 자신을 있는 그대로 평가하며, 마땅히 생각해야 하는 대로 생각할 뿐입니다. 하나님 앞에서는 겸손의 옷을 입고 사람들 앞에서는 그것을 벗어던지는 자는 위선자이며, 그것도 가장 악질적인 위선자일 것입니다. 오호라, 이런 일이 자주 목격됩니다. 그것은 가장 비열한 짓입니다. 여러분은 그와 유사한 것으로부터도 멀리 떠나고, 오직 진실하게 하나님과 함께 행하시길 바랍니다.

내가 이 본문의 의미를 모두 말할 수는 없습니다. 여러분도 그 의미를 안다고 해도 그것을 다른 사람들에게 이해시킬 순 없을 것입니다. 하지만 그들은 그것이 매우 감복할 만한 것임을 알 것입니다. 그것은 여러분으로 좋은 이웃이요 사려 깊은 친구가 되게 하며, 슬픈 자들에게 위로와 모든 이에게 도움이 되는 사람이 되게 하기 때문입니다. 그들은 그 침착한 심령이 어디서 그 부드러운 이슬을 얻는지를 이해할 순 없겠지만, 그 신선함, 눈부신 깨끗함, 그 선함에 대해서는 알아볼 것이며, 그 원인에 대해 궁금해할 것입니다. 참된 겸손은 온화함과 부드러움과 친절을 낳고, 그리스도와 닮게 합니다. 사람들이 한동안은 그것을 조롱할지 몰라도, 그것은 대개 사람들의 마음을 얻습니다. 신앙의 교양이 더 많은 사람일수록, 마음이 온유한 사람에게서 그가 예수님과 함께 지내왔으며 그분에게서 배웠다는 것을 곧 알아봅니다. "온유한 자는 복이 있나니 그들이 땅을 기업으로 받을 것임이요"(마 5:5). 나는 누구에게도 겸손하게 그의 동료 인간과 함께 행하도록 노력해야 한다고 지시하지 않습니다. 크게 주의를 기울이지 않으면 그의 마음은 곧 천박한 상태로 미끄러질 것이며, 상대를 기쁘게 하려는 열망은 곧 차갑게 식어버릴 것이기 때문입니다. 하지만 겸손하게 하나님과 동행하는 것을 목표로 삼는 사람이라면, 그의 마음은 적합한 상태가 되어, 위로나 아래로나 그를 둘러싼 모든 대상을 향하여 바른 입장을 가지도록 이끌 것입니다. 그의 삶은 하나님과 사람 모두에게 칭찬받을 만한 삶이 될 것입니다.

여기까지, 나는 겸손하게 하나님과 동행하는 것이 무엇을 의미하는지 설명하려고 시도했습니다. 그것은 그 자체로 아주 탁월한 것입니다. 오 성령이시여, 우리 안에 역사하셔서 겸손하신 구주를 위하여 그 일을 이루소서!

2. 겸손하게 하나님과 동행하는 것은 구원의 시금석이다.

둘째로, 겸손하게 하나님과 함께 행하는 것이 매우 중요한 이유는, 그것이 구원의 시금석이기 때문입니다. 겸손하게 하나님과 함께 행하는 사람은 구원받은 사람입니다. 겸손하게 하나님과 동행하지 않는 사람은 하나님 앞에서 자기 상태를 질문해보아야 합니다. 여기서 실패한다면 전적으로 실패하는 것이기 때문입니다. 이 문제와 관련하여 몇 가지 질문을 제기하겠습니다.

친구여, 만약 당신이 겸손하게 하나님과 함께 행하고 있다면, 당신은 율법에 의해 정죄된 죄인으로서 있어야 할 올바른 자리에 있는 것입니다. 당신은 율법을 어겼습니다. 율법은 절대적으로 완전한 순종을 요구합니다. 그런데 당신은 율법에 대해 완전한 순종을 하지 못했으며, 앞으로도 그렇게 하지 못할 것입니다. 그러면, 하나님의 율법이 당신을 정죄하였습니까? 당신은 스스로를 정죄하였습니까? 당신은 정죄받은 사람의 자리에서, 하나님 앞에서 유죄를 인정했습니까? 당신이 그렇게 행하지 않았다면, 자기에 대한 당신의 관점은 당신에 대한 하나님의 관점과 다릅니다. 당신의 자기 관점은 교만한 것이며, 당신은 겸손하게 하나님과 함께 행하고 있지 않으며, 구원받지 못한 것입니다. 자기 자신을 잃은 자로 느낀 적이 없는 사람은 자기 자신을 구원받은 자로 느끼지도 못합니다. 스스로 유죄를 인정한 적이 없는 사람은 용서받은 적도 없는 사람입니다. 자기에게 내려진 판결을 받아들이지 않은 사람은 그를 면제해 줄 용서도 받은 적이 없는 사람입니다. 이 점을 유의하십시오!

또한, 만약 당신이 겸손하게 하나님과 동행하는 사람이라면, 당신은 예수 그리스도께 바른 위치를 부여한 사람입니다. 그것이 무슨 말입니까? 그분은 세상에 죄인들의 구주로 오셨고, 황송하게도 그분이 당신을 향해서 유일하게 차지하실 자리는, 당신을 구원하실 자리, 곧 당신을 온전히 구원하시는 자리입니다. 어떤 이들이 말합니다. "오, 그렇지요. 예수님은 나의 구주가 되실 것이고, 나의 구원을 위해 무언가를 행하실 것입니다." 하지만 그분이 대답하십니다. "나는 알파와 오메가요 처음과 마지막이라." 그리스도는 우리를 구원하시되 처음부터 끝까지 구원하실 것이며, 그렇지 않다면 그분은 우리의 구원과 아무 상관이 없을 것입니다. 그분이 구원 역사의 모든 영광을 얻으실 것이며, 또한 그 일 자체가 초석에서 갓돌까지 모두 그분의 일이어야 합니다. 그렇지 않으면 그분은 그 폐허 더미를 그대로 두고 떠나실 것입니다. 예수님은 우리의 부족분을 메우는 보충물이 되는 것에 결코 만족하지 않으실 것입니다. 그분은 우리가 불러 시킨다고 해서 오는 종복이 되지 않을 것이며, 우리의 누더기나 깁고, 우리의 찢어진 신발이나 수선하는 일을 하지 않으실 것입니다. 그렇지 않습니다. 주 예수 그리스도는 모든 것이 되셔야 하고 우리는 아무것도 아닌 것이 되어야 합니다. 그렇지 않으면 주님과 우리는 결코 의견이 일치하지 않을 것입니다. 사랑하는 친구여, 당신은 그리스도께 그분에게 합당한 자리를 드렸습니까? 만약 당신이 아직 그렇게 하지 않았다면 그리스도께 대한 당신의 관점과 하나님의 관점은 매우 다를 것입니다. 당신의 관점은 교만한 관점이니, 이는 당신이 자기 스스로를 어느 정도 그리스도의 위치에 두는 것이기 때문입니다. 또한 당신은 겸손하게 하나님과 동행하는 것이 아닙니다. 영광의 주님을 구석으로 몰아내고 우리가 그의 보좌를 차지하려는 것은 지극히 위험한 일입니다. 여호와 우리 하나님은 질투하는 하나님이시며, 특히 그분은 자기 아들의 특권이 손상되는 것에 대하여 질투하십니다. 만약 우리가 헛되이 그리스도에게서 영광을 빼앗으려 하고, 스스로를 속여 훔친 명예를 우리 것으로 취하려 한다면, 곧 그분의 노여움을 촉발할 것입니다. 만약 우리의 마음이 예수의 피와 의를 의지하고 오직 그것에만 호소해야 한다고 느끼면, 그때 우리 마음은 겸손하면서도 바르게 하나님과 함께 행하는 것이며, 모든 것이 좋은 것입니다.

또 하나의 매우 중요한 질문이 있습니다. 당신에게 구원이 전적으로 은혜로 된 것이라고 여겨집니까? 내 친구여, 당신은 구원이 부분적으로 당신 자신의 행위와 공로로 되는 것이라고 여깁니까? 당신은 당신의 기여로 적어도 저울에서 일 온스 정도의 무게는 더해야 한다고 여깁니까? 구주께서 행하시는 전체 일의 덩어리에서 당신 자신이 적어도 한 조각 정도는 보태야 한다고 생각합니까? 아아, 만일 그렇다면, 당신이 구원에 대해서 제대로 아는지 의문입니다. 나는 교리적인 견해를 시험하려는 것이 아닙니다. 하지만 내가 보기엔, 하나님이 거저 주시는 은혜가 아닌 다른 곳에서 구원을 찾는 마음은 무언가 크게 잘못되었습니다. 겸손히 하나님과 함께 행하는 것은 "내가 아무리 가련하고 죄 많은 영혼이어도 값없이 주시는 주권자의 은혜의 행위로써 구원받을 것이다. 만약 은혜를 제외하고 정의대로 시행한다면 나는 영원히 절망의 어둠으로 떨어지고 말 것이다"라고 느끼는 것입니다. 나 자신이 알고 느끼는 바는, 만약 구원이 내게 달린 것이라면, 만약 내게 어떤 공로가 요구된다면, 비록 그것이 저울의 먼지처럼 적고 혹은 양동이를 뒤엎었을 때 남은 물방울처럼 미미한 것이어도, 나에게서 그것을 찾을 수 없다는 것입니다. 은혜가 나를 구원해야 하며, 그렇지 않으면 나는 잃은 자입니다. 영혼이 우여곡절 끝에 겸손히 하나님과 함께 행하게 되었어도, 만일 조금이라도 은혜의 테두리에서 벗어나게 된다면, 그것은 겸손히 하나님과 동행하는 것이 아닙니다. 그런 경우라면 그들의 영적 상태와 관련하여 심각한 질문을 던져야 할 이유가 있는 것입니다.

그것은 또 다른 생각으로 이어집니다. 나는 그리스도 안에서 하나님과의 화평과 자비를 구하는 듯이 보이지만 결코 그것을 얻지 못하는 몇 사람을 압니다. 내가 보기에 그 이유는, 그들이 지성적인 면에서 겸손하게 하나님과 함께 행하지 않기 때문입니다. 어떤 사람들이 절대로 하지 않을 일은 그들의 이성을 하나님의 가르침에 복종시키는 일입니다. 그들은 하나님을 믿는 대신 항상 투덜거리고 불평을 제기합니다. 욥이 하나님의 영광이 나타났을 때 그 앞에서 침묵했듯이, 그들은 침묵할 필요가 있습니다. 그렇지 않으면 그들은 질문만 제기하다가 죽을 것입니다. 지존자와 연관된 신비로운 진리들을 우리와 같은 피조물이 결코 다 이해할 것이라고 기대할 수는 없습니다. 무한의 영역에는 믿음을 위한 광범위한 공간이 있지만, 이성은 거기서 길을 잃습니다. 믿음은 우리의 특권이니, 우리는 주님을 향하여 그것을 자유롭게 활용합시다. 하나님의 거대한 가족 안에서, 아버지의 마음에 대한 이해는 그분을 향한 우리의 애정에서 필요불가결한 요소가 아니겠습니까? 아버지께서 내게 말씀하시는 것을 내가 그것을 이해할 때까지 믿지 말아야 합니까? 위대하신 하나님의 모든 금이, 내가 그분의 손에서 받아들이기에 앞서 내 도가니에서 시험을 거쳐야 한단 말입니까? 하나님이 참되신 것을 나의 뇌가 입증하지 못하면 그분이 거짓말쟁이가 되시는 겁니까? 내가 내 모든 사상의 주관자가 되어야 하고, 하나님은 내 지성의 왕국에서 최고 통치권을 갖지 못하시는 것입니까? 어떤 사람이 이런 생각을 자기의 이론으로 삼으면서도 자기 영혼이 올바를 수 있다고 꿈꾸는 것입니까? 하나님의 통치권을 거절하는 동안에, 사람의 마음이 어찌 평탄한 곳에서 평화를 누릴 수 있단 말입니까? 우리는 우리의 지성을 더 높은 지성에 복종시켜야 하며, 우리 지성의 물방울이 강을 따라 흐르도록 허용해야 합니다. 실수가 없으신 하나님의 오류 없는 말씀은 복종하는 정신을 틀림없이 만족시킵니다. 참된 마음은, 전지(全知)하신 하나님이 인간 개인의 발견보다 우위에 계시고, 오류 없는 계시가 인간의 연구와 논증을 대체하며, 증언하시는 성령이 권위와 입증의 영역에서 합당한 자리를 차지하시는 것에 기꺼이 동의합니다. 하나님의 모든 말씀은 수학에서 가장 확실한 뺄셈이나 논리에서 가장 분명한 추론보다 더 확실합니다. 하나님의 가장 가벼운 암시조차, 비록 그것이 적극적인 선언이 아니어도, 우리에게는 고귀한 보석으로 여겨져야 합니다. 사도는 다음과 같이 잘 말했습니다. "하나님의 어리석음이 사람보다 지혜롭다"(고전 1:25). 하나님의 어둠 속에는 인간의 빛보다 큰 빛이 있습니다. 그분의 모든 말씀에는 오류가 없습니다. 하지만 인간의 사상에 대해서는, 그것이 헛되다는 것을 그분이 아십니다.

이것은 하나의 시금석이며, 그것으로써 우리는 구원받았는지 아닌지를 시험해볼 수 있습니다. 우리는 겸손히 하나님과 동행하고 있습니까, 혹은 그렇지 못합니까? 우리는 무언가가 되려고, 혹은 무언가를 하려고, 무언가를 생각하고, 혹은 이런저런 방식으로 우리가 무시될 수 없는 존재임을 드러내려고 애쓰고 있습니까? 만약 그렇다면, 우리가 아직 하나님과 올바른 사이가 아니라는 큰 두려움이 있습니다. 하나님이 말씀하십니다. "나밖에 다른 이가 없다"(사 45:6). 우리는 스스로 아무것도 아니라는 것을 인정합니까? 아니면 애써 소리치려 합니까. "나도 꽤 가치 있는 사람입니다. 내가 무시되어서는 안 됩니다. 나에게도 잊혀질 수 없는 권리와 자격이 있습니다." 사랑하는 이여, 나는 "나밖에 다른 이가 없다"는 하늘의 음성을 듣고 기뻐합니다. 나는 그 영원한 날개 아래로 달려가서 나 자신을 숨기기를 기뻐하며, 마치 병아리들이 암탉의 날개 아래로 모여들어 그곳을 떠나서는 살 수 없는 것처럼 웅크리고 있듯이 나도 그러합니다. 우리가 아무것도 아닌 것처럼 느끼며, 오직 그리스도와 함께 하나님 안에서 숨겨진 것을 빼고는, 우리 자신을 대수롭지 않은 존재로 머물면서 행복하다고 여기는 것이 선합니다. 우리는 아무것도 아니며, 하나님은 모든 것의 모든 것이 되십니다. 우리가 이처럼 자기를 낮출 때 우리는 구원받은 것입니다. 거기서 잃어버리는 것이 무엇입니까? 영원히 타는 신성의 불이 피조물의 허영심을 소멸하였을 때, 두려움이 없어집니다. 마음이 겸손하고 통회하는 사람, 그분의 말씀을 듣고 떠는 사람, 바로 이런 사람과 하나님은 영원히 평화로운 관계로 거하실 것입니다.

3. 겸손히 하나님과 동행하는 것이 영적인 건강의 징후다.

겸손하게 하나님과 동행하는 것과 관련하여, 이제 세 번째의 요지를 간략하게 말하려 합니다. 그것은 영적 건강의 징후입니다. 사랑하는 친구여, 당신은 겸손하게 하나님과 동행하는지를 살펴봄으로써, 당신이 구원받았는지를 알 수 있을 뿐 아니라 당신의 새로운 생명이 성장하는 상태에 있는지도 알 수 있습니다. 이 문제를 한번 생각해봅시다. 하나님의 은혜와 관련된 문제에서, 우리가 우리 자신에 대해 낮은 관점을 가지고 있다면 우리의 영혼은 건강한 것입니다. 자, 여러분, 오늘 여러분은 여러분 자신에 대해 어떻게 생각하십니까? 당신은 훌륭한 사람입니까? 진정한 제자이며, 다른 사람들에게 본보기가 되는 사람입니까? 당신은 자기 자신을 아주 경험 많은 그리스도인으로 간주하며, 교회의 구성원으로도 꽤 쓸모 있고, 사회에서도 남이 우러러볼 만한 대상이고, 상당히 존경받을 만한 가치가 있는 사람이라고 여깁니까? 당신은 이스라엘의 방백이기 때문에, 모임의 뒷자리에 앉는 것은 당신에게 어울리지 않고, 또 초대받았을 때 낮은 자리에 배치되는 것이 대단히 부적절하다고 여깁니까? 기둥처럼 여겨질 수 있는 사람들 가운데서 당신의 이름이 언급되어야 한다고 느낍니까? 하지만 그런 당신의 상태를 조심하십시오! 자기를 크게 느끼기란 아주 쉬운 일입니다. 높임을 받는 것은 결코 어려운 일이 아닙니다. 나는 큰 노력 없이 그런 위치에 올랐지만, 나로서는 그것에 대해 자랑할 수 없고 오히려 크게 부끄러울 뿐입니다. 대단한 인물이 되어 올라간다는 느낌은 결코 건강의 징후가 아닙니다. 그것은 때때로 그 반대의 징후이며, 아주 엄중한 재난의 앞잡이가 될 수 있습니다. 부어오른다는 것은 아주 해로운 기운이 부풀어 솟아오르는 것을 의미할 수 있으니, 그것을 조심하십시오. 건강의 징후는 상당히 다른 측면에 있습니다.

나와 함께 잠시 마음을 낮추는 묵상을 해보도록 할까요? 얼마 전에 당신이 어떤 사람이었는지를 기억하십시오. 그러면 당신이 그리스도의 교회의 한 지체가 되었다는 생각만으로도 당신에게 너무나 좋은 일로 여겨질 것입니다! 어떤 사람이 당신에게 이렇게 말한다고 가정합시다. "당신은 하나님의 백성으로 헤아림을 받을 것입니다. 당신은 그들과 함께 사죄의 은총의 달콤함을 맛볼 것입니다." 그러면 당신은 아마 이렇게 대답할 것입니다. "저는 그들이 저를 어디에 둘 것인지에 대해서는 관심을 두지 않습니다. 제가 주님의 식탁 아래에 있는 개들 가운데 하나처럼 되어 떨어지는 부스러기만 먹어도, 저는 전적으로 만족할 것입니다." 돌아오는 저 탕자처럼 우리는 기꺼이 이렇게 말할 준비가 되어 있습니다. "나를 품꾼의 하나로 보소서"(눅 15:19). 아버지의 식탁에서 빵을 먹을 수만 있다면 우리는 명예에 관심을 두지 않을 것입니다. 아아, 당신은 전에 지금처럼 큰 사람이 되려고는 생각지도 않았을 것입니다, 그렇지요? 당신이 돼지의 구유를 채우며 부정한 동물을 먹이는 동안에, 정작 당신 자신은 배고프고 힘이 없었습니다. 그때 당신은 자신이 큰 인물이 되리라는 생각은 하지도 않았습니다. 당신이 건짐을 받았던 저 구덩이를 기억한다면, 당신은 이 순간 자기 자랑의 작은 조각들조차 당신에게서 떨구어냈을 것입니다. 거름더미에서 올려져 귀족들과 함께 앉게 되었으니, 우리는 감사하는 마음으로 모든 자기 영광을 부인하고, 주님만을 높이도록 합시다.

지금 여러분의 상태와 관련하여 또 다른 점을 숙고해보아야 합니다. 여러분은 지금 무엇입니까? 가장 좋은 상태에서 여러분이 자랑할 것은 무엇입니까? 다른 사람들이 여러분을 대단히 훌륭하고 존경할 만한 인물이라고 생각합니까? 하지만 하나님이 보실 때 여러분의 실상은 어떠합니까? 당신은 참 포도나무의 한 가지입니다. 그렇습니다. 당신은 얼마나 많은 열매를 맺습니까? 하나님을 향해 많은 열매를 맺는 다른 가지들과 당신 자신을 비교해보십시오. 당신의 생산량은 얼마나 빈약한지요! 당신은 당신에게 부여된 지위와 책임에 의해 평가됩니다. 하지만 그 책임을 얼마나 잘 감당하고 있습니까? 다른 누군가에게 당신이 가진 기회가 주어진다면 그가 기꺼이 하려는 일을 당신은 지금 수행하고 있습니까? 한때 만약 수단들이 주어진다면 당신이 하고자 했었던 그 일을, 지금 당신은 수행하고 있습니까? 당신은 지금 그리스도인이라면 어떻게 살아야 하는지에 대해 당신 자신이 가진 기준에 따라 살고 있습니까? 적어도 그 가까이에 있습니까? 오 내 형제여, 당신이 자기의 현재 모습을 생각할 때, 당신에게는 자랑할 것보다는 부끄러워할 것이 더 많고, 당신은 머리를 들기보다는 오히려 얼굴을 가리고 싶을 것입니다. 적어도, 내 경우는 그렇습니다.

한 가지 더, 만약 당신이 하나님의 은혜를 입지 못했다면 어떻게 되었을지를 생각해보시기 바랍니다. 우리는 때때로 다른 사람들의 행동을 보고 비난하며, 또 그들을 비난하는 것이 정당할 때도 있습니다. 하지만 만약 우리가 그들의 위치에 있었다면 우리는 그들보다 훨씬 나쁘게 행동했을 수도 있습니다. 한 사람이 말합니다. "오, 내가 지난 삼십 년 동안 보전되고, 내 신앙 고백을 더럽히지 않았다는 것이 얼마나 은혜인지요!" 그렇습니다, 형제여, 그것은 은혜입니다. 그것은 큰 은혜이고, 당신이 생각하는 것보다 큰 은혜입니다. 당신에게는 심술궂은 아내가 없고, 골칫거리인 가족도 없으며, 성가시게 하는 이웃도 없습니다. 만약 있었다면 당신의 성격은 예전에 나빠졌을 것입니다. 당신 편에서 볼 때 가정의 위안은 다른 장점보다 더 많이 칭찬할 만합니다. 당신에게 큰 영향을 끼쳤던 악한 사람이 사라졌다는 것은 은혜입니다. 그렇지 않았더라면 당신이 어떻게 지냈을지 알 수 없습니다. 많은 경우 나쁜 성격은 나쁜 영향력의 결과였습니다. 외적인 덕목의 상당 부분은, 우리에게 특정한 조건에서 유혹받는 일이 일어나지 않았기 때문이라고 할 수 있습니다. 그런 일이 있었다면, 우리의 부싯깃과 마귀의 불티가 만나 우리에게 최상으로 여겨지는 부분까지도 지금쯤 불타버렸을지 누가 알겠습니까? 오, 미리 막아주시는 은혜에 우리가 얼마나 큰 신세를 지고 있는지요! 우리는 우리를 나쁜 길에서 지켜준 섭리와 하나님의 은혜 모두에 빚진 자들입니다. 때때로 우리가 어느 형제에게서 발견되는 죄를 비난하지 않을 수 없었을 때, 또한 의무적으로 상당히 엄격하게 말하지 않을 수 없었을 때, 우리는 우리 자신이 같은 유혹을 받지 않아야 할 것과 또한 오직 은혜가 우리를 죄에서 지켜주었다는 것을 기억해왔습니다. 한 사람이 말합니다. "아무개가 신앙을 고백한 후에 술에 빠졌습니다." 우리는 그를 무죄라고 하지 않습니다. 그것은 부끄러운 죄입니다. 하지만 내 친구여, 당신은 정확히 그의 처지에 놓여본 적이 있습니까? 품행을 저하시키는 악의 희생자가 되었고, 같은 동료를 만났고, 또 여러 면에서 그가 처했던 것과 유사한 상황에 놓여본 적이 있습니까? 만약 그랬더라면, 어쩌면 당신은 그 사람보다 훨씬 먼저 술에 취했을지도 모릅니다, 누가 알겠습니까? 어째든 내 친구여, 겸손하게 당신의 하나님과 함께 행하십시오. 살기 위한 참된 길은, 하나님께 모든 영광을 드리고 우리 자신에게 모든 부끄러움을 돌리는 것입니다.

하나님이 우리에게 일시적인 큰 즐거움을 주실 때 이렇게 생각합시다. "그분의 많은 종이 이런 위로를 누리지 못하는데 왜 내가 이런 위로를 누리는 것일까? 그분이 내게 이생에서 이런 분깃을 주시는 일이 가능한 것일까?" 이런 생각을 한다면 여러분의 뜨거운 이마에 차가운 손을 대는 셈이고, 여러분은 부로 인한 모든 교만을 금할 것입니다. 만약 하나님이 당신을 부하게 만드시면, 당신의 부에 홀딱 빠지는 대신 자신에게 이렇게 말하십시오. "어떻게 하면 내 재산을 그분의 영광을 위해 가장 잘 쓸 수 있을까?" 그런 실제적인 질문을 하는 것은, 자만심으로부터 당신을 지키는 일에 충분히 효과가 있을 것입니다. 진실로 주님을 섬기는 사람은 겸손하게 그분과 동행하는 사람입니다. 당신은 다른 사람보다 많은 재능을 가졌습니까? 만약 그 자체로 기뻐하기 시작하면 당신은 큰 바보가 될 것입니다. 특별한 능력에는 진지한 책임이 수반되기 때문입니다. 당신이 다른 사람들보다 더 많이 행해야 한다는 것을 기억하십시오. 그 생각이, 하나님의 은혜로, 넓게 펼쳐진 당신의 돛배를 안정시키는 바닥짐이 될 것입니다. 큰 재능은 태양과 같아서, 만약 책임 의식이 당신을 구름처럼 보호해주지 않으면, 당신에게 해를 입힐 것입니다.

당신은 사람들 가운데서 명예를 얻었습니까? 그렇다면 자신에게 말하십시오. "아, 그들은 나를 모르는구나. 만약 알았더라면 그들이 나를 다르게 평가했을 터인데. 비록 어떤 면에서는 그들의 평가가 합당할 수도 있지만, 나로 고개를 떨구게 만드는 일이 나에게는 많다." 비록 우리가 동료들의 감사를 받을 자격이 있어도, 하나님의 영광을 우리가 강탈한 것으로 인해 그분이 우리에게 노하시지 않도록, 그들의 찬사를 조금도 우리 자신에게 돌리지 않도록 깊이 유념해야 합니다. 우리가 가진 것 중에 받지 않은 것이 무엇입니까?

은혜의 문제와 관련하여, 우리는 하나님 앞에서 항상 우리 자신을 낮게 보아야 하며, 그것은 그분의 섭리와 관련해서도 마찬가지입니다. 예를 들어, 혹 여러분 중에 누가 사업에서 큰 어려움을 겪고 많은 돈을 잃었을 경우, 만약 여러분이 하나님에게 화를 내고 그 문제로 그분과 다툰다면, 그것이 겸손하게 그분과 동행하는 것일까요? 우리가 자녀나 친구를 잃었다고 불평할 때, 그것은 우리 마음의 교만이 아닐까요? 하나님과 겸손하게 동행한다면 아마 당신은 이렇게 말할 것입니다. "이는 여호와시니, 그분이 선히 여기시는 대로 하실 것이라"(삼상 3:18). 하지만 교만한 마음은 실제로 이렇게 소리칠 것입니다. "하나님은 내가 좋아하는 대로 행하실 것이고, 그렇지 않으면 그분은 내게서 순종을 얻지 못할 것이다. 그분은 항상 오른손을 들어 내가 바라는 것을 내 무릎 위에 부어주실 것이다. 그렇지 않으면 그분과 결별할 것이다." 항상 하나님을 부르지 아니하고 작은 시련에도 사랑이 식는 사람은 위선자입니다. 아, 친구여, 이런 일이 생겨서는 안 됩니다. 불평하고 거역하는 것은 겸손히 하나님과 동행하는 것이 아닙니다. 겸손하게 하나님과 동행하는 것은 전적으로 하나님의 뜻에 복종하는 것이며, 이와 같이 말하는 것입니다. "우리가 하나님께 복을 받았은즉 화도 받지 아니하겠느냐 주신 이도 여호와시요 거두신 이도 여호와시오니 여호와의 이름이 찬송을 받으실지니이다"(욥 2:10; 1:21).

겸손하게 하나님과 동행하는 것은 사람이 하나님의 섭리를 받아들이되, 왜 그것이 오는지를 이해하지 않고도 받아들이게 해 줍니다. 한 사람이 말합니다. "왜 한창 쓸모 있을 때 내가 배제되는 것인지 나는 이해할 수 없습니다." 하나님이 당신에게 왜 그런지를 설명하셔야 합니까? 당신이 설명을 요구할 때, 그것이 겸손하게 하나님과 동행하는 것일까요? 아버지가 어린 아들에게 그가 행하는 모든 이유를 말해주어야 합니까? 그것이 당신이 당신 가족을 다스리는 방식입니까? 당신 집안의 여자아이는 앞치마에 대해서 당신에게 자세히 따져 묻습니까? 그렇지 않을 겁니다. 내 형제들이여, 아버지들에게는 그들의 명예가 있으며, 하늘에 계신 우리 아버지에게는 훨씬 더 그러합니다. 하나님은 그분의 업무를 일일이 설명하지 않으십니다. 내가 그 목적이나 계획을 알지 못하는 섭리를 받아들이고, 또 그 섭리에 대해 감사드리는 것은, 겸손하게 하나님과 동행하는 삶의 일부입니다. 하나님께서 우리가 보기에 잘못된 듯한 섭리를 보내실 때, 우리에게 지혜롭지 못하고 불친절하게 보이는 일을 행하실 때도, 우리는 여전히 이렇게 말합니다. "그분은 이스라엘에게 인자하시니, 그분의 모든 행사는 지혜롭고 선하심이 틀림없다. 나는 들 나귀 새끼 같아서 아무것도 모르며, 아무것도 판단할 수 없구나. 하나님은 모든 것을 아시니, 그의 뜻이 이루어지길 바랍니다." 이것이 겸손하게 그분과 동행하는 방식입니다.

만약 주님께서 당신의 재물이 늘게 하시고, 당신에게 밝고 화창한 날을 주시며, 또 가벼운 발걸음과 즐거운 마음을 주신다면, 그때도 겸손히 하나님과 동행하도록 유념하십시오. 지갑이 두툼해지면 사람이 자기가 무엇이라도 된 듯이 생각하기가 쉽습니다. 하지만 그런 어리석음을 날려버리십시오. 당신의 소유를 느슨하게 붙잡고 이렇게 말하십시오. "주님, 이런 것을 주셔서 감사드립니다. 하지만 주님께서 장래에 이것을 다시 가져가셔도 저는 불평하지 않겠습니다. 주님을 향한 저의 사랑은 이런 외적인 것에 달려 있지 않습니다. 제가 주님을 사랑하는 것은 주님 자신 때문이며, 주님의 풍성한 은혜 때문입니다. 저의 사랑은 주께서 은혜로 저에게 베푸신 건강과 힘에 의해 유지되지 않습니다. 주께서 저를 죽이셔도 저는 주님을 신뢰할 것입니다. 흙먼지 가운데서도 저는 여전히 주님을 찬양할 것입니다."

지금까지 사람이 겸손하게 하나님과 동행할 때 나타나는 영적 건강의 징후에 대해 말씀드렸습니다.

4. 하나님과의 겸손한 동행은 큰 근심의 이유가 되기도 한다.

이제 네 번째로, 우리는 하나님과의 겸손한 동행이 큰 근심의 이유라고도 말할 수 있습니다. 내 형제들과 자매들이여, 우리는 겸손히 행해야 합니다. 하지만 이것은 행하기보다 말하기가 쉽습니다. 이것은 어린아이의 놀이가 아닙니다. 심령의 겸손은 간과되기 쉬운 덕목입니다. 우리는 정의를 행하고 인자를 사랑하는 것에 대해서는 어느 정도 주의를 기울입니다. 하지만 겸손히 하나님과 동행하는 것은 너무나 내적이고, 너무나 영적이며, 천상에 속하는 일 같아서, 우리가 그것을 간과하는 경향이 있습니다. 하지만 그것은 중요한 문제이기에, 그것을 놓치지 않도록 생각을 집중해야 합니다. 여러분이 원한다면, 여러분은 가진 모든 재산을 가난한 사람들에게 줄 수 있고 몸을 불사르게 내어줄 수도 있습니다. 하지만 그러고도 겸손하게 하나님과 동행하지 않으면, 여러분은 경건의 정수를 놓쳐버리는 셈입니다. 개인의 기도 시간을 지키는 일은 비교적 쉽습니다. 가족 기도와 공적인 예배와 규칙적인 성례를 준수하고, 설교하고, 모든 일에서 도덕적이고 정의롭고 올바르게 행동하는 것도 가능합니다. 하지만 그 모든 것을 행하고도 겸손히 하나님과 동행하지 않으면 실패입니다. 그럴 개연성은 아주 높으며, 또 그렇게 되는 것은 끔찍한 일입니다. 겸손하게 행하는 것은 너무나 어려운 일이기에, 수천의 사람들이 앉아서 그와 비슷한 것을 생각하고 만족할 수는 있어도, 그것은 같은 것이 아닙니다. 당신 자신을 겸손하다고 생각하기가 너무 쉽습니다. 겸손을 가장하는 것은 매우 망측한 일이고, 진실로 겸손하기란 매우 어렵습니다. 당신이 하나님 앞에서 겸손해졌다고 착각했을 때, 그런 일이 유독 당신이 불신에 빠졌을 때나 혹은 건강을 잃었을 때였다는 것을 주목해본 적이 없었나요? 소화불량과 겸손을 혼동하지 마십시오.

"자 이제 나는 하나님과 친밀한 관계에 있으며, 그분과 가까운 교제 안에서 살고 있다"라고 당신 스스로 생각했을 때, 그것은 믿음이라기보다 주제넘은 억측으로 판명되지 않았습니까? 가장된 겸손은 종종 낙심과 그 모양이 매우 흡사합니다. 당신은 "나는 내가 겸손하다고 생각해"라고 지금 말하고 있습니까? 사람이 자기가 자신을 겸손하다고 판단할 때만큼 교만할 때가 있을까요? 당신이 말합니다. "아, 하지만 저는 나 자신을 높일 수 없습니다. 저는 그런 마음 상태이기 때문에 겸손히 하나님과 동행하고 있음이 틀림없습니다."

형제여, 나는 당신에게 그 어느 때보다 지금 교만을 경계하라고 당부하고 싶습니다. 마치 사자가 동굴 속에 숨어 있듯이, 거만한 정신이 겸손의 확신 속에 잠복해 있기 때문입니다. 자아의 누룩이 우리의 양식 속에 들어오는 것은 가장된 겸손을 통해서입니다. 참으로 겸손해지는 것, 참으로 하나님 앞에서 아무것도 아닌 것이 되는 것, 참으로 여러분 자신을 하나님께 복종하는 것, 이것은 너무나 어려운 일이기에, 오직 성령의 능력이 아니면 여러분 스스로 그것을 시도해도 불가능하다는 것을 알게 될 것입니다. 오직 성령만이 우리를 도우셔서 겸손하게 하나님과 동행하게 하실 수 있습니다.

5. 겸손히 하나님과 동행하는 것은 가장 깊은 즐거움의 원천이다.

다섯 번째 요점으로 말씀을 맺으려 합니다. 겸손하게 하나님과 동행하는 것을 칭송하는 차원에서 말하자면, 그것은 상상할 수 있는 가장 깊은 즐거움의 원천입니다. 만약 당신이 겸손히 하나님과 동행한다면 당신은 안전하다고 느낄 것입니다. 위대하신 주님의 발치에 앉아서, 그분의 뜻을 기다리는 사람에게 무엇이 해를 가할 수 있을까요? 아! 어떤 일이 일어나도, 당신은 어떤 것도 당신을 해칠 수 없다고 느낍니다. 왜냐하면 당신은 언제든 주님 앞에 엎드릴 준비가 되어 있고, 홀로 주님께서 다스리시길 바라기 때문입니다. 혹 하나님을 근심하시게 하는 것이 당신에게 있다면 그것을 즉시 버릴 것이라고 느낄 때, 당신이 이미 그것을 포기했고, 잠시도 그것을 붙잡고 있지 않으리라고 느낄 때, 어떤 평화를 누리겠습니까? 폭풍이 머리 위에서 몰아쳐도, 마음이 온전한 복종을 배웠을 때는, 젖뗀 아이가 어머니 품에 있을 때처럼 모든 것이 평온합니다. 그럴 때 당신의 영혼은 분명 안식할 것이며, 또 안식할 수밖에 없는 이유는 그 영혼이 하나님 안에 거하기 때문입니다.

이 평온과 안식 안으로 즐거움이 찾아옵니다. 모든 것을 하나님께 맡기는 사람은 모든 일에서 기쁨을 발견합니다. 다른 사람에게는 평범하다고 느껴지는 은혜들이 그에게는 달콤합니다. 그는 하나님이 모든 일에서 보여주시는 사랑에 놀랍니다. 은혜가 그에게 임할 때 그는 감사의 노래로 그것을 받아들입니다. 그는 먹을 빵과 입을 옷이 있는 것이 감사하다고 생각합니다. 그 자신이 얼마나 무가치한지를 알기 때문입니다. 큰 은혜가 비처럼 그에게 임할 때 그는 하나님 앞에 앉아서 부르짖습니다. "어찌하여 이런 은혜가 내게 주어지는지요? 나는 누구이며 내 아버지의 집은 무엇이기에 이런 은혜를 주시나이까?"(참조. 삼하 7:18). 그는 마리아와 더불어 찬가를 부르는 사람입니다. "내 영혼이 주를 찬양하나이다"(눅 1:46). 그는 시편 기자와 더불어 노래합니다. "내 영혼아 여호와를 송축하라 내 속에 있는 것들아 다 그의 거룩한 이름을 송축하라"(시 103:1). 그는 하늘문에 앉아서 들어가기를 기다리며, 또 밖에서 오래도록 지체하지도 않을 것입니다. 기쁨과 평화와 천상의 감정이 그에게 임하고 곧 천사들이 그를 그의 본향으로 데려갈 것이기 때문입니다. 겸손하게 하나님과 동행하기를 배운 사람은 곧 하나님의 영광 가운데서 그분을 볼 것입니다. 하나님이 예수 그리스도를 위하여 우리 모두에게 이 거룩한 기술을 가르쳐주시기를 바랍니다. 아멘.

제
9
장

익은 열매

"내 마음에 사모하는 처음 익은 무화과" – 미 7:1

이스라엘 민족은 너무나 슬프고도 패역한 상태로 떨어졌습니다. 그 민족은 열매로 덮인 포도나무 같지 않았고, 오히려 모든 수확을 마친 후의 포도원 같았습니다. 거기엔 단 하나의 포도송이도 발견되지 않았습니다. 의인 한 사람을 찾을 수 없었고, 신뢰할 만한 한 사람 혹은 하나님께 신실한 한 사람을 찾을 수 없었습니다. 전체적인 상태는 마치 바싹 베어버린 밭과 같아서 그 속에는 그루터기 외에는 남은 것이 없었고, 또한 철저하게 거두어들인 포도원과 같아서 열매의 흔적도 남지 않았습니다. 선지자는, 이스라엘의 이름을 부르면서 처음 익은 열매를 바랐건만, 거기에는 얻을 것이 하나도 없었습니다. 이 본문에서 얻을 수 있는 교훈은, 선한 사람들이 한 민족의 최상의 열매들이고, 그들이 한 민족이 존재할 가치가 있게 한다는 것입니다. 그들이 민족을 보전하는 소금이며, 그들이 민족을 빛나게 하고 복되게 하는 열매입니다. 그렇다면 나라를 위해 기도할 때, 우리는 하나님께서 그분의 이름을 위하여 계속해서 의로운 씨와 신실한 사람들을 일으켜 주시도록 구해야 합니다. 그들은 하나님께 달콤한 향기가 될 것이며, 하나님은 그들을 위하여 온 나라에 복을 주실 것입니다.

하지만 나는 그런 연관성에서 벗어나, 이 본문을 은혜 안에서의 성숙이라는 설교를 위해 사용하고 싶습니다. 나는 우리가 미가서의 모든 말씀을 다른 의미에서도 사용할 수 있고, 이렇게 표현할 수도 있다고 생각합니다. "내 영혼이 처음 익은 열매를 사모하였노라." 우리는 그저 초록 잎사귀로 머물고 싶지 않습니다. 우리는 이삭에 꽉 찬 알곡이 되기를 열망합니다. 우리는 단지 회개의 꽃송이들과 분투하는 믿음의 어린 싹들을 보이는 것에 그치지 않고, 성숙으로 나아가기를 원하며, 온전에 이르는 열매를 맺기를 바라며, 그래서 예수 그리스도께 명예와 칭송이 돌려지기를 바랍니다.

그래서 나는 이 아침에 은혜 안에서의 무르익음, 하나님의 생명 안에서의 성숙, 수확을 기다리는 열매에 대해 말할 것입니다. 우리의 첫 번째 요지는 이 무르익음의 표징들이며, 두 번째 요지는 이 무르익음이 생성되도록 작용하는 요인들, 세 번째는 이 무르익음의 타당성, 그리고 네 번째는 이 전체 주제의 엄중함입니다.

1. 은혜 안에서 성숙의 표징들

첫째로, 은혜 안에서 성숙의 표징들에 대해 말하겠습니다.

우선 아름다움의 표징으로 시작합시다. 개화하였을 때 과실수에는 아름다움이 있습니다. 아마도 모든 자연 중에서도 사과꽃만큼 예쁜 것도 없을 것입니다. 하지만 이 아름다움은 곧 시듭니다. 한 번 내리는 소낙비, 한 번 쏟아지는 우박, 한 차례 부는 북풍에 이 꽃들은 마치 눈과 같이 떨어집니다. 설혹 꽃송이들이 끝까지 남아 있어도, 신속히 사람들의 시선에서는 멀어지고 맙니다. 젊은 날의 경건은 무척이나 사랑스럽습니다. 서약식 때의 사랑, 그의 처음 사랑, 그의 처음 열정 등 이 모든 것이 새로 태어난 신자를 사랑스럽게 만듭니다. 우리가 처음 경험한 은혜들보다 더 즐거운 것이 있을 수 있을까요? 하나님께서도 꽃을 피우는 성도의 아름다움을 즐거워하십니다. 그분이 말씀하십니다. "내가 너를 위하여 네 청년 때의 인애와 네 신혼 때의 사랑을 기억하노니 곧 씨 뿌리지 못하는 땅, 그 광야에서 나를 따랐음이니라"(렘 2:2).

가을은 좀 더 수수한 면이 있습니다. 하지만 그것은 봄의 영광에 맞섭니다. 익은 열매에는 그 자신만의 독특한 아름다움이 있습니다. 열매가 익어가는 동안, 태양은 뛰어나게 사랑스러운 색조를 입히고, 그 색은 갈수록 깊어져 마침내 열매의 아름다움은 꽃의 아름다움에 필적하고, 어떤 면에서는 그보다 뛰어납니다. 절정에 이르렀을 때 포도와 복숭아와 자두에는 꽃의 섬세함이 있습니다! 자연은 예술을 훨씬 능가하며, 밀랍으로 모양을 본뜨는 모든 시도도 실제 과일들의 놀라운 색의 혼합과 익은 과일의 비길 데 없는 색조에는 미치지 못합니다. 그것은 타락 이전의 에덴에 어울릴 정도입니다. 열매에는 꽃의 아름다움에서 볼 수 있는 것과는 다른 종류의 아름다움이 있으며, 정원을 돌보는 농부의 눈에는 그 모습이 훨씬 더 아름답습니다. 향기를 내는 꽃이 가치 면에서 황금의 사과에 미치지 못하는 것은, 마치 약속이 성취에 뒤지는 것과 마찬가지입니다. 꽃이 희망의 연필로 그려진 것이라면, 열매는 즐거움의 색조로 물들여진 것입니다.

성숙한 그리스도인들에게는 실현된 성화의 아름다움이 있고, 하나님의 말씀은 그것을 "거룩의 아름다움"(the beauty of holiness, 시 29:2. 개역개정에는 "거룩한 옷"으로 되어 있음-역주)으로 표현합니다. 하나님을 향한 성별, 그분을 섬기기 위해 구별되는 것, 깨어서 악을 피하는 것, 주의 깊고 진실하게 행하는 것, 하나님께 가까이 거하는 것 등, 이런 요소들은 그리스도를 닮게 하는 것입니다. 한 마디로, 이 거룩의 아름다움은 은혜 안에서의 성숙을 나타내는 가장 확실한 표징입니다. 만약 당신이 거룩하지 않다면, 여전히 정욕이 정복당하지 않았고, 여전히 모든 유혹의 바람에 따라 이리저리 흔들린다면, 당신에게 익은 열매가 없는 것입니다. 여전히 "여기를 보라, 저기를 보라" 하는 소리가 당신을 좌로나 우로 끌어당긴다면, 당신은 성숙의 단계에 가까이 이르지 못한 것입니다. 어쩌면 당신은 하나님을 향해 맺어진 열매가 전혀 아닐 수도 있습니다. 하지만 하나님을 경외하는 믿음으로 거룩이 온전해지는 곳에서, 그리고 그리스도인이 적어도 온전한 거룩을 위해 몸부림치며 그리스도의 형상을 닮는 것을 목표로 삼는 곳에서, 익은 열매의 표징들 중의 하나를 가장 분명하게 볼 수 있습니다.

성숙한 신자에게는 없을 수가 없는 또 하나의 표징이 있는데, 그것은 겸손으로 입증되는 무게입니다. 들의 곡식을 보십시오. 아직 푸를 때는 그 머리를 곧게 세웁니다. 하지만 이삭이 채워지고 익을 때 그것은 은혜로운 겸손으로 고개를 숙입니다. 여러분의 과일나무들을 보십시오. 꽃피는 시절의 가지들은 하늘을 향해 자라지만, 열매로 무거워지기 시작할 때, 열매가 익어가고 그 무게가 커질수록 가지들은 숙이기 시작합니다. 종종 가지들은 줄기에서 부러지지 않도록 지지를 대어 받쳐주어야 할 필요가 있습니다. 무게는 성숙과 함께 오며, 마음의 낮아짐은 그것의 불가피한 결과입니다.

성장하는 그리스도인들은 자기 자신을 아무것도 아니라고 생각하며, 다 자란 그리스도인들은 자기 자신을 아무것도 아닌 자들보다 못하다고 생각합니다. 성화의 관점에서 우리가 천국에 더 가까워질수록, 우리는 우리의 약점들 때문에 더 많이 울고, 우리 자신에 대한 평가는 더 낮아집니다. 짐을 가볍게 실은 선박은 물 위에 높이 뜹니다. 무거운 화물을 실은 선박은 물의 표면에 닿을 정도로 가라앉습니다. 은혜가 많을수록, 은혜의 필요성은 더 많이 느껴집니다. 은혜가 없는 자가 자기 은혜를 자랑할 수도 있고, 은혜가 적은 사람이 자기 은혜에 대해 많이 말할 수도 있지만, 은혜에서 풍성한 사람은 더 많은 은혜를 위해 부르짖고 뒤에 있는 것은 잊어버립니다. 한 사람의 내적 생명이 강처럼 흐를 때, 그는 오직 원천에 대해서만 생각하며 자기의 하나님 앞에서 부르짖습니다. "나의 모든 새로운 활력이 주님 안에 있습니다." 거룩에 있어서 은혜가 풍성한 사람은 그 어느 때보다 그의 안에, 즉 그의 육신 안에, 선한 것이 없음을 더욱 느낍니다.

내 형제여, 당신이 자기 자신을 높이 평가하는 한, 당신은 아직 익지 않았습니다. 자기를 자랑하는 사람은, 만에 하나 그가 그리스도 안에 있는 사람이라고 해도, 그리스도 안에 있는 아기일 뿐입니다. 당신이 피조물에 정해진 죽음을 보고, 또한 당신의 생명 전체가 그리스도 안에만 있는 것을 보며, 심지어 당신의 거룩한 행동에도 그 속에 부정함이 있는 것을 보게 될 때까지 당신은 익은 것이 아닙니다. 당신의 온전함이 전적으로 그리스도 안에만 있는 것을 보고, 당신이 그분 보좌 앞에서 완전히 엎드러지고, 오직 당신의 전부이신 그분 안에서만 일어나 앉게 될 때, 그럴 때 당신은 익어가고 있는 것이지 그때까지는 익은 것이 아닙니다.

모든 사람이 과일에서 알아볼 수 있는 무르익음의 또 다른 표징이 있습니다. 많은 과일에서 무르익음은 부드러움에 의해 입증됩니다. 어리고 푸른 열매는 딱딱해서 돌 같습니다. 하지만 익은 열매는 부드럽습니다. 압력에 약하기 때문에 손으로 누르면 거의 손가락 자국이 남을 정도입니다. 성숙한 그리스도인도 마찬가지입니다. 그는 마음이 부드러운 것으로 잘 알려집니다. 사랑하는 이여, 만약 마음의 부드러움을 소유하기 위해서는 다른 선한 것을 놓쳐야 한다면, 나는 마음의 부드러움을 얻기 위해 다른 많은 은혜를 포기할 수도 있다고 생각합니다. 내가 생각하기에, 많은 그리스도인이 양심의 민감함을 어김으로써 참된 탁월성의 많은 부분을 잃어버립니다. 내 형제여, 당신은 혹시 잘못된 곳을 밟을 것이 두려워 한 발도 내밀기를 겁냈던 적이 있었음을 기억합니까? 나는 우리가 항상 그렇게 느끼게 되기를 바랍니다. 당신은 성령을 근심하시게 하는 말을 하지 않으려고, 입 열기를 두려워했던 때를 기억합니까? 나는 항상 우리가 그렇게 스스로 조심하는 사람이 되기를 바랍니다. "주여 내 입을 열어주소서"—나는 나 스스로 입을 열기를 두려워합니다—"주여 내 입술을 열어주소서, 내 입이 주를 찬송하여 전파하리이다"(시 51:15). 죄와 관련한 극도의 민감성이 우리 모두에게서 형성되기를 바랍니다. 믿는 자가 음탕한 음조의 노래를 들으면서도 속에서 분개를 느끼지 못한다면, 그는 자기 자신에 대해 분개해야 합니다. 자칫 죄를 범하고도 즉각 그것이 충격을 주지 않는다면, 그는 자기 양심이 화인 맞은 것은 아닌지 생각하며 충격을 받아야 합니다. 웨슬리의 찬송 구절 하나를 제시하니, 이 가사를 여러분의 기도로 삼기 바랍니다—

> "오 하나님, 나의 양심을
> 눈동자처럼 신속하게 하소서.
> 죄가 가까이 왔을 때, 내 마음을 깨우시고
> 늘 깨어 있게 하소서."

민감한 식물은 거기에 손을 대자마자 잎사귀를 접기 시작합니다. 다시 손을 대면, 작은 잔가지들이 수그리고, 마침내 그것은 마치 선박의 헐벗은 막대기처럼 가만히 서 있습니다. 그 잎의 돛이 모두 걷히고, 그것은 마치 할 수만 있다면 당신의 손의 접촉을 피하려고 한껏 움츠리는 것처럼 보입니다. 여러분도 그렇고 나도 그렇고, 죄의 접촉에 민감하게 되어서, 저 시편 기자와 더불어 이렇게 말할 수 있어야 합니다. "주의 율법을 버린 악인들로 말미암아 내가 맹렬한 분노에 사로잡혔나이다"(시 119:53).

그런 민감성이 성숙의 두드러진 표징입니다. 그것은 죄와의 관계에서만 아니라 다른 면에서도 드러나야 합니다. 우리는 민감성을 복음에 대해서도 나타내야 합니다. 주의 식탁에서 떨어진 부스러기를 먹는 것이 즐거운 것처럼, 복음을 듣는 것은 즐거운 일이며, 복음의 적은 부분을 듣는 것만으로도 즐겁습니다. 그리스도를 향해서도 민감해야 합니다. 그분의 이름을 듣기만 해도 마음이 뛰어야 합니다. 성령의 인도를 따르기 위해 성령의 움직임에 민감해야 합니다. 종종, 성령님이 우리에게 오시지만 우리가 그분을 인식하지 못하는 이유는 우리가 듣는 것에 둔하고 깨닫는 것에 더디기 때문입니다. 사진사가 그의 사진기에 감광판을 넣고, 물체가 이미 오래전에 그 앞에 놓였어도, 사진이 찍히지 않을 수 있습니다.

하지만 감광판이 아주 민감하면, 그것은 그 영상을 즉시 받아들입니다. 오, 여러분과 나의 마음이 성령의 감동을 받아들이기에 민감해져서, 하나님의 생각과 뜻이 즉시 우리 마음에 새겨질 수 있기를 바랍니다. 사랑하는 친구여, 이것을 당신 기억에 간직하십시오. 그것이 성숙의 증거들 가운데 하나임을 잊지 마십시오. 굳은 것이 떠나고, 돌 같은 마음이 살처럼 부드러운 마음으로 대체될 때, 영혼은 그리스도의 임재와 성령의 접촉에 신속히 복종하게 됩니다.

성숙의 또 하나의 표징은 달콤함입니다. 익지 않은 과일은 십니다. 또 그렇게 되어야 하는 것이, 그렇지 않다면 아직 푸를 때 우리가 과일을 모두 먹으려 할 것이기 때문입니다. 만일 사과나 배가 아직 작을 때에도 다 자랐을 때와 같은 맛을 지녔다면, 내가 확신하건대, 어린이들이 있는 곳이면, 그중에서 다 자랄 때까지 남는 것은 거의 없을 것입니다. 따라서, 은혜의 순서에서, 젊은 그리스도인에게서 발견되는 약간의 날카로움이 나중에 제거되는 것이 자연스러울 수 있습니다. 다른 은혜들에 비해 더 군사적이고 전투적인 은혜들이 있고, 그들 나름대로 필요한 용도가 있습니다. 이런 것을 우리는 아버지들보다는 젊은이들에게서 더 많이 볼 수 있다고 예상합니다.

경험이 많아지면서 그런 은혜들은 줄어들게 됩니다. 은혜 안에서 자라면서, 우리는 자비와 긍휼과 사랑에서도 자라야 합니다. "우리가 보지 못하였으나 사랑하는"(참조. 벧전 1:8) 분에 대해 우리의 사랑은 더 크고 강렬해질 것입니다. 우리는 그분의 복음의 귀한 것들에서 더 큰 기쁨을 얻을 것입니다. 처음에는 우리가 이해하지 못했던 교리가, 은혜 안에서 자람에 따라 우리에게 골수와 기름진 것이 될 것입니다. 우리는 우리 신앙의 더 깊은 진리들 안에서 마치 꿀송이에서 떨어지는 꿀이 있다고 느낄 것입니다. 은혜 안에서 무르익어갈수록, 우리는 동료 그리스도인들을 향해서도 더 큰 상냥함을 보일 것입니다. 쓴 마음을 가진 그리스도인들은, 많은 것을 알 수는 있어도 여전히 미성숙한 상태입니다. 비난하기에 급한 사람은 비록 판단에서는 아주 예리할 수 있어도, 마음은 여전히 아주 미숙한 사람입니다. 은혜 안에서 자라는 사람은 자신이 진토뿐임을 기억하며, 따라서 동료 그리스도인들에게도 그 이상을 기대하지 않습니다. 그는 그들의 잘못에 대해서는 일만 번이라도 간과합니다. 왜냐하면 그 자신의 경우에는 그의 하나님이 이만 번씩이나 그의 잘못을 간과하신 것을 알기 때문입니다. 그는 피조물에게서 완전을 기대하지 않습니다. 따라서, 그것을 찾지 못한다고 해서 실망하지 않습니다. 이따금씩 그가 자기 자신에 대해 "이것이 나의 연약함이라"고 말하듯이, 그는 자주 그의 형제들에 대해서 "이것이 그들의 연약함이구나"라고 말합니다. 그리고 예전과 달리 이제는 그들을 판단하지 않습니다. 나는 은혜 안에서 젊은 초심자들이 그들 자신을 기독교회 전체를 개혁하기에 적격자라고 여긴다는 것을 압니다. 그들은 그녀[교회]를 우리 앞에 끌고 와서, 그녀를 직설적으로 비난합니다. 하지만 신앙의 덕이 성숙해지면서, 우리는 악에 대해서는 더 관용하지 않으면서도, 약함에 대해서는 더 관용하게 되는 것입니다. 하나님의 사람들에 대해 더 많은 희망을 품고, 덜 교만해지고 덜 비난하게 되는 것입니다.

죄인들을 향한 상냥함은 무르익음의 또 다른 표징입니다. 그리스도인이 사람들의 영혼을 사랑할 때, 다른 사람들이 구원의 진리를 아는 지식에 이르도록 애쓰는 것만큼 세상에 더 관심 두어야 할 일이 없다고 느낍니다. 그가 죄인들을 위하여 자기를 내어주고, 그들을 구주께로 이끌기 위해 그들의 무례한 행동을 참고 또 다른 어떤 것이든 참아줄 수 있을 때, 그때 그는 은혜 안에서 성숙한 것입니다. 하나님께서 이런 상냥함을 우리 모두에게 허락하시길 바랍니다. 거룩한 침착성, 쾌활함, 인내, 하나님과의 동행, 예수님과의 교제, 성령의 기름부음—나는 이 모든 것을 뭉뚱그려 달콤함, 천상의 감미로움, 그리스도의 충만한 향기라고 부릅니다. 이것이 여러분에게 풍성하길 바랍니다.

나는 이 표지와 징표들에 관한 말로 여러분을 지루하게 만들고 싶지 않습니다. 만약 여러분 스스로 그것들을 발견할 수 있다면야 그럴 의도가 없습니다. 그러나 계속 말해야 할 필요가 있습니다. 또한, 충만함이 성숙의 징표입니다. 그것은 과일이 불룩해지고 그 적당한 크기에 완전히 이르렀을 때 보입니다. 그리스도 예수 안에 있는 사람에게는 은혜의 충만이 있습니다. 거룩한 삶에서 진보하는 동안, 그의 새로운 출생에서 그의 안에 주어진 은혜들이 강화되고 드러납니다. 새로 형성된 이삭에는 곡식 알갱이가 있지만, 그것은 아직 분명하게 드러나지 않습니다. 그 이삭이 자라 성숙해지면서 이 알갱이들은 단단해지기 시작하고 또 이삭에 가득 차게 됩니다. 믿는 자도 그렇습니다. 그 안에는 회개가 있습니다. 하지만 그런 회개는 그가 그의 죄를 용서하시는 그리스도의 사랑을 더욱 분명하게 보기까지는 아직 온전하지 않습니다. 그 안에는 틀림없이 믿음이 있습니다. 하지만 그런 믿음은 후에 그가 다음과 같이 담대하게 선언하기까지는 아직 충분히 자란 것이 아닙니다—"내가 믿는 자를 내가 알고 또한 내가 의탁한 것을 그날까지 그가 능히 지키실 줄을 확신함이라"(딤후 1:12). 처음에도 그의 안에 기쁨이 있습니다. 하지만 그런 기쁨은 후에 그가 주 안에서 항상 기뻐할 때 지니는 기쁨은 아직 아닙니다. 경험은 전에 있었던 것을 깊어지게 합니다. 젊은 그리스도인들은 밑그림을 그린 것이고, 그리스도의 형상의 윤곽만 가진 것입니다. 하지만 그들이 은혜 안에서 자라면서 거기에 내용이 채워지고 색채가 입혀지면서, 더 깊은 색조를 지닌 전체 그림이 나타나게 됩니다. 이것이 자라서 성숙해지는 것입니다. 우리가 교제를 통해서 우리가 믿은 분을 알고, 죄와 싸워봄으로써 죄가 무엇임을 알고, 하나님의 신실하심을 그것이 입증되는 경험을 통해서 알고, 약속의 귀중함을 그것을 받음으로써 알고, 또한 약속이 우리 자신의 영혼에서 성취되는 것을 통해서 알 때—이것이 바로 성숙한 그리스도인이 되는 것이며, 우리 주님처럼 은혜와 진리에서 충만하게 되는 것입니다.

무르익음의 또 하나의 징표이자 매우 확실한 징표는 땅의 것을 느슨하게 붙잡는 것입니다. 익은 열매는 곧 가지에서 떨어집니다. 나무를 흔들면 가장 잘 익은 사과들이 떨어집니다. 여러분이 신선한 과일을 먹고 싶어서 손을 뻗어 그것을 따려고 할 때, 만약 그것이 잘 떨어지지 않으면, 그것을 따지 말고 좀 더 오래 두는 것이 좋습니다. 하지만 열매가 가지에서 떨어질 준비를 하고 있었던 것처럼 곧 여러분의 손으로 떨어질 때, 그것은 먹기에 아주 좋은 상태입니다. 바울처럼 우리가 "내가 떠날 준비가 되었다"(참조. 딤후 4:6)고 말할 수 있을 때, 우리가 세상의 모든 것에 대해 느슨하게 붙어있을 때, 오, 그때 우리는 천국을 향해 익은 것입니다. 여러분은 여러분의 마음 상태를 이 세상의 일들과 관련하여 얼마나 집착하는지 혹은 얼마나 단념할 수 있는지에 의해 평가해야 합니다. 여러분에게는 여기에 얼마간의 위로가 있고, 어떤 이들은 돈을 가지고 있고, 그런 것들을 바라보면서 이렇게 느낍니다. "이런 것들과 떨어지기가 어렵구나." 그렇다면 아직 익지 않은 과일입니다. 여러분의 은혜가 성숙할 때, 설혹 하나님께서 이 세상의 것을 더 풍성하게 주셔도, 여러분은 더 나은 땅을 갈망하며 타향살이를 하는 사람처럼 될 것입니다. "하늘에서는 주 외에 누가 내게 있으리요? 땅에서는 주 밖에 내가 사모할 이 없나이다"(시 73:25). 이것이 성숙한 신자의 질문이며 고백입니다. 그의 노래는 종종 이러합니다—

"내 마음은 보좌에 계신 그분과 함께 있으니
지체되는 걸 견딜 수 없네.
매 순간 들려오는 음성이 있으니,
'일어나서 이리로 오라.'"

여러분이 발끝으로 서서, 날개를 펼치고, 날아가려고 준비하는 것, 그것은 성숙의 확실한 징표입니다. 어떤 사슬도 더는 여러분을 이 땅에 매어두지 않을 때, 아래에 있는 것들을 향한 여러분의 사랑이 위에 있는 기쁨을 향한 여러분의 갈망에 의해 압도될 때, 그것이 무르익음의 분명한 징표입니다. 오! 와츠(Watts) 박사와 더불어 이 감미로운 노래를 부릅시다—

"아버지, 당신이 거하시는 곳을
갈망하고 보기를 고대합니다.
나의 하나님, 당신의 지상의 뜰을 떠나
위에 있는 당신의 보좌로 날아가길 원합니다."

우리의 마음이 이런 상태에 이를 때, 우리는 익어가는 것이며, 곧 수확될 것입니다. 주님께서는 그분의 익은 열매를 가지에 오래 매달려 있도록 하지 않을 것입니다. 이렇게 나는 여러분에게 무르익음의 징표들을 제시했습니다.

2. 무르익음의 요인들

형제들이여, 이제 간략히 무르익음의 요인들에 대해 말하겠습니다. 은혜로운 결과에는 반드시 은혜로운 요인이 있습니다.

은혜 안에서 무르익게 하는 것의 첫 번째 요인은 수액(樹液)의 내적 작용입니다. 열매는 가지에서 떼어내면 날 것의 상태에서 절대로 익을 수 없습니다. 외적인 작용들은 썩게만 할 뿐 익게 하지는 않습니다. 태양, 소낙비 등등, 모두 소용이 없습니다. 열매를 온전하게 하는 것은 나무 안에 있는 생명의 수액입니다. 그것은 은혜 안에서 특히 그렇습니다. 사랑하는 형제여, 당신은 그리스도와 하나입니까? 확실히 그렇습니까? 당신의 신앙 고백은 생명의 경건과 연결되어 있습니까? 예수 그리스도의 형상이 당신 안에서 형성됩니까? 당신은 그분 안에 거합니까? 그렇지 않으면, 당신은 은혜 안에서의 성숙에 대해 생각할 필요가 없습니다. 오히려 당신에게 필요한 일은 처음 일, 곧 회개하고 그분에게 돌이키는 일입니다. 지옥과 천국 사이에서 구원을 위해 작용하는 모든 것은 하나님의 영의 활동이며, 또한 예수님의 은혜의 활동입니다. 성령께서 하게 하시지 않으면, 당신은 그리스도인의 삶을 시작할 수 없을 뿐 아니라 그것을 지속할 수도 없습니다. 그 복되신 성령, 그리스도에게서 우리에게로 흘러오는 그 복되신 성령이 처음에 꽃을 피우게 하신 분인 것처럼 열매를 형성하시는 분이기도 하며, 또한 따서 하늘의 저장고에 모으기까지 열매를 익게 하시는 분입니다. 그분의 내적인 은혜가 반드시 당신에게 주어져야 합니다. 당신의 성례, 예배당 출석, 기도에서 외적으로 무릎을 꿇는 일, 이런 일들은 생명의 수액 곧 내면적이고 영적인 은혜가 아니면 모두 헛되고 아무것도 아닙니다.

진리가 숨겨진 부분에 있을 때, 외적인 영향들도 도움이 됩니다. 열매는 태양에 의해 익습니다. 태양의 햇살이 과일에 온전함과 향기를 더합니다. 햇살을 받지 못하면 맛없는 열매가 됩니다. 하나님의 얼굴빛 안에서 걸을 때 그리스도인들은 얼마나 향긋하게 자라는지요! 예수 그리스도의 사랑은 영혼에게 얼마나 잘 무르익게 하는 영향력인지요! 하나님의 사랑이 성령에 의해 마음에 부어질 때, 그리스도인은 얼마나 신속히 진보하는지요! 나는 우리가 하나님 가까이에서 십 분을 살 때 그분의 임재에서 떠나 십 년을 보내는 것보다 은혜 안에서 훨씬 더 잘 익어간다고 믿습니다. 햇빛을 가릴 때, 나무에 있는 열매는 빨리 익지 않을 것입니다.

우리는 시골 농부들이 으스스한 날씨에 포도나무에서 잎사귀들을 따내는 것을 보았습니다. 그것은 포도나무에 햇살이 비치게 하고, 포도송이가 색깔이 입혀지고 잘 익도록 하기 위해서입니다. 이와 마찬가지로 위대한 농부이신 주님은 세속적인 위로라는 많은 잎사귀를 우리에게서 뜯어내십니다. 이는 그분 자신의 임재의 위로가 우리에게 오도록 하기 위해서이며, 우리로 그분을 위해 익도록 하기 위해서입니다. 우리는 주 안에서 아무리 큰 기쁨을 누려도 지나치지 않고, 그분에게 아무리 가까이 가도 지나치지 않습니다. 우리는 충분히 이렇게 노래할 수 있습니다—

"주여, 저에게 언제 오시렵니까?

오소서, 주여, 오 귀하신 주여!
가까이, 더 가까이, 더 가까이 오소서,
주께서 가까이 계실 때 저는 행복하답니다."

주님을 기뻐하는 것이 여러분의 힘이며, 또한 주님을 기뻐하는 것이 여러분의 온전함입니다.

하지만 형제들이여, 비록 분명히 드러나진 않아도, 열매란 비와 이슬이 없이는 골고루 익지 않습니다. 열기만 있고 수분이 없으면, 열매를 찾기 어렵습니다. 그래서 하나님의 성령의 이슬이 우리에게 내립니다. 끊임없이 은혜의 비가 우리를 방문합니다. 덧붙이자면, 삶의 시련과 고난조차도 우리에게는 마치 소낙비 같습니다. 이 모든 것이 우리에게 경험으로 가르치며, 또 그런 경험을 통해 우리는 익어갑니다. 내가 들은 바로는 어떤 열매, 특히 무화과는 상처를 입지 않으면 익지 않는다고 합니다. 무화과를 멍들게 하는 것이 농부의 일이었습니다. 무화과 열매들은 긴 막대기로 맞았고, 상처를 입고서야 달콤해졌습니다. 우리 중에 많은 이들의 경우와 얼마나 비슷한지요! 우리 중에 많은 사람이 반드시 먼저 괴로움을 겪어보고서야 달콤해지려는 듯이 보이고, 매를 맞지 않고서는 절대 온전해지지 않으려는 듯이 보입니다! 우리의 쓰라린 시련들, 사별, 우리 몸의 고통을 돌아보면, 우리가 너무나 신 열매였고, 심한 매가 아니면 좀처럼 익지 않는 열매였다는 사실을 일깨워줍니다. 우리에게 매를 아끼지 않으신 주님을 찬송합니다. 우리는 심지어 맞고 또 맞아도 익을 수 있습니다. 우리는 시고 설익은 상태에 머물며 만족할 수 없습니다. 그러므로 우리는 유순한 태도로 우리를 때리기도 하시고 또 익게 만드시는 주님을 찬송합니다.

이 대목에서 내가 한 가지 수정하고 싶은 생각이 있습니다. 그것은 은혜 안에서의 성숙이 나이의 결과라고 하는 개념입니다. 전혀 그렇지 않습니다. 어린 아이들도 찬미하는 일에서 성숙합니다. 그렇고 말고요, 심지어 세 살 난 아이에게도 천국을 향해 무르익었음을 보이는 진정한 사례들이 있습니다. 이상하게 들릴지 모르지만, 죽어가는 아기들이 그리스도에 대해 말하였고, 그것도 깊이 경험적인 것들을 말했습니다. "어린 아기와 젖먹이들의 입에서 나오는 찬미를 온전하게 하셨나이다"(마 21:16). 주님은 단지 어린애다운 찬미를 언급하신 것이 아니라 '온전한 찬미'를 언급하신 것입니다. 다윗도 그와 비슷한 표현을 했습니다. "어린 아이들과 젖먹이들의 입으로 권능을 세우심이여"(시 8:2). 나이 많은 그리스도인이라고 해서 경험 있는 그리스도인은 아닙니다. 그의 경험이란 것은, 비록 그리스도인의 경험이라고 할 수는 있겠지만, 그리스도인으로서 진보된 종류의 경험이라 할 순 없습니다. 강을 떠나보지 못한 늙은 뱃사공이 경험 많은 항해자는 아닙니다. 전투를 겪어본 적 없는 늙은 병사가 진정한 노병은 아닙니다.

하나님께는 하루가 천 년 같이 될 수 있듯이, 하나님 나라에서도 그런 일이 있음을 기억하십시오. 솔로몬이 우리에게 말하듯이, 하나님은 어리석은 자를 슬기롭게 하며 젊은 자에게 지식과 근신함을 주실 수 있습니다(잠 1:4). 은혜와 함께한 세월은 더 큰 성숙을 이룹니다. 하지만 내가 말하고 싶은 것은, 은혜 없는 세월은 그런 성숙을 만들어내지 못한다는 것입니다. 단순한 시간의 경과는 우리를 거룩한 삶에서 진보하게 하지 않습니다. 우리의 나이가 정해진 연수를 다 채운다고 해서 반드시 성숙해지는 것은 아닙니다. 백발과 큰 은혜는 떨어질 수 없는 동반자가 아닙니다.

시간은 잘 사용될 수도 있고 낭비될 수도 있으니, 우리는 세월의 흐름에 따라 온전해지기는커녕 돌처럼 굳어질 수도 있습니다. 여기에서 젊은 그리스도인이 젊은 시절에 이러한 성숙을 향해 큰 진보를 이룰 수는 없다고 하는 주장에는 아무런 근거가 없다고 말하는 것이 온당합니다. 주님의 은혜는 시간과 나이와는 무관합니다. 성령은 우리의 어린 나이에 의해 제한을 받지 않으시며, 우리의 날 수가 적다고 해서 제약을 받지 않으십니다. 어린 사무엘이 나이 많은 엘리를 능가할 수도 있습니다. 거룩한 아기가 퇴보하는 어른보다 성숙합니다. 디모데는 디오드레베보다 성숙합니다.

나의 젊은 형제여, 예수님은 당신을 그분과의 높은 교제의 수준으로 이끄실 수 있습니다. 당신이 아직 어려도 그분은 당신을 복의 근원이 되게 하실 수 있습니다. 나는 당신이 주님의 품에 기대었던 젊은 요한처럼, 예수님께 가장 가까이 가기를 바랍니다. 진실로, 나이 많은 분들에게는 경험의 도움이 있고, 어떤 경우든 그들은 우리의 존경과 존중을 받아야 마땅합니다. 하지만 나이가 많건 어리건, 단지 자연적인 나이가 영적인 삶에 영향을 미치는 것은 아닙니다. 하나님의 일은 나이 많은 사람에게나 어린 사람에게나 동일하며, 단지 자연적인 젊음의 활력에 빚지지 않는 것과 마찬가지로 세월의 자연적인 분별력에도 빚지지 않습니다.

3. 은혜 안에서 성숙의 타당성

여기까지 무르익음의 요인들에 관하여 말했으니, 이제는 은혜 안에서 무르익음의 타당성에 대해 간략히 말하겠습니다.

이 요지를 숙고할 필요가 있습니다. 왜냐하면 많은 그리스도인이 그저 믿는 자가 되면 그것으로 충분하다고 생각하는 것처럼 보이기 때문입니다. 사업을 하면서 우리는 그저 파산만 가까스로 면하면 그것으로 충분하다고 생각하지 않습니다. 어떤 사람에게 만약 그의 귀한 자녀가 수년간 병상에 있었다면, 그는 그 아이가 그토록 오래도록 살아있었다는 것만으로 충분하다고 생각하지 않습니다. 우리는 우리 자신의 몸이 오래도록 숨을 쉬고 있는 것만으로 충분하다고 생각하지 않습니다. 런던의 큰 연못에서 누군가 겨우 구출되어서 아직 목숨이 붙어 있으면, 우리는 생명의 불씨가 아직 그에게 남아 있는 것을 보고 그것으로 충분하다고 여기지 않습니다. 그렇지 않습니다. 우리는 그 사람이 완전히 회복될 때까지 계속해서 의식 회복을 위한 절차를 따라 행동할 것입니다. 그리스도인으로서 단지 살아만 있다는 것은 끔찍한 일입니다. 우리가 살아있는지 항상 확인해야만 하고, 증거를 찾는 확대경을 입술에 대고 그 표면에 은혜의 수분이 남아 있는지 찾아야 하는 상태에 있다는 것은, 우리가 매우 불쌍한 상태에 있다는 것입니다. 항상 이처럼 신음소리를 내야 하는 것은 슬픈 일입니다—

> "그것이 내가 알고 싶은 점입니다.
> 종종 그 생각이 나를 괴롭힌답니다.
> 나는 주님을 사랑하나요, 아닌가요?
> 나는 그분의 것인가요, 아닌가요?"

하지만 너무 많은 사람이 이 수치스러운 상태에 머물러 있는 것에 만족합니다. 형제들이여, 거기서 빠져나오는 것이 바람직합니다. 그런 상태에서 나와, 하나님의 영에 의해 은혜 안에서 성숙해지는 길로 오십시오. 최종적인 성숙이 여러분의 건강의 지표이기 때문입니다. 적당한 환경에 있으면서도 익지 않는 과일은 좋은 과일이 아니며, 상한 생산품인 것이 틀림없습니다. 여러분의 영혼이 하나님의 사랑의 영향력과 그의 은혜의 활동 아래 있으면서도 익지 않는다면, 여러분의 영혼은 결코 마땅히 되어야 할 상태에 있는 것이 아닙니다. 정원을 돌보는 농부의 보상은 익은 열매입니다. 당신은 그리스도께서 자기 영혼의 수고한 것을 보고 만족하게 여기시는 것을 보고 싶지 않습니까? 그분이 신 포도송이에서 만족을 얻으실까요? 그분이 복통을 일으키는 사과들에서 보상을 찾으실까요? 아니, 그렇지 않습니다. 농부는 땅의 성숙한 작물을 원합니다. 그는 익은 열매를 얻을 때까지 자기 수고의 보상을 얻었다고 여기지 않습니다. 구속주께서 당신에게서 열매를 찾게 하십시오. 저 부부와 더불어 이렇게 말하십시오. "나의 사랑하는 자가 그 동산에 들어가서 그 아름다운 열매 먹기를 원하노라"(아 4:16). 그녀가 다음과 같이 말할 때 그녀를 본받으려고 애쓰십시오. "우리의 문 앞에는 여러 가지 귀한 열매가 새것, 묵은 것으로 마련되었구나. 내가 내 사랑하는 자 너를 위하여 쌓아 둔 것이로다"(아 7:13). 당신 자신을 그분께 드리십시오. 그러면 그분이 당신을 아버지께 드리시고, 당신을 빛의 자녀들의 유업에 참여하기에 합당하게 하실 것입니다!

나무의 탁월함을 입증하는 것은 익은 과일입니다. 나무는 그 이름으로 아주 좋은 평판을 얻을 수도 있지만, 만약 열매가 익지 않으면, 곧 정원사는 그 나무를 과수원에서 제거할 것입니다. 교회의 평판은 아직 퍼렇고 설익은 지체들로부터 얻는 것이 아니라 익은 신자들로부터 얻어지는 것입니다. 그들은 굳세고 경건한 사람들이기에 그들의 평가는 새겨들을 가치가 있습니다. 나는 교회가 훌륭한 포도나무이고 또 그 열매는 맛이 아주 향긋하다고, 사람들이 인정할 수밖에 없게 되기를 바랍니다.

비유적으로 말하자면, 교회는 원숙한 그리스도인들을 대단히 원하는데, 특히 많은 새로운 회심자들이 교회의 수에 더해질 때 그러합니다. 새로운 회심자들은 교회에 새로운 추진력을 제공합니다. 하지만 교회의 중추이자 토대는, 하나님 아래에서 원숙한 지체입니다. 우리는 교회라는 군대에서 성숙한 그리스도인들이 백전노장의 역할을 맡아서 나머지 지체들에게 침착함, 용기, 굳셈의 정신을 불어넣기를 바랍니다. 전체 군대가 풋풋한 신병들로만 구성된다면 싸움이 평상시보다 맹렬해질 때 그들이 요동할 우려가 있기 때문입니다. 오래된 수비대, 연기를 마시고 목전에서 불을 삼켜보았던 사람들은 싸움이 폭풍우처럼 맹렬해질 때도 요동하지 않습니다. 그들은 죽을 수는 있지만 항복할 수는 없는 용사들입니다. '전진하라'는 함성이 들릴 때, 그들은 젊은 병사들보다 느려서 전방으로 빨리 달려가지는 못하겠지만, 무거운 대포를 끌고 갈 것이며, 일단 전진하는 것은 확실합니다. 대포알이 계속 날아와도 그들은 물러서지 않으며 자기 위치를 고수합니다. 여호와께서 그들의 머리를 덮어주셨던 이전의 전투를 기억하기 때문입니다.

엉성하고 시류에 편승하는 이 시대에 교회는 더 결심이 굳고, 철저하며, 잘 교육을 받고, 확신에 찬 신자들을 원합니다. 우리는 모든 종류의 새로운 교리들에 의해 공격을 받습니다. 옛 신앙이 소위 개혁자들이라고 하는 자들에 의해 공격을 받는데, 그들은 모든 것을 바꾸려 합니다. 나는 거의 한 주마다 새로운 가르침에 관한 기별을 듣는 것 같습니다. 달이 자주 변하듯이, 선지자처럼 행하는 어떤 사람은 계속해서 새로운 이론을 제기합니다. 정말이지 그는 한때 복음을 위해 싸웠던 것보다 더 용감하게 그의 새로운 발견을 위해 싸울 것 같습니다. 그 발견자는 자기 자신을 현대의 루터로 생각하고, 자기 이론에 대해서는 다윗이 골리앗의 칼에 대해 "이만한 것이 없다"고 했던 것처럼 대단하게 생각합니다. 마르틴 루터가 그의 시대의 어떤 사람에 대해 말했듯이, 이러한 새로운 교리의 발명자들은 마치 암소가 하나의 새로운 문을 응시하듯이, 마치 세상에는 그 한 가지 말고는 쳐다볼 것이 하나도 없는 듯이 그들이 발견한 것만을 응시합니다. 그들의 유행에 맞추고 그들의 신호대로 행진하다가는 우리는 아마도 미칠 것입니다. 그들에게 자리를 내줄까요? 아니, 한 시간도 그럴 수 없습니다. 그들은 틀림없이 설익은 신참자들로 병력을 모집하여, 그들이 원하는 대로 그들을 이끌 것입니다.

하지만 확고한 신자들에 대해서는 그들이 아무리 나팔을 불어봐야 헛일입니다. 어린이들은 늘 새로운 장난감들을 쫓아다닙니다. 거리에서 작은 공연을 하면, 소년들은 모두 열광을 하며 넋을 잃고 그것을 쳐다봅니다. 하지만 아버지들은 밖에서 해야 할 일이 있고, 어머니들은 가정에서 다른 일들이 있습니다. 북을 치고 호각을 불어도 그들을 끌어내지 못할 것입니다. 교회의 견고함을 위해서, 신앙의 확고함을 위해서, 이단과 무신론자들의 끊임없이 반복되는 공격에서 교회를 수호하기 위해서, 그리스도를 위해 계속해서 진군하고 새로운 지역들을 확보하기 위해서, 우리는 피가 뜨거운 젊은이들—하나님께서 항상 이들을 우리에게 보내시길 바랍니다. 섬김의 영역은 무한하고, 이들 없이는 우리가 그 일을 할 수 없습니다—을 원할 뿐 아니라, 침착하고 한결같으며 잘 훈련받았고 경험이 깊은 사람들을 또한 필요로 합니다. 이들은 경험으로 하나님의 진리를 알며,

그들이 그리스도의 학교에서 배운 것들을 굳게 붙듭니다. 주 하나님께서 그런 사람들을 우리에게 많이 보내주시길 바랍니다. 우리는 그들이 필요합니다.

4. 이 주제의 엄중함

이제 말씀을 마치면서 여러분이 이 주제의 엄중함에 대해 주목하기를 바랍니다.

우리는 이 주제를 즐겁게 다루기를 원하며, 비유를 들어 가르치신 우리 주님의 본을 따르기를 원합니다. 하지만 이 주제에는 상당한 중요성이 있고, 깊고 엄중한 내용이 있습니다. 나와 여러분 그리고 그리스도를 믿는 신앙을 고백하는 이들에게 먼저 제기할 질문은 이것입니다—나는 익어가고 있습니까? 나는 벽난로 선반 위에 올려진 돌 사과를 응시하던 한 어린이를 회상합니다. 그 돌 사과는 실제 사과와 흡사했고, 색깔이 아주 좋았습니다. 나는 그 사과를 이후에도 수년간 보았는데, 아쉽게도 그것은 더 익지 않았습니다. 그것이 놓인 환경은 과일이 부드러워지고 달콤해지기에 적당치 않았습니다. 하지만 설혹 적도의 태양이 그 위에 비추고, 헐몬의 이슬이 그 위에 내렸더라도, 그것이 식탁 위에 오를 수는 없었을 것이라고 나는 생각합니다. 그 단단한 대리석 재료는 거인의 치아라도 부러뜨렸을 것입니다. 그것은 곧 위선적인 신앙 고백자, 어린이를 조롱하는 무정한 자, 하나님의 열매를 그저 모방하는 자였습니다.

불친절하고, 탐욕스럽고, 비난을 일삼으며, 성질이 나쁘고, 이기적이며, 마치 온통 돌처럼 굳은 마음을 가진 교회의 지체들이 있었습니다. 그들이 지금도 그렇습니까? 세월이 지나면서 그들이 부드러워지지 않았나요? 그렇지 않습니다. 어느 쪽인가 하면, 그들은 더 나빠졌습니다! 그들은 바로 집 안에서 부러뜨리고, 으르릉대고, 찢고 삼키는 개들입니다. 그들은 도끼로 성소의 조각품들을 깨뜨리고, 우물을 메우며, 좋은 땅을 돌로 망쳐버리는 자들입니다. 마귀가 목사에게 던질 돌멩이를 하나 원할 때 그는 틀림없이 그들 중의 한 사람을 사용할 것입니다. 자, 이 사람들이 그리스도인들이긴 할까요? 그럴까요? 여러분이 스스로 한 번 분간해보시기 바랍니다. 나는 여러분 각자에게 판단을 맡기겠습니다.

또 다른 질문을 하겠습니다. 무르익음이 확연히 드러나지 않는 사람이 많지 않습니까? 겸손히 아래를 향해 숙이는 것도 없고, 하나님과의 교제 안에서 위를 향해 자라는 것도 없으며, 더 하는 것도 없고, 더 주는 것도 없으며, 더 사랑하는 것도 없고, 더 기도하는 것도 없으며, 더 찬양하는 것도 없고, 더 긍휼히 여기는 것도 없습니다. 그렇다면, 당신은 하나님께 드려지는 열매가 맞을까요? 엄중한 질문입니다! 나는 그 질문을 하나님 앞에서 나 자신에게 제시하며, 또한 여러분도 같은 질문을 여러분 자신에게 제기하기를 요청합니다.

또 하나의 질문이 대두됩니다. 모든 사람 안에서, 특히 신앙을 고백하는 모든 그리스도인 안에서, 계속해서 진행되는 내면의 두 가지 과정이 있다고 나는 믿습니다. 그 한 가지는 익어가는 과정이며, 다른 한 가지는 썩어가는 과정입니다. 썩는 것과 익는 것은 어느 단계에 이르기까지는 외관상 아주 흡사합니다. 여러분은 이따금 한 나무에서 완전히 익었다고 보이는 열매를 발견할 것입니다. 적정한 때보다 한 달 먼저 성숙의 모든 표징이 나타나고, 그래서 다른 모든 열매를 앞지릅니다. 그것을 익었다고 생각해서는 안 됩니다. 그것을 잘라 열어보십시오. 그 안에 벌레가 있습니다. 그 해로운 벌레가 외관상으로는 복된 햇빛과 이슬의 효과를 똑같이 만들어냅니다. 그와 마찬가지로 은밀한 죄의 벌레는 신앙 고백자의 마음을 갉아먹으면서도, 그에게서 외관상으로는 동일한 말의 풍미, 외관상 동일한 삶의 고결성을 만들어냅니다. 말의 은혜와 삶의 고결성은 진실로 성령께서 참된 그리스도인에게서 만들어내는 것이지만, 외관상의 아름다움이 내부의 더러움을 감추는 것입니다. 회칠한 무덤은 부패로 가득합니다. 무르익음을 흉내 내는 열매는 썩었습니다. 그것을 내버려두십시오. 그러면 그것은 곧 그저 퇴비로 쓰기에 적당해질 것입니다.

내 사랑하는 친구들이여, 나는 아직 젊지만, 한때는 보통의 선한 사람들보다 더 존경을 받았으나 후에 썩은 위선자들로 변하는 몇 사람을 볼 정도로 충분히 오래 살았습니다. 우리가 너무나 칭송했고 사랑했던 사람들이 얼마 후에 전적으로 비열한 사람들로 판명되기도 했습니다. 그들은 썩었기 때문에 더 익은 것처럼 보였습니다. 그들이 경건한 사람들처럼 행동하고 또 그렇게 보이려고 애써야만 했던 이유는 그들의 실제 불경건이 드러날 것을 그들이 두려워했기 때문입니다. 그것은 마치 망해가는 어떤 상인들이 그들의 부실을 감추기 위해 더 크게 보이려고 애쓰는 것과 같았습니다. 익어가지 않으면 썩을 것입니다. 이는 확실합니다. 하나님의 교회 안에서 더 거룩하게 자라지 않는 사람은 더 악마같이 되어갈 것입니다. 진지한 교회의 온실에서는, 여러분이 열매를 맺도록 자라지는 않으면서 지위만 올라가도록 자라기란 어려울 것입니다. 이것을 마음에 새기십시오. 그러면 하나님께서 여러분에게 은혜와 우리 구주 예수 그리스도를 아는 지식에서 자라게 하실 것입니다.

또 한 가지 숙고할 것이 있는데, 이 역시 매우 엄중한 문제입니다. 좋은 열매들이 익는 동안 나쁜 식물들도 익는다는 것입니다. 밀이 추수를 위해 익어갈 때 가라지 역시 익습니다. 그들은 함께 자라고, 함께 익어가지만, 함께 저장되는 것은 아닙니다. 사랑하는 청중이여, 여러분 중에 일부는 이 자리에 수년 동안 참석해왔지만 아직 회심하지 않았습니다. 자, 당신은 익어가고 있습니다. 그것은 어쩔 수가 없습니다. 잡초와 가라지들도 성숙해집니다. "둘 다 추수 때까지 함께 자라게 두라"(마 13:30a). 이 회랑과 이 넓은 공간을 보십시오. 나는 내 앞에 곡식과 가라지가 자라는 거대한 세 개의 밭을 봅니다. 자라는 동안 여러분은 섞여 있습니다. "둘 다 추수 때까지 함께 자라게 두라." 지금은 익어가고 또 서서히 구분되어 가는 때입니다. 여러분은 모두 자라고 있고, 모두 익어가고 있습니다. 그런 다음, 모두가 익어 추수할 때가 이르면, 그가 추수꾼들에게 말할 것입니다. "가라지는 먼저 거두어 불사르게 단으로 묶고 곡식은 모아 내 곳간에 넣으라"(마 13:30b).

오 죄인이여, 당신의 불신앙이 익어가고 있습니다. 그것은 익어 절망이 될 것입니다. 하나님을 향한 당신의 적대감이 익어가고 있습니다. 그것은 익어 그분에 대한 영원한 반역에까지 이를 것입니다. 바로 지금 당신의 마음은 갈수록 굳어지고 더 완악해지고 있으니, 죄 안에 있는 당신의 죽음은 당신이 살아있는 매순간 갈수록 가망이 없어질 것입니다. 당신의 성품이 다른 세상에서 개선될 희망은 전혀 없다는 것을 기억하십시오. 이와 같이 기록된 말씀이 성취될 것입니다. "더러운 자는 그대로 더럽게 하라"(계 22:11). "구더기도 죽지 않고 불도 꺼지지 않는"(막 9:48) 곳에서, 영원토록 죄를 무르익게 하는 과정이 정죄당한 영혼들에게 진행될 것입니다. 지금 예수 그리스도를 믿는 여러분에게 하나님이 은혜를 주시기 바랍니다. 여러분이 새로운 본성을 받고, 그것이 무르익기까지 자라며, 그래서 하나님이 영광을 받으시길 바랍니다. 위에 있는 왕의 궁전에서 익은 열매를 저장하는 곳에 우리 모두가 받아들여지기를 바랍니다! 아멘 아멘.

제
10
장

—

믿는 자의 마음에 울리는 은종(銀鐘)

—

"나의 하나님이 나에게 귀를 기울이시리로다" - 미 7:7

얼마나 매혹적인 문장입니까! 여러분은 이런 말을 할 수 있습니까? 단지 다섯 단어로 된 문장이지만, 그 의미는 얼마나 풍성한지요! 초서(Geoffrey Chaucer, 14세기 인물로 영시의 아버지로 불림-역주)에서 테니슨(Alfred Tennyson, 19세기 영국의 계관시인)에 이르기까지 방대한 분량의 시집들이 출현했습니다. 하지만 내가 보기엔 시의 정수는 이 짧은 몇 마디 안에 놀랍도록 압축된 형태에 있습니다. 이 달콤함을 모두 빨아 마시는 데에는 많은 시간이 걸릴 수 있습니다. 이 문장에 담긴 의미는 그 깊이를 거의 측량할 수가 없고, 확신에 찬 경험의 풍성함과 고양된 믿음에서 나오는 달콤한 결론은 가득 차 넘칠 정도입니다.

"나의 하나님이 나에게 귀를 기울이시리로다." 이 문장에 담긴 설득력은 데모스테네스(Demosthenes, 기원전 4세기 아테네의 정치가이자 웅변가-역주)의 모든 연설보다 더 강력합니다. 이렇게 말할 수 있는 사람은, 진실로 온 세계가 자기 소유라고 선언할 수 있는 사람을 능가하여 말할 수 있습니다. 그는 다름 아닌 하나님 자신을 붙잡았고, 자기 손아귀에 현재와 미래를 움켜쥐었기 때문입니다.

"나의 하나님이 나에게 귀를 기울이시리로다." 이것은 예언적인 말입니다. 하지만 예언자는 그 자신이 어떤 특별한 능력을 가진 것은 아니었고, 그의 예언이 홀로 자기 자신에게만 실현되는 것을 의도하지도 않았습니다. 그는 이 거룩한 문장을 모든 믿는 자의 입에 담습니다. 하나님의 모든 자녀는 하나님이 그에게 귀를 기울이신다고 말할 수 있고, 또 그것이 진실이라고 담대히 말할 수 있습니다. 나는 이 본문으로 설교할 수 없다고 느꼈고, 또 그렇게 하기를 원치 않았습니다. 여기에는 어떤 지혜나 말의 도움이 필요치 않습니다. 나 자신은 많은 단면을 지닌 이 금강석을 전시하는 것만으로, 그것을 들어 올려서, 거기에 빛이 비치게 하고 또 그 광채의 다양성을 음미하는 정도로 충분히 만족할 것입니다.

"나의 하나님이 나에게 귀를 기울이시리로다." 이것은 외로운 수금을 위하여 선정된 노래입니다. 즉 이것은 음악가들의 합창을 두려워하고, 또 그 줄이 고독 속에 만져지는 것을 사랑하는 악기를 위한 노래입니다. 나는 가만히 앉아서 이 노래를 반복하면서 고요히 감상하고 싶다고 느낍니다. 목초지에 누워 조용히 풀을 씹고 있는 암소처럼, 나도 이 짧지만 소중한 단어들을 반추하고 싶습니다. 나는 이 노래를 듣고 또 들어서, 마침내 내 혀가 이 선율과 곡조를 익혀, 기쁨과 확신에 찬 어조로 "나의 하나님이 나에게 귀를 기울이시리로다"라고 복창할 수 있기를 원합니다.

내가 말했듯이 이것은 매력적인 문장입니다. 하지만 우리가 보기에 이 문장은 얼마나 이상한 위치에 있는지요! 마치 어두운 광산에서 금을 발견하듯이, 또한 캄캄한 밤중에 별을 보듯이, 우리는 이 은혜로운 말씀을 슬픔과 탄식이 범람하는 한가운데서 발견합니다. 하나님의 사람이 그가 사는 시대의 찔레에 의해 찔리고 찢깁니다. 그는 그 주변에 만연한 뇌물과 부패로 인해 마음이 상하고 지쳤습니다. 그는 집에서나 밖에서나 평안을 찾지 못합니다. 그뿐만 아니라 그는 그가 사랑하는 여인의 품에서조차 평안을 찾지 못합니다. 그는 어디서나 가만히 있을 수 없고 이리저리로 내몰립니다. 하지만 바로 그때 그는 이렇게 외칩니다. "나의 하나님이 나에게 귀를 기울이시리로다."

나는 이 사실로부터—그리고 여기뿐 아니라 나 자신의 개인적인 경험으로부터도—일반적으로 상황이 최악일 때 최선의 것을 알게 된다는 교훈을 얻습니다. 우리가 사람들에게 실망할 때, 그때 우리는 우리의 하나님께 가장 만족하게 됩니다. 땅에서 솟아나는 샘이 마를 때, 그때 영원한 원천에서 어느 때보다 더 많은 것이 흘러나오고, 그 원천에서 마실 때 우리의 영혼은 이전의 어느 때보다 더욱 만족하게 됩니다. 하나님이 가장 귀하게 느껴질 때는 선한 것들이 보기 드물어질 때입니다. 천국이 가장 따뜻할 때는 땅이 가장 추울 때입니다. 사랑하는 친구여, "나의 하나님이 나에게 귀를 기울이시리로다"라고 당신이 말할 수 있다면, 그것은 당신에게 큰 복입니다. 나는 당신의 환경에 대해 크게 개의치 않습니다. 그것은 괴롭고 힘들 수 있습니다. 하지만 그런 환경이 당신을 믿음의 길로 오게 하는 데 도움이 되었다면, 당신은 하나님이 당신의 소리에 귀를 기울이신다고 확신할 수 있습니다. 비록 내가 당신에게 닥쳐온 고난에 대해서는 당신을 위로하지만, 그로 인해 당신이 이 귀중한 결과에 이르게 되었다면 그로 인해 나는 당신에게 축하를 보냅니다. 금을 캐는 사람이 금덩어리를 찾았을 때 우리는 그에게 튀긴 흙탕물 때문에 울지 않습니다. 만약 환난으로 인해 하나님께서 우리의 친구에게 이전보다 소중한 분이 되셨다면, 우리는 그 환난을 두고 슬퍼하거나 안달하지 않을 것입니다.

이 본문의 짧고 달콤한 문장에 다시 주목하시기 바랍니다. "나의 하나님이 나에게 귀를 기울이시리로다." 우리가 이 문장을 묵상하는 동안, 이 문장이 우리의 마음에 말로 다 표현할 수 없는 기쁨이 되길 바랍니다.

1. 칭호 — "나의 하나님"

이 시간에 내가 가장 먼저 언급하고 싶은 칭호입니다. 이것은 실로 본문 전체의 밑바탕이며, 이 문장에서 표현된 확신의 근거입니다. 그 칭호는 "나의 하나님"입니다. 그것은 단지 하나님이 아니고, 나와 언약을 맺은 하나님, 내가 도움을 위해 바라보는 하나님. "나의 하나님"이라고 부를 수 있는 그 하나님이십니다.

이 본문의 시작부터 여러분 중에는 뒤로 약간 물러서야 하는 분이 있다고 생각됩니다. 일전에 내가 단지 "하나님이 계시다"고 말하는 것으로는 충분치 않다고 언급한 적이 있습니다. 그것은 마치 "은행이 있다"고 말하는 것과 마찬가지입니다. 물론 은행은 있지만, 여러분은 찢어지게 가난할 수 있습니다. 하나님은 틀림없이 계십니다. 하지만 그 하나님이 여러분에게는 위안의 원천이 아닐 수도 있습니다. 이 기쁨은 전체가 '나의'라는 단어에 놓여 있습니다. "나의 하나님이 나에게 귀를 기울이시리로다."

여러분의 영혼에 이 질문을 함으로써 시작하십시오—나는 진실로 하나님을 생각할 때, 또 그분을 부를 때 "나의 하나님"이라고 할 수 있는가? 만약 그렇다면, 거기에는 선정과 선택의 의미가 있습니다. 미가 선지자 시대에는 많은 신이 있었습니다. 적어도, 사람들이 신들이 많이 있는 것처럼 말했습니다. 사람들은 이 신에 대해 말하고, 또 저 신에 대해 말했으며, 각 민족은 그 자신의 독특한 신을 가졌으며, 또 각 사람이 자기 신의 이름으로 행했고, 그것을 자랑으로 여겼습니다. 하지만 선지자는 사실상 여호와를 부르는 것이며, 살아계시고 참된 신 하나님, 하늘과 땅을 지으신 하나님을 부르는 것입니다: "이 하나님이 나의 하나님이시다. 다른 사람들은 나무나 돌 혹은 은이나 금으로 된 신을 섬길지 모르나, 나에 대해 말하자면, 내 마음은 오직 아무도 본 적이 없고 아무도 가까이 갈 수 없는 분, 보이지 않는 위대하신 하나님 한 분만 섬길 것이다. 나는 영원하신 창조주 한 분만을 경배할 것이다."

지금도 각 사람에게는 신이 있습니다. 오호라, 얼마나 많은 사람이 자기의 배를 자기 신으로 섬기는지요! 황금 송아지는 거기에 홀딱 빠져 숭배하는 무리가 없다면 출현하지 않습니다. 오늘날 영국에서는 여느 이방인 나라에서와 다름없이 신들이 많습니다. 여러분에게 묻겠습니다. 여러분은 여러분의 조물주이신 하나님을, 여러분을 보존하시고 여러분을 속량하신 하나님을, 여러분의 삶의 위대한 목적으로 간주하십니까? 그분이 여러분의 본성을 다스리시고, 그분이 여러분의 원동력이십니까? 여러분은 그분을 위해 살아갑니까? 여러분은 여호와를 여러분의 하나님으로 믿고 그분을 위해 살고 있습니까? 아니면 그저 여러분 자신만을 위해, 혹은 어떤 일시적인 목적과 대상을 위해서만 살고 있습니까? 당신 삶의 목적은 당신의 죽음과 함께 죽고, 무덤 속에 매장될 것입니까? 혹은 당신은 살아계신 하나님을 향해 이렇게 말할 수 있습니까?—"오 하나님, 당신은 나의 하나님이십니다. 일찍이 저는 당신을 찾았습니다. 당신은 영원토록 나의 하나님이시며, 저를 죽을 때까지 인도하시는 하나님이십니다." 우리 주 예수 그리스도의 아버지 하나님이 언제나 당신의 하나님이십니까? 그렇다면, 당신은 결코 선택에 후회가 없을 것입니다.

"나의 하나님"—이는 믿음에 의한 사유화 혹은 전유(專有)라고 말할 수 있습니다. 당신은 여호와를 당신의 하나님으로 간주합니까? 당신은 담대히 그분이 당신의 것이라고 간주할 수 있습니까? 은혜 언약 안에서 하나님은 자기 백성에게 자기 자신을 주십니다. 소금 언약에 의해 그분은 그분의 존재 전체, 그분의 소유 전체를 우리에게 주십니다. 믿는 자가 하나님의 분깃인 것처럼, 주님도 믿는 자의 분깃이십니다. 그분은 그분 자신을 우리의 것이라 선언하시고, 무한한 사랑과 겸손으로 우리가 그분을 활용할 수 있게 하십니다. 하나님과의 언약 관계에서, 우리는 이 언약의 선물을 받아들이고, 믿음의 행위로써 다음과 같이 말합니다. "이것이 하나님이 내게 주신 것입니다. 비록 나는 자격이 없지만, 기꺼이 그 선물을 받아들입니다. 비록 나는 합당하지 않지만, 그분이 자기 자신을 나에게 주셨기에, 나는 기쁘게 그분을 나의 하나님으로, 또한 나의 영원한 분깃으로 받아들입니다."

나는 처음에 이 소유를 얻게 되었을 때 내 마음이 얼마나 기뻤던가를 잘 기억합니다. 당시 나는 하나님은 내게 불과 공포의 땅처럼 여겨졌고, 나는 그 땅을 원치 않았습니다. 하지만 하나님의 영이 저를 가르치시고 새롭게 하셨을 때, 저는 하나님이 고센 땅과 같으시다고, 아니 젖과 꿀이 흐르는 가나안 땅과 같다고 인식하게 되었습니다. 아니, 그보다는 해가 지지 않고 기쁨과 평화와 사랑이 가득한 뿔라 땅 같다고 느꼈습니다. 아니, 천국 자체였습니다. 하나님이야말로 행복의 핵심이요, 중심이며, 원천이며, 충만이기 때문입니다. 내 마음은 떨리는 기쁨으로 이 복된 땅을 수중에 넣었습니다. 그렇습니다, 내 마음은 하나님을 빼고는 다른 어떤 소유도 갖지 않은 듯이 여겨졌습니다. 그때부터 내 마음은 부유해졌고 지금도 여전히 그러합니다. 하나님이 아니시면 내가 더 취할 것이 무엇입니까? 내가 어떻게 "나의 하나님, 나의 천국, 나의 전부이신 분"을 떠나 한 걸음이라도 더 나아가겠습니까?

사랑하는 이여, 지금 당신은 이처럼 영원하신 하나님을 당신의 소유로 전유하였습니까? 당신은 오늘 이처럼 말할 수 있나요?—"내 소유 가운데 최우선이며 가장 중요한 것은 나의 하나님입니다. 나는 이것저것을 가졌다고 또 다른 많은 것들을 가졌다고 말하지 않을 것이며, 오직 '나의 하나님, 당신은 나의 것입니다!'라고 노래할 것입니다. 비록 내가 이 세상의 소유물이 많다고 말할 순 없겠지만, 나에게는 최상의 것이 있습니다. 비록 내가 다른 아무것도 가지지 못했어도, 나는 다른 모든 것보다 뛰어나며, 내 영혼에 모든 것을 주시는 분, 나에게 모든 것의 모든 것 되시는 분을 소유했습니다."

나는 여러분이 첫째로는 여러분의 선택으로 하나님을 "나의 하나님"이라고 말할 수 있기를 바라고, 둘째로는 믿음을 통하여 그분을 여러분 자신의 소유로 삼으시길 바랍니다.

"나의 하나님"—이 표현은 지식과 아는 사이를 나타내는 말입니다. 그렇지 않습니까? 이 단어들이 무의미한 것이 아니라면, 여러분은 여러분이 말하고 있는 분이 누구인지를 알고, 또 그분에 대해 어느 정도 알고, 또 그분과 교제하는 사이입니다. 만약 내가 "아무개가 내 친구다"라고 말하면, 내가 그를 알고 있다는 것을 의미합니다. 만약 내가 "여호와는 나의 하나님이시다"라고 말하면, 나는 내가 그분을 알고 또 그분과 교제를 나누는 것을 시인하는 셈입니다. 여러분은 바울이 아테네의 한 제단에서 발견했던 "알지 못하는 신에게"(행 17:23)라는 비문을 기억할 것입니다. 내 형제여, 나는 여러분이 거기서 예배하지 않기를 원합니다. 오히려 나는 여러분이 사도의 이 말씀을 이해하길 바랍니다. "이제는 너희가 하나님을 알 뿐 아니라 더욱이 하나님이 아신 바 되었다"(갈 4:9). 하나님과 그분의 백성 사이에는 친밀한 지식이 내재합니다. "주께서 자기 백성을 아시고"(딤후 2:19) 그분의 백성은 그분을 압니다. 그래서 그들은 자기 형제에게 "주를 알라"고 말할 필요가 없습니다. 가장 작은 자에서 가장 큰 자에 이르기까지 그들 모두가 그분을 알기 때문입니다.

자, 당신은 하나님에 대해 무엇을 압니까? 그분과 대화를 나누어본 적이 있습니까? 그분이 당신에게 말씀하신 적이 있습니까? 당신이 그분에게 당신의 비밀을 털어놓은 적이 있습니까? 그분이 당신에게 그분 자신을 이런 성경 구절처럼 나타내셨습니까? "여호와의 친밀하심이 그를 경외하는 자들에게 있음이여 그의 언약을 그들에게 보이시리로다"(시 25:14). 나는 지금 공상에 대해 말하는 것이 아닙니다. 만일 여러분 중에 누군가 이 말을 공상적이라고 여긴다면, 그것은 그 사람이 약속의 언약에 대해 낯선 자이기 때문입니다. 하지만 나는 지금 이 말의 의미를 내가 말할 수 있는 것보다 더 잘 아는 사람들을 향해 말하고 있습니다. 내 입장을 말하자면, 나는 자연에 대해서와 하나님이 그의 손으로 행하신 일에 대해 어느 정도 압니다. 하지만 내 영혼은 그런 지식에 대해서는 그분을 아는 지식과 비교하면 거의 무관심합니다. 만약 내가 그분에 대해 더 알 수만 있다면, 기꺼이 또 즐거이 나는 내가 아는 다른 것들은 모두 잊을 수 있습니다. 확신하건대, 노년이 찾아와 기억력이 떨어질 때, 내 영혼이 필사적으로 움켜쥘 것은 역사적 기억이나 고전의 지식이나 신학적 학문이 아닐 것입니다.

내적 경험에 의해, 내 영혼은 주님을 나의 하나님으로 알고 있습니다. 모든 필멸의 그림자들 위로 휘장이 내려지고, 영원한 실재들이 드러날 때, 내 영혼은 지상의 일들에 관하여 알았던 것에 아무런 신경을 쓰지 않을 것입니다. 오히려 그때 내 영혼은 불멸하는 존재, 보이지 않으시는 분, 홀로 지혜로우신 하나님, 곧 내 영혼의 구주만을 소중히 여길 것입니다. 나는 여러분 중에서 "나의 하나님"이라는 표현을 쓸 수 있는 많은 분을 향해 말하고 있다고 확신합니다. 그런 분들은 그 표현을 통해, 여러분이 힘입어 살며 기동하며 존재하는 하나님을 여러분의 친구이시며 동시에 여러분의 아버지시라고 의미할 것입니다. 그 하나님이 성령으로 여러분 안에 거하시며, 또 여러분은 그분 안에 거하기를 마치 그리스도의 상처 안에 여러분 자신을 숨기듯이 거합니다. 오, 지식과 애정을 가지고 "나의 하나님"이라고 말할 수 있는 남자들과 여자들은 행복합니다! 이 문제에 대해 아무런 분깃이 없는 자들은 불행합니다. 여러분의 슬픔은 다른 신들을 따를 때 더욱 증폭될 것입니다. 여러분이 의지하는 헛된 것들이 여러분을 실망시킬 것입니다. 하지만 주를 아는 사람들이여, 여러분에게는 떠오르는 태양의 햇살이 점점 강해지듯 즐거움이 증대될 것입니다.

여기까지 다루었으므로, 이제 여러분은 "나의 하나님"이라는 칭호가 사랑의 포옹을 내포한다는 것을 인정할 수 있을 것입니다. 여러분은 여러분의 자녀를 알듯이 하나님을 압니다. 하지만 여러분이 자녀를 향해 "내 아들아, 내 딸아"라고 부를 때 그 의미는 매우 큽니다. 여러분이 그 자녀에게 느끼는 애정 때문에, 여러분에게 그 자녀는 지상에서 여러분이 가진 모든 소유물보다 귀합니다. 여러분은 품에 있는 귀한 자녀를 잃느니 차라리 다른 모든 것을 잃을 수 있다고 느낍니다. "나의 하나님"이라는 표현 안에는 표현할 수 없을 정도의 달콤한 애정이 내포되어 있습니다. 나는 옛 찬송의 이 구절을 아주 좋아합니다—

> "참으로, 나의 소유이신 나의 하나님"

그분은 바로 나의 하나님이십니다. 나의 하나님은 마치 다른 이에게는 속하지 않은 것처럼 나에게 속하십니다. 덩굴줄기들이 지지대를 꽁꽁 둘러서 다른 작은 식물들이 그 지지대를 감히 움켜쥐지 못하게 하는 것처럼, 내 마음의 덩굴도 그분을 둘러 단단히 매여 있습니다. 오 거룩하신 아버지! 우리가 그분의 뛰어난 부성애를 생각할 때, 그 거룩하신 하나님이 우리와 맺으신 영원한 관계와 그분이 "예수 그리스도를 죽은 자 가운데서 부활하게 하심으로 말미암아 우리를 거듭나게 하사 산 소망이 있게 하신"(벧전 1:3) 것을 생각할 때, 우리 영혼에 얼마나 큰 기쁨의 빛이 비치는지요! 이따금 우리는 다윗과 더불어 가슴 벅차게 노래했습니다—

"아버지가 자식을 긍휼히 여김 같이
여호와께서는 자기를 경외하는 자를 긍휼히 여기시나니" (시 103:13)

우리는 그 아버지를 사랑하며, 그분을 "나의 하나님"이라고 부릅니다. 예수님에 대해 말하자면, 그분은 하나님의 연합 안에서 제2 위격(the second Person)이시고 또한 성육신하신 하나님이시니, 그분의 이름을 들을 때 여러분의 마음이 뛰지 않습니까? '예수' 이름의 두 음절 안에 모든 음악이 압축되어 있지 않습니까? 여러분에게 그럴 것입니다. 그분은 영원무궁히 바로 여러분의 그리스도, 여러분의 구주이십니다. 또 우리는 복되신 성령님을 동일한 애정으로 포옹합니다. 그분은 보혜사, 위로자, 소생시키시는 분, 빛을 비추시는 분, 최상의 친구이시며, 우리의 나쁜 행동을 참으시고 여전히 우리 안에 거하시며, 우리를 저 영원한 나라에 합당하게 만들어가시는 분이십니다.

그렇습니다. 사랑하는 이여, 우리는 우리의 하나님을 사랑합니다. 우리는 종종 기도 중에 이렇게 말하지 않습니까?—"오 주여, 우리의 행동을 믿지 마소서. 우리는 자주 불순종하기 때문입니다. 하지만 우리는 주님을 사랑합니다. 우리의 망각을 믿지 마시고, 종종 우리에게 스며드는 미적지근함을 믿지 마소서. 주께서는 모든 것을 아시니, 우리가 주를 사랑하는 줄을 주께서 아시나이다." 그러한 감정이 우리로 "나의 하나님"이라고 부르짖게 만듭니다. 우리가 그분 전체를 안을 수는 없지만, 적어도 사랑의 손으로 그분을 움켜잡습니다. 그분이 절대로 우리를 버리지 않으시듯, 우리도 절대로 그분을 놓칠 수 없다고 느낍니다. 내 모습이 마땅히 되어야 할 그런 모습이 아니어도 나의 하나님을 포기할 수는 없습니다. 내 마음이 굳을 때, 세상의 기초가 놓이기 전부터 나를 사랑하시는 그분을 향한 사랑으로 다시 녹습니다. 나의 주 그리스도 예수 안에 있는 하나님의 사랑에서 나를 끊을 자가 누구입니까?

이 칭호에 얼마나 대단한 것이 들어 있는지요! 하지만 우리는 그 칭호를 너무 적게 써왔습니다. 그 샘에서 다시 마시기를 바랍니다. 여러분은 이제 기쁜 마음으로 삶의 순종을 그분에게 바쳐야 한다고 느낍니다. 왜냐하면 그렇게 하는 것이 "그분이 나의 하나님이시다"라고 외치는 마음에서 자연스레 우러나오는 확실한 결론이기 때문입니다. 사람은 하나님께 순종하기를 바라기 전에는 진실로 그분을 자기의 하나님이라고 부르지 못합니다. 그 이름은 우리가 찬미하고 경배하며 섬겨야 할 이름이기 때문입니다. 하나님에 대해 말하면서도 그분께 순종하지 않는 사람은 실제적인 무신론자입니다. 회당에서 하나님에 관하여 말하지만, 시장에서 그분을 염두에 두지 않는 사람은, 여호와를 이방인의 우상들과 마찬가지로 대하는 것입니다. 이방인들의 우상이란, 있지도 않거니와, 있어도 그저 그들의 신전에만 있는 신들입니다. 그 마음과 손에 하나님이 아무런 영향도 미칠 수 없는 사람—그런 사람은 거짓말쟁이요 하나님을 모르는 사람입니다. 그런 사람이 하나님을 섬기는 것이란 단지 입술로만 섬기는 것인데, 그것은 하나님께 영광을 드리기보다는 모욕만 안기는 것입니다. 그렇습니다. 사랑하는 이여, 만약 당신이 당신의 입술로 고백하는 바로 그런 사람이라면, 당신은 이렇게 선언할 수 있습니다—"내 모든 약점과 허물에도 불구하고, 나는 전 삶으로 하나님의 계명에 순종하기를 원합니다. 나는 옳고 선하며, 참되고 친절한 모든 일을 그리스도의 마음을 따라 행하길 원합니다. 그리스도 안에서 나는 내 아버지 하나님의 마음을 이해합니다." 이런 일들에 대해 여러분의 마음을 잘 살피시길 바랍니다. 와서 이 유리경으로 자기를 들여다보고 당신에게 "사랑을 받는 자녀같이 하나님을 본받는" 특징이 있는지를 살피십시오. 단지 겉으로만 그런 체하는 자로 판명된다면 당신의 상태는 더 나빠질 것입니다.

"나의 하나님"이라는 이 인상적인 구절이 그분 안에서의 기쁨과 즐거움을 암시한다는 말을 덧붙이고 싶습니다. 사람들이 "내 사랑", "나의 선택", "나의 보물", "나의 기쁨"이라고 말하듯, 선지자는 "나의 하나님"이라고 말합니다. 바로 그 이름이 그의 영혼 안에서 모든 음악을 깨웁니다. 잠자던 꽃들이 떠오르는 태양의 첫 햇살을 받아 깨어나, 밝은 눈을 떠 자기의 모든 아름다움의 근원인 태양을 바라보며 "나의 왕이시여"라고 말하는 것처럼 보이듯이, 우리의 마음도 주님의 임재 안에서 즐거워하며, 새로워진 우리 영혼이 "나의 하나님"이라고 외칩니다.

칭호에 대해서는 충분히 다루었습니다. 이 교훈이 성령에 의해 여러분의 마음에 기록되기를 바랍니다.

2. 논증 — 칭호 안에 내포된 논리적 힘

이 짧은 본문의 두 번째 요점은 논증인데, 내가 믿기에 이 칭호는 그 속에 은밀한 논리의 힘을 포함합니다. "나의 하나님이 나에게 귀를 기울이시리로다." 그분이 나의 하나님이 틀림없다면 그분은 나에게 귀를 기울이실 것입니다. 왜 그렇습니까?

먼저, 그분이 나에게 귀를 기울이시는 이유는 그분이 하나님이시기 때문에, 그분이 살아계시고 참되신 하나님이시기 때문입니다. 돌로 된 신들은 들을 수 없습니다. 하지만 나의 하나님은 나에게 귀를 기울이십니다. 많은 사람이 선택한 신들은 환난 날에 그들의 말을 듣지 않을 것입니다. 그들이 고통을 겪을 때 그들은 자기들의 신들 가운데서 누구를 부를까요? 하지만 나의 하나님은 나에게 귀를 기울이십니다. 그분이 기도를 들으신다는 것은 그분의 기념비입니다. 이방인들의 소위 신탁이란 것은 거짓말에 불과합니다. 거짓 신들을 찾아다닌 자들이 거짓에 빠진 것입니다. 그들은 속이는 자이며 또 속는 자들입니다. 하지만 나의 하나님은 나에게 귀를 기울이십니다. 그분은 정녕 하나님이시기에 기도에 응답하실 것입니다. 만약 그분이 기도에 응답하지 않으신다면, 그분은 유피테르, 사투르누스, 베누스(로마 신화에서 각각 최고의 신, 농업의 신, 사랑과 미의 여신-역주)나 나을 것이 없는 하나님일 것입니다. 우리는 그리스도인이자 지존자를 경배하는 사람들로서, 여호와께서 살아계신 참된 하나님이며, 또한 그분이 자기 백성의 기도를 들으시는 것이 곧 그분의 기념비라는 사실에 의문을 품을 이유가 없습니다. "나의 하나님이 나에게 귀를 기울이시리로다."

여러분은 선지자의 어조가 얼마나 확신에 차 있는지를 볼 수 있습니다. 그렇다면 하나님의 모든 자녀가 같은 확신을 표명하지 못할 이유가 무엇입니까? 신앙생활의 기쁨은 진심에서 우러나오는 믿음에 있습니다. 여러분이 이 문제를 조심스럽게 다루고, 끊임없이 비평하고, 이것저것을 캐물으면서 마음의 논쟁을 시작해보십시오. 그러면 여러분이 신앙의 달콤함을 놓치고 있다는 결론을 얻을 것입니다. 여러분이 온전히 믿음에 이르기까지는 신앙생활은 그 자체로 여러분에게 위로가 되지 않을 것입니다. 여러분은 믿어야 하고, 여러분이 더 철저히 믿을수록 그것이 참되다는 것이 입증될 것입니다. 복음의 증거는 그것을 검증해보는 것에 있습니다. 내 말의 의미는 실제로 그것을 검증하고 실제로 그것을 누리는 것입니다.

예를 들어, 여러분이 기도하기로 시도하면서, 기도를 믿지 않는다고 가정합시다. 그러면 여러분은 기도하지 않는 것입니다. 여러분은 그런 기도로 아무것도 얻지 못합니다. 여러분은 마른 땅에서 물을 얻으려 하는 것입니다. 은혜의 보좌가 여러분에게 피난처가 되려면, 여러분은 은혜의 보좌에 대해 확신해야 합니다. "의심하는 자는 마치 바람에 밀려 요동하는 바다 물결 같으니 이런 사람은 무엇이든지 주께 얻기를 생각하지 말라"(약 1:6,7). "하나님께 나아가는 자는 반드시 그가 계신 것과 또한 그가 자기를 찾는 자들에게 상 주시는 이심을 믿어야 할지니라"(히 11:6). 내 생각에는 살아계신 하나님을 철저하게 믿는 것, 그분의 약속을 아무런 제약이나 한계 없이 그대로 믿는 것이 옳은 일로 보입니다. 그분의 말씀은 참되거나 거짓입니다. 만약 그것이 거짓이면, 나는 절대로 그것을 전하지 않을 것입니다. 만약 그것이 참이면, 나는 절대로 그것을 의심하지 않을 것입니다. 이것은 마치 놋 기둥처럼 서 있습니다—비록 다른 모든 것이 속이더라도, 하나님은 틀림없이 기도를 들으십니다. 그분이 이런 일을 하실 수 있고 또 저런 일도 하실 수 있지만, 틀림없는 사실은 그분이 기도를 들으신다는 것입니다. 내 하나님이 나에게 귀를 기울이시는 것은 그분이 참된 하나님이시며, 거짓말쟁이가 아니시기 때문입니다. 그분이 친히 선언하셨습니다. "환난 날에 나를 부르라 내가 너를 건지리니 네가 나를 영화롭게 하리로다"(시 50:15). 그분은 이 문제를 의심의 여지 없는 사실로 선언하셨습니다. "구하는 이마다 받을 것이요 찾는 이는 찾아낼 것이요 두드리는 이에게는 열릴 것이니라"(마 7:8). 어떻게 그분이 이 선언을 되돌릴 수 있겠습니까? 왜 내가 그분이 거짓말하신다거나 후회하신다고 상상해야 할까요?

하지만 논증의 차원에서 "하나님이 기도를 들으실까?" 하는 문제에 대해 내가 확신하는 이유를 밝히자면, 그 대답은 다시 "나의 하나님"이라는 칭호에 있습니다. 그분이 친히 나의 하나님이 되셨기 때문에 그분은 나의 기도를 들으십니다. 오, 자기의 하나님과 친밀하여, 그분을 "나의 하나님"이라는 칭호로 부를 수 있는 사람은 이 논증에서 확고한 결론에 이를 수 있습니다. 여러분이 어느 탄원인에게 귀를 기울이는 것은 여러분 자신을 그에게 주는 것에 비하면 작은 일입니다. "나의 하나님이 나에게 귀를 기울이시리로다." 의심의 여지 없이, 그분이 자기 자신을 주셔서 나의 하나님이 되셨다면, 그분은 나에게 귀를 기울이실 것입니다. 그분은 더 큰 일을 행하셨으니, 틀림없이 그보다 작은 일도 행하실 것입니다. 무한히 황송하게도 그분이 나에게 그분을 "나의 하나님"으로 부르도록 허락하셨다면, 또 내가 그분의 복음을 통해 그분이 나를 그렇게 하도록 권면하신 것을 인식한다면, 정녕 그분은 나에게 귀를 기울이실 것입니다. "그들은 내 백성이 되고 나는 그들의 하나님이 되리라"고 말씀하신 하나님은 그보다 훨씬 작은 일을 당연히 행하실 것입니다. 즉, 의심의 여지 없이 그분은 그들이 그분을 부를 때에 그들에게 귀를 기울이실 것입니다. "너희가 악할지라도 좋은 것을 자식에게 줄 줄 알거든 하물며 너희 하늘 아버지께서 구하는 자에게 성령을 주시지 않겠느냐"(눅 11:13). "자기 아들을 아끼지 아니하시고 우리 모든 사람을 위하여 내주신 이가 어찌 그 아들과 함께 모든 것을 우리에게 주시지 아니하겠느냐"(롬 8:32).

이 문제가 충분히 선명하지 않습니까? 그분은 우리에게 그분 자신을, 또 그의 아들을 주셨습니다. 그런데 어찌 그분이 우리의 부르짖음에 귀를 막으시겠습니까? 그분이 과거에 우리를 위해 행하신 일에 근거하여, 우리는 그분이 우리에게 귀를 기울이실 것을 의심할 수 없습니다. 그분의 피로 우리를 씻으신 후에, 우리의 기도를 듣지 않으신다고요? 우리를 거듭나게 하신 후에, 우리 기도에 귀를 기울이지 않으신다고요? 우리가 아직 그분을 구하지 않았을 때에 그분이 우리에게 은혜를 주셨다면, 이제 우리가 그분을 구할 때 그분이 우리 소리를 듣지 않으실까요? 우리가 길잃은 양과 같았을 때 우리를 찾으신 분이, 그분을 부르는 우리의 소리에 귀를 막으신다고요? 우리를 찾아 마침내 회복하신 후에, 우리가 그분이 기르시는 양이 된 지금, 우리의 소리를 듣지 않으신다고요? 불가능합니다! 이 논증은 반박할 수 없습니다—나의 하나님이 틀림없이 나의 기도를 들으십니다.

게다가, 나의 하나님이 수없이 나의 기도를 들으셨습니다. 그러므로 나는 그분의 현재와 미래의 은혜를 조금도 의심할 수 없습니다. 기도하는 한 형제가 일전에 내게 상기시켜 준 말이 있습니다. 그것은 우리가 옛 시대의 성도들보다 더 큰 믿음을 가져야 하는데, 그 이유는 우리가 하나님의 신실하심에 대해 더 많이 읽고 보았기 때문이라고 했습니다. 사실이 그렇습니다. 하지만 나는 관찰이 실제적인 개인의 경험만큼 강력하게 작용한다고 생각되지는 않습니다. 점점 노년이 되어가는 사랑하는 내 형제들과 자매들에게 내가 무엇을 말할까요? 그들은 많은 경험을 했습니다. 나이 드신 내 형제들이여, 하나님은 여러분의 기도를 수없이 들으셨고, 그로 인해 여러분의 믿음은 확고해졌습니다. 우리가 처음 기도를 시작했을 때, 반대자들이 우리에게 이의를 제기하면 우리는 주춤거렸습니다. "당신은 하나님이 당신의 기도를 들으신 것에 대해 말합니다." 우리는 말했습니다. "예, 그분이 우리 기도를 들으셨지요." 그렇게 말하면서 우리는 우리 입장을 밝혔습니다. 회의주의자는 조롱하면서 말했습니다. "그것은 그저 우연일 뿐입니다." 처음에는 우리가 그런 말을 들었을 때 다소 움츠러들었습니다. 우리는 두세 가지 사실만으로 결론을 끌어낼 수 없음을 인정했고, 어쩌면 다른 방식으로 말할 수 있는 서른 가지의 다른 사건들도 있었습니다.

하지만 경험 많은 내 형제들이여, 우리는 오늘 밤 그런 상태에 있지 않습니다. 우리 중의 일부는 삼십 년 혹은 사십 년 동안이나 하나님이 기도를 들으신다는 것을 경험했기 때문입니다. 우리가 겪은 사실들은 우리의 머리털 수만큼이나 많습니다. 적대자들이 이런 일을 두고서 우연한 발생이라고 말합니까? 우리는 그런 심술궂은 조롱에는 굳이 대답할 필요를 못 느낍니다. 만약 그들이 우리의 입장이라면, 그들은 그런 진술에는 대답하길 원치 않을 것입니다. 그들은 웃겠지요. 하지만 그것은 모두 그들의 마음이 시키는 일일 뿐입니다. 한 사람이 따뜻한 옷을 입으면 서리 때문에 시달리지 않습니다. 그의 지인이 그에게 그는 플란넬(면이나 양털을 섞어 만든 천)이나 브로드(면과 명주 등을 섞어 만든 천)로 만든 의류를 믿지 않는다고 말합니다. 그는 자기의 불신 속에서 추위에 떨면서, 옷을 잘 챙겨 입은 사람이 따뜻한 것은 순전히 우연이라고 말합니다. 우스꽝스럽지 않습니까? 하지만 그 반대자가 추위로 떨다 죽으면, 그의 냉소적인 기지는 냉혹한 현실이 되고 맙니다!

우리가 기도하지 않았고, 그래서 복을 받지 못했고, 또한 언제든 부패할 수 있었을 때, 우리의 실패가 우연한 일이었습니까? 그리고 우리가 무릎을 꿇어 하나님을 향해 힘있게 부르짖고, 약속의 말씀에 호소하였을 때, 그리하여 마치 하나님이 푸른 하늘을 찢으시듯 생생하게 우리의 기도에 응답하시고, 그분의 능하신 팔을 펼쳐 우리를 도우셨을 때, 그것도 우연한 일입니까? 천만에요! 나는 그런 일들을 기도에 대한 명백한 응답이라고 부릅니다. 하지만 그런 일을 전혀 경험하지 못한 사람들은 나를 광신자라고 생각하겠지요. 나는 그들이 그들 나름의 용어를 사용하도록 내버려둘 것입니다. 우리는 용어 가지고 다투지 않을 것입니다. "장미는 이름이 장미가 아니어도 향기롭기는 매한가지일 것이다." 하나님의 구원하시는 은혜에 대해서, 만약 당신이 원하면 그것을 우연이라고 부르십시오. 하지만 우리에게 그것은 언제나 주께서 기도를 들으신다는 복된 증거입니다.

이 달콤한 칭호를 사용하면서, 그 안에 내포된 모든 논리적 귀결을 포함하여, 우리는 즐거이 "나의 하나님이 나에게 귀를 기울이시리로다"라고 말합니다. 이런 달콤한 확신을 가지는 것이 얼마나 복된 일인지요! 그것은 짧은 시로 된 하늘의 음악입니다—"나의 하나님이 나에게 귀를 기울이시리로다." 주께서 우리와 언약을 맺으셨으니 우리를 외면하지 않으실 것이고, 우리에게 선을 행하길 멈추지 않으실 것입니다. 그 언약 안에는 그분이 기도를 들으신다는 것이 포함되었습니다. 그분은 우리의 친구가 아니실 수가 없고 우리의 호소를 외면하실 수가 없습니다. 그분은 우리와의 교제를 멈추실 수가 없고 우리의 부르짖음에 귀를 막으실 수가 없습니다.

그분이 친히 하신 언약의 말씀들을 들어보십시오: "환난 날에 나를 부르라 내가 너를 건지리니 네가 나를 영화롭게 하리로다"(시 50:15). "그가 내게 간구하리니 내가 그에게 응답하리라 그들이 환난 당할 때에 내가 그와 함께하여 그를 건지고 영화롭게 하리라"(시 91:15). "여호와께서는 자기에게 간구하는 모든 자 곧 진실하게 간구하는 모든 자에게 가까이 하시는도다. 그는 자기를 경외하는 자들의 소원을 이루시며 또 그들의 부르짖음을 들으사 구원하시리로다"(시 145:18,19). "그들이 부르기 전에 내가 응답하겠고 그들이 말을 마치기 전에 내가 들을 것이라"(사 65:24). "너는 내게 부르짖으라 내가 네게 응답하겠고 네가 알지 못하는 크고 은밀한 일을 네게 보이리라"(렘 33:3). 이보다 더 많은 말씀을 원하십니까? 주께서 말씀하셨으니 그가 친히 이루실 것입니다. 그분은 결코 야곱의 자손들에게 "헛되이 내게 구하라"고 말씀하지 않으셨습니다.

주께서 기도를 듣지 않으시면, 또 그의 백성을 환난 중에 돕지 않으시면, 그분은 스스로 큰 실패자가 되실 것입니다. 하나님이 기도를 듣지 않으시면, 그분은 그분의 지혜가 계획한 모든 것을 잃으실 것이며, 그분의 주권이 명하신 모든 것, 그분의 사랑이 시작하신 모든 것, 그분의 능력이 이루신 모든 것, 그분의 마음이 정하신 모든 것을 잃으실 것입니다. 여호와께서 기도를 듣지 않으신다면, 그것은 마치 아버지가 자기 자녀의 음성을 듣지 않는 것과 같습니다. 그렇게 된다면 그분은 아버지의 마음에 그토록 매력적인 대상을 잃어버리는 셈이며, 또 그분의 사랑이 가득한 마음에 큰 위안이 되는 대상을 놓치게 되는 셈입니다. 나는 그분이 그렇게 하시지 않을 거라고 느낍니다. 그분은 나를 잊어버리는 일이 없도록 그분의 손바닥에 나를 새기셨기 때문입니다. 오, 그렇습니다. 내 하나님은 내 기도를 들으십니다. 그분의 진리와 명예가 그분이 자기 자녀의 호소를 거절하심으로써 위태롭게 될 수는 없습니다.

3. 호의 그 자체 — 하나님이 내게 귀를 기울이신다는 사실

이제 세 번째로 여러분이 은혜 그 자체에 주목하기를 바랍니다. "나의 하나님이 나에게 귀를 기울이시리로다." 우리가 성경에서 "나의 하나님이 나에게 귀를 기울이시리로다"라는 표현을 자주 발견하지는 않습니다. 우리는 그분이 기도에 '응답하신다'는 표현을 읽고, 더 빈번하게는 그분이 기도를 '들으신다'는 표현을 발견합니다. 하나님께서 항상 우리에게 응답하신다는 약속보다는 하나님이 우리에게 '귀를 기울이신다'는 약속을 얻는 것이 우리에게는 더 좋습니다. 사실상, 하나님이 자기 백성의 기도에 그들이 요청하는 그대로 항상 응답하신다는 것이 절대적인 사실이라면, 그것은 무서운 일이 될 수도 있습니다. 내 기도가 무엇이건 주님께서 내 기도에 응답하신다고 내가 절대적으로 확신한다면, 나는 오히려 기도하기를 멈칫거릴 것입니다. 만약 기도가 응답된다는 약속에 안전장치와 제한이 없다면, 나는 나 자신을 기도로 저주할 수도 있고, 그것도 짧은 몇 분의 기도로써 그렇게 할 수 있습니다. 모든 것이 우리의 선택에 맡겨지는 것은 바람직하지도 않고 가능하지도 않습니다.

만약 주님께서 "이제부터 나는 언제나 네가 기도하는 그대로 너의 기도에 응답할 것이다"라고 말씀하신다면, 나는 너무 많은 부담을 느낄 것입니다. 그럴 경우 내가 드리는 첫 번째 간구는 아마도 "주여, 그런 일이 내게 이루어지지 않게 하소서"일 것입니다. 그런 일은 내 삶의 책임을 하나님께 맡겨드리는 것이 아니라 나 자신에게 부여하는 셈이 되기 때문입니다. 그렇게 되면, 사실상 내가 내 집의 주인이 되는 셈이며, 나를 나 자신의 목자로 삼는 셈입니다. 그런 경우 내가 첫 번째로 원하는 것은 나에게서 그런 능력을 거두어달라고 하는 일일 것입니다. 나는 이렇게 외칠 것입니다. "주여, 주께서 제게 응답하기 원하시는 대로 제게 행하시옵소서. 저는 주께서 저의 기도를 들으시는 것으로 충분히 만족할 것입니다."

나는 랄프 어스킨(Ralph Erskine, 18세기 스코틀랜드 목회자-역주)이 말한 것과 같은 기도의 응답을 좋아합니다:

"들으셨으니, 이르든 더디든, 응답이 있으리
정녕 들으셨으니 응답을 얻으리.
거절당했을 때도 친절한 응답을 받은 것이요,

냉정한 대답이 올 때도 후대 받은 것이라네."

기도하는 마음에는 하나님이 들으신다는 것으로도 충분합니다.

하지만 "나의 하나님이 나에게 귀를 기울이시리로다"는 말씀을 다시 주목하시기 바랍니다. 그것은 우선, 문자적으로는 그분이 경청자로서 나의 기도를 들으신다는 것입니다. 내가 아는 한 선한 형제이자 복음의 사역자는, 하나님이 기도를 들으신다는 본문으로 말씀을 전하려고 가난한 성도 중 한 사람을 방문했습니다. 방문을 마칠 즈음 그녀가 그의 방문을 크게 즐거워했습니다. 그는 속으로 생각했습니다. '나는 겨우 한 마디 한 것밖에 없는데 그녀는 내가 그녀에게 도움이 되었다고 말하는구나.' 그가 그녀를 향해 물었습니다. "자매님, 내가 어떻게 자매님에게 도움이 될 수 있었지요? 대화를 많이 나눈 것도 아닌데요." 그녀가 대답했습니다. "아, 목사님, 목사님이 너무나 친절하게 들어주셨잖아요. 목사님은 내가 말하는 모든 것을 들어주셨는데, 그렇게 하는 사람은 아주 드물거든요." 바로 그렇습니다. 깊은 고통 중에 있는 사람은 그의 말을 잘 들어주는 누군가를 좋아합니다. 어린아이들조차 어머니에게 모든 것을 알리는 것만으로도 위로를 받습니다.

우리는 곤경에 처한 불쌍한 영혼들에게 너무 서둘러서 할 말을 다 끝내고는, 그들이 지루한 세부 사항들을 건너뛰도록 만듭니다. 하지만 이런 태도는 그들에게 불친절하게 보입니다. 그들에게는 이야기하는 것이 소중하고, 따라서 그들은 우리가 꽤 지칠 때까지 천천히 사정을 말합니다. 나도 종종 가련하고 낙심한 사람에게 서둘러 말하기도 했는데, 나중에서야 그것이 전혀 소용없다는 것을 알았습니다. 그들이 장황하게 이야기하도록 두는 것이 최상입니다. 그것이 그들에게 도움이 됩니다. 인내심 있는 경청자에게 마음을 털어놓고 말하는 것은 무거운 짐을 진 영혼에게 큰 위안이며, 그 사람의 마음은 그 자신의 방식으로 힘을 얻습니다. 여기에 달콤한 확신이 있습니다. "나의 하나님이 나에게 귀를 기울이시리로다."

내 상태가 아주 나빠서, 내 말은 중간에 끊어지고, 내가 큰 고통으로 신음할 수 있지만, 나는 같은 말을 하고 또 반복할 수 있습니다. 내 짧은 말들이 전체적으로 어리석은 것일 수도 있습니다. 하지만 "나의 하나님이 나에게 귀를 기울이시리로다." 그분은 서두르지 않으십니다. 그분은 인내의 하나님이십니다. 그분은 나의 지루한 말을 경청해주시고, 우울하고 시시콜콜하게 아뢰는 말도 참고 들으실 것입니다. 어느 고대의 뱃사람은 그의 지루한 뱃노래를 듣고 싶어 하지 않는 결혼식 손님들을 억지로 붙잡아두었지만, 나는 하나님께 대하여 그렇게 할 필요가 없습니다. 내 하나님은 기꺼이 나의 말을 처음부터 끝까지, 신음소리까지 포함하여 모두 들어주실 것이기 때문입니다. "나의 하나님이 나에게 귀를 기울이시리로다."

또한, 주님은 긍휼이 가득한 친구로서 들어주실 것입니다. 어떤 사람들은 듣고 있어도 듣지 않습니다. 당신이 그들에게 당신의 이야기를 들려주어도, 그것이 당신에게 조금도 도움이 되지 않습니다. 왜냐하면 그들의 마음은 마치 당신에게서 멀리 떨어져 있는 것처럼 당신의 사정에 조금도 감동이 없기 때문입니다. 그들은 그저 속으로 이렇게 말하고 있을 것입니다. '우리가 이 가난하고 나이 많은 부인의 이야기를 들어주어야지. 그것이 그녀를 기쁘게 할 거야.' 하지만 그것이 그녀를 기쁘게 하지 않습니다. 그녀가 그들에게는 긍휼이 없고 동료로서의 느낌도 없다는 것을 알아채기 때문입니다. 당신이 당신의 이야기를 들려주고 싶은 사람은 당신과 함께 우는 사람입니다. 즉 진정으로 당신의 고통에 함께 괴로워하는 사람이지요. 당신이 느끼는 것처럼 느끼는 사람이 당신에게 있다는 것은 큰 위로가 됩니다. 그런 사람은 당신이 어리석을 때 당신처럼 어리석어 보이고, 당신이 초조할 때 함께 초조하고, 당신이 신음할 때 함께 신음합니다.

일전에 한 작은 소녀가 말했습니다. "엄마, 저는 이해할 수가 없어요. 스미스 부인이 제가 그녀에게 아주 좋은 일을 했대요. 엄마, 불쌍한 스미스 부인은 남편을 잃으셨고, 그래서 매우 슬퍼하신답니다. 그녀가 앉아서 우시길래, 저는 일어나 제 뺨을 그녀의 뺨에 대고 울면서 제가 그녀를 사랑한다고 말했답니다. 그때 그녀가 나를 사랑한다고 말하면서, 내가 그녀에게 위로가 되었다고 했어요."

바로 그렇습니다. 그것이 진실한 위로입니다. 그렇지 않습니까? "우는 자들과 함께 울라"(롬 12:15). 그것이 바로 하나님이, 내 하나님이 나에게 귀를 기울이시는 방식입니다. 나와 함께 느끼시고, 나를 긍휼히 여기시는 것입니다. "그들의 모든 환난에 동참하사 자기 앞의 사자로 하여금 그들을 구원하셨도다"(사 63:9, KJV에서 "자기 앞의 사자"는 "그의 임재의 천사"임-역주). "내가 너와 함께 한다"고 주께서 말씀하십니다.

"네 모든 탄식과 신음을 내 마음이 느끼니
너는 내게 가까운 자이고, 내 살과 뼈이기 때문이라.
네 모든 환난 속에서 너의 머리(Head)가 고통을 느끼니
필요한 환난이 허락되었고, 하나도 헛되지 않으리라."

"나의 하나님이 나에게 귀를 기울이시리로다." 그분이 나에게 귀를 기울이시고, 나를 측은히 여기십니다.

"나의 하나님이 나에게 귀를 기울이시리로다." 즉 그분이 돌이켜 나를 구별하여 생각하시며, 사람들의 성급한 판단에 의해 내가 정죄당하는 것을 허락하지 않으십니다. 그분은 마치 재판장이 참을성 있게 송사를 듣는 것처럼 나에게 귀를 기울이십니다. 다른 사람들이 와서 나를 반대하여 떠들어대며, 나에게서 해명의 말을 한 마디도 듣기를 거부하지만, 내 하나님은 나에게 귀를 기울이십니다. 그것이 거룩한 족장 욥의 멋진 발언이었습니다! 그가 이런 발언을 했을 때 그는 그가 아는 것 이상의 말을 한 것입니다. "내가 알기에는 나의 대속자가 살아계신다"(욥 19:25). 그의 무정한 친구들은 그를 심하게 비난했습니다. 욥은 자기를 위해 소리를 높였지만, 아무 소용이 없었습니다. 그는 자신의 사정을 성공적으로 호소할 수 없었고, 그래서 필사적으로 외쳤습니다. "나에게는 내 사정을 알아주실 하나님이 계신다. 만약 내가 살아있는 동안 그분이 그렇게 하시지 않더라도, 나는 그분이 살아계신 것을 안다. 내 피부의 벌레들이 내 몸을 파먹은 후에라도, 내 육체 안에서 나는 그분을 뵈올 것이며, 그러면 나는 이 허위진술로부터 혐의를 벗을 것이다. 나는 이 혐의에서 건짐을 받을 것이다. 나는 내가 그렇게 될 것을 안다. 내 하나님이 나에게 귀를 기울이실 것이다. 그분이 내 송사를 철저하고 옳게 들으시고 내게 정의를 베푸실 것이다. 그리고 나는 직접 내 눈으로 그분을 뵙게 될 것이다." 욥은 마지막에 송사가 해결될 것이라고 확실히 느꼈습니다.

사랑하는 하나님의 자녀여, 여러분도 동일하게 행할 수 있습니다. 여러분의 성품이 악의적인 혀에 의해서 해를 입지 않을 것입니다. 그들이 당신을 반대하여 거짓말을 합니다. 그들이 당신의 말을 듣기를 거절합니다. 그들이 당신의 말을 왜곡합니다. 그들이 당신을 향해 비난을 퍼붓습니다. 하지만 당신의 하나님이 당신에게 귀를 기울이실 것입니다.

다음으로, 모든 사랑하는 성도가 당연히 얻을 수 있는 결론이 있습니다. 하나님이 우리 사정을 끝까지 잘 들어주시듯이, 또한 그분은 틀림없이 우리를 돕는 분(Helper)으로서 들어주실 것입니다. "나의 하나님이 나에게 귀를 기울이시리로다."

하나님의 자녀여, 이 약속을 당신의 손에 쥐고, 또 당신의 가슴에 간직하고 가십시오. "나의 하나님이 나에게 귀를 기울이시리로다." 그것을 마술 지팡이처럼 사용하십시오. 그것을 당신이 원하는 방향으로 돌리십시오. 그러면 당신의 길이 명확해질 것입니다. 당신은 먼 나라에 복음을 전하러 갈 예정입니다. 어쩌면 당신의 마음은 무거워서 가라앉고 탄식이 나올 것입니다. "이런 일에 누가 충분할까?" 당신의 마음을 하나님을 향해 드십시오. 그러면 그분의 은혜가 당신을 위해 족할 것이며, 그분의 능력이 당신의 약함 속에서 온전해질 것입니다. 하나님이 당신에게 귀를 기울이시기 때문입니다. 혹 당신은 오늘 밤 아픈 사람의 집에 가야 하며, 당신에게 소중한 한 사람을 잃게 될지도 모릅니다. 당신의 귀에 이 말씀이 들렸으니, 기운을 얻을 것입니다. "나의 하나님이 나에게 귀를 기울이시리로다." 어쩌면, 당신 자신이 병들어 죽게 될 수도 있습니다. "요단이 범람할 때 내가 무엇을 할까?"라고 당신은 스스로에게 묻습니까? 여기에 행복한 대답이 있습니다. "나의 하나님이 나에게 귀를 기울이시리로다."

나는 그분에게 부르짖을 것입니다. 그러면 그분이 내게 응답하실 것입니다. 그분은 자기의 손으로 만드신 작품에 바라시는 것이 있습니다. 그렇습니다. 비록 내가 사망의 음침한 골짜기로 내려갈지라도 나의 하나님이 나에게 귀를 기울이실 것입니다. 내가 무덤에 누울 때도 내 하나님이 나를 기억하실 것이며, 그분이 나팔 소리로 나를 깨우실 것이며, 내 몸은 다시 살 것입니다. 나의 하나님은 내가 그분의 보좌 앞에서 그분을 찬송하며 노래하는 것을 들으실 것입니다. 나의 전 존재가, 나를 사랑하여 나를 구덩이에서 건지시고 그의 오른편에까지 높이신 분을 향해 "할렐루야, 할렐루야, 할렐루야"라고 기쁨의 소리를 높여 외칠 때, 나의 하나님이 영원히 나에게 귀를 기울이실 것입니다.

4. 이 노래를 소유한 사람 — "나의 하나님이 나에게 귀를 기울이시리로다."

이 본문과 관련하여 나의 유일한 슬픔은, 여러분 중에서 그 입술로 이 구절을 정직하게 말할 수 없는 사람에 대한 것입니다. 당신은 진실하게 "나의 하나님이 나에게 귀를 기울이시리로다"라고 말하지 못했습니다. 그래서 나는 "나의 하나님이 나에게 귀를 기울이시리로다"라는 이 구절에 해당하는 사람이 어떤 사람인지를 언급함으로써 말씀을 맺으려 합니다. 그분이 당신에게 귀를 기울이실까요? 사랑하는 이여, 당신은 죄의식 아래 의기소침한 상태입니까? 당신은 용서를 구합니까? 그분이 당신에게 귀를 기울이실 것입니다! 당신은 죄 없이 살지 못하는 것 때문에 무거운 짐을 졌습니까? 당신은 모든 악에서 벗어나고 싶습니까? 그분이 당신에게 귀를 기울이실 것입니다! 당신은 의를 위하여 핍박을 받습니까? 당신 가문의 사람들이 당신의 원수로 변했습니까? 그분이 당신에게 귀를 기울이실 것입니다! 그리고 당신은 예수님을 위하여 고난을 받기에 합당한 자로 여김을 받은 것으로 기뻐하게 될 것입니다. 당신은 기도의 결과에 대해 확신합니까? 실망하지 않을 것입니다. 당신의 하나님이 당신에게 귀를 기울이실 것입니다. 당신은 오랫동안 기도해왔습니까? 그 끈질긴 간청을 중단하지 마십시오. 오히려 이 확실한 믿음을 가지고 위로를 받으십시오—나의 하나님이 나에게 귀를 기울이시리로다! 이제 당신은 십자가에 달리신 예수께 와서 그분의 팔에 당신을 던지겠습니까? 하나님이 당신에게 귀를 기울이십니다. 용기를 내십시오.

오 나의 사랑하는 청중이여, 여러분에게 하나님이 계십니까? 이상한 질문이지만, 나는 눈물로 여러분을 압박하며 묻습니다, 여러분에게 하나님이 계십니까? 여러분에게 하나님이 안 계시면, 당연히 큰 홍수가 닥칠 때 여러분의 말을 들어줄 이는 아무도 없을 것입니다. 내 사랑하는 친구여, 만약 당신이 세상을 당신의 신으로 삼는다면, 그것이 환난 날에 당신의 말을 들을 수 없습니다. 당신이 큰 부자이고, 많은 부동산을 소유했더라도, 나는 하나님도 없고 은혜의 보좌도 없는 당신의 자리를 차지하느니, 차라리 구빈원(救貧院)의 가장 가난한 자리를 차지하더라도 믿음을 가진 영세민이 되기를 원합니다.

사람들이 하나님 없이 어떻게 사는지 모르겠습니다. 만약 한 사람이 나에게 "저에게 먹을 빵이 한 조각도 없답니다"라고 말한다면, 나는 그가 어떻게 살아가는지 궁금히 여길 것입니다. 하지만 한 사람이 "나는 절대 기도하지 않습니다. 하나님은 절대 나에게 귀를 기울이시지 않습니다"라고 말한다면, 나는 마찬가지로 궁금하게 여길 것입니다. 어떻게 그 불쌍한 인간이 생존할 수 있을까요? 지금은 여러분 다수에게 불경기입니다. 여러분은 세상의 위로를 많이 갖지 못했습니다. 정말이지 여러분 가운데 어떤 이들은 일할 곳을 찾을 수 없습니다. 그런 당신에게, 그 앞으로 달려갈 하나님이 안 계신다면 당신이 무엇을 하겠습니까? 때때로 여러분은 나처럼 두통을 앓는다고 생각합니다. 나는 염려와 근심이 나에게 그런 것처럼 여러분의 마음을 상하게 한다고 생각합니다. 나는 여러분에게도 나와 마찬가지로 어려움이 있고, 또 여러분이 풀 수 없는 매듭들이 있다고 생각합니다. 그런데 하나님 없이 어떻게 여러분의 영혼이 살아 있을 수 있나요? 나는 기도 없이는 한 날도 살지 않도록, 내 하나님을 의지하지 않고는 한 날도 살지 않도록, 하나님께 기도합니다. 그런데 여러분 중 어떤 이들은 기도 없이 어떻게 견뎌내고 있습니까?

나는 당신이 시름을 달래려고 술에 취하는 것을 이상히 여기지 않습니다. 나는 당신이 시시한 놀이와 공연들과 모든 종류의 어린이 장난감 같은 것들을 가지고, 근심을 지우려 하는 것을 이상히 여기지 않습니다. 당신에게 무겁게 다가오는 불행들을 잊도록 도울 수 있는 어떤 다른 것이 당신에게는 필요하기 때문입니다. 하지만 지혜로운 생각들을 몰아내는 것이 미친 일 아닌가요? 당신 자신의 생각을 두려워하는 것이야말로 정말이지 비참한 일이 아닐 수 없습니다! 당신은 감히 당신의 방에서 단 반 시간도 앉아서 생각하지 못합니다. 그렇게 하면 죽는 것에 대해 생각해야 하고, 또 하나님 없이 죽는다는 생각을 당신은 견디지 못하기 때문입니다. 당신은 지옥과 다가올 심판에 대해서도 생각해야 할지 모릅니다. 그런 생각을 당신은 견디질 못합니다. 만약 당신이 감히 그런 것들을 생각하지도 못하면, 어떻게 그런 일들을 감당하겠습니까?

오 가련한 영혼들이여, 불쌍한 영혼들이여, 여러분은 정말이지 슬픈 상태에 있습니다! 하지만 그런 상태에 머무를 필요는 없습니다. 누구든지 하나님을 자기의 하나님으로 모시기 원한다면, 은혜가 그에게 그런 소원을 준 것입니다. 만약 여러분이 그리스도를 원하면, 여러분은 그분을 소유할 수 있습니다. 값이 무엇입니까? 전혀 없습니다. 그분을 값없이 받으십시오. 예수 그리스도를 믿으십시오. 그분에게 당신을 맡기십시오. 그러면 하나님은 당신의 하나님이십니다. 그러면 당신은 충만한 기쁨과 감사로 길을 갈 수 있을 것입니다. 예수님을 위하여, 하나님이 여러분에게 복과 위로를 주시기 바랍니다. 아멘.

제
11
장

진압된 죄

"[주께서] 우리의 죄악을 발로 밟으시고" - 미 7:19

최근에 나는 내 수금을 '용서받은 죄'라는 곡을 위해 조율했습니다. 그리고 우리는 다윗의 말을 으뜸음으로 잡고 '피로 산 용서'에 대해 노래했습니다—"그가 네 모든 죄악을 사하시며"(시 103:3). 그것은 우리 모든 심령에 달콤한 주제입니다. 우리 모두 그 안에서 분깃을 가졌으며, 우리 모두 죄가 많으며, 우리 모두 용서받을 필요가 있기 때문입니다. 그래서 우리 영혼은 높이 울리는 심벌즈 소리에 맞추어 춤을 추었고, 은혜로우신 우리 하나님이 예수님을 믿는 모든 자에게 주신 완전한 용서를 기뻐했습니다.

하지만 사랑하는 이여, 죄의 용서만으로 우리에게 충분한 것이 아닙니다. 우리는 그와 동등하게 또 다른 긴급한 필요가 있습니다. 비록 주님께서 우리의 모든 죄를 용서하신다고 해도 우리는 그것만으로 행복할 수 없습니다. "그가 네 모든 죄악을 사하시며"(시 103:3)는 우리가 거기에 "네 모든 병을 고치시며"(시 103:3)라는 곡조를 더하기까지는 완전한 곡이 아닙니다. 우리는 우리 안에 죄를 짓는 성향이 있는 것을 느낍니다. 그 성향은 곧 우리의 슬픔입니다. 이 성향으로부터 우리는 해방되어야 합니다. 그렇지 않으면 우리는 한쪽 팔목에서 수갑을 풀었지만 다른 한쪽 팔에서는 살을 파고드는 쇠사슬을 느끼는 포로와 다를 바가 없습니다. 우리는 죄를 짓는 모든 성향에서 구원받기를 원합니다. 그렇습니다. 그 권세로부터 온전히 구출되기를 원합니다.

하나님께서 이제 우리에게 새 생명을 주셨으니, 새 생명의 삶은 죄라는 사슬의 마지막 연결고리가 완전히 풀어질 때까지는 쉽지 않을 것입니다. 우리가 거듭난 이후에도 여전히 안식이 없는 것은 의와 참된 거룩함에서 온전히 우리 하나님을 닮는 일에서 우리가 한참 모자라기 때문입니다. 우리 안에 있는 하늘의 씨는 반드시 자라야 하고, 또 자랄 것입니다. 그것이 우리 영혼 안에서 커질수록 그것은 악의 세력을 몰아낼 것입니다. 왜냐하면 그것은 악의 작은 부분이라도 참을 수 없기 때문입니다. 우리는 지금 "타협이 불가능한 자들"로 불릴 수 있는데, 그 이유는 우리가 악과 평화롭게 지낼 수 없기 때문입니다. 우리는 죄를 용인할 수 없습니다. 그것을 생각만 해도 우리에게 고통이 됩니다. 우리가 죄의 행동에 빠질 때 우리는 즉시 쓰린 통증을 느낍니다. 우리는 정결하기를 갈망하며, 거룩해지기를 열망합니다. 그리고 우리가 온전히 그렇게 되기까지 우리는 결코 만족하지 않을 것입니다.

사랑하는 친구들이여, 성령에 의해 각성한 우리는 본성상 죄의 권세 아래에 있음을 발견합니다. 우리가 죄의 지독한 폭정에서 벗어나기란 쉬운 일이 아닐 것입니다. 큰 힘이 부여되지 않으면 쇠사슬은 끊어지지 않습니다. 거룩한 삶에서 우리가 조금 경험해온 것이, 우리로 우리 앞에 거대한 어려움이 있다는 것과 위로 향하는 우리의 여정이 투쟁과 수고의 과정인 것을 보게 해 줍니다. 우리의 본성은 엄청난 지배력이 있으며, 그 권세는 쉽사리 극복되지 않습니다. 타락 이후로 죄는 우리를 장악했습니다. 우리의 이 육체는 악한 것을 열망합니다. 우리 본성의 습성들은 그 자체로 죄로 가득하지는 않으나, 우리의 타락한 마음에 의해 육욕과 범죄의 기회가 되고 맙니다. 우리가 먹고, 마시고, 이야기하고, 잠잘 때마다, 이런 각각의 조건들에서 죄를 지으려는 성향이 있습니다. 가장 단순한 움직임에서도 우리의 악한 것이 솟아날 수 있습니다.

우리가 인간이라는 사실에 수반하여 일어나는 행위들—도덕적으로 선하지도 악하지도 않은 행위들—도 그 속에 죄가 알을 놓고 부화시키는 둥지가 될 수 있습니다. 그래서 우리의 모든 성향이, 심지어 그 자체로는 자연스럽고 적절하여도, 우리 본성 안에 내재하는 죄를 통해 쉽게 오염되고 부패할 수 있습니다. 죄는 수원(水源)에 독을 퍼뜨립니다. 죄는 우리의 뇌 안에 있습니다. 우리는 그릇되게 생각합니다. 죄는 우리 마음에 있습니다. 우리는 악한 것을 사랑합니다. 죄는 재판관을 매수하고, 의지를 중독시키고, 기억을 왜곡합니다. 우리는 거룩한 문장은 잊으면서도 나쁜 말은 기억합니다. 거대하게 솟아올라 육지를 덮치는 바다처럼, 모든 계곡에 침투하고, 모든 평지를 물에 잠기게 하며, 모든 산까지도 침범하는 거대한 바닷물결처럼, 죄는 우리의 본성 전체에 침투합니다.

이 홍수가 어떻게 누그러질 수 있을까요? 이 원수는 너무나 넓게 지배하고, 너무나 강력하게 참호를 구축하였으니, 어떻게 격퇴할 수 있을까요? 어떻게든지 그것은 격퇴되어야 하고, 그 모든 일부까지도 쫓겨나야만 합니다. 그렇게 되기까지 우리는 결코 쉬지 않을 것입니다. 하지만 누구에 의해 죄가 격퇴되는 것입니까? 이 본문의 확신이 얼마나 만족스러운지 모릅니다. "[주께서] 우리의 죄악을 발로 밟으시리라."

우리는 우리의 내적 원수들이 외부의 동맹군들로부터 지원을 받는 것을 발견합니다. 악한 자의 수중에 있는 세상은 언제든 우리 안에서 그의 지배를 지원할 태세가 되어 있습니다. 거리를 따라 내려갈 때마다 우리는 우리를 오염시키는 언어를 듣습니다. 회계처리에서 유혹을 받지 않고 거래하기란 여간 어렵지 않습니다. 우리가 집에 머물 때도 유혹이 있고, 밖에 있을 때도 마찬가지입니다. 은퇴한 사람들도 죄에서 자유롭지 않습니다. 그들의 은퇴 자체가 절박한 의무를 회피하는 죄악된 이기심일 수 있습니다. 우리는 어느 정도 자기 자신의 위험을 무릅쓰지 않고서는 타인에게 선을 행할 수 없습니다. 만약 우리가 우리 자신의 영적 안위를 위태롭게 하지 않으려는 경건한 노력을 중단한다면, 우리는 이미 올무에 빠진 것입니다. 정치의 영역에서 나라의 복지를 위한 순수한 열망으로 어느 정도 참여하려면 오염된 공기를 마시지 않을 수가 없습니다. 우리가 불안정한 토대 위에 서 있다는 것을 느끼지 않고서는 사회악을 억제하는 시도를 할 수가 없습니다. 하지만 우리는 따르는 위험 때문에 의무를 회피해서는 안 됩니다. 우리는 마치 손가락이 닿으면 움츠리는 민감한 식물처럼 움츠러듭니다. 사람들과 섞일 때 접촉하게 되는 죄 때문에, 우리는 모든 감각을 접고 말아서 움츠립니다. 우리는 종종 영혼의 출입문과 창문을 닫습니다. 밖에 있는 원수들이 내부에 있는 원수들을 부르면서 다음과 같이 소리치고 있음을 의식하기 때문입니다—"우리는 머지않아 그를 정복할 것이다."

게다가, 그 비밀스러운 영 곧 마귀는 언제든 우리의 육신을 흥분시키고 세상을 부추길 준비가 되어 있습니다. 내가 듣기에 어떤 사람들은 그의 존재를 불확실하게 여긴다고 합니다. 그들은 그와 너무 친해서 그를 배신하려고 하지 않습니다. 그래서 그들은 그가 그들의 마음속에 숨어 있는 것을 부인합니다. 하지만 그를 원수로 여기는 사람들은 그를 숨기려고 시도하지 않으며, 오히려 수치스러운 마음으로 그의 힘을 의식하고 있다고 시인합니다. 그로부터 불어온 바람이 가장 고요한 경건의 시간에도 우리 영혼을 휩쓸고 지나갑니다. 그러면 즉시로 우리는 방해를 받고 마음이 흐트러집니다. 우리의 모든 생각이 하늘을 향하고 있었지만, 한순간에 그 모든 생각이 바닥없는 구덩이로 잠긴 것 같이 느껴집니다. 순전히 저 악한 영이 그의 용의 날개를 은밀하게 우리 위에 펼쳐서 끔찍한 하강 기류를 만들어냈기 때문입니다. 그것을 우리의 빈약한 머리로는 즉각 저항할 수가 없었던 것입니다.

그러므로 우리는 싸워야 하는데, 단지 죄와 싸울 뿐 아니라, 마치 기브온 사람처럼 마귀를 위하여 나무 패고 물 긷는 역할을 하는 육체와도 싸워야 합니다. 우리는 또 세상과도 싸워야 하는데 그것은 "악한 자 안에 처하였고"(요일 5:19) 죄의 목구멍까지 차올랐습니다. 또 우리는 사탄과도 싸워야 합니다. "우리의 씨름은 혈과 육을 상대하는 것이 아니라"(엡 6:12). 만약 그렇지 않았더라면 우리는 칼을 차고 가서 치고, 휘두르며, 베고, 찌르며, 싸움을 끝냈을 것입니다. 하지만 우리는 "통치자들과 권세들과 이 어둠의 세상 주관자들과 하늘에 있는 악의 영들을 상대합니다"(렘 6:12). 그러니 우리가 얼마나 불쌍하고, 허술하고, 힘없고, 약한 존재인지요? 우리가 이 거대하고 힘센 왕들을 제압할 수 있을까요? 그렇게 많은 동맹이 우리를 대적하는데 우리가 무엇을 할 수 있을까요? 우리가 어떻게 될까요? 오늘의 본문이 그 질문에 답합니다: "[주께서] 우리의 죄악을 발로 밟으시리라." 우리의 죄를 용서하신 복되신 하나님이 또한 그것들을 정복하실 것입니다. 그들이 우리를 상대하여 싸우더라도, 그분이 능히 그들의 상대가 되어 주실 것입니다. 그들의 싸움은 파멸로 끝날 것입니다. 전능자가 우리의 마음에 진군하셔서 죄의 권세를 짓밟으실 것입니다. 그 이름이 '충신과 진실'(참조. 계 19:11)이신 분이 불굴의 힘과 신적 위엄으로, 빽빽이 늘어선 어둠의 군대와 싸우실 것이며, 마침내 우리는 이길 것입니다. "우리 주 예수 그리스도로 말미암아 우리에게 승리를 주시는 하나님께 감사하노라"(고전 15:57).

1. 죄의 매혹적인 힘

나는 일곱 가지 요점을 간략히 말하려고 합니다. 만약 시간 문제로 그렇게 할 수 없다면, 이 일곱 요점은 하나님이 굴복시키실 악한 힘의 여러 국면을 제시하는 정도가 될 것입니다.

하늘의 생명이 그 속에서 숨쉬기 시작할 때 사람이 인식하는 악의 힘 중에서 첫 번째에 속하는 것은 죄의 매혹적인 힘입니다. 영혼 안에 있는 은혜가 그저 작은 불꽃 같아서 아직 환하게 밝지 못할 때, 그 사람은 아직 악의 매혹에 이끌리고 있다는 것을 발견하고는 깜짝 놀랍니다. 내 생각을 이 외에 다른 어떤 말로 표현해야 할지 모르겠습니다. 사탄은 사람들에게 주문을 겁니다. 사람들이 와서 복음을 듣고, 복음에 감화를 받으며, 죄에서 벗어날 노력을 하는 것이 타당하다고 깨닫습니다. 그들은 성결의 아름다움을 인식하고, 하나님의 구원의 길이 매우 영광스러운 것을 봅니다. 그들은 예수 그리스도를 믿음으로 복종하기 시작합니다. 하지만 그들은 죄에서 벗어나지 못하고, 그리스도의 구원을 붙잡지도 않으며, 마치 몽롱하게 취한 듯이 이성과 반대로 행동하는 사람으로 남습니다. 어떤 경우에는 한 가지 죄가, 어떤 경우에는 다른 죄가, 마치 사람을 쳐다보거나 입김을 불기만 해도 사람을 죽일 수 있다는 전설의 뱀이 매혹하는 것처럼 사람들을 매혹합니다. 어떤 뱀들은 단지 눈을 고정하여 바라보는 것만으로 먹이를 마비시킨다고 하는데, 어떤 죄들은 그 죄의 영향력 아래에 있는 사람들을 그런 식으로 마비시키기 때문에, 아무도 깨어나 도망치지 못합니다. 죄는 사람들을 미치게 만듭니다. 이성에 반하여, 최상의 유익에 반하여, 그들은 그들을 파멸시킬 것이라고 그들이 아는 것을 따라갑니다. 쇠로 된 족쇄를 차고 있지 않아도 그들은 노예입니다. 벽 안에 둘러싸이진 않았어도 그들은 포로입니다. 악의 마술이 그들을 그물 안에 사로잡았고, 보이지 않는 줄로 그들을 묶었으며, 거기서 그들은 빠져나가지 못합니다.

많은 경우에 사탄은 사람들에게 최면의 힘을 발휘합니다. 그는 그들을 잠에 빠지게 합니다. 나는 최면술에 무엇이 있는지 없는지 모르겠지만, 사탄이 사람들에게 거는 주문의 악마적인 잠에는 무언가가 있다는 것을 압니다. 그들은 깨어나서, 깜짝 놀라고, 살기 위해선 벗어나야 하는 것을 인식하면서도, 곧 다시 팔을 포개고, 좀 더 잠들기를 청합니다. 그들은 불과 몇 시간 전에 머리털이 쭈뼛해지는 광경을 보고서도 다시 고개를 끄덕이며 잠을 잡니다. 그들은 그들이 두려워했던 행동, 즉 악하고 파괴적이라고 그들이 아는 행동으로 되돌아갑니다. 그리고 그들이 거의 빠져나왔었던 사탄과 언약을 갱신합니다. 영혼의 문제에서,

여러분은 사람들을 단지 깨우는 것으로 그쳐서는 안 되며, 그들을 계속해서 깨어 있도록 해야 합니다. 북극 여행자에게 추위 속에 잠들고 싶은 성향이 찾아옵니다. 그가 저항할 수 없는 성향입니다. 그의 동료가 잠을 깨우고 또 혼수상태에서 흔들어 깨웁니다. 하지만 이내 그는 다시 잠들기를 원합니다. 동료들이 그를 둘 사이에 세워서 걷게 하고, 그를 깨어 있게 하려고 애를 씁니다. 하지만 그는 여전히 소리칩니다. "나를 자게 내버려둬." 그는 누워서 잘 수 있도록 허락해달라고 애걸합니다.

바로 그것이, 지금 이 자리에 참석한 여러분 중의 어떤 사람들에게 사탄이 발휘하는 영향력입니다. 당신이 바라는 것은 그저 당신을 가만히 두는 것입니다. 당신에 대한 염려나 당신을 향한 경고도 외면하고, 계속해서 죄를 짓기를 바랍니다. 나는 때때로 당신을 흔들어 깨웠습니다. 적어도 나는 그렇게 하려고 노력했습니다. 결국, 당신은 잠에 빠졌고, 아직 잠들어 있으며, 당신 아래에 지옥이 있고, 하나님의 진노가 당신 위에 있는데도, 고개만 꾸벅거리고 있습니다. 당신은 스스로 결정할 수 없는 것으로 보입니다. 결심할 수도 없는 것으로 보입니다. 당신은 죄로부터 도망칠 수 없는 것처럼 보입니다. 당신은 신비스러운 줄에 묶여 있습니다. 모든 줄 가운데서 최악의 줄, 즉 졸다가 당신 스스로 멸망에 떨어지게 만드는 무서운 무관심의 줄에 묶여 있습니다. 어느 불경한 사람이 정신을 차렸을 때, 아직 그에게 새로워질 수 있는 희망이 있는 동안에, 만약 죄에 의해 그에게 걸린 이상한 마법의 영향이 없다면, 여전히 그 모습 그대로 남아 있기를 원할까요? 어떤 마술이 죄의 마술에 비길 수 있을까요? 어떤 다른 마법이 사람들을 그런 무감각에 빠뜨릴 수 있을까요? 만약 내가 오늘 밤 이곳에서 "불이야, 불이야!"라고 외칠 수 있다면, 여러분 중 대다수는 1층 현관문이나 창문으로 달려갈 것입니다. 하지만 우리가 그보다 무한대로 나쁜 것, 즉 다가올 진노와 전능하신 하나님의 분노에 대해 말할 때, 여러분은 전혀 놀라지 않습니다. 그것에 관한 모든 말을 그저 편하게 앉아서 듣습니다. 미래의 운명에 관한 이야기를 듣고 또 듣지만, 끝내 사람들은 그것을 마치 나이 많은 부인의 옛 이야기 이상으로 생각하지 않으며, 여전히 죄 속에서 잠들어 있습니다.

나는 이 마법이 어느 정도 각성한 사람들을 매혹한다는 것을 알았습니다. 수 개월 혹은 수 년간 그들은 깨어 있었고, 외관상 아주 진지해졌습니다. 그런 후, 모든 죄가 속이는 노래로 그들을 매혹하자, 그들은 개가 그 토하였던 것에 돌아가고 돼지가 씻었다가 더러운 구덩이에 도로 누운 것처럼 돌아갔습니다.

지금 나는 이런 생각을 하며 위안을 받습니다. 만약 여러분 안에 생명이 있다면, 하나님께서 여러분에게 구원을 위하여 그의 아들 예수 그리스도를 바라보게 하실 수 있다면, 그분은 또한 여러분의 죄를 진압하실 것입니다. 사람이여, 하나님이 당신을 저 마법사의 지팡이에서 벗어나도록 도우실 것입니다! 죄가 더는 당신을 속여서 함정에 빠뜨리지 못할 것입니다. 그분이 영원한 일들을 거룩한 성령의 능력으로 당신에게 제시하여, 당신으로 더는 무모하게 잠들지 않게 하실 것입니다. 그분이 당신에게 죄와 의와 다가올 심판에 대하여 확실히 깨우쳐주실 것이며, 저 마법사를 죽이시고, 그의 마법을 깨뜨리시며, 당신을 그의 흑마법에서 풀어주실 것입니다. 이 은혜의 시간에 주님께서 미혹된 모든 자를 풀어주시길 바랍니다. 그분이 마법사의 주문을 푸는 말씀을 선언하시고, 그리하여 우리에게 이 본문의 말씀이 성취되길 바랍니다. "[주께서] 우리의 죄악을 발로 밟으시리라."

2. 죄의 우울하게 만드는 힘

대부분의 사람들에게 죄의 세력의 두 번째 형태는 우울하게 만드는 힘입니다. 사람들이 정말 깨어나고, 더는 죄의 마법 아래에 있지 않을 때, 사탄과 그들의 육체와 또 그들 속에 거하는 죄는 서로 공모하여, 그들로 그들에게는 구원의 희망이 없다고 생각하게 만듭니다. 그 악한 것들이 중얼거립니다. "네가 구원받으려고 노력해도 소용없어. 너에게는 전혀 승산이 없어." 그 유혹자들이 조롱하며 외칩니다. "너의 죄들을 보라! 너의 죄들을 보라!" 사탄은, 전에는 우리가 죄를 바라보는 것을 원치 않았지만, 별안간 우리로 자기를 점검하고 죄를 자백하도록 하는데 열심입니다. 거짓의 아비인 그는 이따금 진실이 그의 목적에 부합된다는 것을 발견하고는 무서운 결과를 위해 그것을 사용합니다. 하지만 그때도 그는 진실을 거짓을 뒷받침하기 위해 사용합니다. 그는 마음에 이런 생각을 넌지시 불어넣습니다. "만약 네가 죄를 너무 많이 짓지 않았더라면 구원받을 수도 있었을 거야. 하지만 너는 죄를 산더미처럼 쌓아서 자비의 허리를 부러뜨려놓았지. 그러니 너는 절대로 구원받지 못해." 그런 다음 두 번째 암시를 던집니다. "너는 네가 이미 노력했었다는 것을 알잖아. 너는 한동안 아주 꾸준했지. 하지만 모든 것이 망가졌어. 이런 가망 없는 일을 다시 무모하게 시도하는 것은 아무런 소용이 없지. 너는 변절자 중의 한 사람이야. 너에게는 전혀 희망이 없어. 네가 얼마나 거짓된 사람인지 너도 알잖아? 네가 아무리 결심을 해도 다시 어길 것이 틀림없어. 너는 완전한 실패자이니, 새로 시작해도 마찬가지일 거야." 그때 그 영혼에는 이런 침울한 생각이 다시 찾아옵니다. "어쩌면 죄인들을 위하여 자비가 베풀어진다는 것이 결국은 진실이 아닐 거야. 그 설교자가 말한 것과는 달리, 예수의 피에 그 정도의 능력이 있다는 것은 불가능해." 사람을 일단 의심의 철로 위에 올려놓으면, 누구든 그를 원하는 만큼 끌고 갈 수 있습니다. 한 사람이 한때 내가 따랐던 방식으로 의심하는 것을 보면 흥미롭습니다. 이제 나는 적어도 어느 정도의 상식을 가지고 있고, 그래서 한때 그 지경까지 갔을 때의 나 자신을 보고, 또 나를 다시 믿도록 돌이킨 그 우스꽝스러운 상황에 대해서도 돌아보며 웃을 수 있습니다. 귀류법(歸謬法: 철학에서 어떤 명제가 참이라고 증명하는 대신, 그 부정 명제가 참이라고 가정하여 그것의 불합리성을 증명함으로써 본래의 명제가 참임을 보여주는 간접 증명법-역주)을 활용하여 여러분 자신의 불신앙의 불합리성을 입증하는 것은, 의심하는 영혼을 어느 정도 믿음으로 이끌기에 아주 유용한 방식입니다.

그렇습니다. 나는 이것이 죄의 방식인 것을 압니다. 죄는 사람을 낙심하게 합니다. "저는 믿고 싶지만, 믿을 수가 없습니다"라고 그는 말합니다. "저는 희망을 가지고 싶지만, 제 이름이 하나님이 선택하신 이들 중에 있다고 저는 믿을 수가 없습니다. 저는 저를 위해 속죄의 피가 흘렀다는 것을 믿을 수가 없습니다"—이런 식입니다. 당신이 이런 식으로 느낄 때 어떤 일이 이루어질 수 있을까요? 죄를 이길 거라고 바랄 수 있을까요? 이 본문의 약속으로 달려가는 것 외에 달리 할 수 있는 것이 무엇이겠습니까? "[주께서] 우리의 죄악을 발로 밟으시리이다." 그렇습니다. 주 예수께서 당신의 그런 의기소침을 발로 밟으실 것입니다. 주께서 저 '절망 거인'(Giant Despair, 「천로역정」에 등장-역주)의 머리를 베실 수 있으며, 그의 성을 무너뜨리고, 그 성에 갇힌 자들을 풀어주실 수 있습니다. 어떤 이들은 절망 중에서 거의 칼과 밧줄을 쓰려 했지만, 주 예수 그리스도께서 그들을 기쁨의 상태로 회복하셨습니다. 우리는 많은 낙담한 영혼들을 겪어보았고, 또 주님께서 그들의 불행과 슬픔을 몰아내신 것을 보아왔습니다. 사탄은 우리 영혼이 기쁨을 얻지 못하게 하려고, 우리 영혼을 위해 베풀어진 연회에 참석하지 못하게 하려고, 또 하나님이 우리를 위해 예비하신 복을 누리지 못하게 하려고, 죄

선을 다했습니다. 하지만 그는 성공할 수 없었습니다. 희망의 시간을 알리는 종이 울렸기 때문입니다. 오, 낙망하는 영혼이여, 위로를 얻기 바랍니다. 주님께서 이런 문제에서도 당신의 죄를 정복하실 것입니다. 당신이 예수 그리스도를 바라보기만 하면 그분이 당신에게 말씀하실 것입니다. "안심하라, 평안하라"(마 9:22; 눅 8:48). 당신의 죄가 사하여졌음을 그분이 말씀하실 것이며, 당신의 영혼 속에 희망을 불어넣으실 것입니다.

이것이 하나님께서 우리의 죄를 정복하시는 두 번째 복된 방식입니다: 낙망하게 하는 힘을 몰아내시는 것입니다. 이 일을 하나님은 영광스러운 구세주를 나타내심으로써 행하십니다. 즉 하나님은 우리 구세주께서 얼마나 거룩하신지, 어떤 상황에서도 그분의 속죄가 제한 없이 얼마나 큰 효력이 있는지, 그분이 어떻게 "자기를 힘입어 하나님께 나아가는 자들을 온전히 구원하실 수 있는지"(히 7:25)를 보여주십니다. 또 하나님은 그분의 성령으로써 보배로운 약속들을 친히 영혼에 적용하심으로써 그 일을 행하십니다. 성령님은 사람들이 낙심 가운데서도 하나님을 믿도록 이끄시며, 희망이 없을 때도 희망을 품게 하시며, 그렇게 하심으로써 그들의 올무가 끊어지고 그들의 죄악이 정복되게 하십니다. 오, 모든 것을 이기는 영광스러운 승리여! 어두운 절망이라는 죄의 철 멍에가 풀어지고, 사로잡혔던 자들이 그들을 사로잡았던 것들을 사로잡습니다. 할렐루야!

3. 죄의 지배적인 힘

세 번째로, 주님께서 정복하실 또 다른 형태의 죄의 세력은 그것의 지배적인 힘입니다. 죄는 인간을 지배하려고 합니다. 나는 정신이 온전한 한 사람을 알았습니다. 하여간, 그는 아직 정신병원에 간 적이 없었고, 사업에서 예리하고 영민했습니다. 하지만 그는 지나치게 술을 마셔 인사불성이 되고, 정신 착란을 일으켰고, 망상과 헛소리를 하는 상태까지 되었습니다. 그는 그런 일을 여러 번 겪었고, 자기의 정신 착란과 행위의 악함을 인정했습니다. 하지만 정신이상 증세를 보이며 자살 시도를 반복했습니다. 그는 모든 재산을 술로 탕진했습니다. 재력가였던 사람이 무능한 노동자로 전락했습니다. 그는 스스로 충분한 돈을 벌지 못했기 때문에 자기 아내가 번 돈도 술로 탕진했고, 그 불쌍한 여인이 자기를 망치면서까지 그의 양식을 구하도록 할 정도로 천박해졌습니다. 그는 2주 전에 말과 마차를 술로 날려 버렸습니다. 그는 아내를 위해 업무상 심부름을 위해 집을 나섰는데, 어느 술집에서 멈추었고, 돈이 다 떨어질 때까지 술을 마셨으며, 마침내 그의 아내가 생계를 위한 수단으로 썼던 것을 팔았습니다. 나는 감히 그가 이 자리에 있다고 말합니다. 그가 정신을 차리기 바랍니다. 그는 그것이 사실인 것을 압니다. 그는 언제나 고주망태가 되어서야 집에 갑니다. 그러면서도 그는 누구도 그에게 바보라고 말하는 것을 좋아하지 않습니다. 하지만 나는 그것이 의심스럽다고 말할 수밖에 없습니다. 그의 죄가 그를 지배하는 것입니다. 술이 찾아와서 "가서 미친 짓을 하라"고 말하기만 하면, 그는 즉시로 그렇게 합니다. 비용, 고통, 수치, 질병, 가난, 조기 사망—이 모든 것이 술 귀신에 의해 청구됩니다. 그리고 희생자는 즐겁게 그 세금을 지불합니다.

만약 내가 고아원에 있는 한 아이를 돕기 위해, 여러분이 번 돈을 모두 쓰고 또 여러분의 친자녀들을 굶게 하는 것이 여러분의 의무라고 확신시킨다고 해도, 여러분은 그렇게 생각하지 않을 것입니다. 그것이 분명합니다. 그런 일을 하도록 여러분을 설득하기란 아주 난망한 일일 것입니다. 여러분이 절대로 그런 일을 원치 않을 것이라고 나는 확신합니다. 비록 그 일이 옳다고 해도 나는 여러분에게 그런 일을 시킬 수 없을 것입니다. 그런데 도무지 얼토당토않은 일이 술의 명령에 의해 게걸스럽게 행해지고 있습니다. 이 술취함의 귀신은 사람에게 찾아와 이렇게 말합니다. "나와 함께 가자. 가정을 떠나자. 네 아내와 어린 자식들도 버려두고, 가장 천박한 부류와 어울려 놀자. 네 머리를 흐리멍덩하게 만들고, 네 마음을 완악하게 만들고, 네 성격을 망가뜨리는 일에 네가 가진 모든 것을 써버려라. 집안의 가구도 팔아라. 그리고는 네 동료들이 모두 너를 유쾌한 좋은 친구라고 부를 때까지 마시라. 네 아이들의 신발은 전당포에 맡기라, 그래서 그 어린 것들이 주일학교에도 가지 못하게 만들어라." 그 남자는 어린양처럼 순하게 따라갑니다. 그 사람은 그런 일을 수십 번씩 행합니다. 그는 자기가 얼마나 어리석은지를 압니다. 하지만 기회 있을 때마다 같은 일을 반복합니다. 오, 죄의 지배적인 힘이여! 그것은 단지 술취함의 죄 한 가지가 아닙니다. 정욕에 의해 지배된 다른 사람들이 있기 때문입니다. 말하기 미묘한 문제이지만, 나는 담대히 말합니다. 여기에는 가장 비열한 정욕의 노예가 된 사람들이 더러 있습니다. 내가 보기에는 간통이나 간음을 하며 사는 사람들은 하나님 나라를 유업으로 받지 못하는 것이 명백하며, 그래서 나는 그런 사람들에게 확실히 말합니다. 다음으로는 분노가 있습니다. 이것은 사람들을 홍수처럼 휩쓸어갑니다. 그들은 자기 자신을 억제하지 못합니다. 가장 사소한 일도 그들을 격정으로 끓어오르게 만듭니다. 그들은 이런 면에서 이기지 못하며, 그것은 분명한 사실입니다.

하지만 우리 안에 들어올 수 있는 더 큰 힘이 있고, 그 힘으로 우리는 승리를 얻을 수 있습니다. 이런저런 형태로 죄는 우리의 손과 발을 묶고, 우리를 노예로 삼습니다. 풀려나기를 바랄 수 있을까요? 여러분은 죄의 폭정으로부터 해방되기를 바랍니까? 그렇다면 나는 여러분이 구원을 위해 여러분 자신의 힘으로 무언가를 하라고 조언하지 않겠습니다. 즉시 그리스도께 부르짖으십시오. 그분의 보혈이 과거를 지우고, 미래를 위하여 여러분을 바꿀 수 있습니다. 여러분 자신을 그분에게 드리고, 그리스도 예수 안에서 새사람이 되십시오. 오, 여러분이 말하다시피, 여러분은 자기를 고쳐보려고 노력했습니다. 옛 어느 왕은 걸핏하면 악한 저주를 하면서 "하나님이 나를 고치실까?"라고 말하곤 했습니다. 욕설은 그의 규칙적인 일상이었고, 마침내 누군가 왕에게 왕이 그런 욕설을 너무 오랫동안 해왔다고 진언했습니다. 그는 하나님이 왕을 고치시는 것보다는 차라리 새로 사람을 만드시는 편이 더 쉬울 것이라고 생각했습니다. 그 진실은 여러분에게도 마찬가지입니다. 여러분을 고치는 것은 불가능합니다. 여러분은 그리스도 예수 안에서 새 피조물이 되어야 합니다. 두 가지 중에서 그것이 훨씬 더 쉬울 것입니다. 물론 어느 것이든 여러분 자신으로는 불가능합니다. 그러나 주님은 그 일을 하실 수 있습니다. 그분은 당신을 전혀 새로운 사람으로 만드셔서, 당신은 전에 알지 못했던 새로운 자신을 알게 될 것입니다. 당신은 온전히 새롭게 되어, 당신의 최악의 원수인 당신의 옛 자아와 싸움을 시작할 수 있습니다.

오, 이 은혜의 시간에 진지하게 부르짖으십시오. "주여, 나를 구원하소서! 저는 죄의 심연으로 가라앉고 있습니다. 예수여, 물에 빠지는 베드로를 건지신 것처럼 당신의 손을 저에게 내밀어 주소서! 저를 구원하소서. 그렇지 않으면 제가 멸망할 것입니다." 예수님은 위엄의 팔을 들어 바람과 풍랑을 잠잠하게 하실 것입니다. "[주께서] 우리의 죄악을 발로 밟으시고"라고 기록되었기 때문입니다. 예수님이 마음에 들어오실 때 죄의 지배적인 힘은 손쉽게 깨어지지만, 그때까지는 절대 깨어지지 않습니다. 우리가 우리의 정욕에 복종하기를 거부하는 때는 우리가 정결하고 거룩하신 구주께 우리의 머리를 숙여 경배할 때입니다. 그가 행하시는 변화의 일이 얼마나 놀라운지요! 여러분이여 말하십시오. 그것을 말할 수 있는 자, 그것을 느낀 자는 그 일을 크게 말하십시오! 오 주님, 우리가 주를 찬송하는 것은 과연 주께서 우리의 죄악을 짓밟으시기 때문입니다.

4. 죄의 아우성치는 힘

네 번째로 (각 요점을 간략하게 말해야겠습니다) 죄의 또 다른 힘은 그것의 아우성치는 힘입니다. 내가 뜻하는 생각을 표현할 다른 말을 찾지 못하겠습니다. 우리 중의 일부는 자신이 용서받은 것을 알고, 또 죄의 지배적인 힘이 우리 안에서 깨어진 것을 알고, 우리의 옛 죄들이 그리스도의 피로 씻어져 하나님이 더는 그 죄들을 기억하지 않으신다는 것도 압니다. 여러분은 이 말이 이상한 표현이라고 여길지 모르겠습니다. 하지만 그 말은 성경의 근거에 둔 말로 전혀 이상하지 않습니다. 주님은 우리의 죄에 대해 말씀하시기를, 더는 기억하지 않겠다고 하셨습니다. 나는 주님이 말씀하신 그대로 믿습니다.

하지만 나의 죄악들에 대해서 말하자면, 하나님은 기억하지 않으셔도 나는 그것들을 기억합니다. 그것들은 내 앞에 나타나서 나를 향해 악을 쓰며 소리칩니다. 나의 한 가지 죄가 나에게 말합니다. "네가 구원받았다고?" "네가?" "어릴 때 네가 한 짓을 기억해라." 어떤 때는 나의 죄들 중에서 일천 가지가 한꺼번에 소란을 일으키며 고함칩니다. "유죄다, 유죄, 유죄야, 죽어 마땅하다." 다음으로는 다른 죄들보다 더 큰 한두 가지 죄들이 앞장서서 깊은 저음으로 울부짖습니다. "정죄! 정죄! 정죄!" 나는 이런 죄의 기억들과 싸우느라 애를 써 왔습니다. 그 개들이 그런 방식으로 짖을 때 나는 그것들을 잠재우려고 노력해왔습니다. 양심이 나서서 큰 회초리를 휘둘러 보아도 그것들은 더 거세게 짖어댑니다. 양심이 말했습니다. "아, 너는 그리스도인이 된 지금도 마땅히 되어야 할 그런 사람이 되지 못했구나. 너는 여전히 너 자신의 기준에도 미달이구나. 설교하는 동안에 너는 너 자신을 정죄하는 꼴이야. 네가 하는 일을 너는 안다." 그러면 마치 무서운 음악이 시작될 때처럼 모든 개들이 다시 울부짖기 시작합니다. 아마도 여러분은 개[죄]들로 가득한 사육장에서 그것들이 한꺼번에 짖어대는 소리를 들어보지 못했을 것입니다. 하지만 밤에 그것은 끔찍한 소음입니다. 만약 여러분이 이 시끄러운 개들의 소리를 들으면, 여러분은 차라리 태어나지 않았기를 바라거나 그만 살고 싶다고 할 것입니다.

이 본문에 있는 말씀 말고는, 그것들을 잠잠하게 할 어떤 음성도 나는 알지 못합니다. 오직 주 예수님만이 우리의 죄악들을 짓밟으실 수 있습니다. 그분이 이 개들 가운데 발을 들이시면, 그들은 그분의 발치에 누워 웅크립니다. 그분이 용서의 말로 은혜롭게 말씀하실 때 그 지옥의 사냥개들은 사라집니다. 개들의 짖어대는 소리 대신 여러분은 천상의 달콤한 음성을 듣습니다: "그러므로 이제 그리스도 예수 안에 있는 자에게는 결코 정죄함이 없나니"(롬 8:1). 여러분은 이 즐거운 변화를 경험해보았습니까?

그것은 어느 정도는 법정에 처음 오는 사람의 경우와 비슷합니다. 어느 날 그는 치안 판사와 함께 법정에 앉습니다. 죄수가 일어서고, 증거가 제시됩니다. 그 죄수에 대한 반대 심문이 진행됩니다. 그리고 이 사람은 자기 친구인 치안 판사에게 말합니다. "당신은 이 사건을 종결지을 수 있겠습니다. 저 사람은 분명히 유죄군요. 이 재판을 마무리하고 함께 저녁을 먹으러 갑시다." 하지만 그 치안 판사가 말합니다. "하지만 상대편 변호인의 말도 들어보아야 합니다. 그러면 사건이 아주 다르게 보이거든요." 치안 판사가 상대편 변호인의 말을 경청한 후 속삭이기 시작했습니다. "이 사건에 대해 이제 의심이 생기는군요." 변호인의 말을 더 듣고 나서 그가 말했습니다. "당신이 그 사람을 정죄하지 않아서 기쁩니다. 내가 얼마나 큰 실수를 했는지요. 그는 새로 태어난 아기처럼 무죄군요. 그 변호인이 자기 일을 훌륭하게 해냈군요." 그 죄수는 무죄로 방면되었습니다.

바로 우리의 경우가 그렇습니다. 우리의 죄가 우리를 고발할 때 우리는 가망 없이 망가진 사람임을 금방 인정할 수밖에 없습니다. 하지만, 오, 우리의 복되신 대언자가 일어서 발언하실 때, 그 기묘자요 모사이신 분이 자기 입장을 강변하시고 또 우리의 죄를 그분이 대신 짊어진 것을 호소하실 때, 상황의 전개에 어떤 변화가 생기는지요! 죄가 자백되고 그다음에는 덮어집니다. 의의 결핍이 시인되고 그다음에 채워집니다. 정죄가 정당하다고 인정되지만, 그다음에 그에 상응하는 정의로 영원히 대체되는 것이 보입니다. 조서(調書)가 있고, 거기에는 당신의 죄를 적시하는 증거가 적혀 있습니다. 당신이 법정에 있다고 상상해보십시오. 조서들이 있고, 거기에 당신의 죄를 밝히는 조서가 있습니다. "이 조서의 내용을 인정합니까?" "예." "당신이 채무 불이행자로 취급받는 것에 대해 할 말이 있습니까?" "없습니다." 하지만 그 사람은 이렇게 답변할 수 있습니다. "예, 그 액수는 모두 지불되었습니다." 그것이 문제를 해결합니다. 믿는 자가 "주 예수 그리스도께서 나를 위해 모든 채무를 갚으셨습니다"라고 말할 수 있을 때가 바로 그런 경우입니다. 그리스도께서 그분의 상처를 보여주시고 "내가 그것들을 모두 감당했습니다. 내가 나무에 달려 내 몸으로 그것들을 모두 감당했습니다"라고 말씀하실 때, 오, 그때 송사는 종결됩니다. 아우성치는 우리의 죄악들이 진압됩니다. 그때 본문의 진실이 다시금 입증됩니다. "[주께서] 우리의 죄악을 발로 밟으시리라."

5. 죄의 더럽히는 힘

이 본문의 말씀은 죄의 더럽히는 힘에 대해서도 진실입니다. 형제들과 자매들이여, 우리가 용서받은 후에, 또 죄의 지배적인 힘이 사라진 후에, 여전히 죄의 더럽히는 힘이 우리에게 큰 고통인 것을 여러분은 압니까? 우리의 경험은 오래전에 죽은 죄들의 부패로 인해 쓰린 아픔을 느끼는 것을 말해줍니다. 전에 죽은 죄들의 부패가 썩은 냄새를 풍기고, 우리의 생각이 우리를 두렵게 만듭니다. 여러분 가운데 일부는 인생의 늦은 시기에 회심하였고, 틀림없이 여러분의 기억에 미치는 악의 영향력이 여러분을 상당히 고통스럽게 할 것입니다. 아마도 바로 이 저녁에, 내가 여러분에게 말씀을 전하고 있는 이 시각에, 여러분의 머릿속으로—비록 여러분이 그것을 생각하는 것조차 원치 않겠지만—여러분이 죄를 짓던 비참한 장면이 떠오를 수 있습니다. 심지어 여러분이 기도할 때 쓰는 가장 거룩한 언어조차도 때로는 예전에 여러분이 부르곤 했던 나쁜 노래를 떠올리게 할 수 있고, 어떤 특별한 의미 없이 다른 사람들에게 쓴 통상적인 표현도 여러분 속에 일천 가지의 악한 기억을 불러일으킬 수 있습니다. 이것이 내가 죄의 더럽히는 힘이라고 말할 때 의미하는 것입니다. 그것은 많은 믿는 자들에게 큰 역병이며, 특히 수년 동안 무거운 죄를 지은 후에 회심한 자들에게 그러합니다.

그뿐 아니라 여러분 중에 많은 분이 다른 형태에서 죄의 더럽히는 힘을 경험했을 것입니다. 사탄이 신성모독적인 생각과 가증스러운 생각들을 여러분에게 떠올리게 할 때가 그런 경우입니다. 여러분은 그런 생각들을 참을 수가 없습니다. 여러분은 당장이라도 이 말벌들의 독을 벗어나기 위해 땅끝까지라도 도망치고 싶습니다. 여러분은 이 악한 암시와 연상들을 쫓아낼 수 있다면 심장이라도 찢어버리고 싶은 심정이지만, 그런다고 해서 그것들이 떠나지 않습니다. 그것들은 완벽한 홍수의 형태로 내려옵니다. 그것들은 진흙탕 소낙비입니다. 아니 그보다 더 나빠서 불의 소나기라고 할 수 있습니다. 그것들은 여러분의 가련한 뇌에 떨어지고, 그 악마적인 폭풍을 잠재울 방법이 없습니다. 아, 나는 사람이 하는 말로는 들어본 적도 없는 말들이 내 귀로 밀고 들어온 때를 기억합니다. 내가 전에는 생각해 본 적도 없었던 신성모독의 말들이 내 마음을 채웠습니다. 불경한 연상들이 내 가련한 뇌로 쏟아져 들어올 때 나는 나뭇잎처럼 떨었습니다. 나는 그런 생각이 내 머리에 머물게 하느니 차라리 금방이라도 죽고 싶었습니다. 하지만 그런 생각들은 내 머리를 온통 휩쓸고 있었습니다. 하나님의 백성 중에 많은 이들이 그런 식으로 시험을 받습니다. 어떻게 해야 할까요? 만약 옛 기억들이, 악마적인 연상들이, 여러분에게 밀려와 여러분을 더럽힐 때, 이 본문으로 도망치는 것 외에 어떤 일을 할 수 있을까요?—"[주께서] 우리의 죄악을 발로 밟으시리이다." 우리는 이 말씀으로 호소하며 기도합시다. "주여, 내 기억을 정복하소서. 내 기억에 달라붙어 있는 이 더러움을 씻어주소서! 이 오염물을 저에게서 제거해주소서. 주여, 마귀를 사슬로 묶으시고, 그가 불어넣은 생각들을 꾸짖으소서! 당신의 가련한 자녀가 숨을 쉴 수 있게 해 주시고, 노래할 시간을 갖게 하시고, 기도할 기회를 얻게 하소서. 주께 간청하오니, 지금 저를 괴롭히는 지옥의 생각들에서 저를 구원하소서!"

여러분 중에 어떤 이들은 이에 대해 아무것도 모르는데, 나는 여러분이 그 행복한 무지의 상태에서 살기를 바랍니다. 하지만 그것에 대해 아는 이들은 내가 무슨 말을 하는지 이해할 것입니다. 여러분은 이 고귀한 약속 안에서 승리할 것입니다. "[주께서] 우리의 죄악을 발로 밟으시리이다." 지옥의 생각들과 악한 기억들을 압도하는 능력을 위해 예수 그리스도를 바라보십시오. 그분이 여러분에게 승리를 주실 것입니다. 그러면 여러분은 여러분이 사는 날 동안에 다시는 그런 식으로 시험을 받지 않을 수 있습니다. 빈번하게, 주님께서는 그런 갑작스럽고 결정적인 구원을 베풀어주시기에, 그 싸움 후에 그리스도인 순례자는 다시는 아볼루온을 만나지 않고 순례의 길을 행진할 수 있습니다.

6. 죄의 방해하는 힘

이제 여섯 번째에 도달했습니다. 주 우리 하나님은 죄의 방해하는 힘과 관련해서도 그것을 압도하실 것입니다. 물론 나는 이 후반의 요점에서는 그리스도인들을 향해 말하고 있습니다. 죄에는 방해하는 힘이 있습니다. 나는 몇 가지 사례를 들어 그것을 간략히 제시할 것입니다.

많은 신자가 그리스도와 그분의 교회를 위한 섬김에서 많은 일을 할 수 있지만, 그들은 부끄러움에 의해 방해를 받습니다. 그들은 난처하게 될 이유가 없는 상황에서 부끄러워하고, 두려워하고, 놀랍니다. 그들은 하나님께 대하여 어리석은 불신에 빠집니다. 그들의 두려움은 한 번쯤은 겸양으로 여겨질 수 있지만, 그것이 점점 자라고, 마침내 그것은 건전한 겸양과는 전혀 다른 종류가 되고 맙니다. 그들은 하나님을 섬길 수 있으면서도, 시도하기를 부끄러워합니다. 도리어 그들은 그런 겁쟁이가 되는 것을 부끄러워해야 하지 않을까요? 또 어떤 이들은, 불신앙에 의해 기쁨과 평화에서 방해를 받습니다. 그들은 항상 의심하고, 두려움을 발명해내며, 의심을 고안하며, 불평을 쌓아 올리고 있습니다. 이는 악에서 나온 것이며 어떤 선으로도 이끌지 않습니다. 상습적인 불신의 경향 때문에, 선을 행하는 일에서 방해를 받고, 하나님을 영화롭게 하는 일에서 방해를 받는 것은 끔찍한 일입니다.

다른 사람들은 경솔함 때문에 방해를 받습니다. 우리 중에 많은 사람이 쾌활한 기질을 가졌지만, 어떤 이들은 매우 경솔합니다. 그들은 비누 거품 안에서 누워 자랐고, 엉겅퀴 관모(식물 씨방의 맨 끝에 붙은 솜털 같은 것-역주) 위에 앉아서 자랐습니다. 사람에게 성품의 견실함이란 전혀 없고, 시시한 것만 쫓아다니는 것은 딱한 일입니다. 이런 죄가 그의 인품을 왜소하게 만들고, 그의 활력을 메마르게 합니다. 오, 주님께서 이런 형태의 죄악도 짓밟으시기를 바랍니다.

또 어떤 이들은 매우 불안정합니다. 그들은 같은 일을 이틀 동안 하는 법이 없습니다. 그들이 있던 곳을 지키고 있었더라면 열매를 맺었을 터이지만, 그들은 매주 옮겨 심어졌고, 그래서 뿌리를 내리지 못했습니다. 그들은 십여 가지의 일을 착수했지만, 아무것도 한 것이 없습니다. 물처럼 불안정하여, 그들은 앞으로 나아가지 못합니다.

또 어떤 이들은 교만에 의해 방해를 받습니다. 그것을 부인해도 소용없습니다. 많은 사람의 자연적인 성향은 어리석은 교만으로 향한다는 것입니다. 그들이 어렸을 때 새 옷을 얻으면 꼭 그것을 자랑하지 않을 수 없었습니다. 그 이후로, 그들은 이웃보다 2펜스만 더 가져도 참을 수 없을 정도로 거만해집니다. 몇 사람을 알고 있습니다. 나는 그들이 그리스도인이기를 바라지만, 그들에게는 너무나 부풀어 오르는 성향이 있습니다. 참고 보아주는 한 사람만 있으면, 그들은 여러분 눈앞에서 그런 모습을 보일 것입니다. 그들은 그들의 고조부가 기사였거나, 준(准)남작이었거나, 혹은 잘 알려지지 않은 그만한 정도의 신분이었다는 이유로, 많은 사람—대중—을 항상 그들보다 열등한 사람들로 바라봅니다. 그들은 자기가 우등한 종류의 사람이라고 느낍니다. 이는 경건한 일꾼들에게는 큰 장애물이며, 특히 그들이 가난한 사람들 가운데 들어갈 수 없다고 느끼게 만든다면 더 그렇습니다. 아프고 가난한 사람들을 방문하러 가는 자들이 종종 그들의 마음에 와 닿지 않는 이유는 그 방문자들의 뻣뻣한 태도 때문입니다.

어떤 신앙고백자들은 게으릅니다. 그들은 무기력한 간을 가졌습니다. 그래서 항상 너무 많은 일을 하는 것에 대해 두려워합니다. 그들은 굼뜨고 바퀴가 넓은 네덜란드제 마차와 같은 종류의 그리스도인들입니다. 주의 일을 하는데 그들의 모든 움직임은 더딥니다. 그들은 절대 빠르게 움직이지 않습니다. 그들은 열정을 귀찮아하고, 열심을 싫어합니다. 주님께서 우리를 위해 이런 죄악들도 짓밟아주시길 바랍니다.

다른 이들은 급한 기질에 의해 방해를 받습니다. 그들은 일을 침착하게 하지 못합니다. 그들은 덥석 덤벼들고 버럭 소리치지만, 왜 그러는지는 모릅니다. 그들은 너무 빨리 끓어오릅니다. 그들은 그것을 곧바로 손댄 것을 나중에 후회하지만, 그것이 이미 덴 상처를 치료하지는 않습니다. 차 도구를 깨뜨려도 소용이 없습니다. 나중에 다시 땜질해서 고칠 테니까요. 그런 일을 반복해도 그들은 개선이 되지 않습니다. 어떤 이들은 항시 싸우려고만 합니다. 평화가 그들의 불타는 마음에는 침체일 뿐이니까요.

나는 방해하는 죄들의 긴 목록을 제시했습니다. 그런 문제들을 어떻게 해야 할까요? 한 사람이 말합니다. "음, 목사님, 저는 우리가 무언가를 할 수 있다고 생각하지 않습니다. 이런 것들은 우리를 끊임없이 따라붙는 죄들입니다." 자, 이 문제와 관련하여 오해하지 마시기 바랍니다. 당신을 지배하는 어떤 죄가 있다면, 당신은 잃은 자가 될 것입니다. 당신은 모든 죄를 정복해야 하며, 그것을 염두에 두어야 합니다. 당신이 그것을 끊임없이 따라붙는 죄라고 부를 수 있겠지만, 그것은 당신에 의해 극복되어야 합니다. 그렇지 않으면 그것이 당신을 파멸로 이끌 테니까요. 어떤 사람은 이 끈질긴 죄에 대해 항변할지 모르지만, 나는 그렇지 않다고 생각합니다. 당신이 의도적으로 빠져 있는 죄, 그것이 당신을 끈질기게 괴롭히는 죄입니까? 절대 그렇지 않습니다. 내가 오늘 밤 클래펌 커먼(Clapham Common) 구역을 지나야 할 때 만약 건장한 세 사람이 나를 에워싸고 내가 가진 것을 뺏으려 한다면, 나는 자기방어를 위해 최선을 다할 것입니다. 나는 그런 것이 사람을 괴롭히는 것이라고 부릅니다. 괴롭히는 죄는 때때로 사람을 놀라게 하는 죄입니다. 그때 사람은 그 괴롭히는 죄를 쫓아내기 위해 싸우는 모습을 보여주어야 합니다. 만약 내가 그 구역을 매일 밤 지나가면서도, 내 호주머니를 터는 작자와 서로 팔짱을 끼고 간다면, 나는 그 사람이 나를 '괴롭힌다'고 말할 수 없습니다. 그렇지 않습니다. 그와 나는 친구이고, 명백히 그 강도 행각은 나 자신의 속임수일 뿐입니다. 만약 당신이 의도적으로 죄에 빠져들거나, 그것을 용인하면서도, 그것을 어쩔 수 없었다고 말한다면, 당신은 그 일을 금해야 하며, 그렇지 않으면 잃은 자가 될 것입니다. 한 가지는 분명합니다. 즉 당신이 죄를 이기든지 또는 죄가 당신을 이기든지 해야 하는 것이며, 죄에 정복당하는 것은 곧 죽음입니다.

자, 무엇을 할 수 있을까요? 이 은혜로운 약속에 의지하십시오—"[주께서] 우리의 죄악을 발로 밟으시리이다." 죄악이 짓밟혀야 합니다. 예수님이 그 일을 행하실 것이며, 그분의 이름으로 우리는 이길 것입니다. 하나님의 능력 안에서라면, 나태했던 우리가 지금껏 본성적으로 행해왔던 것보다 열 배나 많은 일을 할 것입니다. 만약 우리가 화를 잘 낸다면, 우리는 스스로를 훈련하여 온유하게 될 것입니다. 내가 알았던 가장 화를 잘 내는 부류에 속했던 사람들 가운데 일부는, 후에 내가 아는 사람들 가운데서 가장 온유한 사람들이 되었습니다. 모세를 기억하십시오. 그가 혈기로 어떻게 애굽 사람을 쳤는지를. 그러나 그 사람 모세가 어떻게 하나님의 은혜로 크게 온유한 사람이 되었는지를 기억하십시오.

내 사랑하는 친구여, 당신의 죄가 무엇이든지, 당신은 그 죄를 정복해야 합니다. 오늘 저녁의 설교 중에서 다른 것은 잊더라도, 이 교훈만큼은 당신의 마음에 남기를 바랍니다: 당신은 당신의 죄를 정복해야 합니다. 어린 양의 피로써, 그 일은 이루어질 수 있습니다. 하나님의 은혜의 힘으로 그 일은 성취될 수 있습니다. 일어나십시오! 당신이 아꼈던 '아각'을 쳐서 쪼개십시오(참조. 삼상 15:33). 그를 도륙하여 그 조각들을 주님 앞에 던지십시오. 그렇지 않으면 언젠가 주님께서 당신을 잘라내실 것입니다. 하나님께서 승리의 은혜를 당신에게 베푸시길 바랍니다.

7. 죄의 내주하는 힘

이제 마지막 일곱 번째 요점입니다. 하나님께서는 죄의 내주하는 힘으로부터 당신을 구원할 것입니다. 죄는 우리의 본성에 둥지를 틉니다. 그것의 잠자리는 우리 마음의 수풀입니다. 그러므로 우리가 예수 그리스도를 믿는 사람이라면 반드시 그것을 색출해야 합니다. 이 내주하는 죄에 대해서 주님께서 행하시는 첫 번째 일은 그것을 무력화하는 것입니다. 우리 안에 내주하는 죄를 진압하고 극복할 수 있도록, 주님은 그분의 내주하시는 성령을 우리에게 주십니다. 다음으로, 주님은 그것을 몰아내기 시작하십니다. 주님께서 가나안 족속들에 대해 말씀하셨습니다. "내가 그들을 조금씩 쫓아내리라"(출 23:30). 하나님께 감사하게도, 그분은 우리 죄들 가운데 어떤 것은 이미 쫓아내셨습니다. 이 회중 가운데는 한때 철장으로 그들을 다스리던 악행들에 대해 지금은 유혹을 받지 않는 사람들이 더러 있습니다. 여러분은 여러분의 죄 중에 무거운 형태의 죄들을 정복했습니다. 형제여, 그 땅에 가나안 족속 중 한 사람도 남지 않을 날이 올 것입니다. 그때는, 여러분이 철저하게 조사해보아도, 죄의 성향이 없을 것이며, 마음의 방황도 없을 것이며, 판단의 오류, 공의의 실패, 악으로 기우는 경향도 없을 것입니다. 당신은 당신의 언약의 머리이신 예수 그리스도처럼 온전해질 것입니다.

그때 당신은 어디에 있을까요? 여기가 아니라고, 나는 믿습니다. 나는 하나님께서 항상 적절한 배경에 그분의 보석을 장식하시는 것에 주목합니다. 온전한 사람을 위한 적절한 배경은 천국의 온전한 기쁨입니다. 순수한 영역에서 순수한 마음이 살 것입니다. 그러므로 믿는 이여, 당신은 저 성스러운 산을 향해 계속해서 가십시오. 멀지 않은 날에 당신의 주님께서 말씀하실 것입니다. "사랑하는 자녀여, 너는 충분히 오랫동안 죄와 부패와 싸웠으니, 더 높은 곳으로 오르라. 싸움이 이제 모두 끝났다." 천국에 도착했을 때 당신은 되돌아보고 (거기서 이런 후회를 할 수 있다면) 아마도 당신 자신을 향해 이렇게 말할 것입니다. "내가 저 죄들을 더 일찍 정복할 수 있었더라면, 저 죄들에 맞서 더 열심히 싸우고, 더 주의 깊게 저 죄들을 살폈더라면 좋으련만. 오, 내 주님을 더 높여드리고 더 영화롭게 해드렸다면 좋으련만."

그렇지만, 후회에 관한 모든 것을 잊어버리고, 그 죄의 힘으로부터 완전히 벗어난 우리 자신을 보고서 우리는 어떤 노래를 부르게 될까요! 어떤 노래일까요! 오, 그대 성미 급한 형제여, 그 분노가 모두 사라졌을 때, 당신은 다시는 화를 내지 않을 것인데, 그때 당신은 노래하지 않겠습니까? 아, 그대 다소 게으른 성향이 있는 형제여, 당신이 밤과 낮으로 하나님을 섬길 수 있음을 볼 때, 당신은 노래하지 않을까요? 우리 중에 의기소침으로 기우는 경향이 있는 분들이여, 우리의 우울함이 모두 떠나고, 삶이 영원한 기쁨이자 햇살이 될 때, 우리는 노래하지 않을까요? 예, 나는 노래하고 있을 것입니다—

"그때, 왕의 은혜를 높이는 함성으로
천국의 거처들에 소리가 울려 퍼질 때,
그 무리 가운데 가장 큰 소리로 나는 노래하리라."

언젠가 나는 강단에서 이 결심을 말한 적이 있습니다. 그때 내가 계단에서 내려오자, 한 고령의 여성이 내게 말했습니다. "오늘 밤 설교에서 목사님은 한 가지 실수를 하셨습니다." 제가 말했습니다. "친애하는 성도님, 실수야 그보다는 많이 했겠지요." 그녀가 말했습니다. "아, 하지만 목사님은 한 가지 큰 실수를 하셨어요. 목사님은 목사님이 하나님의 은혜에 다른 누구보다 크게 빚졌다고 말씀하셨고, 그래서 목사님이 가장 크게 노래할 거라고 말씀하셨어요. 하지만," 그녀가 이어서 말했습니다. "목사님은 그렇게 하시지 못할 거에요. 제가 그렇게 할 테니까요."

내 사랑하는 동료 그리스도인들이여, 남성과 여성을 막론하고, 나는 모두가 하나님의 은혜를 찬미하는 노래를 가장 크게 부를 결심을 하는 것을 봅니다. 이것은 천국의 유일한 경쟁이 될 것입니다. 값없이 주신 은혜와 죽음으로 보이신 사랑을 달콤하게 노래할 낙원의 새들 가운데 큰 경쟁이 있을 것입니다. 우리의 죄악들이 정복되었을 때, 천국에 어떤 행복이 있을 것이며, 천국의 음악은 또 어떨는지요? 하나님께서는, 우리가 모두 그분의 아들처럼 되어 흠도 없고 점도 없이 영광스럽게 되었을 때, 얼마나 기쁘게 우리를 바라보실까요? 그때 우리는 노래할 것입니다. "[주께서] 우리의 죄악을 발로 밟으셨도다. 다 와서 주를 찬양하세. 그분이 영광스럽게 승리하셨고, 우리의 모든 죄를 바다에 던지셨음이라!"

그 기쁨을 예상하고, 오늘 밤 노래를 시작하십시오. 이것이 여러분의 노래의 주제가 되게 하십시오—"우리 주 예수 그리스도로 말미암아 우리에게 승리를 주시는 하나님께 감사하노라"(고전 15:27). 그 승리가 여러분의 것과 나의 것이 되기를 바랍니다. 아멘.

나훔

제
1
장

자비, 전능, 정의

"여호와는 노하기를 더디하시며 권능이 크시며 벌 받을 자를 결코 내버려두지 아니하시느니라" - 나 1:3

예술 작품들은, 제대로 감상되기에 앞서 보는 이에게 어느 정도의 교육을 요구합니다. 교육받지 못한 이들이 거장의 손으로 그린 그림에서 뛰어난 점들을 즉각 인식한다고 기대하긴 어렵습니다. 가왕(歌王)들의 음악에 있는 최고의 아름다움이 어릿광대 같은 청취자들의 귀를 매료시킬 것이라고 우리는 기대하지 않습니다. 자연의 경이든 예술의 경이든, 사람이 그것을 이해하려면, 그 사람 자체에 무언가가 있어야만 합니다.

이것은 성품에 대해서도 진실입니다. 우리들의 성품의 허물과 삶의 잘못들 때문에, 우리는 그리스도와 그의 아버지 하나님의 성품의 통일된 완벽성과 탁월한 아름다움을 이해하지 못합니다. 우리가 하늘에 있는 천사들처럼 순수하다면, 우리가 만약 한때 에덴 동산에 있었을 때와 같은 상태라면, 티 하나 없이 온전한 상태라면, 우리는 분명 하나님의 성품에 대해 지금의 이 타락한 상태에서 얻을 수 있는 수준보다 훨씬 뛰어나고 고상한 개념을 가질 수 있을 것입니다. 인간은, 그들의 본성의 소외로 말미암아 끊임없이 하나님을 오해하고 있는데, 이는 그분의 완전함을 제대로 인식할 수 없기 때문입니다. 하나님이 한 차례 진노에서 그분의 손을 거두십니까? 보십시오, 그러면 사람들은 말하기를, 하나님이 세상을 심판하는 일을 멈추셨고, 세상을 무기력하고 냉정한 무관심으로 쳐다보신다고 말합니다. 다른 때에 하나님이 죄 때문에 세상을 벌하십니까? 그러면 그들은 말하기를, 그분이 가혹하고 잔인하시다고 말합니다. 인간들은 그분을 오해할 것입니다. 그들 스스로가 불완전하기 때문이며, 하나님의 성품을 보고 감탄하는 것이 그들에게 불가능하기 때문입니다.

이는 특히 하나님의 성품에서 어떤 빛과 그림자들과 관련해서도 사실입니다. 하나님은 그분의 성품의 빛과 그늘을 그분 본성의 완전함 속에 놀랍도록 섞어놓으셨습니다. 비록 우리는 그것이 정확하게 만나는 지점을 볼 수는 없지만, (우리가 성령에 의해 조명을 받았다면) 그 성스러운 조화에 감동하며 놀랍니다. 성경을 읽을 때, 여러분은 바울에 대해 그가 열정 면에서 유명했다고 말할 수 있습니다. 또 베드로에 대해서는, 그의 용기는 영원히 기억할 만하다고 말할 수 있고, 요한에 대해서는 그가 사랑으로 널리 알려졌다고 말할 수 있습니다. 하지만 여러분이 우리의 주 예수 그리스도의 역사를 읽을 때, 그분이 어떤 특정한 덕목으로 유명했다고 말하기가 어렵다는 것을 인식한 적이 있지 않았나요? 왜 그랬을까요? 그것은 베드로의 담대함이 너무 크게 두드러져서 다른 덕목들을 그늘에 묻히게 할 정도였기 때문이거나, 혹은 다른 덕목들이 너무 빈약해서 그의 담대함을 돋보이게 했기 때문입니다. 한 사람이 무언가로 알려진다는 바로 그 사실이, 그가 다른 면에서는 그다지 두드러지지 않는다는 순수한 표지입니다.

예수 그리스도에 관하여, 우리가 그분의 열정이나, 혹은 그분의 사랑이나, 혹은 그분의 용기가 탁월했다고 말하는 것에 익숙하지 않은 이유는, 예수 그리스도의 완벽과 완전성 때문입니다. 우리는 그분의 성품이 온전했다고 말합니다. 하지만 우리는 어디서 빛과 그림자들이 섞였는지 쉽게 인식할 수 있다고 말하지 못합니다. 그리스도의 온유함이 그분의 용기와 섞여 있고, 그분의 인자하심이 죄를 비난하는 그분의 담대함과 섞여 있습니다. 우리는 그 덕목들이 만나는 지점들을 탐지할 수 없습니다. 어떻게 그처럼 다양한 덕목들이 그토록 기이한 방식으로 하나의 성품 안에 연합되어 있을까? 우리가 성화되어갈수록, 그것은 우리를 더욱 놀라게 할 주제일 것이라고 나는 믿습니다.

하나님에 대해서도 똑같습니다. 이제 이 본문에 대해서도 언급해야 할 필요가 있는데, 여기서 두 개의 절이 정반대의 속성들을 묘사하는 듯이 보이기 때문입니다. 여러분은 이 본문에 두 가지 요소가 있음을 주목할 것입니다. 그분은 "노하기를 더디하십니다." 그러면서도 그분은 "벌 받을 자를 결코 내버려두지 아니하십니다." 우리의 성품은 너무도 불완전하기에, 우리는 이 두 속성의 조화를 볼 수 없습니다. 우리는 의아하게 여기면서 아마도 이렇게 말할 것입니다. "어떻게 그분이 노하기를 더디하시면서 벌 받을 자를 결코 내버려두지 않으실 수 있을까?" 그것은 그분의 성품이 완벽하여 이 두 가지—세상의 통치자로서 틀림없는 그분의 공의와 엄격성, 그리고 그분의 인자하심과 오래 참으심과 부드러운 자비—가 서로에게 녹아 들어가는 것을 우리가 보지 않기 때문입니다. 하나님의 성품에서 이런 것 중에서 어느 하나라도 없으면, 그것은 그분의 성품을 불완전하게 할 것입니다. 이 두 가지의 공존은, 비록 우리가 그것이 서로 어떻게 조화를 이룰 수 있는지를 이해하지 못해도, 하나님의 성품에 다른 어디에서도 볼 수 없는 완벽의 인장을 찍습니다.

오늘 아침에 나는 하나님의 이 두 속성에 대해서와, 그 연결 고리에 대해 말하려고 합니다. "여호와는 노하기를 더디하시느니라." 그런 다음 연결 고리가 옵니다. "권능이 크시도다." 나는 여러분에게 어떻게 그 "권능의 크심"이 앞에 있는 문장과 뒤에 이어지는 문장에 적용되는지를 보이려고 합니다. 그런 다음, 우리는 다음 속성을 숙고할 것입니다. "[그분이] 벌 받을 자를 결코 내버려두지 아니하시느니라." 즉 정의의 속성입니다.

1. 하나님의 첫 번째 속성 — "노하기를 더디하신다"

하나님의 성품의 첫 번째 특징으로 시작합시다. 그분은 "노하기를 더디하신다"고 했습니다. 그분의 속성을 선언하고, 그다음에 그 근원을 추적해보도록 하겠습니다.

하나님은 "노하기를 더디하십니다." '자비'가 세상에 올 때 그녀는 날개 달린 군마(軍馬)를 몹니다. 그 전차 바퀴의 축은 붉게 작열하고, 속도로 인해 뜨겁습니다. 하지만 '진노'가 올 때, 그것은 더딘 발걸음으로 옵니다. 그것은 서둘러 죽이지 않으며, 속히 정죄하지 않습니다. 하나님의 자비의 홀(笏)은 언제나 그분의 손에서 펼쳐져 있습니다. 하나님의 정의의 검은 비록 녹슬지는 않았으나 그 칼집에 있습니다. 그것은 쉽게 뽑을 수는 있지만, 그것을 칼집에 집어넣은 손에 의해 거기에 보관됩니다. 칼을 칼집에 넣을 때 그가 소리칩니다. "잠자라, 검이여, 잠자거라. 나는 죄인들을 긍휼히 여길 것이며, 그들의 죄악을 용서할 것이기 때문이다."

천국에는 하나님을 위한 웅변가들이 많습니다. 그들 가운데 어떤 이들은 빠른 말로 말합니다. 가브리엘은 복된 소식을 전하려고 내려올 때 신속하게 말합니다. 천사들의 무리는 "땅에서는 하나님이 기뻐하신 사람들 중에 평화로다"(눅 2:14)를 선포하려고 내려올 때, 빛의 날개로 날아옵니다. 하지만 어두운 진노의 천사는 느린 웅변가입니다. 연설 중간에 여러 번을 멈추고, 마음을 녹이는 긍휼을 그의 나지막한 음조에 결합하여 그는 말합니다. 하지만 그의 웅변의 절반이 끝났을 때, 그는 종종 지체하고, 그의 연단에서 물러나고, 용서와 자비에게 자리를 내줍니다. 그는 사람들에게 그들이 만약 회개한다면, 하나님의 사랑의 통치 안에서 평안을 얻을 수 있으리라고 말했을 뿐입니다.

형제들이여, 나는 이제 하나님이 어떻게 노하기를 더디하시는지 여러분에게 보여줄 수 있기를 바랍니다.

첫째, 나는 그분이 "노하기를 더디하신다"는 것을 입증할 것입니다. 하나님은 절대 경고 없이 치지 않으십니다. 격정적이고 급히 화를 내는 사람들은 한 마디 말하고는 주먹이 나갑니다. 때로는 주먹이 먼저 나가고 말이 뒤따릅니다. 종종 왕들은, 신하들이 그들에게 반역했을 때, 그들을 먼저 짓밟고, 그 후에야 그들에게 따져 묻습니다. 신하들에게 미리 경고하는 시간은 없으며, 그들이 뉘우칠 수 있는 기간도 없습니다. 충성의 의무로 되돌아갈 여지를 그들은 허용하지 않습니다. 그들은 끓어오른 분노로 즉시 반역자들을 쳐부수고, 그들을 완전히 끝장냅니다.

하나님은 그렇지 않습니다. 그분은 땅을 괴롭히는 나무에 대해, 먼저 그 주위를 파고 거기에 비료를 주시기 전에는 그 나무를 베지 않으십니다. 그는 가장 악한 성품을 가진 사람이라도 즉시 죽이지 않으십니다. 먼저는 선지자들을 통해 가지를 잘라내신 후에야 그분이 직접 심판으로 베어내십니다. 그분은 죄인을 정죄하시기 전에 경고하십니다. 그분은 선지자들을 보내어 "경계에 경계를 더하며, 교훈에 교훈을 더하고, 여기서도 조금 저기서도 조금"(사 28:13) 그에게 말씀을 전하게 하실 것입니다. 그분은 경고 없이 도시를 멸하지 않으실 것입니다. 소돔은 아직 롯이 그 안에 있는 동안에는 멸망하지 않을 것입니다. 세상은 여덟 명의 선지자들이 그 안에서 말씀을 전하기까지는, 그리고 여덟 번째 노아가 주의 오심을 예언하기까지는 물에 잠기지 않을 것입니다. 그분은 요나를 보내시기 전까지는 니느웨를 치시지 않을 것입니다. 그분은 그분의 선지자들이 바벨론의 거리에서 외치기까지는 그 성을 무너뜨리시지 않을 것입니다. 그분은 한 사람에게 질병에 의해서나, 강단의 말씀을 통해서나, 섭리를 통해서나, 사건들의 결말을 통해서나 미리 경고하시기 전에는 그를 죽이지 않으실 겁니다. 그분은 즉각 무거운 몽둥이로 치지 않으십니다. 그분은 먼저 경고하십니다. 그분은 은혜 안에서는, 자연에서처럼 먼저 번개를 보내고 후에 천둥소리를 보내지 않으십니다. 오히려 그분은 먼저 율법의 천둥을 보내시고, 집행의 번개가 그 뒤를 따르게 하십니다. 하나님의 정의의 집행관은 그분의 도끼를 지니고, 회초리 더미 안에 그것을 싸둡니다(고대 로마의 집행관은 막대기 다발 속에 도끼를 [둘러싸는 것이 아니라] 끼워 날이 바깥에 나오게 하였던 것과 대조하기 위한 표현-역주). 왜냐하면 그분은 그들이 회개하도록 먼저 책망하시기 전에는 심판의 도끼로 그들을 베지 않으시기 때문입니다. 그분은 "노하기를 더디하십니다."

하지만 그뿐 아니라, 하나님은 경고하시는 일에서도 매우 더디십니다. 비록 그분이 정죄하시기에 앞서 경고하시지만, 그분은 경고에서조차 더디십니다. 하나님의 입술은 약속하실 때는 신속히 움직이지만, 경고하실 때는 느립니다. 천둥소리가 오래도록 퍼지고, 죄인들의 죽음의 시합을 알릴 때 하늘의 북들은 천천히 두드려집니다. 값없이 주시는 은혜와 사랑과 자비를 선포하는 곡조는 빠르고 감미롭게 흐릅니다. 하나님은 경고하시는 일에서 더디십니다. 그분은 니느웨가 죄로 더러워지기까지는 요나를 니느웨로 보내지 않으실 것입니다. 그분은 소돔이 악취를 풍기는 오물 무더기가 되어, 하늘에서뿐 아니라 땅에서도 역겨운 곳이 되기까지는, 그것이 불에 탈 것이라고 말씀조차 하지 않으실 겁니다. 하나님의 아들들이 불경스러운 맹약을 맺고 그분에게서 떠나기 시작하기까지는, 그분은 세상을 물에 잠기게 하지 않으실 것이며, 심지어 그렇게 하겠다고 경고도 하지 않으실 것입니다. 그분은 죄인이 빈번하게 죄를 짓기까지는, 그에게 양심을 통한 경고도 하지 않으십니다. 그분은 자주 죄인에게 그의 죄들을 알게 하시고, 자주 그에게 회개하도록 권고하십니다. 하지만 그분은 인간이 많은 죄로써 사자를 격동하여 그 은신처에서 나오게 하고, 많은 죄악으로 그분의 진노를 부르기까지는, 지옥이 그 두려운 공포의 표정으로 죄인을 응시하게 하지 않으실 것입니다. 그분은 경고하시는 일에서조차 더디십니다.

하지만 무엇보다도, 하나님이 경고하실 때, 그분은 범죄자에게 형벌의 선고를 내리시는 일에서 얼마나 더디신지요! 그분이 죄인들에게 회개하지 않으면 벌을 내린다고 말씀하실 때, 그들이 그분에게 돌이킬 수 있도록 얼마나 긴 기간을 그들에게 주시는지요! "주께서 인생으로 고생하게 하시며 근심하게 하심은 본심이 아니시로다"(애 3:33). 죄인들에게 경고하실 때, 그들에게 내려진 선고대로 집행하실 때, 하나님은 드신 손을 멈추십니다. 그분은 급하게 분을 내지 않으십니다. 여러분은 인간이 타락했을 때 에덴 동산에서의 광경을 주목하여 보았습니까? 하나님은 아담에게 경고하셨습니다. 만일 그가 죄를 범하면 정녕 죽으리라고 말씀하셨습니다. 아담이 죄를 범했습니다. 하나님이 서둘러 그에게 선고를 내리셨던가요? 은혜롭게도 이런 내용이 기록되었습니다. "그날 바람이 불 때 여호와께서 동산에 거니시더라"(참조. 창 3:8). 그들이 열매를 딴 것은 이른 아침이거나 한낮이었을 것입니다. 하지만 하나님은 서둘러 정죄하지 않으셨습니다. 그분은 해가 넘어갈 무렵까지 기다리다가 날이 서늘할 무렵에야 오셨습니다. 어느 옛 주석가가 그것을 매우 아름답게 표현했듯이, 그분은 오실 때 분노의 날개를 타고 오신 것이 아니라, "날이 서늘할 때 동산에서 걸으셨습니다." 그분은 죽이는 일에 서두르지 않으셨습니다.

나는 마치 그분을 뵙는 것 같습니다. 하나님이 사람과 더불어 거니시던 그 영광스러운 시절에, 그분이 아담에게 다시 나타나셨을 때의 광경을 생각해 보십시오. 나는 보이지 않으시는 하나님이 자기 자신을 가리셨다는 놀라운 비유를 이해할 것 같습니다. 그때 나무 사이에서의 걸음이 매우 더뎠을 것이라고 나는 생각합니다. 아, 이런 묘사를 하는 것이 옳다면, 인간을 정죄해야 하는 것 때문에 가슴을 치고, 눈물을 흘리며 걸으셨을 것입니다. 마침내 저 슬픈 음성이 들려옵니다: "아담아, 네가 어디 있느냐? 불쌍한 아담아, 어디에 너 자신을 내던졌느냐? 너는 나의 은혜를 저버리고, 헐벗음과 두려움 속으로 너 자신을 내던졌구나. 너는 너 자신을 숨기고 있다. 아담아, 네가 어디에 있느냐? 나는 너를 불쌍히 여기노라. 너는 네가 하나님이 되려고 생각했구나. 너를 정죄하기 전에, 나는 네게 한 가지 긍휼을 베풀려고 한다. 아담아, 네가 어디 있느냐?"

그렇습니다. 주님은 노하기를 더디하십니다. 계명이 어겨졌고, 따라서 경고가 어쩔 수 없이 효력을 발해야 하는 때에도, 판결문을 쓰시기를 더디하십니다. 홍수 때도 그랬습니다. 그분은 세상에 경고하셨습니다. 하지만 그분은 회개의 여지를 주시기 전에는, 최종 판정을 내리고 하늘의 인을 찍는 것을 원치 않으셨습니다. 노아가 와야 했고, 일백이십 년 동안 말씀을 전해야 했습니다. 그가 와서 생각 없고 경건치 않은 세대에 증언해야 했습니다. 끊임없이 계속되는 일종의 설교로서 방주가 지어져야 했습니다. 그것이 산꼭대기에 있어야 했고, 홍수가 와서 그것을 물 위에 뜨게 할 때까지 기다려야 했습니다. 그렇게 함으로써 불경한 자들에게 매일의 경고가 되기 위함이었습니다. 오 하늘들이여, 왜 그대들은 한꺼번에 문을 열어 큰물을 쏟지 않았던가? 오 땅의 깊은 원천들이여, 왜 그대들은 한순간에 터져 나오지 않았던가? 하나님이 말씀하셨습니다. "내가 세상을 홍수로 쓸어버리리라." 왜, 너희 물들은 일어나지 않았던가? "왜냐하면"—나는 물들이 콰르르 흐르는 소리로 말하는 것을 듣는 것 같습니다—"왜냐하면, 비록 하나님이 경고하셨어도 그분은 선고를 내리기에 더디시기 때문이오. 또 그분이 친히 '혹 그들이 회개할 수 있으리라. 혹 그들이 그들의 죄에서 떠날 수 있으리라' 말씀하셨기 때문이라오. 그러므로 그분이 우리에게 쉬고 잠잠하라 명하셨으니, 그분은 노하기를 더디하시는 분이라오."

하지만 더 나아가, 심지어 죄인에 대한 판결문에 서명이 되고, 거대한 정죄의 인장이 찍혀도, 그때에도 하나님은 그것을 실행하기에 더디십니다. 소돔의 운명은 결정되었습니다. 그것이 불에 탈 것이라고 하나님이 선언하셨습니다. 하지만 하나님은 지체하십니다. 그분은 멈추십니다. 그분이 친히 소돔에 내려가시고, 그 죄의 실상을 보고자 하십니다. 그분이 거기에 도착하실 때 거리에는 죄가 가득합니다. 이 밤에, 짐승보다 나쁜 패거리가 문을 에워쌉니다. 그때 그분이 손을 드시나요? 그때 그분이 "너 하늘이여, 불을 퍼부으라"고 말씀하시나요? 그렇지 않습니다. 그분은 그들이 밤새 소요를 지속하도록 두시고, 마지막 순간까지 그들을 남겨두십니다. 해가 떠오르고 불타는 우박이 내리기 시작했을 때도 가능한 한 형의 집행은 연기되었습니다. 하나님은 서둘러 정죄하지 않으십니다. 하나님은 가나안 족속들을 뿌리뽑으라고 경고하셨습니다. 그분은 모든 암몬 족속이 끊어져야 한다고 선언하셨습니다. 하나님이 그들의 땅을 아브라함의 자손에게 영원히 주겠다고 약속하셨으니, 그들은 철저히 죽임을 당해야 했습니다. 하지만 그분은 이스라엘의 자녀들에게 애굽에서 사백 년을 기다리게 하셨습니다. 그분은 이 가나안 족속들이 족장 시대에 줄곧 살게 하셨습니다. 그분이 그의 백성을 애굽에서 이끌어내셨을 때, 그분은 그들을 광야에서 사십 년을 머물게 하셨습니다. 불쌍한 가나안 족속을 죽이는 것이 내키지 않으셨기 때문입니다. 그분이 말씀하셨습니다. "하지만, 나는 그들에게 기간을 줄 것이다. 비록 내가 그들의 정죄를 승인했고, 그들의 사형 집행장이 왕의 법정에서 발부되어서, 그것이 집행되어야 마땅하겠지만, 그럼에도 나는 할 수 있다면 그것을 미루고 싶다." 마침내 마지막 자비가 충분히 주어지고, 여리고의 녹아내리는 재와 아이성의 파멸이 칼이 칼집에서 뽑혔다는 조짐이 되고, 하나님이 분노로 가득한 용사처럼 일어나셨다는 것을 알리는 징조가 될 때까지 그분은 멈추십니다. 하나님은 친히 판결을 선언하셨을 때도, 그것을 집행하는 일에 더디십니다.

아, 나의 친구들이여, 방금 내 머리에 떠오른 슬픈 생각이 있습니다. 지금 판결을 받았으나 아직은 살아있는 몇 사람이 있습니다. 나는 성경이 내가 지금 암시하는 슬픈 생각을 지지해준다고 믿습니다. 최종적으로 파멸되기에 앞서 정죄를 받은 사람들이 있습니다. 그들의 죄가 그들보다 앞서 심판대 앞에 간 사람들이 있습니다. 그들은 양심이 화인 맞도록 넘겨졌고, 그들에게 회개와 구원은 불가능할 것입니다.

세상에는 존 번연의 작품(「천로역정」)에서처럼 쇠창살 감옥에 갇혀서 절대 나오지 못하는 사람들이 더러 있습니다. 그들은 에서 같아서 회개할 곳을 찾지 못합니다. 그들은 회개할 기회를 찾지도 않습니다. 만일 찾았더라면 그들은 찾았을 것입니다. "사망에 이르는 죄"를 지은 사람들이 많으며, 그들을 위해 우리는 기도할 수가 없습니다. 왜냐하면 성경에서 우리는 "사망에 이르는 죄가 있으니 이에 관하여 나는 구하라 하지 않노라"(요일 5:16)는 말씀을 듣기 때문입니다. 하지만 왜, 왜, 왜 그들은 아직 불에 떨어지지 않을까요? 그들이 정죄를 받았다면, 만일 자비가 영원히 그들을 외면했다면, 자비가 손을 펼쳐 그들에게 용서를 베푸는 일이 절대 일어나지 않는다면, 왜, 왜 그들은 죽어 일소되지 않을까요? 하나님이 이렇게 말씀하시기 때문입니다. "나는 그들에게 더는 자비를 베풀지 않겠다. 하지만 나는 그들을 조금 더 살게 할 것이다. 비록 내가 그들을 정죄했어도, 그 심판을 집행하는 것이 내키지 않는다. 그래서 나는 사람이 살 수 있는 동안 그들을 남겨둔다. 나는 그들이 여기서 장수하도록 할 것인데, 그들에게는 영원한 진노의 두려움만 있을 것이기 때문이다." 그렇습니다. 그들로 쾌락의 생을 좀 더 누리라고 하십시오. 그들의 종말은 너무나 두려울 것입니다. 그들에게 주의하라고 하십시오. 하나님이 비록 노하기를 더디하시지만, 분명히 노하실 때가 있기 때문입니다.

만약 하나님이 노하기에 더디지 않으시면, 우리의 이 거대한 도시(런던)를 이미 치시지 않았을까요? 이 도시를 쳐서 산산조각 내고, 지상에서 그 기억을 온전히 지우려 하시지 않았을까요? 이 도시의 죄악은 너무나 커서, 하나님이 이 도시를 바닥에서부터 파내어 바다에 던지셔도 무방할 것입니다. 밤에 이 도시의 거리들은 악의 거대한 광경을 연출하여 비길 데가 없을 정도입니다. 한밤중의 거리가 우리의 부도덕성을 나타낸다면, 어떤 나라나 어떤 고장에서도 이 거대한 도시 런던처럼 완전히 타락한 도시를 찾아볼 수 없을 것입니다. 여러분의 공공 휴양지에서—나는 지체 높은 고관들과 부인들에 대해 말하고 있습니다—여러분은 단정한 사람이라면 마땅히 부끄러워해야 할 말들을 듣는 것을 허용하고 있습니다. 여러분은 극장에 앉아 단정한 사람이라면 얼굴을 붉힐 연극을 관람합니다. 나는 경건에 대해서 말하는 것이 아닙니다. 교양 없는 사람들이 오페라 춘희(春姬, La Traviata)의 외설스러운 말을 듣는 것도 충분히 나쁜 일이지만, 가장 세련되고 교양있다는 부인들이 그런 악의 후원자가 되어 자기 자신을 불명예스럽게 만드는 일은 정말이지 용인할 수 없습니다.

여러분 영국의 신사들이여, 하층 계급의 극장에서 볼 수 있는 죄를 여러분은 비난할 수 없습니다. 지옥 밑바닥 극장의 가장 저열한 짐승 같은 짓이 여러분의 오페라 극장에서 버젓이 용인되고 있으니까요. 이 도시가 경건의 겉치레라도 하기에, 나는 그들이 너무 멀리 가지 않으려니 생각했습니다. 또 어느 신문에서—그다지 종교적이지도 않은 신문입니다—심하게 경고를 한 바도 있으므로, 사람들이 지나치게 악한 열정에 빠지지 않으려니 생각했습니다. 하지만 약에 금박을 입혀 놓으니, 여러분은 독약이라도 삼켜버립니다. 그런 일이 너무 흔합니다. 여러분이 그런 일을 후원하고 있습니다. 그것은 정욕적이며, 혐오스럽고, 속이는 일입니다! 여러분은 여러분의 자녀들을 데리고 가서 여러분 자신도 절대로 들어서는 안 되는 말들을 듣게 만듭니다! 여러분 스스로가 동성애자 모임에 앉아서, 온건한 사람이라면 구역질을 일으켜야 할 말에 귀를 기울입니다. 비록 시대의 풍조가 여러분을 속여도, 나는 여러분이 그렇게 반응하기를 바랍니다.

아! 하나님만이 이 거대한 도시의 은밀한 죄악을 아십니다. 이 도시에 큰 나팔 소리가 필요하고, 선지자의 외치는 소리가 필요합니다. "경보를 울려라! 경보를 울려라! 경보를 울려라!" 정말이지 원수가 우리 위에서 자라고 있습니다. 악한 자의 힘은 강력합니다. 하나님이 손을 펴서 우리의 거리에 흐르는 저 검은 죄악의 물결을 돌이키시지 않으면, 우리는 신속히 영벌에 떨어질 것입니다. 하지만 하나님은 노하기를 더디하시며, 여전히 그분의 검을 칼집에 두십니다. 진노가 어제 말했습니다. "오 검이여, 칼집에서 나오라!" 그러자 검은 풀려나기 위해 몸부림쳤습니다. 자비가 칼집에 손을 얹고 말했습니다. "잠잠하라!" 진노가 말합니다. "검이여, 칼집에서 나오라!" 다시 검은 칼집에서 나오려고 애를 씁니다. 자비가 다시 손을 얹고 말합니다. "돌아가라!" 그러자 검은 철커덕거리며 제 위치로 돌아갑니다. 진노가 발을 구르며 말합니다. "검이여, 깨어라! 깨어라!" 그것은 다시 나오려고 몸부림치고, 칼날의 반이 드러납니다. "뒤로, 뒤로!" 자비가 말했습니다. 수없이 자비는 손잡이를 뒤로 밀며 검을 칼집으로 되돌립니다. 거기서 검은 조용히 잠듭니다. 주께서 "노하기를 더디하시고 인자하심이 풍부하시기" 때문입니다(시 103:8).

이제 나는 하나님의 이 속성의 출처를 살펴보려고 합니다. 왜 하나님은 노하기를 더디하실까요?

하나님이 노하기를 더디하시는 이유는, 그분이 무한히 선하시기 때문입니다. 선하심(Good)이 그분의 이름입니다—"good"(굿)—God(하나님). 선하신 하나님! 선하심은 그분의 본성입니다. 그래서 그분이 노하기를 더디하십니다.

또, 하나님이 노하기를 더디하시는 이유는 그분이 위대하시기 때문입니다. 작은 것들은 분노할 때에 언제나 신속합니다. 큰 것들은 그렇지 않습니다. 어리석은 잡종개는 모든 통행자를 보며 짖고, 모욕을 참지 못합니다. 사자는 일천 번 정도를 참을 것입니다. 황소는 자기 목초지에서 잠들고, 일어나 힘을 쓰기 전에 많이 참습니다. 바다의 리바이어던은 비록 격노할 때는 깊은 물도 뒤엎지만, 작고 미약한 것들이 항상 신속히 분노하는 것과는 달리, 좀처럼 흥분하지 않습니다. 하나님의 위대하심은 그분의 진노가 더딤을 설명하는 한 가지 이유입니다.

2. 하나님의 두 번째 속성 — "권능이 크시다"

곧바로 그 연결 고리를 찾아보겠습니다. 하나님이 노하기를 더디하시는 큰 이유는 그분이 능력에서 위대하시기 때문입니다. 이는 이 본문에서 첫 번째 주제와 마지막 주제의 연결 고리입니다. 그러니 여러분이 이 점을 주목하시기 바랍니다. 나는 "권능이 크시며"라는 이 말씀이 첫 문장과 마지막 문장을 연결해준다고 봅니다. 바로 이런 방식입니다: 주님은 노하기를 더디하십니다. 그리고 그분이 노하기를 더디하시는 이유는 능력에서 위대하시기 때문입니다. "어떻게 그렇게 말할 수 있지요?"라고 한 사람이 묻습니다. 나는 이렇게 대답하겠습니다: "능력에서 위대하신 그분에게는 자기를 억제할 능력도 있습니다. 자기 자신의 분노를 가라앉힐 수 있고 또 자기 자신을 이기는 자는, 한 성을 다스리거나 나라들을 정복할 수 있는 자보다 위대합니다."

우리는 어제와 그제 하나님의 능력이 나타나는 것을 소리로 들었습니다. 우리를 놀라게 하는 천둥 속에 그 능력이 나타났습니다. 우리가 번쩍이는 번개 속에서 그분의 능력의 광휘를 보았을 때, 그때 그분이 하늘의 문들을 여셨고, 거기서 우리는 밝은 광채를 보았습니다. 또 그분이 한순간에 다시 그 문들을 닫으셨을 때, 그때 우리는 그분의 능력이 가려진 것 외에 아무것도 보지 못했습니다. 그 광경은 그분이 자기 자신을 가리신 능력과 비교될 수 있습니다. 하나님의 능력이 자기 자신을 억제하실 때, 그것이 진정한 능력입니다. 능력을 억제할 수 있는 능력, 전능을 묶는 능력이 진정한 전능입니다. 하나님은 능력에서 위대하시며, 그러므로 그분은 자신의 노여움을 억제하십니다.

강한 정신을 가진 사람은 모욕받는 것을 견딜 수 있습니다. 모욕을 견딜 수 있는 것은 그가 강하기 때문입니다. 약한 정신을 가진 사람은 작은 일에도 발끈하여 고함을 지릅니다. 강한 정신은 마치 바위처럼 그것을 참습니다. 비록 일천 번의 파도가 몰아치고, 그 정수리에 하잘것없는 악담을 퍼부어도, 그것은 요동하지 않습니다. 하나님은 그분의 원수들에 주목하십니다. 하지만 그분은 움직이지 않으십니다. 그분은 가만히 서 계시고, 그들이 그분을 저주해도, 아직 그분은 분노로 가득하지 않으십니다. 만약 그분이 본래의 자기보다 못하거나, 그분의 본래 능력보다 적은 능력을 지녔다면, 그분은 이미 오래전에 그분의 모든 뇌우를 쏟아붓고 하늘의 탄약고를 비우셨을 것이며, 오래전에 땅 표면 아래에 준비해두신 엄청난 지뢰들로 이 땅을 폭파해버리셨을 것입니다. 거기서 솟아난 화염이 우리를 불살랐을 것이며, 우리는 전멸했을 것입니다. 하나님의 능력의 위대하심이 곧 우리의 보호가 된 것에 우리는 하나님을 찬미합니다. 그분이 노하기를 더디하시는 이유는 그분이 능력에서 위대하시기 때문입니다.

이제, 이 고리가 어떻게 본문의 다음 부분과 연결되는지를 보이는 것에 어려움이 없습니다. "여호와는 권능이 크시며 벌 받을 자를 결코 내버려두지 아니하시느니라." 이 부분은 말로 설명할 필요가 없습니다. 나는 단지 감정을 건드리기만 하면 되고, 그러면 여러분이 그 뜻을 이해할 것입니다. 하나님의 능력의 위대함은 확고한 사실이며, 그것은 그분이 악인들을 내버려두지 않으시리라는 점을 보증합니다. 여러분 중에 지난 금요일 밤의 폭풍을 목격한 사람이라면, 자기 자신의 죄와 관련된 생각을 떠올리지 않을 수 없었을 것입니다. 해가 비치고 있을 때, 날씨가 잠잠할 때, 사람들은 하나님을 벌 주시는 분이라고 생각하지 않으며, 혹은 여호와를 복수하시는 분이라고 생각하지 않습니다. 하지만 폭풍이 칠 때, 그 뺨이 창백해지지 않는 자가 누구입니까? 그리스도인은 이따금 폭풍 중에서도 즐거워합니다. 그는 이렇게 말할 수 있습니다. "땅이 흔들려도 내 영혼은 평안하다!" 나는 폭풍을 좋아합니다. 그날은 내 아버지의 전당에서 축제의 날, 곧 하늘의 축제와 연회가 열리는 날이니, 나는 그날에 즐거워합니다.

"높은 곳에서 다스리시는 하나님,
뇌우(雷雨)까지도 다스리시네.
폭풍의 날개를 타시고
바다를 호령하시는
위엄의 하나님이 우리의 하나님,
우리의 아버지, 우리의 사랑이라네.
그분이 하늘의 권세자들을 보내시리니
우리를 위로 데려가기 위함이라네."

하지만 양심이 평안치 못한 사람은, 집의 대들보가 삐걱거리고 견고하던 땅의 기초가 꿈틀거리는 것 같을 때, 불안을 이기지 못할 것입니다. 아! 그럴 때 떨지 않는 사람이 누구입니까? 저기 높은 나무가 절반으로 쪼개지고, 저 번쩍거리는 불이 그것의 몸통을 쳤으니, 산산이 부서져 쓰러졌도다! 하나님은 한순간에 그런 일을 하실 수 있습니다. 누가 거기 서서 그것을 볼 수 있습니까? 함부로 욕하는 자입니까? 그가 그때도 욕할 수 있을까요? 안식일을 어기는 자입니까? 그때도 안식일 어긴 것을 자랑할까요? 거만한 자입니까? 그때도 그가 하나님을 멸시할 수 있을까요? 아! 그때 그가 얼마나 떨겠습니까? 그의 머리가 쭈뼛 서지 않겠습니까? 그의 뺨이 일시에 창백해지지 않겠습니까? 그 두려운 광경을 목격할 때, 그가 놀라며 눈을 감고, 공포로 물러서지 않겠습니까? 하나님이 그도 치실지 모른다고 생각하지 않겠습니까? 예, 하나님의 능력이 폭풍 가운데서 목격될 때,

바다에서나 육지에서나, 지진에서나 태풍에서 목격될 때, 직관적으로 그것은 그분이 악인들을 내버려두지 않으실 것이라는 증거입니다. 나는 그 느낌을 어떻게 설명해야 할지 모르겠습니다. 하지만 그것은 진실입니다. 전능자의 위엄의 현시(顯示)는, 완고한 사람들의 정신에도, 하나님은 그 권능이 크시므로 "벌 받을 자를 결코 내버려두지 아니하실" 것임을 설득하는 효력이 있습니다.

여기까지 나는 사슬의 연결 고리를 설명하려고 노력했습니다.

3. 본문에 나타난 하나님의 세 번째 속성 — "악인들을 내버려두지 않으신다"

본문에 나타난 하나님의 마지막 속성이자 가장 두려운 속성은, 그분이 "벌 받을 자를 결코 내버려두지 아니하신다"는 것입니다. 먼저 이 말씀 자체를 살펴보고, 다음에는 이것이 내가 첫 번째 속성과 관련해서 그랬듯이, 그 원천을 추적해보도록 하겠습니다.

하나님은 "악인들을 결코 내버려두지 않으십니다." 이를 어떻게 입증할까요? 나는 그것을 이런 식으로 입증합니다: 한 번도 그분은 처벌되지 않은 죄를 용서하신 적이 없습니다. 지존자의 모든 해에서, 그분 오른손의 모든 날에서, 그분이 처벌 없이 죄를 지우신 적이 단 한 번이라도 있었습니까? 뭐라고요? 천국에 있는 자들이 용서받았지 않았냐고요? 그들의 많은 죄가 용서되었고, 그들이 처벌을 면하지 않았냐고요? "내가 네 허물을 빽빽한 구름같이, 네 죄를 안개 같이 없이하였으니"(사 44:22)라고 그분이 말씀하시지 않았냐고요? 예, 사실입니다, 분명한 사실입니다. 하지만 내 주장 또한 사실입니다. 그 용서받은 죄들 가운데 단 한 가지라도 처벌 없이 용서된 것이 아닙니다. 여러분이 왜, 어떻게, 그런 일이 진실일 수 있느냐고 내게 묻습니까? 나는 여러분에게 저기 골고다의 두려운 광경을 가리킵니다. 용서받은 죄인에게 떨어지지 않은 처벌이 거기에 떨어졌습니다. 정의의 구름은 불타는 우박들로 가득 찼습니다. 죄인은 그것을 받을 만합니다. 그런데 그것이 그에게 떨어지지 않았습니다. 하지만 그것은 떨어졌고 그 분노를 모두 쏟았습니다. 그것이 거기에, 저 거대한 불행의 저장소에 떨어졌습니다. 그것은 구세주의 심장 속으로 떨어졌습니다. 우리의 배은망덕 때문에 우리에게 내려야 할 재앙이 우리에게 내리지 않았습니다. 그 재앙이 다른 어딘가에 내렸습니다. 재앙을 당한 이가 누구입니까? 겟세마네여, 내게 말하라! 오 골고다여, 내게 말하라! 누가 재앙을 입었는가? 구슬픈 대답이 들려옵니다. "엘리 엘리라마 사박다니." "나의 하나님, 나의 하나님, 어찌하여 나를 버리셨나이까?"(마 27:46) 죄의 모든 재앙을 당하신 분은 예수님입니다. 비록 죄인은 구원받아도, 죄는 처벌을 받습니다.

어떤 사람은 이것이 하나님이 악인들을 내버려두지 않으신다는 것을 입증하기는 어렵다고 말합니다. 나는 그것이 입증한다고 주장하며, 분명하게 입증한다고 주장합니다. 하지만 여러분은 하나님이 악인들을 내버려두지 않으신다는 추가적인 증거를 원합니까? 내가 여러분에게 하나님이 행하신 두려운 일들, 즉 그분이 복수하신 기이한 일들의 긴 목록을 제시해야 할까요? 내가 황폐한 에덴을 여러분에게 제시할까요? 내가 온통 물에 잠긴 세상을 보여주어야 할까요? 바다의 큰 물고기들이 한때 왕들의 궁전이었던 곳에서 새끼를 낳고 사는 모습을 보여주어야 할까요? 언덕에서부터 쏟아져 내려온 큰 물결에 휩쓸려 마지막으로 죽어가는 사람의 마지막 비명을 여러분에게 들려주어야 합니까? 기슭을 알 길 없는 깊은 바다에서, 제 할 일을 끝낸 것을 으스대면서, 높은 파도 꼭대기에 올라탄 죽음을 여러분에게 보여야 합니까? 그의 화살통은 비었습니다. 죽음의 한가운데서 저기 방주에 떠 있는 생명을 제외하고는, 모든 사람이 죽임을 당했기 때문입니다. 내가 여러분에게 소돔을 보여야 합니까? 전능자의 진노의 화산이 그 위로 불의 우박을 내뿜을 때 소돔의 두려워하던 거주민들을 보여야 합니까? 내가 여러분에게 그 입을 벌려 고라, 다단, 아비람을 삼킨 땅을 보여주어야 합니까? 내가 여러분에게 애굽의 역병들을 보여주어야 합니까? 내가 또 바로의 죽음의 비명소리를 반복해서 들려두고, 그의 군대가 물에 빠지는 것을 보여주어야 합니까? 정녕, 여러분은 폐허가 된 도시들이나, 하루아침에 무너진 나라들의 이야기를 다시 들을 필요는 없을 것입니다. 여러분은 하나님이 노하셨을 때 어떻게 땅을 이 끝에서 저 끝까지 치셨는지, 또 그분이 불쾌하게 여기셨을 때 어떻게 산들을 녹이셨는지 다시 들을 필요가 없을 것입니다. 우리는 역사와 성경에서 하나님이 "벌 받을 자를 결코 내버려두지 않으신다"는 충분한 증거들을 가지고 있습니다.

하지만 여러분이 가장 큰 증거를 원한다면, 여러분은 슬픈 상상력의 검은 날개를 빌려 세상 바깥으로 날아가, 혼돈의 어두운 영역을 통과하고, 저 멀리 불의 흉벽(胸壁)들이 음울한 빛을 발하는 곳까지 날아가야 할 것입니다. 만약 안전히 그곳을 통과하여 날아갈 수 있다면, 여러분은 거기서 죽지 않는 벌레들을 볼 것입니다. 거기서 바닥이 없는 구덩이를 볼 것이고, 꺼지지 않는 불을 볼 것이며, 영원히 하나님으로부터 추방된 사람들의 비명과 애통하는 소리를 들을 것입니다. 선생들이여, 만약 여러분이 저 음산한 신음과 비탄과 고문당하는 영혼들이 비명을 지르는 것을 듣고, 다시 이 세계로 돌아오는 것이 가능하다면, 여러분은 공포로 놀라고 망연자실한 표정이 되어 이렇게 말할 것입니다. "진정 하나님은 악인들을 결코 내버려두지 않으십니다." 여러분이 알다시피, 지옥이 이 본문의 논점입니다. "하나님이 악인들을 내버려두지 않으신다"는 이 본문의 주장을, 여러분이 직접 겪어봄으로써 입증하는 일이 없기를 바랍니다.

이제 우리는 이 두려운 속성의 근원을 추적해봅니다. 왜 이럴까요?

하나님이 악인들을 내버려두지 않으시는 이유는 그분이 선하시기 때문이라고 우리는 대답합니다. 뭐라고요! 그분의 선하심이 죄인들이 처벌받는 것을 요구한다고요? 그렇습니다. 재판장이 살인자를 정죄해야 하는 이유는, 그가 자기 백성을 사랑하기 때문입니다. "나는 너를 풀어줄 수가 없다. 그럴 수가 없다. 그렇게 해서는 안 된다. 만약 내가 너를 그냥 풀어준다면, 너는 이 아름다운 공동체에 속한 다른 사람을 죽일 것이다. 그럴 수는 없다. 나는 내 본성의 사랑에 근거하여 너를 정죄할 수밖에 없다." 왕의 인자함이 죄를 지은 자의 처벌을 요구합니다. 엄격한 법을 큰 죄인들에게 적용하는 것은 단지 입법자가 격분해서가 아닙니다. 죄가 억제되도록 하는 것은 나머지 백성을 향한 사랑입니다. 죄의 큰 물결을 막는 거대한 수문들은 검게 칠해져 있으며, 두렵게 보입니다. 두려운 감옥의 철문들처럼 그것들은 내 심령을 놀라게 합니다. 하지만 그것이 하나님이 선하시지 않다는 증거일까요? 그렇지 않습니다. 만약 여러분이 저 문들을 활짝 열 수 있다면, 그래서 죄의 홍수가 우리에게 흐르도록 한다면, 그때 여러분은 부르짖을 것입니다. "오 하나님, 오 하나님! 저 처벌의 문들을 다시 닫으소서. 하나님의 법이 다시 세워지게 하소서. 그 기둥들이 세워지고, 경첩에 문들이 달리게 하시고, 다시 처벌의 문들이 닫히게 하소서. 이 세계가 짐승보다 나쁜 자들로부터 완전히 파멸되는 일이 없게 하소서."

죄가 처벌되어야 할 필요가 있음은 선을 위해서입니다. 죄인들을 위해 울어왔던 자비(Mercy)는, 그들이 끝내 회개하지 않을 것임을 알 때, 위엄있는 정의(Justice)보다 한결 더 굳은 표정으로 그들을 바라볼 것입니다. 그녀는 흰 깃발을 손에서 떨어뜨리면서 말할 것입니다. "내가 불렀으나 그들이 듣기 싫어하였고, 내가 손을 폈으나 돌아보는 자가 없었구나. 그들로 죽게 하라, 그들로 죽게 하라"(참조. 잠 1:24). 자비의 입에서 떨어지는 그 두려운 말은 정의의 정죄보다 더 호된 비난입니다. 오, 그렇습니다. 하나님의 선하심은, 사람들이 죄를 지으려 한다면 그들이 처벌받아야 할 것을 요구합니다.

또한, 하나님의 정의가 그것을 요구합니다. 하나님은 무한히 정의로우신 분이며, 그분의 정의는 사람들이 온전한 마음으로 그분에게 돌이키지 않으면 처벌되어야 함을 요구합니다. 내가 하나님의 모든 속성을 입증하기 위해 일일이 열거해야 할까요? 그럴 필요는 없다고 생각됩니다. 우리는 노하기를 더디하시며 권능이 크신 하나님께서 또한 악인들을 결코 내버려두지 아니하신다는 것을 믿어야 합니다. 한두 가지 중요한 질문을 여러분에게 제시하려고 합니다. 오늘 아침 여러분의 상태는 어떠합니까? 내 친구여, 형제여 자매여, 당신의 상태가 어떠합니까? 당신은 하늘을 올려다보면서 이렇게 말할 수 있습니까? "비록 내가 큰 죄를 지었지만, 나는 그리스도께서 나를 대신하여 처벌당하신 것을 믿습니다."

"저주받은 나무에 매달리실 때
그분이 짊어지신 짐을
내 믿음이 돌아보니,
나의 죄책이 거기에 있었음을 압니다."

당신은 겸손한 믿음으로 예수를 바라보고 말할 수 있습니까? "나의 대속자, 나의 피난처, 나의 방패시여! 당신은 나의 반석이요 의지할 분이시니, 당신에게 나의 마음을 털어놓습니다." 사랑하는 이여, 그렇다면 나는 당신에게는 이 한 가지 외에는 할 말이 없습니다: 하나님의 권능을 볼 때 두려워 마십시오. 이제 당신은 용서받고 받아들여졌습니다. 이제 당신은 믿음으로 그리스도께 달려가 그분을 피난처로 삼았습니다. 하나님의 권능을 당신이 두려워할 필요가 없는 것은, 전사의 방패와 칼을 그의 아내와 자녀들이 두려워할 필요가 없는 것과 마찬가지입니다. 저기 한 여인이 말합니다. "예, 두려워할 필요가 없지요. 그분이 강하시냐고요? 예, 그분은 나를 위하여 강하십니다. 그분의 팔은 건장하며, 그분의 힘줄은 강하고 튼튼합니다. 그분은 방패를 지녔으며, 그것으로 내 머리를 가립니다. 그분의 칼은 원수들을 쪼갤 수 있으며, 당연히 내 원수들도 무찌르고 나를 구할 것입니다." 기운을 내십시오, 그분의 권능을 두려워 마십시오.

하지만 당신은 그리스도를 피난처로 삼아 그분께 피했습니까? 당신은 구속주를 아직도 믿지 않습니까? 당신은 당신의 영혼을 그분의 손에 맡기지 않았습니까? 그렇다면 내 친구들이여, 내 말을 들으십시오. 하나님의 이름으로 말하니, 잠시 내 말을 들으십시오. 내 친구여, 나는 잠시라도 당신의 자리에 서고 싶지 않습니다. 당신의 입장이 무엇입니까? 당신은 죄를 범했습니다, 하나님이 당신을 내버려두지 않으실 겁니다. 그분이 당신을 벌하실 것입니다. 그분이 당신을 살려두시는 것은, 당신의 형집행을 연기하시는 것입니다. 용서받지 못한 채 형집행이 연기된 자의 삶은 불쌍한 삶입니다! 당신의 형집행 연기는 곧 끝날 것입니다. 당신의 모래시계는 날마다 비워지고 있습니다. 나는 여러분 중 일부에게 죽음의 차가운 손이 닿았음을 봅니다. 그 손이 당신의 머리를 하얗게 얼어붙게 했습니다. 당신은 지팡이가 필요합니다. 지금 당신과 죽음 사이는 한 걸음에 불과합니다. 그리고 여러분 모두에게 말합니다. 노년과 청년이여, 여러분은 양쪽 옆으로 끝없는 바다가 있는 좁은 지협(地峽)에 서 있습니다. 그것은 곧 생명의 지협이며, 매 순간 좁아지고 있습니다. 당신은 아직 용서받지 못했습니다.

한 성이 약탈을 당할 터인데, 당신이 그 안에 있습니다. 군사들이 문에 있습니다. 암호를 말할 수 있는 자만 제외하고, 도성 안에 있는 모든 사람을 죽이라는 명령이 내려졌습니다. "좀 더 자자, 좀 더 자자, 오늘은 공격이 없을 거야." 하지만 선생이여, 내일입니다! "아아, 계속 자자, 계속 자자, 아직은 내일이 아니니까. 좀 더 자고, 꾸물거리자, 꾸물거리자." 들으시오! 성문이 부서지는 소리가 들립니다, 벽을 부수는 거대한 나무 기둥이 그것을 치고 있습니다. 문들이 곧 무너질 것입니다! "좀 더 자자, 좀 더 자자, 군사들이 아직 성문으로 들어온 건 아니니까. 좀 더 자자, 계속해서 자자, 아직은 자비를 구할 때가 아니다. 좀 더 자자, 좀 더 자자." 아아, 하지만 나는 날카로운 나팔소리를 듣습니다. 그들이 거리에 있습니다. 남자들과 여자들의 비명을 들으십시오! 그들이 사람들을 죽이고 있습니다. 사람들이 쓰러지고, 쓰러지고, 또 쓰러집니다! "좀 더 자자, 그들이 아직 내 방문에 있는 건 아니니까."

하지만 들으시오, 그들이 대문에 있습니다. 쿵쿵거리는 소리를 내며 군사들이 계단을 오르고 있습니다! 아아, 자려면 자시오, 그들이 아직 당신 방에 들어온 것은 아니니까. 오, 그들이 도착했습니다! 그들이 드디어 당신의 방문을 부수었고, 그들이 당신 앞에 서 있습니다! 아니요, 좀 더 자시오, 좀 더 자시오, 아직 칼이 당신의 목에 놓이진 않았으니까. 계속 자시오. 계속 자시오! 칼이 당신의 목구멍에 닿았소이다! 당신이 벌떡 일어나 공포에 질렸습니다. 하지만 당신은 끝장입니다!

"마귀여, 왜 너는 나에게 계속 자라고 말했더냐? 처음에 성문이 흔들렸을 때 성을 빠져나가는 것이 지혜로웠을 터인데. 군대가 도착하기에 앞서 왜 내가 암호를 묻지 않았던고? 그래서 군인들이 성에 들이닥쳤을 때 왜 내가 거리로 달려가 암호를 외치지 않았던고? 왜 내가 칼이 내 목에 닿을 때까지 가만히 있었던고? 아, 마귀여 너는 저주받을 자로다. 하지만 나도 너와 함께 영원히 저주를 받는구나."

여러분은 적용을 알 것입니다. 이것은 비유이며 여러분 모두가 그 의미를 해석할 수 있습니다. 죽음이 당신을 찾고 있고, 정의가 반드시 당신을 삼킬 것임을 내가 설명할 필요가 없습니다. 십자가에 달리신 그리스도가 당신을 구할 유일한 암호입니다. 하지만 아직 당신은 그것을 배우지 못했습니다. 여러분 중에 어떤 이에게 죽음이 가까이 오고 있으며, 점점 가까이 왔고, 거의 손에 닿을 정도로 가까워졌습니다. 사탄이 어떤 짓을 하는지, 지옥에서 당신이 그를 어떻게 저주할지, 그리고 당신이 꾸물거린 것으로 인해 당신 자신을 어떻게 저주할지, 내가 당신에게 설명할 필요가 없습니다. 하나님은 노하기를 더디하셨지만, 당신은 회개하기를 더디했습니다. 그분은 권능이 크시기 때문에 자신의 노여움을 억제하셨습니다. 그래서인지 당신은 뒤로 물러나 그분을 찾지 않았습니다. 그래서 지금의 자리가 당신의 자리입니다!

하나님의 성령이여, 이 말씀으로 구원 얻을 영혼들에게 복을 주소서! 몇몇 죄인들이 구주의 발치로 이끌리고, 자비를 구하며 부르짖게 하소서! 예수님의 이름으로 우리가 그 은혜를 구하나이다. 아멘.

제
2
장

강한 산성

"여호와는 선하시며 환난 날에 산성이시라 그는 자기에게 피하는 자들을 아시느니라" - 나 1:7

여러분은 이 장 전체를 읽어보았습니까? 아주 두려운 내용입니다. 그것은 마치 폭포에 가까워지는 급하고 힘센 물살 같습니다. 물은 들끓고 소용돌이치며, 압도적인 힘으로 흐르면서 그 앞에 있는 모든 것을 휩씁니다. 하지만 그렇게 밀려드는 물결의 한가운데에, 마치 푸른 섬처럼 이 본문이 서 있습니다. 너무나 즐겁고, 위로를 주며, 힘이 되는 본문입니다. 잠시 선지자의 두려운 말씀을 들어보십시오: "여호와는 노하기를 더디하시며 권능이 크시며 벌 받을 자를 결코 내버려두지 아니하시느니라. 여호와의 길은 회오리바람과 광풍에 있고 구름은 그의 발의 티끌이로다. 그는 바다를 꾸짖어 그것을 말리시며 모든 강을 말리시나니 바산과 갈멜이 쇠하며 레바논의 꽃이 시드는도다. 그로 말미암아 산들이 진동하며 작은 산들이 녹고 그 앞에서는 땅 곧 세계와 그 가운데에 있는 모든 것들이 솟아오르는도다. 누가 능히 그의 분노 앞에 서며 누가 능히 그의 진노를 감당하랴? 그의 진노가 불처럼 쏟아지니 그로 말미암아 바위들이 깨지는도다"(나 1:3-6). 그런 다음, 성스러운 노래의 거대한 합창에서 이따금 잠시의 멈춤과 침묵의 시간이 찾아오는 것처럼, 천둥이 멈추고 태풍이 잠잠하더니, 우리는 이 본문에서 잔잔하고 작은 음성으로 부르는 달콤한 노래를 듣습니다. "여호와는 선하시며 환난 날에 산성이시라 그는 자기에게 피하는 자들을 아시느니라." 이 말씀에서 우리는 여호와의 백성에게는 언제나 피할 곳이 있다는 교훈을 얻을 수 있습니다. 그분의 사랑의 눈이, 비록 원수들을 향해서는 불꽃처럼 빛나더라도, 언제나 자기 백성을 향한다는 것을 알 수 있습니다. 아무것도 그들을 해치지 못합니다. 땅이 흔들리고 산들이 뽑혀서 바다 가운데에 던져져도, 그들은 여호와의 불 같은 분노의 날에도 그분의 인자하심 안에서 즐거워할 수 있습니다.

사랑하는 친구들이여, 나는 여러분이 이 본문을 숙고해 보기를 권합니다. 또 우리의 묵상이 유익하게 되도록 성령께서 은혜를 베푸시길 바랍니다. 여기서 생각해 볼 것이 세 가지가 있습니다. 첫째, 하나님 자신을 생각해 봅시다: "여호와는 선하시다." 그런 다음, 우리에게 하나님이 어떤 분이신지를 생각해 봅시다. 마지막으로 주제를 조금 바꾸어, 우리와 함께하시는 하나님에 대해 생각해 보기를 바랍니다: "그는 자기에게 피하는 자들을 아시느니라."

1. 선하신 하나님

첫째로, 하나님 자신에 대해 생각해 보도록 합시다: "여호와는 선하시다." 고난이 실제로 닥칠 때 우리가 이렇게 말할 수 있다는 것이 좋습니다. 포도나무와 무화과나무 아래에 앉아서 "여호와는 선하시다"고 노래하는 것과, 그 포도나무와 무화과나무가 모두 베어지고 여러분의 위로가 모두 사라졌을 때 여전히 "여호와는 선하시다"고 말하는 것은 상당히 다릅니다. 후자의 경우에 그 고백을 하지 못하는 것은, 결국 포도나무와 무화과나무를 좋게 여겼다는 것이지 하나님이 선하시다고 여긴 것이 아니었음을 말합니다. 그렇지 않을까요? 혹은, 적어도, 하나님의 선하심에 대한 우리의 관점이 우리가 누리던 위로에 상당히 근거하고 있었던 것이 아닐까요?

욥에 대한 사탄의 고소는, 그가 하나님을 사랑하는 이유는 결국 그가 하나님에게서 무언가를 받았기 때문이라는 내용입니다. "주께서 그와 그의 집과 그의 모든 소유물을 울타리로 두르심 때문이 아니니이까?"(욥 1:10). 마귀는 하나님의 백성을 비난할 때 그들이 가진 애정이란 무엇을 얻기 위한 타산적인 애정일 뿐이라고 비난하는 경향이 있습니다. 하지만 위로가 사라지고, 울타리가 무너지고, 우리가 감사로 받았던 것들이 지혜 안에서 거두어질 때, 그때에도 우리가 하나님께 감사하고 찬미하고 사랑함으로써 그 비난을 반박할 수 있다면, 그것은 훌륭한 일입니다. 오, 욥이 상처를 긁으며 거름더미에 앉았을 때, 그의 자녀들이 죽고 그의 재산을 잃었을 때, 그럼에도 불구하고 이렇게 말했던 것은 마귀에게 얼마나 멋지게 퇴짜를 놓은 것인지요? “주신 이도 여호와시요 거두신 이도 여호와시오니 여호와의 이름이 찬송을 받으실지니이다”(욥 1:21). 그것이 바로 오늘 본문의 정신입니다. 여기에 그를 덮치는 홍수의 한가운데에서 일어나 “여호와는 선하시다, 여호와는 선하시다!”고 말하는 하나님의 사람이 있습니다.

하나님이 선하시다고 믿지 않는 사람들이 더러 있습니다. 심지어 신학자 중에서도 그런 사람들이 있습니다. 그들은 말합니다. “하나님은 선하시기 때문에, 악인들이 지옥으로 던져지는 것은 있을 수 없는 일입니다.” 그렇게 말함으로써 그들은 불경한 자들이 벌을 받지 않을 것이라고 주장합니다. 하지만 하나님의 자녀는, 비록 그들이 분명히 지옥에 떨어지더라도, 그럼에도 불구하고 하나님은 선하시다고 말합니다. 그분이 죄를 벌하시며, 그것도 영원히 벌하신다는 것은 진실입니다. 하지만 그럼에도 불구하고 하나님은 선하십니다. 다른 사람들이 말합니다. “아니요, 만약 하나님이 선하시다면, 그분이 그렇게 하실 수 없습니다.” 여러분은 스스로 다른 하나님을 만들고, 그를 하나님이라고 부를 수 있습니다. 하지만 그리스도인은 이렇게 말합니다. “주님은 선하십니다. 여호와는 선하십니다. 내가 아는 그분은 선하시며, 또한 노하시는 하나님으로서도 선하신 분입니다. 내가 성경에서 ‘그가 범람하는 물로 그곳을 진멸하시고 자기 대적들을 흑암으로 쫓아내시리라’(나 1:8)라는 말씀을 읽을 때 그분은 선하십니다.” 하나님은 그럴 때도 선하십니다. 그분은 어떤 상황에서도 선하십니다. 하나님은 스스로 원하시는 대로 자기를 나타내시며, 또 그렇게 하시는 것이 옳으십니다. 하나님이 자기를 계시하시는 것 중에서 내가 무엇을 보든지, 혹은 내가 섭리에서 그분에 관하여 무엇을 보든지, 내 마음은 내 이성이 이해하지 못할 때도 그분을 경배합니다. 그리고 여전히 이 선하고 건전한 교리가 진실이라고 믿습니다. “여호와는 선하시고, 선하심이 틀림없도다.”

하나님의 선하심은 그분의 이름에서도 나타납니다. 그분의 이름은 “갓”(God)이십니다. 그것은 “굿”(good)의 줄임말이 아닙니까? 우리가 그분을 하나님(갓)이라고 부르는 것은 그분이 선하시기(굿) 때문입니다. 그분은 너무나 선하시기에, “하나님 한 분 외에는 선한 이가 없습니다”(참조. 눅 18:19). 존재하는 다른 모든 선함은 이 위대한 태양의 불꽃 하나에 불과하며, 그렇지 않으면 그것은 거짓입니다. 하나님을 떠나서는 세상에 어떤 선도 없었고, 어떤 선도 하나님을 제외하고는 증가하기는커녕 지속하여 존재할 수도 없습니다. 선이란 그 이름이 선하신 분 곧 하나님으로부터 흘러나와 인간에게 미칩니다. 하나님은 본질적으로 선하십니다. 그분의 본성 자체가 선하십니다. 그분은 선하시지 않을 수가 없습니다. 만약 여러분과 내가 선하다면, 그것은 우리의 본성이 선하기 때문이 아닙니다. 오호라! 타락 이후로, 우리 안에 곧 우리 육체 안에 선한 것은 거하지 않으니, 선함이란 우리에게 주어져야만 하는 것입니다. 그것이 진실입니다. 하지만 하나님께는 선이 외부에서 부여될 수 없습니다. 하나님에게서 모든 선이 나와야 하는데, 그분이 곧 선의 본질이시기 때문입니다.

또한, 하나님은 독립적으로 선하십니다. 그분을 선하게 만드는 것은 없으며, 그분이 그렇게 되도록 돕는 것도 없습니다. 만약 여러분과 내가 조금이라도 선하다면, 그것은 하나님의 은혜에 의한 것이며, 그분의 가르침과 친구들의 본보기와 경건의 절제와 은혜의 자극에 의한 것입니다. 일천 가지의 도움과 버팀목들에 의해 우리의 빈약한 선함이 지탱되고 있습니다. 하지만 하나님의 선하심은 스스로 서 있습니다. 누구도 그분을 더 선하시도록 도울 수 없습니다. 누구도 그분을 악에서 멀어지도록 억제하지 않습니다. 그분은 선하시며, 선하실 수밖에 없는데, 그분의 선함은 전적으로 그분 안에서 그분에게서 나오는 것입니다. 그분은 본질에서 선하시며 또 독립적으로 선하십니다. 여러분이 이 점을 생각하기를 내가 바라는 이유는, 여러분이 어떤 수단을 통해서나 어떤 상황이나 조건들에 따라 하나님의 선하심에 대한 개념을 갖지 않기를 바라기 때문입니다. 하나님의 선하심이 어떤 조건들의 유무, 예컨대 여러분의 소유나 세상의 재산 같은 것에 의존하는 것이라 여기지 마십시오. 오, 그렇지 않습니다! 하나님은 그 모든 것으로부터 독립적으로 선하십니다. 그 모든 것들이 휩쓸려가도, 여전히 하나님은 선하심과 동시에 정당하시며, 또한 여러분에게 정당하심과 동시에 선하십니다. 여러분이 그것에 대해 질문해볼 수는 있겠지만, 그것이 질문의 문제가 되어선 안 됩니다. 만약 수원지에서 흘러나오는 위로의 물을 우리에게 전달하는 모든 도관(導管)이 파손되거나 제거된다면, 하나님은 그 물을 반석 자체에서 솟아나게 하실 수 있으며, 사막에서도 즉시 그 물을 우리의 발에 흐르게 하실 수 있습니다. 하나님을 얻는다면, 여러분은 모든 선함의 정수를 얻는 셈입니다. 하나님이 사시는 한, 여러분이 의존하여 사는 그분의 선하심은 여전히 마르지 않고 존재할 것입니다.

다음으로, 하나님은 영원히 그리고 변함없이 선하시다는 점에 주목하십시오. 그분은 더 선해질 수가 없으며, 더 나빠질 수도 없습니다. 그분은 절대적으로 완벽하십니다. 그분 안에는 개선되거나 저하되는 요소가 있을 수 없습니다. 그분은 여러분의 결혼의 날, 곧 그분이 여러분의 삶의 기쁨이 되는 사랑하는 배우자를 주시던 날에 선하셨습니다. 하지만 그분은 여러분의 삶의 동반자가 쓰러지던 슬픔의 날에도 마찬가지로 선하셨습니다. 여러분은 여러분의 자녀가 여러분의 무릎에 앉아 웃었을 때, 또한 그분이 허락하신 기쁜 일들로 가족이 기뻐했을 때, 하나님이 선하시다고 생각했습니다. 하지만 그 작은 관(棺)이 조용히 집에서 옮겨지고 부모의 눈이 눈물로 젖었을 때도 하나님은 마찬가지로 선하셨습니다. 하나님은 여러분이 햇살 안에서 걷고 들이마시는 모든 공기가 여러분의 건강에 좋았던 때에도 선하셨지만, 여러분의 모든 걸음이 약하고 몸이 질병으로 쇠약해지는 동안에도 여전히 선하셨습니다. 그분은 변하지 않으셨습니다.

사랑하는 이여, 자녀를 향한 당신의 마음은 변하지 않았을 것입니다, 그렇지 않습니까? 당신이 악할지라도 그러하거늘, 하물며 지극히 선하시며 사랑으로 충만하신 하나님이 그의 자녀들에게 밝은 날뿐 아니라 어두운 날에도 그 선하심이 변하겠습니까? 정녕 그분은 변하지 않습니다. 여러분이 아픈 곳이 많아질 때까지 오래 살아도, 여러분의 수명이 므두셀라의 수명이 될 때까지 사는 것이 가능하더라도, 여러분은 처음으로 그분의 이름을 듣고 가슴이 뛰었던 젊은 날의 그 날과 마찬가지로 하나님이 여전히 정의롭고 선하신 분임을 알게 될 것입니다. 그러므로 여러분이여, 어떤 일이 일어나도, 어떤 일이 닥쳐도, 두려워하지 마십시오. "진실로 하나님은 이스라엘에게 선하시도다"(시 73:1, KJV). "그는 선하시며 그 인자하심이 영원함이로다"(시 107:1).

이 문장을 여러분이 읽고 그 온전한 의미를 깨닫도록 시도해보시기 바랍니다. "여호와는 선하시다." 하나님은 그분의 신적 위격들(Persons) 각자 안에서 선하십니다. 여러분은 성부(the Father)께서 선하심을 의심하지 않습니다. 그분은 세상이 생기기 전에 여러분을 선택하셨습니다. 그분은 여러분을 위해 그의 아들(His Son)을 주셨습니다. 그분이 "예수 그리스도를 죽은 자 가운데서 부활하게 하심으로 말미암아 우리를 거듭나게 하사 산 소망이 있게 하셨습니다"(벧전 1:3). 그분이 우리의 아버지이십니다. 정녕 그분은 선하십니다, 그렇지 않습니까? 복되신 삼위일체의 제2 위격이신 예수님이 계십니다. 그분이 선하시지 않습니까? 그분이 "나를 사랑하사 나를 위하여 자기 자신을 버리셨습니다"(갈 2:20). 그분은 사랑하셨고, 사셨고, 죽으셨고, 다시 살아나셨습니다. 그분은 여전히 살아계셔서 우리를 위하여 간구하고 계시며, 다시 오셔서 우리를 그분에게로 데려가려고 준비하면서 기다리십니다. 예수님이 선하시지 않습니까? 그 복된 진리는 의문의 여지가 없습니다. 자, 아버지(the Father)께서 선하시며, 아들(the Son)이 선하십니다. 또 성령님이 계십니다. 그분이 선하시지 않습니까? 그분이 여러분의 눈을 돌려 처음으로 예수님께 향하도록 하시지 않았습니까? 그분이 여러분 속에 영적 생명의 숨을 불어넣으시지 않았습니까? 또 그때 이후로, 그분이 여러분의 스승이셨고, 여러분의 안내자이셨고, 여러분을 돕는 분이셨고, 여러분의 위로자였으며, 여러분과 함께 거하시며, 여러분의 기도를 도우시고, 여러분의 연약함을 도우시지 않았습니까? 오! 그분은 선하십니다. 그분의 귀하신 손으로 여러분에게 나쁜 일을 행하신 적이 있었던가요? 자, 그러므로, 아버지께서 선하시고, 아들이 선하시며, 성령이 선하십니다. 그렇게 우리는 삼중의 의미로 이렇게 말할 수 있습니다—"여호와는 선하시다!"

다시 여러분의 믿음을 격려하기 위해, 주님은 모든 은혜의 행위에서 선하시다는 것을 상기시키려 합니다. 그분이 처음 여러분을 선택하실 때, 곧 여러분에게 공로로 여길 것도 없고 창조주께 기쁨을 드린 것도 없었을 때, 그런 여러분을 선택하셨을 때 그분은 선하시지 않았습니까? 여러분이 타락했을 때, 무너진 폐허에 누워 있을 때, 그럼에도 불구하고 그분이 여러분을 사랑하셨으니, 그때 그분이 선하시지 않았습니까? 그분이 언약을 계획하셨을 때, 그분이 "자기도 의로우시며 또한 예수 믿는 자를 의롭다 하려 하시려고"(롬 3:26) 은혜의 언약을 정하셨을 때, 그분이 선하시지 않았습니까? 그분이 우리 죄를 속하시려고 자기 아들 곧 독생자를 주셨을 때, 그분은 선하시지 않았습니까? 또 그분이 그리스도의 보혈 안에서 우리를 씻기시고, 우리에게 그의 온전한 의의 옷을 입히시며, 우리를 그의 가족으로 입양하시고, 우리를 거듭나게 하사 우리에게 자녀로서의 특권뿐 아니라 자녀의 본성을 주셨을 때, 그분이 의로우시지 않았습니까? 또 그분이 우리를 끝까지 보존하신다고 약속하셨을 때, 그것이 모두 그분의 선하심이 아니었습니까? 우리는 그분의 모든 은혜의 행위들로 인하여 "여호와는 선하시도다"라고 말해야 하지 않겠습니까? 형제들과 자매들이여, 더 나아가 여러분은 주님의 모든 행위가 전체로 연결된 하나라고 믿을 수 있습니다. 선량한 사람들은 전체가 똑같은 것을 여러분은 압니다. 그들의 부분적인 단면 어디를 보더라도, 여러분은 모든 부분에서 그들에게 선량한 무엇이 있음을 볼 것입니다. 하나님도 그러하시다고 나는 확신합니다. 선하신 것은 단지 그분의 성품의 일부가 아니라 그분의 전체입니다. 마찬가지로 그분의 행위들도 어느 한 가지만 선한 것이 아니라 그분의 모든 행위가 선한 것입니다.

그 사실이 우리를 다음의 요점으로 이끌어줍니다. 즉 그분의 모든 섭리가 선했으며, 또 언제나 선할 것입니다. 지금 당신을 슬프게 하는 섭리가 무엇입니까? 어쩌면 당신은 이번 주에 크게 상심하였는지 모릅니다. 아! 하지만 당신을 상심하도록 허용하신 분은 선하신 하나님입니다. 당신은 사별했습니다. 아! 하지만 당신이 사랑하는 이를 빼앗아간 것은 마귀가 아니었습니다. 선하신 하나님이 그것을 허용하셨으며, 아마도 그분이 친히 그 일을 하셨는지 모릅니다. 그 일에서도 그분은 선하십니다. 어떤 사람이 내게 말했습니다. "다른 일이 일어났어도, 이번 일만 제외하고, 나는 하나님은 선하시다고 생각할 것입니다." 아닙니다, 자매님. 그분은 그 일에서도 선하십니다. 만약 당신이 하나님이 모든 일에서 선하시지만, 최근에 당신에게 일어난 그 한 가지 일에서는 예외라고 생각한다면, 그분이 어떤 다른 일을 행하셨더라도 당신은 같은 생각을 품었을 것입니다. 만약 당신이 하나님이 모든 일에서 동일하게 선하시다고 인정하지 않으면, 당신은 그분을 선하시다고 믿지 않는 것입니다. 주님은 자기 백성을 위해 가능한 가장 선한 일을 행하셨습니다. 그분은 어떤 악이 그들을 해치도록 내버려두지 않으셨고, 그들에게 유익이 될 수 있는 어떤 일도 거부하지 않으셨습니다. "여호와께서 정직하게 행하는 자에게 좋은 것을 아끼지 않으시리라"(시 84:11)는 말씀은 여전히 진실입니다. 언젠가 우리의 이 입술로 지금 표현할 수 있는 것보다 훨씬 좋은 표현으로 하나님의 선하심에 대해 말할 날이 올 것입니다. 저기 위에서, 황금 길에서, 그런 날이 올 것입니다.

하지만 그날이 오기 전에도, 내가 다시 가질 수 없는 기회가 있습니다. 바로 이번 주에, 나는 사별의 슬픔의 겪은 사람 못지않게 슬펐다고 말할 수 있습니다. 화살이 세 번씩 나에게 상처를 입혔습니다. 하지만 주님은 선하시기에, 그분의 이름을 송축합니다. 비록 육체의 고통과 정신적 압박이 한꺼번에 찾아와도, 여전히 주님은 선하십니다. 내가 요양차 프랑스 남부로 떠나 건강과 위로를 누리는 동안, 나는 계속해서 나 자신과 내 동반자에게 말했습니다. "지금 하나님을 곱절로 찬송합시다. 왜냐하면, 아마도 우리가 본국에 가면 어두운 시간이 닥칠 것이기 때문이오. 그때 찬미가 부족해질 우려가 있으니, 지금 충분히 주님께 찬미를 드립시다." 사실 나는 꽃들이 많지 않을 때가 올 것을 대비하여 약간의 꿀을 저장해두고서, 매우 기쁘게 느꼈습니다. 하지만 나는 이제 그 저장한 것을 사용하기 원하며, 주님의 이름을 높이고 송축하길 원합니다.

우는 자들과 고난당하는 자들에게 말하고 싶습니다. 고난이 없을 때 하나님께 드리는 여러분의 찬미는, 지금 여러분이 그분께 드릴 수 있는 찬미에 비하면 절반의 가치에도 미치지 않습니다. 만약 여러분이 병상에서 하나님께 찬미하고, 사별이라는 불 같은 시련 중에 그분을 높일 수 있다면, 그것이야말로 대단한 것입니다. 완벽한 행복 가운데서 경배하며 "하나님은 선하시다"라고 부르는 천사들의 찬미는 매우 복된 것임에 틀림없습니다. 지상에서, 사업에서 번창하고 건강과 힘을 가진 사람들이 "하나님은 선하시다"고 말하는 것 역시 매우 귀한 것입니다. 하지만 어느 가난하고 궁핍한 사람이, 하루의 양식이 어디서 올 것인지도 알기 어려운 그가, "하지만 하나님은 선하십니다"라고 말한다면, 하나님은 그의 찬미를 천사의 합창보다 더욱 달콤하게 여기신다고 나는 믿습니다. 질병과 통증으로 괴로워하며 모든 위로를 빼앗긴 사람이 있습니다. 하지만 그녀가 뼈만 남아 앙상한 손을 내밀어 "주님은 선하십니다. 그분의 이름을 송축합니다"라고 말하는 것을 나는 듣습니다. 그것은 음악보다 훨씬 감미롭습니다.

감옥에 누운 채 주검이 되었던 저 순교자들을 보십시오! 화형의 나무 기둥에 묶여 온몸이 불에 타고 그 모든 손가락이 밀초가 되면서도 여전히 주님을 사랑했고, 그분을 송축하고 그분을 높였던 사람들의 경우를 보십시오! 그들의 찬미는 하나님을 얼마나 영화롭게 했을까요! 오, 그것은 하나님도 직접적으로는 만들어 내실 수 없을 정도로 너무나 훌륭한 음악이었을 것입니다. 그와 같은 곡조를 얻기 위해 하나님은 구속의 사랑으로 둘러 가셔야만 합니다. 그분은 그렇게 노래할 수 있는 그룹 천사를 만드시지 않았습니다. 그런 사랑이 가능하려면, 타락했다가 새로워져서 "여호와는 선하시다"고 말하는 존재가 있어야 합니다. 나는 이 찬미를 여러분의 입에 넣어주려고 노력하고 있습니다만, 하나님께서 그 찬미를 여러분의 마음에 넣어주시길 바랍니다! 사랑하는 형제여, 사랑하는 자매여, 이것이 여러분의 그치지 않는 노래가 되게 하십시오—"여호와는 선하시다."

2. 환난 날의 산성이신 하나님

두 번째로, 하나님은 우리에게 선하십니다. 그분이 우리에게 어떤 분입니까? "환난 날에 산성이십니다."

특별한 상황 속에서 하나님이 어떤 분이신지 아는 것이 좋습니다. 여기서 언급된 특별한 상황은 "환난 날"입니다. 그것이 단지 한 날임을 기억하십시오. 그것은 한 주가 아니며, 한 달도 아닙니다. 하나님은 그 한 날에 마귀가 추가 시간을 보태도록 허락하지 않으십니다. 그것은 "환난 날"입니다. 우리의 모든 슬픔에는 끝이 있습니다. 한 사람이 다음과 같이 잘 말했습니다—

"하나님이 숫자 열을 정하시면,
절대 열하나가 될 수 없다."

또 하나님이 그분의 백성에게 쓴 약을 지어주시면, 그 잔에 추가로 쓸개즙을 떨어뜨릴 수 없습니다.

하지만 그것은 진정으로 "환난의 날"입니다. 여기에 어떤 강조가 있는지를 보십시오: "환난의 [그] 날에 산성이시라." 그것은 인간에게 닥치는 가장 고역스러운 날입니다. 비 온 후에 다시 구름이 밀려오는 그 날, 모든 위로를 잃은 것처럼 보이는 그 날이며, 슬픔에 또 다른 슬픔이 밀려오고, 하나같이 우울한 이야기를 전하러 오는 욥의 전령들처럼, 하나씩 와서 앞선 전령이 전한 이야기보다 더 우울한 이야기를 전하는 그런 "환난 날"입니다. 아주 경건한 사람에게, 그가 천국에 가기 전에 "그 환난 날"이 닥칠 수 있습니다. 그날은 마치 환난이 지배하는 날 같습니다. 환난이 온통 하루를 장악합니다. 이른 아침부터 밤의 마지막 시각까지 환난이요, 또 환난이요, 다시 환난입니다. "환난의 날", 그때 하나님은 무엇입니까? 그분은 "강한 산성"이십니다. 그것은 대단한 말입니다. "강한 산성", 즉 환난 날의 요새, 성채, 방어 탑입니다.

그처럼, 환난 날에, 하나님은 자기 백성에게 안전을 보장하십니다. 그들은 난공불락의 성벽으로 둘러싸인 상태에서 거합니다. "산들이 예루살렘을 두름과 같이 여호와께서 그의 백성을 지금부터 영원까지 두르시리로다"(시 125:2). 환난은 그들을 둘러싼 적군들과 같습니다. 하지만 하나님이 그들에게 강한 방어 탑이 되시기에 그들은 완벽하게 안전합니다.

더 나아가, 그들은 종종 완벽하게 평화를 누립니다. 원수가 와서 그들을 정탐하고, 토루(土壘)를 쌓고, 전쟁의 도구들을 준비합니다. 하지만 여호와께서 한때 산헤립에게 말씀하셨던 것처럼 말씀하십니다. "처녀 딸 시온이 너를 멸시하며 조소하였고 딸 예루살렘이 너를 향하여 머리를 흔들었느니라"(사 37:22; 왕하 19:21). 종종 큰 환난의 날에 하나님의 백성은 조용히 환난을 받아들이며 그들의 하나님께 묵묵히 순종합니다. 그 결과로 그들은 아주 차분하고, 매우 용감하며, 그들의 평화는 조금도 영향을 받지 않습니다. 나는 귀가 잘 들리지 않는 두 분의 숙녀들과 대화를 나누다가 신기한 체험을 했습니다. 우리는 마차를 타고 있었고, 출발하여 바퀴들이 덜커덩거리는 소리를 내기 시작하자마자, 그들은 내가 하는 말을 모두 들을 수 있었습니다. 그래서 우리는 큰 소음 중에서도 아주 편안하게 대화를 이어갈 수 있었습니다. 하지만 그들의 거실에서는 그들이 듣기가 쉽지 않았습니다. 그처럼 때때로 하나님께서 자기 백성을 환난이라는 덜커덕거리는 마차의 짐칸에 두실 때, 그들이 그분의 음성을 다른 때보다 훨씬 잘 들을 수 있다고 나는 믿습니다. 다소 이상하게 들리겠지만, 신기하게도 그것은 사실입니다. 그들은 전투가 한창일 때도 매우 평화롭고, 위험 속에서 오히려 안전하며, 또 겉보기에 안전할 때에 오히려 위험하기도 합니다. 하나님의 백성은 일종의 모순 덩어리이며, 하나의 역설이자 또 수수께끼입니다. 믿는 자는 그 수수께끼를 풀겠지만 다른 이들은 그럴 수 없습니다. 그에게는 환난 날에 안전과 완벽한 평화를 주는 산성이 있습니다.

게다가, 그것은 원수에 맞서는 강한 산성입니다. 원수는 언덕을 공략하면서 오고, 하나님의 백성을 삼키려 합니다. 무엇이 그 백성을 대적으로부터 안전하게 할까요? 오, 원수가 접근할 수 없는 보루, 요새가 있습니다! 원수는 존 번연의 작품(「천로역정」)에 나오는 거인 교황(Giant Pope)처럼 성도를 향해 이를 드러내고, 손톱을 물어뜯습니다. 그는 그들에게 어떤 일을 행하겠노라고 위협합니다. 랍사게처럼 그는 모욕적인 편지를 쓰지만, 정작 그는 실제로 아무것도 하지 못합니다. 사람이 지존자의 뒤에 숨을 때, 하나님께서 그 사람의 원수들에게 대항을 선언하실 때, 원수들의 격노는 모두 허사입니다. 작은 물방앗간에 격류가 덮치고, 그것을 휩쓸어 갈 것처럼 위협하지만, 지혜는 한 바퀴를 설치하여, 방앗간 주인이 곡식을 갈기 위해 그 바퀴를 돌리는데 필요한 만큼의 물만 흐르도록 허용합니다. 나머지 물은 모두 옆으로 흐르게 되어 있습니다. "진실로 사람의 노여움은 주를 찬송하게 될 것이요 그 남은 노여움은 주께서 금하시리이다"(시 76:10). 저 거대한 환난의 급류가 올 때도 그렇게 될 것입니다: 그 일부는 우리의 곡식을 갈고, 우리를 하나님이 주신 것으로 부하고 기름지게 만드는데 사용될 것이며, 나머지는 아무 해를 끼치지 않고 옆으로 흐를 것입니다. 우리는 여기서 그 요란한 소리를 듣지만, 그것이 전부일 뿐입니다. 그러므로 우리는 마음을 편히 가집시다.

한 가지 더 말하자면, 이 강한 산성은 하나님은 영원히 한결같으시다는 것을 의미합니다. 그분은 언제나 빈궁한 자들을 위한 확실한 피난처이십니다. 강한 산성은 임시적인 막사와 같지 않습니다. 요새는 여러 세대를 지나는 동안에도 한결같이 서 있는 것입니다. 바로 그런 의미에서 "여호와는 선하시며 환난 날에 산성이십니다." 용감한 루터가 한 일을 기억하십시오. 나는 원수가 그의 주변에서 악을 쓰며 화를 내던 때 그가 말하는 것을 듣는 것 같습니다: "오십시오, 마귀를 아랑곳하지 말고 시편 46편을 노래합시다." 그래서 그들은 노래했습니다. "하나님은 우리의 피난처시요 힘이시니 환난 중에 만날 큰 도움이시라"(1절). 그는 그의 하나님을 신뢰하는 중에 진실로 기쁘게 웃었습니다—그때 그와 함께 계셨던 하나님도 그러셨을 것입니다. 하나님은 그때 루터에게서 신뢰를 받으셨듯이, 같은 신뢰를 지금 우리에게서 얻으시기에 합당한 분입니다.

지금 그분에게 우리의 신뢰를 드리도록 합시다. 지금 그분을 찬송합시다. 우리는 슬퍼하면서 버드나무에 수금을 걸어둘 것이 아니라(참조. 시 137:1,2), 이렇게 말합시다. "아니라, 버드나무 가지는 우리의 수금을 걸지 않아도 충분히 무거우니, 우리는 절대로 우리의 수금을 버드나무에 걸지 않을 것입니다." 우리 수금의 모든 현(絃)을 울리며 변치 않는 사랑을 찬송합시다. 그 사랑은 때때로 우리의 등에 짐을 지우고, 심지어 사랑 안에서 우리를 때리기도 하지만, 거기에는 지혜로운 목적이 있습니다. 내 영혼아, 바로 이 순간 네 주님을 송축하라! 네가 슬프다는 이유로 그분에게 합당한 찬미를 드리기를 멈추지 말라!

3. 우리와 함께하시는 하나님

이제 마지막으로, 우리와 함께하시는 하나님을 생각할 것입니다: "그는 자기에게 피하는 자들을 아시느니라."

물론, 주님은 모든 것을 아십니다. 하지만 "아신다"는 단어가 하나님의 백성에게 적용될 때는 강조하는 의미가 있습니다. 여기에서 이 단어는 하나님이 그들을 친밀하게 아시는 것을 나타냅니다. 하나님이 그들을 아신다는 의미에는 그 사람들, 그들의 상황, 그들의 필요, 그들의 고통, 그들의 과거, 그들의 현재, 그들의 미래가 모두 포함되어 있습니다. 그분은 그들에 관한 모든 것을 아십니다. 우리는 때때로 우리가 만나고 싶지 않은 사람에 대해 "나는 그 사람을 모른다"라고 말합니다. 하지만 우리의 사랑하는 자녀에게나, 우리가 그 형편에 관심을 가지는 친구를 향해서는 그런 말을 쓰지 않습니다. 오히려 우리는 그에 관한 모든 것을 알고자 하고, 또 그를 알기 원하는 이유는 우리가 도움과 위로가 될 수 있기 위함입니다. 아주 높은 의미에서, 전지(全知)는 하나님의 모든 자녀에 대해 모든 것을 꿰뚫어 보시는 시선을 강조합니다. 사랑하는 이여, 당신의 아버지는 당신을 바라보고 계시며, 마치 세상에 당신 외에는 아무도 없는 것처럼, 아니 세상도 없고 오직 당신만 있는 것처럼, 당신을 지켜보십니다. 온 우주에서 그분이 얼마나 당신을 알고자 하시는지를 생각해 보십시오. 마치 오직 하나님과 당신 외에는 아무것도 없는 것처럼, 바로 그런 식으로 하나님은 당신을 아십니다. 그분은 당신에 대해 모든 것을 알기를 기뻐하십니다. 그분이 당신을 만드셨고, 또 당신을 새롭게 만드셨기 때문입니다. 당신은 그분이 심은 식물입니다. 그분이 당신을 줄곧 지켜보셨고 또 말씀하셨습니다. "내가 때때로 물을 주며 밤낮으로 간수하여 아무든지 이를 해치지 못하게 하리로다"(사 27:3). 하나님께서 자기에게 피하는 자들을 아신다는 것은 가장 친밀하고도 진지한 지식을 말합니다.

이 지식은 또한 부드러운 보살핌을 내포합니다. 마치 진정으로 환자를 보살피는 의사가 환자의 상태를 진단하고 매일 그의 징후를 연구함으로써 마침내 그에 대해 철저하게 알고, 그를 위해 함부로 처방하지 않는 것처럼, 하나님께서는 열정적이고 진지하며 애정 어린 관심으로 당신을 보살피시며, 당신에게 유익한 일을 행하고, 당신을 더 낫게 하시며, 모든 것이 당신의 유익을 위해 작용하시기를 원하십니다. 당신이 그분에게 피하는 자들 가운데 한 사람이라면, 당신은 행복하게 말할 수 있습니다. "하나님은 나에 대해 모든 것을 아시며, 그분이 나를 돌보십니다." 이 본문의 한 단어에 주목하시기 바랍니다. "그는 자기에게 피하는 자들을 아시느니라." 온전한 자들이 아니며, 어떤 일을 하는 자들이 아니며, 단지 하나님에게 "피하는(trust) 자들"입니다.

여호와께 피하는 자들은 그분이 아시는 대상일 뿐 아니라, 또한 그분이 승인하시는 대상입니다. 하나님이 믿음보다 더 승인하시는 것은 세상에 없습니다. 하나님을 신뢰한다는 것은 모든 일 중에서도 가장 큰 일입니다. "우리가 어떻게 하여야 하나님의 일을 하오리이까?"(요 6:28)라고 유대인들이 우리 주님께 물었습니다. 예수님이 그들에게 대답하셨습니다. "하나님께서 보내신 이를 믿는 것이 하나님의 일이니라"(요 6:29). 여러 개의 구호소를 세우고, 거대한 교회당을 건축하는 것—그것이 큰 일 아닌가요? 아닙니다. 하나님이 보내신 예수 그리스도를 믿는 일에 비하면 그렇지 않습니다. 믿는 것이 하나님의 일이며, 우리가 할 수 있는 가장 위대한 일입니다. 우리의 행위가 아무리 우리에게는 기쁘게 보인다 해도, 그것으로 하나님을 기쁘시게 할 수 없습니다. 그러나 어디든 믿음이 있는 곳에서 하나님은 기뻐하시며, 또한 "믿음이 없이는 하나님을 기쁘시게 하지 못합니다"(히 11:6). 그러므로 사랑하는 친구들이여, 여러분이 하나님을 기쁘시게 하길 원한다면, 그분을 신뢰하고, 그분을 절대적으로 신뢰하십시오. 죄를 가진 그대로, 슬픔을 가진 그대로, 당신이 처한 형편 그대로, 하나님을 신뢰하십시오. 당신이 하나님을 더 신뢰할수록, 당신은 하나님을 더 기쁘시게 하는 것입니다. 시련과 고난의 때에 당신이 어떻게 하나님을 기쁘시게 할 기회가 주어졌는가를 살피십시오.

만약 한 사람이 자기가 짊어질 수 있는 만큼의 짐을 졌을 때, 자기 의존은 어느 정도 그에게 소용이 있을 것입니다. 하지만 자기가 짊어질 수 없는 짐이 주어질 때 그는 말합니다. "오 하나님, 주께서 저에게 힘을 주시면 제가 그 짐을 지겠습니다." 그때 그것이 하나님을 기쁘시게 하는 것입니다. 만약 당신이 스스로 도달할 수 있는 곳에 이르렀다면, 거기에는 주목할 만한 것이 없습니다. 당신이 할 수 없는 일이 행해지고, 당신이 가진 본성의 힘 이상을 주시도록 하나님을 믿음으로써 어떤 일이 행해질 때, 그 일이 대단한 일입니다. 당신이 사는 날 동안 하나님을 신뢰하는 것은 선한 일입니다. 하지만 욥과 함께 "그분이 나를 죽이실지라도 나는 그분을 신뢰할 것이라"(욥 13:15, KJV)고 말하는 것, 그것이 믿음의 정수(精髓)입니다. "그는 (승인하시는 지식으로) 자기에게 피하는[그를 신뢰하는] 자들을 아십니다."

한 가지 더 말하겠습니다. 사랑하는 친구들이여, 이 "아신다"는 단어는 여기서 사랑의 친교를 의미합니다. 우리는 서로 함께 지내고, 함께 느끼며, 서로의 생각과 느낌 안으로 들어감으로써 서로를 압니다. 나는 이런 의미에서 하나님의 백성 중에서 가장 훌륭한 몇 분을 압니다. 우리가 그렇게 잘 알던 사람을 잃어버리는 것은 얼마나 큰 손실인지요! 하지만 하나님이 우리를 아십니다. 그분은 우리의 기도와 눈물을 아십니다. 그분은 우리의 바람을 아십니다. 또 그분은 우리가 되기를 원하는 그런 사람이 되지 못한 것도 아시지만, 또 우리가 어떤 사람이 되기를 원하는지도 아십니다. 그분은 우리의 열망을 아시며, 우리의 탄식, 우리의 신음, 우리의 은밀한 갈망을 아시며, 우리가 실패할 때 우리 자신의 자책까지도 아십니다. 그분은 그 모든 것 속으로 들어오셨습니다. 그분이 말씀하십니다. "그래, 사랑하는 자녀여, 나는 너에 대해 모든 것을 안다. 네가 홀로 있다고 생각할 때에 나는 너와 함께 있었다. 나는 네가 읽을 수 없던 것을 읽었고, 네가 해독할 수 없었던 네 마음의 비밀들을 알았다. 나는 그 모든 것을 알았고, 여전히 그 모든 것을 안다."

주를 신뢰하는 자에게 허락되는 것이 한 가지 더 있습니다. 즉, 하나님이 그들을 그분의 소유라고 인정하실 것입니다. 마지막 날, 그리스도께서 어떤 이들에게 말씀하실 것입니다. "나는 너희를 알지 못한다." 그리스도를 신뢰하지 않은 자들을, 그분도 시인하지 않으실 것입니다. 그들이 모두 구주를 간절히 필요로 하는 그 두려운 날에 그분이 말씀하실 것입니다. "나는 너희를 알지 못한다." 하지만 당신이 그분을 신뢰한다면, 그분이 지금 당신을 아시고, 또 그때도 당신을 시인하실 것입니다. 예수 그리스도께서는 마지막 날에 나에게 "내가 너를 알지 못한다"고 말씀하실 수 없습니다. 그분은 나를 아시는 것이 틀림없습니다. 내가 얼마나 그분을 괴롭혔고 또 걱정시켜드렸는지를 그분이 아시기 때문입니다. 그분은 그분의 심장에서 흐르는 피로 내가 어떻게 내 죄를 씻었는지를 아시고, 또 내가 어떻게 그분의 의로 옷을 입게 되었는지를 아십니다. 나는 그분이 나를 위해 행하실 수 있는 모든 일을 필요로 했습니다. 그리고 여전히 날마다 나는 가난한 걸인으로서 그분이 거리를 지나실 때마다 부르짖습니다. "다윗의 자손이여, 나를 불쌍히 여기소서"(막 10:48). 그러므로 그분은 내 이름을 아십니다. 그리스도께서 우리를 아신다면 그분은 절대 우리를 모른다고 말씀하시지 않을 것입니다. 바로 지금 그분이 당신의 이름을 아시도록 하길 바랍니다.

죄인이여, 주님께 가서 당신의 이야기, 당신의 사연을 아뢰십시오. 당신의 죄와 악함을 아뢰십시오. 만약 당신이 당신의 죄를 그분에게 자백하면, 그분은 "내가 너를 알지 못한다"고 하실 수 없을 것입니다. 그러니 가서 당신의 모든 죄를 그분 앞에 내어놓으십시오. 그러면 그분이 당신을 그분의 것이라 시인하실 것이며, 결코 당신을 모른다고 부인하지 않으실 것입니다. "그는 자기에게 피하는 자들을 아시느니라." 하나님께 피하는 것은 아름다운 은신처를 얻는 것입니다. 만약 당신이 한 사람을 신뢰하면, 당신이 신뢰하는 그가 고결한 사람이라면, 그는 그에게 부여된 신뢰에 진실해야 한다고 느낍니다. 몇 실링밖에 없는 거리의 어느 가난한 사람이, 혹 그 돈을 빼앗길 것이 두려워, 그 적은 액수의 돈을 당신의 손에 맡기면서 "선량한 부인, 이 돈을 좀 보관해주시겠습니까?"라고 말한다고 가정합시다. 그러면 당신은 그것을 맡아줄 겁니다. 그렇지 않습니까? 어떻게 해서라도 당신은 그것을 잃어버리지 않으려고 할 것입니다. 그리스도께서는 우리가 그분에게 의탁한 것을 지키실 것입니다.

지난 월요일 밤, 우리 형제 중의 한 사람, 곧 이웃의 한 목사님이, 그가 45년 전에 자기 영혼을 그리스도께 드렸다고 들려주면서 이렇게 말했습니다. "그 이후로 그것은 마치 봉인된 봉투 같았습니다." 절대 뜯어지지 않게 보관된 그 봉인이라는 생각이 참 좋았습니다. 마귀는 그 선한 사람의 영혼을 절대 얻을 수 없습니다. 그의 회심 이후로 그것은 봉인된 봉투였으며, 그의 주님께서 나타나실 날까지 보관될 것이기 때문입니다. 그때 그리스도께서 그 봉인을 푸시고, 모여든 무리 앞에서 그가 보관하신 것을 드러내실 것입니다.

오, 사랑하는 영혼들이여, 여러분 자신을 그리스도께 드리십시오. 여러분 자신을 예수님께 맡기십시오! 이제 너무나 많은 사람이 우리를 떠나 하늘의 부름을 받아 갔기에, 나는 많은 사람이 들어와 교회의 빈 곳을 가득 채우기를 원합니다. 지난 몇 주 동안 나는 아팠고, 멀리 떠나 있었습니다. 여러분 중에 누구도 볼 수가 없었고, 그리스도께 믿음을 고백하기 원하는 사람들을 가능한 한 빨리 보고 싶었습니다. 나는 여러분 중에 많은 이들이 그리스도께 올 준비가 되었기를 바라고, 그 중에서도 특히 몇 분이 이렇게 말할 수 있게 되길 바랍니다. "예, 목사님. '여호와는 자기에게 피하는 자들을 아십니다.' 이제 저는 하나님이 자기에게 피하는 자들을 아신다는 것을 알겠습니다. 저는 제가 가장 행복한 무리 중의 한 사람이라는 성령의 증언을 얻었습니다."

하나님이 그리스도를 위하여 여러분에게 복을 주시길 바랍니다. 아멘.

제
3
장
—

언제 우리는 위로를 찾을 수 있을까?

—

"내가 어디서 너를 위로할 자를 구하리요?" – 나 3:7

괴로운 사람들을 위해 위로를 구하는 것이 하나님의 선지자의 일이며, 그리스도의 사역자의 일입니다. "너희 하나님이 이르시되 너희는 위로하라 내 백성을 위로하라"(사 40:1). 위로자(the Comforter)이신 성령의 지도를 받아, 마음이 무거운 자들에게 전할 위로의 말을 구하는 것이 우리 소명의 일부입니다. 우리에게는 다른 할 일이 있습니다. 하지만 여전히 이것이 우리 임무의 일부입니다. 하나님은 자기 백성의 머리가 맥없이 늘어뜨려지는 것을 바라지 않으십니다. 그분은 그들의 마음이 믿음 안에서 기쁨과 평화로 가득하길 바라십니다. 그래서 그분은 우리를 보내십니다. 부드럽고 동정적인 말로 우는 자들을 위로하도록 하기 위해서입니다.

내가 진실로 말할 수 있는 것은, 이것이 우리의 의무이므로, 우리가 그 일에 성공할 때, 그것이 또한 우리의 기쁨이 된다는 것입니다. 무거운 마음에서 짐을 벗게 하는 것은 커다란 기쁨입니다. 우는 자들을 위로할 때마다, 나는 그 위로받는 분들보다 내가 더 큰 위로를 얻는다고 생각했습니다. 다른 사람들을 위로하려 할 때, 동시에 어느 정도라도 여러분 자신이 그것을 누리고 있지 않으면, 위로를 나눌 수가 없습니다. 여러분이 다른 사람을 위해 손을 뻗어 왕의 연회장 문을 열어줍니다. 그러면 보십시오! 그 문의 손잡이에서 여러분의 손가락으로 향긋한 냄새가 나는 몰약이 뚝뚝 떨어집니다! 다른 사람을 위로하려고 시도해

보십시오. 그러면 여러분은 여러분 자신을 위로하는 가장 가까운 길로 가는 것입니다. 그래서 나는 이와 같은 본문이 있는 것이 기쁩니다. 다만 그 기쁨이 냉랭해지고 또 슬퍼지는 것은, 본문이 위치한 문맥의 연결 때문이고, 또 거의 가망 없어 보이는 질문의 성격 때문입니다. "내가 어디서 너를 위로할 자를 구하리요?"

나는 오늘 밤 두 부분으로 나누어 말씀을 전하려 합니다. 첫째로, 때로는 우리의 일이 아주 쉽다는 것입니다. 둘째로, 다른 때에 그것은 거의 불가능할 정도로 어렵게 된다는 것입니다.

1. 위로의 말을 찾는 것이 쉬운 경우

첫째로, 때때로 우리의 일은 아주 쉽습니다. 특히 오랫동안 그 일을 실천해온 사람들에게 그렇습니다. 젊은 의사에게, 뼈가 어긋난 환자의 사례는 어려울 수 있습니다. 하지만 오랫동안 그 직업에 종사해온 사람에게, 그것은 단순한 문제이며, 그는 곧 뼈를 맞춥니다.

자, 역경의 날에 하나님의 진실한 자녀들을 위하여 위로를 찾는 일은 비교적 쉽습니다. 가장 밝은 성도들에게도 어두운 날들은 옵니다. 그리스도인이 어쩌면 오랫동안 세상에서의 형통을 누리다가 조류가 바뀔 수 있습니다. 그 사람은 그가 가졌던 모든 것이 눈앞에서 사라지는 것을 볼 수 있습니다. 그가 하는 일이 하나도 성공하지 못할 수 있습니다. 그는 매우 낮아지고, 빈궁한 처지에 놓일 수 있습니다. 그런 경우, 하나님의 자녀를 위로하는 것은 어렵지 않습니다. 주님께서 이렇게 말하도록 도우시기 때문입니다. "주신 이도 여호와시요 거두신 이도 여호와시오니 여호와의 이름이 찬송을 받으실지니이다"(욥 1:21). 내 형제여, 당신의 부(富)는 금과 은에 있지 않습니다. 당신은 천국에 더 오래가는 분깃이 있습니다. 만약 하나님이 당신을 이 낮은 것들에 대해 가난하게 하심으로써, 더 아름다운 보화로 부하게 하신다면, 당신은 수지맞은 사람입니다. 당신의 손실은 당신의 영원한 이익으로 변할 것입니다. 우리는 이와 같은 말로 충분히 당신을 위로할 수 있습니다.

사별을 겪은 하나님의 백성에게도 마찬가지입니다. 우리는 그들에게 다가가서, 그 일을 행하신 분이 주님이시라고 말하며 이렇게 묻습니다. "그분이 보시기에 선한 일을 행하시지 않겠습니까?" 많은 경우에 우리는 그들에게 친척이나 친구를 잃은 것이 아니라고 말할 수 있습니다. 그들이 사랑한 이들은 단지 조금 먼저 강을 건넜을 뿐이고, 그들도 곧 같은 강을 건널 것이며, 다시는 헤어지지 않는 곳에서 재회할 것이기 때문입니다. 비록 그 대상이 사랑하는 자녀이거나, 다른 사랑하는 친척이거나, 단란했던 배우자이거나, 혹은 많이 사랑했던 친구여도, 그 슬퍼하는 자들을 위하여 위로를 찾는 것은 목사가 해야 하는 일 중에서 가장 어려운 일은 아닙니다. 당신의 눈에서 눈물을 멈추고, 특히 당신의 마음에서 눈물을 거두십시오. 그들은 포로가 되었던 땅에서 돌아올 것입니다. 그들이 죽는 것은 단지 영원히 살기 위해서이며, 당신은 머지않아 그들을 만나게 될 것입니다.

사랑하는 친구들이여, 박해의 시련을 겪는 하나님의 자녀들을 위해 위로의 말을 찾기가 매우 어렵지는 않습니다. 여전히 하나님의 백성 가운데는 잔인한 조롱을 당하고, 또 그보다 더 심한 것을 견디는 사람이 많습니다. 여러분 중에서 몇몇 분들도 그리스도를 위하여 많은 방식으로 고난을 겪어야 합니다. "기뻐하고 즐거워하라 하늘에서 너희의 상이 큼이라 너희 전에 있던 선지자들도 이같이 박해하였느니라"(마 5:12). 이것이 여러분을 괴롭게 하지 못하게 하십시오. 그리스도께서 그분을 위해 고난을 받는 모든 사람을 위해 풍성한 위로를 제공하셨습니다. 그들은 그분과 함께 영원히 다스릴 것이기 때문입니다. 그들은—

> "빛 가운데 있는 성도 중에서도 가장 밝을 것이며,
> 밝은 자들 가운데서도 곱절로 밝으리."

그들은 주님의 이름을 위해 더 적게 고난받은 다른 사람들에 비해 더 큰 종려나무 가지를 받고 더 밝은 면류관을 받을 것입니다. 우리는 이 귀한 그리스도인들에 대해 "내가 어디서 너를 위로할 자를 구하리요?"라고 말하지 않습니다. 그들에게 아주 효과적인 위안을 주는 곳이 어딘지 우리가 알기 때문입니다.

때때로, 우리는 힘 없는 그리스도인들을 대해야 할 때가 있습니다. 하지만 우리가 그들을 만날 때 우리는 그들이 최상의 어려움을 겪는 경우가 아님을 발견합니다. 가끔은 우리 중에서 거의 모두가 기쁨과 위로를 구하지만 찾기가 어려운 상태에 처한다고 나는 생각합니다. 부분적으로는 나빠진 건강 때문에, 부분적으로는 과도한 긴장 때문에, 우리는 엘리야와 같은 반응을 보입니다. "여호와

여, 넉넉하오니 지금 내 생명을 거두시옵소서 나는 내 조상들보다 낫지 못하나이다"(왕상 19:4). 때로는 맥박이 거의 뛰지 않고, 피가 차가워지기 시작하고, 심장이 약해질 때가 있습니다. 사랑하는 이여, 우리가 그런 상황에 있는 당신을 만날 때마다, 우리는 당신에게 우리 자신도 그 상태에 있었다고 말합니다. 아니, 우리는 당신에게 우리 주님께서 친히 번민하셨고, 마음의 고통을 겪으셨다고 상기시킵니다. 우리는 당신의 건강 상태와 기분이 그리스도 안에서 당신의 안전에 영향을 미치지 못한다고 확실히 말해주어야 합니다. 우리는 당신에게 비록 당신은 변해도 하나님은 변치 않으심을 상기시켜 주어야 합니다. 약속, 옛 언약이, 당신이 고통으로 풀이 죽어 있을 때 당신이 기뻐서 어쩔 줄 모르던 때와 마찬가지로 견고하게 서 있습니다. 당신은 믿음으로 구원받았지, 느낌으로 구원받지 않았습니다. 감정의 수위가 마지막 단계까지 줄어들어도, 여전히 예수님을 붙잡으십시오. 가라앉건 헤엄을 치건, 계속해서 그분을 신뢰하십시오. 당신과 함께하시는 그분의 실제적인 임재의 흔적을 찾을 수 없을 때도, 마찬가지로 그분을 의지하십시오, 그리고 용기를 내십시오. 이런 것은 말하기가 어렵지 않습니다. 하나님의 영이 우리와 함께하실 때, 우리는 풀 죽은 성도들을 위한 위로가 부족하지 않은 것을 발견합니다.

실망한 일꾼들의 경우에서도 우리는 크게 당황스러워하지 않습니다. 우리는 그들이 말하는 것을 듣습니다. "정녕 우리가 수고한 것은 허사가 되었습니다. 우리의 힘을 소비한 것이 아무것도 아닌 것이 되었습니다. 우리가 전한 것을 누가 믿었습니까? 여호와의 팔이 누구에게 나타났습니까?" 하지만 우리는 그들에게 하나님의 성도 중에는 오래 수고하고도 즉각적인 결과를 전혀 보지 못한 이들이 많았으며, 그럼에도 불구하고 그들은 하나님께 받아들여졌다고 말합니다. 예레미야, 저 처량하게 우는 선지자는 그가 말한 모든 것을 백성이 거부하는 것을 보았습니다. 하지만 그는 하나님께는 거부당하지 않았으며 받아들여졌습니다. 명예를 얻은 사람들 가운데서 예레미야 선지자처럼 탁월한 사람은 없습니다.

사랑하는 이여, 당신은 어쩌면 구원받지 못할 사람들을 경고하기 위해 보냄을 받았는지 모릅니다. 이사야가 스랍 천사들을 보았을 때, 또 "내가 누구를 보낼꼬?" 하시는 하나님의 부르심에 응답하여 "내가 여기 있나이다. 나를 보내소서"(사 6:8)라고 말했을 때, 그에게 주어진 임무가 무엇이었는지 주목해 보십시오. 그는 보냄을 받았습니다. 그런데 사람들을 하나님께 데려오기 위해서가 아니라 가서 그들에게 이런 말을 하도록 보냄을 받았습니다. "너희가 듣기는 들어도 깨닫지 못할 것이요 보기는 보아도 알지 못하리라"(사 6:9). "이 백성의 마음을 둔하게 하며 그들의 귀가 막히고 그들의 눈이 감기게 하라"(사 6:10). 그는 자기에게 주어진 임무에 순종했고, 그의 주님은 그에게 상을 주셨습니다. 그것이 당신의 경우일 수 있습니다.

게다가, 당신은 당신 자신의 공공의 판단자가 아닙니다. 나는 목회자들에 의해 아주 빈번하게 발견되는 현상이 있다고 생각합니다. 즉, 마치 베이컨의 귀납법처럼, 우리가 최악으로 설교했다고 생각할 때, 하나님은 대개 사람들에게 큰 복을 주시고, 또 우리에게 가장 적은 능력이 있는 것처럼 보일 때, 하나님은 다른 때보다 더 분명히 그분의 능력을 나타내신다는 것입니다. 그러므로, 당신이 울면서 집으로 갈 때, 그저 울며 씨를 뿌린 것이기에, 당신은 반드시 기쁨으로 그 곡식 단을 가지고 돌아올 것입니다(참조. 시 126:6). 하지만 당신은 당신 자신이 하는 일에 대한 심판자가 아닙니다. 그러니 당신은 당신의 일의 결과가 어떻게 될지 알 수 없습니다. 당신이 그 결과를 보지 못해도, 천사들이 그 결과를 보았을 것입니다. 그래서 당신이 울고 있는 동안 그들은 즐거워하고 있습니다. 하여간, 당신은 추수에 책임이 있는 것이 아닙니다. 당신의 책임은 쟁기질하고 씨를 뿌리는 일에 있습니다. 하나님을 경외함으로 당신이 당신의 일을 잘했다면, 그 결과는 하나님께 달린 것이지 당신에게 달린 것이 아닙니다.

사랑하는 친구들이여, 때때로 우리는 죽어가는 신자들을 위로해야 하는 임무를 받지만, 그것도 너무 어려운 일은 아닙니다. 여러분에게 언급할 수 있는 한 사람이 있습니다. 그는 얼마 전에 새로운 사업을 착수하느라 그가 가진 모든 것을 썼습니다. 그 사업은 늘어나는 식구들을 위한 것이었고, 그는 그 일에서 성공하길 바랐습니다. 그는 여러 주 동안 집에 머문 적이 거의 없었고, 그의 딸이 절실히 생각날 때가 되어서야 집으로 오곤 했습니다. 계단을 올랐을 때, 그의 딸이 정신을 잃고 발악하고 있었습니다. 정성껏 보살핌을 받았지만, 가슴 아프게도, 그녀는 숨을 거두고 말았습니다. 얼마 지나지 않아, 그의 마음에 소중한 또 다른 가족이 별안간 숨을 거두었습니다. 이윽고 그 자신이 병들게 되었습니다. 마지막으로 의사를 찾았을 때, 그의 질병이 매우 심각하다는 말을 들었습니다. 그는 전문가에게 진찰을 받아야 했습니다. 그는 전문의를 찾았고, 속에 암이 있다는 말을 들었습니다. 의사는 그가 수술을 받을 수는 있겠지만, 수술을 받는 도중에 죽을 우려가 크다고 했으며, 그래서 할 수 있다면 그대로 지내도록 조언했습니다. 그것은 얼마 전에 일어난 일입니다. 이처럼 사별의 아픔을 겪었고, 자기 자신도 매우 고통스러운 죽음을 전망하는 상태의 그를 소개하면, 여러분은 그가 어떤 종류의 사람일 거라고 예상합니까? 그가 매우 찌푸려 있고, 초췌하게 보일 거라고 여러분은 상상할 것입니다. 그런데 하늘 아래에서 그보다 더 쾌활한 사람은 없을 것입니다. 일전에 그가 런던으로 어떤 일을 하기 위해 힘겹게 올라왔을 때, 몇몇 사람들이 그가 한 것을 보고 놀랐습니다. 그는 이렇게 말했습니다. "내가 할 수 있는 동안은, 하나님이 나를 두신 자리에서 최선을 다할 것입니다. 내가 더는 할 수 없을 때, 나는 가만히 앉아 하나님을 찬양할 것입니다. 그리고 그때가 오면, 나는 내 얼굴을 새 예루살렘으로 향하며 죽을 것입니다." 이것이 그리스도인이 사는 방식이며, 또 그리스도인이 죽는 방식입니다. 그리스도를 믿는 사람을 대할 때, 죽음의 전망이 가까이 있건 멀리 있건, 그 마음을 위로하는 것이 전혀 어려운 일이 아닌 것을 우리는 발견합니다.

사랑하는 친구들이여, 회개하는 배교자들을 위로할 말을 찾을 때도 큰 어려움을 겪지 않습니다. 누군가 신앙을 저버린다는 것은 슬픈 일입니다. 하나님의 교회가 그 이름을 더럽히고, 그리스도인이라고 고백하는 자들의 죄악에 의해 기독교 신앙에 흙탕물이 튀는 것은 두려운 일입니다. 하지만 주님께서 방황하는 자의 마음을 만지실 때, 그 마음은 죄의식으로 깨어지며, 그 사람은 그의 하나님께로 되돌아옵니다. 우리는 이렇게 말하는 것이 어렵지 않다고 느낍니다. "주님은 긍휼히 여기기를 기뻐하십니다. 돌아오십시오, 믿음을 저버린 자녀들이여. 하나님은 기꺼이 여러분을 받으실 것입니다. 그분이 여러분에게 은혜 베풀려고 기다리십니다." 배교했다가 다시 주의 얼굴을 구하는 자들에게 주시는 위로가 하나님의 말씀에는 가득합니다. 여러분에게 죄가 있지만, 주님은 말씀하십니다. "배역한 자식들아 돌아오라 나는 너희 남편임이라"(렘 3:14). 그분이 여러분과 이혼하시는 것이 마땅하지만, 여호와 곧 야곱의 하나님은 이혼하는 것을 싫어하십니다. 그분은 자기가 선택한 백성을 버리시지 않습니다. 그분은 그들이 온통 부정하고 더러워진 후에도 돌아오는 것을 기뻐하시고 받아주십니다. 만약 오늘 밤 여기에 그런 사람이 있다면, 나는 그 사람에게 손을 들어 말하고 싶습니다. "내 형제여, 돌아오십시오. 오십시오, 구주께로 오는 것을 환영합니다!"

그리고 찾는[구도자] 죄인들을 위로하는 것도 분명 어렵지 않습니다. 만약 어떤 사람이 구주를 찾고 있다면, 구주께서도 그를 찾고 계십니다.

"당신이 그분의 얼굴을 찾는 것은
모두 그분의 은혜랍니다."

그분이 당신과 함께 시작하셨습니다. 그렇지 않았다면 당신은 그분과 함께 시작하지 않았을 것입니다. 지금 당신이 단순하게 그분을 신뢰한다면, 단지 그분을 신뢰한다면, 당신은 즉시 평화를 얻을 것입니다. "아들을 믿는 자에게는 영생이 있습니다"(요 3:36). 그것은 영광스러운 구절입니다. "그를 믿는 자는 심판을 받지 아니하는 것이요"(요 3:18)라는 말씀은 같은 위로의 진리를 담고 있는 또 다른 축복의 구절입니다. 만약 당신이 그리스도를 영접하였다면, "그 이름을 믿는 자들에게"(요 1:12) 곧 당신에게 그분은 하나님의 자녀가 되는 권세를 주십니다. 그리스도께 오는 영혼을 위하여 진짜 꿀로 가득한 꿀벌 통이 있습니다. 당신이 원한다면, 당신은 그 안에 손을 담글 수 있고, 당신이 원하는 만큼 단것을 먹을 수 있으며, 그것은 아무리 먹어도 소진되지 않을 것입니다.

여기까지, 위로를 구하는 자들에게, 나는 어떻게 해서 때때로 우리의 일이 쉬운지를 설명했습니다.

2. 위로의 말을 찾는 것이 거의 불가능한 경우

하지만 사랑하는 친구들이여, 다른 때에 그 일은 너무 어려워 불가능할 지경입니다. 나훔은 말합니다. "내가 어디서 위로할 자를 구하리요?"

니느웨가 수도였던 앗수르는 전적으로 자기 자신만을 위하여 존재하던 제국이었습니다. 앗수르의 어떤 군주도 그가 정복한 나라들에게 무엇이 유익이 될지를 생각하지 않았습니다. 내가 생각하기에는, 만약 누군가가 그런 일을 언급했다면, 그 군주는 그를 비웃거나 혹은 그의 눈을 뽑거나 목을 베었을 것입니다. 앗수르 왕을 제외하고는 다른 누구도 어떤 권리를 가졌다는 생각이란 없었고, 그의 신하들조차 단지 그의 꼭두각시에 지나지 않았으며 그의 의지나 기분에 따라 죽기도 했습니다. 이처럼 앗수르는 순수하게, 아니 불순하게, 이기심의 화신이었습니다. 자, 어떤 이기적인 사람이 니느웨처럼 쇠락할 때, 누가 그를 위로하겠습니까? 그는 누구에게도 어떤 선을 행한 적이 없으며, 기분 내키는 대로 이렇게 말할 것입니다. "나는 아무도 신경 쓰지 않는다. 그러니 누구도 내게 신경 쓰지 말라." 현재 낭패를 겪었어도, 지금껏 누구도 신경 쓰지 않은 사람을 위로하기 위해 무슨 말을 하기란 매우 어렵습니다. 사랑하는 친구들이여, 여러분은 그런 사람이 되지 않기를 바랍니다. 이기심이란 패망으로 들어가는 현관문의 열쇠라고 나는 믿습니다. 그것은 누구에게도 아무런 선을 행하지 않습니다. 그래서, 그것이 곤란에 처할 때, 누구도 위로를 주지 않으며, 오히려 모든 사람이 이렇게 말할 것입니다. "누가 너를 위해 한탄하랴? 어디서 너를 위로할 자를 구하리요?"

또 앗수르 사람들은 다른 사람들을 매우 잔인하게 대했습니다. 레이야드(Layard, 19세기 영국의 고고학자이자 외교관-역주)가 본국으로 가져온 큰 돌들에는, 포로들에게 어떤 일이 자행되었는지에 대한 끔찍한 그림들이 있습니다. 전쟁에서 사로잡혀온 사람들에게서 베어진 머리들이 무더기로 쌓였고, 눈들은 뽑혔으며, 여러분이 들으면 두려워할 모든 끔찍한 일들이 자행되었습니다. 결국, 그 잔인한 권력이 무너졌을 때, 누가 그런 권력을 위해 위로의 말을 구하겠습니까? 오, 우리는 절대 다른 사람들에게 잔인해지지 말아야 합니다! 만약 우리가 다른 사람들에게 잔인하면, 우리의 차례가 올 때, 우리를 위한 위로는 없을 것입니다. 이 사람들은 그들이 가는 모든 나라를 약탈했습니다. 그들은 가져갈 수 있는 모든 것을 가져갔습니다. 그들이 약탈하는 나라의 백성에게는 한 푼도 남겨두지 않았고, 땅의 열매들을 삼켰으며, 뒤에 남겨진 땅이 얼마나 황폐하게 될지 신경 쓰지 않았습니다. 하지만 그들이 약탈당하는 때가 왔을 때, 그들의 수도가 파괴되었을 때, 아무도 그들을 위로하지 않았습니다. 그들은 그들이 뿌린 것을 거둔 것입니다.

게다가, 그들은 교만으로 악명이 높았습니다. 그 교만은 신성모독에 이를 정도로 높아졌습니다. 앗수르의 사신 랍사게가 어떻게 여호와를 모독했는지 기억하십시오. 그는 말했습니다. "하맛과 아르밧의 신들이 어디 있느냐? 민족의 모든 신들 중에 누가 그의 땅을 내 손에서 건졌기에 여호와가 예루살렘을 내 손에서 건지겠느냐?"(왕하 18:34,35). 그래서, 그들의 시신이 거리에 무더기로 쌓였을 때, 어떤 나라도 그들을 위해 울지 않았고, 누구도 그들에게 관심을 두지 않았습니다. 오, 사랑하는 친구들이여, 여러분이 사업을 할 때 가난한 자들을 짓밟는 방식으로 하지 마십시오! 모든 일을 처리할 때 누군가를 약탈하는 방식으로 하지 마십시오! 올바로 하십시오. 정당하게 하고, 친절하게 하십시오. "살고 또 살게 하십시오." 그렇지 않으면, 머지않아 당신이 몰락할 때가 올 때, 아무도 당신을 위해 울지 않을 것이며, 당신을 위해 슬퍼하지 않을 것입니다.

만약 당신이 하나님을 대적하여 신성모독의 거만한 손을 든다면, 그분이 당신을 먼지처럼 낮추실 것입니다. 그리고 당신은 어떻게 하나님의 정의가 거만한 자를 처리하는지 한 사례로 인용될 것입니다. 이런 교만에 빠지지 않도록 주께서 우리 모두를 지켜주시길 바랍니다! 내가 그것을 언급하지 않을 수 없는 이유는, 그것이 이 장 안에 있으며, 본문과 관련되어 있기 때문입니다. 여러분과 내가 힘겹고 가난한 중에도 겸손하게 행하는 것이, 또 좋은 평판을 들으며 천국을 향해 사는 것이, 지상의 왕이 되어 많은 부를 관장하다가 결국 자기를 위해 살았다고 판명되는 것보다 낫습니다. 후자처럼 산다면, 여호와의 보복의 날에 우리의 몰락은 끔찍할 것입니다.

하지만 그 외에도, 우리가 위로할 수 없는 다른 사람들이 있습니다. 자기 영혼의 문제와 관련하여 상당히 고민한다고 말하는 사람이 있습니다. 그가 나를 찾아왔습니다. 그와 대화하는 중에, 그를 약간 책망했습니다. 나는 그가 알려진 죄를 범하며 살고 있음을 알았습니다. 그는 믿을 수가 없습니다. 기도할 수 없습니다. 위로를 얻을 수 없습니다. 물론 그가 알려진 죄에 탐닉하는 동안 그럴 수 없다는 말입니다. 우리가 당신을 위해 어떻게 위로를 구할 수 있을까요? 당신이 그 죄를 지속하는 동안 하나님은 당신을 용서하지 않으실 것입니다. 당신이 계속해서 그런 행실 속에 사는 한 그리스도는 당신의 죄를 씻지 않으실 것입니다. 당신은 죄와 결별해야 합니다. 그렇지 않으면, 우리는 당신을 위로할 수 없으며 위로하려고 애쓰지도 않을 것입니다.

다음으로, 죄에서는 떠났지만 어떤 위로도 얻지 못하는 사람들이 더러 있습니다. 그 이유는 그들이 배상(賠償)을 하지 않았기 때문입니다. 만약 당신이 누군가를 강탈했거나 해를 끼쳤다면, 그리스도께 올 때 삭개오가 했던 것처럼 하십시오. 그는 말했습니다. "만일 누구의 것을 속여 빼앗은 일이 있으면 네 갑절이나 갚겠나이다"(눅 19:8). 이 도시에 한 목사님이 있습니다. 그는 나의 귀한 친구입니다. 그는 남에게 해를 끼쳤을 때 배상의 필요성에 관하여 설교했습니다. 그의 친구들 가운데 몇 사람이 그에게 말하기를, 만약 그가 그런 식으로 설교하면 사람들을 다 내쫓는 셈이 될 것이라고 했습니다. 하지만 주중에, 목사는 거리에서 그와 나이가 비슷한 한 사람을 만났는데, 그 사람이 그에게 말했습니다. "당신은 모모씨의 창고에 한번 있지 않았습니까?" "예, 맞습니다." "당신은 그곳에 있는 동안 손목시계를 잃어버리지 않았던가요?" "예, 그랬습니다." "음, 제가 그 시간에 그곳에 있었습니다. 당신은 저를 기억하시나요?" "당신의 이름이 무엇이지요? 아, 그렇군요, 당신 이름이 기억났습니다!" "제가 당신의 시계를 훔쳤답니다. 저는 지난 주일 밤에 당신의 설교를 들었고, 그 시계에 대한 배상으로 10파운드를 드리기 전에는 쉴 수가 없습니다." "저는 돈을 바라지 않습니다"라고 그 목사님이 말했습니다. "하지만 저는 배상을 해야 합니다"라고 상대가 말했습니다.

마침내, 내 친구는 그 시계의 값어치는 10파운드가 아니며, 4파운드 정도면 될 것이라고 설명했습니다. 그래서 그 사람은 내 친구에게 4파운드를 주었습니다. 내 친구는 설교를 비평하는 친구들에게 돌아와서 말했습니다. "자네들이 어떻게 생각하든지, 어쨌거나 나는 그 설교로 4파운드를 벌었네. 나는 잃어버린 시계에 대해 완전히 잊고 있었네. 하지만 내 설교가 그 시계에 상응하는 돈을 내게 가져다주었지."

그렇게 배상했던 그 사람은, 지금은 훌륭한 그리스도인이 되었을 것이라고 나는 믿습니다. 그가 그 시계를 부당하게 지니고서도 어떻게 양심이 편할 수 있었을까요? 다른 사람들에게 해를 끼친 사람들의 경우에, 그들이 최대한 배상할 때까지는, 그들을 진정으로 위로하기란 불가능하다고 나는 믿습니다. 만약 당신이 남을 강탈한 것에 대해 회개하지 않고, 그 대금을 챙기고 있다면, 내가 어떻게 당신을 위로하겠습니까?

우리가 위로할 수 없는 또 다른 부류의 사람들이 있습니다. 그들은 용서를 얻는 것에 매우 관심이 많은 것처럼 보입니다. 하지만 여러분이 그들을 이해하게 되면, 그들이 누군가에 대해 적대감을 가진 채 살아가고 있음을 발견할 것입니다. 형제건, 장모나 시어머니건, 사촌이건, 혹은 친구이건, 그들은 그 대상을 용서하지 않으려 합니다. 그들은 마음속에 증오심을 품고 있습니다. 딸이나 혹은 아들을 용서하지 않으려는 아버지들을 찾기가 어렵지 않다고 말하면서 나는 괴롭습니다. 아마 그 자녀는 당신이 골라주려 했던 사람과 결혼하지 않았을 것입니다. 그들을 위한 선택의 권리가 완벽하게 당신에게 있나요? 당신은 그들을 위해 선택할 권리를 가졌다고 생각했습니다. 하지만 당신은 그런 권리를 자녀들에게는 주려고 하지 않습니다. 그래서 그 때문에 그들에게 원망을 품는 것입니다. 그러면서 당신은 칭얼거리며 하나님께 가서 당신을 용서해주시길 바라지만, 정작 당신 자신은 딸을 용서하려 하지 않습니다. 이곳에서 당신은 무릎을 꿇고, “주여, 나를 불쌍히 여기소서”라고 부르짖지만, 정작 당신은 한때 당신에게 잘못한 그 친구, 이미 오래전에 당신이 용서해야 했던 그 친구를 불쌍히 여기지 않으려 합니다. 당신이 당신에게 잘못한 사람들을 중심으로 용서하지 않으면, 당신이 기도하거나 무언가를 행하는 것이 아무 소용이 없다는 것을 기억하십시오. 하나님께서도, 그리스도를 위해서라도, 당신을 용서하시지 않을 것이기 때문입니다. 원한 같은 것을 당신의 마음에서 깨끗이 쓸어내야 하며, 그렇지 않고서는 하나님과 더불어 화평을 누리지 못합니다. 원한은 사랑과 더불어 누울 수 없습니다. 어둠은 빛과 섞일 수 없습니다. 다른 사람들을 용서할 때까지 당신은 하나님의 평화 속으로 들어가지 못합니다. 그 못에 박혀 매달려 있는 사람들이 많습니다. 나는 그들이 하나님의 은혜로 그 못에서 풀려나기를 바랍니다.

또한, 우리는 구원받기를 매우 갈망한다고 고백하는 사람들을 더러 만납니다. 아마도 그런 분들이 오늘 밤 이 자리에도 있을 것입니다. 하지만 그들은 기도하지 않습니다. 당신은 아침에 일어나서, 밤에 잠자리에 듭니다—한 마디의 기도 없이. 그리고 온종일 당신의 생각 속에는 하나님이 없습니다. 그런데, 당신은 우연히 구원받기를 기대하는 것입니까? 당신이 어느 날 거리를 걸을 때, 당신이 바라거나 바라지 않거나, 구원이 당신에게 뚝 떨어질 거라고 상상하는 것입니까? 사랑하는 이여, 만약 당신이 하나님의 이 큰 은택을 바란다면, 그것을 위해 구하십시오: “구하는 자가 받을 것이요.” 당신이 이 보물을 찾기 원한다면, 그것을 찾으십시오: “찾는 이는 찾아낼 것이요.” 만약 천국 문이 열리기를 바란다면, 두드리는 사람이 되길 바랍니다: “두드리는 이에게는 열릴 것이니라”(마 7:8). 기도하지 않고, 성경 읽지 않고, 구원의 길이 무엇인지를 알기 위해 진지한 마음으로 말씀을 들으러 가지 않으면서, “이같이 큰 구원을 등한히 여기면” 어찌 그 보응을 피하겠습니까?(참조. 히 2:3). 당신은 지속적인 태만 가운데 살아가는 것이 명백합니다. 사업에서 성공하는 사람치고 거기에 관심을 기울이지 않는 사람은 없습니다. 대충하는 식으로 살아가고, 이따금 예배의 자리에 갔다가, 이따금 진지한 감정을 느끼지만, 온 마음으로는 주님을 찾지 않으면서, 하나님과 더불어 화평하기를 기대할 수 있는 사람은 없습니다. 사람들이여, 여러분은 이 치명적인 혼수상태에서 깨어나야 합니다. 오늘 밤 하나님의 성령께서 여러분을 깨워주시길 바랍니다! 천사가 당신을 축복하지 않으면 그로 가게 하지 않겠다고 결심하십시오. 위대하신 주님께서 즉시 그런 마음을 여러분에게 주시기를 바랍니다!

또 다른 사람들이 있는데, 이들에 대해서는 우리가 자주 다루어야 합니다. 그들은 자기들의 죄를 느끼고, 진정으로 구원받기를 바라며, 구원받으려는 희망으로 많은 일을 합니다. 하지만 그들이 하지 않는 한 가지가 있습니다. 그들은 주 예수 그리스도를 믿으려 하지 않습니다. 마치 하나님이 우리의 기도를 보고 우리를 구원하신다는 약속이라도 있는 것처럼, 그들은 기도로 구원받으려 시도합니다. 그들은 성경 읽기를 시도합니다. 성경에서 영생을 얻을 줄 생각하기 때문입니다. 하지만 그들은 성경이 그리스도를 증언하고, 그리스도를 가리킨다는 것을 제외하고는, 성경 자체에 영생이 있는 것이 아님을 잊어버립니다. 그들은 세례를 받았고, 입교 의식을 치렀고, 교회의 회원들입니다. 그들은 거기서 멈추어 쉽니다(rest). 아니, 정확히 말하자면, 그들은 거기서 '쉬지' 않습니다. 그들은 여전히 무언가 다른 것이 결핍되어 있다고 느끼며, 아직 그들이 얻지 못한 것이 있다고 느낍니다. 내 형제여, 당신에게 결핍된 것이 바로 이것입니다— 와서,

> "당신의 죽은 행실을 내려놓고
> 예수님의 발치에 엎드리세요."

그리고 그분이 행하신 일을 믿으십시오. 그러면 당신은 구원을 얻을 것입니다. 이것이 구원의 전체적인 원리입니다. 구원에 관한 두 길이 있습니다. 하나는 자력 구원(self-salvation)입니다. 그것은 꿈이며, 텅 빈 것이며, 끔찍한 실망일 뿐입니다. 다른 하나는 그리스도의 구원입니다. 와서, 당신 자신을 전적으로 그분의 손에 맡기고 말하십시오: "주여, 저를 구원하소서. 당신은 구원자시니, 당신의 거룩한 솜씨를 제게 베푸시어 저를 구원하소서. 저를 저의 죄에서 구원하시고, 그 죄책에서 구원하소서. 죄를 짓는 것에서 저를 구원하시고, 죄의 행실에서 저를 구원하소서. 저의 죄악으로부터 철저히 저를 씻어주시고, 악을 사랑하는 것으로부터 저를 정결케 하소서. 저를 깨끗하게 하소서. 당신은 그 일을 행하실 수 있으니, 오직 당신만이 그 일을 행하실 수 있나이다."

이제, 당신이 구주를 신뢰한다면, 당신은 구원받은 것입니다. 나는 그리스도의 선언을 반복합니다. "아들을 믿는 자에게는 영생이 있다"(요 3:36). 하지만 당신이 믿지 않는다면, 나는 당신을 위로할 수 있는 어떤 것도 알지 못합니다.

당신이 그리스도를 얻지 못하면, 당신에게는 정죄 외에 남은 것이 없습니다. 죄를 위한 다른 희생제물은 없습니다. 당신은 하나님의 아들을 거부함으로써 하나님을 모독했습니다. 당신은 구원받지 못하고 용서받지 못한 채로 하나님 앞에 가야 할 것입니다. 그런 운명이 되지 않도록 주의하시기 바랍니다.

때때로 우리는 영원히 잃은 영혼을 대하는 것이 얼마나 두려운 일인지 느껴야 할 때가 있습니다. 그럴 때 우리는 이 본문의 언어로, 각 단어에서 핏방울이 떨어지듯이, 이렇게 말합니다—"내가 어디서 너를 위로할 자를 구하리요?" 내 청중 가운데 잃어버린 자가 있을까요? 여기에 그리스도 없이 죽을 사람이 있습니까? 끝까지 이 큰 구원을 거절할 자가 여기에 있습니까? 만약 그렇다면, 그런 사람에게 내가 무슨 위로를 전할 수 있을까요? 정반대로, 나는 이 말을 해야 할 것입니다—"당신은 구원의 길을 알았습니다. 하지만 당신은 다른 길을 택했고, 그것도 고의적으로 그렇게 택했습니다. 만약 당신이 진노와 죽음의 자리에 들어가게 된다면, 누가 당신을 위해 슬퍼할까요? 누가 당신을 위로할까요?"

당신이 선택했으니, 당신이 영원히 그 선택에 따른 책임을 질 것입니다. 다음 세상에서 당신이 받는 모든 고통은 당신 자신의 죄의 열매가 될 것입니다. 지옥은 완전히 익은 죄입니다. 술취함, 색욕, 부정직함, 거짓말, 원한, 이런 것들이 들어와서 씨가 되면, 그것들은 지옥을 만듭니다. 그것들은 이 세상에서도 인간을 충분히 괴롭힙니다. 만약 기독교의 누그러뜨리는 영향력이 사라지고, 사람들이 전적으로 제각기 정욕과 탐욕에 의해 행동하도록 세상에 남겨진다면, 세상은 온통 그 죄악들이 필요로 하는 지옥이 될 것입니다. 당신은 영원히 견뎌야 하는 모든 고통의 순간마다 "이것은 단지 나의 오래된 죄다"라고 느낄 것입니다.

당신이 다음 세상에서 비탄에 압도될 때마다, 그리고 얼굴에서 슬픔을 볼 때마다, 당신은 자기 자신에게 이렇게 말할 것입니다—"아아, 이것은 내가 '쾌락'이라고 부르곤 하던 것이 아닌가! 그것이 이런 형태로 내게로 오는구나. 내가 이렇게 말하게 될 거라는 말을 들었었지. 경고를 받았었지. 그 경고에도 불구하고 나는 멸망했구나."

나의 청중이여, 만약 여러분이 잃은 자라면, 그것은 여러분이 저 위대한 희생제물을 거부했기 때문일 것입니다. 그 희생제물에 관하여, 나는 내 힘을 다해, 또 내가 할 수 있는 가장 단순한 말로, 명백하게 십자가에 달리신 그리스도를 여러분에게 제시해왔습니다. 나는 말했습니다. "거기에 여러분의 구원을 위하여 유일한 소망이 있습니다. 예수님을 바라보십시오. 그러면 살 것입니다." 여러분이 하나님의 선물을 받지 않으면, 홀로 영원한 생명을 가지신 그리스도를 여러분이 멀리한다면, 여러분은 그분이 여러분을 홀로 남겨두실 때도 이상히 여길 이유가 없습니다.

이뿐 아니라, 그날, 여러분 가운데 어떤 이들은 특히 어떻게 양심을 억눌렀는지를 기억하게 될 것입니다. 여러분은 의도적으로 양심의 소리를 침묵시키기 위해 세상의 즐거움에 몰두했습니다. 이따금, 이 예배당에 앉아 있는 동안, 당신은 거의 결심에 이르기도 했습니다. 당신은 이렇게 말했지요. "오 하나님, 제가 집에 가면, 제 방을 찾겠습니다. 그리고 하나님 앞에 무릎을 꿇고 기도하겠습니다." 얼마나 자주 당신은 천국 가까운 데까지 인도되었던가요? 그런데, 그렇게 가까이 갔다가 다시 고의로 돌아서다니, 이 얼마나 끔찍한 일입니까! 당신의 피가 당신 자신의 머리에 돌려질 것입니다. 진실로, 그렇게 된다면, 내가 어디서 당신을 위로할 자를 구하겠습니까?

여러분 중에서 어떤 이들은 설득되지 않으려 합니다. 당신은 어머니의 눈물 어린 훈계를 들었습니다. 선생님들이 가장 진지한 방식으로 당신에게 호소했고, 또 당신을 위해 호소했습니다. 당신은 하나님으로부터 징계를 받기도 했습니다. 당신 몸의 모든 뼈가 흔들리는 질병이었지요. 당신은 하나님이 계신 것을 느꼈고, 그분이 당신을 다루신다고 느꼈습니다. 저 엄중한 예언을 기억하십시오. "자주 책망을 받으면서도 목이 곧은 사람은 갑자기 패망을 당하고 피하지 못하리라"(잠 29:1). 나는 이따금 잠을 자다가 내 청중 가운데 한 사람이 지옥에 있을 생각을 하고는 깜짝 놀랍니다.

아, 선생들이여, 여러분은 여러분 자신의 영혼에 관심을 가지지 않지만, 우리는 여러분의 영혼을 위해 최소한이라도 관심을 가집니다. 어떻게 하면 내가 여러분 모두의 피에 대해 깨끗할 수 있을까요? 여러분 가운데 많은 사람이, 매우 빈번하게 설교를 듣지 않았습니까? 여러분은 내가 종종 나 자신의 입장에 대해 측량할 수 없을 정도로 괴로움을 느끼는 것을 이상히 여기십니까? 내가 만약 여러분의 영혼에 대해 성실하지 않았더라면, 여러분에게 설교하는 것보다 차라리 길에서 돌들을 깨는 편이 내게 나았을 것입니다. 그런데도, 다음 세상에서, 여러분은 나를 저주할 것입니다. 만약 여러분이 나에게 내뱉는 비난이 정당한 것이라면, 그 비난을 감당하는 것이 나에게는 지옥일 것입니다.

하지만 나는 살아계신 하나님의 이름으로 여러분에게 호소합니다. 여러분이 스스로 불멸의 존재라고 믿고 있으니, 오늘 밤에 하나님의 구원의 길을 받아들이십시오. 그것은 너무나 단순하고, 너무나 쉬운 길입니다. "악인은 그의 길을, 불의한 자는 그의 생각을 버리고 여호와께로 돌아오라 그리하면 그가 긍휼히 여기시리라 우리 하나님께로 돌아오라 그가 너그럽게 용서하시리라"(사 55:7). "주 예수를 믿으라 그리하면 너와 네 집이 구원을 받으리라"(행 16:31). "믿고 세례를 받는 사람은 구원을 얻을 것이요"—그것이 기독교의 방식이며, 여러분의 믿음을 고백하는 성경적인 방식입니다. "믿고 세례를 받는 사람은 구원을 얻을 것이요, 믿지 않는 사람은 정죄를 받으리라"(막 16:16).

나는 여러분 모두를 하나님의 손에 맡깁니다. 사랑하는 그리스도인들이여, 오늘 밤에 내 설교를 들은 모든 사람이 구원을 받도록 기도해 주십시오. 그리고 비 내리는 오늘 밤이 진정 많은 죄인이 부르짖었던 기억에 남는 밤이 되도록 기도를 바랍니다—

"내가 믿나이다, 내가 믿나이다
예수께서 나를 위해 죽으셨음을.
그분이 십자가에서 피 흘리심은
나를 죄에서 풀어주시기 위함이라네."

아멘

하박국

제
1
장

죄악의 목격

"어찌하여 내게 죄악을 보게 하시며 패역을 눈으로 보게 하시나이까?" - 합 1:3

이 설교에서 내가 기울일 노력은 왜 하나님께서는 그의 백성에게 그들 자신과 다른 사람들에게 있는 죄악을 보게 하시는지, 몇 가지 이유를 제시하는 것입니다.

1. 왜 하나님은 우리에게 죄악을 보게 하시는가? — 우리 자신 속에서

첫 번째 요지를 시작하면서 묻습니다. 왜 하나님은 우리로 우리 자신에게 있는 죄악을 보게 하실까요? 성령께서는 때때로 우리 마음에 있는 악을 보게 하시는데, 그것을 발견하게 하는 이유가 무엇일까요? 주님을 사랑하는 모든 이에게 잘 알려진 것은, 성령께서 우리를 우리 존재의 가장 어두운 방으로 데려가시고, 거기서 우리에게 어쩌면 우리가 알아채지도 못했던 악한 것들을 드러내실 때는 이유가 있다는 것입니다. 그분이 말씀하십니다. "인자야, 내가 네게 네 속에 있는 큰 가증한 것들을 보이리라"(참조. 겔 8:6). 그분이 인간의 마음이라는 불쾌한 소굴을 들추어내십니다. 그러면 우리는 우리의 뒤틀린 것과 타락한 면모를 모두 보게 됩니다. 그분이 우리를 떠낸 반석과 우리를 파낸 우묵한 구덩이로 데려가십니다(참조. 사 51:1). 거기서 그분이 우리에게 혐오스러운 우리의 본성의 상태를 보라 하시고, 또 비록 우리가 그분에 의해 거듭나긴 했어도 여전히 우리 마음에 남아 있는 불쾌하고 섬뜩한 우리의 부패를 보라고 하십니다. 왜 하나님은 이렇게 하실까요? 우리는 여러 가지 방식으로 그 질문에 대답할 것입니다.

때때로 하나님이 그렇게 하시는 첫 번째 이유는 우리에게 은혜의 교리를 확증하시기 위해서입니다. 내 형제들이여, 아르미니우스주의(Arminianism)는 우리 모두의 자연적인 종교입니다. 나는 우리의 모든 자만심과 복음에 대한 모든 잘못된 견해들을 내려놓게 하는 가장 확실한 방법 중의 하나는, 성령 하나님께서 우리에게 우리 자신의 부패를 보게 하시는 것이라고 생각합니다. 어떤 사람이 자기 자신에 대해서는 아무것도 모르면서도 자유 의지에 대해 입심 좋게 말할 수 있습니다. 하지만 주께서 그에게 그가 본성적으로 어떤 사람인지를 보여주실 때, 그는 더이상 그 문제에 대해 말하지 않을 것입니다. 혹은 그가 단지 하나의 이론으로서 그것에 대해 말하기는 해도, 그의 내면의 영으로는 그것을 믿지 않을 것입니다.

성령에 의해 가르침 받지 않은 사람은, 죄인들이 자기 자신의 의지로 하나님께 돌이킨다고 말합니다. 그는 그들이 그들 자신의 힘으로 그렇게 한다고 말하며, 비록 성령의 지원을 받지만, 적어도 상당한 정도까지는 그들 자신을 스스로 지킨다고 말합니다. 그리고 어느 정도는, 그들의 최종적인 인내가 그들 자신의 성실에 의존하는 것이지, 전적으로 하나님의 손에 맡겨진 것은 아니라고 말합니다.

하지만 나는 확신합니다—만약 성령께서 그를 그의 마음의 은밀한 방으로 데려가신다면, 그리고 그로 그 자신의 죄악을 보게 하신다면, 들어갈 때는 그 자신의 자유 의지에 대해 말하면서 들어갈지 몰라도, 나올 때는 값없이 주시는 하나님의 은혜를 노래하며 나올 것입니다. 그는 이렇게 말하게 될 것입니다. "오 주여, 만약 주님께서 저에게 선한 일을 시작하시지 않았더라면, 제 마음과 같은 더러운 연못에서 그런 일은 발생할 수 없었을 것입니다. 그리고 만약 당신께서 그 일을 처음부터 끝까지 수행하시지 않으면, 그 일은 금방 멈추게 될 것입니다. 만약 제가 주 예수 그리스도의 의로 옷 입지 않으면, 당신의 심판대 앞에서 저는 벌거벗은 채로 설 수밖에 없을 것입니다. 만약 그 일이 전적으로 주님의 일이 아니라면, 혹은 만약 주께서 어떤 죄나 죄악됨 때문에 피조물을 외면하신다면, 그 때는, 오 주여, 제가 멸망할 수밖에 없다는 것을 제가 알겠습니다!" 이 주제에 대한 올바른 관점이 그를 선택적인 은혜를 믿도록 이끌 것이며, 나아가 거부할 수 없는 소명, 전능의 보전, 그리고 하나님의 모든 자녀의 확실한 견인(堅忍)을 믿게 할 것입니다.

은혜의 교리들 가운데 한 가지를 믿으면 자연스럽게 나머지 교리들도 믿게 된다는 것은 주목할 만한 일입니다. 복음의 체계는 너무나 논리적이며, 복음의 진리들은 서로에게 잘 맞기에, 그것들에 대한 한 가지 바른 지식을 얻으면, 반드시, 즉시 혹은 짧은 시간 내에, 다른 진리들도 발견하게 되어 있습니다. 주님께서는 우리에게 전적인 부패라는 이 기초 진리를 가르치심으로써 시작하십니다. 그분은 쓰라린 경험을 통해, 그리고 우리의 죄악됨에 대한 끔찍한 발견을 통해, 그 진리를 우리의 양심에 새기십니다. 그분은 다른 교리들은 뒤따라온다는 것을 잘 아십니다. 그리고 주님은 이 진리가 우리에게 이해될 때, 우리가 머지않아 은혜 언약 전체에 대해서와 예수의 복음이라는 큰 체계에 대해, 바른 관점을 가지게 된다는 것도 잘 아십니다. 이것이, 왜 주님께서 그분의 백성에게 그들 자신의 죄악과 더러움을 보게 하시는가에 대한 한 가지 이유라고 나는 생각합니다. 즉 그들이 건전한 믿음을 가지고, 오직 은혜의 교리들만 믿도록 하시기 위함입니다.

또한, 주님이 이렇게 하시는 두 번째 이유는 그들을 계속 겸손하게 하시려는 목적 때문입니다. 만약 주님께서 이따금 우리로 우리 자신을 보게 하시지 않으면, 우리는 끔찍할 정도로 교만해질 것입니다. 옛 청교도들은 하나님께서 공작에게 검은 발을 주신 것은, 그것이 자기의 밝은 깃털을 자랑하지 못하도록 하시기 위함이라고 말하곤 했습니다. 그와 같은 방식으로, 그분은 자기 백성에게 그들 자신의 죄악됨이라는 검은 발을 갖도록 허용하셨습니다. 그들이 성령 하나님께서 그들에게 주신 어떤 은혜도 스스로 자랑하지 못하게 하려는 이유 때문입니다. 그들은 너무나 밝고 아름다운 은혜를 가졌지만, 그런 동안에도, 그들은 여전히 그들 자신의 자연적인 부패를 내려다볼 수 있고, 그래서 하나님 앞에서 그들 자신을 낮출 수 있습니다.

우리는 모두 본성적으로는 루시퍼처럼 교만합니다. 만약 어떤 사람이 자기 자신을 교만할 수 없는 사람이라고 생각한다면, 그야말로 아주 교만한 사람입니다. "아!", 한 사람이 말합니다. "나는 내가 잘난 줄 착각할 수 없다고 생각합니다." 하지만, 선생이여, 당신은 그 말을 할 때 아주 특별한 방식으로 잘난 척을 했습니다. 교만은 우리 모두에게 자연스럽습니다. 그것은 우리 존재에 씨줄과 날줄로 엮였습니다. 벌레가 우리의 살을 다 먹어 치우기까지, 우리는 그것을 제거하지 못할 것입니다. 수의(壽衣)를 제외하고는, 어떤 것도 우리의 교만을 덮지 못할 것입니다. 우리 몸이 수의로 싸일 때, 우리 영혼이 하나님과 함께 거하도록 부름을 받을 때, 그때에야 비로소 교만은 철저하게 우리에게서 벗어질 것입니다. 그리스도와의 교제, 천국으로 향하는 우리의 여정, 우리의 늘어난 지식, 우리의 선한 행실들, 이 모든 것들이 우리의 불신앙의 악한 마음을 통해 우리를 부풀어 오르게 하는 경향이 있습니다. 진실로, 그 모든 것들이 성령에 의해 우리에게 주어진 것이기에, 우리에게서 어떤 것도 자랑할 요소가 없음에도 불구하고 그렇게 되고 맙니다.

그래서 하나님은 자기 백성을 올바른 자리에 머물게 하시려고, 그들로 그들 자신의 죄악됨을 발견하게 하심으로써 그들을 낮추십니다. 만약 그들의 배가 돛만 가지고 바닥짐을 가지지 않으면 그들의 배는 곧 파선하고 말 것입니다. 그래서 하나님이 자기 백성에게 풍성한 계시로 채우실 때는 그분이 육체의 가시 또한 보내시는 것입니다(참조. 고후 12:7). 그 사탄의 사자가 보내어진 것은 그들을 쳐서, 그들이 겸손히 하나님과 동행하도록 하기 위함이며, 그들이 그분 앞에 복종하여 머리를 숙이도록 하기 위함이며, 주 예수 그리스도께서 그들을 위하여 행하신 일과 별개로, 그들 자신이 여전히 부정하다는 것을 알도록 하시기 위함입니다.

사랑하는 이여, 당신이 당신 자신의 극악무도한 죄악을 슬퍼하며 발견할 때, 깊이 겸손해졌을 때, 당신은 내가 이렇게 증언하는 것을 참을 수 있을 것입니다. 때로는 당신의 선행이 당신에게 큰 악이었습니다. 그 일들에서 당신이 당신 자신을 높였고, 뻔뻔함의 벼랑 끝까지 갔기 때문입니다. 하지만 당신의 죄의 징후들은, 하나님의 성령에 의해 당신의 양심에 뼈저리게 느껴짐으로써 당신에게 본질적인 도움이 되었습니다. 그 징후들은 당신에게 높은 마음을 품지 말고 도리어 두려워하라고 가르쳤으며, 당신이 서 있는 것은 당신 자신에 의해서가 아니라 오직 은혜 때문인 것을 기억하게 하고, 그럼으로써 당신이 자랑해서는 안 됨을 가르친 것입니다. 그것이 또 하나의 선한 이유입니다. 그런 이유가 아니라면, 우리가 어찌 우리 자신의 죄악을 보여주신다고 하나님을 송축할 수 있겠습니까?

하나님이 때때로 자기 백성에게 그들의 죄악을 보여주시는 세 번째 이유는, 그들로 고난의 때에 순복하도록 하기 위함입니다. 바리새인은, 세상에 있는 모든 사람 중에서, 욥의 위치에 있게 되면 세상에서 최악의 사람이 될 것입니다. 만약 내가 병원에 있어야 한다면, 나는 바리새인으로서보다는 세리로서 거기에 있을 것입니다. 바리새인에게는 아무것도 만족스럽지 않을 것입니다. 그는 자기의 고통과 불행이 의로운 사람으로서 견뎌야 하기에는 너무 크다고 생각할 것입니다. 하지만 저 불쌍한 세리는 이렇게 말할 것입니다. "나는 큰 죄인이다. 그러니 이런 불행은 내가 겪어야 할 일에 비하면 백만 분의 일도 되지 않는다. 이 아픔과 고통은 내가 하나님의 손에서 마땅히 받아야 할 것에 비하면 아무것도 아니다. 그러므로 나는 순복하는 마음으로 견딜 것이다. 왜 살아있는 사람이 불평하는가? 나는 여전히 지옥 밖에 있고, 그러니 불평해서는 안 된다."

아, 형제들이여, 우리가 불평을 누르기란 어렵습니다. '불평하다'(murmur)라는 오래된 영어 단어에는 많은 의미가 담겨 있습니다. 그것을 발음해 보십시오. 머-머(mur-mur)입니다. 어떤 아이라도 그것을 발음할 수 있습니다. 그것은 발음하기가 가장 쉬운 단어 중 하나입니다. 내가 생각하기에, 그래서 우리가 그 단어를 투덜대고 구시렁거린다는 의미로 사용하는 것 같습니다. '머-머' 하기가 아주 쉽기 때문입니다. 불평하는 것은 이스라엘 자손들에게 타고난 것처럼 보입니다. 광야에서 그들은 거의 언제나 '머머-머미' 하며 불평했습니다. 목말라서 물을 찾을 때도 불평했고, 떡을 찾을 때도 불평했고, 고기를 구할 때도 불평했으며, 아낙 자손들이 키가 크다는 이유로 또 불평했습니다. 무슨 일에서건 불평하는 것이 우선이었습니다. 그들은 항상 그런 식이었습니다. 그들은 광야 40년간 끊임없이 불평했습니다. 아아, 우리 가운데 많은 이들이 그들을 닮으려는 성향이 너무 강합니다.

하지만 불평하는 일에서 우리를 치료하는 가장 확실한 방법은 우리 자신이 최악의 사람임을 아는 것입니다. 한 사람이 자기 자신의 악함과 자기 자신의 황량함을 깨닫기 시작하였다면, 다른 사람보다는 덜 불평하게 될 것입니다. 목에 밧줄이 걸리고, 교수형을 당할 준비가 된 비참한 사람이 용서를 받아 풀려날 때, 여러분은 그가 자기에게 제공되는 음식에 대해 불평하는 것을 볼 수 없을 것입니다. 그는 이렇게 말할 것입니다. "오! 내가 살아있다는 것이 너무 놀랍습니다. 큰 자비가 베풀어져서 내 목숨이 부지되었습니다. 이 마른 빵이 나에게는 왕의 진미처럼 되고, 이 한 컵의 냉수가 내게는 가장 값비싼 포도주 같은 맛입니다." 이처럼 주님은 종종 그분의 자녀들을 헐벗은 채로 두시고, 굶주리는 곳에도 두시며, 그래서 그들로 그들의 모든 환난이 그들이 마땅히 받아야 하는 것에는 미치지 못하는 것을 보게 하십니다. 그들이 지옥에서 받아 마땅한 고통의 산들에 비하면, 이 땅에서의 환난은 마치 저울의 작은 먼지와 같음을 보게 하십니다.

또한, 주께서 우리에게 우리의 죄악됨을 보게 하시는 네 번째 이유는, 우리를 망루(望樓)에 두시기 위해서입니다. 그분이 우리에게 마음에 있는 죄를 보여주실 때, 그것은 마치 군대가 몰려오기 전에 접근한 척후병 몇 사람을 가리키는 지휘관과도 같습니다. 그 지휘관이 말합니다. "저기를 보라, 나의 병사들이여, 그들은 원수의 선발대다. 그들을 잘 지켜보라, 그들 뒤에는 큰 군대가 있다. 그러니 깨어 있으라." 그처럼 성령께서는 우리의 악한 욕망과 부패를 우리에게 드러내시고, 우리로 깨어 그것들을 보게 하십니다. 우리가 그것을 볼 때, 그분이 우리에게 말씀하십니다. "조심하라. 내가 네게 이 작은 것을 보여주는 이유는 뒤에 있는 큰 군대를 네가 경계하도록 하기 위함이다. 지금 네 눈에 나타난 이 소수의 악한 것들은 너를 공격할 준비가 되어 있는 악한 무리의 선도자들일 뿐이다. 그러므로 언제나 네 망루에 올라 끊임없이 원수들을 감시하라."

군인들이 행진할 때는 몇 가지 비상 신호가 필요할 것입니다. 그런 것이 없으면, 그들은 부주의하게 될 것이고, 규율도 느슨해질 것입니다. 그러면 유혹을 받아 방종하게 될 우려가 있고, 불시에 공격을 당할 수도 있습니다. 하지만 측방과 후방에서 그들을 괴롭히는 소수의 원수가 있으면, 그들은 방심하지 않을 것이며, 예리한 눈으로 살필 것입니다. 그래서 갑작스러운 공격이 있어도, 그들은 적을 물리칠 준비가 되어 있을 것입니다. 적군의 부재는 태만과 무기력을 낳기 쉽습니다. 한가한 시절은 하나님의 군사들에게는 좀처럼 어울리지 않습니다. 휴가가 한니발의 군대를 망쳤습니다. 하나님이 아말렉 족속을 격동하셔서 우리로 전투 준비를 하게 하시는 것이 우리에게 유익합니다. 우리가 훨씬 더 악한 원수들에게 불의의 습격을 당하지 않기 위해서입니다.

이 첫 번째 질문에 대해서 한 가지만 더 답하고, 다음 요점으로 넘어가겠습니다. 주님께서 종종 우리에게 우리의 죄악을 보이시는 다섯 번째 이유는, 우리로 구원을 더욱 가치 있게 여기도록 하시기 위함입니다. 여러분이 알다시피 의사에 대해 가장 많이 생각하는 사람이, 일반적으로는 그를 가장 많이 필요로 하는 사람입니다. 우리가 건강할 때, 우리는 종종 의사들과 관련된 농담을 합니다. 우리는 그들이 사람들을 죽이고 있다는 식의 이야기도 합니다. 하지만 우리가 아플 때, 우리는 그들에게 왕진을 부탁합니다. 건강할 때 우리는 그들을 비웃습니다. 하지만 아플 때 우리는 그들을 선용할 수 있는 것을 기뻐합니다. 주님의 백성도 마찬가지입니다. 그리스도를 볼 수 없거나 혹은 그분에 대해 당장 필요를 느끼지 못할 때, 사람들은 그분을 가볍게 생각할지 모릅니다. 하지만 그들이 그들 자신의 나병을 발견할 때, 그때 그들은 저 위대하신 의사를 존중합니다. 그들이 그들 자신의 파멸을 깨달을 때, 그때 그들은 하나님이 주시는 치료제를 소중히 여깁니다.

때로는 우리의 파산 일정을 보여주는 것이 우리에게 큰 도움이 됩니다. 모든 사람에게는 파산 일정이 있습니다. 우리는 모두 본질상 파산자들이기 때문입니다. 우리는 혼자 힘으로 사업을 해보지만, 곧 파산자들이 됩니다. 우리는 갚아야 할 액수 가운데 소액도 갚지 못했지만, 우리 주 예수께서 우리를 위해 그 모든 것을 갚으셨습니다. 그러나 그분이 우리가 진 빚을 상기해주시지 않으면, 그 거대한 빚이 우리의 모든 지급 능력을 무한대로 초월하기에 그것을 갚을 희망이 우리에게 없었다는 것을 그분이 일깨워주시지 않으면, 우리는 그렇게 하신 그분의 은혜가 얼마나 큰지를 잘 모릅니다.

하나님이 자기 자녀들에게 말씀하십니다. "내가 너희를 옥에서 나오도록 이끌었다. 하지만 너희는 오늘날 나의 구원을 대수롭지 않다고 여기는구나. 그래서 나는 너희를 다시 감옥으로 데려갈 것이고, 너희로 다시 한번 그곳이 어떤 곳이었는지를 보게 하려고 한다. 그러면 너희는 너희의 사슬을 끊고 너희를 풀어준 해방자를 더 고맙게 생각할 것이다. 나는 생명수가 솟아오르는 샘을 열었다. 너희는 지금껏 그것을 날마다 마셨고 또 충분히 마셨다. 그런데 너희가 만족하게 되자 그 가치를 모르는구나. 오라, 나는 너희를 버려진 곳, 메마른 광야에 둘 것이다. 거기서 너희는 배고픔의 고통을 겪을 것이고, 너희의 병 속에 든 물을 다 소비하게 될 것이다. 그때 너희는 은혜가 죄인들을 위해 열어놓은 솟아나는 샘의 소중함을 알게 될 것이다. 너희는 날마다 나의 식탁에서 배불리 먹었고, 배고픔이 무엇인지 잘 알지 못한다. 나는 너희를 다시 죄의 자각이라는 광야로 내보낸다. 그래서 너희로 의를 위하여 주리게 할 것이다. 그때 너희는 하늘에서 내려온 떡의 소중함을 알 것이며, 또 내가 너희의 죄악과 패역을 너희에게 보이지 않았던 때보다, 나의 아들 예수 그리스도에 대해 더 많이 생각하게 될 것이다."

내가 지금까지 말한 이 모든 것은 모든 참된 신자들이 마음으로 경험하는 문제들입니다. 많은 사람이 그들 마음의 역병에 대해 알지 못합니다. 하지만 주님을 사랑하는 여러분은, 내가 아무리 이런 일들에 대해 기이하게 표현하더라도, 이 이야기 속에 큰 진리가 있음을 인정할 것입니다. 있는 그대로입니다. 예수님을 믿는 우리는 처음 주님을 알게 된 후로, 매우 엄중한 시절들을 경험했습니다. 영적인 문제들에서 오른손과 왼손도 구별하지 못하던 때가 우리에게 있었습니다. 그때, 만약 누군가 우리에게 "당신은 주님의 것입니까?"라고 물었다면, 우리는 감히 "예, 그렇습니다"라고 대답하지 못했습니다. 우리의 부패가 너무 강하고, 불신이 너무 날뛰었으며, 불쌍한 믿음은 마치 재 속에 있는 불처럼 활동을 멈춘 듯이 보였기에, 그 속에 불이 있는지 없는지도 우리는 알 수가 없었습니다.

오 형제들이여, 우리는 번민 중에 무릎을 꿇고서 이렇게 부르짖었던 때를 기억하지 않습니까? "오 주여, 저는 이 문제를 결판 짓기를 원합니다. 저는 주님의 것입니까, 아닙니까? 만약 주님의 것이라면, 저는 왜 이 모양입니까? 왜 한 사람 안에서 두 군대가 싸우고 있는 것 같습니까? 왜 이런 다툼과 경고의 징후들이 내 영혼 안에서 진행되고 있는 것입니까? 왜 주께서 저와 다투는지 보여주시고, 왜 내 죄가 나와 다투는지를 보여주소서. 오 주여, 어디서 제가 잘못된 것인지를 보여주소서."

우리는 이 혹독한 갈등의 시기들이 우리에게 본질적인 유익이 되었던 것을 알게 되지 않았습니까? 우리는 그런 고통 때문에 강하게 자랐습니다. 죄악을 목격하는 것이 우리를 더 지혜롭게 만들었고, 더 신중하고, 더 분별 있고, 더 겸손하고, 더 사랑하도록 만들었으며, 그런 일을 겪기 전보다 우리 구주를 믿는 믿음에서 우리를 더욱 확고하게 만들었습니다.

2. 왜 하나님은 우리에게 죄악을 보게 하시는가? — 다른 사람들에게서

이제 나는 다른 의미에서 이 본문의 질문에 답을 해보고자 합니다: "어찌하여 내게 죄악을 보게 하시며 패역을 눈으로 보게 하시나이까?" 때때로 죄악과 패역은 우리 자신이 아니라 다른 사람들 안에 있습니다. 여러분 가운데 일부는 이 세상의 소유물을 많이 갖지 못했을 것입니다. 어쩌면 당신은 아주 불경한 사람들이 있는 주택에 살 것입니다. 당신의 뜰 안에서, 사람들이 언제나 안식일을 어깁니다. 당신이 거주하는 거리에서 안식일에 관한 말은 거의 들을 수 없으며, 오히려 맹세, 저주, 불경스러운 말 등등 안식의 날을 깨뜨리는 모든 말들이 들려옵니다. 여러분 중에 또 다른 이들은, 여러분의 관계를 통해 악한 동무들과 어울리도록 부름을 받습니다. 그들의 언어는 "소금으로 맛을 내는"(골 4:6) 것이 아니라, 유황(硫黃)으로 간을 맞추고, 신성모독으로 맛을 내어서, 그 자체가 끊임없는 지옥의 방언인 것처럼 여겨집니다. 여러분 가운데 일부는, 기술자들과 함께 일하도록 부름을 받는데, 그들은 여러분을 천국에 가도록 애쓰는 것이 아니라, 마치 『천로역정』에서 주인공 크리스천의 이웃들과 그의 아내가 방해하려 애쓰는 것 같이 보입니다. 그들은 여러분을 '멸망성'에 돌아오도록 잡아당깁니다. 여러분은 아마 이런 질문을 하고 있을지 모릅니다. "오 주여, 왜 저를 이런 상황 속에 두시나요? 왜 당신의 섭리는 저를 악한 사람들과 접촉하는 곳에 두었나요? '어찌하여 내게 죄악을 보게 하시며 패역을 눈으로 보게 하십니까?'"

나는 왜 주님께서 당신에게 그렇게 하시는지, 서너 가지 이유를 제시하고자 합니다.

첫째로는, 여러분 자신이 전에 어떠했는지를 보게 하시려는 이유에서입니다. 존 브래드포드(John Bradford, 16세기 영국의 종교개혁자이자 순교자-역주)는—아마 여러분은 그의 이야기를 백 번이나 들었을 것입니다—그의 창을 통해, 교수형을 당하기 위해 타이번(Tyburn, 당시 런던의 사형집행장-역주)으로 가는 길에 그의 창문을 지나가는 사람들을 바라보며 이렇게 말하곤 했습니다. "저기에 존 브래드포드가 간다. 하나님의 은혜가 아니면 그렇게 되었을 것이다. 하나님의 은혜가 없었더라면, 존 브래드포드 역시 교수형을 당했을 것이다."

사람들이 욕설하는 것을 들을 때, 여러분은 이렇게 말할 수 있습니다. "주님께서 내 입술의 문을 지켜주시지 않았더라면, 내가 저런 말을 했을 것이다." 강도 짓을 일삼다가 붙잡힌 사람들을 볼 때, 여러분은 이렇게 말할 수 있습니다. "하나님께서 나를 죄에서 지켜주시지 않았더라면, 내가 저렇게 되었을지도 모른다." 술에 취한 사람이 소동을 벌이거나, 강포한 자들이 싸움을 벌이는 것을 보고 들을 때, 여러분은 손을 가슴에 얹고 이렇게 말할 수 있습니다. "아! 같은 종류의 악이 바로 내 마음에서 나올 수도 있었다. 인간의 마음이란 아주 많이 비슷하기 때문이지. '물에 비치면 얼굴이 서로 같은 것처럼 사람의 마음도 서로 비치는 법이지'(잠 27:19). 인간의 마음이란 본성적으로는 큰 차이가 없어. 그러니 저 사람은, 만약 하나님의 억제하시는 손이 나를 죄에서 물러서도록 붙잡지 않으셨다면, 바로 나의 자화상이 될 수도 있었을 거야."

때로는 술주정뱅이들이 다른 사람들이 정신을 차리도록 돕습니다. 가끔은 술주정뱅이들이 행동으로 절주(節酒)의 필요를 외치는 자들이 됩니다. 왜냐하면 그들이 비틀거리면서 거리를 걸을 때, 그들의 상스럽고 우둔한 모습을 보고, 사람은 자연스럽게 이런 말을 하게 되기 때문입니다. "저 사람은 바보짓을 하여 얼마나 웃음거리가 되었나!" 그리고 이어서 이렇게 말하게 됩니다. "나는 저 악한 것을 멀리해야지. 저 사람처럼 어리석은 꼴이 되고 싶지 않기 때문이야." 옛 헬라의 주인들은 더러 자기 종들이 술에 취하도록 하곤 했는데, 그 이유는 자녀들에게 술주정뱅이의 모습이 얼마나 수치스러운지를 보게 함으로써 그들로 그 악에 빠지지 않도록 하기 위해서였다고 합니다.

그러므로, 아마도, 하나님이 악인들을 우리 주변에 오게 하여 우리로 죄의 악함을 보게 하시는 것은, 우리가 그것을 피하고, 그것을 지나치고, 그것을 혐오하게 하시고, 그것에 탐닉하지 않도록 하시기 위함일 것입니다. 나는 사람들의 사악함이, 하나님의 지혜와 통치하시는 손길 아래서, 그분의 친 백성의 성화를 위해 사용될 수도 있다고 믿습니다. 때로는 오자(誤字)로 가득한 책이 어린이에게 어떻게 철자를 쓰는지를 가르치고, 또 어떻게 잘못된 철자를 교정하는지를 가르치는 최선의 도구가 되는 것과 마찬가지로, 주님은 우리에게 올바르게 쓰도록 가르치시기 위해 일종의 잘못된 철자들을 우리에게 보여주시는 것입니다. 우리는 다른 사람들의 악행을 보고 우리 자신을 교정해야 합니다. 또 그들의 그릇된 행실을 보고 그들이 빠진 죄를 피하는 법을 배워야 합니다. 난파선의 흔적이 때로는 등대의 역할을 할 수도 있습니다. 한 사람의 파멸이 다른 사람에게는 경고가 될 수 있습니다. 마찬가지로, 다른 사람들의 죄악과 패역을 목격하는 것을 선용하여, 그리스도인은 어떻게 그런 동일한 죄악에서 피해야 하는지 그 이유를 배우는 사람이 되어야 합니다.

다음으로, 하나님이 때때로 우리에게 다른 사람들의 죄를 보도록 허락하시는 이유는, 그분의 주권을 찬양하도록 가르치시기 위함입니다. 그분의 주권이 불에서 꺼낸 타다 남은 부지깽이처럼 우리를 죄에서 건져냈습니다. 우리는 이웃을 바라보면서, 마치 탐욕스러운 황소가 물을 마시듯 그들이 술을 마시는 것을 보고서 말합니다. "무엇이 우리를 그들과 다르게 만들었을까?" 은혜, 값없이 주시는 은혜입니다! 그리고 우리는 또 묻습니다. "왜 은혜가 우리에게 왔고, 그들에게는 오지 않았을까? 왜 이런 은혜가 우리에게는 주어지고, 나머지 인류에게는 주어지지 않았을까?" 그럴 때 우리는 그리스도와 더불어 이렇게 말해야 합니다. "옳소이다. 이렇게 된 것이 아버지의 뜻이니이다"(마 11:26). 가족 중에 오직 한 사람만 회심했을 때, 그것이 하나님의 주권의 증거가 아니면 무엇이겠습니까? 경건한 어머니가 있는데, 불경한 남편이 있고, 악한 자녀들이 있다면, 그것이 한 사람은 데려가고 한 사람은 남기시는 하나님의 주권의 본보기가 아니면 무엇이겠습니까? 한 집안에서 두 여인이 맷돌을 갈고 있습니다. 그런데 한 사람은 맷돌을 갈면서 시온의 노래를 부르고, 다른 사람은 저주의 소리만 내고 있으니, 그것이 "긍휼히 여길 자를 긍휼히 여기시는"(롬 9:15) 하나님의 주권의 증거가 아니고 무엇이겠습니까? "그런즉 원하는 자로 말미암음도 아니요 달음박질하는 자로 말미암음도 아니요 오직 긍휼히 여기시는 하나님으로 말미암음이니라"(롬 9:16).

그렇습니다, 그리스도인이여! 하나님이 당신을 죄의 한가운데 두신 것은, 그분의 은혜가 더욱 두드러지도록 하기 위함입니다. 만약 당신이 시골길을 마차로 달리면서 들판을 본다면, 당신은 곡식 이삭들 가운데 하나를 제대로 보지 못할 것입니다. 하지만 계속해서 길을 가다가, 한 울타리를 보고, 우연히 곡식 한 알이 울타리 밑 땅에 떨어져, 거기서 한 알의 곡식이 가시덤불을 헤치고 자라 홀로 서 있는 것을 봅니다. 그러면 아마도 당신은 당신 친구의 옆구리를 슬쩍 건드리며 이렇게 말할 것입니다. "곡식 한 알이 가시덤불 사이에서 자랐어." 그 광경은 일반적으로 곡식이 자라는 곳에서 보는 것보다 훨씬 놀랍고 눈여겨 볼 만한 일이 될 것입니다. 그와 마찬가지로, 나는 그리스도인이 그리스도의 교회 안에 있는 것은 그리 놀랄 만한 일이 아니라고 생각합니다. 하나님의 주권이 두드러지게 보이는 때는, 우리가 의인들만 모인 곳을 볼 때가 아니라, 그리스도인들이 죄 많은 세상의 관목과 가시덤불의 한가운데서 자라는 것을 볼 때입니다. 거기서 그리스도인들이 "흠이 없고 순전하여 어그러지고 거스르는 세대 가운데서 하나님의 흠 없는 자녀로 세상에서 그들 가운데 빛들로 나타내는"(빌 2:15) 것을 입증하고 있을 때입니다.

한낮에 누가 반딧불이를 보겠습니까? 하지만 밤중에, 여러분은 그들이 잎사귀들 사이에서 빛나고 있음을 볼 것입니다. 그것들은 아마 낮에도 거기 있었겠지만, 아무도 그것을 보지 못했습니다. 하지만 밤에, 그들의 작은 등불이 빛을 내면서, 모든 사람이 그것들을 보고 감탄합니다. 그처럼 그리스도인이 선한 동료들 안에 있을 때, 그는 복을 받은 사람이며, 그것은 하나님의 사랑의 큰 사례입니다. 하지만 섭리의 질서 안에서, 그가 어두운 장소 곧 복음의 빛과 진리가 거의 없는 곳에 놓일 때, 그때 그의 등불은 가장 유용해지기 시작합니다. 그는 이전의 어느 때보다 더 주목을 받게 됩니다. 이것이 바로 주님께서 때때로 그분의 백성을 그곳에 두시는 이유이니, 곧 그분의 주권, 그분의 능력, 그분의 힘, 그분의 은혜를 더욱 두드러지게 하시기 위함입니다. 사람들이 때로는 보석을 더 빛나게 보이도록 뒤에 금속 박편(箔片)을 두듯이, 그래서 그 반짝임이 어두운 배경 때문에 더 돋보이게 하듯이, 주님께서도 그분의 섭리 안에서 그분의 백성을 때로는 악한 장소에 머물도록 허용하십니다. 롯이 소돔에 거한 것처럼, 아브라함이 애굽 사람들 혹은 블레셋 사람들 가운데서 거했던 것처럼, 하나님의 은혜가 드러나게 하시려고, 또 주님의 이름이 높아지도록 하시려고, 주님은 종종 그런 일을 허용하십니다.

"어찌하여 내게 죄악을 보게 하시며 패역을 눈으로 보게 하시나이까?" 이 본문의 질문에 대해 또 다른 대답을 할 수 있는데, 내가 생각하기에는 더 나은 대답입니다. 내 형제들이여, 하나님이 우리에게 우리 동료 인간들의 죄를 보이시는 것은, 우리로 더욱 열심을 내어 일하게 하시고, 또 우리로 영혼을 구원하는 일과 의의 나라를 확장하는 일에 수단이 되도록 하시기 위함입니다. 한 지휘관이 원수들을 살피려고 그의 병사들을 데리고 갈 때—이것은 내가 어느 유명한 스코틀랜드 분에게 들은 이야기인데, 그의 말을 정확히 옮기기는 어렵습니다—그 지휘관이 말했습니다. "자, 병사들이여, 저기에 그들이 있다. 만약 여러분이 그들을 죽이지 않으면, 그들이 여러분을 죽일 것이다." 그것이 그들의 선택이었고, 우리에게도 마찬가지입니다. 하나님은 우리를 데리고 오셔서 이 도시에서 걷게 하십니다. 매춘을 비롯한 온갖 악이 사방에서 목격되며, 심지어 한낮에도 목격되는 곳입니다. 그러니 십자가의 군사들이여, 만약 여러분이 그것들을 죽이지 않으면, 그것들이 여러분을 죽일 것입니다. 여러분이 여러분의 주님을 위해 일어나 십자가의 깃발을 휘날리지 않으면, 원수가 여러분을 압도하는 상대가 될 것입니다. 나는 이따금 어떤 창문에서 온갖 종류의 외설과 불륜과 사악함으로 가득한 유인물이 붙은 것을 보고 충격을 받았습니다. 그런데 그것은 내 마음에 아주 긍정적인 효과를 불러일으켰고, 나는 이렇게 생각했습니다. '음, 만약 이렇게 많은 죄악이 있다면, 모든 사역자가 더 큰 열심을 내야할 이유가 생긴 셈이군. 그리고 모든 그

리스도인은 온 힘을 다해 선을 행해야겠지.'

여러분 가운데 일부는 이 지방에서 아주 근사한 저택에 삽니다. 여러분은 가난한 사람들 속으로 들어가지 않으며, 그들이 어떤 사람들인지도 알지 못합니다. 만약 여러분이 런던의 어두운 빈민가와 좁은 골목을 다녀 보면, 아마도 이렇게 말할 것입니다. "아, 지구상에 이런 곳이 있는 줄은 생각도 하지 못했구나!" 만약 여러분이 내가 때때로 갔던 곳을 가서, 오래되어 삐걱거리는 계단을 올라, 가로 기둥에 부딪히지 않도록 머리를 숙여야 하는 곳에 이르고, 작은 방으로 들어가서, 거기에 온 가족이 있는 것을 보면 어떨까요? 그리고 또 다른 방으로 들어가서, 더 작은 방인 거기에 또 다른 온 가족이 모여 있는 것을 본다면 어떨까요? 그들이 쓰는 언어를 들어보고, 그리스도에 대해서는 전적으로 무지한 그들의 상태를 보며, 마치 아프리카 오두막의 미개한 호텐토트(Hottentot)족과 다를 바 없는 그들의 모습을 본다면 어떨까요? 아마도 여러분은 그들을 보고 돌아가는 길에 이렇게 말할 것입니다. "우리가 열심을 내야 할 큰 이유가 있구나. 여러분, 우리가 열심을 내야겠습니다. 이런 광경을 보았으니, 주님을 위해 더 열심을 내어 일해야겠습니다!"

오, 하지만 우리는 이 나라의 죄악을 상당 부분 감춥니다. 우리는 온 런던을 근사한 도로들로 꾸몄습니다. 그래서 외국인이 런던의 도로를 지나면 "얼마나 멋진 도시인가!"라고 말합니다. 광택제를 바른 위선입니다! 그 거리의 뒤편으로 무엇이 있습니까? 웨스트엔드(West-End, 런던 중심지의 서쪽 지역)의 궁전들 뒤편에서 우리는 무엇을 발견합니까? 지상에서 가장 낮은 곳이 있고, 가난한 사람들이 수백 명씩 밀집해 있습니다. 우리는 이 도시를 외관상 그럴듯한 무언가로 장식합니다. 하지만 오호라, 이 도시의 내부에는 얼마나 많은 죄악이 있는지요! 여러분 중에서 일부는 어쩔 수 없이 이 도시의 죄악을 목격해야 한다는 사실에 나는 하나님께 감사합니다. 여러분 중의 일부는 밤에 집으로 갈 때마다 거리의 악함을 목격할 수밖에 없음에 나는 하나님께 감사합니다. 여러분이 묻습니다. "왜 목사님은 이 악함이 있는 것을 두고 하나님께 감사하나요?" 아닙니다. 악함에 대해 감사하는 것이 아닙니다. 여러분이 그것을 보아야 하는 것에 대해 감사하는 것이고, 여러분이 다른 사람들에게 가서 이렇게 외치는 사람들이 될 것을 기대하고 감사드리는 것입니다. "사람들의 구원을 위해 애씁시다. 일합시다. 여러분에게 호소합니다. 선을 행하십시오! 세상은 여전히 악함으로 가득하고, 이 도시의 어두운 곳곳이 포악의 주거지가 되었습니다!"

내가 공개적인 집회에서 연설한 지는 오래되었습니다. 하지만 언젠가 연설했던 날을 기억합니다. 나는 연사들 가운데 한 사람이 아주 멋진 연설을 하는 동안에 자리를 떴고, 교회에 등록하기 원하는 한 여성과 대화를 하려고 근교의 집을 방문했습니다. 그곳은 런던 시내가 아니었습니다. 내가 그 집에 들어갔을 때 지독하게 술에 취한 남편이 있었습니다. 그는 자기 아내를 구석으로 몰았고, 온 힘을 다해 그녀를 때리고 있었습니다. 심지어 그는 손톱으로 그녀의 팔을 억세게 할퀴었고, 마침내 그녀의 팔과 얼굴에서는 피가 흘렀습니다. 두세 명의 친구들이 달려들어 그를 떼어놓았습니다. 그녀는 그날 밤에 하나님의 집에 가는 것을 허락해달라고, 아주 부드럽게 그를 설득하려 애썼다고 말했습니다. 그가 그녀를 학대한 유일한 이유는, 그녀가 항상 예배당에 가고 싶어 하는 것 때문이라고 했습니다. 내가 그 광경을 보았을 때, 그리고 피를 흘리면서 눈에는 눈물이 고인 그 불쌍한 여인을 보고 나서, 나는 다시 공공 집회 장소로 돌아갔습니다. 거기서 가슴이 불붙는 듯하고, 온몸이 불덩어리가 된 사람처럼 되어 말했습니다. 그렇게 하지 않을 수 없었습니다. 나는 온통 불붙은 사람처럼 술취함의 죄를 비난했습니다. 그리고 교회 회원들을 향하여, 너무나 어둡고 더러운 곳에 버려진 이웃에 복음의 빛을 뿌리기 위해, 그들이 할 수 있는 모든 일을 하도록 힘을 다해 독려했습니다.

우리가 복음을 전하려 할 때, 이따금 런던에서 가장 나쁜 구역들에 이끌려 가서 그곳의 악함을 볼 수 있다면, 나는 그것이 우리 모두에게 유익이 될 수 있다고 생각합니다. 그것은 우리의 주일학교 선생님들에게도 유익할 것입니다. 그러면 그들이 맡은 어린이들에게 더욱 열심을 낼 것이기 때문입니다. 그리고 나는 그것이 일부 나이 드신 분들, 거의 모든 예배 때마다 앉아서 줄곧 졸기만 하고, 이런 문제에 무관심한 방관자인 일부 성도에게도 유익이 된다고 생각합니다. 만약 그들이 어떤 싸움이 진행되고 있으며, 그 싸움이 얼마나 거칠고 힘겨운지를 일단 알기만 하면, 그들은 잠에서 깨어날 것이고, 싸움터로 나갈 것이며, 어깨를 나란히 하고, 우리의 공공의 적, 곧 우리 주 예수 그리스도와 사람들의 복지를 방해하는 적을 향해 연타를 날릴 것입니다.

아, 내 형제들이여, 우리는 인간의 구원을 위해 더 진지한 노력을 기울이기 위해, 인간의 악에 대해 더 알 필요가 있습니다. 만약 교회에 다른 문제보다 결핍된 부분이 있다면, 그것은 진지함의 문제일 것입니다. 휫필드(Whitefield)가 어느 설교에서 말했습니다. "오 나의 하나님, 이 악한 도시가 어떻게 멸망하고 있는 것을 생각할 때, 또 얼마나 많은 사람이 지식이 없어 죽어가고 있는지를 생각할 때, 저는 복음을 전하기 위해서라면, 런던 거리의 모든 사륜마차 위에 설 수 있다고 생각합니다." 왜 그가 그렇게 말했을까요? 왜 그의 열심이 그토록 타올랐을까요? 그것은 그가 사람들의 죄악을 보았기 때문이며, 그들의 어리석음을 눈여겨보았기 때문입니다. 우리는 우리 앞의 악을 철저히 인식하기까지는 철저하게 열심을 낼 수가 없습니다. 말이 낭떠러지를 보면 스스로 뒤로 물러서며, 미친 듯이 돌진하지 않으려 합니다. 그리스도의 교회도 마찬가지입니다. 만약 교회가 그 앞에 있는 악을 볼 수 있다면, 교회는 입을 크게 벌린 심연으로 떨어지지 않으려고 온 힘을 다해 뒤로 물러설 것입니다.

선생들이여, 여러분은 여러분의 마음속에 있는 악을 보았고, 여러분의 문에 웅크린 죄악을 보았습니다. 여러분은 사방 모든 곳에서 죄악을 목격했습니다. 그런데도 그리스도를 위해 무언가를 하려고 애쓰는 이는 여러분 중에서 얼마나 소수에 불과한지요! 여러분은 이 큰 싸움에서 도움이 되도록 요청받고 있습니다. 하지만 여러분은 다른 할 일이 너무 많아 우리를 돕지 못합니다. 여러분은 이 대의를 위해 무언가를 하고, 시간을 조금 내도록 요청받지만, 그렇게 하지 못합니다. 여러분은 전도의 말을 하도록 요청받지만, 능력이 너무 적어 그렇게 하지 못합니다. 자기를 그리스도인이라 부르는 사람들의 절반이 오십 번은 요청을 받아야 한 가지 일을 할 정도입니다. 하지만 막상 어떤 일을 착수하면, 그들이 그다지 소용이 되지 않습니다. 그들은 단지 사람에게 요청을 받았을 뿐이기 때문입니다. 그들은 자원봉사자들로서 썩 훌륭한 사람들이 아닙니다. 나는 우리가 이 세상의 악한 상태에 대해서와, 인간의 죄악에 대해 알기를 원합니다. 그러면 구주를 사랑하는 사람이라면 모두 그 자리에서 일어나 각 사람이 이렇게 말할 거라고 나는 생각합니다. "내가 여기 있습니다. 원수를 대적하는 자원자가 되기 원합니다. 비록 내 능력은 미약하지만, 나로 가서 내 하나님을 섬기게 해 주십시오. 선을 행하고, 거룩한 삶의 모범이 되며, 또 모든 다른 수단을 써서, 이 시대의 죄악의 물길을 막는 일에 참여하게 해 주십시오."

내 사랑하는 친구들이여, 이제 말씀을 맺으면서, 이 청중 가운데 또 다른 부류의 사람들을 향해 한 가지를 진술하려고 합니다. 불과 얼마 전에, 버려진 죄인이었던 한 사람이 있습니다. 그는 술을 마시고, 욕설하고, 안식일을 어기며, 심지어 하나님도 저주하던 사람이었습니다. 어느 날, 그는 하나님의 집에 발을 들여놓았고, 주님께서 그를 만나주셨습니다. 지금 그는 형언할 수 없을 정도로 괴로워합니다. 그의 마음은 온통 무너졌고, 그의 양심은 열 겹이나 되는 율법의 채찍으로 맞았으며, 그 고통은 마치 상처에 소금을 뿌려 문지르는 것 같았습니다. 그는 양심의 상처들로 인해 쓰린 통증을 느꼈고, 하나님의 율법의 불 같은 진노로 고통을 겪었습니다. 그는 지금 고뇌 중에 부르짖고 있습니다. "오 주여, 저는 멸망할 수밖에 없습니다. 그럴 수밖에 없다는 것을 제가 압니다. 저는 제 영혼의 심각한 죄악을 보았습니다. 저는 영원히 멸망하여 버림을 당할 수밖에 없습니다."

그렇지 않습니다, 불쌍한 영혼이여, 그렇지 않습니다. 그것은 이 본문의 질문에 대한 바른 답변이 아닙니다. 본문의 질문은, "어찌하여 주님께서 내 죄악을 보게 하시는가?"입니다. 내가 당신에게 바른 대답을 제시하겠습니다. 주님께서 당신의 죄악을 보게 하시는 이유는, 그분이 당신을 그 죄악에서 구원하시기 위해서입니다. 만약 하나님께서 당신의 마음을 깨뜨리셨다면, 그것은 당신에게 새로운 마음을 주시기 위한 목적 때문입니다. 만약 그분이 율법으로 당신을 죽이셨다면, 그것은 당신을 복음으로 살리시려는 목적 때문입니다. 만약 그분이 당신의 양심에 상처를 입히셨다면, 그것은 그곳에 그리스도 예수의 향유를 부을 공간을 만드시기 위함입니다. 그분이 당신을 헐벗게 하셨다면, 그것은 당신의 누더기를 벗겨낸 후에 흠 없고 완전한 의의 옷을 입히시려는 목적 때문입니다. 그분이 만약 당신을 도랑에 던지셔서, 욥이 말한 것처럼 당신의 옷도 당신을 싫어할 정도가 되게 하셨다면, 그것은 그분이 당신을 피로 가득한 샘으로 데려가셔서, 당신을 완벽하게 씻기시기 위함입니다.

주께서 한 사람을 무너뜨리실 때, 그것은 그를 다시 세우시기 위해서입니다. 그분이 한 사람의 마음을 깨뜨리실 때, 그것은 단지 깨뜨리는 그 자체를 위해서가 아니라, 그의 마음을 새롭게 하시기 위해서입니다. 죄 때문에 당신의 양심이 비참하다면, 하나님은 당신에게 사랑으로 대하신 것입니다. 또 하나님이 그렇게 하신 것은 당신에게 사랑을 베푸시려는 목적이 있기 때문입니다. "주 예수를 믿으라 그리하면 네가 구원을 받으리라"(행 16:31). 만약 당신이 죄를 깨달은 죄인이라면, 예수님이 죽으신 것은 바로 당신을 위해서입니다. 왜냐하면 그분은 죄인들을 위해 죽으셨기 때문입니다. 만약 당신이 진실로 죄인이라고 말할 수 있다면, 나는 당신에게 그리스도 예수께서 당신을 위해 십자가에 달리셨다고 말할 수 있습니다.

피를 흘리시는 구주를 바라보십시오. 흐르는 모든 핏방울이 당신을 향해 말합니다. "불쌍한 죄인이여, 나는 너를 위해 떨어진다." 그분 옆구리의 깊은 상처를 보십시오. 거기서 피와 물이 흘러나옵니다. 그 상처가 말합니다. "죄인이여, 이 흐르는 것은 너를 위함이라." 당신은 죄인입니까? 그렇다면, 그리스도께서 당신을 위해 죽으셨습니다. 그분이 헛되이 죽으시지 않았기에, 당신은 구원을 받을 것입니다. 만약 당신이 당신 자신을 진실된(bona fide) 죄인으로 안다면, 즉 진짜 죄인, 입으로 격식만 갖추는 가짜 죄인이 아니라 진정한 실제 죄인, 자신이 죄인이라고 말할 때 유죄이며 악한 자라고 스스로 선언하는 의미의 죄인이라고 안다면, 주께서 사심을 두고 말하거니와, 예수 그리스도는 당신을 위해 골고다에서 죽으셨습니다. 당신은 기쁨으로 그분의 얼굴을 뵐 것입니다. 당신은 하늘에 그 이름이 기록된 장자들의 교회의 일원으로 간주될 것이며(참조. 히 12:23), 하나님과 어린 양의 보좌 곁에서 영원히 할렐루야를 부를 것입니다.

제
2
장
—

파괴자 교만

—

"보라 그의 마음은 교만하며 그 속에서 정직하지 못하나 의인은 그의 믿음으로 말미암아 살리라" - 합 2:4

하박국이 백성에게 전해야 했던 예언은 하나님이 결국에는 그들을 갈대아인들의 손에서 건지실 것이고, 그들에게 더 좋은 때를 보내신다는 것이었습니다. 하지만 그는 그들에게 경고하기를, 하나님께서 관여하시는 한 그 환상은 실현되고 정녕 지체하지 않겠지만, 그들은 고난 아래서 인내하지 못할 것이며 그 환상의 실현이 지체된다고 말할 것이라고 했습니다. 정녕, 고난받을 때 그들의 반응은 그렇게 될 것처럼 보였습니다. 그리고 선지자는 여기서 왜 하나님의 구원이 때때로 늦어지는 것처럼 보이는지 그 이유를 암시합니다. 주님은 기꺼이 직접적으로 은혜를 베풀고 싶어 하십니다. 그분이 심판을 기뻐하시지 않기 때문입니다. 만약 우리가 지혜를 따른다면, 우리는 하나님의 손에서 즐겁고 달콤한 것만을 받을 것입니다. 그분은 자기 피조물 중 어느 하나도 불필요한 고통을 겪는 것을 원치 않으시고, 또 그분이 인자와 자비와 긍휼로 충만하시기 때문입니다.

하박국의 시대에 환상이 지체되는 이유, 그리고 은혜가 더디게 임하는 이유는, 그 백성의 시련이 그들의 성품의 테스트로 작용하도록 하기 위함이었습니다. 고귀한 자들을 사악한 자들과 구별하기 위해, 하나님은 쭉정이는 날려 보내고 순수한 알곡만 남도록 하는 환난의 풍구(風具)를 사용하셨습니다. 종종 국가적 시련이라는 화로가 극도로 뜨겁게 달구어지고, 센 바람과 함께 불이 타오르는 것은, 순금이 찌꺼기와 분리되도록 하기 위함입니다. 하나님의 영원한 목적은 이스라엘과 애굽 사이를 구분하고, 여호와를 경외하는 자와 그분을 두려워하지 않는 자를 구분하시는 것입니다.

여러분과 내가 그 구분을 결정할 수는 없습니다. 이 세상에서 가라지를 뽑으려는 시도는 대단히 위험한 일입니다. 그렇게 하다가 곡식까지 뽑을 우려가 매우 크기 때문입니다. 마지막 때에, 우리는 커다란 그물을 육지로 끌어올릴 터인데, 그때 우리는 내용물 분리를 시작할 것이며, 좋은 것은 통에 담고 나쁜 것은 버릴 것입니다. 하지만 지금은, 만약 우리가 내용물을 선별하려고 하면, 아마도 나쁜 것 못지않게 좋은 것도 버리게 되고, 또 좋은 것 못지않게 나쁜 것도 남기게 될 것입니다. 우리는 그렇게 분리하는 작업을 할 수 없습니다.

하지만 하나님은 끊임없이 그 일을 하고 계십니다. 종종 고난의 때에 시련은 사람들을 엄밀하게 시험하는 테스트가 됩니다. 모든 것이 순조롭고 밝을 때는 참된 신자처럼 보였던 사람들이, 시련이 격렬하고 길어질 때 하나님께 대한 신뢰를 저버립니다. 여기에 성도의 인내가 있습니다. 하지만 오호라, 여기에 단순한 신앙 고백자들의 조바심도 있습니다! 이런 식으로 하나님은 사람들이 그들의 진면목을 보게 하십니다. 사람들은 오래 계속되는 심한 환난에 노출될 때, 그들 마음에 무엇이 있는지를 보게 됩니다. 그러므로 왜 고난이 의인들과 악인들 모두에게 오는지 한 가지 이유를 꼽자면 이것입니다. 사람들의 참된 성품이 드러나고, 그들 마음의 비밀들이 드러나도록 하기 위해서입니다.

고난이라는 풀무의 격렬한 뜨거움이 사람들을 두 부류로 나누는 일은 이런 경우에서 발생하고, 다른 많은 경우에서도 발생합니다. 한 부류는 마음이 높고 거만한 자들로 구성됩니다. 오늘 본문이 그들에 대해 말합니다. "보라, 그들의 마음은 교만하여 그 속에서 정직하지 못하다." 다른 한 부류가 있는데, 그들은 의인이며, 그들에 대해 본문은 이렇게 말합니다. "의인은 그의 믿음으로 말미암아 살리라."

내 사랑하는 친구들이여, 우리에게 시련이 올 때, 여러분과 나는 그것을 견딜 수 있기를 바랍니다! 또 정녕 그렇게 될 것입니다! 우리가 그것을 견디는 자들로 판명되기를 바랍니다. 그렇게 된다면, 우리는 믿음으로 살 것입니다. 그것이 우리를 구분하는 표징입니다. 하지만 우리 중 누가 교만하고, 스스로 높은 생각을 품는다면, 만군의 여호와께서 친히 말씀하십니다. "보라 용광로 불 같은 날이 이르리니 교만한 자와 악을 행하는 자는 다 지푸라기 같을 것이라"(말 4:1). 오늘의 본문을 살펴보면서 이 큰 진리를 마음에 새기도록 합시다.

1. 교만이 큰 죄임을 드러내다.

나는 먼저 주께서 하박국에게 말씀하시면서 한 가지 큰 죄를 드러내신 것을 살펴보려고 합니다: "그의 마음은 교만하여 그 속에서 정직하지 못하나." 큰 죄는 곧 교만의 죄, 주님을 거역하여 마음을 높이는 것입니다.

교만의 죄는 종종 잊힙니다. 많은 사람이 교만은 죄라고 생각지도 않습니다. 여기에 자기가 절대적으로 완벽하다고 말하는 한 사람이 있습니다. 그는 대체 교만의 죄가 무엇인지 알기나 할까요? 그렇게 말하는 사람보다 더 교만한 사람이 있을 수 있을까요? 그가 말합니다. "오, 하지만! 저는 겸손합니다." 자기가 겸손하다고 말하는 사람처럼 교만한 피조물이 또 있을까요? 그것이 교만의 꼭대기요 절정 아닐까요? 다른 사람이 말합니다. "나는 아첨을 싫어합니다." 어떤 사람이 율리우스 카이사르에게, 그[카이사르]는 아첨하는 자들을 싫어한다고 말했습니다. 어느 세계적인 시인의 말에 따르면 "그렇다면, 그는 크게 아첨을 받은 것입니다." 그렇습니다. 정녕 비단처럼 부드러운 목소리가 자기를 향해 이런 식으로 속삭입니다. "나는 교만에 넘어가지 않는다. 나의 심령은 겸손하고, 나는 결코 자기를 높이지 않는다. 사실, 나는 나 자신의 가치를 충분히 높이 평가하지 않는다. 다른 사람 누구도 나처럼 하지 않는다. 나는 매우 겸손하다." 아, 바로 그런 것이 최악의 교만이며, 늑대의 본 모습을 감추고 양가죽을 쓰고 오는 교만입니다.

우선, 교만은 인간 본성의 죄라고 규정할 수 있습니다. 만약 한 가지 보편적인 죄가 있다면, 교만이 바로 그것입니다. 그것이 발견되지 않는 곳이 어디일까요? 세상에서 가장 높은 사람들 가운데 가서 찾아보십시오, 그러면 거기서 찾을 것입니다. 가장 가난하고 비천한 사람들 가운데 가서 찾아보십시오. 거기서 찾을 것입니다. 교만은 거지의 누더기 속에서도 제후의 의복 안에서와 마찬가지로 발견될 것입니다. 창녀 역시 정숙의 본보기가 되는 여인처럼 교만할 수 있습니다. 교만은 이상한 놈입니다. 그놈은 자기의 거처가 어디든 거부하지 않습니다. 그놈은 궁전에서도 충분히 안락하게 살 것이며, 가축우리 같은 집에서도 마찬가지로 편히 살 것입니다. 그 마음에 교만이 숨어 있지 않은 사람이 있습니까? 만약 누군가 손을 들고 "내가 그 사람입니다"라고 말한다면, 나는 이렇게 대답하겠습니다. "저 사람은 자만(Self-conceit)의 도시에서 가장 넓은 1번가에 사는 사람입니다." 우리가 교만에서 벗어났다고 상상할 때가 있다면, 그것은 단지 그것으로 둘러싸여서 무게를 느끼는 감각을 잃어버렸기 때문입니다. 한 사발의 물을 든 사람은 그 무게를 느낍니다. 하지만 그가 물속으로 들어가면, 실상 물속에 잠겨 있으면서도 그 무게를 느끼지 않는 것과 마찬가지입니다. 교만이 목에까지 차오른 상태에서 사는 사람은, 아니 머리와 발끝까지 모두 교만에 잠겨 사는 사람은, 자기가 전혀 교만하지 않다고 상상하기가 쉬운 사람입니다.

교만은 모든 종류의 형태로 나타납니다. 감히 말하지만, 여러분과 나에게는 아주 다양한 형태의 교만이 있습니다. 아마도 나의 교만은 여러분의 교만과는 상관이 없을 것입니다. 여러분의 교만은, 자부심이라고 할까요? 물론 그것도 일종의 교만입니다. 한 사람이 말합니다. "그것은 내가 정당한 자부심이라고 부르는 것입니다." 예, 그것이 바로 교만의 한 종류입니다. 나의 교만은, 아주 부적절한 것입니다. 솔직히 고백하자면, 나는 여기에 어떤 적절성이 있다고 생각할 수가 없습니다. 그것은 비참하고 꼴사나운 문제입니다. 당신도 마찬가지라고 나는 생각합니다. 만약 당신이 그 실상을 볼 수 있다면 내 말에 동의할 것입니다. 하지만 교만은 모든 형태를 띠고 있습니다.

재산가에게서 그것을 본 적이 없습니까? 그는 아주 중요한 인물입니다. 그의 재산이 아주 많지는 않을 수 있습니다. 하지만 그가 거주하는 마을을 고려하면, 그는 꽤 대단한 사람이지요. 의복을 차려입을 때, 그는 황제처럼 대단해 보입니다! 아마 여러분과 나는 그를 대단하게 생각하지 않겠지만, 그에게는 그것이 아무런 문제가 되지 않습니다. 자기 자신의 평가에서 그는 아주 큰 인물이기 때문입니다.

다음에는 런던의 한 상인이 있습니다. 그가 성공했을 경우, 그는 얼마나 위대하고, 얼마나 거만하고, 얼마나 배타적인 사람이 되는지요! 그는 자기의 동료 인간을 내려다봅니다! 여러분이 그보다 못한 계층에 속한 사람이라면, 감히 교회 좌석에서 그와 나란히 앉을 생각이나 할 수 있을까요? 그는 자기 교만을 하나님의 집에까지 데리고 옵니다. 우리는 하나님의 집에서도 그것을 보았고, 그것 때문에 한탄했습니다. 하지만 사람이 자기 재산 때문에 교만해지기란 아주 쉽습니다.

또 다른 사람은, 재산은 없지만 자기 육체의 힘 때문에 교만합니다. 그는 아주 힘이 셉니다. 누군가 그와 씨름을 해보면, 그가 삼손과 같다는 것을 알 것입니다. 오, 그는 곧 자만심이 강한 사람이 되고 맙니다. 자기 근육과 뼈와 힘줄의 강함 때문에 교만해지는 것입니다!

또 다른 사람은 재능 때문에 교만합니다. 그가 재능으로 아직 부를 얻지 못했다면, 그렇게 했어야 마땅하다고 그는 생각합니다. 세상이 아직 그를 천재로 알아주지 않아도, 그는 자기 자신을 아주 뛰어나다고 인식합니다. 그는 자기 자신의 등급 기준에서 볼 때 일류에 속하는 사람입니다. 자기가 배운 것에 대해 그가 어떻게 자랑하는지 들어보십시오!

우리는 또 자기 성격에 대해 자랑하는 사람들도 압니다. 우리가 "죄인"이 무엇을 의미하는지 설명하면, 그들은 아주 친절하게 찬사를 보내는 투로 말합니다. "예, 우리가 모두 죄인이지요." 하지만 그들의 말은 그들이 실제로 죄를 지었다는 의미가 전혀 아닙니다. 그들은 근사하고, 멋지고, 닳지 않은 의를 지니고 있으며, "티나 주름 잡힌 것이나 이런 것들이 없는"(엡 5:27) 사람들입니다. 여러분은 내가 말하는 그 훌륭한 사람들이, 어려서부터 율법을 지켜왔으며, 마땅히 해야 하는 것이라면 모두 행했다고 항상 자랑한다는 것을 알 것입니다. 그것은 교만이 아주 빈번하게 취하는 한 형태입니다.

하나님을 아는 사람들에게도, 교만의 잔재가 얼마나 많은지를 볼 수 있습니다. 언젠가 존 번연이 말했던 것을 기억하십시오. 그가 설교를 마친 후에, 한 형제가 그에게 와서 말했습니다. "당신은 감탄할 만한 설교를 하셨습니다." 번연이 말했습니다. "아! 당신은 너무 늦었습니다. 내가 강단 계단을 내려오기 전에 마귀가 벌써 그 말을 내게 했답니다." 한 훌륭한 형제가 기도회에서 아주 은혜롭고 경건하게 기도했습니다. 그가 기도를 마쳤을 때, 부드러운 속삭임이 그의 귀에 들렸습니다. "너는 그 기도회를 단조로움에서 회복시켰다. 너는 얼마나 놀라운 사람인가!" 우리가 강단에서는 감히 그렇게 하지 않아도, 만약 은밀한 기도에서 하나님과 5분간의 교제를 나누었다면, 사탄이 다시 다가와서 말합니다. "오, 너는 은혜 안에서 자라고 있구나! 너는 훌륭한 그리스도인이야." 만약 주님의 임재를 의식하지 못하면, 당신은 하나님의 기쁨을 누리지 못하는 것 때문에 땅에 엎드려 자기를 낮춥니다. 그때 사탄이 와서 또 말합니다. "너의 양심은 참으로 부드럽구나! 네 마음이 참으로 간절하구나! 너는 참으로 깨어 있구나!" 그러면 당신은 높은 돛대 위에 오르게 되고, 당신이 얼마나 멋진 성도인지를 생각하는 동안에 교만의 깃발들이 미풍에 휘날립니다. 그런 식으로, 여러분이 알고 또 내가 말했듯이, 교만은 다양한 형태를 취합니다.

많은 경우에, 교만은 아주 터무니없습니다. 불쌍한 죄인에게는 그가 교만해야 할 아무런 이유가 없습니다. 한 사람이 부유하다고 가정합시다. 자, 누가 그에게 그 부를 주었습니까? 그가 지금 부를 가졌다면, 그중에 얼마나 많은 부분을 그가 가져갈 수 있을까요? 부가 그 소유자의 성품을 항상 증언해줍니까? 부란 때때로 아주 천박한 사람들에게도 주어지지 않습니까? 비록 때로는 부가 정직과 근면과 인내와 자기 부인의 보상이라고 해도, 그때도 재물이 언제나 사람의 마음에 위안을 가져다주는 것은 아닙니다. 우리는 이렇게 물을 수 있습니다. "네게 있는 것 중에 받지 아니한 것이 무엇이냐?"(고전 4:7). 모든 교만의 형태 중에서, 이 부의 교만이 가장 천한 것에 속합니다.

또, 한 사람이 자기 재능을 자랑한다면, 그가 자기 재능에 대해 자랑할 것이 무엇일까요? 그가 그 자신의 재능을 만들었습니까? 한 사람의 두개골이 이웃의 그것보다 조금 더 크고, 또 그곳에 있는 기관들이 다른 사람들 안에 있는 그것보다 좀 더 발달했다고 칩시다. 그가 그 자신의 뇌를 만들었습니까? 그가 자기 자신에게 그 재능들을 주었습니까? 우리는 혈통이나 출생을 통해 받은 것이 많습니다. 하지만 그것은 '선물'(gifts, 재능)이기에, 우리가 자랑할 것이 아니며, 오히려 모든 영광을 하나님께 드려야 합니다. 정녕 그것들은 그분에게서 오는 것이기 때문입니다.

한 사람이 흠 없는 성품을 가졌다고 가정합시다. 하지만 자기 자신에게 정직한 사람은 자기 속에 하나님을 대적하는 은밀한 것들, 곧 회개해야 할 것들이 있음을 압니다. 또 만약 우리가 은혜를 받았다면 어떨까요? 오, 형제들이여, 세상에서 가장 나쁜 일은, 은혜 때문에 곧 우리가 받은 은택 때문에 교만해지는 일입니다. 왜냐하면 은혜란 순전한 자비의 행위로 우리에게 온 것이기 때문입니다. 걸인이 다른 사람들보다 더 큰 걸인이라고 해서 그것 때문에 교만해야 할까요? 아주 큰 빚을 진 사람이 이렇게 말할까요? "나는 당신보다 더 자랑할 이유가 있소. 왜냐하면 나는 당신보다 열 배나 많은 빚을 졌으니까요." 하지만 그것이 바로 은혜를 받은 모든 사람의 상태입니다. 우리는 모든 것을 하나님께 빚졌습니다. 가장 큰 은혜를 받은 사람은 가장 큰 빚을 하나님께 진 것입니다. 하나님의 영광에 더 눈을 뜰수록 우리는 더 겸손해질 것이라고 나는 생각합니다. 우리가 더 많은 은혜를 받을수록, 우리는 물고기로 가득한 배가 가라앉기 시작할 때 자기 자신의 무가치함을 깨닫고는 베드로가 보였던 반응을 더 많이 나타낼 것입니다. "주여, 나를 떠나소서. 나는 죄인이로소이다"(눅 5:8). 은혜의 무게로 눌려질 때, 우리는 우리 자신의 평가에서는 가라앉을 것입니다. 만약 우리가 우리 안에 자랑할 어떤 이유라도 있다고 꿈꾼다면, 그것은 진정 터무니없는 일입니다.

이 대목에서, 교만이 어디서 발견되든, 그것은 언제나 하나님을 불쾌하게 한다는 것을 여러분에게 상기시키고 싶습니다. 왜 그럴까요? 교만은 심지어 인간에게도 불쾌한 것입니다. 사람들은 교만한 사람을 참지 못합니다. 실상이 그렇기에 교만한 사람도, 조금의 지각이 남아 있다면 그렇다는 것을 이해하고, 종종 겸양의 태도를 보이려고 노력합니다. 만약 주변의 모든 사람이 그가 교만한 것 때문에 싫어한다는 낌새를 차리면, 그는 실제로는 겸손하지 않더라도 겸손한 것처럼 보이려 할 것입니다. 하지만 하나님은 교만을 참지 못하십니다. 교만한 자를 낮추는 것이 그분이 일상적으로 하시는 일입니다. 그분이 손을 드실 때, 그것은 겸손한 자를 높이시거나 교만한 자를 낮추시기 위해서입니다. "그의 팔로 힘을 보이사 마음의 생각이 교만한 자들을 흩으셨고, 권세 있는 자를 그 위에서 내리치셨으며 비천한 자를 높이셨고, 주리는 자를 좋은 것으로 배불리셨으며 부자는 빈손으로 보내셨도다"(눅 1:51-53).

하나님은 인간의 헛된 영광과 교만이 멈추어지길 원하시며, 그래서 거대한 전투용 도끼를 들어 강한 자들의 방패를 깨뜨리십니다. 그분은 화살을 활에 거시고, 교만한 자들의 갑옷 솔기를 찾아 쏘십니다. 그러면 그들은 그분 앞에서 쓰러집니다. 하나님은 그들을 참지 못하십니다. 교만은 신성에 대한 반역의 시도이기 때문입니다. 그것은 나뉘지 않는 하나님의 영광에 대한 공격입니다. "나는 내 영광을 다른 자에게 주지 아니하리라"(사 42:8). 그분은 자기의 영광을 새긴 우상에게 주지 않으시듯 인간들에게도 마찬가지입니다. 그분은 헛된 신들이나 교만한 인간들이 그것을 갖지 못하게 하십니다. 모든 찬송과 명예와 영광은 그분에게 돌려져야 하며, 오직 그분에게만 돌려져야 합니다.

이 정도로 오늘 본문에서 드러난 큰 죄악에 대해 다루었습니다. 우리 주제의 다음 부분으로 들어가기에 앞서, 침묵 기도를 위해 잠시 멈추도록 하겠습니다.

2. 교만은 다른 슬픈 악을 드러낸다.

이제 이 큰 교만의 악이 한 가지 슬픈 악을 어떻게 드러내는지를 살펴보겠습니다. "보라 그의 마음은 교만하며 그 속에서 정직하지 못하나."

만약 그가 교만한 사람이라면, 그는 정직한 사람이 아닙니다. 그가 자기를 높이 생각한다면, 거기에는 바른 각도에서 벗어난 무언가가 있습니다. 만약 한 사람이 "나는 죄를 고백할 필요가 없습니다. 나는 죄인으로서 그리스도에게 올 필요가 없습니다"라고 말한다면, 친구여, 나는 당신에게 당신이 진실을 모른다고 말할 수밖에 없습니다. 만약 당신이 어떤 일들을 진실로 안다면, 당신은 태도를 바꿀 것입니다. 예를 들어. "나는 율법을 지켰습니다"라고 말하는 사람은 율법이 무엇을 의미하는지 모릅니다. 아마도 그는 십계명을 단지 그에게 어떤 외적인 일들을 금지하는 것으로 상상할 것입니다. 하지만 그는 십계명이 모두 영적이라는 것을 모릅니다. 예를 들자면, 만약 그 계명이 "간음하지 말라"고 말한다면, 그것은 단지 금지된 간음의 행위만 의미하지 않습니다. 오히려 그것은 그런 종류의 모든 죄, 색욕과 관련한 모든 성향, 모든 정숙하지 못한 말과 생각을 의미합니다. 그리스도께서 친히 그렇게 설명하시기 때문입니다: "나는 너희에게 이르노니 음욕을 품고 여자를 보는 자마다 마음에 이미 간음하였느니라"(마 5:28). 이것은 율법을 그저 무심결에 읽는 것과는 매우 다르게 보이도록 만듭니다. 만약 율법이 "탐내지 말라"고 말한다면, 불법적인 수단으로 하나님의 섭리에 반하여 이웃의 것을 취하길 바라는 어떤 생각도 그 율법의 적용을 받습니다. 모든 계명이 마찬가지입니다. 계명들은 영적이며, 아주 넓게 적용되는 것입니다. 그러므로 사람이 계명의 참된 성격을 이해할 때 그는 이렇게 소리칩니다. "오 나의 하나님, 제가 정녕 당신의 거룩한 율법을 어겼나이다. 제가 그것을 어떻게 지킬 수 있었겠나이까? 제가 죄를 짓던 처음 순간부터, 저의 타락한 본성은 너무나 거룩한 당신의 율법을 저로 영원히 지키지 못하게 만들었나이다."

사람이 진정으로 율법의 참된 성격을 안다면, 그 자신에 관한 진실도 알게 될 것입니다. 그가 어리석다는 것을 알 것이며, 자기 본성의 샘이 부패한 것을 알 것이며, 거듭나지 못한 마음이라는 오염된 샘에서는 오직 썩은 물이 나올 수밖에 없음을 알게 될 것입니다. 그가 하나님 앞에서 있는 그대로의 자기 모습을 알기 시작할 때, 그는 이렇게 소리칩니다—"하나님이여, 죄인인 저를 긍휼히 여기소서." 하지만 그때까지는 그렇게 하지 않을 것입니다. 그래서 이 본문이 "보라 그의 마음은 교만하며 그 속에서 정직하지 못하다"고 말하는 것입니다. 그는 진리를 따르지 않고, 진리를 알지 못합니다. 그는 진리를 따라 판단하지 않으며, 단지 거짓의 기준에 따라 판단하는 것입니다.

이 표현은 또한 그가 빛을 구하지 않음을 의미할 수 있습니다. 여러분이 종종 목격하듯이, 한 사람이 자기에 대해 높은 자만심을 가지고, 자기 자신을 아주 선하고 탁월하다고 여기면, 그는 은혜로 구원받을 필요를 느끼지 않습니다. 그는 자기 자신에 관하여 너무 많은 말을 듣는 것을 좋아하지 않습니다. 그는 아주 부드럽게 예언하는 예배당에 가기를 좋아합니다. 혹시 그가 어쩌다가 매우 분명하게 말하는 예배당에 참석한다면, 그는 그 설교자가 너무 개인적이라고 말할 것입니다. 힌두교도는 곤충을 죽이는 일이 악하며, 또는 어떤 종류의 목숨을 뺏는 일도 악하다고 생각합니다. 만약 그런 일을 한다면 그는 행복의 낙원에 절대로 들어갈 수 없다고 생각합니다. 선교사가 어느 힌두교 신자에게 현미경을 통해 물 한 방울에도 많은 살아있는 생명체가 있음을 보여주었습니다. 그가 물만 마셔도 생명을 뺏는 일을 피할 수는 없다는 것을 그에게 보여주기 위함이었습니다. 그 힌두교 신자가 어떻게 했을까요? 현미경을 때려 부수었습니다! 그것이 진실에 대답하는 그의 방식이었습니다. 그처럼, 때때로 진리가 아주 분명하게 제시될 때, 그래서 사람들이 그 진리의 힘에서 벗어날 수 없을 때, 그들은 그 '불편한 진리'를 알려고 하지 않습니다. 그들은 홱 돌아서서, 설교자의 흠을 찾고, 그의 설교를 듣기를 거부합니다.

진리를 알기 원치 않는 사람은 정직하지 않습니다. 우리 주님이 니고데모에게 말씀하신 것과 같습니다. "악을 행하는 자마다 빛을 미워하여 빛으로 오지 아니하나니 이는 그 행위가 드러날까 함이요"(요 3:20). 하지만 마음이 정직한 사람은 빛을 찾습니다. 그는 하나님께서 친히 자기를 살펴주시기를 요청합니다. 그는 다른 무엇보다 자기 기만에 넘어갈 가능성을 무서워합니다. 오, 사랑하는 친구들이여, 이러한 교만은, 만약 우리에게 그것이 있다면, 정직성의 결핍으로 인해 심각한 악을 드러낼 터인데, 그것은 곧 빛을 원하지 않는 것입니다!

더 나아가, 이 정직성의 결핍에는 또 다른 형태가 있습니다. 그 영혼이 교만으로 높아진 사람은 그의 종교 전체를 휘도록 했기 때문에 그에게는 곧은 것이 아무것도 없습니다. 그가 기도하는 것을 들어보았습니까? "하나님이여, 나는 다른 사람들과 같지 아니함을 감사하나이다"(눅 18:11). 이것이 그의 기도의 요약이자 본질입니다. 교만이 그의 기도를 뒤틀리게 했습니다. 만약 그가 하나님을 찬미한다면, 그것은 죄인으로서 은혜로 구원받았기 때문이 아닙니다. 그는 그가 행한 것을 노래하며, 또 그가 어떤 인물이 된 것을 노래합니다. 그의 대화에서 첫 번째 요점은 언제나 "내가 어떤 사람인지를 보십시오! 내가 누군지를 보십시오"입니다. 교만이 그를 모든 면에서 비틀어지게 했고, 그래서 그는 교만에 영향을 받지 않고서는 단 하나의 행동도 하지 못합니다. 그가 만약 불쌍한 사람에게 구호금을 준다면, 그는 한 손에 1페니 동전을 쥐고, 다른 한 손으로는 나팔을 듭니다. 거리 어귀에서 나팔을 불어 모든 사람이 그가 얼마나 관대한 사람인지를 알게 하기 위해서입니다. 그는 자기가 하는 모든 일을 망치는데, 그의 영혼이 교만으로 높아졌기 때문입니다. 교만이 그의 전 삶을 굽어지게 만듭니다.

사랑하는 친구들이여, 이런 유의 마음은 장차 올 날의 시련을 결코 견디지 못합니다. 여러분은 바울이 히브리 성도에게 보내는 서신에서 이 구절을 인용하면서 아주 중요한 진술을 추가하는 것을 주목한 적이 있습니까? 그는 말했습니다. "나의 의인은 믿음으로 말미암아 살리라 또한 뒤로 물러가면 내 마음이 그를 기뻐하지 아니하리라 하셨느니라"(히 10:38). 이 말씀은 우리에게 일종의 암시입니다. 즉, 사람의 마음이 교만으로 높아지면, 그 무렵에 그는 뒤로 물러납니다. 사랑하는 친구들이여, 나는 내가 수없이 본 것을 여러분에게 말합니다. 나는 기독교회의 회원들 가운데서 매우 열심 있고, 매우 관대하며, 정녕 모든 면에서 여러분이 될 수 있기 바라는 그런 사람들을 보아왔습니다. 그들은 세상의 일에서 성공을 거두었습니다. 하지만 지금 그들은 어디에 있습니까?

어떤 사람에게도 적용될 수 있는 가장 혹독한 검증 중의 하나는 그를 부자가 되게 하는 것입니다. 우리 구주께서도 한 부자 청년이 그분에게서 돌아섰을 때 이렇게 말씀하셨습니다. "재물이 있는 자는 하나님의 나라에 들어가기가 심히 어렵도다"(막 10:23). 하나님의 참된 자녀들은 이런 검증도 통과할 수 있지만, 그렇게 하지 못하는 신앙 고백자들이 많습니다. 부는 그들의 신앙 고백의 진정성을 시험하는 정련(精鍊)의 도가니입니다. 물질의 부는 그렇게 작용합니다. 그런 사람은 크게 존경받을 만한 위치에 올랐기 때문에 한때 그가 만났던 소수의 가난하고 경건한 사람들과 함께 있는 자리에서는 예배를 드리지 못합니다. 그는 사회 고위층이 있는 자리를 찾아가야만 합니다. 그가 가는 곳에는 복음이 전파되지 않으며, 반(半)로마가톨릭의 중얼거림이 전부인 것이 사실입니다. 하지만 이웃의 엘리트 계층은 그런 곳에 가고, 그 사람도 틀림없이 그렇게 합니다. 만약 한때 그가 수년간 교제를 가지길 너무나 즐거워하는 듯이 보였던 옛 친구들 가운데 누군가를 어쩌다 만나게 되면, 그는 좀처럼 그들을 알아보지 못합니다. 그는 주 안에서 그들을 알지 못합니다. 그는 그들에게서 깨끗이 떠났습니다. 그런 사례가 종종 있지 않습니까? 왜 그런 일이 생길까요? 그 신사가 언제나 중요한 인물이었기 때문입니다. 그리고 그가 부자가 된 지금, 그는 더더욱 중요한 인물이 되었습니다. 그래서 그는 그에게 최선의 친구들이 되려고 했던 사람들에게서 떠나는 것입니다. 그것은 그의 영혼이 속에서 정직하지 못하기 때문입니다.

나는 또한 이 사람과는 정반대인 정직한 사람을 보았습니다. 나는 비교적 안락한 환경에서 지내다가 매우 가난하게 된 사람들을 보아왔습니다. 그들이 가난하기 전에, 그들은 아주 진지한 그리스도인들처럼 보였습니다. 하지만 얼마 후, 가난이 그들에게 닥쳤을 때, 그들의 옷이 새 옷이 아니고, 그들의 집이 꽤 좋은 구역에 있지 않다는 이유로, 또 그들이 세상에서 내리막길을 가고 있다는 이유로, 그들은 그들의 옛 친구들이 오는 것을 좋아하지 않았습니다. 세상이 그들에게서 멀어질 때, 그리스도를 더욱 가까이하고, 주님을 더 잘 따르고, 하늘의 기업을 확실하게 붙잡는 대신 그들은 뒤로 물러났으며, 그들이 항상 소유한 것 같았던 믿음을 부인했습니다. 그렇게, 시험의 때가 왔을 때, 그들은 멀리 가버렸습니다.

사랑하는 친구들이여, 이와 같은 시험이 여러분 모두에게 적용될 것입니다. 여러분은 위로 올라가든지 아래로 내려갈 것입니다. 그와 다르게, 만약 여러분의 삶이 같은 상태에 머문다면, 바로 그 경우가 여러분의 시험의 때가 될 것입니다. 여러분은 하나님의 길에서 따분해질 것이며, 주님께서 진실로 여러분을 겸손하게 하셔서 그분을 믿는 믿음으로 살도록 이끄시지 않는 한, 여러분은 무언가 새로운 것을 원할 것입니다. 하지만 만약 주님께서 여러분 안에서 효력 있는 은혜로 역사하시면, 그분은 그분이 원하시는 대로 여러분을 부하게도 하실 수 있고, 가난하게 하실 수도 있으며, 여러분을 므두셀라처럼 오래 살게 하실 수도 있습니다. 하지만 은혜 안에 있다면 여러분은 어느 경우든 신앙 고백에 굳게 설 것입니다. 이 문제의 뿌리가 여러분 안에 있기 때문입니다. 그렇게 되도록 하나님이 은혜 베푸시길 바랍니다!

3. 마음의 교만은 심각한 반대를 드러낸다.

셋째로, 아주 간략히, 마음의 교만은 인간 속에서 심각한 반대를 드러낸다는 것을 말하겠습니다. 이 본문 전체를 한번 읽어보겠습니다: "보라, 그의 마음은 교만하며 그 속에서 정직하지 못하나 [그러나(but)] 의인은 그의 믿음으로 말미암아 살리라." 여기서 '그러나'는 사람의 영혼이 교만으로 높아져 있는 한, 그는 믿음에 관한 어떤 것도 진정으로 알지 못하며, 절대로 믿음으로 살지 않는다는 점을 내포하는 것 같습니다.

우선, 그 신사는 너무 대단해서 믿음으로 살지 못합니다. 그는 자기 자신에게 믿음이란 무엇인지를 숙고할 시간조차 주지 않을 것입니다. 그는 이 도시에서 너무 바쁩니다. 그는 많은 일을 돌봐야 합니다. 그는 너무나 중요한 인물이기에, 믿음 문제로 그의 머리를 번거롭게 할 수가 없습니다. 여러분은 원한다면 주일학교 어린이를 가르칠 수 있고, 가난한 하녀 소녀를 가르칠 수 있으며, 나이 많은 여인도 가르칠 수 있고, 노동자도 가르칠 수 있습니다. 하지만 그 신사에 대해 진실을 말하자면, 그는 종교에 관심을 기울이지 않습니다. 그는 그런 일에 신경을 쓸 수 없다고 말합니다. 그의 인식으로는, 이런 문제를 숙고하기에는 그는 너무나 대단한 사람입니다. 이런 사람들은 구원의 길이 무엇인지에 관하여 묻거나 배울 만큼 솔직하지 않아서, 자기 영혼을 파괴하는 자들입니다.

> "북극성에 닿을 만큼 키가 크고,
> 한 뼘으로 바다를 잴 수 있으면 좋으련만,"—

나는 하나님이 내게 말씀하셔야 하는 것을 알기 원합니다. 내가 천사장처럼 거룩하게 자랄 수 있다 해도, 나는 여전히 예수님의 발치에 앉기를 기뻐할 것이며, 그분이 내게 계시하시는 것을 듣기 원할 것입니다. 하지만 너무 위대해서 그런 일에는 무관심한 사람들이 더러 있습니다. 그들은 절대 그리스도를 믿지 않을 터인데, 그 이유는 그들이 너무 위대해서 믿음이 무엇인지 생각조차 할 수 없기 때문입니다.

다음으로, 너무 지혜로워서 믿지 못하는 사람들이 있습니다. 그들은 "상류층 현대 문학" 같은 것을 읽습니다. 그들의 정신은 매우 광범위하게 성장했고, 그들은 철학적인 것과 그렇지 않은 것을 구분하는 법을 배웠습니다. 그들은 그들의 창조주를 판단할 수 있고, 성령보다 오류가 없으며, 선지자들과 사도들을 판단하는 자리에 앉고, 심지어 주 예수 그리스도까지도 판단하는 자리에 앉습니다. 그들은 무엇을 믿을 것인지와 거부할 것인지를 그들이 정하고 선택합니다. 그런 사람들은 영혼이 구원에 이르는 데까지 믿지 않습니다. 물론, 그들이 그렇게 하지 않는 것은, 믿음에서는 어린아이처럼 되는 것이 본질적이기 때문입니다. 여러분이 어린아이처럼 되기까지, 그리스도 안에서 참된 믿음을 가질 수는 없습니다.

세상의 지혜로 가득하진 않지만, 구원받기에는 너무 선하다고 상상하는 사람들이 더러 있습니다. 그들은 구원이란 오직 악한 사람들, 예를 들면 감옥에 있는 사람들, 사회의 법을 지독하게 어긴 사람들에게나 필요한 것이라는 개념을 갖고 있습니다. 친애하는 청중이여, 주정뱅이나 도둑을 위한 구원의 길이, 정감 있고 탁월하며 도덕적인 여러분을 위해서도 같은 구원의 길임을 여러분은 알지 못합니까? 천국에는 살인자들을 위해서나, 어려서부터 계명을 지켜온 당신을 위해서나, 구원으로 들어가는 단 하나의 문이 있다는 것을 당신은 알지 못합니까? "네가 거듭나야 하겠다"(요 3:7)는 말씀은, 죄인의 자녀를 위해 필수적인 것과 마찬가지로 성도의 자녀들을 위해서도 필수적입니다. 보혈로 씻음을 받아야 하는 것은, 타락한 인류 중에서 최선의 사람에게나 최악의 사람에게 마찬가지로 진실입니다. 이 엄중한 진리에 따라, 도끼가 자기의(self-righteousness)라는 나무의 뿌리에 놓였습니다. 오, 이 사람들이 이 진리를 한 번이라도 생각했다면 어땠을까요! 하지만 그들은 너무 선하여, 지나치게 선하여, 그들이 죄인들의 괴수와 같은 방식으로 구원받아야 한다는 것을 상상조차 할 수 없습니다. 그래서 그들은 유일한 구원의 길을 거부합니다.

또한 너무 "진보하여서" 지금은 믿음으로 살지 않는 사람들이 더러 있습니다. 그들은 처음과 달리 지금은 그리스도께 오기를 원치 않습니다. 그들은 너무 "진보하여서" 그들이 처음 발을 디뎠던 곳과는 다른 곳에 서 있습니다. 자, 나는 그런 것이 마음의 교만일 뿐이라고 말할 수 있습니다. 나 자신의 입장을 말하자면, 하나님의 은혜로, 나는 행상인 잭(Jack the Huckster)의 위치에서 일 인치도 더 나가지 않을 것입니다—

"나는 불쌍한 죄인일 뿐, 아무것도 아닙니다.
하지만 예수 그리스도는 나의 전부이십니다."

이것이 내가 담대히 내 발을 디디는 유일한 땅입니다. 내가 그것을 넘어갈 때, 항상 미끄러지고 넘어질 수밖에 없습니다. 그리스도는 내게 처음과 나중이며, 알파와 오메가이며, 믿음의 창시자요 또한 완성자이십니다. 나는 사람들이 서는 다른 모든 기초가 사람을 삼키는 모래 늪일 뿐이라고 믿습니다. "의인은 믿음으로 말미암아 살리라." 어떤 사람이든 너무 교만해져서 자신의 감정에 따라 살고 있거나, 혹은 옛 경험에 따라 살고 있다면, 우리는 그들을 의심해볼 수 있으며, 또 그들은 자기 자신에 대해 의심해볼 이유가 있습니다.

어떤 사람이 있었습니다. 그는 자기 죄를 두려워하는 정도가, 그가 자기의 선행이었다고 생각하는 것을 두려워하는 것에 비하면 절반밖에 되지 않는다고 말하곤 했습니다. 왜냐하면 그가 자기 죄를 생각하는 것은 자주 그를 완전히 겸손하게 만들었지만, 그가 선행이라고 생각한 것은 그를 교만하게 하여, 그에게 더 큰 해를 끼쳤기 때문이라고 했습니다. 나는 하늘 아래에서 다른 어떤 것보다 자기를 높이는 교만을 두려워합니다. 풀 죽은 사람은 타락을 두려워할 필요는 없습니다. 하지만 자기 자신의 평가에서 아주 높이 오르는 사람은 파멸에서 멀지 않습니다. "교만은 패망의 선봉이요 거만한 마음은 넘어짐의 앞잡이니라"(잠 16:18).

4. 교만과 대조되는 즐거운 교훈

이제 마지막 요점으로 설교를 마무리하려 합니다. 본문은 교만에 반대하는 말을 한 후에, 우리에게 교만과 대조되는 즐거운 교훈을 제시합니다: "의인은 그의 믿음으로 말미암아 살리라."

정직한 마음, 정직한 혀, 조심스러운 손을 가지고 순종의 걸음을 걷는 사람이 있습니다. 그는 진정으로 의로운 사람입니다. 그런 사람이 있습니까? 완벽하게 의로운 사람은 없습니다. 하지만 성경적인 의미에서 의롭다고 칭해질 수 있는 사람들은 많습니다. 그들은 하나님 앞에서 행하며, 그래서 욥이 그랬던 것처럼 온전합니다. "그 사람은 온전하고 정직하여 하나님을 경외하며 악에서 떠난 자더라"(욥 1:1). 하나님께 감사하게도, 하나님의 백성 가운데는 수많은 의로운 사람들이 있습니다. 그들은 하나님이 그분을 섬기도록 가르치셨고, 또 행할 일을 가르치신 사람들입니다. 그들은 남이 그들에게 행하기를 바라는 대로 남에게 행하기를 힘쓰는 사람들입니다. 여기에 그런 사람들이 많습니다. 진정으로 의로운 사람을 보는 것은 즐거운 일입니다. 우리가 그런 사람들과 동행하며 살기를 원합니다! 또 그런 사람과 동행하다가 죽기를 원합니다!

자, 이 의로운 사람들과 대화를 할 때마다, 여러분은 그들이 진실로 겸손하다는 것을 발견할 것입니다. 그들은 그들의 행실에 의존해서 살지 않습니다. 어떤 사람이 더 거룩해질수록, 일반적으로 그는 자기 자신을 더 평가절하합니다. 여러분은 의로운 사람이 이렇게 말하는 것을 듣지 못할 것입니다. "나는 내 구제로써, 내 기도로써, 내 회개로써, 내 금식으로, 교회 출석으로써, 예배당에 가는 것으로써, 하나님 앞에 살고 있습니다." 여러분은 그런 식의 말을 듣지 못할 것입니다. 의로운 사람은 자기 자신의 의를 부정합니다. 그는 거기에 대해 아무것도 생각하지 않으며, 오직 그리스도의 의로 자기를 덮어 싸고, 자신이 "사랑하시는 자 안에서 받아들여졌다"(엡 1:6, KJV)고 말합니다.

본문은 이 사람이 "그의 믿음으로 말미암아 살리라"고 말합니다. 말하자면, 시련이 올 때, 교만한 사람은 죽고, 의인은 계속 산다는 것입니다. 자기 자신에 대해 높은 생각을 가졌던 사람이 어디에 있습니까? 아아, 그가 어디에 있습니까? 그는 갔습니다. 하지만 이 믿음의 사람은 계속해서 삽니다.

두 순교자에 관한 이야기가 있습니다. 그 둘은 모두 훌륭하게 신앙을 증언했습니다. 마침내 그들은 감옥에 투옥되었고, 며칠을 기다렸다가, 불태워지게 되었습니다. 그들 중 하나가 자기 동료에게 말했습니다. "나는 내가 화형대에 서게 될 때, 그 혹독한 고통이 나를 겁쟁이로 만들지 않을까 두렵다네. 그래서 내가 뒤로 돌아서서 내 주님을 부인하지 않을까 겁이 난다네." 다른 사람이 대꾸했습니다. "오! 나는 그에 대해서는 전혀 두렵지 않네. 하나님 안에서 내 믿음은 너무나 견고하여 그분이 나를 도우실 것이라 확신한다네. 나는 내가 믿은 것을 확신하네. 나는 남자답게 죽을 걸세. 나는 불이 전혀 두렵지 않네." 첫 번째 사람이 말했습니다. "아! 나는 불이 너무 무서워 밤에도 깨어 있네. 내가 불타기 시작할 때 내가 어떻게 행동할지 모르겠네. 나는 주님을 사랑한다네, 나는 그것을 알지. 그리고 나는 그분을 신뢰한다네. 만약 내가 변절한다면, 그것은 너무나 끔찍한 일일 것일세. 하지만 나는 너무 두렵네, 내 육체가 매우 약하기 때문이지." 다른 사람이 대답했습니다. "나는 자네가 그런 식으로 말하는 것을 참을 수 없네. 확신에 차 있고, 믿음으로 충만한 내가 여기 있네. 내게는 자네가 가진 그런 느낌이 전혀 없네. 자네는 아주 불완전하구먼. 나는 자네보다 훨씬 앞서 있네."

그들이 화형대에 도착했을 때, 유혹을 받았던 우리의 불쌍한 친구는 주님을 높이고, 송축하고, 찬미하면서 장엄하게 불에 탔습니다. 그리고 저 대단하고, 자기 확신에 가득했던 허풍쟁이는 믿음을 철회하고 비천한 자기 목숨을 건졌습니다. 그의 영혼은 교만했었고, 그 속에서 정직하지 못했습니다. 하지만 의인은, 그의 믿음으로 말미암아 가장 좋은 의미에서 살았으며, 불꽃 가운데서도 승리했습니다. 나는 돛을 높이 올리는 많은 사람이, 유혹의 큰바람이 불어올 때, 바람에 밀려 물 밖으로 나갔다가 다시 물 안으로 떨어져 파선하는 것을 보더라도 그리 놀라지 않을 것입니다. 반면에 폭풍을 두려워하며, 돛 없는 앙상한 기둥만 붙잡고, 기다시피 항해하는 자들이 폭풍에서 생존하는 것을 보고도 놀라지 않을 것입니다.

자기 눈으로 자기를 보기에 큰 자는 주님이 보시기에는 큰 자가 아닙니다. 마음이 상하고 통회하는 자, 작고 약하며 떠는 자, 그러면서도 예수님을 믿는 자, 그리스도 안에 있는 하나님의 크신 사랑에 자기를 던지는 자, 그런 자가 살 것입니다. 그는 진정으로 살 것입니다. 죽음이 올 때, 그는 생명으로 가득한 상태에서 죽을 것이며, 영원한 생명 안으로 들어갈 것입니다. 내가 설교하는 이 회중에는 죽는 것이 두렵다고 말하고, 또한 그 두려움 때문에 하나님의 백성이 될 수 없다고 생각하는 사람이 더러 있습니다. 내 사랑하는 친구여, 그런 생각으로 자신을 괴롭히지 마십시오. 어쩌면 당신은 아직 죽도록 부름을 받지 않았을 것이며, 그래서 당신에게 죽을 때의 은혜가 아직 주어지지 않았습니다. 하지만 죽을 때가 오면 당신은 죽을 때에 필요한 은혜를 얻을 것입니다.

내 사랑하는 친구 중에서 한 사람은 죽음을 두려워한다는 생각 때문에 수년간을 속박에 갇혀 지냈습니다. 하나님은 다소 특이한 방식으로 그를 그 속박에서 끌어내셨습니다. 어느 날 그는 런던의 인쇄 사무소에 들르게 되었습니다. 그런데 옆에 있는 화공약품 도매상에 불이 났습니다. 큰 폭발이 여러 번 일어났고, 그가 있던 곳이 격렬하게 타오르고 있었습니다. 그는 2층에 있었고, 다른 사람들은 빠져나가기 위해 달리고 있었습니다. 나의 오랜 친구는 가능한 한 침착하려고 했습니다. 그는 아래층으로 걸어서 내려왔고, 서둘지 않았습니다. 비록 큰 위험이 있었고, 모든 사람이 그 건물 전체가 불에 탔다고 생각했지만, 그는 아주 침착했습니다. 거리에 닿았을 때, 그는 서서 불을 쳐다보았고, 자기 자신에게 이렇게 말했습니다. "음, 내가 죽음의 위험에 빠진 것처럼 보일 때, 나는 완벽하게 차분하고 행복하구나. 그러니, 내가 진짜로 죽게 될 때도 나는 그렇게 될 것이다. 나는 그렇게 되리라고 확신한다. 내가 그것을 시험했고 또 입증했기 때문이다."

그러므로 두려워하며 신경이 약한 사람들이여, 여러분이 사고에 직면했을 때, 여러분도 종종 그곳에서 가장 용감한 사람일 수 있다는 것을, 직접 겪어볼 수 있지 않을까요? 여러분처럼 약하고 떠는 사람들이 그 순간 힘을 얻는 것처럼 보이니, 여러분이 예수 그리스도를 믿는 사람이라면 죽음이 올 때도 그럴 것입니다. 여러분의 마지막 순간에 여러분을 사랑하는 분이 여러분을 떠나지 않을 것입니다. 당신은 당신의 아내를 떠날 건가요? 당신의 자녀를 떠날 건가요? 당신의 남편을 떠날 건가요? 이처럼 당신에게 귀한 이들 가운데 누구라도 죽음의 고민 가운데 있음을 볼 때, 당신이 그들을 떠날 수 있나요? 그렇지 않을 겁니다. 비록 일천 마일을 떨어져 있었다고 해도, 당신은 곧 집으로 와서 그들의 이마에서 '죽음의 땀'을 닦아줄 것이며, 메마른 입술을 적셔 줄 것입니다. 복되신 하나님께서도 우리가 죽을 때에 그렇게 하시지 않겠습니까? "그의 경건한 자들의 죽음은 여호와께서 보시기에 귀중한 것이로다"(시 116:15). 그분이 거기에 계실 것입니다. 예수님이 거기에 계실 것입니다. 성령님이 거기에 계실 것입니다. 그러니 예수님을 믿는 우리는 평화롭게 죽을 것입니다.

우리의 삶이 얼마나 빨리 지나가는지를 기억하십시오. 매주 한 사람에 이어 또 한 사람이, 이 회중을 떠나 영원으로 들어갑니다. 여러분에게 호소합니다. 그리스도 없이 영원으로 들어가지 마십시오! "언제 내가 가나요?" 하고 당신이 묻습니다. 아, 그건 내가 알 수 없습니다. 그러나 일 년 내내 우리의 친구들이 계속해서 가고 있음을 당신은 압니다. 한 주가 지날 때마다 "아무개 씨가 떠났습니다"라는 말이 내게 들려옵니다. 내가 묻습니다. "내가 아는 분이었나요? 그분이 어느 자리에 앉았었지요?" 나는 그 지점을 바라보고, 기억합니다. "예, 백발이 성성한 노인 분이셨고, 저 너머 자리에 앉으셨던 분이로군요." 또는 "아내와 서너 명의 자녀들이 있었던 그 젊은이로군요." 예, 그들은 떠났습니다. 만약 그들이 구원받지 못했다면, 그들은 희망이 닿을 수 없는 곳으로 떠난 셈입니다. 모든 초청을 외면한 사람들이 가는 곳, 값없이 주시는 천국과 그리스도를 받지 않았기에 영원히 고통 중에 손을 비틀어야만 하는 곳으로 갔을 것입니다.

"그렇다면, 사랑하는 목사님, 이런 문제에 대해 생각하겠습니다." 아, 그럴 것입니까? 그런 문제에 대해 언제 생각할 것이라고 내게 알려주시겠습니까? 나는 당신이 그 시점을 알려주길 바랍니다. 비록 그때가 일 년 후라도 말입니다. 그 문제를 그토록 멀리 미루는 것은 위험한 일입니다. 그렇지 않습니까? 하지만 만약 당신이 약속을 지키려 한다면, 나는 당신이 해마다 계속 미적대며 결정을 미루기보다는 차라리 "다가오는 해"라고 분명히 말해주기를 바랍니다.

구원받지 못한 당신에게 세 가지가 필요하다는 것을 기억하십시오. 첫째, 당신은 죄의 용서가 필요합니다. 당신이 그리스도께 오기만 하면 그것을 얻을 수 있다는 것을 내가 당신의 귀에 반복해서 말할 필요는 없을 것입니다. 또 당신은 하나님이 당신의 기도를 들어주시길 바랍니다. 당신의 마음은 탄식하며 은혜를 구합니다. 당신은 단 하나의 은혜의 보좌가 있음을 알며, 당신이 간구를 드릴 수 있고 또 당신의 간구를 허락하실 단 한 분이 있음을 압니다. 그리고 당신은 하나님을 볼 것을 갈망하되, 당신과의 관계가 화평하게 된 아버지로서 하나님을 뵙고 위로를 얻기를 바랍니다. 당신이 바라고 갈망하는 그것을, 예수 그리스도로 말미암지 않고는 결코 얻을 수 없음을 기억하십시오.

이 세 가지는 그리스도 안에서 찾을 수 있으며, 다른 어디에서도 찾을 수 없습니다. 만약 이곳에 그리스도를 원하는 사람이 있다면, 그가 그리스도가 누구신지를 알게 되기 바라고, 또한 그분 안에 간직된 보화가 어떠한지를 알게 되기를 바랍니다. 이 지식을 얻는 것은 위대한 일입니다. 하지만 만약에 당신이 그것이 어디에 있는지를 알고, 그것이 무엇인지를 알면서도, 그것을 얻기 위해 구하지 않는다면, 큰 책임이 따를 것이며, 일곱 배나 죄를 더하는 셈이 될 것입니다. 나는 본문의 마지막 말씀을 여러분에게 맡깁니다. 이 말씀이 여러분을 묘사하는 구절이 되기를 기도합니다: "의인은 그의 믿음으로 말미암아 살리라."

제
3
장
—

태버너클에서의 루터 설교

—

"의인은 그의 믿음으로 말미암아 살리라" – 합 2:4

이 본문은 사도 바울에 의해 논증으로서 세 번 사용되었습니다. 로마서 1장 17절, 갈라디아서 3장 11절, 그리고 히브리서 10장 38절을 읽어보십시오. 이 각각의 경우에 "의인은 믿음으로 말미암아 살리라"는 말씀이 있습니다. 오늘 본문은 구약의 본래 구절이며, 이 구절을 언급할 때 사도는 "기록된 것과 같이, 의인은 믿음으로 산다"고 말했습니다. 구약성경의 영감이 신약성경의 영감만큼 중요하다고 여기는 것은 틀리지 않습니다. 복음의 진리는 구약 시대 선지자들의 진리와 함께 서거나 넘어질 수밖에 없기 때문입니다. 성경은 나뉘지 않는 한 권의 책이며, 여러분은 첫 번째 언약을 의문시하면서 새로운 언약을 보유할 수는 없습니다. 하박국은 성령의 감동을 받은 것이 틀림없습니다. 그렇지 않았다면 바울이 무의미한 글을 적은 셈이 됩니다.

사백 년 전 어제, 이 악한 세상에 한 광부이자 금속 제련업자의 아들이 들어왔습니다. 그는 교황제도의 땅을 파서 기반을 약하게 하고 교회를 정련하는 일에 적지 않은 일을 하게 될 사람이었습니다. 그 아기의 이름은 마르틴 루터, 한 영웅이면서 한 성자였습니다. 그 세기의 다른 모든 기념일보다 그날이 더 복된 것은, 그날이 "세상을 뒤흔든 그 수도사"를 통해 이어지는 모든 세대에 축복의 선물을 주었기 때문입니다. 그의 용감한 정신은 너무나 오랫동안 많은 나라를 속박했던 오류의 폭정을 뒤엎었습니다. 그때 이후로 모든 인간의 역사는 그 놀라운 소년의 출생에 상당한 영향을 받아왔습니다. 그는 절대적으로 완벽한 사람은 아니었습니다. 우리는 그가 말한 모든 것을 지지하는 것은 아니며, 그가 행한 모든 일을 칭송하는 것도 아닙니다. 하지만 그는, 그와 같은 사람의 눈에 비친 바로는, 좀처럼 쉬지 않는 이스라엘의 강력한 사사였으며, 주님의 왕 같은 종이었습니다. 우리는 더 자주 하나님께 사람들—하나님의 사람들, 능력의 사람들—을 보내 달라고 기도해야 합니다. 주님의 무한한 선하심을 따라서, 주님의 교회를 온전하게 하도록, 우리는 그분의 승천의 선물들이 계속되고 증대되도록 기도해야 합니다. 그분이 높은 곳에 오르실 때 사로잡혔던 자들을 사로잡으시고 사람들을 위하여 선물들을 받으셨으며(참조. 시 68:18; 엡 4:8), 또한 "그가 어떤 사람은 사도로, 어떤 사람은 선지자로, 어떤 사람은 복음 전하는 자로, 어떤 사람은 목사와 교사로"(엡 4:11) 주셨기 때문입니다. 그분은 교회의 필요에 따라 계속해서 이러한 정선된 선물들을 주십니다. 만약 추수를 위한 일꾼들을 보내주시길 요청하는 우리의 기도가 더욱 간절하게 추수의 주인에게 올라간다면, 아마도 주님은 그 선물들을 더욱 풍성하게 보내주실 것입니다. 우리는 우리의 개인적인 구원을 위해 십자가에 못 박히신 구주를 믿는 것과 꼭 마찬가지로, 신앙을 고백하는 사람들이자 하나님의 진리를 선포하는 복음의 사역자들로서 교회가 계속해서 풍요하게 되도록 승천하신 구주를 믿어야 합니다.

나는 루터의 생일을 기념하면서 나의 작은 몫을 받기 원합니다. 나는 루터가 진리의 열쇠를 사용하여 인간의 마음의 지하 감옥 문을 열고 그곳에 속박된 마음을 해방한 것보다, 내가 더 잘할 수는 없다고 생각합니다. 그 황금의 열쇠는 우리 앞에 있는 이 본문의 간략한 진리 안에 놓여 있습니다—"의인은 그의 믿음으로 말미암아 살리라."

하박국에서 이처럼 분명한 복음의 말씀을 발견하다니, 저 옛 선지자에게서 바울이 이신칭의(以信稱義)의 반대자들을 논박하는 논증에서 사용한 분명한 진술을 발견하다니, 약간 놀랍지 않습니까? 그것은 복음의 가장 기본적인 교리가 새로 유행하는 개념이 아님을 보여줍니다. 단언컨대 그것은 루터에 의해 고안된 신 교리가 아니며, 심지어 바울에 의해 처음 가르쳐진 진리도 아니었습니다. 이 사실은 모든 세대에서 확정되어왔던 것입니다. 그러므로, 여기에서, 우리는 옛것들 가운데서 주님이 오시기 전 이스라엘에 드리워졌던 어둠을 밝히는 등불을 찾는 것입니다.

이것은 또한 복음과 관련해서는 변한 것이 없다는 사실을 입증합니다. 하박국의 복음은 우리 주 예수 그리스도의 복음입니다. 성령이 주어지면서 그 진리에 더 밝은 빛이 비추어졌지만, 구원의 길은 모든 세대에 있어 하나였고 같았습니다. 어떤 인간도 자기의 선행으로 구원받은 적이 없습니다. 의인들이 살아왔던 길은 언제나 믿음의 길이었습니다. 이 진리에서 조금이라도 진보된 것은 없었습니다. 그것은 세워졌고 확립되었으며, 그것을 말씀하신 하나님처럼, 영원토록 동일합니다. 모든 시대와 모든 곳에서, 복음은 언제나 같은 것이어야 합니다. "예수 그리스도는 어제나 오늘이나 영원토록 동일하시니라"(히 13:8). 우리는 '복음'을 단수로 읽지, 절대 둘이나 세 개의 복음들로, 또는 많은 복음으로 읽지 않습니다. 천지는 없어질지라도, 그리스도의 말씀은 절대 없어지지 않을 것입니다(마 13:31).

또 주목할 것은, 이 진리가 매우 오래되었을 뿐 아니라, 오랫동안 변하지 않은 상태로 지속하면서도, 그 생명력을 여전히 유지하고 있다는 것입니다. "의인은 그의 믿음으로 말미암아 살리라"는 이 한 문장이 종교개혁을 유발했습니다. 이 한 줄의 글에서, 묵시록의 봉인 하나를 떼는 것처럼, 복음의 나팔들과 노랫소리가 한꺼번에 터져 나왔으며, 그것은 마치 많은 물소리처럼 이 세상에 크게 울려 퍼졌습니다. 어두운 중세 시대에 잊히고 감추어졌던 이 하나의 씨앗이 꺼내어져서 인간의 마음에 떨어졌고, 하나님의 영에 의해 자랐으며, 결국 많은 열매를 맺었습니다. 산꼭대기에 있던 이 한 줌의 곡식이 크게 증대되어 그 열매가 마치 레바논처럼 위세를 떨쳤고, 땅의 풀처럼 번성했던 그 도시의 백성처럼 되었습니다. 그 진리의 작은 한 조각은 던져지는 곳이 어디든 살 것입니다! 어떤 식물들은 생명력으로 가득하여, 여러분이 그저 잎사귀 조각만 취해서 흙에 두어도, 그 잎사귀가 뿌리를 내리고 자랍니다. 그런 식물이 사라지는 것은 전적으로 불가능합니다. 하나님의 진리도 그렇습니다. 그것은 살아있으며 썩지 않습니다. 그러므로 그것을 멸하는 것은 불가능합니다. 한 권의 성경이 남아 있는 한, 값없이 주시는 은혜의 종교는 살 것입니다. 아니, 사람들이 인쇄된 성경을 모두 불태울 수 있다 해도, 말씀 한 구절을 외우는 한 아이가 남아 있는 한, 진리는 다시 일어설 것입니다. 진리의 재 속에서 불은 여전히 살아있습니다. 주님의 숨결이 거기에 불어 넣어질 때, 불꽃은 다시 영광스럽게 타오를 것입니다. 그러기에, 우리는 이 신성모독과 비난의 시대에도 위로를 잃지 않습니다. 우리는 이 한 구절로 인하여 위로를 잃지 않습니다. "풀은 마르고 꽃은 떨어지되, 오직 주의 말씀은 세세토록 있도다 하였으니 너희에게 전한 복음이 곧 이 말씀이니라"(벧전 1:24,25).

이제 루터의 마음을 밝히는 수단이었던 이 본문을 살펴보도록 합시다.

1. 하나님 안에서 믿음을 가진 자는 의롭다.

나는 여기서 단순하게 관찰되는 것으로 시작하겠습니다: 하나님 안에서 믿음을 가진 자는 의롭습니다. "의인은 그의 믿음으로 말미암아 살리라." 하나님께 믿음을 가진 자는 의로운 사람입니다. 그의 믿음이, 의로운 사람으로서 곧 그의 생명입니다.

하나님께서 구원의 길로 규정하신 것을 믿는 사람은 복음의 의미에서 "의롭습니다." 그는 그의 믿음으로 하나님 보시기에 의롭다고 인정됩니다. 구약에서(창 15:6) 우리는 아브라함과 관련하여 "그가 여호와를 믿으니 여호와께서 이를 그의 의로 여기셨다"는 말씀을 듣습니다. 이것은 칭의의 보편적인 계획입니다. 믿음은 하나님의 의를 붙잡습니다. 예수 그리스도의 희생을 통하여 죄인들을 의롭게 하시는 하나님의 계획을 받아들임으로써, 믿음은 죄인을 의롭게 합니다. 믿음은 주 예수의 인격과 사역 안에서 계시된 하나님의 의의 전체 체계를 받아들이고 또 그것을 자기 것으로 삼습니다. 믿음은 그리스도께서 우리의 본성으로 세상에 들어오시고, 그분이 우리의 본성으로 율법의 일점일획까지 순종하시는 것을 보고 기뻐합니다. 비록 그분은 율법 아래에 있지 않으나 우리를 위해 자기 자신을 거기에 두기로 선택하신 것입니다. 믿음은 율법 아래에 오신 주님께서 자기 자신을 온전한 속죄의 제물로 드리시고, 그분의 고난과 죽음에 의해 하나님의 정의를 완벽하게 옹호하시는 것을 보고 더욱 기뻐합니다. 믿음은 주 예수의 인격, 삶, 그리고 죽음을 자기의 유일한 희망으로 여기고 붙잡습니다. 그리고 오직 그리스도의 의로만 옷을 입습니다. 믿음은 외칩니다. "그가 징계를 받으므로 우리는 평화를 누리고 그가 채찍에 맞으므로 우리는 나음을 받았도다"(사 53:5).

예수의 의를 통해 사람을 의롭게 하시는 하나님의 방법을 믿고, 예수를 받아들이고 또 그분께 의지하는 사람은 의로운 사람입니다. 하나님의 위대한 속죄 제물의 삶과 죽음을 자기의 유일한 신뢰와 의지의 대상으로 삼는 사람은 하나님이 보시기에 의로운 사람입니다. 그의 이름은 주님에 의해 의로운 자들의 명단에 기록됩니다. 그의 믿음이 그의 의로 인정되는 이유는, 그의 믿음이 그리스도 예수 안에 있는 하나님의 의를 붙잡기 때문입니다. "모세의 율법으로 너희가 의롭다 하심을 얻지 못하던 모든 일에도 이 사람을 힘입어 믿는 자마다 의롭다 하심을 얻는 이것이라"(행 13:39). 이것이 성령으로 감동된 말씀의 증언이니, 누가 그것을 반박하겠습니까?

믿는 사람은 또 다른 의미에서 의롭습니다. 그것은 외부 세계에서 진가를 더 잘 알아보는 것이기도 합니다. 하나님을 믿는 사람은 믿음으로 모든 일에서 옳고, 선하고, 참된 것을 향해 움직입니다. 하나님께 대한 그의 믿음이 그의 마음을 올곧게 하고, 그를 정의롭게 만듭니다. 판단에서, 바라는 것에서, 열망에서, 마음에서, 그는 의롭습니다. 그의 죄에 대해 값없는 용서가 그에게 주어졌으니, 유혹의 때에 그는 이렇게 소리칩니다. "내가 어찌 이 큰 악을 행하여 하나님께 죄를 지으리이까?"(창 39:9). 그는 하나님이 그의 죄를 용서하시기 위해 피 흘림이 있었다는 것을 믿으며, 그렇게 씻음을 받았기에, 그는 자기를 다시 더럽히는 일을 선택할 수 없습니다. 그리스도의 사랑이 그를 강권하여 그로 진실하고, 옳고, 선하고, 사랑스럽고, 하나님 보시기에 영예로운 일을 추구하도록 만듭니다.

믿음으로 양자가 되는 특권을 얻었으니, 그는 하나님의 자녀로서 살기를 애씁니다. 믿음으로 새 생명을 얻었으니, 그는 새로운 삶을 살아갑니다. "불멸의 원리가 하나님의 자녀로 죄를 짓는 것을 금합니다." 만약 어떤 사람이 죄 안에 살고 또 그것을 사랑한다면, 그는 하나님이 택하신 백성의 믿음을 가진 것이 아닙니다. 참된 믿음은 영혼을 정화하기 때문입니다. 성령에 의해 우리 안에 생겨난 믿음은 하늘 아래에서 가장 위대한 '죄 박멸자'(sin-killer)입니다. 하나님의 은혜에 의해 그것은 마음의 가장 깊은 곳에 영향을 미치며, 욕망과 애정을 변화시키고, 그 사람을 그리스도 예수 안에서 새로운 피조물로 만듭니다. 만일 지상에 진실로 의롭다고 칭해질 수 있는 자들이 있다면, 그들은 예수 그리스도 우리 주로 말미암아 하나님을 믿는 믿음에 의해 그렇게 만들어진 것입니다. 정녕, 하나님께서 그 칭호를 주신 거룩한 사람들 외에, 이 본문이 말하는 것처럼 믿음으로 사는 자들 외에, 다른 사람들은 '의롭지' 않습니다. 믿음은 하나님을 신뢰하고, 그래서 그분을 사랑하며, 그래서 그분에게 순종하고, 그래서 그분을 닮아갑니다. 그것은 거룩함의 뿌리이며, 의의 샘이며, 정의의 생명입니다.

2. 의로운 사람은 하나님 안에서 믿음을 가진다.

이 본문에서 아주 중요한 점의 관찰에 대하여는 이 정도로 하겠습니다. 하지만 더 다룰 부분은 그것을 역으로 살펴본 것인데, 즉 의로운 사람은 하나님 안에서 믿음을 가진다는 것입니다. 그렇지 않다면 그는 의롭지 않습니다. 왜냐하면 하나님은 믿음의 대상이 되시기에 합당하며, 그분에게서 그것을 빼앗는 것은 정당하지 않기 때문입니다. 하나님은 참되시기에 그분을 의심하는 것은 부당합니다. 그분은 신실하시기에 그분을 불신하는 것은 그분을 잘못 대하는 것입니다. 그렇게 주님을 부당하게 대하는 사람은 의로운 사람이 아닙니다. 의로운 사람은 무엇보다 모든 것 중에 가장 위대하신 분에 대해 의로워야 합니다. 만약 누군가 하나님을 고의적으로 부당하게 대하면서, 자기 동료 인간들에 대해서만 의롭게 되려 한다면, 그것은 무익한 일입니다. 그런 사람에게 의롭다는 칭호를 붙이기는 합당치 않습니다. 믿음은 주님께서 그분의 피조물로부터 받으시기에 합당한 것입니다. 우리가 그분이 말씀하시는 것을 믿고, 특히 복음에 관하여 말씀하시는 것을 믿는 것은 그분께 당연한 일입니다. 그리스도 예수 안에 있는 하나님의 크신 사랑이 분명하게 제시되었을 때, 그것은 마음이 순수한 사람에게서 믿어질 것입니다. 우리를 위해 죽으신 그리스도의 크신 사랑이 충분히 이해되었을 때, 그것은 정직한 마음을 가진 모든 사람에게 믿어질 수밖에 없습니다. 자기 아들에 관한 하나님의 증언을 의심하는 것은 무한한 사랑을 부당하게 모독하는 행위입니다. 믿지 않는 자는 말로 다할 수 없는 선물에 대한 하나님의 증언을 거부한 것이며, 인간에게서 칭송과 감사를 자아낼 만한 선물을 그분에게서 받기를 거절한 것입니다. 오직 믿음만이 하나님의 정의를 만족시킬 수 있으며, 인간의 양심에 평화를 줄 수 있습니다. 참으로 의로운 사람은, 그의 의를 온전하게 하기 위해서도 하나님을 믿고, 또 그분이 계시한 모든 것을 믿어야 합니다.

어떤 사람들은 이 의로움의 문제가 오직 우리의 외적인 삶과 관련되는 것이지 인간의 믿음과는 관련이 없다고 꿈꿉니다. 나는 그렇게 말하지 않습니다. 의는 인간의 내면 곧 인간성의 중심 영역과 관련이 있으며, 따라서 진실로 의로운 사람들은 은밀한 부분에서 깨끗해지길 바라며, 또한 감춰진 부분에 대해 지혜를 얻기 원합니다. 그렇지 않습니까? 우리는 이해와 믿음의 문제는 하나님의 사법권에서 면제된다는 주장을 끊임없이 듣습니다. 내가 내 신념에 대해 하나님께 설명하지도 못한 채, 그저 내가 좋아하는 대로 믿는 것이 정녕 진실입니까?

내 형제들이여, 그렇지 않습니다. 우리 인간성의 어느 한 부분도 하나님의 율법의 영역에서 벗어나지 않습니다. 인간으로서 우리의 전체적인 능력은 우리를 창조하신 하나님의 주권 아래에 있으며, 그러므로 우리는 바르게 행동해야 하는 것과 마찬가지로 바르게 믿어야 합니다. 사실상, 우리의 행동과 사고는 서로 얽혀 있고 섞여서 꼬여졌기 때문에, 한 가지를 다른 한 가지에서 구분하기란 불가능합니다. 외적 생활의 의로움만으로 충분하다고 말하는 것은 명백히 하나님의 말씀의 전체적인 취지와는 정반대로 말하는 것입니다. 나는 내 마음뿐 아니라 내 지성으로도 하나님을 섬겨야 합니다. 나는 하나님이 명하시는 것을 행할 뿐 아니라 하나님이 계시하신 것을 믿어야 합니다. 진실로 판단의 오류는 삶의 오류와 마찬가지로 죄입니다. 우리의 이성, 우리의 생각, 우리의 믿음을 그분의 최고 통치에 복종시키는 것은, 우리의 위대하신 주권자이자 주님께 대한 우리 충성의 일부입니다. 어떤 사람도 올바르게 믿기까지는 올바르지 않습니다. 의로운 사람은 하나님이 살아계신 것과 말씀하시는 것과 행하시는 일 모두에서 그분을 믿고 신뢰함으로써 하나님을 향해서 의로워야 합니다.

내 사랑하는 친구들이여, 나는 또한 인간이 하나님께 대한 믿음을 포기하고서, 자기 동료 인간들을 향해 의로워지려는 것에 무슨 이유가 있는지 이해하지 못하겠습니다. 위기에 몰릴 때 인간이 약간의 속임수를 써서 자기 자신을 구할 수 있다면, 만약 그의 동료 인간들이 만든 것보다 높은 법이 없고, 법정도 없고, 재판장도 없고, 사후 세계도 없다면, 그가 부정직해서는 안 될 이유가 무엇입니까? 몇 주 전에 한 사람이 그를 기분 나쁘게 했다고 그의 고용주를 고의로 살해했습니다. 그는 경찰에 자수했고, 그가 한 행동에 대해 조금도 두렵거나 부끄럽지 않다고 말했습니다. 그는 살인을 인정했고, 그 결과도 매우 잘 안다고 시인했습니다. 그는 교수대에서 삼십 초 정도 고통을 받을 것을 예상했고, 그것으로 끝일 것이라고 여기며, 그것에 대해 어느 정도 준비가 되었다고 했습니다. 그는 자기의 믿음 혹은 불신에 따라서 말하고 행동했습니다. 이렇듯, 하나님께 대한 믿음과 내세에 대한 믿음에서 벗어나면, 어떤 형태의 범죄도 논리적이고 합법적이지 않은 것이 없습니다. 그렇게 되면 공동체는 파괴됩니다. 인류를 지탱해주는 것은 없습니다. 하나님이 없다면 세상의 도덕적 통치는 중단되고, 자연히 무정부 상태로 될 것입니다. 하나님이 없고, 다가올 심판도 없다면, 인간은 내일 죽을 터이니 먹고 마시자고 할 것입니다. 필요하면 훔치고, 거짓말하고, 죽이자고 할 것입니다. 만약 율법도 없고, 심판도 없고, 죄에 대한 처벌도 없다면, 그렇게 되지 않을 이유가 무엇입니까? 입법자가 없다면, 법이 없다면, 아무것도 죄가 되지 않을 것입니다. 법이 없다면, 범법도 있을 수 없습니다. 하나님께 대한 믿음이 단념되면, 필연코 만사가 혼돈의 상태에 이르고 말 것입니다. 믿음이 포기된 곳에 의인들이 어디서 발견되겠습니까? 논리적으로 의로운 사람이란 어떤 기준을 믿는 사람입니다. 성경적인 의미에서 "의롭다"고 불리기에 합당한 사람은, 하나님으로부터 나서 우리에게 의로움이 되신 주 예수 그리스도를 믿는 사람입니다.

3. 의인은 이 믿음으로 산다.

이제 내가 말하고 싶은 요점을 언급하려고 합니다. 셋째로, 의인은 이 믿음으로 살 것입니다. 먼저, 이것은 좁은 진술입니다. "의인은 믿음으로 산다"는 말씀은 겉치레로 하는 많은 삶의 방식들을 차단합니다. 이 문장은 길 어귀에 서 있는 좁은 문, 영생으로 인도하는 좁은 길의 분위기를 풍깁니다. 한 번의 타격으로 이것은 한 가지 삶의 양식에서 벗어난 의에 관한 모든 주장들을 끝장냅니다. 세상에서 최상의 사람들은 오직 믿음으로만 살 수 있으며, 하나님 앞에서 의롭게 되는 다른 길은 없습니다. 우리는 스스로 의롭게 살 수 없습니다. 만약 우리가 우리 자신을 의지하려 하거나, 또는 우리에게서 나오는 어떤 것을 의지하려 한다면, 그렇게 믿는 동안 우리는 죽은 것입니다. 성령의 지혜의 가르침에 따르면, 그런 경우 우리는 하나님의 생명을 모르는 것입니다. 여러분은 여러분 자신의 존재나 희망을 신뢰하는 모든 것에서 벗어나야 합니다. 여러분은 합법적인 의라는 나병에 오염된 의복을 찢어야 하며, 이런저런 모양의 자아와 결별해야 합니다. 신앙의 문제에 있어서 자기 의존은 자기 파멸로 발견될 것입니다. 여러분은 예수 그리스도 안에서 계시된 하나님 안에서 안식해야 하며, 오직 거기에서만 안식해야 합니다. 의인은 그의 믿음으로 말미암아 살 것입니다. 하지만 율법 행위를 바라보는 자들은 저주 아래에 있으며, 하나님 앞에서 살지 못합니다. 느낌이나 기분에 의지해서 살려고 애쓰는 자들도 마찬가지입니다. 그들은 하나님을 자기들이 보는 것에 따라 판단합니다. 만약 그분이 섭리 안에서 그들에게 너그러우시면, 그분은 선한 하나님이십니다. 만약 그들이 가난하면, 그들은 그분에 대해 아무런 선한 말을 할 것이 없습니다. 그들은 그들이 느끼고, 맛보고, 보는 것에 따라 그분을 추정하기 때문입니다. 만약 하나님께서 하나의 목적을 향해 꾸준히 일하시고, 그들이 그분의 목적을 볼 수 있다면, 그들은 그분의 지혜를 칭송합니다. 하지만 그들이 그 목적을 볼 수 없거나, 주님께서 일하시는 방식을 이해하지 못할 때, 곧장 그들은 그분을 지혜롭지 못하다고 판단합니다. 감각에 따라 사는 것은 무분별한 삶의 방식이며, 모든 위로와 희망에 죽음을 가져올 것입니다.

> "희미한 감각으로 주님을 판단하지 말고,
> 오직 그분을 신뢰하고 그의 은혜를 구하라."

오직 그런 신뢰에 의해서만 의인은 살 수 있습니다.

본문은 또한 순수하게 지성으로 산다는 모든 개념을 배제합니다. 너무나 많은 사람이 말합니다. "나는 나 자신의 안내자입니다. 나는 내 힘으로 교리들을 만들 것입니다. 나는 나 자신의 구상에 따라 그것들을 바꾸기도 하고 형성하기도 할 것입니다." 그런 길은 영혼을 죽음에 이르게 합니다. 시대와 나란히 가는 것은 하나님의 원수가 되는 것입니다. 생명의 길은 하나님이 가르치신 것을 믿으며, 특히 하나님이 속죄를 위해 보내신 이를 믿는 것입니다. 그것이 하나님을 모든 것이 되게 하시고 우리 자신을 아무것도 아닌 것으로 만드는 것이기 때문입니다. 오류 없는 계시를 믿고, 전능하신 구속주를 신뢰하면서, 우리는 평안과 안식을 얻습니다. 하지만 다른 확립되지 않은 원리 위에서는 우리는 영원히 캄캄한 흑암으로 돌아가도록 정해진 유리하는 별들이 될 것입니다(참조. 유 1:13).

상상에 대해서도 마찬가지입니다. 우리는 종종 상상의 종교에 맞닥뜨리는데, 그런 종교에서 사람들은 충동을 신뢰하고, 꿈이나, 소음이나, 그들이 보았다고 상상하는 어떤 신비로운 것들을 의지합니다. 그런 시시한 일로 법석대면서, 그들은 거기에 완전히 사로잡혔습니다. 나는 여러분이 이 시시한 것을 쫓아내길 바랍니다. 거기에는 영혼이 먹을 수 있는 양식이 전혀 없습니다. 우리 영혼의 생명은 내가 생각하는 것에 있지 않고, 또는 내가 꿈꾸는 것이나 상상하는 것에 있지 않고, 내가 좋은 느낌을 즐기는 것에 있지도 않고, 오직 믿음이 하나님의 말씀이라고 이해하는 것 안에만 있습니다. 우리는 약속을 신뢰함으로써 하나님 앞에 삽니다. 우리는 하나님 곧 아버지와 아들과 성령의 인격을 의지하고, 그분이 제시하신 희생을 받아들이고, 그분이 입혀주시는 의의 옷을 입고, 우리 자신을 그분께 복종함으로써 사는 것입니다. 예수 우리 주께 대한 절대적인 신뢰가 생명의 길이며, 다른 모든 길은 죽음으로 인도합니다. 이 본문은 좁은 진술입니다. 그것을 '편협성'이라고 부르는 자들은 그들이 원하는 대로 말하라고 하십시오. 그들이 지금처럼 그것을 맹렬히 비난할 때에도 그것은 진실입니다.

두 번째로, 이것은 매우 넓은 진술입니다. "의인은 그의 믿음으로 말미암아 살리라"는 말씀에는 많은 것이 내포되어 있습니다. 그것은 그의 생명의 일부가 그의 믿음에 달려 있다고 말하지 않으며, 그의 삶의 어떤 단계가 그의 믿음을 가장 잘 입증한다고 말하지도 않습니다. 그것은 영적인 삶의 시작, 지속, 증대, 온전함이 모두 믿음에 의한 것으로 말합니다. 본문은 한 사람이 믿는 그 순간 그는 하나님 앞에서 살기 시작하는 것을 의미합니다. 그는 하나님을 신뢰하고, 하나님의 계시를 받아들이며, 그의 구주에게 속마음을 털어놓고, 쉬며, 기댑니다. 바로 그 순간 그는 영적으로 산 사람이 되며, 성령 하나님에 의해 영적 생명이 깨어납니다. 그 믿음이 오기 이전에 그의 전 존재는 죽음의 한 형태에 지나지 않았습니다. 하나님을 신뢰하면서 그는 영원한 생명으로 들어가며, 위로부터 태어납니다.

그렇습니다. 하지만 그것은 전부가 아니며, 아직 절반도 아닙니다. 만약 그 사람이 하나님 앞에서 삶을 지속할 수 있다면, 그가 거룩한 길을 계속 걸을 수 있다면, 그의 인내는 지속적인 믿음의 결과임에 틀림없습니다. 구원하는 믿음은 하나의 단독적인 행동이 아니며 어느 날 끝나는 것도 아닙니다. 그것은 삶을 통틀어 지속하고 인내하는 행동입니다. 의인은 단지 믿음으로 살기 시작하는 것만이 아니라, 계속해서 그의 믿음으로 사는 것이기도 합니다. 그는 성령으로 시작하고 육체로 마치지 않습니다. 그는 은혜로 멀리까지 간 후에, 나머지 길은 율법의 행위로 가는 것이 아닙니다. "의인은 믿음으로 말미암아 살리라." 하지만 히브리서에서 본문은 계속해서 말합니다. "[하지만] 뒤로 물러가면 내 마음이 그를 기뻐하지 아니하리라 하셨느니라. 우리는 뒤로 물러가 멸망할 자가 아니요 오직 영혼을 구원함에 이르는 믿음을 가진 자니라"(히 10:38,39). 매일, 온종일, 그리고 모든 일에서, 믿음은 줄곧 본질적입니다. 우리의 자연적인 생명은 숨을 쉼으로써 시작하고, 반드시 숨을 쉼으로써 지속합니다. 호흡이 몸에 미치는 관계는, 믿음이 영혼에 미치는 관계와 같습니다.

형제들이여, 만약 우리가 이 하나님의 생명에서 진보하고 성장하려면, 반드시 같은 길에 있어야 합니다. 우리의 믿음은 뿌리이며, 오직 그 뿌리를 통해 성장이 이루어집니다. 은혜 안에서의 진보는 육적인 지혜에서 오지 않으며, 율법적인 노력에서 오지도 않고, 불신에서 오지도 않습니다. 그렇지 않습니다. 육은 영적인 생명을 조금도 성장하게 하지 못합니다. 불신앙 안에서 행해진 모든 노력은 내적 생명을 자라게 하기는커녕 쪼그라들게 만듭니다. 금욕, 애도, 행실, 노력, 이런 것이 하나님의 은혜 안에 있는 단순한 믿음과 관련이 없다면, 우리는 그런 것에 의해 더 강해지지 않습니다. 은혜 안에서의 믿음이라는 이 유일한 통로를 통해 자양분이 우리 영혼의 생명 안으로 들어올 수 있습니다. 처음에 생명이 들어온 그 동일한 문을 통해 생명이 계속해서 들어옵니다. 누군가 내게 이런 식으로 말한다고 가정해봅시다—"나는 한때 그리스도를 믿는 믿음에 의해 살았습니다. 하지만 나는 영적인 사람이 되고 성화되었기에, 더는 죄인으로서 그리스도의 피와 의를 바라볼 필요가 없습니다." 그러면 나는 그 사람에게 믿음의 첫 번째 원리를 배울 필요가 있다고 말할 것입니다. 나는 그가 믿음에서 물러났다고 경고합니다. 율법으로 의롭게 된 사람, 혹은 그리스도의 의가 아닌 다른 방식으로 의롭게 된 사람은 은혜에서 떨어진 사람입니다. 그는 영혼이 하나님께 받아들여지는 유일한 근거를 떠난 사람입니다.

천국의 문에 이를 때까지, 우리에게는 영원히 복되신 구주와 그분의 속죄를 믿는 믿음 외에 기댈 지팡이가 없습니다. 이 땅과 영광 사이에서 우리는 결코 공로에 의해 살지 못하며, 상상에 따라 살지도 못하며, 지성에 의해서도 살지 못합니다. 마치 이스라엘이 광야에서 전적으로 눈에 보이지 않는 분을 의존했던 것처럼 우리는 계속해서 하나님께 배운 자녀들로 머물러야 합니다. 언제나 자아의 바깥을 보아야 하고, 보이는 것을 넘어서 보아야 하는 것이 우리의 본분입니다. "의인은 그의 믿음으로 말미암아 살리라"고 했기 때문입니다. 본문은 매우 넓은 의미의 문장입니다. 그것은 그 명칭에 합당한 우리의 전 삶을 포괄하는 원입니다. 무슨 덕이 있든지, 무슨 칭찬받을 것이 있든지, 무슨 사랑받을 만하거나 좋은 평판을 얻을 것이 있든지, 우리는 믿음을 발휘함으로써 그것을 받아들이고, 그것을 나타내며, 그것을 온전하게 해야 합니다. 우리가 만일 믿음의 사람이라면, 아버지 집에서의 삶, 교회에서의 삶, 개인적인 삶, 세상 속에서의 삶이 모두 믿음의 능력 안에 있어야 합니다. 믿음이 없는 것은 생명이 없는 것입니다. 죽은 행실은 살아계신 하나님을 기쁘시게 하지 못합니다. 믿음이 없이는 하나님을 기쁘시게 하는 것이 불가능합니다.

세 번째로, 이것이 얼마나 자격을 요구하지 않는 진술인지 여러분이 주목하시기 바랍니다. "의인은 그의 믿음으로 말미암아 살리라." 그렇다면, 만약 사람이 작은 믿음이라도 있다면, 그는 살 것입니다. 만약 그가 크게 의롭다고 해도, 여전히 그는 믿음으로 말미암아 살 것입니다. 정직한 사람이라도 거룩해지려고 애쓰는 이상의 수준에 이르지는 못하지만, 그럼에도 불구하고 그는 여전히 믿음에 의해 의롭다고 인정됩니다. 그의 믿음은 떨며 분투합니다. 그의 빈번한 기도는 "주여, 내가 믿나이다, 나의 믿음 없는 것을 도와주소서"(막 9:24)입니다. 하지만 그의 믿음이 그를 의로운 사람으로 만듭니다. 때때로 그의 심령이 깊은 침체에 빠졌을 때, 마치 물 위로 그의 머리만 내놓은 상태로 되었을 때, 그는 자기에게 믿음이 전혀 없는 듯해서 두려워합니다. 하지만 그때에도 그의 믿음이 그를 의롭게 합니다. 그는 마치 폭풍 치는 바다에 있는 범선과 같습니다. 때때로 그는 거센 파도에 하늘까지 올라갔다가 환난의 소용돌이 가운데서 심연으로 가라앉는 것 같습니다. 뭐라고요? 그렇다면 그 사람은 죽은 사람이 아닌가요? 내가 대답합니다: 그 사람이 진실로 하나님을 믿습니까? 그가 하나님의 아들에 관하여 기록된 말씀을 받아들입니까? 그가 진실로 다른 것을 의존하지 않고 오직 그리스도께 매달리는 믿음으로 "나는 죄의 용서를 믿습니다"라고 말할 수 있습니까? 그렇다면 그 사람은 살 것입니다! 그는 그의 믿음으로 살 것입니다!

만약 믿음이 너무 작다는 것이 우리를 파멸시킬 수 있다면, 산다고 헤아림을 받을 사람이 얼마나 되겠습니까? "인자가 올 때에 세상에서 믿음을 보겠느냐?"(눅 18:8). 오직 여기저기에, 또 간혹, 진실로 전심을 다하여 믿는 루터 같은 사람이 나타납니다. 우리 대다수 사람의 믿음의 크기는 루터가 가졌던 믿음에 비하면 작은 손가락 크기에도 미치지 못합니다. 우리의 온 영혼에 있는 믿음의 크기는 그의 머리털 한 올에 있는 믿음만큼도 되지 않습니다. 하지만 그렇더라도, 그 작은 믿음이 우리를 살게 만듭니다. 나는 작은 믿음이 우리를 강하게 하고, 활력 있게 하고, 루터처럼 사자와 같은 삶을 살게 한다고 말하지 않습니다. 하지만 우리는 살 것입니다. 이 진술은 이 믿음의 크기와 저 믿음의 크기 사이를 구분하지 않습니다. 오직 본문은 의심할 여지가 없는 진리를 제시할 뿐입니다. "의인은 그의 믿음으로 말미암아 살리라." 하나님께 감사하게도, 그렇다면 나는 살 것입니다. 나는 주 예수를 나의 구주로 또 나의 전부로 믿기 때문입니다. 여러분도 그분을 믿지 않습니까?

차별을 두지 않는 이 진술이, 의인이 사는 토대가 될 만한 다른 어떤 은혜에 대해서도 언급하지 않는 것이 독특하지 않습니까? "의인은 그의 믿음으로 말미암아 살리라." 하지만 그에게는 사랑이 없고, 열정이 없고, 인내도 없으며, 소망도 없고, 인간애도 없고, 거룩함도 없지 않습니까? 오, 있습니다. 그에게는 그 모든 것이 있습니다. 그는 그것들 안에(in) 삽니다. 하지만 그는 그것들에 의해(by) 살지는 않습니다. 왜냐하면 그것들 가운데서 어떤 것도 그의 믿음만큼 그리스도와 친밀하게 연결해주는 것이 없기 때문입니다. 나는 감히 매우 가정적인 비유를 사용하고자 합니다. 그것이 최선이라고 생각하기 때문입니다. 여기 한 젖먹이 어린아이가 있습니다. 그에게는 많은 필요한 지체들이 있습니다. 눈, 귀, 다리, 팔, 심장, 등등 이 모든 것이 그 아이에게는 필수적입니다. 하지만 그 조그만 아기가 사는 한 가지 기관은 입입니다. 입으로 그 아기는 엄마에게서 모든 영양분을 빨아당깁니다. 우리의 믿음이 그 입이고, 우리는 그것으로써 영원히 복되신 하나님의 약속으로부터 신선한 생명을 빨아당깁니다. 이처럼 우리는 믿음에 의해 사는 것입니다. 다른 은혜들도 필요하지만, 믿음은 그 모든 것의 생명입니다. 우리는 사랑이라든가, 인내, 참회, 인간애 등 이런 것들을 평가 절하하지 않는 것은, 우리가 그 아기의 눈과 발을 낮게 평가하지 않는 것과 마찬가지입니다. 하지만, 영적인 사람에게 생명의 수단은 입[믿음]이며, 그것으로써 그는 성령에 의해 계시된 성경의 진리로부터 신령한 양식을 받습니다. 다른 은혜들은 믿음이 받아들이는 것에서 결과물들을 만들어냅니다. 하지만 믿음은 '인간이라는 섬'(맨섬, Isle of Man, 아일랜드섬과 그레이트브리튼 섬 사이에 있는 영국 왕실령의 작은 섬. 맨섬이 전적으로 외부 지원에 의지해야 하듯이, 인간의 영적 생명이 전적으로 하나님께 의존함을 나타내는 비유적 표현-역주) 전체를 위한 총 수령자(Receiver-General)입니다.

사랑하는 친구들이여, 더 나아가, 이 본문은 매우 암시적인 진술입니다. "의인은 그의 믿음으로 말미암아 살리라." 왜냐하면 그것이 매우 많은 의미를 떠오르게 하기 때문입니다. 우선, 의로운 사람은 그의 믿음에 의해 존재합니다. 말하자면 의인에게는 가장 낮은 형태의 은혜도 믿음에 의존한다는 것입니다. 하지만 형제여, 나는 당신이 이렇게 말할 정도로 어리석지 않기를 바랍니다—"내가 만약 하나님의 자녀이기만 하다면, 그것이 내가 원하는 전부입니다." 아닙니다. 우리는 단지 생명의 소유만을 원하는 것이 아니라, 그것을 더 풍성하게 가지길 원합니다. 저기 물에 빠졌다가 구조된 사람을 보십시오. 그는 아직 살아있습니다. 하지만 그가 살아있다는 사실의 유일한 증거는 그의 입김에 의해 거울에 이슬이 맺히는 정도입니다. 당신은 그런 불쌍한 상태로 수년간 살아있는 것에 만족하겠습니까? 그럴 건가요? 물론 그렇게 희미한 방식으로라도 영적으로 살아있다면 감사해야 마땅합니다. 하지만 우리는 계속해서 기절한 상태로 머물고 싶진 않습니다. 우리는 활동적이고 원기 넘치길 원합니다. 하지만 그 가장 낮은 형태의 생명을 위해서라도, 당신은 믿음을 가져야 합니다. 생명이라고 불릴 수 있는 영적 존재의 가장 미약한 것을 위해서라도, 믿음은 필수적입니다. 겨우 목숨만 붙어 있는 사람, 정신이 박약한 사람, 가까스로 구원받은 사람, 이들도 어쨌든 믿음에 의해 구원받은 것입니다. 믿음이 없이는 하늘의 생명이란 있을 수 없습니다.

더 나은 의미에서 '생명'이라는 말을 생각해도 같은 적용을 할 수 있습니다: "의인은 그의 믿음으로 말미암아 살리라." 가끔 우리는 매우 가난한 사람들을 만납니다. 그들은 처량한 목소리로 "우리 임금(봉급)은 지독하게 적습니다"라고 말합니다. 우리는 그들에게 말합니다. "정말 그렇게 적은 임금으로 살아가고 있습니까?" 그들이 대답합니다. "예, 목사님, 근근이 살아간다고 표현할 수 있겠지요. 하지만 어떻게든 살아남는답니다." 할 수만 있다면, 우리 가운데 누구도 그런 방식으로 살기를 바라지 않을 것입니다. '삶'이라는 단어는 어느 정도의 즐김, 행복, 만족을 의미합니다. 의인은 위로, 기쁨, 평화를 얻을 때, 믿음으로 그것들을 얻습니다. 하나님께 감사하게도, 마음의 평화는 우리의 일상적인 상태입니다. 믿음이 영속적인 은혜이기 때문에 그렇습니다. 우리는 마음의 기쁨을 노래하고 주 안에서 즐거워합니다. 그리고 이것이 우리에게 새로운 것이 아니기에 주님을 송축합니다. 우리는 이런 행복을 알았고, 계속해서 오직 믿음에 의해 그것을 압니다. 믿음이 들어오는 순간 음악이 시작되지만, 그것이 떠나면 올빼미가 울 것입니다.

루터는 마귀의 방해에도 불구하고 시편을 노래할 수 있었습니다. 하지만 그가 믿음의 사람이 아니었다면 그렇게 하지 못했을 것입니다. 그는 하나님의 능력에 굳게 의지하는 동안 황제들, 왕들, 교황들, 주교들에게 저항할 수 있었고, 또한 오직 그가 하나님의 능력에 굳게 의지하는 동안에만 그렇게 할 수 있었습니다. 믿음은 삶의 생명이며, 삶을 살 만한 가치가 있도록 만듭니다. 위대하신 아버지와 그분의 영원한 사랑을 믿고, 아들의 효력 있는 속죄를 믿으며, 성령의 내주를 믿고, 부활과 영원한 영광을 믿는 것은 영혼에 기쁨을 가져옵니다. 이런 것이 없다면 우리는 모든 사람 가운데 가장 비참한 사람일 것입니다. 이 영광스러운 진리를 믿는 것이 사는 것입니다—"의인은 그의 믿음으로 말미암아 살리라."

생명은 또한 힘을 의미합니다. 우리는 어떤 사람에 대해 "그 속에 어떤 생명이 있는가? 그는 생명력으로 가득하다. 그는 정말 살아있는 것처럼 보인다"라고 말합니다. 그처럼 의인은 에너지, 힘, 기력, 활력, 능력, 생명을 믿음에 의해 획득합니다. 믿음은 믿는 사람들에게 왕과 같은 위엄을 부여합니다. 그들이 더 많이 믿을수록, 그들은 더 힘이 강해질 것입니다. 믿음은 면류관을 쓰는 머리입니다. 믿음은 홀을 쥐는 손입니다. 믿음은 열방들을 밟아 떨게 하는 왕의 발입니다. 하나님 안에 있는 믿음은 우리를 주 하나님 곧 전능하신 왕께 연결해줍니다.

믿음으로 의인은 다른 사람이 죽을 때에 삽니다. 그들은 만연한 죄, 유행하는 이단, 혹은 잔인한 박해, 혹은 극심한 환난에 정복당하지 않습니다. 어떤 것도 그 안에 믿음이 거하는 영적 생명을 죽일 수 없습니다. "의인은 그의 믿음으로 말미암아 살리라." 지속과 인내는 이 길로 옵니다. 의인은 잠시 뒤로 물러날 때도 당황하지 않습니다. 그가 원수들에 의해 상처를 입을 때, 그는 죽임을 당하지는 않습니다. 다른 사람이 물에 잠길 때, 그는 헤엄칩니다. 다른 사람이 발에 짓밟힐 때, 그는 일어서 승리의 함성을 외칩니다. "나의 대적이여 나로 말미암아 기뻐하지 말지어다. 나는 엎드러질지라도 일어날 것이라!"(미 7:8). 환난의 맹렬한 용광로 안에서도 그는 믿음으로 해를 입지 않고 걷습니다. 아, 그가 죽을 차례가 올 때, 그의 형제들이 많은 눈물을 흘리며 그의 재를 무덤에 가져가겠지만 "그는 죽었으나 지금도 말합니다"(히 11:4). 의로운 아벨의 피는 땅에서 주를 향하여 부르짖었고, 그것은 여러 세대를 지나며 계속해서 부르짖었으며, 지금도 부르짖고 있습니다. 루터의 목소리는 사백 년 동안 계속해서 사람들의 귀에 들렸고, 군대 음악의 북소리처럼 우리의 맥박을 뛰게 했습니다. 그는 살았습니다. 그는 살았습니다. 그가 믿음의 사람이었기 때문입니다!

나는 루터의 삶에 있었던 몇 가지 사건들을 언급함으로써 이 교훈을 압축하고 예증을 제시하고 싶습니다. 저 위대한 종교개혁자에게 복음의 빛은 천천히 다가왔습니다. 수도원에서 있었던 일입니다. 한 기둥에 묶여 있던 오래된 성경을 들추어보다가, 그는 이 구절을 보게 되었습니다—"의인은 믿음으로 말미암아 살리라." 이 문장이 그에게 부딪혀 왔습니다. 하지만 그는 그것이 담은 의미를 다 이해하기가 어려웠습니다. 하지만, 그는 참회의 고백과 수도원의 관습에서 평화를 찾을 수 없었습니다. 더 알아가면서, 그는 너무 많은 고행을 지속하고 극심한 금욕을 수행하다가, 때때로 탈진하여 기절할 정도가 되는 것을 발견했습니다. 그는 자기 자신을 죽음의 문으로 이끌었습니다.

그는 로마로 여행을 가야 했습니다. 로마에서는 매일 새로운 교회 건물이 생겨났고, 죄의 용서를 확실히 얻을 수 있고, 또 그 거룩한 성지에서 모든 종류의 축복을 얻을 수 있다고 여겼기 때문입니다. 그는 거룩한 도시로 들어간다고 꿈꾸었습니다. 하지만 그는 그곳이 위선자들의 집결지요 죄악의 소굴임을 발견했습니다. 경악스럽게도 그는 사람들이, 만약 지옥이 있다면 로마는 그 꼭대기에 세워졌다고 말하는 것을 들었습니다. 사람들이 그렇게 말하는 이유는 그곳이 세상에서 지옥에 가장 가까이 접근할 수 있는 곳이기 때문이라고 했습니다. 하지만 여전히 그는 로마의 교황을 믿었고 안식을 찾으며 고행을 지속했습니다. 하지만 아무런 안식도 찾을 수가 없었습니다. 어느 날 그는 지금도 로마에 그대로 있는 성당의 계단들(Scala Sancta, 거룩한 계단들. 흰 대리석으로 된 28개의 계단-역주)을 무릎으로 오르고 있었습니다. 나는 이 계단의 밑바닥에서, 불쌍한 사람들이 무릎으로 그곳을 오르내리는 것을 보면서 경악하여 서 있었던 적이 있습니다. 그들은 그것이 우리 주님이 빌라도의 관저를 떠났을 때 내려오셨던 바로 그 계단이라 믿었고, 어떤 계단에는 핏방울 흔적이 남아 있다는 말을 듣고서, 이 불쌍한 영혼들이 아주 경건한 모습으로 그곳에 입을 맞추었습니다.

루터는 어느 날 이 계단들을 기어 올라가고 있었습니다. 그때 그가 전에 수도원에서 보았던 구절이 그의 귓전에 천둥소리처럼 울렸습니다. "의인은 그의 믿음으로 말미암아 살리라." 그는 엎드려 있다가 일어섰고, 그 계단을 내려갔으며, 다시는 그곳에서 기어 다니지 않았습니다. 바로 그때 주님은 그를 미신으로부터 완전히 건져내셨고, 그는 사제들에 의해서도 아니고, 사제들의 기술에 의해서도 아니며, 참회에 의해서도 아니고, 그가 할 수 있는 다른 어떤 것에 의해서가 아니라, 그가 살려면 오직 믿음으로 살아야 함을 깨달았습니다. 오늘 아침에 우리가 대하는 이 본문이 그 수도사를 자유롭게 했고, 그의 영혼에 불을 붙인 것입니다.

그가 이것을 믿자마자 그는 활동적인 의미에서 살기 시작했습니다. 테첼

(Johann Tetzel, 독일의 도미니쿠스회 수사. 루터 당시 면죄부 판매 책임자-역주)이라는 한 인물이 독일 전역에 해당 금액에 따라 면죄부를 판매하고 있었습니다. 당신의 죄가 무엇이건, 당신의 돈이 돈 통 바닥에 떨어지는 순간 당신의 죄가 없어진다고 했습니다. 루터가 이 소식을 듣고 분개하여 소리쳤습니다. "내가 그의 통에 구멍을 낼 것이다." 그는 확실히 그렇게 했고, 또 여러 개의 다른 통들도 그렇게 했습니다. 그의 논지들을 교회에 못을 박아 건 것이 면죄부 음악을 침묵시키는 확실한 길이었습니다. 루터는 돈 없이 값 없이, 그리스도를 믿는 믿음에 의한 죄의 용서를 선포했습니다. 그러자 교황의 면죄부는 곧 조롱의 대상이 되었습니다. 루터는 그의 믿음으로 살았고, 따라서 그런 일이 없었더라면 조용히 살았을 그가, 마치 사자가 먹이를 향해 포효하듯이 그 시대의 오류를 맹렬하게 탄핵했습니다. 그에게 있던 믿음이 그를 강렬한 생명으로 채웠고, 그는 원수와의 전쟁에 뛰어들었습니다.

얼마 후 그들이 그를 아우크스부르크(Augsburg)로 소환했습니다. 비록 친구들이 가지 말라고 그를 만류했으나 그는 그곳으로 갔습니다. 그들이 그를 이단자로 소환하였고, 보름스 제국의회(Diet of Worms, 1521년 3월 신성로마제국 황제 카를 5세가 소집)에서 답변하라고 했습니다. 참석할 경우 불태워질 것이 확실하기에 주변의 모든 사람이 참석하지 말라고 했습니다. 하지만 그는 증언이 필요하다고 느꼈습니다. 마차를 타고 마을과 마을, 도시와 도시를 지나면서 그는 설교하였고, 가난한 사람들이 나와서 그리스도와 복음을 위해 목숨을 걸고 일어선 사람에게 손을 흔들어주었습니다. 여러분은 그가 그 위엄 있는 의회 앞에 어떻게 섰는지를 기억할 것입니다. 비록 그는 인간의 권세가 너무 커서 그의 증언으로 목숨을 잃을 것을 알았고, 아마도, 존 후스(John Huss, 루터보다 한 세기 앞선 15세기 인물로 체코의 종교개혁자이자 순교자)처럼 불에 던져질 것을 알았지만, 그는 여호와 그의 하나님을 위하여 남자답게 행동했습니다. 그날 독일 의회에서 루터가 한 일 때문에, 수천수만의 사람들이 그의 이름을 칭송하게 되었고, 그보다 더 크게 그의 하나님 여호와의 이름을 찬송하게 되었습니다.

그가 해를 입지 않게 하려고 한동안 어느 신중한 친구가 그를 데려갔고, 분쟁에서 벗어나도록 바르트부르크(Wartburg) 성에서 그를 지켰습니다. 거기서 그는 쉬면서, 연구하면서, 번역하면서, 음악을 만들면서, 너무나 파란만장하게 될 그의 미래를 위해 준비하면서, 좋은 시간을 보냈습니다. 거기서 그는 싸움에서 벗어난 사람이 할 수 있는 모든 일을 했습니다. 하지만 "의인은 그의 믿음으로 말미암아 살리라." 루터는 살아있는 채로 편히 묻혀 지낼 수가 없었습니다. 그는 필생의 일에 착수해야만 했습니다. 그는 친구에게 전갈을 보내 그가 곧 그들과 함께하게 될 것이라고 알렸으며, 별안간 그는 비텐베르크(Wittenberg)에 나타났습니다. 군주는 그를 좀 더 붙잡아두고 머물게 하려고 했습니다. 하지만 루터는 살아야 했습니다. 그 선제후(the Elector, 왕을 선출하는 제후들 가운데 작센의 프리드리히(Frederik). 루터의 옹호자 역할을 했음-역주)는 그가 루터를 보호할 수 없게 될 것을 두려워했습니다. 루터가 그에게 편지를 썼습니다. "저는 당신의 보호보다 훨씬 높은 보호 아래에 있습니다. 아니, 저는 당신의 호의가 저를 보호한다고 여기기보다는 제가 당신의 은혜를 보호하는 것 같다고 생각합니다. 가장 강한 믿음을 가진 자가 최고의 보호자(Protector)입니다."

루터는 모든 사람으로부터 독립하는 법을 배웠습니다. 그가 자기 자신을 자기 하나님께 던졌기 때문입니다. 온 세상이 그를 대적했지만, 그는 아주 즐겁게 살았습니다. 교황이 그를 파문하면 그는 그 문서를 불태웠습니다. 황제가 그를 위협하면 그는 즐거워했습니다. 왜냐하면 그는 주님의 이 말씀을 기억했기 때문입니다. "세상의 군왕들이 나서며 관원들이 서로 꾀하여 … 하늘에 계신 이가 웃으심이여 주께서 그들을 비웃으시리로다"(시 2:2-4). 사람들이 "만약 선제후가 당신을 보호하지 않으면 당신은 어디서 은신처를 찾겠습니까?"라고 물었을 때, 그는 이렇게 대답했습니다. "하나님의 넓은 방패 아래에서."

루터는 가만히 있을 수 없었습니다. 그는 말해야 했습니다. 쓰고 외쳐야 했습니다. 오, 그가 어떤 확신을 가지고 말했던가요! 하나님과 성경에 대한 의심을 그는 혐오했습니다. 멜란히톤(Philip Melanchthon, 루터의 종교개혁 운동의 동료)은 그가 독단적이지 않았다고 말합니다. 나는 그 점에서 멜란히톤과 다르며, 루터가 독단가들의 으뜸이었다고 생각합니다. 루터는 멜란히톤을 "부드러운 보행자"(soft treader)라고 불렀습니다. 나는 만약 루터가 멜란히톤이었다면, 또 그의 행보가 부드러웠다면, 우리가 어떻게 되었을까 상상해봅니다. 그 시대는 견고하고 확신에 찬 지도자가 필요했습니다. 믿음은 루터를 그의 많은 슬픔과 약점들에도 불구하고 그런 사람으로 만들었습니다. 그는 타이탄, 즉 거인이었으며, 눈부신 정신적 역량과 강한 육체를 가진 사람이었습니다. 하지만 그의 주된 생명력과 힘은 그의 믿음에 있었습니다. 그는 정신적 훈련과 몸의 질병들을 통해 많은 고통을 겪었으며, 이것이 그의 약점이 드러나는 원인이 될 수도 있었습니다. 하지만 그 약점은 나타나지 않았습니다. 그가 믿었을 때, 그는 그가 믿은 것을 마치 자기 자신의 존재를 믿는 것처럼 확신했으며, 이것이 그를 강하게 했습니다. 하늘의 모든 천사가 그의 앞에서 지나가고 또 각각의 천사가 그에게 하나님의 진리를 확언했더라도, 그는 그들의 증언에 대해 그들에게 감사하지 않았을 것입니다. 왜냐하면 그는 천사들이나 사람들의 증언이 없이도 하나님을 믿었기 때문입니다. 그는 하나님이 증언하신 말씀이야말로 어떤 스랍 천사가 말할 수 있는 것보다 확실하다고 생각했기 때문입니다.

이 사람은 그의 믿음으로 살도록 강요받았습니다. 그가 폭풍 같은 영혼의 사람이었고, 오직 믿음만이 그에게 평화를 말할 수 있었기 때문입니다. 마음을 뒤흔드는 흥분이 나중에는 영혼의 두려운 침체를 유발했고, 그때도 그는 하나님 안에서의 믿음이 필요했습니다. 여러분이 그의 영적인 삶에 관한 책을 읽으면, 때로는 그가 자기 영혼을 살아있도록 유지하는 것이 힘든 일이었다는 것을 발견할 것입니다. 우리와 같은 성정을 가졌고, 결함들로 가득한 사람으로서, 그는 이따금 우리 가운데서 가장 약한 사람들처럼 풀이 죽고 낙심하기도 했습니다. 그의 내면에서 차오르는 고민이 그의 튼튼한 심장을 터뜨릴 것처럼 위협했습니다. 하지만 그와 칼빈 모두 천국의 안식을 탄식하며 바랐습니다. 그들이 이 땅에서의 투쟁을 사랑한 것은 아니기 때문입니다. 오히려 그들은 지상에서 하나님의 양들을 평화롭게 먹이다가 안식으로 들어갈 수 있었다면 즐거워했을 것입니다. 이 사람들은 거룩한 담력을 가지고 믿음의 기도를 하면서 하나님과 함께 거했으며, 그렇지 않았더라면 그들은 전혀 살 수가 없었을 것입니다.

루터의 믿음은 우리 주님의 십자가를 붙잡았고, 거기에서 흔들리지 않았습니다. 그는 죄의 용서를 믿었고, 그것을 의심할 수가 없었습니다. 그는 거룩한 성경에 닻을 내렸으며, 성직자들의 모든 고안물과 신부들의 모든 전통을 거부했습니다. 그는 복음의 진리를 확신했으며, 비록 땅과 지옥이 동맹하여 그것을 반대하여도, 결국 복음의 진리가 승리할 것을 믿어 의심치 않았습니다. 그가 죽게 되었을 때, 그의 오랜 원수가 맹렬하게 그를 공격했습니다. 하지만 사람들이 그에게 그가 전에 가졌던 믿음과 같은 믿음을 가졌는지를 물었을 때, "그렇소"라는 말로 충분한 대답이 되었습니다. 그들은 그에게 물어볼 필요가 없었습니다. 그들은 그것을 확실히 알 수 있었습니다.

오늘날에도 루터에 의해 선포된 진리가 계속해서 전파되고 있습니다. 그것은 우리 주님이 다시 오실 때까지 계속 전파될 것입니다. 그때 거룩한 성에는 양초가 필요 없을 것입니다. 태양 빛도 필요 없을 것입니다. 주님께서 친히 자기 백성의 빛이 되실 것이기 때문입니다. 하지만 그때가 오기까지, 우리는 복음의 빛을 힘껏 비추어야 합니다. 형제들이여, 루터가 믿음으로 살았듯이 우리도 믿음으로 살기를 바랍니다. 성령 하나님께서 우리 안에 믿음의 일을 더 이루어주시길 바랍니다. 아멘, 아멘.

제
4
장

중년의 시기, 중간의 시기

"여호와여 내가 주께 대한 소문을 듣고 놀랐나이다 여호와여 주는 주의 일을 이 수년 내에 부흥하게 하옵소서 이 수년 내에 나타내시옵소서 진노 중에라도 긍휼을 잊지 마옵소서" - 합 3:2

참된 종교가 개탄할 만한 상태에 빠진 시대에 하박국에게는 삶의 슬픔이 있었습니다. 그 민족은 살아계신 하나님에게서 크게 멀어져 있었습니다. 그 나라에는 일부 경건한 사람도 있었지만, 불경하고 우상 숭배를 하는 파벌이 훨씬 강했습니다. 하나님은 이 때문에 심판을 경고하셨고, 그것은 선지자에게 갈대아인의 침공이 가까이 왔다는 환상으로 계시되었습니다. 그 선지자는 자기 나라의 미래와 관련하여 근심으로 가득했습니다. 그는 그 나라의 죄악된 상태를 보았고 그것이 결국 어떻게 종말을 맞을 것인지를 알았기 때문입니다. 그의 예언의 책은 기도 중의 진지한 질문으로 시작됩니다. "여호와여 어느 때까지리이까?"(1:2). 그 백성의 죄로 인해 그의 영은 속에서 요동했고, 그의 마음은 주께서 정하신 징계의 환상 때문에 상했습니다. 이처럼 하나님을 위해 증언하는 모든 사람은, 하나님의 이름의 명예가 훼손되는 것을 볼 때, 그리고 그로 인해 그분의 진노가 예상될 때, 그 영이 속에서 요동칩니다.

하지만 하박국은 강한 믿음의 사람이었습니다. 악한 시대는 정녕 믿음으로 살기에는 좋은 환경입니다. 화창한 날씨에도 믿음이 필요하다면, 폭풍이 몰려올 때 믿음은 더욱 크게 필요합니다. 아침이 밝아올 때도 의인이 믿음으로 산다면,

어둠이 오고 밤이 깊어질 때 그들은 더욱 믿음으로 살아야 하지 않을까요? 부드러운 마음을 가져서 동료 인간들의 죄를 보고 슬피 우는 사람들은 또한 계속해서 하나님을 의지하며 살기 위해 용감한 마음이 필요합니다.

하박국의 이름을 번역하면 "포옹하는 사람"이란 뜻입니다. 나는 진실로 그가 약속을 멀리서 바라본 사람이며, 또한 그것을 믿고 '포옹한' 사람이라고 말할 수 있습니다. 그의 예언서를 읽으면 그가 하나님의 임재를 인식하는 방식에 충격을 받습니다. 그는 자신의 책에 "선지자 하박국이 보았던 부담이라"(1:1, KJV. 개역개정은 "선지자 하박국이 묵시로 받은 경고라"로 되어 있음-역주)고 적절히 제목을 붙였습니다. 그가 그렇게 제목을 붙인 것은 "보는 자"(seer, 구약성경에서 선견자(先見者)로 자주 번역됨-역주)로서 그의 우려가 너무나 생생했기 때문입니다. 그는 하나님의 임재를 인식하고, 그분 앞에서 땅에게 침묵하라고 말합니다. 그는 선택된 백성의 역사 안에서 하나님의 길을 보고, 또 그의 뼛속으로 파고드는 부패와 온통 그를 사로잡는 전율을 느낍니다. 하나님은 그에게 매우 실제적이었습니다. 또 하나님의 길은 그의 정신적인 눈에는 매우 분명했습니다. 그래서 그의 경외심이 깊은 만큼 그의 믿음은 왕성했습니다. 우리가 읽는 놀라운 복음의 문장이면서 바울이 많은 설교에서 전했던 "의인은 그의 믿음으로 말미암아 살리라"는 그의 예언서에 있는 말씀입니다. 그리고 상상할 수 있는 최악의 환경에서 믿음의 두드러진 결의를 우리가 볼 수 있는 것도 바로 이 예언서에서입니다. 이 예언서에서 믿음은 이와 같이 말하거나 노래합니다. "비록 무화과나무가 무성하지 못하며 포도나무에 열매가 없으며 감람나무에 소출이 없으며 밭에 먹을 것이 없으며 우리에 양이 없으며 외양간에 소가 없을지라도, 나는 여호와로 말미암아 즐거워하며 나의 구원의 하나님으로 말미암아 기뻐하리로다"(합 3:17,18).

사랑하는 이여, 우리가 하박국의 정신을 소유하고, 또 하나님 안에서 강한 믿음으로 견고히 서고 흔들리지 않는다면, 우리에게 아주 좋은 일일 것입니다. 그렇게 된다면, 우리가 현재와 미래에 관하여 어두운 견해를 가질 순 있어도, 그 행사가 영원하신 분께 우리를 맡김으로써 모든 실의에서 벗어날 수 있기 때문입니다. 예부터 그의 행하심은 너무나 위대하고 영광스럽기에 그분을 의심하는 것은 곧 그분을 비난하는 것이며, 또한 그분의 성품은 변하지 않으시기에 그분의 은혜로운 행위가 반복될 것이라고 예상하는 것은 그분을 아주 정당하게 평가하는 것입니다.

목회자와 회중으로서 행복한 연합을 이룬지 25주년을 기념하면서, 오늘 아침에 내가 선정한 이 본문에서, 나는 세 가지 요점을 전하고 싶습니다. 첫째는 선지자의 두려움입니다: "여호와여, 내가 주께 대한 소문을 듣고 놀랐나이다." 둘째는 선지자의 기도입니다: "여호와여 주는 주의 일을 이 수년 내에 부흥하게 하옵소서. 이 수년 내에 나타내시옵소서." 셋째는 선지자의 탄원입니다: "진노 중에라도 긍휼을 잊지 마옵소서." 이는 이 장의 나머지 부분과 연결되는데, 거기서 그는 하나님이 옛적에 이스라엘을 위하여 행하신 일에 근거하여 하나님의 현재적인 일하심에 호소합니다.

1. 선지자의 두려움

먼저, 나는 여러분이 선지자의 두려움에 주목하기를 바랍니다: "여호와여 내가 주께 대한 소문을 듣고 놀랐나이다." 그것은 엄숙한 경외감을 표현하는 두려움입니다. 그것은 무서움이나 공포가 아니라 존경입니다. 이 구절을 앞 장의 20절과 연결하여 읽어보십시오: "오직 여호와는 그 성전에 계시니 온 땅은 그 앞에서 잠잠할지니라 하시니라. 여호와여, 내가 주께 대한 소문을 듣고 놀랐나이다." 다른 모든 것이 잠잠하고, 그 엄숙한 침묵 속에서 그는 여호와의 음성을 듣고 떱니다. 죽을 인생이 하나님의 임재를 경외심으로 가득하지 않은 채로 생생히 의식하기란 불가능합니다. 나는 이런 느낌이, 아직 타락하지 않았을 때 죄의식이 없었던 아담에게는 덜 위압적이었을 거라고 상상합니다. 하지만 그에게도 날이 서늘할 때 여호와 하나님이 동산에 거니시는 소리를 듣는 것은 틀림없이 아주 엄숙한 일이었을 것입니다. 어린아이 같은 신뢰로 가득했지만, 심지어 죄 없는 상태의 인간일지라도 그 위엄의 임재 앞에서는 완전히 움츠렸을 것이 틀림없습니다.

타락 이후로, 사람이 하나님의 특별한 계시로 은혜를 입을 때마다 그들은 두려움을 깊이 느꼈습니다. "아무도 하나님의 얼굴을 보고 산 자는 없었다"는 옛 전승에 담긴 정신에는 큰 진리가 있습니다. 하나님을 의식하면 자기 자신이 아무것도 아니라는 느낌이 영혼 안에서 생성되기 때문에, 크게 은혜를 입은 사람들도 그 은혜의 짐을 감당할 수 없다고 느낍니다. 이사야는 부르짖습니다. "화로다 나여! 망하게 되었도다 … 만군의 여호와이신 왕을 뵈었음이로다"(사 6:5). 다니엘이 말합니다. "이 큰 환상을 볼 때 내 몸에 힘이 빠졌고 나의 아름다운 빛이 변하여 썩은 듯하였고 나의 힘이 다 없어졌다"(단 10:8). 에스겔은 선언합니다. "내가 보고 엎드려 말씀하시는 이의 음성을 들으니라"(겔 1:28). 요한이 고백합니다. "내가 볼 때에 그의 발 앞에 엎드러져 죽은 자 같이 되었다"(계 1:17). 여러분은 욥이 어떻게 주님을 향해 부르짖었는지 기억할 것입니다. "내가 주께 대하여 귀로 듣기만 하였사오나 이제는 눈으로 주를 뵈옵나이다. 그러므로 내가 스스로 거두어들이고 티끌과 재 가운데에서 회개하나이다"(욥 42:5,6). 야곱이 보았던 사닥다리를 오르는 천사들도, 하나님을 뵐 때는 그들의 얼굴을 가립니다. 그러니 그 사닥다리의 발치에 누운 우리가, 어찌 그 족장과 더불어 "두렵도다 이곳이여!"(창 28:17)라고 말하지 않을 수 있겠습니까? 비록 모든 은혜를 입은 가장 위대한 인물이라 할지라도, 하나님의 총애를 받는 것은 두려운 일입니다. 여인들 가운데 복을 받은 성모 마리아도, 주께서 큰 은혜를 나타내셨을 때, 바로 그 이유로, 그녀는 다음과 같은 예언을 들었습니다. "또 칼이 네 마음을 찌르듯 하리라"(눅 2:35). 남자들 가운데는 하나님께서 벗으로서 말씀하신 사람이 있었습니다. 하지만 그에게도 큰 어둠이 닥쳐오는 듯한 두려움이 있었습니다. 우리처럼 연약한 피조물이 충만한 신성의 불꽃 가운데 서는 일은 허락되지 않으며, 비록 그리스도의 중보에 의해 누그러진다고 해도 우리는 선지자와 더불어 외치지 않을 수 없습니다. "내가 놀랐나이다." "열방의 왕이시여 주를 경외하지 아니할 자가 누구리이까?"(렘 10:7).

하나님께 대한 하박국의 경외심은 주께서 말씀하시는 것을 듣고 각성되었습니다. "내가 주께 대한 소문을 듣고 놀랐나이다(오 주여, 내가 주께서 말씀하시는 것을 듣고 두려웠나이다: KJV)" 그 말씀은 그에게 전해진 어떤 '소식'(report)이었습니다. 전해진 복음에 대해 이사야는 이렇게 말한 바 있습니다. "우리가 전한 것[소식, report]을 누가 믿었느냐?"(사 53:1). 하지만 분명 그 의미는 이 맥락에서 읽혀야 하며, 그것은 그 '소식'을 하나님이 그분의 옛 백성에게 행하신 일과 관련지어 해석하도록 우리를 인도합니다. 즉 그 소식이란 그분이 데만에서부터 오실 때(3절), 땅을 강으로 쪼개시고(9절), 분을 내어 이방 나라들을 밟으신(12절) 일을 의미합니다. 선지자는 이스라엘의 역사를 연구해오고 있었습니다. 그는 이스라엘 이야기의 모든 국면에서, 즉 홍해와 요단을 건너는 것에서부터, 가나안에서 이방인들을 내쫓고 이스라엘이 정착하는 모든 과정에서, 하나님의 손길을 보았습니다. 영혼의 침묵 가운데, 그는 이스라엘 역사에서 하나님의 '소식'을 들었습니다. 그는 마치 새롭게 재연되는 것처럼 주님의 행적들을 보았고, 그래서 경외감과 불안으로 가득했습니다. 왜냐하면 하나님께서 자기 백성에게 큰 은혜를 베푸셨지만, 한편 그분이 그들의 죄 때문에 분노하신 것을 보았기 때문입니다. 비록 하나님이 그들의 범죄를 수없이 간과하셨어도, 그들을 징계하셨고, 그들의 불의에 눈감지 않으신 것을 선지자는 보았던 것입니다. 선지자는 하나님이 이스라엘을 광야에서 어떻게 치셨는지, 그들의 탐욕의 무덤들이 광야에 얼마나 널리 퍼졌던가를 기억했습니다. 또 선지자는 하나님이 가나안 땅에서 그들을 어떻게 치셨고, 폭군들이 연이어 그들을 어떻게 압제하고 비참하게 했던가를 기억했습니다. 그는 주님께서 범죄한 자기 백성에게 연이어 보내셨던 심판들과, 그렇게 하심으로써 그분의 옛 말씀을 어떻게 성취하셨는지를 회상했습니다. "내가 땅의 모든 족속 가운데 너희만을 알았나니 그러므로 내가 너희 모든 죄악을 너희에게 보응하리라"(암 3:2). 그는 여호와 하나님과 그의 택하신 백성이 관련된 모든 역사에서, 불의 글자로 기록된 불붙은 구절을 보았습니다. "나, 네 하나님 여호와는 질투하는 하나님이라"(출 20:5; 신 5:9). 그래서 그는 소리쳤습니다. "여호와여 내가 주께 대한 소문을 듣고 놀랐나이다."

그러나, 아마도 하박국은 또 다른 불안의 출처를 암시하는 것 같습니다. 사람의 소리가 없는 곳, 곧 선지자의 가슴에서 들려오는 하나님의 침묵의 말씀에는 다가오는 복수의 암시가 있습니다. 그 암시들을 선지자는 나중에 글로 옮기고, 이 책의 첫 장에 기록으로 남깁니다. 갈대아인들이 오고 있습니다. 사납고 강한 백성입니다. 무자비하고 성급하며, 끔찍하고 두려우며, 표범보다 날래고 밤의 늑대들보다 사나운 민족입니다. 이들이 마치 힘센 사냥꾼들이 사냥감을 잡으려고 서두르는 것처럼 유다를 향해 서둘러 오고 있습니다. 예언의 영으로 하박국은 침략의 말발굽 아래 그 땅이 황폐하고, 왕들과 귀족들이 포로로 끌려가고, 여호와의 정원이 쓸쓸한 황무지로 변하는 것을 보았습니다. 그 폭력의 손에 의해 레바논의 삼림도 벌거숭이가 되었습니다. 이 놀라운 재앙에 대한 두려움이 그로 떨게 했습니다.

내 형제들이여, 주께서 그분의 종들에게 그들의 망루에서 보게 하시고, 과거를 돌아보며 미래를 추측하게 하실 때, 우리 역시 두려워집니다. 지나간 세월에서 죄 많은 백성에 대한 하나님의 징계를 볼 때, 또 그것으로부터, 이 시대의 죄 많은 백성에게 일어날 수 있는 미래를 예측하게 될 때, 주님께서 우리가 사는 이 죄 많은 나라에 보복하시지 않을까 우리의 마음도 두려움을 금할 수 없습니다. 또 우리가 큰 두려움으로 근심하게 되는 것은, 우리 역시 죄를 범했기 때문입니다.

이처럼, 여러분이 보다시피 선지자의 두려움은 세 가지로 구성되어 있습니다. 첫째는, 여호와의 가까운 임재로 인해 느껴진 엄숙한 경외심입니다. 여호와는 죄를 간과하실 수 없는 분이기에, 선지자는 그분이 소멸하시는 불로써 그 백성을 향해 노를 발하시지 않기를 바랐습니다. 둘째는, 이스라엘 자녀들을 향해 하나님이 과거에 행하신 일을 인식하면서 생긴 두려움입니다. 하나님은 그가 행하신 일들을 모세와 이스라엘 자손에게 알리셨습니다. 선지자는 여호와께서 죄를 범하는 그 민족을 다시 치지 않으시기를 바랐습니다. 셋째는, 미래의 전망과 관련된 두려움입니다. 여호와께서는 그의 선지자들을 통해 엄숙히 선언하신 경고들을 실행하실 것이었고, 그의 백성이 비록 바다의 물고기처럼 많아도, 갈대아인들로 하여금 그들을 그물로 잡아 삼키도록 허용하실 것이었습니다.

이 세 가지를 합하여, 나는 여러분에게 두려움이라는 선지자의 특별한 주제를 전하려 합니다. 그것은 일반적으로 간과되어왔으나 본문에서 매우 두드러지는 요소입니다. 선지자는 그 백성이 지나고 있는 특정한 시기 때문에 두려웠습니다. 내가 그의 기도를 올바로 이해한다면, 선지자가 전망한 일은 "그 해들의 한중간에"(in the midst of the years) 혹은 그들의 역사의 한중간에 왔습니다. 하박국의 사역이 행해진 것은 모세와 사무엘이 예언했던 초기 시대가 아니었고, 우리가 사는 이 근래의 시대 곧 땅끝의 민족들이 주께로 오는 시대도 아닙니다. 그는 그리스도께서 오시기 약 600년 전에 사역했습니다. 많은 사람이 상상하듯, 만약 역사의 햇수가 한 주의 날 수가 천년에 해당한다고 여겨 수천 년에 이른다고 본다면, 선지자의 시대는 인간 역사의 중간 지점에 해당할 것입니다. 이스라엘 백성과 관련하여 보면, 그 시대는 "에브라임이 어린아이였던" 시절에서는 한참을 지났습니다. 그들은 한 인생으로 보면 최상의 요소들이 개발되었어야 할 중년의 시대에 있었습니다. 영웅의 시대는 갔고, 범속하고 무미건조하며, 사람들이 애써 수고하여도 삶의 공허로 싫증을 느끼는 시대가 왔습니다. 그래서 애정 어린 중재자처럼 선지자는 부르짖습니다. "여호와여, 주는 주의 일을 이 수년 내에 부흥하게 하옵소서. 이 수년 내에 나타내시옵소서."

이 사실에서, 오늘 아침에 내가 우리 자신에게 적용을 끌어내고 싶은 것은,

한 교회로서 우리 역시 "세월의 중간"에 도달했다는 것입니다. 지금 목회자의 목회 지도 아래에서, 우리는 마치 대양의 한가운데에 있는 선원들 같습니다. 우리가 출발한 지점에서 25년이라는 거리, 혹은 세월이라고 할 기간이 지났고, 우리는 저 멀리 기슭을 향해 항해를 계속하고 있습니다(이 설교는 1879년 5월, 태버너클 교회에서 스펄전의 담임 목회 25년이 지난 것을 기념하여 전한 것이고, 이때 그의 나이는 45세였음-역주). 어떤 섬김에 대해서도, 우리는 개인적으로 비록 끝은 아니어도 정녕 세월의 중간에 있다고 예상할 수 있습니다. 자연의 과정에서, 우리가 또 다른 25년 이상의 섬김을 지속할 수 있다고 예상할 수는 없습니다(스펄전은 이때로부터 13년을 더 섬기다가 1892년 1월에 소천했음-역주). 우리는 그렇게 상상할 만큼 어리석지 않습니다. 하여간 우리는 교회와 관련하여 중년에 이르렀고, 지금 우리는 우리의 은혼식(銀婚式)을 기념하는 것입니다.

형제들이여. "중년의 날"에는 어떤 특별한 위험이 있습니다. 그것이 선지자로 기도하게 만들었고, 그것은 우리에게도 마찬가지입니다. "여호와여 주는 주의 일을 이 수년 내에 부흥하게 하옵소서, 이 수년 내에 나타내시옵소서." 청년의 때는 그 나름의 위험들이 있습니다. 하지만 그것들은 지나갔습니다. 노년에는 그 나름의 약함이 있을 것이나, 그것들은 아직 우리에게 오지 않았습니다. 우리가 기도해야 할 것은 현재 "이 중년의 때에" 우리에게 있는 위험들과 관련된 것입니다. 개인으로나 교회로나, 삶의 중간기는 특별한 위험들로 가득합니다.

여러분이 미처 알아채지 못한 채, 힘이 한창이던 시절은 지났고, 세월과 더불어 오래전에 머리는 백발이 되었습니다. 완전했던 낙원의 황금기에서, 미처 정오가 되기도 전에 해가 졌습니다. 족장들의 시기에는 여러 세기 동안 경건의 옷을 입은 백발의 족장들이 몇몇 있었습니다. 하지만 불과 몇 세대 안에 인간들은 그 길어진 수명으로 죄를 짓는 일에 기술이 늘었고, 미처 시들기도 전에 홍수가 와서 그 세대를 쓸어버렸습니다. 그다음에는 사사들과 왕들이 있던 유대 국가 시대가 왔습니다. 하지만 솔로몬이 여호와의 큰 집을 지었고, 이스라엘은 그 영광의 극치에 도달한 것을 우리가 읽자마자, 곧 그 시대의 탁월함은 쇠퇴하고 맙니다. 가시적 조직교회의 측면에서, 첫 세대의 기독 교회도 마찬가지였습니다. 출발은 좋았는데, 무엇이 그들을 막았습니까? 사자와 화염에 저항하고 황제들을 비웃었을 때, 그 힘과 건강성은 충만했습니다. 하지만 머잖아 콘스탄티누스가 교회를 장악하게 되면서, 교회는 왕의 악에 물들어 병들었고, 그것은 하나님의 교회에 모든 질병 중에서도 가장 잔혹한 질병이었습니다. 이 고질병은, 마치 궤양처럼, 교회의 심장을 삼키고 그 영혼을 더럽혔습니다. 그래서 영적인 제국이어야 했고, 순결하게 그리스도와 결혼했어야 할 교회가, 지상 왕들의 정부(情婦)가 되고 말았습니다. 교회의 중세기는 캄캄한 밤이었으며, 그 어둠은 지금도 열방에 어둠의 그늘을 드리우고 있습니다. 마치 중간의 시기는 은혜의 기적이 없이는 안전하게 통과할 수 없는 것처럼 보입니다. 밝은 햇살과 반짝이는 이슬과 함께 아침이 찾아오지만, 머잖아 태양은 뜨겁고 땅은 말라서 갈라지거나, 아니면 구름으로 하늘이 캄캄해져서 그날의 영광은 훼손되고 맙니다. 이것이 하나님의 백성을 사랑하는 사람 곧 하나님의 질투와 그분의 백성의 약함을 아는 사람에게는 끊임없는 근심의 문제입니다. 세월의 중간 시기에 하나님의 백성이 그들의 신실함에서 벗어나고 처음 사랑을 잊지는 않을까, 그래서 주님이 노하셔서 그분의 촛대를 옮기시고 그들을 그 악한 꾀에 내버려두지는 않으실까 노심초사하는 것입니다. 오 주여, 내 하나님이시여, 이런 일이 당신의 이 교회에서는 일어나지 않게 하소서.

그러면 이 중간 시기의 위험들이 무엇입니까?

첫째, 어떤 자극이나 부양책 같은 새로운 종교적 운동이 있습니다. 그것은 몇 년 안에 못쓰게 되는 것입니다. 나는 우리가 "9일의 불가사의"(a nine days' wonder)라고 불렸던 것과, 우리를 비평하는 자들이 우리 사역이 신속히 무너진다고 예언했던 것을 잘 기억합니다. 그런 흥분은 전에도 있었다가 사라졌으니, 이 역시 한때의 거품 중 하나일 거라고 그들은 예상했습니다. 그 '9일'은 상당히 오랫동안 지속하였습니다. (하나님께서 무한하신 은혜로 그런 날들을 아홉 번이나 이어지게 해 주시길 바랍니다.) 자, 방해자들이 무어라고 말하든, 우리는 그때 교회로서 우리가 한 모든 일에 생명과 힘과 신선함이 있었다는 것과, 또 우리로서는 그런 일이 이처럼 긴 세월 동안 지속하리라고는 거의 예상치 못했다는 것을 압니다. 젊음의 풋풋함은 지나갔습니다. 한 공동체가 크게 약화될 위험은 그 힘의 멈춤에 있으며, 어떤 경우에는 한때 그 공동체가 지녔던 모든 능력이 멈추어지는 것에 있습니다. 헌팅던 부인(Lady Huntingdon, 18세기 영국의 신앙부흥과 감리교 운동에 중요한 역할을 한 인물-역주)은 버리지(Berridge) 씨에게 보낸 편지에서, 한 시기가 지난 후 모든 새로운 일이 맥빠져 보인다는 사실을 한탄했습니다. 버리지 씨는 원시의 교회들이 우리 시대의 교회와 매우 흡사하다고 진술합니다. 즉

파종기에 내리는 이른 비 후에 늦은 비가 내리기까지 종종 건기가 있다는 것입니다. 슬프게도 나는 그 경건한 사람의 진술이 옳지 않을까 걱정입니다. 많은 사람에게서 경탄할 만한 열정이 식고 급기야 냉기가 느껴질 정도에 이르렀습니다. 이런 일이 생긴다는 것은 슬퍼하고 두려워해야 할 일입니다. 사랑하는 형제들이여, 나는 소위 군인정신(esprit de corps)이 우리에게서 떠날 때 하나님의 영(Esprit de Dieu)은 우리에게 남게 해 달라고 기도해왔습니다. 우리의 연합 속에서 형성되는 정신이 쇠퇴할 때, 우리는 우리 모두를 주 예수께 연합시키는 영에 의해 지탱될 수 있습니다.

중간의 시기가 어렵게 되는 이유는 전에는 놀랍고 주목할 만한 일들이 평범해지고 일상적인 일로 바뀌기 때문입니다. 새로운 자극으로 인해 다른 흥분이 사라지는 경우가 아주 빈번하진 않더라도, 그럴 여지는 많지 않은가 생각해 볼 필요가 있습니다. 우리는 처음에 힘차게 기도하던 사람들이 주님 앞에 기도하기를 멈추는 것을 염려합니다. 한때 자기를 희생하던 많은 사람이 이제는 스스로 충분히 했다고 생각하는 것을 보고 염려합니다. 주님께 자기를 헌신했던 사람들이, 이제는 너무 높은 음계까지 올라가서, 그런 높이로는 노래를 계속 부를 수 없다고 여기는 것을 보고 염려합니다. 사람들의 영혼을 사랑했고 그래서 마치 주님 앞에서 죄인들을 찾는 힘센 사냥꾼 같았던 사람들이, 별안간 이제는 더 이상의 노력에서 면제받았다고 상상하고는, 주님을 위해 임무를 수행하는 것을 다른 사람에게 맡겨놓으려 할 수도 있습니다. 어떤 만족감이 우리에게서 퍼지기 시작할 때는 나쁜 시기이며, 오히려 그것은 "중년"의 위기 중의 하나라고 할 수 있습니다.

나는 우리가 출발했을 때 가졌던 단순한 의존의 정신이 영원히 우리에게서 떠나지 않을까 항상 걱정해왔습니다. 종종 볼 수 있는 현상으로, 신앙 운동의 초창기에는 사람들이 약하고, 소수이며, 힘이 없고, 멸시를 받습니다. 그래서 그들은 하나님을 의지하고, 강하게 성장합니다. 그러나 결국 그들의 힘이 그들을 전복시킵니다. 우리의 본성적인 거만한 성향은, 일단 자기 자신을 의지하는 것으로도 충분히 강하다고 느끼면, 하나님께 대한 어린아이 같은 의존을 멈춥니다. 주님은 사람의 많고 적음에 따라 구원하시는 분이 아닙니다. 만약 우리가 한순간이라도 우리의 수를 자랑하거나 이제 우리가 착수하는 어떤 일에서도 성취를 거둘 만큼 강력하다고 생각한다면, 우리는 하나님의 성령을 근심하시게 하는 것이고, 그분은 거룩한 질투심으로 우리를 불모의 상태로 내버려두실 수 있습니다. 이것이 무엇보다 두려워해야 할 일입니다. 내 형제들이여, 우리가 약함으로써 하나님의 능력이 우리에게 머물 수 있게 한다면, 그것은 영광스러운 일입니다. 가난하고, 천하고, 멸시받아서, 주님께서 그런 연약한 도구들을 들어 그분의 영광을 위해 사용하신다면, 그것은 영광스러운 일입니다. 하지만 이 번영의 중간기에 교회가 만일 자기를 의존함으로써 하나님의 영을 노하시게 하고, 그분의 거룩한 도우심을 철회하게 만든다면, 그것은 통탄해야 할 악입니다.

또 다른 위험이 성취의 교만에서부터 대두됩니다. 사람들이 그리스도를 위해 일하기 시작할 때 그들은 그분이 없이는 어떤 것도 할 수 없다고 느낍니다. 그래서 그들은 하나님이 그들에게 힘을 주시도록 그분을 의지하고, 또 하나님은 그들의 겸손한 부르짖음에 응답하셔서, 그들을 통해 큰 일들을 행하십니다. 하지만 어떤 선한 일이 이루어질 때 우리는 "우리가 승리의 월계수를 획득했다. 우리가 한낮의 수고와 열기를 견뎌냈으며, 이제 우리는 쉬어도 된다"고 느끼기 쉽습니다. 이것은 진보에는 치명적입니다. 우리가 충분히 했다고 상상할 때 우리는 그 이상을 행하지 않을 것입니다. 어느 화가의 이야기가 있습니다. 그는 자기 팔레트를 깨뜨리고 붓을 내려놓고는, 자기 아내에게 다시는 그림을 그리지 않겠다고 말했습니다. 예술적인 재능이 그에게서 떠났기 때문입니다. 그의 아내가 그에게 어떻게 그 슬픈 사실을 알게 되었냐고 물었더니, 그가 대답했습니다. "내가 그린 마지막 그림이 내 이상을 실현하고 나를 만족시켰소. 그래서 나는 화가로서 내 능력을 잃었다고 확신한다오." 정녕 그렇습니다. 우리가 아직 아무것도 한 것이 없다고 느끼고, 우리가 목적했던 섬김에서 단지 시작 단계에 있을 뿐이라고 느끼는 한, 우리는 그리스도를 섬기기에 적합합니다. 더 큰 위업을 갈망하는 사람들은 아직 기운이 빠지지 않은 것입니다. 하지만 위험은 이렇게 말하는 사람들에게 있습니다. "나는 내 일과를 마쳤다. 영혼아, 편히 쉬어라." 나는 내 마음으로 나 자신과 여러분 모두를 위해, 인생의 날의 한창일 때를 우려합니다. 왜냐하면 그때 많은 사람이 아무런 나쁜 일이 없다고 생각하고, 이탈리아 사람처럼 시에스타 곧 정오의 낮잠을 자기 때문입니다. 원수가 다가오는 때는 바로 그때입니다.

경험의 교만도 있습니다. 그것은 사람들이 "인생의 중간기에" 있을 때, 마치 오래된 과일나무에 붙은 이끼처럼 교회와 개인들에게서 자랍니다. 그들은 이렇게 느낍니다. "우리는 이제 예전과 달리 어리거나, 단순하거나, 어리석은 사람들이 아니다. 이제 우리는 유혹에 넘어가지 않으며 오류에 의해 그릇된 길로 빠지지도 않는다. 이제 우리는 모든 의심을 넘어 믿음 안에 든든히 설 것이며, 생의 끝까지 깨끗함을 유지할 것이다." 퇴보라는 자벌레가 부화하는 곳은 육적인 안전이라는 알입니다. 그러므로 우리는 "인생의 중년기에" 우리가 무엇인지를 유념해야 합니다.

게다가, 사랑하는 형제들이여, 나는 모든 그리스도인이 선행을 지속한 후에 지루함에 의해 공격받기 쉽다는 것을 의식해야 한다고 생각합니다. 우리 주님이 약속하신 도움이 없다면 우리는 지치고, 우리 앞에 놓인 긴 경주에서 죽고 말 것입니다. 노동은 노곤함으로 이어지고, 고난은 조바심으로 이어집니다. 본성의 부패를 방지하려면 은혜가 필요합니다. 자연적인 정신이 가라앉을 때, 우리는 침울해지기 시작하고, 우리의 싸움이 힘겹고 고생이 지나치다고 불평합니다. 이와 더불어 실망감이 뒤섞이기 쉬운데, 낙관적인 희망으로 예상했던 모든 것을 우리가 성취하지 못했기 때문입니다. 우리는 어떤 일이 이루어졌을 때 좀처럼 기뻐하지 않습니다. 왜냐하면 이루어지지 않은 많은 것이 남아 있기 때문입니다. 아마도 더 무거운 짐이 추가될 것이라는 전망으로 마음이 피곤하고 심령이 약해질 때, 이것이 시온의 순례자들에게는 삶의 중간기를 무척이나 힘겹게 만듭니다. 비록 적다고 고백할 수밖에 없지만, 우리는 우리가 이미 행한 것 때문에 하나님을 섬기는 일에 느슨해지기 쉽습니다. 사탄은 우리가 약해진 순간을 어떻게 이용해야 하는지를 압니다. 할 수만 있다면 우리를 겁쟁이로 만들려고 하는 그의 계략을 우리는 알아채야 합니다.

우리가 만약 수년간 성벽의 파수꾼처럼 서 있었다면, 우리의 각성은 느슨해지기 쉽습니다. 우리가 만일 수년간 시대의 사상에 저항해왔다면, 계속 독자적인 입장에 서는 것은 어리석은 일이고, 시대의 조류에 굴복하는 것이 지혜롭다는 생각이 넌지시 들 수 있습니다. 그때 원수는 조롱하는 투로 속삭입니다. "너는 누구냐? 너의 증언과 독립적인 행보와 청교도적인 꼼꼼함으로 네가 한 일이 모두 무엇이냐? 네가 이룬 모든 것은 아무런 의미가 없어! 세상은 여전히 악한 자의 수중에 있고, 오류는 여전히 요새와 같다. 전투를 포기해라, 너는 이길 수 없을 것이다."

중년의 시기에, 한편으로는 지치고 한편으로는 믿음의 부족으로, 마음은 그러한 지옥의 암시에 굴복하기가 쉽습니다. 그러므로 형제들이여, 전 교회가 우리의 구속주이신 하나님께 힘찬 기도를 올려드리도록 합시다. "여호와여 주는 주의 일을 이 수년 내에 부흥하게 하옵소서. 이 수년 내에 나타내시옵소서."

2. 선지자의 기도

지금까지 선지자의 두려움에 대해 말했으니, 이제 두 번째로, 나는 여러분에게 선지자의 기도를 숙고하도록 안내하고 싶습니다: "오 여호와여, 주의 일을 부흥하게 하옵소서." 선지자의 첫 번째 간청은 부흥을 위한 것입니다. 그의 기도의 의미는 이것입니다: "여호와여, 새로운 생명을 우리에게 넣어주소서. 당신의 대의가 생명으로 시작되었지만, 사방의 모든 추세가 그것을 죽이려 하고 있습니다. 그러므로 주여, 그것을 소생시켜 새롭게 하소서. 새로운 생일을 주소서. 처음 사랑의 모든 힘과 에너지를 회복하여 주소서. 주께 간청하오니, 새로운 오순절을 주소서. 불의 혀와 함께 임했던 모든 영적인 은사들을 주시고, 우리를 풍부하게 하여 새로워지게 하소서. 우리를 소생하게 하소서! 다시 시작할 수 있도록 우리를 도우소서. 생명 안에서 우리로 새롭게 출발하게 하소서."

그것이 선지자의 간구입니다. 내가 보기에 그것은 선지자의 입술에서 떨어졌던 모든 간구 중에서 가장 지혜로운 간구 중의 하나인 것 같습니다. 우리가 그 기도를 사용합시다: "주여, 이제 우리는 25년을 함께 지내왔습니다. 우리로 이제 막 경주가 시작하는 것처럼 새롭게 느끼도록 하소서. 우리에게 젊음의 이슬을 다시 허락하시고, 그리하여 우리가 처음 했던 일들을 지금도 하고, 그 이상을 할 수 있게 하소서. 우리로 중년의 성숙함과 동시에 젊음의 새로움도 갖게 하소서. 그래서 당신의 길에서 지치지 않고 달리게 하소서. 당신의 영이 우리를 소생시키셨나이다. 당신께 대한 우리의 의존은 생명 그 자체입니다. 우리에게 다시 한 번 당신의 숨결을 불어 넣으소서."

내가 이해하기에, 그 생명은 하나님의 백성들에게 직접 임하는 것입니다. "주의 일을 부흥하게 하옵소서." 하나님의 일(work)이 무엇입니까? 그것은 바로 하나님의 백성입니다. 우리는 그분이 지으신 작품(workmanship)이기 때문입니다. 참된 부흥은 먼저 교회에 임해야 합니다. 모든 교회 안에 하나님의 일이 아닌 것이 많고, 우리는 그것에 대해 부흥시켜 달라고 요청하지 않습니다. 그것들은 치울 수도 있는 것들입니다. 하지만 어디든 하나님의 일이 있는 곳이라면, 그리스도의 정신이 있고, 신실한 기도가 있고, 믿음이 있고, 소망이 있고, 사랑이 있고, 헌신이 있는 곳이라면, 우리는 그런 곳을 위해 뜨겁게 부르짖습니다. “여호와여, 주의 일을 부흥하게 하옵소서.” 정확한 의미에서, 오직 살아있는 성도만 소생하는 것이며, 부흥이 가능합니다. 오직 이미 생명이 발견되는 사람들만 소생될 수 있습니다. 오 주여, 당신의 백성들을 소생시키소서!

선지자의 기도는 우리 각 사람에 대한 하나님의 일을 의미합니다. 우리 각 사람에게 부흥이 필요하기 때문입니다. 지금 주께서 그것을 우리에게 주시기를 바랍니다. 그래서 비록 우리에게 흰머리가 여기저기에 있어도, 그분의 자유로운 영을 통해 우리가 다시 젊어질 수 있기를 바랍니다. 만약 우리 생명의 물줄기가 낮게 흐른다면, 주께서 은밀한 샘들을 터뜨리시고 우리에게 다시 거룩한 열정으로 넘치게 해 주시길 바랍니다. “중년의 시기”의 위기에서 벗어나기 위해서는, 우리에게 생명이 새롭게 주어지는 것이 필요합니다.

하지만 선지자는 그분의 백성 안에서(in) 이루어지는 하나님의 일만 아니라, 그들에 의한(by) 하나님의 일도 의미합니다. 주님께서 그분의 큰 목적을 위해 새로운 생명을 주시길 바랍니다. 죽은 교회를 보는 것은 끔찍한 일입니다. 나는 그런 일을 내 눈으로 직접 보았습니다. 교회는 매우 침체되어 있었고, 비록 한 날 밤에 설교를 들으러 온 사람들로 붐비기는 했지만, 그 건물이 마치 무덤처럼 보이는 예배당에서 설교했던 때를 나는 잘 기억하고 있습니다. 성가대는 마치 장송곡을 부르듯이 맥빠진 음성으로 노래했고, 교회 교인들은 벙어리처럼 앉아 있었습니다. 나는 설교하는 것이 힘들다고 느꼈습니다. 설교에 생기가 없었고, 나는 죽은 말들을 모는 것처럼 여겨졌습니다. 설교 후에 나는 두 명의 집사를 만났습니다. 그들은 그 교회의 기둥들이었는데, 나른한 태도로 제의실(祭衣室)의 문 기둥에 기대고 있었습니다. 내가 그들에게 말했습니다. “당신들이 이 교회의 집사들입니까?” 그들은 그들이 유일한 집사들이라고 내게 알려주었고, 나는 그럴 것이라 생각했다고 말했습니다. 속으로 나는 ‘내가 그들을 보았을 때, 그들을 만나지 않았더라면 수수께끼가 되었을 몇 가지 일들을 이해했다’고 덧붙였습니다. 거기에 한 죽은 교회가 있었습니다. 그것은 죽은 자들에 의해 움직여진다는 고대의 어느 선박에 비유될 수 있었습니다. 집사들, 교사들, 목사, 회중들 모두가 죽었으나, 생명의 겉모습만 갖추고 있었습니다.

"조타수가 키를 조종하고, 배는 계속 움직이는데,
순풍이 전혀 불지 않네.
선원들이 밧줄에 매달려 일하지만
아무런 소용이 없네.
생명 없는 도구 같은 무기력한 팔다리를 올리니,
그들 모두 송장 같은 선원들이라네."

주께서 우리를 그런 송장 같은 선원들이 되지 않도록 구원해 주시길 바랍니다. 우리도 뜨거운 헌신보다는 무력한 일상의 상태로, 생명과 활력보다는 죽은 정통과 무덤덤한 적당주의에 빠지기가 쉬우니, 그런 상태로 빠지지 않기 위해 우리는 부르짖어야 합니다. "여호와여 주는 주의 일을 이 수년 내에 부흥하게 하옵소서."

선지자는 더 나아가 주님의 신선한 계시를 구합니다. "이 수년 내에 나타내시옵소서." 주께서 우리로 살게 하실 때, 우리는 아는 능력을 얻을 것이며, 그에 따라 진리가 우리에게 알려지는 것입니다. 선지자의 이 간구는 그 일이 주님의 일이라는 것을 의미하지 않을까요? "주는 주의 일을 부흥하게 하옵소서. 이 수년 내에 나타내시옵소서." 그래서 사람들이 "이 일은 단지 사람들의 정신이 수년간 빠져든 일종의 흥분일 뿐이다"라고 말하지 못하게 하시고, 오히려 그것이 수년간 지속하고 또 존속하는 것은 하나님의 손길이었다고 고백하지 않을 수 없게 해 달라는 의미가 그 속에 내포되어 있지 않을까요? "오 주여, 우리들의 경우에 그것이 주님의 일인 것을 세상으로 알게 하소서. 주께서 그 일을 외면하지 않으셨기 때문입니다. 수많은 사람을 회심하게 하시고, 교회를 다시 일으켜 세우시며, 사람들의 수가 다시 늘어나게 하시고, 기쁨도 증대되게 하시며, 당신의 증인들에게 성령을 부으셔서 따르는 표적들이 있게 하소서."

하지만 나는 선지자가 그의 기도에서 주로 의미한 것이 그분 자신을 알게 해 달라는 것이었다고 생각합니다. "오 여호와여, 중간의 시기에 당신을 알게 하소서. 교회 가운데서 구원하시는 당신의 능력을 나타내소서. 사랑하시는 아들, 곧 그 안에 당신의 은혜와 정의가 기이하게 결합된 예수의 인격과 희생을 알게 하소서. 죄에 대해 책망하시고, 그 후에는 죄인들을 십자가로 이끄심으로써 위로를 주시는 성령의 능력을 알게 하소서. 돌아온 탕자들을 품에 받아주시고, 그들에게 사랑으로 입을 맞추시며, 그들이 돌아온 것으로 인해 기쁨의 잔치를 여시는 아버지, 곧 영원한 아버지이신 당신을 알게 하소서." 선지자는 하나님이 그분의 백성 가운데서 나타나시기를 갈망했고, 또한 이것이, 다른 무엇보다도 우리 마음에 있는 갈망이기도 합니다. 오, 내 형제들이여, 우리가 하나님과 동떨어진 상태에서 인간의 말과 인간의 노래 혹은 인간적인 예배가 있다고 해서, 거기에 어떤 선한 것이 있다고 생각하는 것은 헛되고 한가로운 일입니다. 위에서 부어지는 초자연적인 능력이 있어야 합니다. 그렇지 않으면 사람들은 결코 어둠에서 빛으로 돌아서지 않을 것이며, 사망에서 생명으로 일어나지도 않을 것입니다. 주님께서 교회 가운데서 알려지지 않으시면, 교회의 가치란 대체 무엇입니까? 여러분은 교회의 벽에 '이가봇'이라 쓸 것이니, 하나님이 떠나실 때 교회의 영광도 떠날 것이기 때문입니다(참조. 삼상 4:21).

선지자는 실제적으로는 하나님이 옛 시대에 교회를 위해 행하신 일을 다시 행하시기를 바라고 있습니다. 우리는 이 장 전체를 읽었는데, 이 얼마나 멋진 한 편의 시인지요! 우리는 그저 산문적인 어투로 그 의미를 압축하는 수밖에 없습니다. 첫째, 선지자와 함께 우리는 하나님의 영광의 현시(顯示)를 크게 기뻐합니다. "그의 영광이 하늘을 덮었고 그의 찬송이 세계에 가득하도다. 그의 광명이 햇빛 같고 광선이 그의 손에서 나오니 그의 권능이 그 속에 감추어졌도다"(3,4절). 이처럼 여호와께서 나타나셨으니, 우리 마음의 기도는 이런 것입니다: "주여, 당신을 이런 방식으로 다시 나타내소서. 다시 한번 당신의 영광을 나타내소서. 당신의 손을 펴사 그 능력의 광선을 발하소서. 사람들의 회심과 구원을 통해 주를 높이시고, 많은 사람이 주 우리 하나님이 얼마나 영광스러우신지를 보게 하소서."

선지자가 원수와 대적하시는 하나님의 능력에 대해 어떻게 말하는지를 주목하시기 바랍니다. 미디안 사람들이 메뚜기떼처럼 이스라엘을 덮치려 했고, 그들의 수는 헤아릴 수가 없었습니다. 하지만 주께서 그들을 치시고 전멸하게 하셨습니다. 선지자가 그들이 엎드러진 것을 어떻게 묘사하는지를 들어보십시오: "내가 본즉 구산의 장막이 환난을 당하고 미디안 땅의 휘장이 흔들리는도다"(7절). 여호와께서 그들을 치러 오셨을 때 그들이 그렇게 되는 것은 당연했습니다. 지금 우리의 기도는 여호와께서 그분의 교회 가운데서 영광스럽게 빛을 발하셔서, 미신과 회의주의 세력들이 그분의 임재로 인해 떨게 되는 것입니다. 나는 그들의 장막들을 보았습니다. 그 속에서 그들은 육적인 지혜로 지존자를 거스르는 교만한 말을 했습니다. 그에 대해 내 마음은 이렇게 말했습니다. "주께서 자기 백성 가운데 거하시고 또 그 능력을 옛 시대와 같이 나타내셔서 이 장막들이 환난을 당하고 완전히 사라지게 하소서."

게다가, 선지자는 모든 자연과 섭리가 하나님께 복종하는 것을 봅니다. 그래서 그는 장엄하게 노래합니다. "여호와여 주께서 말을 타시며 구원의 병거를 모시오니, 강들을 분히 여기심이니이까? 강들을 노여워하심이니이까? 바다를 향하여 성내심이니이까?"(8절). 만약 하나님이 자기 백성과 함께 하시면 만물이 그들의 편입니다. 하늘의 별들도 그들을 위해 싸웁니다. 눈으로 가득한 영원한 섭리의 바퀴들이 깨어있는 지혜로 돌며, 선한 목적을 위해 작동합니다. "하나님을 사랑하는 자 곧 그의 뜻대로 부르심을 입은 자들에게는 모든 것이 합력하여 선을 이루느니라"(롬 8:28). 여호와께서 말씀하신 모든 것이 자기 백성의 구원을 위해 행해졌습니다. 바로와 그의 말들은 바다에 빠졌으나, 여호와께서 자기 백성을 위해 구원하러 가셨을 때, 바다도 그분을 이기지 못했습니다. "주께서 말을 타시고 바다 곧 큰 물의 파도를 밟으셨나이다"(15절). 여러분은 바다 가운데로 빠져드는 말들과 병거들을 볼 수 있지 않습니까? 그때 영원한 왕이 화살들을 양쪽에서 쏘셨으니, 그것은 그분이 자기 백성을 구원하려 하심이 아닙니까? 이것은 상상력에서 나온 언어입니다만, 실제 사실들은 모든 시를 능가합니다. 하나님은 한 백성과 함께 하실 수 있고 또 그들을 떠나실 수도 있지만, 그분이 그들과 함께 하실 때 그들의 뿔은 그분의 능력과 위엄으로 높이 들리며, 그들이 붙드는 진리는 마치 깃발처럼 높이 들려 계속해서 승리를 알립니다. 오직 우리는 기도 중에 여호와를 기다리고, 믿음으로 그분의 얼굴을 구하며, 우리 마음에서부터 부르짖기만 하면 됩니다. "여호와여 주는 주의 일을 이 수년 내에 부흥하게 하옵소서. 이 수년 내에 나타내시옵소서."

3. 선지자의 탄원

세 번째로, 선지자의 탄원을 살펴보도록 합시다. 이 탄원이 오늘 아침에 우리의 탄원이 되기를 바랍니다.

그는 먼저 이런 탄원을 올렸습니다: "주여, 그것은 주의 일입니다. 그러므로 주의 일을 부흥하게 하옵소서." 우리는 선지자의 입술에서 나온 말씀을 가지고 같은 방식으로 기도합니다. "주여, 만약 이것이 우리의 일이면, 이 일을 끝내소서. 만약 그것이 사람의 일이라면, 그것을 무너뜨리소서. 하지만 그것이 주의 일이라면, 그 일을 부흥하게 하옵소서." 우리는 우리의 영혼을 향해 성경의 하나님에 대해 계시된 것이 아니면 전하지도 않고 믿지도 않을 것이라고 말하지 않았습니까? 우리는 소위 과학이나 사상이라는 이유를 내세우는 계시의 반대자들에게 머리털 한 올 만큼도 물러서지 않겠다고 말하지 않았습니까? 지금도 여전히 그렇습니까? 우리는 우리 선조들의 옛 깃발을 들었고, 하나님의 은혜의 교리들을 전했습니다. 그 교리들의 중심에는 십자가에 달리신 그리스도가 있으니, 곧 믿는 사람들을 위한 대속의 제물입니다. 이것이 지금까지 우리의 한 가지 주제였고, 모든 때에 설교나 사역에서 주된 요지였습니다. "주여, 만약 이것이 당신의 진리가 아니라면, 당신의 이름을 위하여 그것이 시들게 하시고, 우리로 더는 그것을 따르지 않게 하소서. 하지만 그것이 당신의 진리라면, 예수의 이름이 선포되는 이곳과 다른 모든 곳에서 그 진리에 당신의 인을 치소서." 이것은 훌륭한 탄원입니다. "그것은 당신의 일입니다. 우리는 그 일을 할 수 없고, 그 일을 시도하지 않을 것입니다. 하지만 주여, 그것이 당신의 일이라면, 당신은 그 일을 행하셔야 합니다. 우리는 겸손한 믿음으로 그것을 당신께 부탁하나이다."

하지만 최상의 탄원은 선지자가 "진노 중에라도 긍휼을 잊지 마옵소서"라고 한 것입니다. 그것은 우리 모두에게 적합한 탄원입니다—긍휼, 긍휼, 긍휼! "주께서 목자와 양을 모두 치셔도 당연한 일이지만, 그러나 긍휼히 여기소서! 주께서 촛대를 옮기시고 우리를 어둠에 남겨두실 수도 있고, 그래도 우리로서는 할 말이 없지만, 진노 중에라도 긍휼을 잊지 마옵소서! 당신은 신앙을 고백하는 당신의 백성에게서 마음의 냉랭함과 삶의 불일치를 보십니다. 그래서 당신은 당신의 시온을 황폐하도록 내버려두실 수 있습니다. 하지만 주여, 긍휼을 잊지 마소서! 긍휼을 기억하소서. 주께서는 그것을 아시나이다. 긍휼은 당신의 고귀한 속성이기 때문입니다. 주께서 주의 백성을 택하셨을 때 영원한 언약 안에 두신 당신의 긍휼을 기억하소서. 우리가 주를 노엽게 했던 여러 해 동안 주께서 우리에게 베푸셨던 긍휼을 잊지 마소서. 긍휼을 기억하시고 은혜를 베푸소서. 우리에게 무슨 선한 것이 있거나 우리에게 당신의 사랑을 받을 만한 점이 있어서가 아니라, 오직 당신의 긍휼을 위하여 우리를 불쌍히 여기소서. 풍성하게 베푸시는 당신의 주권적인 은혜로부터, 긍휼을 위하여, '주는 주의 일을 이 수년 내에 부흥하게 하옵소서.'" 그것은 좋은 탄원입니다. 그것을 꼭 사용하시기 바랍니다.

한 가지 추가적인 탄원이 이 장의 나머지 부분에 내포되어 있습니다: "당신은 크고 기이한 일들을 행하셨습니다. 오 여호와여, 이 일을 수년 내에 다시 행하소서." "그 일에서 주께서 우리의 기도를 들으셨습니다. 주여, 중년의 때에 우리 기도를 들으소서. 지금 우리의 기도를 들으소서. 지금껏 주께서는 약한 자들을 도우사 강한 자들을 대적하게 하셨습니다. 주여, 우리를 다시 힘 있게 하소서. 주께서는 죄인들의 괴수를 예수의 발치로 이끄셨습니다. 주여, 그와 같은 일을 다시 행하소서! 그것이 우리의 기도입니다. 광야를 통과하는 영광스러운 행진에서 당신은 당신의 백성을 이끄셨고, 그들 앞에서 그들의 원수를 흩으셨습니다. 반석이 그들에게 물을 내었고, 하늘이 떡을 내렸습니다. 당신은 옛적에 당신의 백성에게 은혜의 기적들을 행하셨습니다. 그들은 여전히 당신의 백성이오니, '주는 주의 일을 이 수년 내에 부흥하게 하옵소서.'"

이제 이 말로 말씀을 맺겠습니다. 선지자가 간구를 마쳤을 때, 그의 영혼은 안식했고, 그는 자리에 앉았습니다. 그때 그의 마음에 남은 세 가지가 있었습니다. 미래를 들여다보면서, 그는 갈대아인들의 투구가 번쩍이는 것과 그들의 잔혹한 칼이 빛나는 것을 보았습니다. 그는 온 땅이 황무지로 바뀌는 것을 보았고, 무화과나무가 무성하지 못하고, 포도나무에 열매가 없으며, 감람나무가 메마른 것을 보았습니다. 소들의 울음소리가 없고 양들의 우는 소리도 없으며, 온 땅이 기근으로 덮인 것을 보고 그는 말했습니다: "주여, 제가 보았던 대로 그 모든 일이 올 것입니다. 하지만 주님의 길은 영원하오니, 짙은 어둠에서도 주님은 언제나 주께서 뜻하신 일을 이루십니다. 주님은 패배하신 적이 없으며, 주의 백성을 버리신 적도 없습니다. 그러므로 저는 주님 안에서 기뻐할 것입니다. 저는 나의 구원의 하나님 안에서 즐거워할 것입니다." 이런 자세를 여러분 모두에게서 발견할 수 있기를 바랍니다. 우리는 미래에 대해 많은 것을 안다고 생각하는 사람들로부터 두려운 때가 오고 있다는 주장을 들어왔습니다. 그렇게 되더라도, 우리는 놀랄 필요가 없습니다. 주께서 다스리시기 때문입니다. 내 형제여, 주님 편에 머무르십시오. 그러면 그분의 이름으로 당신은 기뻐할 수 있습니다. 비록 최악의 일이 연거푸 일어나더라도, 하나님 안에 우리의 피난처가 있습니다. 비록 하늘이 무너져도 하늘의 하나님은 굳게 서실 것입니다. 만약 하나님께서 하늘 아래에서 자기 백성을 돌보시지 못할 때가 오면, 그분은 그들을 하늘 위로 데려가십니다. 그리고 거기서 그들은 그분과 함께 살 것입니다. 그러므로 당신에 관한 한, 안심하십시오. 종말의 날에 당신은 당신의 분깃 안에 설 것입니다.

그때 하박국에게 두 번째 영이 임했습니다. 이제 그는, 하나님이 옛적에 행하신 모든 이적들을 보았고, 또 그분이 같은 일을 다시 행하실 수 있음을 보고서, "구름이 몰려오더라도 나는 내 일로 돌아가야겠다" 말합니다. 왜냐하면 "주 여호와는 나의 힘이시고 나의 발을 사슴과 같게 하실" 것이기 때문입니다. 마치 영양의 발처럼 산악의 험준한 바위를 오르게 하실 것이기 때문입니다. "그가 나를 나의 높은 곳으로 다니게 하시리로다." 오, 주 안에서의 안전과 능력의 확신을 위하여! 우리는 중간의 시기를 지나고 있습니다. 하지만 하나님 안에서 믿음을 가진다면 모든 것이 안전합니다. 우리는 우리에게 맡겨진 의무를 행하면서 산과 언덕들을 다니고 뛸 것이며, 우리의 발이 미끄러질 것을 두려워하지 않을 것입니다. 하나님 없이 우리는 넘어지지만, 하나님과 함께라면 우리의 발은 결코 미끄러지지 않을 것입니다. 그분이 성도의 발을 지키시니, 주의 능력이 나타날 때와 마찬가지로 악한 자들은 어둠 속에서 잠잠할 것입니다.

이처럼 선지자는 어떤 일이 일어나도 언제나 하나님을 신뢰할 수 있다고 느꼈습니다. 무슨 일이 일어나도 보전될 것을 믿기에, 하박국은 무어라 말합니까? 그는 집으로 가서 자기의 할 일을 합니다. 그가 마음에 둔 일이 무엇입니까? 그는 그것을 마지막 문장에서 암시합니다. 그것은 완전한 문장은 아니지만, 그의 기도의 마지막 말입니다. "이 노래는 지휘하는 사람을 위하여 내 수금에 맞춘 것이니라"(19절). 그는 이렇게 말하는 것 같습니다. "내게 남은 모든 일은 오직 사랑하고 노래하는 것이며, 또한 천사들이 와서 나를 그들의 왕에게로 데려갈 때까지 기다리는 것이다." 그는 이렇게 말하는 것 같은데, 나는 여러분에게 같은 말을 하고 싶습니다. "내가 이제 해야 할 일의 전부는, 영원하신 손 안에서 모든 것이 안전하다고 느끼는 것이다." 나에 대해 말하자면—

"그분이 내게 호흡을 주시는 한 그분을 찬양하리니,
죽음으로 내 음성을 잃을 때는
더 고상한 능력으로 찬양할 수 있으리;
내 찬미의 날들은 결코 멈추지 않으리니,
내 삶과, 내 생각과, 내 존재가 지속되는 한
나의 찬미도 영원토록 계속되리라."

스바냐

제
1
장

당신의 체포 영장

"여호와의 말씀이 너희를 치나니" - 습 2:5

주님의 말씀은 이 구절이 언급하는 땅에 대한 경고입니다. 전체 구절은 이렇게 읽힙니다: "해변 주민 그렛 족속에게 화 있을진저! 블레셋 사람의 땅 가나안아 여호와의 말씀이 너희를 치나니 내가 너를 멸하여 주민이 없게 하리라." 이 다툼에는 오직 한 가지 결말이 있을 뿐입니다. "여호와의 말씀" 배후에 주님 자신이 계시기 때문입니다. "자기를 지으신 이와 더불어 다툴진대 화 있을진저!"(사 45:9). 누가 감히 그분의 주권적인 뜻에 반대한단 말입니까? 모든 세력이 그분의 명령을 따르니, 그분에게 "당신이 무엇을 하십니까?"라고 말하는 자들은 정녕 어리석은 자들입니다.

하지만 나는 여러분에게 단지 블레셋 땅에 대해서와 그 땅에 사는 죄인들에 대해서만 말하려고 여기에 온 것이 아닙니다. 내 설교의 취지는 현재 살고 있는 남자와 여자들, 그리고 내가 진실로 "여호와의 말씀이 여러분을 칩니다"라고 말할 수 있는 자들과 관련되어 있습니다. 여러분이 정신을 차리고 이 두려운 문장에 담긴 진리를 볼 수 있기를 바랍니다. 그리고 성령의 능력으로 즉시 감동을 받아 다가올 진노에서 벗어나기를 바랍니다!

블레셋 족속은 가나안 족속 중의 하나였으며, 워낙 뛰어났기에 그들의 이름은 온 사방에 퍼졌습니다. 팔레스타인은 블레셋 사람들의 땅이었습니다. 이 사람들은 육체적으로 아주 잘 발달했고, 그들 가운데는 비범한 체격을 갖춘 사람들도 있었습니다. 그들의 도시에는 거인들이 있었습니다. 가드의 골리앗은 우리에게 가장 잘 알려진 사람인데, 그와 다윗의 싸움 때문입니다. 하지만 다른 거인들도 많았습니다. 더욱이, 블레셋 사람들은 매우 호전적인 민족이었습니다. 하나님께서 그분의 백성을 애굽에서 끌어내어 약속의 땅으로 인도하실 때, 블레셋의 다섯 왕이 죽임을 당했으며, 그들의 성읍은 이스라엘 백성의 차지가 될 예정이었습니다. 하지만 그들은 멸망하지 않았고, 그들의 성읍도 함락되지 않았습니다. 이스라엘 백성이 충분한 믿음을 갖지 못했기 때문이며, 또 용맹한 블레셋 사람들이 완강하게 그들의 땅을 방어했기 때문입니다. 그들은 심지어 이스라엘의 억압자들이 되었고, 크고 강력한 민족이 되어, 오랜 세월 동안 히브리 사람들을 복종시켰습니다. 이스라엘이 강해져서 블레셋으로 조공을 바치게 했을 때도, 블레셋 사람들은 끈질기게 반항하며 이스라엘을 괴롭혔습니다. 그들은 언제나 하나님을 적대시했고, 하나님의 백성을 적대시했습니다. 그들이 회개의 기간을 가질 수 있도록 여호와께서 오래 참고 기다리셨지만, 그들은 끝내 회개하지 않았습니다. 이 예언이 주어졌을 때, 그들의 잔은 찼습니다. 그들은 하나님께 너무나 많은 죄를 지었으므로 결국 그들에게 운명의 날이 다가왔고, 선지자 스바냐는 하나님의 이름으로 그들에게 말했습니다. "여호와의 말씀이 너희를 치신다."

나는 다른 어떤 이가 그들을 대적했는지 알지 못합니다. 그들은 아무도 두려워하지 않는 민족이었고, 오랜 세월 동안 이런저런 공격을 받았어도 꺾이지 않았습니다. 그들은 튼튼하게 둘러싸인 성읍들을 가졌습니다. 그것들 가운데 일부는 그리스도 시대 이후까지 서 있었고, 심지어 십자군 시대에도 있었습니다. 그래서 그들은 지상의 다른 민족들을 두려워할 이유가 없었습니다. 그들은 모든 상대에 맞서 자기들의 권리를 유지할 수 있었고, 절대 흔들리지 않을 것처럼 보였습니다. 하지만 번영이란 종종 기만적입니다. 그들이 상상한 안전은 그저 용암층 위에 있는 얇은 표면에 불과했습니다. 아래에 있는 화산은 언제라도 폭발할 준비가 되어 있었습니다.

그들은 미처 알지 못했지만, 그들에게는 두려워할 만한 압도적인 이유가 한 가지 있었습니다. 그들은 모든 민족을 정복할 수 있었습니다. 하지만 한 적대자가 그들에게 다가오고 있었고, 그에 맞서는 그들의 싸움은 허사가 될 것이었습니다. 선지자가 "여호와의 말씀이 너희를 대적한다"는 메시지를 전했을 때, 그는 운명의 종을 울린 것입니다. 이 적수가 무엇입니까? "여호와의 말씀입니다!" 이 적수는 애굽이나 앗수르보다 강력하고, 지상에 있는 어떤 인간 족속들보다 강력합니다. 그리고 그것은 폭풍의 소리보다 두려운 것입니다. 주님은 그분에게 대적하는 무수한 자들을 깨뜨리고 흩으셨습니다: "여호와께서 하늘에서 우렛소리를 내시고 지존하신 이가 음성을 내시며 우박과 숯불을 내리시도다. 그의 화살을 날려 그들을 흩으심이여 많은 번개로 그들을 깨뜨리셨도다"(시 18:3-4). 그들을 대적하는 여호와의 말씀을 가진 자들은 가장 두려운 자연계의 격변보다 더 두려운 분을 적수로 삼은 것입니다. 그 적수는 사막의 모래폭풍보다 두렵고, 평지의 열풍이나 바다의 폭풍보다 두렵습니다. 선지자는 하나님이 어떤 도구를 사용하여 블레셋을 깨뜨리실지 보여주려고 시도하지 않습니다. 그 도구는 역병이나 기근, 혹은 악성 전염병이나 전쟁이 될 수도 있습니다. 그는 단순하게 말합니다. "여호와의 말씀이 너희를 치신다." 그것으로 충분합니다. 이유를 진술했으니, 결과는 확실히 뒤따를 것입니다.

오늘날, 이 본문에서 언급된 전쟁의 결과로, 블레셋은 일소되었습니다. 그 성읍들은 파괴되었습니다. 가사와 에그론, 아스돗과 아스글론은 하나님의 심판에 의해 멸망했습니다. 나는 여러분에게 그들을 친 예언이 문자 그대로 실현되었음을 증명하기 위해 여행자들의 증거를 제시할 시간이 없습니다. 주의 원수들에 대한 예언이 그대로 되지 않은 것처럼 보였던 곳에서도, 결국은 완벽한 심판이 이루어졌습니다.

하지만 지금 나의 주된 목적은 블레셋 사람들만 상대하는 것이 아닙니다. 하나님의 말씀은 그 주변에 있는 다른 많은 민족을 대적합니다. 나는 그들 중 어떤 이들을 향해 엄중한 경고의 말을 전하려고 합니다. 내 메시지는 많은 사람에게 "여호와의 말씀이 여러분을 칩니다"가 될 것입니다. 오, 하나님이 나를 도우사, 내 말을 통해 여러분의 삶이 변화되기를 바랍니다. 그래서 하나님의 말씀이 더는 여러분을 치는 말씀이 아니기를 바랍니다! 그러므로 죄 가운데 사는 여러분이여, 이 말씀을 들으십시오! 구주를 거부하고 있는 여러분, 회개의 때를 미루고 있는 여러분, 믿음에서 퇴보한 여러분이여, 이 말씀을 들으십시오! 하나님의 말씀이 여러분을 대적합니다! "여호와의 말씀이 너희를 치나니." 나는 하나님을 거역하는 끔찍한 반역의 상태에 있는 어떤 사람을 붙잡고 싶습니다. 친절하고 우정 어린 형제의 방식으로, 그를 손으로 붙잡고는, 이 엄중한 경고의 말씀을 전하고 싶습니다: "여호와의 말씀이 당신을 칩니다."

첫째, 나는 일반적인 사실을 단순하게 진술할 것입니다. 진정 그렇습니다. 주님의 말씀은 진정으로 많은 남자와 여자들을 칩니다. 둘째, 나는 한 가지 요점이 분명하게 드러나도록 노력할 것입니다. 즉, 여러분이 만약 하나님의 말씀이 여러분을 치는 상태로 살아간다면, 그것은 매우 두려운 일입니다. 셋째, 만약 여러분이 각성하여 여러분의 위험을 보게 된다면, 나는 그 문제에서 어떤 일이 가능한지를 여러분에게 제시할 것입니다.

1. 단순한 사실 — "여호와의 말씀이 너희를 친다."

첫째로, 많은 사람과 관련하여, 이 본문은 문자 그대로 사실입니다—"여호와의 말씀이 너희를 치나니." 영국의 법이 영국인들 가운데 일부 사람을 치는 것이 분명하고도 슬픈 사실인 것처럼, 우리는 주의 말씀이 땅의 거주민 가운데 많은 사람을 친다고 단언할 수 있습니다. 주의 말씀은 변하지 않을 것이며, 변할 수도 없습니다. 주의 말씀은 영원히 서서 많은 사람을 치며 증언합니다. 즉 그들은 주 예수의 은혜에 참여한 사람이 아니면, 전복될 것이며, 파멸되고, 회복되지 않을 것입니다.

나는 "주의 말씀"이 여러분 중 일부를 친다고 확신합니다. 왜냐하면 여러분이 주의 말씀을 거역하기 때문입니다. 여러분과 이 놀라운 책 사이에 전쟁이 있습니다. 여러분은 그것을 읽는 것을 즐기지 않으며, 아니 아마도 여러분은 그것을 미워하기까지 할 것입니다. 여러분은 그것을 반대합니다. 심지어 여러분은 성경이 없기를 바랄 수도 있습니다. 아마 여러분은 성경의 영감과 관련하여, 실질적으로 성경을 성경이 아니게끔 만들어버리는 이론들에 취했을지 모릅니다. 믿음과 실천의 모든 문제에서 완전하고 권위 있는 지침으로서의 성경이라는 올바른 위치에서, 그것을 뒤로 물려놓은 것입니다. 만약 여러분이 성경이 믿음과 실천의 모든 문제에서 완전하고 권위 있는 지침이라고 받아들이지 않으면, 여러분은 성경을 적대시하는 것입니다. 만약 이것이 여러분에게 사실이라면, 여러분이 성경을 이해하지 못하기 때문에 그렇다고 나는 생각합니다. 하나님의 말씀은 그 자체 내에 진리의 증거를 담고 있습니다. 그것은 편견에 사로잡히지 않은 사람들을 가르치며, 눈을 떠서 보기 원하는 사람들에게 빛을 비추어줍니다. 성경이 여러분을 대적하고 있다는 분명한 혐의를 여러분이 품고 있지 않다면, 여러분은 성경을 대적할 수 없습니다. 사실은, 성경이 당신을 기쁘게 하지 않는 것입니다.

성경은 당신이 처벌을 받지 않고 죄짓도록 내버려두지 않습니다. 성경은 당신의 교만에 영합하지 않는 구원의 길을 당신에게 제시합니다. 그래서 당신이 성경을 좋아하지 않는 것입니다. "여호와의 말씀이 너희를 치나니." 자, 이 점을 확실히 아시기 바랍니다. 만약 당신이 주의 말씀을 대적한다면, 그것은 주의 말씀이 당신을 대적하기 때문입니다.

또한, 내가 확신하지만, 성경이 당신을 치는 이유는 당신이 그것을 읽는 것에 관심을 두지 않기 때문입니다. 내가 이 이유를 강조할 때 당신의 양심은 나와 함께 있습니다. 여러분 중에 많은 사람은 자기가 성경에 대해서 이상한 혐오증이 있다는 것을 잘 알 것입니다. 어떤 나라들에서, 왜 로마 가톨릭 교인들에게 성경 읽는 것이 금지되었는지 그 이유를 나에게 말해주겠습니까? 왜 사제들이 서적 행상인들이 배포한 성경을 사람들에게서 빼앗을까요? 그 이유는 로마 교회의 거짓 가르침과 미신적인 의식 준수에서 찾을 수 있습니다. 만약 여러분이 어떤 가게에 물건을 사러 갔을 때, 가게 주인이나 점원이 첫 번째로 하는 행동이 가스 불을 줄이거나 촛불을 끄는 것이라면, 여러분은 속으로 이렇게 생각할 것입니다. '음, 이 사람은 나에게 나쁜 제품을 팔려는 모양이군. 이 사람은 내가 잘 식별하지 못하도록 불빛을 줄이는 거야.' 사제가 성경을 적대시하는 이유는 성경이 그를 적대시하기 때문입니다. 당신에게도 꼭 마찬가지입니다. 만약 당신이 성경에 동의한다면, 당신은 기꺼이 성경을 읽으려 할 것입니다. 하지만 성경이 너무나 진실하고, 정확하며, 당신의 잘못을 너무 많이 들추어낸다면, 당신은 그것 때문에 성경을 좋아하지 않습니다. 그리고 그것을 읽지도 않습니다. 성경 한 장이라도 읽은 것이 얼마나 오래되었습니까? 한 가지 은혜로운 본문을 두고 묵상해본 적이 얼마나 오래되었습니까? 오, 친애하는 내 형제들이여, 만약 내가 여러분을 엄밀하게 탐사(探査)하고, 이 문제로 여러분 중 일부를 압박하는 것이라면, 하나님의 말씀이 여러분을 치는 것이 분명합니다. 당신 자신이 그렇다는 것을 잘 알고 있고, 그래서 당신이 성경을 읽지 않는 것이지요. 당신은 성경 때문에 귀찮아지기가 싫은 것입니다. 그것은 당신의 죄를 비난합니다. 그것은 당신의 거짓된 안전을 뒤흔듭니다. 그것은 당신에게서 악한 잠을 빼앗습니다. "여호와의 말씀이 너희를 치나니." 말씀에 대한 당신의 태만이 이 구절이 사실인 것을 보여줍니다.

진실로 주의 말씀이 여러분을 적대시하는 것이 틀림없습니다. 왜냐하면 그것이 죄를 적대시하는 것이 틀림없고, 또 당신이 죄를 즐거워하기 때문입니다. 당신이 죄 속에 살고, 죄를 사랑한다면, 그런 상태에서 하나님이 당신에게 양심을 편안하게 하는 책을 보내실까요? 당신의 마음속에 부당하고, 무절제하며, 거룩하지 못한 것이 숨어 있고, 또 그것이 당신의 삶에서 행해지고 있다면, 당신은 성령께서 그런 당신을 그렇게 살도록 돕기 위해 성경을 기록하게 하셨다고 기대할 수 있습니까? 그럴 수 있다고 생각하는 것은 신성모독입니다. 성경 전체에서, 아담이 그의 범죄 때문에 동산에서 쫓겨난 날부터, "사람이 그의 마음으로 생각하는 모든 계획이 항상 악하기"(창 6:5) 때문에 홍수가 임한 때까지, 죄는 일관되고도 보편적으로 비난을 받습니다. 시내 산에서도 같은 진리가 천둥처럼 울렸습니다. 이것이 선지자들의 메시지의 부담감이었습니다. 하나님의 말씀은 항상 죄를 적대시합니다. "범죄하는 그 영혼은 죽을지라"(겔 18:20)는 경고가 수도 없이 주어집니다. 만약 당신이 죄에 푹 빠진 죄인이라면, 이 책이 당신을 치며, 또 당신을 칠 수밖에 없다는 것은 분명합니다. 당신이 올바른 정신을 가진 사람이라면, 그렇지 않기를 바랄 수는 없습니다. 당신은 이렇게 말할 것입니다. "내가 무엇을 하건, 나는 성경이 좀 누그러뜨려져서 내 불경한 삶에 적합해지기를 바랄 수는 없다. 또 나는 성경이 내 악한 추구에 구미를 맞추어주기를 바랄 수도 없다."

이 책이 여러분 가운데 일부를 대적하는 틀림없는 이유는, 여러분이 그리스도를 거부했기 때문입니다. 하나님은 사람들을 구원하시려고 그분의 귀한 아들을 주셨습니다. 그분은 그리스도의 보혈을 믿음으로 말미암는 한 가지 구원의 길을 정하셨습니다. 만약 당신이 그 정해진 길을 원하지 않고, 하나님이 정하신 구원자를 거부한다면, 이 책이 당신과 다투는 것도 당연합니다. 왜냐하면 당신이 하나님과 다투기 때문입니다. 뭐라고요! 속량하기 위해 쏟으신 아들의 피를 당신이 거부한단 말입니까! 자비가 당신을 구원하기 위해 진홍빛 옷을 입고 오는데, 당신은 도망을 친단 말입니까! 피 흘리시는 구세주에게서 구현된 사랑이건만, 당신은 그것을 퇴짜놓는단 말입니까! 아마도 당신은 당신이 충분히 선하기 때문에 그리스도 없이도 구원받을 거라고 상상하는 것 같습니다. 하지만 불쌍하고 죄 많은 벌레 같은 인간에게서 이 무슨 지독한 교만이란 말입니까! 어쩌면 당신의 확신은 당신 자신의 선행에 있을 것이며, 골고다의 피가 없어도 그 선행들로 충분하다고 당신은 희망할 것입니다. 죄 속에서 태어났고 죄악 속에서 자란 인간에게 이 얼마나 뻔뻔한 교만이며 헛된 자만심인지요! 진실로 "주님의 말씀"은 당신 편이 될 수 없습니다. 만약 성경이 그리스도를 사람들의 구주로 계시하기 위해 주어진 것이면, 그것은 구주를 거부하고, 그리스도의 피를 경시하며, 은혜의 성령을 거역하는 자를 거들어줄 수 없습니다.

오, 내 친애하는 형제여, 내가 성경을 읽으면서도 그리스도를 발견할 수 없었을 때, 이 책은 내게 얼마나 엄하게 말하곤 했던지요! 그것은 화가 나 보였습니다. 그것은 나를 위협했습니다. 그것은 날카로운 칼을 뽑아 든 것처럼 보였고, 내 심장을 찌르는 것 같았습니다. 나는 성경이 내 불신앙에 대해 가혹하게 대했던 것을 고맙게 생각합니다. 성경은 내게 친구로서 상처를 입혔습니다. 내가 상처를 입었을 때, 나는 치료를 위해 그리스도께 달려갔습니다. 만약 하나님의 말씀이 그리스도를 거부하는 당신을 대적하지 않으면, 그것은 하나님의 말씀일 수 없습니다. 그리고 만약 당신이 성경이 당신을 친다는 것을 알지 못하면, 그것이 불신앙의 요람에 갇혀 있는 당신에게는 불행한 일입니다. 당신은 경고도 없이 하나님에게서 멀리 떨어진 채로 남아 있는 것입니다. 이 점을 분명히 아십시오. 당신이 그리스도를 믿을 때까지 "여호와의 말씀이 당신을 칩니다."

비록 당신이 하나님의 말씀을 읽지 않고, 그래서 그 말씀이 당신을 치는 것을 발견하지 못해도, 당신의 양심이 그렇게 되는 것이 마땅하다고 알려줍니다. 여기에 앉아 있는 많은 남자와 여자들은, 비록 이제 막 생각했을 뿐이어도, 이렇게 말할 것입니다. "내가 잘못된 것이 틀림없어. 진리 그 자체인 하나님의 책이 나를 칠 것이 틀림없어." 사람들은 양심이 말하는 것을 허락하지 않습니다. 하지만 그들이 허락한다면, 양심은 곧 하나님의 말씀과 같은 증언을 할 것입니다. 당신은 쉽사리 양심이 거짓 증언을 하도록 만들지 못할 것입니다. 그리스도를 믿든지 안 믿든지, 모든 사람이 구원을 받을 것이라고 말하는 사람들이 더러 있습니다. 어떤 교인이 그런 교리를 전하는 어느 목사에게 말한 것을 나는 기억합니다. "목사님, 만약 당신이 오늘 전한 것이 진실이라면, 우리는 당신이 필요치 않습니다. 참말이지, 우리는 어떤 목사도 전혀 필요치 않을 것입니다. 우리는 목사 없이도 잘해 나갈 테니까요. 그런데 만약 당신이 전한 것이 진실이 아니라면, 우리는 당신을 원치 않습니다. 그러니까 어떤 경우든지, 우리에게는 당신의 활동이 전혀 필요하지 않습니다." 그 교인은 그 목사가 전한 것이 진리가 아닌 것을 알았습니다.

양심은 하나님의 말씀이 선언하는 것을 확증합니다. 양심이 말씀을 확증하든지 아니하든지, 말씀 자체는 진실입니다. 하지만 양심은 사람들에게 악인이나 의인이 같을 수가 없다고 분명히 말합니다. 구주를 거부하는 자들과 그분을 받아들이는 자들이 같을 수가 없습니다. 여러분은 마음속의 음성을 침묵시키지 못합니다. 지금 널리 퍼진 '보편 구원'이라는 무모한 교리를 전했던 어느 유니테리언(삼위일체를 믿지 않으며, 당연히 성자 예수의 신성도 부인함-역주) 목사가, 한번은 한 구식의 침례교 목사를 만났습니다. 그 침례교 목사는 좋은 교육을 받은 사람이 아니었지만, 많은 회중이 그에게 몰려왔습니다. 학식이 많은 그 형제에게 유려한 강론을 들으러 오는 사람들은 단지 열두세 명 정도였습니다. 그 유니테리언 목사가 말했습니다. "나는 어찌해서 우리 회중의 수가 이렇게 차이 나는지 모르겠소. 당신의 설교를 들으러 오는 사람은 너무 많고, 나는 너무 적구려. 나는 매우 즐겁게 해주는 교리를 전하오. 나는 사람들에게 그들이 결국에는 모든 것이 잘 될 것이라고 말한다오. 나는 어떤 회개와 믿음과 속죄의 교리로 그들을 걱정시키지 않습니다. 그런데도 사람들은 내 설교를 들으러 오지 않는다오. 당신은 아주 따분한 교리를 전하고, 사람들에게 회개하지 않으면 멸망할 것이고 지옥에 던져진다고 말합니다. 그런데도 그들은 당신의 설교를 듣기 위해 예배당에 몰려듭니다. 어찌 된 영문일까요?" "음", 그 구식 남자가 말했습니다. "내 친구여, 내 생각에, 그들이 내가 말하는 것은 진실인 것 같다고 여기고, 당신이 말하는 것은 진실이 아닌 것 같다고 날카롭게 의심하기 때문인 듯합니다."

그것이 정곡을 찔렀습니다. 정말 그렇습니다. 사람들의 양심이, 의인들이나 악인들 사이에 아무런 차이가 없을 것이라고 가르치는 말은 믿지 말라고 그들에게 말합니다. 하나님은 인간의 마음에 이러한 판결문을 새겨두셨습니다: "죄에는 반드시 처벌이 있다. 마지막 때에, 경건한 자와 경건치 못한 자가 같을 수는 없다." 당신의 양심의 소리를 들으십시오. 그 소리에 귀를 기울이십시오. 그것이 당신에게 "여호와의 말씀이 당신을 친다"는 것을 알려줄 것입니다.

한 가지가 더 있습니다. 죄 속에 살면서 구주를 받아들이지 않으려는 여러분이여, 틀림없이 "여호와의 말씀이 여러분을 칩니다." 마음을 완고하게 하려는 당신의 노력이 그것을 입증합니다. 마음을 잠잠하게 하려고 당신이 애써 투쟁해야 한다는 사실이 "여호와의 말씀이 당신을 친다"는 사실에 의문의 여지를 남기지 않습니다. 때때로 당신의 영혼에 말씀이 들려올 때, 당신은 그것을 좋아하지 않습니다. 당신은 그것을 성가시게 느낍니다. 그런 일에 대해 당신은 농담 투로 말하고, 다소 불경한 말을 내뱉거나, 혹은 어떤 오래되고 낡아빠진 비방의 말을 반복합니다. 스스로 뻣뻣하게 굳어 말씀을 거절하는 것이지요. 집에 도착하면, 당신은 복음이 당신의 가슴에 붙여놓은 불꽃을 눌러 끄기 위해 온 시간을 보냅니다. 그 불꽃을 밟아 끄기 위해 분주히 애쓰는데, 그렇게 하는 것은 당신 영혼 안에 어떤 인화성 물질이 있다는 것을 당신이 알기 때문이며, 혹 속에서 불이 붙을 것이 두렵기 때문입니다. 만약 당신이 하나님이 말씀이 당신을 친다고 생각하지 않는다면, 그것이 당신의 마음에 합당한 영향을 미치는 것을 막기 위해 그처럼 격렬하게 노력하지 않아도 될 것입니다. 오, 젊은이여, 당신이 항복하기를 바랍니다. 오, 젊은이여, 하나님의 말씀이 당신에게서 그 뜻을 이루기를 바랍니다! 오, 말씀이 당신을 깨뜨려 산산조각 내고, 당신에게 상처를 입히고, 당신을 죽이기를 바라고, 그리하여 당신을 살게 하고, 또 치유하기를 바랍니다! 진실로 "여호와의 말씀이 너희를 친다"고 해당하는 모든 사람에게 그런 일이 있기를 바랍니다!

2. 두려운 일 — "여호와의 말씀이 너희를 친다."

두 번째로, 나는 "여호와의 말씀이 여러분을 친다"는 사실이 매우 두려운 일이라는 것을 말하고 싶습니다. 바로의 말이 이스라엘을 쳤을 때, 그들은 잔인한 속박으로 고통을 당했습니다. 하지만 여호와의 말씀은 강력한 전제군주의 말보다 강합니다. 모세와 아론을 통해 그분이 말씀하셨을 때, 그분의 백성은 해방되었습니다. 사울 왕의 말이 다윗을 쳤을 때, 다윗은 산에 있는 메추라기처럼 사냥을 당했습니다. 하지만 주의 말씀이 그에게 확증되었을 때, 그는 원수의 손에서 벗어났으며, 결국 왕위에 올랐습니다. 느부갓네살의 말이 세 명의 히브리 청년들을 쳤을 때, 그들은 맹렬히 타는 풀무불에 던져졌습니다. 하지만 주께서 그들을 건지셨습니다. 주님은 또한 다리오의 말이 다니엘을 쳤을 때도 그를 건지셨습니다. 하지만 "주님의 말씀이 여러분을 칠" 때, 그것은 애굽의 속박보다 두려운 심판이며, 맹렬히 타는 풀무불이나 사자 굴보다 두려운 심판입니다. 주님의 말씀이 당신을 칠 때, 그분의 권세로부터 당신을 건져낼 자는 아무도 없기 때문입니다. 만약 이것이 당신의 경우라면, 당신은 진실로 두려운 상태에 있는 것입니다.

만약 "주님의 말씀이 당신을 친다면", 당신은 떨어야 할 큰 이유가 있습니다. 그 심판은 뇌물로 해결될 수 없습니다. 많은 부유한 사람들이 은이나 금을 적절하게 사용해서 그들이 받아야 할 처벌을 피합니다. 뇌물로 매수하는 일은 예전에 그랬던 것과 달리 지금은 이 나라에서 쉽게 통하지 않습니다. 물론 눈을 멀게 하는 선물은 여전히 있고, 그래서 지위 있는 많은 사람이 가진 재산 때문에 응당 받아야 할 벌을 면합니다. 하지만 당신은 하나님의 말씀을 매수할 수 없습니다. 물론 그렇게 하려고 노력하는 것처럼 보이는 사람들은 있습니다. 그들은 전 삶을 하나님과 그분의 말씀과는 무관하게 살고서도, 수단 방법을 가리지 않고 돈을 모아서, 그들이 더는 그것을 쓸 수 없을 때, 그것을 어떤 종교적인 목적으로 남겨둡니다. 그것을 자기 공로로 삼아 하나님의 환심을 사려는 희망 때문입니다. 또 일반적으로는, 그들의 이름이 그 선물과 관련하여 기억되기를 바라기 때문입니다. 하지만 당신이 어떤 것을 주어도, 하나님의 말씀에서 당신의 잘못에 대한 변상액으로 여겨질 것은 전혀 없습니다. 당신의 뇌물에도 불구하고, 하나님의 말씀은 여전히 말할 것이며, 그 목적을 이룰 것입니다.

만약 "여호와의 말씀이 당신을 친다면", 당신은 그 말씀이 절대 변하지 않을 것을 기억하고 당황하는 것이 당연합니다. 당신이 지금의 상태 그대로라면, 말씀이 당신을 치는 것이 멈추어질 가능성은 전혀 없습니다. 만약 한 사람이 오늘 나를 대적한다면, 그는 내일 나의 친구가 될 수도 있습니다. 바람은 언제나 같은 방향에서 불어오지 않습니다. 조수(潮水)는 밀려왔다가 또 빠져나갑니다. 하지만 하나님의 말씀은 절대 변하지 않습니다. 영원부터 영원까지, 그것은 바른길에서 일 인치도 옆으로 벗어나지 않습니다. 만약 당신이 같은 상태로 머문다면, 그리고 그 말씀이 당신을 대적한다면, 그것은 평생토록 당신을 대적할 것이며, 죽을 때도 당신을 대적하고, 심판의 날에도 당신을 대적하고, 영원토록 당신을 대적할 것입니다. 오, 내 사랑하는 청중이여, 이 불변의 말씀이 여러분을 친다는 것은 실로 두려운 일입니다!

말씀이 여러분을 대적하는 것이 두려운 일임은, 그것을 피할 수 없기 때문입니다. 당신은 대륙으로 도망침으로써 법원의 영장을 피할 수 있습니다. 어디로 갈 수 있을지는 잘 모르겠지만, 당신은 다른 나라로 도망침으로써 체포를 모면할 수 있습니다. 하지만 하나님의 말씀에서 당신은 어떻게 벗어나겠습니까? 그 말씀은 혼돈을 질서로 바꾸었습니다. 그 말씀은 짙은 어둠을 뚫고 들어왔으며, 그러자 빛이 있었습니다. "하나님이 이르시되, 그대로 되니라"(창 1:9). 주님의 말씀은 당신의 침실에도 들어올 수 있습니다. 당신이 땅끝으로 여행을 간다고 해도, 하나님의 말씀이 당신을 찾아낼 것입니다. 비록 당신이 그것을 읽지 않아도 그렇게 될 것입니다. 당신이 지독한 무신론자라 하더라도, 그것은 당신에게 도달할 수 있습니다. 당신이 그것을 믿지 않는다고 해서 그 위협을 바꾸지는 못하며, 그런 것은 없다고 공언한다고 해서 복수를 면하지 못합니다. 하나님의 편재하심에 대한 시편 기자의 말은 주의 말씀에도 적용됩니다: "내가 주의 영을 떠나 어디로 가며 주의 앞에서 어디로 피하리이까? 내가 하늘에 올라갈지라도 거기 계시며 스올에 내 자리를 펼지라도 거기 계시나이다. 내가 새벽 날개를 치며 바다 끝에 가서 거주할지라도, 거기서도 주의 손이 나를 인도하시며 주의 오른손이 나를 붙드시리이다"(시 139:7-10). 주의 말씀은 어디에나 있습니다. 그것은 피할 수 없습니다.

더 나아가, 주의 말씀이 당신을 친다는 것은, 그것을 저항할 수 없기에 두려운 일입니다. 만약 한 사람이 당신을 치면, 당신은 그와 싸울 수 있습니다. 당신은 힘에는 힘으로 맞서고, 속임수에는 속임수로 맞설 수 있습니다. 하지만 주의 말씀이 당신을 친다면, 무슨 힘이 당신에게 있습니까? 그분의 말씀으로 하늘이 지어졌습니다. 그분의 말씀으로 하늘과 땅이 사라지고 풀어질 것입니다. 어떻게 당신이 하나님의 말씀에 맞서 싸우렵니까? 그것은 마치 여호와께서 보내신 재앙에 바로가 맞서 싸우는 것과 같습니다. 하나님의 말씀은 당신에게 너무 강합니다. "질그릇 조각 중 한 조각 같은 자가 자기를 지으신 이와 더불어 다툴진대 화 있을진저!"(사 45:9). 당신은 모든 능력을 가진 분과 다투지 마십시오. 그분의 말씀은 "살아 있고 활력이 있어 좌우에 날 선 어떤 검보다도 예리하여 혼과 영과 및 관절과 골수를 찔러 쪼개기까지 하며 또 마음의 생각과 뜻을 판단"합니다(히 4:12).

이제 나는 여러분에게 엄숙히 말합니다. 만약 "주님의 말씀이 여러분을 친다면" 여러분이 어떤 상태에 있는 것입니까! 하나님은 사랑이시기에, 그분은 할 수만 있다면 사람을 치는 말씀을 하시지 않을 것입니다. 하나님은 은혜로우시고, 긍휼이 많으시고, 자비로우십니다. 그러니 하나님이 사람을 적대시하실 때에는, 그 사람의 마음의 상태가 매우 끔찍하며, 그의 삶의 상태가 너무나 타락하여, 사랑이 정의에게 자리를 양보해야 하는 상태임을 의미합니다. 하나님의 이 책은 죄인들을 위해 기록되었고, 뉘우치는 심령을 격려하기 위해 기록되었습니다. 그런데 만약 이 책이 당신을 친다면, 당신이 어떤 상태에 있는지 자명하지 않습니까? 여기에 병약한 사람들을 위해 마련된 음식이 있습니다. 만약 당신이 그것을 먹을 수 없다면, 그것을 당신의 위에서 받아들일 수 없다면, 당신은 중한 질병에 걸린 것이 틀림없습니다! 만약 약이 독이 되고, 달콤한 것이 시고, 빛이 당신에게는 어둠이 된다면, 오 당신은 얼마나 비참한 광인(狂人)인지요? 당신은 정녕 악한 처지에 놓인 것이 틀림없습니다! 하나님이 당신을 긍휼히 여기십니다! 그런데 하나님의 말씀이 당신을 친다면, 당신은 정말이지 끔찍한 상태에 있는 것입니다.

이것이 사실이라면, 곧 당신은 슬픈 상태에 처할 것입니다. 당신이 믿거나 말거나, 당신은 곧 죽을 것이며, 죽으면서 당신은 다른 세계로 들어갈 것입니다. 그리고 그곳에서 당신은 심판대로 오게 될 것이며, 몸으로 행한 일들을 심문받게 될 것입니다. 당신은 당신에게 우호적인 증언을 원할 터인데, 이 책이 소환되어 증언할 것입니다. 이 책이 당신에 대해 무어라고 말할까요? 책이 말할 수 있다면, 아마 이렇게 말할 것입니다: "크신 하나님, 그는 나를 전혀 읽지 않았습니다. 나는 당신에 대한 그의 태만을 증언합니다. 그가 당신의 말씀인 나를 읽지도 않았기 때문입니다." 그 마지막 날에 많은 성경 본문이 일어나서 말할 것입니다. "나는 그에게 전해졌습니다. 그의 모친이 그에게 나를 인용했습니다. 그의 자매가 편지에서 이 구절을 썼습니다. 한 친구가 그에게 이 구절을 보냈고, 그에게 그것을 마음에 새기도록 호소했습니다. 하지만 그는 이 구절들 가운데 아무것에도 주의를 기울이지 않았습니다." 만약 "주님의 말씀이 당신을 친다면" 율법이 말할 것입니다. "그는 나를 알았고, 또 그는 나를 어겼습니다." 복음이 말할 것입니다. "그는 나를 알았고, 또 그는 나를 거부했습니다." 성경 자체가 말할 것입니다. "그는 나에 대해 무언가를 이해했지만, 나를 조롱했습니다." 위대한 재판장 앞에서 그런 반대 증언이 있다면 그 사람의 처지는 매우 곤란해질 것입니다.

성경이 내 편이 되게 하십시오. 그러면 나는 두려움 없이 온 세상에 맞설 수 있습니다. 하지만 성경이 나를 친다면, 틀림없이 나는 패배할 것입니다. 만약 성경이 마지막 날에 나를 친다면, 나는 할 말이 없을 것입니다. 말씀이 정죄하는 사람은, 너무 늦기 전에 하나님의 주권적인 은혜로 강권함을 받아 그분께 돌이키지 않는 한, 다음 단계에서 그에게 내려질 최종적인 정죄를 미리 맛보는 사람입니다. 나는 이 두려운 주제를 내가 원했던 만큼 제대로 말할 수가 없습니다.

하지만 나는 온 마음을 다해 여러분에게 호소합니다. 오, 성령 하나님께서 이 말씀을 많은 사람에게 보내시길 바랍니다.

내 사랑하는 청중이여, 이 책에는 버려지는 말씀이 없다는 것을 기억하십시오. 무엇이든 하나님이 경건치 않은 자들에게 일어난다고 말씀하신 것은 그들에게 일어날 것입니다. 심판은 하나님의 기이한 일입니다. 하지만 그분이 경고하신 것을, 그분은 틀림없이 행하실 것입니다. 주의 말씀의 경고들이 실현될 때, 그 얼마나 두려울까요? 보십시오, 본문이 포함된 이 한 구절에서도, 얼핏 보아도 그것이 의미하는 바를 알 수 있습니다. 첫째, 화가 있습니다. "해변 주민 그렛 족속에게 화 있을진저!" 다음으로 파멸이 있습니다. "내가 너를 멸하리라." 그 화가 지날 때, 완벽한 파멸이 있습니다. "주민이 없을 것이라." 오, 주의 말씀이 치는 자에게 화가 있습니다!

사랑하는 이여, 그리스도께서 크게 은혜를 베푸셨던 성읍들이 그분의 메시지를 거부했을 때, 어떻게 저주를 받았습니까? "화 있을진저 고라신아! 화 있을진저 벳새다야! 화 있을진저 가버나움아!"(마 11:21,23). 이 반복된 "화"는 조종(弔鐘)의 소리처럼 들립니다. 오늘날 그 성읍들은 모두 사라졌습니다(유적지로서 흔적만 남았음-역주). 주의 말씀이 그들을 치셨기 때문입니다. 또한 이스라엘의 역사로부터, 주의 말씀이 한 사람이나 한 성읍을 쳤을 때 어떻게 되었는지를 배우시기 바랍니다. 그리스도는 예루살렘 사람들에 의해 배척당하셨습니다. 그래서 예수님이 "가까이 오사 성을 보시고 우셨던"(눅 19:41) 것도 놀랍지 않습니다. 예수님이 우신 것은, 그 죄 많은 도시에 어떤 끔찍한 파멸이 기다리는지를 아셨기 때문입니다. 요세푸스(Josephus, 1세기 유대인 역사가)가 우리에게 알려주는 바에 따르면, 그 성이 티투스(Titus, 예루살렘을 함락시킨 로마 장군으로서 후에 열 번째 로마 황제가 됨)에 의해 포위되었을 때, 어느 광인(狂人)이 그 도시의 거리를 지나가면서 "화로다, 예루살렘에 화로다!"라고 외쳤던 것도 당연합니다. 주님은 "각 사람에게 그 행한 대로 보응하신다"(롬 2:6)는 것을 확실히 아시기 바랍니다. 그분의 말씀에 순종하는 자들은 영원히 복을 받을 것입니다. 하지만 주의 말씀이 쳐서 대적하는 이들은 영원한 파멸의 처벌을 받을 것입니다.

나는 이따금 다가올 진노를 너무 무서운 방식으로 묘사한다는 비난을 받아왔습니다. 하지만 나는 그리스도께서 친히 말씀하셨던 것보다 더 두렵게 묘사한 적이 없습니다. 이렇게 선포한 것은 다름 아닌 그분의 부드러운 입술이었습니다. "거기에서는 구더기도 죽지 않고 불도 꺼지지 아니하느니라"(막 9:48). 다가올 진노에 관하여 가장 무시무시한 말씀을 입으로 내신 분은 바로 그분이십니다. 여러분에게 호소합니다. 여러분 자신의 경험으로 "다가올 진노"가 무엇을 의미하는지 알려고 하지 마십시오. 거기에서 도망치십시오. 차라리 구원이 무엇을 의미하는지 알려고 애쓰십시오. 그러면 하나님이 바로 지금 그것을 얻도록 여러분을 도우실 것입니다. 만약 하나님의 말씀이 자신을 친다고 느끼는 사람이 있다면, 나는 그에게 그 자리에 안주하지 말라고 간곡히 호소합니다. 만약 당신이 하나님의 말씀과 다툰다면, 당신이 틀렸습니다. 하나님의 말씀은 틀릴 수가 없기 때문입니다. 만약 하나님의 말씀이 당신을 공격한다면, 당신은 공격을 당해야 마땅합니다. 어쩌면, 당신이 말씀을 거역하여 공격한 적이 있을 것입니다. 말씀은 당신에게 용서를 구하지 않을 것이니, 당신이 오히려 말씀을 공격한 것에 대해 용서를 구해야 할 것입니다. "주의 말씀이 당신을 칠 때" 그것이 두려운 일이라고 내가 말하지 않았던가요? 만약 당신의 위치가 그렇다면, 그것이 곧 바뀌기를 바랍니다.

3. 무엇을 할 수 있을까?

이제 나는 세 번째이자 마지막 요점에 이르렀습니다. 만약 "여호와의 말씀이 여러분을 치는" 것이 사실이라면, 그리고 그런 상태에 있는 것이 두려운 일이라면, 그 문제에서 무엇을 할 수 있을까요? 빠져나갈 길이 있을까요? 구원이 올 수 있는 어떤 틈이 있을까요? 만약 말씀이 매수될 수도 없고, 변하지도 않고, 거기서 도망칠 수도 없고, 그것에 저항할 수도 없는 것이라면, 우리는 무엇을 해야 합니까? 하나님의 저주 아래에서 가만히 앉아 있을 수는 없으니까요.

만약 당신이 이 불길한 상태에서 벗어나고 싶다면, 첫 번째로 할 수 있는 일은 당신이 잘못되었다고 고백하는 것이라고 나는 생각합니다. 당신에게 발부된 영장이 있습니다. 지금까지 당신은 거기에서 도망쳤습니다. 집으로 오십시오. 당신 스스로 법정에 출두하십시오. 기꺼이 체포될 것을 각오하십시오. 다른 올바른 길이 없습니다. 나는 횡령죄로 고발을 당해 나라에서 도망쳤던 한 사람을 압니다. 그는 계속해서 멀리 떨어져 있어야 합니다. 만일 그가 그에게 내려지는 어떤 처벌이든 달게 받겠다고 했더라면, 그의 처벌은 이미 오래전에 지나갔을 것입니다. 하지만 지금 그는 여전히 법의 비난을 받는 상태에 머물면서, 돌아오지 못하고 있습니다. 자, 당신은 하나님에게서 도망쳤으니, 즉시 집으로 오십시오! 죄인이여, 주님께서 당신에게 영장을 발급하셨으니, 이 순간 그 거룩한 재판관에게 순복하십시오. 당신은 현재의 위치에서 이동할 필요가 없습니다. 오히려 당신이 있는 바로 그곳에서 겸손하게 마음으로 속삭이십시오. "주여, 저는 유죄입니다. 제가 당신의 말씀에 순복합니다. 무엇이든 당신의 말씀이 말하는 것은 진실이니, 저는 더는 그것과 맞서 싸우지 않겠습니다. 도리어 지금, 머리를 조아리며, 잘못은 저에게 있지 당신의 말씀에는 잘못이 없다고 시인합니다. 저는 그것을 시인합니다." 여러분은 이 고백을 했습니까? 그렇다면 좋습니다. 만약 "주의 말씀이 당신을 친다면" 당신의 유일한 희망은 주의 말씀 곁에 서는 것과, 당신 자신에게 반대하는 것에 달려 있습니다.

하지만 사람이 자수했을 때, 다음으로 그는 재판을 받아야 합니다. 만약 "주의 말씀이 당신을 친다면" 그것은 당신의 현재 위치에 대해서 당신을 치는 것이니, 당신은 반드시 당신의 위치를 바꾸어야 합니다. 그러므로 와서, 주의 말씀에 대한 당신의 태도를 바꿈으로써, 그 말씀이 당신을 적대시하는 것을 면하십시오. 당신이 죄를 사랑했다면, 회개하고 그것을 미워하십시오. 성령 하나님께서 당신 안에 역사하셔서 말씀이 비난하는 악한 일들을 당신이 혐오하게 되기를 바랍니다. 당신이 더는 죄를 사랑하는 사람이 아니라, 오히려 죄를 혐오하는 사람이 될 때, 한때 당신을 쳤던 말씀이 당신을 위한 말씀이 될 것입니다! 하나님께는 죄를 미워하는 자들에게 내릴 벼락이 없습니다. 당신의 영혼과 죄가 이혼한다면, 당신의 영혼은 자비와 결혼하게 될 것입니다. 하지만 그렇지 않으면 달리 도리가 없습니다. 당신이 당신의 죄를 버릴 때, 하나님은 당신을 치는 소송장을 버리실 것입니다. 당신이 돌이키지 않으면, 그분이 칼을 가시겠지만, 당신이 돌이킨다면, 그분은 그 칼을 칼집에 넣으시고 당신에게 위로의 말씀을 주실 것입니다.

또 하나의 변화가 일어나야 합니다. 당신은 더는 자기 안에서 서지 말 것이며, '다른 분'(Another) 안에 서야 합니다. 주의 말씀이 당신을 칩니다. 하지만 당신이 다른 분, 즉 주의 말씀의 편에 서 있는 분과 자리를 바꿀 수 있다면, 당신은 합법적이고 올바른 자리에 서는 것이 아닐까요? 그리스도께서 당신의 자리에 서신다면, 당신은 그리스도의 자리에 서야 하지 않을까요? 그러면 이 말씀이 당신을 비난하지 않을 것이며, 오히려 당신을 무죄 방면할 것입니다. 더 나아가, 이 말씀은 당신의 모든 적대자로부터 당신을 방어할 것입니다. 자비의 기적을 보십시오! 그리스도 예수, 죄 없으신 하나님의 아들이 사람들의 죄를 위하여 죽으셨으니, 그들은 그분의 의로 덮어지고, 그분의 이름 안에서 받아들여질 수 있습니다. 이것이 복음의 골자(骨子)이자 골수(骨髓)입니다: "그분이 나의 자리에 서셨으니 나는 그리스도의 자리에 선다. 율법은 그분을 칠 수 없으니, 이는 그분이 그것을 성취하셨고, 이로써 그것을 명예롭게 하셨기 때문이다. 주의 말씀은 그분을 칠 수 없으니, 이는 그분이 '주께 범죄하지 아니하려 하여 주의 말씀을 그분 마음에 두었기'(시 119:11) 때문이다. 그래서 만약 내가 말씀이 감추어져 있는 그분 안에 있게 되면, 그것은 더는 나를 칠 수 없다."

"내 모든 악한 행위들과
살아왔던 가증스러운 삶이 부끄러워서,
주여, 어찌할 줄 몰라 저의 얼굴을 감싸고
죄 많은 고개를 숙이나이다.

강력한 사랑에 압도되어, 제가 항복하오니
그 사랑의 매력에 누가 저항하리이까?
추격하는 분노가 두려워
저는 구주의 팔에 저 자신을 던지나이다."

좀 더 말하겠습니다. 만약 주의 말씀이 지금까지 당신을 대적했다면, 매우 조심하여 말씀과 바르게 지내도록 하십시오. 구원받기를 바란다면, 다른 무엇보다, 가짜 구원을 피하십시오. 사람에게 심한 종기가 생겼을 때, 그 속에 육아(肉芽)를 그대로 두고 치료하려는 것은 해로운 일입니다. 상처를 덮어두기만 하는 것은 하나는커녕 일곱 가지의 위험을 만들어내는 것입니다. 하나님의 말씀으로 와서, 당신 자신을 살피십시오. 랜싯(lancet, 양날 끝이 뾰족한 의료용 칼)을 사용하여, 면밀하게 살피고, 당신의 상처와 종기의 깊은 곳까지 조사하십시오. 이것이 당신의 기도가 되게 하십시오. "오 하나님, 당신의 말씀과 떨어져서는 저로 결코 위로를 얻지 못하게 하소서. 그리스도가 나의 구주가 아니라면 저로 구원받았다고 생각하지 말게 하소서."

내 사랑하는 청중이여, 독이 든 고기를 먹는 것보다는 배고픈 편이 낫습니다. 하나님의 말씀에서 솟아나는 위로를 얻는 것이 아니라면 절망 가운데 있는 편이 낫습니다. 만약 당신이 구원받았다고 생각하면서도 "하나님의 말씀이 당신을 친다"는 것을 발견한다면, 당신은 구원받지 못했다고 확신할 수 있습니다. 그러니 서둘러 당신의 거짓 확신을 벗어버리십시오. 하나님의 말씀과 바른 관계에 있지 않고서 당신은 결코 구원받을 수 없습니다.

"지혜와 이성이 실패하는 곳에서
이것[주의 말씀]이 싸움을 끝내는 재판관이며,
이 어두운 계곡을 다 지나서
영생으로 인도하는 나의 안내자라네."

한 가지만 더 말하고 마치겠습니다. 하나님의 말씀이 당신을 친다면 그것은 감당할 수 없는 재난이지만, 하나님의 말씀이 지지해주는 사람들은 얼마나 행복할까요? 나는 두 사람의 로마 가톨릭 신자들, 곧 한 남자와 그의 아내에 관한 이야기를 들었습니다. 그들은 성경책을 소유하게 되었고, 그것은 그들이 전에는 본 적이 없던 것이었습니다. 그 사람이 그것을 읽기 시작했고, 어느 날 밤, 그 책을 펼쳐둔 채로 난롯가에서 식사하면서 그가 말했습니다. "여보, 만약 이 책이 옳다면, 우리가 틀렸소." 그는 계속해서 읽었고, 며칠 뒤에 또 그가 말했습니다. "여보, 만약 이 책이 옳다면, 우리는 잃은 자라오." 이제 어느 때보다 주의 말씀을 진지하게 대하며, 그는 그 책을 연구했고, 마침내 어느 날 밤, 그는 기쁨으로 소리쳤습니다. "여보, 만약 이 책이 진실이라면, 우리는 구원받았소."

동일한 말씀이 그들이 파멸한 상태인 것을 그들에게 보여주었고, 또한 구원의 복음을 계시했습니다. 이것이 하나님 말씀의 영광입니다. 하나님의 말씀은 우리가 죄에서 벗어날 때까지는 우리를 치지만, 그 다음엔 죽음이 우리 영혼에는 생명의 문이 되는 것과, 그 말씀이 우리 편인 것을 알게 해줍니다. 동일한 말씀이 한편으로는 주의 두려우심을 나타내지만, 한편으로는 이렇게 말합니다. "아들을 믿는 자에게는 영생이 있다"(요 3:36). 나는 하나님의 아들을 나의 구주로 믿습니다. 그러므로 나는 영생을 가졌습니다. 주의 말씀은 이제 나를 위하며, 나의 구원을 확증해줍니다. 더 나아가 주의 말씀은 이렇게 말합니다. "하나님이 그 아들을 세상에 보내신 것은 세상을 심판하려 하심이 아니요 그로 말미암아 세상이 구원을 받게 하려 하심이라"(요 3:17). 이 말씀을 읽으면서 내 마음은 기뻐하며 노래합니다. 나를 대적했던 그 말씀이 이제는 나를 옹호하기 때문입니다. 또 그 말씀은 말합니다. "믿고 세례를 받는 사람은 구원을 얻을 것이라"(막 16:16a). 내가 "믿지 않는 사람은 정죄를 받으리라"(막 16:16b)고 기록된 것을 보고 떨 때, 그 동일한 말씀이 "믿고 세례를 받는 사람은 구원을 얻을 것이요"라고 말하기 때문에 나는 즐거워합니다. 나는 믿습니다. 나는 세례를 받았습니다. 그러므로 나는 구원받았습니다. 만약 하나님의 말씀이 여러분을 옹호한다면, 당신은 다른 변호인이 필요치 않습니다. 당신의 양심도 주의 말씀에 의해 합법적으로 진정될 수 있습니다. "이는 우리 마음이 혹 우리를 책망할 일이 있어도 하나님은 우리 마음보다 크시고 모든 것을 아시기 때문이라"(요일 3:20).

이것이 모든 문제의 요약입니다. 당신의 있는 모습 그대로 오십시오. 그리스도를 당신의 구주로 신뢰하십시오. 당신의 죄를 떠나고, 거룩함을 추구하십시오. 당신의 고집을 버리고, 저 '슬픔의 사람'(참조. 사 53:3, KJV) 안에 있던 온유하고 겸손한 마음을 구하십시오. 한 마디로, 와서 예수의 발치에 누우십시오. 그리고 눈물 고인 당신의 눈을 들어 그분의 사랑스러운 눈을 바라보며 이렇게 말하십시오—

"죄 많고, 연약하며, 의지할 곳 없는 벌레가
당신의 친절한 팔에 안기나이다.
당신이 나의 힘과 의가 되어 주소서,
나의 예수, 나의 전부가 되신 주여."

그리스도를 의지하십시오. 지금 그분을 의지하십시오. 그분만 의지하십시오. 그분을 전적으로 의지하십시오. 영원히 의지하십시오. 그러면 당신은 영원히 구원을 얻을 것입니다. 확실히 성경은 진실이므로, 당신이 예수를 믿으면, 지금과 영원 무궁히 당신은 구원을 얻은 것입니다.

하나님이 나의 약한 말을 사용하여 복을 주시길 바랍니다. 나는 말씀을 신실하게 전하려 애썼기에, 결산의 날에, 모든 사람의 피에 대해 깨끗할 것입니다. 그때 나는 내가 웅변적으로 말했는지, 혹은 정신적인 활력과 목소리의 힘으로 전했는지 질문을 받지 않을 것입니다. 오직 나는 여러분에게 죄에서 벗어나 구주를 찾도록 경고했는지에 대해 질문을 받을 것이며, 또한 그것을 가능한 한 힘을 다해 전했는지에 대해 질문을 받을 것입니다. 나는 주님을 찾도록 사람들을 설득하는 법을 알기 원합니다. 오, 내가 사람들의 마음을 읽는 기술을 배울 수 있다면 얼마나 좋을까요! 근사한 연설에서 여러분이 원하는 것이 무엇입니까? 여러분의 생명을 위해 피하십시오! 품위 있는 말투와 세련된 문장에서 여러분이 원하는 것이 무엇입니까? "영생을 취하십시오"(딤전 6:12). 회개하고, 복음을 믿고, 구원을 받으십시오! 오 성령 하나님, 바로 지금, 사람들을 주 예수 그리스도를 위하여 이 복된 결심에 이르도록 이끌어주소서. 아멘.

제
2
장
—

네 가지 이유를 담은 기소장

"그가 명령을 듣지 아니하며 교훈을 받지 아니하며 여호와를 의뢰하지 아니하며 자기 하나님에게 가까이 나아가지 아니하였도다" – 습 3:2

예루살렘과 유대 백성을 향하여 네 가지 기소 이유를 담은 두려운 기소장입니다. 예루살렘은 위대한 왕의 도시였지만, 그 높은 지위에서 떨어진 것을 회상하면 슬프지 않습니까? 그곳은 성전이 있던 곳입니다. 다른 민족이 어둠 속에 있을 때, 거기에는 하나님의 빛이 있었습니다. 다른 곳에서 거짓 신들이 추앙을 받고 있을 때, 거기에서는 하나님을 향한 장엄한 예배가 거행되었습니다. 하지만 그곳의 죄가 주님을 노엽게 했고, 마침내 주님은 그곳을 파괴자들에게 넘겨주십니다. 그러므로, 아무리 밝은 빛이 있어도, 아무리 큰 특권을 누려도, 그것이 한 백성을 하나님 앞에 올바르게 살게 하지 못한다는 것이 자명합니다. 마음이 변화되지 않으면, 외적인 종교의식들과 더불어 하나님의 은혜가 임하지 않으면, 하늘까지 높아졌던 자들도 지옥까지 낮아질 수 있습니다. 최상의 것이 부패하면 최악의 것을 만들어냅니다. 예루살렘처럼 호의를 입었던 도시가 부정한 짐승들의 소굴이 될 때, 그것은 그야말로 추악한 소굴이 되고 맙니다. 니느웨도, 바벨론도, 두로도, 시돈도, 한때 위대한 왕의 도시로 선택되었던 이 도시의 죄악상에는 미치지 못합니다. 그러므로 우리는 한 나라로서, 우리의 특권 때문에 우리 자신을 높이지 말도록 합시다. 왜냐하면 만약 우리가 그 특권들에 합당하다고 판명되지 않으면, 촛대가 그 자리에서 옮겨질 것이며, 빛을 잃은 것 때문에 우리의 어둠은 더 짙어질 것입니다. 우리가 주님 앞에서 순종하며 행하지 않으면, 주님은 이 섬을 바벨의 흙더미나 두로의 바위처럼 거대한 폐허로 바꾸실 수도 있습니다.

우리는 흔히 예루살렘을 교회의 한 예표(type, 豫表)라고 간주합니다. 그리고 그것은 하나의 교회로서 가장 충만한 의미를 담은 예표들 가운데 하나입니다: "오직 위에 있는 예루살렘은 곧 우리 어머니라"(갈 4:26). 따라서 우리는 예루살렘의 운명을 교회들을 향한 특별한 경고로 간주할 수 있습니다. 교회는 하나님이 거하시는 곳입니다. 거기에는 지식의 빛이 있고, 희생 제사의 불이 있습니다. 교회에서 하나님이 빛을 발하셨습니다. 하지만 한 교회는 슬프게도 쇠퇴할 수 있습니다.

지금은 적그리스도의 이름으로 지칭되기에 합당한 교회가 있습니다. 그 교회는 갈수록 바른길에서 멀어지다가 마침내 한 사람을 자기의 머리로 삼아서 그를 무오(無誤)하다고 칭합니다. 그뿐 아니라 '주들'(lords)을 많이 세우고, 신들(gods)을 많이 세우고, 성자와 성녀들을 많이 세우며, 심지어 버려진 천 조각이나 썩은 넝마까지 포함하여 헤아릴 수도 없는 것들을 숭배의 대상물로 삼습니다. 오늘날 이 기소의 대상이 될 만한 교회가 있습니다. "그가 명령을 듣지 아니하며"—그 교회가 복음의 소리를 듣지 않았습니다. "교훈을 받지 아니하며"—개혁자들이 왔을 때 그 교회는 그들의 피를 요구했습니다. "여호와를 의뢰하지 아니하며, 자기 하나님에게 가까이 나아가지 아니하였도다"—그 교회는 다른 이들에게 갔고, 그리스도 대신 다른 중보자들을 세웠으며, 교회의 진정한 머리를 거부했습니다.

다른 교회들도 영적인 능력에 의해 보호되지 않으면 같은 죄에 빠질 수 있습니다. 라오디게아 교회를 기억하십시오. 어떻게 그 교회가 차지도 뜨겁지도 아니한 것 때문에 그리스도의 입에서 토하여 버려졌던가요? 사데 교회를 기억하십시오. 그 교회는 살았다 하는 이름은 가졌으나 실상은 죽은 교회였습니다. 그 도시들과 그 교회들은 지금 어디에 있습니까? 그 폐허가 대답할 것입니다. 그것들은 마치 주님께서 이렇게 말씀하신 실로와 같다고 할 수 있습니다. "너희는 내가 처음으로 내 이름을 둔 처소에 가서 보라. 그곳에 무너지지 않은 곳이 있는지, 돌 위에 돌 하나라도 남은 것이 있는지 보라"(참조. 렘 7:12). 오, 우리가 하나의 교회로서, 그리고 우리의 모든 자매 교회들이, 교리적인 올바름, 실천적인 거룩함, 내적인 영적 생명과 관련하여, 거룩한 질투심을 가지고 주님 앞에 행하기를 바랍니다! 그렇지 않으면, 우리의 끝은 비참한 실패가 될 것이기 때문입니다. 만일 은혜의 소금이 교회에 없으면, 그것은 하나님이 받으실 만한 제물이 되지 못하며, 모든 살덩어리의 자연스러운 부패로 인해 오랫동안 보전되지도 못할 것입니다. 한 백성이 다른 백성보다 나은 것이 무엇입니까? 한 공동체가 다른 공동체보다 나은 것이 무엇입니까? 본성으로 우리는 다 같은 인간이며, 같은 악으로 기울기 쉽고, 이스라엘을 지키시는 이가 우리를 지키시지 않으면, 같은 죄악에 빠지기가 쉽습니다. 그러므로 그분이 졸지도 아니하시고 주무시지도 않으신다는 사실에 우리의 확신이 있습니다.

이 본문은 한 민족과 한 교회에 적용될 수 있을 뿐 아니라, 물론 일정한 정도까지이지만, 하나님의 친 백성 가운데 있는 개인들에게도 적용될 수 있습니다. 하나님의 백성 중에서 더러는 그리스도를 멀찍이서 따릅니다. 그들의 영적인 생명은 그들의 확신에서보다는 그들의 두려움에서 관찰됩니다. 그들은 언제나 떨고 있고, 그들의 손은 맥이 없고, 그들의 심장은 약합니다. 우리는 그들이 하나님을 향하여 살아 있다고 믿지만, 그것이 우리가 말할 수 있는 전부입니다. 나는 "그가 명령을 듣지 아니하였다"는 말씀이 그들에게 해당하지 않을까 염려스럽습니다. 하나님의 사랑의 부드러운 속삭임이 들리지 않는 귀에 떨어집니다. 오, 형제들이여, 얼마나 자주, 하나님은 말씀하셨고 또 우리는 그분의 음성에 순종하지 않았던지요. 나는 또한 환난이 우리에게서 잊혔을 때, 우리가 "교훈을 받지 않았던" 때가 많지 않았나 염려스럽습니다. 우리는 병상으로 갔을 때보다 병상에서 일어났을 때 더 나빠졌습니다. 우리의 손실과 시련은 우리에게 자기성찰보다는 불평을 일으켰습니다. 우리는 마치 절구에 놓인 곡식처럼 절굿공이로 빻아졌지만, 어리석음은 우리에게서 떠나지 않았습니다. 우리가 회초리와 그것을 사용하시는 손길을 멸시하고, 매를 때리시는 주님께로 돌아오지 않는 것은 매우 안타까운 일입니다. 하지만 하나님의 백성 가운데 일부의 모습이 바로 그러합니다. 그들은 주의 음성에 순종하지 않습니다. 그들은 교훈을 받지 않습니다. 그래서 때때로 그들은 "여호와를 의뢰하지 않는" 지경에 이릅니다. 그들은 자기 힘으로 시련을 감당해보려고 애를 씁니다. 그들은 조언을 구하러 친구들에게 가고, 그래서 저주를 자청합니다. 왜냐하면 "무릇 사람을 믿으며 육신으로 그의 힘을 삼고 마음이 여호와에게서 떠난 그 사람은 저주를 받을 것이라"(렘 17:5)고 기록되었기 때문입니다. 마치 광야의 관목처럼, 그들은 메마른 상태로 떨어지고, 좋은 것이 올 때도 볼 수가 없습니다. 그들이 사람을 신뢰하기 때문입니다. 우리 중에 일부는 여기서 유죄를 인정해야 하지 않을까요?

우리의 잘못에 더하여, 우리가 믿음에서 후퇴할 때마다, 우리는 "여호와 우리 하나님에게 가까이 나아가지 않았습니다." 그리스도인의 삶의 기쁨과 힘은 하나님 가까이에 사는 것입니다. 목자 곁에 사는 양처럼, 더는 방황하지 않고, 목자가 인도하는 푸른 초장에 눕는 것이, 그리고 초장보다 더 좋은 그분 자체가 우리에게는 기쁨이자 즐거움입니다. 하지만 오호라, 우리 가운데 어떤 이들은 "하나님 앞에 기도하기를 그쳤다"(욥 15:4)고 말할 수 있습니다. "하나님의 위로가 여러분에게 작은 것입니까?"(욥 15:11). 당신에게 어떤 은밀한 일이 있습니까? 당신의 죄악과 허물이 당신의 하나님을 당신에게서 숨으시게 했습니다. 당신이 그분과 반대 방향으로 행하는 것 때문에, 그분도 당신에게서 반대 방향으로 행하십니다. 이것은 역시 예수님을 믿고, 사망에서 생명으로 옮긴 사람들에게도 종종 일어나는 일입니다. 이런 일이 일어난다는 것은 언제나 슬픈 일입니다. 하나님의 자녀가 아닌 위선자는, 자기 선택에 따라 바른길에서 떠나 방황할 수 있고, 마지막 날까지 그것 때문에 고통을 겪지 않을 수도 있습니다. 하지만 하나님의 자녀는 죄를 지으면 그것 때문에 반드시 쓰린 고통을 당할 수밖에 없습니다. 성경에 "내가 땅의 모든 족속 중에 너희만을 알았나니 그러므로 내가 너희 모든 죄악을 너희에게 보응하리라"(암 3:2)고 기록되지 않았습니까? 우리의 아버지는 자기 자녀들에게 매를 드십니다. 거리의 소년들은 그들이 원하는 대로 할 수 있습니다. 하지만 우리의 위대하신 아버지는 그가 사랑하시는 자들을 틀림없이 징계하십니다. "무릇 내가 사랑하는 자를 책망하여 징계하노니, 그러므로 네가 열심을 내라. 회개하라"(계 3:19).

나는 오늘의 본문을 그런 방식으로 사용하지 않을 작정입니다. 오히려 나는 이 본문이 회심하지 않은 사람들을 언급하는 것으로 간주하고 싶습니다. 왜냐하면 이 본문은 아주 분명하게 하나님에게서 멀리 떨어져 사는 사람들을 묘사하기 때문입니다. 그러니 내가 네 가지 큰 죄에 대해 말씀을 전하는 동안 여러분이 주의를 기울여주길 바랍니다. 이 문제를 언급하면서 나는 본문을 깊이 팔 것이며, 그래서 이 본문에서 네 가지 숨은 위로들도 끌어내고자 합니다. 이 위로들은 표면에는 나타나지 않지만, 믿음의 현미경으로 본문의 중심을 자세히 들여다보면, 이 네 가지가 참회하는 죄인에게 발견될 것이며, 이것이 그들로 그리스도께 오도록 격려할 것입니다.

1. 네 가지 명백한 죄

첫째로, 여기에 네 가지 명백한 죄가 있습니다. 나는 이 본문이 여성형으로 되어 있다는 사실(한글 성경에는 남성형 '그가'로 번역되었지만, 원어와 영어 성경에서는 여성형 'she'임-역주)을 주목하며, 하나님의 섭리 안에서 이 설교가 특히 한 여성에게 해당하는 것이 아닐까 하고 생각해봅니다. 내가 이 본문에서 감동을 받은 것은, 어느 방황하는 불쌍한 자매가 마치 하나님이 이 본문을 특별히 여성에게 주신 말씀으로 느끼도록 하려는 목적 때문일 수도 있습니다. 본문은 그녀가, "그녀가 명령을 듣지 않았다"고 말합니다. 우리가 어느 성별에 속하든 전체로 간주될 수도 있는데, 그리스도 예수 안에서는 남자나 여자나 다 하나이기 때문입니다(참조. 갈 3:28). 하지만, 내가 언급하고 싶은 사실은 하나님의 말씀은 성령에 의하여 그분이 기뻐하시는 쪽으로 향한다는 것이며, 또 나는 그것을 위해 하나님께 기도합니다.

첫 번째 죄는 하나님의 음성을 듣지 않는 것입니다. 긴 생애 전체를 통해 하나님의 음성을 들은 적이 없는 사람들이 많습니다. 그들은 말씀을 듣지 않았고, 또 들을 수도 없었습니다. 그들은 "주여 말씀하소서, 주의 종이 듣겠나이다"라고 말하면서도, 결코 주의를 기울이지 않았으며, 듣기 위해 귀를 기울이지도 않았습니다. 하나님은 여기에 참석한 많은 사람에게 경고로 말씀하십니다. "내 딸아, 만약 네가 이렇게 행하면, 이것이 너를 고생과 슬픔으로 이끌 것이다. 만약 네가 완고하고 부주의한 상태로 머문다면, 좋게 끝날 수가 없다. 지금 올바르지 않으면 마지막에는 아무것도 올바르지 않을 것이다. 잘못된 것에는 반드시 그에 따르는 화가 있다." 때때로 이 경고는 마음에 와서 박히지만, 정작 내가 언급하는 사람은 그것을 억누르고 이런 식으로 말합니다. "아닙니다. 나는 계속해서 내 갈 길을 갈 것이고, 내 쾌락을 따를 겁니다." 그 경고는, 아마도 밤의 침묵 가운데 올 수도 있고, 아니면 죄의 한가운데에서, 죄를 가로막고, 고삐를 잡아당기는 무언가로 올 수도 있습니다. 하지만 그 죄인은 재갈로도 굴레로도 억제될 수가 없습니다. 그는 오히려 그 재갈을 이에 물고서 죄로 돌진합니다. 오, 하나님의 경고들을 무시해왔던 당신은 이 점을 기억하십시오: 당신은 그것들을 잊었을지 모르지만, 하나님은 잊지 않으셨습니다. 자녀들을 사랑하는 당신이 그들에게 무언가를 말하고 또 그들에게 경고했을 때, 그들이 제 고집 따라 행하고 "어머니가 말한 것"을 싹 잊었을지 모르지만, 어머니는 그것을 기억합니다. 그녀의 눈물이 흐르고, 그녀가 책망했던 기억을 그녀의 얼굴에 기록합니다. 하나님도 사람들에게 주신 경고를 잊지 않으십니다.

하지만, 경고를 받지 않고 그것을 거부했을 뿐 아니라, 많은 교훈을 받아들이지 않았던 사람들을 향해서도 나는 말합니다. 당신은 아직 소녀였을 때 주일학교 반에 있었습니다. 당신은 인생의 이른 시기부터 구원의 계획을 알았습니다. 당신은 지금도 그것을 알고 있습니다. 하지만 지금까지 당신은 그 음성에 순종하지 않았습니다. 그리스도가 계시지만, 당신은 그분의 옷자락을 만지지 않았습니다. 피로 가득한 샘이 있고 당신은 그에 대해 습관적으로 노래를 불러왔지만, 당신은 그곳에서 씻은 적이 없습니다. 생명의 떡이 있지만, 당신은 그것을 양식으로 삼은 적이 없습니다. 결국, 당신은 하나님을 향해 살지 않습니다. 오, "그녀가 명령을 듣지 않았다"는 말씀을 듣는 것은 슬픈 일이 아닐까요?

여기에 참석한 사람들 가운데 일부에게 하나님의 음성은 권고의 형태로 왔습니다. 하나님의 말씀에는 이와 같은 많은 충고가 있습니다: "이스라엘 족속아 돌이키고 돌이키라, 어찌 죽고자 하느냐?"(겔 33:11). "오라 우리가 서로 변론하자 너희의 죄가 주홍같을지라도 눈과 같이 희어질 것이요 진홍같이 붉을지라도 양털같이 희게 되리라"(사 1:18). "오라 우리가 여호와께로 돌아가자 여호와께서 우리를 찢으셨으나 도로 낫게 하실 것이요, 우리를 치셨으나 싸매어 주실 것임이라"(호 6:1). "너희는 여호와께로 돌아와 '모든 불의를 제거하소서. 우리를 은혜롭게 받아주소서'라고 아뢰라"(호 14:2, KJV). 그런 권고가 얼마나 많이 여러분의 마음과 양심에 전해졌습니까? 하지만 여러분은 그 음성에 순종하지 않았습니다.

이 권고의 뒤에는 초대, 곧 달콤한 초대가 따릅니다. 여러분은 성경에서 초대의 말씀을 읽었으며, 찬송가에서 그것을 주제로 하는 노래를 불렀으며, 강단에서 초대의 설교를 들었고, 친절한 친구들로부터도 초대를 받았습니다. 오, 예수님은 얼마나 달콤하게 주리고 목마른 자들에게 오라고 하시고, 또 무거운 짐을 진 자들에게는 와서 쉼을 얻으라 말씀하시는지요? 여러분은 한때 이러한 초대에 순복할 것처럼 느끼곤 했습니다. 하지만 여러분은 그렇게 하지 않았습니다. 이 죄는 여러분의 문에 웅크리고 있으며, 그것은 여러분의 평화에 걸림돌입니다. "그가 명령을 듣지 아니하였다." 사람들이 옳은 일을 하는 데서 실패할 때, 그들은 대개 그 반대되는 잘못을 범합니다. 여러분은 다른 음성을 들었습니다. 유혹의 소리가 여러분의 넋을 잃게 했고, 아첨의 소리가 여러분을 부추겼으며, 사탄의 소리가 여러분을 속였습니다. 육의 소리가 여러분을 매혹했고, 세상의 소리가 여러분에게 구애(求愛)하여, 여러분을 포로로 사로잡았습니다.

우리가 이런 기소장을 여러분에게 제시하는 동안에 여러분 가운데 일부는 이렇게 말할 수밖에 없을 것입니다. "저 목사님이 나를 향해 말하는구나. 바로 내 경우를 두고 말하는구나." 주님께서 여러분에게 회개를 주시고, 여러분의 귀를 열어주시길 바랍니다. 성경에 이런 말씀이 기록되었습니다. "너희는 귀를 기울이고 내게로 나아와 들으라 그리하면 너희의 영혼이 살리라 내가 너희를 위하여 영원한 언약을 맺으리니 곧 다윗에게 허락한 확실한 은혜이니라"(사 55:3). 오, 거룩하신 성령님, 사람들이 더는 귀먹지 않게 하소서. 당신의 거룩한 손가락으로 그들을 만지셔서, 그들로 하나님의 음성을 듣고 살게 하소서!

그것이 기소장의 첫 번째 조항입니다. 두 번째 조항은 그와 비슷하면서 거기에서 발생하는 것입니다. "그녀가 교훈을 받지 아니하였다." 사람들이 하나님의 음성을 거절할 때 그들은 곧 더욱 완고해지면서 그분의 교훈을 거절합니다. 그것은 마치 고삐에 반응하지 않는 말이, 조금 후에는 채찍을 가하면 발길질을 하고, 전혀 통제를 받지 않으려 하는 것과 마찬가지입니다. 주님의 교훈은, 때때로 그분이 노하여 말씀하시고 그분의 진노가 그리스도를 믿지 않는 자들 위에 머물러 있음을 상기하실 때, 그분의 말씀으로부터 우리에게 옵니다. 오, 뉘우치지 않는 여러분에게, 주님에게서 오는 무거운 소식이 있습니다. 이 책은 가지고 노는 책이 아닙니다. 이 책에는 그분을 거역하며 행하는 자들을 향해 주의 두려우심을 담은 내용이 가득합니다. 여러분이 성경을 읽었더라면, 그리고 주께서 어떻게 죄악 가운데 행하는 자에게 엄숙한 저주를 선언하셨는지를 보았더라면, 아마 여러분은 떨게 되었을 것입니다.

하지만 교훈은 하나님의 말씀으로 각성한 여러분의 양심에서 올 수도 있습니다. 여러분은 불안하게 되었고, 당신을 놀라게 하는 꿈으로 인해 잠에서 깨어납니다. 만약 여러분이 한때 내가 그랬던 것처럼 된다면, 여러분이 쳐다보는 모든 것이 여러분을 저주하는 입을 가진 것처럼 보일 것입니다. 나는 주님의 교훈이 내게 너무나 무거웠던 것을 기억합니다. 나는 장례식을 볼 때마다 나 역시 무덤에 내려가게 될 때 어떻게 될 것인지 곰곰이 생각했습니다. 나는 교회 부속의 묘지를 지날 때마다 나도 곧 그곳에 있게 될 것을 숙고했습니다. 장례식 종소리를 들을 때, 그것은 마치 내가 곧 심판을 받고 정죄당할 것을 알려주는 것 같았습니다. 왜냐하면 나에게는 용서의 희망이 없었기 때문입니다. 이런 것이 하나님의 교훈이니, 여러분이 그것을 숙고하기를 바랍니다.

아마도 여러분은 환난을 겪고 있을 것입니다. 여러분은 잘 지내고 있지 않습니다. 여러분은 죽음의 문을 통해 영원을 들여다보게 되었습니다. 어쩌면 여러분의 친구들 가운데 한두 사람이 본향으로 갔을 것입니다. 당신은 지금 상복(喪服)을 입고 있습니다. 하나님이 당신에게 교훈을 주셨습니다. 당신은 큰 손실을 겪었고, 그것이 너무 혹독하여 살아남기가 어렵다고 생각합니다. "주의 징계하심을 경히 여기지 말며"(히 12:5), 도리어 그분의 매에 담긴 뜻에 유의하고, 그 속에서 그분이 당신에게 말씀하시는 것에 귀를 기울이십시오. 하나님은 이전보다 더 심하게 당신을 때리실 수 있음을 기억하십시오. 그분은 더 예리하고 더 쓰라린 고통과 아픔을 보내실 수 있습니다. 만약 한 자녀를 그분이 데려가셨다면, 그분은 당신의 품에서 또 다른 자녀를 데려가실 수 있습니다. 한 친족이 죽었으면, 다른 친족이 그 뒤를 따를 수 있습니다. 저 위대하신 궁수는 화살통에 많은 화살을 가지고 계시며, 하나로 충분하지 않을 때 신속하게 다른 하나를 또 쏘아 보내시기 때문입니다. 나는 당신이 조심하길 바라며, "그녀가 교훈을 받지 않았다" 혹은 "그가 교훈을 받지 않았다"는 말씀이 당신에게 해당되지 않기를 바랍니다. 도리어 하나님이 당신을 그렇게 대하시는 동안 당신이 기꺼이 듣는 사람이 되길 바랍니다.

이것이 세 번째 기소 조항으로 이어집니다. 이 속에는 치명적인 죄의 본질이 있습니다. "그녀가 여호와를 의뢰하지 아니하였다." 그녀는 구원을 위하여 그리스도께 와서 그리스도를 의지하려 하지 않았습니다. 그녀는 자기 자신의 의를 믿으려 했습니다. 그녀는 죄를 극복하기 위해 그리스도를 의지하려 하지 않았습니다. 그녀는 자기가 자기 자신을 정결하게 할 수 있다고 말했습니다. 오, 많은 젊은이가 천국을 향해 겉보기에는 꽤 좋은 출발을 했습니다. 하지만 그것은 자기 자신의 힘만 의지한 것이었고, 유약 씨(Pliable, 천로역정의 등장인물-역주)처럼, 실망의 늪(Slough of Despond)에 빠지자 곧 천성을 향한 길에서 등을 돌려, 그가 출발했던 장소로 되돌아갔습니다. 주의하여, 그리스도 예수 안에서 하나님을 신뢰하는 것에 토대를 두지 않은 희망에는 아무것도 걸지 마시기 바랍니다. 예수 그리스도의 속죄에 근거한 것이 아니라면 당신의 종교는 헛된 것이며, 하늘에 대한 모독입니다. 예수님께 대한 믿음이 없는 곳에서 평화란 억측에 불과합니다. 그리스도를 믿기까지 감히 희망을 품는 사람은 헛된 희망을 품은 것입니다. 하지만 아아, 겉보기에는 많은 은혜로운 일들을 하지만, 이 한 가지 일을 하지 않는 사람들, 즉 주님을 신뢰하지 않는 사람들이 더러 있습니다. 그녀는 주님을 의뢰하지 않았습니다. 그녀는 과부입니다. 하지만 그녀는 주를 의뢰하지 않았습니다. 그녀는 죽음의 문턱에 있고, 병약한 상태에 있고, 병원에 있으면서도, 주를 의뢰하지 않았습니다. 그녀의 친구들이 그녀를 돕지 않았습니다. 친절해야 했던 사람들이 그녀에게 잔인했습니다. 하지만 그녀는 주를 의뢰하지 않았습니다. 그녀는 궁지에 몰렸으나, 여전히 주님을 의뢰하지 않았습니다.

이것은 하나의 큰 죄입니다. 하나님은 정녕 우리의 버팀목과 의지하는 것들을 의도적으로 치우시는데, 그것은 우리로 온몸을 그분께 기대도록 하시기 위함입니다. 하지만 이런 신뢰와는 아무런 상관도 없는 사람들이 있으니, 그들은 영원을 위해서도, 몸을 위해서도, 영혼을 위해서도 주를 의뢰하지 않습니다. 어떤 사람이든, 그가 비록 하나님의 자녀라 할지라도, 믿음의 길에서 벗어난 사람에게는 화가 있습니다. 우리가 보는 것을 따라 행할 때, 우리는 우리를 눈멀게 하는 것들을 보게 되기 때문입니다. 오직 우리가 주를 신뢰할 때만 "내가 영원히 부끄러움을 당하거나 욕을 받지 아니하리로다"(참조. 사 45:17)라고 말할 수 있습니다. 이것은 매우 슬픈 일입니다. "그녀가 여호와를 의뢰하지 않았다."

네 번째 죄목은 "그녀가 자기 하나님에게 가까이 나아가지 않았다"는 것입니다. 기도가 없었습니다. 그녀의 고난에 관하여 많은 대화가 있었고, 그녀가 하고 싶은 일에 관한 대화도 많았습니다. 하지만 하나님께 묻는 일은 없었고, 골방에 가서 그녀의 사정을 하나님께 아뢰고 그분의 자비를 간청하는 일이 없었습니다. 하나님께 대한 생각이 없었습니다. 그녀의 생각은 그분을 가까이하지 않았습니다. 욕망은 일천 갈래의 곁길을 돌아다녔지만, 하나님께는 오지 않았습니다. 오, 여러분 가운데 어떤 이들에게는 하나님을 생각하는 것이 어려운 일입니다. 내가 최선을 다해 설교하고, 여러분이 하나님을 생각하도록 깜짝 놀랄 말을 하려고 애를 써도, 아아, 얼마나 자주 나는 실패하고 마는지요! 내가 사용한 최선의 방식도 좌절하고 말았습니다. 오, 지금은 그렇게 되지 않기를 바랍니다! 내가 더는 당신에 대해서 "그녀가 자기 하나님에게 가까이 나아가지 않았다"고 말하지 않아도 되길 바랍니다. 우리는 그분을 생각해야 합니다. 우리는 그분을 구해야 합니다. 마치 작은 병아리들이, 공중에 매가 있을 때, 암탉이 부르는 소리를 듣고 곧장 그 깃털 아래에 숨듯이, 우리는 그분에게 나아와야 합니다. 우리는 기도로 달려가야 하며, 이 말씀이 진실로 우리에 대한 말씀이 되도록 해야 합니다. "그가 너를 그의 깃으로 덮으시리니 네가 그의 날개 아래에 피하리로다 그의 진실함은 방패와 손 방패가 되시리로다"(시 91:4). 만일 여러분의 자녀가 고통 중에서 거리로 뛰쳐나가고, 그 작은 마음이 무거운 중에 낯선 자들을 찾아가면서, 정작 슬픔 중에서도 아버지나 어머니에게는 아무런 말을 하지 않는다면, 여러분은 큰 아픔을 느낄 것입니다. 이것이 반역하는 백성에 대한 하나님의 논쟁입니다. 그들은 그분에게 오기 전에 사탄에게 가려고 합니다! 내가 너무 멀리 나간다고 생각하지 마십시오. 너무 지나친 표현을 쓴다고 생각하지 마십시오. 사울이 바로 그렇게 했습니다. 그는 하나님이 그에게 응답하시지 않을 때, 참회의 간구를 올려드리지 않았습니다. 오히려 그는 도움을 구하려고 한 무당을 찾아갔습니다. 많은 사람이 하나님께 가기보다는, 보이지 않는 세계의 깊숙한 곳을 꿰뚫어 보기를 원하고, 영적인 신비들을 돈으로 매수하려고 합니다. 어리석은 여인들이 점쟁이의 말을 믿으면서도, 구주를 의뢰하지 않습니다.

이것이 여러분 중에서 누군가에게 해당하는 말입니까? 그렇다면 이 고발의 말씀이 여러분의 심령 깊숙이 내려가게 하시고, 여러분의 죄악을 주님께 고백하십시오.

네 가지 죄목을 한꺼번에 제시하면 이렇습니다: 그녀는 명령을 듣지 않았습니다. 교훈을 받지 않았습니다. 여호와를 의뢰하지 않았습니다. 자기 하나님에게 가까이 나아가지 않았습니다. 그다음에는 무엇입니까? "그녀에게 화가 있습니다." 이 장의 첫 절을 찾아보십시오. 거기서 그 표현을 찾아볼 수 있을 것입니다(한글개역개정에는 "그 성읍이 화 있을진저"로 되어 있으며, 원어로 그 성읍은 여성형임-역주). 어디서 들려오는지, 이 대목에서 '화', '화', '화'라는 음성이 내 귀에 울리는 것 같습니다. 이 '화'(영어로 '워어우'woe)라는 단어는 더 나쁜 말로 변합니다. 내가 여러분에게 발음해보겠습니다—'워어우'. 그것은 곧 '더 나쁜' 무언가로 이어집니다—'워어스'(worse). 또 그것은 '최악'으로 이어집니다—'워어스트'(worst). 워어우, 워어스, 워어스트—그것은 나쁘고, 한탄스러우며, 파괴적이며, 파멸적이며, 고통스럽고, 비참하고, 불행한 말입니다. 내가 내 주님이 발음하셨던 것처럼 그 단어를 발음할 수 있다면 좋겠습니다. "화(원어로 '우아이') 있을진저 고라신아, 화(우아이) 있을진저 벳새다야, 화(우아이) 있을진저 가버나움아"(마 11:21,23). 나는 주님처럼 말하는 것을 좋아할 순 없습니다. 왜냐하면 주님께는 나에게 없는 심판의 권리가 있기 때문입니다. "화 있을진저 외식하는 서기관들과 바리새인들이여"(마 23:13). 하지만 주님이 발음하셨던 그 '화'라는 단어는 틀림없이 끔찍하고, 부드럽고, 슬프고, 엄중하게 듣는 이들의 마음을 뚫고 들어갔을 것입니다. 아아, 마지막에 천사들은 그 단어를 어떻게 외칠까요? "첫째 화는 지나갔으나 보라, 또 다른 화가 이르리로다"(참조. 계 9:12). 온 땅의 재판장이 봉인을 떼고 재앙의 병을 쏟으실 때, 경건치 않은 사람들은 '쓴 쑥'이라는 별을 볼 것이며(참조. 계 8:11), 하나님의 진노의 쓴 잔을 마시게 될 것입니다.

화! 그것은 지금 여기에서는 슬픔을 의미합니다! 안식이 없습니다! 만족이 없습니다! 화, 화, 지금 이 세상에서도 하나님을 의지하지 않는 자에게는 화가 있습니다! 하지만 그것은 다음 세상에서는 그리스도의 면전에서 쫓겨나는 것을 의미하고, 그 다음에 따르는 '화'를 의미합니다. 또 그것은 영원한 메아리가 될 것입니다. "화, 화, 화로다!" 나는 기꺼이 휫필드 씨와 함께 외치고 싶습니다. "다가올 진노여! 다가올 진노여!" 아직 삶이 지속하는 동안 거기서 도망치십시오. 예수님이 여러분에게 탄원하십니다. 그렇지 않으면 저 노하신 심판장의 손에서 진노가 벼락처럼 여러분에게 떨어질 것입니다. "화로다! 그녀가 명령을 듣지 아니하며, 교훈을 받지 아니하며, 여호와를 의뢰하지 아니하며, 자기 하나님에게 가까이 나아가지 아니하였도다." 이 모든 것이 재앙으로 변할 것이며, 무시되었던 음성이 다시 울려 퍼질 것입니다.

"아들아, 기억하라! 아들아, 기억하라! 화로다, 화로다!" 무시되었던 교훈에 대하여 말하자면, 오 그것이 그리스도를 거절한 자들에게 떨어질 재앙에 비하면 얼마나 밝고 부드러운지요! 모든 교훈이 그때는 재앙으로 변할 것입니다. 구주를 의지하지 않는 것, 곧 불신앙이 그때 어떤 재앙을 가져올는지요! 우리가 하나님께 가까이 나아가지 않는다면, 거기에는 어떤 재앙의 대가가 따를까요? 그때 우리는 서로 멀리 떨어져 바라볼 것입니다. 하나님과 우리 사이에는 거대한 심연이 가로놓여 있어서, 누구도 우리에게 올 수 없을 것이며, 혀를 시원하게 할

물 한 방울도 우리에게 주어지지 않을 것입니다. 누구도 우리에게서 떠나거나, 재앙의 장소에서 벗어나지 못할 것입니다.

2. 네 가지 숨은 위로들

이 화에서 벗어나려는 사람을 돕기 위해, 나는 잠시 시간을 써서 이 본문에 있는 네 가지 숨은 위로들에 대해 언급하겠습니다.

나는 그것들을 길게 다루지 않을 것입니다. 왜냐하면 나는 이 설교의 앞부분이 여러분의 마음에 간직되길 원하기 때문입니다. 하지만 네 가지 숨은 위로들도 있습니다.

첫째로, 비록 내가 아직 그분의 음성에 순종하지 않았다고 해도, 그분이 말씀하신다는 것, 그분이 내게 말씀하신다는 것은 명백합니다. 내 영혼아, 내 영혼아, 하나님이 말씀하시건만, 어찌하여 네가 귀를 막을 수 있단 말인가! 여전히 그분이 당신을 초대하시며, 여전히 그분이 당신을 부르시며, 여전히 그분의 성령이 당신과 더불어 씨름하십니다. 오늘 밤 나의 이 음성이 여러분 가운데 어떤 이에게는 하나님의 음성이 되길 바랍니다. 실망하지 마십시오, 하나님은 아직 당신을 포기하지 않으셨으며, 여전히 부르고 계십니다. 죽음의 판결이 선포될 때는 경고가 따로 주어지지 않습니다. 그러나 당신에게는 다른 부르심이 있으니, 나는 당신에게 소망을 가지라고 격려하고 싶습니다.

다음으로, "교훈을 받지 않았다"는 것은 내 모든 고난과 환난이 나를 그리스도께로 인도하기 위한 것이었음을 내포합니다. 그 모든 것이 사랑 안에서 내 영혼에 보내어졌습니다. 그러니 나는 그런 관점에서 그것들을 바라보아야 하지 않을까요? 내 친구여, 당신은 어디에 있습니까? 나는 당신이 어디에 있는지 모릅니다. 혹은 내가 정확히 누구에게 말하고 있는지를 모릅니다. 하지만 나는 당신을 위해 기도합니다. 하나님이 당신을 매우 엄격하게 대하신 것처럼 보이지만, 실상 그분은 당신이 은혜로 향하도록 몰고 계실 뿐입니다. 그분의 음성이 거칠었고, 그분의 손은 무거웠지만, 그분은 사랑 안에서 당신을 교훈하시는 것입니다. 오, 그분에게 귀를 기울이십시오. 그분에게 오십시오. 재판장은 죽을 운명의 범죄자를 교훈하지 않습니다. 하나님이 한 영혼을 완전히 버리셨다면, 그분은 교정의 목적으로 한 영혼을 교훈하지 않으십니다.

다음 문장에 주목하십시오. "그녀가 여호와를 의뢰하지 아니하였다." 내가 주님을 의뢰하지 않은 것이 하나의 범죄입니까? 그렇다면 나는 그분을 의뢰할 수 있으며, 또 그렇게 할 것입니다. 내가 가진 권리대로 행하지 않은 것이 하나의 죄라면, 또 "여호와를 의뢰하지 않은" 것이 비난의 이유라면, 오 달콤한 자비여, 달콤한 자비여, 나는 그분을 의뢰할 수 있습니다! 이것이 바로 "믿지 않는 사람은 정죄를 받으리라"(막 16:16)고 성경이 말하는 이유입니다. 믿지 않으면 정죄를 받는다는 것은, 마치 당신은 틀림없이 믿을 수 있다(may believe)는 것을 확인해주는 것 같습니다. 그러니 오십시오! 심지어 이 본문의 어두운 부분도 당신을 향해 미소를 보내고 있으며, 당신이 당신의 하나님을 의뢰하도록 이끌고 있습니다. 왜냐하면 그분은 당신이 그렇게 하지 않는 것을 책망하시기 때문입니다.

마지막 죄가 있습니다. "그녀가 자기 하나님에게 가까이 나아가지 아니하였다." 무엇을 말합니까? 내가 하나님께 가까이 나아가지 않으면, 왜 하나님이 그것을 잘못이라고 여기십니까? 오, 하나님의 성령이 여러분의 마음에 그 구절을 넣어주셔서 여러분이 이렇게 말하게 되길 바랍니다. "더는 그것이 나의 잘못이 되지 않도록 하겠습니다."

"은혜로우신 왕에게 가까이 가리니
그분의 홀이 용서를 베푸시리;
내가 만지는 것을 그분이 허락하시리니
그때 탄원하는 내 영혼은 살리라."

한때 나는 내가 하나님께 올 수 없다고 생각했습니다. 하지만 이제 나는 그분에게 오지 않는 것이 정죄 받을 일인 것을 이해합니다. 그러니 나는 올 것입니다. 나는 더는 지체하지 않을 것이며, 예수님께 올 것입니다. 설혹 내가 죽더라도, 그분의 발치에서 죽으리라고 결심하고서 말입니다. 내 친구여, 소망을 가지십시오. 아무도 거기서 죽은 자가 없기 때문입니다. 하나님께서 예수님을 위하여 이 교훈의 말씀을 확증해 주시길 바랍니다. 아멘.

제
3
장

현재의 때를 위한 설교

"그날에 사람이 예루살렘에 이르기를 두려워하지 말라 시온아 네 손을 늘어뜨리지 말라. 너의 하나님 여호와가 너의 가운데에 계시니 그는 구원을 베푸실 전능자이시라. 그가 너로 말미암아 기쁨을 이기지 못하시며 너를 잠잠히 사랑하시며 너로 말미암아 즐거이 부르며 기뻐하시리라 하리라. 내가 절기로 말미암아 근심하는 자들을 모으리니 그들은 네게 속한 자라 그들에게 지워진 짐이 치욕이 되었느니라" - 습 3:16-18

성경은 그 내적인 의미에서 놀랍도록 충만하고 지속적입니다. 그것은 끊임없이 솟아나는 샘으로서, 여러분은 거기서 물을 끌어오고, 또 끌어올 수 있습니다. 여러분이 물을 끌어오는 동안, 그 샘은 계속해서 새롭고 신선한 물을 솟구쳐 냅니다. 하나님의 약속의 성취에는 고갈이 없습니다. 사람이 여러분에게 약속하고 또 그것을 지킬 때, 그 약속에는 끝이 있습니다. 하지만 하나님께는 그렇지 않습니다. 그분이 자기 말씀을 최대한으로 지키실 때도, 그분은 단지 시작하신 것일 뿐입니다. 그분은 약속을 지키려는 준비가 되어 있으시고, 그것을 지키시며, 또 영원토록 그것을 지키십니다. 예를 들자면, 한 사람이 자기의 곡식 창고 바닥에서 밀을 탈곡하여 마지막 귀중한 한 알까지 일을 마쳤습니다. 그런데 다음 날 그는 다시 가서 탈곡하여, 전날에 탈곡한 양만큼 가져옵니다. 이어서 그 다음 날에, 그는 도리깨를 가지고 가서 또 탈곡하고, 첫날과 마찬가지로 곡식을 가득 담아서 가져옵니다. 그는 연중 내내 그렇게 합니다. 만약 그런 사람이 있다면 여러분은 그 사람에 대해서 무어라고 말하겠습니까? 그것이 동화 속의 이야기처럼 들립니까? 그런 일이 있다면 그것은 틀림없이 놀라운 기적일 것입니다. 하지만 만약에 평생토록 이 기적이 계속될 수 있다면 우리가 무슨 말을 해야 할까요? 믿음이 우리에게 주어진 이래로, 우리는 계속해서 약속의 말씀들을 탈곡해왔으며, 매일 우리의 가득한 분량을 가져올 수 있었습니다. 모든 세대의 성도가 첫날부터 지금까지 동일한 진리에 대해서 같은 일을 해왔다는 영광스러운 사실에 대해 우리는 무슨 말을 할까요? 지상에 궁핍한 영혼이 있는 한, 첫 사람이 자기 몫을 채우고 기쁘게 돌아간 것처럼, 그 사람도 최상의 풍요로운 곡식을 약속의 탈곡장에서 얻을 수 있습니다.

나는 이 본문의 구체적인 적용에 대해 자세히 설명하지 않을 것입니다. 나는 이 말씀이 본래 의도대로 특별하게 적용되었음을 의심하지 않습니다. 그리고 만약 이 본문이 암시하는 역사의 특별한 시기가 남아 있다면, 그것은 적절한 시기에 다시 성취될 것입니다. 하지만 나는 지금껏 살아온 분들 가운데 때때로 이 약속이 그들에게 진실이었음을 발견한 사람들이 있다는 것을 압니다. 하나님의 자녀들은 이 약속의 말씀들을 모든 종류의 상황에서 사용해왔으며, 거기에서 최상의 위로를 얻었습니다. 그리고 이 아침에 나는 마치 이 본문이 현재의 상황을 위해 새롭게 기록된 것처럼 느낍니다. 본문의 모든 음절이 임박한 위기에 적절해 보이기 때문입니다. 만약 주님께서 바로 지금 그분의 교회의 상태를 주시하시고, 이 구절을 오직 1887년이라는 이 은혜의 해를 위해 기록하게 하셨다고 해도, 이보다 더 적절하게 기록되기란 어려웠을 것입니다. 우리가 할 일은 바로 이 점을 제시하는 것이지만, 나는 그 이상을 목표로 하고 싶습니다. 거룩한 말씀에서 놀라운 몫을 얻어 즐거워하고, 또 말씀 안에서 강렬한 기쁨을 얻는 것이 우리의 기도가 되도록 합시다. 하나님이 그분의 사랑 안에서 안식하시니, 우리도 이 아침에 그 사랑 안에서 안식할 수 있습니다. 또 그분이 우리로 말미암아 즐거이 노래 부르시는 것처럼, 우리도 우리의 구원의 하나님께 즐거운 시로 노래할 수 있습니다.

나는 이 본문의 마지막 구절에서 시작하여 거꾸로 올라가도록 하겠습니다. 첫 번째 요지는, 하나님의 백성을 위한 시련의 날입니다. 그들은 엄숙한 집회에 구름이 드리운 것 때문에 슬퍼합니다. 그 집회에 대한 모욕이 그들에게 무거운 짐이 되었습니다. 둘째로, 우리는 위로의 영광스러운 근거에 주목할 것입니다. 우리는 17절에서 이 말씀을 읽습니다. "너의 하나님 여호와가 너의 가운데에 계시니 그는 구원을 베푸실 전능자이시라. 그가 너로 말미암아 기쁨을 이기지 못하시며 너를 잠잠히 사랑하시며 너로 말미암아 즐거이 부르며 기뻐하시리라 하리라." 셋째로, 여기에는 하나님의 사랑과 기쁨에 의해 비롯된 한 용감한 행위가 있습니다. "그날에 사람이 예루살렘에 이르기를 두려워하지 말라. 시온아 네 손을 늘어뜨리지 말라 하리라."

1. 하나님의 백성을 위한 시련의 날

18절에서 시작하여, 우리는 하나님의 백성을 위한 시련의 날에 주목합니다. 엄숙한 집회가 그들에게 치욕이 되었습니다. 이스라엘의 엄숙한 총회는 그들의 영광이었습니다. 축제와 희생 제사의 큰 절기들은 그 땅의 기쁨이었습니다. 신실한 자들에게는 그 거룩한 날들이 곧 그들의 경축일이었습니다. 하지만 그 엄숙한 총회에 비난이 쏟아졌습니다. 나는 그런 일이 바로 이 순간에도 있다고 믿습니다. 우리의 엄숙한 집회에서 복음의 빛의 광채가 오류에 의해 어두워지는 것은 슬프고 고통스러운 일입니다. 의심스러운 목소리들이 백성 가운데 퍼질 때 증언의 선명성이 손상됩니다. 진리, 곧 온전한 진리를 전하고 오직 진리만을 전해야 할 사람들이, 인간의 상상력에서 비롯된 교리들을 말하고 시대의 고안물들을 말하고 있습니다. 계시 대신 거짓되게도 소위 철학이라는 것이 전파됩니다. 하나님의 오류 없는 말씀 대신 인간의 추측과 더 큰 희망들이 전파됩니다. 어제나 오늘이나 영원토록 동일한 예수 그리스도의 복음이 마치 진보와 성장의 산물인 것처럼 해마다 수정되고 고쳐지는 것처럼 가르쳐집니다. 지금은 교회와 세상 모두를 위해 나쁜 날입니다. 나팔이 분명한 소리를 내지 않을 때 누가 싸움을 위해 준비하겠습니까?

이에 더하여, 우리는 교회의 엄숙한 집회에 무기력과 무관심과 영적 능력의 결핍이 퍼지고 있음을 볼 수 있습니다. 종교의 활력이 무시되고, 기도 모임이 소홀해질 때, 우리는 어떻게 될까요? 교회 역사에서 현재의 시기는 라오디게아 교회에 의해 잘 묘사될 수 있습니다. 그 교회는 차지도 뜨겁지도 않았고, 따라서 그리스도의 입에서 내쳐질 위기에 있었습니다. 그 교회는 부요하고, 재물이 늘어나고, 부족함이 없다는 것을 자랑했지만, 그런 사이에 주님이 옆으로 밀려나셨습니다.

그분이 문을 두드리셨으나 그분에게 문이 닫혀 있었습니다. 그 구절은 줄곧 회심하지 않은 사람들에게 적용되지만, 실상 그 구절은 그들과 아무런 상관이 없습니다. 그 구절은 미지근한 교회와 관련되어 있습니다. 즉 한 교회가 스스로는 탁월하고 번영하는 상태에 있다고 생각하지만, 그런 사이에 살아계신 그 교회의 주님이, 속죄의 제물이라는 교리에서, 입장이 거부되었던 것과 관련되어 있습니다. 오, 주님이 입장하셨더라면—주님은 그것을 간절히 원하셨습니다—그 교회는 곧 자신이 상상하는 부를 벗어 던졌을 것이고, 주께서 불로 연단한 금과 흰옷을 그 교회에 주셨을 것입니다. 오호라! 교육과 웅변과 과학이 있고, 또 다른 일천 가지의 시시한 것들을 가졌다고, 교회가 자기의 주님 없이 만족하다니! 정녕, 예수님과 그분의 사도들의 가르침이 작게 여겨질 때, 시온의 엄숙한 집회에는 구름이 드리워진 것입니다.

여기에 더하여, 세속적인 순응주의가 교회 안에 퍼지고, 그래서 세상의 헛된 오락들이 성도들 사이에 공유됩니다. 여기에 예레미야처럼 슬퍼하고 부르짖을 충분한 이유가 있습니다: "슬프다 어찌 그리 금이 빛을 잃었는고!"(애 4:1). 눈보다 순수하고 우유보다 희었던 교회의 모습이 석탄보다 검게 되었습니다. "우리의 모든 원수들이 우리를 향하여 그들의 입을 벌렸도다"(참조. 애 2:16). 더는 교회와 세상 사이에 분명한 구분이 없고, 예수님의 추종자라고 고백하는 자들이 불신자들과 손을 잡는다면, 그때 우리는 정녕 한탄해야 할 것입니다! 그런 날은 정말 재앙의 날입니다! 악한 때가 교회와 세상 모두에게 온 날입니다. 주께서 이런 백성에게 틀림없이 복수하실 터이니, 우리는 큰 심판을 예상할 수 있습니다. 여러분은 구약에서 하나님의 아들들이 사람의 딸들의 아름다움을 보고 자기들이 좋아하는 대로 짝을 맺었을 때, 홍수가 임하여 그들 모두를 쓸어버렸던 것을 알지 않습니까? 위로를 위해 필요한 시간이 부족해지지 않도록, 나는 이 주제를 더 길게 다루지 않으려 합니다.

본문을 보니, 이러한 수치가 짐이 되었던 사람들이 더러 있었습니다. 그들은 죄를 가벼이 여길 수 없었습니다. 진정, 악이란 전혀 존재하지 않는다고 말한 사람들이 많았고, 혹은 악이란 어떤 정도이든 존재하지 않는다고 선언한 다른 사람들도 있었습니다. 더 완고한 사람들은, 수치라고 고려되는 것들이 실제로는 자랑스러운 것이고, 그 세기의 영광이라고 공언하기도 했습니다. 그들은 이런 식으로 씩씩대며 말했고, 양심적인 사람들이 한탄하는 문제를 농담거리로 삼았습니다. 하지만 수치를 짐으로 여기는 사람들이 남아 있었습니다. 그들은 그런 재앙을 참고 볼 수가 없었습니다. 이런 사람들을 주 하나님은 존중하실 것이며, 이는 그분이 선지자를 통해 말씀하신 것과 같습니다: "너는 예루살렘 성읍 중에 순행하여 그 가운데에서 행하는 모든 가증한 일로 말미암아 탄식하며 우는 자의 이마에 표를 그리라"(겔 9:4). 많은 사람이 대접으로 포도주를 마시고 귀한 기름을 몸에 바르면서 요셉의 환난에 대하여는 근심하지 않았습니다(암 6:6). 하지만 이 사람들은 심령에 부담을 느끼고 십자가를 졌으며, 그리스도를 위하여 받는 수모를 애굽의 모든 보화보다 더 큰 재물로 여겼습니다(참조. 히 11:26).

하나님의 백성은 그리스도의 속죄의 희생이 모욕당하는 것을 참을 수 없습니다. 그들은 그분의 진리가 거리의 진흙처럼 짓밟히는 것을 견딜 수 없습니다. 참된 신자들에게 번영이란 성령께서 말씀에 은혜를 주셔서 죄인들을 회심하게 하시고 성도를 세우는 것을 의미합니다. 만약 그들이 이런 일을 보지 못하면 그들은 그들의 수금을 버드나무에 걸어둡니다(참조. 시 137:2). 예수를 참으로 사랑하는 사람들은 그들의 신랑이 그분의 교회와 함께하시지 않을 때 금식합니다. 그들의 영광은 그분의 영광에 있고, 다른 아무것에도 없습니다. 엘리의 아들 비느하스의 아내는 고통스럽게 죽어가면서 부르짖었습니다. "영광이 이스라엘에서 떠났다"(삼상 4:21). 그녀가 그렇게 부르짖은 이유는 한편으로는 그녀의 남편과 시아버지의 죽음 때문이었지만, 다른 한편으로는 "하나님의 궤가 빼앗겼기" 때문이었습니다. 이 때문에 그녀는 갓 태어난 아이의 이름을 '이가봇'이라 하였습니다—"영광이 이스라엘에서 떠났다. 하나님의 궤가 빼앗겼기 때문이라." 이 경건한 여인에게 가장 쓰라린 고통은 교회를 위한 것이었으며, 우리 하나님의 명예를 위한 것이었습니다. 하나님의 참된 백성은 그러합니다. 그들은 진리가 거부당하는 것을 마음의 큰 짐으로 여깁니다.

이런 부담감은 하나님을 향한 참된 사랑의 증거입니다. 주 예수를 사랑하는 자들은 그분의 상처에서 상처를 입고, 그분의 영이 근심하는 곳에서 근심합니다. 그리스도께서 모욕을 당하실 때 그분의 제자들도 모욕을 당합니다. 교회를 향하여 애정 어린 마음을 가진 자들은 바울과 더불어 이렇게 말할 수 있습니다. "누가 실족하면 내가 애타지 아니하더냐?"(고후 11:29). 하나님의 교회에서 발견되는 죄는 곧 모든 지체의 슬픔입니다. 이는 또한 건강한 감수성과 살아있는 영성의 징표입니다. 영적이지 않은 사람들은 진리나 은혜에 대해 아무런 신경도 쓰지 않습니다. 그들은 재정과 숫자, 사회적으로 지위가 있는 점잖은 양반들을 눈여겨봅니다. 전적으로 육적인 사람들은 이런 일들에도 전혀 신경을 쓰지 않습니다. 비국교도들의 정치적 목표가 진보하고 있는 한, 그리고 사회적 지위에서의 향상이 있다면, 그것으로 그들에게는 충분합니다. 하지만 그 영이 하나님께 속한 자들은 사람들이 진리를 저버리는 것을 보기보다는 차라리 신실한 사람들이 박해받는 것을 보기 원하며, 세속성으로 인해 죽은 상태인 부자 교회를 보기보다는 차라리 빈곤하더라도 거룩한 열정으로 충만한 교회들을 보기 원합니다. 영적인 사람들은 교회가 악한 상태에 처하여 원수들로부터 멸시를 받을 때도 교회를 아낍니다. "주의 종들이 시온의 돌들을 즐거워하며 그 티끌에도 호의를 베푸나이다"(시 102:14, KJV). 주님의 집은 우리 가운데 많은 사람에게는 우리 자신의 집이며, 그분의 가족은 곧 우리의 가족입니다. 주 예수님이 높임을 받으시지 못하고 그분의 복음이 이기지 못하면, 우리는 우리의 개인적인 유익이 손상되었다고 느끼며, 우리가 치욕을 당한다고 느낍니다. 그것은 우리에게 작은 일이 아닙니다. 그것은 우리의 생명입니다.

지금까지 나는 엄숙한 집회가 더럽혀졌을 때 그것은 하나님의 백성에게는 나쁜 날이라는 사실에 대해 말했습니다. 그와 관련된 수치가 새 예루살렘의 참된 시민들에게는 짐이 됩니다. 그들은 그것 때문에 슬퍼 보입니다. 주님께서 여기서 말씀하십니다. "내가 절기로 말미암아 근심하는 자들을 모으리라"(18절). 그들의 마음에 짐이 놓였을 때 그들이 슬퍼하는 것은 당연합니다. 게다가, 그들은 다양한 면에서 그들이 개탄하는 악의 나쁜 영향을 봅니다. 많은 사람이 절뚝거리며 멈칫거립니다. 이것이 19절의 약속에서 암시되어 있습니다: "내가 저는 자를 구원하리라." 시온으로 향하는 순례객들은 도중에 절뚝거리게 되었는데, 이는 그 선지자들이 "경솔하고 간사한 사람들"(4절)이었기 때문입니다.

순수한 복음이 전파되지 않을 때, 하나님의 백성은 그들의 목숨이 달린 여행에서 그들에게 필요한 힘을 빼앗깁니다. 여러분이 빵을 빼앗아버리면, 아이들은 굶주립니다. 만약 여러분이 양들에게 독성이 있는 풀을 먹이거나, 사막처럼 메마른 들로 그것들을 이끌어간다면, 그들은 종일 목자를 따르면서 절룩거리며 걸을 것입니다. 교리적인 것은 곧 실천적인 것에 영향을 끼칩니다. 이 나라의 여러 지역에 사는 하나님의 많은 백성에게 안식일이 거의 안식의 날이 되지 않는 것을 나는 압니다. 안식을 찾을 수 있는 진리를 그들이 듣지 못하기 때문입니다.

그들은 새로운 가르침으로 근심하고 지치는데, 그 새로운 가르침이란 하나님을 영화롭게 하지도 않고 사람들의 영혼에 유익을 주지도 않습니다. 많은 곳에서 양들이 꼴을 찾지만 얻지 못합니다. 이것이 많은 불안의 원인이 되고, 의심과 의혹을 낳습니다. 그 결과 힘이 약화되고, 믿음의 일, 사랑의 수고, 소망의 인내는 모두 절룩거리는 상태에 빠지고 맙니다. 이는 심각한 해악이며, 도처에서 발견됩니다. 오호라! 많은 사람이 "쫓겨났습니다." 그들에 대해 19절에서 말씀합니다. "내가 쫓겨난 자를 모으리라." 거짓 교리에 의해 많은 사람이 우리를 떠나 방황하게 되었습니다. 희망을 품었던 사람들이 생명의 길에서 떠나 배회하게 되었고, 죄인들이 하나님에게서 멀어진 상태로 남겨지게 되었습니다. 사람들에게 죄를 자각시킬 진리는 전해지지 않으며, 찾는 자들을 평화로 인도할 수 있는 진리들이 구름에 가려 흐려졌으며, 영혼들이 불필요한 슬픔에 남겨졌습니다. 이 두려운 그림자가 교회들 위에 드리운다는 것이 내게는 끔찍합니다. 주저하는 이들이 멸망에 내몰리고, 약한 자들이 비틀거리며, 심지어 강한 자들도 당황스러워하기 때문입니다. 이 시대의 거짓 교사들은 가능하다면 택하신 자들마저 속이려 하고 있습니다. 이것이 우리의 마음을 매우 슬프게 만듭니다. 우리가 어찌 슬퍼하지 않을 수 있을까요?

하지만 사랑하는 이여, 하나님의 백성이 이처럼 악한 형편에 처했을 때도, 그들에게 소망이 없는 것이 아닙니다. 방황하는 자들을 회복시키신다는 주님의 약속이 있기 때문입니다. 여기에 이중의 의미를 담은 말씀이 있습니다: "온 세상에서 수욕 받는 자에게 칭찬과 명성을 얻게 하리라"(19절). "내가 너희 목전에서 너희의 사로잡힘을 돌이킬 때에 너희에게 천하 만민 가운데서 명성과 칭찬을 얻게 하리라. 여호와의 말이니라"(20절). 원수들이 영원한 증언을 침묵시키지 못합니다. 그들은 우리의 주님을 나무에 매달았습니다. 그들이 그분의 몸을 내려 바위 안 무덤에 매장했습니다. 그들이 큰 돌을 굴려 그 무덤의 입구를 막았습니다. 정녕 이제는 그리스도와 그의 대의는 끝장났다고 여겨졌습니다. 너희 제사장들과 바리새인들이여, 뻐기지 말라! 지키는 군사도, 큰 돌도, 봉인한 것도 모두 소용이 없도다! 정해진 때가 왔을 때, 살아계신 그리스도께서 나오셨습니다. 그분은 죽음의 줄에 묶여 있을 수 없었습니다. 그들의 꿈이 얼마나 한심한지요! "하늘에 계신 이가 웃으심이여 주께서 그들을 비웃으시리로다"(시 2:4). 사랑하는 이여, 엄숙한 집회에서 수치의 돌은 치워질 것입니다. 나팔 소리와 함께 하나님의 진리가 다시 선포될 것이며, 하나님의 영이 그분의 교회를 회복하실 것입니다. 많은 회심자가 추수 때의 곡식단처럼 거두어 들여질 것입니다. 신실한 자들은 얼마나 기뻐하게 될까요! 그때 마음에 짐을 지고 슬퍼하던 자들은 기쁨과 아름다움의 옷을 입을 것입니다. 그때 여호와의 속량함을 받은 자들이 돌아오되 노래하며 돌아올 것이고, 그들의 머리 위에 영원한 희락을 띠고 올 것입니다(참조. 사 35:10). 싸움은 불확실하지 않습니다. 전투의 끝은 분명하고 확실합니다. 나는 지금 이 외침을 듣는 것 같습니다. "주 우리 하나님 곧 전능하신 이가 통치하시도다"(계 19:6).

2. 위로의 영광스러운 근거

둘째로, 어두운 가운데서 별처럼 빛나는 무언가를 생각해봅시다. 본문의 두 번째 구절은 위로의 영광스러운 근거를 제시합니다. 여기에 정녕 풍성한 본문이 있습니다. 이 구절은 마치 큰 바다 같고, 나는 마치 끝없는 물의 자락에 있는 모래를 가지고 노는 어린아이 같습니다. 17절, 이 한 구절만으로도 여러 편의 설교가 가능할 것 같습니다.

최악의 때에 우리의 큰 위로는 우리 하나님 안에 있습니다. 우리의 언약의 하나님의 이름—"너의 하나님 여호와"—그 자체에 위로와 격려가 가득합니다. "여호와"는 스스로 존재하시는 분, 변하지 않는 분, 영원히 살아계시는 하나님이시며, 바뀌지 않으시는 분으로서 그분의 영원한 목적에서 흔들림이 없는 분이십니다. 하나님의 자녀들이여, 여러분이 무엇을 가지지 못했건, 여러분에게 하나님이 있으면 그분 안에서 여러분은 크게 기뻐할 수 있습니다. 하나님을 소유하였으니 여러분은 모든 것, 그 이상을 가진 셈입니다. 모든 것이 그분에게서 나오기 때문입니다. 그리고 설혹 모든 것이 없어진다 해도, 그분은 단순히 자기 의지로 모든 것을 회복하실 수 있습니다. 그분이 말씀하시면, 그대로 됩니다. 그분이 명령하시면, 그대로 굳게 섭니다. 야곱의 하나님을 자기의 도움으로 삼으며 여호와에게 자기의 소망을 두는 자는 복이 있습니다(시 146:5). 주 여호와 안에 우리의 의와 힘이 있습니다. 그분을 영원히 의지합시다. 시대가 어떻게 굴러가더라도, 그것이 우리 하나님에게 영향을 주지 못합니다. 환난이 폭풍처럼 우리에게 몰려와도, 하나님이 우리의 방패이시니 그것이 우리에게 가까이 오지 못합니다.

교회의 하나님 여호와는 또한 교회의 모든 개개인 지체들의 하나님이십니다. 그러므로 그들 각 사람이 그분 안에서 즐거워할 수 있습니다. 내 형제여, 여호와는 마치 온 우주에서 다른 사람이 그 언약의 표현을 사용할 수 없는 것처럼 '당신의' 하나님이십니다. 오 믿는 자여, 여호와 하나님은 온전히 전적으로 당신의 하나님이십니다! 그분의 모든 지혜, 그분의 모든 예지력, 그분의 모든 능력, 그분의 불변성, 그분 자체가 모두 당신의 것입니다. 하나님의 교회에 대해 말하자면, 교회가 가장 낮은 상태에 있을 때도 교회는 여전히 확고하며 가능한 최상의 의미에서 좋은 것이 교회에 주어집니다. 교회는 하나님의 작정에 따라 확고히 서고, 하나님의 충만함에서 공급을 받습니다. 지옥의 문이 교회를 이기지 못합니다. 우리가 가진 것을 크게 기뻐합시다. 우리가 비록 가난해도, 하나님을 소유함으로써 우리는 무한히 부자입니다. 우리가 비록 약해도, 우리의 힘에는 제한이 없습니다. 전능하신 여호와가 우리의 하나님이시기 때문입니다. "만일 하나님이 우리를 위하시면 누가 우리를 대적하리요"(롬 8:31). 만일 하나님이 우리의 하나님이시면, 우리가 무엇을 더 필요로 할까요? 슬퍼하는 당신이여, 마음을 높이 들고, 용기를 내십시오. 만약 하나님이 당신의 하나님이시면, 당신은 당신이 바라는 모든 것을 가진 것입니다. 지금과 영원히, 땅과 하늘에서, 우리는 모든 것이 그분의 영광스러운 이름 안에 싸여 있는 것을 발견합니다. 그러므로 여호와의 이름 안에서 우리는 우리의 기(旗)를 세우고, 행진하며 싸우러 갈 것입니다. 그분은 그분 자신의 목적과 언약과 맹세에 따라 우리의 하나님이 되셨습니다. 그리고 이날, 그분은 또한 우리 자신의 선택에 의해, 그리스도 예수와 우리의 연합에 의해, 그분의 선하심을 맛본 우리의 경험에 의해, 그리고 "아빠, 아버지"라고 부르짖는 양자의 영에 의해, 우리의 하나님이 되십니다.

이 위로를 강화하기 위해, 우리는 이 하나님이 우리 가운데에 계신다는 사실에 주목합니다. 그분은 멀리 떨어져 계시지 않으며, 우리가 그분을 찾으려 할 때 힘들게 찾아야만 발견되는 분이 아닙니다. 여호와는 가까이 계신 하나님이시며, 언제라도 자기 백성을 구원하실 수 있는 하나님이십니다. 우리가 바다 건너 계신 하나님이 아니라, 바로 여기에 계신 하나님께 부르짖는 것을 생각하면 기쁘지 않습니까? 우리는 마치 그분이 별들 너머에 사시는 것처럼 높이 쳐다보지 않으며, 그분이 측량할 수 없는 심연 속에 숨어 계신다고 생각하지도 않습니다. 우리의 하나님은 "너의 가운데에 계시는 여호와"이십니다. 한 아기가 베들레헴에서 태어나시고, 우리에게 한 아들(Son)이 주어진 그 밝았던 밤 이래로, 우리는 하나님을 '임마누엘' 즉 우리와 함께 하시는 하나님으로 압니다. 하나님은 우리의 본성으로(in our nature) 계시며, 그러기에 우리와 매우 가까우십니다. "말씀이 육신이 되어 우리 가운데 거하시며"(요 1:14). 비록 그분의 육체의 임재는 떠나셨지만, 여전히 그분의 영적 임재가 영원히 우리와 함께 하십니다. 그분은 교회 가운데 계시며, 빛을 비추시고, 죄를 깨닫게 하시며, 소생시키시고, 은사를 주시며, 위로하시고, 영적인 능력을 입혀 주십니다. 주님은 그의 은혜의 목적을 성취하시기 위해 여전히 사람들 가운데서 일하십니다. 우리가 그리스도를 섬기러 나설 때마다 항상 이 사실을 기억합시다—"만군의 여호와께서 우리와 함께 하신다"(시 46:7). 여러분이 주일학교에서 학급을 불러모으려 할 때, 주님에게 이렇게 아뢰십시오. "주께서 친히 가지 아니하시려면 저를 이곳에서 올려보내지 마옵소서"(참조. 출 33:15). 아, 친구들이여! 하나님이 우리와 함께 하신다면, 우리는 사람들에게 버림받는 것을 견딜 수 있습니다. 이 얼마나 놀라운 말씀입니까? "두 세 사람이 내 이름으로 모인 곳에는 나도 그들 중에 있느니라!"(마 18:20). 왕이 친히 군대의 행렬 가운데 있을 때 군대는 함성을 질러야 하지 않을까요? 하나님이 일어나시면, 원수들은 흩어집니다! 그분이 우리와 함께 하실 때, 그분을 미워하는 자들은 그분 앞에서 도망칠 것입니다. 우리의 관심사는 우리의 삶이 하나님의 성령을 근심하시게끔 하지 않는 것이어야 합니다. 사랑하는 이여, 하나님의 임재가 우리와 함께 한다는 사실에는 너무나 풍성한 위로가 있기에, 우리가 이 순간 그 능력을 느낄 수만 있다면, 우리는 안식에 들어갈 수 있으며, 우리의 천국은 낮아지기 시작할 것입니다.

한 걸음 더 나아가, 우리의 주된 위로는 우리 가운데 계시는 하나님이 구원의 능력으로 충만하시다는 사실에 있음을 주목하시기 바랍니다. "너의 하나님 여호와가 너의 가운데에 계시니 그는 구원을 베푸실 전능자이시라"(17절). 말하자면. "여호와 너의 하나님은 구원하시기에 능하시다"는 것입니다. 그분의 팔은 짧아지지 않았습니다. 그분은 여전히 "하나님이시며 구원자"이십니다. 그분은 단지 구원하실 수 있는 정도가 아니라, 그분의 능력을 펼쳐 보이실 것입니다. "그가 구원을 베푸시리라." 오십시오, 내 형제여, 우리는 주변에서 우리를 낙심시키는 이런저런 것을 봅니다. 다윗처럼, 여호와 우리 하나님 안에서 분발합시다. 모든 어려움을 잘 잊어버리는 것이 우리에게는 당연합니다. 우리 가운데 계시는 하나님이 구원을 베풀기에 능하시기 때문입니다. 그러므로 그분이 구원하시도록 기도합시다. 그분이 그분의 교회를 미지근함과 치명적인 오류에서 구원하시도록 기도합시다. 그분이 세속성과 형식주의에서 교회를 구원하시도록 기도합시다. 회심하지 않은 사역자들과 불경건한 지체들을 그분이 구원하시도록 기도합시다. 우리의 눈을 들어 언제든 구원할 수 있는 능력을 바라봅시다. 주께서 수천 수백만의 회심하지 않은 자들을 구원하시도록 계속해서 기도합시다. 오, 우리가 신앙의 큰 부흥을 볼 수 있다면 얼마나 좋을까요! 이것이 우리가 모든 것에 앞서 바라는 것입니다. 이것이 원수의 광대뼈를 칠 것이며, 대적의 이를 부러뜨릴 것입니다. 만약 수만의 영혼들이 하나님의 주권적인 은혜로 즉시 구원받는다면, 믿음을 부인하는 자들에게 얼마나 큰 책망이 되겠습니까!

오, 처음에 휫필드와 그의 조력자들이 생명의 말씀을 전하기 시작했을 때, 우리의 선조들이 보았던 그런 때가 오기를 바랍니다! 하나의 달콤한 목소리가 분명하고 크게 들려올 때, 낙원의 모든 새가 그와 더불어 합창으로 노래하기 시작했으며, 영광스러운 날의 아침이 오는 것을 알렸습니다. 오, 만약 그런 일이 다시 일어난다면, 나는 저 거룩한 아기를 안았던 시므온처럼 느낄 것입니다(참조. 눅 2:28 이하)! 그때 시온의 처녀 딸이 원수를 향해 머리를 흔들며, 조롱하며 비웃을 것입니다. 그런 일은 일어날 수 있습니다. 그렇습니다, 우리가 끈질기게 기도하면 그런 일은 반드시 일어날 것입니다. "하나님이 우리에게 복을 주시리니 땅의 모든 끝이 하나님을 경외하리로다"(시 67:7). 웅변의 힘을 구하지 맙시다. 재물의 힘은 더더욱 구하지 맙시다. 오직 우리는 구원하시는 능력을 바라봅시다. 이것이 내가 갈망하는 한 가지입니다. 오, 하나님이여 영혼들을 구원하소서!

나는 한 주간 내내 현대 사상가들에게 끈질긴 질문을 받으며 괴롭힘을 당한 후에, 나 자신에게 말했습니다. "나는 내 길을 갈 것이다. 그리스도의 복음을 전하고, 영혼들을 얻을 것이다." 예수 그리스도께서 높이 들려 십자가에 못 박히신 것이, 내게는 기록된 말씀보다 지혜롭다고 자처하는 인간들의 모든 트집 잡기보다 훨씬 더 중요합니다. 회심자들은 이의를 달 수 없는 우리의 논증입니다. 시편은 말합니다. "이것[자식들]이 그의 화살통에 가득한 자는 복되도다"(시 127:5). 사역을 통해 하나님을 향해 태어난 영적인 자녀들이 많은 자는 복됩니다. 회심자들이 곧 그의 변론이기 때문입니다. 병 나은 사람이 베드로와 요한 곁에 선 것을 보고, 그들은 비난할 말이 없었습니다(행 4:14). 만약 영혼들이 복음에 의해 구원받는다면, 복음은 가장 확실한 방식으로 입증됩니다. 우리는 조직체보다는 회심에 더욱 관심을 기울입시다. 만약 영혼들이 그리스도와의 연합으로 인도된다면, 우리는 다른 연합들을 포기할 수 있습니다.

우리는 더 멀리, 더 깊이 가서, 자기 백성 안에 있는 하나님의 기쁨을 바라봅니다. "그가 너로 말미암아 기쁨을 이기지 못하시며." 이것을 생각해보십시오! 여호와께서, 살아계신 하나님이, 그분의 교회를 곰곰이 생각하시며 기뻐하십니다. 그분이 그의 귀한 아들의 피로 속량을 받고 그의 성령에 의해 소생된 영혼들을 바라보실 때, 그의 마음이 즐거워하십니다. 무한하신 하나님의 마음이 그분의 택하신 자들을 보시고 특별한 기쁨으로 가득해지십니다. 그분의 기쁨은 그분의 교회, 그분의 헵시바(참조. 사 62:4, 헵시바는 '내 기쁨이 그녀 안에 있다'는 뜻으로 예루살렘의 상징적 이름-역주) 안에 있습니다. 나는 한 목회자가 한 영혼을 그리스도께로 인도했을 때 즐거워하는 것을 이해할 수 있습니다. 나는 또한 믿는 자들이 다른 사람들이 죄와 지옥에서 구원받는 것을 보고 즐거워하는 것을 이해할 수 있습니다. 하지만 무한히 행복하시고 영원히 복되신 하나님이, 속량 받은 영혼들 안에서 새로운 기쁨을 발견하시는 것에 대해 내가 무어라 말해야 할까요? 이것은 하나님의 은혜의 일 주변에 주렁주렁 달린 큰 기적들과는 또 다른 불가사의입니다! "그가 너로 말미암아 기쁨을 이기지 못하시며."

오, 여러분은 여호와의 언약궤 때문에 떨고 있습니다. 주님은 떨지 않으시며, 도리어 기뻐하고 계십니다. 교회는 사실 결함이 많지만, 주님은 교회를 기뻐하십니다. 우리는 슬퍼하고, 또 슬퍼할 수도 있지만, 그렇다고 우리가 소망 없는 자들처럼 슬퍼하는 것은 아닙니다. 하나님은 슬퍼하시지 않기 때문입니다. 그분의 마음은 즐거우십니다. 그분이 기쁨을 이기지 못한다고 하십니다. 이는 매우 강조적인 표현입니다. 주님은 그분을 경외하는 자들을, 비록 그들이 불완전하지만, 기뻐하십니다. 그분은 그들을 보실 때 그들이 장차 될 모습으로 보시며, 그래서, 비록 그들이 그들 자신을 기뻐하지 못할 때도, 그분은 그들을 보고 크게 기뻐하십니다. 여러분의 얼굴이 눈물로 얼룩지고, 여러분의 눈이 울어서 붉어지고, 여러분의 마음이 죄로 인한 슬픔 때문에 무거울 때, 위대하신 아버지는 여러분을 인하여 기쁨을 이기지 못하십니다. 탕자는 그의 아버지 품에서 울었습니다. 하지만 아버지는 그의 아들로 인하여 기뻐했습니다. 우리는 의문을 품고, 의심하며, 슬퍼하고, 떱니다. 그러나 그 모든 와중에도, 시작부터 끝을 다 보시는 하나님은 현재의 불안 뒤에 어떤 일이 올 것인지를 아십니다. 그래서 그분은 기뻐하십니다. 믿음으로 일어나 하나님의 기쁨에 참여합시다. 원수의 조롱 때문에 낙심하는 사람이 없도록 합시다. 오히려 하나님이 택하신 백성은 일어나 용기를 내고, 비록 엄숙한 집회가 치욕이 되어버렸어도, 멈추지 않는 하나님의 기쁨에 참여합시다. 하나님께서 무한히 황송하게도 우리 가운데 오셔서 기뻐하신다면, 우리는 그분 안에서 기뻐해야 하지 않을까요? 그러므로 용기를 가지시기 바랍니다.

이런 표현이 더해졌습니다. "그가 너를 잠잠히 사랑하시며(그가 그분의 사랑 안에서 안식하실 것이며, KJV)." 나는 성경에서 이보다 더 놀라운 의미로 가득한 부분이 있는지 모르겠습니다. 그분이 정박지에 오십니다. 그분이 바라던 곳에 도착하셨습니다. 마치 야곱이, 라헬을 향한 사랑으로 가득하여, 마침내 섬김의 세월을 마치고 그가 사랑하는 사람과 혼인했을 때처럼, 그리고 그의 마음이 안식했던 것처럼, 비유적으로 여호와 우리 하나님에 대해서 그와 같은 표현이 사용되었습니다. 예수님은 자기 백성들을 얻으실 때 자기 영혼의 수고한 것을 보고 만족하십니다(참조. 사 53:11). 그분은 자기 교회를 위하여 받으셔야 했던 세례를 받으셨습니다. 이제 그분은 더는 괴로움을 겪지 않으십니다. 그분의 소원이 성취되었기 때문입니다. 주님은 그분의 영원한 선택에 대해 만족하시고, 그분의 사랑스러운 목적들에 만족하시며, 영원에서부터 시작된 그 사랑에 만족하십니다. 성부 하나님은 예수님을 크게 기뻐하십니다. 또 그분의 귀한 아들과 관련된 모든 영광스러운 목적들을 기뻐하십니다. 그분은 그가 택하신 백성들을 잠잠히 바라보시고 만족하십니다. 그리스도 안에서 그들을 보시기 때문입니다. 이것이 우리 역시도 마음 깊이 만족을 누릴 수 있는 좋은 근거입니다. 우리의 모습은 아직 우리가 되고 싶었던 모습이 아니며, 아직 우리가 되어야 할 모습도 아닙니다. 우리는 천천히 진보합니다. 하지만 확실히 진보합니다. 전능의 은혜에 의해 끝은 확보되었습니다. 우리가 우리 자신에 불만족스러워하는 것은 옳습니다. 하지만 이 거룩한 불만이 우리에게서 그리스도 예수 안에 있는 우리의 평화를 앗아가서는 안 됩니다. 주님께서 우리 안에서 안식하신다면, 우리도 그분 안에서 안식할 수 있지 않을까요? 만약 그분이 그의 사랑 안에서 안식하신다면, 우리도 그 사랑 안에서 안식할 수 있지 않을까요?

"그가 그분의 사랑 안에서 안식하실 것이며"(KJV). 이 말씀에서 나는 변하지 않는 사랑, 지속적인 사랑, 영원한 사랑을 분명히 발견하고 마음의 위로를 얻습니다. 여호와는 변치 않으십니다. 자기 백성과 결혼하신 그분은 "이혼하는 것을 미워하십니다"(말 2:16). 불변성은 그분의 마음에 새겨졌습니다. 멧비둘기는 일단 자기 짝을 선택하면 일평생을 신실하게 지냅니다. 만약 사랑하는 대상이 죽으면, 여러 경우에, 상대는 떠난 짝을 그리워하며 슬퍼하다가 여위어갑니다. 그의 생명이 떠난 배우자와 엮어져 있었기 때문입니다. 우리 주님께서도 그분이 사랑하시는 자들을 선택하셨고, 그것을 절대 바꾸지 않으실 것입니다. 그분은 자기 교회를 위해 죽으셨고, 그분이 사시는 한, 어떤 희생이 따르더라도 그분은 그분의 사랑을 기억하실 것입니다. "누가 우리를 우리 주 그리스도 예수 안에 있는 하나님의 사랑에서 끊으리요"(롬 8:35, 39). "그가 너를 잠잠히 사랑하시리라."

우리를 향한 하나님의 사랑은 방해받지 않습니다. "모든 지각에 뛰어난 하나님의 평강"(빌 4:7)이 그분의 사랑과 함께 거합니다. 그분은 그 문제에 관하여 동요하지 않으시며, 오직 평화롭게 사랑하시고, 절대 흔들리지 않으십니다. 하나님의 평온은 묵상할수록 놀랍습니다. 그분의 틀림이 없는 지식과 무한한 능력이 그분에게 두려움이나 의문의 여지가 없게 합니다. 그분에게는 그분이 속량하신 자들에 관하여 놀랄 이유가 없으시며, 진리의 큰 목적과 의의 통치에 대해서도 마찬가지입니다. 그분의 참된 교회에 관하여, 그분은 그것이 옳다는 것을 아시며, 그렇지 않으면 그분이 친히 옳게 만드실 것입니다. 교회는 예수님의 형상으로 변화되고 있으며, 주님은 머지않아 그 형상이 완성되리라는 확신 속에서 안식하십니다. 그분은 그분의 목적을, 그분의 때에, 그분의 방식으로 수행하실 수 있습니다. 그분은 파종뿐 아니라 추수도 보실 수 있습니다. 그러므로 그분은 "그분의 사랑 안에서 안식하십니다." 여러분은 어머니가 자기 아기를 씻기는 것을 보았을 것입니다. 그녀가 아기의 얼굴을 씻길 때 아기는 아마도 울 것입니다. 아기는 지금 당장은 씻는 활동을 즐기지 않기 때문입니다. 어머니가 그 아기의 고통에 동참합니까? 그녀가 함께 우나요? 오, 아닙니다! 그녀는 아기를 보고 기쁨을 이기지 못하며 그녀의 사랑 안에서 안식합니다. 그 작은 생명의 가벼운 환난이 진정한 유익으로 작용할 것임을 알기 때문입니다. 종종 우리의 슬픔은 비누가 눈에 들어간 것 때문에 우는 아기의 슬픔보다 더 깊지 않습니다. 환난과 박해로 교회가 씻어지는 동안, 하나님은 그분의 사랑 안에서 안식하고 계십니다. 여러분과 나는 지칠지 모르지만, 하나님은 안식하십니다.

"그가 그분의 사랑 안에서 안식하시리라." 이 문장의 히브리어 뜻은 "그분이 그분의 사랑 안에서 잠잠하시리라"입니다. 그분의 사랑 안에 있는 그분의 행복은 너무나 커서, 그분은 그것을 표현하지 않으시고, 다만 행복한 침묵을 유지하십니다. 그분의 기쁨은 말로 표현하기에는 너무나 깊습니다. 어떤 언어도 그분의 사랑 안에 있는 하나님의 기쁨을 표현하지 못합니다. 그래서 그분은 아무런 말도 사용하지 않으십니다. 이런 경우에 침묵은 무한대로 풍부한 표현을 담고 있습니다. 옛 주석가들 가운데 한 분은, 마치 그분이 그의 택하신 백성을 향한 비난의 소리를 아무것도 듣지 않으시고, 또한 교회를 힐난하는 아무런 말씀도 하지 않으시려는 것처럼, "그분은 그분의 사랑 안에서 듣지 못하고 말하지 못하신다"고 했습니다. 예수님의 침묵을 기억하고, 이 본문을 그렇게 해설한 것입니다.

때때로 주님은 그분의 백성을 향해 말씀하시지 않습니다. 우리는 그분에게서 힘을 북돋우는 말씀을 듣지 못합니다. 그때 우리는 약속을 바라며 한숨짓고, 그분의 사랑의 방문을 갈망합니다. 하지만 만약 그분이 이처럼 침묵하신다면, 그분은 단지 사랑 안에서 침묵하시는 것을 알기 바랍니다. 그것은 진노의 침묵이 아니라 사랑의 침묵입니다. 그분의 사랑은 변하지 않으며, 그것은 그분이 우리를 위로하지 않으실 때도 마찬가지입니다.

> "그분의 생각은 높고 그분의 사랑은 지혜로우니,
> 그분의 상처도 치유를 위함이라네;
> 비록 그분이 항상 미소를 짓진 않으셔도,
> 그분의 사랑은 끝까지 간다네."

그분이 그분 손으로 우리의 기도에 응답하지 않으실 때, 여전히 그분은 그분의 마음으로 우리의 기도를 들으십니다. 거절은 우리에게 간구를 허락하시는 같은 사랑의 다른 형태일 뿐입니다. 그분은 우리를 사랑하십니다. 때때로 그분은 우리가 구하는 것을 주시지 않음으로써, 가장 달콤한 약속을 들려주실 때보다 더 나은 사랑을 보여주십니다. 나는 이 문장을 소중히 여깁니다—"그가 너를 잠잠히 사랑하신다. 그가 그의 사랑 안에서 안식하신다." 나의 하나님, 당신은 당신의 교회에 완벽하게 만족하십니다. 당신의 교회가 어떻게 될 것을 당신이 아시기 때문이지요. 당신은 당신의 교회가 씻고 나서 아름다운 옷을 입었을 때 얼마나 아름다울지를 보십니다. 오, 해가 떨어지고, 죽을 우리 인생은 끝없는 어둠을 두려워합니다! 하지만 위대하신 하나님, 당신은 아침을 보시고, 또한 어둠의 시간에 이슬이 내려 당신의 정원을 상쾌하게 하는 것을 아십니다. 우리는 시간 속에서 추측하지만, 당신은 영원 속에서 판단하십니다. 그러므로 우리는 당신의 오류 없는 지식으로 우리의 근시안적인 판단을 교정할 것이며, 당신과 함께 안식할 것입니다.

하지만 마지막 말씀이 가장 놀랍습니다. "그가 너로 말미암아 즐거이 부르며 기뻐하시리라." 위대하신 여호와께서 노래하시는 것을 생각해보십시오! 여러분은 그것을 상상할 수 있습니까? 하나님이 노래를 부르신다는 것을 상상하기가 가능합니까? 아버지, 아들, 성령님이 속량 받은 자들로 말미암아 함께 노래하시다니요? 하나님이 사랑 안에서 너무나 행복하셔서, 친히 침묵을 깨뜨리시고, 해와 달과 별들이 놀라서 하나님이 기쁨의 찬송을 부르시는 것을 듣는다고, 자기 백성을 향해 증언하십니다. 동양인들 가운데는 신랑이 신부를 받아들일 때 부르는 어떤 특정한 노래가 있다고 합니다. 거기에는 그녀 안에 있는 그의 기쁨을 표현하고, 또한 그의 결혼이 이루어졌음을 선포하려는 뜻이 담겨 있다고 합니다. 만약 하나님이 노래하신다면, 우리는 노래하지 않을까요?

그분은 세상을 만드실 때 노래하시지 않았습니다. 그분은 그것을 바라보시고, 단순히 좋았더라고 말씀하셨습니다. 천사들은 노래했고, 하나님의 아들들이 기쁨으로 소리쳤습니다. 창조는 그들에게 매우 놀라웠습니다. 하지만 하나님께는 그 정도가 아니었습니다. 그분은 만약 원하셨다면 수천 개의 세상도 만드실 수 있었습니다. 창조는 그분을 노래하시게 할 수 없었습니다. 나는 섭리가 그분에게 어떤 기쁨을 불러일으켰는지 모릅니다. 그분은 일천 개나 되는 섭리의 영역도 쉽게 배열하실 수 있었기 때문입니다. 하지만 구속에 이르러서, 그것은 그분에게 값비싼 희생을 치르시게 했습니다. 여기서 그분은 영원한 생각에 몰두하셨고, 무한한 지혜로 한 언약을 계획하셨습니다. 여기서 그분은 자기의 독생자를 주셨고, 그의 사랑하시는 자들을 속량하시기 위해, 그 아들을 고통당하게 하셨습니다. 모든 것이 끝났을 때, 주님은 구속받은 자들의 구원이 결국 어떻게 될 것을 보셨고, 그때 그분은 하나님의 방식으로 즐거워하셨습니다. 겟세마네와 골고다를 보상하는 기쁨은 어떤 것이어야 할까요! 그의 구속받은 백성을 생각하시면서 여호와 하나님의 기쁨은 무한대로 커집니다. "그가 너로 말미암아 즐거이 부르며 기뻐하시리라." 나는 이런 주제를 말하는 동안 떨립니다. 혹 내가 하는 한 마디가 저 비할 데 없는 신비를 훼손하지는 않을까 우려하기 때문입니다. 그렇지만 우리는 기록된 말씀을 주목하고 즐거워하며, 또한 그 기록된 말씀에서 위로를 얻을 수 있어야 합니다. 주님의 기쁨에 공감합시다. 그것이 우리에게 힘이 될 것이기 때문입니다.

3. 용감한 행위

설교를 마무리하면서, 나는 본문이 시사하는 한 용감한 행위를 간략히 언급하려 합니다. 우리가 진 짐 때문에 슬퍼하지 맙시다. 도리어 우리는 위대한 짐꾼(Burden-bearer)이신 하나님 안에서 즐거워합시다. 오늘 우리는 그분에게 우리의 짐을 맡겨드립니다. 여기에 이런 말씀이 있습니다. "그날에 사람이 예루살렘에 이르기를 두려워하지 말라. 시온아 네 손을 늘어뜨리지 말라"(16절).

하나님의 백성이 해야 할 세 가지가 있습니다. 첫째는, 행복해야 합니다. 14절을 읽어보십시오. "시온의 딸아 노래할지어다. 이스라엘아 기쁘게 부를지어다. 예루살렘의 딸아 전심으로 기뻐하며 즐거워할지어다." 자기의 잔이 기쁨으로 가득할 때는 어떤 사람이라도 노래할 수 있습니다. 오직 믿는 자만이 쓴 잔의 물을 마시면서도 노래할 수 있습니다. 어떤 참새라도 밝은 날에는 짹짹거릴 수 있습니다. 어둠 속에서 노래할 수 있는 것은 나이팅게일뿐입니다. 하나님의 자녀들이여, 원수들이 여러분을 이기는 것처럼 보일 때마다, 원수의 빽빽한 진영이 확실히 승리할 것처럼 보일 때마다, 그때 노래를 시작하십시오. 당신의 노래와 함께 당신의 승리가 올 것입니다. 마귀에게는, 그가 발을 성도들 위에 올려놓을 때, 성도들이 노래하는 것을 듣는 것은 매우 당혹스러운 일입니다. 그는 그런 일을 이해하지 못합니다. 그가 성도를 더 압박할수록, 그들은 더 즐거워합니다. 우리가 완패를 당했다고 원수가 꿈꿀 때, 우리는 더욱 즐거워할 것을 결심합시다. 반대가 심할수록, 주 안에서 우리는 더 즐거워할 것입니다. 더 많이 낙심될수록, 더 크게 확신을 가집시다.

사람들이 알렉산더에게 수십만의 페르시아군이 있다고 말했을 때 그의 용기는 눈부셨습니다. 그가 말했습니다. "하지만, 한 명의 도살업자라도 무수한 양들을 두려워하지 않는다." 다른 사람이 말했습니다. "아! 페르시아인들이 활을 당길 때, 그들의 화살이 너무 많아서 해를 가릴 정도입니다." 그 영웅이 소리쳤습니다. "그늘 속에서 싸우기가 좋을 것이다." 오 친구들이여, 우리는 우리가 믿어왔던 분을 알고, 또 승리를 확신합니다! 비록 잡다한 사람들이 '일만 대 일'로 우리를 상대하더라도, 우리는 단 한순간도 이것이 곤경이라고 여기지 맙시다. 오히려 우리는 '백만 대 일'이 되기를 바라고, 그래서 승리가 확실한 이 싸움에서 우리 주님의 영광이 더 커지기를 바랍시다. 아타나시우스(Athanasius, 4세기 알렉산드리아에서 활약한 기독교 지도자. 평생을 아리우스파와 투쟁했고, 이로 인해 박해와 추방과 복귀를 거듭했음. 27권 신약성경 목록을 최초로 만든 인물이기도 함-역주)가 모든 사람이 그리스도의 신성을 부인하고 있다는 말을 들었을 때, 그는 이렇게 말했습니다. "나 아타나시우스는 세상에 맞선다." "세상에 맞서는 아타나시우스"(Athanasius contra mundum, Athanasius against the world)는 속담처럼 유명한 표현이 되었습니다.

형제들이여, 주님의 싸움에서 홀로 된다는 것은 멋진 일입니다. 우리에게 여섯 명이 있다고 가정해봅시다. 여섯 사람은 힘을 내기엔 많은 수가 아니며, 도리어 힘이 빠질 원인이 될 수 있고, 돌봄이 필요할 것입니다. 만약 여러분이 혼자라면, 오히려 그것이 훨씬 좋습니다. 하나님이 개입하실 여지가 더 커지는 것입니다. 이탈 때문에 어떤 장소가 완전히 비게 되고, 당신에게 친구가 남지 않으면, 이제 모든 구석이 하나님으로 채워질 수 있습니다. 눈에 보이는 의지할 것이 너무 많고, 희망을 둘 여지도 너무 큰 동안에는, 하나님을 단순하게 의지할 여지도 그만큼 줄어듭니다. 하지만 이제 우리의 노래는 오직 주님 한 분입니다. "이스라엘의 거룩하신 이가 너희 중에서 크심이라"(사 12:6).

다음의 의무는 대담무쌍함입니다. "두려워하지 말라." 뭐라고요? 조금만 두려워하라는 것이 아닙니까? 아니요. "두려워하지 말라"입니다. 하지만 틀림없이 떠는 모습이 약간 나타날 수도 있는데요? 아니요. "너는 두려워하지 말라." 불신앙의 목에 매듭을 단단히 지으십시오. "너는 두려워하지 말라." 오늘도 두려워하지 말고, 당신의 평생에 어떤 날도 두려워하지 마십시오. 두려움이 들어올 때, 그것을 내쫓으십시오. 그것에 공간을 주지 마십시오. 만약 하나님이 당신을 잠잠히 사랑하시고, 즐거이 노래하신다면, 무엇이 당신을 두려워하게 할 수 있습니까? 배에 오른 승객들이, 날씨가 험해질 때, 선장의 침착한 행동에 의해 위로를 받는 것을 여러분은 알지 않습니까? 한 천진난만한 사람이 그의 친구에게 말했습니다. "나는 두려워할 이유가 없다고 확신하네. 선장이 휘파람을 불고 있는 것을 들었거든." 확실히, 선장이 평온하면, 그리고 그에게 모든 가능성이 있다면, 승객은 한층 더 평화를 누릴 수 있습니다. 배의 키를 잡으신 주 예수님이 노래하고 계신다면, 우리는 두려워하지 맙시다. 겁먹은 말투를 모두 끝냅시다. 오, 주 안에 안식하십시오, 잠잠히 그분을 기다리십시오. "보라 너희 하나님이 오사 보복하시며 갚아주실 것이라. 하나님이 오사 너희를 구하시리라"(사 35:4).

마지막으로, 열심을 내도록 합시다. "네 손을 늘어뜨리지 말라." 지금은 모든 그리스도인이 그 어느 때보다 하나님을 위해 더 많은 일을 해야 할 때입니다. 하나님을 위해 위대한 일들을 계획하고, 하나님으로부터 위대한 일들을 기대합시다. "네 손을 늘어뜨리지 말라." 지금은 곱절의 기도와 수고를 해야 할 때입니다. 대적들이 바쁘기 때문에, 우리도 바빠지도록 합시다. 만약 그들이 우리를 완전히 끝장낼 수 있다고 생각한다면, 우리는 그들의 어리석음과 기만을 완전히 끝장내자고 결심합시다. 나는 모든 그리스도인이 전력을 다해 일함으로써, 하나님의 대의를 위해 더 많은 물질을 드림으로써, 그리고 더 철저하게 순종하며, 더 진지하게 노력을 기울이며, 더 끈질기게 기도함으로써, 그리스도의 원수들의 도전에 응전해야 한다고 생각합니다. 거룩한 섬김의 어떤 부분에서든, "여러분의 손을 늘어뜨리지 마십시오." 두려움은 게으름의 사육자입니다. 그러나 용기는 우리에게 불굴의 인내를 가르칩니다. 하나님의 이름으로 나아갑시다. 나는 이 교회의 지체들이 분발하기 원합니다. 그리고 내 형제들이 하나님을 위하여, 또 사람들의 영혼을 위하여 열정이 뜨거워지기를 바랍니다. "그러므로 내 사랑하는 형제들아 견실하며 흔들리지 말고 항상 주의 일에 더욱 힘쓰는 자들이 되라. 이는 너희 수고가 주 안에서 헛되지 않은 줄 앎이라"(고전 15:58).

하나님께서 이 거대한 회중의 모두가 그리스도의 편에 서게 하시길 바랍니다! 오, 여러분이 그리스도께 오고, 그분을 신뢰하며, 또 이 악하고 패역한 세대 가운데서 그분을 위해 살아가기를 바랍니다! 주께서 우리와 함께 하십니다. 아멘.

학
개

제
1
장

—

성령의 거주, 교회의 영광

—

"그러나 여호와가 이르노라 스룹바벨아 스스로 굳세게 할지어다 여호사닥의 아들 대제사장 여호수아야 스스로 굳세게 할지어다 여호와의 말이니라. 이 땅 모든 백성아 스스로 굳세게 하여 일할지어다 내가 너희와 함께 하노라 만군의 여호와의 말이니라. 너희가 애굽에서 나올 때에 내가 너희와 언약한 말과 나의 영이 계속하여 너희 가운데에 머물러 있나니 너희는 두려워하지 말지어다" - 학 2:4-5

사탄은 하나님의 일을 지체시키기 위해 언제나 최선을 다합니다. 그는 유대인들이 성전을 건축하는 것을 방해했습니다. 그리고 오늘날 그는 하나님의 백성이 복음을 전하는 일을 방해합니다. 영적인 성전이 지존자를 위하여 지어져야 하는데, 만약 어떤 수단으로든 악한 자가 그것이 세워지는 것을 지연시킬 수 있다면, 그는 무슨 일이든 할 것입니다. 만약 그가 우리가 믿음과 용기로 하나님을 위해 일하는 것에서 멀어지게 할 수만 있다면, 그는 틀림없이 그 일을 할 것입니다. 그는 매우 교활하여서, 자기 목적은 유지하면서도 주장하는 논지를 어떻게 바꾸어야 하는지를 압니다. 하나님의 큰 목적에 손상을 가할 수만 있다면, 그는 일하는 방식에는 조금도 신경 쓰지 않습니다. 포로에서 돌아온 유대 백성의 경우에, 사탄은 그들을 이기적이고 세속적으로 만듦으로써 성전을 세우려는 일을 방해했습니다. 그 탓으로 모든 사람이 자기 집을 짓기에는 열성적이었지만, 주님의 집에는 관심을 기울이지 않았습니다. 각 가정이 제각각 긴급한 필요가 있다고 핑계를 댔습니다. 오랫동안 버려지고 방치되었던 땅에 돌아와서, 잃어버린 시간을 보충하기 위해서는 해야 할 많은 일이 있었습니다. 각 가정이 스스로 필요한 것을 공급하기 위해 모두 분투해야 했습니다. 그들은 절약과 자급을 위해 극도로 애를 썼고, 자기 자신들을 위해 사치품까지도 확보하게 되었습니다. 그런 동안 수년 전에 놓였던 성전의 기초는 그대로 남아 있었습니다. 아니, 각종 쓰레기로 뒤덮이게 되었습니다. 사람들은 하나님의 집을 짓기 위해 스스로 분발할 수 없었습니다. 그들은 권고의 말씀이 주어질 때마다 이렇게 대꾸했습니다. "여호와의 전을 건축할 시기가 이르지 아니하였습니다"(학 1:2).

더 편리한 시기가 언제나 미래에 어른거렸지만, 그것은 오지 않았습니다. 지금은 너무 덥고, 조금 지나면 또 너무 추워졌습니다. 어느 때는 우기가 막 시작되었고, 그때는 시작하기가 적당하지 않습니다. 조만간 좋은 날씨가 오면 그들은 자기 밭에서 일해야 했습니다. 우리 시대의 어떤 사람들처럼, 그들은 자기 자신의 형편을 우선 쳐다보았고, 하나님의 차례는 한참 후에나 올 것이었습니다. 이 상황에서 선지자는 외쳤습니다. "이 성전이 황폐하였거늘 너희가 이 때에 판벽한 집에 거주하는 것이 옳으냐?"(학 1:4).

하나님의 종 학개의 입을 통해 엄숙한 책망의 말씀이 주어졌고, 온 백성이 각성했습니다. 첫 장의 12절의 말씀입니다. "스알디엘의 아들 스룹바벨과 여호사닥의 아들 대제사장 여호수아와 남은 모든 백성이 그들의 하나님 여호와의 목소리와 선지자 학개의 말을 들었으니 이는 그들의 여호와께서 그를 보내셨음이라 백성이 다 여호와를 경외하매." 모든 일손이 참여하여 공사에 나섰습니다. 기초석 위에 벽이 올라가기 시작했습니다. 하지만 또 하나의 거침돌이 나타나 일꾼들을 방해했습니다. 그 가운데 많은 이들이, 그들의 조상들이 이야기를 들려주었던 솔로몬 성전에 비하면, 이 건물은 매우 작다고 말했습니다. 사실 세워지고 있는 건물은 아무것도 아니었고, 성전이라고 불리기도 적당치 않았습니다. 선지자는 오늘 본문에 선행하는 구절에서 그 느낌을 묘사합니다. "너희 가운데에 남아 있는 자 중에서 이 성전의 이전 영광을 본 자가 누구냐? 이제 이것이 너희에게 어떻게 보이느냐? 이것이 너희 눈에 보잘것없지 아니하냐?"(2:3). 그들의 공사가 매우 빈약하고 하찮다고 느끼면서, 그 백성은 공사를 계속 진행할 마음이 거의 없어졌습니다. 부끄럽게 만드는 비교 때문에 의욕이 꺾여서, 그들은 나태해지기 시작했습니다. 만약 선지자가 주님에게서 온 말씀으로 대적의 농간에 맞서지 않았더라면, 그들은 곧 공사를 중단하고 말았을 것입니다.

영원하신 주님의 음성만큼 저 악한 자를 좌절하게 만드는 것은 없습니다. 우리 주님은 주의 말씀으로 사탄을 물리치셨습니다. 선지자 학개도 같은 일을 행합니다. 원수의 교묘한 계략은 지존자의 지혜에 의해 무산되고 맙니다. 그분의 말씀은 정직하게 진술하는 명확한 말씀으로 계시됩니다. 주님은 그분의 백성을 묶는 매듭을 자르시고, 그들을 해방하여 그들로 그분의 뜻을 행하게 하십니다. 그분은 그들에게 그분이 그들과 함께하신다고 확신시키심으로써 그렇게 행하십니다. 두 번 이 음성이 들려옵니다. "내가 너희와 함께 하노라 만군의 여호와의 말이니라." 그들은 또한 그들이 지은 것이 받아들여졌다는 것과, 여호와께서 그 새로운 집에 영광이 가득하게 하실 것을 확인하게 되었습니다. 그렇습니다. 하나님은 솔로몬의 성전을 영화롭게 하셨던 것보다 큰 영광으로 그것을 밝히실 것입니다. 그들은 아무것도 아닌 일에 힘을 쓴 것이 아니며, 오히려 하나님의 도우심과 은혜로 수고하게 되었습니다. 이처럼 그들은 용기를 얻어 성전 공사에 힘을 냈습니다. 벽들이 순차적으로 올라갔고, 하나님이 그 건축에서 영광을 받으셨습니다.

여러 면에서, 지금의 시대는 학개의 시대와 유사합니다. 교회 밖에서와 마찬가지로, 하나님의 교회 안에서도 역사는 확실히 되풀이합니다. 거의 잊혀진 선지자의 말씀이 오늘날의 시대에 주님의 파수꾼에 의해 다시 전해질 수 있으며, 또 그것은 현재의 비상상황에 적절한 말씀이 될 수 있습니다. 우리는 자기를 첫 번째에 두고 하나님을 순서에서 배제하는 세속성으로부터 자유롭지 않습니다. 그렇지 않았더라면 우리의 다양한 활동들에 더 풍성하게 은과 금이 공급되었을 것입니다. 은과 금은 주님의 것이지만 심지어 신앙을 고백하는 그리스도인들도 그들 자신을 위해서만 그것을 간직합니다. 이 이기적인 욕망이 정복될 때, 다음으로는 소심한 의기소침이 들어옵니다. 세속성에서 빠져나온 사람들 가운데 더러는 의기소침에 너무 많이 빠지는 경향이 있으며, 그래서 사람들은 그들의 일이 실패하도록 정해졌다는 이유로 무기력하게 일합니다. 이 마지막 악은 치료되어야 합니다. 나는 오늘 아침에 이 본문이 우리 주님의 입에서 나오는 불꽃이 되기를 바라고, 그 불이 즉시 활활 타오르기를 바랍니다. "나의 영이 계속하여 너희 가운데에 머물러 있나니 너희는 두려워하지 말지어다" 하시는 주님의 말씀을 들을 때, 나약한 마음은 용기를 얻고, 나른한 심령은 각성하게 되기를 바랍니다.

나는 성령의 도우심에 힘입어 이 주제를 다루려 하며, 먼저 여러분이 금지된 낙심에 유의해주길 바랍니다. 그런 후 나는 전달된 격려에 대해 말할 것입니다. 그런 다음 나는 위로가 넘치는 이 복된 말씀을 좀 더 살펴보면서, 세 번째로, 추가로 적용되는 격려라는 요지로 말씀을 전하려 합니다. 오, 지쳐있는 사람에게 어떻게 말해야 하는지를 아시는 주님께서 이 설교의 마지막 요지에서 전하는 말을 통해 찾는 이들의 마음을 격려해 주시기를 바랍니다.

1. 금지된 낙심

우선, 여기에 금지된 낙심의 문제가 있습니다. 낙심은 하나님의 일에 종사하는 연약한 우리 인생에게 언제라도 올 수 있습니다. 우리는 그 일이 믿음의 일이며, 어려운 일이며, 우리 능력을 넘어서는 일이며, 많은 반대가 따르는 일이라는 것을 압니다.

낙심은 매우 자연스럽습니다. 그것은 흙으로 된 인간성이 타고난 것입니다. 믿는 것은 초자연적이고, 믿음은 하나님의 영의 일입니다. 의심하는 것은 타락한 인간에게 자연스럽습니다. 우리 속에 불신의 악한 마음이 있기 때문입니다. 그것은 가증스러울 정도로 악하다고 나는 인정합니다. 하지만 여전히 그것이 자연스러운 이유는, 타락한 우리 마음이 아래로 향하는 성향 때문입니다. 선한 일들에 대한 낙심은 뿌리지 않아도 자라는 잡초입니다. 마음이 약해지고 풀이 죽는 현상은 무거운 공기 속에서 반쯤은 가라앉은 어떤 사람들에게도 일어나고, 또한 동풍의 날개를 탄 어떤 사람들에게도 일어납니다. 어떤 사람들의 손을 맥없이 늘어지게 만드는 일은 그다지 어렵지 않습니다. 한 마디 말이나 표정 하나로 그렇게 할 수 있습니다. 그러므로 나는 그런 일을 변명하지 않으며, 도리어 나에게 그런 타고난 악한 성향이 있다는 것에 대해 나 자신을 비난합니다.

낙심은 우리에게 올 수 있고, 또 실제로 우리에게 옵니다. 본문의 이 백성에게 그랬던 것처럼, 하나님이 우리 손에서 합당하게 받으셔야 할 큰 것들과 실제 우리가 드리는 작은 것들을 고려하면서, 우리에게 낙심이 올 수 있습니다. 학개 시대에 그 백성이 하나님과 또 그분을 위한 성전을 생각하고서, 그런 다음 그들이 벽으로 둘러싼 좁은 공간과 그들이 기초로 놓은 평범한 돌들을 생각할 때, 그들은 부끄러웠습니다. 예전에 솔로몬이 멀리서 가져왔던 다듬어지고 값비싼 돌들은 어디에 있을까요? 그들은 속으로 말했습니다. '이 집은 여호와의 집으로 합당치 않다. 이렇게 수고함으로써 우리가 하는 일이란 무엇인가?' 여러분은 너무나 분명한 사실이 짓누르는 무게를 느껴본 적이 있습니까?

형제들이여, 우리 하나님을 위해 우리가 하는 모든 일은 작습니다. 그분이 우리를 사랑하여 자기 자신을 우리에게 주신 일에 비하면, 우리의 일은 너무나 작습니다. 그분이 우리를 위해 자기 생명을 쏟으신 일, 그분이 보이신 가장 눈부신 섬김과 가장 영웅적인 자기 부인에 비하면, 우리의 모든 일과 섬김은 너무나 미약합니다. 우리는 그렇게 느낍니다. 귀한 향유를 담은 옥합도 너무 값싼 선물일 뿐입니다. 우리의 최상의 옥합이 깨어지고 향유가 남김없이 그분을 위해 쏟아질 때 그것이 허비일 수 있다는 식의 생각은 우리에게 떠오르지 않습니다. 우리의 옥합은 너무 작고 우리의 향유도 그리 귀한 것이 아닌데, 우리가 무엇을 두려워한단 말입니까? 예수님의 영광을 선포하는 일에 우리가 최선을 다했을 때도, 우리는 존귀하신 우리 주님을 표현한 우리의 언어가 너무 빈약하고 초라하다고 느꼈습니다. 우리가 그분의 나라를 위해 기도했을 때 우리는 우리 자신의 기도에 실망을 느꼈습니다. 주님을 섬기는 일과 관련하여 우리가 쏟은 모든 노력은 너무 적어 보였고, 주님이 받으시리라고 기대하기에는 너무 미미해 보였습니다. 그래서 우리는 낙심했습니다. 원수는 이런 방식으로 우리의 마음을 흔들었고, 우리로 그릇되게 생각하도록 만들었습니다. 우리가 많은 것을 할 수 없었다는 이유로, 우리는 아무것도 하지 않기로 결심한 것입니다! 우리가 한 일이 너무 빈약했다는 이유로, 우리는 그 일을 전면 중단하려고 한 것입니다! 이는 명백히 불합리하고 악합니다. 원수는 자기 목적을 위해 교만뿐 아니라 겸손도 사용할 수 있습니다. 그가 우리로 우리의 일이 너무 많거나 혹은 너무 적다고 생각하게 만들면, 그는 그 일에서 우리의 손을 떼게 만든 면에서는 같은 효과를 거둔 셈입니다.

한 달란트를 받은 사람이 가서 자기 주인의 돈을 땅에 숨긴 일은 의미심장합니다. 그는 그것이 하나뿐인 것을 알았고, 그 이유로 그는 그것을 땅에 묻는 일에 두려움을 덜 느꼈습니다. 아마도 그는 한 달란트로는 많은 이윤을 남길 수 없을 것이며, 다섯이나 열 달란트를 가졌을 때의 결과에 비하면 주목을 받지 않는다고 생각했을 것입니다. 그는 자기 주인에게 너무 적은 것을 가져오느니 차라리 아무것도 가져오지 않겠다고 한 것입니다. 만약 그것이 보자기 하나로 쌀 수 없을 정도로 컸다면, 어쩌면 그는 그것을 싸두지 않았을 것입니다. 우리 은사가 적은 것이 우리에게는 유혹이 될 수 있습니다. 위대하신 하나님과 그분의 위대한 목적에 비해, 우리가 너무 약하고 하찮다고 의식하여, 우리는 낙심하고, 어떤 일을 시도하는 것이 헛되다고 생각하는 것입니다.

더 나아가, 원수는 우리의 일을 다른 사람들의 일과 비교하게 만들고, 특히 우리보다 앞서간 사람들의 일과 비교하게 만듭니다. 우리는 다른 사람들에 비해 너무 적은 일을 하고 있고, 그래서 그만둬버리기도 합니다. 우리는 솔로몬처럼 건축할 수 없고, 그래서 아예 짓지 말자고 합니다. 하지만 형제들이여, 이 모든 생각에는 속임수가 있습니다. 왜냐하면, 사실상 모든 것이 하나님께 걸맞지 않기 때문입니다. 다른 사람들의 큰 일, 심지어 솔로몬의 놀라운 위업도 하나님의 영광에는 미치지 못합니다. 사람이 하나님을 위해 어떤 집을 지을 수 있단 말입니까? 어떤 백향목과 대리석과 금이 지존자의 영광과 비교될 수 있습니까? 비록 그 집이 "극히 웅장"(대상 22:5)해도, 옛적에 장막 안에 거하셨던 하나님은, 그분께 드려지는 어떤 예배도 가죽 장막 안에서 드려졌던 예배보다 더 영광스럽게 하지 않으셨습니다. 정녕 그 큰 집이 세워지자 참된 종교는 곧 쇠퇴했습니다. 어떤 인간의 작품이 주님에게 어울릴까요? 하지만 우리의 작은 수고는 큰 일의 작은 부분을 맡은 것이므로, 그 일에서 물러나서는 안 됩니다. 하지만 여기엔 우리가 빠지지 않도록 기도해야 할 유혹이 있습니다.

과거의 영광 때문에 현재를 평가절하하려는 경향은 해롭습니다. 나이 많은 백성은 이전 성전의 시대를 되돌아보았으며, 그것은 마치 우리가 과거의 위대한 설교자들의 시대를 되돌아보는 성향과 마찬가지입니다. 그때 사람들은 안식일을 얼마나 즐거워했는지요! 회심자들이 교회에 얼마나 더해졌던지요! 심령이 유쾌하게 되는 날들이 교회에 있었습니다! 그런데 모든 것이 쇠퇴했고, 줄었고, 퇴보했습니다! 이전 시대를 돌아보며, 그들은 큰 믿음의 거인들을 볼 수 있었지만, 지금은 난쟁이들이 그 뒤를 이었습니다. 우리는 위대한 사람들의 시대를 바라보며 부르짖습니다,

"그들은 마치 거대한 조각상같이
좁은 세상에 두 다리를 버티고 섰으나,

> 우리는 작은 사람들이라, 그 거대한 다리 아래를 지나며,
> 우리의 부끄러운 모습만 발견할 뿐이네."

하지만 형제들이여, 우리는 이 작다는 느낌이 우리를 좌절시키도록 허용해서는 안 됩니다. 하나님은 우리가 작아도 복을 주실 수 있으며, 그분의 영광을 위해 사용하실 수 있습니다. 나는 옛 시대의 위인들도 그들 자신에 대해서, 마치 우리가 우리 자신에 대해 생각하는 것처럼 생각했다는 것을 압니다. 진정 그들도 우리 이상으로 자신감을 가지지 않았습니다. 나는 옛 용감한 시대의 이야기에서, 지금 우리에게서 보는 것처럼 같은 고백과 같은 탄식이 있었던 것을 발견합니다. 영적인 능력에서 우리가 우리 선조들과 같지 않음은 사실입니다. 나는 청교도의 성결과 교리의 진실성이 사라져가고 있으며, 원칙의 고수를 찾기 힘든 세태를 염려합니다. 하지만 우리 선조들에게도 슬퍼할 잘못들과 어리석은 면들이 있었으며, 그들은 그것들을 진실로 한탄했습니다. 우리가 행하는 것이 하나님께 무가치하고 또 다른 사람들이 행한 일에 비하면 보잘것없다는 이유로 풀이 꺾이는 대신, 우리는 힘을 모아 우리의 오류들을 개혁하고, 더 높은 목표에 이르도록 합시다. 우리의 마음과 힘을 주님의 일에 쏟고, 하나님이 우리에게서 받으실 만한 최고의 이상에 좀 더 가까운 무언가를 행하도록 합시다. 우리의 선조들을 능가합시다. 예전의 우리보다 더 경건해지고, 더 양심적이고, 믿음에서 더 건실해지기를 열망합시다. 하나님의 영이 우리 가운데에 머물러 계시기 때문입니다.

형제들이여, 이런 이유들 때문에 낙심이 생기는 것은 분명합니다만, 그것들은 같은 방향으로 작용하는 많은 이유의 몇 가지 사례일 뿐입니다. 낙심은 매우 흔한 현상입니다. 학개는 총독 스룹바벨과 대제사장 여호수아, 그리고 이스라엘의 남은 자들에게 말하도록 보냄을 받았습니다. 위대한 사람도 낙심할 수 있습니다. 선봉이 되는 사람도 지치는 지점이 있습니다. 엘리야조차도 "나를 죽게 내버려두십시오"라고 부르짖습니다(참조. 왕상 19:4). 평생 제사장으로 섬기도록 구별된 하나님의 종도 지치게 되는 경우가 있습니다. 하나님의 제단에 서서, 그는 때때로 여호와의 언약궤 때문에 떱니다. 무수한 사람들이 또한 겁에 질려서 떨고, 원수 앞에서 도망치려는 경향이 있습니다. "옛 진리는 성공하지 못한다. 정통의 대의는 가망이 없다. 우리는 현대 정신에 항복하는 편이 낫겠다"고 말하는 사

람이 얼마나 많습니까? 이 심약한 마음을 가진 사람들이 너무나 흔합니다. 이스라엘의 역병은 첫날부터 이제까지 줄곧 있었습니다. 그들은 홍해에서 바로의 전차들이 덜커덕거리는 소리만 듣고도 낙심했습니다. 그들은 물이 없는 것을 발견하고는 낙심했습니다. 그들은 애굽에서 가지고 나온 떡을 다 먹었다고 낙심했습니다. 거인들에 관한 보고를 들었을 때 그들은 낙심했고, 성벽이 하늘에 닿는다는 소리를 듣고 낙심했습니다. 이런 비참한 목록을 길게 늘일 필요가 없을 것입니다. 지금껏 겁쟁이가 한 일이 무엇입니까? 믿음 없이 두려워하는 자들이 우리의 진영에 끔찍한 재앙을 가져왔습니다. 낙심은 우리 이스라엘의 국가적 전염병입니다. 우리는 전투의 날에 무장을 갖추고 활을 쥐고서도 돌아섰습니다. 이런 일은 마치 이 안개 많은 섬에 주민들 사이에 흔한 폐결핵만큼이나 그리스도인들 사이에서 흔합니다. 오, 하나님께서 모든 불신에서 우리를 구원하시고, 용사들처럼 우리로 분발하게 해 주시길 바랍니다!

낙심이 들어오는 곳마다 힘은 약해집니다. 힘이 약해지고 있음이 분명합니다. 그 선지자가 총독과 대제사장과 백성을 향해 "굳세게 할지어다"라고 세 번이나 말하고 있기 때문입니다. 이는 그들이 약해졌음을 입증합니다. 낙심하면서, 그들의 손은 늘어졌고, 그들의 무릎은 약해졌습니다. 믿음은 우리를 능력으로 띠띠게 하지만, 불신은 우리의 모든 것을 늘어지고 맥빠지게 만듭니다. 불신은 모든 일에서 실패하게 만듭니다. 믿으십시오, 그러면 당신의 믿음대로 될 것입니다. 낙심한 사람들을 거룩한 전쟁으로 이끄는 것은 크세르크세스(기원전 5세기 페르시아의 왕. 살라미스 해전에서 그리스에 패하여 퇴각함-역주)의 장군들이 페르시아 군대를 이끌고 그리스와 싸우게 하는 것과 마찬가지로 어렵습니다. 그 대왕의 신하들은 채찍과 막대기에 의해 억지로 전투에 내몰렸고, 싸우는 것을 두려워했습니다. 그들이 패배했다고 놀랄 이유가 없지 않습니까? 끊임없이 독려와 강제가 필요한 교회는 아무것도 성취하지 못합니다. 그리스인들은 때리고 위협할 필요가 없었습니다. 각 사람이 사자와 같았고, 맞서는 적수가 아무리 커도 대결을 원했기 때문입니다. 각각의 스파르타 군인들은 애정을 가지고 싸움에 임했습니다. 그들은 조국의 제단과 가정을 위해 싸울 때가 어느 때보다 편했습니다. 우리는 이런 종류의 그리스도인들을 원합니다. 즉 신앙의 원칙에 믿음을 가지고, 은혜의 교리들에 믿음을 가지고, 성부 하나님과 성자 하나님과 성령 하나님께 믿음을 가진 사람들입니다. 이런 사람들은, 강단에서의 경건이 조롱을 당하고, 복음이 직업적인 설교자들에 의해 비웃음을 당하는 이 시대에, 믿음을 위해 진지하게 싸울 것입니다. 우리는 진리를 사랑하는 사람, 그것을 자기 목숨처럼 귀하게 여기는 사람들이 필요합니다. 복음의 능력의 필요성을 깊이 경험하고, 하나님의 영의 손길에 의해, 그 마음에 옛 교리가 타오르는 사람들이 우리에게 필요합니다. 오, 존 녹스의 무리처럼, 순교의 영웅들과 언약의 동맹자들이 우리에게는 필요합니다! 그때 만군의 여호와께서는 주 안에서와 그의 힘의 능력으로 강하여져서 그분을 섬길 백성을 얻으시는 것입니다.

낙심은 사람들을 약하게 할 뿐 아니라 그들을 하나님을 섬기는 일에서 멀어지게 합니다. 선지자가 그들에게 이렇게 말한 것은 의미심장합니다. "이 땅 모든 백성아, 스스로 굳세게 하여 일할지어다." 그들은 건축을 중단했습니다. 그들은 이야기하고 논쟁하기 시작했습니다. 그들은 삽을 내려놓았습니다. 그들은 관찰과 비평과 예상에서는 매우 지혜로웠지만, 벽은 올라가지 않았습니다. 한 사람은 이전의 성전이 얼마나 큰지 정확하게 알았습니다. 다른 사람이 그들의 현재 건축은 규격에 미달하며, 구조물이 과학적인 방식으로 세워지지 않았다고 선언했습니다. 한 사람은 이 일에 반대하고, 다른 사람은 저 일에 반대했습니다. 하지만 모두가 나머지 모든 사람보다 현명했고, 옛 방식을 비웃었습니다. 우리가 낙심할 때는 항상 그렇습니다. 우리는 주님의 일을 중단하고, 대화와 터무니없는 생각으로 시간을 허비합니다.

여러분 중에 지금 그런 일을 겪고 있는 사람이 있다면 주님께서 그런 낙심을 제거해 주시길 바랍니다! 나는 여러분 가운데 일부가 그렇게 느끼고 있다고 생각합니다. 때로는 그것이 내 마음에도 접근하여 나로 내 일을 무거운 마음으로 대하게 만들기 때문입니다. 나는 하나님의 진리가 여전히 전면에 나설 것이라 믿지만, 오늘날 그것에 반대하는 많은 대적이 있습니다. 모든 종류의 불신앙이 "현대 사고"의 날개 아래서 부화하고 있습니다. 사람들이 복음을 입맛대로 조정되는 것으로 간주하는 듯이 보이며, 자기의 탁월한 기술을 보여주고 싶은 모든 사람에 의해 변경되고 형성될 수 있는 것처럼 간주하는 것 같습니다. 교리에서만이 아니라 실천에서도 이 시대는 온통 어그러졌습니다. 세상으로부터의 분리와 거룩한 생활은 향락과 공연장을 찾는 일에 자리를 내주었습니다. 한때 우리가 더 나은 것을 바랐던 많은 사람에게서, 그리스도를 따른다는 것은 유행을 벗어난 일이 되었습니다. 하지만 여전히 요동하지 않는 사람들도 더러 있습니다. 둘 혹은 셋이 함께 하며 기꺼이 옳은 편에 서고자 하는 사람들이 더러 있습니다. 나 자신의 입장에 대해 말하자면, 비록 내 주변에서 같은 생각을 가진 사람을 하나도 찾을 수 없다 해도, 나는 옛 진리에서 일 센티미터도 벗어나지 않을 것이며, 그것이 전복될 염려를 조금도 하지 않을 것입니다. 오히려 나는 영원하신 하나님이—우리는 그분의 진리를 알고 붙듭니다—머지않아 스스로 정당성을 입증하실 것이라고 믿습니다. 그분이 세상의 지혜를 횡설수설하는 소리로 바꾸시고, 또 세상의 자랑을 혼동으로 바꾸실 것이라고 나는 확신하며 살 것입니다. 이 악한 시대에 자기 하나님 안에서 견고히 설 수 있는 사람은 복됩니다. "굳세게 할지어다. 굳세게 할지어다. 굳세게 할지어다!" 이 삼중의 음성은 마치 삼위의 하나님으로부터 들려오는 것 같습니다. "두려워하지 말라"는 말씀은 지친 심령에 달콤한 강장(强壯) 음료와 같습니다. 그러므로 낙심하지 마시기 바랍니다.

2. 영광스러운 위로의 근거

둘째로, 여기에는 격려가 있으며, 그것은 이 본문의 중요한 부분입니다. "너희가 애굽에서 나올 때에 내가 너희와 언약한 말과 나의 영이 계속하여 너희 가운데에 머물러 있나니 너희는 두려워하지 말지어다"(5절). 하나님은 그분의 언약을 기억하시며, 그분의 옛적 약속을 고수하십니다. 그 백성이 애굽에서 나왔을 때 주님은 그분의 영으로 그들과 함께 하셨습니다. 하나님은 모세를 통해 그들에게 말씀하셨고, 또 모세를 통해 그들을 인도하시고, 재판하시고, 또 그들을 가르치셨습니다. 하나님은 그분의 영으로 그들과 함께 하셔서, 성소에 필요한 일을 하게 하실 때 브살렐과 오홀리압을 감동하셨습니다. 하나님은 언제나 그분의 일을 위하여 장인들을 찾으시고, 또한 그분의 영으로 그들을 그 일에 적합하게 하십니다. 하나님의 영은 모세의 큰 짐을 덜도록 임명된 장로들 위에 머무르셨습니다. 주님은 또한 불기둥 안에서 그들과 함께 하셨고, 그 일은 진영 한가운데서 눈에 띄는 것이었습니다. 하나님의 임재가 그들의 영광이었고 그들의 방어막이었습니다. 이것은 교회와 함께 하시는 성령의 임재의 한 예표입니다. 현시대에, 만약 우리가 하나님의 진리를 붙든다면, 만약 우리가 그분의 거룩한 명령에 순종하며 산다면, 우리가 영적인 생각을 하고 믿음의 기도로 하나님께 부르짖는다면, 성령은 우리 가운데 거하십니다. 성령은 오순절에 교회에 내려오셨으며, 되돌아가지 않으셨습니다. 성령이 하늘로 돌아갔다는 기록은 없습니다. 그분은 참된 교회와 언제나 함께 거하십니다. 하나님의 영은 우리와 함께 머물러 계십니다.

내 형제들이여, 어떤 목적으로 성령님은 우리와 함께 하실까요? 이런 때에 이 문제를 생각해보고 용기를 얻읍시다. 하나님의 영이 여러분 가운데 머무시는 것은 그분이 이미 주신 사역을 돕고 지원하시기 위해서입니다. 하나님의 사역자들을 위하여 하나님의 백성의 기도가 항상 올라가기를 바랍니다. 그러면 그들은 하나님의 능력과 감화력으로 말하게 될 것이며, 그것을 아무도 부정할 수 없을 것입니다! 우리는 영리한 사람들을 너무 많이 찾습니다. 우리는 유창하고 수려한 연설가를 구합니다. 우리는 교양있고 이방인의 모든 지식에서 훈련을 받은 사람들을 그리워하며 찾습니다. 오, 하지만 우리가 더 많은 기름 부으심, 영적 권위, 하나님의 사람을 두르는 능력을 더 많이 구한다면, 우리는 얼마나 더 지혜로운 사람일까요! 오, 복음을 전한다고 하는 우리가 성령의 지도에 전적으로 의존하여 말하는 법을 배우고, 우리 자신의 말을 감히 하지 않으며, 오히려 그렇게 하지 않기 위해 떨고, 우리 자신을 성령의 은밀한 감화력에 전적으로 맡긴다면 얼마나 좋을까요? 그 은밀한 감화력이 없이는 양심이나 마음의 변화에 아무런 능력도 발휘하지 못합니다. 인간의 웅변에서 나오는 힘과, 하나님에게서 나와 사람들의 마음이 저항할 수 없게 만드는 능력의 차이를 여러분은 알지 않습니까? 우리는 이것을 너무 많이 잊어버렸습니다. 성령의 능력으로 여섯 마디 말을 하는 편이, 성령 없이 칠십 년 동안 설교하는 것보다 낫습니다. 하늘의 상급을 받으러 떠난 사람들 위에 머물렀던 그분은, 오늘날에도 만약 우리가 그분을 구하기만 한다면, 우리 사역자들 위에 머무르실 수 있고, 우리의 전도자들에게 복을 주실 수 있습니다. 하나님의 성령을 근심하시게 하는 일을 중단하고, 아직 우리에게 남아 있는 신실한 사역자들을 도우시도록 그분의 얼굴을 구합시다.

옛적에 그분의 교회에 탁월한 교사들을 주셨던 성령님은 오늘에도 그들 같은 사람들 혹은 그들보다 더 유용한 사람들을 일으키실 수 있습니다. 일전에, 웨일스 출신의 한 형제가 그가 기억하는 위대한 사람들에 대해 내게 들려주었습니다. 그는 크리스마스 에반스(Christmas Evans, 1766-1833, 웨일스의 비국교도 목회자-역주)와 같은 사람의 설교를 들어본 적이 없으며, 그가 열정에 휩싸였을 때 그는 모든 사람을 능가했다고 말했습니다. 나는 그에게 크리스마스 에반스처럼 설교

한 또 다른 웨일스 목사님을 아는지를 물었습니다. 그가 말했습니다. "아니요, 우리 시대에는 웨일스에 그런 사람이 없었습니다." 마찬가지로 잉글랜드에서 우리에게는 웨슬리도 없고 휫필드도 없으며, 그들과 같은 반열에 서는 다른 사람도 없습니다. 하지만 하나님은 성령을 주시는 분이시니, 그분은 어느 벽난로 구석에서 크리스마스 에반스 같은 누군가를 데리고 나오실 수 있으며, 혹은 우리의 주일학교에서 하늘에서 임하는 성령의 능력으로 복음을 선포할 또 다른 조지 휫필드를 불러내실 수 있습니다. 미래를 위해 두려워 말고, 현시대를 위해 낙심하지 맙시다. 하나님의 영이 우리와 함께 머물러 계시기 때문입니다. 설사 시대의 증대되는 오류가 옛 복음을 밝히 전하는 마지막 혀를 침묵시킨다고 한들, 믿음이 약해지지 맙시다. 나는 십자가 군병 부대의 발소리를 듣습니다. 나는 무수한 설교자들의 나팔 같은 소리를 듣습니다. "주께서 말씀을 주시니 그것을 전파한 자들의 무리가 컸도다"(시 68:11, KJV). 우리 주 예수 그리스도로 말미암아 하나님을 믿으십시오! 그분이 높이 오르실 때 그분은 사로잡힌 자들을 사로잡으시고, 사람들을 위하여 선물들을 받으셨습니다. 그분은 사도들, 교사들, 설교자들, 전도자들을 주셨고, 또한 다시 그와 같은 일을 행하실 수 있습니다. 영원하신 하나님께 기대어, 한시라도 용기를 잃지 맙시다.

이것이 전부가 아닙니다. 성령이 우리와 함께 하시니, 그분은 온 교회를 감동하여 다양한 사역들을 행하게 하실 수 있습니다. 우리가 많이 바라는 것 중의 하나가 이것인데, 즉 교회의 모든 지체가 자신이 섬김을 위해 지명되었음을 인식하는 것입니다. 그리스도 안에서 모든 사람, 남자나 여자나, 증언할 말을 가지고, 주어야 할 경고를 가지고, 거룩하신 예수의 이름으로 어떤 행동을 하는 것입니다. 하나님의 영이 우리 청년들에게 부어진다면, 활발한 섬김을 위해 각 사람이 분발하게 될 것입니다. 작은 자나 큰 자나 열심을 낼 것이며, 도시 인구의 잠자는 대중에게 미치는 그 결과는 우리 모두를 놀라게 할 것입니다. 때때로 우리는 교회가 너무 굼뜬 것을 한탄합니다. 아무개에 대해 우스갯소리로 한 말이 있는데, 그것은 그가 "교회처럼 푹 잠들었다"는 것입니다. 나는 교회처럼 평안히 잘 수 있는 것은 달리 없다고 생각합니다. 하지만 한편으로 하나님의 영이 머물러 계시므로, 교회는 깨어나야 합니다. 부분적으로가 아니라, 전체적으로, 한 교회는 깨어날 수 있습니다. 가장 굼뜬 신앙 고백자, 가장 단정치 못한 신자, 가장 남을 잘 헐뜯고 쓸모없던 교회의 지체도, 변하여 쓰임받을 수 있습니다. 나는 그들을 죽어서 메마른 한 무더기의 나무라고 생각합니다. 오 불이 임하기를! 그러면 우리는 그들도 타오르는 것을 볼 수 있을 것입니다.

성령이여 오소서, 하늘의 비둘기여, 한때 당신이 혼돈 위에서 그러셨던 것처럼 어둡고 무질서한 교회를 품으셔서, 그 어둠이 빛 앞에서 떠나게 하소서. 성령이 우리와 함께 하시기만 하면, 우리는 승리를 위해 필요한 모든 것을 가진 것입니다. 우리에게 그분의 임재를 허락하소서. 그러면 다른 모든 것은 전체 교회를 적절하게 섬기기 위해 적절한 시기에 주어질 것입니다.

성령이 우리와 함께 하시면 무수한 회심자들이 생길 것입니다. 우리는 그들이 현학적으로 표현하는 "한물간 대중"이 될 수 없습니다. 우리 스스로는 이 시대의 무신경한 불신앙을 일깨울 수 없습니다. 우리는 할 수 없습니다. 하지만 그분은 하실 수 있습니다. 하나님께는 모든 것이 가능합니다. 여러분이 낮의 특정한 시간에 다리 쪽으로 내려오면, 뻘밭에 누워 있는 거룻배들을 볼 수 있을 것입니다. 왕의 말들과 왕의 사람들이 모두 동원되어도 그것들을 일으키지 못합니다. 조수가 들어올 때까지 기다리십시오, 그러면 그 배들은 살아있는 것처럼 물 위를 걸을 것입니다. 생명의 거대한 물은 죽을 인생들이 할 수 없는 일을 즉시 성취할 것입니다. 그처럼 오늘날 우리의 교회들은 스스로 깨어 일어날 수 없습니다. 우리가 무엇을 할까요? 오, 성령이 조수처럼 오셔서 선한 영향력을 끼치시길 바랍니다! 우리가 그분을 믿기만 하면, 우리가 그분께 부르짖기만 하면, 우리가 그분을 근심하게 하는 일을 그친다면, 그분은 그런 일을 이루실 것입니다. 성도들의 주님이 우리와 함께 하실 때 성도들이 바라는 모든 일은 원활하게 될 것입니다. 런던 구원의 희망은 놀라운 일을 행하시는 성령님께 있습니다. 우리에게 임하셔서 우리 안에서 일하시는 성령님, 우리와 함께 하시는 전능하신 성령님께 우리의 머리를 숙이고 경배를 드립시다.

형제들이여, 만약 이런 일이 일어난다면—나는 그런 일이 일어나지 못할 이유를 볼 수 없습니다—그때 우리는 교회가 아름다운 옷을 입는 것을 볼 수 있을 것입니다. 그때 교회는 지금 자신을 더럽히는 오류의 옷을 벗어버리기 시작할 것입니다. 그때 교회는 지금 자신이 잊고 있는 진리의 흉패를 착용할 것입니다. 그때 교회는 순수한 영감의 원천으로 되돌아갈 것이며, 진리의 성경에서 마실 것입니다. 그때 교회의 한가운데서 탁한 물이 흘러나오는 것이 아니라, 생수의 강이 흘러나올 것입니다. 만약 성령께서 우리와 함께 일하시면 우리는 주 안에서 즐거워하고, 우리 하나님의 이름을 기뻐할 것입니다.

하나님의 영이 힘을 한 번 발하시면, 다른 모든 것들이 그분과 일치될 것입니다. 지금 내가 읽을 이 장의 나머지 부분을 주목하시기 바랍니다. 그것은 성전과는 전혀 관계가 없으며, 하나님의 교회와 관련된 것입니다. 여기에 우리에게 주어지는 큰 위로가 있습니다. 성령이 주어지면, 우리는 섭리가 하나님의 교회와 협동하리라고 기대할 수 있습니다. 6절과 7절 상반절을 읽겠습니다: "조금 있으면 내가 하늘과 땅과 바다와 육지를 진동시킬 것이요, 또한 모든 나라를 진동시킬 것이라." 큰 소동이 성령과 협력합니다. 우리는 하나님께서, 그분의 백성이 그분에게 신실하기만 하면, 그들을 위해 특별한 방식으로 일하실 것을 기대할 수 있습니다. 진리를 위하여, 제국들이 붕괴하고, 시대가 바뀔 것입니다. 하나님 나라의 확장을 위해 필요하다면, 예상치 못하던 일을 기대하고, 있을 것 같지 않은 일을 가망이 있다고 생각하십시오. 옛적에 용이 그 입으로 물을 강 같이 토하여 여자를 물에 떠내려가게 하려 했을 때, 땅이 여자를 도와 용이 토한 강물을 삼켰습니다(계 12:15,16). 사태가 최악에 이를 때는, 예상치 못한 도움이 우리에게 올 것입니다.

특히 나는 불신의 무리 가운데 진동이 있을 것을 바라봅니다. 옛적에 주님께서는 이스라엘이 칼을 빼지도 않은 상태에서 그분의 원수를 참패시키는 일이 얼마나 자주 있었던지요! 표어는 이것이었습니다—"너희는 가만히 서서 여호와의 구원을 보라"(출 14:13; 대하 20:17). 대적들은 서로를 쳐서 자기들의 진영 가운데서 쓰러졌습니다. 그들은 다시 그렇게 할 것입니다. 카드모스(Cadmus, 그리스 신화에서 페니키아의 왕자. 테베를 창건하고 알파벳을 그리스에 전했다고 함-역주)가 창으로 뱀을 죽였을 때, 그는 용의 이빨을 땅에 뿌리라는 말을 들었습니다. 그가 그렇게 했을 때, 그리스 신화에 따르면, 그는 늘어진 깃털 장식들과 볏이 달린 투구를 쓴 어깨가 벌어진 무장한 사람들이 땅에서 일어나는 것을 보았습니다. 땅에서 한 무리의 전사들이 솟아난 것입니다. 하지만 카드모스는 도망칠 필요가 없었습니다. 일어서 걷게 되는 즉시로, 이 뱀의 자식들은 하나도 남지 않을 때까지 서로들 위에 쓰러졌습니다. 오류는, 사투르누스(Saturn, 로마 신화에서 타이탄족의 하나로, 제 자식들이 태어나자마자 삼켰다고 함-역주)처럼 제 자식들을 삼킬 것입니다. 만군의 주님에게 맞서 싸우는 자들은 그들 가운데서도 의견의 일치를 보지 못합니다. 그들은 자기들의 칼로 서로의 가슴을 찌를 것입니다.

나는 밤의 환상에서 바다를 보았습니다. 깊고 넓은 진리의 바다였고, 은빛 물결이 번쩍이고 있었습니다. 보십시오, 한 검은 말이 어둠에서 나타나 저 깊은 바다로 내려가, 그것을 삼켜 마르게 하겠다고 위협합니다. 나는 그가 거기 서서 마시는 것을 보았습니다. 마시면서 그 배는 부풀어 올랐습니다. 거만하게도 그는 요단강 정도는 한 모금에 삼킬 것이라고 자신했습니다. 나는 서서 그가 마시는 것을 보았습니다. 그때 그는 더 많이 마시기 위해 더 깊은 바다로 돌진해 들어갔습니다. 다시 그는 격노하여 곤두박질쳤고, 곧 그가 딛고 선 발판을 잃어버리더니, 더는 보이지 않았습니다. 깊은 물이, 그것을 삼키겠다고 큰소리치던 그를 도리어 삼켜버린 것입니다. 하나님의 진리의 바다를 삼키겠다고 나타나는 오류의 모든 검은 말들은 그 속에 빠져버릴 것입니다. 그것을 확신하시기 바랍니다. 그리고 용기를 가지기 바랍니다. 땅과 하늘을 진동하게 하시는 하나님은 모든 오류를 때이른 무화과가 떨어지듯이 떨어지도록 만들 것입니다.

다음으로, 주님은 이 장에서 그분의 백성에게 그분의 일을 위해 그들에게 필요한 것을 공급하겠다고 약속하십니다. 그들은 가난 때문에 그분의 집을 지을 수 없을 것이라고 우려했습니다. 하지만 만군의 여호와께서 말씀하십니다. "은도 내 것이요 금도 내 것이니라"(8절). 하나님의 교회가 하나님을 믿고 용감하게 앞으로 나아갈 때, 교회는 공급에 대해서 걱정할 필요가 없습니다. 하나님이 공급하실 것입니다. 성령을 주시는 분이 그들이 필요한 대로 금과 은도 주실 것입니다. 그러니 용기를 냅시다. 하나님이 우리와 함께 하시면, 우리가 두려워할 이유가 무엇입니까? 우리의 영국 왕들 가운데 한 왕은 언젠가 대도시 런던의 시의원들이 지나치게 독립적으로 발언하면, 왕은 자기 궁전을 그 도시에서 옮기겠다고 위협했습니다. 그때 시장이 답변하기를, 만약 왕이 은혜롭게도 템스강을 뒤로하고 떠나신다면, 시민들은 왕의 궁전 없이 지내보도록 노력할 것이라고 말했습니다. 만약 누군가 "만약 당신이 이런 구식의 교리들을 고수하면, 교육받고, 부유하고, 영향력 있는 자들을 잃을 것이오"라고 말한다면, 우리는 이렇게 대답합니다. "하지만 우리가 경건한 자들과 성령의 임재를 잃지 않으면, 우리는 조금도 놀라지 않습니다." 성령이 우리와 함께 머무신다면, 거기서 하나님의 성을 기쁘게 하는 강물이 흐를 것입니다. 형제들이여, 이 말씀을 선포할 때 내 마음은 속에서 뜁니다. "만군의 여호와께서 우리와 함께 하시니 야곱의 하나님은 우리의 피난처시로다"(시 46:7). "그러므로 땅이 변하든지 산이 흔들려 바다 가운데 빠지든지, 우리는 두려워하지 아니하리로다"(시 46:2,3).

최상의 위로가 아직 남아 있습니다. "모든 나라의 보배가 이르리라"(7절). 이 말씀은 예수님께서 이 나중 성전에 오셔서 모든 거룩한 사람들의 마음을 기쁨으로 노래하게 하셨을 때 어느 정도 성취되었습니다. 하지만 그것은 그런 방식으로 모두 성취된 것이 아닙니다. 본문을 주목하면 9절에서 다음과 같이 기록되었기 때문입니다. "이 성전의 나중 영광이 이전 영광보다 크리라 내가 이곳에 평강을 주리라." 이것을 주님은 두 번째 성전에 충만하게 주시지 않았습니다. 그것은 로마인들에 의해 파괴되었기 때문입니다.

또 다른 강림이 있는데, 그때 "모든 나라의 보배"(KJV는 "모든 나라가 바라는 것"-역주)가 권능과 영광으로 올 것입니다. 그리고 이것이 우리의 가장 높은 소망입니다. 비록 진리가 뒤로 물러나고, 오류가 이기는 것 같지만, 결국 예수님이 오십니다. 그분은 위대한 주이시며 진리의 수호자이십니다. 그분이 세상을 의로 심판하실 것이며, 사람들을 공평하게 판단하실 것입니다. 여기에 우리의 마지막 자원이 있습니다. 여기에 하나님의 비축고가 있습니다. 우리가 섬기는 분은 살아계시고 영원 무궁히 다스리십니다. 그분이 말씀하십니다. "보라 내가 속히 오리니 내가 줄 상이 내게 있어 각 사람에게 그가 행한 대로 갚아주리라"(계 22:12). "그러므로 내 사랑하는 형제들아 견실하며 흔들리지 말고 항상 주의 일에 더욱 힘쓰는 자들이 되라 이는 너희 수고가 주 안에서 헛되지 않은 줄 앎이라"(고전 15:58).

3. 추가로 적용되는 격려

만약 이 본문에, 하나님의 백성을 유쾌하게 할 뿐 아니라 주님을 찾는 목마른 죄인들이 마실 수 있는 것으로 넘쳐 보이는 구절이 없었더라면, 나는 오늘 설교를 여기서 마쳐야 했을 것입니다. 잠시 시간을 내어, 나는 추가로 적용되는 격려를 제시하고자 합니다.

모든 은혜로운 목적의 초반에는 사람들이 두려워할 것이 있으며, 이 백성에게도 새롭게 건축을 시작할 때 그런 두려움이 있었습니다. 성령님이 처음으로 한 사람과 씨름을 시작하시고 그를 예수님께로 인도하실 때, 그 사람은 이렇게 말하기가 쉽습니다. "나는 할 수 없다. 나는 감히 그럴 수가 없다. 그것은 불가능하다. 내가 어떻게 믿고 살 수 있단 말인가?" 이 자리에서 그리스도를 찾는 사람들에게 내가 말하고 싶고 또 진리로써 격려하고 싶은 말은, 살아계시는 성령께서 그런 여러분을 도우신다는 것입니다. 나는 심지어 구원을 갈망하지 않는 사람들에게도 말하고 싶습니다.

굉장한 열정이 있고 요긴하게 쓰임받는 하나님의 사람 페이슨(Payson) 박사가 한때 특이한 일을 한 것을 나는 기억합니다. 그는 모든 부류의 사람들을 대상으로 한 질문 모임을 이끌고 있었고, 거기서 많은 사람이 구원을 받았습니다. 어느 주일날, 그는 월요일 밤에 구원받기를 바라지 않는 사람들을 대상으로 모임을 가진다고 발표했습니다. 이상한 말이지만, 회개하거나 믿는 것을 원치 않는 약 스무 명의 사람들이 왔습니다. 그가 그들에게 말했습니다. "만약 하늘의 하나님으로부터 거미줄처럼 가느다란 한 가닥 실이 여러분 각 사람에게 내려온다면, 여러분은 그것을 밀쳐내지 않을 것이라고 나는 확신합니다. 비록 그것이 거의 눈에 보이지 않아도, 여러분과 천국 사이에 가장 작은 연결고리가 되는 것을 여러분은 가치 있게 여길 것입니다. 자, 여러분이 오늘 밤에 나를 만나러 온 것은 하나님과의 작은 연결고리입니다. 나는 그 줄의 힘을 강화하여 마침내 여러분이 영원히 주님에게 연결되기를 바랍니다." 그는 그들에게 아주 부드럽게 말했고, 하나님은 구원받기를 원치 않는다고 했던 그 사람들에게 은혜를 내리셔서, 그 모임이 마치기 전에 그들의 마음이 바뀌었습니다. 그 '가느다란 실'이 두꺼운 실이 되었고, 더 두껍고 커져서, 마침내 주님께서 그것으로 그들을 영원히 붙드실 수 있었습니다.

사랑하는 친구들이여, 여러분이 오늘 아침에 이 예배당에 있다는 사실이 그 가느다란 실과 같습니다. 그것을 밀쳐내지 마십시오. 여기에 여러분의 위로가 있습니다. 성령님이 말씀의 전파와 함께 일하십니다. 아마 당신은 이렇게 말할지도 모릅니다. "나는 그리스도의 필요성을 느끼기를 바라지만, 실제로는 그렇게 느끼지 못합니다." 성령이 우리 가운데 머물러 계십니다. 그분은 당신에게 죄책과 용서의 필요를 더 깊이 느끼게 하실 수 있습니다. "저는 죄의 자각과 회개에 대해 많은 말을 들었습니다. 하지만 내게는 그중에 어떤 것도 없는 것 같습니다." 하지만 성령은 우리 가운데 머물러 계시며, 그분은 당신 안에서 일하셔서 가장 깊이 죄를 자각하고 가장 진실하게 회개하도록 도우실 수 있습니다. "오 목사님, 저는 제가 무언가를 할 수 있다고 느끼지 않습니다."

하지만 성령님이 우리 가운데 머물러 계시니, 경건에 필요한 모든 것을 그분이 주실 수 있습니다. 그분은 당신 안에서 일하실 수 있고, 당신에게 그분이 기뻐하시는 대로 소원을 주시고 행할 힘도 주실 수 있습니다. "하지만 저는 주 예수 그리스도를 믿고 영생에 이르고 싶습니다." 누가 당신에게 그것을 바라게 했습니까? 성령님이 아니고 달리 누구겠습니까? 그러므로 그분은 여전히 당신에게 일하고 계십니다. 비록 당신이 아직은 믿는 것이 무엇인지를 이해하지 못해도, 믿게 될 때가 올 것이며, 하나님의 영이 믿음 안에서 당신을 지도하실 수 있다고 나는 믿습니다. 당신은 맹인이지만, 그분이 보게 하실 수 있습니다. 당신은 중풍병자이지만, 그분이 당신에게 힘을 주실 수 있습니다. 하나님의 성령이 우리 가운데 머물러 계십니다.

"오, 하지만 중생의 교리는 저를 비틀거리게 만듭니다. 우리는 거듭나야 하잖아요." 그렇습니다, 우리는 성령으로 거듭나며, 성령님이 우리와 함께 머물러 계십니다. 그분은 경이로운 변화를 일으키시는데 여전히 능하시며, 당신을 사탄의 왕국에서 끌어내어 하나님의 사랑의 아들의 나라로 들어가게 하실 수 있습니다. 성령이 우리 가운데 머물러 계시니, 그분의 이름이 찬송을 받으소서! 한 사람이 말합니다. "아, 사랑하는 목사님, 저는 죄를 정복하고 싶습니다!" 누가 당신에게 죄를 정복하기 원하도록 만들었을까요? 우리 가운데 머물러 계시는 성령님이 아니시면 누구일까요? 그분이 당신에게 성령의 검을 주실 것이며, 당신에게 그것을 어떻게 사용하는지 가르치실 것이고, 또 그분이 당신에게 그것을 사용할 소원과 그것을 성공적으로 사용할 능력을 모두 주실 것입니다. 성령의 힘으로 말미암아 당신은 모든 죄를 이길 수 있으며, 지금까지 당신을 끌어내리고 수치스럽게 했던 죄까지도 정복할 수 있습니다. 하나님의 영은 여전히 당신을 돕고자 기다리고 계십니다.

성령의 능력을 생각하면서, 나는 오늘 아침 여기에 있는 모든 죄인을 희망의 관점에서 바라봅니다. 성령님은 그분이 기뻐하시는 모든 일을 여러분 안에 행하실 수 있습니다. 그러므로 나는 그분의 이름을 송축합니다. 여러분 가운데 어떤 이들은 매우 부주의하지만, 그분은 여러분을 신중하게 만드실 수 있습니다. 런던에서 박람회를 한번 보십시오. 나는 여러분 자신이 하나님의 은혜의 전시물이 되기를 바랍니다. 당신은 영적인 일들을 생각하지 않아도, 그분은 이 순간에 당신을 감화하실 수 있으며, 마침내 당신이 홀로 있기를 바라게 되어, 집에 도착했을 때 홀로 오래된 팔걸이 의자에 앉아서, 거기서 주님을 찾도록 만드실 수 있습니다. 당신은 이런 식으로 구원으로 인도될 수 있습니다.

내가 여기에 왔을 때 선택된 회중이 이곳에 있다고 생각했으며, 실제로 그럴 것입니다. 당신이 그들 중의 한 사람입니다. 당신이 어디에서 왔건, 이제 주님을 찾으시길 바랍니다. 그분이 당신을 이곳으로 데려오셨으니, 그것은 당신에게 은혜를 주시려 하기 때문입니다. 그분이 부드러운 그의 영으로 당신에게 호소하실 때, 그분에게 항복하시기 바랍니다. 하늘의 바람이 부드럽게 당신에게 부는 동안 모든 창문을 활짝 여십시오. 당신은 그것을 원한다고 느낀 적이 없었습니다. 하지만 그 사실이 바로 당신에게 그것이 필요하다는 확실한 증거입니다. 그리스도의 필요성을 알지 못하는 사람은, 실상 가장 그분이 필요한 사람이기 때문입니다. 당신의 마음을 활짝 여십시오. 성령님께서 당신의 필요를 가르치실 수 있을 것입니다. 무엇보다, 그분이 당신을 도우셔서 이 아침에 당신이 주 예수 그리스도를 바라보도록 기도의 숨을 쉬십시오. 십자가에 못 박히신 분을 바라보는 것에 생명이 있기 때문입니다.

지금 이 순간, 당신을 위한 생명이 있습니다. 당신은 말합니다. "오, 설사 제가 시작하더라도 지속하지 못할 것입니다." 못하지요, 만약 당신이 시작한다면 당신은 지속하지 못할 것입니다. 하지만 그분이 시작하신다면, 그분이 지속하실 것입니다. 성도의 최종적인 인내는 성령님의 최종적인 인내의 결과입니다. 그분은 인내하시며 복을 주시고, 그러면 우리가 그 복을 받아들이면서 인내하는 것입니다. 만약 그분이 시작하시는 것이면, 당신은 지치지도 않고 곤비하지도 않으시는 하나님의 능력으로 시작한 것입니다.

이 9월 5일에, 선지자 학개가 아니라, 하나님의 종인 내가, 여러분이 잊을 수 없는 말씀을 전했기를 바랍니다. 또한 주님께서 전해진 말씀에 성령의 증언을 더해 주시길 바랍니다. "오늘부터는 내가 너희에게 복을 주리라"(19절). 여러분에게 주어진 약속을 가지고 가십시오! 오늘 아침 이곳에 온 모든 낯선 분들에게 악수를 하면서 이 말을 하고 싶습니다. "형제여, 주님의 이름으로 오늘부터 당신에게 복이 있기를 바랍니다." 아멘, 아멘.

제
2
장
—

모든 나라의 보배

—

"또한 모든 나라를 진동시킬 것이며 모든 나라의 보배가 이르리니 내가 이 성전에 영광이 충만하게 하리라 만군의 여호와의 말이니라" - 학 2:7

두 번째 성전을 첫 번째 성전처럼 장엄하게 지을 의도는 없었습니다. 첫 번째 성전은 상징들과 예표들의 제도에서 충만한 영광의 구현이었지만, 곧 사라질 것이었습니다. 이러한 상대적인 취약성은 이스라엘 백성의 우상 숭배와 배교에 의해 입증되었습니다. 예루살렘으로 돌아왔을 때, 그들은 예배의 목적으로 쓰면 충분한 구조물을 가지려 했습니다. 그들은 하나님이 솔로몬의 손으로 세우셨던 이전 성전의 화려함에 다시 빠지지 않으려 했습니다. 하나님의 섭리가 있었다면 성전은 첫 번째와 마찬가지로 장엄하게 세워질 수도 있었고, 그것은 언제라도 성취될 수 있는 일이었습니다. 고레스(Cyrus)는 하늘의 뜻에 순종적이었던 것으로 보이며, 그래서 유대인들에게 큰 호의를 베풀었습니다. 하지만 그는 칙령을 내려 명시적으로 벽의 길이를 축소했고, 그 벽들이 이전만큼 높이 세워져서는 안 된다는 분명한 명령을 내렸습니다. 우리는 다리오(Darius)가 내린 비슷한 칙령에서도 증거를 얻습니다. 그는 고레스와 마찬가지로 유대인에게 우호적이었으며, 손가락만 들면 솔로몬 성전의 영광을 능가하는 건물을 세울 수 있었지만, 하나님의 섭리 안에서 그렇게 되지 않았습니다. 그리고 유대인이 아니면서도, 자기 자신의 특정한 목적을 위해 종교적인 겉치레로만 유대인이었던 헤롯(Herod)이, 그가 다스리던 민족을 기쁘게 하고 그들의 환심을 사기 위해 그 두 번째 성전에 상당량의 보화를 쏟아부었지만, 그는 그 성전을 아름답게 치장했다기보다는 오히려 더럽힌 것입니다. 그가 건축 과정에서 지켜야 할 규정된 건축 양식을 따르지 않았고, 자기 노력에 대해 하늘의 승인을 얻지 않았기 때문입니다. 헤롯처럼 파렴치한 인물의 노력에 대해, 어떤 선지자도 명령한 적이 없고, 어떤 선지자도 재가한 적이 없습니다. 내가 보기엔 그 이유는 이런 것 같이 보입니다. 즉 두 번째 성전에는, 그것이 서 있는 동안, 그리스도의 통치가 영적 진리의 빛 안에서 부드럽게 녹아들어 있었습니다. 외적인 예배는 거기에서 중단될 것이었습니다. 첫 번째의 외적 영광이 없던 성전에서 외적인 예배가 중지되는 것은 옳아 보입니다. 하나님은 그곳에서 두 번째 성전 즉 그분의 참된 성전이자 교회의 영적 영광의 첫 광선을 비추기를 원하셨고, 또한 첫 번째 성전에서의 외적이고 가시적인 것은 부패한다는 표지판을 두기 원하셨습니다.

하나님은 그의 종 학개를 통해 두 번째 성전의 영광이 첫 번째 성전의 영광을 능가한다고 선언하십니다. 금이나 은, 크기나, 구조물의 탁월성 등의 관점에서는 그럴 수가 없는 것이 분명합니다. 하지만 그리스도의 임재의 영광이 옛 성전의 부와 모든 영광보다 크다는 점에서, 진실로 그 말씀은 진실이었습니다. 그 안에서 복음이 선포되는 영광, 그 안에서 사도들과 주님에 의해 복음의 기적들이 행해지는 영광은 황소와 염소 일천 마리의 희생 제물보다 훨씬 컸습니다. 그것은 기독교회의 요람이 되는 영광이며, 평화의 전령들이 머물다 날아가는 둥지로서의 영광이었습니다. 그 전령들은 마치 비둘기처럼, 감람나무 잎을 물고 온 세계로 날아갈 것이었습니다. 나는 상징의 옛 체계가 쇠퇴하는 것은 다가오는 새로운 체계, 즉 예수 그리스도의 인격 안에 있는 은혜와 진리의 체계를 위한 적절한 준비라고 간주합니다. 두 번째 성전에는 이처럼 탁월한 영광이 있으나, 반면 첫 번째 성전의 영광은 마치 달의 광채와도 같으니, 그것은 기우는 달의 영광이었던 것입니다. 달의 뒤편으로 태양이 떠오르고 있습니다. 아침의 첫 광선이 지평선을 금빛으로 빛나게 하고 있습니다.

나는 이 시간에 참된 영적인 성전에 대해 여러분에게 말하고 싶습니다. 물론 두 번째 성전이 문자적으로 그 의도를 담긴 했지만, 내가 생각하기에, 참된 두 번째의 성전 곧 영적 성전은, 바로 이 대목에서 말해지고 있습니다. 본문에 따르면, 참되고 영적인 성전은 모든 나라의 보배[바라는 것/desire, KJV]입니다.

나는 원어로 이 구절이 매우 어렵다는 것을 발견했습니다. 그것은 여러 가지 의미를 담고 있습니다. 내가 여러분에게 제시하는 첫 번째 의미는, 비록 그것이 대다수 기독교 강해자들과 다르지만, 원문에 대한 가장 정확한 설명입니다. 우리는 조금 후에 다른 설명 몇 가지를 살펴볼 것입니다. 이렇게 읽어보십시오: "내가 모든 나라를 진동시킬 것이다", 그리고 '바라는 것'—바람직한 사람들(persons), 혹은 70인역(Septuagint, 헬라어 구약성경)으로는, 모든 나라의 선택된 자들—이 올 것이다. 그들이 올 것인데, 그들은 하나님의 참된 성전이며, 그들이 성전을 이루는 살아있는 돌들이 될 것이다.

혹은, 다른 사람들은 이렇게 이해하며 읽습니다: "모든 나라가 바라는 것들(things)이 올 것이다." 의심의 여지 없이, 그런 의미로 이해하는 것은 8절이 해석의 열쇠라고 보기 때문입니다: "은도 내 것이요 금도 내 것이니라. 만군의 여호와의 말이니라." 모든 나라가 바라는 것들이, 이 참된 두 번째 성전이자 영적으로 살아있는 성전에, 자원하여 바치는 예물로서 들어올 것입니다.

이제 첫 번째 의미를 위하여 시작해보겠습니다. 이 경우에, 이 두 번째 성전과 관련한 본문에서, 무엇이 살아있는 돌들인지를 듣습니다.

1. 모든 나라가 바라는 것이 올 것이다.

선택된 사람들, 선발된 사람들, 모든 사람 중에 최상의 사람들이 와서, 하나님의 참된 성전을 구성할 것입니다. 왕과 제후들이 아니며, 세상의 위인들과 고관들이 아닙니다. 이런 사람들은 사람들이 선택하는 방식에 따라 선정되는 사람들입니다. 하지만 부름을 받고 선택된 자들 가운데는, 육신을 따라 큰 자도 많지 않고, 유력한 자도 많지 않습니다. 하지만 여전히, 하나님이 선택하신 자들이 인류 가운데서 최상의 사람들인 것은 틀림없습니다. 그들이 본성에 따라 그렇다고 주장하지 않습니다. 정반대로, 그들은 자기 자신들에게서 모종의 타고난 탁월성이 있다는 어떤 생각도 배격합니다. 하지만 하나님은 그들을 보실 때, 장차 그들이 어떻게 될 것인지를 보시고, 그분이 그들에게 의도하시는 모습대로 보시며, 그분이 그들을 창조하실 때 바라셨던 모습대로 보십니다. 이런 면에서 그들은 바라는 대상이며, 모든 나라에서 선택된 사람들입니다. 하나님께는 그 백성이 왕이신 그분의 보물이며, 숨겨두신 보석들이며, 왕의 보고입니다. 그들은 그분이 보시기에 매우 귀중합니다. 그들의 죽음도 귀합니다. 그분은 그들의 뼈까지도 모두 기록에 남겨두셨다가, 마지막 날 그들의 유해를 일으키십니다. 만약 어떤 나라가 그것을 안다면, 그 나라의 성도가 곧 그 나라의 귀족들인 셈입니다. 하나님을 경외하는 자들이 곧 한 나라의 정신이며, 골수이자, 골자입니다. 그들을 위해 하나님은 많은 나라를 보존하셨습니다. 그들을 위해 하나님은 헤아릴 수 없는 복을 주십니다. "너희는 세상의 소금이라"—그들이 없다면 세상은 부패할 것입니다. "너희는 세상의 빛이라"—그들이 없다면 세상은 어두울 것입니다. 비록 세상이 그들을 업신여기고 그들을 내쫓기 원해도, 그들이 세상의 소망입니다. 눈이 먼 세상은 언제나 그리스도인들을 그렇게 대해왔습니다. 자기의 최상의 친구들을 가장 나쁘게 대하고, 최악의 원수들을 종종 가장 성대하게 받아들이는 것입니다. 하나님이 그분 자신의 주권적인 뜻과 즐거움을 따라 한 백성을 만들기를 기뻐하셨다는 것을 생각하면, 그리고 그분이 이들을 모든 나라의 보배가 되게 하신 것을 생각하면, 우리에게 얼마나 큰 기쁨이 되는지요. 이렇게 선정하고 선택하신 사람들로, 그분은 그분의 교회를 세우실 것입니다.

하지만 본문은 우리에게 돌들에 대해서 말할 뿐 아니라, 놀라운 건축양식에 대해서도 말합니다. "모든 나라의 보배가 이르리니"—그들이 모여들 것입니다. 각 사람을 제 위치에 데려오도록, 각 사람을 원래 있던 채석장에서 발굴해내도록, 인간의 수단이 활용될 것입니다. 하지만 그렇게 말씀하시는 분은 하나님이십니다. 하나님은 그리스도 예수 안에서 작정하신 영원한 목적에 따라 각 사람의 뜻과 의지를 아주 자유롭게 사용하시니, 그분이 말씀하신 대로 성취될 것입니다. 복음을 전하는 우리는 성공한다는 경건한 확신을 가지고 전해야 합니다. 모든 나라의 보배가 올 것입니다. 이 회중 가운데서 진실로 바람직한 사람들이 그리스도께 올 것입니다. 씨 뿌리는 자가 씨를 뿌린 땅에서, 그 정직하고 좋은 땅에서, 추수가 이루어질 것입니다. 열방 가운데서, 비록 그들이 그리스도를 거절하고 우상 숭배를 지속하지만, 그럼에도 얼마간의 선택된 영혼들이 올 것입니다. 주님께서 큰 기쁨을 가지고 바라보시는 사람들, 그런 사람들이 올 것입니다. 우리는 헛되이 수고하지 않으며, 우리의 힘을 공연히 낭비하는 것이 아닙니다. 우리는 하나님의 일하심과 선택의 교리에 기대며, 그것을 우리의 위로로 삼습니다. 정녕 그것은 나태를 위한 구실을 위해서가 아니라, 우리가 최선을 다했을 때 위로를 위한 교리입니다. 하나님이 결국 영광을 얻으십니다—"모든 나라의 보배가 이르리라."

본문 전체를 주목하면, 많은 진동이 있지 않고서는 그들이 오지 않는다는 점을 시사하는 것처럼 보입니다. 어떤 의미에서, 아무도 하나님께 억지로 오지 않습니다. 또 다른 의미에서, 아무도 강제력 없이는 하나님께 오지 않습니다. 여러분은 두 개의 열린 상자를 봅니다. 그것을 여는 두 가지 방식이 있습니다. 한 상자는 비틀어졌습니다. 분명 거친 방식이 사용된 것입니다. 누가 그것을 열었을까요? 도적입니다. 하나님은 결코 인간의 마음을 그런 방식으로 열지 않으십니다. 여러분은 다른 한 상자가 열린 것을 봅니다. 아무런 손상된 흔적도 없고, 열려고 특별히 애쓴 표시도 없습니다. 누가 그것을 열었을까요? 열쇠를 가진 사람입니다. 아마도 그 소유주이겠지요. 마음은 하나님께 속했습니다. 그러니 그분이 열쇠를 가지고 그것을 여십니다. 아주 부드럽게 여십니다. 하지만, 비록 무력이 사용되지는 않고, 인간의 자유 의지를 강제로 제거하지는 않아도, 사용되는 영적인 힘이 있으며, 그것을 '진동'이라고 묘사할 수 있습니다. 나무가 크게 흔들릴 때만, 마침내 최상의 익은 열매가 위대하신 주인의 무릎에 떨어질 것입니다. 그분은 섭리로써 진동하시며, 인간의 양심의 움직임을 통해 흔드십니다. 그분은 성령의 충격으로 흔드십니다. 그분이 영혼을 흔드시고, 그 결과로 모든 나라에서 보배로운 사람들이 그분에게 모여드는 것입니다. 그분이 소유하시려는 돌들이 마침내 채석장에서 나오면, 그분이 그들을 한 성전으로 세우십니다.

이제 이 본문의 다른 해석에 따라, 이 사람들을 살펴보겠습니다. 그들이 교회를 세우러 올 때, 그들은 언제나 그들의 보배를 가지고 옵니다. 그들은 가장 바람직한 것을 가지고 옵니다. 모든 나라의 보배에는 은과 금도 있을 것이며, 그 외의 것들도 있을 것입니다. 그리스도께 오는 사람은 그가 가진 모든 것을 가지고 오며, 자기의 참된 재물을 뒤에 남겨둔 사람은 그리스도께 온 것이 아닙니다. 마음이 새로워질 때, 모든 나라의 보배가 무엇일까요? 자, 은과 금은 언제나 바랄 만하고, 그리스도께 마음을 드린 사람들은 그들이 가진 그것을 그리스도께 가지고 올 것입니다. 하지만 인간에게서 가장 바람직한 것들은 금속들—더럽고, 불순하며, 딱딱한 물질—이 아닙니다. 인간에게서 바람직한 것들은 영혼과 마음에 속한 것들입니다. 바로 그런 것이, 저 위대한 두 번째 성전 안으로 들어올 것입니다. 단지 외적으로 화려하게 장식할 뿐인 은이나 금덩이만 오는 것이 아니라, 보석보다 훨씬 귀하고, 희귀한 광물보다 가치 면에서 훨씬 비싼 사랑, 믿음, 거룩한 덕목도 함께 오는 것입니다. 오! 거룩한 천사들이 바라볼 때 하나님의 교회의 광경은 어떠할까요? 우리는 최초의 스페인 침략자들이 페루의 신전에 들어간 이야기를 일부 들었습니다. 그들은 금덩이 판으로 된 바닥과 지붕과 벽들을 보고 놀라서 한참을 서 있었습니다. 하지만 교회는 어떠합니까? 저 위대한 성전의 바닥에 믿음의 판들이 있고, 사랑과 자기 희생의 벽들이 있으며, 거룩한 기쁨과 위로의 지붕이 있습니다! 그것은 영적인 눈을 기쁨으로 반짝이게 하는 성전입니다. 그들이 왕들과 제후의 화려함에 왜 신경을 쓴단 말입니까? 오히려 그들은 열방들의 참되고 바람직한 것들—거룩한 감정, 거룩한 열망, 감사의 노래, 주 하나님을 섬기는 경건한 행동들—에 큰 관심을 기울입니다. 보배로운 사람들이 들어오고, 또 그들이 하나님이 보시기에 성전을 영광스럽게 하려고 보배들을 가지고 올 때, 두 번째 성전은 얼마나 영광스러울까요!

이렇게 지어지고 장식된 이 성전은 지속할 것입니다. 본문은 "내가 모든 나라를 진동시킬 것이라"는 말씀을 포함합니다. 사도는 이것이 사물들이 흔들릴 수 있음을 나타낸다고 말합니다. 흔들릴 수 없는 것은 존속될 것이며, 모든 나라의 보배는 흔들리지 않는 것이 되어야 합니다. 그러므로 교회는 흔들리지 않을 것이며, 교회가 하나님께 드리는 보배로운 것들도 흔들리지 않을 것입니다. 시간은 많은 것을 변하게 합니다. 위대한 군주들도 조금 지나면, 그들의 성품을 판단하는 인간들의 평가에서 단지 걸인들이었다고 간주될 것입니다. 위인들도 후대의 검증을 받게 될 때 소인배들이었다고 여겨질 것입니다. 그리고 심판의 날에, 아! 이 세상에서 크다고 하는 사람들이 어떻게 검증을 견딜까요? 하지만 기독교회는, 지옥의 문도 그것을 이기지 못할 것입니다. 시간이 교회의 우아한 돌들 가운데 하나도 깎아내지 못할 것입니다. 믿음의 보화를 비롯하여 하나님이 교회에 주신 귀한 것들은 강탈당하지 않을 것입니다. 그것들은 결코 진동하지 않을 것입니다. 최고의 영예는 이것입니다—"내가 이 성전에 영광이 충만하게 하리라. 만군의 여호와의 말이니라."

이것이 교회의 매력의 이유이자, 가장 큰 매력입니다. 하나님이 친히 그분의 영광 가운데 거하십니다. 교회를 생각할 때 우리는 두 가지 측면을 생각하는데, 소위 '전투하는 교회'와 '승리한 교회'입니다. 하지만 교회는 결국 하나이며, 하나님이 그 안에 거하십니다. 오, 우리에게 만약 그것을 볼 수 있는 눈이 있다면, 땅에서의 하나님의 영광도 하늘에서의 하나님의 영광에 크게 못지않을 것입니다. 평화를 누리는 왕의 영광과, 전쟁에서 정복자의 영광은 별개이며, 그중에서 어느 쪽을 내가 더 좋아하는지를 나는 압니다. 하지만 비유적 표현을 좀 바꾸자면, 상아 궁전 안에서 순종하는 자기 종들 가운데 있는 평화의 왕의 영광과, 하늘의 전쟁을 한창 수행하시는 만군의 여호와의 영광 사이에서, 나는 어느 쪽을 더 선호한다고 말할 수 없습니다. 만군의 주이신 하나님은 인간의 악과 싸우시며, 또한 악에서 건져내신 그분의 성도들에게 영광을 나타내십니다. 하나님은 위에 있는 예루살렘에서와 마찬가지로 아래의 예루살렘에서도 알려지셨습니다. 주님이 교회 가운데 계십니다! 완벽하게 아름다운 시온에서 하나님이 빛을 발하셨습니다. 하나님이 교회 가운데 계십니다. 비록 왕들이 모여 교회를 파괴하려 하나, 교회는 흔들리지 않을 것입니다. 하나님의 임재가 강이 되어, 그 흐르는 물이 하나님의 성을 기쁘게 할 것입니다. 보배로운 사람들이 성전의 돌들이 되고, 보배로운 은혜들이 선물로 주어지며, 하나님이 친히 임재하시니, 시온은 진정 영광스럽다고 말할 수 있습니다.

이제, 만약 우리가 본문에 대한 다른 해석을 취하면 어떤지를 살펴보겠습니다.

2. 영적인 제2 성전의 영광은 실제로 그리스도의 성육신이다.

"내가 모든 나라를 진동시킬 것이라." 그리고 모든 나라의 보배, 즉 모든 나라가 바라는 그가 올 것이다. 비록 가장 유능한 비평가들에 의하면 이 해석은 원문에 의해 지지받기가 어렵다고 하지만, 이 해석은 틀리지 않으며, 무수한 신학자들에 의해 확립된 해석입니다. 모든 나라가 바라는 그가 올 것이며, 또한 그가 두 번째 영적 성전의 영광이 될 것입니다. 만약 우리가 이 본문을 그렇게 읽으면, 예수 그리스도는 모든 나라가 바라는 것이며, 그것은 틀림없는 사실입니다. 모든 나라는 그분에게 어둡고 희미한 바람을 가지고 있습니다. 내가 '어두운' 바람이라고 말하는 것은, 그 형용사가 없이는 진실을 거의 말할 수 없기 때문입니다. 인간의 역사를 연구하는 학자들이 쓴 글 중에, 성육신을 통한 그리스도의 오심을 바라는 인간 마음의 준비에 관한 흥미로운 대목이 있었습니다. 거의 모든 나라에 '오실 분'에 대한 전승이 있음이 분명합니다. 물론, 유대인들은 메시야를 기대했습니다. 여러 나라의 문화에서 교육받은 사람들이 있었고, 그들은, 비록 유대인들처럼 분명하게 메시야를 기대한 것은 아니지만, 그가 어떤 인물이며 또 무엇을 할 것인지에 대해, 단순히 의례적이고 바리새적인 유대인들과 마찬가지로 상당히 예민한 추측을 했습니다. 당시 온 세계에는 그리스도가 오시는 때에 관하여, 그리고 어떤 위대한 분이 하늘에서 내려올 것이며, 그가 세상의 유익을 위해 세상 속으로 들어올 것이라는 어떤 관념이 있었습니다. 그런 면에서, 그분은 어둡고 희미하게 모든 나라의 희망이었습니다.

하지만 모든 나라에는 더 깨우침을 얻은 사람들이 더러 있었고, 그들에게는 그리스도가 지적인 차원 이상으로 실제로 희망의 대상이었습니다. 욥은 이방인이었고 또 하나님을 경외한 사람이었습니다. 우리는 욥이 성령의 조명을 받은 유일한 사례라고 믿을 이유가 없습니다. 오히려 우리는 세상 모든 나라에 하나님이 선택하신 백성이 있었다고 믿을 이유가 있습니다. 그들은 하나님을 알고 경외했습니다. 그들이 우리에게 주어진 모든 빛을 받은 것은 아니지만, 그들은 얻은 빛을 더 잘 활용했으며, 성령에 의해 더 많은 빛을 얻도록 인도되었습니다. 아마도 그들의 깨우침의 정도는, 우리의 적은 지식으로 생각하는 이상이었을 것입니다. 이들이, 모든 나라의 대표자들로서, 위대한 구원자 곧 성육하시는 하나님의 오심을 바라고 있었습니다. 이들이 대표한다는 의미에서, 온 세상은 그리스도의 오심을 바라고 있었으며, 그리스도는 모든 나라의 '바라는 것'이었습니다. 하지만 내 형제들이여, 본문이 그것을 의미하든 혹 그것을 의미하지 않든, 그리스도는 정확히 모든 나라의 필요가 아닙니까? 만약 그들이 그분을 알기만 하면, 그분을 이해하기만 하면, 그분이야말로 그들이 바라고 또 그들이 바라야 하는 대상입니다. 그들의 이성이 바르게 가르침을 받는다면, 그들의 마음이 성령에 의해 세상에서 최상의 것을 바라도록 깨우침을 받는다면, 그리스도는 곧 그들이 원하는 것입니다.

온 세상은 하나님께 이르는 길을 원합니다. 그래서 사람들은 사제들을 세우고 그들에게 기름을 부으며, 또 내가 모르는 무언가를 그들에게 문질러 바릅니다. 이는 사제들이 그들과 하나님 사이에 중재자가 되도록 하기 위함입니다. 그들의 죄와 하나님의 영광과 거룩하심 사이에 무언가가 개입해야 하는 것을 그들은 느낍니다. 오, 그들이 제대로 안다면, 그들이 원하는 대상은 그리스도이십니다. 여러분은 사제를 원치 않으며, 오직 "우리가 믿는 도리의 사도이시며 대제사장이신 예수"(히 3:1)를 원합니다. 여러분은 하나님과의 사이에 다른 중재자를 원하지 않으며, 오직 한 중보자, 곧 사람이시면서 하나님과 동등하신 예수 그리스도를 원합니다. 오! 세상이여, 네가 원하는 분이 지존자에 의해 지명되었건만, 왜 너는 사제를 찾고 또 다른 협잡꾼을 찾아서 여기저기를 돌아다니는가! 땅에서 하늘까지 닿은 사닥다리처럼, 야곱이 꿈에서 보았던 분, 곧 사람의 아들이시며 또 하나님의 아들이신 그분이 유일한 수단입니다.

세상은 평화의 중재자를 원합니다. 오, 세상은 지금 얼마나 나쁜 방식으로 그것을 바라는지요! 내가 정원을 걸을 때, 또 강단에 오를 때, 잠자리에 들 때, 나는 멀리서 외치는 소리와 상처받고 죽어가는 사람들의 신음 소리를 듣는 것 같습니다. 우리는 매일 끔찍한 학살의 소식들에 너무 익숙하기에, 만약 우리가 그런 일에 대해 좀 생각하게 되면, 우리는 틀림없이 메스꺼움을 느끼고, 끊임없이 구역질 같은 것이 올라오는 것을 느낄 것입니다. 살해 현장에서의 악취와 연기, 땅에서 올라오는 인간의 따뜻한 피 냄새는 정녕 우리를 심란하게 만듭니다. 땅은 화평의 중재자를 원하는데, 그가 바로 나사렛 예수이십니다. 그는 유대인의 왕이시며, 이방인들의 친구요, 평화의 왕이시니, 땅끝까지 전쟁을 그치게 하실 분입니다.

인간은 정화자(淨化者)를 원합니다. 아주 많은 나라가, 이런저런 이유로 정치적인 일들이 바라는 대로 되지 않는다고 느낍니다. 왕정에는 탁월한 점들도 있지만 불편한 점들도 있습니다. 공화 정부에도 탁월한 점들이 있지만, 두드러진 난제들도 있습니다. 우리가 생각하기에, 우리의 정부 형태에는 매우 뛰어난 점들이 있지만, 고쳐야 할 많은 것들이 있습니다. 이 세상은 온통 어그러져 있습니다. 그것은 오래된 골칫거리이며, 우리의 개혁자들이 오랫동안 땜질을 해도 고쳐질 수 없는 것처럼 보입니다. 사실상, 세상은 창조자 즉 그것을 만드신 이가 와서 그것을 바로잡으시기를 원합니다. 그것은 강물을 끌어와 아우게이아스의 마구간(Augean stable, 그리스 신화에서, 삼천 마리의 소를 키우면서 삼십 년간 청소하지 않은 아우게이아스 왕의 마구간을 헤라클레스가 강물을 이용해 하루에 청소했다고 함-역주)을 깨끗이 청소한 헤라클레스를 필요로 합니다. 세상은 속죄 희생의 물줄기를 온 땅으로 흘려보내어, 오래 묵은 오물들을 깨끗이 치워버릴 하나님의 그리스도를 원합니다. 그리스도께서 하지 않으시면 그런 일은 절대 일어나지 않을 것입니다. 그분이 유일한 분입니다. 그분이 참된 개혁자이며, 모든 그릇된 것을 바로잡을 분입니다. 이런 면에서 그분은 모든 나라의 희망입니다. 오, 온 세상이 올바른 희망을 모을 수 있다면! 세상의 다듬어지지 않은 소원들을 한 목소리에 압축할 수 있다면! 인류를 참으로 사랑하는 모든 이가 그들의 이론들을 한데 모으고, 거기서 참된 지혜의 포도주를 추출할 수 있다면! 그것은 이 한 가지로 귀결될 것입니다. 즉 우리는 성육하신 하나님을 원합니다! 여러분에게 성육하신 하나님이 계십니다! 오, 열방이여, 하지만 그대들은 그것을 알지 못하는구나! 그대들은 어둠 속에서 그분을 더듬어 찾고 있지만, 그분이 거기 계신 것을 알지 못하는구나!

형제들이여, 내가 덧붙이고 싶은 말이 있습니다. 그것은 모든 나라를 위해 우리는 그리스도를 바란다는 것입니다. 오, 모든 나라가 복음 안에 에워싸이기를 바랍니다! 하나님이 거룩한 불을 땅에 던지시고, 산꼭대기에 있는 한 줌의 곡식이 열매를 맺어 레바논 같이 흔들리게 되기를 바랍니다(참조. 시 72:16). 오, 언제 그 일이 올까요? 언제 모든 나라가 그분을 아는 날이 올까요? 그날을 위해 기도합시다. 그 일을 위해 수고합시다.

또 다른 의미를 나는 이렇게 제시하고 싶습니다: 이 본문에 대한 전반부의 해석을 다시 가져오면, 그리스도는 모든 나라가 바랄 만한 분이십니다. 그분은 모든 나라를 위해 선정된 분입니다. 그분은 일만 가운데 으뜸이며, 너무나 흠모할 만한 분입니다. 우리가 사랑하는 그분은 너무나 뛰어나 다른 이들이 견줄 수가 없습니다. 그분의 호적수는 사람들 가운데서는 찾을 수가 없습니다. 그분과 같은 이는 없습니다. 빛의 천사들 가운데서도 그분과 같은 이는 없습니다. 그분에게 필적하여 설 자는 아무도 없습니다. 바라는 대상이며, 또 바라야 하는 대상이자, 모든 나라가 가장 바랄 만한 분이 예수 그리스도이십니다. 그리스도는 두 번째 성전인 기독교회의 영광이며, 그리스도는 그 안에 계시고, 그것의 머리이며, 그것의 주이십니다. 교회가 국가와 부당하게 결탁하는 것이 교회의 영광이 아닙니다. 그리스도를 교회의 유일한 왕으로 모시는 것이 곧 교회의 영광입니다. 그분이 교회의 유일한 선지자이시고, 유일한 제사장이시며, 그리고 그분이 그분의 모든 백성을 그분과 더불어 왕들이요 제사장들이 되게 하시며 그분 자신은 그들의 모든 영광과 능력의 중심이요 근원이 되시는 것이 곧 교회의 영광입니다.

이 주제가 내 마음을 계속 끌지만 더는 머물 수가 없습니다. 이제 여러분에게 마지막 전할 말씀이 있습니다. 참된 두 번째 성전의 가시적인 영광은 그리스도의 재림이 될 것입니다. 그분이, 그분 자체가, 교회의 영광입니다. 교회는 그리스도의 재림 때 지금보다 더 영광스럽지 않을 것입니다. "뭐라고요?" 당신이 묻습니다. "더 영광스럽지 않다고요?" 그렇지 않을 것입니다. 하지만 외관상으로는 더 영광스럽겠지요. 그리스도는 보좌에 앉으실 때와 마찬가지로 십자가에서도 영광스러우십니다. 달라지는 것은 오직 외양입니다. 그때 의인들은 자기 아버지 나라에서 해와 같이 빛날 것입니다(마 13:43). 하지만 그들은 예수 그리스도의 인격 안에서 언제나 밝게 빛납니다. 형제들이여, 지금 이 세상이 지속하는 동안, 우리는 모든 것이 요동할 것이라고 예상합니다. 그것들은 계속해서 흔들릴 것입니다. 우리는 때때로 세상을 "견고한 땅"(terra firma)이라고 부릅니다. 하지만 정녕, 그런 이름에 합당한 것은 이 세상이 아닙니다. 별들 아래에 있는 것 가운데 견고한 것은 아무것도 없습니다. 다른 모든 것은 진동할 것이고 또 그 진동은 지금도 계속되고 있으니, 예수 그리스도는 그분을 아는 자들에게 더더욱 그들의 소망이 될 것입니다.

내 생각에, 만약 세상이 지속하고, 몇 가지 점에서 개선되고 나아져서, 어느 수준까지 올라가면, 아마 우리는 그리스도께서 속히 오시기를 바라지 않을 것입니다. 우리는 오히려 사물들이 영속되기를 바랄 것입니다. 그러나 진동이 그리스도를 하여금 열방의 소원이 되게 만들 것입니다. "피조물이 다 이제까지 함께 탄식하고", 지금까지도 탄식하고 있으며, 앞으로도 "함께 고통을 겪으면서" 더욱 탄식할 것입니다(롬 8:22). 사도는 "이제까지"라고 말합니다. 겪게 되는 고통은 갈수록 커지고 있으니, 바로 이 세상이 그렇다는 것입니다. 세상은 마지막까지 고통을 겪을 것이며, 탄식하며 바라는 것의 정점에 이를 것입니다. 교회는 "주 예수여 오시옵소서"(계 22:20)라고 말할 것입니다. 교회는 증대되는 간절함으로 그렇게 말할 것입니다. 교회는 계속해서 그렇게 말할 것입니다. 비록 교회가 자기 주님을 잊는 시기가 종종 있지만, 여전히 마음의 소망은 그분이 오시기를 바라는 것입니다.

그리고 마침내 그분이 오실 것이며, 또한 모든 나라의 소망 즉 그분 자신이 오실 뿐 아니라, 그와 더불어 바랄 수 있는 모든 것을 가지고 오실 것입니다. 그분이 나타나실 때, 그날들은 그분의 백성에게 지상에서 누리는 천국의 날들이 될 것이며, 그들의 명예의 날이자, 그들의 안식의 날들이 될 것입니다. 그날은 나라들이 그리스도께 속하게 될 날입니다. 오, 형제들이여, 내가 이 주제의 세부 사항을 깊이 다룰 수는 없습니다. 그것은 여러 편의 강론이 필요한 주제이지, 설교 한 편을 끝맺는 몇 마디 말로 다룰 수 있는 주제가 아닙니다. 하지만 여기에 눈부신 건축물인 교회에 대한 큰 소망이 있습니다. 교회의 영광은 본질적으로 성육하신 하나님에게 있으며, 그분은 이미 교회 안으로 오셨습니다. 교회의 영광은 명백히 성육하신 하나님의 재림에 있을 것입니다. 그때 그분은 하늘로부터 나타나실 것입니다. 하나님의 아들이 오실 것을 바라고 소망하며 재촉하는 자들에게, 즐거운 기대감 속에서 그분을 사모하며 기다리는 자들에게, 그분이 나타나실 것입니다. 이것이 교회의 기쁨입니다. 그분은 떠나셨지만, 이 말씀을 남기셨습니다. "내가 다시 와서 너희를 내게로 영접하여 나 있는 곳에 너희도 있게 하리라"(요 14:3). 천사들이 교회를 향해 한 말을 기억하십시오. "갈릴리 사람들아 어찌하여 서서 하늘을 쳐다보느냐? 너희 가운데서 하늘로 올려지신 이 예수는 하늘로 가심을 본 그대로 오시리라"(행 1:11). 몸소, 진실로 또 진정으로, 그분이 오실 것입니다!

"그날 내 눈이 그분을 보리니
나를 위해 죽으신 하나님이시라네.
티끌에서 일어나는 내 모든 뼈가 말하리니
주여, 주와 같은 이가 누구일까요?"

그때 선택된 자녀들의 몸이 일어나고, 몸과 영혼의 재결합을 기뻐하는 영광의 축하연이 있을 것이며, 우리가 꿈꾸지 못했던 일들이 있을 것입니다. 하나님이 자기를 사랑하는 자들을 위하여 예비하신 모든 것은 눈으로 보지 못하고, 귀로 듣지 못하고, 사람의 마음으로 생각하지도 못한 것입니다(고전 2:9). 비록 하나님이 성령으로 그것들을 우리에게 보이셨고, 또 성령은 모든 것 곧 하나님의 깊은 것까지도 통달하시지만, 그럼에도 우리의 귀는 그것에 대해 조금만 들었을 뿐이며, 우리는 아직 이후에 될 것들이 온전히 드러난 채로 받은 것이 아닙니다. 주님께서 여러분에게 은혜를 주시길 바랍니다! 여러분 모두가 그분의 교회의 일부가 되고, 그분의 영광에 참여하는 자가 되고, 마지막 날의 영광이 나타날 때 그 복에 참여하는 자가 되길 바랍니다.

사랑하는 청중이여, 나는 여러분이 집으로 돌아가면서 이 한 가지 물음을 간직하기를 바랍니다—그리스도는 당신의 소원입니까? 당신은 다윗과 함께 그분이 "나의 모든 구원과 나의 모든 소원"(삼하 23:5)이라고 말할 수 있습니까? 당신은 죽어가는 야곱과 함께 침상에서 발을 모으고 "오 하나님, 내가 주의 구원을 기다려왔습니다"(참조. 창 49:18,33)라고 말할 수 있습니까? 당신의 소원에 따라 당신은 알려질 것입니다. 의의 소원은 주어질 것입니다. 여호와를 기뻐하십시오. 그가 당신의 마음의 소원을 이루어주실 것입니다(시 37:3).

하지만 많은 이들의 소원은 비굴한 소원일 뿐입니다. 그것은 죄의 소원입니다. 그것은 수치스러운 소원입니다. 만약 이루어져도, 잠시의 즐거움을 줄 뿐인 소원입니다. 오, 죄인이여, 당신의 소원이 그리스도를 향하게 하십시오. 기억하십시오, 만약 당신이 그분을 얻고자 한다면, 당신은 그분을 얻기 위해 값을 치르지 않아도 됩니다. 그분을 얻기 위해 분투하고, 그분을 획득하십시오. 하지만 그분은 구해야만 얻을 수 있는 분입니다.

사도는 말합니다. "영생을 취하라"(딤전 6:12). 우리가 그것을 움켜쥐기만 하면, 우리의 것이 되는 것처럼 말합니다. 하나님은 우리에게 영생을 취할 수 있는 은혜를 주십니다. 십자가에 달리신 예수님이 말씀하고 계십니다. "땅의 모든 끝이여, 내게로 돌이켜 구원을 받으라"(사 45:22). 높이 들리신 후, 영광의 보좌에서 그분은 계속하여 말씀하고 계십니다. "내게로 오라!" 회개와 죄 사함을 주시기 위해서입니다. 그분을 구하는 자에게 그분은 그 두 가지 모두를 주실 것입니다. 그러니 그분을 구하십시오, 오늘 밤에! 하나님께서 그의 아들을 위하여 구하는 것을 여러분에게 허락해 주시길 바랍니다. 아멘.

제
3
장

더러워지고 더럽히는 것

"학개가 이르되 시체를 만져서 부정하여진 자가 만일 그것들 가운데 하나를 만지면 그것이 부정하겠느냐 하니 제사장들이 대답하여 이르되 부정하리라 하더라. 이에 학개가 대답하여 이르되 여호와의 말씀에 내 앞에서 이 백성이 그러하고, 이 나라가 그러하고, 그들의 손의 모든 일도 그러하고, 그들이 거기에서 드리는 것도 부정하니라" - 학 2:13,14

선지자 학개는 매우 지혜롭게도, 제사장들로부터 그가 그들에게 제기한 어떤 질문들에 대하여 분명한 대답을 끌어냈습니다. 그런 후, 그들의 권위에 근거해서, 그는 백성을 향해 말할 수 있었습니다. "이것이 너희 제사장들이 말하는 것이다. 또 이것이 너희 자신이 믿는 것이다." 이는 일종의 경건한 꾀를 발휘한 것이었고, 그것은 진리를 그들의 마음과 양심에 와 닿게 만드는 강력한 수단이 되었습니다.

12절에 따르면, 학개는 먼저 제사장들에게 이 질문을 제시했습니다. "사람이 옷자락에 거룩한 고기를 쌌는데 그 옷자락이 만일 떡이나 국에나 포도주에나 기름에나 다른 음식물에 닿았으면 그것이 성물이 되겠느냐?" 제사장들이 대답하여 "아니라"고 했습니다. 여기에 거룩한 사람이 있습니다. 내가 말하는 의미는 의례적으로 거룩한 것입니다. 그는 자기 옷자락에 거룩한 희생제물의 일부를 싸서 옮기고 있습니다. 자, 그가 어떤 것에 닿았으면, 그 닿음에 의해 그가 그것을 거룩하게 할까요? 제사장들의 대답은 "아니요"입니다. 그들은 달리 말할 수가 없었습니다. 그렇다면, 만약 한 사람이 거룩한데, 그가 아무리 거룩해도, 그가 단지 그와 닿은 것을 통해 다른 사람을 거룩하게 할 수 있을까요? 만약 그가 좋은 것에 대해 말하고, 혹은 좋은 행동을 하면, 그것 때문에 그가 다른 사람에게 그의 선한 말과 행동으로 영향을 끼치는 것이 확실한가요? 오, 아닙니다! 거룩한 것에는 거룩하지 않은 것에 있는 것만큼 퍼지는 힘이 있는 것 같지 않습니다. 하여간, 단지 의식적으로 거룩한 것들에는 그런 퍼지는 힘이 없습니다. 자, 여기에 율법적인 의미에서, 하나님 앞에 깨끗한 사람이 있습니다. 그는 거룩한 것을 자기 옷자락에 싸서 들고 가고 있는데, 그렇다고 해서 그가 닿은 것을 깨끗하게 한다거나 거룩하게 하지는 못합니다.

하나님의 영은 선지자의 입을 통해 그런 식으로 진리를 제시하신 후, 선지자에게 다른 질문을 제사장들에게 하도록 감동하십니다. "학개가 이르되 시체를 만져서 부정하여진 자가 만일 그것들 가운데 하나를 만지면 그것이 부정하겠느냐 하니 제사장들이 대답하여 이르되 부정하리라 하더라"(13절). 깨끗하지 못한 것에는 끔찍한 전염성이 있어서, 그것에 의해 감염된 사람은 그가 어디로 가든지 그것을 퍼뜨립니다. 그가 발을 디디거나 손을 대는 곳이면 어디든지, 그것 때문에 더럽혀집니다. 우리는 성결을 전달할 수는 없는데, 불경스러움은 전달할 수 있습니다. 한 가지 올바른 생각을 다른 사람에게 전하는 것도, 우리에게 수고와 고민과 괴로움을 일으킬 수 있습니다. 그리고 그것이 전해졌을 때도, 하나님의 성령이 오셔서 은혜의 기적을 행하시지 않으면, 그것은 온전히 고정되지 않습니다. 하지만 악을 퍼뜨리기란 너무 쉽습니다. 외설적인 노래를 한번 듣기만 해도, 듣는 자에게는 잊히지 않습니다. 잘못된 행동은 신문에 연대순으로 기록되지 않을 것입니다. 하지만 어떤 어린아이의 눈이 그것을 보면, 그 아이는 일부러 학습하여 배우지 않을 무언가를 그 나쁜 본보기에 의해 배우게 될 것입니다. 어디에서 드러나든, 지독하게 전염성이 강하고 감염되기 쉬운 죄의 힘은 끔찍합니다.

하지만 내가 여러분에게 특별히 주목하기를 바라는 것은 이것입니다. 우리 앞에 어떤 그림이 있는지 보십시오. 여기에 한 부정한 사람이 있습니다. 그는 시체를 만졌고, 그래서 부정해졌습니다. 그러므로 무엇이든 그가 만지는 것은 모두 부정해졌습니다. 한 덩이의 떡이 있습니다. 그가 그 한 조각을 잘랐습니다. 그러면 그 떡 덩이 모두가 부정해졌습니다. 한 잔의 포도주가 있습니다. 그가 그것을 홀짝 마셨습니다. 그는 포도주를 담은 그 잔을 단지 접촉했을 뿐입니다. 하지만 그 포도주 전부는 부정해집니다. 여기에 기름이 있습니다. 어떤 이는 그것이 전혀 해롭지 않고 의학적으로 사용될 수 있는 것으로 생각합니다. 하지만 이 부정한 사람이 거기에 손가락을 댔습니다. 그러면 그것도 부정해집니다. 여기에 기름이 있고, 혹은 일종의 야채류가 있습니다. 그가 거기에 손을 대면, 그것도 부정해집니다. 나는 그런 사람처럼 되고 싶지 않습니다. 내가 손을 대면 그것이 심지어 의자도 부정하게 하고, 내가 사는 집도 오염시키며, 한 친구와 악수를 해도 나 자신의 부정함으로 그를 부정하게 만들기 때문입니다. 다시 말하지만, 그것은 두려운 그림입니다. 나의 두려움을 말할 때, 여러분은 그것이 단지 학개 시대의 부정한 사람의 초상만이 아니라, 현재의 어떤 사람들 즉 우리 시대에 수많은 선량한 사람들을 만나며 접촉하는 일부 사람들에 대한 생생한 묘사라는 것을 이해해야 합니다. 진실로 여전히 "이 백성이 그러하고, 이 나라가 그러하고, 그들의 손의 모든 일도 그러하고, 그들이 거기서 드리는 것도 부정하다"고 말할 수 있습니다.

1. 끔찍한 부정(不淨)

이것이 나의 주제입니다. 첫째, 끔찍한 부정함입니다. 여기서 나는 오늘의 본문을 계속 따라가겠습니다.

여러분이 이 본문을 충분히 이해하기 원한다면, 혹은 그것을 신약의 언어로 표현하기 원한다면, 여러분은 바울이 그의 영적인 아들 디도에게 보낸 서신을 보아야 합니다. 거기서, 첫 장의 15절에서, 여러분은 다른 색채로 된 같은 그림을 볼 것입니다: "깨끗한 자들에게는 모든 것이 깨끗하나 더럽고 믿지 아니하는 자들에게는 아무것도 깨끗한 것이 없고 오직 그들의 마음과 양심이 더러운지라." 그들은 그들 자신이 너무나 불순하여 그들에게는 모든 것이 불순합니다. 은혜로 마음이 새로워지지 않은 모든 사람은 이런 슬프고도 끔찍한 상태에 있는 것입니다.

여기서 먼저, 일반적인 것들이 부정한 본성의 사람들에 의해 오염된다는 것에 주목하시기 바랍니다. 사도 바울은 로마인들에게 보내는 서신에서 이렇게 말합니다. "내가 주 안에서 알고 확신하노니 무엇이든지 스스로 속된 것이 없다"(롬

14:14). 하나님이 만드신 어떤 것도, 죄가 더럽히지 않았으면, 그 자체로 천하거나 부정하지 않습니다. 베드로가 욥바에서, 그 안에 모든 네 발 달린 짐승들과 기는 것들과 공중에 나는 것들이 담겨 있는 큰 보자기 같은 그릇을 보았던 날에(행 11:5,6), 그는 그가 배워야 할 필요가 있는 교훈을 얻었습니다. "하나님이 깨끗하게 하신 것을 네가 속되다고 하지 말라"(행 11:9)는 것입니다. 그 자체로는, 하나님이 만드신 것 중에 속되다고 묘사되어야 할 것은 아무것도 없습니다. 마음이 깨끗한 사람에게는 모든 것이 깨끗하지만, 부정한 사람은 모든 일반적인 것과 일상생활의 모든 것을 부정하게 만들 수 있습니다. 그들은 포도주만 부정하게 만들 수 있는 것이 아니라, 오호라, 보편적으로 모든 것에서도 그러합니다. 빵, 수프, 기름, 고기, 그 외에 그 자체로는 해롭지 않은 그 무엇이라도, 부정한 사람에 의해 손이 닿으면, 불순하게 되고 잘못 사용될 수 있는 것입니다.

아마도 누군가는 "어떻게 그럴 수가 있습니까?"라고 물을 것입니다. 자, 일반적인 것들이, 당신이 그것들을 신으로 삼을 때는 부정하게 됩니다. 만약 당신의 삶에서 가장 중요한 질문이 "무엇을 먹을까, 무엇을 마실까, 무엇을 입을까"라면, 당신이 이생에서 모든 것 중에서 이런 것들을 첫째로 구한다면, 비록 그것들은 그 자체로 악하지는 않아도, 그것들은 우상이 될 것이며, 그래서 부정하게 될 것입니다. 모든 우상은 그 앞에 절하는 자들을 더럽히는 것이기 때문입니다. 당신의 관심을 하나님에게서 멀어지게 하는 어떤 것이라도 그것은 우상입니다. 그것은 또 다른 신이고, 경쟁자 신이기에, 그것은 가장 부정한 것이 되고 맙니다. 내가 말하고 싶은 것은 이것입니다. 즉, 비록 여러분의 일반적인 추구가 그 자체로는 완벽하게 무죄여도, 그리고 여러분이 하나님의 영광을 위하여 추구한다면 칭찬할 만한 것이어도, 만약 여러분의 삶의 첫 번째 목적이 여러분 자신이고 또한 이 삶의 속된 것들에서 얻어낼 수 있는 것이라면, 여러분은 그런 것들에게 오직 하나님께 속해야 할 지위를 부여함으로써 그것들을 더럽힌 것입니다.

다음으로, 일반적인 것들을 과도하게 사용할 때, 그것들은 더러워질 수 있습니다. 이런 일은 폭식으로 자행됩니다. 자기의 배를 신으로 삼고, 주방을 자기의 성전으로 삼은 사람에게는, 삶의 재료인 빵과 또 하나님이 우리에게 양식으로 주시는 위로들이 얼마나 더러워지는지요! 식도락가들과 술고래들이, 그 자체로는 악하지 않은 것들을 그들의 신으로 삼고 과도하게 탐닉하여, 멸망하는 짐승 이하의 수준으로 내려갈 때, 최악의 이방인도 그런 자들보다 자기 자신을 더 타락시킬 수 있을까요? 여러분은 모든 종류의 일에서 이런 지나침에 빠질 수 있습니다. 가장 흔하고 가장 명백한 경우는 사람이 독한 술에 빠지는 것입니다. 하지만 다른 모든 흔한 일들도 같은 방식으로 오염될 수 있으며, 또 계속해서 그런 오염된 상태로 남아 있을 수 있습니다.

다른 사람들은 일반적인 것들을 지나치게 보유하려고 함으로써 그것들을 더럽힙니다. 수전노의 금은 그의 탐욕에 의해 부식됩니다. 항상 더 많은 땅을 얻어야만 하는 사람은, 설혹 그가 그의 창문에서 내다보이는 땅에서 모든 사람을 쫓아내어도, 그의 소유를 더럽힐 뿐입니다. 거래에서 자기를 위해 수고하는 사람들에게 가혹한 사람은, 자기를 위해서는 더 많은 것을 요구하고 다른 사람들에게는 그들에게 합당한 것보다 더 적게 줌으로써, 그 거래를 더럽힙니다. 그는 자신의 가게를 퇴비 더미로 만들고, 자기 장사를 하나님께 대한 모반이 되게 합니다. 내가 세부 사항을 더 깊이 다룰 필요는 없을 것입니다. 이런 일은 모든 사람에게 분명한 일이고, 여러분은 어떻게 더러워진 사람이 그 자체로는 온전히 옳은 일에 개입하여 그것을 더럽히고 마는지를 볼 수 있을 것입니다. 다른 사람들의 유익을 위해 쓰도록 하나님이 그에게 청지기로서 맡기신 것을 과도하게 보유하려 함으로써, 그는 자기 소유를 더럽힙니다.

나는 또한 우리가 이 삶의 일반 은총들을 누릴 때 감사치 않음으로써 그것들을 더럽힐 수 있다고 확신합니다. 먹고 마시면서, 그들이 얻은 것에 대해 하나님께 감사치 않는 사람들, 혹은 많은 재물을 가지고서도 그 마음에서 하나님께 대한 감사가 우러나오지 않는 사람들이 많지 않습니까? 롤런드 힐(Rowland Hill) 목사가 말하곤 했듯이, 그들은 떡갈나무 아래에 있는 수퇘지들과 같습니다. 그것들은 땅에 떨어지는 도토리들을 먹으면서도, 그 도토리들을 떨어뜨리는 나무를 보고 생각하는 법이 없습니다. 이런 감사치 않는 사람들은 하나님이 그들에게 주실 수 있는 선한 것들을 기꺼이 모두 받으려 하고, 더 얻기 위해 욕심을 부립니다. 하지만 주님은 그들에게서 감사의 말이라는 후추 열매(중세 때 소작농이 지대 대신으로 바치기도 했음-역주)조차 받지 못하십니다. 그들의 마음은 하나님의 선물에 집착하지만, 은혜로우신 수여자에게는 아무런 관심도 기울이지 않습니다. 오 선생들이여, 여러분이 식탁에 앉아서 감사도 없이 먹고 마실 때, 여러분의 접시와 잔은 더럽혀지고, 당신의 목으로 넘어가는 모든 음식이 더러워집니다. 당신이 먹고 마시면서도 하나님께 영광을 돌리지 않았기 때문입니다!

그러므로, 얼마나 많은 방식으로 일반적인 것들이 부정한 본성의 사람들에 의해 더러워지는가를 보십시오.

하지만, 그보다 더 나쁜 것이 있는데, 거룩한 것들이 부정한 본성의 사람들에 의해 더럽혀지는 것입니다. 가장 성스러운 것들이 부정한 손의 접촉으로 망쳐지는 것을 보기란 너무나 슬픈 일입니다. 여러분은 모두 볼테르(Voltaire)에 대해 들어보았을 것이며, 그 사람이 어떤 사람인지에 대해 어느 정도 알 것입니다. 나는 일종의 신성모독의 영민함에서 볼테르를 능가한 사람이 없었다고 생각합니다. 하지만 나는 그가 한 숙녀에게 쓴 글을 보았습니다. 어떤 성격의 숙녀였는지는 더 적게 말하는 편이 좋겠습니다. "내 친구들은 어디에서나 내가 그리스도인이 아니라고 말합니다. 나는 부활절 의식을 공개적으로 행함으로써 그들의 말이 거짓임을 입증했으며, 또 그로써 내가 태어난 종교에서 나의 긴 이력을 끝장내려는 나의 생생한 열망을 입증했습니다." 볼테르와 같은 사람을 상상하면, 그는 그리스도에 관하여 "저 불쌍한 것을 분쇄하겠다"고 불경스럽게 말한 후에, 어떤 사람들이 "성체"라고 부르는 것을 먹었습니다. 부활절마다 그런 유의 사람들이 많지 않은가 나는 두렵습니다. 그들은 주의 날을 존중하지 않습니다. 도리어 그들은 "사제들"이 "성 금요일"이라고 부르기로 정하였다는 이유로, 그날을 크게 존중하고, 그날에 성만찬의 식탁으로 옵니다. 그러고서도 그들은 그들이 기념한다고 고백하는 그분의 죽음에 관해서는 일 년 동안 한 번도 생각하지 않습니다. 그리스도의 교회의 가장 깊은 신비들이, 종종 불경하고 몰지각하면서도, 위선적이거나 형식적인 이유로 주의 식탁에까지 나오는 사람들에 의해 더럽혀진다는 것은 끔찍한 일입니다. 그들은 주저 없이 불의 경계선을 뚫고 들어와서, "주의 몸을 분별하지 못하고 먹고 마시면서 자기의 죄를 먹고 마시는 것입니다"(고전 11:29).

형제들이여, 부정한 사람이 더럽히는 것은 주의 만찬만이 아닙니다. 그는 또한 성찬을 죄를 위한 구실로 사용함으로써 복음을 더럽힙니다. 그의 말을 들어보십시오. 그는 이런 식으로 말합니다. "저 설교자가 하나님의 은혜를 선포한다. 그러니 나는 죄 안에 살 것이다." 그런 식으로 말하다니 당신은 이성 없는 짐승입니다! 다른 사람이 말합니다. "그 목사는 우리에게 구원이 모두 은혜에 달렸고, 큰 죄인이 회심할 때 하나님을 영화롭게 한다고 말한다. 그러니 우리가 큰 죄인이 되어서는 안 될 이유가 무엇인가?" 오 지독히도 몹쓸 사람이여, 하나님의 은혜를 바꾸어 당신의 방탕과 죄의 구실로 삼아버리니, 당신은 정녕 저주받은 것이 아닙니까? 세 번째 사람이 또 말합니다. "오, 하지만, 당신이 구원은 전적으로 하나님의 주권에 속한 것이라고 말하지 않았습니까? 그러니 나는 그 문제에서 할 수 있는 것이 없습니다." 선생이여, 나는 당신을 압니다. 당신은 마음이 너무 더러워졌기 때문에 복된 복음을 하나님께 대적하는 도구로 사용하고 있습니다. 오호라! 그런 사람들이 너무 흔합니다. 그들은 가장 거룩한 것을 손으로 만져서 그것을 더럽힙니다.

하지만 이 더러워진 사람들이 기도한다면 어떤 일이 일어날까요? 오, 지존하신 하나님을 모독하기만 하는 기도자들이 얼마나 많은지요! 당신이 자신을 죄인이라고 믿지도 않고, 당신 죄 때문에 어떤 괴로움도 겪지 않을 때, 만약 당신이 앉거나 일어서거나 혹은 무릎을 꿇고서 당신 자신을 "비참한 죄인"이라고 부른다면, 당신은 실제적으로 거짓말을 함으로써 하나님을 화나시게 하는 것이 아니고 무엇입니까? 소위 기도라고 하는 것이 고작 그런 식 아닙니까? 기도의 형식을 반복하면서도, 정작 마음은 그런 뜻으로 말하는 것이 아니라면 그것은 끔찍한 일입니다. 그것이 주님을 향한 직접적인 모독이 아니고 무엇이겠습니까? 마음이 더러운 사람들이 어떻게 하나님이 받으실 그런 기도를 할 수 있겠습니까? 그들의 기도가 받아들여지려면, 먼저 그들 자신이 깨끗해져야 합니다. 땅에서나 하늘에서나 아무리 거룩한 것이 있어도, 마음과 양심이 더러운 사람이 그 손을 댈 수만 있다면, 그렇게 함으로써 오염시킬 수 없는 것은 없습니다.

더 나아가, 선행조차도 악한 사람들에게서 나왔을 때는 오염됩니다. 본문에서 무어라고 말하는지를 보십시오. "이 백성이 그러하고, 이 나라가 그러하고, 그들의 손의 모든 일도 그러하다." 여기에 자선하는 사람이 있습니다. 그는 지금까지 상당한 액수의 돈을 기부했습니다. 하지만 그가 자신의 후함을 어떻게 더럽혀 왔는가를 보십시오. 그는 나팔을 불었습니다. 그는 과시했고, 자기가 매우 관대한 사람으로 여겨지기를 바랐습니다. 그렇게 함으로써 그는 가난한 사람들에게 준 동전 하나까지도 더럽혔습니다. 우리 주님이 말씀하십니다. "사람에게 보이려고 그들 앞에서 너희 의를 행하지 않도록 주의하라, 그리하지 아니하면 하늘에 계신 너희 아버지께 상을 받지 못하느니라. 그러므로 구제할 때에 외식하는 자가 사람에게서 영광을 받으려고 회당과 거리에서 하는 것 같이 너희 앞에 나팔을 불지 말라. 진실로 너희에게 이르노니 그들은 자기 상을 이미 받았느니라"(마

6:1-2). 의인의 부활의 날에 그들을 위해 간직된 상은 없습니다. 그들이 이미 자기 상을 받았기 때문입니다.

여기 또 다른 한 사람이 있습니다. 비록 그는 새로워지거나 중생한 것은 아니지만, 제 나름대로 아주 종교적인 사람입니다. 하지만 왜 그가 종교적일까요? 부분적으로는, 두려움 때문입니다. 더 나아가, 관습 때문입니다. 어쩌면 자기 친구들을 기쁘게 하기 위해서거나, 혹은 자기 이웃들과 잘 지내기 위해서일 것입니다. 그 모든 것이 종교를 그저 더럽히고 있는 것 아닙니까?

나는 또한 단지 자기 자신의 목적을 성취하기 위해 매우 겸손한 것처럼 보이는 어떤 사람들을 압니다. 마음이 새로워지지 않은 사람이 단지 외투처럼 겸손을 걸쳤을 때, 나는 그가 '마귀적'이라고 말하고 싶습니다. 왜냐하면 어떤 이득을 얻기 위한 목적으로 매우 겸손하게 보이는 사람—'우리아 히프'(Uriah Heep, 찰스 디킨스의 소설 「데이비드 코퍼필드」에 나오는 위선적인 악한-역주) 같은 사람—은 하늘 아래 모든 사람 가운데서 가장 경멸스러운 사람 중의 하나이기 때문입니다. 겸손이라는 고귀한 은혜마저 그의 손에 만져지기만 하면, 사람의 눈으로 보기에도 혐오스럽게 만들 정도로 그는 그것을 더럽히지 않습니까?

나는 방금 예로 든 것과 같은 사람이 자기 원수에게 앙갚음하려고 엄격하게 의로워지는 것을 보았습니다. "나는 의로운 일을 해야 해"라고 그는 말합니다. 그는 마치 그렇게 해야 하는 것이 그에게 매우 고통스러운 일인 것처럼 말합니다. 하지만 그 모든 와중에 그가 미워하는 누군가가 있고, 그는 그 사람을 망가뜨리려고 결심했습니다. 그는 그 사람의 살덩이를 가져야 하고(셰익스피어의 베니스의 상인에서의 내용. 유대인 고리대금업자 샤일록이 증오하던 인물에게 돈을 빌려주면서 정해진 기간에 갚지 못하면 가슴살 1파운드를 베어가겠다고 제안했음-역주), 혹은 빌려준 돈을 마지막 한 푼까지 받아내야 했습니다. 그래서 그는 자신의 악의를 변명하려고 애쓰면서 말합니다. "당신이 알다시피, 우리는 범법자들을 본보기로 벌을 주어야 하지요." 예, 다른 사람들은 아주 어리석게도 너그러웠고, 그들에게 가해진 잘못을 간과해왔지만, 그는 모든 정의로운 것의 수호자가 되려 합니다. 하지만 실상 그는 단지 복수를 위한 자기 욕망을 만족시키기 위해 그렇게 할 뿐입니다. 그가 자기 손을 댐으로써 거룩한 것들과 선한 행실들을 더럽히고 있는 것이 아닙니까? 그들은 선하게 보이는 것조차 아주 심각하게 더럽힙니다.

또한 사랑하는 친구들이여, 본문은 희생제물조차도 부정한 사람들에 의해 바쳐질 때는 더러워진다고 덧붙입니다: "그들이 거기에서 드리는 것도 부정하니라"(14절). 그들의 양, 그들의 황소, 고운 밀가루, 그들이 하나님의 제단 밑에 붓는 기름—이 모든 것들이 더러워집니다. 하나님께 드리는 공적인 감사예물이라고 그들이 공언한 것이 있습니다. 그런데 그것이 사람들을 기쁘게 하기 위한 '보여주기'로 전락합니다. 갱생하지 않은 세상이 예물로 하나님께 무언가를 가져올 때마다, 그것이 얼마나 더러운 것이 되고 마는지요! 그것은 단지 지존자에게 죄를 짓는 또 하나의 사례일 뿐입니다. 한 이교도가, 신앙을 고백하는 기독교인들이 그리스도의 탄생을 축하하는 것으로 여겨지는 성탄절 밤의 모임에 들어온다고 상상해보십시오. 그들의 잔은 포도주로 가득하고, 그들은 비틀거리며 제대로 서 있지도 못할 정도입니다. 그 이교도는, 그들이 생일을 축하한다고 하는 그리스도를 어떻게 생각하겠습니까? 새로워지지 않은 사람은 어떤 것이든 손을 댈 때마다 그것을 더럽힙니다. 그가 어디를 가든, 그는 망치는 사람입니다. 바다에는 종종 상인들의 탐욕 때문에 난파된 배들의 잔해가 흩뿌려집니다. 그리고 세상에는 다른 사람들에 의해 무덤으로 급히 가게 된 사람들의 무덤들로 가득합니다. 어느 시인이 부른 노래는 진실입니다—

> "모든 전망이 즐겁지만
> 오직 인간만이 비열하구나."(19세기 영국 찬송가 작사가인
> 레지널드 히버(Reginald Heber) 시의 한 구절-역주)

거듭나지 않은 사람들이 천국에 들어갈 수 없다는 것은 자비입니다. 만약 그들이 천국에 들어갈 수 있다면, 천국은 5분 동안도 천국으로 지속하지 못할 것입니다. 만약 거듭나지 못한 사람들이 영화로운 세계의 종려나무와 수금 사이를 거닐 수 있다면, 또 다른 지옥이 창조되는 셈입니다. 그런 사람은 다른 사람에게 자기가 할 수 있는 일을 행할 수는 있겠지만, 그가 부정한 동안에는, 가는 곳마다 그의 부정을 퍼뜨릴 것입니다.

그것이 거듭나지 않은 모든 사람의 초상입니다. 그것은 아름다운 그림이 아닙니다. 그렇지 않습니까? 당신은 내가 당신에게 즐거운 일들을 말할 것을 기대하고 이곳에 왔습니까? 나는 그렇게 하는 기술을 배우지 못했습니다. 하지만 하

나님의 이름으로 나는 이 말이 진실이라고 당신에게 단언합니다. 그리고 모든 거듭나지 않은 사람이 그것이 진실임을 깨닫게 해 달라고 성령님께 기도합니다. 현재 상태로라면, 당신은 어떤 선행도 할 수 없고 하나님을 섬길 수도 없습니다. 하나님의 계명을 선포하기 위해 당신이 해야 할 일이 무엇입니까? 당신이 거듭나기까지는, 당신은 그분을 불쾌하시게 하는 일밖에 할 수 없습니다. "사람이 거듭나지 아니하면 하나님의 나라를 볼 수 없느니라"(요 3:3). 그는 그것을 볼 수도 없습니다. 더 나아가, "사람이 물과 성령으로 나지 아니하면 하나님의 나라에 들어갈 수 없느니라"(요 3:5). 그는 천국의 성벽 바깥에 떨며 서 있어야 합니다. 그가 사망에서 생명으로 옮겨지기 전에는, 그리스도 예수 안에서 새로운 피조물이 되기까지는, 그래서 죄의 더러움을 씻기까지 그는 그 나라의 백성이 될 수 없습니다.

2. 충분한 치유

여기까지 본문을 충실히 따라왔지만, 이제 나는 본문에서 벗어나 곁장 달리려고 합니다. 충분한 치유에 대해서 말할 것입니다.

지금 내가 여러분에게 읽어주는 민수기의 한 장에서보다 치유에 관한 더 나은 예표나 상징을 어디서 찾을 수 있을까요? 민수기 19장에서, 우리는 치유의 한 예표를 볼 수 있으며, 치유로써 부정이 제거되는 놀라운 한 사례를 발견합니다. 나는 부정한 사람을 정결하게 하려고 행해진 의식들을 자세히 설명하려고 시도하지 않겠습니다. 하지만 나는 여러분이, 부정함을 제거하기 위해 무엇보다 한 희생제물이 있었다는 것에 주목하기를 바랍니다. 흠이 없는, 죽임을 당해야 하는 붉은 암송아지가 있었습니다. 죽음으로 말미암지 않고서는 정결하게 하는 것이 있을 수가 없었습니다. 내 형제여, 그와 마찬가지로, 하나님의 아들의 희생으로 말미암지 않고는 당신의 더러움을 깨끗하게 하는 것은 있을 수가 없습니다. 옛 언약 아래에서 그 붉은 암송아지와 어린 양과 황소는 사람들에게 죄의 처벌에는 생명의 몰수가 있다는 것을 가르치기 위해 죽었습니다. 그리고 이 짐승들은 범법자를 대신해서 죽었고, 그래서 그가 살도록 하려고 죽었습니다. 그것들은 모두 주 예수 그리스도, 영원하신 하나님의 아들을 가리키는 예표들입니다. 그분은 때가 차매 세상에 오셨고, 자기 백성의 죄를 친히 짊어지셨으며, 자기 백성의 자리에 서셨으니, 이는 "의인으로서 불의한 자를 대신하여" 죽으시고 "우리를 하나님 앞으로 인도"하시기 위함이었습니다(벧전 3:18). 하나님께서 속죄를 위하여 보내신 그리스도의 피로 말미암지 않고는 당신이 깨끗하게 될 희망은 없습니다.

당신에게 호소하니, 이 교리에 반대하지 마십시오. 만약 당신이 예수님의 죽음 없이도 구원을 받을 수 있다면, 왜 예수님이 죽으셔야 했을까요? 그리고 그 죽음에 당신을 정결하게 하는데 필요한 모든 것이 있다면, 당신이 무엇을 거기에 더하려고 제안하겠습니까? 당신이 느끼거나, 행하거나, 주거나 하는 어떤 것이 그리스도의 위대한 희생제물에 추가로 더해질 수 있다고 생각하는 것은, 내가 보기엔 순전한 신성모독입니다. 나는 당신이 이렇게 말하기를 바랍니다. "만약 이것이 구원의 길이라면, 나를 대신하여 바쳐진 희생제물에 의해 내가 받아들여질 수 있다면, 나는 즐겁고도 기쁘게 그것을 받아들일 것이다." 이것이 큰 믿음입니다—"그 아들 예수의 피가 우리를 모든 죄에서 깨끗하게 하실 것이요"(요일 1:7). 다른 것으로는 깨끗해질 수가 없습니다. 그리고 깨끗해지기 위해 다른 것이 필요하지 않습니다. 그저 이 본문에 귀를 기울이고, 이 본문이 말하는 것을 믿으십시오—"그가 찔림은 우리의 허물 때문이요 그가 상함은 우리의 죄악 때문이라. 그가 징계를 받으므로 우리는 평화를 누리고 그가 채찍에 맞으므로 우리는 나음을 받았도다"(사 53:5). 그것이 당신에게 충분하지 않습니까?

다시 민수기로 되돌아가면, 당신은 거기에 불사름이 있었다는 것을 볼 것입니다. 이 암소는, 죽임을 당한 후에 진영 바깥에서 불태워졌습니다. 이 불사름은, 죄는 하나님께 매우 가증스러운 것이며, 그것을 자기 백성이 사는 곳에 두는 것을 그분이 참으실 수 없다는 것을 시사합니다. 죄는 진영 바깥으로 치워져야 합니다. 그리고 죽은 것으로서, 그것은 불살라져야 합니다. 죄를 짊어진 그 암송아지는 그 운명을 겪어야 했습니다. 사랑하는 친구들이여, 나는 여러분이 죄를 혐오스러운 것으로 느끼기를 바랍니다. 여러분은 그것을 사랑하는 동안에는 결코 그것으로부터 깨끗해질 수가 없습니다. 당신의 마음에서 그것을 몰아내십시오. 가능하다면, 당신의 생각에서도 그것을 몰아내십시오. 그것이 그리스도를 진영 밖으로 나가시게 했으니, 당신이 그것을 진영 밖으로 몰아내야 합니다. 사람이 죄 속에서 사는 동안에는 죄에서 깨끗해지기란 불가능합니다. 죄에 탐닉하고 죄 속에서 즐거워하는 동안에는 용서의 가능성은 없습니다. 당신은 그것을 추방해야 합니다. 그것은 짐승의 내장처럼 불살라져야 하며, 도시의 오물과 쓰레기들이 있는 곳으로 내던져져야 하고, 당신에게서 전적으로 치워져야 합니다. 이 예표에서, 당신은 당신의 주님이 이런 식으로 십자가에서 죽임을 당하신 것을 봅니다. 마치 중죄인처럼, 그분은 우리를 위해 저주를 받으셨습니다. "그리스도께서 우리를 위하여 저주를 받은 바 되사 율법의 저주에서 우리를 속량하셨으니, 기록된 바 나무에 달린 자마다 저주 아래에 있는 자라 하였음이라"(갈 3:13).

다시 민수기 19장의 예표를 살펴보면, 여러분은 부정을 씻는 물이 있었다는 것을 볼 것입니다. 암송아지의 재는 흐르는 물과 함께—정체된 물이 아니라 살아있는 물, 흐르는 물입니다—그릇에 담아졌고, 그것을 섞은 것이 부정을 씻는 물, 혹은 정결하게 하는 물로서 사람들에게 뿌려졌습니다. 사랑하는 친구들이여, 여러분과 내가 깨끗해지려면, 성령께서 주 예수 그리스도의 공로로 우리를 깨끗하게 하셔야만 합니다. 내 친구여, 성령에 의해서가 아니면 당신은 깨끗해질 수 없습니다. 피뿐 아니라 물도 있어야 합니다. 그 두 가지 모두가 있어야, 죽은 행실에서 양심을 정결하게 하여 우리가 깨끗해질 수 있으며, 구약의 제사장들이 성소에 들어갔던 것처럼, 우리 주 예수 그리스도로 말미암아 하나님이 받으실 제사를 드릴 수 있습니다. 당신의 죄책을 없애기 위해서는 피가 있어야 합니다. 당신이 죄의 오염에서 씻어지고, 살아계신 하나님께 성별되기 위해서는 물도 있어야 합니다.

여러분은 또한 이 모든 것을 우슬초로 적셔서 뿌렸다는 것을 볼 것입니다. 그래서 다윗도 "우슬초로 나를 정결하게 하소서. 내가 정하리이다"(시 51:7)라고 말합니다. 믿음은 사실상 한 다발의 우슬초입니다. 우슬초는 작은 식물이며, 내가 생각하기에, 그 자체로는 큰 중요성이 없으며, 뿌리는 용도가 아니고는 쓸모가 없습니다. 그것은 피에 담가졌고, 그다음에 죄 있는 자에게 뿌려졌습니다. 혹은 재를 섞은 물에 담근 후, 그것으로 부정한 자에게 뿌리면 그가 깨끗해졌습니다. 여러분이 구원을 받으려면 이 믿음이 있어야 합니다. 유월절 어린 양의 피는, 만약 그것이 인방과 양쪽 문설주에 뿌려지지 않았더라면, 애굽에서 이스라엘 백성을 구하지 못했을 것입니다. 붉은 줄은, 만약 라합이 그것을 창문에 매지 않았더라면, 그래서 그것이 그 집과 그 집의 거주자들을 살려두는 표시가 되지 않았더라면, 그 자체로는 라합을 구원하지 못했을 것입니다.

"주 예수를 믿으라 그리하면 네가 구원을 받으리라"(행 16:31). 당신이 해야 하는 것은 그것이 전부이며, 또한 주님은 그 일을 당신으로 행하게 하실 수 있습니다. 그리스도께서 당신을 구원하실 수 있다고 단순히 믿고, 당신을 위해 창에 찔리신 그분의 사랑의 품에 기대십시오. 십자가에 못 박히신 그분의 손에 당신을 맡기십시오, 그러면 당신은 구원을 받습니다. 당신이 예수를 믿는 순간, 당신의 죄는 제거됩니다. 당신의 모든 죄가 제거되는 것이며, 절반만 제거되는 것이 아닙니다. 죄에는 일종의 결속이 있으며, 그것은 하나의 큰 덩어리입니다. 그러므로, 한 죄인이 그리스도를 믿는 순간, 그의 모든 죄, 과거와 현재와 미래의 모든 죄가 제거되고, 영원히 제거됩니다. 당신이 묻습니다. "미래의 죄까지도요? 죄를 짓기도 전에 어떻게 그런 일이 가능한가요?" 그리스도께서 죽으신 것은, 우리가 어떤 죄를 범하기 전일 뿐 아니라 우리가 존재하기도 전인데, 바로 그때 그분은 자기의 죽음으로 자기 백성의 죄를 치우신 것이 아닙니까? 믿으면, 당신의 죄는 용서받고, 당신은 "사랑하시는 자 안에서 받아들여집니다"(엡 1:6). 그리고 당신이 언젠가 불의 보좌 앞에 서게 될 때 "티나 주름 잡힌 것이나 이런 것들이 없이"(엡 5:27), 두려움 없이 서게 될 것입니다.

"그 큰 날에 내가 담대히 서리니
누가 나를 고소하리오?
예수의 피로 나는 용서 받았으니
엄청난 죄의 저주와 수치에서 벗어났도다."

사랑하는 이여, 부정함에서 구원받는 것이 얼마나 단순한지를 보십시오. 당신의 부정이 끔찍하여도, 치유는 너무나 완벽하고, 완전하며, 유효하니, 당신에게 이 말을 하는 동안 내 마음은 춤을 춥니다.

마지막으로, 이 치유는 우리의 본성 전체에 적용되어야 합니다. 민수기 19장의 19절의 말씀을 기억하십시오. "그 정결한 자가 셋째 날과 일곱째 날에 그 부정한 자에게 뿌려서 일곱째 날에 그를 정결하게 할 것이며 그는 자기 옷을 빨고 물로 몸을 씻을 것이라 저녁이면 정결하리라." 사랑하는 친구여, 만약 당신이 하나님 보시기에 깨끗해지려면, 당신은 머리에서 발까지, 물로 씻을 뿐 아니라 성령으로 씻어져야 합니다.

"성결이란 무엇이지?"라고 어느 목회자가 한 불쌍한 아일랜드 소년에게 물었습니다. 그 소년이 답했습니다. "예 목사님, 그것은 안이 깨끗해지는 것입니다." 바로 그것입니다, 당신은 그런 식으로 씻어져야 합니다. 안이 씻어지는 것, 당신의 본성이 씻어지는 것입니다. 당신 존재의 샘이 깨끗해지고, 모든 오염의 원천이 깨끗해지는 것입니다. 이런 일이 어떻게 사람이 스스로 한다고 될 수 있겠습니까? 이 위대한 정결은 은혜의 놀라운 역사, 성령의 능력에 의해서만 이루어질 수 있습니다. 하지만 성령은 예수를 믿는 모든 자에게 이런 일을 행하신다고 성경에 약속되었습니다. 그것은 언약의 일부입니다: "맑은 물을 너희에게 뿌려서 너희로 정결하게 하되 곧 너희 모든 더러운 것에서와 모든 우상 숭배에서 너희를 정결하게 할 것이며, 또 새 영을 너희 속에 두고 새 마음을 너희에게 주리라"(겔 36:25-26).

"오!", 한 사람이 말합니다. "그것은 즐거운 일일 것입니다. 하지만 저는 결국에는 넘어질 것이 두렵습니다." 그렇게 되지 않을 것입니다. 여기에 또 하나의 언약의 약속이 있습니다. "내가 영원한 언약을 그들에게 세우고 나를 경외함을 그들의 마음에 두어 나를 떠나지 않게 하리라"(렘 32:40). 오 영광스러운 약속이여! 결국에 그렇게 될 것입니다. 사랑하는 친구들이여, 나는 여러분이 하나님을 믿는 믿음을 가지고 이렇게 말할 수 있게 되기를 바랍니다. "나는 그리스도께서 끝까지 나를 구원하시도록 나를 그리스도께 맡겼다. 그분이 그렇게 하실 것이다. 나는 내 영혼을 그분에게 맡기되, 다가오는 한 해에만 그런 것이 아니라, 다가오는 모든 세월 동안 그렇게 할 것이다. 나는 영원 무궁히 그분의 것이 되기 위해, 다시는 나 자신에게 권리를 주장하지 않을 것이다."

주님이 그에 대해 무어라고 하실까요? 그분이 대답하십니다. "내 양은 내 음성을 들으며 나는 그들을 알며 그들은 나를 따르느니라. 내가 그들에게 영생을 주노니 영원히 멸망하지 아니할 것이요 또 그들을 내 손에서 빼앗을 자가 없느니라. 그들을 주신 내 아버지는 만물보다 크시매 아무도 아버지 손에서 빼앗을 수 없느니라"(요 10:27-29).

여러분은 이중의 그림을 봅니다. 그리스도께서 자기 백성을 그분의 손에 두고 계시며, 또 아버지께서 오셔서 그리스도의 손 위에 그분의 손을 얹으십니다. 모든 신자는 그리스도 안에 있으며, 이중으로 아버지와 아들의 손 안에 있는 것이니, 누가 그 손에서 그들을 빼앗아갈까요? 일단 영혼이 주 예수 그리스도의 손에 쥐어졌다면, 우리는 땅이든 하늘이든 지옥이든 그 영혼을 탈취해가려는 자에게 맞설 수 있습니다. 누가 이처럼 영광스러운 구원을 얻을 수 있을까요?

오, 여러분 더럽혀진 이들이여, 여러분을 유일하게 깨끗하게 하실 수 있는 분에게로 오십시오! 그분이 일단 여러분을 깨끗하게 하시면, 여러분은 날마다 여러분의 발을 씻어야 하는 것을 기억하십시오. 그러면 여러분은 그분이 여러분의 발을 씻어주려고 기다리고 계시는 것을 발견할 것입니다. 하지만 여러분은 그분이 처음에 씻어주신 것과 같은 완벽한 씻음을 또 필요로 하지는 않을 것입니다. 그런 일에는 결코 반복이 없을 것입니다. 왜냐하면 "이미 목욕한 자는 발 밖에 씻을 필요가 없으며, 온 몸이 깨끗하기"(요 13:10) 때문입니다. 아직 여러분이 씻음을 받지 못했다면 주께서 그 은혜를 주시길 바라고, 만약 씻음을 받았다면, 온 마음으로 그것을 기뻐하시기 바랍니다. 아멘, 아멘.

스가랴

제
1
장

측량줄을 가진 사람

"내가 또 눈을 들어 본즉 한 사람이 측량줄을 그의 손에 잡았기로, '네가 어디로 가느냐?' 물은즉 그가 내게 대답하되 '예루살렘을 측량하여 그 너비와 길이를 보고자 하노라' 하고 말할 때에, 내게 말하는 천사가 나가고 다른 천사가 나와서 그를 맞으며 이르되 '너는 달려가서 그 소년에게 말하여 이르기를 예루살렘은 그 가운데 사람과 가축이 많으므로 성곽 없는 성읍이 될 것이라' 하라. 여호와의 말씀에 내가 불로 둘러싼 성곽이 되며 그 가운데에서 영광이 되리라" - 슥 2:1-5

이 환상과 예언이 은혜롭게도 예루살렘의 역사를 계시하는 것임은 분명합니다. 예루살렘은 교회를 상징한다고 영적으로 해석할 수 있습니다. 하지만 나는 여러분이 12절과 같은 말씀의 문자적인 의미를 잊지 않기를 바랍니다. "여호와께서 장차 유다를 거룩한 땅에서 자기 소유를 삼으시고 다시 예루살렘을 택하시리라." 예루살렘이 언급되었고, 그 의미는 예루살렘입니다. 측량줄을 가진 한 사람이 그 성읍의 길이와 너비를 측량하려 하고 있습니다. 그는 일에서 다른 한 천사에 의해 잠시 중단이 된 듯이 보입니다. 그 천사는 예루살렘이 아주 크게 확대될 것이며, 그 가운데 사람과 가축의 수가 많아져서, 그것이 성곽 없는 성읍이 될 것이라고 예고했습니다. 이 예언은 아직 성취되지 않았습니다. 그것은 구주께서 오시기에 앞서 평화의 때에 부분적으로는 성취되었을 것입니다. 하지만 그때도 예루살렘은 삼중의 성벽에 의해 둘러싸여 있었습니다. 비록 당시에 거주하는 인구가 많았던 것은 사실이지만, 그 성읍이 아직 그때까지는 "성곽 없는 성읍"은 아니었으며, 그 가운데에서 하나님의 영광이 분명하게 나타날 정도는 아니었습니다. 나는 이 구절이 다가오는 행복하고 영광스러운 미래를 언급한다고 믿습니다. 그때 예루살렘 성읍에는 주님이 보호를 제외하고는 성곽이 없을 것이며, 그 길이와 폭이 멀리까지 확대될 것입니다. 유대인들과 그들의 왕성(王城)은, 마치 런던이 거대 도시 권역의 중심으로 남아 있을 것과 마찬가지로, 하나님의 영광의 현현(顯現)의 중심으로 남아 있을 것입니다.

하지만 지상의 나라들이 여호와께 속하는 백성이 될 것입니다(11절). 그렇게 예루살렘이 위대한 왕의 성읍으로 남아 있는 동안, 모든 나라의 백성 가운데 신실한 자들이 그 선택된 도시 외곽에 거주하는 주민이 될 것이며, 메시야의 왕국은 멀리 또 널리 퍼져나갈 것입니다. 예루살렘은 예전의 영광을 능가하는 수준으로 재건될 것입니다. 유대인들은 회복되어 그들의 모국으로 돌아올 것이며, 메시야는 다윗의 집의 왕으로서 다스릴 것입니다. 이런 믿음이 없이는, 우리는 성경의 많은 부분을 이해할 수 없습니다. 만약 그렇다면, 이 예언에 따라, 하나님이 이 거대한 성읍의 보호자가 되실 것이며, 또한 그 가운데에 있는 영광이 되실 것입니다. 예루살렘의 모든 자녀는 멀리 방황하던 곳에서 모여들 것입니다. 먼 곳에서 그들은 적그리스도와 어울렸지만, "바벨론 성에 거주하는 시온아 이제 너는 피할지니라"(7절)는 음성을 들을 것입니다. 그리스도께서 친히 "보라, 내가 오리라"(계 22:12)는 약속을 이루실 것입니다. 나라들이 심판을 받을 것입니다. 하나님이 그 손을 모든 나라 위에 흔드실 것이며, 그들을 탈취물처럼 자기 백성에게 주실 것입니다. 시온은 노래하고 즐거워할 것입니다. 시온의 왕 여호와께서 그 가운데 거하실 것입니다. 많은 나라가 여호와께 속할 것이며, 그분이 땅끝에서 땅끝까지 다스리실 것입니다. 모든 육체가 그분 앞에서 잠잠할 터인데, 그분이 그의 거룩한 처소에서 일어나시기 때문입니다(13절).

나는 예언을 하는 것이 아닙니다. 날짜와 시기를 확정하는 것은 전천년설 가르침의 전체적인 체계에 매우 해로운 것입니다. 하지만 나는 주 예수 그리스도께서 친히 이 땅을 다스리시기 위해 오신다는 것을 성경에서 분명히 본다고 생각하며, 그것이 내가 취하는 입장입니다. 내가 보기에 분명한 것은, 그리스도께서 오실 때, 그분은 유대인들을 모으실 것이며, 예루살렘은 새로운 제국의 중심도시가 되어, 세계 도처로 곧 강들과 땅의 끝까지 뻗어나갈 것입니다. 만약 이것이 예언의 바른 해석이라면, 여러분은 이 장 전체를 그렇게 읽고 이해할 수 있습니다. 여러분은 모든 문장의 열쇠를 가졌습니다. 그런 믿음이 없다면, 나는 예언의 의미를 어떻게 해석할지를 모르겠습니다.

사랑하는 친구들이여, 곧 모든 땅을 덮고 그 탁월한 영광으로 해와 달까지도 부끄럽게 만드는 왕국에 대한 전망으로, 우리는 때때로 마음을 새롭게 할 수 있습니다. 우리는 어떤 이들처럼 예언에 몰입해서는 안 됩니다. 그런 일을 우리의 영적 음식으로 삼고, 그것을 우리의 고기와 음료로 삼아서는 안 됩니다. 하지만 우리는 그것을 고급 별식으로, 식탁 위에 올려진 특별한 진미(珍味)로서 섭취할 수는 있습니다. 그것은 종종 더 단맛을 내게 하거나, 혹은 여러분의 취향에 따라, 다른 교리들보다 더 톡 쏘는 맛이나 향을 가미하는 양념들이 될 수도 있습니다. 예언적인 관점은 탁월한 영광이 있는 예수님의 면류관에 빛을 비추어줍니다. 그런 관점들은, 우리가 예수님을 이 땅과 관련하여 볼 때 그분의 인성을 탁월하게 드러나도록 하며, 또 그분을 하늘에서만 아니라 '이곳'에서도 한 왕국을 가지신 분으로 드러나게 하는 것 같습니다. 이런 예언들은 예수님을 저 하늘에서뿐 아니라 이곳에서 보좌에 앉으신 분으로, 영들의 영역에서뿐 아니라 이 유혈의 땅에서도 대적들을 진압하시는 분으로, 저 뱀의 자취가 선명한 이 가련한 땅을 주의 영광이 나타나고 모든 육체가 그것을 볼 수 있는 곳으로 만드시는 분으로 조명해줍니다.

만약 예언에 대한 우리의 관점이 올바르다면, 그것은 복음의 모든 교리와 완벽하게 조화를 이루는 듯이 보입니다. 하나님은 분명 유대인들을 자기 백성으로 택하셨습니다. 그분은 그의 종 아브라함과 언약을 맺으셨습니다. 만약 당신이 그것은 단지 일시적인 언약이었다고 우리에게 상기시킨다면, 나는 당신에게 그것이 영적 언약의 모형(type)이었다는 것을 상기시키고 싶습니다. 만약 모형적인 언약이 일시적일 뿐 아니라 임시적인 것으로 판명된다면, 그것은 우리에게 불행한 그림자일 것입니다. 만약 그렇게 끝이 난다면, 어떤 의미에서건, 만약 하나님이 그가 미리 아신 백성을 버리신다면, 그것은 그의 영적인 후손 역시도 그분이 버리실 수도 있다는 것을, 그리고 아브라함의 영적 후손으로 선택된 자들도 접붙임을 받은 감람나무에서 끊어질 수 있다는 것을 불길하게 암시하는 전조가 될 수 있습니다. 만약 본래의 가지들이 영원히 버려진다면, 접붙임을 받은 가지들이 그렇지 되지 않을 이유가 무엇입니까? 하지만 우리가 기쁘게도, 자기 종 아브라함에게 그와 그의 후손에게 그 땅을 영원히 주겠다고 맹세하신 하나님은 그분의 말씀을 철회하신 적이 없습니다. 그들은 그 땅을 소유할 것입니다. 그들의 발은 열매로 풍성한 그 땅을 다시 즐겁게 밟을 것입니다. 그들은 모든 사람을 그들 소유의 포도나무와 무화과나무 아래에 앉게 할 것이며, 아무것도 그들을 두렵게 하지 않을 것입니다. 소금 언약에 의해 영적인 유산이 주어진 영적 후손들도 마찬가지입니다. 그들 역시 그들의 기업을 영원히 소유할 것이며, 그들이 정당하게 받은 분깃을 어떤 강도도 약탈하지 못할 것입니다.

내가 이 본문의 직접적인 의미를 피했다거나, 혹은 본문을 단지 내 의도대로 전하기 위해 이 환상에 관한 구절을 선택했다고 말할 수는 없을 것입니다. 나는 내가 이해하는 한, 하나님의 영의 의도와 생각을 여러분 앞에 제시하려 했고, 지금까지 그렇게 말해왔습니다. 이제 나는 이 환상을 소위 영적인 의미로 해석하는 자유를 느낍니다. 하지만 내가 영적인 의미를 전한다고 해서 이미 내가 말한 의미를 무시한다고 생각하지 마시기를 바랍니다. 이 구절에서 성령의 생각은 인간적인 적용보다 훨씬 더 영원히 존중받아야 하기 때문입니다. 비록 그 적용이 덜 역사적이고 또 하나님의 백성에게 안식일에 나누는 양식으로 더 적합하게 보인다 해도, 하나님이 뜻하신 의미가 가장 우선적이며, 우리가 받아들이는 의미는 성경의 다른 부분과 조화되는 정도로만 고려되고 존중되어야 함을 기억하십시오. 내 마음은 우리 교회와 회중의 현재 상태에 많은 관심이 가기 때문에, 나는 이 본문을 우리에게 적용되는 의미로 사용하고 싶다고 느낍니다. 또 나는 그렇게 적용하는 것이 무리가 아니라고 생각합니다.

첫째로, 사랑하는 친구들이여, 나는 여러분이 스가랴와 더불어 눈을 들어서 측량줄을 가진 사람을 보기 원합니다. 둘째로, 여러분이 스가랴와 더불어 눈을 뜨고 예언하는 천사의 음성을 듣기를 바랍니다. 그다음 셋째로, 나는 여러분이 돌아가는 길에 이 천사의 명령을 널리 전하기를 바랍니다.

1. 측량줄을 가진 사람

먼저, 측량줄을 손에 잡은 사람을 주목합시다. 스가랴의 모든 환상은 아주 단순합니다. 그의 환상은 이사야가 높은 보좌에 앉으신 주님을 보았을 때의 환상과 같지 않으며, 에스겔이 네 얼굴을 가진 생물들과 눈으로 가득한 바퀴들을 보았을 때의 환상과도 같지 않습니다. 스가랴는 아주 복잡하고 신비스러운 환상들을 적절히 감사하면서 바라볼 수 있을 정도로 충분한 상상력을 갖지 않았습니다. 그는 더 신비스러운 문제들을 계시하는 하나님의 도구로는 적절하지 않았습니다. 하지만 주님은 그를 위해 자리를 마련하셨고, 그를 위한 환상도 마련하셨습니다. 어떤 자리이건 하나님의 종이 된다는 것은 얼마나 즐거운 일인지요! 스가랴는 단지 한 사람을 보았습니다. 평범한 건축가가 예루살렘 성읍을 측량하려고 측량줄을 손에 들고 가고 있었습니다. 아주 단순한 광경입니다. 상상력을 발휘하지 않아도 여러분은 줄을 가진 그 사람의 전체적인 모습을 파악할 수 있습니다. 만약 본문의 이 사람이 그 성을 측량하도록 하나님의 명령을 받은 '한 천사'로 간주될 수 있다면, 그는 틀림없이 그 일을 정확하게 해낼 것이며, 그의 측량은 우리에게 계시될 때 교훈적일 것입니다. 그 치수들은 우리 눈에는 감추어졌기 때문에, 그 성읍이 어떤 치수 즉 어떤 고정된 길이나 넓이 같은 것을 가지고 있다고 우리가 인식하는 것으로도 교훈은 충분합니다. 치수를 재는 것이 가능하다면, 우리는 그것을 신적 권위를 가지고 단언할 수 있게 되는 것입니다.

이것은 우리로 예정하시는 사랑의 교리를 묵상하도록, 그것과 더불어 은혜의 설계와 지혜의 계획들을 묵상하도록 이끌어줍니다. 예루살렘이라는 하나님의 성은 되는대로 지어진 것이 아닙니다. 그 줄은 성곽의 길이가 얼마인지를, 또 모퉁이는 어디에 위치해야 하는지를 측정하고 표시합니다. 또 성곽이 얼마만큼 멀리 뻗어가야 하는지, 어디에서 끝나야 하는지를 측정하고 표시합니다. 망루들의 수가 세어지고, 방어벽들이 고려됩니다. 하나님의 교회라는 성스러운 건축의 모든 낱낱의 항목과 세부 사항이 지존자의 작정에 의해 기록됩니다. 모든 사람에게 자기의 계획이 있는데, 지존하신 하나님께 계획이 없겠습니까? 건물을 세우기 시작하면서 마지막에 어떤 모양으로 마쳐질지에 대해 아무 생각도 없는 사람, 건물의 외관이 어떨지에 대해 생각도 하기 전에 관석(冠石, top stone)이 설치되기를 기다리는 사람은 숙맥일 것입니다. 여러분은 전망이 없는 사람을 건축가로 고용하지 않을 것입니다. 만약 어떤 사람이 이런 식으로 자기 건물을 지을 정도로 어리석다면, 그 이야기를 듣는 사람은 모두 웃을 것입니다. 그러므로, 하나님께 그런 일이 있다는 것은 상상할 수 없습니다. 그분의 지혜에 대한 여러분의 믿음은 그분의 계획을 전제로 합니다. 아니, 그 이상으로, 하나님의 생각에는 계획이 있어야 함을 요구합니다. 게다가, 여러분은 하나님으로부터 전지하심을 분리할 수 없습니다. 하나님이 전지하시다면, 그분은 처음부터 끝까지 아십니다. 하나님은 정해진 위치를 보십니다. 단지 그분이 놓으셨고 또 그분의 귀한 아들의 피로 아름답게 채색하신 모퉁잇돌을 보실 뿐만 아니라, 선택된 돌들이 자연의 채석장에서 뜨이고 그분의 은혜에 의해 다듬어져서 각기 정해진 자리에 놓이는 것도 보십니다. 그분은 모퉁이에서 처마 장식까지, 지층에서 지붕까지, 기반에서 꼭대기까지 전체를 보십니다. 그분은 준비된 자리에 놓이게 될 모든 돌에 대한 정확한 지식을 가지고 계십니다. 그 건축물은 얼마나 웅장할 것이며, '은혜'를 외치는 함성과 함께 관석이 놓이게 될 때까지를 그분은 전부 아십니다.

선택의 작정을 부인한다면, 여러분이 보는 것이 무엇입니까? 여러분은 하나님의 감독이 없는 은혜의 일을 볼 것입니다. 만약 하나님이 절대적으로 임재하시지 않았다면 창조는 어떻게 되었을까요? 우리는 창조주 하나님의 목적 없이 형성된 단 하나의 피조물이라도 상상할 수 있을까요? 바다의 물고기 하나, 공중의 새 한 마리라도, 우연히 창조되도록 버려둔 것이 있을까요? 그렇지 않습니다. 모든 뼈, 관절과 근육, 힘줄, 분비선, 혈관에서, 여러분은 모든 것을 그분의 무한한 지혜에 따라 역사하시는 하나님의 임재의 흔적을 볼 수 있습니다. 하나님이 창조의 일에서와 만물을 통치하시는 일에서 임재하신다면, 은혜의 일에서는 그렇지 않으실까요? 창조세계는 지존자에 의해 질서가 부여되었는데, 은혜는 혼돈의 상태에 방치될까요? 여러분은 섭리를 보시기 바랍니다! 참새 한 마리도 하늘 아버지의 허락 없이는 땅에 떨어지지 않는다는 것을 아는 자가 누구입니까? 여러분의 머리털까지도 모두 세신 바 되었습니다. 모든 어둡고 굽은 선이 하나님 사랑의 중심에서 만납니다. 저 측량줄이 우리의 시련과 고난에서도 사용된다고 믿는 것이 우리의 기쁨입니다. 만약 그분이 숫자 열을 정해놓으셨다면, 누가 그것을 열하나로 바꾸겠습니까? 만약 그분이 잔에 절반만 차도록 정해놓으셨다면, 사탄의 대리인이라도 잔 끝까지 채우지 못합니다. 하나님은 우리 슬픔의 산의 무게를 저울로 재시며, 환난의 언덕들을 천칭 저울로 재십니다.

하나님이 섭리에서는 일하시면서 은혜에서는 일하시지 않겠습니까? 뭐라고요? 그분이 구름을 병거로 삼으시고, 폭풍의 입에 재갈을 물리시며 비바람의 야생마에 고삐를 채우시는데, 그보다 더 큰 일인 은혜의 일을, 그분에게 최상이면서 가장 장엄한 일인 은혜의 통치를, 인간의 의지에, 피조물의 변덕스러운 선택에 맡겨두신단 말입니까? 하나님께서 예수의 영광스러운 구원을 불안정한 일로 만들고, 마치 축구공처럼 인간의 자유 의지에 의해 차이도록 내버려두신다는 말입니까? 신이 피조물의 변하기 쉬운 선택에 마치 종복(從僕)처럼 시중을 들어야 한단 말입니까? 그럴 리가 없습니다! 그분은 긍휼히 여길 자를 긍휼히 여기고, 불쌍히 여길 자를 불쌍히 여기십니다(롬 9:15). 마지막에, 모든 선택된 은혜의 그릇 안에서, 여호와께서 자기 자신의 뜻대로 행하신 것이 드러날 것입니다. 그리고 모든 개별적인 구원의 사례에서와, 은혜의 일의 모든 부분에서, 주님은 영원히 왕으로 다스리셨고, 그분이 원하신 일을 행하셨고, 그분 자신의 이름을 영화롭게 하신 것이 나타날 것입니다. 나는 측량줄을 가진 사람을 보고, 그를 보며 즐거워하며, 그리고 성경에 기록된 말씀으로 인해 하나님께 감사합니다. "하나님의 견고한 터는 섰으니 인침이 있어 일렀으되 주께서 자기 백성을 아신다 하였느니라"(딤후 2:19).

본문에서 이 사람이 단지 인간이었을 가능성도 있습니다. 하여간, 우리는 종종 측량줄을 가진 사람들이 출현하는 것을 봅니다. 나는 측량줄을 가진 **그** 천사에게 큰 공경심을 가지지만, 측량줄을 가진 **그** 사람은 전적으로 싫어한다고 고백해야겠습니다. 형제들이여, 우리는 측량줄을 가지고 하나님의 참된 교회의 길이와 너비를 측정하겠다고 애쓰는 사람들을 아주 자주 보아왔습니다. 그들 중에서 어떤 이들은 아주 '긴 줄'을 가지고서, 전 세계에서 개신교인은 얼마나 되고, 로마 가톨릭은 얼마이며, 그리스 정교회의 수는 얼마나 되는지를 측정합니다. 그리고는 이 수백만의 사람들을 기독교인이라고 기록합니다. 이제 우리는 그 평가를 다르게 하라고 요청합니다. 우리가 그 평가에 동의할 수만 있다면 좋겠습니다. 이 사람들이 하나님의 교회의 참된 지체들이기를 바랄 수 있다면 우리는 너무 기쁠 것입니다. 하지만 오류들에 의해 교회의 어느 한 부분이 거의 희망을 가질 수 없을 정도로 오염된 것을 기억합니다. 다른 사람들에게서 영성의 부재를 목격할 때, 명목상의 기독교인들 대다수가 하나님도 없고 그리스도도 없이 살아가는 것을 볼 때, 위의 규칙에 따르면 기독교인이라고 불리는 많은 범죄자와 매춘부들과 공공연한 죄인들을 고려할 때, 우리는 그 측량줄을 가진 사람에게 "이스라엘에게서 난 그들이 다 이스라엘이 아니다"(롬 9:6)는 것을 상기하도록 요청합니다. 비록 그들 모두가 타작 마당에 누울 수는 있겠지만, "겨가 어찌 알곡과 같겠느냐?"(렘 23:28)라고 주님께서 말씀하십니다. 들판은 세상이며, 곡식 가운데는 많은 가라지가 자라고 있습니다. 많은 사람이 결심의 골짜기가 아니라, 외적인 신앙 고백의 평지로 모여듭니다. 하지만 구분하는 날이 반드시 옵니다. 만약 우리가 이런 식으로 측량한다면, 우리는 틀림없이 속는 것입니다. 우리는 우리가 신뢰할 수 없는 기독교인들을 보게 되고, 자기들의 신조조차 모르는 기독교인들, 그리스도의 이름을 기뻐하지 않은 기독교인들, 믿음도 없고 소망도 없고 이스라엘 나라 밖에 있는 기독교인들을 보게 될 것입니다. 기독교인의 이름만 가진 사람들이 그리스도인이 될 수는 없습니다. "사람이 거듭나지 아니하면 하나님의 나라를 볼 수 없기"(요 3:3) 때문입니다. "그를 믿는 자는 심판을 받지 아니하는 것이요 믿지 아니하는 자는 하나님의 독생자의 이름을 믿지 아니하므로 벌써 심판을 받은 것이니라"(요 3:18).

또한, 나는 측량줄을 가진 또 다른 사람을 아주 빈번하게 봅니다. 그는 매우 슬픈 얼굴을 한 사람이며, 푸른색 안경을 통해 우주를 보는 사람입니다. 그는 첫 번째 사람의 오류에는 절대 빠지지 않을 것이지만, 그와 정반대의 극단을 즐기는 사람입니다. 그는 일종의 미묘한 슬픔에 빠져 손을 쥐어짜면서 말합니다. "오, 하나님의 백성은 남은 한 줌에 불과하며, 어린아이라도 그들의 수를 쓸 수 있을 겁니다." 그는 이런 찬양을 아주 좋아합니다—

"귀하신 목자여, 당신이 선택하신 소수에게
전에 베푸신 은혜를 새롭게 하소서."

그는 자기 목회자가 "적은 무리여 무서워 말라"(눅 12:32)는 본문으로 설교하기를 원하며, 혹은 이런 본문을 좋아합니다—"생명으로 인도하는 문은 좁고 길이 협착하여 찾는 자가 적음이라"(마 7:14). 때때로 그의 낙심은 그 자신이 좁은 문으로 들어갈 수 없을 것 같다는 두려움으로 나타납니다. 그 모습에는 어느 정도의 겸손이 있으며, 그래서 참을 만합니다. 하지만 빈번한 경우에 낙심은 교만과 결혼하며, 그런 경우 낙심은 그들 자신에 대한 것이 아니라, 다른 모든 인간에 관한 것이 됩니다. 그들만이 진정으로 사람이며. "그들이 죽으면 지혜도 죽을 것입니다"(참조. 욥 12:2). 그들은 배교자들에 관한 이야기를 듣고는, 모든 신앙 고백자들이 변절할 것이라고 결론을 내립니다. 그들은 인격에 오점을 남긴 어느 유명한 목사의 이야기를 읽고서, 모든 목사가 순전히 위선자들이라고 믿습니다. 그들은 관대함과 그리스도를 위한 열정으로 유명했던 '진보' 씨가 실은 다른 사람의 돈으로 너그러웠던 것이 판명되고, 도둑과 다를 바가 없었다는 이야기를 듣고는, 자기 머리를 흔들면서 말합니다. "내가 전에 그렇다고 말했잖아요, 모든 사람은 거짓말쟁이라니까요." "주여! 구원받을 사람이 얼마나 되겠습니까?"가 '낙심 여사'의 끊임없는 질문입니다. 그 낙심 여사는 살아가면서 매일 자기의 측량줄을 조금씩 더 짧게 만듭니다. 급기야 그녀가 기독교 신앙의 파멸과, 교황주의의 복귀와, 진노의 유리병이 쏟아질 것을 예언하면서 이렇게 말할 날이 올 것입니다. "신실한 자들이 인생 중에서 없어지며, 시온이 구름 아래에 있다." "짙은 먹구름의 날"이 그녀가 옳다고 인정하는 현시대에 대한 유일한 묘사입니다. 아마도 낙심 여사는 자신이 은혜 언약의 줄 안에 포함되지 않았다고 믿으면서, 어둠 속에서 죽을 것입니다. 이제 나는 고백해야겠습니다. 나는 하나님께서 낙심하는 사람에게 그분의 시온을 측량하도록 맡기지 않으셨음에 감사합니다. 나는 하나님이 그분 자신의 손으로 시온을 지키시는 것에 감사합니다. 그렇지 않았다면 주님의 백성 중에서 가장 밝은 사람들에게도 시온은 슬픔의 대상이 되었을 것입니다.

이따금 내가 가는 길에서 마주치는 어떤 사람들은 원래 거짓 경험 씨(Mr. False Experience) 혹은 거만한 경험 씨(Mr. Proud Experience)라고 불리는 이에 의해 만들어진 측량줄을 들고 있습니다. 이 형제들은 그들 자신이 경험한 것과 정확하게 같은 감정, 의심, 두려움, 떨림, 공포, 전율, 황홀경, 기쁨이나 환희 등을 경험하지 않은 사람은 아무도 그리스도인이라고 믿지 않을 것입니다. 그들은 모든 기독교 신앙 고백자들을 붙잡아, 그들에게 프로크루스테스(Procrustes, 그리스 신화의 강도. 사람을 잡아서 자기 침대에 눕히고는 침대 길이보다 큰 사람은 다리를 자르고, 그보다 작은 사람은 잡아 늘였다고 함-역주)가 행한 것과 같은 일을 행합니다. 그들은 잡은 사람은 침실로 데려갑니다. 거기에는 그들의 경험의 침대가 있습니다. 그들이 잡은 사람은 그들이 정한 길이와 정확히 같아야 합니다. 만약 한 형제가 머리에서 발까지 충분히 길지 않다고 판단되면, 그들은 그에게 사용할 고문대를 준비하고는, 그의 다리를 잡아당깁니다. 만약 잡힌 사람이 그들 자신의 경험보다 다소 길다고 여겨지면, 그들의 교만은 한층 더 가중될 것이고, 그를 침상 길이에 맞추기 위해, 날카로운 비난이라는 양날 검이 사용될 것입니다.

아마도 여러분은 이런 부류에 속하는 몇몇 신앙 고백자들을 알 것입니다. 만약 여러분이 그들 가운데 살고 있다면, 유일한 지혜의 길은 침묵을 지키는 것입니다. 그들은 그들의 특이한 틀, 오직 그 틀이, 슬픔이 없는 나라로 이끌어준다는 정보를 위로부터의 특별 계시에서 얻은 것 같습니다. 그들만의 안경을 쓰고, 교회 회원 후보자를 심사하기 위해 일종의 배심원처럼 앉아 있는 그들을 보십시오. 이 불쌍한 젊은이는 단지 약 석 달 전에 회심했다고 고백했을 뿐입니다. 비록 그들이 그의 신청에 응한다 해도, 그것은 결국은 그를 거부하기로 정해진 결정에 따른 것입니다. 그들은 이런 식으로 시작합니다. "당신은 당신의 영혼 속에서 이러저러한 '율법의 작용'(law-work)을 경험했습니까? 당신은 하나님을 저주하도록 끌린 적이 있습니까? 그리고 당신 본성의 끔찍한 부패가 성령을 모독하도록 유혹하는 것을 느낀 적이 있습니까?" 그 불쌍한 젊은이는 단지 자신이 죄인임을 알며, 본성에 의해서는 잃은 자이지만 그리스도를 믿는 믿음을 통해 은혜로 구원받았음을 안다고 말할 수 있을 뿐입니다. 그들은 머리를 흔들면서, 그것은 순전히 자연적이며 개념적인 믿음일 뿐이라고 그에게 말합니다. 만약 그가 그들이 아는 율법의 작용을 알지 못했다면, 그는 어쨌거나 자격이 없는 셈입니다. 그들은 그에게 희망을 두는 것처럼 가장하지만, 실제로 그들은 줄곧 그를 조금도 믿지 않습니다.

또 다른 부류의 감정적 광신자들은 또 다른 별에 의해 조종을 받으며 움직입니다. 그들은 교리문답에서 이런 식의 질문을 합니다. "당신은 바울처럼 셋째 하늘에 이끌려 간 적이 있습니까? 당신은 '몸 안에 있었는지 몸 밖에 있었는지 나는 모르거니와 하나님은 아시느니라'고 말할 수 있습니까?" 그런 사람들이 때로는 이런 질문을 제기합니다. "당신은 친구들과 함께 있을 때 즐거움을 느낍니까? 당신은 들판을 산책하면서, 새들이 노래하는 것과 나뭇잎들이 무성한 것을 보고 즐거움을 찾습니까?" 만약 당신의 대답이 "예, 하나님께 감사하게도 저는 그럴 수 있습니다"라면, 아아, 그들은 당신을 역겨워할 것입니다! 그들이 보기에 당신은 영적인 사고방식을 가진 사람이 아닌 것입니다! 만약 당신이 예술 작품을 감상하고 감탄할 수 있다면, 또 창조세계에서 하나님의 작품을 보고 기쁨을 느낄 수 있다면, 그들은 당신을 보고 놀라며, 당신을 육신적이라고 생각합니다. 그들에 대해 말하자면, 그들은 최고 수준의 영성에 도달했으며. '감각'(sense)에서만 아니라 '상식'(common sense)에서도 완전히 벗어난 것입니다.

와츠(Watts) 박사는 말합니다—

"그리스도께서 깨끗하신 것처럼
감각과 죄에서 우리를 깨끗하게 하소서."

그는 '감각'이라는 말로 느낌, 단순히 육적인 느낌을 의미했습니다. 하지만 내가 염려스러운 것은, 어떤 이들이 그 용어를 일반적으로 받아들여서, 실제로 감각으로부터 그들 자신을 깨끗하게 하려 했으며, 그들의 영성은 세속 지혜와는 전혀 닮지 않았다고 주장해왔다는 것입니다. 내가 보기에 그런 말은 부당하고 위선적인 말에 매우 가깝습니다. 하나님께 감사하게도, 그 측량줄은 경험주의자들의 손에 있지 않습니다. 성경에 이런 구절이 기록된 것에 대해 나의 주님을 찬양합니다. "우리는 형제를 사랑함으로 사망에서 옮겨 생명으로 들어간 줄을 알거니와"(요일 3:14).

나는 측량줄을 손에 쥔 다른 사람들을 봅니다. 교조주의자들입니다. 그들의 측량줄에는 본래 칼빈에 의해 만들어진 다섯 가지의 표지가 있습니다. 만약 여러분의 의견이 정확하게 그 기준에 맞지 않으면, 여러분은 중요한 경건의 복에 참여하는 것에서 배제당합니다. 시온은 틀림없이 그 다섯 가지 요점의 배치에 따라 세워졌고, 따라서 만약 어느 형제가 그 모든 것을 이해하고 받아들이지 않으면, 우리의 엄격한 친구들의 측량줄에 의하면, 그는 연약한 신자 정도가 아니라 아예 신자가 아닙니다. 형제들이여, 여러분은 내가 살아있는 사람들 가운데서 누구보다도 은혜의 교리들을 굳게 붙들고 있다는 것을 알 것입니다. 만약 어떤 사람이 내게 내가 칼빈주의자로 불리는 것을 부끄러워하는지 묻는다면, 나는 단지 그리스도인으로 불리길 원한다고 대답합니다. 하지만 만약 여러분이 내게 칼빈이 지지한 교리적 관점들을 내가 붙드는지를 묻는다면, 나는 대체로 그렇다고 대답하며, 또 그렇게 공언하는 것을 기뻐합니다. 하지만, 내 사랑하는 친구들이여, 나는 시온의 성곽 안에는 오직 칼빈주의 그리스도인들만 있다거나, 우리의 관점을 지지하지 않는 자는 아무도 구원받지 못한다는 식으로는 절대로 상상하지 않습니다. 현대의 아르미니우스주의자인 존 웨슬리의 성품이나 영적 상태에 관하여 아주 형편없이 폄훼하는 말들이 있었습니다. 내가 그에 관하여 말할 수 있는 것은, 그가 전했던 많은 교리를 내가 싫어하지만, 그 사람 자체를 존경하는 면에서는 어떤 웨슬리주의자에게도 뒤지지 않을 것입니다. 만약 열두 사도의 수에 두 사람이 더해져야 한다면, 나는 그 수에 더해질 만한 인물로서 조지 휫필드와 존 웨슬리만큼 적합한 사람을 찾을 수 없을 것이라고 믿습니다. 존 웨슬리의 성품은 자기희생, 열정, 성결, 하나님과의 교제 면에서 모든 비난을 뛰어넘는 수준입니다. 그는 평범한 그리스도인들의 보통 수준을 훨씬 뛰어넘는 수준에서 살았으며, 세상이 감당할 수 없는 사람들 가운데 한 사람이었습니다. 나는 이 사실들을 보지 못하거나, 적어도 우리가 제시하는 방식으로 그들을 보지 못하는 사람들이 다수 있다고 믿습니다. 그렇지만 그들 역시 그리스도를 마음에 영접한 사람들이고, 은혜의 하나님께는 지상에서 가장 건전한 칼빈주의자와 마찬가지로 귀한 성도입니다. 나는 우리가 편협한 형태의 측량줄을 믿지 않는 것을 하나님께 감사드립니다.

한 사람과 만났던 일을 기억합니다. 그는 그가 살았던 교구에 하나님의 자녀들이 얼마나 많은지를 알고 있었는데, 거기에는 정확히 다섯이 있었습니다. 나는 그들의 이름을 알고 싶다는 호기심이 생겼습니다. 그리고 내가 재미있게 여기는 가운데 그가 말하기 시작했습니다. "우선 나 자신이 있습니다." 나는 이 지점에서 그를 멈추었고, 첫 번째 사람에 대해 그가 확신하는지를 물었습니다. 그때부터 그의 성품은 내가 알던 성품이 아니었습니다. 확실한 것은, 그가 그런 확신을 가지기보다는 차라리 갖지 못했더라면 그와 더 잘 지냈을 것이라는 점입니다. 하여간 그는 자기 자신의 목록에서 1순위였고, 몇몇 다른 사람들로 그 다섯 목록을 채웠습니다. 그가 가지 않는 예배당에 소속된 사람들이 몇 있었는데, 그들의 성품은 고결성이나 정직에서, 또 영성과 기도에서 그와 비교하면 떨어지는 편이었을 것입니다. 하지만 그는, 이스라엘의 재판장으로 세움을 받아서 그런지, 그 마을에 하나님의 백성이 얼마나 되는지를 정확하게 알았던 것입니다. 오! 우리가 측량줄을 가진 '그 사람'의 관점을 거의 존중하지 않는 법을 배운 것에 대해 하나님께 감사합니다. 우리가 측량줄을 가진 천사를 볼 때, 만약 그것이 환상의 의도라면, 우리는 충분히 기쁠 것입니다. "주께서 자기 백성을 아십니다"(딤후 2:19). 하지만 '사람이' 측량줄을 가진 것을 볼 때, 우리는 그에게 하나님으로부터의 보증서를 제시하라고 하고, 또 그가 어떻게 성경에 기록된 것과 다른 방식으로 선택된 자를 아는지를 설명하라고 말합니다. 성경에 기록된 방식은 이것입니다. "그들의 열매로 그들을 알리라!"(마 7:20).

이 환상이 곧 떠났다는 점에 주목하십시오. 선지자는 그 환상에 오래 머물지 않았던 것으로 보입니다. 그것은 나타나자마자 곧 사라졌습니다. 아마도 하나님의 백성이 어느 때고 사람들의 수를 세는 것에 열중하는 것은 좋지 않은 일일 것입니다. 백성의 수를 셀 때 다윗의 특정한 죄가 무엇이었느냐 하는 것은 의문입니다. 나는 지금 그 문제를 다루지 않을 것입니다. 하지만 어느 때고 우리가 백성의 수를 셀 때마다 죄를 짓지 않기란 어렵다고 나는 우려합니다. 수가 많은 것은 우리를 교만으로 부풀게 할 수 있고, 수가 적은 것은 우리로 낙심하게 하거나 하나님의 능력을 의심하게 할 수 있습니다. 측량줄을 가진 사람에 대한 환상은 잠시만 나타났으며, 곧 떠났습니다. 그러므로 우리는 여러분에게 환상에 대해 눈을 감고, 언약의 천사의 음성에 귀를 열라고 요청합니다. 언약의 천사는 다림줄을 가진 사람을 가로막고서, 스가랴에게 다가올 때와 관련하여 좋은 것들을 말하기 시작했습니다.

2. 예언하는 천사의 음성

사랑하는 친구들이여, 이 본문은 우리에게 우리가 그리스도의 왕국의 거대한 확장을 바라보아야 한다는 것을 말하는 것 같습니다.

나는 우리가 지금 그것을 바라보기를 소망합니다. 예루살렘은 거주민이 많아서 "성곽 없는 성읍"이 될 것입니다. 이 자리에 있는 분들 가운데, 블랙프라이어스 다리(Blackfriars Bridge)를 건널 때, 집을 거의 찾아볼 수 없었던 때를 기억하는 분이 있을 것입니다. 예전에, 런던에서 이 다리를 건너오자마자, 여러분은 즉시 시골에 들어선 것 같았습니다. 우리 가운데는, 어떻게 이 큰 도시가 이 구역까지 확장되었을 뿐 아니라 수 마일을 뻗어나갔으며, 시골 지역까지 흡수해버릴 정도가 되었는지를 목격한 분들이 있습니다. 우리는 그리스도의 교회에서 그런 확장을 기대합니다. 그리스도의 교회는 열두 사도로 시작했습니다. 그것은 오순절 날 삼천 명 이상으로 확대되었습니다. 그 후에도 날마다 구원받는 사람들의 수가 더해졌습니다. 복음이 모든 지역에 전파되었습니다. 하나님의 자녀들이 아테네와 고린도에서 발견되었고, 더베와 루스드라에서도 발견되었습니다. 지상의 모든 지역에서 선택된 자들이 모여들었습니다. 그 나라는 확장되었고, 복음은 이탈리아뿐 아니라 스페인에도 전해졌습니다. 그것은 갈리아를 지나, 영국에도 왔습니다. 이후 시대에도 그것은 계속해서 뻗어나갑니다. 신세계가 발견되었고, 예수를 믿는 신앙이 그곳에도 전해졌습니다. 남쪽 바다의 거대한 섬들에 모여드는 이주자들은 예수 그리스도의 신앙을 가지고 갔습니다. 어디에서나 그 나라는 자라고 있습니다. 유대인들 가운데는 아직 적은 무리의 신자들이 있을 뿐이지만, 사방에서 믿는 자들이 퍼져나가기 때문에, 누구도 그들의 수를 셀 수 없을 정도라고 말할 수 있습니다.

그리스도의 교회에서 우리의 몫은 여전히 작은 분량입니다. 한 줌밖에 안 되는 사람들로 시작해서, 하나님은 수백 명씩 계속해서 그 수를 더하셨고, 마침내 우리의 수는 큰 무리를 이루었습니다. 하지만 나는 지금의 우리는 핵심 부분에 불과하며, 이 핵을 중심으로 더 강력한 교회가 세워질 수 있다고 믿습니다. 나는 하나님께서 지금 하늘의 창을 여시고 복을 부어주셔서, 현재 수천 명이 되는 이 교회의 수가 셀 수 없을 정도로 늘어나기를 바랍니다. 진실로, 나는 오직 이 교회만을 위해서 그것을 요청하는 것이 아니라, 사방의 모든 교회가 우리의 번성에서 활력을 얻게 되기를 바랍니다. 하나님이 이 나라 교회들의 허리에서 아들과 딸들을 일으키시고, 영적인 자녀들이 계속해서 태어나고, 그리스도의 나라가 임하고, 그분의 이름이 이 땅에서 높여지기를 바랍니다. 우리는 확장을 바라보아야 합니다. 나는 우리 교회의 장로들과 집사들, 그리고 모든 형제와 자매들이 그것을 고대하도록 격려하고 싶습니다. 우리는 하나님의 복을 구하며 기도해왔습니다. 만약 한 백성이 기도했다면, 우리가 바로 그 백성입니다. 여기 있는 다수 형제들에게 진지함이 있었기에, 그에 대한 상이 없을 수 없다고 나는 확신합니다. 우리는 예수님의 이름으로 눈물로 간구하였습니다. 만약 하나님이 우리에게 복을 내리시지 않으면, 그분은 기도에 응답하시지 않는 것입니다. 우리는 그분의 아들의 이름으로 구했고, 그분 자신의 약속에 호소했으며, 믿음으로 구했고, 의심 없이 구했으니, 반드시 복이 올 것입니다. 그것을 바라봅시다. 원인에는 결과가 따르는 것처럼, 우리는 틀림없이 이 교회의 확장을 응답으로 얻을 것입니다.

이 환상에서, 모든 거민을 위한 공급은 필요한 만큼 충분할 것이라고 보입니다. "예루살렘은 그 가운데 사람과 가축이 많으므로 성곽 없는 성읍이 될 것이라." 가축은 성읍 인구를 위한 양식입니다. 이처럼 거대한 교회에서 무엇을 해야 할까요? 회심자들을 어떻게 찾을 수 있을까요? 지체들이 어떻게 영적인 양식을 얻을 수 있을까요? "네가 사는 날을 따라서 능력이 있으리로다"(신 33:25). 교회에 어떤 양식이 필요하건, 하나님이 그것을 주실 것입니다. 여호와 이레가 그분의 이름입니다. 이 도시 런던은 공급이 불가할 정도로 확대되진 않았습니다. 우리는 이 인구를 보고 놀랄지 모르나, 또한 공급을 보고 똑같이 놀랄 수 있습니다. 은혜의 나라에서도 그럴 것입니다. 성장하는 어떤 교회에서든지, 하나님은 그 가운데서 회심자들을 돌보고 그들의 영적 건강을 살펴보는 적당한 사람들을 일으키실 것입니다. 우리는 이런 면에서 조금도 놀랄 필요가 없습니다. 모든 필요한 은혜를 하나님이 공급하실 것입니다!

다른 친구들은 교회가 너무 크게 확장되면 믿지 않는 사람들의 수가 많이 더해질 것이며, 결과적으로 교회의 수는 늘어나지만 실제로는 강해지는 것이 아닐 것이라고 두려워합니다. 그것 역시도 본문에서 대답하고 있습니다. "여호와의 말씀에 내가 불로 둘러싼 성곽이 되리라"(5절). 이는 적들이 성읍에 들어오지 못하게 하는 것과 거짓된 친구들이 오는 것에서 성읍을 보호하는 것 둘 다를 위한 것입니다. 다 알고서도 합당치 않은 사람을 받아들이지 않도록 살피는 것은 교회의 의무입니다. "그 나머지는 감히 그들과 상종하는 사람이 없었다"(행 5:12)고 기록되었습니다. 여러분은 아나니아와 삽비라의 죽음을 기억합니다. 그런 일은 마침 교회가 급격하게 증대되고 있을 때 일어났습니다. 그 엄숙한 심판이 교회 주변에 불의 성곽을 세웠고, 그래서 불경한 자들이 감히 위선적으로 그들과 연합하려고 들어오지 못했습니다. 하나님은 지금도 교회에 그런 일을 행하십니다. 여행자가 들짐승들이 접근하지 못하도록 할 때 불의 고리를 만듭니다. 그러면 사자가 접근하지 못합니다. 하나님은 그분의 교회 주위에 불의 고리를 만드십니다. 그래서 원수가 멀찌감치 떨어지도록 만드십니다. 중국은 돌로 된 벽으로 보호를 받았다고 합니다. 옛 영국은 나무 벽으로 울타리를 쳤습니다. 하지만 하나님의 교회에는 더 나은 벽이 있으니, 곧 불의 성벽을 가진 것입니다. 교회의 원수들이 이것을 깨고 들어와 그 시민 중의 가장 천한 자도 해하지 못합니다. 그리고 교회의 거짓 친구들은 스스로 말하게 될 것입니다. "우리 중에 누가 저 영원히 타는 불과 더불어 살 수 있을까?" 그렇게 그들은 지존자의 임재에 의해 분명하게 울타리로 둘러싸여 보호를 받는 교회에서 놀라 물러설 것입니다.

사랑하는 친구들이여, 교회가 이렇게 공급과 보호를 받는다면, 교회의 영광은 부족하지 않을 것입니다. 하지만 교회의 영광은 그 수에 있지 않고, 제공되는 공급에 있지도 않으며, 다름아닌 하나님의 임재에 있습니다. "내가 그 가운데에서 영광이 되리라." 이를 위해 기도하기를 멈추지 맙시다. 성령께서 지금 교회 가운데에 계시는 것을 교회가 분명히 인식하도록 합시다. 우리가—

"오소서, 성령이여, 하늘의 비둘기여,"

라고 노래할 때, 우리는 충분히 가사 그대로의 의미로 노래합니다. 하지만 그 가사가 단지 하나님의 영이 이곳에 계시지 않는 것으로 이해되어서는 안 됩니다. 성령님은 그분의 교회에 계속해서 거하시며, 성전에서의 셰키나(Shekinah, 하나님의 임재와 함께 거하심을 영어식으로 표기한 것. 이 용어는 성경에는 없고 랍비문학에서 비롯된 것임 – 역주)로서 그분의 백성 가운데 거하시기 때문입니다. 또 여러분의 몸이 곧 성령의 전입니다. 하나님이 여러분 가운데 거하십니다. 우리의 기도는 "그룹 사이에 좌정하신 이여 빛을 비추소서! 주의 능력을 나타내사 우리를 구원하러 오소서!"(시 80:1,2)여야 합니다. 교회의 영광은 사람들이 모이는 장소의 건축물에 있지 않으며, 목사의 웅변술에 있지도 않고, 모이는 수의 크기에 있지도 않으며, 재물의 풍요에도, 학식의 심오함에도 있지 않습니다. 교회의 영광은 하나님에게 있습니다. "하나님이 일어나시니 원수들은 흩어지리이다"(시 68:1). "하나님이여 주의 백성 앞에서 나가사 광야에서 행진하셨을 때에, 땅이 진동하며 하늘이 하나님 앞에서 떨어지며 저 시내 산도 하나님 곧 이스라엘의 하나님 앞에서 진동하였나이다"(시 68:7,8). 여기에 교회의 최상의 희망이 있습니다. 주께서 교회 가운데서 영광이 되시는 것, 교회는 이것을 기도의 큰 목표로 삼아야 합니다.

이 요점을 마치면서, 하나님의 사랑이 모든 지체 가운데서 아주 달콤하게 누려질 때가 있을 것을 의심 없이 바라보기 바랍니다. 우리의 관찰이 본문을 넘어 더 확대되는 것을 바라지는 않지만, 8절에서 이렇게 말하고 있기 때문입니다. "너희를 범하는 자는 그의[여호와의] 눈동자를 범하는 것이라." 하나님의 백성들로서, 우리가 하나님께 얼마나 가깝고 귀한 존재인지를 아는 것은 곧 그분의 임재의 즐거움으로 초대될 때입니다. 햇빛이 비칠 때 사물은 빛이 없을 때와는 얼마나 다르게 보이는지요? 비가 쏟아져 내릴 때, 혹은 안개가 자욱할 때, 우리가 지나다니는 이 도로는 얼마나 황량하고 음산한 광야처럼 보이는지요? 그리고 이 런던의 거리들이 짙은 안개가 낄 때는 얼마나 범죄자들의 주거지처럼 보이는지요! 하지만 오늘 아침처럼 해가 비치고 안개가 흩어지면, 잎사귀 없는 나무들까지도 황금색으로 비치는 빛을 받고, 모든 자연이 즐거워하며, 가장 천하고 처량하게 보이던 풍경이 아주 숭고하게 보입니다. 그처럼 우리의 마음이 둔하고 무거울 때, 또 하나님의 교회가 그와 같은 상태에 있을 때, 모든 것이 얼마나 처량하게 보이는지요! 하지만 주께서 빛을 비추실 때, 의의 태양이 그 날개를 펴서 솟아오를 때, 그때 은혜의 교리들은 얼마나 고귀한지요! 그때 복음 사역자들은 얼마나 유능하게 되는지요! 그때 은혜의 수단들은 또 얼마나 귀한지요! 하나님의 백성은 얼마나 찬탄할 만한지요! 하나님의 일들은 또 얼마나 즐거운지요! 오, 우리에게 이런 일이 있기를 바랍니다! 우리에게는 그런 것을 기대할 권리가 있습니다! 우리에게 그럴 만한 자격은 없지만, 하나님이 그것을 약속하셨습니다. 우리가 그것을 얻을 때까지 하나님으로 쉬시지 못하도록 합시다! 오 낙심이여, 너의 측량을 멈추라! 오 편협함이여, 너의 측량을 중단하라! 너 하나님의 백성을 끊어내는 자여, 너희 비난을 멈추라! 천사가 예언할 때, 곧 그리스도의 왕국이 자라고 증대하여, 마침내 성곽이 없는 성읍처럼, 예루살렘이 주님의 임재의 영광을 누리게 되는 것을 예언할 때, 그 소리에 귀를 기울이시기 바랍니다. 예루살렘의 경계는 다름아닌 지존하신 분의 뜻입니다.

3. 천사의 명령

세 번째 요점을 짧게 전하고 마치겠습니다. 이 증대, 이 엄청난 증대가 어디에서 오는 것입니까? 두 가지 원천에서 온다는 것을 6절과 7절에서 밝히고 있습니다. 무수한 사람들이 세상에서 올 것입니다. "오호라 너희는 북방 땅에서 도피할지어다 여호와의 말씀이니라 이는 내가 너희를 하늘 사방에 바람 같이 흩어지게 하였음이니라 여호와의 말씀이니라"(6절). 하나님의 선택된 백성이 사방에 흩어져 있습니다. 이 총회에 모이는 사람 중에 우리가 알지 못하는 사람이 많습니다. 하지만 하나님은 그들을 아십니다. 복음의 전파는 여러분이 앞으로 나오라는 메시지입니다. 그 메시지는 이것입니다—"주 예수를 믿으라 그리하면 네가 구원을 받으리라"(행 16:31).

나의 청중이여, 여러분은 믿는 것이 무엇을 의미하는지를 압니다. 그것은 단순히 그리스도께서 죄인들을 위하여 행하신 일을 의지하는 것입니다. "보라 지금은 은혜받을 만한 때요, 보라 지금은 구원의 날이로다"(고후 6:2). 지금 당신이 그분을 의지한다면, 당신의 많은 죄는 용서받을 것입니다. 당신은 하나님의 자녀이며, 하늘의 상속자입니다. 아마도 당신은 탕자처럼 가진 자산을 모두 탕진하였고, 당신에게 영적인 굶주림이 닥쳤습니다. 당신은 이 세상의 헛된 쾌락으로 배를 채우려 했습니다. 하지만 그럴 수 없었지요. 성령께서 당신의 마음에서 속삭이십니다. "일어나라, 네 아버지에게로 가라." 그 하늘의 속삭임에 순종하십시오. 비록 당신이 멀리 떨어져 있어도, 당신의 아버지는 당신을 보고 계십니다. 그분은 달려 나와 당신을 있는 모습 그대로 맞이하실 것입니다. 당신의 모습 그대로, 자격 없고 죄 많은 모습 그대로, 그분은 당신의 목을 안고 당신에게 입 맞추실 것입니다. 그분은 그분의 종들에게 외치십니다. "제일 좋은 옷을 내어다가 입히라"(눅 15:22). 그 아버지의 사랑을 신뢰하지 않으렵니까? 주 예수의 피 흘리신 희생을 생각하며 당신의 속마음을 털어놓지 않으렵니까?

오, 회심하지 않은 남성과 여성들이여, 성령의 능력으로 말미암아 우리가 큰 증대를 기대하는 것은 여러분 때문입니다. 우리는 그것을 기대하고, 그것을 위해 기도하고 있습니다. 나는 이 아침에 하나님의 백성이 여러분을 찾기를 바랍니다. 이 설교가 끝났을 때, 나는 그들이 여러분과 대화하기를 바라고, 혹은 그들이 그렇게 하지 못한다면, 최소한 여러분을 위해 기도하기를 바랍니다. "오호라 너희는 도피할지어다"(6절. KJV에는 감탄사가 '호'가 두 번 나옴 - 역주). 두 번의 외침이 있습니다. 마치 여러분이 졸고 있어서 깨어나야 할 것처럼 말입니다. "오호라 너희 목마른 자들아 물로 나아오라"(사 55:1). 여기에 두 번의 '호'(Ho)가 있는 것은 마치 여러분을 격렬히 불러야 할 것 같고, 진지하게 호소해야 할 것 같기 때문입니다. "너희는 나아올지어다." 올해가 거의 끝나고 있습니다. 내가 하나님께 구하는 것은, 여러분이 새해를 죄 속에서 시작하지 않는 것입니다. 올해가 질 무렵에, 하나님께서 여러분에게 그의 구원의 능력을 알게 해 주시길 바랍니다.

교회가 이처럼 증대될 수 있는 출처로 또 다른 부류가 있으며, 그것은 다음 구절에 제시되어 있습니다. "바벨론 성에 거주하는 시온아 이제 너는 피할지니라"(7절, "바벨론의 딸과 함께 거하는 시온아, 네 자신을 건질지어다" - KJV). 이 회중에는 이 두 번째 부류의 사람들이 많습니다. 여러분 가운데 많은 사람이 그리스도를 믿으면서도 바벨론의 딸과 함께 거합니다. 만약 교회의 명부에 따라 그리스도인들에 대한 인구조사를 한다면—한계적인 인간에 의한 것이기에 더 나을 수 있을지 모르겠습니다—당신은 틀림없이 세상에 속한 것으로 기록될 것입니다. 주의 만찬이 베풀어지고, 구주께서 "이것을 행하여 나를 기념하라"고 말씀하실 때, 당신은 가버리거나, 혹은 회랑에서 머뭅니다. 당신은 주 예수를 향해 실제적으로 이렇게 말하는 것입니다. "주여, 저는 당신을 기념하는 이 일을 행하지 않을 것입니다. 저는 당신의 명령에 불순종하는 저 자신이 정당하다고 느낍니다. 당신의 사랑의 입술로 저에게 행하라고 말씀하신 것을, 제가 행하지 않는 데에는 분명한 이유가 있다고 믿습니다."

내가 이런 식으로 표현하면, 당신이 당신 자신의 말로 동의할지 모르겠습니다. 주 예수 그리스도께서 명시적으로 행하라고 말씀하신 것을 행하지 않는 것에 대해, 과연 어떤 사람이 정당한 이유를 댈 수 있을까요? '분리'라는 단어가 그리스도인들의 귀에서 울릴 필요가 있습니다. 주께서 말씀하십니다. "그러므로 너희는 그들 중에서 나와서 따로 있고, 부정한 것을 만지지 말라"(고후 6:17). 물론 그것은 당신이 행동으로 실제로 행해야 할 일이지만, 당신이 행해야 하는 가장 우선적이고 중요한 일은 주 예수 그리스도께서 분명하게 공언하신 말씀입니다. 그 공언은 세례에 의해서, 또 교회와의 연합에 의해서 행해져야 합니다.

하나님께서 이 말씀으로 예수님을 위하여 성도와 죄인들 모두에게 은혜를 베푸시길 바랍니다. 아멘.

제
2
장

대제사장 여호수아에 대한 스가랴의 환상

"대제사장 여호수아는 여호와의 천사 앞에 섰고 사탄은 그의 오른쪽에 서서 그를 대적하는 것을 여호와께서 내게 보이시니라. 여호와께서 사탄에게 이르시되 사탄아 여호와께서 너를 책망하노라 예루살렘을 택한 여호와께서 너를 책망하노라 이는 불에서 꺼낸 그슬린 나무가 아니냐 하실 때에, 여호수아가 더러운 옷을 입고 천사 앞에 서 있는지라. 여호와께서 자기 앞에 선 자들에게 명령하사 그 더러운 옷을 벗기라 하시고 또 여호수아에게 이르시되 내가 네 죄악을 제거하여 버렸으니 네게 아름다운 옷을 입히리라 하시기로, 내가 말하되 정결한 관을 그의 머리에 씌우소서 하매 곧 정결한 관을 그 머리에 씌우며 옷을 입히고 여호와의 천사는 곁에 섰더라" - 슥 3:1-5

이 환상의 본래 의도는 유대 나라가 바벨론 포로를 통해 오랫동안 압박을 겪은 이후 그 회복을 예고하는 것이었습니다. 너절한 옷을 입은 대제사장 여호수아는 깊은 고난 중에 있는 유대 민족의 모형으로 여겨져야 합니다. 그는 낡고 더러운 옷을 입은 채 주 앞에서 섬기고 있었는데, 그 옷은 이스라엘의 죄와 그들이 처해 있던 가난을 보여주는 것입니다. 그들은 너무 가난했기에 하나님을 섬기는 일을 그에 적합한 옷을 입고 수행할 수 없었습니다. 대제사장조차도 그의 성스러운 일에 적합하지 못한 복장을 하고 제단 앞에 나타났습니다. 그 환상에 따르면 시온에 은혜를 베풀도록 정해진 때가 아주 가까이에 왔습니다. 선택된 인류의 오랜 원수인 사탄은 그들을 대적하고, 그들에게서 하나님의 은혜가 떠나게 하려고 분발했습니다. 하지만 그와 동시에, 옛적에 광야에서 그 백성을 인도하고 이끌었던 언약의 천사가 그들의 옹호자로서 보좌 앞에 섰고, 또 그의 요청에 따라, 여호와께서 사탄을 꾸짖으시고 그 백성에게 복을 내리기 시작하십니다. 그들의 대표자인 여호수아는, 그 백성의 죄가 용서되었다는 증언과 더불어 바뀐 의복을 입습니다. 그리고 하나님이 그들의 예배를 받으십니다. 그런 후 그 환상은 주 예수님의 시대를 전망하고, 스가랴 선지자의 마음은 그 온 나라가 한 영광스러운 분의 통치 아래서 이전의 평화와 행복을 회복한 것을 보고 고무됩니다. 그 통치자는 "내 종 싹"(My Servant, The Branch)이라고 불립니다.

우리는 스가랴 선지자의 다른 환상들을 해석하면서, 거기서 현재와 관련한 위로와 유익을 얻으려고 노력해왔습니다. 오늘도 우리는 그렇게 할 것입니다. 우리는 여호수아를 하나님의 모든 백성의 한 모형으로 간주할 수 있으며, 또 그렇게 간주하는 것이 매우 타당합니다. 그들은 죄의식과 타고난 결함들을 안고, 또 사탄의 피고발자로 서 있지만, 은혜로우신 주님에 의해 구원을 받습니다. 의복이 바뀌는 것은 죄의 용서와 구주의 의의 전가를 나타내는 것인데, 그것은 모든 믿는 자의 기쁨입니다. 각각의 세부 사항을 따로 살펴보도록 합시다. 성령 하나님께서 그 환상에 거룩한 빛을 비추셔서, 우리가 스가랴 자신이 발견했던 것보다 더 잘 볼 수 있기를 바랍니다. 사랑의 영광 가운데 계시며, 자기를 택하신 자들에게는 나타내시나 세상에는 나타내지 않으신 여호와 예수를 우리가 볼 수 있기를 바랍니다.

1. 여호수아에 의해 대표되는 믿는 자

우선, 이 환상은 여호수아에 의해 대표되는 믿는 자에게서 시작됩니다.

믿는 자는 여호와의 천사 앞에 선 제사장으로 묘사됩니다. 이 점에 주목합시다. 그는 제사장입니다. 누가 제사장들입니까? 정녕 고라 자손들은 그들 자신을 너무 대단하게 여기며 말합니다: "우리가 제사장들이다. 우리는 사도들의 합법적인 후예이며, 우리 사제들의 손에서 신비한 능력이 흘러나온다." 우리는 그

들에게 대답합니다: "당신들이 사도들의 후손이 된다는 것이나 제사장의 능력을 소유했다고 주장하는 것은 불가하다. 사도들은 그들 자신을 다른 신자들 위에 높여서 어떤 특별한 제사장직을 가진다고 주장하지 않았기 때문이다. 오히려 그들은 그들의 형제들에 대해서, 그 시대의 그리스도인들에 대해서, 제사장직의 문제에서는 그들 자신과 동등하다고 말했다." "너희도 산 돌 같이 신령한 집으로 세워지고 예수 그리스도로 말미암아 하나님이 기쁘게 받으실 신령한 제사를 드릴 거룩한 제사장이 될지니라"(벧전 2:5). 만약 제사장인 체하는 이 사람들이 특별한 의미에서 제사장들이라면, 그들은 분명 사도들의 후예가 아닙니다. 왜냐하면 사도들은 다른 형제들을 능가하는 제사장직의 우선권을 주장하지 않았고, 오히려 모든 성도에 대해 말하길 "너희는 택하신 족속이요 왕 같은 제사장들이요"(벧전 2:9)라고 했기 때문입니다. 사실은 그들은 후자도 아니고 전자도 아닙니다. 즉 그들은 사도들의 후손도 아닙니다. 왜냐하면 그들이 사도들의 복음을 전하지 않고 사도들의 정신도 알지 못하기 때문입니다. 또 제사장직과 관련하여, 만약 저 늙은 바벨론(종교개혁자들이 종종 로마 가톨릭을 상징하는 용어로 씀-역주) 창기가 그들을 수양 자녀로 삼아 그들에게 가증스러운 일에 참여하는 자들 가운데 명부와 자리를 주지 않으면, 그들은 제사장 직분을 갖지도 못합니다.

누가 제사장들입니까? 자기 영혼 안에서 죽은 행실의 더러움을 깨끗이 씻어주시는 예수 그리스도의 능력을 아는 모든 겸손한 남자와 여자, 그들이 곧 제사장으로서 하나님을 섬기도록 지명된 자들입니다. 나는 모든 겸손한 남자와 모든 겸손한 여자를 모두 말했습니다. 왜냐하면 그리스도 예수 안에서는 남자도 여자도 없으며, 우리가 모두 그분 안에서 하나이기 때문입니다. 우리는 하나님께 기도를 올리고, 기도가 향기처럼 하늘의 보좌 앞에 올라가는 것을 압니다. 우리는 기도를 올리며, "감사로 제사를 드리는 자가 하나님을 영화롭게 하는"(시 50:23) 것을 압니다. 예수님은 우리를 하나님을 향한 제사장들이요 왕들로 삼으셨습니다. 그러므로 우리는 여기 이 땅에서도 성별된 삶과 거룩한 예배로 제사장직을 수행하며, 또한 주께서 오실 때까지 그 직분을 수행할 것을 소망합니다. 따라서 대제사장 여호수아를 볼 때, 나는 그리스도의 피로 가까워졌고, 거룩한 일에서 섬기며, 휘장 안으로 들어가도록 가르침을 받은 모든 하나님의 자녀 각 사람에 대한 모습을 봅니다.

하지만 이 대제사장이 어디에 있는지를 주목하십시오. 그는 "여호와의 천사 앞에 섰다"고 합니다. 즉, 섬기기 위해 서 있는 것입니다. 이것이 모든 참된 신자의 영속적인 자리여야 합니다. 나는 게으른 자의 침상에는 볼 일이 없습니다. 나에게는 개인적인 업무를 보러 널리 배회할 권리가 없습니다. 나는 나 자신의 어리석은 짓을 위해서나, 나 자신의 지위 확대를 위해 시간을 따로 떼어 놓기를 주장할 수 없습니다. 그리스도인으로서 나의 참된 위치는 언제나 하나님을 섬기고, 언제나 그분의 제단 앞에 서는 것입니다. 농장도 돌보고 장사도 해야 하는데 어떻게 그렇게 하는 것이 가능하냐고 여러분이 묻는 것 같군요. 형제들이여, 여러분은 먹든지 마시든지 무엇을 하든지, 그 모든 것을 하나님의 영광을 위해서 해야 하는 것을 알지 못합니까? 이제는 모든 곳이 하나님의 전이며, 어디나 하나님의 제단이며, 따라서 여러분의 매일의 직업에서도 예배당에 모이는 때와 마찬가지로, 진실로 하나님을 섬길 수 있다는 것을 알지 못합니까? 만약 여러분이 주일에만 제사장이라고 생각하고, 신실한 자들의 회중 가운데 서 있을 때만 하나님 앞에서 섬기는 것이라고 상상한다면, 여러분은 그리스도인의 참된 자리를 알지 못하는 것입니다.

여러분은 여러분의 주님과 마찬가지로 영원히 제사장들로 임명되었습니다. 그리고 여러분은 영원히 제사를 올려드려야 합니다. 낮과 밤에 여러분의 마음은 그분께로 올라가야 합니다. 여러분은 주님의 이름을 부르며 잠들어야 하고, 깰 때도 시편 기자와 더불어 "내가 여전히 주와 함께 있나이다"(시 139:18)라고 말해야 합니다. 행복한 여호수아여! 비록 그의 의복은 더럽지만, 그는 부름받은 곳에서 자리를 지키고 있는 것 때문에 칭찬을 받습니다. 마치 귀에 구멍을 뚫은 종처럼, 그는 자기 주인의 집을 떠나지 않습니다. 하나님의 백성이라고 고백하는 여러분이여, 오십시오! 만약 여러분이 높은 부름의 의무에서 태만했다면, 또한 여러분의 마음이 지금 이 순간 헛된 것을 찾고 있다면, 여러분의 거룩한 직무를 수행할 수 있도록 적절한 마음 상태가 되도록 성령 하나님께 기도하십시오. 지금 주님의 집의 궁전에서, 여호수아처럼 서고, 만군의 여호와에 의해 준비된 여러분의 마음으로 주님 앞에 섬기시길 바랍니다.

하지만, 여호수아가 서서 섬기는 곳이 어디인지를 주목하십시오. 그곳은 여호와의 천사 앞입니다. 여러분과 나는 율법 아래에서 중보자인 모세 앞에 서서 섬길 수 없습니다. 여호와 하나님 앞에서 섬길 수는 더더욱 없습니다. 우리의 하나님은 소멸하시는 불이시기 때문입니다. 오직 중보자를 통해서만, 불쌍하고 더러운 우리는 하나님을 향한 제사장들이 될 수 있습니다. 아마도 여기에 있는 하나님의 백성 가운데 일부는 이 점을 잊었을 것입니다. 여러분은 하나님의 율법의 관점에서 여러분 자신을 살피고 여러분의 마음을 시험하고 있습니다. 그리고 여러분은 율법이 여러분에게 요구하는 대로는 영광의 하나님에게 이르지 못하는 것을 아주 깊이 느낍니다. 그래서 어리석게도 여러분은 아버지의 사랑을 불신하고 그분 앞에서 섬기기가 어렵다고 생각하기 시작했습니다. 사랑하는 이여, 그것은 율법 아래에서 하나님을 그릇되게 섬기는 것입니다. 하지만 오, 그리스도 앞에서와 그리스도 안에 서서 섬기는 것은 얼마나 복된지요! 그때, 비록 내가 그분에게 내 눈물 외에는 아무것도 가져올 것이 없어도, 그분은 그것을 그분의 병에 담으실 것입니다. 그분도 한때는 우셨기 때문입니다. 비록 내가 그분에게 내 신음과 한숨밖에 가져올 것이 없어도, 그분은 그런 것들도 받으실 만한 제물로 받으실 것입니다. 그분도 한때 마음이 상하셨고, 심령이 무거워 탄식하셨기 때문입니다.

은혜로우신 하나님, 제가 당신께 직접 나의 제물을 바치지 않아도 되는 것에 감사합니다. 그렇지 않았다면 주님은 저의 제물과 저를 함께 진노의 불로 살랐을 것이기 때문입니다. 저는 제가 가진 것을 당신의 사자, 언약의 천사, 주 예수께 바치며, 그분을 통해 나의 기도는 그분의 기도에 싸여 받아들여집니다. 내 찬미는 그리스도의 동산에서 나는 몰약과 침향과 계피와 더불어 향기로워집니다. 그때 나 자신도 그분 안에 서서, 사랑하시는 분 안에서 받아들여집니다. 그리고 내 모든 초라하고 더럽고 오염된 일들도, 비록 그 자체로는 하나님이 혐오스럽게 여길 대상물에 지나지 않겠지만, 하나님이 향기롭게 여기시고 받아주십니다. 그분은 만족하시고 나는 복을 받습니다. 그러므로, 제사장으로서 그리스도인의 위치가 어디인지를 보십시오. 그는 여호와의 천사 앞에 서야 합니다.

이제 여러분 자신의 경험에 비추어 이 말씀을 읽으십시오: "더러운 옷을 입고"(2절). 당신은 하나님을 섬기러 올 때 이렇게 느낀 적이 있습니까? 어쩌면 저녁 기도에서 그럴 수도 있습니다. 낮에 가정에서 무언가 잘못된 일이 있었을 수 있고, 당신은 그것을 압니다. 어쩌면 당신은 한 집안의 가장으로서 기도해야 하는데, 이렇게 느끼고 있습니다. "오 하나님, 저는 기도할 수 없습니다. 저는 기도하고 싶지만 기도할 수가 없습니다. 저는 이 집의 제사장인 것을 압니다. 하지만 제가 더러운 옷을 입고 있으니, 주님 앞에서 제가 어떻게 섬길 수 있을까요?" 어쩌면 당신은 업무 때문에 지난밤에 늦도록 깨어 있어야 했습니다. 거래 문제가 당신이 바라는 대로 잘 풀리지 않고 있으며, 당신은 산란한 마음으로 이곳에 왔습니다. 예배석에 앉아서 하나님의 백성이 주님을 찬송하는 소리를 들으면서 당신은 생각합니다. '아! 나는 더러운 옷을 입고 있구나. 나는 하나님께 기도할 수 없고, 내가 바라는 대로 하나님께 찬송을 부를 수가 없구나.' 나는 때때로 나 자신이 합당치 않다는 짓눌리는 느낌으로 이곳에 와서 설교해야 할 때가 있습니다. 그럴 때 "복음을 전하지 아니하면 내게 화가 있을 것이로다"(고전 9:16)는 말씀이 아니라면, 나는 이 연단에 다시는 오고 싶지 않습니다. 의복이 더러운 상태에서, 사람들에게 하나님의 입이 되려 노력하는 것이 어렵다고 느끼기 때문입니다.

어쩌면 오늘 오후에, 주일학교 학급에 들어갈 때, 여러분은 하나님을 향하여 마음이 따뜻해지는 것을 많이 느낄 것입니다. 여러분은 여러분이 자신의 것이 아니라 값 주고 사신 바 되었다고 고백할 것이며, 그분을 향해 살고 그분을 높이기를 바랄 것입니다. 하지만 오, 의식하는 죄의 장애물이 있고, 그것이 여러분을 부르짖게 만듭니다. "그분은 천사라도 미련하다 하시며(욥 4:18) 그의 눈에는 별도 빛나지 못하거든(욥 25:5) 내가 어찌 그분 앞에 설 수 있단 말입니까? 이 불신의 마음이 살아계신 하나님 앞에서 멀어지는 것을 느낄 때, 내가 어떻게 하는 일에서 그분의 복 받기를 기대할 수 있을까요? 나 자신도 은혜가 결핍된 것을 느낄 때, 내가 어떻게 성도에게 은혜를 끼칠 수 있을까요? 어찌 내가 거룩하지 못한 손가락으로 그리스도의 떡을 떼며, 죄 많은 손으로 그분의 잔에 포도주를 따른단 말인가요?"

멈추십시오, 그리스도인이여, 당신의 제사장직을 부인하는 생각을 하지 마십시오. 합당치 못하다는 느낌이 당신을 섬김에서 멀어지게 하지 마십시오. 당신이 있는 곳에 서십시오. 당신은 오염을 씻을 수 있는 유일한 곳에 서 있음을 기억하십시오. 당신이 언약의 천사 앞에 서 있음을 기억하십시오. 죄가 고백되어야 할 곳은 그리스도 앞입니다. 그것을 다른 곳에서 고백하면, 당신의 슬픔은 회개(悔改)가 아니라 회한(悔恨)일 뿐입니다. "회한이 무엇인가요?"라고 한 사람이 말합니다. 회한이란 예수님이 보이지 않는 곳에서 이루어지는 회개입니다. 참된 회개는 그리스도의 임재 안에서의 죄에 대한 슬픔입니다. 더럽고 누추한 당신을 깨끗하다고 선언할 수 있는 음성은 오직 하나입니다. 당신을 만지고 당신을 깨끗하게 할 수 있는 손은 오직 하나입니다. 그 손이 가까운 곳에 서십시오. 그리고 당신의 의복이 여전히 더럽더라도, 당신의 최상의 친구이자 유일한 친구이신 그분의 얼굴을 피하지 마십시오. 이 기도로 속삭이십시오. "주여, 원하시면 나를 깨끗하게 하실 수 있나이다(눅 5:12). 저를 깨끗하게 하소서, 당신의 사랑으로 지금 저를 깨끗하게 하소서."

2. 여호수아의 적대자

이제 이 환상에 등장하는 또 하나의 개체를 보겠습니다. 두 번째로, 우리에게 한 대항자가 있습니다.

사탄이 여호수아를 대적하기 위해 그 천사 앞에 섰습니다. 그의 반대가 불필요하다고 보이지 않습니까? 불쌍한 여호수아는, 마귀가 그를 적대시할 필요도 없이, 자기 옷의 더러움을 충분히 느낍니다. 그리고 나는, 불쌍한 나는, 자주 나 자신의 죄성을 너무 많이 느끼기에, 마귀 편에서 나를 비난하는 것은 그의 직무 이상의 일로 보입니다. 그가 없어도 내 양심의 비난만으로 충분하기 때문입니다. 하지만 그는 너무도 잔인하기에, 하나님의 백성이 약할 때를 이용하여 즉시 대적합니다. 그가 어떻게 불리는지를 주목하십시오. 그는 사탄이라고 불리는데, 그것은 적대자를 의미합니다. 그는 적대자요, 본래부터 그러합니다. 그의 본성은 너무도 사악하여 그는 선한 것이라면 모든 것을 적대시하지 않을 수 없습니다. 그가 천국에서 쫓겨난 날부터, 그와 함께했던 영광스럽던 별들의 삼분의 일과 더불어 천국에서 쫓겨나던 날부터, 그는 하나님의 철천지원수였습니다. 사람에 대하여는 "여자의 후손이 네[뱀] 머리를 상하게 할 것이라"(참조. 창 3:15)는 말씀이 선언된 그 시각부터, 그는 소박한 피조물인 인간이 곧 그의 적대자인 것을 발견하였고, 그래서 그는 여자의 후손의 발꿈치를 무는 것을 멈추지 않았습니다. 그의 머리가 어떻게 끔찍하게 상하게 될지를 알았기 때문입니다.

하지만 그가 우리의 적대자라는 생각에는 우리에게 큰 위로가 되는 무언가가 있습니다. 나는 그를 친구로 두느니 차라리 적대자로 두는 것이 좋습니다. 오 내 영혼이여, 만약 사탄이 너의 친구라면 그것은 네게 두려운 일이로다! 그렇게 되면 그와 더불어 너는 영원히 무저갱의 어둠 속에 살게 되고, 하나님과의 우정에서 단절되기 때문이라! 하지만 사탄을 적대자로 두는 것은 위로가 되는 징조입니다. 그렇게 되면 하나님이 우리의 친구가 되시는 듯이 보이며, 그렇게 우리는 이 문제에서 위로를 얻을 수 있습니다. 하지만, 사탄이 무시할 수 없는 적대자인 것을 기억하십시오. 예리한 지성을 가지고, 오랜 세월의 경험으로 원숙하며, 한때 그가 사로잡았던 뱀을 다른 어떤 들짐승보다 교활하게 만들었던 그놈은 간교함과 술책을 겸비하였고 힘으로는 천사와 견줄 만한 적대자입니다. 우리는 너무나 죄를 짓기 쉬우며, 불붙기 쉬운 부싯깃을 짊어지고 다니기 때문에, 그가 뿌려대는 불꽃을 두려워할 필요가 있습니다.

아볼루온과 맞서는 것은 두려운 일입니다. 겸손의 골짜기에서 있었던 크리스천의 싸움에 대한 묘사(「천로역정」)를 읽어보십시오. 거기서 여러분은 진짜 투쟁이 무엇인지에 대한 어렴풋한 그림을 볼 수 있습니다. 모든 종류의 일시적인 고통과 시련을 견디는 편이, 사탄에게 봉쇄당하는 것보다는 낫습니다. 이기는 자는 아무것도 얻는 것이 없고, 지는 자는 용이 그 발을 그의 목에 올릴 때 그 무게가 엄청나다는 것을 알 것입니다. 여기에 당신의 가혹한 적대자가 있습니다. 그는 당신이 사거리(射距離)를 벗어날 때까지, 죽음의 강을 건널 때까지, 당신을 괴롭히는 일을 멈추지 않을 것입니다.

여러분이 이 본문을 잘 살펴보면, 이 대적자가 여호수아에게 손상을 가할 아주 적절한 장소를 골랐음을 알아채게 될 것입니다. 그는 그 천사, 곧 하나님의 아들 앞에 고발하러 왔습니다. 오, 만약 그가 우리 주님이 우리를 붙잡으신 것을 한 번이라도 놓치게 할 수 있다면, 우리는 곧 그의 먹이가 될 것입니다. 그는 여호수아를 먼저 공격하지 않습니다. 그는 여호수아가 받아들여지는 것을 막기 위해 그 천사 앞에 옵니다. 만약 사탄이 여러분이나 나를 설득하여 우리가 하나님의 자녀가 아니며 받아들여지지 못한다고 일단 생각하도록 만들면, 그는 이미 우리에게 심각한 손상을 가한 것입니다. 지옥의 병기고(兵器庫)에는 '만약'이라는 무기가 많이 비축되어 있습니다. '만약'은 사탄의 폭탄입니다. "네가 만약 하나님의 아들이어든"(마 4:3). 만약 그가 여러분으로 의심하게 만들 수 있으면, 그는 당신의 벽에 금을 낸 것입니다. 만약 당신이 충분히 강하여 "내가 믿는 자를 내가 알고 또한 내가 의탁한 것을 그날까지 그가 능히 지키실 줄을 확신함이라"(딤후 1:12)고 말할 수 있다면, 당신은 능히 이기고도 남을 것입니다.

하지만 사탄의 계략은 당신의 힘의 근거가 되는 그 자리, 바로 그곳을 건드리는 것입니다. 그는 들릴라와 같습니다. 그는 당신의 힘이 있는 곳, 곧 당신의 믿음의 머리털 가닥을 자를 수 있다고 느낍니다(참조. 삿 16:9). 그런 후에야 그는 당신의 눈을 뽑고 블레셋 사람들에게 영원히 팔 수 있기 때문입니다. 조심하십시오, 사탄이 그 천사 앞에서 당신을 비난하러 오고, 당신으로 주 예수 안에 있는 분깃에 대해 의심하게 만들 때, 조심하기 바랍니다. 그때 당신은 즉시 그 천사의 손에 송사를 맡기십시오. 왜냐하면 당신의 대언자는 그 기소자를 당신이 할 수 있는 것보다 더 잘 상대할 수 있기 때문입니다. 그때 당신은 잠자코 있고, 그 위대한 대언자가 일어나 당신을 위해 말씀하시도록 하는 것이 상책입니다. "사탄아, 여호와께서 너를 책망하노라, 예루살렘을 택한 여호와께서 너를 책망하노라"(2절).

그 적대자가 비난하기 위해 보좌 앞으로 나아왔을 때, 그는 아주 적절한 장소를 골랐을 뿐 아니라 아주 적절한 기회를 잡은 것이기도 합니다. 여호수아는 더러운 옷을 입고 있었습니다. 사탄은 큰 겁쟁이입니다. 그는 일반적으로 하나님의 백성이 처져 있을 때 집적거립니다. 내 건강 상태가 좋을 때, 나는 사탄에게 낙심이나 의심에 빠지도록 자주 유혹을 받지 않는 것을 압니다. 하지만 마음이 우울할 때, 또는 간의 상태가 좋지 않을 때, 혹은 두통이 있을 때, '쉿쉿' 소리를 내는 뱀이 옵니다. 그리고는 "하나님이 너를 버렸다. 너는 하나님의 자녀가 아니다. 너는 너의 주인에게 충실하지 않다. 너는 그의 피 뿌림에 아무런 관계도 없다"는 식으로 속삭입니다.

너 늙은 악당아! 만약 내가 건강한 시절에, 내 피가 혈관 속에서 뛰는 때에 네가 그런 식으로 내게 말한다면, 나는 충분히 네 상대가 되고도 남았을 것이다. 하지만 바로 그럴 때, 내가 약해진 것을 네가 알아챘을 때, 너는 나와 맞서려고 오는구나! 아, 사탄이여, 네가 하는 짓이 그렇도다! 나는 그를 그의 이름보다 더 나쁘게 부를 수 없습니다. 하지만 그보다 나쁜 이름이 있다면, 그는 얼마든지 더 나쁜 이름으로 칭해져도 합당할 것입니다. 그리스도인이여, 칭의(稱義)의 느낌을 잃어버렸을 때, 죄를 의식할 때, 하나님 앞에서 섬기기에 부적합하다고 느낄 때, 바로 그때 당신은 그가 당신을 비난하기 위해 올 것이라고 예상해야 합니다.

만일 그날 아침, 여호수아가 대제사장으로 섬기기 위해 갔을 때, 그의 옷이 완벽하게 깨끗했더라면, 사탄은 그를 건드리지 않았을 것입니다. 하지만 여호수아가 침울하고, 마음이 무겁고, 자기 죄 때문에 울고 있는 것을 보면, 그때 사탄이 이렇게 말하면서 옵니다. "자, 지금이 그와 맞설 기회다. 하나님이 여호수아를 미워하실 것이다. 왜냐하면 그분은 더러움을 참으실 수 없을 테니까. 그분은 틀림없이 저 더러운 제사장을 쫓아내실 것이다. 그리고 여호수아 역시도 자기 자신을 미워할 것이다. 그러니 내가 그를 절망에 빠뜨리고 그를 끝장내 버릴 것이다." 정녕, 천사가 거기에 없었더라면 그렇게 되었을 것입니다. 하지만 여호와의 천사는, 그분의 임재로, 영원히 자기 백성을 둘러싼 불의 성곽이 되시며 그 가운데에서 영광이 되십니다(슥 2:5). 만약 지옥의 사자가 와서 가장 약한 어린 양을 잡기 위해 서성거린다면, 저 위대한 목자가 그의 이빨에서 그 어린 양을 구해내실 것입니다. 저 지옥의 사자는 그분의 양 중에 가장 비천한 양이라도 찢을 수 없을 것입니다.

주석가들은 사탄이 여호수아를 대적하여 무슨 말을 했을까를 두고 머리를 쥐어짰습니다. 그들이 추측한 글을 읽으면서, 나는 그것이 그다지 나를 당혹스럽게 하지 않는다고 생각했습니다. 나의 의문은 나 자신의 경우와 관련되는 것인데, 5만 가지나 되는 일들 가운데 사탄이 골라서 들고나올 것이 무엇일까요? 그가 제기할 건수가 무엇인가가 아니라, 나에게는 5만 가지 중에서 그가 무엇을 고를까 하는 것이 문제였습니다. 사랑하는 친구여, 만약 사탄이 우리를 비난하기 원한다면, 진실로 우리의 삶의 역사에서 어떤 쪽을 펼쳐도, 하루 중의 어떤 시간을 골라도, 그에게 비난의 자료는 충분히 갖추어질 것입니다. 어제 당신은 참을성이 없었습니다. 그 전날에 당신은 교만했고, 다른 날에 당신은 게을렀으며, 또 다른 날에는 화를 냈습니다. 오, 인간의 마음은 부정한 새들의 소굴입니다! 우리가 그것들의 목을 비틀 수 있다면 좋겠지만, 그 수가 너무 많아 하나님의 능력이 아니라면 어떤 힘으로도 그 모두를 멸할 수가 없습니다. 어느 때에 한 마리가 짹짹거리면, 다른 때에 다른 놈이 짹짹거리고, 그런 사이에도 그놈들은 괴로운 불협화음을 지속합니다.

육신 안에서 완전에 대해 말하다니요! 그것을 꿈꾸는 사람은 바보이거나 정직하지 못한 사람이거나, 둘 중의 하나입니다. 그는 바보여서 자기 마음을 알지 못하는 바보이거나, 아니면 하나님 앞에 부정직한 사람이어서 죄를 죄라고 부르지 않는 사람입니다. 육체 안에서 완전이라니요! 믿는 자들 가운데 하나님과 가장 가까이에서 살고 또 신령한 일들을 가장 깊이 경험한 사람이라면, 그런 꿈을 버린 지 오래되었다고 말할 것입니다. 그들은 그리스도 예수 안에서가 아니면 결코 완전해지기를 기대하지 않으며, 또한 그들 스스로가 완전해지는 것이 아니라 오직 그분 안에서 온전해지는 것이라고 말할 것입니다. 만약 저 옛 비방자가 비난할 건수들을 원한다면, 그는 원하는 만큼 찾을 수 있을 것이며, 또 원하는 만큼 오랫동안 계속 비난할 수 있을 것입니다. 왜냐하면 우리는 전적으로 부정하고, 우리의 의는 더러운 옷과 같기 때문입니다.

항상 작은 책을 지니고 다니던 어느 목사님에 관한 이야기를 들었습니다. 이 작은 책은 표지 속에 세 장이 있을 뿐이었고, 진실을 말하자면, 그 안에는 한 마디 말도 없었습니다. 첫 장은 검은색 종이였는데, 아주 새까만 색이었습니다. 다음 장은 붉은색 종이였는데, 곧 진홍색이었습니다. 마지막은 흠 없는 흰색 종이였습니다. 그는 매일같이 이 작은 책을 꺼내어 보다가, 마지막엔 그것이 무엇을 의미하는지를 누군가에게 들려주곤 했습니다. 그는 말했습니다. "검은 종이가 있습니다. 그것은 나의 죄입니다. 그리고 내 죄에 합당한 하나님의 진노입니다. 이 종이의 색이 검은색이기는 하지만, 나는 보고 또 보아도, 그것이 충분히 검지 않다고 생각합니다. 다음 장은, 속죄의 희생을 의미하는 장입니다. 종이의 붉은색은 곧 보혈이지요. 나는 그것을 볼 때 얼마나 기쁜지요, 그래서 그것을 보고 또 본답니다. 다음에는 흰색 종이입니다. 그것은 내 영혼입니다. 예수의 피로 씻겼고, 눈처럼 희게 되었습니다. 예수 그리스도의 의를 통해, 그리스도의 혈관에서 흐른 피로 채워지는 샘에서 씻긴 것입니다." 아, 그 첫 번째의 검은 장! 그 검은 장! 정녕 사탄이 그것을 본다면, 그는 당신을 비난할 거리를 찾기 위해 애쓰지 않아도 될 것입니다. 그는 최후의 심판 날까지 당신을 계속해서 비난할 수 있을 것이며, 항상 하나님의 천사 앞에서 당신을 비난할 결점을 찾을 수 있을 것입니다.

사탄이 결국 여호수아에게 바라는 것이 무엇입니까? 그가 여호수아의 죄를 미워한 것일까요? 그가 천사 앞에 이런 문제를 제기한 것은, 그가 정말로 여호수아처럼 하나님의 집의 뜰을 더럽히는 죄인 때문에 곤혹스러웠기 때문일까요? 전혀 그렇지 않습니다! 죄를 고발하는 사탄을 보는 것은, 참으로 유익한 광경이 될 수 있습니다. 마르틴 루터가 그랬던 것처럼, 때때로 전세를 역전시켜보는 것이 유익합니다. 루터는 말했습니다. "네가 나에 대해 말하는 모든 것이 옳다고 치자. 하지만, 나에게 비난을 퍼붓는 너는 대체 무엇이냐? 사탄아, 나는 너의 종이 아니다. 내 주님께서 나에게서 흠을 찾지 않으신다면, 네가 나를 공격하고 비난한다는 이유로 왜 내가 두려워한단 말인가? 결국, 너는 무엇인가? 너는 기껏해야 나의 성벽을 둘러보고, 갈라진 틈을 보고 미소를 지으며, 어디에 수선이 필요한지를 나에게 말하는 것뿐이다! 너는 무엇이냐? 으르렁거림으로써 나를 깨어 있게 만드는 한 마리의 사나운 개에 지나지 않는다! 내가 치명적인 잠에 빠지지 않기 위해서는, 그래서 육신의 안녕 속에서 잠이 들고 영적인 죽음에 빠지지 않기 위해서라면, 네가 없는 것보다는 있는 편이 오히려 내게 좋다. 대적자여, 결국 너는 무엇이냐? 마치 하나의 끔찍한 폭풍 같아서, 나를 내 구주 가까이에 몰고 가서, 나로 그분의 품에서 항구를 찾도록 도와줄 뿐이구나!"

사탄은 우리의 파멸을 목표로 삼습니다. 그것이 그가 우리를 내몰려는 지점입니다. 그는 우리의 기쁨에는 관심이 없으며, 우리의 완전하고 영원한 파멸에만 관심이 있습니다. 이것을 알고, 절대 그에게 속지 않도록 합시다. 그가 어떤 방식으로 죄를 제안하건, 여전히 그것이 죄일 뿐이라는 것을 분별하고, 그의 족쇄에서 멀어지도록 합시다. 바젤의 의회에서, 어느 추기경이 프로테스탄트에 대해 아주 공정하게 말했을 때, 지기스문트(Sigismund) 황제가 일어서서 말했습니다. "그가 아주 그럴듯하게 말했소이다. 하지만 그가 로마인이며, 여전히 로마인이란 것을 기억하시오." 그것과 마찬가지로 대적자가 감언이설과 유혹으로 나설 때, 비록 최상의 옷을 입었어도 그가 여전히 마귀인 것을 기억하고, 그의 다양한 속임수를 감지하기를 바랍니다. 모든 때에 어떤 시기에도, 그가 바라는 것은 결국 당신의 완전한 파멸이기 때문입니다.

지금 우리 앞에는 아주 우울한 그림이 있습니다. 한 불쌍한 신자가 그리스도 안에서 주님을 섬기기 원하지만, 그의 더러운 옷 때문에 그렇게 할 수가 없습니다. 그와 동시에 한 떠들썩한 비난자가 정의의 법정 앞에서 소리쳐대고 있습니다. "그를 정죄하시오! 그를 정죄하시오! 그를 정죄하시오!" 그 비난이 옳다는 것을 회상하면서, 그 불쌍한 신자가 머리부터 발끝까지 떠는 것도 당연합니다.

3. 대언하는 천사

하지만 거기서 멈추십시오, 그림이 바뀌고 있습니다. 그 천사가 말합니다. 그는 지금까지 침묵해왔습니다. 하지만 이제 그가 앞으로 나섭니다. "사탄아, 여호와께서 너를 책망하노라, 예루살렘을 택한 여호와께서 너를 책망하노라. 이는 불에서 꺼낸 그슬린 나무가 아니냐?" 이 책망이 적기에 있었다는 점에 주목하십시오. 사탄이 고발할 때, 그리스도는 변호하십니다. 그분은 우리를 비난하는 송사가 끝날 때까지 기다리셨다가 그 후에 유감이나 표현하는 분이 아닙니다. 그분은 환난의 때에 당면한 문제에 도움을 주려고 기다리십니다. 그분은 전지하신 분이기에 사탄의 마음을 아십니다. 사탄이 비난하기도 전에, 그분은 이의 신청을 하셔서 우리를 변호하실 수 있지만, 잠시 그 행동을 멈추셨다가, 마침내 모든 비난을 침묵시키는 대답을 주십니다. 그리스도인이여, 너무 캄캄한 밤이 와서 그 속에 당신을 위해 비추는 빛은 없으리라고 생각하지 마십시오. 혹은 사탄이 구주를 놀라게 하고 급습해서 당신을 빼앗아갈 수 있다고 생각지 마십시오. 꼭 합당한 때에 그리스도께서 확실히 당신의 도움이 되실 것입니다.

이 책망이 가장 높은 권위에서 왔다는 것에 주목하십시오. 그가 말합니다. "사탄아, 여호와께서 너를 책망하노라." 그리스도는 직접 사탄을 책망하시지 않고, 여호와께서 그렇게 하도록 구하십니다. 영원하신 하나님, 정의로 충만하신 분이, 그 비난자를 향해 말씀하십니다. "내가 의롭다고 하였는데, 왜 네가 비난하느냐? 내가 더러운 옷을 입은 저 불쌍한 죄인을 내 자녀로 받아들였는데, 네가 왜 비난하느냐?" 그것이 바로 사도의 즐거운 선언입니다. "누가 능히 하나님께서 택하신 자들을 고발하리요? 의롭다 하신 이는 하나님이시니!"(롬 8:33). 만약 하나님이 의롭다고 하셨으면, 거짓된 마귀의 모든 비난은 곧 책망받을 행동이 됩니다. 그리스도인이여, 용기를 내십시오! 당신의 잔인한 원수를 침묵시키는 음성은 별들을 운행하시는 분의 음성이니, 누구도 그에 맞설 수 없습니다.

이 책망이 선택의 사랑에 근거한 것이라는 점도 놓치지 마시기 바랍니다. 선택의 교리를 부인하는 자들은 이리 와서 이 구절을 읽어보십시오: "사탄아, 여호와께서 너를 책망하노라. 예루살렘을 택한 여호와께서 너를 책망하노라." 만약 하나님이 그분의 백성을 택하셨으면, 사탄이 그들을 전복시키려는 시도는 허사입니다. 그리스도께서는 여기서 '만약', '그러나', 혹은 '어쩌면'이라는 말로 사탄을 상대하시지 않습니다. 그분은 단지 경험에 근거한 진리, 그래서 의문이 생길 수 있는 진리로 사탄을 상대하시지 않고, 세상에 있기도 전에 확정된 아주 신비스러운 진리로 그를 상대하십니다. 그분은 실상 쇠사슬을 그의 입속에 던지시고, 그의 이가 다 부러질 때까지 그에게 그것을 씹으라고 명하시는 것입니다. 하나님이 예루살렘을 선택하셨다! 그것만으로도 충분한 책망이 됩니다.

나는 여러분의 경험이 내가 하는 말을 지지하리라고 생각합니다. 여러분에게 시련이나 고난이 없을 때는 젖이나 이유식을 먹고 사는 것이 좋습니다. 하지만 당신의 영혼이 죄 문제로 고통을 느끼고, 당신이 의식하는 죄의 깊은 물에 빠졌을 때, 하나님의 주권적인 은혜의 교리 외에는, 아무것도 당신의 영혼이 대적자를 맞서도록 하는 것이 없습니다. 당신은 여름철에는 아르미니우스파 신자일 수 있겠지만, 겨울의 휘몰아치는 바람 속에서는 틀림없이 칼빈주의자가 될 것입니다. 유리처럼 반짝이는 호수 위에 떠 있는 채색된 배를 위해서는, 아르미니우스주의가 꽤 근사한 종류의 신학일 수 있습니다. 하지만 폭우가 내리거나 폭풍이 이는 날씨에도 깊은 바다를 다니며 무역하는 사람들은 영원히 변치 않는 사랑이라는 훌륭하고 튼튼한 선박을 가져야 합니다. 그렇지 않고, 만약 그 배가 튼튼하게 잘 지어진 배가 아니라면, 배의 삭구(索具)들이 풀어지고, 돛대를 든든히 세울 수 없어서, 그 배는 헤어나기 힘든 상황으로 돌진할 것입니다. 사랑하는 이여, 영적인 건축에서, 나는 반석 위에, 그 반석 바로 위에, 차곡차곡 쌓아 올리고 싶습니다. 나는 사람들이 그 반석이 풍작을 내지 않는다고 말하며, 또 선택이 실용적인 진리가 아니라고 말한다는 것을 압니다. 하지만 결국, 내가 집이 세워지길 바란다면, 나는 반석 위에 세울 것입니다. 왜냐하면 비록 그것이 내게 당장 실제적인 결과를 가져다주진 않아도, 그 속에서 나는 틀림없이 얼마간의 위로를 얻을 것이며, 또한 폭풍 속에서도 거할 거처를 반드시 얻을 것이기 때문입니다. 나는 씨앗을 뿌리고 추수를 거두기 위해 다른 밭들로 나갈 수 있습니다. 하지만 영원한 확신을 위해 나는 반석을 원합니다.

흔히 칼빈주의로 불리는 교리들이, 기근의 날과 극한 곤경의 때에 마귀의 입을 다물게 할 수 있는 유일한 교리들이라는 것을 확신하시기 바랍니다. "예루살렘을 택한 여호와께서 너를 책망하노라." 내가 죄 아래서 풀이 죽을 때, 성경 다음으로, 나는 엘리샤 콜스(Elisha Coles, 17세기 칼빈주의자-역주)의 「하나님의 주권」(*Divine Sovereignty*)이나 크리스프(Crisp) 박사의 설교집 같은 책을 사랑합니다. 비록 그 책들이 모든 진리를 담고 있지는 않아도, 고난받는 영혼이 필요로 하는 진리의 일부를 아주 분명하게 가르칩니다. 영원한 사랑이 죄인들에게, 그들의 행위와 관계없이, 영원한 삶을 정했습니까? 주님께서 절대적으로, 주권적인 긍휼로, 사람들을 그분의 자녀로 삼으셨습니까? 하나님은 죄인들의 괴수들을 선택하셨고, 그들을 결코 내쫓지 않으십니까? 하나님이 다음과 같이 말씀하십니까? "내가 긍휼히 여길 자를 긍휼히 여기리라"(롬 9:15). 하나님이 그분의 뜻으로 무엇이든 행하실 때 그분은 자신이 절대적으로 의롭다고 선언하십니까? 그렇다면 그분의 이름이 높임을 받으소서! 이러한 선택은 나의 경우와 꼭 맞기 때문입니다. 나는 또한 그분의 빛 안에서 그 교리를 믿으므로, 내 모든 의심과 두려움을 향해 이렇게 말할 수 있음을 발견합니다. "예루살렘을 택한 여호와께서 너를 책망하노라."

그 책망은 당면한 상황에 강력하게 적용될 수 있습니다. 그분이 말씀하십니다. "이는 불에서 꺼낸 그슬린 나무가 아니냐?" 사탄이 말합니다. "이 사람의 옷이 더럽지 않습니까?" 예수님이 말씀하십니다. "그래, 너는 그들이 달리 어떨 것이라고 기대하느냐? 네가 불에서 타다 남은 나무를 꺼낼 때, 그것이 우유처럼 희거나 말끔할 것이라고 예상하느냐?" 그렇지 않습니다. 그것은 이미 쪼개어지고 타기 시작했습니다. 그러니 설혹 여러분이 그것을 불에서 꺼내더라도, 그것은 이미 새카맣게 타서 숯이 된 상태일 것입니다. 하나님의 자녀도 그렇습니다. 최상의 때에도 그는 무엇입니까? 그가 하늘로 이끌려 올라갈 때까지, 그는 불에서 꺼내어 타다 남은 나무에 불과합니다. 그가 죄인이라는 것이 그의 매일의 신음입니다. 하지만 그리스도는 그를 있는 그대로 받으십니다. 그리고 그분은 이 말씀으로 마귀의 입을 다물게 하십니다. "너는 이 사람이 검다고 말한다. 물론 그는 검다. 그가 그런 상태일 때 내가 무엇을 생각했겠느냐? 그는 불에서 꺼낸 그슬린 나무다. 내가 그를 거기에서 꺼냈다. 그는 불 속에 있을 때 타고 있었고, 내가 거기서 꺼낸 지금도 그는 검다. 그는 내가 그럴 것이라고 알던 그다. 그의 현재 모습은 내가 만들려고 의도하는 상태의 그가 아니며, 이미 그럴 것이라고 내가 알았던 그다. 나는 불에서 꺼낸 그슬린 나무처럼 그를 택했다. 그것에 대해 네가 무엇을 말할 수 있느냐?"

이 항변은 여호수아로부터 한 마디도 덧붙일 것을 요구하지 않는다는 점에 주목하기 바랍니다. 본문을 보면, 여호수아는 한 마디도 하지 않습니다. 이 변호가 마귀를 완전히 침묵시켰기 때문에, 그는 말이 없었습니다. 얼마나 자주 마귀는 코가 납작해지는지요! 그는 우리를 송사하려고 결심했습니다. 그는 우리의 최악의 순간에 우리를 붙잡았습니다. 그는 생각했습니다. '내가 그를 밀 까부르듯 하리라'(참조. 눅 22:31). 그의 계획은 성공할 수 있었습니다. 하지만 도중에 '그러나'가 있었습니다. 그에게는 불행한 '그러나'이지만, 우리에게는 복된 '그러나'입니다. "그러나 내가 너를 위하여 네 믿음이 떨어지지 않기를 기도하였노라"(눅 22:32). 사탄은 어떤 면에서는 하만 같습니다. 하만은 모르드개와 유대인의 파멸을 위해 얼마나 감탄할 만한 음모를 꾸몄습니까! 좋습니다. 하지만 그가 고려하지 않은 한 가지 작은 일이 있었습니다. 유대인에게는 궁정에서 한 친구가 있었으며, 그는 왕의 품에 눕는 이였습니다. 그처럼, 사탄은 하나님의 백성의 파멸을 위해 자주 계략을 짜지만, 그를 좌절시키는 한 가지가 있습니다. 그것은, 그들에게는 궁정에서의 귀한 친구(Friend)가 있으며, 그는 영원하신 왕의 품에 있는 분입니다. 그분이 그들을 위해 간구하십니다. 그가 그곳에 계시는 동안 불쌍한 여호수아는 절대 실패하지 않을 것입니다. 왜냐하면 위대한 여호수아, 곧 그의 가까운 친족이신 분이 말씀하시기 때문입니다. "사탄아, 예루살렘을 택한 여호와께서 너를 책망하노라. 이는 불에서 꺼낸 그슬린 나무가 아니냐?"

4. 비길 데 없는 은혜의 행동

우리는 아직 이 본문의 핵심으로 들어가지 않았습니다. 여기에는 비길 데 없는 은혜의 행동이 있습니다.

그 천사는 이렇게 말했습니다. "그에게서 그 더러운 옷을 벗기라." 여기에 죄가 제거되는 그림이 있습니다. 여러분은 그를 본다고 생각하지 않으십니까? 그들이 그의 의복을 벗겼고, 그가 입고서 거기에 서기에는 너무 더러웠던 옷이 남김없이 벗겨졌습니다. 그 천사가 그를 볼 때 그 사람이 벗은 것을 보지만, 더는 더러움을 볼 수는 없었습니다. 더러운 것이 모두 치워졌기 때문입니다. 모든 용서받은 죄인이 그렇습니다. 이 아침에 내가 그렇습니다. 사랑하는 형제여, 당신이 그러합니다. 하나님이 명하셨습니다. "그에게서 그 더러운 옷을 벗기라." 마치 우리가 더러워진 옷을 쉽게 벗을 때처럼, 하나님도 그리스도의 속죄를 통해 죄를 쉽게 벗기십니다. 여기에는 그 이상이 있습니다. 주님은 단지 죄를 치우실 뿐만 아니라, 그것에 대한 의식(意識)도 제거하십니다. 당신은 죄가 당신에게 너무 무거워 하나님을 섬길 수 없을 것처럼 느낍니다.

예수, 곧 저 언약의 천사를 바라보십시오. 그가 말씀하시는 것을 들어보십시오. "다 이루었다." 당신이 그분을 붙잡을 수만 있다면, 한순간에 당신은 모든 죄의식을 벗을 수 있습니다. 당신 자신이 죄인인 것은 알겠지만, 동시에 당신은 피로 씻어진 죄인, 은혜로 구원받은 죄인이라고 느낄 것입니다. 그리고 당신의 영혼은, 구주의 옷을 입고서, 저 거룩하신 분처럼 거룩하게 되며, 담대히 보좌에 가까이 나아가고 거기서 부끄럽지 않게 설 것입니다. 바울이 "너희[우리] 양심을 죽은 행실에서 깨끗하게 하고"(히 9:14)라고 말했을 때, 그 문장은 얼마나 즐거운지요. 단지 죽은 행실을 용서하는 것만이 아니라, 양심을 죽은 행실에서 깨끗하게 하는 것이며, 그래서 당신이 더는 죄의식을 갖지 않게 되는 것입니다. 죄는 갔습니다. 당신은 하나님 앞에서 죄인으로 서는 것이 아니라, 그리스도 예수 안에서 온전한 자로 서는 것입니다. 하나님의 책에는 당신을 정죄하는 하나의 죄도 없습니다. 당신은 용서되었고, 그리스도께서 그렇게 말씀하셨습니다. "너의 많은 죄가 사하여졌도다"(참조. 눅 7:47). 당신은 여호수아가 그의 더러운 옷을 벗는 이 아름다운 광경을 목도하고 있습니다.

이것이 전부가 아닙니다. 그에게 옷을 입히라는 명령이 내려집니다: "내가 네게 아름다운 옷을 입히리라." 그리스도는 하나님의 율법에 완벽한 순종을 실행하셨습니다. 그분은 자기 자신을 위해서는 이런 일을 하실 필요가 없습니다. 그분은 자기 백성을 위해 그 일을 행하셨습니다. 그분이 행하신 일은 곧 우리의 것입니다. 그리스도의 완벽한 순종이 모든 믿는 자에게 전가됩니다. 우리는 마치 야곱이 그의 형 에서의 옷을 입을 때처럼, 그리스도의 옷으로 우리 자신을 둘러쌉니다. 그리고 우리의 아버지(Father)께서는 우리에게 복을 주십니다. 그분이 우리의 형(Brother)의 옷을 입은 우리를 보시기 때문입니다. 오, 이 일은 은혜로운 일입니다. 왜냐하면 여러분과 내가 행하는 모든 의가 완벽하였더라도 그것은 단지 인간의 차원일 뿐이지만, 이것은 신적이기 때문입니다. 그리스도는 우리의 의의 주님이시며, 우리는 그분의 이음매 없는 옷을 입고 아름답게 단장할 수 있습니다.

이것은 또한 경험의 문제이기도 하다는 점을 여러분에게 말하고 싶습니다. 믿는 사람은 이제는 떨지 않고 하나님 앞에서 섬길 수 있다고 느낍니다. 그리스도의 옷을 입었기 때문입니다. 오, 그리스도의 옷을 입고서 설교하는 일, 혹은 그리스도의 옷을 입었다고 느낄 때 기도하는 일은 얼마나 즐거운지요! 당신이 흰 세마포 곧 그리스도의 의를 입었다는 것을 알 때, 그래서 모든 것을 보시는 하나님의 눈이 당신에게서 점과 흠 같은 것을 보실 수 없다는 것을 알 때, 하나님의 제단에서 섬기는 일은 얼마나 행복한지요! 모든 의로워진 영혼은, 머리에서 발끝까지, 하나님 보시기에 흠 없이 순수하고, 사랑스럽고, 아름답습니다. 오, 그리스도인이여, 만약 당신이 이것을 알지 못한다면 절대 만족하지 말고, 그것을 계속하여 누리며 살아가길 바랍니다.

여러분을 더 지체토록 하지 않을 것입니다. 한 가지만 더 주목하시기 바랍니다. 선지자는 여호수아에게 일어난 변화를 보고 너무 놀라서 환상으로 끼어들어가 스스로 이런 말을 합니다. "내가 말하되, 정결한 관을 그의 머리에 씌우소서"(5절). 스가랴가 무슨 용무로 말을 해야 했는지 나는 모릅니다. 하지만 진실로, 내가 만약 그 환상을 보았다면, 나도 틀림없이 같은 일을 했을 것입니다. 눈물로 응시하면서, 주님의 백성이 이렇게 더러움에서 깨끗함으로, 수치에서 아름다움으로 변화되는 것을 보면서, 나는 이렇게 말했을 것입니다. "이제 주여, 그 일을 완성하소서. 당신의 종이 당신을 섬기도록 하소서. 이제 그는 완벽하게 옷을 입었으니, 주여, 제사장의 관을 씌우시고, 그를 당신의 일에 적합하게 하소서."

하나님의 백성 가운데 일부는 이것을 잊은 듯이 보입니다. 그들은 전가된 의를 갖기만 하면, 그들이 사랑하는 분 안에서 받아들여졌다고 믿습니다. 거기서 그들은 만족하며 지체합니다. 하지만, 아, 내 영혼은 이렇게 말하기를 열망합니다. "주여, 당신의 구원받은 백성의 머리에 정결한 관을 씌우소서." 여러분 가운데 일부는 구원받았다고 나는 믿습니다. 하지만 그럴지라도 여러분이 그리스도를 위해 하는 일은 얼마나 적은지요! 그런 여러분을 위한 나의 기도는 이런 것입니다. "주여, 그들의 머리에 관을 씌우소서. 그들을 제사장으로 삼으소서. 그들은 그렇게 되어야 합니다. 당신이 그들을 씻기셨고, 깨끗하게 하셨고, 옷을 입히셨으니, 이제 그들은 당신의 목적대로 될 수가 있습니다. 하지만 그들이 관을 벗어두고 있습니다. 주여, 그것을 그들의 머리에 씌우소서."

나는 여러분이 오늘 그것을 여러분의 머리에 쓰기를 기도합니다. 그래서 여러분이 가정에서와 주일학교에서, 내일 여러분의 생업에서, 거리에서, 가게에서, 그 관을 쓰고 나가서, 하나님께 대한 참된 제사장들로 임명되어, 여러분의 기능을 수행하고, 여러분의 직무를 제쳐두지 말기를 기도합니다. 어떤 이들은 관을 쓰되 마치 왕들과 여왕들이 왕관을 쓰고 행하는 것처럼 행합니다. 그들은 국가의 행사가 있을 때만 그것을 씁니다(그것을 항상 쓰지는 마십시오. 너무 무겁기 때문입니다).

하지만 오 그리스도인이여, 당신의 국가적인 행사는 항상 있어야 합니다. 당신은 언제나 그리스도께 귀한 존재이며, 아버지의 품에 항상 가까이 있어야 합니다. 당신의 관을 절대로 벗지 마십시오. 믿는 자들이여, 이 시각부터 그것을 쓰고 기도하고, 저 언약의 천사 곧 여호와의 이름으로 당신의 더러운 옷을 벗기시고 항상 당신 곁에 서 계시는 분을 찬미하십시오!

나는 본문의 마지막 문장을 좋아합니다. "여호와의 천사는 곁에 섰더라." 오, 그렇습니다. 우리는 그분이 항상 곁에 서 계시기를 원합니다. 당신이 새 옷을 입고 관을 썼을 때도, 당신은 여전히 그분의 임재를 필요로 합니다. "우리와 함께 거하소서"가 우리의 매일의 기도여야 합니다. 우리는 여전히 그분의 힘을 원하며, 그분의 위로, 그분의 미소, 그분의 팔의 도움, 그분의 얼굴 빛을 원합니다. 만약 우리에게 그분이 없다면, 우리는 견고한 상태에서도 곧 미끄러지고, 여호수아처럼 더러운 옷을 입고 서게 될 이유가 생길 것이기 때문입니다.

나는 지금까지 하나님의 백성 가운데 아주 연약한 부류의 사람들을 겨냥하여 말씀을 전했습니다. 이제 죄인들을 위한 목소리가 있습니다. 당신의 경우는 여호수아의 경우와 같지 않습니다. 당신은 여전히 더러운 옷을 입고 있기 때문입니다. 그것을 씻으려고 시도하지 마십시오. 여기에는 옷을 씻는 일에 대해서는 아무 언급도 없고, 한 마디의 말씀도 없습니다. 당신의 낡고 오래된 옷을 더 좋게 만들려고 시도하지 마십시오. 여기에는 꿰매거나 수선하는 일에 대해서도 아무런 언급이 없습니다. 고쳐지기에는 그 옷들이 너무 나쁘고, 씻어지기에는 너무 더럽다는 것을 그대로 고백하십시오. 그리고 당신의 눈을 그리스도께, 저 상처받은 고난자에게로 향하고, 그분에게 이 아침에 이렇게 말씀해 달라고 기도하십시오. "그에게서 그 더러운 옷을 벗기라. 그에게 아름다운 옷을 입히라."

죄인이여, 나는 당신에게 말하고 있습니다. 주님께서는 여호수아에게 행하신 일을 당신을 위해서도 하실 수 있습니다. 오, 그분의 얼굴을 구하고 살기를 바랍니다! 하나님이 당신을 도우사 그분의 얼굴을 구하게 하시고, 또 이 아침에 그 얼굴을 찾게 하시기를 바랍니다. 그리고 영원히 그분이 찬송을 받으시기를 바랍니다. 아멘.

제
3
장

하루에 행해졌으나, 영원히 경이로운 일

"내가 이 땅의 죄악을 하루에 제거하리라. 만군의 여호와가 말하노라 그날에 너희가 각각 포도나무와 무화과나무 아래로 서로 초대하리라" - 슥 3:9,10

우리는 이 본문을 스가랴의 가장 교훈적인 환상에서 발췌합니다. 이것은 금강석 밭에서 나온 하나의 보석입니다. 모든 문맥이 고귀한 것들로 풍부합니다. 하지만 우리는, 그렇게 하고는 싶어도, 이 아침에 그 모든 것을 살펴보며 시간을 끌 수 없습니다. 우리는 이 빛나는 것 하나로 만족해야 합니다. 본문을 있는 그대로 살펴보면, 그것은 명백히 오래 기대한 행복한 날들을 묘사하고 있습니다. 그 날들이란, 하나님이 이스라엘을 용서하시고, 오래 추방되었던 자들을 은혜와 기쁨의 이전 땅으로 회복시키시며, 그 결과로 그들이 자신들의 땅에서 행복한 환경 가운데 평화롭고 즐겁게, 그리고 은혜의 하나님을 찬미하고 높이면서 살게 되는 때입니다. 하지만 우리는 하나님이 어떤 특별한 한 가지 경우를 다루시는 것에서, 대개는 하나님이 행하시는 일의 절차에 관한 규칙을 도출할 수 있습니다. 왜냐하면 주님은 그분의 행동 방식을 바꾸실 필요가 없으며, 또한 변화를 겪는 분이 아니기 때문입니다. 그분이 한 가지 경우에서 일하시는 것처럼, 만약 상황이 모두 비슷하다면, 우리는 다른 경우에서도 그분이 그렇게 행하실 것이라고 기대할 수 있습니다. 나는 이 아침에 이 본문에서 육신을 따라 이스라엘이 된 자들에 관한 내용을 다루고 싶지 않습니다. 오히려 나는 영적인 이스라엘에 관하여, 믿는 영혼들 곧 믿음의 선조의 참된 후손에 관한 내용을 다루고 싶습니다. 우리의 목표는 가장 큰 죄악들을 용서하시고 가장 즐거운 평화를 누리게 하시는 하나님의 은혜의 충만함과 풍성함을 칭송하는 것입니다. 성령님께서 설교자와 회중 모두에게 은혜를 베푸시길 바랍니다. 우리의 모든 눈이 은혜의 약속을 응시하는 동안, 우리 가운데서 그 약속이 성취되기를 바랍니다.

1. 무엇이 제거될 것인가?

우리의 첫 번째 진술은 이 질문과 관련된 것입니다. "무엇이 제거될 것인가?"

본문은 무엇에 대해 말하고 있습니까? 그 대답은 "그 땅의 죄악"입니다. '죄악'(iniquity) 혹은 '불공정'(in-equity)이라는 용어는 포괄적인 용어입니다. 그것은 공정하지 않은 모든 것을 포함하며, 하나님을 향해 옳지 않은 것, 또 사람을 향해 정당하지 않은 것도 포함합니다. 그것은 죄의 모든 영역을 포괄합니다. 하나의 범죄란 일종의 과도한 불공정이며, 또 태만의 죄란 공정함에 미달하는 것이기 때문입니다. 그러므로 본문에서 '죄악'이라는 용어는 공정함의 모든 위배를 포괄하는 것으로서, 즉 과도함에 의해서나 부족함에 의해서나, 십계명의 첫 번째와 두 번째 돌판의 계명들을 어기는 죄, 몸과 손과 입으로 짓는 죄, 더 직접적으로 영혼에서 솟아나는 죄, 하나님에게 짓는 죄, 사람에게 짓는 죄, 젊을 때의 죄, 노년의 죄 모두를 포괄합니다. 이처럼 광범위하게 확장되는 의미에서의 죄악을, 하나님은 어느 날 자기 백성에게서 그 모든 것을 제거하겠다고 선언하십니다.

엄청나게 다양한 죄가 그에 추가되는 단어인 "그 땅"(that land, KJV)에서 제거될 것입니다. 한 나라 전체의 죄가 범죄의 완전한 목록을 구성합니다. 높은 자와 낮은 자, 노인과 젊은이, 부자와 가난한 자, 학식 있는 자와 문맹자가 한 몸으로 간주될 때, 총합으로서 그들의 죄덩어리는 실로 다채로울 것입니다. 군중 속에서 나는 어느 한 곳에서 부모를 멸시하는 자를 보며, 다른 곳에서는 안식일을 어기는 자를 봅니다. 그 땅을 둘러보면 여러분은 틀림없이 거짓말쟁이를 발견할 것이며, 비방자들, 술주정뱅이들, 폭식가들, 거짓 맹세자들, 도둑들, 창기들, 살인자들을 볼 것입니다. 이외에도 얼마나 많은 악한 것들이 있는지 다 알 수도 없습니다. 예루살렘 한 도시만 해도 죄가 너무 많아서 에스겔은 그것을 끓는 가마로 비유하며 이렇게 말했습니다. "피를 흘린 성읍, 녹슨 가마 곧 그 속의 녹을 없이 하지 아니한 가마여 화 있을진저. 이 성읍이 거짓말로 지치고, 너의 더러운 것들 중에 음란이 그 하나이니라"(겔 24:6,12,13). 비록 다른 나라들과 비교하면 적지만, 이스라엘처럼 큰 나라에서는, 틀림없이 모든 종류의 범죄가 있었을 것입니다. 뉴게이트(Newgate, 1188년부터 1902년까지 존재했던 런던의 교도소-역주) 무뢰한들의 목록 이상으로, 가장 시커먼 죄로 더럽혀진 비열한 사람들이 있었을 것입니다. 그런데 이렇게 다양한 죄들이 모두 어느 한 날에 제거될 것이라는 약속이 주어집니다. 생각과 마음의 죄에서부터 피 흘리는 죄까지, 그리고 가장 절망스러운 음란의 죄에 이르기까지, 모든 것이 제거된다는 말씀이 주어집니다. 하지만, 한 나라의 죄악은 그때 그곳에 살던 세대에만 해당하는 것이 아니라, 우리가 성경에서 읽듯이 "아모리 족속의 죄악이 아직 가득 차지 아니하였던"(창 15:16) 때까지를 포함하여, 과거 세대의 축적되었던 죄들까지 포함하는 것입니다. 만약 누군가 이스라엘의 죄에 대해서 정확하게 말하고자 한다면, 그는 어느 특정한 시기의 이스라엘의 죄만을 의미해서는 안 되며, 앞선 세대들에서 하나님을 노하시게 했던 그들의 선조들이 쌓은 죄까지를 의미해야 합니다.

이제 무한한 긍휼의 계획을 파악해보시기 바랍니다. 한 날에, 하나님이 한 사람의 모든 죄를 제거하시는 것이 아니라, 많은 사람의 모든 죄, 한 나라에 대해 분노가 쌓이게 했던 모든 축적된 죄를 제거하신다는 약속이 선언됩니다. 과거의 모든 죄의 기록을 지워버리고, 오랜 범죄의 썩은 무더기를 치워버리고, 한 범죄한 나라의 죄악의 '아우게이아스의 마구간'(Augean stable, 그리스 신화에서 삼천 마리의 소를 키우면서 삼십 년간 청소하지 않은 아우게이아스 왕의 마구간을 헤라클레스가 강물을 이용해 하루에 청소했다고 함-역주)을 깨끗이 치우신다는 것입니다!

"내가 이 땅의 죄악을 하루에 제거하리라." 무한한 긍휼이며 놀라운 기적입니다! 죄악은 우리 앞에서 마치 거대한 산처럼 올라가고, 그 꼭대기는 하나님의 우레에 도전합니다. 하지만 보십시오! 영원한 긍휼이 바다처럼 그 산을 삼키자 그것이 없어졌습니다. 더 이상 보이지 않습니다. 본문은 주님께서 모든 형태의 죄를 능히 용서하실 수 있다는 것을 분명히 보여줍니다.

나의 청중이여, 여러분의 죄가 무엇입니까? 어느 특정한 죄가 당신에게 있습니까? 하나님이 그것을 용서하실 수 있습니다. 당신에게 많은 종류의 죄가 있습니까? 너무 종류가 많고 너무 수가 많아서, 당신은 그것들을 제대로 볼 수가 없습니까? 하지만 그분은 그 모든 것을 한 날에 제거하실 수 있습니다. 당신의 죄가 어디에서 발견되든지, 어느 한 가지 죄가 동쪽 끝에서 발견되고, 다른 한 가지 죄는 서쪽 끝에서 발견되더라도, 그분은 당신의 본성이라는 땅 전체를 깨끗하게 하실 수 있습니다. 당신의 한 가지 죄가 하늘 꼭대기를 공격하는 것이었고, 다른 한 가지 죄는 가장 깊은 지옥의 불경함에 빠져드는 것이었어도, 언덕과 골짜기 모두의 신이 되시는 하나님이 당신의 거대한 죄들을 모두 제거하실 수 있습니다. 땅 전체가 깨끗해질 때, 당신의 죄들도 제거된 죄의 목록에 반드시 포함될 것입니다. 그러므로 당신을 위해 희망이 있습니다. 한 번 행해진 일은 다시 행해질 수 있기 때문입니다. 당신의 죄가 무엇입니까? 당신의 죄가 주홍 같습니까? 한 사람이 말합니다. "아니요, 그것은 다른 색상입니다." 자, 당신의 죄가 진홍같이 붉을지라도 하나님이 그것을 양털처럼 희게 하실 수 있고, 또 주홍 같을지라도 눈과 같이 희게 하실 수 있습니다. 그분이 모든 죄악을 제거하실 것입니다. 그분이 모든 모양의 죄와 불경스러움을 용서하실 것입니다. 죄의 색조와 명암의 정도가 어떠하든, 우리의 죄가 얼마나 깊이 물들고 뿌리를 내렸건, 예수의 피는 한 날에 그 모든 것을 제거할 수 있습니다.

덧붙여서, 여기에 있는 모든 죄인은 이 본문이 죄의 다양함뿐만 아니라, 죄의 방대함까지 언급한다는 것을 기억하시기 바랍니다. 수백만의 백성으로 구성되는 한 나라의 죄를 한 날에 치운다는 것은 결코 쉬운 일이 아니지만, 약속이 그것을 보증합니다. 영원한 사랑이 속죄라는 새롭고 날카로운 도리깨 연장을 취하여, 그것으로써 죄의 산들을 때려 마침내 겨처럼 되게 하여, 바람에 날려가도록 할 것입니다. 그러므로 당신의 죄가 아무리 많아도—당신은 당신의 죄의 수를 세느니 차라리 바닷가의 모래 수를 세는 편이 나을 것입니다—그것들은 모두 제거되어 동이 서에서 먼 것처럼 당신에게서 멀리 치워질 것입니다. 조수가 모든 모래를 덮듯이, 용서는 당신의 모든 죄를 덮을 수 있습니다. 밤이 모든 것을 덮듯이, 사랑은 당신의 모든 잘못된 행동을 망토로 가릴 수 있습니다. 태양이 무수한 이슬방울들을 증발시키듯이, 영원한 사랑은 당신의 모든 죄들을 사라지게 할 수 있습니다.

이스라엘의 경우에, 제거될 죄악은 지속적이었고 가중되어왔습니다. 이스라엘 땅의 죄악은 여러 세대에 걸쳐 지속된 것이었습니다. 그들의 조상들은 광야에서 반역했고, 후에 그들은 사사들 아래에서 죄를 범했습니다. 그들은 왕들

아래에서 반역했으며, 갈수록 심하게 곁길로 갔고, 포로로 잡혀갔을 때도 여전히 죄를 범했습니다. 어느 한 가지 죄에서 치유되면 그들은 다른 죄에서 더욱 고질화되었습니다. 비록 우리 구주의 때에 앞서 우상 숭배의 죄가 유대인들에게서 치워졌지만, 그들의 마음은 여전히 변절한 상태였고, 급기야 그들은 영광의 주를 십자가에 못 박았습니다.

그처럼, 내 사랑하는 청중이여, 만약 긴 세월 동안 지속하며 축적되었던 유대인들의 죄가 그 땅에서 한 날에 제거될 수 있다면, 여러분의 죄 역시 마찬가지입니다. 오, 여러분은 무르익은 세월의 죄인들입니다. 오, 여러분은 70년 혹은 80년 세월의 범죄자들입니다. 그래도 여러분에게 희망이 있습니다. 본문에서 나는 나팔 소리가 울리는 것을 듣습니다. "내가 이 땅의 죄악을 하루에 제거하리라." 그들의 죄는 계속 이어진 죄악입니다. 그렇다면 계속 이어진 당신의 죄악이 제거되지 못할 이유가 무엇입니까? 비록 당신은 죄의 돌 위에 또 다른 돌을 올리고, 마침내 당신의 죄악의 돌무덤은 마치 하나님께는 당신을 치셔야 할 기념비처럼 서 있습니다. 하지만 그분은 그 무더기를 치우실 수 있고, 그것도 단 한 날에 그렇게 하실 수 있습니다. 이것이 죄인들에게 좋은 소식이 아닌가요? 나에게는 분명히 그렇습니다. 나는 온 마음으로 내 하늘의 아버지께 송축하고 감사를 드립니다. 그분이 그처럼 위대한 약속을 그분의 말씀에 기록하셨고, 또 죄인들에게 그분의 긍휼을 널리 알리셨기 때문입니다. 내 입장에 대해 언급하자면, 나는 백스터(Baxter)처럼 이렇게 말할 수밖에 없습니다. "오 긍휼의 주님, 제게 큰 긍휼을 베푸시거나 아니면 전혀 긍휼을 베풀지 마소서. 적은 긍휼은 제 경우에는 도움이 되지 못합니다. 저는 큰 긍휼을 얻어야 하며, 그렇지 않으면 멸망할 것입니다."

다음으로, 본문에서 죄를 제거하시는 하나님의 능력이 두드러지게 제시되었습니다. 선지자는 온 땅의 죄에 대해 말하고 있습니다. 아주 죄 많은 땅, 많은 특권을 얻었으나 그 모든 특권을 진노의 이유로 변질시킨 땅의 죄에 대해 말하고 있습니다. 하지만 주님은 하루에 그 모든 죄를 제거한다고 하십니다. 내포된 의미는 분명합니다. 오 참회하는 죄인이여, 그분이 당신의 죄도 제거하실 수 있습니다. 복음을 듣는 당신이여, 거룩한 일들을 사소한 일로 치부한 것 때문에 양심의 가책을 느끼는 당신이여, 낙심하지 마십시오. 비록 당신이 죄 속에서 멀리 가버렸지만, 주님은 예수 그리스도로 말미암아 당신의 죄를 제거하실 수 있습니다. 나는 오늘 아침에 당신의 마음이 어떤지를 압니다. 만약 당신이 각성하여 본성대로의 당신의 상태를 본다면, 당신은 당신이 존재하는 것 자체를 슬퍼할 것입니다. 오 사람이여, 만약 당신에게 다시 태어날 희망이 없고, 당신의 추악함을 제거하시는 하나님의 무한한 긍휼에 대해 희망이 없다면, 그것은 정녕 당신이 태어난 것을 슬퍼하도록 만들기에 충분할 것입니다. 본문에서 용기를 얻으십시오, 그리고 중보자로 임명된 예수님을 통해 은혜로우신 당신의 왕에게로 가십시오. 당신이 믿기만 하면, 그분은 오늘 당신의 죄악을 제거하시고, 당신을 은혜롭게 받으시고 또 한없이 사랑하실 것입니다. 지나가는 사람도, 비록 바보라고 해도, 이 본문에서 우리의 하나님이 얼마든지 용서하실 수 있다는 것을 분명하게 볼 수 있습니다. 그분은 한 나라의 축적된 죄악을 하루에 제거하시는 분이기 때문입니다.

2. 어떤 일이 행해질 것인가? — 죄악의 제거에 내포된 사중의 의미

둘째로, 우리는 무엇이 행해질 것인가에 대해 숙고해 볼 것입니다. "내가 이 땅의 죄악을 하루에 제거하리라." 그 땅은 형벌이 면제되고 용서될 것입니다.

성경의 어떤 부분에서 우리는 죄를 "도말(塗抹)한다"[지운다, 닦는다]는 표현을 자주 대하며, 그 표현은 아주 풍부한 의미를 담고 있습니다. 때때로 닦는다는 것은 주부들이 쓰는 말의 의미에 적용됩니다. 즉, 접시가 닦이고 접시 바닥을 위로 향하도록 놓을 때를 말합니다. 그처럼 하나님께서도 우리의 죄 많은 영혼을 닦아서 완벽하게 깨끗하게 하실 수 있습니다. 더럽고 그 속에 죽음이 있던 그릇이 "여호와께 성결"한 도구가 되는 것입니다. 다른 때에 닦는다는 것은 서판에 생긴 표지를 지우는 것을 의미합니다. 어떤 글씨는 스펀지로 지워집니다. 다른 때에, 만약 그 서판이 밀랍으로 만들어진 것이고, 그 표시가 철필로 새겨진 것이라면, 그 밀랍을 유연하게 해서 다시 평탄하게 하면, 그 기록의 증거는 전부 사라집니다. 비록 우리의 죄가 철필로 기록되고, 그 끝이 금강석으로 된 펜으로 새겨진 것이며, 더욱이 그것이 우리의 제단 뿔에 새겨진 것이어도, 주님은 그분의 자비를 우리의 믿음에 나타내실 때 그 기록을 사라지게 하실 수 있습니다. 그분은 우리에게 불리한 손글씨를 지우십니다. 그분은 그것을 벽지에서 떼어내어 십자가에 못 박으십니다. 그분은 우리의 죄를 마치 구름처럼 영원히 사라지게 하십니다. 오 죄인이여, 하나님은 당신의 죄악을 도말하셔서 그것이 더는 존재하지 않게 하실 수 있습니다. 예수님의 보혈로 그분은 당신의 허물을 끝장내시고, 당신의 모든 죄를 없애실 수 있습니다.

만약 우리가 본문의 '제거한다'는 단어를 그대로 받아들이면, 그것은 마치 하나의 큰 돌이 하나님의 은혜의 문에 놓인 것과도 같습니다. "죄가 문에 엎드려 있느니라"(창 4:7). 죄가 문에 엎드려 있는데, 누가 우리를 위해 그 돌을 굴려서 치울까요? 하나님이 말씀하십니다. "내가 이 땅의 죄악을 하루에 제거하리라." 또는 그것은 마치 우리의 어깨를 누르는 짐과 같습니다. 아틀라스(Atlas, 그리스 신화에서 어깨에 지구를 짊어진 거인-역주)가 짊어진 짐에 대해 말하자면, 그는 세상을 지탱했다고 말합니다. 하지만 아틀라스의 짐보다 더 무겁게 우리를 짓누르는 것이 있습니다. 그것은 우리를 눌러 으깨고, 지옥 밑바닥으로 내려가게 하는 짐입니다. "내가 그것을 제거하리라"고 구주께서 말씀하시며, 또한 그 말씀을 지키셨습니다. 그분은 그 짐을 친히 자기의 어깨에 지시고, 우리에게서 그것을 제거하셨습니다. 그런 다음 그분은 그것을 십자가로 곧장 지고 가셨고, 골고다 꼭대기에서 그것을 무덤 속으로 던지셨습니다. 그분은 그것을 죽고 매장된 것으로 거기에 남겨두셨습니다. 그것을 아무리 찾아도 그것은 더이상 발견되지 않습니다. "그것이 제거되리라, 없어지리라"고 주님이 말씀하십니다. 그분은 허물을 끝내시고 죄악을 끝장내셨으며, 그분의 모든 백성을 위해 영원한 의를 가지고 오셨습니다. 죄는 엄청나게 무거운 물질처럼 보이지만, 치워질 수 있습니다. 하지만 어떤 인간의 손으로도 치울 수 없으니, 마치 항상 있는 산처럼 확고하게 자리를 잡았기 때문입니다. 그러나 주님은 그것을 뿌리까지 뽑으시고, 그것을 제거하시고, 바다 깊은 곳으로 던지십니다. 그분의 이름이 높임을 받으소서!

그분이 그렇게 우리 믿는 자들의 죄를 제거하셨기에, 누구도 그것을 다시 우리에게로 가져와 우리를 고발하거나 정죄하지 못합니다. 그분이 "이 땅의 죄악을 하루에 제거하리라"는 약속을 성취하셨습니다. 주권적인 은혜로 일단 제거되었으니, 그것은 다시 우리에게로 돌아오지 못합니다. "동이 서에서 먼 것 같이!" 천문학자들이여, 그 거리를 한번 측정해보시오! "동이 서에서 먼 것 같이!" 오, 빠른 날개를 가진 천사여, 그 거리를 재어보시오! "동이 서에서 먼 것 같이, 우리의 죄과를 우리에게서 멀리 옮기셨도다!"(시 103:12). 주께서 그 일을 행하셨습니다. 다 이루셨습니다. 우리의 죄악이 제거되고, 깊음이 우리의 죄들을 덮었으며, 그것들은 마치 납처럼 물속으로 가라앉았습니다.

이 말을 주의 깊게 들으시기 바랍니다. 우리 죄악의 제거에는 네 가지가 있습니다. 형벌의 제거가 있습니다. 하나님이 용서하신 사람은 죄로 처벌당할 수 없습니다. 사람을 사형집행인에게 억류된 상태로 남겨두는 것은 가짜 용서입니다. 왕의 용서는 모든 정의의 천사들에게 그 손을 떼라고 명합니다. 죄인이여, 하나님이 당신을 용서하셨으면, 당신의 죄들이 절대 당신을 고발하기 위해 일어서지 못합니다. 당신에게 지옥은 없으며, 당신에게 영원히 죽지 않는 구더기도 없고, 꺼지지 않는 불도 없습니다. "너는 용서받았다!" 그 판결은 유지되며, 취소되지 않습니다.

다음으로, 죄악의 제거는 주님 앞에서 죄책의 제거를 내포합니다. 죄는 하나님을 노엽게 만듭니다. 그것은 그분의 율법을 어기는 것이고, 그분의 이름에 불명예를 안기는 것입니다. 하지만 하나님은 믿는 죄인을 용서하실 것이며, 그래서 그분의 마음에는 그 죄인을 향한 노여움이 남아 있지 않게 됩니다. 하나님이 그 죄인의 죄들을 그분 뒤로 던지시고, 그것들을 생각에서 지워버리십니다. 오, 기적 중의 기적입니다! 하나님이 모든 것을 보시면서 또 어떤 것을 그분의 뒤로 던져버리실 수 있을까요? 전지하신 하나님에게 결코 쳐다보실 수 없는 어떤 구석이 있을 수 있을까요? 대답은 "예"입니다. 그분이 말씀하십니다. "내가 네 모든 죄를 내 등 뒤에 던지리라"(참조. 사 38:17). 오 하나님, 이 경우에 당신의 말씀은 놀랍고도 기이합니다. 하지만 우리는 당신의 말씀의 은혜로우신 의미를 잘 이해합니다. 당신의 백성의 죄는 그들에게 더이상 불리하게 기억되지 않을 것이며, 그들의 죄책은 완전히 제거된 것입니다.

셋째로, 죄의 제거는 죄의 더러움을 치우는 것을 내포합니다. 죄는 우리를 오염된 피조물로 만듭니다. 우리는 타락한 제사장들처럼 더는 아름답고 흰 의복을 입을 수 없으며, 그저 낡고 지저분하고 더러운 옷을 입을 수밖에 없습니다. 죄가 치워질 때, 죄의 결과로 수반되는 더러움도 씻어지며, 그리하여 우리는 하나님 앞에서 순결하게 되고, 개인적으로 하나님께 받아들여질 수 있습니다. 이 얼마나 큰 은혜인지요! 각 사람이 더러움에서 깨끗해진다는 것은 장래의 형벌에서 구원받는 것에 못지않은 은혜입니다.

넷째로, 죄의 제거는, 우리 본성에 대한 죄의 지배력의 전면적인 파멸을 포함합니다. 우리 안에서 죄가 그 힘을 모두 잃은 것은 아니지만, 믿는 자에게 죄는 지배력을 잃어버리고 폐위당합니다. 자연인에게서 죄의 지위는 보좌에 앉은 왕의 지위입니다. 그리스도인에게서 죄의 지위는 빼앗긴 예전의 지위를 되찾으려고 애쓰면서 은밀한 곳에 숨어 있는 악당의 자리입니다. 하지만 그렇게 시도해도 실패할 뿐입니다. 왜냐하면 "죄가 너희를 주장하지 못하리니 이는 너희가 법 아래에 있지 아니하고 은혜 아래에 있음이라"(롬 6:14)고 했기 때문입니다. 이처럼 본문의 약속은 충만한 의미를 담고 있으며, 죄의 제거는 처벌의 면제, 죄책의 제거, 더러움의 정화, 악한 세력의 폐위를 포함합니다.

오 내 사랑하는 청중이여, 내가 이 사중의 의미를 여러분에게 말할 수 있음을 생각할 때, 하나님에 의해 이 귀한 사중의 복이 가련한 죄인들에게 주어질 수 있음을 생각할 때, 내 마음은 속에서 기쁨으로 뜁니다. 오 죄인이여, 오늘 이 복을 당신이 받게 되기를 내가 얼마나 바라는지요! 나는 '오늘'이라는 단어를 사랑합니다. 만약 어느 날 한 나라의 죄악이 완전히 제거될 수 있다면, 오늘 당신에게 그 일이 일어나지 못할 이유가 무엇입니까? 이 주일에는 왜 안 된다는 말입니까? 왜 오늘이 당신에게 참된 안식의 날이 되지 못하겠습니까? 당신이 믿으면, 당신의 죄는 제거됩니다. 믿음은 죄를 짊어지시는 구속의 주를 바라보며, 또한 그분에 의해 죄가 치워지는 것을 봅니다. 이 회중 가운데 있는 모든 이에게 용서의 은혜가 주어지길 바랍니다! 그래서 이와 같이 말할 수 있게 되기를 바랍니다. "주께서 태버너클 모든 회중의 죄악을 하루에 제거하셨도다!"

종이 울리는 것에 대해 말하지 마십시오. 오, 만일 그렇게 된다면, 마음의 종이 울리고, 천상의 노래와 황금의 수금 소리가 울릴 것입니다! 오 전능하신 성령께서 그 속죄의 피를 우리에게 적용하시고, 이 무수한 사람들의 죄악을 모두 한 날에 제거해주시기를 바랍니다! 주여, 그 일을 행하소서. 그러면 우리가 당신의 은혜로우신 이름을 높일 것입니다.

3. 죄를 제거하는 데 걸리는 시간

이제 우리는 세 번째 요점으로 전환해야겠습니다. 그것은 죄를 제거하는데 얼마나 오랜 시간이 걸리느냐 하는 것입니다. "내가 이 땅의 죄악을 하루에 제거하리라."

죄를 쌓아 올리는 데에는 많은 날이 소요되었습니다. 하지만 한 날에 그것이 제거될 것입니다. 그 땅의 죄악은 그 백성이 그곳에 들어가는 때부터 시작되었습니다. 그들이 가나안에 들어간 지 얼마 지나지 않아 아간이 금지된 것을 취했고, 그는 나머지 사람들의 한 전형에 불과했습니다. 그들은 목이 곧고 반역적인 백성이었습니다. 그들의 본성은 여호와 그들의 하나님을 섬기는 것을 싫어했습니다. 수백 년 동안 사사들과 왕들의 시대, 그리고 포로의 시대를 지나면서, 그들은 끊임없이 하나님의 권위에 반항하기를 지속했고, 죄악을 쌓아 올렸으며, 마침내 그것이 산처럼 높아지게 했습니다. 하지만 죄의 무더기가 어마어마하게 쌓였을 때, 주께서 그것을 하루에 사라지게 하십니다. 그렇습니다, 우리의 죄도 쌓아 올려지는 데에는 오랜 시간이 걸렸습니다. 거기에는 우리의 어린 시절의 죄가 포함되고, 청년 시절의 죄도 포함되며, 그보다 더 나이 많은 시절의 죄도 포함되고, 어쩌면 노년의 죄도 이 죄들에 추가되었을 수도 있습니다. 자기 죄를 보면서 한 사람은 이렇게 말할 수도 있습니다. "저것은 사십 년 동안의 일이로구나." 다른 사람은 슬퍼하면서 이처럼 고백할 수도 있습니다. "저것은 칠십 년 동안 쌓인 것이로구나."

우리는 각각의 죄에 눈물을 흘릴 만하며, 오, 니오베(Niobe, 그리스 신화에서 테베의 왕비. 14명의 자녀를 자랑했으나 여신 레토에 의해 자녀를 모두 잃었고, 슬퍼하다가 돌로 변했다고 함-역주)가 될 만했습니다. 우리의 눈에는 구름과 비가 머물러야 했고, 우리 영혼은 자연이 낼 수 있는 모든 물기 많은 것들을 필요로 했습니다. 하지만 우리는 눈물을 그칠 수 있습니다. 비록 죄를 형성하는데는 많은 날이 걸렸지만, 주님께서 그 모든 것을 하루에 제거하신다고 말씀하시기 때문입니다. 이로 인하여 진실로 그분의 이름은 "기묘자"라 불릴 것입니다.

사랑하는 형제들이여, 이 죄악은 사람의 회개로 제거될 수 없다는 것을 유념하십시오. 한 사람이 죄를 회개한다 해도, 그것도 하루가 아니라 이만 년 동안 회개하는 것이 가능하다 해도, 그는 회개로 자기 죄를 제거하지 못합니다. 인간은 자기 죄에 대해 표백업자처럼 행동하려고 노력합니다. 그는 오염된 의복을 그것을 희게 해 줄 강력한 액체에 담그고, 오염물이 제거되기를 바랍니다. 하지만 그가 그것을 꺼낼 때, 만약 그의 눈이 성하다면, 그는 이렇게 말할 것입니다. "오호라! 오염이 전과 달라진 것이 없구나. 오염을 확실하게 제거할 것이라 여겼던 용액에 흠뻑 적셨지만, 심지어 내가 보는 동안에 오히려 다른 얼룩이 추가되었구나. 나는 좋아지기는커녕 더 나빠진 나를 보는구나. 더 아리고 강한 소금을 넣고, 더 강력한 잿물을 사용해야겠구나. 내 눈물의 농도를 더욱 짜게 만들고, 그것을 내 마음의 깊은 소금 우물에서 길어와야겠구나."

그는 자기 의복을 다시 적십니다. 하지만 매번 꺼낼 때마다 그의 눈이 보기에 오염은 더 심해지고, 전에 볼 때보다 그의 옷에 더 많은 오물이 묻은 것을 봅니다. 그때 그는 다시 가서 질산소다를 비롯하여 많은 비누를 가져옵니다. 하지만 그 모든 것을 다 쓴 후에, 그가 교회에 가서 기도를 반복하고 의식들에 참여할 때, 나는 그가 회개의 진정성을 무엇으로 증명할는지 모르겠습니다. 아! 죄악은 여전히 거기에 있으며, 또 거기에 있을 것입니다. 그가 무엇을 하건, 죄악은 거기에 있을 수밖에 없습니다. 하지만 죄인이여, 당신의 회개가 수천 년의 세월에도 할 수 없는 일을, 하나님은 당신을 위해 행하실 수 있으며, 그것도 단 하루에 행하실 수 있습니다.

이스라엘 백성은 아주 쓰라린 징계를 받았습니다. 여러 번 포로로 끌려갔고, 수없이 약탈당했습니다. 하지만 그렇게 자주 징계를 받았어도, 그들은 자주 자기들의 죄로 돌아갔고, 마침내 주께서 이렇게 말씀하실 정도였습니다. "너희가 어찌하여 매를 더 맞으려고 패역을 거듭하느냐?"(사 1:5). 자, 그토록 많은 징계의 세월이 제거할 수 없었던 것을, 하나님의 자비는 단 하루에 제거하십니다. 오, 여러분 가운데 어떤 이들은 얼마나 많은 매를 맞았는지요! 여러분은 재산을 잃었고, 어쩌면 이른 시기의 죄로 인해 건강을 잃었을 것입니다. 여러분은 가장 가까웠던 친구를 잃어버렸고, 몸으로도 재물로도 시련을 겪었습니다. 하지만 그 모든 것에도 불구하고 당신은 죄를 포옹하고, 그 죄책이 여전히 당신에게 달라붙어 있습니다. 아, 하지만 여호와 예수께서 그것을 하루에 제거하실 수 있습니다! 섭리가 할 수 없었던 일을 그분의 은혜는 할 수 있습니다. 한 날에, 무한한 자비는 그 죄를 제거할 수 있습니다.

이스라엘이 죄를 짓던 그 모든 세월 동안, 그들은 여전히 희생 제물을 바쳤지만, 그 제물들이 죄를 없애지 못했습니다. 그들이 매년 제물을 드려야 했으므로, 그들의 죄가 제거되지 않았던 것이 분명합니다. 죄가 제거되었다면 더 이상의 제물은 필요하지 않았을 것이기 때문입니다. 그처럼, 내 사랑하는 청중이여, 여러분이나 나의 제물이 죄를 없애지 못합니다. 소위 계몽되었다고 하는 이 19세기에도, 뻔뻔하게도 특별한 제사장 계층이라고 주장하며, 우리를 위해 하나님 앞에 제물을 바친다는 사람들이 여전히 있습니다. 자, 그들이 원한다면 그들 나름의 예배를 드리라고 하십시오. 바알의 제사장들이 크게 소리치도록 버려두고, 그들의 끔찍한 종말에 이를 때까지(참조. 왕상 19:40) 수고를 아끼지 말게 하십시오. 하지만 이런 식으로는 어떤 죄도 제거되지 않습니다. 골고다의 그리스도라는 한 가지 제물, 골고다에 죄를 짊어지고 가신 한 분, 그분만이 하루에 죄를 제거하셨고, 또 영원히 그것을 제거하십니다. 더 이상의 제물은 필요치 않으며, 새로운 피나 새로운 속죄도 필요하지 않습니다.

"마쳤도다. 그 거대한 일이 마쳤도다."

하늘이 만족하고, 정의가 만족하며, 자비는 자유로운 통로를 확보하고, 하나님이 영광을 받으십니다. 한 날에, 도움도 없이, 홀로, 혼자서, 하나님은 그 아들의 인격 안에서 그분의 택하신 백성의 죄를 제거하시고, 영원히 치우셨습니다.

이처럼 나는 하루에 죄악을 제거하시는 하나님의 놀라운 행동을 여러분에게 계속해서 제시할 수 있습니다. 지옥의 고통도 죄를 제거할 수 없고, 영원한 세월도 마찬가지입니다. 하나님의 임재에서 쫓겨난 죄인은, 일만 년의 일만 번이 지나도 여전히 범죄자로 남을 것이며, 여전히 하나님의 진노 아래에 있을 수밖에 없습니다. 그에게는 고통이 속죄를 이룬다는 희망이 없으므로, 하나님의 말씀이 참인 한, 그는 영원히 죄의 무게 아래에 있어야 합니다. 그러므로 그리스도인들 가운데서는 영원한 형벌 교리에 대해 어떤 의문도 있어서는 안 됩니다. 인간이 기록된 말씀보다 지혜롭지 않다면, 천국이 영원한 것처럼 지옥도 영원한 것입니다. "그들은 영벌에, 의인들은 영생에 들어가리라"(마 25:46). 두 가지가 한꺼번에 제시되었기 때문에, 여러분이 전자를 의심한다면, 후자도 의심할 수밖에 없습니다. 여러분은 한 측면에서는 하나님을 믿지 않으면서, 다른 한 측면만 관련하여 하나님을 바르게 믿을 수는 없습니다. 하지만 여기에 그리스도의 승리가 있습니다. 죄는 두려운 것이지만, 그분의 십자가는 더욱 영광스럽습니다. 하나님의 율법을 어기는 범죄는 끔찍하고, 누구도 그 거대한 깊이를 측량할 수 없을 정도로 끔찍하지만, 그리스도께서 이루신 속죄 곧 단 한 날에 자기 백성의 모든 죄를 영원히 제거하신 효과적인 속죄는 훨씬 더 영광스럽습니다. 오! 이것이 이 본문의 위대함입니다. 누가 그분이 말씀하시는 것처럼 말할 수 있겠습니까? 사랑하는 친구들이여, 나는 여러분이 그것을 느끼기를 바랍니다. 그편이 내가 그것에 대해 말하는 것보다 나을 것입니다. 단 한순간에 죄인을 누르던 모든 죄가 깨끗이 치워질 수 있다는 것은 문자 그대로 사실입니다. '하루에'라는 단어는 죄를 용서하시는 하나님의 행동이 즉각적이라는 것을 보여주기 위해 사용되었습니다. 그리스도는 그분의 고난과 죽음을 통해 하루에 죄를 치우셨습니다. 믿음은 그리스도를 우리에게 데려다줍니다. 그리고—

"한 죄인이 믿는 순간
십자가에 달리신 자기 하나님을 의지하는 순간,
그는 그분의 용서를 즉각 받게 되며
그리스도의 피로 온전한 구원을 얻게 되도다."

죽어가는 강도는 용서를 얻기 위해 한 달을 기다리지 않아도 되었습니다. 그렇지 않았다면, 그는 구원받지 못한 채 죽었을 것입니다. 그는 단지 "주여, 나를 기억하소서"라고 말했으며, 이런 대답이 왔습니다. "오늘 네가 나와 함께 낙원에 있으리라"(눅 23:42,43). 당신이 오늘 아침에 지옥에서도 가장 시커먼 죄인으로 시작했어도, 이 예배가 끝나기 전에, 하나님의 은혜가 당신을 만나준다면, 당신은 구주의 보혈로 깨끗해질 수 있습니다. 어둠에서 기이한 빛으로 들어가고, 사망에서 영적 생명으로 옮겨지는 놀라운 변화에 대해 누가 제대로 묘사할 수 있을까요? 영원하신 성령께서 당신 안에 그런 변화를 이루어주시길 바랍니다. 이 변화는, 도덕적으로 살았고 인간이 규정한 법률의 경계를 지켜온 보통의 죄인들에게만 가능한 것이 아니라, 죄인들 가운데 최악인 사람들, 가장 타락하고 부패하고 버려졌으며, 범죄의 극단까지 이른 자들에게도 가능하다는 것을 기억하십시오.

믿음이 발휘되면, 한 날에 당신의 죄책은 모두 치워질 것입니다. "내가 너를 용서하노라"는 위대하신 왕의 한 말씀에, 모든 죄가 사라집니다. 그리스도께서 죄 많은 여인에게 "네 죄 사함을 받았느니라"(눅 7:48)고 하셨을 때, 그 여인은 그때 그 자리에서 용서받았습니다. 같은 음성이 성령의 능력으로 오늘 몇몇 사람의 마음에 들려지기를 바랍니다. 그러면 그들은 의로워져서 이 자리를 떠나며 이렇게 말할 수 있을 것입니다. "누가 능히 하나님께서 택하신 자들을 고발하리요. 의롭다 하신 이는 하나님이시니 누가 정죄하리요."(롬 8:33,34).

4. 죄를 제거하는 분

어떤 이는 여기서 지체하기를 바랄 것입니다. 하지만 그럴 수가 없습니다. 네 번째로, 죄악을 하루에 제거하는 이는 누구인가 하는 점에도 주목해야 하기 때문입니다.

여기에 본문의 요점이 있습니다. "내가 이 땅의 죄악을 하루에 제거하리라." '내가', '내가', '내가'(KJV에 일인칭 주어 'I'가 세 번 나옴-역주), 그것이 기적을 설명합니다. 하나님이 하실 수 없는 일이 무엇입니까? 그분은 태양도 그 자리에서 뽑으실 수 있으며, 밤의 등불도 끄실 수 있고, 하늘을 흔드시고, 바다를 마르게 하실 수 있습니다. 아무것도 하나님께는 불가능하지 않습니다. "내가 이 땅의 죄악을 하루에 제거하리라." 여호와께서 일에 손을 대실 때, 그 일은 끝난 것입니다. 그분 없이는 모든 것이 실패할 수밖에 없습니다. 하지만 그분이 행하실 때, 얼마나 손쉽게 그 일이 성취되는지요! 여러분이 죄의 용서를 얻게 된다면, 그 주체는 항상 하나님이십니다. "나 곧 나는 나를 위하여 네 허물을 도말하는 자니 네 죄를 기억하지 아니하리라"(사 43:25). 그분이 어떻게 '나'로서 거기에 계시는지를 보십시오. "나 곧 나는 나를 위하여 네 허물을 도말하는 자니 네 죄를 기억하지 아니하리라." 여호와만이 홀로 영혼을 향해 "내가 너의 구원이다"라고 말씀하실 수 있습니다. 하나님 한 분 외에 누가 죄를 사할 수 있습니까? 오직 그분만이 당신의 모든 죄악을 사하십니다. 그분이 우리 죄의 짐을 예수님에게 지우셨고, 그분이 친히 우리에게서 죄를 가져가셨습니다. 용서하는 분은 주님이시며, 영원히 씻는 분도 주님이십니다. 그러므로 오, 지친 죄인이여, 죄로 눌린 당신이여, 희망을 가지기 바랍니다. 다른 것으로는 행해질 수 없는 일을 하나님은 하실 수 있습니다.

'나'라는 단어로 좀 더 지체하겠습니다. 그 단어를 좀 더 설명해보겠습니다. 여호와의 '나'는 하나이면서, 동시에 셋입니다. 우선 "주 예수 그리스도의 은혜가 너희 무리와 함께 있을지어다"(고후 13:13). 그가 "내가 이 땅의 죄악을 하루에 제거하리라"고 말씀하시는 분입니다. 그분이 우리 소망의 유일한 초석이 되신 분입니다. 그 초석에는 일곱 눈이 있고, 그분이 십자가에 달리시고 옆구리에 창이 찔리실 때, 조각가의 도구로 그의 이름이 새겨졌습니다. 그분이 자기 백성의 죄악을 하루에 제거하신 분이며, 그것을 짊어지심으로써, 그 모든 죄에 대해 전능자의 공의에 보상하심으로써 그 일을 이루셨습니다. 그러므로 십자가에 달리신 그분을 보십시오. 그분이 못 자국난 그의 손을 드시고, 옆구리의 상처를 보이시며 말씀하십니다. "죄인이여, 나를 보라, 내가 너의 죄악을 하루에 제거하리라."

또한 "하나님의 사랑이 너희 무리와 함께 있을지어다"(고후 13:13). "내가 이 땅의 죄악을 하루에 제거하리라" 말씀하시는 분은 아버지(the Father)이십니다. 돌아온 탕자가 말했습니다. "아버지, 내가 죄를 지었습니다"(눅 15:21). 그때 그의 누더기를 벗기고 살진 송아지를 잡으라고 명한 이는 그의 아버지, 바로 탕자가 죄를 범했다고 고백한 그의 아버지였습니다. 잃었다가 찾았고, 죽었다가 다시 살아난 아들을 기뻐한 이는 그의 아버지였습니다. 그렇게 아버지는 자기 자녀들의 죄를 제거하십니다.

또한 "성령의 교통하심이 너희 무리와 함께 있을지어다"(고후 13:13). "내가 이 땅의 죄악을 하루에 제거하리라"고 말씀하시는 분은 또한 성령이십니다. 성령은 예수의 피, 곧 아버지께서 우리에게 주신 예수가 흘린 피를 가져오셔서 양심에 적용하시고, 마음에 뿌리시며, 그래서 하나님이 보시기에 그리스도의 죽음에 의해 깨끗하게 된 이들을 실제적이며 경험적으로 깨끗하게 하십니다. "내가 그것을 제거하리라." 오, 당신은 마음 안에서 하루에 당신의 죄악을 제거하시는 성령의 능력을 느껴보았습니까? 나는 내 죄악이 제거되었을 때를 결코 잊지 못합니다. 그것은 정녕 한순간이었습니다. 나는 비참했고, 비참함 그 이상이었습니다. 내 죄들이 나를 놀라게 하고 두렵게 했습니다. 그것들은 나로 지옥문 계단에 앉게 했습니다. 하지만 "땅의 모든 끝이여 내게로 돌이켜 구원을 받으라"(사 45:22)는 말씀을 내가 듣고 이해했을 때, 그 광경이 어떻게 변했는지요! 그때 나는 예수님을 바라볼 수 있었고, 한 번의 바라봄이 산들을 치웠습니다. 내가 바라보았을 때, 내 죄악이 용서되었고, 내 기쁨이 넘쳤습니다. 내가 예배당 자리에 계속 앉아 있기 위해서 나 자신을 억제하고 감정을 억눌러야 했습니다. 만약 그 감리교인이 "할렐루야"를 외쳤더라면, 나도 그들 가운데서 가장 크게 "할렐루야"라고 외쳤을 것입니다. 오, 용서의 행복이여, 그것이 성령에 의해 왔을 때 얼마나 기뻤던지요!

내 형제들이여, 여러분은 그 구절을 들을 수도 있고, 또 읽을 수도 있습니다. 듣고 읽는 이 두 가지가 모두 유용합니다. 나는 여러분이 계속해서 듣기도 하고 읽기도 바랍니다. 하지만 그것만으로는 충분치 않습니다. 여러분이 내면에서 하나님으로부터, 여러분이 잘못을 범했던 그분으로부터, 살아있는 능력으로 그 말씀을 받는 것이 중요합니다. 여러분은 오직 예수님을 바라봄으로써 용서와 평화를 찾을 수 있습니다. 여러분 자신을 그분의 사랑의 품에 던지는 단순한 행동이 그것을 가져다줄 것이며, 다른 어떤 것으로도 그렇게 되지 않습니다. 그것은 즉시 올 것이며, 갑자기 올 것입니다. 그리고 그것이 올 때 그것은 여러분에게 끝을 알 수 없는 복의 결과들을 가져올 것입니다. 하나님이 말씀하십니다. "내가 그 일을 행하리라." 그러므로 용서받은 여러분이여, 영광과 능력을 주께 돌리십시오! 그분의 이름에 합당한 영광을 주께 돌리십시오! 여러분의 노래를 가지고, 행진하며 노래하십시오! "여호와여, 주께서 전에는 내게 노하셨으나 이제는 주의 진노가 돌아섰고 또 주께서 나를 안위하시오니 내가 주께 감사하겠나이다"(사 12:1). 여러분이 찬송가 시인의 달콤한 가사로 여러분의 기쁨을 표현하기로 정한다면 아주 잘하는 것입니다.

"예수님이 결국
나의 구원과 힘이 되셨으니,
내가 사는 날 동안, 나의 즐거운 노래 곧
그분을 찬미하는 노래를 그치지 않으리.

너희는 그의 영광스러운 이름을 노래하라,
그분의 높은 명성을 선포하라.
그는 찬양을 받기에 합당하시니,
그의 행위가 뛰어나도다."

천국에 오를 때까지 여러분의 노래를 계속하십시오. "우리를 사랑하사 그의 피로 우리 죄에서 우리를 해방하신 이에게, 영광과 능력이 세세토록 있기를 원하노라"(계 1:5,6).

5. 용서 뒤에 따르는 상태

이제 말씀을 맺겠습니다. 본문에서 마지막 요점은 용서 뒤에 따르는 상태에 관한 것입니다. "그날에 너희가 각각 포도나무와 무화과나무 아래로 서로 초대하리라"(10절). 그렇습니다, 용서가 오는 곳에는 평화가 따릅니다.

전시에는 무화과나무가 베어지고 포도나무는 파괴됩니다. 그렇지 않더라도, 거주민들은 실내에 갇혀 지내고, 종종 땅굴로 내몰려 그곳을 피난처로 삼습니다. 하지만 본문의 그림은 자기 정원에 편안히 앉은 사람들, 울창한 포도나무가 그늘을 드리워주는 마당에 앉은 사람들을 우리에게 보여줍니다. 본문의 이 구절은 평화의 장면을 감탄스럽게 묘사합니다. 각 사람이 포도나무와 무화과나무 아래에 있습니다. 나는 왜 사람들이 기도할 때 성경을 제대로 인용하지 못하는지를 의아하게 여깁니다. 그렇게 하는 사람들은 아주 소수입니다. 나는 "그들 모두가 각기 포도나무와 무화과나무 아래에 앉을 것이며, 감히 그들을 두렵게 할 자가 없을 것입니다"라는 기도를 자주 들었습니다. 나는 그것을 성경에서 찾고 싶었습니다. 그 본문은 미가서에 있습니다. "그들을 두렵게 할 자가 없으리라"(미 4:4). 그들이 감히 그렇게 하려고 해도, 그렇게 하지 못합니다. 그것이 요점입니다. 그들은 감히 그렇게 하려고 합니다. 하지만 그럴 수가 없습니다. 사탄의 뻔뻔스러움은 한이 없습니다. 그는 감히 무슨 일이건 하려 합니다. 그렇지만 그는 그렇게 할 수 없습니다. 우리의 본문은 그 사실을 언급하진 않지만, 어떤 원수도 용서받은 사람을 괴롭히지 못한다는 것을 내포합니다. 용서받은 영혼은 평안에 거하는 영혼입니다. 하나님이 나를 용서하시면, 아무것도 나를 괴롭히지 못합니다. 루터는 말했습니다. "치십시오, 주님, 원하신다면 치십시오, 이제 당신이 저를 용서하셨으니 저는 당신의 매를 견딜 것이며 또 노래할 것입니다." 오, 그렇습니다! 죄가 용서된다면, 아무것도 우리에게 해를 가하지 못합니다. 우리에게 독은 제거되었고, 찌르는 것은 떠났으며, 악은 소멸되었습니다. 우리는 죄의 용서 안에서 우리를 괴롭힐 수 있는 모든 것에 대해 해독제를 가지고 있습니다. 우리는 평화를 누릴 것이며 또 누려야 합니다.

하지만 본문은 또한 친밀한 이웃 관계를 내포합니다. 그들은 각자 포도나무와 무화과나무 아래에 앉아서 "하나님께 영광을! 나는 용서받은 사람이라네. 나는 구원받았네. 나는 내 이웃들에 대해서는 조금도 신경 쓰지 않는다네"라고 말하지 않습니다. 그렇지 않습니다. 은혜를 입은 영혼이 자기 이웃을 초대합니다. 이웃을 초대하여 친교를 나누길 원합니다. 은혜는 세상에서 가장 우호적인 것입니다. 그리스도의 백성은 양으로 부름을 받았고, 양들은 서로 모여 삽니다. 여러분은 양을 한 마리씩 따로 만나는 것이 아닙니다. 그들은 떼 지어 다니고, 함께 있기를 좋아하고, 좋은 교제를 사랑합니다. 그처럼 여러분은 하나님의 백성도 좋은 교제를 유지하는 사람들인 것을 발견할 것입니다. 나는 그들이 큰 오락을 즐기고, 한가로운 잡담을 좋아한다고 말하는 것이 아닙니다. 그들은 이런 식으로 묘사됩니다. "그때에 여호와를 경외하는 자들이 피차에 말하매 여호와께서 그것을 분명히 들으시고"(말 3:16).

어떤 이가 말했습니다. "태버너클에서 어떤 친구들은 예배 후에 서서 서로 얘기하느라고 계단을 막는다." 음, 만약 당신이 그리스도에 관해 말하고, 거룩한 일들에 관하여 말한다면, 더 많이 말할수록 더 좋습니다. 거룩한 대화에 대해서는 정량을 정해놓을 필요가 없습니다. 만약 당신이 이웃을 비난한다면, 혼자 집에 있기 바랍니다. 만약 당신이 남의 소문 이야기나 하고 추문이나 나눈다면, 당신은 태버너클 교회의 계단에서 그렇게 할 권리가 없습니다. 아니, 어디에서도 그렇게 할 권리가 당신에게 없습니다. 남을 깎아내리는 험담은 언제나 악한 것입니다. 하지만 우리의 대화가 예수님에 관한 것이라면, 우리가 서로 더 많이 말하고, 더 많이 교제할수록, 지상에 있는 하나님의 집은 천국에 있는 하나님의 집 같을 것입니다. 하나님이 경직된 점잔빼기에서 우리를 구원하시길 바랍니다. 다른 한편으로, 우리가 하나님이 우리를 위해서 행하신 일과 그분의 백성 모두를 즐거워할 수 있기를 바랍니다. 그래서 우리가 성도의 거룩한 형제 우애에 대해 더욱 친밀히 알아가기를 바랍니다. 무화과나무 아래에 단지 앉아 있지만 말고, 각 사람이 자기 이웃을 부르십시오. 이렇게 말하십시오. "나와 함께 즐거워합시다. 와서 나의 기쁨을 도와주세요. 나는 혼자서는 즐거워할 수가 없답니다. 하나님을 경외하는 여러분이여, 오셔서 하나님이 내 영혼에 행하신 일을 들어보세요!" 우리는 심지어 우리 주변에 거하는 이방인조차도 이렇게 말할 수 있게 해야 합니다. "주께서 그들에게 큰 일을 행하셨습니다." 그러면 우리는 또 이렇게 말할 것입니다. "그렇습니다, 주께서 우리를 위해 큰 일들을 행하셨고, 우리는 그 때문에 기뻐합니다." 그리스도인의 교제, 그리스도인의 친교, 그리스도인의 우정, 그리스도인의 상호 대화는, 아주 바람직하고 또 적절한 것입니다. 죄가 용서되고 평화가 심어지는 곳에, 그것은 확실히 따르는 현상입니다.

하지만 본문에는 평화와 친밀한 이웃 관계뿐 아니라 위로도 있다는 것을 언급해야겠습니다. 그들은 앉을 수 있고, 슬픔 중에서 함께 앉을 수 있습니다. 하지만 이 경우에 그들은 위로 속에서 포도나무 아래에 앉습니다. 그 넓은 잎사귀들이 그늘을 제공합니다. 무화과나무 아래, 거기에서도 역시 한낮의 열기를 피할 시원한 휴식처를 찾을 수 있습니다. 그리고 오! 믿는 자들이 친교를 위해 서로 만났을 때, 그들은 성령 안에서 얼마나 위로를 얻는지요! 나는 오늘 오랫동안 이곳을 떠나있다가 많은 고난을 겪었던 한 자매를 보고 기뻐하지 않을 수 없었습니다. 그녀가 이렇게 말했습니다. "오, 내가 주일과 주중에 태버너클 교회에 갈 수만 있다면 내가 겪는 고난에는 개의치 않을 것입니다. 그곳에 가면, 적어도 한두 시간은 고난을 잊을 수 있고, 떠날 때는 다시 그것에 맞설 힘을 얻으니까요." 그리스도의 그늘에 앉을 때, 그분의 진리의 잎사귀 아래에 앉을 때, 그분의 친밀한 사랑이 방울방울 떨어지는 곳에 앉을 때, 그리스도인의 교제는 아주 달콤하게 됩니다. 예수님이 우리 모임에 가까이 오실 때, 어떤 사람은 만약 천국이 여기보다 좋은 곳이라면 그곳은 정녕 좋은 곳이 틀림없다고 느낍니다. 우리는 영화로운 성도들의 기쁨을 간절히 고대하기에, 넘치는 기쁨에 압도되기도 합니다.

하지만, 그들이 누리는 것은 위로뿐 아니라, 풍성한 즐거움과 필요의 충분한 공급도 있다는 것에 주목하십시오. 그들은 포도나무 아래에 앉습니다. 거기에는 그들이 마실 포도주가 있습니다. 그들은 무화과나무 아래에 앉습니다. 거기에는 그들이 먹을 무화과가 있습니다. 그처럼 하나님이 용서와 평화를 주실 때, 그분은 우리 영혼을 좋은 것으로 만족하게 하십니다. 예수 그리스도 안에서, 우리가 그분의 기쁨의 그늘에 앉을 때, 그분의 열매들이 우리의 입맛에 달콤할 것입니다.

"내 능력으로 바랄 수 있는 모든 것을
그리스도 안에서 풍성히 얻으리.
내 눈에 어떤 빛도 그보다 귀하지 않고
어떤 우정도 그보다 달콤할 순 없으리."

이제, 아직 구원받지 못하고 그 상태로 머물러 있는 여러분이여, 나는 여러분이 친교를 구하고, 모든 사람을 자기 이웃으로 부르는 것을 이해할 수 있습니다. 여러분은 말합니다. "오라, 떠들썩하게 즐기자꾸나. 내일 죽을 터이니 우리가 함께 먹고 마시자. 안식일을 어기고, 하나님의 언약을 깨고, 그분의 줄을 우리에게서 풀자." 나는 그것을 이해할 수 있습니다. 나는 또한 당신이 지상에서 유지하는 교제가 영원히 당신이 유지해야 할 교제라는 것을 당신도 이해하리라고 믿습니다. “불사르게 단으로 묶으라”(마 13:30)가 주님의 명령일 것입니다. 유유상종입니다. 지상에서 그리스도를 떠나는 사람은 그분이 이렇게 말씀하시는 것을 들을 것입니다. “저주를 받은 자들아 나를 떠나라”(마 25:41).

오, 여러분이 하나님을 찾고, 또 하나님의 백성을 찾기를 바랍니다. 하지만 하나님을 사랑하는 여러분에 대해서는, 은혜가 여러분의 마음을 다스리고 있다면, 여러분이 거룩한 교제를 갈망하고 있음을 느낄 것이라고 나는 확신합니다. 여러분의 교제는 여러분이 사랑하는 이와의 교제이며, 또한 여러분이 장차 예수님과 함께 있을 소망의 교제일 것입니다. “오, 하지만 하나님의 백성들은 많은 결점이 있습니다!” 내 친구여, 당신도 마찬가지입니다. 하지만 교회의 그 모든 결점에도 불구하고—

> “내 영혼은 여전히 시온을 위해 구하며
> 생명의 호흡이 남아 있는 동안 기도하리;
> 내 가장 좋은 친구들과 친족들이 거기에 거하니
> 거기서 내 구주 하나님이 다스리시네.”

그리스도께서 함께 하시는 교제보다 더 좋은 교제는 없으며, 그리스도께서 거하시는 집보다 더 좋은 집은 없습니다. 예수의 피로 구속받은 택하신 백성 가운데 헤아림을 받는 한, 기꺼이 하나님의 집 문지기가 되고, 교회의 가장 작은 자가 되기를 기뻐하는 우리가 되기를 바랍니다. 하나님께서 그분의 이름을 위하여 우리에게 완전한 용서, 완전한 평화를 주시길 바랍니다. 아멘.

제
4
장

황금 등잔과 그 풍성한 교훈들

"내게 말하던 천사가 다시 와서 나를 깨우니 마치 자는 사람이 잠에서 깨어난 것 같더라. 그가 내게 묻되 '네가 무엇을 보느냐?' 내가 대답하되 '내가 보니 순금 등잔대가 있는데 그 위에는 기름 그릇이 있고 또 그 기름 그릇 위에 일곱 등잔이 있으며 그 기름 그릇 위에 있는 등잔을 위해서 일곱 관이 있고, 그 등잔대 곁에 두 감람나무가 있는데 하나는 그 기름 그릇 오른쪽에 있고 하나는 그 왼쪽에 있나이다' 하고
다시 그에게 물어 이르되 '금 기름을 흘리는 두 금관 옆에 있는 이 감람나무 두 가지는 무슨 뜻이니이까?' 하니, 그가 내게 대답하여 이르되 '네가 이것이 무엇인지 알지 못하느냐?' 하는지라. 내가 대답하되 '내 주여 알지 못하나이다' 하니, 이르되 '이는 기름 부음 받은 자 둘이니 온 세상의 주 앞에 서 있는 자니라' 하더라" - 슥 4:1-3, 12-14

선지자는, 우리에게 그의 환상을 소개하며 말할 때, 마치 사람이 잠에서 깨어나는 것처럼 천사에 의해 깨어나야 했습니다. 그의 생각은 둔하고 무거웠습니다. 아마 그는 피곤하고 지쳤던 것 같습니다. 여러분도 종종 비슷한 무기력을 느끼지 않습니까? 하나님이 여러분의 영혼에 계시하시는 진리의 말씀들을 연구할 정신이 되려면, 여러분은 먼저 깨어날 필요가 있습니다. 묵상을 시작할 때, 마치

사람이 잠에서 깨어나는 것처럼 우리를 깨어나게 해 달라고 주님께 기도하는 것이 좋습니다. 신령하고 신비로운 능력이 우리를 조용히 덮을 수 있고, 또 우리를 권태에서 깨어나게 할 수 있습니다. 여러분은 그것을 느껴보았습니까? "부지 중에 내 마음이 나를 내 귀한 백성의 수레 가운데에 이르게 하였구나"(아 6:12). 전에 나는 느렸으나, 성령이 오셨을 때, 그때 옛 말씀이 이루어졌습니다. "나를 인도하라. 우리가 너를 따라 달려가리라"(아 1:4). 성령의 만지심이 내 재능을 강화하고, 우리의 사고 능력은 크게 확장됩니다. 우리는 전에 한 번도 열어볼 수 없었던 신비를 열어볼 열쇠를 얻습니다. 오소서, 복된 성령이여, 이 시간 당신의 잠든 자녀들 각 사람에게 오셔서, 우리를 깨워주소서. 우리로 당신이 우리 앞에 나타내고자 하시는 것을 보게 하소서. 당신이 잠에서 부르셨던 어린 사무엘처럼, 우리 각 사람은 진심으로 대답할 것입니다. "말씀하옵소서 주의 종이 듣겠나이다"(삼상 3:10).

사랑하는 친구들이여, 자연적으로는 우리는 영적으로 가려진 세계에서 살고 있습니다. "이 세상의 임금"(요 12:31), "공중의 권세 잡은 자"(엡 2:2)는 무지와 죄를 사랑하는 어둠의 영입니다. 어둠이 마치 애굽에서 그랬던 것처럼 온 세상을 덮고 있으며, 그 어둠이 인간의 영혼에 느껴질 정도입니다. 우리는 이 어둠이 짙어져 캄캄한 한밤중처럼 되지 않을까 종종 두려워합니다. 우리가 일상의 직업에 종사하는 사람들과 뒤섞여서 그들의 불경스러운 언어를 들을 때, 또 우리가 자기 동료 인간들에게서 좋은 평판을 얻는 사람들 가운데서 만연한 분노의 격정, 세속적인 성향들, 세상의 책략들을 볼 때, 비록 우리가 하나님의 자녀이지만 고통을 느끼지 않을 수 없습니다. 세상은 너무나 몽매하고 마음을 정결하게 하는 지식이 결핍되어 있기 때문입니다. 우리의 거룩하신 주님이 이 지구에 복된 발을 디디신 지 거의 1900년이 지났으나, 세상은 여전히 악한 자의 발굽 아래에서 고통을 당하고 있습니다. 태양이 이 애굽에 떴지만, 끔찍한 한밤의 어둠이 죄악된 사람들을 덮고 있습니다. 그래서 우리는 어느 정도 낙담하기가 쉽고, 하나님을 아는 지식의 빛이 점차 희미해지지 않을까, 그래서 결국에는 완전히 꺼져버리지는 않을까 비관하기가 쉽습니다. 그러면, 세상은 결국 어떻게 될까요? 만약 하나의 황금 촛대가 그 자리에서 치워지면, 만약 세상의 빛인 자들이 모두 제거되면, 어두운 곳에 비치는 빛과 같은 예언의 확실한 말씀이 사라지게 되면, 그때는 끔찍한 어둠만 남지 않겠습니까?

이제, 나는 스가랴의 환상이 그에 대한 모든 두려움을 제거할 수 있다고 생각합니다. 사나운 바다를 건너는 사람들을 안내하고, 영원한 파선의 위험에서 그들을 보존하기 위해 하나님이 빛을 밝히신 등대들은, 언제까지나 그 불빛을 깜빡일 것입니다. "의의 태양"이 떠오를 때까지, 저 등불은 꺼지지 않을 것입니다. 어둠의 세력들이 그것을 끄기 위해 무슨 일을 시도하고 궁리하더라도, 주님께서 그 빛이 비치도록 돌보실 것이기 때문입니다. 여러분이 붙잡기를 내가 호소하는 것은 바로 이 생각입니다. 그 생각이 여러분의 믿음을 강하게 하고 여러분의 마음에는 위로를 줄 것입니다. 한번 밝혀진 하나님의 은혜의 빛은 절대 꺼지지 않습니다. 이를 위해 나는 여러분이 이 흥미로운 비유에 관심을 기울이도록 초대합니다. 이 비유는 선지자 스가랴가 보았고 묘사했던 놀라운 환상 속에 포함되어 있습니다.

1. 인간에게 비추기 위해 하나님이 마련하신 등불

우선, 눈을 돌려 이 위대한 광경을 보십시오. 여러분에게 요청합니다. 하나님이 인간들을 비추려고 마련하신 놀라운 등불을 보십시오. "그가 내게 묻되 네가 무엇을 보느냐?" "내가 대답하되 내가 보니 순금 등잔대가 있는데 그 위에는 기름 그릇이 있고, 또 그 기름 그릇 위에 일곱 등잔이 있으며, 그 기름 그릇 위에 있는 등잔을 위해서 일곱 관이 있나이다." 여기에 한 등잔대가 있습니다. 그것은 그것을 응시하는 모든 이의 주목을 요구합니다. 그것은 값비싼 물건이요, 아주 진기한 형태를 갖추고 있으며, 지혜의 작품이며, 지존자의 성막의 성소에 두기 적합한 것입니다. 그것은 모세가 하나님께 받은 형태의 등잔대를 닮았지만, 어떤 면에서 그것과는 다릅니다.

그 물체 자체보다 그것이 있는 자리를 더 주목할 만합니다. 그것이 옥외에 서 있다는 점을 주목하기 바랍니다. 옛 언약 아래에서 등잔대는 성소 안에 있어서 오직 제사장만이 그것을 볼 수 있었습니다. 일반 대중에게는 보는 것이 금지되었습니다. 우리는, 유대 의식이란 상징들로 가득하고 그 백성의 예배는 너무나 물질적인 성격의 예배여서, 보이지 않는 분을 영적으로 숭배하도록 영혼을 일깨워주는 것은 거의 혹은 전혀 없다고 생각하기가 쉽습니다. 하지만 그렇지 않습니다. 보통의 백성에게는, 우리에게 대한 것보다 더 상징적인 것은 거의 없었습니다. 성소 안에 많은 상징물이 있었다는 것은 사실이지만, 그중에서 하나라도 볼 수 있는 사람은 하나님의 백성 가운데 극소수였습니다. 모형들에 관해서는 유대인들이 알았던 것보다 우리 자신이 훨씬 더 잘 안다고 보는 것이 타당합니다. 예배는 이스라엘 진영에서 가시적이지 않았으며, 밀폐된 공간 안에서 드려진 것입니다. 그 백성이 가나안에 정착했을 때, 실질적인 성전 구역은 그 땅에 거하는 무수한 사람 가운데 소수만을 수용할 수 있었습니다. 성소 안에 있는 '지성소'에는, 대제사장이 일 년에 한 차례만 들어가는 것을 제외하고는, 아무도 들어갈 수 없었습니다. 팔레스타인의 넓은 지역에서 하나님께 예배드렸던 백성 가운데 대다수는 성소나 성전을 볼 수도 없었을 것입니다. 예루살렘에 올라갔을 때, 그들은 성소의 기구나 성물들에 대해서 마치 그들이 그것들을 조사하도록 허용받은 것처럼 질문했다기보다는, 그저 휘장 안에 상징들이 있다고 믿었던 것입니다. 그들의 예배는 우리가 흔히 상상하는 것보다는 덜 가시적이었습니다. 물질적인 상징물들 대부분이 증언을 통해 그들에게 알려진 것이지, 그들의 감각으로 확인된 것이 아니었습니다.

마치 아직은 하나님의 빛이 사람들에게 충만하게 비치지 않은 것을 우리로 알게 하시려는 것처럼, 또한 은혜와 진리가 아직은 충만하게 계시되지 않았으며, 그리스도께서 아직 오지 않으신 것을 우리로 알게 하시려는 것처럼, 일곱 가지로 된 황금 등잔대는 이스라엘 대중의 시야에는 가려져 있었습니다. 그것은 천막으로 둘러싸인 채 성소 안에 보관되었습니다. 하지만 스가랴가 보았던 등잔은 바깥에 있었습니다. 이에 대해서 우리는 확실히 알 수 있는데, 그는 두 감람나무가 각각 등대 양쪽에서 자라는 것을 보았기 때문입니다. 그것은 열린 공간에 있었던 것입니다.

사랑하는 이여, 오늘날 "성소의 휘장은 찢어져 둘이 되었습니다"(마 27:51). 전에 신비였던 것이 이제는 우리에게 분명해졌습니다. 지금 우리는 예수님을 보며, 또한 예수님을 보면서 옛 선지자들과 왕들의 눈으로 볼 수 없었던 빛을 봅니다. 비록 그들이 그것을 보기를 열망했으나, 그들은 그것을 보지 못하고 죽었습니다. 주의를 기울여 이 등불을 집 밖에 두도록 합시다. 누구도 그것을 가두어두지 못하도록 합시다. 복음이 일반 대중에게 분명하게 전해지도록 합시다. 예수 그리스도의 아름다운 이름이 여러분의 거리 구석마다 선포되도록 합시다. 여러분이 접근할 수 있는 모든 곳에서, 다른 이에게는 구원이 없다는 것을 사람들에게 알게 하고, 예수를 믿는 모든 자는 죄 사함을 받을 수 있음을 알게 합시다. 어떤 사람들은 종교적 의식을 준수함으로써 황금 등잔을 덮으려고 합니다. 다른 사람들은 철학적인 트집과 신학적인 허튼소리로 그것을 멀리 감추려고 합니다. 하지만 여러분들로서는 "산 위에 있는 동네가 숨겨지지 못하게"(마 5:14) 하십시오. 여러분이 은밀한 중에 들은 것을 대낮에 말하십시오. 여러분이 골방에서 들은 것을 지붕 위에서 크게 전파하십시오. 등대를 들어 그 불빛이 온 땅과 바다 건너까지 비치게 하십시오. 복음의 불길이 땅의 가장 먼 곳에 사는 사람에게까지 빛을 발하게 하여, 그들이 "이 빛이 무엇이냐? 어디서 이 빛이 온 것이냐?"라고 묻게 만드십시오. 그러면 여러분은 이렇게 대답할 것입니다. "그것은 주님의 등불입니다. 그것은 전에는 특정한 백성 가운데서 감추어졌으나, 이제는 그리스도 예수 안에서 열방 앞에 나타난 것입니다. 한때는 모형과 상징으로 감추어졌었지만, 이제는 우리에게 비유로 말씀하시지 않고 분명하게 아버지에 대해 말씀하시는 분에 의해 확실해졌습니다."

다음으로, 그것이 순금 등잔이었다는 점에 주목하시기 바랍니다. 이는 매우 중요한 사실입니다. 우리는 그것이 '순금 등잔대'였다고 강조하여 표현하는 것을 읽습니다. 성막의 주요 기구들은 모두 금이었으며, 나는 이것이 하나님이 밝히신 등불이 가장 고귀함을 시사한다고 생각합니다. 이 등잔대가 나타낸다고 말할 수 있는 교회는 하나님이 만드신 것으로서 순금으로 되어 있습니다. 지상에서 하나님의 교회의 교제 안에서 서로 연합된 자들은 거룩한 백성이어야 하며, 주님 보시기에 모든 금속 가운데서 귀중한 보배와 같습니다. 거기엔 어떤 찌끼나 주석의 혼합물이 있어서는 안 됩니다. 육신적인 사람들과 단순한 형식주의자들을 부주의하게 받아들여서는 안 되며, 하나님이 택하신 자들, 그분이 보시기에 고귀하고 고결한 자들이 있어야 합니다. 금빛을 발하는 등잔은 그 자체로 금이어야 합니다.

주님은 거룩하지 않은 교회를 그분의 빛을 발하는 도구로 쓰지 않으실 것입니다. 교리에서 변절이 있고, 영적 생명이 부재하며, 성결한 행위가 결핍된 교회를 주님은 쓰시지 않을 것입니다. 그분의 거룩한 이름이 사람들 가운데서 더럽혀지지 않도록 하기 위해서입니다. 그분의 등잔대는 전체가 순금으로 되었습니다. 그분의 백성은 "특별한 백성"이며, 그분에게 "깨끗한" 백성이며, "선한 일을 열심히 하는" 백성입니다(딛 2:14). 만일 누군가 종교적으로 보이면서도 죄 안에서 즐거워하는 사람이 있다면, 순결에서 실패하는 사람들이 있다면, 그 사람이

나 그 사람들에게는 빛을 발할 능력이 없습니다. 그들의 부패 때문에 그들은 우리의 "애찬에 암초"(유 1:12)이며, 우리의 빛의 밝기를 흐리게 하는 안개입니다. 경건하지 않은 교회는 주님의 촛대가 될 수 없습니다. 불의에서 즐거움을 찾는 사람들은 사망의 그늘처럼 해로운 영향을 끼칠 것입니다. 그들이 어둠의 임금을 섬기는 동안에 어찌 빛을 발할 수 있단 말입니까? 하나님이 세상에 교회를 세우시고, 그분의 이름을 증언하게 하시며 빛을 널리 발하게 하신 것은, 그분의 은혜가 교회로 "여호와께 성결"하도록 만드시고 지키시기 때문입니다. 그것이 얼마나 큰 은혜인지요. 하나님의 교회를 사랑합시다. 우리는 어떤 하나의 회중이, 혹은 일천이나 되는 회중이라도, 하나님의 교회 전체를 포괄한다고 생각해서는 안 됩니다. 우리로서는 "주의 성전은 우리다"라고 말해서는 안 됩니다. 하나님이 금하십니다. 하나님에게는 온 세상에 흩어진 백성이 있습니다. 믿음에서 벗어난 교회들에서도, 여전히 세상에서 그 옷을 더럽히지 않은 주님의 남은 자들이 있습니다. "만군의 여호와가 이르노라 나는 내가 정한 날에 그들을 나의 특별한 소유로 삼을 것이라"(말 3:17). 우리는 전투하는 교회를 위해, 그분의 택하신 전체 백성, 주의 속량을 받은 자들, 성령에 의해 소생된 자들, 부름을 받은 사람들, 참된 에클레시아(교회), 주님의 총회를 위해 기도합시다. 왜냐하면 이들이 그분의 등잔대들이며, 숨겨질 수 없는 "산 위에 있는 동네"(마 5:14)로 우뚝 서서, 생명의 말씀을 널리 선포하기 때문입니다. 그 안에 생명이 있는 교회, 생명이 말씀을 증언하는 교회에서, 사람들은 하나님의 빛을 볼 것입니다.

순금으로 된 이 놀라운 등잔은 '금 기름'(golden oil)으로 불이 밝혀집니다. 본문에서 그렇게 표현되었습니다. 12절에서 우리는 이렇게 읽습니다. "두 금관을 통하여 금 기름을 흘리는 이 감람나무 두 가지"(KJV). 의심의 여지 없이, 여기서 기름의 질이 격찬을 받은 것입니다. 내가 생각하기에 그것은 최상의 기름, 짙은 황금 색깔의 기름을 의미하며, 또한 가치와 빛깔과 순수함과 맑음에서 아무리 칭찬해도 지나치지 않을 최상품을 의미합니다. 이것은 하나님의 교회의 빛을 꺼지지 않도록 유지하는 고귀한 교리, 황금의 진리, 충만한 복음의 은혜를 나타냅니다. 혹은 그것은 우리에게 성령을, 곧 그분의 교회에 오셔서 은혜와 은사들의 금 기름을 나누어주시며, 교회의 증언의 밝기를 유지하게 하시고, 교회로 하여금 사람들 가운데서 빛을 비추게 하시는 성령님을 상기시키지 않습니까? 성령님은 또한 불꽃으로서, 그분에 의해 기름이 불붙여지고 밝게 타오르게 되어 있습니다. 우리가 거룩한 열정으로 불붙은 진리, 뜨거운 열심과 연합된 건전한 교리를 가지게 되는 것은, 진리의 성령께서 동시에 능력의 영으로도 임재하시어 자기 자신을 나타내시기 때문입니다.

우리는 이 금 기름에 대해서, 그것이 진리, 곧 살아 있고 썩지 않는 하나님의 말씀이라고도 할 수 있습니다. 이것은 교회가 태워야 하는 기름이며, 이 기름으로써 교회는 등불을 보전할 수 있습니다. 어떤 이상한 교리도, 어떤 헛된 전통도, 어떤 과학적인 억측도, 어떤 시적인 망상도, 어떤 인간의 사상도, 어떤 인간적 두뇌의 고안물도 아니라, 오직 계시된 하나님의 말씀, 예수 그리스도께서 우리에게 주신 진리, 성령께서 거룩한 책에 계시하신 그 진리, 그분이 거룩한 능력으로 우리의 지각과 양심에 와 닿게 하시는 그 진리가 곧 금 기름입니다. 우리가 사용해야 할 것은 이것입니다. 그리고 우리가 그것을 가졌다면, 주의하여 그것이 우리에게서 금관을 통해 흘러가도록 해야 하며, 그리하여 기름이 떨어지지 않고 그 불꽃이 계속해서 유지되도록 해야 합니다. 진리는 우리 상상을 뛰어넘을 정도로 귀중한 것입니다!

하나님은 거짓으로 섬김을 받지 않으십니다. 그분의 기쁨은 진리 안에 있습니다. 여기에 최고로 우수한 것 외에는 아무것도 가지고 오지 않도록 주의하십시오. 아무것도 섞이지 않은 계시의 감람나무 기름 외에는 아무것도 가지고 오지 마십시오. 우리 자신의 일을 경영하느라고 우리는 얼마나 많은 실책과 실수를 저지르는지요! 우리는 이 점을 생각하면서, 주님의 일을 할 때 온당치 못한 방식으로 행하지 않도록 주의해야 하며, 그분을 노엽게 하는 일이 없도록 신중해야 합니다. 사랑하는 형제들과 자매들이여, 진리와 관련하여, 나는 우리가 하나님 앞에서 깨끗하기를 바랍니다. 나는 여러분이 그것을 가볍게 취급하지 않기를 바라며 기도합니다. 여론의 바람에 영합하여 거기에 덧붙이지 마십시오. 오히려 세상이 지속하는 동안 그것을 고수하고, 하나님의 말씀의 성취를 바라며, 또한 그것이 반드시 이루리라는 것을 확신하시기 바랍니다. 비록 여러분이 다른 사람들의 잘못을 용인할 수는 있고, 여러분 자신도 잘못을 범할 수는 있겠지만, 여러분의 마음에 대해서는 방심하지 말고, 모든 거짓된 교리에서 마음을 지키시기 바랍니다. “성도에게 단번에 주신 믿음의 도를 위하여 힘써 싸우라”(유 1:3). 기름에 불순물이 있으면 등불은 그저 희미하게 탈 것이며, 아마도 곧 꺼질 것입니다.

이 순금 등불은 일곱 배로 밝게 비치었습니다. 이 순금 등잔대에는 일곱 등잔이 있었고, 일곱 등잔에는 일곱 관이 있었습니다. 또 어떤 이들이 읽는 방식에 따르면, 일곱 관은 각기 그 일곱 등잔에 연결되어 있었고, 그렇게 하여 성전의 등불은 항상 칠중(七重)으로 빛을 밝혔습니다. 일곱 관이 일곱 배로 있었을 터인데, 히브리 본문이 그런 해석을 가능하게 한다고 추측하는 것은 우려스럽다고 여겨져 왔습니다. 하여간 옛 시대의 등잔대에 비해 스가랴가 보았던 이 신비의 등불은 일곱 배로 밝은 빛을 비추었습니다. 하나님은 열방에 전파되는 복음 안에서 온 세상을 비추기에 충분한 빛을 우리에게 주셨습니다.

율법의 빛은 유대인들의 흐린 눈을 가렸지만, 오, 복음의 빛은 어떠한지요! 그것이 때때로 우리의 모든 감각을 어떻게 압도하는지요! 다소의 사울은, 정오 무렵에 별안간 큰 빛이 그를 둘러 비치었고 그는 땅에 엎드러졌다고 우리에게 말합니다. 오, 우리 가운데 많은 이들도, 잃은 영혼을 구원하시는 하나님의 영광이 처음 우리 영혼에 비치었을 때, 너무 놀라서 우리에게 아무 힘이 남아 있지 않았었다고 증언할 수 있습니다.

"그분의 인자하심에 마음이 녹아
땅에 엎드러졌고,
우리를 찾으신 그분의 긍휼을
울며 찬미하였다네."

복음의 빛이 처음 우리의 약한 눈에 비치었을 때 그 효과는 압도적이었습니다. 지금까지도, 비록 주님께서 우리의 영적인 시력을 강하게 해 주셨고 우리는 그 빛을 즐거워하지만, 이따금 여전히 그것은 우리가 감당하기가 어렵습니다. 그 빛에 얼마나 큰 영광이 있는지요! 헛된 인간들이 우리에게 그들이 지핀 불에서 즐거워하라고 요청합니다! 우리의 빛은 자연적인 기쁨의 불빛들을 너무나 희미한 것들로 만들어버리기에 충분합니다. 그들은 그들이 생각해 낸 새로운 무언가가 있다고 우리에게 말합니다. 그들이 평가하기에는, 의심할 것도 없이, 그것은 매우 놀랍게 보입니다. 그들은 그들의 성냥을 켜고, 그들의 양초에 불을 붙입니다. 그들은 영원한 죄에 만족하고 있습니다. 여러분은 로마에서 옛 등불을 가져올 수 있습니다. 여러분은 옥스퍼드와 로마를 모방하는 국교회에서 양초를 가져올 수 있습니다. 하지만 적그리스도의 불쾌한 눈부심보다는 성령님이 하나님의 말씀으로 밝히신 등불이 훨씬 낫습니다. 이 멸시받는 책이, 고대의 모든 솔론(Solon, 기원전 6세기경 아테네의 입법가. 그리스의 일곱 현자 가운데 한 사람으로 꼽힘-역주) 같은 사람들이나 현대의 모든 학자보다 일곱 배나 밝습니다. 이와 같은 책은 없습니다. 그것을 볼 수 있는 눈만 있다면, 여러분은 이 빛을 기뻐할 것입니다. 그것은 하나님의 빛입니다. 만약 여러분이 그것을 가졌다면 그것을 퍼뜨리십시오. 그것이 여러분의 가정을 비추게 하고, 여러분이 사는 마을이나 도시를 비추게 하십시오. 그것이 온 땅을 비추게 하십시오. 영원한 복음의 빛, "예수 그리스도의 얼굴에 있는 하나님의 영광을 아는 빛"(고후 4:6)과 같은 빛은 달리 없기 때문입니다. 오, 모든 사람이 그 빛을 보기를, 그리고 그 빛을 사랑하고, 그 빛 안에서 살기를 바랍니다.

2. 이 등불을 위해 마련된 완벽한 기구

지금까지 나는 놀라운 등잔에 대해 말했습니다. 이제, 하나님의 말씀을 연구하기를 사랑하는 여러분이, 나와 함께 이 등잔을 위해 준비된 완전한 장치, 완벽한 기구에 대해 좀 더 숙고해보기를 바랍니다. 다시 한번 본문을 주목해보면 이렇습니다. "순금 등잔대가 있는데 그 위에는 기름 그릇이 있고, 그 기름 그릇 위에 일곱 등잔이 있으며, 그 기름 그릇 위에 있는 등잔을 위해 일곱 관이 있고, 그 등잔대 곁에 두 감람나무가 있는데 하나는 그 기름 그릇 오른쪽에 있고 하나는 그 왼쪽에 있습니다." 우리는 구약의 성전 등잔대에 어떤 관이나 기름 그릇이 있다는 내용을 읽을 수 없습니다(참고. 출 27장, 37장). 나는 그 일곱의 등잔불은 직무를 수행하는 제사장에 의해 각기 별개로 일정량의 기름을 공급받았다고 상상합니다. 하지만 이 경우에는, 등잔대의 일곱 가지 꼭대기에 하나의 기름 그릇이 있었던 것으로 보이며, 거기에 먼저 황금의 기름이 부어지고, 거기에서 다시 기름이 흘러나와 등잔대 각각의 가지에 있는 등불들이 연료를 공급받았습니다. 어쨌거나, 여러분은 완벽한 장치가 마련된 것과, 그것이 상세히 묘사된 것을 읽습니다. 세부 사항이 묘사되어 있습니다. 관들, 기름 그릇, 등등이 섬세하고 정교하게 배열되었습니다.

그에 상응하게 우리는 하나님의 교회에서 세부 사항에 주의를 기울여야 합니다. 나는 우리가 하고 싶은 대로 대충 살펴서는 안 된다고 생각합니다. 등잔들이 잘 간수되려면, 여러분은 연결된 관들에 주의를 기울여야 하며, 또한 황금의 기름도 반드시 살펴야 합니다. 우리 각 사람은 이렇게 생각해야 합니다. “자, 이 등잔대를 적절하게 관리하려면 무언가 내가 해야 할 일이 있다. 이 등불이 타도록 유지하려면 내가 해야 할 무언가가 있다.” 한 사람은 기름 그릇에 비유될 수 있습니다. 그가 많은 지성과 교훈의 빛을 발하여, 하나님의 교회에 지식과 조언을 제공하기 때문입니다. 또 한 사람은 주일학교로 이어지는 하나의 관(管)이라고 말할 수 있으며, 또 다른 사람은 어린이 학급으로 이어지는 관이라고 말할 수 있습니다. 어떤 사람은 가난하고 무지한 거리의 사람들에게 이어지는 관이며, 또 어떤 사람은 병자들에게로 이어지는 관이고, 또 어떤 사람은 교회에 출석하지 못한 사람들에게 이어지는 황금의 관일 수 있습니다. 하나님의 교회에 있는 각 사람은 이 어두운 세상에서 진리의 불이 계속 타오르도록 유지하기 위해, 황금의 기름이 흐르도록 도울 수 있는 어떤 지점이 있습니다.

형제들과 자매들이여, 나는 여러분 모두가 교회 일의 세부 사항을 보살펴주기를 바랍니다. 특히 이처럼 거대한 교회에서는, 부서들이 매우 많으므로, 세부적인 사항들에 관심이 많이 필요합니다. 한 사람의 감독자로 무엇을 할 수 있겠습니까? 스무 명의 목사들만 가지고 무엇을 할 수 있겠습니까? 여러분이 이 일을 전적으로 우리에게만 맡겨둔다면 교회가 항상 적절하게 직무를 수행하기란 불가능합니다. 오, 그럴 순 없습니다. 우리 각각의 지체는 몸에서 자기만의 기능이 있으며, 그것은 마치 각각의 관이 등잔대의 각 등불로 기름을 운반해주어야 하는 것과 마찬가지입니다. 여러분의 위치를 떠나지 마십시오. 다른 사람들의 섬김을 방해하지 마십시오. 여러분에게 맡겨진 일을 하고, 그것이 잘 수행되고 있는지를 살피고, 그다음에 교회 전체를 살피며 주님께서 전체 교회를 감독하시도록 기도하십시오. 그렇게 하여 황금의 기름 그릇과 황금의 관들이 모두 잘 작동될 수 있기를 바랍니다.

이처럼 세부적으로 언급된 이 기구에는 풍부함이 있는 것처럼 보입니다. 등잔의 각각의 빛으로 연결되는 일곱 관이 있다면, 섬김에서 결핍은 있을 수 없을 것입니다. 그러므로 사랑하는 친구들이여, 우리는 교회에서 각각의 기관이 늘 풍성하게 공급되도록 유념합시다. 우리는 우리의 수고에서 나태해서는 안 되며, 설비 면에서 결핍되어서도 안 됩니다. 큰 힘과 다양한 섬김으로 영원한 복음이 널리 전파되어야 합니다. 적은 기름은 작은 빛을 의미합니다. 적은 은혜는 하나님의 작은 일을 의미하며, 또한 그분의 복되신 이름에 작은 영광만 돌리게 되는 것을 의미합니다. 모든 기관이 더욱 효과적일 수 있도록 노력합시다. 빛은 하나의 관에서도 꺼지면 안 됩니다. 하나님의 완벽한 계획에 따라 모든 등불이 제대로 빛을 발해야 합니다. 그 일곱 관에 계속해서 기름이 흐르고, 각 등불에 기름이 운반되어서, 주님이 오실 때까지 등불이 매시간 빛을 발하도록 하는 것을 우리의 목표로 삼읍시다.

이 장치는 우리에게 연합의 개념을 시사합니다. 내가 이미 말했듯이, 유대인의 성소에 있는 구약의 등잔대에는 일곱의 구분되는 등불이 있었습니다. 이 등불들은 개별적으로 채워질 수 있었습니다. 하지만 여기에서 그것들은 모두가 하나입니다. 하나의 기름 그릇이 기름으로 채워지고, 거기에서 일곱 관으로 기름이 흘러나와, 각각의 등불로 이어지는 것입니다. 그처럼 교회에도 연합이 있습니다. 한 지체가 고통을 당하면 우리는 모두 고통을 당합니다. 만약 한 지체가 형통한 상태에 있으면 우리가 모두 더 좋은 것입니다. 우리 중에 누구든지 자기를 위하여 사는 자가 없고 자기를 위하여 죽는 자도 없습니다(롬 14:7). 비록 내가 지금 나에 대해 어리석은 자처럼 말하지만, 내 말은 사실입니다. 즉, 만약 내가 은혜에서 약해지면 나는 여러분 모두에게 얼마간 손해를 입히는 것입니다. 그리고 여러분 역시, 비록 여러분이 나처럼 공적인 위치에 있는 것은 아니므로 같은 정도는 아니겠지만, 어느 정도는 나에게 영향을 미칩니다.

은혜에서 빈약한 교회의 지체는 어느 정도는 나머지 모든 지체를 빈약하게 만드는 것입니다. 우리는 서로에게 행동하고 또 서로에게 반응합니다. 설교자는 청중에게 해를 끼칠 수 있고, 또 청중도 어느 정도는 설교자에게 해를 끼칠 수 있다고 나는 확신합니다. 여러분의 은혜가 쇠퇴하면, 여러분의 기도가 약해지고, 목사는 손실을 느낍니다. 그리고 그의 목회에서는, 하나님의 성령이 우리 가운데서 강력하게 증언하시지 않는 것으로 인해, 우울한 현상이 나타날 것입니다. 그처럼 우리는 태만하게 됨으로써 다른 사람을 풍성하게 하는 대신, 형통에 저해가 되고 서로에게 부적절한 영향을 끼칠 수 있습니다. 더 나아가, 우리는 서로에게 가난뱅이가 되고, 궁핍과 비탄에 함께 빠진 동업자처럼 될 수 있습니다. 우리에게 그런 일이 일어나지 않기를 바랍니다. 오히려 우리가 뜨거운 마음을 가지고, 사랑하고 기도하는 사람들이 되기 바라며, 우리 자신이 뜨겁게 타올라서, 냉랭한 사람들을 따뜻하게 하고, 등불이 꺼져가는 사람들에게 새로운 생명의 빛을 전하는 사람들이 되길 바랍니다.

만약 전체 회중이 하나님께 성별되고, 우리 주 예수 그리스도의 은혜로 그들 모두가 기뻐하며, 그들이 모두 의의 열매로 가득하게 된다면, 목회자는 결코 둔하거나 따분해질 수가 없습니다. 그의 마음은 성스러운 열정으로 작열할 것이며, 그의 설교는 거룩한 빛과 불로 눈부시게 빛날 것입니다. 회중석이 강단에 반응할 것입니다. 불이 불꽃을 일으킬 것이며, 그 불꽃이 새로운 불을 일으킬 것입니다. 생명의 활력이 부흥을 촉진할 것입니다. 우리의 말씨에는 성령의 감동이 있어 감동을 불러일으킬 것입니다. 사방의 바람에서 오는 생기가 마른 뼈들 가운데서 동요를 일으킬 것이며, 한 군대가 일어날 것입니다. 공감의 힘이 느껴질 것입니다. 모든 거룩한 은사들의 자유로운 소통이 이루어지고, 우리 공동체는 번성할 것입니다. 오, 그렇게 되기를 바랍니다. 나는 그것이 바람직한 것을 알고, 또 그렇게 될 것이라고 느낍니다.

우리가 이처럼 갈망하는 것은 단지 하나의 교회를 위한 것이 아닙니다. 모든 교회에 동일한 성별이 필요합니다. 만약 한 교회에 활기가 없다면 그 교회는 다른 교회들에 손해를 끼칩니다. 예수 그리스도의 모든 교회는 진정으로 하나이며, 그러기에, 만약 내 작은 손가락이 아프면 그 결과로 내 머리도 아픈 것처럼, 가장 외딴 마을의 가장 작은 교회가 쇠퇴하면, 반드시 전체 신실한 자들의 몸이 그만큼 쇠퇴하는 것입니다. 그것이 그들에게는 알려질 수도 있고 그렇지 않을 수도 있지만, 그로 인해 손실이 생기는 것은 분명합니다. 그러므로 이 순금 등잔대 기구의 모든 부분을 잘 살피시기를 바랍니다. 그것의 세부적인 부분을 살피고, 계속해서 그것이 잘 간수되고 풍성한 공급이 이루어지도록 합시다. 그것의 연합을 기억하십시오. 비록 관들은 많지만, 그것은 결국 하나의 등잔대이기 때문입니다.

3. 신비스러운 공급

하지만 이 환상에서 가장 두드러지는 대목은 이 등잔들을 계속 타도록 유지하는 신비의 공급입니다.

이 등잔들을 돌보는 제사장들이 없으며, 누군가 그것들을 관리하도록 지명되었다고 하는 언급도 없습니다. 불 집게와 불똥 그릇(참조. 출 37:23) 같은 것이 없습니다. 살아 있는 사람에 의해 계속 채워지는 기름도 없습니다. 그것은 특이합니다. 게다가 사람에 의해 바쳐지는 기름에 대한 언급도 없습니다. 성전의 등잔은 사람들이 바친 기름으로 연료가 공급됩니다. 그들은 제단 앞에서 그 등불이 계속해서 타도록 하려고 최상의 기름을 가져왔습니다. 여기에는 그런 것이 전혀 없습니다. 우리에게 제시되는 이 환상에서 등불에 기름이 공급되는 것은 그런 방식이 아닙니다. 제사장들도 백성도 기름을 공급하지 않습니다. 그렇다면, 어떻게 되는 것입니까? 어떤 장치도 없이, 단순히 자연적인 과정에 의해 공급됩니다.

감람나무 두 가지가 있습니다. "그 등잔대 곁에 두 감람나무가 있는데 하나는 그 기름 그릇 오른쪽에 있고 하나는 그 왼쪽에 있나이다"(3절). 환상 속에서 이 나무들이 두 황금 관을 통해 기름을 흘려보내고, 그 놀라운 등불은 연료를 공급받습니다. 여러분 앞에 제시되는 것은 매우 독특한 광경입니다. 살아 있는 나무에서 기름이 직접 흐르고, 그것이 즉시 빛을 창조합니다. 보통은, 감람나무가 그 열매를 낼 때, 기름이 생산되려면, 그 열매들을 맷돌로 가져가서 갈아야 합니다. 나는 직접 감람나무 열매를 짜는 방앗간에 가서 큰 돌이 열매들을 으깨는 것을 본 적이 있습니다. 나는 다른 과정들도 보았는데, 그런 절차에 의해 등불에 공급될 감람나무 기름이 준비되는 것입니다. 하지만 여기에는 방앗간, 압착기, 분쇄기, 항아리, 기름 그릇 등과 같은 것에 대해 아무런 언급이 없습니다. 이 빛의 양식은 전혀 그런 방식으로 오지 않습니다. 오히려 그 나무가 자라고, 신비스러운 방식으로 그 기름을 관에 연결된 그릇으로 나누어주고, 이런 식으로 빛의 연료가 공급됩니다. 여기서 우리는 하나님의 빛이 인간의 의지나 인간의 기술에 의존하지 않는다는 것을 보게 됩니다.

그것이 본문의 적절한 이해이며, 그것을 우리는 이 장 전체의 맥락에서 얻을 수 있습니다. "만군의 여호와께서 말씀하시되 이는 힘으로 되지 아니하며 능력으로 되지 아니하고 오직 나의 영으로 되느니라"(슥 4:6). 여러분이 수고스럽게 연구의 제분기를 돌림으로써 기름이 얻어지는 것이 아니며, 여러분의 웅변이나 논리로도 아니고, 오직 하나님의 활동으로 산 사람들이 일어날 것입니다. 그리고 이 산 사람들을 통해 은혜의 기이한 황금 기름이 나올 것이며, 그것으로써 증언의 등불이 밝은 빛을 유지할 것이며, 세상의 어둠이 극복될 것입니다.

얼핏 보기에 그런 공급은 목적에 어울리지 않게 보입니다. 하나님이 등잔대 곁에서 두 감람나무가 자라게 하시는 것은 처음에는 불완전한 배치 같아 보입니다. 그 나무들이 등불에서 너무 떨어져 있고, 우리는 그 사이에서 어떤 연결도 볼 수 없기 때문입니다. 내가 만약 선지자가 보았던 환상을 보았더라면, 나 역시 그와 마찬가지로 당혹스러워했을 것입니다. 나는 "이것이 무엇입니까?"라고 말했을 것입니다. 나는 그것을 이해할 수 없었을 것입니다. 두 감람나무가 하나의 등잔대 곁에서 자라다니요! 그 사이에 어떤 연결이 있을 수 있을까요? 하지만 그것이 바로 그 환상의 핵심입니다. 여러분은 주님께서 아무런 도구나 장치 없이 그분의 교회에 지속하여 불을 밝히시는 것을 보고 있습니다. 그분은 단순히 선택된 사람들을 일으키시되, 어쩌면 단 두 사람을, 어떨 때는 그보다 많은 사람을 일으키십니다. 그들이 하나님의 은혜로 살고 성장하여, 그들의 삶과 성장을 통해, 마치 그들의 영혼에서 나오는 것처럼 거룩한 진리 곧 거룩한 기름이 나오며, 그것으로써 하나님의 등불은 계속해서 타오르는 것입니다.

나는 그 두 감람나무가 이 경우에는 대제사장 여호수아를 가리킨다고 생각합니다. 우리는 그의 더러운 옷이 벗어지고, 그에게 아름다운 옷이 입혀진 것을 읽었습니다(슥 3:3). 그리고 우리는 이 장에서 스룹바벨에 대해서 읽는데, 그의 손이 성전의 기초를 놓았고 또한 그의 손이 그 일을 마쳐야 했습니다(9절). 이들이 하나님이 힘을 주시고 진리의 깃발을 들게 하실 수 있는 두 사람입니다. 주님은 그들에게 그분의 영광이 그 가운데 있을 성전을 세울 자격을 부여하셨습니다. 그 두 사람이 하나님의 은혜로 주님의 계획을 수행하였고, 사람들을 감동하여 거룩한 섬김에 동참하게 했습니다. 여호수아는 그 백성의 통치자요 교사가 되었고, 스룹바벨에 대해서는 그가 그의 손으로 성전의 기초를 놓은 것처럼 그의 손으로 머릿돌도 올려지게 되리라는 약속이 주어졌습니다.

게다가 그 일은 유다의 등불이 희미해지고, 그 빛이 거의 꺼졌을 때 일어날 일이었습니다. 이 둘은, 비록 그들 자체로는 아무것도 아니었지만 경건한 사람들이었고, 마치 살아 있는 나무들처럼 하나님을 향해 열매를 내었으며, 하나님의 지명에 따라, 그들이 사는 날 동안 거룩한 증언이 그치지 않게 하는 수단이 되어야 했습니다. 그런 수단들은 성취될 엄청난 결과에 비하면 분명 대단치 않아 보입니다. 하지만 그것이 하나님이 일하시는 방식입니다. 그분은 일반적으로 한두 사람에 의해 일하시며, 그분이 그 둘을 쓰실 때, 그 둘은 짝이 잘 맞습니다. 우리는 주님이 명하신 임무를 수행하는 모세와 아론을 보고, 갈렙과 여호수아를 보며, 엘리야와 엘리사, 베드로와 요한, 바울과 바나바, 칼빈과 루터, 휫필드와 웨슬리를 봅니다. 어리석은 사람들은 한 사람의 사역을 두고 악담을 하지만, 두 사람의 사역에 대해 그들이 어떤 반대의 말을 할 수 있을까요? 마지막 때까지 두 증인이 있을 것입니다. 대표적인 사람들이 짝을 이루어 일어나고, 주님의 일을 할 것이며, 온 교회를 일깨울 것입니다. 당시에는 세상이 그들을 작게 여기겠지만, 하나님의 능력을 놀랍게 나타내는 영향력 있는 사람들이 일어날 것이며, 그들이 감람나무들처럼 서게 될 것이며, 그들이 수단이 되어 하나님의 등불은 계속해서 타오를 것입니다.

이 두 사람에 대하여, 나는 여러분이 두 가지를 주목하기를 바랍니다. 여러분은 어찌하여 하나님께서 그들에 대해 등불을 계속 타오르게 할 사람들이라고 말씀하시는지 의아하게 여길 것입니다. 그들에 대해 하나님이 이렇게 말씀하십니다. "이는 기름 부음 받은 자 둘이니 온 세상의 주 앞에 서 있는 자니라"(14절). 먼저, 그들이 이 일을 할 수 있는 것은 그들이 온 세상의 주님 앞에 서 있기 때문인 것을 기억하십시오. 하나님이 그분의 일을 하도록 선택하신 자들은 그분 앞에 그분의 종들처럼 서 있습니다. 그들은 아무것도 스스로 할 수 없고 혹은 아무것도 자기 힘으로 할 수 없습니다. 오직 그들의 증언은 하나님에게서 오며, 그들의 기름 부음은 거룩하신 분에게서 나오며, 그들에게 거룩한 능력의 옷이 입혀집니다. 그렇지 않으면 그들은 다른 형제들과 다를 바 없이 약할 것입니다. 그러므로 이것을 확실히 인식하시기 바랍니다, 그들은 기름 부음을 받았습니다. 그들은 "기름 부음 받은 자"라고 일컬어집니다. 우리 자신이 기름 부음을 받을 때까지 우리에게는 기름을 쏟을 능력이 없습니다. 하나님이 성령으로 우리 안에서 역사하시지 않으면 우리가 거룩한 빛을 밝히는 것은 불가능합니다. 6절에 의하면, 이 사람들은 하나님의 영으로 충만하였다고 언급됩니다: "만군의 여호와께서 말씀하시되 이는 힘으로 되지 아니하며 능력으로 되지 아니하며 오직 나의 영으로 되느니라."

여호수아가 있습니다. 여러분은 그를 볼 수 있습니다. 그는 더러운 옷을 입고 있습니다! 이 사람이 여호와의 대제사장입니까? 낡고 흙이 묻어 더러운 옷을 입은 이 사람이 백성을 가르치는 그 사람입니까? 그렇습니다. 그가 그 사람입니다. "만군의 여호와께서 말씀하시되 이는 힘으로 되지 아니하며 능력으로 되지 아니하며 오직 나의 영으로 되느니라." 나의 영이 이 불쌍한 여호수아에게 머물 것이며, 불에서 꺼내어 그슬린 이 나무가 내 백성을 가르치리라고 주님이 말씀하십니다. 저기 다른 한 사람이 있습니다. 스룹바벨입니다. 그는 불쌍하고 소심한 사람입니다. 그의 날은 "작은 일들의 날"일 뿐이며, 그에게는 확신이 거의 없습니다. 하나님이 그를 꾸짖으시며 말씀하셔야 했습니다. "작은 일의 날이라고 멸시하는 자가 누구냐?"(10절). 하지만 그가 바로 그 앞에서 산이 평지가 될 그 사람입니다. 그가 여호와의 성전을 세울 그 사람입니다. 하나님의 영이 그에게 임할 것이기 때문입니다. "만군의 여호와께서 말씀하시되 이는 힘으로 되지 아니하며 능력으로 되지 아니하고 오직 나의 영으로 되느니라."

하나님이 그분의 일을 하도록 사람들을 택하실 때, 여러분이 언제나 발견할 수 있는 사실은, 그들이 사람일 뿐인 것을 모두에게 분명하게 하신다는 것입니다. 때때로 그들에게는 그들이 많이 슬퍼해야 할 결점들이 있습니다. 하지만 그들의 결점이라는 이 명백한 표시들이, 그들처럼 불쌍한 도구를 사용하시는 분의 무한한 기술을 더욱 분명하게 드러냅니다. 이 질그릇의 연약함이 분명해지는 것은, 심히 큰 능력이 하나님께 있고 우리에게 있지 아니한 것을 더욱 두드러지게 하려 함입니다. 하나님의 일에서도 마찬가지입니다. 하나님은 불가항력의 능력으로 작용하는 것은, 웅변의 매력으로나 논리의 힘으로 되는 것이 아니라, 오직 그분의 영으로 되는 것임을 우리가 알기를 원하십니다. 그래서 그분은 마치 감람나무가 그러하듯이 황금의 등잔을 간수할 능력이 없어 보이는 가난하고 천한 자들을 택하시고, 그들을 통해 일하심으로써, 그분의 은혜의 영광을 찬미하게 하려는 것입니다.

하지만 이들은 믿음으로 충만해져야 합니다. "큰 산아 네가 무엇이냐? 네가 스룹바벨 앞에서 평지가 되리라"(7절). 나는 스룹바벨이 그 약속을 붙들었고, 그 약속을 의지했고, 그 안에서 즐거워하고, 그 자신이 믿음의 사람임을 입증했다고 믿어 의심치 않습니다. 우리의 결점들이 무엇이건, 우리가 믿음을 가진다면, 하나님은 우리를 사용하실 것입니다. 나는 믿음 없는 사람을 하나님이 어떤 용도로 사용하실 수 있는지 모릅니다. 히브리서 11장을 읽고, 하나님이 어떤 이상한 사람들에게 믿음이 있다는 이유로 승인의 도장을 찍으셨는지를 주목해보십시오.

삼손은 아주 극단적인 경우로 인용될 수 있습니다. 사람의 방식으로 말하자면, 우리는 하나님이 그런 인물을 전적으로 제쳐두신다고 생각할 것입니다. 그에게는 너무 심각한 성격상의 결점들이 있기 때문입니다. 그는 커다란 '성인 아이'였으나, 그의 모든 결점에도 불구하고 그는 하나님을 믿었고, 아마도 다른 면에서 그보다 훨씬 나은 많은 사람보다 더 많이 하나님을 믿었을 것입니다. 그의 앞에 일천 명의 적병이 있었을 때, 그는 하나님을 믿는 믿음으로, 오직 덤벼드는 한 사람씩만 생각하고, 빈약한 나귀 턱뼈 하나를 빼고는 아무런 무기도 없었지만, 그들 모두를 쳐부술 수 있었습니다. 보십시오, 그가 무리 속으로 뛰어듭니다. "나귀의 턱뼈로 한 더미, 두 더미를 쌓았음이여, 나귀의 턱뼈로 내가 천 명을 죽였도다"(삿 15:16). 그는 승산을 따지지 않았습니다. 그는 하나님이 그를 도우실 것을 믿으며, 싸움이 아무리 치열해질지언정 무작정 돌진했습니다. 그들이 그를 붙잡아 블레셋 신들을 섬기는 거대한 신전에 두었을 때, 그는 눈을 잃었고, 그들이 그곳 회랑에 세운 모든 것이 너무 강하고 거대하였지만, 그는 기둥을 느끼기 시작했습니다. 머리털이 깎이고, 잔혹한 원수들의 포로가 되어버린 이 눈멀고 불쌍한 사람은 거대한 기둥들을 느꼈고, 하나님이 그것들을 갈대처럼 꺾거나 혹은 애기부들처럼 앞뒤로 흔들리게 하실 수 있다고 믿었습니다. 오, 그것은 얼마나 필사적이고도 영광스러운 분투였던지요! 그가 몸을 굽히고 힘을 다했을 때, 그 구조물이 그의 압제자들의 머리 위로 무너지도록 했을 때, 그것은 얼마나 초월적인 믿음의 행동이었는지요! 영광스러운 믿음이 그에게 기운을 불어넣은 것입니다. 그는 적절성에서 모자라는 사람의 표본이며, 많은 면에서 기이한 기질의 사람입니다. 하지만 그는 믿음에서는 위대했으며, 그것이 그를 구했습니다.

오 나의 귀한 형제여, 만약 당신이 하나님을 믿을 수 있다면, 하나님은 당신을 쓰실 수 있습니다. 하지만 당신에게 믿음이 없다면, 혹은 당신이 약하고 떠는 믿음을 가졌다면, 당신의 불신이 주님을 막을 것이며, 당신에 대해서는 이런 말을 할 수 있을 것입니다. "그의 불신 때문에 하나님이 그를 통해 크고 많은 일을 행하실 수 없었다." 오, 우리가 언약의 약속들의 확실성을 더 절대적으로 믿고, 더 거리낌 없이 행할 수 있다면, 우리가 어떤 위업들을 성취할 수 있을는지요! 우리의 유용성의 한계는 하나님 안에서 우리 확신의 부족에 의해 그 폭이 좁혀집니다. 우리가 더 많은 믿음을 가지면, 우리는 열 배, 오십 배, 혹은 백 배나 많은 결실을 거둘 것입니다. 더 많은 믿음으로 우리 가운데 가장 약한 사람도 다윗처럼 될 수 있고, 다윗 같은 사람은 주의 천사처럼 될 수 있을 것입니다. 하나님이 우리에게 은혜를 주셔서, 우리가 그렇게 믿는 사람, 그분의 확실한 말씀을 의지하는 사람이 되기를 바라며, 그분이 쓰시기에 합당하고 그분을 섬기기에 적합한 사람들이 되게 해 주시길 바랍니다.

이 사람들에 관하여 두드러지고 명백한 것이 한 가지 더 있습니다. 그것은, 등불에 연료를 공급하고 그것을 타도록 유지하는 이 '감람나무의 사람들'은 그들의 성공을 모두 은혜에 돌린다는 것입니다. 왜냐하면 성전의 머릿돌을 내놓을 때 "은총, 은총이 그에게 있을지어다"(7절)라는 외침이 있을 것이기 때문입니다. 만약 영혼들이 구원을 받으면, 그것은 하나님의 은혜의 활동에 의한 것입니다. 영혼 구원을 위한 증언에서 다른 무엇이 배제되더라도, 반드시 은혜에 대하여 분명하게 울리는 소리가 있어야 합니다. 아버지의 은혜에 의한 선택, 성령의 은혜에 의한 중생, 예수님의 속죄의 피로 말미암아 하나님의 은혜에 의한 죄의 사면에 대한 분명한 소리가 있어야 합니다. 시작하는 것도 은혜요, 지속하는 것도 은혜요, 완성하는 것도 은혜입니다. 나는 '은혜'라는 단어를 좋아하는데, 특히 그 단어가 "주권적인 은혜", "값없이 주시는 은혜", "효력 있는 은혜"의 경우처럼 형용사와 짝을 이루어 말해질 때 좋아합니다. 하나님이 복을 주시는 모든 사람은 반드시 그분의 은혜를 사모하는 사람이어야 하며, 그분의 은혜를 느끼고, 그분의 은혜를 전하는 사람이어야 합니다. 이것이 황금 기름의 정수이며, 그것에 의해 등불은 계속 밝혀지는 것입니다.

이 사람들, 혹은 이 나무들은, 그들에게서 황금의 기름을 비우고 흘려보냅니다. 그들이 황금 기름을 만들지 않았습니다. 기름은 하나님의 기적의 능력에 의해 그들 속으로 들어왔습니다. 그것은 자연을 초월하는 과정입니다. 사람들이 은혜를 만들어내지 못하는 것은 나무들이 그들 스스로 기름을 내지 못하는 것과 마찬가지입니다. 감람나무는 압착 없이 기름이 스며져 나오도록 하지 못하며, 인간도 하나님이 그들을 은혜의 수단이 되게 하시고 선하고 은혜로운 목적을 위하여 그들 자신을 비우도록 하시지 않는 한, 스스로 다른 사람들에게 은혜의 수단이 될 수 없습니다.

사랑하는 형제들이여, 만약 여러분이 어떻게 하면 쓰임받는 자가 될 수 있을지 알기 원한다면, 절대적으로 필요한 것 중의 한 가지는 여러분이 여러분 자신을 비워야 한다는 것입니다. 당신은 당신 자신을 잃어버리지 않고서 다른 사람에게 무언가를 줄 수 있다 기대합니까? 그렇다면 잘못 안 것입니다. 당신 안에 있는 것이 아니면 당신에게서 나오지 않는다는 것이 일반적인 규칙임을 명심하십시오. 또 다른 일반적인 규칙은 당신에게서 무언가를 가지고 나와야 다른 사람에게 줄 수 있다는 것입니다. 바울은 단순히 사람들에게 복음을 나누어주기를 바란다고 말하지 않았습니다. 그는 그 자신도 다른 사람들에게 주었습니다. 비록 그가 자신을 전하지는 않았지만, 영혼들을 그리스도께로 이끌 수만 있다면 그는 자기 자신을 소비하기 원했고 또 소비되기를 원했습니다. 나는 어느 한 사람과 다른 한 사람의 수고의 결과 사이에서 차이점이 종종 이것이라고 믿습니다. 한 사람은 다른 사람보다 그 자신을 더 많이 준 것입니다.

나는 아주 학식이 많으면서도 많은 사람을 먹이지 않는 몇몇 형제들을 알고 있습니다. 그들은 마치 하이델베르크의 거대한 술통(Heidelberg tun, 하이델베르크 성 지하에 있는 와인 저장용 통으로 역사적으로 네 개가 있었음. 1751년에 처음 만들어질 때의 용량이 221,726 리터였던 것으로 알려짐-역주)처럼 막대한 양의 지식을 갖고 있습니다. 그들은 세상에서 최상의 술로 가득 찼으나, 결코 많이 나오지는 않습니다. 반대로, 나 자신은 기껏해야 16갤런들이 통 하나에 지나지 않지만, 나는 내 속에 들어온 것을 모두 흘려보냅니다. 만약 당신에게 자랑할 만한 열 달란트가 없다면, 당신이 가진 한 달란트를 계속해서 유통되게 하십시오. 그러면 당신은 그 한 달란트를 가지고, 많은 달란트를 가지고도 가만히 두어 녹슬게 하는 경우보다 훨씬 많은 것을 만들어 낼 수 있을 것입니다. 주님의 대의에서 당신이 진지하고 활동적이라면, 틀림없이 거기에서 복이 흘러나올 것입니다.

오, 하나님이 단순한 수단으로 놀라운 결과들을 만들어내실 때, 또한 약한 도구로써 그분이 미리 생각하신 것을 달성하실 때, 그것이 그분의 지혜와 능력을 어떻게 잘 나타내는지요! 옛적에 하나님이 하늘을 펼치시고 땅의 기초를 놓으시고, 또 그대로 되었다고 말씀하셨을 때처럼, 그분은 어떤 일을 직접 행하심으로써 영광을 받으실 수도 있습니다. 하지만 그분은 그분의 신적 목적의 성취를 위하여 불쌍하고 무가치한 피조물을 사용하심으로써 더 크게 영광을 얻으십니다.

캥텡 마시(Quentin Matsys, 벨기에 출생, 15세기 말~16세기 초에 활동했던 초기 네덜란드 전통의 플랑드르파 화가. 화가가 되기 전 철공소 직공으로 훈련받았다고 함-역주)가 앤트워프(Antwerp, 벨기에의 항구 도시)에 있는 유명한 우물 덮개를 만들었을 때, 만약 그가 쓸 수 있는 최상의 도구들을 사용하여 그것을 만들었더라도 그는 크게 칭송을 받았을 것입니다. 하지만, 그의 동료 일꾼들이 그에게서 그의 도구들을 빼앗았을 때, 그는 하나의 평범한 망치 또는 그와 비슷한 도구를 가지고서 그것을 만들었다고 합니다. 그로 인해 그 예술가의 기술에 대한 우리의 평가는 크게 높아졌습니다.

하나님의 성령이 친히 영혼들을 회심시키실 수 있다는 것은 놀랍지 않습니다. 놀라운 것은, 그분이 우리를 통해 사람들을 회심시키신다는 것입니다. 이처럼 불완전하고, 이처럼 연약한 우리가 복의 통로가 된다는 것이 실로 경이로운 일입니다. 그 두 감람나무는 자라서 등불에 방해가 될 우려가 있습니다. 하지만 하나님은 그들을 그 등불을 유지하는 자들로 삼으셨습니다. 우리의 약함이라는 가지들은 사람들의 눈에 빛을 가리는 장애물이 될 수 있지만, 은혜가 개입하여 그 가지들이 감람 열매를 맺게 하고 또 적당하게 기름이 흐르게 하여, 그 순금 등잔대를 위한 연료를 공급하게 하는 것입니다.

그러므로 형제들과 자매들이여, 여러분에게 빛이 있다면, 그것을 비추십시오. 여러분에게 은혜가 있다면, 그것을 나누어주도록 힘쓰십시오. 주님이 여러분에게 복을 주셨으니, 그분께 성령으로 더 많은 은혜를 주시도록 구하십시오. 풍성한 기름을 내는 그 감람나무들이 여러분의 본보기가 되게 하십시오. 그리하여 여러분의 살아 있는 활력이 교회에 지속적인 가치가 됨을 입증하십시오. 그렇게 되도록 지금부터 영원히 주님께서 여러분과 함께 하시길 바랍니다. 아멘, 아멘.

제
5
장

작지만 멸시해서는 안 되는 일들

"작은 일의 날이라고 멸시하는 자가 누구냐?" - 슥 4:10

"작은 일들의 날"을 무시하는 것은 매우 어리석은 일입니다. 통상적으로 큰 일을 작은 일에서 시작하는 것이 하나님의 방식이기 때문입니다. 우리는 그것을 매일 봅니다. 빛은 처음 동틀 때는 미미하지만, 점차 그것은 자라 한낮의 열기와 광채로 가득하게 됩니다. 우리는 이른 봄이 어떻게 약속의 싹과 함께 오는지를 알며, 또한 여름의 아름다움이나 가을의 풍성함에 이르기까지는 얼마간의 시간이 소요되는 것을 압니다. 종종 정원에 뿌려지는 씨앗은 아주 작지만, 거기에서 아름다운 꽃이 나옵니다! 도토리는 또 얼마나 작은지요? 하지만 거기에서 커다란 상수리나무가 자랍니다! 물의 흐름은 작은 개울에서 시작되지만, 그것이 점차 시내를 이루고, 곧 강을 이룹니다. 아마도 거대한 아마존강의 물길도 그런 과정일 것입니다.

하나님은 사람들과 함께 "작은 일들의 날"에 시작하십니다. 하나님은 그렇게 우리와 함께 시작하십니다. 우리가 처음 활동 무대에 나타났을 때 우리는 얼마나 작고 얼마나 약했던지요! 지금 거인인 사람이 한때는 너무나 미약하여 어머니의 팔에 안겨서 옮겨지지 않으면 한 장소에서 다른 장소로 이동할 수도 없었습니다. 그러므로 우리는 "작은 일들의 날"을 멸시하지 맙시다. 사람들의 아들과 딸들 가운데 하나님은 본래는 작은 자들과 함께 시작하신다는 것을 우리가 보기 때문입니다. 나는 하나님이 교회의 큰 일에서도 그렇게 행하신다고 확신합니다. 오래전에, 그분은 친히 거하시기 위해 하나의 영적인 성전을 세우는 일을 시작하셨습니다. 하지만 처음에는 인류의 대다수에게 기촛돌들이 감추어져 있었습니다. 아브라함과 그의 후손에 관한 일이 세상에서 얼마나 작게 알려졌던지요! 얼마나 더디게 그 큰 성전의 벽들이 올라갔던지요! 스가랴의 시대도, 주님의 백성들에게는 여전히 "작은 일들의 날"이었습니다. 비교해서 말하자면, 그것은 지금도 마찬가지입니다. 이방 세계와 구주를 거부하는 자들이 엄청난 규모인 것에 비하면 기독교회는 무엇입니까? 사람들 가운데 진리를 퍼뜨리시는 우리 주님의 방법은 예루살렘의 한 다락방에서 한 줌의 제자들과 함께 시작하는 것이었습니다. 그들을 성령으로 충만하게 하시고, 그런 후 그들을 온 세계로 흩어지게 하신 것입니다.

이것이 대개 하나님이 그분의 교회에서와 믿는 자 개인에게서 일하시는 방식입니다. 물론, 주님의 친 백성 가운데서도 능력과 은혜에 다양한 차이가 있습니다. 옛 청교도 중 한 분은 어떤 사람들은 수염을 가지고 태어난다고 말했습니다. 확실히, 믿는 자들 가운데서 어떤 이들은 거의 회심하자마자 성큼성큼 걷는 듯이 보이고, 빠르게 진보합니다. 그래서 그들은 곧 아주 쓸모 있게 되고, 다른 사람들이 오랜 세월을 통해 경험한 이후에라야 배우는 일들을 가르칠 수도 있습니다. 하지만 일반적으로 말하자면, 바로 이것이 마음속에서 은혜가 성장하는 순서입니다—"처음에는 싹이요 다음에는 이삭이요 그다음에는 이삭에 충실한 곡식이라"(막 4:28). 먼저, 진리가 들려지고 느껴집니다. 그리고 마음은 죄를 자각하고 피를 흘립니다. 머지않아 다른 진리가 발견됩니다. 그래서 상처 입은 마음은 그리스도를 믿는 믿음으로 싸매어집니다. 이 믿음은 충만한 확신으로 자랍니다. 점차 그리스도의 형상으로 닮아가는 것이 있습니다. 그리고 그 형상은 점점 더 선명해지고, 마침내 그 사람은 그리스도 예수의 장성한 분량에까지 이릅니다. 하지만 처음에는 작은 시작이 있습니다. 그리고 나중에는 거대한 증대를 보여주는 결말이 있습니다. 바깥 세계에서 그러하듯 우리의 영혼 안에서도 그런 일이 있습니다. 한 날은 여명으로 시작하지만, 돋는 햇살은 "크게 빛나 한낮의 광명에 이릅니다"(잠 4:18).

그리스도의 교회에서 "작은 일들의 날"을 멸시하는 자, 혹은 믿는 개인에게서 "작은 일들의 날"을 멸시하는 자에게는 화가 있습니다. 그날이 하나님의 날이기 때문이며, 그날에서부터 장차 큰 일들이 올 것이기 때문입니다. 그리고, 그러므로 그것을 멸시하는 자는 실제로 주님의 일을 멸시하는 것이며, 현재 보이는 작은 일들에서부터 장차 이루어질 크고 영광스러운 일들을 멸시하는 것이기 때문입니다! 신앙을 고백하는 그리스도인이지만, 내가 염려하건대, 작은 교회에서 "작은 일들의 날"을 멸시하는 몇 사람을 나는 알고 있습니다. 경건한 사람들이 모이는 작은 공동체가 있습니다. 아마도 그들은 가난하고, 그들 가운데 다수는 문맹자입니다. 그런데 여러분 가운데 부유한 계층에 속하는 어떤 이들, 곧 자기 자신을 아주 지적이라고 생각하는 이들이 (물론 나는 그들이 정말 그런지는 확신하지 못합니다) 그 마을에 어쩌다가 정착하게 되었을 때, 그들은 그 작은 예배당 혹은 예배처소에 참석하는 것을 좋아한다고 말합니다. 하지만 그곳 목회자의 발음이 불편하고, 그의 설교가 문법적이지 않으면, 그것이 그들의 세련된 취향에는 매우 큰 고통이 됩니다. 또 그들은 그곳의 사람들이 매우 가난하고, 그 교회가 전혀 성장하지 못한다고 생각되기에, 그곳을 떠나는 것이 돕는 것이라고 말합니다! 여러분(그들)은 "우리가 작은 일들의 날을 멸시하는 것을 하나님이 금하십니다!"라고 말합니다. 하지만 여러분은 그 작은 규모의 모임에서 모든 것을 유감스럽게 여깁니다. 여러분은 그 가난한 사람들을 딱하게 여긴다고 말하지만, 여러분은 그들을 돕는 대신, 가만히 쉬고 있거나, 혹은 여러분 자신의 계층에 속하는 몇 사람이라도 만날 수 있고, 여러분도 더 편하게 지낼 수 있는 더 근사한 곳을 찾아 떠납니다.

옮긴 곳에서는 여러분이 틀렸다고 여기던 발음이 제대로 발음됩니다. 그리고, 비록 복음이 설교에서 빠지기는 했지만, 그곳에 참석하는 사람들은 아주 "존중받을 만한" 부류여서, 여러분이 함께 예배드리기에는 잘 어울린다고 느끼는 사람들입니다. 만약 여러분 가운데 누군가 자기 자신을 존중하면서 그런 식으로 행동한다면, 나는 여러분이 그런 체면에는 "존중받을 만한" 것이 전혀 없다는 것을 곧 발견하게 되기를 바랍니다. 내가 말하는 의미는, 사람이 자기 확신을 저버리고, 자기가 진정으로 섬길 수 있는 가난하고 경건한 사람들보다 더 나은 부류에 속하는 것처럼 보이기 위해, 사회의 더 나은 계층에 들어가려는 목적으로, 자기의 진정한 형제들을 떠날 때, 그 사람을 존중받게 하는 것은 아무것도 없다는 것입니다. 내가 보기에는, 여러분의 교단에서 가장 가난하고 가장 약한 교회들에 속하는 것이 여러분의 영광이라고 보입니다. 또 여러분이 어디로 가든지 이렇게 말하는 것이 여러분의 영광일 것이라고 여겨집니다. "이 작은 모임은 내가 바라는 것만큼 강하지 않다. 하지만 하나님의 은혜로, 나는 그것을 더 영향력 있게 만들 것이다. 하여간, 나는 시온의 약한 것들이 강해지도록 내 몸을 던질 것이며, 정녕 나는 작은 것들의 날을 멸시하지 않을 것이다."

오늘날 번성하는 교회들 가운데, 만약 그 교회들이 아직 유아기에 있을 때, 우리의 선조들이 지지하는 것을 무가치하게 여겼더라면, 그 교회들은 지금 어떻게 되었을까요? 나는 자기 양심의 명령에 따라 하나님께 예배드리기 위해 뒷마당으로 내려가고 건초 보관장으로 들어가기를 꺼리지 않았던 사람들로 인해 하나님께 감사합니다. 말씀을 전하기 위해 기꺼이 마을 광장에 섰던 사람들, 그들에게 말씀을 듣기 위해 쓰러진 나무나 통나무에 앉았던 사람들, 광신자들이라고 불리는 것을 두려워하지 않고서, 그리스도를 위하여 모든 종류의 비난과 조롱을 감당했던 사람들을 나는 기뻐합니다. 만약 여러분과 내가, 우리가 알았던 그 위대하고 훌륭한 사람처럼 성장할 수 있다면, 주님은 우리의 콧대를 낮추지 않으실 것입니다. 주님은 마치 화가 나신 듯이 물으십니다. "작은 일들의 날이라고 멸시하는 자가 누구냐?" 주님의 종들 가운데 누구라도, 주님의 교회가 세상에서 멸시받는다는 이유로 그들도 교회를 멸시한다면, 마치 바산의 높은 산봉우리들이 시온의 낮은 언덕을 멸시하듯이 그분의 백성을 깔본다면, 주님께서 근심하실 것이라고 나는 믿습니다. 그래서 시편 기자는 그런 자들을 향해 이렇게 말합니다. "너희 높은 산들아, 어찌하여 하나님이 계시려 하는 산을 시기하여 보느냐. 진실로 여호와께서 이 산에 영원히 계시리로다"(시 68:16).

이 시간 나의 특별한 목적은 영혼들 안에 있는 은혜의 일에서 초기이자 약한 단계에 있는 것을 멸시하는 자들을 책망하는 것입니다. 진실로, 그것은 "작은 일들의 날"입니다. 하지만 그것은 기뻐해야 할 일이지, 무시되어서는 안 될 일입니다. 첫째로, 나는 어린 초심자들에게 있는 "작은 일들의 날"을 멸시하는 거만한 신앙고백자들에게 말할 것입니다. 둘째로, 나는 "작은 일들의 날"을 멸시하는 젊은 초심자들에게도 말할 것입니다. 셋째로, 나는 "작은 일들의 날"을 멸시하지 않는 자들을 향해 말할 것입니다. "작은 일들의 날이라고 멸시하는 자가 누구냐?"는 이 질문이 제기될 때, 그들은 이렇게 대답할 수 있습니다. "주여, 우리가 그렇게 하지 않았음을 주님께서 아십니다. 우리는 어린 초심자들에게 있는 은혜의 작은 표징들을 기뻐하며, 또한 거기에서 자라날 큰 일들을 보기를 소망합니다."

1. 작은 일들의 날을 멸시하는 신앙 고백자들

첫째로, 신앙을 고백하는 그리스도인들 가운데 다른 사람들에게 있는 "작은 일들의 날"을 멸시하는 자들이 있습니다.

어떤 사람들에게 어떤 시점에 은혜의 날이 시작되는지, 나는 정확히 알지 못합니다. 심지어 복음을 충분히 받기도 전에 그들 안에 좋은 것을 가진 사람들이 더러 있습니다. 당신이 말합니다. "오, 아닙니다! 그런 일은 있을 수 없습니다." 잠시만 생각해보십시오. 씨를 뿌리는 자가 씨를 뿌리러 나가기에 앞서, 농장에는 "정직하고 좋은 땅"이라고 묘사될 수 있는 어떤 부분이 있습니다. 큰길과 다를 바 없는 다른 부분도 있습니다. 가시와 돌로 뒤덮인 곳도 있습니다. 하지만 그 넓은 땅 가운데는 "정직하고 좋은 땅"이라고 규정되는 곳도 있습니다. 나는 그 땅이 하나님의 영광을 위하여 열매를 내고 있다고 말하지 않습니다. 하지만 하나님께서 아주 이른 시기부터—언제인지는 내가 알지 못합니다—그 땅을 준비하시고 씨를 받기에 적합하도록 만드셨다고 말할 수 있습니다. 그와 마찬가지로, 한 사람이 복음을 전혀 듣기도 전에, 어떤 선행적인 은혜의 일이 있을 수 있다고 나는 믿습니다. 그것에 대해 나는 간접적인 은혜라고 부를 수도 있을 것입니다. 그것은 구원받는 은혜는 아니지만, 구원의 은혜를 받도록 마음을 준비시키는 은혜입니다.

나 자신의 경험에서, 나는 내 영혼 안에서 하나님의 일의 시작이 언제인지를 콕 집어 말할 수 없습니다. 나는 내가 회심한 날과 시각을 말할 수 있습니다. 하지만 나는 그에 앞서 영혼의 많은 번민을 겪었습니다. 나는 내가 매우 효과적으로 죄를 자각했다는 것을 알지만, 그 은혜의 활동이 언제 시작된 것인지는 말할 수 없습니다. 내가 회상하는 처음 일들 가운데 한 가지는, 내가 어머니께 무언가 잘못한 일 때문에 밤에 깨어 있는 채로 누워 있었다는 것입니다. 그때 그것이 내 마음속에 작용하는 하나님의 은혜였는지 확실히는 모르겠지만, 나는 그렇다고 생각합니다. 다만 어느 정도 주님께서 내 속에서 은혜롭게 일하고 계셨다는 것과, 더욱 명백한 성령의 일을 위하여 준비하셨다는 것을 나는 확신합니다.

사랑하는 친구들이여, 그러한 작은 일들을 멸시하지 마십시오. 도리어, 여러분이 어린이들 안에서나 혹은 성인들에게서 그런 일을 볼 때마다, 그로 인해 감사하시기 바랍니다. 빈번히, 내가 교회 안으로 들어오는 지체들을 받을 때, 그 대상이 여성일 경우 나는 이렇게 물었습니다. "당신의 남편은 그리스도인입니까?" 그 대답은 종종 이러합니다. "목사님, 그는 아주 좋은 남편입니다. 하지만 나는 그가 그리스도인이 아니라고 생각합니다." 그러면 나는 또 질문합니다. "남편은 주일에 무엇을 하시나요?" "오 목사님, 그는 항상 태버너클 예배당에 있답니다! 그는 수년간 예배에 참석해왔고, 또 목사님을 매우 좋아한답니다. 그는 집으로 달려가서, 월요일에 있을 기도 모임에 가져가기 위해 차를 서둘러 준비한답니다. 그리고 목요일 밤마다 그는 빠지는 법이 없답니다." 내가 말합니다. "성도님, 당신의 남편이 주님의 집과 목회자에게 그 정도의 사랑을 보이는데, 아직 회심하지 않았나요?" 그녀가 대답합니다. "그는 회심하지 않았습니다. 때때로 그는 자기가 옳지 않다고 여기는 일을 행하거든요. 하지만, 그가 예배와 모임에 참석하는 것이 그에게 큰 억제가 됩니다. 그는 매우 좋은 남편입니다. 과거에 비하면 훨씬 좋아졌지요. 하지만 나는 그가 그리스도인이 아닌 것이 염려됩니다. 그는 용서를 위해 진실하게 기도하지도 않거든요."

"아!" 내가 대답합니다. "그를 위해 잠시 함께 기도합시다. 나는 우리가 곧 그를 얻게 될 것이라고 확신합니다. 만약 한 사람이 우리가 계속해서 복음의 총을 발사하는 곳에 온다면, 언젠가는 그 수많은 총탄 중에서 하나가 그를 맞힐 것입니다. 그가 계속 오도록 격려해주시기 바랍니다. 그에게 주의 깊고 친절하게 대해주세요. 또 당신이 할 수 있는 모든 수단을 활용하여 그가 구주를 찾도록 도와주세요. 그러면 언젠가 우리는 그를 얻어 함께 기뻐할 수 있을 것입니다."

나방이 촛불에서 아주 가까이 날 때, 조만간 그것은 자기 날개를 그슬리게 될 것입니다. 여기에 타고 있는 커다란 복음의 촛불이 있습니다. 나는 인간 나방들 가운데 일부가 조만간 그 불꽃으로 달려들 것이라고 믿어 의심치 않습니다. 그러므로 여러분이 그들을 이곳에 계속해서 오도록 격려하기를 바랍니다. 그러면 언젠가 그들이 은혜에 붙들려서 다시는 날아가지 못하게 될 것입니다. 내가 묘사한 부류의 사람들은 아주 진기한 변덕과 공상력을 가졌습니다. 그들은 거의 아무것도 아닌 일에 성을 낼 것이니, 우리는 아주 부드럽고 조심스럽게 행동해야 하며, 그들을 근심하게 해서는 안 됩니다. 이런 의미에서 그들은 우리가 무시해서는 안 될 "작은 일들의 날"입니다.

나는 마침내 그리스도께 오고, 그분을 의지하게 된 몇 사람을 압니다. 하지만 그들의 믿음은 너무 작아서, 그들의 경우에 믿음이 태어난 것인지 아니면 불신앙이 죽어가는 것인지 거의 구별할 수가 없습니다. 여러분은 그리스도께 "주여, 내가 믿나이다"라고 말한 사람을 기억할 것입니다. 하지만 그는 곧 자기 고백에서 조금 멀리 나갔다고 생각했는지, 후퇴하여 이런 말을 덧붙입니다. "나의 믿음 없는 것을 도와주소서"(막 9:24). 이 불쌍하고 멈칫거리는 영혼들이 바로 그런 상태에 있습니다. 그들이 믿기를 바랍니다. 하지만 나는 그들이 매우 의심이 많다는 것을 압니다. 그들은 기도를 시작합니다. 하지만 오, 얼마나 이상한 기도인지요! 그들 중에 어떤 이들은 그들이 오래전에 배웠던 기도의 한 가지 형식을 반복합니다. 그것은 그들의 현재 상태에 적용될 수 없는 것입니다만, 어쨌든 그들은 기도한다고 하는 것입니다. 비록 그것을 기도라고 칭하기도 어렵지만, 그들은 기도하기를 원합니다. 하지만 나는 하나님이 그것을 기도로 받으시며, 또 은혜롭게 응답하신다고 기대합니다. 그들은 회개하기 시작했습니다. 그들은 죄가 무엇인지에 대해 분명한 개념이 없습니다. 하지만 그들은 죄란 것이 그들이 제거하기를 바라는 무엇이라는 것은 압니다.

그들은 멜리데라 하는 섬에 있을 때의 바울과 같습니다(행 28장). 나는 바울이 뱀에 대해서와 뱀에 물리는 것에 대해 얼마나 이해했는지 알 수 없습니다. 하지만 한 독사가 그의 손을 물고 있을 때, 그는 곧바로 그것을 떨쳐 불에 떨어뜨렸습니다. 그처럼, 이 사람들은 죄를 신학적으로 정의할 수 없지만, 그들은 그것을 떨구어버리기를 바라고, 용서받기를 갈망합니다. 그것은 "작은 일들의 날"입니다. 그들을 멸시해서는 안 되는 것과 마찬가지로, 그 일도 멸시되어서는 안 됩니다.

아! 사랑하는 친구들이여, 한 사람이 혼자 있으려고 애쓸 때, 성경을 읽기 위해 혼자 있기를 원할 때, 그를 멸시하지 마십시오. 설교 시간에 눈물이 떨어지고, 그가 그것을 닦아낼 때, 여러분은 그의 코에 무슨 문제가 생겼나 하고 여길 것입니다. 그렇다고 하더라도 그것을 멸시하지 마십시오. 나는 그런 일이 일어나는 경우를 많이 보아 왔고, 그런 일을 볼 때 기뻤습니다. 우리는 어떤 일이든 올바른 방향으로 볼 수 있어야 하며, 그런 일을 멸시하려 해서는 안 됩니다.

이제 요점으로 직접 들어가기를 원합니다. 왜 우리는 이 작은 일들을 멸시해서는 안 될까요? 이 미미한 출발을 왜 무시해서는 안 될까요? 특히, 어떤 사람들에게 작은 은혜가 있을 때, 왜 우리는 그들을 무시해서는 안 될까요?

먼저, 그리스도의 교회에는 장성한 어른뿐 아니라 아기들도 언제나 있었고 또 언제나 있을 것이기 때문입니다. 아기들을 멸시하지 마십시오. 아기들이 없다면 어른들이 어디서 오는 것입니까? 대다수 가족에서 일어나는 일이 하나님의 가족에서 일어난다면, 여러분은 아기들을 멸시해서는 안 된다는 것을 곧 이해할 것입니다. 자기 유아들이 멸시받을 때 그들을 사랑하는 부모는 얼마나 슬퍼하는지요! 만약 여러분이 원한다면 큰아이는 무시할 수 있습니다. 하지만 아기들은 무시하지 마십시오. 그처럼, 그리스도의 가족과 관련해서도, 작은 자들을 존중하시기 바랍니다. 그들을 돌보고, 그들의 길을 막지 마십시오. 그들이 그리스도께 오기 원할 때, 그들이 올 수 있도록 용납하십시오. "그들을 끌어내라"고 말하지 마십시오. 그들이 오는 것을 원하기 때문입니다. 오히려 길을 비켜주고, 그들이 오는 것을 막지 마십시오. 최근에 하나님을 향해 태어난 한 사람을 만날 때마다, 그를 멸시하지 마십시오. 그리스도의 가족이 늘어나야 하는 한, 틀림없이 아기들은 언제나 있을 것이며, 또 아기들이 결코 멸시되어서는 안 됩니다.

또한, 사랑하는 친구들이여, 하나님을 향해 새로 태어난 사람들에게 거칠게 말하지 마십시오. 여러분도 한때는 아기였기 때문입니다. 그렇습니다, 그렇고 말고요. 비록 당신이 그것을 상기하길 원치 않아도, 당신은, 지금은 대단한 거인이지만, 한때는 유아였습니다. 그리고 깊은 체험이 있는 당신, 또 심오한 지식을 가진 당신, 그리고 다른 모든 사람을 올바르게 가르칠 수 있다고 여기는 당신, 그런 당신도 한때는 2 곱하기 2는 4라는 것도 잘 몰랐습니다! 다른 사람들과 다를 바 없이 당신도 처음부터 시작해야만 했습니다. 그러므로 한때 당신이 어떠했는지를 기억하고, 당신이 갇혔다가 구출되었던 구덩이를 돌아보고, 한때 당신이 그랬던 것과 같은 처지에 있는 다른 사람들을 멸시하지 마십시오.

또한, 이 세상에서 가장 위대한 성도, 혹은 이 세상에 존재했던 가장 위대한 성도 역시 한때는 은혜 안에서 아기였다는 것을 기억하십시오. 그가 바울이건, 아볼로이건, 게바이건, 그들 모두 작은 은혜에서 시작했고 처음에는 연약한 영적 생명으로 출발했습니다. 하나님 보좌 앞에 있는 밝은 영혼, 자기 옷을 씻고 어린 양의 보혈로 깨끗하게 된 영혼도, 한때는 영적인 일들에서 한 유아였을 뿐입니다. 가장 위대한 자들도 한때는 그토록 작았다면, 그것은 우리가 "작은 일들의 날"을 멸시해서는 안 되는 타당한 이유입니다.

게다가, 사랑하는 친구들이여, 믿는 자 가운데 가장 작은 자라도 하나님이 만드셨고 또 사랑하신다는 것을 기억할 때, 우리는 작은 것을 멸시하기 쉬운 모든 성향을 억제해야 합니다. 여러분은 6펜스 은화가 실제로 반(半)크라운과 마찬가지로 은이라는 것을 압니다. 여왕의 형상은 후자에서와 마찬가지로 전자에서도 진짜입니다. 그것들은 영국에서 통용되는 동전입니다. 나는 여러분이 작은 동전이라고 멸시하며 짓밟지 않는다고 확신합니다. 그렇다면 왜 우리를 그리스도의 보화로 여겨지는 작은 동전들을 멸시한단 말입니까? 우리의 귀한 어린 형제들과 자매들이 같은 금속으로 만들어졌고, 우리와 같은 형상이 찍혔다면, 비록 우리가 하나님의 교회에서 그들보다 무게와 가치에서 좀 더 나갈 수도 있고 혹 그렇게 생각될 때가 있더라도, 왜 우리가 그들을 멸시한단 말입니까? 오, 잎사귀 사이에 그 머리를 숨기고 있는 낮은 제비꽃을 멸시하지 마십시오! 그것은 자기 아름다움을 높이 뽐내는 최상의 튤립이나, 여러분의 눈에 가장 눈부시고 멋진 장미와 마찬가지로 하나님이 만드신 꽃입니다. 하나님이 그 작은 것들을 만드셨고, 또 하나님이 그것들을 사랑하십니다. 그리고, 부모들이 그들의 약하고 어린 자녀들에 대해 특별한 사랑을 가진 것처럼, 하나님도 그분의 양 떼 중에서 어린 양들을 향해 특별한 애정을 가지십니다. 또 그분은 그분의 정원에서 아직 완전히 자라지 않은 식물들을 특별한 돌봄으로 돌보십니다. 그러므로 그들을 멸시하지 마십시오.

만약 여러분이 그들을 멸시한다면, 나는 매우 효과적으로 여러분을 책망하기 위해 말하고 싶은 한 문장이 있습니다. 여러분의 주님이 이곳에 계신다면 그들을 멸시하지 않으실 것입니다. 그리스도께서는 자기 백성에게 있는 작은 은혜들을 보는 빠른 눈을 갖고 계십니다. 그리고 그분이 그것들을 볼 때, 그분은 기뻐하십니다. 금강석은 아무리 작아도 금강석입니다. 그리스도의 백성은 그들이 아무리 작은 은혜를 가졌더라도 그리스도의 백성입니다. 오, 만약 주 예수 그리스도께서 그 어린 양을 그분의 품에 안고 다니셨다면, 왜 당신은 그것을 안고 다닐 수 없습니까? 왜 당신은 그것을 함부로 모는 것입니까? 왜 찌르는 말들, 날카롭고, 마음을 베며, 빈정거리는 말이, 지식에서 연약하거나 실천에서 부족한 사람들과 관련하여 그리 자주 들려야 합니까? 마음에 은혜가 있다면 여러분과 나는 그것을 보고 기뻐해야 하지 않을까요? 나는 종종 여러분에게 제롬의 말을 인용해왔는데, 그는 아우구스티누스 안에 있는 그리스도를 사랑했고, 그리스도 안에 있는 아우구스티누스를 사랑했다고 말했습니다. 그처럼 우리도 가장 약한 신자들을 사랑하되, 그들 안에 계신 그리스도를 사랑하고, 또한 그리스도 안에 있는 그들을 사랑해야 할 것입니다. 성령님께서 우리를 가르치셔서, 우리가 다른 모든 면에서와 마찬가지로 이런 면에서도 우리의 주님을 닮게 해 주시기를 바랍니다!

이 부드러운 책망의 말을 마치면서, 만약 여러분과 내가 "작은 일들의 날"을 멸시한다면, 우리는 그로 인해 따끔한 맛을 볼 개연성이 있다는 말을 덧붙이고 싶습니다. 여러분은 에스겔서에서 주님께서 살진 양들이 약한 양들을 뿔과 어깨로 밀어내는 것에 대해 말씀하신 것을 기억할 것입니다(참조. 겔 34장). 그들은 마치 바산의 큰 황소 같았습니다. 그들은 항상 하나를 뿔로 들이받고 또 다른 것을 밀쳐냈습니다. 그들이 약하고 병들었다는 이유 때문이었습니다. 주님은 양과 양 사이를 심판하실 것이라 말씀하셨고, 완고하고, 거만하고, 잔인했던 것들은 그로 인해 매를 맞아야 할 것이라고 말씀하셨습니다. 거만한 형제여, 당신이 지금은 멸시하는 한 어린 그리스도인이 있습니다. 그러나 언젠가 당신이 그 어린 그리스도인의 발치에 앉는 것을 기뻐하는 날, 그런 날이 올 것입니다. 나는 그런 일을 여러 번 보아왔습니다. 그것은 내 목회적인 관찰의 일부입니다. 신실한 그리스도인이었던 사람들이 거만하게 높아졌을 때, 그들은 아주 낮은 곳으로 내려갔으며, 거기서 그들이 한때 무시했던 사람들을 부러워했습니다. 그들은 이렇게 말했습니다. "우리가 아주 모질게 판단했던 그 귀한 젊은이처럼 우리가 구원에 대해 확실히 느낀다면, 우리는 기꺼이 그와 자리를 바꿀 것입니다. 그리고 그리스도 안에서 가지는 우리의 확신이 그 젊은이처럼 단순할 수만 있다면, 우리는 한때 우리가 그의 경험 부족이나 지식의 결핍이라고 불렀던 것을 기꺼이 취할 것입니다." 그러므로 사랑하는 이여, 당신의 등에 회초리를 부르지 않으려면 "작은 일들의 날"을 멸시하지 마십시오. 도리어 그 속에서 은혜의 일이 아주 작게라도 시작되고 있는 모든 사람을 소중히 여기고 또 위로하시기 바랍니다.

2. 자신 속에 있는 "작은 일들의 날"을 무시하는 사람들

이제 두 번째로, 자신 속에 있는 "작은 일들의 날"을 무시하는 사람들이 있습니다. 그들은 그렇게 하는 것이 매우 겸손한 일이라고 생각합니다. 나는 그렇다고 보지 않습니다. 나는 그렇게 하는 것이 매우 어리석은 일이라고 생각합니다.

자기 속에 있는 "작은 일들의 날"을 무시하는 것은 이런 식입니다. 즉 그들은 작은 일들을 지나쳐버립니다. 한 젊은이가 어느 설교에서 죄의식과 관련하여 감명을 받았다고 가정합시다. 지혜로운 반응은, 그가 할 수 있는 한 빨리 집으로 가서 이렇게 부르짖는 것입니다. "주님, 저는 이것이 참된 회개인지 모르겠습니다. 하지만, 만약 그렇지 않다면, 그렇게 할 수 있게 해 주세요. 주님, 저는 제가 그저 돌같이 굳은 사람은 아닌지 두렵습니다. 이 좋은 씨는 조금 후에 싹이 돋겠지만, 그런 후 곧 시들 것입니다. 주님, 돌 같은 저의 마음을 깨뜨리시고, 그 일을 효과적으로 이루어주소서." 사랑하는 친구들이여, 여러분이 가장 희미한 영적인 감명을 받더라도, 그 일을 감사하시기 바랍니다. 나는 만약 무언가를 느낄 수만 있다면 자기 눈이라도 줄 수 있을 것 같다고 하는 몇 사람을 압니다. 하지만 그들은 앉아서 말씀을 들어도, 유일한 결과는 쿠퍼(William Cowper, 18세기 영국 시인이자 찬송가 작사자-역주)가 말한 그대로였습니다—

"만약 무언가가 느껴진다면, 그것은 고통뿐
알 수 있는 건, 내가 느낄 수 없다는 것이네."

그러므로, 만약 여러분에게 어떤 영적인 느낌이 조금이라도 있다면, 그것을 멸시하지 말고, 그것과 함께 하나님께 가십시오. 그리고 당신 속에 시작된 듯이 보이는 그 일이 완성의 때까지 계속될 수 있도록 기도하십시오. 그리고, 만약 그런 일이 시작되지 않았다면, 즉시 시작될 수 있도록 기도하십시오. 때때로 여러분이 하나님의 집의 총회에서 영혼을 부드럽게 하는 감화력이 느껴질 때, 혹은 일하는 도중에라도—그런 일은 가능하고, 그렇게 되지 않을 이유가 없습니다—별안간 마음이 아주 포근해지는 것을 느낄 때, 혹은, 아침에 시내로 걸어 내려가는 동안, 아직 많은 사람이 법석대기 전에 평상시와 다르게 어떤 엄숙함 같은 것이 느껴질 때, 그것을 멸시하지 마십시오. 이런 작은 일들이 복된 구원의 일로 이끌어줄 수 있습니다. 여러분이 이런 은혜의 이슬방울들을 소중히 여기기를 나는 주님께 기도합니다. 그저 작고 미세한 방울들만 있어도, 당신이 유의하고 그것들을 소중히 여긴다면, 주님은 그런 당신을 더 은혜롭게 바라보실 것이며, 곧 풍성한 은혜의 소낙비를 내려주실 것입니다. 당신의 마음속에 은혜처럼 보이는 것은 무엇이라도 멸시하지 마십시오. 하나님이 당신을 도우셔서, 마치 올해 이맘때에 정원사가 그렇게 하듯이, 작은 꺾꽂이 가지들과 꺾꽂이 순들을 은 모래에 심고 그것들을 자라게 하시기를 바랍니다. 하나님은 당신이 그것들을 호의적인 환경에 심기를 바라시고, 그것들이 자라 그분의 찬송과 영광이 되기를 바라십니다.

어떤 이들이 그들 자신에게 있는 "작은 일들의 날"을 멸시하는 것은 그들이 그들에게서는 어떤 선한 것도 나올 수 없다고 생각하기 때문입니다. 내가 이 아침에 설교하는 동안, 어쩌면 몇몇 가난한 영혼들이 위로를 받을 것이라고 나는 생각했습니다. 밖에 있을 때 나는 한 형제에게 이렇게 말했습니다. "나는 때때로 어떤 주제가 은혜의 바닷물처럼 밀려오는 것을 매우 좋아한답니다." 왜냐하면, 강바닥에서 조류가 돌아오기를 기다리는 조개들처럼 고대하는 많은 사람이 있기 때문입니다. 나는 오늘 아침에 그것이 밀물처럼 밀려오기를 소망했습니다. 그래서 여러분 가운데 일부가 마치 조개가 입을 열 듯이 마음의 입을 열고, 하나님의 복된 말씀이 그 영혼들 속으로 들어오게 되기를 바랐습니다. 여러분이 그렇게 한다면, 은혜는 그렇게 들어올 것입니다. 조개는 바다의 물결을 마음대로 할 수 없습니다. 하지만 물이 밀려온다고 느낄 때마다, 그것은 이렇게 말합니다. "지금은 내 조가비를 열 때다." 여러분이 느낄 때 "지금이 내가 주님을 찾을 때요, 지금이 구원의 날이며, 지금이 은혜의 만조다"라고 말한다면, 여러분은 복을 얻을 것입니다. 그것은 사방에 있습니다. 만약 그렇지 않았다면 당신은 당신의 조가비를 열려고 하지 않았을 것입니다. 당신이 느끼는 것을 느끼게 만든 것이 곧 은혜의 만조입니다. 그러므로, 기뻐하고, 그것을 멸시하지 마십시오. 온화하거나 엄숙한 무언가를 느끼는 것은 작은 일처럼 보이지만, 실제로는 그렇지 않습니다. 종종 그것은 은혜의 복된 일의 시작입니다. 그러므로 그것을 귀하게 여기시기 바랍니다.

내가 알기에, 자기 마음속에 들어오는 것에 단호히 저항함으로써 은혜를 멸시하는 사람들이 더러 있습니다. 내가 아는 이런 저항의 사례 몇 가지를 나는 결코 잊지 못합니다. 언젠가 내가 어느 도시에서 설교하고 있을 때, 나에게 매우 친절했던 한 신사가 그 회중에 있었습니다. 하지만 나는 그가 설교 도중에 일어서서 나가는 것을 보았습니다. 그는 건물 밖으로 나갔습니다. 나와 함께 있던 형제가 조용히 빠져나가 그를 쫓아가서 그에게 말했습니다. "선생님, 왜 밖으로 나오셨나요?" 그가 대답했습니다. "스펄전 목사님이 나를 자기 수중에 넣었습니다. 나는 마치 고무 인형 같고, 그는 나를 비틀어서 그가 원하는 어떤 모양으로도 만들 수 있습니다. 10분만 더 그의 설교를 들으면 내가 회심하게 될 것 같아서 두려웠습니다." 그렇게 그는 떠났습니다. 그는 의도적으로 그가 할 수 있는 대로 그를 향해 다가왔던 진리의 불꽃을 밟아 꺼버렸습니다. 그는 진리의 씨가 자라게 두지 않았습니다. 그는 공중의 새를 초청하여 그것을 훔치도록 만들었습니다. 비록 주님은 사람의 의지를 은혜롭게 변화시키실 수도 있고, 인간의 의지를 압도하는 절대적인 능력이 있으며, 또 사람들로 그분의 권능의 날에 자원하게 만드실 수는 있지만, 그럼에도 주님은 어떤 사람도 그의 의지에 반하여 구원하지 않으신다는 것을 잊지 마십시오. 의지가 하나님을 반대하는 동안, 의지가 새로워지지 않고 변화되지 않은 동안, 그 사람은 여전히 구원받지 못합니다. 나로서는 사람들이 은혜를 얻으려는 어떤 소원도 없이, 그들의 마음을 향해 날아올 수 있는 모든 화살을 막으려고 철갑으로 온몸을 두른 채, 그런 상태로 하나님의 집에 올 수 있다는 사실이 두려운 일로 여겨집니다. 이것이 "작은 일들의 날"을 멸시하는 한 가지 방식입니다.

나는 "작은 일들의 날"을 멸시하는 또 다른 사람들을 압니다. 마음속에 약간의 좋은 것을 얻게 되면, 그들은 더 많이 얻으려고 노력하지 않습니다. 만일 우리가 어린아이가 자라기를 기대하지 않는다면, 우리는 정녕 그 아이를 멸시하는 셈이고, 그 아이를 난쟁이나 괴물 취급을 하는 것과 마찬가지입니다. 그처럼, 하나님의 은혜가 여러분의 마음에 들어온다면, 여러분은 모든 힘을 다해 그것을 자라고 증대되도록 할 것이며, 그렇게 함으로써 여러분은 그것을 멸시하지 않음을 입증하는 것입니다. 내가 이미 충분히 제시했다고 생각합니다만, 만약 여기에 있는 사람 가운데 누구라도 은혜의 시작을 알게 하는 가장 작은 표징이라도 얻는다면, 하나님의 빛의 깜빡임 같은 것이 있고, 마음속에 그리스도의 형상의 최초의 윤곽만이라도 있다면, 그것을 멸시해서는 안 됩니다. 도리어 하나님께 그 표징들에 복을 주시도록 구하고, 그것이 성숙에 이르도록 기도해야 합니다. 그렇게 한다면, 하나님이 어떤 일을 행하실 지에 대해 내가 말하겠습니다. 그것은 우리 본문의 한 구절에서 암시되었습니다. "사람들이 스룹바벨의 손에 다림줄이 있음을 보고 기뻐하리라." 그들은 건축을 시작했습니다. 하지만 그것은 너무나 빈약하고 볼품없는 건물이었기에, 벽을 높이는 공사는 너무 느렸고, 그들은 그것을 멸시했습니다. 하지만 총독이 손에 다림줄을 들고 거기에 서 있는 것을 보고, 돌들이 하나씩 제자리에 놓이며, 그들의 지도자가 위대한 건축가로서 그 임무를 수행하는 것을 볼 때, 그들은 서로를 향해 말할 것입니다. "보라, 총독이 손에 다림줄을 가지고 거기에 계신다. 그는 자기가 맡은 임무를 반드시 완수하고야 마는 분이다. 그러니, 틀림없이 이 일은 완성될 것이다."

마찬가지로, 비록 당신의 마음에 있는 것이 아주 작은 은혜라 할지라도, 그리스도께서 그 은혜와 함께 오셨기 때문에, 그분이 당신의 마음에서 건물을 세우시며, 초석을 놓으신다고 말할 수 있습니다. 지상 왕들의 군주이신 그리스도 예수께서 그 손에 다림줄을 가지고 계신다고 나는 말할 수 있습니다. 여러분 안에 착한 일을 시작하신 분이, 그 일이 영광스럽게 완성될 때까지 그 일을 수행하실 것입니다. 오, 그리스도께서 그 손에 다림줄을 들고 계심을 본다는 것은 얼마나 복된 일인지요! 그분에게 이렇게 말하기를 바랍니다. "위대하신 건축자여, 저는 이 기초를 멸시하지 않을 것입니다. 왜냐하면, 아직은 지면 위로 올라온 것이 거의 보이지 않더라도, 당신께서 착한 일을 시작하셨으므로 그것을 이루실 것이며, 당신이 약속하신 모든 것을 완벽하게 수행하실 것이기 때문입니다. 성전이 비록 지금은 작은 돌무더기에 지나지 않는 것처럼 보여도 장래에는 밝히 드러나 당신을 찬미하게 될 것입니다."

그것이 "작은 일들의 날"을 멸시하는 당신을 치유하는 방법입니다.

3. 작은 일들의 날을 멸시하지 않는 사람들

마지막 요점입니다. "작은 일들의 날"을 절대 멸시하지 않는 사람들이 더러 있습니다. 오늘 설교 주제의 이 부분에 대해 나는 짧게 말하려고 합니다. 하지만 나는 이 말이 아주 포근한 위로와 격려의 말이 될 수 있기를 바랍니다.

먼저, 참된 목사들은 절대 "작은 일들의 날"을 멸시하지 않습니다. 나 자신의 경우를 말하겠습니다. 만약 내가 여러분 가운데 회심하지 않은 사람들에게서 어떤 진지한 생각의 표징이라도 보게 되면, 그들이 주님을 향해 돌아서고 있다는 어떤 징표라도 본다면, 나는 그것을 사랑한다고 말할 수 있습니다. 그런 일을 볼 때마다 내 마음은 즐겁습니다. 내가 그것을 멸시한다고 생각할 사람이 있을까요? 그렇지 않을 것입니다. 나는 그런 일이 일어나도록 계속해서 하나님께 기도합니다. 그런 일을 멸시하다니요! 나는 그런 일을 내 수고의 보상으로 여깁니다. 만약 내가 여러분 가운데서 누구에게든 진지한 생각을 불러일으켰다는 것을 알게 된다면, 나는 집에 갈 때 행복한 마음으로 갑니다. 혹 주님께서 한두 명을 그분에게로 이끄셨다는 것을 듣게 되면, 나는 밤에 기뻐서 깨어 있을 것이며, 그런 은혜의 일을 이루어주신 것에 대해 그분의 이름을 높여 찬송할 것입니다. 나는 이 회중의 크기의 방대함에 신경 쓰지 않습니다. 내가 신경 쓰는 것은 이 회중에 있는 개개인의 영혼입니다. 그리고 나는 무엇보다 이 회중에서 구원받은 자들 때문에 기뻐합니다. 여러분을 단지 이곳에 오게 한 것에 무슨 유익이 있습니까? 내가 말하는 동안 여러분을 조용히 앉아 있도록 하는 것에 무슨 유익이 있습니까? 여러분을 그리스도께 이끄는 것이 아니라면, 그것은 시간과 수고의 낭비일 뿐입니다. 하지만 여러분 중에 누군가가 회개와 믿음에 이르게 되었음을 내가 알게 되면, 나는 진실로 그런 일을 멸시하지 않을 것입니다. 나는 그런 일을 최상의 금보다 나은 축복으로 여기기 때문입니다.

내가 또 말하고 싶은 것은, 여러분을 이 예배에 오도록 설득한 여러분의 귀한 부모, 혹은 여러분의 그리스도인 아내, 혹은 여러분의 경건한 딸이 "작은 일들의 날"을 멸시하지 않는다는 사실입니다. 나는 우리 지체들 가운데서, 사람들을 이곳에 오게 해서 그들이 회심할 수 있게 하려고 아주 특별한 일들을 하는 분들을 압니다. 그중에서 한 분이, 많은 시도를 한 후에, 마침내 한 사람의 마음을 움직였고, 날을 정해 오겠다는 약속을 하기에 이르렀습니다. 그래서 그날 그는 그를 데리러 가려고 평소보다 길을 돌아서 갔습니다. 그 사람이 말했습니다. "오, 나는 갈 수 없어요! 지금 토끼장을 만들고 있거든요." 상대편이 말했습니다. "음, 내가 만든 것이 하나 있으니, 그것을 당신에게 주겠소." 그 사람이 말했습니다. "하지만 저는 갈 수 없어요. 비둘기 한 쌍을 판다고 했던 사람과 만나기로 약속을 했거든요." 내 친구가 대답했습니다. "나에게 한 쌍의 비둘기가 있으니, 당신이 나와 함께 가면 그것을 당신에게 주겠소." 모두 허사였습니다. 그는 그 사람이 원하는 것을 줄 수 있었지만, 그 사람을 얻을 수는 없었습니다. 지금쯤에는 내 친구가 그를 데리고 왔기를 바랍니다. 그렇지 않다면, 그를 이곳에서 볼 때까지 내 친구는 그에게 끝까지 달라붙을 것입니다.

또 한 가지 사례가 있는데, 그는 자기 친구를 자기 자리에 데려오려 하고, 만약 필요하다면, 그 자신은 복도에 서 있으려고 합니다. 예배가 진행되는 동안 줄곧 그를 위해 기도하기 위해서입니다. 자, 만약 그가 그의 친구에게 말씀을 듣게 하고, 또 그가 말씀을 듣고 감명을 받는 것을 본다면, 여러분이 충분히 상상할 수 있는 것은 그가 그 "작은 일들의 날"을 멸시하지 않으리라는 것입니다. 그렇지 않겠습니까? 하나님의 영이 그의 친구의 마음에서 일하시는 가장 미미한 표징이라도 본다면 그는 크게 기뻐할 것입니다.

당신의 경건한 어머니는, 당신이 예배당에 왔다는 말을 들으면, 이렇게 말할 것입니다. "이 일을 이루어주셔서 하나님께 감사합니다!" 만약 그녀가 당신이 기도하기 시작했다는 것을 알게 되면, 그녀의 마음은 속에서 기뻐 뛸 것입니다. 복음 사역자이기도 한 어느 귀한 아버지가, 내게 편지를 써서 이런 말을 했습니다. "내 아들은 하나님을 위한 결심을 하지 않았습니다. 그러다 마침내 당신의 설교를 듣기 위해 엑서터 홀(Exeter Hall, 1831년에서 1907년까지 대규모 집회 장소로 활용되었던 공간. 태버너클 예배당이 건축되는 동안 스펄전의 회중은 1856년 여름 약 3개월간 이곳에서 저녁 집회를 가졌음-역주)에 갔고, 저녁 설교 시간에 그는 머리를 숙이고 주님께 자기 자신을 드렸습니다. 그는 지금 내 교회의 회원이 되려고 신청을 한 상태입니다. 목사님, 하나님이 당신에게 복을 주시기 바랍니다!" 참된 그리스도인들은 언제나 그러합니다. 그들은 "작은 일들의 날"을 멸시하지 않습니다. 그들은 자녀들이 그리스도께 인도될 때 그로 인해 기뻐합니다.

그것은 모든 구령자들(soul-winners)에게도 마찬가지입니다. 나는 그런 부류의 사람들이 여기에 많기를 소망합니다. 그들은 가장 작은 곤충알처럼 작은 은혜라도 발견할 수 있다면, 너무나 기쁘게 여깁니다. 그들은 당신을 보며, 또 서로를 보면서 말합니다. "저기 동쪽에 내가 보는 것이 빛이 아니오?" 그러면 다른 사람이 말합니다. "나는 모르겠소, 그렇지 않다고 생각되오만." 처음의 그 친구가 말합니다. "오! 하지만 나는 그렇다고 생각하오. 저기 저편에 어스름한 빛이 보이지 않소?" 다른 사람이 대꾸합니다. "아니요, 내가 보기엔 아직 아침 해가 뜨는 것은 아닌 것 같소." 그것이 바로 우리 가운데 어떤 분들이 당신에 대해서 이야기를 나누는 방식입니다. 사랑하는 청중이여, 우리는 종종 여러분을 위해 이야기하고 또 기도합니다. 또 서로에게 이렇게 말합니다. "모모 씨가 언제나 구주에게 올까요?" 여기에는 내가 거의 매일 위해서 기도하는 사람이 있습니다. 나는 그분의 아내도 마찬가지라는 것을 압니다. 그는 이곳에 오는 것을 좋아하지만, 여전히 구원받지 못한 사람으로 남아 있습니다. 하지만, 하나님의 은혜로, 기도가 그를 분발시킨다면, 그는 지금의 상태로 머물지 못할 것입니다. 우리는 그가 그 상태에서 벗어나 구주께로 오도록 기도할 것입니다. 그런 일이 신속히 이루어지도록 주께서 은혜를 베푸시길 바랍니다!

절대 "작은 일들의 날"을 멸시하지 않는 또 한 분이 계십니다. 그분에 대해 언급하고 설교를 마치겠습니다. 그분은 우리의 복되신 구주 예수 그리스도이십니다. 그분은 자기 영혼의 수고한 것을 보기를 원하십니다(참조. 사 53:10). 만약 그분이 당신에게서 그분을 찾는 소원을 보실 수 있다면, 그분은 그것을 기뻐하실 것입니다. 내 말을 믿으십시오. 만약 당신에게 그리스도를 구하는 하나의 불꽃 같은 소원이 있다면, 당신을 향한 그분의 소원은 용광로 전체와 같습니다. 오, 그분을 당신의 구주로 영접하시길 바랍니다! 그분은 그분을 얻고자 하는 누구나 값없이 얻을 수 있는 분입니다. 그분의 마지막 초청이 그렇지 않습니까? "목마른 자도 올 것이요 또 원하는 자는 값없이 생명수를 받으라"(계 22:17). 그분이 당신을 제외하신다고 생각하지 마십시오. 당신이 당신 자신을 제외할지 모르겠으나, 만약 당신의 마음속에 어떤 소원이 있다면, 어떤 소원의 그림자라도 있다면, 그리스도를 향한 어떤 소원 같은 것이 있다면, 당신은 올 수 있고 또 환영을 받습니다. 은혜의 문은 활짝 열렸습니다. 그리스도께서 그분의 집과 그분의 마음에 당신을 초대하십니다. 오, 그분에게 오십시오, 지금 오십시오!

"주 예수 그리스도를 믿으라 그리하면 구원을 받으리라"(행 16:31). 그분의 거룩한 영이 지금 이 순간 당신으로 그분을 믿게 해 주시기를 바랍니다! 그분을 믿는 것은, 곧 그분을 신뢰하는 것입니다. 당신을 그분에게 던지십시오. 가라앉든 헤엄을 치든, 그렇게 하십시오. 그리스도를 당신의 것으로 삼으십시오. 당신은 그렇게 했습니까? 그렇다면 당신은 구원받았습니다. "아들을 믿는 자에게는 영생이 있기"(요 3:36) 때문입니다. 믿는 것이 곧 구원받은 사람이라는 증거입니다. 그러므로, 평안히 가십시오. 주께서 당신과 함께 하십니다. 여러분 모두에게 요청합니다. 나와 천국에서 만납시다! 아멘.

제
6
장
—

한때는 저주, 이제는 복

—

"유다 족속아, 이스라엘 족속아, 너희가 이방인 가운데에서 저주가 되었었으나 이제는 내가 너희를 구원하여 너희가 복이 되게 하리니, 두려워하지 말지니라 손을 견고히 할지니라" - 슥 8:13

이 말씀은 스가랴의 입술에서 나온 것이므로, 의심할 바 없이 유다와 이스라엘의 열 지파를 포함한 아브라함의 후손을 위한 말씀입니다. 이 말씀은 이미 부분적으로는 성취되었습니다. 하지만 이 말씀의 영광스러운 성취는 아직 오지 않았습니다. 유대인들은 여러 세대 동안 모든 민족에게서 저주를 받아왔습니다. 여러 세대에서 아무도 유대인들에게 좋은 말이나 친절한 표정을 보내지 않았습니다. 모든 나라에서 그들은 박해받았고, 마치 짐승처럼 사냥을 당했습니다. 저 잔혹한 마호메트의 후예만이 그들의 유일한 원수가 아니었습니다. 바벨론 음녀의 자녀들이 마찬가지로 그들의 피에 목말랐기 때문입니다. 이 나라에서도, 어두운 시대에, 이스라엘 백성을 박해하는 것이 하나님을 섬기는 일로 여겨졌으며, 그날은 우리 구주의 수난을 기념하는 교회에서 만약 원한다면 거리에서라도 자기 형제들에게 공개적으로 돌을 던지는 날로 선정되었습니다. 유대인이 된다는 것은, 그런 시대의 평가에서, 모든 조롱과 잔혹한 행위를 감수해야 하는 것이었습니다. 그들은 연민이나 존경의 대상이 아니었습니다. 부당한 강탈, 부당한 징수, 부당한 억류와 고문이, 메시야를 따른다고 고백하는 자들에 의해 야곱의 자손들에게 가해졌습니다. 현대의 모든 기적 중에서 아마도 가장 큰 기적은, 지상에서 그리스도인 유대인이 있다는 사실일 것입니다. 그들이 그리스도인인 체하는 자들에게서 받은 대우는 그들로 예수의 이름을 미워하도록 만들기에 충분했기 때문입니다. 그것은 단순히 악한 정도가 아니라, 악마적인 것이었습니다. 지옥의 마귀들이라도, 그리스도인이라고 고백했던 자들이 아브라함의 자손들에게 가한 것보다 희생자들에게 더 잔인할 수는 없었을 것입니다. 그들은 정녕 저주가 되었습니다. "개"에서부터 "마귀"에 이르기까지, 나쁜 의미를 담은 모든 어휘가 그들을 향해 퍼부어졌습니다. 모든 민족 가운데서 그들은 경멸과 욕설의 대상이었습니다.

하지만 그날이 오고 있습니다. 아니, 이미 동이 텄습니다. 온 세상이 그 선택된 씨의 참된 존엄을 알아볼 것이며, 하나님께서 그들에게 복을 주시는 것 때문에 그들과의 친교를 구할 것입니다. 이스라엘이 그들이 찌른 분을 바라보고 자기들의 죄 때문에 슬퍼하게 될 그날, 유대인들은 민족들 가운데서 맏형이자 황태자로서 그들의 진정한 서열을 차지할 것입니다. 아브라함과 맺어졌고, 그의 후손에 의해 모든 민족이 복을 얻게 된다는 그 언약은 철회되지 않았습니다. 하늘과 땅이 사라져도, 그 선택된 민족은 기념책에서 지워지지 않을 것입니다. 하나님은 자기 백성을 버리시지 않았습니다. 그분은 그들의 어머니에게 이혼장을 주지 않으셨습니다. 그분은 그들을 쫓아내지 않으셨습니다. 잠시의 분노로 그분이 그 얼굴을 그들에게서 가리기는 하셨지만, 큰 긍휼로 그들을 모으실 것입니다. 본래의 가지들이, 이방인들 가운데서 오는 들 감람나무의 가지들과 더불어 감람나무에 다시 접붙여질 것입니다. 유대인들에게서, 유대인들의 진정한 왕으로 말미암아, 은혜는 으뜸가는 승리를 얻을 것입니다. 오 시간이여, 빠른 날개로 날아, 저 상서로운 날이 어서 오게 하라!

몇몇 저명한 강해자들에 의해 이 본문에 추가적인 의미가 부여되었습니다. 즉, 유대인들은 여러 세대 동안 모든 민족에게 저주의 본보기가 되었습니다. 트랩(Trapp)이라고 하는 강해자가 말했듯이, 그들은 등에 하나님의 채찍 자국을 간직했습니다. 혹은, 그가 더 강하게 표현한 말에 따르면, 그들의 이마에는 가인처럼 하나님의 진노의 표가 새겨졌습니다. 그들은 흩어져서 소외된 민족이었고, 민족들의 수에 포함되지 않았으며, 지친 발과 야윈 용모를 가진 사람들이었습니다. 그들의 나라는 섭리의 축구공이었으며 불행의 표적이었습니다. 그들은 모든 바다에서 파선했고, 모든 폭풍에 의해 전복되었으며, 모든 재난의 희생자였으며, 모든 불행의 대상자가 되었습니다. 모든 곳에서 그들은 명백히 하나님의 저주를 받은 사람들이요 그분의 진노에 넘겨진 사람들이었습니다. 사람들이 저주할 이름을 원할 때, 그들은 이렇게 말했습니다. "나를 유대인처럼 저주받게 하라."

하지만 그들이 하나님의 복을 받은 사람들인 것이 명백해지는 날이 올 것입니다. 그들의 회심은 하나님이 얼마나 그들을 아끼시는지를 나타낼 것입니다. 그들이 그들의 본토로 모이는 것, 그들 가운데서의 메시야 통치의 영광, 지금은 계시록과 다니엘 선지자의 책에 어렴풋이 나타난 마지막 날의 모든 영광, 이러한 모든 일이 이루어질 때, 그때 사람들은 유대인들에 대해 말하기를 왕 같은 제사장이요 특별한 백성이라고 말할 것입니다. 하나님의 벗 아브라함의 자손은, 하나님에게 매우 귀합니다. 그들은 그분 품 안의 귀한 자식들이요, 그분의 목장의 양 떼이며, 그분의 손으로 기르는 양입니다. 오, 어두운 밤이 곧 끝나기를 바랍니다! 오랫동안 기독교회는 유대인들을 잊고 잠을 잤습니다. 신실한 사람들조차 이스라엘을 거의 염두에 두지 않았고, 유대인들이 망하게 버려두었으며, 마치 그 마음이 하나님의 사랑으로 녹기에는 너무 딱딱한 것처럼 행동했습니다. 나는 그 잘못이 드러날 것이라고 믿습니다. 그리고 지금 이스라엘에 영광의 회복이 있도록 간절히 기도하는 사람들이 많다고 나는 믿습니다. 하지만 너무 많은 사람이, 진지함이 필요한 문제에서, 여전히 무관심합니다. 주님께서 한없는 긍휼로 먼저 자기 백성의 마음에 진지함을 주시고, 그런 후에 사랑으로 일하게 하시며, 또한 믿음으로 수고하도록 도우시길 바랍니다. 그분이 아브라함과 이삭과 야곱에게 주신 약속을 성취하시는 때가 속히 오게 하시기를 바랍니다. 그때 물이 바다를 덮음같이, 온 땅이 여호와를 아는 지식으로 덮일 것입니다. 우리는 일할 수 있고 또 수고할 수 있습니다. 하지만 이스라엘이 모일 때까지 하나님의 영광은 보편적일 수 없고, 널리 퍼질 수도 없습니다. 유대인들이 나사렛 예수를 메시야로 인정하고서야, 회복의 충만한 때가 비로소 올 것입니다. 오 우리의 주여, 지체하지 마소서! 어서 오소서, 당신의 오심을 알리는 전령으로서 당신의 형제들을 보내소서! 당신이 자기 백성에게 오셨을 때, 그들은 한때 당신을 멸시했었고, 당신의 친 백성이 당신을 영접하지 않았나이다.

이제 추가적인 설명이 없어도, 여러분은 본문의 문자적인 의미를 분명히 이해할 수 있을 것입니다. "유다 족속아, 이스라엘 족속아, 너희가 이방인 가운데에서 저주가 되었었으나 이제는 내가 너희를 구원하여 너희가 복이 되게 하리니, 두려워하지 말지니라 손을 견고히 할지니라."

우리는 이 본문을 넓은 의미로 사용해도 온전히 정당하다고 느낍니다. 본문은 우리에게 회심하지 않은 사람들은 저주인 것을 가르칩니다. 두 번째로, 회심할 때 그들은 복이 됩니다. 세 번째로, 본문은 그 변화가 이루어지게 하는 수단을 말해줍니다. "내가 너희를 구원하리라." 그리고 본문은 구원을 바라는 자들에게 격려의 말로 마칩니다. "두려워하지 말지니라, 손을 견고히 할지니라."

1. 회심하지 않은 자들은 저주다.

이들이 저주라는 것은 확실합니다. 왜냐하면 회심하지 않은 모든 사람은, 아무리 도덕적 성품을 가지고 있어도, 세상에서 어느 정도 악의 분량을 보태기 때문입니다. 그는 온 반죽 덩이에 한 줌의 누룩을 보태며, 사람들 가운데 죄의 역병을 퍼뜨리는 죽음의 바람에 한 호흡을 보탭니다. 새로워지지 않은 모든 마음은 악의 돌무더기에 또 하나의 돌을 던지고, 반역의 바벨탑이 거만스럽게 올라가는 일에 그의 머리만큼 더 올라가도록 돕습니다. 경건하지 않은 자들이 하나씩 지나가는 것을 내가 볼 때, 나는 어둠의 임금이 이렇게 외치는 것을 듣습니다. "여기 악의 군대를 늘어나게 할 또 하나의 병사가 온다. 사탄을 위한 또 하나의 창병(槍兵)이요, 악의 세력을 위한 또 하나의 칼이로다!" 저 검은 깃발을 향해, 회심하지 않은 모든 사람이 신병으로 모집됩니다. 그가 하고 싶은 대로 행하고 생각하고 싶은 대로 생각하도록 두십시오. 그리스도와 함께하지 않는 자는 그분을 반대하는 자이며, 옳은 편에 서지 않는 자는 그른 편에 서는 자입니다. 인간성이라는 집합적인 몸은 각 사람이 자기 분량의 악을 보태면서 갈수록 얼마나 더 망가지는지요! 한 물결 위에 또 다른 물결이 덮쳐 얼마나 거대한 물로 부풀어 오르는지요! 죄악의 홍수는 각각의 깊은 샘에서 나오는 물이 모두 합쳐진 것뿐입니다. 은혜가 없는 모든 영혼은 인류의 목에 맷돌을 묶어서 가장 낮은 지옥으로 가라앉도록 만듭니다. 모든 죄인은 세상에서 적극적인 악행의 창조자입니다. 그는 치명적인 유퍼스 독(upas, 유퍼스나무에서 채취한 독액으로 독화살에 쓰임-역주)이며, 그 모든 잎사귀가 독을 퍼뜨립니다. 그가 그렇게 하지 않기란 불가능합니다. 검고 더러운 샘이 더러운 물을 내보낼 수밖에 없는 것처럼, 한 사람 자체가 악한 한 그는 반드시 악을 행하게 되어 있습니다. 한 죄인이 많은 선한 것을 파괴합니다. 그가 어떤 종류의 죄인이든, 그의 죄가 그의 이마에 쓰여 있거나 혹은 그의 오른손에 감추어져 있거나, 그는 악으로 세상을 감염시킵니다. 죄인은 하나의 저주이며, 이는 그가 세상에 적극적으로 악을 보태기 때문입니다.

더욱이, 그가 저주인 것은, 그가 세상에 하늘의 분노가 임하도록 돕기 때문입니다. 파멸의 천사가 외칩니다. "오 주여, 언제쯤에나 악을 치시고 당신의 칼을 반역자들의 피로 씻으려 하시나이까?" 또 다른 음성이 외칩니다. "깨어라! 깨어라! 오 정의의 칼이여! 죄인을 치고 그를 지면에서 망하게 하라." 정녕 모든 죄는 하나님을 노하시게 하는 것입니다. 그것은 그분으로 격동하시게 하는 것입니다. 아벨의 피가 '복수'를 외친 것처럼, 죄도 그러합니다. 그것은 정의의 옆구리에 있는 가시이며, 진리의 심장을 겨누는 하나의 단검입니다. 하나님의 크신 인내가 인간들의 죄로 인해 무한한 정도로 소비되고 있습니다. 그대 회심하지 않은 인간이여! 당신은 매일 '오래 참음'이라는 국고(國庫)를 고갈시키고 있습니다. 그 국고의 총액이 소진되는 날이 올 것이며, 그때 세상에는 화가 있을 것입니다. 그때 마지막 역병이 퍼지고 마지막 진노의 대접이 쏟아질 것이기 때문입니다.

심지어 경건치 않은 자가 죽을 때에도 그는 자기 악행을 다 끝낸 것이 아닙니다. 그의 삶은 끝날 수 있지만, 그의 삶에 의해 야기된 도덕적 죽음은 계속될 것입니다. 악한 열매를 맺은 나무가 바람으로 그 씨앗들을 날리고, 그 씨앗들은 제각기 정해진 장소에 묻힙니다. 거기서 어린 순들이 돋아나고 마침내 악의 숲을 이룹니다. 경건치 않은 사람도 마찬가지입니다. 그의 말과 그의 행위의 본보기는, 마치 땅에 심어진 씨앗들처럼, 다른 사람들 안에서 비슷한 형태로 싹트고 자라납니다. 비슷한 것이 비슷한 것을 자라게 만듭니다. 그의 자녀들이 본성과 영혼에서 그를 닮습니다. 그리고 이런 일은 죽음의 저주의 메아리, 즉 그의 삶이 인류를 향해 외쳤던 소리를 길게 연장합니다. 그는 설혹 그가 원하더라도 그 저주를 멈추지 못합니다. 그것은 마치 깃털이 바람에 날려가는 것처럼, 시간의 저주에 맡겨져 영원히 날려갈 것입니다. 그의 자녀들은, 마치 부모 나무에서 돋아난 묘목들처럼, 자라서 죽음의 열매를 맺는 나무들이 될 것이며, 이들이 또 씨를 퍼뜨릴 것이며, 인류가 지속하는 한 계속해서 그 일이 반복될 것입니다. 그의 죄의 희생자들은 영원 속에서 고통 가운데 누워 끝없이 하나님을 훼방할 것입니다. 그처럼 그의 저주는 영원한 저주이며, 비록 그 자신은 골짜기의 흙 무더기와 함께 잠들어도 그가 행하는 악은 계속해서 살 것입니다. 불경한 사람은 적극적인 의미에서 영원히 저주입니다.

그는 또한 소극적으로도 저주입니다. 하나님을 알지 못하는 사람이 이 세상에서 얼마나 많은 선을 유지할 수 있을지를 생각하면 개탄스럽습니다. 그는 그가 자라는 땅을 괴롭게 합니다. 그는 땅에서 양분을 흡수하고 그 땅을 뒤덮어서, 그 땅으로 다른 식물을 위해 자양분을 내지 못하게 하고, 자기 자신도 아무런 열매를 내지 않습니다. 내 청중이여, 이것이 오늘 아침에 여러분의 위치 아닌가요? 여러분은 무위도식하는 사람이 아닌가요? 만약 그렇다면, 여러분이 차지하고 있는 그 자리가 다른 사람에 의해 점유되었더라면, 그는 하나님을 영화롭게 했을 것이며, 참된 신앙의 전파를 위해 많은 일을 했을 것입니다. 여러분은 많은 시간을 가졌지만, 그것을 죽이고 있을 뿐입니다. 만약 다른 사람이 그것을 가졌다면, 그것은 병든 자의 심방에 사용되었을 것이며, 무지한 자를 가르치고, 지친 자를 위로하며, 그 외에도 예수의 이름을 영화롭게 하는 다른 행동들을 위해 사용되었을 것입니다. 당신은 시간을 가졌으나, 그것은 낭비되고 있습니다.

당신은 돈을 가졌습니다. 당신은 어쩌면 십자가의 전령이 외국에 나가서 쓸 수도 있었던 돈을 당신 자신의 즐거움을 위해 연회를 베푸는 데 쓸 것입니다. 많은 사람이, 만약 당신의 재산을 가졌다면, 헐벗은 자들의 등을 옷으로 덮었을 것이며, 배고픈 자들의 입에 빵을 넣었을 것입니다. 어떤 의미에서 돈은 모든 필요에 부응할 수 있습니다. 하지만 당신은 그것을 당신 자신의 만족을 위해서가 아니면 어떤 필요에도 쓰이지 못하게 합니다. 아, 당신은 이런 식으로 얼마나 많은 잘못을 범하는지요!

당신은 영향력을 가졌습니다. 어쩌면 당신은 많은 하인을 거느린 상전이거나, 혹은 많은 사람이 당신을 시중드는 지위에 있는 사람입니다. 당신의 본보기를 다른 사람들이 그대로 따르고, 당신의 말은 중요합니다. 만약 다른 사람이 당신의 자리에 있다면, 그는 그 전체 무리를 천국으로 인도하려 했을 것입니다. 그는 진지하게 그의 그늘에 사는 자들을 축복하려고 애를 썼을 것입니다. 하지만 당신은, 당신은 무엇을 합니까? 당신은 땅을 괴롭힐 뿐입니다. 이 오랜 세월 동안, 당신에게서 포도원 주인이 받으실 만한 단 하나의 익은 열매도 발견되지 않았습니다. 조심하십시오, 그분이 당신을 베어버리지 않도록 조심하십시오! 당신이 다른 사람들에게 악을 행하는 것을 보지 못합니까? 목사는 오늘 아침에 당신을 향해 설교하고 있으며, 자주 그렇게 해야 합니다. 당신처럼 배회하는 양이 없다면, 목사는 양 떼 가운데서 잃은 양을 찾기 위해 더 많은 시간을 보낼 수 있을 것입니다. 만약 목사가 당신을 향해 외치지 않아도 되고, 당신의 죄를 지적하지 않아도 된다면, 그는 하나님의 깊은 곳으로 인도되어, 주님의 택하신 백성들을 위로하고 믿음의 덕을 세우는 말씀을 전할 수 있었을 것입니다. 당신이 이 집에 있는 동안 노래를 망치고 있습니다. 당신 생각의 방황과 음탕함으로 당신은 기도를 망치고 있습니다. 만약 당신이 거룩한 일에 관하여 대화하는 하나님의 백성의 무리 가운데 들어온다면, 당신은 주변의 분위기를 빙산처럼 얼어붙게 할 것입니다. 당신은 당신의 무관심으로 인해, 얼마나 많은 어린 그리스도인들의 열정을 가로막았습니까? 만약 당신이 선한 일에 해를 끼치고, 사랑의 물길을 막으며, 진리의 빛을 끄는 것 외에 아무것도 하지 않는다면, 당신은 당신 자신을 사람들 가운데 저주가 되도록, 또한 하나님을 노엽게 하여 당신의 몸과 영혼을 영원히 저주하시도록, 충분히 할 일을 한 것입니다.

이것은 모든 회심하지 않은 사람에게 참입니다. 여러분 가운데 많은 이들이 도덕적이고 또 생활은 훌륭하지만, 여러분의 마음은 하나님과 바른 관계에 있지 못합니다. 사람들이 당신에 관한 대화에서 배울 교훈이 무엇입니까? 불신자가 신앙이 아니어도 선한 것이 있을 수 있다는 것을 증명하기 원할 때, 그는 당신을 인용합니다. 마치 하나님의 말씀을 반대하는 근거라도 되는 듯, 그리고 새 마음과 바른 심령의 필요성을 반박하는 근거라도 되는 듯, 당신을 인용합니다. 당신과 같은 위치에 있는 많은 사람이 당신을 본보기 삼아서 마음을 완강히 하고, 두 의견 사이에서 주저하지 않았습니까? 젊은이들이 말합니다. "누구누구 부인이 있지요. 또 아무개 신사가 있지요. 그들은 얼마나 좋은 사람들입니까? 하지만 그들은 그들의 마음을 하나님께 드리지 않았습니다." 그들이 계속해서 말합니다. "확실히, 그런 분들은 무언가를 알 것입니다. 만약 종교에 어떤 선한 것이 있다면, 그들은 틀림없이 옳은 길을 따랐을 것이며, 그리스도에게 그들의 신뢰를 두었을 것입니다." 당신이 더 훌륭할수록, 더 그릇된 쪽에 서게 된다는 것을 나는 개탄합니다. 만약 내 조국이 전쟁 중이라면, 내 원수들이 훌륭한 군사들이라고 아는 것이 내게는 아무런 위로가 되지 않을 것입니다. 차라리, 나는 그들이 나쁜 군사들이기를 바랍니다. 그래야 그들을 이긴다는 더 큰 희망을 가지기 때문입니다. 당신의 성품의 무게라는 것은, 그것이 결국 자기의라는 저울에 올려질 것이기에, 나를 더 슬프게 만들 뿐입니다. 당신이 도덕적으로 뛰어나다는 바로 그 점이, 거룩함을 사랑하시는 그리스도의 편에 당신이 서지 않는 것을 더욱 심각한 죄로 만드는 것입니다. 당신이 해악을 끼친다고 나는 확신합니다. 당신의 본보기로 어느 정도 도덕적으로 선한 영향이 있을 수 있습니다. 하지만 더 큰 영적인 해악이 있습니다. 왜냐하면 많은 사람이 당신이 멈추는 곳에서 멈추기 때문입니다. 당신의 본보기로 영향을 받아, 그들은 당신이 주저하는 곳에서 주저합니다. 당신이 거듭나지 않는 한 당신은 멸망하게 될 것입니다. 그리고 그들도 당신처럼 될 것이며, 그 영혼들의 피가 당신의 문 앞에 엎드릴 것입니다. 당신의 본보기가 그들에게 저주가 되었기 때문입니다.

만약 이것이 도덕적이면서도 회심하지 않은 사람에게 진실이라면, 공공연하게 악을 따르는 사람의 경우는 얼마나 더 확실하겠습니까? 내가 무모하게 말하고 있습니까? 아닙니다. 악의 신봉자가 다른 사람들에게 끼치는 해악을 나는 굳이 자세히 묘사하지 않을 것입니다. 술주정뱅이가 얼마나 많은 사람을 그의 잔에 빠뜨렸습니까? 정욕의 사람이 그의 희생자가 된 사람의 몸과 영혼 모두를 어떻게 파괴하고 저주에 떨어지게 했습니까? 음탕한 삶을 사는 사람이, 마치 바실리스크(Basilisk, 유럽의 신화와 전설에 등장하는 상상의 뱀으로, 쳐다보는 것만으로 보는 자를 죽게 하는 무서운 힘을 가졌다고 함-역주)처럼, 그를 쳐다보는 것만으로 얼마나 많은 독을 퍼뜨렸습니까? 우리는 진실로 말할 수 있습니다. "그 발은 피 흘리는 데 빠른지라"(롬 3:15). 그의 양손에는 영혼들을 파괴하는 칼과 타는 횃불이 쥐어져 있습니다. 불경한 욕을 일삼는 자, 그는 얼마나 지독한 역병인지요! 어린이들의 귀가 그에 의해 죄로 감염되고, 젊은이들의 마음이 옛 반역자의 범죄를 배웁니다. 아! 그대는 정녕 저주로다! 차라리 죽음의 역병과 함께 거리를 따라 걸어가면서 모든 집에 그것을 퍼뜨리는 편이, 그대가 사회에 살아 있는 것보다는 나으련만! 그대는 그대 자신에게 역병 곧 저주의 역병일 뿐 아니라, 지옥의 앞잡이이며, 지옥의 사자의 자칼이며, 저 파괴자의 하인이요 종이기 때문이라!

아마 해당하는 사람이 몇 있을 것이므로, 이 점에 대해서도 언급하겠습니다. 자기 동료들을 불경하게 만드는 사람, 그는 저주입니다. 당신은 그들만큼 술을 마시지 않고, 그들처럼 과도하게 감정을 분출하지 않으며, 그들만큼 저주의 말을 하지 않는다고 말합니다. 하지만 당신은 그들과 한 무리를 이룹니다. 선생이여, 당신은 저주입니다. 당신은 이 사람들에게 저주입니다. 나는 당신이 그들에게 죄짓도록 만든다고 말하지 않습니다. 하지만 당신은 그들이 죄 속에서 위로를 얻도록 만듭니다. 그들은 당신 같은 사람이 그들과 같이 있는 것을 보고, 동료로서 죄인을 항상 굳게 만드는 것을 보고, 그들은 악에서 더 확신을 얻습니다. 많은 술 마시는 모임은, 그 속에 분별 있는 사람 둘 셋 정도가 없다면 깨어지고 말 것입니다. 하지만 그들의 도덕성이 어떤 영향을 미치고 있습니까? 서로를 통제하여 전체가 서로 온전해지도록 하는 것이 아니라, 악행에 존경스러운 얼굴을 입히는 것입니다. 악한 자와 같은 침상에 눕는 당신은, 하나님이 그 집을 치실 때, 그 집이 무너져 멸망하지 않도록 주의해야 할 것입니다. 당신은 그들의 연회에서 먹고, 그들의 잔을 마시며, 그들의 농담에 웃고, 그들의 악행 속에서 흥청망청 떠들며, 그들의 난잡함 속에서 즐거워합니다. 이 더러운 새들을 잡기 위해 주께서 그물을 치실 때, 그분이 같은 그물로 당신을 잡으시고, 당신에게 그분의 원수들에게 합당한 분깃으로 갚으시지 않도록 주의하십시오.

여기서 철저하게 나쁜 행동 원칙을 가진 사람들을 빼놓을 수 없습니다. 이들은 하나님의 존재를 의심하는 체하며, 성경의 영감에 의문을 표하고, 그리스도의 신성을 부인합니다. 혹은 복음의 약속들의 진실성을 반박합니다. 이런 사람들은 모두 선의 파괴자들입니다. 그들은 항상 지면에 있을 것이며, 주께서 오실 때까지 우리는 그들이 뿌리 뽑힐 것을 기대해서는 안 됩니다. 영국에서 그들이 비참하게도 매우 적은 당을 이루고 있다는 것이 놀랍습니다. 만약 또다시 불신앙이 기독교처럼 만연하게 되어도 나는 그다지 놀라지 않을 것입니다. 왜냐하면 그것이 인간의 타고난 마음에 잘 어울리는 것이기 때문입니다. 오히려 그것이 그 이상으로 널리 퍼지지 않았다는 것이 놀라운 것입니다. 하지만 한 사람의 무신론자, 오 그는 얼마나 큰 저주인지요! 한 직장에서 날카롭고 영리한 감각을 지닌 한 사람은 아주 빨리 제자들을 만듭니다. 그것은 마치 옛 바리새인들이 바다와 육지를 건너 자기들과 같은 한 명의 개종자를 만든 것과도 같습니다. 믿는 자는 종종 성경 읽는 것과 성경에서 자기 믿음의 근거를 찾는 일에 주의를 기울이지 못합니다. 그에 반해 불경한 자들은 다른 사람의 신앙을 흔들 근거를 찾기 위해 그렇게 합니다. 나는 우리 교회의 지체들이 성경을 찾는 일과, 성경의 영감과 진실성의 증거들을 연구하는 일에 더 부지런해지기를 바랍니다. 그래서 무신론자들의 공격에 맞설 무기들을 갖추기를 바랍니다. 이 무신론자들—많이 생각하는 사람들이요, 영리하고 총명한 사람들이요, 재치 있는 사람들—이 교육받지 못한 불쌍한 그리스도인들 가운데 자리를 잡고 있습니다. 이들은 양 떼 가운데 있는 늑대들처럼 끔찍한 자들이며, 큰 소동을 일으킬 수 있습니다. 비록 그들이 양 떼 가운데서 피로 사신 한 명의 하나님의 자녀도 돌아서게 할 수 없고, 거듭난 한 사람을 진리에서 변절하게 할 수는 없겠지만, 그들의 마음에 큰 슬픔을 가져올 수는 있습니다. 그리고, 의심의 여지 없이, 마음을 정하지 못한 많은 이들이 그들에게 이끌려서 사탄을 위한 결정을 내리고, 하나님께로 회심할 모든 가망성에서 멀어지고 맙니다. 그런 사람에 대해, 우리는 진정 그가 저주라고 말할 수 있습니다.

하지만 지금, 나는 다른 사람이 말하는 것을 듣습니다. "좋습니다. 저는 비도덕적으로 묘사될 사람도 아니고, 불신앙의 원리들과 행동들을 퍼뜨리는 자도 아니군요." 아, 하지만 만약 당신이 신앙에 대해 악한 정신을 가졌다면, 당신은 여전히 저주일 수 있습니다. 말은 거의 하지 않아도, 그리스도의 이름을 미워하는 사람들이 더러 있습니다. 비록 그들이 자기들의 혀를 통제하고, 단지 어깨를 으쓱일 뿐이지만, 진리에 대해 차갑고 무정한 반응을 보이는 그들의 표정은 다른 사람들에게 관찰될 것입니다. 어린이들을 포함하여, 그들 주변에 있는 자들은, 그들이 누구이며 그들이 어떤 자들인지 간파합니다. 그들은 어둠의 왕의 종들입니다. 오 친애하는 친구들이여, 나는 여러분 중에 일부는, 내가 한 마디도 하지 않아도, 자기 양심에서부터 자신이 누구인지를 안다고 생각합니다. 지금까지 여러분의 삶은 여러분의 동료들에게 아무런 복이 되지 않았으며, 도리어 가는 곳마다 저주였습니다.

이 요점을 마무리하면서, 회심하지 않은 사람은 어디에서나 저주라는 것을 언급하고 싶습니다. 가정에서, 그는 어떤 저주인지요! 그의 아내는 어쩌면 그리스도인일 것입니다. 그는 그녀에게 어떤 삶을 영위하게 했던가요? 그가 그녀를 구타합니까? 아마 그렇지는 않을 것입니다. 하지만 그의 말이 구타하는 것보다 더 심하게 그녀에게 상처를 줍니다. 아이들은 어떻습니까? 그들은 아버지가 가는 대로 갑니다. 그들은 그의 비뚤어진 말을 배우고, 그의 비뚤어진 행동들을 배웁니다. 물론 하나님의 은혜로는 가능하겠지만, 그 아이들이 그보다 나을 것 같지는 않습니다. 만약 우리가 가정에 저주인 남편이 있는 집마다 검은 십자가를 둔다면, 런던의 거리에는 검은 십자가가 얼마나 많을까요! 그대 불경한 사람이여, 당신의 삶은 죄악으로 가득하지 않습니까? 그렇다면 당신이 집에 갈 때 거기에 검은 십자가가 있다고 생각하고, 이렇게 말하십시오. "그렇구나. 나는 이 집의 저주로구나. 나는 이들을 하나님에게서 멀어지도록 이끌었구나." 그는 일터에서도 저주입니다. 그가 일터로 가자마자, 품행이 단정할 수 있었던 사람들이, 그에 의해 술집으로, 또 죄가 상습적으로 허용되곤 하는 곳으로 이끌려갑니다. 그를 삶에서 더 존중받게 만들 수 있다고 해도, 그는 거기서 저주일 뿐입니다. 그를 스승으로 만들고, 그에게 많은 종을 주어 보십시오. 그러면 그가 신앙을 고백하는 한 종을 만나게 되면, 얼마나 거만하고 위압적인 사람이 되는지요! 그가 안식일을 잘못 쓰고 있는 것이 그의 직장 사람들 모두에게 알려질 것이며, 그들은 고용주의 본을 따라서 악을 행하기를 바랄 것입니다. 그를 부요하게 만들어보십시오. 그러면 그는 모든 종류의 쾌락에 빠질 것이며, 그의 금은 사탄을 섬기는 데 소비될 것입니다. 그에게 능력—생각과 말의 재능들—을 주어보십시오, 그러면 그는 사탄의 부대에서 일종의 주임 상사처럼 되어, 다른 사람들에게 명령을 내릴 것입니다. 사탄은 그를 미끼 오리로 고용하여 다른 사람들을 그물로 꿸 것입니다. 그는 다른 새들을 부르는 미끼 새입니다. 다른 이들은 그의 달콤한 소리를 듣고 새 사냥꾼의 올무에 꼬여 들고, 붙잡혀서 멸망하게 됩니다. 그를 왕좌에 앉혀 보십시오, 그러면 그는 제국에 저주를 가져올 것입니다. 그에게 작은 마을을 맡겨 보십시오, 그러면 그는 그 마을의 대지주로 행세할 것이며, 그 마을 전체의 저주가 될 것입니다.

그로 신앙 고백자가 되게 하십시오. 그러면 오, 이 자리에서 그는 가장 악한 행동을 할 수 있습니다! 마음이 부패한 상태에서 기독교인의 옷을 입은 그는, 이제 예수의 제자인 척하며, 사탄의 종으로서 어느 때보다 많은 성공을 거둘 것입니다. 그로 목사가 되게 하십시오, 그러면 그에게 가능한 최악의 지위를 부여한 셈입니다. 사실상, 그 사람의 자리가 더 좋을수록, 그는 더 많은 악을 행할 수 있습니다. 오, 목사가 된다는 것, 그것은 하나님으로부터 사람들에게 보냄을 받았다는 것으로 생각되는 것인데, 그러고서 거짓을 전하고, 삶이나 가르침으로 하나님의 말씀과 모순된다는 것이 어떤 것일까요! 그런 사람에 대해 우리는 그가 저주받은 것이라고 확실히 말할 수 있습니다. 하지만 그것이 최악은 아닙니다. 왜냐하면 그는 그 자신이 구덩이로 내려가기 전에, 일백 가닥의 밧줄로 다른 수많은 사람을 그 두려운 구덩이로 끌고 가기 때문입니다.

2. 그들이 복이 되리라.

두 번째로, 본문에는 그들이 복이 되리라는 은혜로운 약속이 있습니다.

사랑하는 친구들이여, 참된 그리스도인은 세속적으로도 세상에서 복입니다. 그가 비록 세상에 생명이 오게 할 수는 없어도, 그럼에도 회심한 사람은 복입니다. 왜냐하면 그가 하나님의 심판을 막기 때문입니다. 소돔은 거기서 의인 열 명만 찾을 수 있었다면 멸망하지 않았을 것입니다. 세상은 부패를 방지하는 충분한 소금이 있는 한 보전될 것입니다. 세상은 여전히 그 속에서 빛을 밝히는 소수의 빛이 있는 한, 완전한 흑암 속으로 빠지지 않을 것입니다. 피뢰침이 번개에 의해 멸망하지 않도록 거류민들을 보호해 주는 것처럼, 믿는 자들 역시, 한 국가나 한 마을에서, 하나님의 응징의 심판을 막아주는 역할을 합니다. 또한 그리스도인 즉 참된 그리스도인이 도덕성을 증진하고, 그의 경건한 삶이 질서의 기초를 확립한다는 것을 부인할 자가 누구입니까? 극심한 혁명들이 어디에서 일어났습니까? 종교가 지극히 미미한 곳이 어디입니까? 치명적인 단두대가 있던 곳이 어디입니까? 수백씩이나 되는 머리가 한 바구니에 떨어졌던 곳이 어디입니까? 그 보좌가 총검에 의해 지탱되지 않으면 결코 안전하지 않은 제국이 어디에 있습니까? 해협 건너를 바라보십시오, 그러면 여러분은 종교의 부재가 곧 국가 질서의 부재라는 것을 볼 수 있을 것입니다. 영국 헌법의 핵심은 성경입니다. 옛 잉글랜드의 국기(붉은 십자가 문양)가 기둥에 달려 있던 것은, 군인들과 선원들에 의해서가 아니라, 자기 조국의 하나님을 사랑하고 쉬지 않는 기도로 자기 조국에 축복을 가져왔던 사람들에 의해서입니다. 노동자들 사이에 신앙이 광범위하게 퍼지지 않았더라면, 북부 지방에는 기근이 있고, 많은 공장에서 파업이 일어났을 것이라고 생각하지 않습니까? 하지만 성결과 선량함의 복된 절제력이 질서와 인내심을 함양했습니다. 친애하는 벗들이여, 그리스도인이야말로 참된 애국자입니다. 그는 어디에 있든지 그는 자기 조국의 복입니다.

그리스도인은 모든 선한 일에서 도움이 되지 않습니까? 만약 그렇지 않다면 그는 그리스도인이 아닙니다. 병원이 있다면, 그리스도인은 영혼의 질병을 제거하는 일을 기뻐하는 것처럼, 몸의 질병도 완화되도록 공헌하는 것을 기뻐하지 않습니까? 만약 저소득층에서 교육이 필요하다면, 주일학교에서 가르칠 사람을 어디에서 찾을 것이며, 주중의 교육 기관에서 그리스도인들보다 더 기꺼이 자원할 사람들을 어디에서 찾겠습니까? 이 세상에서 순수하고 사랑스러운 것과 좋은 평판을 얻는 어떤 것이 있다면, 설혹 그 원천은 아니어도, 그 주된 지원은 그리스도인의 경건에 있다고 말할 수 있습니다. 한 국가에서 한 선량한 사람의 존재가 치료책으로뿐 아니라 예방책으로서도 얼마나 비중이 큰지를 누구도 능히 다 측정하지 못할 것입니다. 그것은 악이 놀라운 형태로 발생하지 않도록 방지하거나, 그렇지 않으면 악을 호젓한 곳으로 몰아내며, 악을 수치로 여겨 그 머리를 가리게도 합니다. 그리스도인은, 한 나라에 대해, 하나님이 그 나라에 보내실 수 있는 가장 큰 세속적인 복들 가운데 하나라고 나는 믿습니다.

영원의 문제에서도, 진실로 그리스도인은 세상의 복입니다. 만약 그의 본보기가 사람들로 하나님을 찾도록 만든다면, 그의 말이 죄인에게 구주의 필요성을 가르치고, 그의 손이 십자가를 바라보도록 가리키며, 죄인으로 피 흘리는 그 상처를 바라보게 만든다면, 오! 그의 기도가 들으신 바 되어 하나님의 영이 임하시고, 그의 가족이 회심하고 그의 친족들이 돌이키게 된다면, 그가 사람들 가운데 뿌린 복이 얼마나 소중한지를 영원의 시간이 알고 노래할 것입니다. 당신은 당신 자신이 예수의 참된 추종자가 되어, 진리를 아는 지식으로 사람들을 이끄는 것이 아니면, 다른 방법으로는 그들을 영원히 축복할 수 없습니다. 자, 내가 불경한 자들에 대해 말할 때, 모든 불경한 자들은 저주라고 말했던 것처럼, 나는 모든 그리스도인은 그가 기독교 신앙에 참된 정도만큼 복이라고 감히 말할 수 있습니다. 만약 그가 전에도 도덕적이었다면, 그가 그리스도인이 된 지금, 그와 같은 사람에 대해 어떻게 묘사할 수 있을까요? 믿음의 결심을 하지 않은 사람들이 믿음으로 나아가도록 얼마나 큰 감동을 주겠습니까! 그의 이전의 성품의 힘이, 그의 몸가짐의 훌륭함과 온화함이, 그를 알았던 사람들에게 작용합니다. 만약 그가 전에 술주정뱅이이자 욕쟁이였다고 해도, 그것이 지금 그가 복이 되는 것을 저해하지 않을 것입니다. 그의 옛 동료들이 그의 큰 변화에 대한 소문을 듣습니다. 그들이 그와 함께 하나님의 집에 가고, 그들 역시 그리스도께로 인도됩니다. 다른 사람들보다 더 많은 사람을 하나님께로 이끈 사람들 가운데 더러는, 한때 그들 자신이 가장 큰 죄인들이었습니다. 지금까지 그의 성품이 매우 악했다고 해서, 그것 때문에, 회심한다고 해도 그는 쓸모없을 것이라고 상상하지 마십시오. 때때로 그는 더 큰 쓸모가 있을 것입니다. 당신의 옛 동료들은, 당신이 그리스도인이 된 것을 보았을 때 무어라고 말할까요? 그들은 말합니다. "술주정뱅이가 구원받는다면, 거기엔 틀림없이 무언가가 있다!" 욕쟁이가 그의 입을 씻고, 하나님의 말씀을 전한다면 어떨까요? 비록 한때는 윤락업소에서 그토록 시끄러웠던 그였지만, 이제는 기도 모임에서 그의 목소리가 들립니다! 오, 사람들이 기이하게 여기지 않을까요? 당신이 그랬던 것처럼, 당신으로 인해 많은 사람이 별안간 십자가로 이끌리는 것을 느끼고서 이렇게 말할 것입니다. "우리도 당신과 같이 가겠소. 하나님이 당신에게 복을 주신 것을 우리가 알아보기 때문이오."

그런 사람은, 비록 한때 무신론자였어도, 이제는 복이 됩니다. 종종 그는 한때 그가 큰 저주가 되었던 사람들에게 가장 큰 복이 됩니다. 이제 그는 자기를 부인합니다. 이제 그의 본보기는 그가 예전에 신봉했던 거짓 가르침에 대한 최상의 대답이 됩니다. 이제 예수님을 향한 그의 사랑은 눈에 띄어 사람들이 알아볼 수 있습니다. 한때 그가 주님을 미워하도록 가르쳤던 모든 사람이, 이제는 그의 성스러운 성품을 칭송합니다. 전에 그 사람이 비록 공개적으로 하나님의 일들을 반대하지는 않았으나, 아주 철저하게 나쁜 정신을 가진 사람이었다고 해도, 회심한 이후 그는 얼마나 쓸모 있는 사람이 되는지요. 그는 침묵까지는 아니어도, 전과 달리 아주 적게 말할 수 있습니다. 전에는 나쁜 영이 그를 통해 스며져 나왔지만, 이제는 하나님의 영이 그를 통해 빛을 발하십니다. 그의 얼굴에도 달라진 것이 있을 것입니다. 그의 걸음걸이와 대화하는 태도가 달라져서 사람들이 그를 몰라볼 정도입니다. 그의 속에서부터 생수의 강이 흐를 것이며, 그것을 통해 많은 사람이 마실 것입니다. 오 그리스도인들이여, 여러분이 아무리 가난해도, 혹은 아무리 무지해도, 혹은 아무리 적은 영향력을 가졌어도, 하나님이 여러분에게 새 마음과 바른 영을 주시면, 여러분은 복이며 또 복이 될 것입니다.

회심한 사람은 어디에서나 복입니다. 그는 그의 가족에게 복입니다. 매일의 기도, 성경 읽기, 자녀들을 가르치는 일, 이 모든 것이 그의 가정을 작은 낙원으로 만듭니다. 그가 일터에 갈 때, 만약 어떤 알려진 악덕이 있다면, 그것은 그에게서 나온 것이 아닙니다. 만약 거기에 그리스도를 멸시하는 누군가가 있다면, 그것은 그의 본보기에서 나온 것이 아닙니다. 그는 예수님을 위해 좋은 말을 합니다. 이제 그는 슬퍼하며 자기 동료들의 죄를 두고 기도하기 시작합니다. 그는 그리스도의 십자가에 대해 말하고, 어쩌면 그들 가운데 일부를 회개와 구원 얻는 믿음에 이르도록 돕습니다. 여러분은 그를 어디에든 안전하게 둘 수 있습니다. 그를 왕으로 삼으십시오. 그는 하나님을 경외함으로 그의 영역을 다스릴 것입니다. 그에게 큰 재산을 주십시오, 그러면 여러분은 그의 재산이 꼭 필요한 곳에 사용되는 것을 볼 것입니다. 배고픈 사람들이 그들의 분깃을 얻을 것이며, 궁펍한 사람들도 그들의 몫을 나누어 받을 것입니다. 국내의 교회와 국외의 선교가 모두 그에 의해 번성할 것입니다. 그로 신앙 고백을 하게 하십시오. 그러면 그는 신앙 고백의 명예를 더럽히지 않을 것입니다. 그는 황금의 사슬을 경건의 목에 두르고, 몸가짐의 훌륭함으로써 경건을 나타낼 것입니다. 여러분은 그를 강단에 두어도 안전할 것입니다. 새로운 마음을 가졌기에, 그를 하나님의 제단에서도 신뢰할 수 있습니다. 그의 영혼은 새로워졌기에, 그의 행실이나 말의 본보기에서, 다른 그리스도인이 불평할 만한 것이 없을 것입니다. 이제 그를 천국에 데려갈 수도 있습니다. 거기에서도 그는 복이 될 것이며, "할렐루야, 그 피로 우리의 옷을 씻어 희게 하신 분에게"(참조. 계 7:14)라는 찬송을 부를 때에 도움이 될 것입니다.

나는 우리가 지금까지보다 더 큰 복이 되도록 거룩한 경쟁을 벌이기를 바랍니다. 여러분이 회심하였으나 믿음에 일치하는 삶을 살지 못했다면, 여러분의 삶은 그다지 복이 아니었음을 기억하기 바랍니다. 오, 복이 될 수도 있는 사람들이, 어떤 약점이나 어리석음으로 인해 그들에게 주어지는 황금 같은 기회를 날려버리는 것을 볼 때, 그것은 너무나 슬픈 일입니다! 여러분 가운데는, 세상에서 어떤 선한 일을 할 수 있는지 알 수 없으나, 타고난 약점이나 억제되지 않은 죄 때문에 거의 쓰임받지 못하는 이들이 더러 있습니다. 여러분을 위해 기도합니다. 동료 인간들에게 복이 될 수 있는 여러분의 능력을 파괴하지 마십시오. 가정에서나 사업에서, 교회에서, 큰 복이 될 수 있음에도 불구하고 그저 작은 복으로 그치게 하는 행동을 하지 마십시오. 주님께 기도하여, 그분의 은혜로 충만해지도록 구하고, 여러분이 은혜의 큰 구름이 되어서, 사람들 위에 계속해서 머무르며, 날마다 은혜로운 비를 쏟을 수 있도록 하십시오.

3. 이 모든 것이 어떻게 이루어지는가?

세 번째 요점은, 이 모든 것이 어떻게 이루어지는가 하는 것입니다. 어떻게 저주였던 사람이 복이 되는 것입니까? 그가 스스로 그렇게 할 수 있습니까? 인간의 의지에 능력이 있어서, 그 힘의 마술로, 한때 저주였던 사람들이 복이 될 수 있는 것입니까? 아, 그렇지 않습니다! 그런 능력은 피조물에게 있지 않고 창조주에게 있습니다. 본문이 그렇게 표현하고 있습니다. "내가 너희를 구원하여." "너희는 한때 저주였으나 내가 너희를 구원하리라." 욕쟁이, 술주정뱅이, 호색가

등 너희가 누구였든지 "내가 너희를 구원할 것이며, 주권적인 은혜가 할 수 있는 일이 무엇인지 보이리라." "내가 너희를 구원하여 너희가 복이 되게 하리라." 하지만 당신이 말합니다. "내가 어떻게 구원받을 수 있습니까?" 죄로부터의 구원은 하나이지만, 죄에서의 구원에는 두 가지 의미가 있습니다. 죄책으로부터의 구원, 그리고 죄의 권세로부터의 구원입니다. 죄인이여, 하나님께 저주를 받고, 다른 사람들에게 저주가 되는 죄인이여, 당신이 범한 모든 죄는 지워질 수 있습니다. 그것이 아무리 주홍빛처럼 붉어도, 흰 양털처럼 될 수 있습니다. 그것이 아무리 진홍빛 같을지라도, 하나님은 눈보다 희게 만드실 수 있습니다. 한순간에 당신의 모든 죄는 사라질 수 있으며, 그리하여 그것을 찾더라도 찾을 수 없게 될 것입니다. 그렇습니다. 그것을 찾으려고 탐색해보아도, 그것은 발견되지 않을 것입니다. 이런 일은 피로써 가능합니다. 예수님의 보배로운 피로 가능합니다. 대속자, 하나님의 아들이시며 또한 사람의 아들이신 예수가 모든 믿는 자들의 죄를 자기에게 옮겨가셨고, 그들의 모든 죄에 대한 형벌을 대신 받으셨습니다.

> "모든 택함받은 자들의 죄를 위해
> 완전한 속죄가 이루어졌네.
> 같은 채무가 두 번씩 상환되는 것을
> 공의는 결코 기대하지 못하리."

당신이 믿는다면, 즉 당신이 그리스도를 의지한다면, 당신이 가진 모든 죄는 영원히 그리스도께로 옮겨졌습니다. 당신의 믿음이 이 일의 징표요 표지입니다: 이제부터는 당신에게 죄가 없으며, 당신의 죄는 떠났습니다. 당신은 받아들여졌고 용서받은 사람입니다. 더 나아가, 당신은 의롭다고 인정됩니다. 그리스도의 의가 당신의 것입니다. 하나님 앞에서 당신은 사랑하는 아들 안에서 받아들여진 자로 섭니다. 그리고 이 모든 것이 단순한 신뢰의 행위로 이루어집니다. 당신이 누구이건 "믿고 세례를 받는 사람은 구원을 얻을 것입니다"(막 16:16).

그런데 당신은 또 말합니다. "하지만 내가 죄의 권세로부터는 어떻게 구원받을 수 있지요? 만약 내 과거의 모든 죄가 용서되었다면, 나는 돌아가서 예전처럼 행할 수 있겠지만, 그래도 여전히 악한 채로 남을 것입니다." 성령님에게는 당신을 새로운 사람으로 만드는 능력이 있습니다. 그분은 당신의 마음속에 은혜의 거룩한 영향력을 주입하실 수 있고, 그래서 비록 당신이 본성적으로는 악으로 향하겠지만, 초자연적인 영향력에 의해 의를 향해 갈 것입니다. 그분이 당신에게 불과 같은 움직임을 주실 터인데, 마치 불꽃이 항상 하늘로 올라가는 것처럼, 당신의 마음이 거룩을 향해 올라가도록 하실 것입니다. 그분이 당신 속에서 지금 다스리는 악의 권세를 제압하실 것이며, 당신의 죄를 당신 발아래 놓이게 하실 것이며, 결과적으로 영원히 그것을 당신에게서 쫓아내실 것입니다. 그리고 당신을 주님 앞에 온전하게 만드실 것입니다.

기억하십시오. 이것은 당신을 위해(for) 행해지는 일이지, 당신에 의해(by) 행해지는 일이 아닙니다. 당신이 당신 자신을 새 사람으로 만들 수 없습니다. 당신이 중생을 위해 일한다는 것은 불가능합니다. 한번 예수님을 바라보는 것이 지난 죄를 제거할 것이며, 미래의 죄의 권세를 죽일 것입니다. 그분의 피를 저 옛 뱀에게 뿌리십시오. 그러면 그것은 죽습니다. 그리스도에게서 피와 함께 흐르는 물로써만, 본성의 더러움은 정복될 수 있으며, 최종적으로 그것은 믿는 자가 천국에 들어가 아버지의 보좌 앞에 살게 될 때 완전히 정복될 것입니다. 당신이 누구이든, 당신의 지난 삶이 어떠했건, 하나님은 당신을 구원하실 수 있습니다. 당신 자신의 행위나, 당신의 기도나, 회개나, 구제가 요구되지 않습니다. 당신을 위해 죽으신 예수님을 단순하게 의지하십시오. 그러면 당신은 구원을 받고, 바로 그 자리에서 구원받으며, 또한 영원히 구원받는 것입니다.

4. 마지막 격려의 말씀

이제 마지막 요점입니다. 본문은 한두 마디 격려의 말씀을 다음 구절을 통해 제시하고 있습니다: "두려워하지 말지니라. 손을 견고히 할지니라."

비록 당신이 지금까지 저주였어도, 당신이 진실하게 복이 되기를 바라고, 성령께서 당신으로 그리스도의 완벽한 의를 받아들이게 하시며, 또한 그분의 보혈로 씻어지도록 만드셨다면, 그렇다면 "두려워하지 마십시오." 양심이 당신으로 두려워하게끔 하지 마십시오. 하나님이 당신의 양심에 답하실 것입니다. 그리스도의 피가 당신을 죽은 행실에서 깨끗하게 할 것입니다. 하나님의 정의에 대한 의식 때문에 두려워하지 마십시오. 그리스도는 하나님의 정의를 만족시키셨고, 이제 정의는 당신의 친구입니다. 지난 죄의 기억 때문에 두려워하지 마십시오. 지난 죄들은 깊은 바다에 던져졌습니다. 그것들 가운데 다시 솟아올라서 당신을 비난할 것은 하나도 없습니다. 심판에 관한 생각으로 두려워하지 마십시오. 당신에게는 마지막 큰 날에 변호할 대언자가 있습니다. 두려워하지 마십시오. 오십시오. 환영합니다. 그리스도께서 그분의 상처를 보이시며 당신을 초청하십니다. 하나님이 말씀하시길, 와서 그분의 독생자를 의지하라고 하십니다. 그분이 진지하게 당신에게 호소하시며 그분에게 와서 살라고 하십니다. "두려워하지 말라"고 그분이 말씀하십니다. 만약 의심과 두려움이 문 앞에 서서 당신을 들어오지 못하게 막는다면, 그것들 사이를 헤치고 돌진하면서 이렇게 말하십시오. "하나님이 나에게 두려워하지 말라고 말씀하셨다. 그러므로 나는 두려워하지 않을 것이다. 나는 담대하게 그리스도께서 완수하신 일을 의지할 것이다. 만약 그렇게 해서 내가 죽게 되면, 나는 죽으리라."

"손을 견고히 할지니라." 특히 구주를 붙드는 손을 견고히 하십시오. 죄인이여, 그분을 붙드십시오. 오, 하나님의 영이 당신을 도우셔서 당신이 지금 그분을 붙들게 되기를 바랍니다! "손을 견고히 할지니라." 영생을 취하십시오. 마치 물에 가라앉는 사람이 그에게 던져진 밧줄을 붙드는 것처럼, 그리스도를 붙드십시오. 그것이 지금 당신에게 주어졌지만, 언제까지나 그대로 있는 것이 아닙니다. 그리스도께서 당신을 구원하시지 않으면, 당신은 영원히 저주를 받습니다. 그러니 그분을 붙드십시오. 그분이 지나가십니다. 그분은 다시 이 길로 지나가지 않으실 수도 있습니다. 이 아침에 그분이 당신을 긍휼히 여기며 오시고, 당신을 저주에서 복이 되게 하시려고 오십니다. 그분을 붙잡으십시오! 야곱이 천사를 붙잡은 것처럼, 당신은 그리스도를 붙잡으십시오. 만약 그분이 당신과 씨름하신다면, 마치 그분이 당신을 축복하시지 않으려는 것처럼 보인다면, 그분에게 말하십시오—

"안 됩니다. 저는 제 손을 놓지 않으리니
당신의 인자하심이 저를 담대하게 만듭니다.
저는 거절을 받아들일 수 없으니
당신의 사랑을 위하여 저를 불쌍히 여기소서."

오, 손을 견고히 하여 구주를 붙드십시오! 손을 견고히 하여 그분의 약속을 붙드십시오. 그분의 약속들은 이와 같습니다. "너희의 죄가 주홍 같을지라도 눈과 같이 희어질 것이요, 진홍 같이 붉을지라도 양털 같이 희게 되리라"(사 1:18). "내게 오는 자는 내가 결코 내쫓지 아니하리라"(요 6:37). "주 예수를 믿으라 그리하면 네가 구원을 받으리라"(행 16:31). "[예수는] 자기를 힘입어 하나님께 나아가는 자들을 온전히 구원하실 수 있으니"(히 7:25). 이 약속들을 붙드십시오. 그 약속의 말씀을 하나님 앞에 가지고 가서 그분에게 이렇게 아뢰십시오—"주께서 거짓말을 하실 수 있습니까? 주께서 진실하지 않을 수가 있습니까? 만약 주께서 진실하시다면, 이 약속을 저에게 이루어주소서. 주께서 '네가 저주가 되었었으나 이제는 내가 너로 복이 되게 하리라'고 말씀하시지 않았습니까? 저는 저주였습니다. 저는 그것을 인정합니다. 저는 그것을 한탄합니다. 주여, 저로 복이 되게 하소서. 예수님의 고난에 의해, 그분의 고통과 피와 땀으로 인해, 그의 십자가와 수난에 의해, 그의 귀한 죽음과 매장에 의해, 저로 복이 되게 하소서. 주께서 말씀하시니, 나 같은 죄인이 회개하나이다. 주께서 원하시기만 한다면, 저는 그리스도 안에서 주의 얼굴을 바라보겠나이다. 당신의 영에 저항하지 않겠나이다. 성령을 보내사 저의 죽은 영혼이 무덤에서 일어나게 하소서. 오셔서 저에게 역사하소서. 사자를 어린 양으로 변화시키시고, 까마귀를 비둘기로 변하게 하소서." 죄인이여, 만약 당신이 하나님이 그 일을 행하실 수 있다고 믿으면, 그분이 그 일을 행하실 것입니다. 그분에 대한 당신의 믿음이 아무리 높고 커도, 그분은 당신의 믿음대로 행하실 수 있으며 또 그렇게 행하실 것입니다. 왜냐하면 당신의 믿음이 아무리 커도, 그 믿음이 그분의 능력 곧 그분의 무한한 능력을 초월하지는 못하기 때문입니다. 그분을 믿으십시오. 그분을 의지하십시오. 그렇게 할 수 있도록 하나님이 당신을 도우시길 바랍니다.

나의 빈약하고 더듬거리는 말이, 그 자체로는 매우 약하지만, 당신의 회심을 위해 적절히 쓰이기를 바랍니다. 내 약함을 통해 내 주님의 영광은 더욱 빛날 것이며, 그의 구원의 능력은 나의 힘없는 말로 인해 더욱 광채를 발할 것이기 때문입니다. 그렇게 될 수 있다면, 그분이 영광을 얻으실 수 있다면, 나는 사람과 천사의 말을 하기보다는 기꺼이 벙어리가 되어도 좋습니다. 아버지여, 예수님을 영화롭게 하소서! 예수님의 이름을 위하여, 한때 저주였던 사람들을 복이 되게 하시고, 지금 예수님을 영화롭게 하소서. 아멘.

제 7 장 — 겸손한 왕

"시온의 딸아 크게 기뻐할지어다. 예루살렘의 딸아 즐거이 부르지어다. 보라 네 왕이 네게 임하시나니 그는 공의로우시며 구원을 베푸시며 겸손하여서 나귀를 타시나니 나귀의 작은 것 곧 나귀 새끼니라" - 슥 9:9

나는 이 본문을 길게 설명하려고 의도하지 않으며, 단지 예수님의 겸손을 강조하고 싶습니다. 하지만 이 정도는 말할 수 있을 것입니다: 하나님이 자기 백성을 특별히 기쁘게 하려 하실 때마다, 그들의 기쁨은 언제나 그분 안에 있습니다. 만약 "크게 기뻐할지어다"라고 기록되었다면, 그 이유는 "보라, 네 왕이 네게 임하신다"입니다. 우리 즐거움의 주된 원천은 우리 가운데 계신 왕 곧 예수님의 임재입니다. 그것이 그분의 첫 번째 강림이든 혹은 두 번째 강림이든, 그분의 그림자만 비쳐도 우리에겐 기쁨입니다. 그분의 발소리가 우리 귀에는 음악입니다.

그 기쁨의 큰 부분은 그분이 우리의 것이라는 사실에서 솟아납니다. "시온의 딸아 크게 기뻐할지어다 … 보라 네 왕이 네게 임하시나니." 그분이 다른 사람들에게는 어떠신지 몰라도, 당신에게는 왕이십니다. 그분이 다른 사람들에게는 오실 수도 있고 오지 않을 수도 있지만, 당신에게는 오십니다. 그분은 당신의 구원을 위해 오시고, 또 당신의 명예를 위해 오십니다. 그분이 행복을 완성하십니다. 그분이 당신의 생업을 지키시고, 당신의 집을 그분의 궁전으로 만드시며, 당신의 사랑을 그분의 기쁨으로 삼으시며, 당신의 본성을 그분의 집으로 삼으십니다. 세습된 권리에 의해 왕이신 그분이, 당신에 대한 그분의 선택과 속량, 그리고 그분에 대한 당신의 자원하는 선택에 따라 당신의 왕이 되신 그분이, 당신에게 오고 계십니다. 그러므로 당신은 기쁘게 외치십시오.

이 구절은 계속해서 왜 우리의 왕이신 주님이 즐거움의 큰 원천인가를 보여줍니다—"그는 공의로우시며 구원을 베푸시며." 그분은 의와 자비를 섞으십니다. 불경한 자들에게는 정의를, 그의 성도에게는 은혜를 베푸십니다. 그분은 그 엄격한 문제를 잘 다루어 오셨습니다. 하나님이 어떻게 의로우시면서도, 동시에 죄인을 구원하실 수 있을까요? 그분은 그분 자신의 인격적 성품에서 의로우시며, 죄의 형벌을 담당하신 면에서 의로우시고, 그분이 자원하여 짊어지신 죄에서 깨끗하신 면에서도 의로우십니다. 그 끔찍한 시련을 참으신 후에 그분은 구원받으셨고, 그분의 백성은 그분 안에서 구원을 받습니다. 그분은 '호산나' 즉 "주여, 구원하소서"라는 인사말을 들으시기에 합당하십니다. 그분이 오시는 곳에, 그분은 승리와 그에 연속되는 구원을 함께 가져오십니다. 그분은 자기 백성의 원수들을 박멸하시고, 그들을 위해 뱀의 머리를 깨부수시며, 사로잡혔던 자들을 사로잡으십니다(참조. 엡 4:8; 시 68:18). 우리는 그분의 통치의 징표인 정의를 칭송하며, 또한 그분의 통치에 수반되는 구원을 노래합니다. 이 모두의 측면에서 우리는 외칩니다. "찬송하리로다 주의 이름으로 오시는 이여"(마 23:39).

게다가, 그분은 겸손하다고 기록되어 있습니다. 지상의 많은 왕과 군주들에 대해 그렇게 말할 수가 없습니다. 그들 자신도 사람들이 그들에 대해 그렇게 말하는 것을 바라지도 않습니다. 오 예루살렘의 딸이여, 그대의 왕은 그분의 겸손이 그대에 의해 널리 선포되는 것을 크게 기뻐하시고 좋아하십니다! 그분의 외적인 모습이 그분의 겸손과 온유를 나타냅니다. 그분이 어떤 분이신지가 외모에서도 나타납니다. 그분은 그분의 택하신 백성에게서 아무것도 감추지 않으십니다. 높은 위엄에서도, 그분은 세상의 거만한 군주들과 같지 않으십니다. 저 참을성 있는 나귀를 그분은 당당한 군마(軍馬)보다 좋아하셨습니다. 그분은 위인들보다 평범한 사람들과 함께 있는 것을 더 편하게 여기셨습니다. 가장 성대한 행렬에서도, 자기의 왕의 성읍에서도, 그분은 한결같이 온유하고 겸손한 성품을 유지하셨습니다. 그분이 "나귀를 타고" 오시기 때문입니다. 그분은 위엄을 갖추고 예루살렘 거리를 지나가셨습니다. 하지만 그분의 겸손이 그 광경의 특징이었습니다! 그것은 의장대의 지원을 전혀 받지 않은 즉흥적인 행렬이었고, 모든 것이 친구들의 자발적인 사랑에 따른 것이었습니다. 한 나귀와 그것의 새끼를 데려오더니, 제자들이 그분을 거기에 앉으시게 했습니다. 의복을 차려입은 궁정의 신하들 대신, 그분은 평범한 농민들과 어부들에게 둘러싸이셨고, 예루살렘 거리의 어린이들도 그 행렬에 합세했습니다. 사람들 가운데서 가장 천한 사람들과 어린아이들이 그분을 찬송하며 외쳤습니다. 나뭇가지들과 친구들의 옷이 길에 펼쳐졌고, 그것이 화려한 꽃들과 값비싼 양탄자를 대신했습니다. 그것은 자발적인 사랑의 가두행렬이었으며, 권력이 두려움을 자아내는 판에 박힌 화려한 행사가 아니었습니다. 얼핏 보아도, 모든 사람은 이 왕이 일반적인 군주들과 다른 부류의 왕인 것을 알 수 있었습니다. 그분의 위엄은 가난한 자들을 짓밟는 군주들의 위엄과는 달랐습니다.

예언뿐 아니라, 그 이야기를 들려주는 성경의 화자(話者)에 따르면, 그 행렬에는 두 마리의 짐승이 있었던 것으로 보입니다. 나는 우리 주님이 새끼를 타셨다고 상상합니다. 왜냐하면 그분이 전에 사람을 태워본 적이 없는 짐승을 타는 것이 중요했기 때문입니다. 하나님은 사람들과 공유하는 분이 아닙니다. 그분의 특별한 용도를 위해 구별된 것은 전에 더 낮은 용도로 바쳐진 것이어서는 안 되었습니다. 예수님은 사람이 타본 적이 없는 나귀를 타십니다. 하지만 그 어미는 왜 거기에 있을까요? 예수님은 나귀와 그 새끼 모두에 대해 이렇게 말씀하시지 않았습니까? "나귀와 나귀 새끼가 함께 있는 것을 보리니 풀어 내게로 끌고 오라"(마 21:2). 이것이 내게는 그분의 다정하심의 징표인 것처럼 보입니다. 그분은 불필요하게 어미를 새끼에게서 떼어놓기를 원하지 않으셨습니다. 암컷 당나귀가 쟁기를 갈거나 다른 수고를 할 때 그 새끼도 따라가도록 허락한다면, 그것은 농부의 친절이라고 생각됩니다. 나는 그와 같은 배려가 우리 주님에게 있었다고 생각합니다. 그분은 가축에게도 신경을 쓰시고, 나귀와 그 새끼도 배려하셨습니다. 그분은 그 불쌍한 짐승에게 어린 것을 데려감으로써 불필요한 고통을 야기하기를 원치 않으셨습니다. 그래서 그 행렬에 들의 짐승이 즐거이 제 역할을 맡은 것입니다. 그것은 더 나은 시대에, 모든 피조물이 속박에서 벗어나고, 그분의 통치의 복에 참여하게 될 것에 대한 하나의 표징입니다. 우리 주님은 여기서 제자들에게 서로를 향해서뿐 아니라, 모든 생명체에 대해서 사려 깊을 것을 가르치셨습니다. 나는 그리스도인들이 생명을 존중하고, 하나님의 모든 피조물에 대해 동정심을 갖기를 바랍니다. "늙은 선원의 노래"(The Ancient Mariner, 영국 낭만 주의 시인 사무엘 테일러 콜리지가 지은 신비적 분위기의 작품으로 18세기 말에 발표됨-역주) 시구에는 깊은 진리가 포함되어 있습니다:

> "큰 것이건 작은 것이건, 모든 것을
> 가장 사랑하는 사람이 가장 기도를 잘한다네."

옛 율법 아래에서도 이러한 온정이 어미 새와 그 새끼를 함께 취하는 것을 금하고, 새끼를 그 어미의 젖으로 삶는 것을 금하는 규례에 녹아 있습니다(참조. 신 22:6; 출 23:19). 왜 이런 일들을 금했을까요? 이런 행동이 아무런 해가 되지 않을 것처럼 보이지만, 하나님은 자기 백성에게 모든 것을 다룰 때 따뜻한 마음, 민감하고, 섬세한 마음을 갖기를 바라셨던 것입니다. 그리스도인의 행실에는 야만적인 것이 없어야 하며, 그리스도인은 모든 면에서 사려 깊고 친절해야 합니다. 우리 주님은 한 나귀와 함께, 그리고 그 나귀의 새끼와 함께, 예루살렘 거리를 다니신 것입니다. 그분은 마음이 겸손하시고, 모두에게 온유하십니다. 그분의 사명은 권력을 깨부수고 이기적으로 권력을 확장하는 것이 아니었습니다. 그분은 모든 것을 축복하기 위해 오시고, 세상을 다시 한번 낙원으로 만들기 위해 오십니다. 거기서는 아무도 억압받지 않을 것입니다. 복되신 구주시여, 인간과 짐승을 포함하여 당신의 피조물들이 고통받는 것을 생각할 때, 우리는 당신이 다시 강림하시기를 바라며, 당신의 온유한 통치가 시작되기를 기도합니다!

자, 그리스도께서 나귀를 타시는 것은, 만약 여러분이 선지자나 하나님의 전령임을 자처하는 어떤 사람도 그것을 모방하지 않았음을 기억한다면, 매우 주목할 일입니다. 유대인에게 메시야가 이처럼 나귀 새끼를 타고 예루살렘 거리를 다니시리라고 예상하는지 물어보십시오. 그는 아마 "아니요"라고 답할 것입니다. 그가 아니라고 답한다면, 여러분은 그에게 추가적인 질문을 할 수 있습니다. 그에게, 메시야임을 공언하는 누군가가 자기 민족에게 나타나서, 어느 때라도, 예루살렘의 딸에게 와서 "나귀를 타고 나귀의 작은 것 곧 나귀 새끼를" 탄 적이 있었냐고 물어보십시오. 어떤 거짓 메시야도 다윗의 아들의 이 겸손한 모습을 모방하지 않았다는 것은 특이합니다. 페르시아 왕 사푸르(Shapur I, 기원후 240-270 통치-역주)는 한 유대인에게 메시야가 나귀를 타는 문제로 농담하면서 말했습니다. "내가 그에게 내 말들 가운데 한 마리를 보내주겠네." 그의 말에 그 유대인 랍비가 대답했습니다. "왕께서 아무리 좋은 말을 보내셔도 충분치는 않을 것입니다. 왜냐하면 메시야가 타는 것이면 일백 가지 색깔을 띠는 나귀일 것이기 때문입니다." 그 한가한 전승에서, 그 랍비는 선지자에 대한 개념이 전혀 없었다는 것을 보여줍니다. 왜냐하면 그는 평범한 나귀를 타는 일에서 드러나는 메시야의 겸손을 믿을 수 없었기 때문입니다. 그 랍비의 사고방식은, 반드시 단순함을 신비스럽게 만들고, 겸손을 다른 형태의 허장성세로 바꾸어야만 합니다.

문제의 핵심은, 우리 주님은 으스대지 않으셨으며, 오히려 자연스럽고, 꾸밈없으시고, 헛된 영광에서 자유로우셨다는 것입니다. 그분의 가장 큰 공식 행사가 단지 나귀의 작은 것 곧 나귀 새끼를 타시고 예루살렘을 다니셨다는 것입니다. 마호메트 신봉자가 조롱하는 투로 그리스도인에게 말합니다. "당신의 선생은 나귀를 타셨구려. 우리의 마호메트는 낙타를 타셨소이다. 낙타가 훨씬 뛰어난 짐승이지요." 바로 그런 식입니다. 거기서 마호메트 신봉자는 예언적인 생각을 이해하지 못하는 것입니다. 그는 힘과 명예를 바라봅니다. 하지만 예수님은 약함과 겸손을 자랑하십니다. 이 세상 군주들의 화려하고 장엄한 행사에서 진정한 영광이란 얼마나 미미하게 발견되는지요! 과시보다는 겸손에 훨씬 큰 진정한 영광이 있습니다. 우리 주님이 나귀를 타신 일에는, 그분이 얼마나 겸손하신지를, 또 그 겸손함 속에 얼마나 따뜻한 마음이 있는지를 보여주려는 의미가 담겨 있습니다. 위대하신 아버지의 성에서 왕으로 선언되실 때, 거리에서 승리의 행진을 하실 때, 그분은 용사들이 자기들의 승리를 뽐낼 때처럼 화려하게 치장한 군마(軍馬)를 타지 않으시고, 빌려온 나귀를 타십니다. 그리고 그 나귀의 어미가 함께 나란히 걷습니다.

그분의 가난이 엿보입니다. 수많은 언덕에 있는 모든 가축 가운데서 그분은 단 한 마리도 소유하지 않으셨습니다. 하지만 우리는 그 이상으로 그분의 왕으로서의 부유함을 봅니다. 그분이 "주가 쓰시겠다 하라"(마 21:3)고 말씀하시니, 나귀의 소유주는 곧장 그것들을 내주었습니다. 이 왕의 수입원에는 어떤 강요된 기부도 없었습니다. 그분의 백성은 그분의 권능의 날에 기꺼이 자원합니다. 오 시온이여, 그분이 그대의 왕이로다! 그대에게 그런 주님이 계신 것을 생각하고, 기뻐 외칠지어다! 통치가 사랑이고, 왕관이 겸손인 곳에는, 백성이 바치는 존경이 특별히 밝고 즐겁습니다. 그런 통치 아래에서는 누구도 신음하지 않을 것입니다. 도리어 백성은 즐거이 헌신할 것이며, 그분을 섬기는 것에서 자유를 찾을 것입니다. 그들은 그분에게 순종하면서 안식을 누리고, 그분의 영광이 곧 그들의 명예입니다.

내 형제들이여, 이제 여러분은 그날의 '호산나' 찬미를 잊어도 좋습니다. 그 대신, 나는 여러분이 우리의 거룩하신 주와 선생이 되신 분의 겸손함에 대해 생각을 집중하기를 요청합니다. "보라 네 왕이 네게 임하시나니 그는 겸손하여서 나귀를 타시나니."

우리 주 예수 그리스도께서 나타내신 겸손에 대해 먼저 생각하도록 합시다. 그런 후 그 겸손의 이유들에 대해, 세 번째로 그 겸손에서 배워야 할 교훈들을 생각해봅시다.

1. 예수 그리스도께서 보이신 겸손

첫째로, 우리 주 예수 그리스도께서 나타내 보이신 겸손에 대해 생각해봅시다. 우리가 그분을 하나님으로서 얼마나 경건하게 경배하는지를 여러분에게 상기할 필요는 없을 것입니다. 우리는 그분을 복되신 하나님으로서 경배합니다. 하지만 지상에 계신 동안 그분은 신성의 베일을 벗고, 겸손의 옷을 입으셨습니다. 이 땅에 체류하시는 동안 그분은 참된 위대성으로 충만하셨지만, 그분은 위엄과 높음에서만 그러신 것이 아니라 겸손에서도 그러하셨고, 영광에서만 아니라 자기를 낮추심에서도 그러하셨습니다. 가장 깊은 의미에서 우리 주님의 영광스러움은 그분의 겸손에 있습니다. 왜냐하면 겸손 때문에 그분은 "받들어 높이 들려서 지극히 존귀하게 될"(사 52:13) 것이기 때문입니다.

먼저, 죄 많은 인간의 구원을 착수하신 일에서 그리스도의 겸손을 생각해봅시다. 죄 없는 인간은, 하나님이 처음 지으셨을 때처럼, 분명 고귀한 피조물입니다. 성경에 기록되기를 주께서 "그를 하나님보다 조금 못하게 지으셨다"(시 8:4)고 했습니다. 하지만, 죄인으로서, 인간은 천하고 수치스러운 존재이며, 오직 멸망당하기에 합당할 뿐입니다. 그런 성품으로는, 그가 하나님으로부터 귀히 여김을 받는다고 전혀 주장할 수 없습니다. 만약 하나님이 이 반역의 종족을 존재하지 않도록 지워버리는 것을 기뻐하셨다면, 그분은 언제든 더 뛰어난 존재들에 의해 그 손실을 보상하실 수 있었을 것입니다. 하지만 천사들이 타락했을 때 그들을 다시 일으키지 않으신 주님께서, 아브라함의 씨를 일으키고자 하신 것은, 그분의 가장 온화한 겸손에 이끌렸기 때문입니다. 만약 어떤 키 큰 천사장이 숲속 언덕에 있는 개미들의 입장을 옹호하는 것이 가능하다면, 그것은 놀라운 자기 낮춤일 것입니다. 하지만 그것은 영원하신 하나님이 인간들을 속량하고 성화하기 위해 높은 보좌를 비우신 일의 자기 낮춤에 비하면 아무것도 아닐 것입니다. 우리는 기껏해야 덧없는 피조물일 뿐입니다. 우리는 어제 태어났다가 오늘 죽습니다. 우리는 한때 숲의 잎처럼 푸르지만, 곧 가을이 오면 우리는 시들고, 또 겨울이 우리를 휩쓸어 갑니다. 그처럼 덧없는 존재를 위해, 영광의 주님께서 이 죄로 그늘진 땅에 오셨습니다. 그분이 겸손한 마음을 갖지 않으셨다면, 그분은 인간에게서 기쁨을 찾지 않았을 것이며, 불쌍하고 딱한 처지에 떨어진 존재들을 생각지도 않으셨을 것입니다.

다음으로, 그분은 실제로 우리의 본성을 취하신 일에서 겸손을 나타내십니다. 나는 이 이야기를 제대로 말할 수 없습니다. 그것은 너무도 놀라운 이야기입니다. 한 자유로운 영이 자발적으로 흙으로 된 인성으로 자기를 감쌌습니다. 한 순수한 영이 기꺼이 살과 피를 가진 존재가 되었습니다! 이는 실로 놀라운 겸손입니다. 강한 것이 약한 것에 둘러싸였습니다. 행복의 존재가 고통의 공간을 차지했습니다. 무한히 거룩한 분이 죄악성으로 악명 높은 인류의 하나가 되셨습니다! 이것이 겸손의 위업입니다. 위대하신 하나님, 만대에 무한하신 분, 그분이 친히 인간의 몸과 연합하셨습니다. 그분은 우리처럼 한 아기로 태어나셨고, 우리처럼 자라서 청년이 되셨고, 우리의 인성을 통해 고난을 겪으셨습니다. 그분이 우리처럼 한 생애를 마치셨습니다! 이는 겸손의 기적입니다. 내가 생각하기에 천사들은 가만히 이 일들을 응시하며, 말씀이 육신이 된 것을 기이하게 여깁니다. 특별히 우리 주님이 육체를 가지신 일에 대하여 "천사들에게 보이셨다"(딤전 3:16)고 성경에 언급됩니다. 이는 천사들이 강한 호기심을 가지고 그분을 지켜본 것이라고 우리로 믿게 합니다. 하늘을 만드시고 통치하신 그분이, 한 여자에게서 태어나시고 율법 아래에 나신 것을, 천사들이 갈수록 증대되는 관심으로, 그 모든 일이 무엇을 의미하는 것인지 궁금히 여기면서 지켜본 것입니다. 천사들은 그분이 자기 손으로 지은 피조물들처럼 먹고, 마시고, 잠자고, 탄식하고, 고통을 겪는 것, 그리고 바로 그들과 같이 되신 것을 기이하게 여겼습니다! 정녕 그들은 목소리를 죽이고 놀란 가슴을 진정하며 지금도 그 일에 대해 말하며, 앞으로도 만대에 걸쳐 그 일에 대해 말할 것입니다. 자기 천사들보다 더 낮아지셨으니, 천사들은 그분의 거룩한 사랑의 하강(下降)을 보고 엄숙한 경외심을 느낄 수밖에 없습니다. 이러한 낮아짐은 오직 하나님만이 나타내실 수 있는 일입니다. 이처럼 유일무이한 겸손의 사랑을 나타내신 우리 주님을 경배합시다.

더 나아가, 우리 주님이 사람의 모양으로 이 땅에 계실 때, 그분은 종의 역할을 온전히 수행하심으로써 참된 겸손을 나타내셨습니다. 그분은 사람이 되심으로써 종의 형체를 스스로 취하셨지만, 그분이 종의 형체를 취한 것보다 더 중요한 것이 있습니다. 그분은 실제로 순종하셨습니다. 섬김을 위한 종의 옷을 입으시고, 그분은 가장 낮은 직무를 수행하셨습니다. 왕의 주방에 있는 어떤 허드레꾼도 그분처럼 철저하게 천한 일을 맡지는 않았습니다. 그분의 큰 집에는 귀하게 여김을 받는 그릇도 있고 천하게 여김을 받는 그릇도 있습니다. 그런데 그분은 가장 천한 용도로 쓰임받기를 택하셨습니다. 그분은 스스로 명성을 얻으려 하지 않으셨고, 종들 가운데서도 종이 되셨습니다. 그분을 본 모든 사람은 그분을 조롱하며 웃었습니다. "그는 멸시를 당하였고 우리도 그를 귀히 여기지 아니하였도다"(사 53:3). 만약 누군가 한 타락한 여인과 대화하는 것이 필요했을 때, 그분이 곧 그 우물가에 앉으신 모습이 보였습니다. 만약 누군가 한 세리를 구하는 일이 필요했다면, 그분이 신속히 삭개오의 집으로 가셨습니다. 만약 누군가 귀신이 들렸고 미쳤다는 비방을 받아야 했다면, 그분이 기꺼이 최악의 비난도 감수하셨습니다. 그분은 진실로 이렇게 말씀하실 수 있었습니다. "너희가 나를 선생이라 또는 주라 하니 너희 말이 옳도다 내가 그러하다"(요 13:13). 하지만 그들의 선생이요 주이신 그분이 그들의 발을 씻기셨고, 그것으로써 그분이 온유하고 마음이 겸손하신 것을 입증하셨습니다.

형제들이여, 모두의 주님께서 모두의 종이 되셨다는 것은 놀라운 일입니다. 그것은 너무나 놀라운 일이기에 많은 사람이 그 문제를 생각할 때 길을 잃습니다. 그들은 하나님의 신성이 종의 신분과 결합하였다는 개념을 이해할 수 없으며, 위엄이 순종과 연합한 것도 이해하지 못합니다. 정녕, 모든 것을 세우신 그분이 마리아의 아들로서 가난하게 되시고, 슬픔의 사람이 되시며, "멸시를 받아 사람들에게 버림받은"(사 53:3) 낮은 사람이 되신 것을, 우리는 오직 믿음으로만 깨달을 수 있습니다. 하지만 실로 그러하셨고, 그 점에서 그분은 "나는 마음이 온유하고 겸손하다"(마 11:29)는 자기 진술의 진실성을 보이셨습니다. 그분은 스스로 멍에를 메셨고, 그래서 경험적으로 이렇게 말씀하실 수 있었습니다. "나의 멍에를 메고 내게 배우라 그리하면 너희 마음이 쉼을 얻으리라"(마 11:29). 이분이

상한 갈대를 꺾지 아니하시고 꺼져가는 심지를 끄지 않으시는 그분이십니다. 이분이 "죄인들이 자기에게 거역한 일을 참으신"(히 12:3) 그분이십니다. 그분의 생애는 온유와 겸손에 관한 긴 입증이었으며, 어떤 면에서도 그분은 실패하지 않으셨습니다. 그분은 우리에게 같은 인내의 방식으로 승리하라고 권고하십니다. 온유와 겸손이 승리한다는 것을 그분이 입증하셨기 때문입니다.

우리 주님의 겸손이 어떠하였는지를 그분의 일생의 가난을 기억하며 생각해 보십시오. 그분은 제자들에게 그분을 위해서가 아니면 자발적으로 가난을 신봉하라고 가르치지 않으십니다. 믿는 자들이 그분의 대의를 위해 모든 것을 버려야 하는 때가 있었고, 그럴 때가 다시 올 수도 있습니다. 하지만 그분의 시대에 그분의 제자들 가운데 일부는 재물로 그분에게 도움이 되었고, 그런 까닭에 재물을 소유했습니다. 물론 박해가 왔을 때 제자들 가운데 많은 이들이 그분을 위해 가난하게 되는 것을 기뻐했지만, 그분은 제자들에게 물질을 부인하고 가난하게 되라고 명하지 않으셨습니다. 그분은 모든 사람에게 "네 소유를 팔라"(참조. 마 19:21)고 시험하지 않으셨습니다. 하지만 자기 백성을 부요하게 하기 위해 그분 자신이 가난하게 되는 것은 그분에게 필요한 일이었고, 그 일을 그분은 즐거이 참으셨습니다. 그분은 마구간에서 태어나셨고 빌린 요람에 누이셨습니다. 그분은 빌린 집에서 일하고 생활하셨으며, 제자들의 자선에 의존하여 사셨습니다. 그분이 쉬실 때도, 쉬는 장소는 역시 빌린 침상이었습니다. 여우도 굴이 있건만 그분에게는 머리 둘 곳이 없었습니다. 그분은 빌린 배에서 설교하셨습니다. 그분이 잠드시고 죽으실 때, 그분은 빌린 무덤에 매장되었습니다. 그분에게는 자기 소유로 된 작은 땅이 없었습니다. 그분은 마치 그렇게 타고난 듯이 가난을 견디셨습니다. 그분은 가난하고 낮은 자들 가운데 계실 때 편하셨고, 죄인들을 환대하며 그들과 함께 음식을 드셨습니다. 진실로, 그분을 둘러싼 위엄은 일반적으로 왕을 둘러싸고 있다고 생각되는 것보다 훨씬 탁월했습니다. 하지만, 가난 때문에 그분이 불편하신 것 같지는 않아 보였고, 가난하고 배우지 못한 사람들과의 교제가 그분 마음을 불편하게 하지도 않았습니다. 그분은 가장 가난한 자들의 일원으로 그들과 함께 하셨습니다. 그들도 그것을 알았고, 그래서 그들은 그분 주위에 모이는 것을 좋아했습니다. 그분은 그들의 동료들에게 너무나 상냥하고 부드러우셨기에, 낮은 사람들이 그분에게 듣는 것을 즐거워했습니다.

그분이 언제든 가난을 끝내실 수 있었다는 점을 기억하십시오. 물을 포도주로 변화시킬 수 있었던 그분은, 원하신다면 맛있는 음료를 얼마든지 마실 수 있었습니다. 떡과 물고기를 크게 증대시키신 그분은 굳이 주리실 필요가 없었습니다. 그분의 입에서 나오는 한 말씀으로 알라딘의 꿈의 궁전보다 더 아름다운 궁전이 창조될 수 있었고, 솔로몬의 재물보다 더 큰 재물이 생겨날 수 있었습니다. 그분에게는 불가능한 것이 없었기 때문입니다. 만약 그분이 자기 자신을 인생의 목적으로 삼으셨다면, 그분은 모든 사치품으로 둘러싸이실 수도 있었습니다. 하지만 그렇게 하지 않으셨습니다. "부요하신 이로서 너희를 위하여 가난하게 되심은 그의 가난함으로 말미암아 너희를 부요하게 하려 하심이라"(고후 8:9). 이런 점에서 그분은 그의 겸손을 나타내셨습니다.

하지만 나는 종종 다른 어떤 것에서보다 그분의 동료들에게서 그분의 겸손을 더 많이 본다고 생각합니다. 사람은 매우 가난하면서도 매우 거만할 수 있습니다. 슬프게도 나는 그런 일을 보았다고 생각합니다. 동전 한 푼 없으면서 마치 가장 부유한 귀족 계층인 것처럼 자기를 자랑하는 사람들을 나는 압니다. 그들은 노동자입니다. 하지만 그들은 자기 자신을 뛰어난 사람들, 즉 주목할 만한 은사들을 가지고 있으며 대단히 존경받을 만한 사람이라고 생각합니다. 지금 주변에는 뛰어난 사람들이 너무 많습니다. 거의 어디에서나 나는 그런 사람들을 마주칩니다. 이 부서, 저 부서에서 마주칩니다. 물론, 할 수 있는 한 나는 그들을 존중합니다. 하지만 때때로 그들은 우리가 편안하게 표현할 수 있는 수준보다 더 많은 존경을 우리에게 요구합니다. 이 시대에 우리는 어떤 사람들의 존엄을 침해하지 않도록 조심해야 합니다. 하지만, 모든 면에서 우리 모두보다 뛰어나신 그분은 생애 전체에서 한 번이라도 우월한 사람인 체하지 않으셨습니다. 그분은 우물가에 앉으셨고, 한 여인과 대화를 나누셨습니다. 우리가 성경에서 읽듯이, 제자들은 그분이 '한 여인'에게 이야기하시는 것을 보고 놀랐습니다. '여인들'도 아니고 '한 여인'이었습니다. "제자들이 돌아와서 예수께서 여자와 말씀하시는 것을 보고 이상히 여겼으나"(요 4:27). 제자들은 주님과 같은 분은 어떤 여인과도 대화해서는 안 된다고 생각했습니다. 그들이 그 시대의 배타성에 물들었기 때문입니다. 나는 우리 주님이 한 여인과 대화하시게 되었을 때 그분이 어떤 특별한 행동을 하셨다고 생각하지 않습니다. 그분은 여자에게서 나셨고, 그러한 출생의 연분을 부인하지 않으셨기 때문입니다. 어떤 사람에게는, 마차를 소유하지 않은 누군가와 친하게 대화하는 것은 자기 신분을 크게 낮추는 것이 될 것입니다. 심지어 교회에서도 어리석은 계급 의식이 끼어들 수 있으며, 그러면 그리스도 안에서 형제들이 가난한 성도를 자기들과 동등하다고 거의 생각하지 않습니다. 우리 주님에게는 거만한 태도가 없었습니다. 그분의 마음에 겸손이 있었기 때문입니다.

우리는 세리와 죄인들이 그분 가까이에 모였다고 성경에서 읽습니다. 심지어 추문이 있는 여인들이 눈물이 고인 채 그분의 가르침을 들었습니다. 오, 우리는 그런 부류의 사람을 입에 올리지 않습니다! 우리는 그들을 "버림받은 자들"이라 부르고, 낙오자로 취급합니다! 그러나 예수님은 그들에게 친절하게 말씀하셨습니다. 종종 그분의 회중에는, 바리새인들이 혐오하는 사람들이 얼마나 많았던지요! 하지만 그분은 절대 그들 가운데 한 사람에게도 "물러가라!"고 하지 않으셨습니다. 그분의 규칙은 모두를 환영하는 것이었으며, 이렇게 말씀하시는 것이었습니다. "내게 오는 자는 내가 결코 내쫓지 아니하리라"(요 6:37). 세리들은 분명 아주 천한 부류의 사람들이었습니다. 그들은 외국인을 위하여 증오스러운 세금을 거두었고, 그들 자신을 위하여 추가되는 세금을 짜냈습니다. 하지만 구주는 단 한 사람의 세리를 향해서도 "물러가라"고 하지 않으셨습니다. 정반대로, 주님은 비유에서 세리에게 명예로운 지위를 부여하셨습니다. 그분은 그들 가운데 한 사람을 사도로 삼으셨고, 다른 세리의 집에 가서 유하셨으며, 그는 그분을 즐겁게 맞이했습니다. 그분은 이 하급 계층의 사람들에게 단지 좋은 말씀만 하신 것이 아니며, 실제로 친구로서 그들과 식탁에 앉으셨습니다. "끔찍하군. 그렇지 않아?"라고 바리새인들은 생각했습니다. "영광스럽군"이라고 우리는 말합니다. 우리는, 살아있는 것은 아무것도 조롱하지 않으셨으며, 특히 사람이라면 남자건 여자건 아무도 조롱하지 않으신 주님의 겸손을 존경하기 때문입니다. 바리새인들은 "이 사람이 죄인을 영접하는도다"(눅 15:2)라고 경멸 조로 말했습니다. 하지만 우리는 그 말을 "거룩하시다, 거룩하시다, 거룩하시다"고 끊임없이 외치는 스랍 천사들의 노래처럼 영광스러운 찬송에서 울려 퍼지게 합시다. 성육신하신 주님이 낮아져 "세리와 죄인의 친구"(눅 7:34)가 되셨을 때보다 더 순수한 것은 없습니다.

그분은 한층 더 특이한 일을 행하셨습니다. 그분은 어린아이들을 영접하셨습니다. 만약 성인 남자와 여자들과 대화한다면, 그들이 천하건 타락하였건 어떤 이유가 있을 것입니다. 그런데 어린 소년들과 소녀들에 대해서는 어떤가요?

그들과 더불어 어떤 일이 가능할까요? 어린이들이 성전에서 "호산나"라고 외치는 것을 들었을 때, 바리새인들은 노하여 주님에게 "그들이 하는 말을 듣느냐?"라고 따져 물었습니다. 마치 이렇게 따져 묻는 셈이었습니다. "이 소년들! 이들이 당신의 팬이오? 당신은 어린이들 가운데서도 추종자를 찾습니까?" 그분은 그들을 위해 겸손히 대답하셨지만, 그것이 그들을 침묵하게 했습니다. 우리의 복되신 주님이 말씀하셨습니다. "어린아이들이 내게 오는 것을 용납하고 금하지 말라. 하나님의 나라가 이런 자의 것이니라"(막 10:14). 그분은 어린아이들을 그분의 왕국에 들어오는 사람들의 전형적인 본보기로 받아들이신 것입니다. 그분 자신이 하나님의 거룩한 아이 예수로 불리셨습니다. 그분은 그분 자신의 완벽한 순진함과 온유하심으로 인해 어린아이들과 함께 있는 것을 편하게 여기셨습니다. 거만한 사람들은 좀처럼 아이들에게 관심을 두지 않고, 어린아이들도 그들에 대해서 마찬가지입니다. 하지만 우리 주님은 참으로 겸손한 마음으로 어린이들을 사랑하셨고, 그들도 그분을 사랑했습니다.

우리 주님의 겸손에 대해 더 길게 말할 시간이 있다면 좋겠습니다. 하지만 단으로 거두었으면 하는 곳에서 나는 단지 소수의 이삭을 거두는 것으로 만족해야겠습니다. 너무나 더럽고 거짓된 비난을 받을 때의 참을성 있는 태도는 우리 주님의 겸손에 대한 또 하나의 증거입니다. 한 사람이 말합니다. "나를 음해하는 속삭임이 있었다는 것을 내가 들었다. 내가 이제 그것을 낱낱이 밝힐 것이다. 어떤 대가가 따르더라도 내가 그것을 들추어낼 것이다. 누가 감히 내 성품을 비난한단 말인가? 그는 법의 힘을 느낄 것이며, 내 명예를 훼손하면 반드시 처벌이 따른다는 것을 알게 될 것이다." 신앙을 고백하는 일부 그리스도인들도 잘못된 말이 전해질 때 균형을 잃어버리는 것처럼 보입니다. 어린 양이 사자처럼 부르짖고, 소가 표범처럼 살코기를 먹습니다. 성급한 말로 복수하느라고 교회들은 찢어지고, 가족들은 파괴됩니다. 그것은 우리의 복되신 주님의 정신과는 정반대되는 정신이 아닌가요? 사람들은 그분이 술에 취하고 포도주를 즐기는 사람이라고 말했습니다. 그 비방은 틀림없이 그분의 마음을 상하게 했겠지만, 그분은 화를 내지 않으셨으며, 비난자들을 위협하지도 않으셨습니다. 그분의 성품에 흠이 없었다는 것이 중요합니다. 그분은 홀로 미소를 지으며 생각하셨습니다. '나는 저 비방에 반박하지 않으리라. 모든 사람이 그것이 사실이 아님을 알기 때문이다.' 그들은 그분이 귀신들렸다고 말했고, 그분은 거기에 대꾸하지 않으셨으며, 오직 그 비난의 부당성을 보게 하심으로써 비난자들을 좌절하게 하셨습니다. 만약 귀신을 쫓아내시는 예수님에게 귀신이 있다면, 사탄은 스스로 분쟁하는 것이요 그의 나라는 서지 못하고 곧 끝장날 것이기 때문입니다(참조. 눅 11:18). 우리 주님의 생애가 끝으로 향하면서, 원수들은 모여서 고소할 내용을 모았고, 그것들을 빌라도의 법정에서 제기했습니다. 하지만 주님은 한 마디도 대답하지 않으셨습니다. "마치 도수장으로 끌려가는 어린 양과 털 깎는 자 앞에서 잠잠한 양 같이 그의 입을 열지 아니하였도다"(사 53:7). 침묵 속에서 그분은 겸손을 유지하셨습니다. 오, 만약 누구도 말하지 않은 방식으로 말씀하실 수 있었던 그분이 발언하셨더라면, 만약 그분이 저항할 수 없는 웅변으로 자기 자신을 변호하셨더라면, 그분이 한때 간음 중에 잡힌 여인을 변호하여 그 여인에게 돌을 던지려 했던 자들을 흩으셨던 것처럼, 그들 모두를 그 법정에서 나가도록 했을 것입니다. 만약 그분이 작정하셨더라면, 그분은 군중의 분위기를 바꾸어 그들의 통치자들에게 반대하도록 만드실 수 있었고, 혹은 바리새인들과 사두개인들이 서로 맞서게 하심으로써 그들의 모의를 좌절시키실 수 있었습니다. 하지만 주님은 자기를 구하려고 애쓰지 않으셨습니다. 그분은 이렇게 물으시는 것으로 만족하셨습니다. "너희 중에 누가 나를 죄로 책잡겠느냐?"(요 8:46). "그중에 어떤 일로 나를 돌로 치려 하느냐?"(요 10:32). 자기 생애의 끝이 이르렀을 때, 그분은 그들을 위해 "아버지, 저들을 사하여 주옵소서"(눅 23:34)라고 하신 것 외에 거친 말을 하지 않으셨습니다.

결국, 우리 주님이 어떻게 죽으셨는지 여러분은 압니다. 그분은 우리를 위해 자기 목숨을 내려놓으셨습니다. 가장 귀한 겸손의 표징입니다! 그분이 예루살렘에서 맞이하셨던 죽음은 전투에서의 유명한 죽음이 아니었습니다. 대포 소리가 울리고, 나팔 소리가 들리고, 승리의 기별과 함께 하늘과 땅이 흔들리는 가운데 맞이한 죽음이 아니었습니다. 그분의 죽음은 사랑하는 군주의 죽음을 애도하는 한 나라의 눈물 가운데 맞았던 죽음이 아니었습니다. 그렇지 않았습니다. 그분은 행악자들과 함께 죽으십니다. 그분은 흔한 교수대에서 죽으십니다. 그분은 조롱하는 군중 가운데서 죽으십니다. 거기에서 악한들마저 그들 사이에 매달리신 그분을 향해 조롱을 보냅니다. 저 상스러운 군중이 그분의 아들되심에 대해 도전하며 어떻게 말하는지를 들어보십시오. "네가 만일 하나님의 아들이거든 십자가에서 내려오라!"(마 27:40). 그런 악담을 견디는 것, 그런 조롱을 참는 것이,

마음이 겸손하다는 최고의 증거입니다. 우리는 그런 겸손을 칭송하고 겸허하게 본받기를 바라지만, 우리가 결코 같아질 수는 없습니다.

2. 겸손의 이유

잠시 시간을 들여, 이 겸손의 이유를 설명해보도록 하겠습니다.

그분의 겸손은 그분 마음의 실제적인 겸손에서 나온 것입니다. 그분은 겸손 자체를 목적으로 삼지 않으셨고, 그것을 위해 수고하지도 않으셨습니다. 그것은 그분에게 자연스러운 것이었습니다. 모든 역겨운 일들 가운데서, 겸손의 흉내를 내는 교만이 가장 혐오스럽습니다. 그런 역겨운 악의 작은 조각도 우리 주님에게서는 발견되지 않았습니다. 그분은 뽐내지 않으셨고, 허세 부리지 않으셨으며, 겸손을 가장하지도 않으셨습니다. 오직 그분은 온유하고 겸손하셨으며, 그것은 모두가 볼 수 있는 그대로입니다. 그분은 겉으로 보이는 것과 다른 분이 아니었으며, 언제나 온 인류 가운데서 가장 온유하셨고 또 그렇게 보이셨습니다. 그분의 깊은 마음이 겉으로 드러난 것이며, 온전한 겸손이 겉으로 나타난 것입니다.

왜 그분은 그렇게 겸손하셨던가요? 나는 그분이 그토록 겸손하셨던 것은 그분이 너무나 위대하셨기 때문이라고 생각합니다. 작은 사람은 자기를 크게 보여야 할 필요성을 느낍니다. 그래서 거만해지는 것이지요. 교만은 본질적으로 천박함입니다. 자기를 낮출 수 없는 사람은 소인배입니다. 우리 가운데 어떤 이들은 너무 낮아서 겸손할 수 없고, 너무 천해서 온유할 수가 없습니다. 참된 위대함은 언제나 무의식적이며, 결코 과시하려고 애쓰지 않습니다. 사람이 타인의 유익을 위하여 자기 자신을 낮출 때 그것이 그 사람을 크게 만듭니다. 어떤 사람도 우리 주님처럼 은혜롭게 낮아지는 법을 알지 못합니다. 그분의 위대한 마음이 자기 부인의 방법들을 잘 아셨기 때문입니다. 크게 부한 사람은, 허세 부리는 파산자가 최신의 옷을 입고서도 감히 가지 못하는 곳에, 아주 낡은 옷을 입고 나타나도 부끄러워하지 않습니다. 적은 재산을 가진 사람이 다이아몬드 반지를 손가락에 끼고, 빛 속에서 반짝이도록 그것을 착용합니다. 모든 사람이 그가 무언가 대단한 사람이라는 것을 보이기 위해서입니다. 하지만 진짜 부유한 사람은 그런 과시를 비웃습니다. 큰 재산을 가진 사람들에 대해 이런 말이 들려오는 경우가 종종 있습니다. "그는 특이하게도 잘난 체를 하지 않습니다. 당신은 그 사람이 자산가라는 것을 꿈에도 생각지 못할 것입니다." 마찬가지로, 천재적인 사람들에 대해서도 우리는 종종 이런 말을 듣습니다. "그는 전혀 잘난 체하지 않습니다. 그는 우리 가운데서 가장 작은 자처럼 겸손하고 친밀하답니다." 바로 그렇습니다. 그가 그럴 수 있는 것은 상당 부분 그의 높은 지위 때문입니다. 다른 사람들에게 대단한 사람은 자기 자신에 대해서는 대수롭지 않은 사람입니다. 모든 것을 능가하시는 분, 곧 우리 주 예수 그리스도는 바로 그 이유로 마음이 겸손하십니다.

다음으로, 그분이 겸손하신 이유는 너무나 사랑이 많으시기 때문입니다. 어머니들은 자주 자기 자녀들을 자랑스러워합니다. 하지만 내가 생각하기에, 그들은 좀처럼 자기 자녀들에 대해 거만하지 않습니다. 그들이 자녀를 사랑한다면, 그들에게 입 맞추거나, 그들을 씻기는 것 혹은 그들을 품에 안고 다니는 것을 자기를 낮추는 일이라 생각하지 않습니다. 나는 어떤 아버지가 자기 아들을 무릎에 올라오도록 허락하거나, 또는 자녀가 팔로 그의 목을 안도록 허락한다는 이유로, 자기 자신을 매우 겸손하다고 생각한다는 말을 들어보지 못했습니다. 우리가 사랑하는 자들을 우리는 우리와 같은 위치로 끌어올리거나, 아니면 우리가 그들에게로 내려갑니다. 사랑은 수평을 이루는 마법의 기구입니다. 예수님은 사랑이 너무나 많으셔서 그분의 작은 자들을 향해 낮아지는 수밖에 없었습니다. 심지어 신성모독자라도 하나님께 교만의 이유로 탓하는 것을 여러분은 듣지 못할 것입니다. 비록 거만한 혀가 지존하신 분을 향해 이러니저러니 이유를 대며 탓하는 것을 들을 때 우리의 피가 굳어버리는 것 같지만, 그의 불경한 말도 그런 방향으로 나타나지는 않습니다. 하나님께나 그의 복되신 아들 예수 그리스도를 향해 교만의 탓을 하는 것은 너무나 터무니없는 일이 될 것이기 때문입니다. 교만과 무관한 분명한 이유는 "하나님은 사랑이시라"는 사실입니다. 하나님의 충만한 사랑이, 그 사랑을 의심의 곁눈질로 볼 수 없게 합니다. 하나님이 오래 참으시는 것은, 그분이 사랑이시기 때문입니다. 그리스도의 마음이 겸손하신 것은, 그분의 마음이 사랑으로 채워졌기 때문입니다.

게다가, 한 가지 더 말하자면, 우리의 복되신 주님은 그분의 큰 목적에 너무나 몰두하셨기에 겸손하실 수밖에 없었습니다. 큰 목적을 위해 달려가는 사람은 자기 찬사에 마음을 쏟을 시간이 없습니다. 그런 사람에게는 다른 사람들에게 어떻게 비칠까 생각할 시간이 없습니다. 그는 자기의 미모를 단장하기 위해 거울 앞에 서지 않습니다. 그런 생각은 터무니없습니다. 그는 어떻게 하면 시적인 말로 표현할 수 있을까, 혹은 어떤 세련된 문장으로 말할 수 있을까 등의 문제로 꼼꼼하게 생각할 겨를이 없습니다. 그의 한 가지 바람은 자기 메시지를 전하는 것이며, 사람들에게 당면한 문제를 각인시키는 것입니다. 진지함이 연사로 하여금 웅변가의 자기 표현이라는 규칙을 뛰어넘게 합니다. 위대한 웅변가도 익살스러운 비평가 즉 회랑에서 냉랭하게 내려다보는 사람에게는 꼴사납게 보일 수 있습니다. 하지만 그가 무엇에 신경 쓴단 말입니까? 그의 주제가 그를 몰두하게 하기에, 그는 태도나 몸짓의 우아함에 대해서는 모두 잊어버리며, 오직 요점을 전하는 것에만 관심을 기울입니다. 그가 소송에서 이기고, 그로 인해 자기 나라에 복을 줄 수만 있다면, 그는 천 번이라도 기꺼이 웃음거리가 되려 할 것입니다. 그는 그가 전하고자 하는 주제와 목표 외에는 아무것에도 신경을 쓰지 않습니다. 너무나 명백하게도 우리 주님께서도 마찬가지였습니다. 그분은 사람의 평가에 무관심하게 자기의 길을 가셨습니다. 그분은 힘써 자기의 길을 가셨고, 열정이 그분을 삼켰으며, 자기의 일이 완수될 때까지 고생하셨습니다. 그래서 그분은 자기 위엄을 유지하는 것에 대해서는 생각하지 않으셨습니다. 그분의 위대성과 그분의 강렬한 헌신이 교만과 가까워지게 하는 모든 것을 금하였습니다. 인위적인 것이 아니라 마음에서부터, 그분은 온유하고 겸손하십니다. 그분에게는 성취해야 할 큰 목적이 있었기에, 또한 그 목적이 그분의 전부를 몰입하게 했기에, 그분은 겸손의 마음으로 행하셔야 했습니다. 복되신 주님, 이 겸손의 길을 우리에게 가르치소서! 당신의 영광을 위한 열망으로 우리를 불붙게 하소서. 그것이 모든 교만의 생각을 차단할 것입니다!

3. 주님의 겸손에서 배워야 할 교훈

우리 주님의 겸손에서 배워야 할 교훈이 무엇입니까?

먼저, 형제들이여, 겸손해집시다. 한 사람이 말합니다. "그러면, 제가 겸손하게 행하려고 노력해야 합니까?" 그런 식으로는 할 수 없습니다. 우리가 겸손하게 행동하려고(act) 노력해서는 안 됩니다. 우리는 겸손해져야(be) 하며, 그렇게 되어야 자연스럽게 겸손하게 행동할 수 있습니다. 얼마나 많은 교만이 겸손을 가장한 형태로 행해지는가를 생각하면 놀랍습니다. 물론 지금 나는 자신들이 온전하다고 말하는 자들을 언급하는 것이 아닙니다. 그렇지 않습니다. 나는 그들을 그들 자신의 헛된 영광에 내버려둡니다. 내가 말하고자 하는 것은, 불쌍하고 불완전한 존재인 우리 속에 얼마나 많은 교만이 있느냐 하는 것입니다! 우리는 만약 모두가 우리처럼 겸손하다면 좋을 것이라고 느낍니다. 우리는 우리가 자랑하는 것을 싫어한다고 자랑합니다. 우리는 아첨을 미워한다며 우리 자신에게 아첨합니다. 우리가 독특하게도 교만의 문제에서 자유롭다는 말을 들을 때, 우리는 마치 루시퍼가 그 칭찬이 아주 옳다고 의식하면서 교만했던 것처럼 느낍니다. 우리는 아주 경험 많고 건실하고 분별력이 있으며, 자기 확신으로부터 자유롭다고 느끼기 때문에, 가장 먼저 자기 확신의 그물에 걸릴 수 있습니다. 형제들이여, 우리는 하나님이 우리를 겸손하게 만드시도록 기도해야 합니다. 만약 우리가 낮은 자들 가운데서도 가장 낮아진다고 해도, 우리로서는 많이 낮아진 것이 아닙니다. 우리는 더 낮아질 곳이 없는 지점까지 낮아져야 합니다. 진토처럼 낮은 곳이 우리처럼 죽을 인생에게는 합당한 자리입니다. 온유하고 겸손해지는 것 외에, 우리에게 달리 바랄 수 있는 권리가 무엇입니까?

오호라! 우리는 많은 면에서 교만해질 수 있습니다. 한두 가지 사례를 여러분에게 제시하겠습니다. 고난받도록 부름을 받은 한 사람이 있고, 그는 그것에 반항합니다. 그의 불평을 들어보십시오. "내가 왜 그토록 큰 시련을 견뎌야 합니까? 내가 무엇을 했기에 이런 시련을 겪는 것입니까?" 여러분은 그 말에서 즉시 위대한 '나'가 감지되지 않습니까? 이런 태도는 "그러나 나의 원대로 마시옵고 아버지의 원대로 하옵소서"(마 26:39)라고 겸손한 기도와는 거리가 멉니다.

"하지만 사람들이 나를 나쁘게 말합니다. 내가 이렇게 취급당할 이유가 없어요." 누구든 당신처럼 훌륭한 사람에 대해 나쁘게 말하는 것은 분명 잘못된 일입니다. 당신은 아주 훌륭한 사람이기에 당신을 비방하는 것은 끔찍한 악이지요. 당신은 이렇게 대꾸합니다. "하지만, 정말이지 그것은 너무나 악의적이며, 그런 비난은 터무니없고 부당합니다." 바로 그렇습니다. 사람들이 당신의 감정을 다치지 않도록 특별히 주의해야 하지요. 자부심이라는 것은 어느 정도는 우리의 슬픔의 샘이 아닌가요? 우리 자신의 판단으로 우리는 아주 훌륭한 사람들이기에 열차에서는 칸막이 좌석을, 또 회당에서는 상석을 요구합니다. 만약 우리가 진정으로 마음이 겸손하다면, 우리는 이렇게 말해야 합니다. "나는 매우 나쁜 대우를 받았습니다. 하지만 내 주님께서 어떤 대우를 받으셨던가를 생각할 때, 나는 불평할 꿈도 꿀 수 없습니다. 이 혹독한 비평가는 나의 장점들을 볼 수 없습니다. 하지만 나는 놀라지 않습니다. 나 자신도 그것들을 볼 수 없기 때문입니다. 그는 계속 나의 흠을 찾았고, 그의 비난은 사실이 아닙니다. 하지만 만약 그가 나를 더 잘 알았다면, 그는 나에게서 더 많은 잘못을 발견했을 것이며, 그것이 진실에 더 가까웠을 것입니다. 만약 이런 식의 비난을 받을 이유가 내게 없다고 해도, 다른 면에서는 그럴 이유가 있을 것입니다. 그러므로 나는 나에 대한 평가를 기꺼이 감수할 것입니다. 비록 그것이 나에게 전혀 합당하지 않더라도, 나는 내 주님이 그러셨던 것처럼 때리는 자에게 내 등을 내줄 것입니다." 오, 주님께서 우리의 마음을 온유하고 겸손하게 하셔서, 나쁜 대우에 저항하기보다는 차라리 복종하게 해 주시길 바랍니다.

한 사람이 말합니다. "하지만 정녕 목사님은 내가 죄인들과 교제하기를 바라시는 것은 아니겠지요?" 사랑하는 친구여, 나는 당신처럼 훌륭한 사람이 그들에게 가까이 가는 것을 전혀 원치 않습니다. 만약 당신이 그들에게 가까이 가면, 당신은 스스로 선하다는 자기 의견 때문에 그들을 성나게 할 것입니다. 하지만 당신이 여느 사람들과 마찬가지로 아직 완벽함이 갖추어지지 않았다고 생각한다면, 당신은 죄인들에게 친절하게 말함으로써 그들에게 유익을 줄 수 있다고 말하고 싶습니다. 그들과 함께 있음으로써 더럽혀지는 것이 두려워 치맛자락을 걷고 조심하고 떠는 것은 그다지 좋은 방법이 아닙니다. 죄 많은 사람에게서 당신을 향해 불어오는 바람이 당신의 고결함을 오염시킨다고 두려워할 때, 당신은 비록 위선자는 아니어도, 바보처럼 행동하는 것이거나, 아니면 그 둘 다입니다! 왜 그런가요? 하나님의 주권적인 은혜가 아니었으면 당신 자신도 지옥에 있을 것이기 때문입니다! 여러분, 멋진 숙녀분들과 훌륭한 신사 양반들이여, 만약 무한한 긍휼이 아니었다면, 여러분은 틀림없이 인류 가운데 가장 비천한 사람들과 마찬가지로 버려졌을 것입니다! 그 몸으로 친히 나무에 달려 우리의 죄를 감당하신 겸손하신 구세주의 사랑이 아니었다면, 우리에게도 우리 자신을 절망에 빠뜨릴 만한 충분한 죄가 있기에, 자랑하는 것은 우리에게 어울리지 않습니다. 오 주여, 우리의 교만을 발로 밟으시고, 우리로 마음이 겸손하게 하소서!

마지막으로, 낙망하고 떠는 자들에게 격려의 말을 하는 법을 배웁시다. 주 예수 그리스도께서는 온유하고 겸손하셨기에, 가난하고, 떨고 있으며, 죄 많은 사람인 당신이 그분에게 올 수 있습니다! 나는 얼마 전 밤에 몇몇 훌륭한 친구들과 함께 자리에 앉았습니다. 내가 생각하기에, 그들 중 누구도 부자는 아니었으며,

그들 중 일부는 가난했습니다. 그들이 얼마나 많은 돈을 소유했는지는 내 머릿속에 들어오지 않았던 것이 분명한데, 그들과 함께 있는 것이 매우 편하게 느껴졌기 때문입니다. 마침내 그들 가운데 한 분이 말했습니다. "당신은 우리처럼 가난한 사람들과 뒤섞이는 것이 괜찮습니까?" 그때 그들이 그런 말을 할 필요가 있다고 생각했다는 사실에 나는 약간 부끄러움을 느꼈습니다. 나는 그들과 온전히 하나가 되어, 하나님의 일에 관하여 대화하며 그들과 교제를 나누는 것이 명예롭다고 느꼈습니다. 그런데 그들과 대화하는 것이 마치 내가 어떤 특별한 일을 하는 것처럼 그들이 생각한다는 것이 내 마음을 아프게 했습니다.

사랑하는 친구들이여, 그리스도의 사역자인 우리 중 누구라도 어렵게 생각하지 마시기 바랍니다. 만약 여러분이 여러분과 우리가 대화하는 것을 마치 우리가 자신을 낮추는 것이라고 여긴다면, 여러분은 우리를 어렵게 생각하는 것입니다! 우리는 마음과 영혼에서 여러분의 형제들이며, 여러분의 뼈 중의 뼈이며, 여러분이 부하든 가난하든 여러분의 진정한 친구들입니다. 우리는 여러분의 유익을 바랍니다. 우리는 그리스도를 위하여 여러분의 종이기 때문입니다.

무엇보다, 우리 주님에 대해, 마치 그분이 당신의 집에 오시는 것이, 혹은 당신의 마음에 오시는 것이, 마치 이상한 일인 것처럼 생각할 정도로 그분을 어렵게 생각하지 마시길 바랍니다. 죄인을 용서하고, 죄인들을 새롭게 하시는 것은, 그분이 늘 하시는 일입니다. 즉시 그분에게 오십시오. 지금 그분이 당신을 받아주실 것입니다. 예수님은 언제든지 가까이할 수 있는 분입니다. 그분은 가난한 사람들과 죄인들이 가까이 오지 못하도록 경호병들로 둘러싸인 분이 아닙니다. 당신의 방은 매우 누추할 수 있습니다. 그런 일이 그분에게 무슨 대수란 말입니까? 그분은 오실 것이며, 오셔서 당신의 기도를 들으실 것입니다. 많은 경우에, 예수님께는 기도하실 방이 없었습니다.

> "산들과 한밤의 차가운 공기가
> 그분의 기도가 뜨거운 것을 증언한다네."

당신은 말을 조리 있게 하지 못한다고 불평합니까? 그것이 그분에게 무슨 문제입니까? 그분은 당신 말의 문법보다는 당신 마음의 진정성을 보십니다. 말이 없어도 당신의 마음으로 그분에게 아뢰십시오. 그러면 그분이 당신을 이해하실 것입니다.

당신은 부끄러운 얼굴로 당신이 너무 큰 죄인이라고 불평합니까? 당신은 예수님이 만나주실 첫 번째 사람도 아니지만, 마지막 사람도 아닙니다. 당신은 무거운 죄 짐을 지고 있습니다. 하지만 그분은 죄의 짐에 대해 당신보다 잘 아십니다. 끔찍한 죄의 짐이 당신을 지치게 합니다. 하지만 그분이 무덤으로 내려가셔야 했을 때 그것은 더 끔찍하게 그분을 무겁게 눌렀습니다. 그것은 당신으로 죄를 생각하며 울게 만듭니다. 하지만 그것은 그분으로 피와 같은 땀방울을 흘리게 했습니다. 당신은 그토록 무겁게 짓누르는 짐을 지고서는 살 수 없다고 느낍니다. 그런데 그분은 그 짐을 지고 사셨고, 고통 속에 자기 목숨을 내어주셨습니다. 그분이 거만하다고 의심함으로써, 그래서 당신을 지나치실 것이라고 상상함으로써, 그분을 다시 십자가에 못 박지 마십시오. 그분이 당신을 하찮고 무가치하게 여기어 당신을 거절하실 것이라고 상상함으로써 그분을 모독하지 마십시오. 그분에게 오십시오. 환영합니다. 그분이 기쁘게 당신에게 은혜를 베푸실 것입니다. 즉시 그분에게 오십시오. 더는 묻지도 말고 주저하지도 말고 오십시오. 있는 모습 그대로 오십시오, 못 박히신 그분의 발치에 와서, 그분의 피의 공로를 의지하십시오. 선하신 주님께서 당신을 그 자리에서 받으실 것입니다. 왜냐하면 그분이 이렇게 말씀하셨기 때문입니다. "내게 오는 자는 내가 결코 내쫓지 아니하리라"(요 6:37).

하나님이 여러분에게 복을 주셔서, 이처럼 겸손하시고 사랑이 많으신 주님께로 이끌어주시길 바랍니다! 바로 이 시간, 천국에서 우리가 만나, 마음이 온유하고 겸손하신 우리의 주님을 영원히 함께 찬양하게 될 그 첫걸음을 떼시기를 바랍니다. 그때 주님은 우리 가운데 함께 하실 것이며, 생명수로 우리를 인도하실 것입니다!

제
8
장

힘과 회복

"내가 그들로 나 여호와를 의지하여 견고하게 하리니 그들이 내 이름으로 행하리라 나 여호와의 말이니라" - 슥 10:12

이 본문은 왕의 음조로 선포되었습니다. 여기에는 인간의 주의와 의심에 관하여는 아무런 언급이 없습니다. 왕의 말이 있는 곳에 힘이 있으며, 이는 진정 왕의 말씀입니다. 그것은 여호와의 말씀, 곧 만왕의 왕이요 만주의 주의 말씀입니다. 여러분은 그분의 군주로서의 어투에서 그것을 알 수 있습니다—"내가 하리라(I will), 그들이 행하리라(they shall)." 그것을 보십시오. 여러분도 가끔은 "내가 하리라"고 말하지만, 거기에는 권세가 없습니다. 여러분의 말에는 자랑하는 투의 분위기가 풍깁니다. 여러분의 입을 여러분의 팔보다 길게 하지 마십시오. 그것은 괴물처럼 되는 것이기 때문입니다. 여러분이 "내가 하리라"고 말했어도, 여러분은 그 목적을 성취하지 못합니다. 왜냐하면 "주께서 원하시면"이라고 말하는 것을 잊었기 때문입니다. 여러분이 잊은 요소가 여러분을 지배합니다. 그리고 여러분이 "그들이 행하리라"고 말할 때, 아, 그때도 여러분은 중대한 판단의 오류를 범했습니다. 그들이 누구이길래 여러분이 명령을 할 수 있단 말입니까? 여러분은 여러분의 자녀들과 관련해서도, 여러분의 아내나, 여러분의 친구에 관해서도, 두말없이 그런 말을 할 수 없습니다. 남자와 여자들의 의지는 일정치 않으며 변덕스럽습니다. 여러분이 그들을 제대로 판단한다면, 여러분은 곧 여러분이 실수한 것을 발견할 것입니다. 자유를 사랑하는 종족 가운데 누구와 관련해서도. "그들이 행하리라"고 말하기 전에 멈칫하길 바랍니다. 때로는 그 말이 입에서 나오자마자 "하지 않으리라"는 반응을 불러온다는 것을 여러분은 발견할 것입니다. 인간은 그런 식으로는 지배나 통치를 받으려 하지 않습니다. 그들은 여러분의 장기의 말이 아니며, 상자에 넣어 두었다가 마음 내키는 대로 꺼냈다가 다시 넣어두는 대상이 아닙니다.

"하리라"(will)와 "행하리라"(shall)는 말은 우리가 함부로 쓸 가벼운 말이 아닙니다. 하지만 하나님은 황제와 같은 어투로 "내가 하리라"와 "그들이 행하리라"고 말씀하실 권리가 있으며, 그것이 그분에게 적법합니다. 그분에게는 그분의 말씀을 이룰 힘이 있기 때문입니다. 이 장엄한 발언은 그분에게 새로운 것이 아닙니다. 여러분은 그분의 언약의 말씀 전체에서 그것을 발견할 수 있습니다. 그분은 전능의 어조로 말씀하십니다. 그분은 자기 생각을 아시는 분으로서, 또한 다른 사람들의 생각을 어떻게 다스리는지를 아시는 분으로서 말씀하십니다. 한 사람이 말합니다. "오, 하지만 인간은 자유 의지를 가진 존재입니다." 나는 그렇지 않다고 생각하지 않았습니다. 물론, 그들이 그런 존재인 것이 그들에게 그만큼의 이득인지는 나는 확신하지 못합니다. 의지의 자유라는 영광스러운 특권은 끔찍하게 과대평가되어 왔습니다. 그것은 이미 우리에게 낙원을 잃게 만든 위험한 유산이며, 그것은 또한 하나님의 강력한 은혜가 개입하시지 않으면 우리에게 천국의 모든 소망을 잃어버리게 할 것입니다. 하지만, 그것을 있는 그대로 두고서도, 하나님은 자유 의지와 자유 행위자에 대해 "내가 행하리라", "그들이 행하리라"고 말씀하실 수 있습니다. 하나님은 그가 만드신 피조물의 본성을 파괴하지 않으면서도, 혹은 그 원래의 상태에 반대되는 물리적인 억제를 가하지 않으시고도, 모든 면에서 그분의 목적을 성취하실 수 있습니다.

은혜는 어떻게 부드럽게, 조용하게, 하지만 강력하게 일해야 하는 줄을 압니다. 그래서 가장 내키지 않는 감정도 부드럽게 강권함을 받아 내키는 쪽으로 이끌립니다. 필사적으로 반대했던 사람들이 마음이 누그러지고 그들의 영이 하나님의 목적에 굴복하게 되는 것을 느낍니다. 하나님의 은혜가 은밀하게 얼음을 녹이고, 바위를 산산조각 내며, 화강석을 해체합니다. 인간의 고집이 깨어지고, 그의 반역의 정신이 녹습니다. 하지만 그 사람은 여전히 온전한 채로 남고, 전에는 그가 굳게 결심하고 완강하게 거부했던 것에 대해 온 마음으로 부르짖습니다. "내가 행할 것입니다." 은혜의 "행하리라"는 교만의 "내가 행할 것이다"보다 훨씬 강력합니다. 하나님의 의지가 비단 줄로 사람의 의지를 인도하는데, 그것은 쇠로 된 차꼬보다 강합니다.

하나님의 은혜의 주권과 전능하심을 두려워하지 마십시오. 반대로, 상한 심령의 마지막 보루로서 그것을 바라보십시오. 당신에게 아무런 힘이 남아 있지 않을 때, 어떤 종류의 능력도 없을 때, 그때 하나님의 힘으로 뛰어들고, 그것을 붙잡을 것이며, 만약 하나님이 "그들이 행하리라"고 말씀하셨으면 당신이 그렇게 행할 것임을 확신하고 기뻐하십시오. 나는 여러분이 왕의 주권적인 어투에 주목하기를 바랍니다. 이 시대에는 인간을 높이는 많은 것이 있기 때문입니다. 현대의 우상 숭배에서 인간이 신이 되었습니다. 하지만 우리로서는, 하나님을 위하여 말해야 하고, 그분의 이름을 드높여야 하며, 만유의 주이신 영원히 복되신 분의 영광을 밝히 선포하기 위해 더 큰 능력을 바랄 뿐입니다. 오직 하나님만이 하늘의 군대에서나 지상의 거주민들 가운데서 그분이 원하시는 대로 행하십니다.

설교의 서두에서 나는 여러분이 이 본문의 즐거운 약속에 주목하기를 바랍니다. 의심의 여지 없이, 이 본문은 유대인들과 관련되었고, 그들에게서 성취되는 부분이 있습니다. 일차적인 면에서 그것은 그들과 관련되어 있습니다. 하지만 아브라함의 후손에 속하는 모든 언약의 약속은 곧 모든 믿는 자에게 속한 것입니다. 믿는 자들이 아브라함의 참된 후손이기 때문입니다. 이들이 하나님을 영으로 예배하는 참된 이스라엘이며, 육신을 신뢰하지 않는 자들입니다. 그리스도 예수 안에는 유대인이나 이방인도 없고 할례나 무할례도 없습니다. 유업은 육신을 따라 주어지는 것이 아니라 영을 따라 주어지는 것이며, 약속에 따라, 하나님의 은혜와 하나님의 능력에 따라 주어지는 것입니다.

조금의 주저함도 없이 모든 믿는 자는 자기의 상황과 필요에 부합하는 대로 이 본문을 자기의 것으로 삼을 수 있습니다. "내가 그들로 나 여호와를 의지하여 견고하게 하리니 그들이 내 이름으로 행하리라 나 여호와의 말이니라." "나 여호와의 말이니라"는 대목에 주목하십시오. 마치 거대한 인장(印章)처럼, 본문의 장 전체를 확증합니다. "여호와께서 말씀하셨다"는 것이 보증을 두 배로 확실하게 합니다. 여러분은 여기서 전능자의 입에서 나온 말씀을 대합니다. 본문에서 양식을 취하기를 두려워 마십시오. 사람은 하나님의 모든 말씀으로 살 것이기 때문입니다.

1. 독특한 형태의 힘

첫째로, 나는 여기서 독특한 형태의 힘을 봅니다. "내가 그들로 나 여호와를 의지하여 견고하게 하리라"(KJV로는 "내가 그들을 주 안에서 강하게 하리라"-역주).

힘과 능력에는 많은 형태가 있습니다. 사람들은 어느 정도의 다양한 힘을 소유합니다. 하지만 이것은 독특하고 특별한 종류의 힘입니다. "내가 그들을 주 안에서 강하게 하리라." 육체적인 힘은 매우 바람직합니다. 원기 왕성하고 강하며, 건강하고 활력이 넘친다는 것은 얼마나 큰 복입니까? 하지만 한 사람이 거인과 같은 힘을 가질 수는 있어도, 그것이 그에게 저주가 될 수도 있습니다. 그는 자기의 육체의 힘을 매우 나쁜 목적으로 쓸 수도 있습니다. 그 안의 야만성은 그것이 원기 왕성한 것으로 인해 더욱 야만스러워질 수 있습니다. 지금껏 살았던 사람 가운데 가장 강했던 사람이 가장 불행한 사람들 가운데 한 사람이었습니다. 삼손은 사람들 가운데서 가장 강했을 뿐 아니라 가장 약한 사람이었습니다. 누구도 자기의 신체적인 힘을 자랑하지 마십시오. 왜냐하면 힘에서는 말이나, 황소, 심지어 당나귀까지도 그를 능가하기 때문입니다. 사람은 단지 쇠를 가지고 자기를 위해 수천 명보다 강한 기구를 만들 수 있을 뿐입니다. 비록 어떤 이들이 육체의 힘을 자랑하고, 또 그것이 그들을 영웅으로 만들기도 하지만, 인간의 고귀함은 동물적인 힘에 있는 것이 아닙니다.

"싸움에서 거인의 힘과 용맹을 자랑하는 자는
얼마나 헛된 사람인가."

그보다 더 높은 힘이 있으며, 우리는 그것을 정신적인 힘이라 부릅니다. 정신의 힘, 그것은 정녕 매우 바람직한 재능입니다. 하지만 위대한 정신을 가진 사람들이 가장 약한 사람들에게도 어울리지 않는 어리석음에 빠지기도 합니다. 베이컨(Bacon, 16세기 후반~17세기 초 영국의 철학자이자 정치인이었으며 경험론의 시조-역주) 경을 기억하십시오. 그는 '인류 가운데 가장 위대하면서도 가장 천박한' 사람이었습니다. 어떤 경우에서는 폭넓은 지식에 가장 쩨쩨한 의도가 동반합니다. 지성에서는 천사들과 동등하게 보이는 사람들이 동기에서는 마귀들과 가깝습니다. 그렇게 된다는 것은 참으로 슬픈 일입니다. 하지만 도덕적 원칙이 없는 정신적인 힘은 파괴의 수단이자 행악의 도구가 됩니다. 모든 종류의 악한들 가운데서 교육받은 악한이 가장 두려워할 대상입니다. 아무것도 모르는 도둑은 쉽게 체포될 수 있습니다. 하지만 기술이 능하고 잘 교육받은 자들은 경찰을 당혹스럽게 하고, 법의 제재를 받지 않고서도 남의 것을 약탈합니다. 특별한 정신적인 힘을 가진다는 것은 불순물 없는 순수한 복이 아닙니다. 그것은 큰 책임을 수반하는 것이며, 따라서 그 소유자의 죄책을 증대시킬 수 있습니다.

내가 공무상의 힘이라고 부르는 것도 있습니다. 그것은 한 사람이 차지한 지위 때문에 그에게 부여되고 귀속되는 힘입니다. 그것은 권력의 질서에서 가장 높은 곳에 있는 것이 아닙니다. 그 사람은 한 무리의 사람들을 이끄는 수장이며, 그들이 그의 힘이 됩니다. 지도자는 그의 추종자에게서 힘을 얻습니다. 그는 영향력으로 그들을 다스립니다. 그의 말이 그들에게 법입니다. 그는 말하고, 그들은 그의 말에 복종합니다. 그가 선택하는 것에 따라 그들은 모든 것을 할 수도 있고 아니면 아무것도 하지 않을 수도 있습니다. 그것은 큰 권력입니다. 하지만 오, 하지만 그것이 선동자나 폭군의 목적에 따라 얼마나 빈번하게 오용되어왔던지요! 결국, 그것은 크게 바람직한 것이 아닙니다. 그것은 큰 수고와 걱정과 염려를 수반하며, 그것을 올바르게 사용하기가 너무 힘들기에, 그것을 가진 사람은 거의 그것을 가지지 않기를 바라기도 합니다. 잘 사용된다면 고귀한 성과를 낼 수도 있지만, 영적으로 약한 사람의 손에 주어진다면, 그것은 마치 어린이들의 손에 들린 총포처럼 위험합니다.

하지만 본문은 이런 것들보다 훨씬 높은 형태의 힘에 대해 말합니다. 하나님이 자기 백성에 대해 말씀하십니다. "내가 그들을 주 안에서 강하게 하리라." 오, 우리가 이런 과정을 최고의 수준까지 경험할 수 있다면 얼마나 좋을까요! 우리는 주 안에서는 아무리 큰 힘을 가져도 지나치지 않습니다. 그것은 너무나 순수하고, 너무나 고상하며, 너무나 거룩하기에, 우리가 그 힘으로 강해질 수 있다면 마침내 영적으로 삼손 같은 사람들이 될 것입니다. 그 힘으로 우리의 정신이 확대될 수 있다면, 우리는 영적으로 솔로몬 같은 사람들이 될 것입니다. 만약 그 힘으로 우리가 다른 사람들에게 영향력을 미칠 수 있다면, 우리는 마침내 다윗 같은 사령관들이 될 것입니다. 주님에게서 오는 힘은 우리로 이 낮은 무기들을 최고의 수준으로 휘두를 수 있게 할 것입니다. 주 안에서의 힘으로 강해지는 것은 모든 것 중에서도 가장 바랄 만한 것입니다.

하지만 그것이 무엇입니까? 주 안에서의 힘이란 어떤 종류의 힘인가요? 그것은 뚜렷하게 또 직접적으로 하나님에게서 오는 힘이라는 의미가 아닌가요? 또 그것은 우리에게 일정량 분량의 힘을 주어, 그것을 통해 하나님이 자기 피조물과 소통하실 수 있는 것이 아닐까요? 하나님은 선을 이루시려는 그분의 의지에서 강하시며, 결심에서도 강하시며, 사랑에서도 강하시고, 의에서도 강하십니다. 어떤 것도 그분을 이기지 못하며, 혹은 그분을 그분의 목적에서 벗어나도록 하지 못합니다. 그분은 도덕적으로 강하십니다. 그분은 무한히 거룩하시며, 의문의 여지 없이 정당하시며, 말로 표현할 수 없을 정도로 선하시기 때문입니다. 의와 고결은 그분의 왕국의 방어벽입니다. 내가 지금 그분에 대해 말하는 것은, 홀로 영원하신 하나님에 대해서가 아니라, 우리에게 자기를 나타내기를 기뻐하시는 하나님에 대해서 말하는 것입니다. 율법과 복음의 수여에서 인간의 도덕적 본성을 다스리시는 최고의 힘이 흠 없이 완벽한 형태로 나타났습니다.

하나님께서 하늘의 능력으로 인간을 견고하게 하실 때마다, 그것은 그로 믿음 안에서 강하게 하는 것이라고 나는 주목합니다. 그는 약속을 믿고, 그것을 강하게 믿으며, 그것을 사실로 받아들이고, 그에 따라서 행동합니다. 그는 불신으로 약속을 믿는 믿음에서 흔들리지 않으며, 오히려 '아멘' 하여 하나님께 영광을 돌립니다(고후 1:20). 그래서 그는 다른 사람이 하지 못하는 것을 행하고, 다른 사람이 감히 하지 않으려는 일을 용감히 시도합니다. 내적인 힘으로 강해져서, 그는 하나님의 말씀을 확실한 것으로 보는 법을 배웁니다. 그는 하나님의 말씀을 자기의 일용할 양식으로 삼으며, 많은 탈취물을 얻을 때보다 말씀 안에서 더욱 기뻐합니다.

어떤 사람들에게는 하나님에게서 오는 이 힘은 큰 인내의 형태로 나타납니다. 그들은 극심한 시련을 겪지만 이겨냅니다. 그들은 거꾸러뜨림을 당하여도 망하지 아니하고, 욱여쌈을 당하여도 낙심하지 않습니다. 욥은 얼마나 강한 사람이었는지요! 나는 하나님의 힘이 사람에게 주어진 경우에서 이보다 큰 사례로 무엇을 제시할 수 있을지 모르겠습니다. 그는 원수들보다 강했고, 불, 바람, 죽음보다 강했습니다. 그의 온몸이 종기로 덮였지만, 그의 마음은 정복되지 않았습니다. 만약 여러분 가운데 누구라도 그 끔찍한 것들 가운데 하나라도 느낀다면, 사람의 피부가 발바닥에서 정수리까지 종기로 뒤덮인다는 것이 얼마나 큰 고문인지를 추측할 수 있을 것입니다. 그는 질그릇 조각으로 몸을 긁었습니다. 모든 것을 잃어버리는 것은 비교적 작은 일입니다. 하지만 슬픔 속에서 주저앉아 고문을 당하고, 마치 일천 개의 뜨개바늘로 찔리는 듯하고, 친구들로부터 위선자라고 심하게 비난을 당하면서도, 주님을 찬송한다는 것은 쉬운 일이 아닙니다. 함과 같은 본성을 가진 비평가들은 욥의 결점들을 들추어 길게 말하는 것을 좋아합니다. 나로서는, 뒷걸음쳐서 그것들을 덮고 싶습니다(참조. 창 9:21-23). 그 사람의 약점이 보입니다. 하지만 그 족장이 "그가 나를 죽이시더라도 나는 그분을 신뢰할 것이라"(KJV, 욥 13:15)고 외쳤을 때 하나님의 능력이 영광스럽게 드러났습니다. 이런 종류의 힘은 오직 하나님만이 주실 수 있습니다. 그리고 그 힘을 가진 사람은, 가장 참된 방식으로 가장 높은 힘을 평가할 줄을 아는 거룩한 존재들이 보기에는, 영적인 거인입니다.

하나님에 의해 힘을 얻은 사람은 기도에서 강해집니다. 여러분은 하나님의 사람이 무릎을 꿇은 것을 봅니다. 그가 여호와께 간구할 때 하늘의 문설주들이 흔들립니다. 그는 자기의 팔로 언약의 사자의 허리를 두르고 그를 내던질 수 있는 자입니다. 그는 지치지도 않고 계속해서 그와 겨루며 부르짖을 것입니다—

"당신과 온 밤을 머물고자 하니
해가 뜰 때까지 씨름하리라."

사람이 이처럼 힘을 얻을 때 그는 기도로 하늘을 이깁니다. 그는 폭풍으로 그 거룩한 성을 옮깁니다. 그는 담대하게 지존자의 보좌로 옵니다. 여호와의 팔에 그의 손을 얹고, 그분에게 외칩니다. "위대하신 하나님, 저의 부르짖는 소리에 귀를 기울이소서. 당신의 말씀이 저로 소망을 갖게 했으니, 그 말씀대로 종에게 이루소서. 당신께서 말씀하신 대로 행하소서."

그러한 힘으로 힘을 얻은 사람은 마치 엘리야가 갈멜산에서 망설이는 이스라엘을 대면한 것처럼 그의 동료 인간들을 대면할 수 있습니다. 그는 자기 동료들 가운데서 영향력을 발휘합니다. 그들 가운데는 그는 마치 더 월등하게 지어진 존재처럼 움직입니다. 우리는 때때로 역사에서 기사들의 큰 용기에 대해서와 그들의 무용담을 읽습니다. 그들의 월등한 장비들을 고려하면, 나는 소위 기사도 정신과 같은 것은 어울리지 않는다고 고백합니다. 사람이 머리에서 발까지 쇠로 된 상자 같은 것을 입고, 타는 말까지도 그렇게 하고서, 창을 쳐들고, 평범한 옷 외에는 아무것도 입지 않은 불쌍한 동료들 사이로 돌진할 수 있을 때, 사람들은 그를 대단한 영웅으로 바라볼 수 있습니다. 하지만 나는 그가 과시하는 것을 놀라운 용기라고 보지 않습니다. 나는 그 갑옷 외투를 그것을 입고 있는 남자보다 더 대단하다고 여깁니다. 이름이 언급된 적도 없는 가난한 사람들, 싸움터로 돌진하는 그 부대의 평범한 병사들이 훨씬 용감하다고 나는 생각합니다. 혈과 육에 대해서가 아니라 영적인 악함에 대하여 영적인 전쟁을 수행하고, 철 무기와 용맹함이 아니라 사랑과 진리로 싸우는 것이 훨씬 명예롭습니다. 하나님의 자녀는, 하나님에 의해 힘을 얻을 때, 명예를 손상하지 않는 의미에서, 평범한 병사들 가운데에 있는 기사와도 같습니다. 그는 머리에서 발까지 빛의 갑옷을 입고, 빠르고 날카로운 성령의 검을 휘두릅니다. 그가 말할 때 하나님이 그를 통해 말씀하십니다. 그가 사람들에게 호소할 때 하나님이 그에게 양심과 마음을 감동하시는 힘을 주시고, 거룩한 논거로써 그는 그들을 정복합니다. 하나님에 의해 강해진 사람은 그의 동료 인간들 가운데서 강력한 힘이 됩니다.

여러분과 내가 하나님의 힘으로써 강해지는 것은 크게 바랄 만한 일입니다. 그때 우리는 주님의 일을 효과적으로 할 수 있는 준비가 됩니다. 여러분은 잠잠한 힘과 요란하기만 한 약함의 차이를 볼 수 있지 않습니까? 많은 일을 하는 것 같이 보이는데, 거기서 아무것도 나오지 않는 형제들을 여러분은 알지 않습니까? 소란을 피우지만, 큰 수고에 비해 아무것도 성취하지 못하는 자매들도 마찬가지입니다. 여러분은 또 다른 사람을 보았을 것입니다. 그는 비교적 적게 말하지만 그의 행동은 웅변적입니다. 그는 토르의 망치를 휘두릅니다. 한 번 내리치는 것으로 못을 정확하게 박고, 또 한 번 내리침으로써 그 끝을 구부려 단단히 고정합니다. 다른 사람이 이십 년 동안 말해오던 일이 그를 통해 단번에 이루어집니다. 하나님의 종들 가운데서의 진정한 구별은 이것입니다—능력을 가졌느냐, 갖지 않았느냐? 하나님은 여기서 자기 백성을 향해, 만약 그들이 그것을 바라면 그것을 얻을 것이요, 친히 그들을 주 안에서 강하게 할 것이라고 말씀하십니다.

이런 종류의 힘은—그것이 내게 너무나 놀랍게 여겨지는 것처럼 여러분에게도 꼭 그렇게 여겨지기를 바랍니다—모든 면에서 지극히 유용합니다. 그것은 우리의 일상적인 활동(walk)과 일(work)과 싸움(warfare)에서 유용합니다. 주 안에서 강한 사람은 조용하고 침착합니다. 그는 흉한 소문을 두려워하지 않습니다. 왜냐하면 "여호와를 의뢰하고 그의 마음을 굳게 정하였기"(시 112:7) 때문입니다. 이 평온함 속에 초조와 무기력으로부터의 해방이 있습니다. 그는 사방에서 어려움이 올 때도 놀라지 않습니다. 그는 자기 몫의 환난을 감당하리라는 것을 알며, 하나님의 뜻을 받아들이기 때문입니다. 하나님의 은혜로, 주께서 작정하신 모든 것을 감당하기로 그의 마음이 기울었습니다. 그는 하나님이 자기와 함께 하시는 것을 느낍니다. 그는 자기의 사는 날 동안에 힘이 여전할 것이라 느끼며, 자기의 하나님이 그리스도 예수 안에서 영광 가운데 그 풍성한 대로 모든 쓸 것을 채우실 것이라고 느낍니다(참조. 빌 4:19). 그래서 그는 평온하게 눈물 골짜기를 통과합니다. 우리의 연약함에서 나오는 조바심과 불만을 찾기 어렵습니다. 사람이 건강한 상태일 때 그는 자기 자신에 대해 불평스러워하지 않을 것이며, 혹은 그가 병들고 약할 때처럼 다른 모든 사람과의 사이가 틀어지지도 않을 것입니다. 사랑하는 친구들이여, 집 안에서나 바깥에서나 하나님이 여러분에게 힘을 주시길 바랍니다. 그것이 여러분 주위에 있는 사람들에게도 위로가 될 것입니다.

그리고 우리의 일이 있습니다. 그것을 위해 우리는 힘이 필요합니다. 주님께서 무엇을 하도록 당신을 부르셨든지, 그 일을 할 능력은 반드시 그분에게서 와야 합니다. "각 사람이 행한 대로 갚으시는"(시 62:12; 마 16:27; 계 22:12) 주님은 두 배의 수고를 위해서는 두 배의 힘을 주십니다. 여러분의 자연적인 능력에서는 힘을 발견하지 못할 것입니다. 어떤 성공한 사람을 모방하는 것으로도 힘을 얻지 못할 것입니다. 하지만 하나님은 섬김을 위해 여러분을 부르실 때 여러분에게 힘을 주실 것입니다.

우리의 일뿐 아니라 계속되는 싸움이 있습니다. 오호라! 우리는 세상과 싸워야 하고, 육체와 또 마귀와 싸워야 합니다. 밖에도 원수가 있고 안에도 원수가 있습니다. 하지만 이 본문의 "내가 주 안에서 강하게 하리라"는 말씀을 깨달으면 우리는 모든 원수를 능히 대적할 수 있습니다. 이곳과 천국 사이에서 우리를 교란하는 모든 싸움을 위한 힘이 하나님 안에서 발견되며, 우리는 감미롭게 노래할 수 있습니다. "여호와는 나의 능력과 찬송이시요 또 나의 구원이 되셨도다"(시 118:14).

이 요점을 마무리하면서, 나는 여러분이 본문에는 어떤 정해진 한계가 없다는 점에 주목하기를 바랍니다. "내가 주 안에서 그들을 강하게 하리라"는 경계가 없는 포괄적인 진술입니다. 그것은 하나님이 우리 가운데 누구를 어디까지 강하게 하실 것인지를 말하지 않습니다. 그러므로 나는 여러분이 어디까지 힘을 얻을 수 있는지를 시도해보라고 격려합니다. 하나님이 한계를 정해두실 때, 그것을 넘어가지 마십시오. 하지만 정해진 한계가 없을 때, 용기를 가지고 할 수 있는 한 최대한 멀리까지 가십시오. 친애하는 청년 자매여, 당신은 하나님이 당신을 얼마나 강하게 하실 수 있는지 아직은 모릅니다. 가서 큰 은혜를 구하십시오, 그러면 당신은 지금보다 훨씬 크게 쓰임받을 수 있습니다. 친애하는 청년 형제여, 이제 새로운 삶을 시작하면서, 하나님이 당신에게 얼마나 많은 일을 행하실 수 있는지, 당신은 아직 알지 못합니다. 손에 큰 바구니를 들고 그분에게 가서, 그것을 채워 달라고 구하십시오. 당신이 모든 선한 말과 일에서 열매를 맺을 수 있게 해 달라고 그분에게 구하십시오. 우리 가운데 일부는 수년 동안 주님의 일에 종사했습니다. 하지만 만약 우리가 더 많은 믿음을 가졌다면, 더 많은 사랑, 더 많은 열정, 사실상 하늘의 힘을 더 많이 가졌더라면, 우리는 열 배나 더 강할 수 있었을 것입니다. 나로서는, 내가 더 잘할 수 있는지를 시험해보기 위해 다시 한번 되돌아가고 싶지 않습니다. 나는 믿음의 여정에서 여기까지 온 것에 대해 온전히 만족하며, 주어진 도움에 대해 감사하고 있습니다. 하지만 만약 내가 성령과 위로부터의 능력을 더 많이 구했더라면, 나는 더 잘할 수 있었을 것이고 더 많은 것을 이룰 수 있었을 것이라고 생각합니다.

우리 가운데 가장 약한 사람도 다윗처럼 될 수 있으며, 다윗 같은 사람은 주의 천사처럼 될 수 있습니다. 성도 앞에는 무제한의 들판이 펼쳐져 있습니다. 하나님이 문을 열어두셨으니 누구도 그것을 닫지 못합니다. 오, 은혜를 위해 그 문으로 들어가고, 그 땅을 소유하기를 바랍니다! 나는 영적인 힘과 관련해서는 갈망하는 야심을 가지라고 격려하고 싶습니다. 우리는 주 안에서 아무리 강해져도 지나치지 않습니다. 오 아기여, 일어나십시오! 일어나 당신의 아버지의 무릎에 가서, 그분에게 당신을 청년으로 만들어 달라고 구하십시오. 오, 젊은이여, 일어나십시오, 주님께 기도하여 당신을 이스라엘 가운데서 한 아버지로 만들어 주시고, 그리하여 많은 사람에게 축복이 되게 해 달라고 구하십시오. 하나님의 교회에서 우리에게 아버지들이 많지 않습니다. 최대한 가능성을 이루는 삶을 살기를 열망하십시오. 이것이 여기 있는 모든 형제와 자매들의 결심이 되기를 바랍니다. 하나님의 은혜로, 여러분은 하나님에게서 오는 사랑과 생명과 빛과 능력을 간직할 수 있을 만큼 얻을 수 있으며, 그렇게 함으로써 여러분은 사람들 가운데서 하나님의 빛과 영광을 반영하기 위해 힘쓸 수 있을 것입니다. "내가 그들을 주 안에서 강하게 하리라." 여기까지 첫 번째 요점을 다루었습니다.

2. 주목할 만한 작용

두 번째로, 이제 나는 개인적으로 지금 매우 크게 공감하는 한 문제를 다루려고 합니다. "내가 주 안에서 그들을 강하게 하리라." 여기서 매우 주목할 만한 작용이 있음에 유의하시기를 바랍니다. 힘이 주어집니다. 우리는 그것에 대해 말했습니다. 예, 여기에는 힘의 부여가 있습니다. 하나님이 선언하시기를 그분이 그것을 부여하겠다고 하십니다. 주님이 친히 말씀하십니다. "내가 그들을 강하게 하리라." 하나님이 그분의 택하신 자들에게 힘을 부여하실 것이며, 따라서 그것이 적절히 주입되고, 지혜롭게 균형을 이룰 것입니다.

나는 이런 작용에 대해 말하고 싶습니다. 그것은 고통스러울 정도로 절실하게 필요합니다. 만약 우리가 오랫동안 질병을 앓았다면, 그 고통은 지나갔어도, 두려운 약함이 남습니다. 우리가 힘을 되찾기 위해서는 시간이 필요합니다. 회복은 하나의 긴 과정입니다. 약해진 손발은 서서히 힘을 회복할 수 있습니다. 진저리나는 병상에서 오래 뒤척였던 사람은, 차가운 질병의 손이 그에게 닿기 전처럼 즉시로 달리고 뛰는 것이 아닙니다. 쓰러지는 것은 한순간이어도, 치료는 신속하게 이루어질 수 없습니다. 우리의 몸처럼, 우리의 영혼도 이따금 심각한 질병을 앓습니다. 우리는 죄에 빠지고 후퇴하며, 의심과 두려움, 미지근한 태도와 슬픔, 이런 증세들과 함께 죽음의 문에 가까이 이릅니다. 그때 우리에게 필요한 것이 이 본문입니다. "내가 주 안에서 그들을 강하게 하리라." 형제여, 당신의 죄는 하나님의 은혜로 용서됩니다. 당신의 큰 슬픔은 성령께서 그리스도의 보혈을 적용하심으로써 제거됩니다. 하지만 당신의 힘은 너무도 미약하여, 은혜의 보좌로 기어서 올라가기도 어렵습니다. 본문의 말씀은 이처럼 약함 속에 싸여 있는 당신을 위해 의도된 말씀입니다. 은혜롭게도, "내가 그들을 주 안에서 강하게 하리라"는 이 말씀은 당신의 현재의 낮은 상태에 적합합니다. 당신은 매우 쇠약해져 있으며, 주께서 당신에게 하늘의 양식을 먹이실 것입니다. 당신은 영적으로 탈이 난 상태이며, 주께서 당신의 의사가 되실 것입니다. 당신은 부주의하게 살아왔습니까? 당신의 하나님에게서 멀리 떨어져 있습니까? 죄에 빠졌습니까? 마음이 냉랭합니까? 당신은 올바로 되기를 원합니까? 당신은 이 예배당에 들어올 때 이런 마음으로 왔습니까? "은혜를 얻을 수 있다면 좋으련만. 나는 너무나 마음이 불편하고, 내가 하나님의 자녀인지 아닌지도 잘 모르겠군." 하늘의 의사가 당신을 치유하려고 기다리고 계십니다. 하나님이 친히 당신에게 오셔서 말씀하십니다. "내가 그들을 주 안에서 강하게 하리라." 그분은 당신이 그런 상태에서 벗어날 수 있도록 당신의 약함을 도우실 수 있습니다. 성경에 "그 때에 저는 자는 사슴 같이 뛸 것이며"(사 35:6)라고 기록되지 않았습니까? 믿음의 사람들이 "연약한 가운데서 강하게 되기도 하며"(히 11:34), 그래서 이방 사람들의 진을 물리치기도 했다고 기록되지 않았습니까? 여호와 라파, 곧 치료하시는 여호와는 오늘 밤에 그 복된 회복의 과정을 시작하시고, 여러분의 영적인 골격의 모든 지체를 떠받쳐주실 수 있습니다. 그러면 여러분은 힘을 내어 일어날 것입니다.

여러분 가운데 한 사람이 속으로 말합니다. "오, 하지만, 만약 내가 지금보다 영적으로 잘 성장하지 않으면, 나는 더 나빠질 것입니다. 가만히 제자리에 있는 것은 불가능하니까요." 그것은 바른 말입니다. 나는 이 가운데서 하나님과 멀리 떨어져 사는 사람들에게 그들이 퇴보의 상태에서 돌이켜야 하며, 그렇지 않으면 그들 앞에 악한 때가 올 것이라고 경고하고 싶습니다. 기도를 거의 하지 않는 사람은 즉시 깨어서 기도할 필요가 있습니다. 여러분은 하나님의 자녀이면서도 성경을 부지런히 읽지 않으며, 그리스도와의 친교가 무엇을 의미하는 것인지 거의 이해하지 못합니다. 또 여러분은 게으르며, 거룩한 열심과 관련하여 무관심하고, 태도가 느슨하며, 교제에서 단정치 못합니다. 내 말이 여러분 가운데 일부에게는 가슴에 뼈저리게 와 닿지 않습니까? 나는 여러분 개개인을 향해 신실하게 말하고 싶습니다. 당신은 지금 영적으로 병들지 않았습니까? 나는 여기에 참석한 어떤 사람의 경우를 언급하고 있습니다. 당신은 약합니다. 당신은 갈수록 더 약해져서, 마침내는 쓸모도 없고 심지어 성가실 뿐인 상한 갈대와 꺼져가는 심지처럼 될 것입니다. 당신은 그렇게 되기를 바랍니까? 당신은 갈수록 추락하는 것이 두렵지 않습니까? 바로 이 시간, 당신에게 필요한 것이 무엇입니까? 전환점에 이르고, 쇠퇴하기를 멈추고, 아직 남아 있으나 거의 죽어가는 것들을 회복하기 시작해야 하는 것 아닙니까? 오, 우리 가운데 어떤 이들에게는 바로 지금 그런 일이 필요합니다! 나로서도, 얼굴이 붉어져서 더 말을 하지 않겠습니다. 나에게는 많은 이점이 주어졌지만 더디게 성장하는 것에 대해 부끄러움과 당혹스러움을 느낍니다. 하지만 오, 형제들과 자매들이여, 내 부끄러움이 여러분에게도 있어야 하는 것 아닐까요? 여러분은 삼십 년 혹은 사십 년을 하나님의 자녀로 지내왔으며, 이제 더는 유아들이 아닙니다. 하나님이 여러분을 위해, 여러분 안에, 또 여러분을 통해 행하신 모든 일에도 불구하고, 여러분은 다른 사람들에게 초라한 본보기입니다. 여러분을 향해 나타난 하나님의 사랑, 여러분을 대해 오신 그분의 친절에도 불구하고, 그에 어울리지 않는 여러분의 초라한 반응은 눈물 없이는 언급할 수가 없습니다. 오십시오, 우리는 새사람이 되어야 합니다. 그렇게 되기 위해, 쇠퇴에서 돌이켜 회복되기 위해, 우리는 "만국을 치료하기 위하여 있는 생명나무 잎사귀들"(참조. 계 22:2)을 맛보아야 할 것입니다.

이 힘은 신실하게 약속되었고, 그 약속은 확실히 이행될 것입니다. "내가 그들을 주 안에서 강하게 하리라." 하나님은 그렇게 행하실 의도 없이 "내가 행하리라"고 말씀하시지 않았습니다. 그분의 약속은 곧 그분의 목적입니다. 그리스도는 아버지의 모든 약속에 대해 "예와 아멘"(참조. 고후 1:20)이시며, 모든 약속은 여호와의 진리로서 확실합니다. 그 약속을 붙잡으십시오. 그것은 하나님이 살아 계신 것처럼 확실합니다. 그분이 당신에게 힘을 주실 수 있습니다. 그분이 기꺼이 당신에게 힘을 주실 것입니다. 그리고 그분은 기도의 응답으로 그 일을 효과적으로 행하실 것입니다.

이 힘은 당신에게 거룩하게 부여될 것입니다. 그 힘은 성령에게서 직접 옵니다. 처음에 당신을 살게 하신 그분이 당신을 더욱 활력 있게 살게 하실 것입니다. 그리스도께서는 우리가 단순히 생명을 얻게 하려고 오신 것이 아니라, 그 생명을 "더 풍성히" 얻게 하려고 오셨습니다(참조. 요 10:10). 만약 당신이 더 많은 생명을 원한다면, 당신이 처음 생명을 얻은 곳으로 가십시오. 그분이 말씀하십니다. "나는 부활이요 생명이니 나를 믿는 자는 죽어도 살리라"(요 11:25).

아마도 그 힘은 점진적으로 주어질 것입니다. 오늘 밤 나의 신체적인 상태가 여러분의 영적인 상태의 경험과 관련하여 하나의 본보기가 될 것입니다. 나는 힘이 매우 신속하게 회복되지 않는 것을 발견합니다. 하지만 매일 아침 어제 할 수 없었던 일을 내 손으로 조금씩 할 수 있다는 것은 매우 기분 좋은 일이며, 며칠 전보다 내 발이 몇 걸음을 더 걸을 수 있다는 것은 고무적인 일입니다. 약간의 진보가 침상에 오래 누워있던 사람에게는 큰 은혜입니다. 여러분 가운데 어떤 분들은 내게 일어난 일과 같은 것으로 하나님께 감사를 드려본 적이 없을 것입니다. 나는 바닥에서 다리를 들어 올리게 된 것에 대해 감사하며, 침상에서 돌아누울 수 있는 것에 대해서도 감사하고, 비록 지팡이에 많이 의지하기는 하지만 똑바로 설 수 있다는 것에 대해서도 감사합니다. 주님은 빈번히 자기 백성에게 조금씩 힘을 더하시는 것을 기뻐하시는데, 그것은 그들이 은혜를 소중히 여기고 그것을 간직하는데 더욱 조심하도록 하기 위해서입니다. 하지만 주님은 약한 자들을 한순간에 강하게 하실 수도 있습니다. 그들을 즉시 침상에서 일어나 싸우러 나가게 하실 수도 있고, 미지근한 상태에서 열정으로 불붙게 하실 수도 있습니다. 하지만 회복이 더딘 경우에 그것을 이상히 여기지 마십시오. 당신이 조금 강해지고, 또 조금 더 강해질 때마다, 매번 그 힘의 증대가 주님께서 당신을 사랑하셔서 새롭게 더하시는 것임을 인정하십시오.

자, 하나님이 자기 백성에게 힘을 더하시는 징표들 가운데 하나는, 몸과 마찬가지로, 그들의 식욕이 늘어나는 것입니다. 몸의 상태가 호전되는 사람들은 식사 중간에 배가 고픈 것을 느낍니다. 의사가 말합니다. "오, 그것은 중요한 징표입니다. 당신은 지금 좋아지고 있습니다." 나는 주께서 힘을 주실 때 하나님의 백성을 보는 것을 좋아합니다. 그때 그들은 까다롭거나 흠을 잡는 것에서 떠나며, "주린 자에게는 쓴 것이라도 다니라"(잠 27:7)는 솔로몬의 잠언의 진실성을 입증합니다. 그때 그들은 월요일 밤 기도회에 오며, 주중의 저녁 예배에도 옵니다. 그들은 주일에서 다음 주일까지를 매우 잘 보낼 수 있습니다. 그들 가운데 일부는 전에는 주일 한 끼만 먹고 한 주를 지냈고, 그것도 빨리 차려지고 빨리 끝날수록 좋아하곤 했습니다. 은혜로우신 주님께서 자기 백성을 강하게 하실 때 그들은 몹시 시장하게 됩니다.

어떤 분이 주일 아침에 내게 말했습니다. "목사님은 설교하는 것이 달콤하게 느껴지시나요?" 내가 대꾸했습니다. "나는 하나님의 은혜의 복음을 전하는 것이 언제나 달콤하다고 느낍니다." 그가 말했습니다. "아, 하지만, 사람들은 그것이 목사님의 입에서 나오는 대로 모두 삼켜버린답니다. 그들은 그 양식에 주리며 갈망하는 것처럼 보입니다." 진실로 이런 현상은 설교자를 행복하게 합니다. 손님들이 굶주렸을 때 잔치는 잘되어 가는 것입니다. 은혜의 식탁에서 우리는 불평하는 사람들보다는 먹는 사람들을 더 좋아합니다. 모든 사람이 그들의 눈과 귀와 온 마음으로 먹고 마실 때, 누구라도 설교할 수 있습니다. 내가 사람들의 주의를 요청할 필요가 없습니다. 그들 스스로 주의를 기울이기 때문입니다. 그리고 설교에서 어떤 좋은 것이 있다는 것을 알 때, 배고픈 영혼들은 부스러기라도 땅에 떨어뜨리지 않으려 합니다.

사람들이 하나님에 의해 힘을 얻을 때, 그들은 주일 한 끼로 만족하지 않으며, 또 다른 말씀의 식사를 바라고, 아마도 기도회를 바랄 것이며, 혹은 후식으로 주일학교도 바랄 것입니다. 그들은 아침에 단지 2~3분의 기도로 만족하지 않습니다. 그들은 한낮에도 만약 업무에서 짬을 낼 수 있다면 하나님의 한 말씀이라도 얻을 수 있기를 바랍니다. 그들은 성경 본문을 기억에 간직하여 온종일 그들의 호흡에 향기를 불어넣기를 좋아합니다. 말씀을 묵상하지 않으면 그들은 만족할 수가 없습니다. 나는 여러분이 전속력으로 달리면서 매일 6장 정도 성경을 읽는 것은 실수하는 것이라 생각합니다. 마치 소들이 반추(反芻)하듯이, 한 본문을 가지고 그것을 되새기는 것이 훨씬 잘하는 것입니다. 성경을 곰곰이 생각하고, 다시 생각하여, 거기서 모든 즙과 꿀을 얻고, 거기에서 자양분을 얻으십시오. 그렇게 하는 것이 잘하는 것입니다. 영적으로 배고픈 사람이 말합니다. "나는 하나님의 어떤 종에게 가서 말씀을 듣고, 주님이 나에게 말씀하시는 것을 들어야겠다. 나는 할 수 있는 한 하늘의 양식을 많이 얻어야 한다. 그것이 나에게 너무나 필요하기 때문이다." 주님은 그렇게 말씀으로 우리에게 힘을 주시고, 은혜의 수단들에 명예를 부여하시며, 회복의 은혜를 통해서 배고픈 자들을 먹이는 그분의 종들에게 큰 특권을 부여하십니다.

주님께서 자기 백성을 견고하게 하시는 일을 시작하실 때, 그것은 매우 즐거운 일입니다. 나는 여러분 가운데 일부에게 하나님이 그런 일을 행하시길 기도합니다. 당신은 아주 비참하고 상심했습니다, 그렇지 않습니까? 당신이 위로부터 힘을 얻을 때, 당신은 더 큰 기쁨을 느끼기 시작합니다. 오, 많이 낙심한 영혼에게는 작은 기쁨도 너무나 달콤합니다. 당신은 아직 확신을 얻지 못했습니다. 하지만 당신에게 귀한 믿음이 자라고 있습니다. 이따금 햇살의 반짝임이 당신의 영혼 속으로 들어오며, 이것은 오래도록 어둠에 앉았던 사람에게는 큰 기쁨입니다. 당신은 누군가에게 그리스도에 대해 말하기 시작했고, 또한 당신이 최근에야 벗어나게 된 것과 같은 상태에 있는 또 다른 희망의 포로에게 관심을 가집니다. 이제 당신은, 전에는 당신에게 너무 큰 위협처럼 보여서 감히 읽으려 하지 않았던 성경의 장(章)을 읽습니다. 이제 당신은 놀라지 않고 읽습니다. 검은 구름이 갈라지고 당신에게 복이 되는 은빛 소낙비가 내립니다. 이제 당신은 전에는 감히 구하지 않았던 복을 담대하게 구합니다. 그리고 그 복을 받고 크게 기뻐합니다. 당신의 두드림에 온 하늘이 열리고, 기도하려는 당신의 열망은 크게 증대됩니다. 주님은 크신 은혜를 주심으로써, 당신을 통해 영광을 얻으실 것입니다. 왜냐하면 그분은 이미 약한 자를 강하게 하고 계시기 때문입니다. 그분은 계속해서 당신에게 활력을 주실 것이며, 마침내 당신은 독수리처럼 올라갈 것이며, 달려가도 곤비하지 아니하고 걸어가도 피곤하지 않을 것입니다. 당신은 한때 불쌍한 생쥐처럼, 당신의 굴 속으로 들어가기까지는 행복하지 않았습니다. 하지만 이제 당신은 날개를 치며 하늘의 처소로 들어갈 수 있으며, 한때는 너무나 멀어 당신이 바랄 수 없던 곳에 오를 수 있게 되었습니다. 당신이 그렇게 할 것입니다. 한때는 당신에게 아득히 높게만 보였던 그곳까지, 당신은 안전하게 오를 것입니다. 하나님이 당신에게 넓은 날개와 밝은 눈을 주실 것이며, 그래서 당신은 태양을 마주하며 그것의 타오르는 광채를 기뻐할 것입니다. 두려워하지 마십시오. 주 안에서와 그의 힘의 능력으로 강건하여지십시오(엡 6:10). 당신의 믿음의 힘은 기대의 힘을 낳을 것입니다. 그 기대는 하나님이 주려고 예비하신 것을 붙잡을 수 있도록 당신을 이끌 것입니다. 당신은 그렇게 높이 또 높이 오를 것이며, 당신의 하나님께 더 가까이 갈 것입니다. 주의 이름으로 강건해지십시오.

3. 만족스러운 결과

시간이 부족하여 세 번째 요점으로 마무리를 해야겠습니다. 우리는 독특한 힘, 주목할 만한 작용에 대해 말했습니다. 이제 우리는 만족스러운 결과에 대해 말할 것입니다. "그들이 내 이름으로 행하리라 나 여호와의 말이니라."

"행하리라"—그것은 활동성을 의미합니다. 그들은 움직일 것이며, 더는 게으른 자의 베개를 안고 있지 않을 것입니다. 그들은 일할 것입니다. 그들은 새 예루살렘의 거리에서 업무에 종사할 것입니다. 그들은 진보를 이룰 것입니다. 그들은 진리의 들판을 거닐 것이며, 최상의 향료와 열매들을 거둘 것입니다. 엎드려 있는 대신 그들은 걸어다닐 것입니다.

이 표현은 편안함과 안전을 내포합니다. 사람들은 생명이 위태롭다고 느끼거나, 약속을 지켜야 한다는 압박을 받아, 시간에 맞추기 위해 서둘러야 한다고 느낄 때 걷지 않습니다. "그들이 행하리라"[오르내리며 걸으리라, KJV]. 안전하지만 활동적인 즐거움입니다. 주님은 자기 백성을 강하게 하실 때, 그들에게 행복하고 즐거운 활동성을 부여하십니다. 주님이 그들에게 하라고 명하신 것을 행하는 것이 그들에게는 기쁨이 될 것입니다. 그분은 공사감독이 아니시기 때문입니다. 그분은 우리에게 짚도 없이 벽돌을 만들라고 하지 않으십니다. 그분은 우리를 노예처럼 부리지 않으시며, 오히려 아들처럼 우리에게 복을 주십니다. 주님은 마치 훌륭한 농부가 소들을 다루듯이 우리를 대하십니다. 훌륭한 농부는 밭을 가는 황소를 밭의 끝까지 몰고, 돌아서, 다시 다른 쪽 끝까지 몰지만, 정해진 시간 동안의 일을 마치면 소들을 더는 과하게 일을 시키지 않습니다. 오히려 선한 농부는 소들이 가만히 있도록 허락하고, 그동안에 그는 그들에게 먹이를 주며, 어깨에서 멍에를 벗겨주고 턱 사이의 재갈을 풀어줍니다. 나는 꼴 자루를 목에 메고서, 쉬면서 먹고 있는 말들을 보는 것을 좋아합니다. 주님은 자기 백성에게 시시때때로 꼴 자루를 주시며, 그들은 서서 하늘의 양식을 먹으며 즐거워합니다. 이들이 진정으로 일하는 사람들입니다. 이들은 율법으로 내몰리는 사람들과는 다릅니다. 그들은 일생 구원을 위해 일하고 수고하라는 명령을 들으며, 오로지 일만 합니다. 하지만 구원받은 자들은 구원을 의식하면서 강해지고, 전능하신 하나님과 접촉을 통해 강해집니다. 이들은 들판을 두루 다니며, 선한 목적을 위해 계속해서 일하는 자들입니다. 이들은 항상 주의 일에 힘쓰면서도 견고하고 지치지 않아 보이는데, 그 이유는 그들이 여호와 하나님에게 영원한 힘이 있음을 경험하기 때문입니다.

주의 이름으로 행하는 것에는 유쾌한 자유가 있습니다. 그들은 소심한 새끼 사슴처럼 눈에 띄면 도망치지 않습니다. "믿는 이는 다급하게 되지 아니하리로다"(사 28:16). 그들은 자기 굴에서 나왔다가 사냥당하는 여우들처럼 급하게 되돌아가지 않습니다. 오히려 그들은 마치 한 성의 요새 위에 있는 시민들처럼 편안하게 걷습니다. 그들은 아침과 저녁에 바람을 쐬며, 만약 원수가 있다면 원수를 대적합니다. 그들은 두려워하지 않으며, 압박을 받지도 않습니다. 하나님이 강하게 하셔서 자유롭게 행할 수 있을 때, 그것은 복된 일입니다. "그러므로 아들이 너희를 자유롭게 하면 너희가 참으로 자유로우리라"(요 8:36). 자유로우신 성령께서 영원히 복되신 하나님의 자유로운 자녀들에게 역사하실 때와 같은 자유는 달리 없습니다.

내가 보기에는 여기에 인내의 개념이 있는 것 같습니다. 주의 이름으로 행한다는 것은 그 일을 지속한다는 것을 의미하며, 날마다, 주마다, 해마다 지속적으로 행하는 것을 의미합니다.

한 형제가 이 예배당에 앉아 있습니다. 그는 한때 거대한 철 마구(馬具)를 목에 둘렀었고, 그의 손에는 수갑이, 발에는 차꼬가 채워져 있었습니다. 그는 그토록 비참한 존재였습니다. 나는 그를 격려하고 위로하려고 노력했지만, 거의 목적을 이루지 못했습니다. 그는 가장 깊은 옥에 갇힌 죄수였으며 그의 마음은 낙심했습니다. 그는 그 감옥에서 죽을 것이라 여기고 두려워했습니다. 그가 오늘 밤 이곳에 앉아 있습니다. 나는 그가 살아있는 누구보다 행복하다고 믿습니다. 주께서 그를 자유롭게 하셨고 그에게 새로운 힘을 주셨기 때문입니다. 나는 그가 온전히 회복되었기에 앞으로 오랫동안 주의 이름으로 행할 것이며, 이른 여름의 새들처럼 행복할 것이라고 믿습니다. 주께서 그를 강하게 하셨으니, 주께서 계속해서 그렇게 하셔서 그가 남을 돕는 사람이 되기를 나는 기도합니다.

우리는 종종 풀이 죽지만, 주께서 오셔서 우리를 강하게 하실 때, 우리는 곧 다시 일어설 것이며, 전쟁 후의 평화가 따를 것입니다. 우리가 항상 폭풍 속에 있는 것은 아닙니다. 때때로 우리는 긴 시간 동안의 부드러운 항해를 즐깁니다. 부드러운 물결과 상쾌한 바람이 우리의 배를 전에 없던 방식으로 앞으로 나아가게 할 것입니다. 시련이 전혀 없는 것이 좋은 것이 아닙니다. 쓴 약으로 입을 씻은 후에 먹는 음식은 얼마나 달콤한지요! 당신이 쑥과 담즙의 맛을 알 때, 그때 주님이 주시는 기쁨은 이곳 지상에서도 천상의 기쁨과도 같습니다. 오르막과 내리막을 걷는 것은 폭넓은 경험을 가져다주기에, 단조로운 것보다 낫습니다.

나는 하나님의 모든 자녀에게 하나님이 주시는 힘을 열망하라고 격려하고 싶습니다. 하나님의 성령의 활동 아래에 자기 자신을 두기 바랍니다. 내적으로 원기를 북돋우시는 것을 느낄 때, 주의 이름으로 행할 것이며, 거룩한 일로 건강한 운동을 하십시오.

여러분 가운데 어떤 이들은 그렇게 하지 못할 것입니다. 여러분은 먼저 하나님을 향해 살아야 할 필요가 있습니다. 죽은 자는 힘을 얻거나 오르내리며 걸을 수 없습니다. 나는 여러분에게 힘을 위해 기도하라고 말하지 않으며, 생명을 위해 기도하라고 말합니다. 하지만 여러분에게 힘이 없을 때, 그리스도께서 경건치 않은 자들을 위해 죽으신 것을 믿으십시오. 여러분의 모든 약함과 여러분의 죽음에도 불구하고, "나를 믿는 자는 죽어도 살겠고"(요 11:25)라고 말씀하신 분을 의지하십시오. 여러분이 그리스도를 발견할 때, 여러분은 그분 안에서 발견되는 거룩한 생명이 어떤 것인지를 배울 것입니다.

전능하신 하나님께서, 그리스도를 위하여, 그분의 무한한 능력을 여러분의 필요에 따라 나누어 주시기를 바랍니다. 아멘.

제 9 장

그리스도를 위한 애통

"내가 다윗의 집과 예루살렘 주민에게 은총과 간구하는 심령을 부어주리니 그들이 그 찌른 바 그를 바라보고 그를 위하여 애통하기를 독자를 위하여 애통하듯 하며 그를 위하여 통곡하기를 장자를 위하여 통곡하듯 하리로다" – 슥 12:10

사랑하는 이여, 어디서 모든 좋은 것이 흘러나오는지를 보십시오. "내가 다윗의 집에 은총의 영[심령]을 부어주리라." 출발점은 성령을 주시는 주님의 주권적인 행동입니다. 모든 은혜의 일은 하나님에게서 시작됩니다. 어떤 은혜로운 생각이나 행위도 거듭나지 못한 인간의 자유 의지에 그 근원을 두지 않습니다. 주님이 받으실 만한 모든 일에서, 주님이 먼저이십니다. "우리에게 소원을 두고 행하게 하시는"(빌 2:13) 분은 하나님이십니다. "주께서 우리의 모든 일도 우리를 위하여 이루심이니이다"(사 26:12).

다음으로, 주님의 일이 얼마나 효과적인지를 주목하십시오. 사람들은 설득해도 효과가 없을 수 있고, 심지어 영감을 받은 선지자들의 경고도 아무런 효과 없이 끝날 수 있습니다. 하지만 주님이 일에 착수하실 때 그분은 절대 실패하지 않으십니다. 그분이 "내가 부으리라"고 말씀하시자, 그다음 문장은 "그들이 바라보리라"입니다. 그분이 일하실 때 누가 막겠습니까? 그분의 백성은 그분의 권능의 날에 자원하게 될 것입니다. "그들이 그 찌른 바 그를 바라보고 그를 위하여 애통하리라." 이는 실로 효과적인 소명입니다. 그런 결과에서, 그리스도를 죽은 자들 가운데서 살리셨을 때 역사하신 그의 힘의 위력을 따라 우리에게 베푸신 능력이 얼마나 지극히 크신지를 우리는 보게 됩니다(참조. 엡 1:20).

세 번째로, 믿음이 차지하는 위엄과 뛰어난 지위에 주목하시기 바랍니다. "내가 간구하는 심령을 부어주리니, 그들이 그를 바라보리라." 명백히 여기에는 믿음의 의미가 내포되어 있습니다. 왜냐하면 믿음이란 언제나 우리에게 복을 주시는 그리스도를 바라보는 눈이기 때문입니다. "모세가 광야에서 뱀을 든 것 같이 인자도 들려야 하리니 이는 그를 믿는 자마다 멸망하지 않게 하려 하심이라"(요 3:14,16). 놋 뱀을 바라본 것이 이스라엘을 치료했고, 그 표상에 따라 예수 그리스도를 믿는 것이 곧 구원의 바라봄입니다. 자, 이 믿음의 바라봄이 곧 성령의 첫 열매로 언급됩니다. 그들은 애통하기 전에 바라봅니다. 은총과 간구의 영이 부어질 때 그것의 주된 결과는 예수님을 바라보는 것입니다.

하지만 이제 어떤 최상의 열매가 믿음을 따르는지를 보십시오. 부드럽고, 달콤하며, 감미로운 성령의 열매입니다. "그들이 그를 바라보고 그를 위하여 애통하기를 독자를 위하여 애통하듯 하리라." 이 슬픔은 달콤한 슬픔이며, 감미로운 슬픔이며, 모든 진귀한 것으로 가득한 슬픔입니다. 그것은 특이한 종류의 슬픔이며, 사망을 이루는 세상 근심과는 크게 다릅니다. 이런 식으로 슬퍼하는 자들은 경건한 방식으로 슬퍼하는 자들입니다. 경건한 슬픔은 구원에 이르게 하는 회개를 이루며, 후회할 것이 없습니다(참조. 고후 7:10). 그것은 하나님을 향한 경건한 슬픔이요, 혹은 회개입니다. 그것의 특별함은 하나님을 향해 바라본다는 것이며, 그분을 슬프시게 한 것 때문에 운다는 것입니다.

본문에 묘사된 슬픔은 곧 그리스도를 위한 애통입니다. "내가 다윗의 집과 예루살렘 주민에게 은총과 간구하는 심령을 부어주리니 그들이 그 찌른 바 그를 바라보고 그를 위하여 애통하기를 독자를 위하여 애통하듯 하며 그를 위하여 통곡하기를 장자를 위하여 통곡하듯 하리로다." 이것이 참된 회개의 두드러진 독특성입니다: 그것은 죄로 인해 주님께 잘못한 것에 그 눈을 고정합니다. 그 방향으로 바라보는 것 외에 다른 회개란 없습니다. 불경한 사람들에게 회개란 그들이 받을 처벌에 대한 공포이며, 그들의 잘못에 따르는 무서운 결과에 대한 두려움입니다. 그들은 에서처럼 회개합니다. 팥죽을 먹은 것에 대해서가 아니라, 장자의 권리를 잃어버린 것에 대해 슬퍼할 뿐입니다. 그들은 죄를 단지 그들 자신이나 그들의 동료 인간들과 관련해서만 보며, 주님과 관련된 더 높은 차원의 잘못에 대해서는 무시합니다. 불경한 자들도 때로는, 특히 죽음의 때에 회한을 느낍니다. 하지만 그들이 하나님의 공의에 떠는 것이 아니면, 그리고 그분이 집행하시는 형벌을 두려워하는 것이 아니면, 그것은 하나님과 아무런 상관이 없습니다. 그것은 결국, 순전한 이기심입니다. 그들은 그들의 반역의 결과로 곧 고통당할 것이기에 그것 때문에 슬퍼하는 것뿐입니다.

복음적인 회개는 위대하신 아버지와 공감하며, 슬프게도 그분을 너무나 노하시게 했다는 것 때문에 애통합니다. 다윗에게서 그것을 보십시오. "내가 주께만 범죄하여 주의 목전에 악을 행하였나이다"(시 51:4). 탕자에게서 그것을 보십시오. "아버지, 내가 하늘과 아버지께 죄를 지었사오니 지금부터는 아버지의 아들이라 일컬음을 감당하지 못하겠나이다"(눅 15:21). 다소의 사울은 어떠했는지를 보십시오. 하늘로부터 음성이 들려왔습니다. "사울아, 사울아, 네가 어찌하여 나를 박해하느냐?"(행 9:4). 그것은 승천하신 구주에 대해 지은 죄였습니다. 그것이 바울의 마음에 사무쳤고, 그것이 그로 주님의 발치에 엎드리게 했습니다. 모든 참된 회개에는 이러한 특별한 징표가 있습니다: 그것은 하나님과의 명백한 화목을 수반합니다. 그분에게 행한 잘못을 후회하기 때문입니다. 참된 영성의 한 가지 확실한 징표는 죄가 하나님과 그리스도께 불명예를 끼친 것으로 인한 애통입니다. 우리는 그런 관점에서 본문을 살펴볼 것이며, 서너 가지 방식으로 그것을 제시할 것입니다.

1. 그리스도를 위한 특별한 애통

첫째로, 우리 본문에 따르면, 은총의 영이 부어질 때, 이스라엘 편에서 그리스도를 위한 특별한 애통이 있습니다. 여러분은 본문의 우선적인 의미를 파악해야 합니다. 우리가 하나님의 말씀을 공정하게 다루어야 하기 때문입니다. 오랫동안 나사렛 예수를 거부해왔던 하나님의 옛 백성이, 그분이 메시야이심을 알게 되는 날이 올 것입니다. 그때 그들이 처음으로 느낄 감정 중의 하나는 하나님 앞에서의 깊은 수치와 쓰라린 후회입니다. 그들은 마치 요시야가 전투에서 죽었을 때 모든 선한 사람들이 나라의 등불이 꺼진 것을 알고는 슬퍼했던 것처럼 슬퍼할 것입니다. "우리의 콧김 곧 여호와께서 기름 부으신 자가 그들의 함정에 빠졌음이여 우리가 그를 가리키며 전에 이르기를 우리가 그의 그늘 아래에서 이방인들 중에 살겠다 하던 자로다"(애 4:20). 그들이 요시야의 죽음을 슬퍼한 것은 정당했습니다. 그는 그들의 마지막 경건한 왕이었으며, 그가 떠나자 유다에는 가득한 진노의 소낙비가 내리기 시작했기 때문입니다. 그들이 그렇게 한 민족으로서 슬퍼한 것이 마땅했거늘, 그들이 찌른 주님을 알아보게 될 때, 슬퍼할 이유가 어찌 없겠습니까?

그들은 메시야에게 특별한 관심이 있었습니다. 그들에게 그분의 오심이 분명하게 계시되었고, 그것은 거의 그들에게만 계시된 일이기 때문입니다. 하나님은 아브라함과 이삭과 야곱을 비롯한 그들의 선조들에게 메시야에 관하여 말씀하셨습니다. 그들 민족을 통해 메시야가 오실 예정이었습니다. 그리스도 예수가 인간으로서 그들 가운데 한 분이었다는 것은 아브라함의 후손에게 결코 적은 명예가 아니었습니다. 그분이 유대의 한 처녀에게서 나셨고, 이스라엘에게 그분은 정녕 그들의 뼈 중의 뼈요 살 중의 살이었습니다. 땅에 오셨을 때, 그분은 사역을 그들에게 한정하셨습니다. 그분이 말씀하셨습니다. "나는 이스라엘 집의 잃어버린 양 외에는 다른 데로 보내심을 받지 아니하였노라"(마 15:24). 그분은 그들의 질병을 고치셨고, 그들 가운데 눈먼 자들의 눈을 뜨게 하셨으며, 죽은 자들을 일으키셨습니다. 그분이 은혜로운 사랑의 메시지를 전하신 것은 그들의 거리에서였습니다. 또한, 그분이 떠나셨을 때, 복음 전파가 시작되고 성령이 부어진 곳은 그들의 수도였습니다. "너희는 가서 모든 민족으로 제자를 삼으라"(마 28:19) 말씀하셨지만, "예루살렘에서 시작하여"(눅 24:47)라고 말씀하셨습니다. 유대인들 가운데서 교회의 첫 선봉대가 선택되었습니다. 복음을 처음으로 전한 무리가 이스라엘 집에 속한 자들이었고, 그들은 여러 면에서 순수한 신앙을 가르치는 길을 이끌었다는 면에서, 이날까지도 군대의 제일 전열에 있다고 말할 수 있을 것입니다. 하지만 복음 전파자들은 유대인들이 합당치 못하다고 판단했고, 그래서 그들은 비록 그들 가운데서 뽑힌 사람들이었지만 "우리가 이방인에게로 향하노라"(행 13:46)고 말할 수밖에 없었습니다. 그들은 한동안 버려졌고, 그 시기 동안, 그들의 메시야는 그분을 큰 기쁨으로 영접했어야 할 민족에 의해 멸시와 모독을 당하셨습니다. "자기 땅에 오매 자기 백성이 영접하지 아니하였도다"(요 1:11).

주 예수님에 대한 그들의 거부는 결의에 찬 것이었고, 극단적으로 길게 이어졌습니다. 예수님이 그 땅에 사셨을 때 그분의 권고에 귀를 기울이지 않은 것으로는 그들에게 충분치 않았습니다. 그들은 그분의 목숨을 해하려 했습니다. 한번은 그들이 그분을 산 낭떠러지까지 끌고 가서 밀쳐 떨어뜨리고자 했고(눅 4:29), 또 다른 때는 그들이 돌을 들어 그분을 치려고 했습니다(요 8:59). 마지막에는 그분을 붙잡아 거짓 증언으로 고발했고, 격렬하게 그분의 피를 요구했습니다. 그들은 적개심으로 그분을 로마인들에게 넘겨 죽게 했습니다. 그분이 죽으신 것은 로마인들이 그분을 죽이기 원했기 때문이 아니라, "그를 십자가에 못 박으소서, 십자가에 못 박으소서"라고 외쳐댄 군중의 함성 때문이었습니다. 그들의 목소리가 빌라도를 이겼습니다. 그들은 그분의 피가 자기들 머리로 돌려지기를 자청하며 말했습니다. "그 피를 우리와 우리 자손에게 돌릴지어다"(마 27:25). 그들은 유대인의 왕에 대한 거부를 극단까지 몰고 갔으며, 그분이 수치의 나무에 매달리고, 목숨을 거두실 때까지 멈추지 않았습니다. 베드로가 말했습니다. "형제들아 너희가 알지 못하여서 그리하였으며 너희 관리들도 그리한 줄 아노라"(행 3:17). 그들의 무지가 제거되었을 때 그들은 얼마나 통곡하며 울어야 할까요! 그들은 마치 첫아들이자 유일한 아들을 잃었을 때처럼 울 것이며, 다시 회복될 수 없는 것을 잃은 자처럼 울 것입니다.

이보다 더 나쁜 것은, 그들의 무지가 심히 고의적이었다는 것입니다. 그들은 가장 밝은 빛을 거부하듯 예수님을 거부했습니다. 요한은 광야에서 외치는 소리로 왔습니다. 모든 사람이 요한이 선지자인 것을 알았습니다. 나사렛 예수를 크게 미워했던 자들도 요한이 하나님에게서 보냄을 받지 않았다고 감히 말하지 못했습니다. 하지만 요한은 예수님을 증언했고, 이처럼 외쳤습니다. "보라 세상 죄를 지고 가는 하나님의 어린 양이로다"(요 1:29). 더욱이, 예수님도 친히 말씀하셨고, 그분처럼 말하는 사람은 그때까지 없었습니다(참조. 요 7:46). 예수님의 가르침은 그 자체 안에 명백한 증거가 있었고, 그러므로 예수님은 정당하게 이렇게 말씀하실 수 있었습니다. "내가 와서 그들에게 말하지 아니하였더라면 죄가 없었으려니와 지금은 그 죄를 핑계할 수 없느니라"(요 15:22). 예수님의 말씀에는 표적과 기사가 수반되었습니다. 그로써 예수님은 자신의 신성을 입증하시고 또 아버지께서 그분을 기뻐하시는 것을 입증하셨습니다. "내가 아무도 못한 일을 그들 중에서 하지 아니하였더라면 그들에게 죄가 없었으려니와 지금은 그들이 나와 내 아버지를 보았고 또 미워하였도다"(요 15:24). 이것을 기억하며 그분은 예루살렘을 보시고 우시며 말씀하셨습니다. "암탉이 제 새끼를 날개 아래에 모음 같이 내가 너희의 자녀를 모으려 한 일이 몇 번이냐 그러나 너희가 원하지 아니하였도다"(눅 13:34). 그랬던 그들이, 자신들의 눈이 얼마나 어두웠으며, 그들에게 주어진 은총을 어떻게 멸시했던가를 알게 될 때, 얼마나 큰 슬픔이 그들의 마음을 찢을까요?

회복되고 믿게 될 이스라엘이 통곡하게 될 한 가지 큰 이유는, 그리스도에 대한 거부가 여러 세대 동안 이어졌다는 것입니다. 골고다에 십자가가 세워진 지 거의 1900년이 지났습니다. 하지만 그들은 여전히 그 나사렛 사람을 거부합니다. 오호라, 불쌍한 이스라엘 백성이여! 비록 모세의 글이 안식일마다 그들의 회당에서 낭독되지만, 휘장은 여전히 그들의 얼굴을 가렸습니다. 오호라! 저 불쌍한 야곱의 후손은, 여전히 슬픔의 노래를 부르면서 오실 메시야를 기다리고 있습니다. 그분은 이미 오셨고, 자기 백성에게서 "멸시를 받아 버림받았으며", 그들에 의해 "슬픔의 사람이자 질고를 아는 자"가 되었습니다(사 53:3). 나사렛 예수가 정녕 동정녀에게서 난 임마누엘, 곧 우리와 함께하시는 하나님이심을 알게 될 때, 그들은 마치 유일한 자녀의 무덤을 두고 우는 것처럼 통곡할 것입니다. 그들은 몸부림치면서 눈물로써 그들 역사의 페이지들을 지우고 싶어 할 것입니다. 다윗 가문의 왕이요 곧 그들의 왕이신 분을, 그토록 악의에 차서 잔인하게 다루고 완고하게 거부했기 때문입니다. 만약 또 다른 예레미야가 노래하는 남녀를 이끌어 애가(哀歌)를 부르게 한다면, 그는 애가의 주제를 찾기 위해 오랜 시간이 필요치 않을 것입니다. 그들이 찌른 그분을 바라보면서, 이스라엘의 온 집은 통곡할 것입니다.

사랑하는 형제들이여, 장차 이스라엘을 휩쓸 저 복된 슬픔이 커질수록, 그들은 주님이 그들을 얼마나 인내하시고 그들을 영영 버리지 않으셨던가를 생각할 것입니다. 오늘까지 여전히 그들은 멀리 있는 백성입니다. 그들은 외롭게 삽니다. 그들은 백성들 가운데서 셈에 포함되지 않습니다. 불쌍한 이스라엘은 여러 세기 동안 상상을 초월하는 박해를 받아왔으며, 내가 말하기도 부끄럽지만, 스스로를 그리스도인이라고 부르는 자들로부터 배척과 조롱의 대상이 되어왔습니다. 오호라, 정금에 비할 만한 시온의 귀한 아들들이, 토기장이의 손으로 빚는 토기 항아리 정도로 여겨져 왔습니다! "슬프다 주께서 어찌 그리 진노하사 딸 시온을 구름으로 덮으셨는가? 이스라엘의 아름다움을 하늘에서 땅에 던지셨음이여"(애 2:1). 그들은 여러 세기 동안 심한 징계를 받았습니다. 그들은 전복당하고, 사람들이 마치 접시를 닦듯이 그들을 닦아서 제거하려 했습니다. 하지만 그들은 여전히 왕을 헛되이 기다리고 있습니다. 그들은 그들의 참된 왕인 다윗의 아들 예수를 받아들이려 하지 않습니다. 그래서 그들에게는 왕이 없습니다. 유대인들의 왕이 달리 어디에 있단 말입니까? 홀(笏)이 야곱에게서 떠났고, 통치자의 지팡이가 그 발 사이에서 떠났습니다(참조. 창 49:10). 왜냐하면 "유대인의 왕"이라 명명된 실로가 오셨고 십자가에 달리셨기 때문입니다. 예수님은 유대인들의 유일한 왕이시며, 그 민족을 말살하려고 위협한 수많은 힘에도 불구하고 그들을 보존하시고 지켜오셨습니다. 그들은 아직 모이지 않습니다. 그들의 회복은 이방인들의 충만함이 될 것입니다. 그러므로 우리는 그들과 하나가 되어 함께 그분 안에서 기뻐할 것입니다. 중간에 막힌 담이 무너졌으니, 유대인이나 이방인도 없고, 야만인이나 자유인도 없고, 우리는 모두 그리스도 예수 안에서 하나입니다.

2. 그리스도를 위하여 하나님이 교회에 주시는 일반적인 슬픔

이제 좀 더 개인적인 차원의 문제를 다루겠습니다. 그리스도를 위하여 하나님이 자기 교회에 주시는 일반적인 슬픔이 있습니다. 은총과 간구의 영이 충만하게 부어질 때 애통함이 두드러지게 나타납니다. 이 시간에 나는 그런 애통함이 우리 가운데 많아지기를 바랍니다. 사랑하는 형제와 자매들이여, 예수 그리스도께서 인류의 다수에게서, 비록 경멸은 아니어도, 전적으로 무관심한 대우를 받으시는 것에 대해 우리는 애통합시다. 많은 사람이 예배 자리에 모여 노래를 부르고 구속의 주님을 찬양합니다. 하지만 이 도시의 수많은 사람이—내가 듣기엔 이 도시의 인구가 일백만이라고 합니다—하나님의 집에 거의 오지 않습니다. 예수님은 사람들을 위해 피 흘려 죽으셨습니다. 그들은 그분의 희생적인 사랑에 대해 들을 때, 마치 그것이 한가로운 이야기인 것처럼 대합니다. 그분이 우리 도시의 누구에게도 전혀 알려지지 않은 것은 아닐 것입니다. 그분에 관한 어떤 소식이 틀림없이 그들의 귀에 들어갔을 것입니다. 하지만 그들은 그 소식에 관하여 더 알아보려는 호기심조차 잘 갖지 않습니다. 주일날 그들의 어린 자녀들이 주일학교에서 집으로 돌아가 그들 앞에서 노래를 부를 때, "주 예수 크신 사랑 늘 말해주시오"(Tell me the old, old story) 찬양이 그들의 귀에 달콤하게 들렸을 것입니다. 하지만 아, 그들은 안식일을 어깁니다. 그들은 그날을 오락과 유흥의 날로 삼고, 나태하게 그날을 보냅니다. 성경은 읽지 않은 채 방치되고, 혹시 읽더라도 그 속의 거룩한 메시지에는 관심을 기울이지 않습니다. 그들은 피 흘리신 어린

양에게 관심을 두지 않으며, 그들의 최고의 친구(Friend)에게 무관심합니다. 만약 그들이 이런 일에 대해 슬퍼하지 않는다면, 우리가 그들을 위해 슬퍼해야 합니다. 그들도 우리와 같은 사람이건만, 그들이 우리 주 예수를 무시하면서 살아가고 있기 때문입니다. 그들 가운데 일부는 대단히 상냥하며, 인간적으로 훌륭한 면이 많습니다. 그래서 우리는 그들이 그들에게 "한 가지 부족한 것"(눅 18:22)을 구하지 않는 것으로 인해 슬퍼합니다. 그들은 계속해서 그런 상태로 지낼 것입니다. 그들 가운데 다수가 마침내 멸망할 때까지 그렇게 지낼 것이 두렵습니다. 예수님이 십자가에서 고난을 당하신 것 때문에 많이 울지 마십시오. 왜냐하면 그분은 실질적으로 이런 무관심과 경멸 때문에 날마다 십자가에 못 박히시기 때문입니다. 골고다에서의 못 박힘은 이제 끝났습니다. 그것은 부주의한 남자와 여자들이 그들의 구속주를 날마다 못 박고 있는 것에 대한 가시적인 증거일 뿐입니다. 그들은 그분에 대해 아무런 관심을 기울이지 않습니다. 그분이 죽으셨건 살아계시건, 그것이 그들에게는 아무것도 아닙니다. 그런 불친절함을 생각할 때 여러분은 울며 부르짖지 않겠습니까? "이로 말미암아 내가 우니 내 눈에 눈물이 물같이 흘러내림이여"(애 1:16).

슬픈 마음으로, 주 예수님께서 반대자들에 의해 얼마나 부당한 대우를 받으며 창에 찔리셨는지를 회상해보십시오. 나는 여기서 그분의 신성을 부인하는 자들에 대해 언급합니다. 이 자리에는 대단한 재능과 능력을 지닌 사람들이 있고, 그들은 우리 주님의 인성을 드높이며, 심지어 그분의 성품을 사랑한다고도 고백합니다. 하지만 그들은 그분에게 합당한 신적 명예를 표명하지 않습니다. 오, 하나님의 아들이시여! 당신에 관하여 아버지는 하늘에서 들리는 음성으로 증언하셨습니다. "이는 내 사랑하는 아들이니 너희는 그의 말을 들으라"(마 17:5). 하지만 사람들은 하나님의 증언을 거부하고, 그렇게 함으로써 당신을 모독하나이다. 당신께서는 하나님과 동등함을 강탈로 여기지 아니하셨으나(빌 2:6, KJV), 그들은 신성을 가진 분으로서의 당신을 못 박기를 원하고, 그저 당신을 인간으로만 간주합니다.

사람들은 또한 우리 주님의 속죄를 거부합니다. 많은 사람에 의해 그 진리가 흐려지거나 전적으로 부인됩니다! 나는 많은 곳에서 여전히 이런 함성이 있음을 듣습니다. "지금 십자가에서 내려올지어다 그리하면 우리가 믿겠노라"(마 27:42). 현대의 철학자들은 죄 많은 인간을 위하여 피 흘리는 대속을 제외하고는 무엇이든 받아들이려 할 것입니다. 주 예수님에 대하여 전해지는 거짓 교리를 생각할 때, 그리고 그분의 사역자들이라고 공언하면서도 그분의 복음이 낡아빠진 이야기라고 생각하는 자들에 의해 그분의 영광이 얼마나 손상되는지를 생각할 때, 정녕 우리에게는 애통하며 마음을 쏟아야 할 이유가 있습니다. 오호라! 오 주님, 왜 주님은 세상의 지혜자들에 의해 이처럼 모독을 당하시는지요? 왜 당신의 진리가 학식 있는 자들 가운데서 멸시를 당하고 서기관들에게 조롱을 당해야 하는지요?

아마도 내 주님을 위한 나의 슬픔이 가장 크게 일어나는 때는, 미신을 보고, 그것 때문에 우리의 거룩한 신앙이 조잡하게 모방당하고 주님의 복되신 이름의 명예가 훼손당하는 것을 볼 때일 것입니다. 사람들이 회의주의에서 돌아서더니, 미신을 찾아갑니다. 주님의 원수들인 회의주의자들의 집에서 주님이 상처를 입으십니다. 그러나 그분의 친구라고 공언하면서 미신을 따르는 자들의 집에서 주님은 더 큰 상처를 입으십니다. 그 상처들이 얼마나 큰지요! 나는 이따금 남자와 여자들이 마리아의 손에 안겨 있는 아기 상(像) 앞에 엎드리는 것을 볼 때, 그것을 부술 수 있으면 좋겠다고 느낍니다. 적그리스도의 후손들이여, 당신들은 애굽 사람들처럼 고양이나 개들의 우상까지도 만들 수 있고, 당신들의 정원에서도 신들을 찾을 것이오! 당신들은 이스라엘 백성이 광야에서 그랬던 것처럼 황금 송아지를 만들 수 있을 것이고, 인도 신들의 기이한 형상들을 빌려올 수도 있을 것이오! 당신들은 거룩한 아기 예수의 형상을 우상으로 만드는 것으로도 만족하지 못하여, 십자가에 달리신 그리스도까지 형상화하여 사람들이 그 앞에서 절하게 만들고 있소이다! 마귀의 형상 앞에 절하는 우상 숭배가 차라리 그리스도의 형상에 절하는 것보다 덜 신성모독적일 것입니다. 거룩하신 예수를 우상 숭배를 금하는 하나님의 명령을 어기는 일에 협력자처럼 보이게 하는 것은 끔찍한 신성모독입니다. 그뿐 아니라, 한 조각의 빵에 신적인 존경을 부여하여 그리스도의 복된 죽음에 대한 기억을 우상 숭배적인 의식으로 변질시키는 것 역시 끔찍한 신성모독입니다. 이와 같은 죄가 있었던 적이 있습니까? 흠 없으신 구주께서 우상의 신전에 소위 성자들과 성녀들 가운데 세워진다는 것, 그리고 사람들이 하나님의 첫 번째와 두 번째 계명들을 깨뜨리면서도 그분의 명예를 높인다고 생각한다는 것은, 실로 크나큰 슬픔입니다. 이런 일은 우리 주님에게 하늘 아래 모든 일 가운데서도 가장 혐오스러운 일임에 틀림없습니다. 어떻게 그분이 그것을 참으실 수 있을까요? 주님의 백성은 그런 일을 "므깃도 골짜기 하다드림몬(Hadadrimmon, 므깃도 골짜기에 있는 한 장소의 이름으로 추정되며, 대하 35:23의 기록에 따르면 요시야는 므깃도 골짜기에서 치명상을 입었고 결국 죽음에 이르렀음-역주)에 있던 애통"(슥 12:11)과 같은 애통함이 없이는 쳐다볼 수가 없습니다. 왜냐하면 우리의 복되신 그리스도께서 적그리스도에 의해 너무나 모독을 당하시고, 성육신하신 하나님의 아들의 형상이 우상 숭배적인 예배의 대상물로 세워지기 때문입니다.

우리가 과거의 역사를 읽으면서, 그리고 지금까지도 예수의 이름으로 행해져 온 두려운 잘못들을 볼 때, 큰 슬픔과 애통이 있습니다. 예수님은 사랑과 동정심이 많으신 분입니다. 그런데 사람들이 그분의 십자가를 저주받은 전쟁의 피로 물든 깃발에 표시합니다. 예수님은 "칼을 칼집에 꽂으라 칼을 가지는 자는 다 칼로 망하느니라"(마 26:52)고 말씀하신 분입니다. 그런데도 무장한 군대가 사람들을 총포로 쓰러뜨리거나 총검으로 찌르는 일에, 그분에게 그들과 함께 가 달라고 요청합니다. 스페인 군대가 페루와 멕시코를 약탈할 때의 역사를 읽으면, 읽는 사람의 피를 끓게 만듭니다. 그들은 금을 얻기 위해 무방비 상태로 있는 사람들을 살해하고, 모든 마을마다 십자가를 세웠습니다. 십자가가 그들의 살육과 약탈에 무슨 상관이 있단 말입니까! 그들은 희생자들을 예수의 이름으로 고문했고, 그들을 죽일 때 그들 앞에 십자가에 달린 예수의 형상을 세웠습니다. 오 하나님의 그리스도시여, 당신의 이름으로 얼마나 끔찍한 일이 자행되었는지요! 사람들이, 정녕, 당신을 찔렀습니다! 당신의 이름을 취하여 스스로 '예수회'라고 부른 자들이 그 가증스러운 일을 행한 주동자들이었습니다. 골고다에서의 십자가형은 그 문제의 작은 일부입니다. 사람들이 사랑이 무한하신 주님을 이처럼 모독하고 중상함으로써 여전히 주님을 찔러왔기 때문입니다.

그리고 오늘날, 우리 손으로 어떤 일이 행해지고 있습니까? 내가 이 문제를 길게 열거할 순 없지만, 그리스도의 종교의 이름으로 그리스도께 불명예를 안기는 일이 무수합니다. 교회의 이익을 지킨다는 핑계로, 신앙을 고백한다는 그리스도인들의 일부 공동체가, 그들의 동료 그리스도인들을 그들과 같은 울타리 안에 묻어서는 안 된다고 요구합니다. 정말이지, 그리스도의 이름으로 그처럼 비(非)그리스도적인 편협함을 인가해야 할까요? 후원을 받아 교회의 일정 구획을 다른 곳보다 두드러지게 하는 것, 이런 잘못이 그리스도의 이름으로 행해져야 할까요? 이런 부당한 일을 행하는 것이 그리스도의 명예를 높이는 일입니까? 하늘이여, 들으소서! 내가 언급하지 않겠지만, 이 외에도 기독교회가 계속해서 슬퍼해야 할 많은 일이 있습니다. 잘못된 일을 행했을 때 교회는 겸손해져야 합니다. 하지만 교회는 종종 대담하게 잘못을 범하고, 무엇보다 나쁜 것은, 그런 잘못을 예수의 이름으로 행한다는 것입니다.

하지만 형제들이여, 아마도 우리에게 최악의 슬픔은, 신앙을 고백하는 그리스도인들 가운데 그리스도께서 바라시는 것과는 정반대의 방식으로 행하는 자들이 많다는 사실입니다. 어디에서나, 그리스도인이라고 여겨지는 우리 동포들에게 이방인들이 손가락질합니다. 그들은 우리나라 사람들에 대해 말하기를, 지면의 사람들 가운데서 가장 술에 취한 자들이라고 합니다. 나 또한 그렇다고 생각합니다. 우리를 향한 그런 비난은 우리의 선원이나 군인들 그리고 외국에 나가는 다른 사람들의 행동에 근거를 둔 것입니다. 마호메트의 추종자들이나 힌두교의 제자들은 그들의 종교가 우리의 종교보다 우월하다고 생각합니다. 이 영국인들은 그리스도인들일 것이라고 여겨지지만, 실상은 그렇지 않습니다. 이런 일은 큰 추문이며, 해 아래서 개탄스러운 일입니다.

다음으로, 그 모든 것의 핵심은 바로 여기에 있습니다. 즉, 참된 그리스도인들, 진실로 그리스도의 피로 사신 자들, 거듭난 사람들이, 그분의 이름에 충분히 영광을 돌리지 않는다는 것입니다. 교회의 열심은 어디에 있습니까? 다른 시대에 있었던 열심, 모든 것을 삼키는 뜨거움은 어디에 있습니까? 피로 사신 바 된 백성, 그리스도의 몸의 지체들에게 있어야 할 성별이 어디에 있습니까? 교회의 초기에 그토록 영광스럽게 나타났던 기도와 간구의 힘이 어디에 있습니까? 진심 어린 사랑과 연합의 정신은 어디에 있습니까? 모든 그리스도인에게서 보여야 할 형제의 우애와 긍휼은 어디에 있습니까? 초대 교회는 그리스도의 이름에 큰 명예를 드렸습니다. 오늘날의 교회도 같은 일을 행합니까? 심지어 가장 영적인 부분에서도, 교회는 주 예수님께 그분이 마땅히 받으셔야 할 명예와 영광을 드리고 있습니까? 내가 말하는 것을 여러분이 판단해 보십시오. 우리는 모두 무익한 종들이 아닙니까? 예수님이 이처럼 친구들에 의해서와 또한 원수들에 의해 나쁜 대우를 받으시는 것을 생각하면, 우리에게 울어야 할 이유가 있고, 크게 애통해야 할 이유가 있지 않습니까? 사랑하는 이여, 계속해서 찔림을 당하시는 그분을 위해, 므깃도 골짜기의 하다드림몬에서 그랬던 것처럼(참조. 슥 12:11), 교회는 금식을 선포하고 주 앞에서 애통해야 함이 마땅합니다.

3. 가족의 애통

세 번째 요점으로 한 두 가지를 말씀드리겠습니다. 본문은 가족의 애통에 대해 말하고 있습니다. 우리가 이런 일을 볼 때, 그날은 매우 복된 날일 것입니다. 그때 은총과 간구의 영이 크게 부어지고, 그 땅은 애통할 것이며, 떨어져 지냈던 모든 가족이 슬퍼하는 것입니다. 여러분의 가정에서 이런 일을 본 적이 있습니까? 실제로 하나님의 영이 한 가족에게 임할 때 그런 일이 있습니다. 그런 것이 전혀 없다면 그것은 충분히 슬퍼할 이유입니다. 가족 예배에서 그저 형식과 냉랭함이 있음을 생각할 때, 아침과 저녁 예배에서 예수님께 대한 사랑이 거의 나타나지 않는 것을 생각할 때, 우리는 슬퍼해야 합니다. 신앙을 고백하는 가정에서 매일의 기도가 거의 무시되는 것을 나는 염려합니다. 각 개인이 각자의 방에서 기도한다고 믿습니다. 하지만 그들은 가족으로서 모여 예수의 이름으로 예배하는 것을 멈추었습니다. 가족으로서 그들에게는 기도가 없고, 그래서 주님의 이름을 불명예스럽게 하는 것입니다. 여기에는 슬퍼할 만한 진지한 이유가 있습니다. 그런 태만 때문에, 우리 주님이 기뻐하시는 것 곧 가족 찬양을 잃으시는 것이기 때문입니다.

가족은 또한 주님이 가족의 대소사에서 존중받지 못하신 것으로 인해 슬퍼해야 합니다. 가족 문제에서 그리스도가 처음이요 으뜸이 되시지 못합니다. 아버지들은 자녀들에게 도덕적이고 영적인 유익보다는 세상적인 번영을 바라고 그것을 우선시합니다. 많은 경우에 딸들의 결혼이 주 안에서 이루어지기보다는, 순전히 금전적인 고려에서 추진됩니다. 가정사에서 우리 주님의 존재가 얼마나 무시되는지요. 예를 들면, 조금만 주의하고 생각해도 피할 수 있는 많은 일이 주일에 행해지고, 결과적으로 하나님의 백성과 안식하면서 주님을 예배하러 갈 수가 없게 됩니다. 가정사에서 항상 주님을 우선시하는 길이 있고, 그와 반대로, 주님이 조금도 고려되지 않고 있음을 입증하는 길이 있습니다. 가족 간의 다툼, 가족의 교만, 가족의 탐욕, 모든 종류의 가족의 죄가, 우리의 신앙 고백에 수치를 가져다주고, 우리가 일컬어지는 이름을 불명예스럽게 하는 것에 대해 큰 애통함이 있어야 합니다.

가족 중에 회심하지 않은 구성원이 있다면, 이 역시 온 가족이 깊이 애통해야 할 이유입니다. 구원받지 못한 자녀가 하나라도 있다면, 온 가족은 그를 위해 눈물로 간구해야 합니다. 온 가족이 믿음 안에서 행하는 분들은 행복합니다. 하지만 그 가운데서 하나라도 빠진 사람이 있다면, 죽은 자들을 위해 울지 말고, 그를 위해 슬퍼하지도 말며, 오히려 살아 있으나 자기의 주를 향하여는 죽은 자를 위해 우십시오. 아내여, 세속적인 남편이 있다면 마음으로 깊이 애통하십시오. 남편이여, 당신의 회심하지 않은 아내를 위하여 애통하기 바랍니다. 아직 예수님에게 인도되지 않은 형제와 자매들이 있다면, 그들을 위해 슬퍼하기를 마다하지 마십시오. 나는 가족들이 특별한 문제로 맹세한 것을 갚기 위해 때때로 함께 오기를 바라며, 아버지가 가족의 잘못과 죄를 그들 모두의 이름으로 고백하기를 바라며, 그 가정에서 주님께 그릇 행했던 것을 인정하기를 바랍니다. 나는 모든 지혜로운 부모들이 마땅히 해야 할 사적인 책망을 언급하는 것이 아닙니다. 내가 말하는 것은 가장의 목소리로 가족 모두의 공통적인 문제에 대한 고백이 있어야 한다는 것입니다.

오, 주 예수 그리스도시여, 당신이 이스라엘 모든 가족의 하나님이시고 또한 야곱의 모든 장막을 사랑하시는 것을 생각하면 얼마나 기쁜지요! 우리의 가정들이, 가정으로서, 그들에게 죄와 허물이 있는 것으로 인해, 당신 앞에서 겸손히 행하게 하소서. 모든 가족이 애통하게 하소서. 다윗의 집이 애통하게 하소서, 왕 같이 고귀한 가족들에게도 죄가 있습니다. 오호라! 레위 집안이 회개하게 하소서. 사역자들의 가정에도 주 우리 하나님을 크게 노엽게 하는 죄들이 있습니다. 우리가 아무것도 알지 못하는 시므이 집(참조. 민 3:18)이, 알려지지 않은 사적인 가정들, 곧 더 낮은 반열에 있는 가정들을 대표할 수 있습니다. 이들 또한 참회의 슬픔 속에 하나님께 가까이 오기 바랍니다. 나단의 집은 예언자의 집 혹은 귀족의 집으로 간주될 수 있습니다. 하지만 그들이 누구이건, 그들 모두가 고백의 언어를 가지고 지존자 앞으로 오기를 바랍니다.

더 많은 가정이 경건하게 되고, 더 많은 가정이 죄로 인해 슬퍼하는 것을 우리가 보게 된다면, 그것은 영국을 위해 복된 일일 것입니다. 사람들이 말하기로는, 크롬웰의 시대에 아침의 특정한 시간에 치프사이드(Cheapside) 길을 걸어서 내려가다 보면, 모든 집의 모든 창문 가리개가 내려져 있었다고 합니다. 그 안의 거주자들이 가족 기도 중이었기 때문입니다. 그것이 당시에는 모든 신앙 고백자들의 일상적인 의식이었고, 또한 그것은 교황주의에 맞서는 큰 지지였습니다.

현대의 의식주의자들은 우리에게 매일 아침과 밤에 교회에 가서 기도하기를 원합니다. 교회는 온종일 열려 있습니다. 나는 우리의 교회들 가운데 한 교회가 개인 기도를 위해 그렇게 하는 것을 보았습니다. 하지만 나로서는 교회는 어느 정도 공적인 기도를 위한 장소이며, 헌신을 나타내기 위해 적합한 장소라는 생각이 듭니다. 기도가 여러분의 가정에서보다는 교구의 예배당에서 더 잘 받아들여진다는 생각은 하나의 미신이며, 존중되어서는 안 되는 생각입니다. 만약 우리가 가정에서 기도한다면, 그리고 모든 가정이 교회가 되고, 모든 방이 개인적인 간구로써 성별화된다면, 우리는 거룩한 장소라든가 사제와 같은 어리석은 개념에 매혹되지 않을 것이며, 교황주의의 유혹에 대해서도 보호를 받을 것입니다. 주님께서 은총의 영을 그분 백성의 모든 가정에 부어주시길 바랍니다!

4. 개인적인 애통

마지막으로, 더 개인적인 내용을 다루고자 합니다. 이 본문에 따르면, 하나님의 영이 주어질 때, 개인적이고, 독자적이며, 건전한 애통함이 각 사람에게 있을 것입니다. "모든 남은 족속[가족]이 각기 따로 하고, 그들의 아내들이 따로 하리라"(슥 12:14). 자주 반복되는 이 말은 주님 앞에서 거룩한 슬픔의 개별성을 생생하게 나타냅니다. 이제 그 속으로 들어가 보도록 합시다.

첫째, 사랑하는 형제들과 자매들이여, 우리의 죄가 우리 주님의 죽음의 원인이 되었던 것을 슬퍼합시다. 이는 본문에서 자연스럽게 떠오르는 생각이며, 굳이 내가 여러분에게 촉구할 필요도 없이 여러분에게 자연스럽게 떠오르는 생각일 것입니다. 중생하기 전의 우리 죄를 계속 슬퍼합시다. 나로서는, 거짓말을 하실 수 없는 분을 한때 내가 불신했다는 것이 앞으로도 나를 슬프게 할 것입니다. 이제는, 내가 내 주님을 알고, 그분의 신실하심을 잘 증언하게 되었지만, 내가 전에 그분을 의심했다는 것이 너무나 이상하고도 잘못된 일로 여겨집니다. 나는 그분이 나를 깨끗하게 하실 수 없다고 생각했고, 혹은 그분이 나를 받아들이지 않으실 것이라고 생각했습니다. 그분은 마음이 너무나 온유하시고 사랑이 가득한 분이시건만, 한때 나는 그분을 내가 스스로 할 수 없는 일을 나에게 기대하는 엄혹한 군주라고 여겼습니다. 나는 그분이 있는 그대로의 나를 받아들이고 내 죄를 제거하신다는 것을 알지 못했습니다. 이제 나는 그것을 알지만, 내가 그처럼 그분을 심하게 오해했었다는 것을 슬퍼합니다.

우리의 오랜 부주의함에 대해서도 우리는 슬퍼해야 하지 않을까요? 사랑하는 친구여, 당신은 복음을 들었고, 그 계획과 목적을 이해했습니다. 하지만 당신은 그 능력을 느끼기를 바라지 않았습니다. 하나님의 아들이 당신을 위해 오셔서 죽으셨지만, 여전히 당신은 편리할 때 예배당에 참석하는 것을 일상적인 문제로만 여기고, 마음은 세상의 일로 가득합니다. "오 주여, 당신의 머리는 이슬로 젖고, 당신의 머리털은 밤의 물방울들로 젖는데, 제가 언제까지 당신을 거부하며 제 마음을 그토록 오래 닫아둘 수 있을까요? 당신은 부드럽게 문을 두드리시며, 다시 두드리시는데, 나의 하나님이시여, 저는 그토록 오랜 시간이 지나도록 당신을 안으로 모시려 하지 않았나이다! 슬픔 속에서 저는 그로 인해 회개하기를 원합니다!"

사랑하는 친구들이여, 우리가 그렇게 부주의한 상태로 사는 동안 우리가 그리스도께 보냈던 경멸을 생각해보십시오. 우리는 마음속으로 거의 이런 식으로 말하지 않았던가요? "세상에서는 즐거움을 찾을 수 있는데 그리스도 안에서는 찾을 수 없다. 재물에는 안식이 있지만, 예수 안에는 없다." 젊었을 때 우리는 예수님의 뜻을 따르기보다 고의적으로 우리 마음의 꾀를 좇아 살기로 선택하지 않았던가요? 이제 우리가 그분을 알게 되었으므로, 예수님이 비길 데 없이 아름다운 모습으로 우리 곁에 계시건만, 화장한 이세벨의 얼굴 곧 세상에서 매력을 찾았던 우리가 정말이지 어리석었다고 생각합니다. 귀하신 주여, 우리를 용서하소서. 우리가 항상 이런 사소한 것들, 이런 일시적인 장난감들, 이런 모조품들을 생각하였고, 단지 한 시간 동안의 즐거움을 위해 당신을 놓치고 말았습니다. 오호라, 우리가 그토록 천박하게도 당신을 모욕했던 것은 단지 한때의 실수가 아니라, 수년간 이어졌던 범죄였습니다. 오 주여, 우리를 용서하소서.

또한, 큰 회한으로, 우리가 그리스도를 향해 나타냈던 저항을 돌아봅시다. 우리 가운데 어떤 이들 안에서 성령은 강력하게 역사하셨습니다. 나는 어떤 설교들을 듣고 무릎을 꿇고 눈물로 내 방으로 들어갔었던 것을 고백합니다. 하지만 다음 날 아침 그 눈물은 증발했고, 나는 이전과 마찬가지로 완고했습니다. 예수님께서 그분의 혼인 잔치에 오라고 나를 설득하시지 않았습니까? 그분이 그분의 팔을 내 목에 얹고서 말씀하셨습니다. "와서 나의 사랑을 받아들이라." 그분은 친절하게 우리를 설득하셨고, 또한 두렵게 경고하기도 하셨습니다. 하지만 우리는 그분에게 저항하지 않았던가요? 이것이 어떤 죄인가요! 지금 그분을 보십시오! 오, 그분의 상처를 보고 또한 어떤 사람보다 더 상하신 그분의 얼굴을 보십시오! 우리가 그분을 옆으로 밀어내지 않았습니까? 우리가 오직 우리의 유익만을 구하셨던 그분과 다투지 않았던가요? 이런 행위로써 우리는 우리 주님을 찌르지 않았습니까? 바로 그렇습니다. 오호라, 그토록 어두운 날들이 있었습니다! 회심 이전의 우리의 전 삶을 그저 죽음의 공기만 내쉬던 때로 간주해야 마땅합니다. 그 시절의 낮도 밤으로 간주할 것이며, 그 시절의 밤은 영원히 사라지고 망각되게 합시다.

하지만 이보다 더 반성해야 할 것이 있으니, 회심 이후 우리의 죄들입니다. 오늘 아침에 나는 그리스도께 대한 믿음을 고백한 이후 심각하게 신앙이 퇴보한 누군가에게 말하고 있지 않습니까? 당신은 크고 공개적인 죄들을 범하지 않았습니까? 마치 나병 환자를 진 밖으로 보내야 했듯이, 당신을 하나님의 교회에서 내보내는 것이 필요할 정도로 당신의 죄는 심각하지 않았습니까? 그렇다면 그 일을 생각할 때마다 당신의 눈에서는 눈물이 흐르지 않을 수 없을 것입니다. 교회에 의해 땅에서 정당하게 매인 것은 하늘에서도 매입니다. 그러므로 하나님의 교회의 책망을 멸시하지 마십시오. 하지만 사랑하는 이여, 만약 우리 가운데 다른 사람들이 그 큰 죄에서 보호되었어도—나는 그렇다고 믿습니다—우리가 무슨 말을 하겠습니까? 우리 가운데는, 바로 우리에게, 주님을 거역한 많은 죄가 있지 않습니까? 우리 역시 종종 불신의 죄를 범했습니다. 우리는 진리 자체이신 주님을 의심했습니다. 이것이 그분의 마음을 찌르는 것이 아닙니까? 그분의 혈관을 다시 터지게 하는 것이 아닙니까? 우리는 때때로 우울해지고, 불평으로 가득하였고, 마침내 사람들이 그런 우리를 보고 그리스도인들이 불쌍하다고 말할 정도였습니다. 우리가 낙심하여 주님의 기쁨을 느끼지 못한 것 때문에 사람들이 속담을 들어 우리의 거룩한 신앙을 폄훼하였습니다. 그런 일이 그분에게 상처를 입힌 일이니, 우리는 이런 악에 대해서도 애통하도록 합시다.

그런 비난을 부인할 수 없는 사람이 많지 않기를 바라고, 우리의 사랑하시는 주님이 미지근함을 책망하셔야 하는 일이 없게 되기를 바랍니다. 피 흘리신 어린 양, 우리 영혼의 귀한 연인(Lover)을 향해 미지근한 마음을 갖다니요! 우리는 또 불순종하지 않았습니까? 육신의 차원에서 기쁘지 않은 일이라고 해서, 어떤 의무들을 하지 않은 채로 남겨두지 않았습니까? 반대로 우리 자신을 기쁘게 하기 위해서라면 하지 말아야 할 일들을 행하지 않았습니까? 그런 일이 우리의 마음과 사랑하시는 주님 사이에 가로놓인 슬픈 일입니다.

우리에게는 자기 부인이 크게 부족하지 않았던가요? 우리는 얼마나 적은 것을 그분에게 드렸던가요! 우리는 그분을 향해 인색하게 굴지 않았습니까? 그분이 우리에게 이렇게 말씀하실 수 있지 않을까요? "너는 나를 위하여 돈으로 향품을 사지 아니하며 희생의 기름으로 나를 흡족하게 하지 아니하고, 네 죄짐으로 나를 수고롭게 하며, 네 죄악으로 나를 괴롭게 하였느니라"(사 43:24). 얼마나 적은 열심을 우리는 주님에게 보여드렸던가요? 우리의 열심이란 그저 가물거리기만 하는, 꺼지지 않은 심지에서의 작은 불꽃 같았습니다. 그 불꽃은 얼마나 미약했던지요? 하나님을 향한 사랑이 얼마나 적었고, 멸망하는 죄인들을 향한 사랑은 또 얼마나 적었으며, 심지어 그리스도의 친 백성을 향한 사랑조차도 얼마나 적었는지요? 예수님과 함께하는 우리의 친교는 얼마나 불충분했던지요? 그분을 사랑하는 사람들이 있다는 것을 나는 압니다. 하지만 그런 이들이 그분의 음성을 듣지 않고 하루하루를 보내며, 심지어 그런 상태로 한 주간을 살아가기도 합니다. 부끄러운 일입니다! 우리 마음의 남편이신 주님과 같은 집에 살면서, 한 달간 한 마디도 나누지 않는 것은 부끄러운 일입니다! 그분은 우리에게 모든 것의 모든 것이 되어야 하건만, 종종 마치 그분이 차선(second best)이라는 듯이 혹은 아무것도 아니라는 듯이 대우를 받으신다는 것은 정녕 슬픈 일입니다. 오호라, 오호라, 그리스도는 너무나 탁월하시지만, 우리는 모두 결함투성이입니다. 그분 안에서 우리는 즐거워할 수 있지만, 우리 자신에 대해서, 우리는 우리 영혼의 나쁜 상태로 인해 그분의 성령을 근심하시게 한 것을 마치 비둘기처럼 슬퍼하며 울어야 합니다.

과거에 대해 애통해하라고 여러분에게 요청했고, 또 여러분이 그렇게 할 수 있도록 하나님의 영이 도우시기를 기도하지만, 현재에 대해서는 무어라고 말할까요? 지난 한 주간을 점검해보십시오. 우리가 믿는 자들이라면 그리스도 안에서 우리는 하나이므로, 나는 나 자신과 여러분이 지난 한 주간을 돌아보기를 바랍니다. 지나간 날들을 잘 살펴보았습니까? 그렇다면 나는 여러분이 와츠(Watts) 박사와 더불어 이렇게 말할 수 있기를 바랍니다—

"죄 많은 내 영혼을 구하려고
죽으신 그분을 위해 나는 무엇을 했던가?

매 순간이 흘러갈 때마다
내 어리석은 행동만 빨리 늘어난다네."

지난 한 주간은 그리스도를 위한 참된 예배의 한 주간이었던가요? 여러분은 무언가를 하면서 최선을 다했던가요? 거기에 마음을 쏟았던가요? 다른 사람들을 그리스도께 데려오려고 애쓸 때, 여러분은 그리스도인들이 마땅히 느껴야 할 따스한 애정을 느꼈던가요? 당신은 누군가와 약간 다투었는데, 그리스도인의 마음으로 행동했던가요? 당신은 예수님의 부드러움과 온유를 나타냈던가요? 당신은 기분이 상했습니다. 너그럽게 용서했나요? 주님을 위해 당신은 기분 상했던 것을 모두 등 뒤로 던졌던가요? 당신은 어떤 곤경에 처해 있습니다. 당신은 마치 어린아이가 손가락이 베인 상태에서 어머니에게 달려가듯이, 자연스럽게 당신의 짐을 주님에게 가져갔던가요? 그분에게 모든 것을 말씀드리고, 모든 것을 맡겼나요? 당신은 무언가를 잃었습니다. 당신은 자발적으로 모든 것을 그분의 뜻에 맡겼나요? 지난 주간에 교만은 없었습니까? 교만은 그분을 크게 슬프시게 합니다. 그분은 교만한 스승이 아니시니, 교만한 제자를 기뻐하지 않으시기 때문입니다. 우리가 애통해야 할 것이 많지 않습니까?

그리고 바로 이 순간 그분을 향한 우리의 감정은 어떠합니까? 우리 속에는 은혜의 활동이 있습니다. 그러나 이 순간에도 우리에게는 주님 앞에서 슬픔으로 엎드리게 만드는 일이 많다고 고백해야 하지 않을까요? 사랑하는 구주시여, 당신은 모든 것을 아시니, 이 예배당에서 당신을 위해 울어야 할 이유를 가진 사람 가운데, 바로 이 순간 당신을 위해 말하는 자보다 더 큰 이유를 가진 이는 없나이다. 그는 이 빈약한 입술로 그의 마음이 느끼는 것을 말하지 못하고, 그의 마음은 마땅히 느껴야 하는 것을 느끼지 못하고 있기 때문입니다. 설교자는 스랍 천사처럼 되어야 합니다. 그리스도를 위해 말하고, 그분을 찬미하려고 애쓰는 사람은, 사람들과 자기 자신의 죄를 볼 때 니오베(Niobe, 그리스 신화에서 테베의 왕비. 훌륭한 자녀 14명을 낳았다고 교만하게 자랑하다가 신들의 미움을 받아 자녀 모두를 잃고, 슬피 울다가 돌이 되어버렸다고 함-역주)처럼 되어야 합니다.

나의 눈물은 어디에 있습니까? 마음은 진정 원이로되, 육신이 약합니다. 지금 내가 나 자신에 대하여 말한 것은 주님을 섬기는 일에 종사하는 여러분 대부분에게도 적용되는 것이라고 나는 생각합니다. 여러분은 실책을 범한다고 느끼지 않습니까? 그분의 초상을 그릴 때 그분의 모습을 망쳐놓는다고 느끼지 않습니까? 여러분이 사람들에게 십자가에 달리신 그분을 생생하게 전하고 싶을 때, 여러분이 그분을 드러내기 위해 사용했던 그 말로 오히려 그분을 흐릿하게 전하지 않습니까? 여러분에게 그런 감정이 있어야 합니다. 여러분에게 그런 느낌이 있다면, 이 말씀을 읽음으로써 설교를 맺겠습니다. 이 말씀은 예수님을 위한 진지하고 진심 어린 애통함이 있을 때 확실한 사실입니다: "그날에 죄와 더러움을 씻는 샘이 다윗의 족속과 예루살렘 주민을 위하여 열리리라"(슥 13:1). 그러므로 그 거룩한 샘에 뛰어듭시다. 보혈을 믿고, 씻어 깨끗해집시다. 그분이 씻어주셔서 깨끗하게 된 백성이여, 그분의 이름에 영광을 돌립시다! 아멘.

제
10
장

마음은 어떻게 부드러워지는가?

"내가 다윗의 집과 예루살렘 주민에게 은총과 간구하는 심령을 부어주리니 그들이 그 찌른 바 그를 바라보고 그를 위하여 애통하기를 독자를 위하여 애통하듯 하며 그를 위하여 통곡하기를 장자를 위하여 통곡하듯 하리로다. 그날에 예루살렘에 큰 애통이 있으리니 므깃도 골짜기 하다드림몬에 있던 애통과 같을 것이라" – 슥 12:10,11

마음의 딱딱함은 통탄할 큰 악입니다. 그것은 바깥 세계에만 있는 것이 아니라, 주님의 집 뜰을 빈번하게 밟는 자들에게서도 많이 발견됩니다. 종교의 의복 아래로 많은 사람이 돌 같은 마음을 지니고 있습니다. 그들이 형식적으로 세례와 성만찬의 자리에 오는 것과 지속적으로 말씀을 들으러 오는 것은 물론 가능하고, 심지어 개인적으로 종교적 의무를 수행하는 것까지도 가능합니다. 하지만 여전히 그들이 가진 것은 새로워지지 않은 마음이요, 그 속에서 영적인 생명이 고동치지 않는 마음이며, 영적인 느낌이 존재하지 않는 마음입니다. 돌 같은 마음에서는 어떤 선한 것도 나올 수 없습니다. 그것은 바위처럼 건조합니다. 느끼지 못하는 것은 열매를 맺지 못하는 것입니다. 열망 없는 기도, 감정 없는 찬양, 진지함이 없는 설교, 이 모든 것이 무엇입니까? 대리석 형상처럼, 그들은 차갑고 죽어 있습니다. 무감각은 치명적인 표징입니다. 빈번하게도 그것은 멸망의 바로 앞 단계입니다. 바로의 굳은 마음은 그의 교만이 끔찍한 파멸을 만나게 될 것을 알려주는 일종의 예언입니다. 마음이 단단한 돌보다 굳어질 때는 복수의 큰 망치가 멀지 않습니다.

마음의 부드러움에는 크고 많은 이점이 있습니다. 마음의 부드러움은 은혜로운 사람의 징표들 가운데 하나입니다. 영적인 감각이 그리스도인의 모든 의무에 생명과 느낌을 부여합니다. 그는 느끼면서 기도하고, 진정으로 기도합니다. 겸손과 감사로 하나님을 찬미하는 자는, 그분이 기쁘게 받으시는 찬미를 드립니다. 그리고 사랑의 마음을 가지고 설교하는 자는 참된 웅변의 본질적인 요소들을 가진 것입니다. 하나님의 말씀에 떠는 내면적이고 살아 있는 부드러움은, 하나님 보시기에 매우 소중한 것입니다.

이 문제에서 여러분은 내게 동의할 것입니다. 최소한, 나는 여러분 가운데 일부는 철저하게 이런 생각을 가졌다는 것을 압니다. 여러분은 부드럽고 통회하는 마음이 되기를 갈망하기 때문입니다. 여러분 가운데 하나님의 은혜로 진실로 마음이 부드럽게 된 이들은, 자기 마음이 돌처럼 굳어지는 것을 발견할 때 자기 자신을 비난하려 할 것입니다. 우리는 우리 자신의 상태에 대해 서툰 판단자이며, 이 문제에서 많은 사람이 실수합니다. 이 점에 유의하십시오: 자신이 슬퍼하지 않는 것 때문에 슬퍼하는 사람은 종종 가장 슬퍼하는 사람입니다. 자신이 느끼지 않는 것을 느끼는 사람은 아마도 우리 모든 사람 가운데서도 가장 잘 느끼는 사람일 것입니다. 마음의 딱딱함은 한 사람이 그것 때문에 슬퍼할 때 거의 사라진 것이라고 나는 생각합니다. 자신의 무감각을 느낄 수 있는 사람은 둔감한 사람이 아닙니다. 자기 마음이 돌 같은 마음이라고 슬퍼하는 자들은, 만약 그들이 차분히 그 문제를 바라볼 수 있다면, 그것은 돌이 아니라는 것을 알아볼 수 있으며, 혹은 굳은 마음 때문에 애통하지 않아도 되는 것을 알 수 있습니다. 하지만 이 문제가 그렇건 그렇지 않건, 나는 죄에 대한 경건한 슬픔을 위해 기도하는 여러분 모두에게 말할 수 있습니다. 은혜 언약에 이런 말씀이 기록되어 있습니다. "너희 육신에서 굳은 마음을 제거하고 부드러운 마음을 줄 것이라"(겔 36:26). 나는 이 말씀이 바로 지금 여러분에게 성취되기를 기도합니다. 이 설교의 목적은 이 부드러움이 어떻게 얻어지는지를 보이는 것이며, 죄로 인한 복음적인 슬픔이 어떻게 마음속에서 생성되며 또 거기에서 어떻게 유지되는지를 보이는 것입니다. 나는 내적인 본성이 살아나고, 느끼고, 부드러워지고, 따뜻한 감정으로 채워지고, 뜨거운 열망이 생기고, 주 예수 그리스도를 향하여 강렬한 애정이 생길 수 있는 단순한 방법을 제시하고자 합니다. 내가 말하는 동안 여러분은 이와 같이 기도하시기를 요청합니다. "오 주여, 내 속에 부드러운 마음을 창조하시고, 내 안에 통회하는 영을 새롭게 하소서"(참조. 시 51:10).

본문 말씀을 잘 살펴보는 것이 유익할 것입니다. 이 구절은 특히 우리의 목적에 적합하며 우리가 가르치는 내용에 권위를 부여할 것입니다. 먼저, 거룩한 부드러움은 하나님의 활동에서 일어난다는 점에 주목하십시오: "내가 다윗의 집과 예루살렘 주민에게 은총과 간구하는 심령을 부어주리라." 둘째로, 그것은 실질적으로 믿음으로 바라보는 것에 의해 생깁니다: "그들이 그 찌른 바 그를 바라보고 그를 위하여 애통하리라." 셋째로, 이런 방식으로 오는 부드러움은 강렬하게 죄에 대한 슬픔으로 이끕니다: "그를 위하여 애통하기를 독자를 위하여 애통하듯 하며 그를 위하여 통곡하기를 장자를 위하여 통곡하듯 하리로다. 그날에 예루살렘에 큰 애통이 있으리니 므깃도 골짜기 하다드림몬에 있던 애통과 같을 것이라."

1. 죄로 인해 슬퍼하게 만드는 거룩한 부드러움은 하나님의 활동에서 일어난다.

먼저, 사람들을 죄로 인해 슬퍼하게 만드는 거룩한 부드러움은 하나님의 활동에서 발생하는 것임을 주목하십시오. 타락한 사람이 자기 마음을 새롭게 하는 일은 일어나지 않습니다. 단단한 돌이 저절로 밀초로 변하거나, 화강암이 저절로 진흙처럼 부드러워집니까? 오직 하늘을 펼치고 땅의 기초를 놓으신 그분만이 사람의 영을 그 속에서 형성할 수도 있고 다시 형성할 수도 있습니다. 우리 본성의 바위를 회개의 강물과 더불어 흐르게 만드는 능력은 그 바위 자체에 있지 않습니다.

능력은 전능하신 하나님의 영에 있습니다. 그리고 그분이 이 능력을 발휘하기를 기뻐하십니다. 하나님의 영은 신속하게 생명과 느낌을 주십니다. 그분은 옛적에 수면 위에 운행하셨고(창 1:2), 그분의 능력에 의해 혼돈에서 질서가 생겨났습니다. 동일하신 영이 이번에는 우리의 영혼 위에 운행하시고, 우리의 자연적 상태의 혼돈을 빛과 생명과 순종의 상태로 바꾸십니다. 폐허가 된 우리 본성의 희망이 거기에 있습니다. 우리를 만드신 여호와는 우리를 다시 만드실 수 있습니다. 그런 일이 그분의 능력을 초월한 것이 아닙니다. 여호와께 어려워서 하지 못하실 일이 있을까요? 주의 영이 제한을 받으십니까? 그분은 지옥의 맷돌에도 감각을 불어넣으실 수 있고, 쇠와 강철을 녹여 눈물의 홍수로 변화시키실 수 있습니다. 그분이 은밀하고도 신비한 작용으로 인간의 마음을 다루실 때, 그분은 거기에 새로운 생명과 인식과 감정으로 채우십니다. "하나님이 나의 마음을 부드럽게 하시며"(욥 23:16, KJV) 라고 욥이 말했으며, 그의 말은 가장 좋은 의미에서 사실입니다. 성령은 우리를 밀초처럼 만드시며, 우리는 감수성이 예민한 그분의 성스러운 인장(印章)이 됩니다. 마음이 굳은 여러분이여, 기억하십시오, 여러분의 희망은 여기에 있습니다. 북극 바다의 빙하를 녹이시는 하나님이 친히 그분의 사랑의 임재 안에서 여러분의 굳은 영혼을 녹이셔야 합니다. 여러분 안에 행하시는 하나님의 능력이 아니면 그 어떤 것도 이런 효과를 일으킬 수 없습니다. "여러분은 거듭나야 하며", 또한 그 새로운 출생은 위로부터여야 합니다. 하나님의 영이 여러분 안에 중생을 일으키셔야 합니다. 그분은 이 돌들을 일으켜 아브라함의 자손들로 만드실 수 있습니다. 하지만 그분이 일하실 때까지 여러분은 죽고 무감각한 상태입니다. 지금도 나는 그분의 능력이 역사하는 것을 인식합니다. 그분이 거룩한 일을 일으키시려고 여러분을 감동하고 있으며, 은혜로운 소원이 일어나는 것에서 활동은 이미 시작되었습니다.

다음으로 주목할 것은, 이 부드러움이 하나님의 영으로부터 오는 것처럼, 그것은 또한 아버지와 아들과의 온전한 협력 속에서 하나님의 역사에 의해 오는 것입니다. 본문에서 우리는 성 삼위일체의 삼위(三位)를 모두 볼 수 있습니다. 우리는 아버지가 말씀하시는 것을 듣습니다. "내가 다윗의 집과 예루살렘 주민에게 은총과 간구하는 심령[영, 성령]을 부어주리라." 그 영[성령]이 부어질 때, 성령은 사람들로 그들이 찌른 분, 곧 성육신하신 하나님의 아들을 바라보도록 이끄십니다. 이처럼 아버지와 아들에게서 나오신 성령은 아들을 계시하심으로써 아버지의 뜻을 이루시고, 인간의 마음에 도달하시는 것입니다. 성부는 성령을 보내시고, 성령은 하나님의 아들을 증언하시고, 사람들은 죄로 인해 슬퍼하게 됩니다. 우리는 복되신 하나님의 세 위격을 믿으며, 그러면서 동일하게 하나님이 한 분이신 것을 분명히 믿습니다. 우리는 하나님의 세 위격의 다양한 활동을 보지만, 또한 그 모든 것이 결국 한 분 하나님의 일이며, 같은 목적을 위한 활동인 것을 봅니다. 그 목적이란, 자연적인 완고의 상태에서 우리를 구원하심으로써 은혜가 다스리도록 하는 것이며, 또한 우리가 죄를 지은 것 때문에 우리로 애통하게 하는 것입니다. 성령은 아버지와 아들 없이 일하지 않으십니다. 오히려 그분은 인간의 영혼에 대한 활동에서 성부와 성자 모두와 완전히 연합되었다는 것을 스스로 입증하십니다. 그러므로 성령께서 당신의 마음을 녹이시는 것을 느낄 때, 아버지께서 당신을 거절하시리라고 생각하지 마십시오. 당신의 마음을 다루시도록 성령을 보내신 분이 성부이십니다. 당신이 죄를 회개하고 슬픔 속에서 구주의 발치에 엎드릴 수 있다고 느낄 때, 예수님이 당신을 거절하시리라고 상상하지 마십시오. 은혜의 영을 보내셔서 당신에게 회개를 일으키시고, 지금껏 행한 잘못 때문에 당신을 애통하게 만드시는 분이 바로 그분이십니다. 만약 성령께서 "은총과 간구의 영"으로서 지금 당신 안에서 활동하신다면, 영광스러운 한 분 하나님, 하늘과 땅을 지으신 하나님이 당신을 다루고 계시는 것입니다.

이 작용은 보이지 않는 은밀한 일입니다. 당신은 육체의 감각으로 성령의 일을 인지할 수 없습니다. 그것은 영적으로 분별되는 일입니다. 오순절에 하나님의 영이 부어졌을 때, 다양한 표적들이 수반되었습니다. 급하고 강한 바람 같은 소리가 있었고, 불의 혀처럼 갈라지는 것이 있었습니다. 하지만 이런 것들은 외적인 표적들일 뿐이며, 성령 자체는 내적이고 은밀합니다. 성령은 바람과 같아서, 수반되는 효과가 아니면 볼 수 없습니다. 성령은 마치 이슬이 부드러운 침묵 속에서 여린 풀잎을 신선하게 하듯이 임하십니다. 나팔소리나 사람의 관찰 없이 성령은 그분의 은혜로운 일을 수행하십니다. 그분의 활동은 사람이 자기 동료에게 설명할 수 없는 비밀과 신비 중의 하나입니다. 성령의 움직임을 느끼는 사람은, 그 안에서 어떤 특별한 일이 일어나는 것을 압니다. 하지만 그것이 무엇인지, 혹은 그 일을 행하는 분이 누구신지, 그는 알지 못합니다. 그러므로 성령이 당신에게 임하실 때 사전에 통보가 있을 거라고 기대하지 마십시오. 하나님이 지금 당신을 다루고 계시고, 또 당신이 그것을 알지 못하여도, 그런 일에 놀라지 마십시오. "하나님은 한번 말씀하시고 다시 말씀하시되 사람은 그것을 깨닫지 못하기"(욥 33:14, KJV) 때문입니다. 성령의 작용이 인간의 마음에 의식적으로 지각될 수는 있지만, 그것이 항상 바른 목적을 따라 그렇게 되는 것은 아닙니다.

우리 찬송가 가사를 인용하여 표현하자면, 많은 사람이 "자기의 완고함이 떠나는 것을 느끼고 놀랍니다." 그는 어떻게 자기 마음에 새로운 부드러움이 생겼는지 알지 못합니다. 그는 자기 자신이 복음을 듣고 이해하기를 애타게 원한다는 것을 압니다. 그리고 그는 복음이 그 전의 여느 때와 달리 그에게 영향을 미치는 것을 느낍니다. 하지만 그는 그를 구주께로 끌어당기는 "보이지 않는" 사랑의 끈을 인식할 수는 없습니다. 머지않아 그는 이렇게 부르짖을 것입니다. "이는 하나님의 손가락입니다"(출 8:19, KJV. 한글개역개정은 "이는 하나님의 권능이니이다"로 되어 있음-역주). 하지만 여전히 그는 하나님의 목적을 인식하지 못합니다. 존 번연(John Bunyan)은 사람이 끄려고 시도하지만 꺼지지 않고 타는 불의 비유에서 그것을 잘 표현했습니다. 그 자신은 그것을 인지하지 못하지만, 불이 꺼지지 않고 타는 것은 거기에 기름을 붓는 분 때문입니다. 여러분은 그 불꽃을 볼 수 있지만, 보이지 않게 연료를 공급하는 분을 볼 수는 없습니다.

내 사랑하는 청중이여, 오늘 아침에 하나님의 영이 여러분 안에서 일하실 수 있습니다. 하지만 거기에 기적이라든가, 음성이라든가, 혹은 환상과 같은 특별한 증거가 수반되지는 않을 것입니다. 그분이 오시는 것은 지진이나, 바람이나, 불과 함께도 아닙니다. 오히려 그분이 오시는 것은 "세미한 소리"와 함께일 것입니다(참조. 왕상 19:12). 그분은 여러분 가운데 많은 이들에게 동시에 임하실 수 있지만, 누구도 자기 동료에게서 그것을 볼 수는 없을 것입니다. 나는 그분이 이 시간에 많은 사람에게서 일하시길 바랍니다. 주 예수께서 우리 가운데서 영광을 얻으시도록 많은 기도가 올려졌기 때문입니다.

하지만 성령의 은밀한 작용은 그 효과로 알려집니다. 그것은 달콤한 열매를 맺기 때문입니다. 우리는 본문에서 "은총과 간구의 영"에 대해 읽습니다. 그것은 성령이 일하시는 영혼 안에서 은혜로움과 기도의 소원을 불러일으킨다는 의미임에 틀림없습니다. 한 사람이 지금 하나님이 값없이 주시는 은혜와 은총을 받기 원합니다. 그는 하나님의 은혜가 그에게 임할 수 있는 상태에 놓입니다. 당신이 자기를 의롭게 여기는 한, 하나님은 은혜의 방식으로 당신을 다루실 수가 없습니다. 당신은 잘못된 기반 위에 있습니다. 왜냐하면 당신은 그분이 허용하실 수 없는 것을 요구하고 있기 때문입니다. 은혜와 공로는 물과 물이 섞일 수 없는 것 이상으로 서로 섞일 수 없습니다. 당신은 값없이 주시는 은혜를 받아들여야 하며, 당신이 그것을 권리로써 요구한다면 하나님은 결코 그것을 당신에게 주실 수 없습니다. 당신이 죄를 의식하게 될 때, 그때 용서가 주어질 수 있습니다. 당신이 하나님의 말씀의 망치로 펴서 늘여졌을 때, 그때 그분은 당신에게 사랑의 일을 하실 수 있습니다. 당신이 자기 의를 치워버리고, "하나님이여 불쌍히 여기소서 나는 죄인이로소이다"(눅 18:13)라고 부르짖을 때, 그때 당신은 의롭다 하심을 받고 집으로 내려갈 수 있습니다. 은혜의 성령이 우리에게 은혜를 주시려면 그것을 은혜로 받아들이는 것이 필요합니다. 우리는 너무나 은혜에 무지하고 야비하여서, 하나님이 우리에게 "은혜 위에 은혜" 즉 은혜를 받아들이는 은혜까지 주셔야만 비로소 은혜를 받아들입니다. 하나님의 영이 우리에게 은혜의 영으로서 오시고, 우리로 하나님이 거저 주시는 은혜를 귀하게 여기고 그것을 추구하도록 우리 안에서 은혜롭게 일하실 때, 그때는 실로 복된 때입니다. 은혜는 그 자체로 마음속에서 은혜를 위한 공간을 만들며, 은혜가 그 속에 들어가서 활동하게끔 만듭니다.

주님께서 또한 "간구의 영"을 부어주겠다고 본문에서 말씀합니다. 이는 소원과 갈망의 창조이며, 그것은 기도에서 표현됩니다. 성령께서 구원을 위해 마음속에서 일하실 때, 사람은 빈번하고도 뜨거운 간구로 은혜의 보좌 앞으로 나아가기 시작합니다. 말이 띄엄띄엄 미숙하게 표현될 수 있습니다. 하지만 말이 무엇입니까? 탄식, 눈물, 무거운 가슴, 위로 향하는 시선—이런 것들이 참된 기도이며, 하나님 앞에 효력이 있습니다. 형제들이여, 부족한 우리 설교자들이 사람들을 기도하게 할 수 없습니다. 우리가 공공 기도서 같은 것을 발간할 수 있고, 그것을 사람들 앞에서 읽을 수는 있으며, 대답을 유도하여 그들로 말하게 할 수는 있지만, 이런 수단으로 사람들을 기도하게 하지는 못합니다. 하나님의 영이 필요합니다. 자녀가 어머니의 무릎에서 기도의 형식에 대해 배울 수는 있고, 그것을 그가 늙을 때까지 날마다 반복할 수는 있어도, 그 모든 세월 동안 진정한 기도는 하지 못할 수도 있습니다. 가장 작은 분량이라 할지라도, 오직 하나님의 영만이 참된 기도를 생성할 수 있습니다. 영혼 안에 작용하는 하나님의 성령에 의해 최초에 하늘로부터 온 것이 아니라면, 하나님이 받으실 수 있는 기도는 지상에 없다고 나는 말합니다. 하지만 여기에 요점이 있습니다. 오늘 아침 당신에게 이 "간구의 영"이 있습니까? 당신은 신음하고, 부르짖고, 탄식하면서, "주여 구원하소서, 그렇지 않으면 제가 멸망할 것입니다. 저에게 그리스도를 주소서. 그렇지 않으면 제가 죽을 것입니다"라고 말합니까? 좋습니다. 그렇다면, 나는 이 본문에서 약속된 거룩한 부으심 아래에 당신이 있다고 믿습니다. "내가 다윗의 집과 예루살렘 주민에게 은총과 간구하는 심령을 부어주리라."

이 모든 것은 마음의 부드러움으로 이어지고, 그것은 죄로 인한 애통을 초래합니다. 강조해서 말하지만, 바로 이 지점에서 죄인에게 도움이 임해야 합니다. 당신은 느끼기 위해서 애를 써왔지만, 느낄 수가 없고, 느껴지지 않습니다. 당신은 힘을 위해 강하신 분(the Strong)을 바라보아야 하고, 생명을 위해 살아계신 분(the Living)을 바라보아야 합니다. 창조의 날에 인간의 코에 생기를 불어넣어 인간으로 산 영이 되게 하신 분이, 당신 속에 새로운 생명을 주입하실 수 있으며, 그 생명에 수반하는 자연적인 모든 감정도 함께 주실 수 있습니다. 성령에 대해 많이 생각하십시오. 그분은 가장 참된 의미에서 당신을 살게 하실 수 있기 때문입니다. 당신에게 부드러운 마음을 주시는 분은 하나님이십니다. 당신이 당신 속에서 그것을 창조하는 것이 아닙니다. 당신의 마음을 먼저 새롭게 하려고 시도하고서 그런 후에 구원을 받으려고 그리스도께 오려 하지 마십시오. 왜냐하면 마음의 갱신이 곧 구원이기 때문입니다. 당신의 모습 그대로 오십시오. 당신의 굳은 마음을 고백하십시오. 당신의 악하고 고집스러운 완고함과 강퍅함을 모두 고백하십시오. 그런 후에 당신 자신을 성령의 손에 맡기십시오. 그분이 당신의 완고함을 제거하시는 동시에 은혜가 당신의 죄책을 제거할 것입니다. 성령은 당신의 마음을 마치 눈동자처럼 부드럽게 만드실 수 있고, 당신의 양심을 막 생겨난 상처같이 민감하게 만드실 수 있으며, 당신으로 작은 접촉까지도 느끼게 하실 수 있습니다. 이 모든 문제와 관련하여 성령께서 우리를 다루시고, 우리가 우리 자신을 바라보지 않도록, 하나님이 은혜를 베푸시길 바랍니다. 육적인 마음에서 영적인 느낌이 생기기를 바라는 것은, 해변의 돌들에서 즙을 짜내기를 바라는 것과 같습니다. 마른 뼈들을 살아나게 하실 수 있는 분, 오직 그분만이, 마음이 굳은 자를 죄로 인해 애통하게 하실 수 있습니다.

2. 마음의 부드러움과 죄로 인한 애통은 믿음으로 하나님의 아들을 바라봄으로써 생겨난다.

이제 나는 우리 주제의 중심이자 핵심에 도달했습니다: 이러한 마음의 부드러움과 죄로 인한 애통은 실질적으로 창에 찔리신 하나님의 아들을 믿음으로 바라봄으로써 생겨납니다. 죄로 인한 참된 슬픔은 하나님의 영이 아니고는 생겨나지 않습니다. 하지만 하나님의 성령이 그런 활동을 하실 때는 반드시 우리로 십자가에 못 박히신 예수님을 바라보도록 인도하십니다. 우리의 눈이 그리스도를 바라볼 때까지 죄에 대한 참된 애통은 불가능합니다. 옛 목회자의 아름다운 진술이 있습니다. "눈은 최소한 두 가지를 위해 만들어졌는데, 첫째는 보기 위함이요, 둘째는 울기 위함이다." 창에 찔리신 분을 바라보는 눈은 그분을 위해 우는 눈입니다. 오 영혼이여, 모든 눈이, 찔리신 그분을 바라보는 곳으로 와서 당신도 그분을 바라보게 될 때, 모든 눈이 눈물을 흘리는 그 이유로, 당신의 눈도 눈물을 흘릴 것입니다. 바로 당신의 구주를 죽인 그 죄 때문입니다! 십자가를 바라봄이 없이 구원에 이르게 하는 회개란 없습니다. 그리스도가 없는 죄의 회개란, 그 자체가 회개해야 하는 문제입니다. 만약 큰 슬픔 자체가 회개라고 불릴 수 있다면, 그것은 단지 들 포도나무가 그 속에 참 포도나무 포도송이의 특징과 미덕이 전혀 없으면서도 포도나무라고 불리는 것과 마찬가지입니다. 복음적인 회개가 받아들일 수 있는 회개이며, 오직 그것만이 그렇습니다. 그리고 복음적인 회개의 본질은 죄 때문에 찔리신 그분을 바라보는 것입니다. 그리스도께 대한 믿음이 빠진 죄의 슬픔은 골수가 없는 딱딱한 뼈와 같습니다. 그것은 죽이는 것이지, 결코 복을 가져다주지 않습니다. 그것은 천둥과 번개를 동반하는 영혼의 폭풍일 뿐이지, 결코 비가 아닙니다. 하나님이 그런 회한(悔恨)으로부터 우리를 건지시길 바랍니다! 그것은 죽음을 이룰 뿐입니다.

진정으로 성령이 임하시는 곳마다, 그것은 언제나 그리스도를 바라보도록 영혼을 이끈다는 점에 주목하십시오. 만약 어떤 사람이 그리스도를 바라보고 죄로 인해 애통하도록 이끄시는 하나님의 영을 받지 못했다면, 그는 구원에 이르게 하는 하나님의 영을 받지 못한 것입니다. 믿음과 회개는 같이 태어나서, 같이 살고, 같이 성장합니다. 하나님이 연합하신 것을 사람이 갈라놓지 못합니다. 어떤 사람도 예수를 믿지 않고서 죄를 회개하지 못하며, 죄를 회개하지 않고서 예수를 믿지 못합니다. 그러므로, 사랑의 마음으로, 당신을 위해 십자가에서 피 흘리신 그분을 바라보십시오. 그 바라봄에서 당신은 용서를 발견하고, 마음이 부드러워지는 은혜를 얻을 것입니다. 이 한 가지 처방으로 우리의 모든 악이 치유될 수 있다면 얼마나 좋을까요?—"땅의 모든 끝이여 내게로 돌이켜 구원을 받으라"(사 45:22. KJV로는 "땅의 모든 끝이여, 나를 바라보라. 그리하여 너희는 구원을 받을지어다"로 되어 있음-역주). 하지만 하나님의 영이 사람들의 마음을 그렇게 이끌리게 하지 않으시면 누구도 그분을 바라보지 않을 것입니다. 하나님의 영이 사람들의 구원을 위해 일하실 때는, 반드시 그들을 감화하여 그들의 눈을 예수님께로 향하게 하십니다.

찔리신 분을 바라보는 것은 하나님이 매우 귀하게 여기시는 일입니다. 이 구절의 중간에서 대명사의 변화를 주목해 보십시오. "그들이 그 찌른 바 나를(KJV, 한글 개역개정은 '그를') 바라보고, 그를 위하여 애통하리라." '나를'과 '그를'이 한 분을 가리킵니다. 나는 이 점을 특별히 강조하지 않고, 여기에서 어떤 교리를 입증하려고 시도하지 않겠습니다. 하지만 이 대목은 분명 주목할 만하며, 우리는 섬세한 관점으로 이 구절을 그리스도와 하나님의 일체로, 주 예수의 한 인격 안에서 하나님과 인간의 연합으로 읽을 수 있습니다. 우리는 이 구절의 대명사들이 완벽하게 정확하다고 보며, 왜 한 경우에는 '나를'이라고 되어 있고 다른 경우에는 '그를'이라고 되어 있는지 이해할 수 있습니다. 만약 여러분이 다른 이론을 채택한다면, 이 구절은 말의 뒤죽박죽으로 보일 것입니다. 주님께서 "그들이 그 찌른 바 그를 바라보리라"고 말씀하시는 대신, 제삼자로 머물러 계실 수 없어서, 그 장면에서 그분 자신의 개인성을 표출하셨다고 보는 것이 교훈적입니다. 여러분은 여기서 아버지께서 그 아들 안에서 자기 자신이 찔린 것으로 간주하신다고 볼 수도 있고, 혹은 주 예수 그리스도께서 친히 예언의 영으로 자기 자신에 대해서 말씀하시면서, 그분의 거룩한 인격을 믿음과 참회로 바라보는 자들을 언급하시는 것이라고 볼 수도 있습니다.

어떤 경우든, 주님은 사람들이 믿음에서 나오는 슬픔으로 그분을 바라보는 것을 너무나 기뻐하시기에, 친히 자기의 일로서 그들에 대해 언급하시는 것입니다. "그들이 그 찌른 바 나를 바라보리라." 자기 백성이 믿음으로 바라보는 것보다 예수님을 더 기쁘시게 하는 것은 없습니다. 역사의 모든 단계에서 믿는 자들의 믿음의 시선은 그분에게 너무나 귀합니다. "내 누이, 내 신부야, 네가 내 마음을 빼앗았구나. 네 눈으로 한 번 보는 것으로 내 마음을 빼앗았구나"(아 4:9)라고 신랑이 천상의 노래에서 말합니다. 정녕 눈물 어린 최초의 시선, 그리스도를 향한 참회의 눈은 그분에게 너무나 귀합니다. 그분이 말씀하십니다. "내가 그를 보았고 주목하였노라." 그분 외에는 아무도 우리 믿음의 시선을 보지 않습니다. 그러니 다른 누군가의 시선을 의식할 필요가 없습니다. 그것이 우리 영혼과 우리 주님 사이에 무슨 문제란 말입니까? 그분은 그 바라봄을 예견하시고, 이 구절에서 그 일에 관해 예언으로 말씀하신 것입니다. 그분은 이 예언의 말씀을 기쁘게 되돌아보시고, 그것을 자기 영혼의 수고에 대한 만족의 일부로 여기십니다. 믿음의 시선과 회개의 눈물은 우리 주 예수님께는 보석입니다. 한 사람의 죄인이 회개할 때 그분이 너무 기뻐하시기 때문에 천사들이 그분의 기쁨을 봅니다. 오 귀한 영혼들이여, 이 아침에, 이 예배의 자리에서, 여러분이 믿음으로 그리스도를 바라보고 하나님의 구원으로서 그분을 영접한다면, 이 약속은 그것을 말씀하신 그분의 목전에서 성취되는 것입니다—"그들이 그 찌른 바 나를 바라보리라." 그분이 당신의 믿음을 보고 기뻐하실 것입니다. 그분이 당신의 믿음을 환대하시고, 받아주실 것이며, 또 거기에 보상하실 것입니다. "그들이 주를 앙망하고 광채를 내었으니 그들의 얼굴은 부끄럽지 아니하리로다"(시 34:5). 예수님을 바라봄으로써 우리는 기쁨을 얻고, 우리도 그분에게 기쁨을 드리는 것입니다. 그분이 긍휼을 기뻐하시듯, 그분은 또 그분에게 와서 그분의 긍휼을 받아들이는 자들을 기뻐하십니다. 그분은 사람들이 바라보도록 하려고 십자가에 높이 달리셨습니다. 그분이 거기에서 못 박히신 것은 지속적인 바라봄의 대상이 되기 위해서이며, 그의 옆구리가 찔리신 것은 우리로 그 피와 물을 바라보도록 하기 위해서입니다. 그것이 이중으로 우리를 치유합니다.

마음의 부드러움을 일으키는 그 복된 바라봄은, 찔리신 분으로서 예수님을 바라보는 것입니다. 이 점에 대해 잠시 생각해보고자 합니다. 그 바라봄은 단지 마음에 영향을 끼치는 하나님으로서 예수님을 바라보는 것이 아니라, 우리를 위해 십자가에 달리신 주와 하나님으로서 예수님을 바라보는 것입니다. 우리는 주님이 창에 찔리신 것을 보고, 그다음에는 우리 마음의 찔림이 시작됩니다. 주께서 우리에게 예수님을 계시하실 때, 우리의 죄가 드러나기 시작합니다. 우리는 찔리신 분이 누구이신지를 보고, 이것이 우리의 슬픔을 깊이 휘젓습니다. 귀한 영혼들이여, 오십시오, 함께 십자가로 갑시다. 거기서 잠시나마, 저 로마 병정의 창으로 찔리신 분이 누구이신지를 눈여겨봅시다. 그분의 옆구리를 보십시오. 심장까지 찔렸던 그 두려운 열린 상처를 보고, 물과 피가 흐르는 것을 보십시오. 현장에 있던 백부장이 말했습니다. "이는 진실로 하나님의 아들이었도다"(마 27:54). 근본 하나님의 본체이시며(빌 2:6) "지은 것이 하나도 그가 없이는 된 것이 없는"(요 1:3) 그분이, 우리의 본성을 취하시고, 죄가 조금도 없으신 것만 제외하고는, 우리와 같은 모양으로 사람이 되셨습니다. 사람의 모양으로 나타나신 그분이 죽기까지 순종하셨으니 곧 십자가에서 죽으셨습니다. 죽으신 분이 그분이십니다! 불멸성을 가지신 그분이 자기를 낮추어 죽기까지 하셨습니다! 영광과 능력으로 충만하신 그분, 그분이 죽으셨습니다! 자비와 은혜가 충만하신 분, 그분이 죽으셨습니다! 무한하게 선하신 분이 나무에 달리셨습니다! 무한하게 사랑이신 분이 창으로 찔리셨습니다! 이 비극은 다른 모든 비극을 능가합니다. 다른 일들에서 인간의 배은망덕이 아무리 추하다고 해도, 그 배은망덕은 여기서 가장 추악하게 나타났습니다! 여기서 그 이전의 모든 악행을 능가하는 최악의 악을 행하는 지옥이 소리칩니다. "이는 상속자니 죽이자"(마 21:38). 하나님이 우리 가운데 거하셨건만, 인간이 그분을 용인하지 않았습니다. 인간이 자기 하나님을 찌를 수 있고, 자기 하나님을 죽일 수 있는 한, 그는 언제든 소름 끼치는 범죄를 저지를 수 있습니다. 인간이 주 그리스도를 죽이고, 그분을 창으로 찔렀다면, 그 일로써 그는 만약 그분에게 미칠 수가 있다면 영원하신 분에게 무슨 짓을 할 수 있는지를 보인 것입니다. 인간은, 마음으로는, 신을 죽인 자입니다. 만약 하나님이 없다면 그는 기뻐할 것입니다. 그는 마음속으로 말합니다. "하나님이 없다." 만약 그의 손이 그의 마음이 가는 곳까지 이를 수 있다면, 하나님이 존재하지 않을 것입니다. 우리 주님을 찌르는 행위는 죄에 그러한 악독함을 부여하는 것입니다. 그것은 곧 하나님을 찌르는 것을 의미합니다.

하지만 왜입니까? 왜, 그리고 무엇을 위해, 선하신 하나님이 박해를 받으셨습니까? 주 예수님의 인자하신 사랑, 그분의 인격의 영광, 그분의 성품의 온전하심을 생각하면, 그분이 창에 찔리신 일에 대해 우리는 놀라고 부끄러워해야 합니다. 이는 평범한 죽음이 아닙니다! 이 살해는 보통의 범죄가 아닙니다. 오 인간이여, 창으로 찔리신 그분은 당신의 하나님이셨습니다! 십자가에서 당신의 창조주를 보십시오. 거기서 당신의 은인, 당신의 가장 좋은 친구를 보십시오!

"오호라, 내 구주께서 피를 흘리셨나요?
내 구주께서 죽으셨나요?
그토록 성스러운 분이
벌레 같은 나를 위해 자기를 버리셨나요?"

찔리신 분을 계속해서 보십시오. 그리고 "찔리셨다"는 그 단어로 표현되는 고난을 주목하십시오. 우리 주님은 크게 그리고 지독하게 고난을 겪으셨습니다. 나는 한 번의 설교로 그분의 슬픔에 관한 이야기를 다 전할 수 없습니다. 그분은 가난과 박해로 인한 삶의 고통을 겪으셨고, 겟세마네의 슬픔, 피와 같은 땀을 흘리신 일, 버려지고 부인되고 배신당하는 슬픔, 빌라도의 뜰에서의 고통, 채찍에 맞고, 침 뱉음을 당하고, 조롱당하는 아픔을 겪으셨습니다. 십자가의 슬픔을, 그 수치와 고통과 함께 겪으셨습니다. 우리 주님이 몸으로 겪으신 고통은 그분이 겪으신 고통의 일부일 뿐입니다.

> "그분의 심장을 깊이 찌른 것은
> 모욕하고 조롱하는 소리가 아니었다오.
> 가장 쓰린 아픔을 유발한 것은
> 꿰뚫는 못, 뾰족한 가시가 아니었다오.
>
> 몸부림치는 모든 기도의 탄식이 외면당한 것,
> 그것이 내적으로 더 무거운 슬픔이었으니,
> 그 힘겨운 영혼 위에 올려진
> 인간들의 죄의 무게는 얼마나 무거웠을까?"

우리 주님은 우리를 위하여 저주가 되셨습니다. 죄의 형벌, 혹은 그에 상응하는 것을, 그분이 감당하셨습니다. "친히 나무에 달려 그 몸으로 우리의 죄를 담당하셨으니"(벧전 2:24). "그가 징계를 받으므로 우리는 평화를 누리고 그가 채찍에 맞으므로 우리는 나음을 받았도다"(사 53:5). 형제들이여, 예수님의 수난은 우리의 마음을 녹이기 위한 것입니다. 나는 이 아침에 내가 애통해야 하는 만큼 애통하지 못하는 것을 애통히 여깁니다. 이 이야기를 상한 마음이 없이 여러분에게 말할 수 있다니, 나는 내가 비난하는 굳은 마음으로 인해 나 자신을 비난합니다. 내 주님의 고통을 말로 다 할 수 없는 것입니다. 지금껏 그분의 슬픔과 같은 슬픔이 있었는지를 보십시오! 여기서 우리는 저 두려운 심연(深淵) 위로 몸을 구부려 측량할 수 없는 깊은 곳을 내려다봅니다. 이제 우리는 큰물 위에 있고, 더 깊은 물로 들어갑니다. 만약 여러분이 우리 죄로 인해 찔리신 예수님을 계속해서 바라보고, 그것이 의미하는 모든 것이 무엇인지 숙고해보고자 한다면, 여러분의 마음은 필시 누그러질 것입니다. 조만간 십자가가 당신이 느낄 수 있는 모든 감정을 끌어낼 것이며, 그 이상을 느낄 능력도 당신에게 가져다줄 것입니다. 성령이 십자가를 마음에 두실 때, 그 마음은 부드럽게 녹습니다. 마음속의 십자가(Crux in corde)! 옛 설교자들이 말하곤 했듯이, 그것이 경건한 슬픔의 원천입니다. 그토록 큰 슬픔 가운데서 죽으신 예수님을 우리가 볼 때, 마음의 완고함은 죽습니다.

그분을 찌른 자가 누구인가를 주목하는 것이 필요합니다. "그들이 그 찌른 바 나를 바라보리라." "그들"이란, 각각의 경우에, 같은 사람들과 관련되어 있습니다. 우리가 구주를 살해했고, 바로 우리가, 그분을 바라보고 삽니다. 만약 한 사람이 정죄를 받아 죽어야 한다면, 아마 당신은 그분을 죽인 자를 요구할 것입니다. 그 책임자는 그분을 정죄한 재판장이라는 말을 들었을 것입니다. 하지만 그것이 진실의 전부는 아닙니다. 어떤 사람은 유죄 평결을 내린 배심원을, 혹은 그분을 실제로 십자가에 못 박은 집행인을 비난할 것입니다. 하지만 그 문제의 근원으로 내려가면, 그분의 죽음을 초래한 일로 실제로 비난을 받을 것은 인간의 범죄라는 것을 발견할 것입니다. 구주의 경우에, 죄가 그분의 죽음의 원인이었습니다. 죄악이 그분을 찔렀습니다. 하지만 누구의 죄악입니까? 누구의 죄입니까? 그것은 그분 자신의 죄가 아닙니다. 그분은 죄를 알지도 못하셨고, 그분의 입술에는 아무런 거짓이 발견되지 않았습니다. 빌라도가 말했습니다. "내가 보니 이 사람에게 죄가 없도다"(눅 23:4). 형제들이여, 메시야는 죽임을 당했지만, 그 자신의 죄로 그렇게 된 것이 아닙니다. 우리의 죄가 구주를 죽게 했습니다. 하나님의 공의를 만족시키면서 동시에 우리를 빠져나가게 할 다른 길이 없었기 때문에, 그분이 고난을 받으셨습니다. 우리를 향했어야 할 그 칼이 주께서 세우신 목자에게로, 여호와의 동류이신 그 사람에게로 대신 향했습니다. 진실로 우리는 이렇게 노래할 수 있습니다:

"귀하신 나의 주님이 저주의 나무에 달리신 것은
나의 죄 때문이니,
그가 고통과 신음 속에 죽어가신 것은
바로 너, 오 내 영혼이여, 바로 너 때문이라.

오, 나의 하나님을 십자가에 못 박은
나의 정욕을 나는 얼마나 미워하는지,
나의 죄가 그분의 육체를 찌르고
죽음의 나무에 못을 박았네!

오, 내 영혼의 비애를 표현해야 한다면

얼마나 많은 탄식을 쏟아내야 할까?
두 눈에서 흐르는 눈물을 따라
회개가 강물처럼 흐르리."

만약 이것이 우리의 마음을 깨뜨리고 녹이지 않는다면, 왜 그분이 우리의 죄 때문에 찔려야 하는 자리에 오셨을까를 생각해보십시오. 그것은 사랑이었고, 강력한 사랑이었습니다. 사랑 외에 그 무엇도 그분을 십자가로 이끌 수 없었습니다. 굳이 표현하자면 "과도한 사랑"을 잘못이라고 탓한다면 모를까, 다른 잘못은 있을 수 없습니다. 그분은 우리를 구원하기로 결심하신 것 때문에 찔림을 당하셨습니다. 그분은 그분 자신을 사랑하신 것보다 우리를 더 사랑하셨습니다. 우리가 이런 일을 듣고, 이 일을 생각하고, 이 일을 숙고하면서, 아무런 느낌도 없이 있을 수 있을까요? 우리는 짐승보다 못한 자들입니까? 모든 동정적인 요소가 우리의 인간성에서 떠난 것입니까? 하나님의 성령이 지금 일하신다면, 그리스도를 바라보는 것이 정녕 우리의 돌 같은 마음을 녹일 것입니다.

더 나아가, 찔리신 분을 바라보는 것이 애통을 자아낸다는 점에 주목하십시오. 모든 마음이 이에 동의할 것입니다. 성령의 능력 아래서 이는 저절로 효과적으로 작용할 것입니다. 다른 무엇도 필요치 않습니다. "그들이 그를 바라보리라", 그리고 "그를 위하여 애통하리라." 하나님께 받아들여지는 깊은 회개의 생성을 위해서는, 그리스도께 대한 믿음으로 충분합니다. 금욕이나 고행이 아니어도, 이것으로, 그리고 오직 이것만으로 충분합니다.

사랑하는 이여, 내가 또 말하고 싶은 것이 있습니다. 그것은 당신이 십자가에 못 박히신 예수를 더 바라볼수록, 죄로 인해 더 애통하게 된다는 것입니다. 증대하는 생각은 증대하는 민감성을 가져옵니다. 나는 여러분이 찔리신 그분을 많이 바라보고, 죄를 많이 미워하게 되기를 바랍니다. 주님의 수난을 다룬 책들, 그분의 십자가에 대해 노래하는 찬송가들이 성도의 마음에서 소중히 여겨졌던 이유는 그런 것이 그들의 마음과 양심에 미치는 거룩한 영향력 때문이었습니다. 사랑하는 이여, 골고다에서 사십시오. 거기서 여러분은 최상의 상태로 살 것이기 때문입니다. 골고다에서 사십시오. 골고다를 사랑하십시오. 골고다에서 사는 것과 골고다를 사랑하는 것이 같아질 때까지 그렇게 하십시오. 나는 당신의 마음이 찔림을 받을 때까지 찔리신 그분을 바라보라고 말하고 싶습니다. 옛 목회자 한 분이 말했습니다. "십자가를 바라보십시오, 십자가에 있는 모든 것이 당신의 마음에 있을 때까지." 그는 이어서 말했습니다. "예수님을 바라보십시오, 그분이 당신을 바라보실 때까지. 고난을 당하시는 그분을 계속해서 바라보십시오, 그분이 고개를 돌려 당신을 바라보실 때까지. 그분이 베드로에게 그렇게 하셨을 때 베드로는 밖으로 나가서 통곡하며 울었습니다. 예수님을 바라보십시오. 마침내 당신은 당신의 본 모습을 볼 것입니다. 그분을 위해 우십시오, 마침내 당신은 당신의 죄 때문에 울 것입니다."

이 주제 전체는, 유대인들의 회심은 십자가에 못 박히신 메시야를 봄으로써 비롯되는 것임을 이해하도록 이끕니다. 내가 이 본문에서 내린 결론은, 이스라엘이 주님을 알게 될 것이며, 그 일은 영광 가운데 계신 그리스도를 봄으로써가 아니라, 수치를 당하신 그리스도를 봄으로써 일어난다는 것입니다. "그들이 그 찌른 바 그를 바라보고 그를 위하여 애통하리라." 하지만 내가 내리는 또 하나의 결론은, 이것이 모든 인류에게도 효력이 있다는 것입니다. 십자가에 못 박히신 그리스도를 전할 때, 그들의 마음이 깨어집니다. 십자가는 하나님의 사랑의 망치입니다. 그것으로써 그분은 사람들의 마음에 저항할 수 없는 타격을 가합니다. 사람들은 우리에게 하나의 본보기로서 그리스도를 전하라고 합니다. 우리는 그분을 본보기로서 전하고, 그렇게 하는 것을 기뻐합니다. 하지만 우리는 주님을 본보기로서 바라보게 하는 것이, 죄를 위한 희생의 제물로서 그분을 전파하는 일을 흐리게 만드는 것을 허용할 수 없습니다. 그분은 죄인들을 대신하여, 죄인들의 자리에서, 죄인들을 위하여 고난을 받으셨으며, 이것이 복음입니다. 다른 사람들은 무엇을 전하든, "우리는 십자가에 못 박힌 그리스도를 전합니다"(고전 1:23). 우리는 언제나 십자가를 선두에 둘 것입니다. 죄인을 위한 그리스도의 대속의 죽음이 복음의 정수입니다. 우리는 재림의 교리를 숨기지 않습니다. 하지만, 최우선으로, 우리는 찔리신 그분을 전합니다. 이것이, 은혜의 영이 부어질 때, 사람들을 복음적인 회개로 이끌 것이기 때문입니다.

오 형제들이여, 여러분이 다른 무엇을 전하건, 혹은 전하지 않건, 십자가에 못 박히신 그리스도를 전하십시오! 십자가에 못 박히신 나의 주 예수 그리스도가 내 설교의 주된 주제이며, 그것은 내가 죽을 때까지 나의 주제가 될 것입니다. 주 예수님이 어떤 면으로 계시되었던지 그분을 생각하는 것에서 여러분이 기쁨을 느낀다고 믿습니다. 하지만 여전히, 십자가는 그분이 높이 들리신 곳이며, 죄인들의 마음을 끄는 으뜸가는 장소입니다. 비록 그것이 유대인에게는 거치는 돌이요 헬라인에게는 어리석은 것이지만, 여전히 그것은 모든 믿는 자에게 구원을 주시는 하나님의 능력입니다.

3. 십자가에 못 박히신 그리스도를 바라봄이 죄에 대한 철저한 애통을 자아낸다.

주어진 시간이 거의 끝나가고 있습니다. 그러므로 나는 세 번째 요점을 간략히 언급하고자 합니다. 십자가에 못 박히신 그리스도를 바라보는 것은 아주 철저하게 죄에 대한 애통을 자아냅니다. 그것은 즉각적일 것입니다. 하나님의 영이 우리에게 내적으로 그리스도를 바라보게 하실 때, 우리는 즉시 속으로 피를 흘릴 것입니다. 이 문장들은 서로 단단하게 연결되어 있습니다—"그들이 그 찌른 바 그를 보리라. 그리고 그를 위하여 애통하리라." 종종 하나님의 영은 얼마나 신속하게 활동하시는지요! "그의 명령을 땅에 보내시니 그의 말씀이 속히 달리는도다"(시 147:15). 은혜가 한 번 치기만 하면 철 빗장이 깨어집니다. 다소의 사울은 나사렛 예수와 그의 제자들을 적대시하여 입에 거품을 물고 있었습니다. 하지만 한 번의 섬광(閃光)과 한 마디의 말씀이 그를 변화시켰습니다. "네가 어찌하여 나를 박해하느냐?"(행 9:4)라고 말씀하시며 찔리신 주님이 그에게 나타나셨습니다. "주여, 제가 무엇을 하기 원하시나이까?"가 즉각적인 그의 대답이었습니다. 한 번 그리스도를 바라보는 것이 저기 완고한 죄인을 무릎 꿇게 만듭니다. 당신의 주, 그분을 바라보십시오!

본문의 말씀에 따르면, 이러한 애통은 정결하고 순수합니다. 그들은 그분을 위해 울 것이며, 그분을 위해 통곡합니다. 그들의 슬픔은 그들 자신을 위한 것이기보다는 예수님을 위한 것입니다. 이 구절에서 죄는 언급되지 않지만, 그 슬픔은 모두 죄와 관련되어 있습니다. 죄 자체로 인한 슬픔이, 찔리신 분에게 가해지는 죄의 결과와 그로 인해 생겨나는 더 큰 슬픔에 압도되고 에워싸입니다. 죄를 애통히 여기는 것은 사실상 죄가 주님을 적대시하는 것이기 때문입니다. 다윗도 부르짖었습니다. "내가 주께만 범죄하여 주의 목전에 악을 행하였나이다"(시 51:4). 뉘우치는 자의 애통은 지옥 때문이 아닙니다. 지옥이 없다 해도 그는 똑같이 애통할 것입니다. 그의 슬픔은 죄가 그에게 가져올 손실 때문이 아니라, 그것이 대속자의 희생을 불러왔기 때문입니다. 그는 자기 자신에 대해서는 이런 식으로 가책을 느낍니다. "오, 내가 어떻게 그분을 찌를 수 있었단 말인가! 내가 어떻게 사랑하시는 주님에게 상처를 입혔단 말인가! 내 영혼의 연인이시여, 내가 어찌 당신을 찌를 수 있었던가요!" 진정으로 뉘우치는 사람들은 나무에서 피 흘리시는 구주를 볼 때 그들의 가슴을 칩니다. 이러한 죄의식은 하나님의 선택하시는 사랑의 징표이며, 하나님의 은혜의 효과적인 소명의 증거입니다.

이러한 애통에는 따뜻한 부드러움이 있습니다. "그들이 그를 위하여 애통하기를 독자를 위하여 애통하듯 하며 그를 위하여 통곡하기를 장자를 위하여 통곡하듯 하리로다." 그것은 아버지를 잃은 아들의 슬픔이 아닙니다. 아들의 슬픔에서는, 아버지를 잃은 슬픔보다는 아버지의 돌봄과 도움을 잃었다는 슬픔이 더 크게 차지할 수 있습니다. 하지만 어린 아들을 위하여 애통하는 아버지의 경우에, 아버지가 잃었다고 여기는 것은 오직 그의 아들입니다. 그의 슬픔은 자녀 자체를 위한 것입니다. 아들을 위한 애통은 매우 순수하고도 뒤섞이지 않은 사랑에 의해 야기됩니다. 아내를 위한 애통에는 지상의 어떤 현실적인 이유가 포함될 수 있습니다. 하지만 자기 아들을 위해 우는 아버지는 사랑으로 우는 것이며, 누구도 그것에 대해 의구심을 품지 않습니다. 독자를 위해서라면 그 애통은 한결 심해질 것입니다. 장자를 위해서라면 그 애통은 예리한 아픔일 것입니다. 이스라엘 사람들은 특히 자기 자녀의 죽음에 대해서 민감했습니다. 자기 장자를 잃는 것은 한 나라가 황태자를 잃을 때와 같습니다. 자기의 독자를 잃는 것은 그 집안의 불을 끄는 것입니다. 나이 많은 사람이 애통하며 말합니다. "나는 죽은 것이나 다름없구나. 산 자들의 책에서 나는 지워진 것이나 다름없구나. 내 이름을 이을 아들이 이제 나에게 없구나. 내 장막에서 등불이 꺼졌구나. 내 아들, 내 독자, 나의 장자가, 무덤 문으로 내려갔구나!" 이 경우에는 미래를 위한 희망이 없습니다. 가족 가운데 문에 앉을 사람이 남지 않았기에, 아버지는 자기 옷을 찢고 슬피 웁니다. 우리의 죄 때문에 죽임당하신 예수님을 본다는 것은 우리에게 견디기 어려운 슬픔입니다. 그 바라봄의 결과로 은혜가 흘러나오지 않는다면, 우리의 슬픔에는 정녕 아무런 가망도 없을 것입니다. 왜냐하면 예수님을 죽인 일에서 우리는 우리의 최상의 희망, 유일한 희망, 우리의 유일한 기쁨을 파괴했다고 느끼기 때문입니다. 그분의 죽음은 해를 가리는 일이요, 땅을 흔드는 일입니다. 우리는 우리 영혼 속에서 그렇게 느낍니다. 예수님이 떠나실 때, 가질 만한 모든 가치 있는 것이 떠나는 것입니다. 하나님의 독생자, 하나님의 장자가 죽을 때, 우리는 위대하신 아버지와 공감하며, 마치 우리 자신이 우리의 최고의 기쁨, 우리의 희망, 우리의 즐거움을 잃었다고 느낍니다.

이 슬픔은 강렬합니다. "통곡한다"라는 단어가 두 번 사용되었습니다. 십자가 아래에서의 슬픔은 정녕 큰 슬픔이며, 슬픔에 슬픔을 더한 것이요, 비통에 비통을 더한 것입니다. 그래서 우리는 통곡하고 또 통곡합니다. 하나님께 감사하게도, 그것은 건강에 유익을 주는 강장제입니다. 이 통곡의 쓴맛을 본 자는 "진실로 사망의 괴로움이 지났도다"라고 말할 것입니다.

이러한 종류의 애통은 대단히 비상한 것입니다. 선지자는 사람들이 요시야의 죽음을 애통할 때를 제외하고는, 그와 같은 애통이 전에 있었는지 회상할 수 없습니다. 요시야가 죽었을 때 온 유다가 애통했고, 예레미야는 애가(哀歌)를 기록했으며, 다른 선지자들과 시인들도 그들의 슬픔을 쏟아냈습니다. 전국 어디에서나 아주 큰 통곡이 있었습니다. 선한 왕이 쓰러졌기 때문이며, 그와 같은 마음으로 그를 따라갈 왕자들이 없었기 때문입니다. 오, 불쌍한 나라여! 그가 말을 타고 전투에 나가는 것을 본 때가 그 나라에서 마지막 밝을 때였습니다. 그의 죽음에서 그 나라의 별이 사라졌습니다! 하다드림몬의 계곡에서 애통이 시작되었습니다. 하지만 그것은 온 나라로 퍼졌습니다. 므깃도에서의 파멸적인 전투에 대해 예루살렘의 모든 여인이 애통하며 울었습니다. 용감하게 요시야는 자기 말을 지켰고, 애굽의 침략자들을 쫓아내려 했습니다. 하지만 유다 심판의 날이 왔고, 요시야는 죽었습니다. 우리를 위해 죽으신 예수님을 우리가 생각할 때에 진지하고도 깊은 슬픔이 우리에게 다가옵니다. 그러나 그분의 복되신 이름을 찬송합니다! 그분의 죽음으로 우리의 죄가 사라진 것을 볼 때, 거기서 기쁨이 솟아나고, 모든 슬픔이 기쁨으로 변합니다.

이 애통은 개인적인 슬픔입니다. 모든 남자가 따로, 모든 여자가 따로 회개합니다. 그것은 사적이며, 개인적인 슬픔입니다. 그것은 다른 본보기의 감화력에서 생겨난 것이 아니라, 각 개인의 양심의 자각에서 우러나온 것입니다. 그런 슬픔은 오직 예수 그리스도에 의해서만 누그러질 수 있으며, 그분이 하나님의 구원으로 계시될 때에 진정될 수 있습니다.

형제들이여, 나는 오늘 아침에 내가 전해야 하는 것을 전했다고 느낍니다. 나는 내 주제에 압도되었습니다. 나는 홀로 앉아서 십자가에 달리신 내 거룩하신 주님을 그려볼 수 있습니다. 나는 그렇게 하기를 기뻐합니다. 그분을 묵상하는 것이 나의 위로입니다. 나는 나무에 달리신 그분을 보며, 조심스럽게 그분을 살펴보며, 가시관을 쓰신 그분의 머리에서부터 그분의 발까지, 못에 찔려 진홍색 피가 흐르는 그분의 상처를 봅니다. 나는 십자가 뒤편에서 그분이 당하신 끔찍한 채찍질의 자국을 보고 울었습니다. 그리고 앞으로 이동하여, 나는 못 박히신 그분의 손을 응시합니다. 그리고 옆구리의 열린 상처에서 오래 머물렀습니다. 그리고 나는 즐거운 슬픔이면서 동시에 슬픔이 가득한 기쁨 때문에 죽을 수도 있다고 느낍니다.

오, 십자가에 못 박히신 주님을 내가 얼마나 사랑하고 흠모하는지요! 하지만 여기 회중 앞에서, 나는 단지 혀짤배기 소리를 할 뿐입니다. 이 숭고한 주제의 높이에 내 말은 훨씬 못 미칩니다. 아아, 이런 나여! 사람의 아들들 가운데 누가 그분의 슬픔, 찔리신 그분의 고통, 그분의 마음의 고통과 상심을 제대로 말할 수 있을까요? 어느 누가 "엘리 엘리 라마 사박다니, 나의 하나님, 나의 하나님, 어찌하여 나를 버리셨나이까"(마 27:46) 하신 그 두려운 외침을 온전히 해석할 수 있을까요? 그저 나는 내 얼굴을 가리고 내 머리를 숙일 수 있을 뿐입니다. 여기서 내가 무엇을 할 수 있을까요? 오 주여, 당신의 종이 무엇을 할 수 있을까요?

> "말은 공기요, 혀는 진토일 뿐이니,
> 오직 당신의 긍휼은 숭고하나이다."

나는 사랑의 피 흘림, 사랑의 고뇌, 사랑의 죽음을 다 말할 수 없습니다! 성령님이 이 시간에 은혜롭게 오신다면, 그리고 내 말을 다 치우고, 내 주님을 여러분 앞에 제시하신다면, 명백하게 십자가에 달리신 분으로서 예수님을 여러분에게 제시하신다면, 나는 만족할 것입니다. 그리고 여러분은 집으로 가면서 생각에 잠기고, 마음이 부드러워지고, 죄를 미워하게 될 것입니다. 그리고 그로 인해 더 깊이 행복하고, 이전의 어느 때보다 더 평온하게 즐거워할 것입니다. 주의 이름을 위하여, 주께서 그런 은혜를 여러분에게 주시길 바랍니다! 아멘.

제
11
장

열린 샘

"그날에 죄와 더러움을 씻는 샘이 다윗의 족속과 예루살렘 주민을 위하여 열리리라" – 슥 13:1

우리는 이 보배로운 약속의 첫 번째 적용에서 육신적으로 이스라엘 자손들을 시샘하지 않습니다. 아주 오랫동안 예수님을 메시야로 인정하기를 거절했던 자들이 그분의 사명의 흔적들을 분별하고 그들이 그분을 찌른 것으로 인해 애통하는 날이 올 것입니다. 이스라엘 족속이 거룩한 열심을 가지고 그들의 죄를 슬퍼할 때, 그것을 능가하는 애통은 없을 것입니다. 그들은 그들이 매우 사랑했던 요시야가 죽었을 때, 므깃도 골짜기의 하다드림몬에서 애통했던 것처럼 애통할 것입니다. 그들이 나사렛 예수를 십자가에 못 박았을 때, 그 민족 전체가 하나님의 아들을 거부한 것을 발견하고는, 그들의 깊은 종교심은 회개의 비통함으로 가득할 것이며, 각 남자와 각 여자는 은혜의 주님께 용서를 구하며 부르짖을 것입니다. 그런 후, 그 애통함을 이어서, 풍성하고도 완전한 용서가 올 것입니다. 이스라엘 족속의 죄악이 한 날에 제거될 것입니다. 그들은 그들이 찔렀던 옆구리에서 그들의 죄를 씻는 샘이 생겨난 것을 볼 것입니다. 기쁜 마음으로 그들은 골고다에서 그들의 치유를 위해 높이 들린 놋 뱀을 볼 것이며, 그들의 회개를 위해 죽임을 당하신 유월절 어린 양을, 곧 그들 대신에 희생을 당하신 속죄 제물을 볼 것입니다. "온 이스라엘이 구원을 받으리라 기록된 바 구원자가 시온에서 오사 야곱에게서 경건하지 않은 것을 돌이키시리라"(롬 11:26)고 했던 날이 올 때,

그날은 얼마나 복된 날일까요! 오, 살아서 모든 유대인이 그들의 메시야를 보는 그 행복한 시절을 볼 수 있다면 얼마나 좋을까요! 그때는 이방인들의 충만한 수가 들어올 것입니다(참조. 롬 11:25). 우리의 역사는 그들의 역사와 함께 마무리될 것입니다. 그들이 넘어짐으로 구원이 이방인에게 이르렀습니다. "그들의 넘어짐이 세상의 풍성함이 되며 그들의 실패가 이방인의 풍성함이 되거든 하물며 그들의 충만함이리요"(롬 11:12).

"깨어라, 시온의 수금이여, 다시 깨어라!
그대의 옛 언덕에서,
오래 황폐했던 요단의 평지에서,
기드론의 낮은 실개천에서.

시온에서 찬송 소리가 들리고
메시야를 높이는 소리가 높아지리니,
그대의 사랑하는 이름, 임마누엘이
시온에 함께하시네!

이스라엘이 자기 왕을 시인하고
구원을 기다리니,
언덕과 골짜기마다 달콤한 노래 들리고
성문마다 찬미 소리 넘치네."

하지만 이제 우리는 이 본문을 이스라엘과 공동으로 우리 자신에게 속하는 것으로 간주할 것입니다. 복음 안에서 이제는 어떤 약속도 울타리로 둘러싸이지 않고, 어느 특정한 민족에게만 제한되지 않습니다. 이제는 "유대인이나 헬라인이나 종이나 자유인이나 남자나 여자나 다 그리스도 예수 안에서 하나"(갈 3:28)이기 때문입니다. 지금 이 시간 이 약속은 우리의 기쁨입니다. 오, 이제 내가 이 약속에 대해 잘 말하여, 많은 갈급한 마음이 그 의미를 이해하고 그 안에 담긴 복을 얻을 수 있기를 바랍니다!

본문을 설명하기 위해 우리는 세 가지 사항을 숙고할 것입니다. 만약 이 세

가지가 분명하게 들린다면 우리는 이 구절을 이해할 것입니다—하나의 샘이 열렸고, 지금도 열려 있습니다.

1. 하나의 샘

'열리리라'고 언급된 이 샘은 무엇일까요? 언제 그리고 어떻게 그것이 열립니까? 그것은 다윗의 족속과 예루살렘 주민을 위하여 열리는 샘이며, 그들의 죄와 더러움을 씻기 위한 샘입니다. 그러므로 우리는 여기에서 언급되는 복이 인류가 지배당하기 쉬운 가장 큰 악, 곧 죄와 더러움을 다룬다고 이해합니다. 우리는 모두 타락했습니다. 우리는 모두 죄의 행실로써 우리의 타락을 입증했습니다. 죄는 우리를 하나님에게서 갈라놓았고 우리에게 하나님의 진노를 초래했습니다. 더러움, 그것은 죄를 향한 성향이자 우리 본성의 오염으로서, 우리로 하늘의 아버지께로 돌아가는 것과, 그분과의 새로워진 교제 속으로 들어가는 것을 막습니다. 본문에 따르면, 이중의 형태로 된 이 큰 악은 하나님에 의해 분명하게 인지됩니다. 그것은 눈감아 줄 수 없는 문제입니다. 그것은 사소한 일로 취급될 수 없고, 그것이 남아 있는 채로 사람이 하나님에게 사랑을 받으며 행복해질 수는 없습니다.

하지만 악이 거기에 있기에, 그것을 제거하기 위해 준비된 것이 있습니다. 본문은 그 더러움이 감추어진다고 말하지 않고, 범죄가 눈감아진다고 말하지 않으며, 죄와 더러움을 효과적으로 제거하기 위하여 한 샘이 열린다고 말합니다. 복음 안에서, 하나님은 인간의 죄를 결코 가볍게 다루지 않으십니다. 우리는 죄인들의 괴수를 향해 완전하고, 값없고, 즉각적인 용서를 선포합니다. 하지만 그것은 죄가 하나님이 보시기에는 가벼운 것이라고 생각하게 만드는 방식이 아닙니다. 왜냐하면 용서의 선포는, 하나님이 자기 아들의 희생을 통해 불의하지 않으면서도 은혜를 베푸시는 일이 가능하게 되었다는 방식과 결합되어 있기 때문입니다. 그리스도 예수의 대속 안에서, 우리는 정의와 자비가 평화롭게 포옹하는 것을 보고, 그럼으로써 정의와 자비가 서로에게 곱절의 명예를 부여하는 것을 보기 때문입니다. 나는 이 말을 반복합니다. 더러움이 감추어지는 것이 아닙니다. 죄가 눈감아지는 것이 아닙니다. 그런 것이 아니라, 그 더러움을 씻기 위해 준비된 한 샘이 있습니다. 그리고 그것은 다윗의 집을 위해, 큰 자들과 힘센 자들을 위해서와, 예루살렘의 거주민들 곧 가난하고 평범한 모든 계층의 사람들을 위해서도 열려 있습니다. 자기 자신이 죄인이라고 느끼는 여러분이여, 이 말을 들으십시오! 하나님이 여러분의 죄에서 여러분을 구원하실 수단을 예비해두셨습니다!

본문은 여러분에게 죄악의 이중적인 특성을 주목하도록 상기하며, 또한 그 이중의 악에 대처하기 위해 하나님이 준비하신 일의 특성에 대해서도 주목하도록 만듭니다. 이 샘은 죄를 위하여 열린 것이며, 그것은 의심의 여지 없이 죄책, 곧 하나님을 노여우시게 하며 처벌받기에 합당한 죄를 언급하는 것입니다. 속죄의 차원에서 열린 샘이 있습니다. 그 샘에 의해 하나님의 명예와 위엄에 가해진 잘못이 제거됩니다. 우리가 무슨 죄를 지었건, 하나님은 그 죄를 자기 아들의 인격 안에서 벌하셨습니다. 그렇게 하심으로써 그분은 죄에 처벌이 따른다는 그분의 경고를 성취하셨고, 그분 말씀의 진실성을 입증하셨습니다. 그러므로 예수 그리스도 안에서, 그분이 대속자가 되어주신 사람들의 죄책이 제거되었고, 그 방식은 위대하신 입법자의 의로우심과 모순됨이 없었습니다. 하나님은 의로우시면서 또한 예수님을 믿는 자들을 의롭다고 하시는 분입니다.

하지만 이것으로는 충분치 않습니다. 두 번째의 악이 있습니다. 즉 우리의 본성이 더러워졌고 그 결과 하나님으로부터 소원해졌습니다. 우리의 타고난 부패성과 과거의 죄의 결과로 말미암아 우리는 도덕적으로나 영적으로 병들었으며, 우리의 정신은 본성적으로 악을 향해 기울어지고 선에서는 멀어집니다. 하나님은 죄인을 용서하시고 다른 면들에서 예전처럼 그대로 두시는 것이 아닙니다. 도리어, 죄책의 용서가 주어지는 곳마다, 본성의 갱신이 이루어집니다. 용서를 위해 열린 샘은 정결을 위해서도 열려 있습니다. 그 씻음은 하나님 앞에서 지은 죄를 제거할 뿐 아니라 또한 죄에 대한 애착도 제거합니다. 여기에 이중의 기쁨이 있습니다. 참으로 뉘우치는 모든 사람은, 단순한 용서는, 만약 그것이 그에게 계속 죄를 짓도록 허용하는 것이라면, 그에게 빈약한 은혜라고 느끼지 않습니까? 나의 하나님, 저를 죄 자체로부터 건져주소서! 이것이 내 영혼의 무거운 짐이기 때문입니다. 오, 만약 나의 과거가 용서되었고, 그리고, 그러면서도 여전히 내 하나님의 원수로 살아갈 수 있고, 악에 사로잡힌 노예요 거룩함에 대해 무지한 자로 살아갈 수 있다면, 그렇다면 여전히 나는 저주받은 것이 아닙니까? 하나님이 악함을 처벌하기를 멈추신다고 해도, 죄 자체가 저주입니다! 잘못된 것을 사랑하는 것이 곧 지옥의 시작입니다. 하나님께 감사하게도, 그분이 죄 많은 자기 백성을 씻기 위해 그 샘을 여셨을 때, 그분은 그것이 죄에 대한 "이중의 치유"(double cure)가 되게 하셨습니다. 그것은 동시에 죄책과 죄의 권세로부터 우리를 씻을 수 있습니다. 본문에 따르면, 우리의 이중적인 필요를 위하여, 오직 한 가지 처방이 있습니다. 두 샘에 대한 언급이 없으며, 죄를 씻는 두 가지 방식도 없습니다. 오직 한 가지 방식만 있을 뿐이며, 그것을 하나님이 친히 고안하시고, 정하시고, 준비하셨습니다.

당신의 죄가 용서받기를 원합니까? 씻으십시오, 열린 샘이 있습니다. 죄가 당신의 본성에서 뿌리뽑히기를 원합니까? 당신의 마음이 정결해지기를 원합니까? 씻으십시오, 그것을 위해서도 그 샘이 열려 있다고 하늘이 선포하기 때문입니다. 하나님이 효력 없는 정결의 수단을 제안하신다고 상상하지 마십시오. 사람은 자기 가난 때문에 너무도 빈약한 밥상을 준비하고, 결과적으로 초대된 배고픈 자들을 조롱하는 꼴이 될 수도 있습니다. 그의 빈약한 환대가 극심하게 배고픈 자에게 모독이 될 수도 있습니다. 하지만 하나님에게는 그런 일이 없습니다. 그분이 베푸시는 은혜의 잔치에서는 살진 황소와 가축들을 잡습니다. 우유와 포도주가 강같이 흐르며, 골수로 채워진 기름진 것들이 가득 쌓여 있습니다. 여호와의 식탁에는 아낌이 없습니다. 하나님이 어떤 필요를 채우려고 공급하기로 정하실 때, 그것은 진정 충분한 공급이 될 것이라고 우리는 확신할 수 있습니다. 오 참회하는 영혼들이여, 예수님의 희생 안에 죄의 용서를 위한 길이 있고, 죄로 기울어지는 본성을 씻는 오류 없는 수단이 있음을 확신하기 바랍니다. 하나님은 은혜 언약 안에서 겉보기에만 그럴듯한 인공적인 유사품을 주는 것이 아니라, 갈망하는 영혼을 만족하게 하는 참된 것을 공급하십니다. 오 남자들과 여자들이여, 여러분의 부정을 씻을 샘이 마련되어 있으며, 그것이 정확히 여러분의 필요를 충족시켜줄 것입니다.

본문에 따르면, 이 공급은 고갈되지 않습니다. 한 열린 샘이 있습니다. 저수지나 저수장이 아니라 샘입니다. 샘에서 물이 계속해서 솟아오르며, 오십 년이 지나도 처음과 마찬가지로 그 샘은 가득 차 있습니다. 그처럼 우리 영혼을 용서하시고 의롭다고 하시는 하나님의 은혜와 공급은 계속해서 흐르고 또 흐를 것입니다. 그 공급은 너무나 풍부하여 아담의 자손 수천 명이 오더라도 그들은 그것이 그들의 필요에 충분하다는 것을 알 것이며, 새로운 세대들이 여러 세기를 지나면서 계속해서 오더라도, 그들 역시 그 공급이 조금도 줄지 않았음을 알 것입니다. 아담과 아벨을 위한 속죄는 충분했고, 회개하는 마지막 죄인을 위해서도 그것은 마찬가지일 것입니다. 다윗은 정결하게 하는 그 샘을 보았고 거기서 그의 진홍빛 죄를 씻었습니다. 하지만 그가 씻었으나 그 샘은 더럽혀지지 않았기에, 그를 위해서 그랬듯이 당신을 위해서도 효과적일 것입니다. 마지막 시대의 죄인들을 위해서도 그 샘은 여전히 가득하며, 세상의 처음 세대의 죄인들을 위해서 그랬던 것처럼, 죄를 씻어주되 값없이 씻어줄 것입니다.

이제까지 나는 이중의 형태로 나타나는 사람들의 필요를 위해, 하나님이 공급하시는 고갈되지 않는 공급이 있다는 것과, 그것이 높은 자나 낮은 자, 부한 자나 가난한 자, 왕족이나 헐벗은 자, 황태자나 걸인들 모두를 위한 것이라고 증언했습니다.

이 샘은 언제 열렸습니까? 이 고갈되지 않는 하늘의 공급은 사람들에게 언제 나타났습니까? 그 대답은 다음과 같이 주어질 수 있습니다. 죄와 부정을 씻기 위한 그 샘은 주 예수님이 죽으실 때 열렸습니다. 하나님이, 영원하신 말씀이, 육신이 되어 우리 가운데 거하셨고, 때가 차매 인간의 죄의 짐이 그분에게 지워졌습니다. 그 죄를 제거하기 위해 그분이 죽으셔야 했습니다. 죽음은 죄에 대한 형벌이기 때문입니다. 십자가에서 그분이 말할 수 없는 고통을 겪으셨고, 마침내 그분이 자기 목숨을 버리셨습니다. 그분이 그렇게 했을 때 죄가 제거되었고, 죄를 씻기 위한 샘이 효과적으로 열렸습니다. 군인이 창으로 그분의 옆구리를 찔렀을 때, 거기서 피와 물이 쏟아졌습니다. 그때 그분이 물로만 아니라 물과 피로 임하신 것(요일 5:6)과, 그분이 하나님을 노엽게 한 죄를 제거하고 또한 인간 본성에 있는 죄의 더러움을 제거하시는 구세주이심을 입증하셨습니다.

더 나아가, 그 샘은 복음이 우리에게 전파될 때 우리 각 사람에게 열린다고 말할 수 있습니다. "그날에 죄와 더러움을 씻는 샘이 열리리라." 이차적으로 이 말씀의 의미는, 예수 그리스도의 복음이 온전하게 또 신실하게 전파될 때마다, 이전에는 봉인된 샘과 같았던 예수의 속죄의 효능이 복음을 듣는 자를 위해 열린다는 것입니다. 무엇보다 좋은 것은, 이 본문과 연결된 내용에 따르면, 이 샘은 사람들이 죄를 회개하는 날에 열린다는 것입니다. 앞 구절은 그들이 가족마다 각기 따로, 그들의 아내들도 각기 따로 애통한다고 말하지 않습니까? 그날에 샘이 열릴 것입니다! 죄인은 자기 죄를 슬퍼할 때까지는 구주를 발견하지 못합니다. 그가 자기 자신의 더러움을 볼 때, 그 더러움을 제거하는 길이 그에게 분명하게 나타납니다. 하나님은 언제나 기꺼이 용서하시기를 원하십니다. 하지만 우리는 언제나 기꺼이 용서받기를 원하지 않습니다. 그 샘이 경험적으로 우리 각 사람에게 열리는 것은 우리가 영적으로 그것을 알아볼 때, 그것을 믿을 때, 그리고 우리가 그 씻음의 능력에 참여자가 될 때입니다.

수년 전 한 독일의 왕자가 프랑스 정부의 환대를 받았습니다. 그는 툴롱(Toulon)에 갤리선들이 있는 곳으로 안내를 받았습니다. 거기에는 범죄 혐의로 억류된 많은 사람이 있었습니다. 그 왕자의 방문에 경의를 표하며 그곳 사령관이 그가 선택한 죄수를 석방해주겠다고 발표했습니다. 그 왕자는 죄수들 사이를 다니면서 그들과 대화를 나누었습니다. 그들 모두는 그가 그들 가운데 누군가를 석방할 힘을 가진 것을 알았습니다. 그들과의 대화에 따르면, 왕자는 그들은 거의 모두가 무죄라는 것을 알았습니다. 그들은 실수로, 혹은 명백히 부당하게 형을 선고받았다고 여겼습니다. 그들 모두를 지나쳐 지나가다가, 그는 다른 식으로 말하는 한 사람과 얘기를 나누었습니다. 그는 유죄라고 시인했습니다. 그가 말했습니다. "분명, 갤리선에서의 중노동에 대해 불평할 이유가 내게는 없습니다. 만약 내가 응당 받아야 할 것을 받는다면, 나는 내 범죄로 인해 죽었어야 합니다." 그는 계속해서 지난 삶의 악함에 대해 겸손히 인정했고, 판결의 정당성을 인정했습니다. 그 왕자는 그를 풀어주었고, 이렇게 말했습니다. "이곳에 있는 모든 사람 가운데 용서받기에 합당한 사람은 이 사람이 유일합니다. 그는 자기 죄를 의식하고 있으니, 사회에서도 믿을 수 있을 것이오."

그와 마찬가지로, 하나님의 용서의 은혜는 자기 영혼의 문제에 대해서 이런 식으로 말하는 자들 옆을 지나갑니다. "나는 유죄가 아닙니다. 나는 다른 사람들보다 많은 죄를 짓지 않았습니다. 내 경우에는 크게 두드러진 죄를 볼 수 없습니다. 만약 내가 지옥으로 보내진다면 그 판결은 너무 가혹한 것입니다." 비록 죄와 더러움을 씻을 샘이 있어도, 만약 당신이 자기가 죄인임을 알지 못한다면, 그것은 당신에게는 개인적으로 경험하도록 열리지 않을 것입니다. 당신은 그것을 볼 수 없고, 그것을 식별하지 못할 것이며, 그 혜택에 참여하지 못할 것입니다. 하지만 이곳에 진정으로 유죄인 한 사람이 있다면, 하나님의 진노를 받기에 합당하다고 자기 죄를 느끼는 한 사람이 있다면, 오늘 나는 지존하신 분에게서 오는 권위로 그에게 말할 수 있습니다. 죄와 더러움을 씻을 열린 샘이 있습니다! 당신은 당신의 죄를 슬퍼하고, 당신의 잘못을 시인하며, 죄에 대해 더 애통할 수 있기를 바랍니다. 당신은 당신 자신이 무가치하고 합당치 않다고 느낍니다. 그러니 오늘 하늘의 자비가 선포되는 대상은 바로 당신입니다! 예수님이 오신 목적은 마음이 상한 자를 고치고, 포로된 자에게 자유를, 갇힌 자에게 놓임을 선포하시기 위해서입니다(참조. 사 61:1). 우리에게 죄와 더러움을 씻는 샘이 실제로 열리는 시간은 우리의 마음이 죄를 자백하고 지존자의 용서를 바랄 때입니다. 여러분이 자기 영혼을 사랑하는 자라면 나는 이렇게 권면하고 싶습니다—여러분의 행실을 살피십시오, 여러분의 죄악을 인정하십시오. 그리고 속죄의 피가 여러분을 죄책에서 깨끗하게 할 때까지 쉬지 마십시오! 이 주제가 여러분에게 새겨져야 할 필요가 있지 않을까요? 영혼의 영원한 상태와 관련한 너무나 중요한 문제에서, 여러분을 애타게 만들어야 할 이유가 여러분 자신에게서 발견되어야 합니다. 샘이 있어도 여러분이 씻지 않고 죽는다면 그것은 얼마나 슬픈 일일까요! 구주가 있어도, 당신이 영원히 멸망한다면, 그것은 얼마나 딱한 일일까요!

2. 열린 샘

오늘 아침에 나의 주요 임무는, 본문의 두 번째 요지를 소리 내어 알리는 것입니다. 그것은 열린 샘입니다.

죄와 죄악성이 제거될 수 있는 이 수단은 사람들에게 접근이 용이합니다. 속죄는 숨겨지거나 감추어진 샘이 아니며, 닫히고 빗장으로 채워진 샘이 아닙니다. 그것은 열린 샘입니다. 내가 가르쳐야 할 교리는 아주 단순하고 명백합니다. 여기에는 과장된 수사나 웅변술, 세련된 문장을 위한 여지가 없습니다. 그것은 세상에서 가장 명백한 복음의 교리입니다. 그래서 내가 여러분에게 그것을 말해야 하는 것이 나로서는 매우, 매우 행복합니다. 나는 그 교리의 전파를 통해 하나님이 많은 사람에게 복을 주시고, 그들이 죄의 용서와 부정을 제거하는 길을 발견하리라고 믿습니다. 나는 천사의 언어로 다른 것을 전하기보다는, 비록 서툰 말씨여도 하늘에서 오는 좋은 소식을 여러분에게 전하고 싶습니다.

하나님이 제공하시는 그 샘은 오늘 열려 있습니다. 이것이 무슨 의미입니까? 그것은 부분적으로는 복음이 전파되어 여러분이 그것을 이해할 수 있다는 것입니다. 오늘날 복음은 이전의 루터 시대에 그랬던 것처럼 라틴어에 감추어지지 않았습니다. 그것은 구약시대에 그랬던 것처럼 모형과 그림자에 싸여 있지 않습니다. 복음은 오늘날 이 나라의 많은 곳에 분명한 말로 전파되고 있습니다. 그것은 너무나 명백한 말로 표현되기 때문에 여러분은 그것을 달려가면서도 읽을 수 있습니다. 나는 그것을 다시 여러분에게 말하겠습니다. 하나님은 죄를 벌하셔야 합니다. 하지만 그분은 그 형벌을 그리스도께 지우셨습니다. 그래서 누구든지 그리스도 예수를 믿는 자마다 용서를 받습니다. 사람들이 왜 구주를 받아들이지 않을까요? 왜 그들은 그분에게 와서 그분을 의지하지 않을까요? 그들이 그분을 의지할 때 즉시 구원을 얻는데 말입니다.

아! 나의 청중이여, 여러분 가운데 누구든 여러분의 더러움을 씻지 않는다면, 그것은 여러분이 몰라서가 아닙니다. 만일 복음이 감추어졌다면 그것은 우리의 잘못이 아니겠지요. 잃은 자들에게는 그것이 감추어져 있습니다. 이 세상의 신이 그들의 눈을 가렸기 때문입니다. 하나님이 우리의 증인이 되시거니와, 우리는 결코 말의 탁월함을 추구하지 않으며, 언어의 화려함이나 우아함을 추구하지도 않습니다. 우리가 추구하는 것은 단순함이며, 여러분에게 예수 그리스도가 죄인들을 위한 대속자이시며, 여러분이 그분을 단순히 신뢰해야 구원을 받는다는 사실을 제시하는 것입니다. 만약 여러분이 복음을 거절한다면 그것은 여러분의 책임입니다. 하지만 만약 여러분이 그렇게 하겠다면, 적어도 이 증언을 기억하십시오. 즉 우리는 여러분 가운데서 분명하게 십자가에 못 박히신 그리스도를 제시했습니다. 우리는 우리 자신이 고안해 낸 인간의 억측이라는 휘장을 늘어뜨리지 않았으며, 논리와 신학의 기이한 고안물 혹은 예식과 의식으로 수놓은 커튼을 드리우지도 않았습니다. 우리는 분명한 말로 크게 외쳤습니다—

"십자가에 못 박히신 그리스도를 바라보는 것에 생명이 있습니다."

우리는 여러분에게 예수님을 바라보라고 말했고, 하나님의 이름으로, 여러분이 십자가에 못 박히신 분을 바라볼 때 영생을 얻을 것이라고 말했습니다. 이 즐거운 소리를 아는 사람들은 복이 있습니다. 복음의 소리에 복종하는 자들은 더욱 복이 있습니다!

다음으로, 예수님 안에서 제공된 것에 여러분 모두 접근이 가능하며, 무할례나 자연적인 혈통으로 인한 장벽이 없습니다. 베드로가 처음 복음을 전하기 시작했을 때, 모인 회중 가운데 이방인이 있다는 말을 들었더라면, 아마도 그는 이방인도 구원을 받을 수 있는지에 대해 의문을 품었을 것입니다. 이방인에게도 복음이 전파되어야 한다고 베드로의 생각이 바뀌는 데에는 시간이 좀 걸렸습니다. 바울은 그런 생각을 훨씬 쉽게 받아들였던 것으로 보입니다. 하지만 지금, 이방인으로서 이방인들인 여러분에게 복음을 전하는 나에게는 이것이 전혀 난점으로 대두되지 않습니다. 그럴 필요가 없다는 것에 우리는 얼마나 감사해야 마땅한지요! "하나님은 다만 유대인의 하나님이시냐? 또한 이방인의 하나님은 아니시냐? 진실로 이방인의 하나님도 되시느니라"(롬 3:29). 우리 주 예수님은, 그분의 죽음으로써, 휘장을 찢으셨고, 분리의 모든 장벽을 무너뜨리셨습니다. 그래서 육신을 따라서는 아브라함의 자손에게 보내어졌던 메시야가 이방 죄인들인 우리를 위해서도 동일하게 보내어졌습니다. 그리스도를 믿을 때 우리는 아브라함의 후손이 됩니다. 아브라함은 "믿는 모든 자의 조상"(롬 4:11)이기 때문입니다. 샘은 열렸고, 자연적인 이스라엘과 나머지 인류를 갈라놓았던 장벽은 제거되었습니다.

오늘 죄와 죄성의 제거를 위한 샘이 열렸다는 것을 우리가 읽을 때, 우리는 그곳에 개인적으로 접근이 가능하다는 것을 배웁니다. 우리 시대의 어떤 광신자들은 은혜가 사제들을 통해 온다고 주장합니다. 샘이 있습니다. 하지만, 그들의 주장에 따르면, 여러분은 그 정결케 하는 물에 스스로는 한 방울도 손대지 못합니다. 희고, 검고, 푸르고, 진홍색, 보라색 옷을 입은 저 고상한 신사 양반이, 한 달의 특정한 날이나 절기에 맞추어, 그 샘의 입구에 서서 그 흐르는 물을 받아야 하고, 그런 다음 잡다한 손동작으로 무언가를 시행한 후에 여러분은 그의 손에서 그것을 받아 마실 수 있습니다. 하지만 성직 서품을 받지 않은 여러분이 직접 그 샘에 가서는 안 됩니다.

아, 내 형제들이여, 하지만 우리는 사람들을 신들로 삼거나, 우리와 같은 죄인들을 구원자들로 삼을 정도로 바보가 아닙니다. 우리는 사제들 없이 지낼 수 있습니다. 그 구원의 샘이, 중간에 어떤 중재나 간섭 없이, 우리가 개인적으로 올 수 있도록 열린 것임을 알기 때문입니다. 하나님과 인간 사이에는 오직 한 분 중보자가 있으며, 그분은 곧 사람이신 그리스도 예수이십니다. 다른 중보자는 없습니다.

우리의 성서 보급원 가운데 한 분이, 몇 해 전 외국에서 신약성경을 팔고 있었습니다. 그때 한 교구의 주교가 그에게 말했습니다. "당신의 책들은 용서에 대해 아주 많이 다룹니다. 하지만 나는 거기에서 고해에 대해서는 많이 찾아볼 수가 없군요." 그 서적 보급원이 막 대답하려고 할 때, 그 자리에 있던 한 공증인이, 신약성경을 집어 들면서 그 사제에게 말했습니다. "아, 귀하신 신부님, 당신이 말씀하신 것이 아주 옳습니다. 신약성경에는 사제들에게 고해하는 것에 대해 많이 말하지 않습니다. 당신은 예수 그리스도께서 죽어가는 강도를 사제의 도움 없이도 구원하신 것을 기억하지 않습니까? 그리고 성 스데반, 그도 돌로 맞을 때 신부에게 고해를 하지 않았지만, 사제 없이도 영광으로 들어갔답니다!" "아", 그 주교가 말했습니다. "하지만 지금은 교회의 규칙들이 그 시대와는 매우 다르답니다."

확실히 그렇습니다! 하지만 우리는 초대 교회의 시대로 돌아갈 것입니다. 그리고 저 죽어가는 강도가 "주여, 나를 기억하소서"라고 말했던 것처럼, 우리는 한때 십자가에 못 박히셨다가 지금은 하늘 보좌 우편에 계시는 구주에게로 눈을 돌릴 것이며, 그 강도와 같은 기도를 드릴 것입니다—"주여, 나를 기억하소서." 그리고 스데반이 직접 하늘을 바라보고, 돌이 소낙비처럼 쏟아지는 가운데서도 평화를 얻었던 것처럼, 우리도 임종의 침상에서 하늘이 열리고 그리스도께서 계신 것을 바라봄으로써, 마지막 시간에 안식을 찾을 것입니다.

하나님께 감사하게도, 이신칭의(以信稱義)의 교리는 지금 공공연하게 선포되고 있기에 사제술(司祭術)이 우리를 포로로 삼을 수는 없습니다. 민족들은 더는 애송이 협잡꾼들의 발치에 쭈그려 앉을 필요가 없습니다. 이제 한 샘이 열렸으니, 우리는 이렇게 말할 수 있습니다. "너희 사제들이여, 너희 온 무리여, 너희가 속한 교회로 썩 떠나거라! 믿는 우리, 믿는 각 사람이 진실로 제사장들인데, 너희는 순전히 제사장인 체하는 자들이로구나! 우리는 너희와 아무런 관계가 없다. 너희는 너무 오랫동안 인류에게 역병과 저주였다. 하지만 복음이 너희의 가증스러운 거래를 끝장냈다."

더 나아가 본문은 우리가 이미 범한 죄가 많아도 그 샘에는 장벽이 없다는 것을 내포합니다. 더러움을 씻기 위한 목적으로 열린 샘이 있습니다. 죄의 더러움은 곧 씻어야 할 필요성입니다. 그런데, 그 필요성이 도리어 그 샘을 이용하지 못하게 막는 장벽이 된다고 여기는 사람이 있다면, 그 사람은 틀림없이 정신이 이상한 것입니다. 내가 욕조 바깥에 서서 "나는 너무 더러워서 욕조에 들어갈 수가 없어"라고 말해야 할까요? 그렇다면 모든 사람이 내 말이 비논리적이라고 간파할 것입니다. 죄를 위해 샘이 열렸다면, 그 죄 때문에 거기서 씻을 자격이 되는 것입니다. 그리스도가 죄인들을 위한 구주시라면, 누구도 죄 때문에 예수님이 그의 구주가 되실 수 없다고 말할 수 없습니다. 오히려 그는 이렇게 말할 수 있습니다. "내가 정말로 죄인일수록, 더욱더 예수님은 나에게 꼭 맞는 분이시구나." 비록 내가 간음의 죄를 저질렀건, 살인의 죄를 저질렀건, 혹은 셀 수 없이 많은 죄를 저질렀건, 내 죄의 극악무도함이 그 속죄의 샘에서 내가 씻는 것을 막지 못합니다. 왜냐하면 내 죄 때문에 그 샘이 제공되었기 때문입니다. 내 죄를 제거하기 위한 목적으로 그 정결케 하는 물이 쏟아진 것이기 때문입니다.

하지만 죄의 본성과 관련하여, 영혼이 그것의 지독함을 알기 시작할 때, 그것은 우리로 죄가 은혜를 받을 자격을 박탈한다고 생각하게 하며, 우리가 저 위대한 속죄의 제물이 되신 그리스도 예수를 믿어서는 안 된다고 생각하게 만듭니다. 오 죄인이여, 죄가 당신을 구주에게 부적합하게 만든다고 믿지 마십시오. 도리어 구주께서는 당신과 같은 사람을 구원하려는 목적으로 오셨다고 믿으십시오.

얼마 전에 다른 사람들의 유익을 위해 애쓰는 어느 진지한 부인이 스무 살 정도 되는 가난한 소녀를 만났습니다. 그 소녀는 비록 나이는 아직 어리지만, 두려울 정도로 타락했고 심각한 죄인이 되었습니다. 그 부인은 그 소녀와 자주 대화를 나누었고, 마침내 그녀에게서 회개의 징표들을 보았습니다.

하지만 그 불쌍한 소녀의 하소연은 다음과 같았습니다—"저는 절대 회복될 수 없을 거예요. 저는 너무 나빠요. 누구도 저를 거들떠보지도 않을걸요." "어머니가 안 계세요?" "네", 그 소녀가 답했습니다. "어머니는 몇 년 전에 돌아가셨어요." "아버지는 안 계세요?" "계세요, 하지만 저는 몇 년간 아버지 소식을 듣지도 못했습니다." "아버지는 당신이 어디에 있는지 아실까요?" "아니요, 저는 아버지가 알기를 원치 않아요." "당신은 아버지가 다시 당신을 집으로 받아들이실 거라고 생각하지 않나요?" "아뇨, 그러지 않으실 거라는 걸 알아요. 그렇게 하실 거라고 기대할 수 없습니다. 내가 만약 아버지 입장이어도, 저 같은 사람을 받아들이지 않을 거예요." "집을 떠나 배회한 이후로 그에게 편지를 써본 적이 있나요?" "아뇨, 저는 저를 아는 모든 사람과 거리를 두고 지냈답니다. 누구도 제가 어떤 사람인지를 알기를 원치 않습니다." "아버지가 당신을 받아들이시도록 시도해본 적이 있나요?" "아뇨, 소용이 없다는 걸 알았습니다. 거기에 대해선 언급하지 말아 주세요." 그 선한 부인이 말했습니다. "하지만 누가 알겠어요? 이제 당신은 지난 일을 뉘우치고 있으니 당신의 아버지가 당신을 받아들이실지 내가 한번 알아볼 수 있어요." "오, 저는 제가 지은 죄를 미워합니다. 하지만 제 아버지는 저를 받아들이시지 않을 겁니다. 아버지께 물어보셔도 소용이 없을 것입니다." 그 방문자가 말했습니다. "좋습니다, 제가 시도해 볼게요."

그녀는 소녀의 아버지에게 편지를 썼고, 딸의 주소를 주었고, 그녀의 뉘우침에 대해서도 알렸습니다. 그리고 그녀가 용서받았으면 한다고 호소했습니다. 여러분은 돌아온 답변이 어땠을 것이라고 생각합니까? 다음 우편물에 그 소녀를 위한 편지가 있었습니다. 봉투에는 큰 글씨로 "즉시 배송"이라고 쓰여 있었습니다. 소녀가 편지를 열었습니다. 그녀의 아버지가 한 말을 내가 다 말할 수는 없습니다. 하지만 내용은 대략 이런 것이었습니다. "오너라, 환영한단다. 나는 언제든 너를 용서할 준비가 되어 있단다. 나는 네가 내게로 돌아오도록 밤낮 기도했단다."

자, 그 아버지가 그 불쌍한 잃었던 소녀에게 했던 것처럼, 하나님도 죄인들을 기꺼이 용서하고자 하십니다. 만약 내키지 않는 요소가 있다면 그것은 그분 편에서가 아니라, 그들 자신의 마음에 있는 것입니다. 자비를 구하는 모든 기도에 대해 하나님은 언제든 응답하실 준비가 되어 있습니다. 그분은 은혜 베풀기 위해 기다리시기 때문입니다(참조. 사 30:18). 그분은 잘못에 빠진 자녀들을 불쌍히 여기십니다. 그분이 말씀하십니다. "내가 어찌 너를 버리겠느냐? 내가 어찌 너를 아드마 같이 놓겠느냐? 어찌 너를 스보임 같이 두겠느냐? 내 마음이 내 속에서 돌이키어 나의 긍휼이 온전히 불붙듯 하도다. 내가 다시는 에브라임을 멸하지 아니하리니, 이는 내가 하나님이요 사람이 아님이라"(호 11:8-9. '아드마와 스보임'은 소돔과 고모라 인근에 있는 성읍들이며 소돔과 고모라와 함께 멸망했음-역주). 그러므로 우리의 죄책이 우리가 은혜에 접근할 수 없다는 합법적인 이유가 되지 못합니다.

우리의 내면적인 죄성을 고려하는 것도 어떤 실제적인 장벽이 되지 못합니다. 만약 당신이 "나는 그리스도인이 될 수 없어. 나는 너무 나쁜 성향 때문에 거룩해질 수 없어. 그것은 불가능한 일이야"라고 말한다면, 당신과 관련하여 그 말은 사실입니다. 하지만 사람에게 불가능한 것이 하나님께는 가능합니다. 열린 샘이 있는 것은, 당신의 더러움이 제거될 수 있게 하려는 바로 그 이유 때문입니다. 그리스도의 피는 당신 마음의 악함보다 한 수 위라는 것을 입증할 것입니다. 그분의 영이 당신을 새롭게 하실 수 있고, 당신을 새 피조물이 되게 하실 수 있습니다. 오늘 이후로 당신이 미워했던 것들을 당신이 사랑할 것이고, 당신이 기뻐했던 악한 것들은 당신에게 혐오스러운 것이 될 것입니다. 성경에 이런 말씀이 기록되었지 않습니까? "보라 내가 만물을 새롭게 하노라"(계 21:5).

더러움을 씻는 그 샘은, 오는 것에 앞서 준비하라는 복음의 요구에 의해서도 막혀 있지 않습니다. 그 샘은 열려 있고, 당신이 더러우면, 당신이 거기에 오는 것은 환영입니다. 당신에게 요구되는 일의 전부는 예수님을 믿는 것입니다. 이 믿음을 그분이 당신에게 주실 것이며, 그것은 당신 안에서 일하시는 그분의 일입니다. 당신은 또한 지은 죄를 회개하고 죄를 미워해야 하지만, 이를 위해서도 그분이 당신 속에서 일하십니다. 그분의 성령은 당신으로 전에 당신이 즐거워했던 죄를 미워하게 만드십니다. 일종의 연옥(煉獄)과 같은 준비가 있다면, 죄인이 새로워지고 용서받을 수 있기 전에 통과해야 하는 일종의 격리 기간 같은 것이 있다면, 그 샘은 완전히 열리지 않은 것입니다. 하지만, 오 죄인이여, 당신과 당신을 용납하시는 하나님 사이에, 일종의 유예와 같은 단계는 필요치 않습니다. 지금 믿으십시오. 그러면 그 믿음을 통해 당신은 완벽한 용서를 얻고, 당신의 영혼은 새로워질 것입니다.

죄인으로부터 그 샘에 접근하지 못하게 하는 다른 어떤 실제적인 장벽도 없습니다. 어떤 사람은 이렇게 말할 것입니다. "아마 저는 선택받지 않았을 것입니다." 내 친구여, 본문을 읽어보십시오. 그 샘은 열렸습니다. "다윗의 족속과 예루살렘 주민을 위하여" 곧 모든 계층의 사람들을 위해 열렸습니다. 선택의 교리는, 진실로 이 본문의 말씀을 허위로 만들지 않으며, 갈망하는 어떤 영혼에게도 은혜의 샘을 닫지 않습니다. 다른 어떤 교리가 당신을 낙담하게 만듭니까? 그것이 무엇이건, 당신의 의심에 답하기 위해 나는 단지 이 본문을 인용할 필요를 느낍니다. 그 샘은 죄와 더러움을 씻기 위해 열렸습니다. 누가 감히 그것이 닫혔다고 말합니까? 만약 어떤 신학자가 그렇게 말한다면, 나는 죄인이 오는 길을 만들기 위해 그를 그 샘에 밀어뜨리고 싶은 생각입니다. 신학에서나, 자연에서나, 하늘에서나, 땅에서나, 지옥에서나, 하나님이 열렸다고 선언하신 것을 닫을 수 있는 것은 아무것도 없습니다. 만약 당신이 구원받기 원한다면, 당신이 믿는 마음으로 그리스도께 온다면, 당신이 와서 씻고 치유되는 것을 막기 위해 그 생명의 샘을 닫을 자는 아무도 없습니다. 만약 닫고 막는 것이 있다면, 그것은 닫혀 있는 당신의 마음입니다. 오는 것을 금하는 것은 당신의 교만입니다. 오직 당신 자신이 만들어 낸 난점들을 제외하고는 아무런 난점들이 없습니다. 죄와 더러움을 씻도록 하나님이 열어놓으신 샘이 있습니다. 당신은 그 두 가지 목적 모두에 충분히 적합하지 않습니까? 그러므로 당신의 모습 그대로 오십시오.

"저는 죄의 용서를 믿습니다!" 아, 그렇습니까? 그것은 기독교회의 오래된 교리입니다. 당신은 그것을 믿습니까? 내 생각엔, 당신이 이렇게 말하는 것처럼 여겨집니다. "저는 모든 사람의 죄의 용서를 믿습니다, 저 자신의 죄는 제외하구요." 형제여, 나는 당신의 죄의 용서를 믿습니다! 한때 나에게도 다른 사람을 위해 그 교리를 믿는 것은 어렵지 않았지만, 나 자신을 위해서는 그 교리를 믿는 것이 어려웠던 때가 있었습니다. 이제 나는, 나 자신을 위해서나 다른 누구를 위해서도 그 교리를 믿을 수 있습니다. 만약 당신이 용서를 바란다면, 그것을 취하십시오. 만약 당신이 새 마음과 정직한 영을 바란다면, 예수님이 그것들을 당신에게 주실 것입니다. 그 샘은 열렸으니, 누구도 감히 갈망하는 심령이 접근하는 것을 부인하지 못합니다. 예수님이 말씀하십니다. "내게 오는 자는 내가 결코 내쫓지 아니하리라"(요 6:37). 오늘 성령에 이끌려서, 하나님이 풍성하게 공급하시고 값없이 제공하신 은혜에 몇 사람이 참여하게 되기를 바랍니다.

3. 여전히 열린 샘

마지막 요점에서도 우리는 풍성한 위로를 얻을 수 있습니다. 그 샘은 여전히 열려 있습니다.

본문은 그 샘이 열렸다고 말합니다. 그리고 자세히 살펴보니, 그것이 나중에 닫혔다고 선언하지 않는 것을 나는 발견합니다. 그 열림이 단지 일시적이었다는 어떤 암시도 나는 찾지 못합니다. 반대로, 그 열림은 하나의 성취된 사실로서 남아 있습니다. 하나님의 모든 자녀에게 이것이 얼마나 큰 복인지요! 뒤늦게 믿은 저 젊은이에게 그것이 얼마나 큰 위안인지요! 회심 후 얼마의 시간이 지나면 대개 놀라운 발견을 하게 되는 시기가 찾아옵니다. 우리 마음이 예수님을 믿고 안식을 찾았습니다. 그런데 이제 죄로부터 깨끗하게 구원받았으니 앞으로는 죄에 빠지지 않을 것이라는 착각에 빠지게 됩니다. 하지만 별안간 유혹을 받고, 잘못에 빠지며, 그때 마귀가 외칩니다. "너! 너는 구원받지 못했어, 너는 믿는 자가 아니야. 지금 네가 어떤지를 보라!"

하나님께 회심했다고 믿는 한 어린 소녀가 생각납니다. 그 소녀는 단순하게 그녀의 선생님에게 달콤한 짧은 찬송을 인용하며 말했습니다. "선생님, 저는 예수님께 저의 죄를 맡겼습니다. 그리고 이제 저는 예수님을 너무나 사랑하니까 더이상은 죄를 그분에게 맡기지 않을 작정이에요."

그것이 바로 우리가 처음 용서받았을 때 하는 생각입니다. 우리가 꼭 그렇게 말하지 않았더라도, 우리는 이렇게 생각했습니다. "모든 과거요? 예, 그것은 전부 그분에게 맡겼습니다. 이제 나는 그분의 이름을 너무 사랑하니까 다시는 죄를 짓지 않을 것입니다." 그런 식으로 우리는 생각했습니다.

하지만, 오호라! 우리는 곧 우리가 여전히 몸 안에 있다는 것을 발견합니다! 죄가 여전히 우리 안에 있는 것처럼 보일 때, 이 본문은 얼마나 은은하게 울리는지요. 그것은 마치 은종(銀鐘)처럼 울립니다. 큰 기쁨의 좋은 소식입니다. 열린 샘이 있습니다! 젊은 그리스도인이여, 당신은 처음에 예수님께로 갔습니다. 또 가십시오, 그 샘은 닫히지 않았습니다. 당신은 한때 그 안에서 씻었습니다. 그것은 아직 마르지 않았으니, 다시 씻으십시오. 당신이 처음 믿을 때 바랐던 그리스도께서 동일하게 지금도 준비하시고 언제든 돕기 위해 거기에 계십니다. 그분의 피는 동일하게 효력이 있습니다. 그대 죄로 인해 놀란 사람이여, 가십시오, 가서 다시 씻으십시오.

"이 샘은 단지 죄책에서 정결하게 할 뿐 아니라
확실한 치료를 제공합니다.
하지만 제거된 죄책이 돌아온다면, 다시 제거하세요.
그 능력은 계속해서 입증될 테니까요."

그런 일은 우리가 나이가 들고 그리스도인의 삶에서 진보할 때도 일어날 것입니다. 이 죄 많은 세상을 지나며 순례하는 동안 우리는 매일 어느 정도의 더러움을 얻습니다. 단 한 밤이라도, 낮 동안 진흙투성이 같은 곳에서 지냈다는 느낌 없이 안식할 때가 있었던가요? 당신의 의복에 다시 먼지가 묻지 않고, 당신의 발에 새로이 흙이 묻지 않았다고 느끼며 쉬던 밤이 어디 한 번이라도 있었던가요? 아! 매일 밤 열린 샘이 있음을 생각하시기 바랍니다. 오늘의 죄는 어제의 죄처럼 쉽게 제거될 수 있습니다. 그리고 지금은 내가 정복할 수 없다고 느끼는 오늘의 죄성이, 결국에는 정복될 수 있습니다. 나는 다시 그리스도께 가서 말할 수 있습니다. "당신의 피로 저의 이 죄를 죽이시고, 제 마음을 다시 한번 부드럽고 정결하게 하소서!" 그 샘은 여전히 열려 있고, 어떤 사람도 그것을 닫지 못합니다.

나는 여러분이 사업에서 이 세상과 접촉하게 되고, 필연적으로 때로는 매우 시험이 되는 상황에 마주친다는 것을 압니다. 그럴 때 아마 당신은 모두가 평온하게 항해를 하는데 당신만 끔찍한 폭풍을 만난다고 생각할 것입니다. 평화롭게 살고 싶은 생각이야 간절하지만, 당신은 불경건한 자들과 다투는 일종의 씨름판에 떨어집니다. 당신은 어쩔 수 없이 자기 자신을 위해 일어나서, 절제된 감정으로 경기에 임해보려고 애를 쓰지만, 당신의 투지는 곧 맥이 빠집니다. 나중에 당신은 자기를 돌아보면서 이렇게 말하게 됩니다. "내가 정확히 어떻게 해야 했는지 모르겠군. 게다가, 그리스도와의 고요한 동행은 사람들과의 이 갈등 때문에 깨져버렸어. 메섹에 머물며 게달의 장막 중에 머무는 것이 내게 화로다(시 120:5)."

사랑하는 이여, 열린 샘이 있습니다. 단순한 믿음으로 다시 가서 예수님을 바라보십시오. 다시금 당신은 새로운 용서를 얻을 것이며, 은혜는 당신의 마음을 회복하여 예수님 안에 있는 평안으로 인도할 것입니다. 당신을 위해 준비된 샘, 삶을 회복시키는 그 샘에 당신이 씻기만 하면, 당신의 내면적인 삶은 다시금 새로워질 것입니다.

만약 여러분이 나와 비슷하다면, 때때로 여러분은 여러분의 내적 생명이 슬프게도 쇠퇴하는 것을 느낄 것입니다. 나로서는 그것을 고백하기가 부끄럽습니다. 하지만 심지어 내가 하나님께 가장 가까이 거하려고 애를 쓸 때도, 불신의 악한 마음이 내 속에서 싸우고 있는 것을 느낍니다. 여러분이 걱정스럽게 물을 때가 올 수 있습니다. "내가 하나님의 자녀일 수 있는가? 나는 내 감정을 하나님께 향하도록 깨울 수가 없구나. 내 열정은 일어나지 않을 거야. 거룩한 의무에서조차 나는 생명의 힘이 부족하구나. 나무가 있지만, 그것을 태울 불은 어디에 있는가? 나는 열심 있고, 진지하고, 간절하고, 뜨거워지기를 바라지만, 실제로는 게으르고, 주님의 일에 매우 둔하구나."

그럴 때 우리는 이런 식으로 말하기가 쉽습니다. "어떤 수단을 써서라도 지금보다 좀 더 나아지려고 노력해야 해. 감히 하나님 안에서 다시 소망을 가지려면 그렇게 해야 해." 그런 다음에 우리는 우리 자신과 우리 자신의 일에 매몰되고, 설 자리가 없는 깊은 진흙탕에 가라앉습니다.

그럴 때 우리가 다시 그리스도께로 돌이켜 이렇게 말할 수 있다면 행복한 것입니다. "오 나의 주님, 저는 당신을 따르는 자로서 합당치 않고, 비록 당신의 명부에 기록된 모든 이름 중에서 가장 비천하지만, 여전히 당신을 믿습니다. 당신의 십자가에 저는 매달릴 것입니다. 저는 희망을 놓지 않을 것입니다. 왜냐하면 당신은 바로 저와 같은 죄인들을 구원하기 위해 오셨기 때문입니다. 그러니 저는 계속해서 당신을 의지하겠습니다."

내 사랑하는 형제들이여, 그렇게 하는 것이 여러분으로 평화를 회복하게 하는 한편, 동시에 더 높은 거룩을 추구하도록 여러분을 자극할 것입니다. 만약 죄가 그렇게 쉽게 용서된다면 사람들이 죄 속에서 살 것이라고 여기는 것은 세상 사람들의 생각입니다. 영적인 생각을 가진 사람에게, 죄의 용서에서 나타난 큰 사랑은 그 자체가 모든 부정한 성향을 극복하기 위한 가장 높은 동기입니다. 핏값으로 얻은 용서라는 개념은 가장 선호하던 죄에 대한 사망 선고입니다. 죄와의 싸움에서 언제나 우리가 발견하는 가장 안전한 방법은 다시 십자가를 찾는 것입니다. 그 피로 우리의 모든 죄를 씻을 수 있다는 것이 우리의 행복입니다. 그 피는 날마다 그렇게 합니다. 여전히 열려 있는 한 샘이 있습니다. 이런 진리가 없다면 저는 절망 중에 죽을 것입니다.

우리 가운데 어떤 분들은 오랜 세월을 살아왔습니다. 하지만 우리는 절대 그 열린 샘보다 오래 살지는 못합니다. 다른 이들은 아마 곧 죽을 것입니다. 하지만, 사랑하는 형제여, 마지막 순간에도 당신의 눈은 그 열린 샘을 쳐다볼 수 있습니다. 당신의 평생의 죄가 당신 앞에 나타나고, 죄악의 어두운 시절이 당신의 목전에 펼쳐지면서, 각각의 죄가 당신을 비난할 수 있습니다. 그때도 당신은 저 열린 샘으로 도망칠 수 있습니다. 그러면 그것들이 사라질 것입니다. 만약 옛 아담이 마지막에 나타나, 어떤 강력한 부패성이 당신을 압도하려고 할 때, 그때도 그 샘은 열려 있어서, 당신의 육신의 더러움을 씻을 뿐 아니라, 당신 안의 새로운 본성이 더 강해지도록 하고, 주님의 영원한 나라와 그 영광에 이를 때까지 당신을 보존할 것입니다.

이제 한 가지 생각을 더 나누고 설교를 마치려 합니다. 교회로서 우리의 일을 보십시오. 우리는 우리 주변의 죄인들에게 속죄를 제공할 필요가 없습니다.

우리가 해야 할 일은 그들에게 이미 열려 있는 그 샘을 가리키는 것입니다. 나는 교회 지체들인 여러분 모두가 언제나 다른 사람들에게 구원의 길을 알려주기를 바랍니다. "그것은 너무 단순해요"라고 당신이 말합니다. 예, 그렇다면 당신은 그것을 말하지 않는 것에 대해 변명할 수가 없습니다. 여러분의 이웃이 구원의 길을 알게 하십시오. 그들에게 귀가 아프도록 그것을 되풀이해서 말해주고, 강권하여 그들이 그것을 알게 하십시오. 그렇게 함으로써 만일 그들이 죽어도 생명의 길을 모른 채 죽지 않게 하십시오.

나는 교회로서의 여러분에게 한 가지 매우 중요한 사실을 상기시키고 싶습니다. 내가 바라기는, 하나님께서 우리에게 주려 하시는 부흥의 때를 위한 준비가 여기에 있습니다. 죄인을 위해 열린 그 샘은 또한 하나님의 자녀를 위해서도 열려 있습니다. 우리 모두 다시 씻읍시다. 여러분은 자랐지만 냉랭하지 않습니까? 와서 여러분의 영적인 생명이 회복되게 하십시오. 여러분 중에 누군가는 세속적이고 육신적으로 되었다고 걱정하지 않습니까? 예수님께 오십시오. 당신이 처음으로 생명을 찾은 곳에서 당신은 그것을 풍성하게 찾을 것입니다. 와서 다시 씻으십시오. 나는 여러분의 목사로서 그 거룩한 속죄의 피로 또 다른 세례를 받기를 원하며, 그래서 여러분에게 하늘의 능력으로 말씀을 전할 수 있기를 바랍니다.

내 사랑하는 형제들이여, 집사들과 장로들이여, 각 사람이 개인적으로 자기 죄를 고백하고, 각 사람이 씻어지기를 바랍니다. 그리고 모든 교회의 지체들, 주일학교의 모든 교사, 모든 일꾼이, 이 복된 씻음을 다시 경험함으로써 하나님을 섬길 준비를 하기 바랍니다. 구약의 성막에서는 놋대야가 있었습니다. 제사장들은 거기서 손과 발을 씻었습니다. 그것은 이따금 가득 채워져야 했습니다. 물이 고갈되거나 더러워졌기 때문입니다. 이제 우리에게는 놋대야가 없습니다. 하지만 우리에게 마르지도 않고, 더러워지지도 않는 샘이 있습니다. 만약 여러분이 작은 웅덩이에 발을 씻으면, 그것은 곧바로 진흙탕이 될 것입니다. 하지만 내가 종종 알프스를 오를 때에 그랬던 것처럼, 혹은 살아 있는 샘에서 그랬던 것처럼, 여러분이 흐르는 물에 씻으면, 여러분 수백 명이라도 씻을 수 있고, 그 물이 모든 더러운 것을 흘려보낼 것이며, 그 물은 마치 발을 담그지도 않은 것처럼 한결같이 맑을 것입니다. 마찬가지로 모든 교회 지체들을 위해 여기에 흐르는 샘이 있습니다. 와서 씻으십시오. 여러분에게 호소하니, 지금 씻으십시오.

신앙의 변절자들도 이리로 오기 바랍니다. 마음으로 방황하는 이들, 외적인 거역의 행위로 방황했던 이들, 이들 모두 아직 열려 있는 그 샘으로 와서 새로 씻고 깨끗해질 수 있습니다. 우리가 만약 하나님이 제공하신 것을 무시한다면, 그것이 얼마나 큰 죄가 되겠습니까! 비록 우리가 전에 자주 이곳에 왔더라도, 다시 오십시오. 내가 제안하고 싶은 것은, 오늘 오후에 우리 각 사람이 홀로 있는 시간을 보내자는 것입니다. 그래서 아벨의 피보다 더 낫게 말하는 그 피의 새로운 적용을 위해 기도하자는 것입니다.

주님은 마지막 만찬 후에, 수건으로 허리를 두르시고, 대야를 들고 돌아다니시면서 제자들의 발을 씻어주셨습니다. 이렇게 하신 후에 그분이 말씀하셨습니다. "너희 온몸이 깨끗하다"(참조. 요 13:10). 이것이 내가 주님에게 바라는 것입니다. 즉 주님께서 내가 사랑하는 이 교회의 모든 지체를 지금 깨끗하게 해 주시길 바랍니다. 더러운 상태에서 여러분은 하나님을 섬길 수 없습니다. 성공적인 섬김을 위해 여러분은 새롭게 깨끗해져야 할 필요가 있습니다. 오, 주님께서 그 무한하고 황송한 은혜로, 지금 수건을 가지시고 각 사람을 방문하시고, 한 사람씩 씻어주시길 바랍니다. 목사들, 집사들, 장로들, 지체들, 우리 모두가 이 시간 그 열린 샘을 이용하시기 바랍니다. 성령께서 우리 각 사람에게 씻음을 허락하시고, 우리로 섬김에 적합하게 만들어 주시길 바랍니다. 그래서 주님의 잃은 자들을 찾아 모으는 앞으로의 수개월 동안 우리가 더욱 쓸모 있게 되고, 주님을 찬미하고 그분께 영광을 돌리게 되기를 바랍니다. 하나님이여, 주의 이름을 위하여 그런 일을 허락하소서! 아멘.

제
12
장

저녁의 불빛

"여호와께서 아시는 한 날이 있으리니 낮도 아니요 밤도 아니라. 어두워 갈 때에 빛이 있으리로다" – 슥 14:7

나는 이 본문의 말씀이 주어졌던 특별한 상황에 대해, 혹은 이 말씀이 어떤 특정한 시기를 가리키는지를 언급하느라 시간을 지체하지 않을 것입니다. 나는 오히려 이 본문의 문장을 하나님 나라의 한 규칙으로 간주합니다. 곧 하나님의 은혜의 시대의 큰 법칙 중의 하나입니다. "어두워 갈 때에 빛이 있으리로다." 철학자들이 하나의 일반적인 규칙을 확립하려고 할 때마다, 그들은 상당히 많은 개별적인 사건들을 수집하는 것이 필요하다고 생각합니다. 그 모든 것들을 한데 모아, 그들은 거기서 하나의 일반적인 규칙을 도출합니다. 행복하게도, 이런 일이 하나님과 관련해서는 필요치 않습니다. 섭리를 광범위하게 볼 때, 우리는 많은 사건을 모으고, 거기서 하나의 진리를 유추하려고 애쓸 필요가 없습니다. 하나님은 불변하시기에, 그분의 한 가지 행위만으로도 우리에게 그분의 행위의 규칙을 가르치기에 충분하기 때문입니다. 나는 이 본문이 어떤 특정한 상황, 한 나라가 역경에 처해 있을 때 기록된 것이라고 이해합니다. 그때 하나님이 "어두워 갈 때에 빛이 있으리라"고 약속하셨습니다. 만약 내가 이것을 어떤 사람이 쓴 글에서 발견한다면, 나는 그런 일이 한 번쯤 일어났을 것이고, 또 어떤 위기의 상황에서 축복이 임했다고 생각할 것입니다. 하지만 나는 그 일에서 하나의 규칙을 끌어낼 수는 없을 것입니다. 그러나 이것이 하나님의 책에 기록되었음을 볼 때, 그분의 백성에게 저녁과 같은 특정한 상황에서, 하나님은 그들에게 빛을 주기를 기뻐하신다는 것을 나는 발견합니다. 나는 본문에서 이런 규칙을 추론해내는 것이 더없이 정당하다고 느낍니다. 그분의 백성에게 저녁의 시간일 때 언제나 빛이 있을 것입니다.

이것이 오늘 내 설교의 주제가 될 것입니다. 교회와 하나님의 백성에게 일어나는 다양한 저녁의 때가 있습니다. 그리고 하나의 규칙으로서 우리는 저녁때에 빛이 있을 것이라 믿고 안심할 수 있습니다.

하나님은 아주 빈번하게 우리가 자연에서 발견하는 것과 매우 유사한 방식으로 은혜 안에서 일하십니다. 예를 들어, 하나님은 이렇게 말씀하십니다. "비와 눈이 하늘로부터 내려서 그리로 되돌아가지 아니하고 땅을 적셔서 소출이 나게 하며 싹이 나게 하여 파종하는 자에게는 종자를 주며 먹는 자에게는 양식을 줌과 같이, 내 입에서 나가는 말도 이와 같이 헛되이 내게로 되돌아오지 아니하고 나의 기뻐하는 뜻을 이루며 내가 보낸 일에 형통함이니라"(사 55:10,11). 우리는 그분이 그리스도의 오심에 대해 말씀하시는 것을 발견합니다. "그는 벤 풀 위에 내리는 비같이, 땅을 적시는 소낙비같이 내리리라"(시 72:6). 우리는 그분이 은혜의 언약을, 그분이 계절과 관련하여 노아와 맺으신 언약과 비슷하게, 그리고 한 해의 다양한 순환과 관련하여 사람과 맺으신 언약과 비슷하게 하셨음을 발견합니다. "땅이 있을 동안에는 심음과 거둠과 추위와 더위와 여름과 겨울과 낮과 밤이 쉬지 아니하리라"(창 8:22).

아주 빈번하게, 창조의 일은 은혜의 일의 거울이 되는 것을 우리는 발견합니다. 그래서 우리는 자연 세계로부터, 하나님이 자기 백성을 향해 은혜의 세계에서 행하시는 위대한 일들을 묘사하는 비유를 끌어낼 수 있습니다. 하지만 때때로 하나님은 자연을 초월하십니다. 자연에서는 저녁 이후에 밤이 옵니다. 태양이 그 운행하는 시간을 마쳤습니다. 불의 군마들이 지칩니다. 그들도 쉬어야 합니다. 보십시오, 그들이 창공의 절벽 아래로 내려가고 그들의 불타는 말발굽은 서쪽 바다로 가라앉습니다. 그러는 사이에 밤이 그 흑단(黑檀)색 병거를 타고 앞선 말발굽의 뒤를 따릅니다. 하지만 하나님은 그런 자연의 규칙을 초월하십니다. 하나님은 자기 백성에게, 이성의 눈으로 보면 낮이 지나고 하나님의 은혜의 영광스러운 풍경이 망각의 어둠 속으로 사라진다고 여겨지는 때를 통과하게 하십니다. 하지만 바로 거기서, 하나님은 자연을 초월하시고, 저녁의 때에 어둠 대신 빛이 있을 것이라고 선언하십니다.

이 일반적인 규칙을 세부적으로 다양하게 잘 묘사하는 것이 나의 임무입니다. 나는 마지막 요점을 가장 길게 다룰 것이며, 그것을 오늘 아침 설교의 주된 목적으로 삼을 것입니다.

1. 교회사 전반에서 얻는 예증

우선. "어두워 갈 때에 빛이 있으리라"는 말씀에 대해 우리가 첫 번째로 제시하는 예증은 교회사 전반에서 얻는 것입니다.

교회에는 많은 저녁의 때가 있었습니다. 교회의 역사를 묘사하기 위해 이 세상에서 한 가지 상징물을 골라야 한다면, 나는 교회가 마치 바다와 같다고 말하고 싶습니다. 어떤 때에는 영광스럽게도 은혜의 풍성함이 분명히 나타났습니다. 큰 물결이 연이어 땅을 덮치고, 죄의 진흙탕을 덮고, 온 땅이 만군의 여호와의 것임을 선포하였습니다. 그 진행이 신속하여 죄와 악의 바위들이 그것을 막을 수 없었습니다. 계속되는 진리의 전파를 통해 완전한 정복이 예견되는 듯했습니다. 그 행복한 교회는 틀림없이 최종적인 승리의 날이 왔다고 생각했고, 사역자들에 의해 전파되는 말씀이 너무나 강력하고, 그들 가운데 거하시는 주님이 너무나 영광스러워, 아무것도 교회에 맞서지 못할 거라고 여겼습니다. 교회는 "달 같이 아름답고 해 같이 맑고 깃발을 세운 군대 같이 당당"했습니다(아 6:10). 이단들과 분파들이 일소되고, 거짓 신들과 우상들이 그들의 보좌를 잃었습니다. 전능하신 여호와가 그분의 교회 가운데 계셨으며, 흰 말을 타시고 전진하며 이기고 또 이기셨습니다.

하지만 여러분이 교회 역사를 읽으면, 머지않아서 썰물의 때가 오곤 했음을 발견할 것입니다. 은혜의 물결이 퇴각하는 듯이 보이고, 불쌍한 교회는 박해나 혹은 내적인 부패로 인해 뒤로 물러났습니다. 인간의 부패성을 극복하는 것이 아니라, 도리어 인간의 부패성에 의해 침식되는 듯이 보였습니다. 한때는 의가 바다 물결처럼 넘실대던 곳에, 검은 진흙과 인류의 더러운 진창이 그 자리를 대신하였습니다. 교회는 슬픈 음조의 노래를 불러야 했고, 바벨론 강가에 앉아서 울던 때에, 그녀의 옛 영광을 기억하고 또 현재의 황폐함을 보고 울어야 했습니다. 언제나 그런 식이었습니다. 진보하다가, 퇴보하고, 한동안 가만히 있다가, 다시 한번 진보하고, 다시 뒤로 물러나곤 했습니다. 교회의 전 역사는 앞으로 나아가는 행진의 역사였으며, 또한 재빨리 퇴각하는 역사였습니다.

내가 믿기로 교회의 역사는 전체적으로는 진보와 성장의 역사이지만, 장별로 읽을 때, 그것은 성공과 퇴각 그리고 정복과 좌절의 혼합입니다. 나는 앞으로도 그럴 것이며, 마지막까지 그렇게 되리라고 생각합니다. 우리에게는 일출의 때가 있고, 정오의 때가 있을 것이며, 일몰의 때도 있을 것입니다. 우리에게는 동트는 때와 같이 더 나은 날들이 있을 것입니다. 즉 개혁의 날들, 루터와 칼빈 같은 사람들이 나타나는 날들이 있을 것입니다. 또 우리에게는 한낮의 밝은 때와 같은 날도 있을 터인데, 그때는 복음이 온전히 전파되고 하나님의 능력이 알려지는 날입니다. 우리에게는 해 질 녘, 곧 교회가 약해지고 쇠퇴하는 때도 있을 것입니다. 하지만 교회에 저녁의 때가 오는 것이 확실하듯이 "어두워 갈 때에 빛이 있을 것입니다." 교회의 전 역사를 관통하는 그 진리에 유념하시기 바랍니다.

예언의 모든 등불이 꺼진 듯이 보이는 날, 한때 로마 거리에서 천둥처럼 외쳤던 사람이 화형을 당하고 교살당하던 날, 사보나롤라(Girolamo Savonarola, 15세기 후반 이탈리아 도미니쿠스회 수도사로, 설교자이자 종교개혁가-역주)가 이 땅을 떠나던 날, 그의 추종자들은 혼돈에 빠졌고, 교황주의의 먹구름이 세상에 비치는 하나님의 사랑과 은혜의 햇살을 가린 듯이 보였습니다. 그 어둑한 시대에 복음의 불빛은 꺼진 듯이 보였고, 분명 사탄은 스스로 속삭였을 것입니다. "이제 교회의 일몰이 왔다." 그것은 교회의 저녁때입니다. 그 어둠의 때에 의의 태양에서 나온 단지 미미한 잔광(殘光)이 힘겨운 싸움을 벌이고 있었습니다. 아마도 사탄은, 세상이 영원히 그의 용의 날개 아래에, 어둠 속에 누우리라고 생각했을 것입니다. 하지만 보십시오, 어두워 갈 때에 빛이 있었습니다! 하나님은 세상을 뒤흔들 한 수도사를 보내셨습니다. 하나님은 또 그를 보조하고 도울 사람들을 일으키셨습니다. 태양이 독일에 떠올랐습니다. 그것은 온 땅을 비추었으며, 그 경사스러웠던 때 이후로 우리에게는 아직 흑암에 가까울 정도의 저녁은 온 적이 없습니다.

하지만 어둠의 전조가 되는 시기들은 있었습니다. 영국 교회가 깊이 잠들었던 때가 있었습니다. 그때 다양한 비국교도 단체들도 나쁘기는 마찬가지였고, 신앙은 죽은 형식주의로 퇴조했으며, 온 땅을 둘러보아도 강단에서 생명과 능력을 찾아볼 수 없었습니다. 하지만 그때 한 진지한 사람이 있었으니, 그는 너무도 희귀하여 그런 사람이 있었다는 것이 거의 기적과도 같았습니다. 많은 사람이 우리의 시온의 폐허 위에 서서 말했습니다. "오호라, 오호라, 죽임을 당한 딸 내 백성이여! 진리의 깃발을 손에 쥐고 거짓을 발로 밟았던 강력한 청교도들의 날들은 어디에 있는가? 오 진리여, 그대가 떠났도다. 그대가 죽었도다."

"아니라", 하나님이 말씀하십니다. "지금은 저녁 때이니 빛이 있을 것이다." 옥스퍼드에 함께 모여 기도하던 여섯 명의 젊은이들이 있었습니다. 여섯 청년은 너무 경건하다는 것 때문에 쫓겨났습니다. 그들은 전국을 두루 다녔고, 그 작은 누룩이 전체 반죽 덩어리를 부풀게 했습니다. 휫필드, 웨슬리, 그리고 그들을 이은 계승자들이 마치 어두운 밤의 번개처럼 온 땅을 비추었으며, 그들이 어디서 왔고 또 누구인지를 모두가 궁금히 여기도록 만들었습니다. 그들은 국교회 안과 밖에서 큰 일을 행하였고, 그들을 통해 복음은 능력 있고 활기차게 전파되었습니다. 어두워져 갈 때에 하나님은 언제나 자기 교회에 빛을 보내기를 기뻐하십니다.

우리는 지금껏 보아왔던 것보다 더 어두운 시기를 예상할 수 있습니다. 주님이 보전하시지 않는 한, 우리의 문명이 이전의 그 어떤 문명보다 더 오래도록 지속하리라고 상상하지 맙시다. 종종 어리석다고 비웃음을 받아왔던 것이 현실로 될 수도 있습니다. 마치 사람들이 폐허로 변한 니므롯의 흙무덤 위를 걸으며 거기에 묻힌 도시들을 보고 놀라듯이, 어느 날 사람들은 런던 다리의 부러진 아치에 앉아, 이 문명이 어떻게 사라졌는지 보고 놀랄 수도 있습니다. 이 나라의 모든 문명이 가장 캄캄한 밤에 소멸할 수도 있습니다. 종종 우리가 들어왔던 큰 이야기를 하나님이 되풀이되게 하실 수 있습니다. "보라, 내가 환상 중에 크고 두려운 짐승을 보았으니, 그것이 열국을 다스렸도다. 하지만 그것이 사라지고 있지 않더라." 하지만 그런 일들이 있다고 해도, 비록 세상이 야만과 암흑의 시대로 되돌아간다고 해도, 그리고 때로는 가장 밝은 시대로 지속적인 진보를 이루는 것이 아니라 도리어 모든 희망이 꺾이는 듯이 보여도, 우리는 "어두워 갈 때에 빛이 있으리로다"는 말씀을 믿을 수 있습니다. 세상 역사의 끝은 영광의 시작이 될 것입니다. 아무리 피로 붉게 물들고, 아무리 죄로 세상이 검게 되어도, 어느 날 세상은 마치 그것이 창조되었을 때와 마찬가지로 순수하고 완벽하게 될 것입니다. 이 불쌍한 행성이, 그것이 막 태어났을 때의 광채를 가려버린 어둠의 배내옷을 벗을 날이 언젠가 올 것입니다. 해 뜨는 곳부터 해가 지는 곳까지 하나님은 그분의 이름을 알게 하실 것입니다.

"희년(禧年)의 기쁜 외침이
강력한 천둥처럼 울려 퍼질 것이며,
바다의 큰물이 해안가 바위를 때릴 때처럼,
온 세상에 울려 퍼지리."

"어두워 갈 때에 빛이 있으리로다!"

2. 큰 일에서와 마찬가지로 작은 일에서도 적용되는 규칙

이 규칙은 큰 일에서와 마찬가지로 작은 일에서도 유효합니다. 우리는 자연에서 원자에 해당하는 규칙이 천체에도 해당하는 것을 발견합니다.

"하나의 물방울을 형성하고
그것을 수원(水原)에서 떨어지게 하는 법칙이,
구체로서의 지구를 보전하고
제 길을 달리는 행성들을 안내한다네."

은혜의 법칙도 마찬가지입니다. "어두워 갈 때에 빛이 있으리로다"는 규칙은 교회에 해당합니다. "어두워 갈 때에 빛이 있으리로다"는 규칙은 모든 개인에게도 해당합니다. 그리스도인이여, 세상의 작은 일들에 대해 생각해봅시다. 당신은 현세적인 문제들에서 전성기를 보냈습니다. 당신은 때때로 크게 복을 누려왔습니다. 당신은 송아지가 외양간에 있고, 감람나무가 열매를 맺으며, 무화과나무가 풍성한 소출을 내었을 때를 기억할 수 있습니다. 곡식 창고가 거의 터질 정도로 곡물로 가득했던 때, 커다란 통이 기름으로 흘러넘치던 때를 당신은 기억할 수 있습니다. 생명의 강물이 깊었고, 당신의 배가 아무런 역풍(逆風) 없이 물 위를 부드럽게 떠다니던 때를 당신은 기억할 수 있습니다. 그 시절에 당신은 이렇게 말했습니다. "나는 슬픔을 보지 않을 것이다. 하나님이 나를 울타리로 둘러 보호하셨고, 그분이 나를 보존하셨으며, 나를 지키셨구나. 나는 그분의 섭리의 총애를 받은 자로구나. 모든 것이 합력하여 유익을 이룬 것을 나는 알고, 또 그것을 분명하게 볼 수 있구나."

그런데, 그리스도인이여, 그 후에 해가 졌습니다. 그토록 해가 밝게 빛났건만, 매분마다 석양의 광선이 비스듬해지고, 마침내 온 사방에 그늘이 졌습니다. 해는 졌고, 구름이 모여들기 시작했습니다. 비록 하나님의 얼굴빛이 저녁 구름에 영광의 빛을 띠게 하지만, 그 색조는 점점 옅어져 가고 있습니다. 고난이 당신에게 찾아왔습니다. 당신의 가족이 병들고, 당신의 아내가 죽었습니다. 당신의 곡식들이 빈약하고, 당신의 매일의 수입이 줄었습니다. 당신의 찬장은 더 이상 가득 채워져 있지 않습니다. 당신은 일용할 양식을 구하러 다녀야 하고, 당신의 일이 어떻게 될 것인지 알지 못합니다. 아마도 당신은 매우 낮아졌는지 모릅니다. 당신의 뱃머리는 바위에 부딪혀 삐걱거립니다. 빈곤의 바위에 걸쳐진 당신의 배를 떠오르게 할 만큼 충분한 물이 없습니다. 당신이 말합니다. "나는 깊은 수렁에 빠져듭니다. 디딜 곳이 없습니다. '주의 모든 파도와 물결이 나를 휩쓸었나이다'"(시 42:7). 무엇을 해야 할는지 당신은 알지 못합니다. 아무리 애를 써도, 그것이 당신을 더 나쁘게 만들 뿐입니다. "여호와께서 집을 세우지 아니하시면 세우는 자의 수고가 헛되도다"(시 127:1). 당신은 근면하고 절약했으며, 거기에 인내심까지 갖추었습니다. 하지만 모든 것이 허사입니다. 당신이 일찍 일어나고 늦게 누우며 수고의 떡을 먹는 것이 허사입니다. 빠져나오기 위해 당신 스스로 할 수 있는 것이 아무것도 없고, 모든 시도가 실패했습니다. 당신은 절망 가운데 죽으려고까지 했습니다. 당신은 당신 인생의 밤이 영원한 어둠과 함께 찾아왔다고 생각했습니다. 당신은 언제까지나 살고 싶지 않았고, 이 눈물 골짜기를 떠나고 싶어했습니다.

그리스도인이여! 이 본문의 진리의 격언을 마음에 간직하십시오! 어두워 갈 때에 당신에게 빛이 있지 않았습니까? 당신에게 극한의 때가 하나님에게 기회의 순간이었습니다. 조수(潮水)가 가장 멀리까지 빠져나갔을 때, 다시 돌아오기 시작했습니다. 당신의 썰물에도 때가 있었습니다. 당신의 겨울에 여름이 있었습니다. 당신의 일몰에 일출이 있었습니다. "어두워 갈 때에 빛이 있으리로다." 별안간, 당신이 그때 생각한 것처럼, 하나님의 어떤 기이한 일에 의해, 당신이 완전히 건짐을 받았습니다. 하나님이 그분의 의를 빛 같이 나타내셨고 그분의 공의를 정오의 빛 같이 하셨습니다(참조. 시 37:6). 그분이 옛적에 당신에게 나타나셨고, 위로부터 그분의 팔을 펼치셨습니다. 그분이 당신을 깊은 물에서 건져내셨고, 당신의 발을 반석 위에 두시고 당신의 걸음을 견고하게 하셨습니다. 그러므로 그것을 마음에 새기십시오.

진 사람들을 만나 자리를 함께할 때, 그들은 나에게 그들의 영적인 역사와 관련된 이야기를 들려줍니다. 그들은 사소한 이야기를 마치 대단히 놀라운 이야기를 들려준다는 듯이 말합니다. 그리고 그 이야기를 마치자마자 그것이 너무나 이상하지 않으냐고 내게 묻습니다. "목사님, 저는 세상의 일에서 행복하게 지냈습니다. 그런데 마음에서 죄의 자각이 생겼고, 저는 주님을 찾기 시작했습니다. 오랜 시간 내가 주님을 찾고 있는 동안, 저는 너무나 비참하여 견딜 수가 없었습니다. 목사님, 정말이지 이것은 이상한 일이 아닌가요?" 그때 나는 그의 얼굴을 쳐다보며 말했습니다. "아닙니다, 그것은 이상한 일이 아닙니다. 당신이 알다시피 저는 오늘 밤에 열두어 분을 만났는데, 그들은 모두 같은 이야기를 했답니다. 그것은 하나님의 모든 백성이 천국으로 향하는 길입니다." 그들은 마치 내가 그들에게 사실이 아닌 말이라도 하는 듯이, 나를 응시하며 놀라워했습니다. 그들은 그들이 겪은 것이 세상에서 가장 이상한 일이고, 다른 누구도 그들이 느꼈던 것을 느낀다고 생각하지 않았던 것입니다. 나는 이따금 이런 식으로 말하곤 합니다. "자, 앉으시지요. 내가 처음으로 구주를 찾았을 때 내 느낌이 어땠는지를 들려드리지요." 그들이 말합니다. "오, 목사님, 그것이 바로 제가 느꼈던 것입니다. 하지만 저는 다른 사람들도 제가 걸었던 길과 같은 길을 걸었다고는 생각지 못했습니다."

우리가 영적인 일에서 조금씩 알아갈 때, 우리의 길이 고독해 보였던 것은 이상한 일이 아닙니다. 하지만 길을 찾는 불쌍한 죄인들을 다루시는 하나님의 일에 대해 많이 아는 사람은, 언제나 그들의 경험이 매우 비슷하다는 것을 알 것입니다. 그리스도에게 오는 동안, 사람들이 일반적으로 느끼는 것은 비슷합니다. 영혼이 진실로 그리스도를 찾을 때마다, 그 영혼은 어둠 속에서 그분을 찾을 것입니다. 불쌍한 롯이 소돔에서 도망쳐 나올 때, 그는 줄곧 어스름한 무렵에 달려야 했습니다. 그가 소알에 들어갔을 때 비로소 해가 돋았습니다(참조. 창 19:23). 그처럼 죄인들이 그들의 죄로부터 구주를 향해 달려갈 때 어둠 속에서 달려야 합니다. 그들이 단순한 믿음으로 십자가에서 죽으신 분을 바라볼 수 있을 때까지, 그들은 어떤 위로나 평화도 얻지 못합니다. 오늘 아침 이곳에는 큰 고통 가운데 있는 많은 불쌍한 영혼들이 있습니다. 불쌍한 영혼들이여! 본문 말씀이 여러분에게 위로가 될 것입니다. "어두워 갈 때에 빛이 있으리로다." 당신은 한때 작은 빛을 가졌었지요. 곧 도덕의 빛입니다. 당신은 스스로 무언가를 할 수 있다고 생각했습니다. 그런데 지금은 그 불빛이 꺼졌습니다. 그 후 당신은 또 하나의 다른 빛을 가졌습니다. 당신은 종교 의식이라는 밀초 심지를 가졌고, 그것이 당신에게 빛을 비출 것이라고 확신했습니다. 하지만 그 역시 지금은 사라졌습니다. 여전히 당신은 남아 있는 선행이라는 희미한 불빛으로 길을 더듬어 찾을 수 있을 것이라고 생각했습니다. 하지만 그 역시도 이제는 모두 사라진 듯이 보입니다.

당신은 이렇게 생각합니다. "하나님이 나 같은 파산자를 완전히 멸하시려나 보구나! 오, 목사님, 목사님! '저는 죄인 중의 괴수입니다.' 나처럼 악한 사람은 지금까지 없었을 것입니다. 혹 그런 사람이 산 적이 있다면, 틀림없이 하나님은 그를 즉시로 지옥에 던지셨을 것입니다. 저에게 희망이 없다는 것이 확실합니다. 오, 목사님, 제가 무엇을 하더라도, 저는 저 자신을 조금이라도 더 선하게 만들지 못합니다. 기도하려고 애쓸 때도 저는 제가 원하는 대로 기도할 수가 없습니다. 성경을 읽어도 저에게는 모든 것이 캄캄하니, 그것도 소용이 없습니다. 내가 하나님의 집에 갈 때 목사님은 마치 모세처럼 나에게 율법만 전하는 것 같습니다. 목사님이 전하는 말씀에는 내 영혼에 위로를 주는 것이 없는 것처럼 보입니다."

불쌍한 영혼이여, 나는 당신이 그렇게 느낀다니 기쁩니다. 나는 그것을 기쁘게 생각합니다. 내가 당신의 불행을 기뻐하는 것은 절대 아닙니다. 하지만 당신이 느끼는 영적 상태에 대해서는 내가 기쁘게 생각합니다. 헌팅던 백작 부인(the Countess Huntingdon, 18세기 영국의 신앙 부흥과 감리교 운동에 두드러진 역할을 했으며, 조지 휫필드 및 존 웨슬리와 밀접히 교류하였음-역주)이 언젠가 휫필드 형제에게 말했던 것이 기억납니다. 휫필드 형제에게 마음에 큰 고민이 있을 때, 어느 날 앉아서 차를 마시면서 영적인 일에 관하여 대화를 나누다가, 그가 말했습니다. "부인, 나는 잃어버린 자입니다. 나는 잃어버린 자인 것이 분명합니다!" 사람들이 그에게 말을 걸었고, 그의 말을 반박하려고 했습니다. 하지만 그는 자기가 전적으로 망한 자이며, 잃어버린 사람이라는 생각을 굽히지 않았습니다. 그때 그 부인이 손뼉을 쳤고, 이어서 말했습니다. "나는 기쁘게 생각합니다, 휫필드 씨, 나는 그것을 기쁘게 생각합니다." 휫필드는 그녀가 그렇게 말하는 것이 잔인하다고 생각했습니다. 그가 그녀의 말을 더 잘 이해하게 된 것은 그녀가 다음과 같은 말을 덧붙이면서 설명했을 때였습니다. "'인자가 온 것은 잃어버린 자를 찾아 구원하려 함이니라'(눅 19:10)고 했잖아요. 그러니 그분은 당신을 찾아 구원하려고 오신 것이 분명하기 때문입니다."

자, 만약 여기에 잃은 자가 있다면, 내가 말할 수 있는 것은, 내가 그것을 기쁘게 생각한다는 것입니다. 왜냐하면 전능하신 목자가 오신 이유는 그런 사람을 구원하시기 위해서니까요. 만약 여러분 가운데 누구든 하나님의 율법에 의해 정죄되었다고 느끼면, 나는 당신이 그렇게 느끼는 것에 대해 하나님께 감사합니다. 양심에서 율법의 정죄를 받는 사람이 복음으로 용서를 받을 것이기 때문입니다.

"오십시오, 죄 많은 영혼이여,
그리스도께 도망쳐서, 당신의 상처를 치유하십시오.
지금은 영광스러운 복음의 낮이니,
값없이 주시는 은혜가 넘칩니다."

바로 이 시간, 당신의 마음에서 낮이 지나고 저녁의 때가 왔다고 생각될 때, 그리고 당신이 영원히 멸망할 것 같다고 생각될 때, 지금이 바로 하나님이 당신에게 자기를 계시하실 때입니다. 당신 자신의 누더기를 걸치고 있는 동안에는 당신은 그리스도께 절대 오지 않을 것입니다. 당신이 자기 의를 조금이라도 가지고 있는 동안에는, 당신은 그분의 의를 가질 수 없을 것입니다. 당신에게 의지할 것이 아무것도 없을 때, 복음 안에서 예수 그리스도는 당신의 완벽한 구주가 되십니다. 그분이 내게 말하라고 명하시는 것은, 그분이 당신과 같은 사람을 찾아서 구원하러 오셨다는 것입니다.

5. 인생의 저녁 때와 관련한 교훈

이제 나는 말씀을 마무리하면서 이 마지막 중요한 요점을 전하고자 합니다. "어두워 갈 때에 빛이 있으리로다." 해는 정오가 되기 전에 지지 않겠지만, 우리 모든 사람은 인생의 저녁때가 온다는 것을 예상할 수 있습니다. 우리는 죽음을 통해서 이 세상을 떠나게 될 것입니다. 머지않아 우리에게 저녁의 때는 올 것입니다. 수년 내에, 마르고 시든 잎은 모든 남자와 모든 여성의 적절한 동반자가 될 것입니다. 그런 면에서 어떤 우울함이 있습니까? 나는 그렇게 생각하지 않습니다. 내가 보기에는, 노년의 때는, 그 모든 약함에도 불구하고, 그리스도인에게 특별한 축복과 특권의 때입니다. 육체적 힘의 쇠약과 기력의 감소로 인해 쾌락을 향한 욕망이 제거되는 노년의 때는, 세상의 죄인에게는 지루하고 고통스러운 시기임에 틀림없습니다. 하지만 십자가의 노병에게, 노년의 때는 정녕 큰 기쁨과 축복의 때임에 틀림없습니다.

나는 얼마 전 저녁 무렵에 아름다운 시골을 마차를 타고 지나가다가, 인생의 저녁은 어떤 것인지에 대해 생각해보았습니다. 세상을 향한 '뜨거운 관심'이라는 해가 졌습니다. 그 해는, 아직 뿌리를 깊이 내리지 못했던 우리 인생 초기의 경건에 내리쬐었고, 그것을 태워 죽게 하려고 했습니다. 그 해는 우리의 참된 경건을 그슬리고, 종종 거의 시들도록 했습니다. 만일 우리의 경건이 생명수 강가에 심어진 것이 아니었다면, 그것은 완전히 시들어 죽고 말았을 것입니다. 그런데 이제는 그 해가 졌습니다. 경건한 노인은 이제 세상의 모든 것에 특별한 관심이 없습니다. 그는 사업에 대해서와, 그가 사는 시대의 복잡한 소음과 다툼에 관하여 이렇게 말합니다. "너는 내게 아무것도 아니다. 내 소명과 선택을 확실히 붙잡는 것, 이 확신을 굳게 붙들고 나의 변화가 오기까지 기다리는 것, 이것이 내가 할 일이다. 세상의 모든 근심과 쾌락에 나는 상관이 없다."

그의 인생의 수고가 모두 끝났습니다. 이제 그는 청년과 장년의 때에 땀 흘리고 수고한 것처럼 하지 않습니다. 그의 자녀들은 다 자랐고, 더는 그를 의존하지 않습니다. 하나님이 그에게 복을 주셔서 노년에 필요한 것이 그에게 충분할 수도 있고, 아니면 어느 시골의 구빈원에서 생의 마지막 몇 년을 보낼 수도 있습니다. 얼마나 고요하고 평온한지요! 마치 황혼의 때에 들에서 돌아와 긴 소파에 몸을 기대는 노동자처럼, 그 노인은 이제 수고를 그치고 쉽니다. 어두워질 때 우리는 가족에게로 모입니다. 난로에 불을 붙이고, 커튼을 내리고, 난롯불 가에 둘러앉습니다. 분주한 세상일에 대해 더는 생각하지 않습니다. 노년의 때에도 그럴 것입니다. 세상이 아닌 가족이 관심을 끄는 주제가 될 것입니다.

여러분은 존경스러운 할아버지가 자녀들과 관련하여 지혜로 가득한 편지를 쓰는 것을 본 적이 있습니까? "존은 잘 지낸다". "마리아는 아프단다". "우리 가족은 모두 건강하다." 아주 비슷하게, 어떤 사업상의 친구는 편지에서 이런 글을 씁니다. "주식이 내려갔습니다" 혹은 "이자율이 올랐습니다." 하지만 경건한 노년의 편지에서는 그런 내용을 찾을 수 없습니다. 그는 자기 가족에 대해서 씁니다. 최근에 결혼한 그의 딸들이라든가, 그런 내용으로 편지를 씁니다. 그런 것이 우리가 저녁에 하는 일입니다. 우리는 가족 관계에 대해서만 생각하고 세상을 잊어버립니다. 그것이 바로 백발이 성성한 노년이 하는 일입니다. 그는 자기 자녀들에 대해 생각하고, 그 외의 모든 것은 잊어버립니다. 자, 그처럼 나이 많은 사람을 위해 어둠 속에 빛이 있다고 생각하는 것은 얼마나 달콤한지요! "어두워 갈 때에 빛이 있으리로다." 오, 십자가 군병이여! 지쳐가는 날들을 두려워 마십시오. 쇠약해지는 때를 두려워 마십시오! 오래된 불빛이 꺼질 때 새로운 불빛이 타오를 것입니다. 삶의 등불이 희미해질 때 새로운 양초들에 불이 붙을 것입니다. 두려워하지 마십시오! 당신의 힘이 쇠약해지는 밤이 올 것입니다. 하지만 "어두워 갈 때에 빛이 있을 것입니다." 어두워 갈 무렵에 그리스도인은 그가 전에 갖지 못했던 빛을 가질 것입니다. 그 빛은 성령에 의해 불붙여지고, 또 성령에 의해 환하게 빛날 것입니다.

밝은 경험의 빛이 있습니다. 그는 되돌아볼 수 있고, 그의 에벤에셀을 세우고 말할 수 있습니다. "여기까지 주님의 도움으로 제가 왔습니다." 그는 오래된 성경, 곧 그의 젊은 시절에 빛이 되었던 성경을 돌아보고 이렇게 말할 수 있습니다. "이 약속은 내게 입증되었습니다. 이 언약은 참되다고 입증되었습니다. 나는 오랜 세월을 성경을 펼쳐 반복해서 읽었지만, 어겨진 약속을 하나도 가리킬 수가 없습니다. 약속들은 모두 내게 지켜졌습니다. 한 가지도 실패하지 않았습니다." 그리고 그가 만약 하나님을 섬겨 왔다면, 그는 그를 격려해 줄 또 하나의 빛을 가집니다. 즉 그에게는 선하신 하나님이 그로 할 수 있게 하셨던 일에 대한 기억의 빛이 있습니다. 그의 영적 자녀들 가운데 누군가가 그를 찾아와 대화를 나누면서, 그의 말이 그들에게 큰 복이 되었던 때를 회상할 것입니다. 그는 자기의 자녀들을 바라보고, 또 그 자녀들의 자녀들을 바라보면서, 일어나서 복되신 구세주의 이름을 부를 것입니다. 저녁의 때에 그에게는 빛이 있습니다.

하지만 마지막에 정말 밤이 옵니다. 그는 충분히 오래 살았고, 반드시 죽습니다. 그 노인은 침상에 있습니다. 해가 지고 있습니다. 더는 그에게 빛이 없습니다. "창문을 올려다오. 마지막으로 하늘을 보고 싶구나"라고 그가 말합니다. "해가 졌구나. 저기 산을 볼 수가 없구나. 모두 안개로 덮인 듯하구나. 내 눈이 침침하고, 세상도 침침하구나." 별안간 한 빛이 그의 얼굴에 비칩니다. "오 딸아, 딸아, 여기! 나는 또 다른 태양이 떠오르는 것을 볼 수 있다. 너는 방금 전에 해가졌다고 내게 말하지 않았니? 보아라, 나는 또 다른 태양을 본다. 풍경을 이루었던 저 언덕들, 어둠 속에 사라졌던 언덕들을 나는 본다. 딸아, 밝은 목초지 같은 언덕들을 내가 본다. 저 언덕 꼭대기에 벽옥처럼 밝은 성이 보이는 것 같구나. 그래, 한 성문이 열리는 것을 내가 보고, 영혼들이 나오는 것을 내가 본다. 그들이 무슨 말을 하는 것이지? 오, 그들이 노래하는구나! 그들이 노래하는구나! 이것이 죽음인가?" 그 질문을 하고서, 그는 곧 대답이 필요 없는 곳으로 갔습니다. 그렇습니다, 그는 진주 문을 통과했습니다. 그의 발은 황금길에 있습니다. 그의 머리에는 불멸의 면류관이 올려져 있습니다. 영원한 승리의 종려나무 가지가 그의 손에 들려 있습니다. 하나님이 사랑하시는 자 안에서 그를 받아주셨습니다(참조. 엡 1:6, KJV).

"죄와 슬픔의 세상을 떠나
영원하신 하나님 품에 안기도다."

그는 빛 가운데 있는 성도 중의 한 사람으로 헤아림을 받습니다. 약속은 성취되었습니다. "어두워 갈 때에 빛이 있으리로다."

머리가 희끗한 나의 청중이여, 당신도 그렇게 되지 않겠습니까? 나는 존경하는 제이(Jay) 목사가 언젠가 케임브리지에서 설교할 때 그곳에 앉은 한 노인분을 향해 이렇게 말했던 것을 기억합니다. "나는 저 백발이 영광의 면류관인지 아니면 바보의 모자인지 궁금합니다. 둘 중 어느 한 가지이겠지요." 회심하지 않는 사람에게, 여러분 가운데 일부가 도달한 노년이란, 정녕 백발로 만든 바보의 모자에 지나지 않을 것입니다. 하지만 여러분이 그리스도께 마음을 바쳤다면, 지금 그분의 자녀이고, 영원히 그분의 것이라고 확신한다면, 여러분의 이마 위에는 영광의 면류관이 올려져 있는 것입니다.

자, 젊은이들이여, 우리도 곧 늙을 것입니다. 얼마 안 있으면, 여러분의 건강한 체격도 약해져서 비틀거릴 것입니다. 우리도 곧 지팡이가 필요할 것입니다. 세월은 짧습니다. 한 해가 우리 머리 위로 지나갈 때마다, 세월은 더 빨라지는 것 같습니다. 내 형제여, 당신은 나처럼 젊습니다. 말해보십시오, 당신의 저녁에 빛이 있으리라는 희망을 품고 있습니까? 아니요, 당신은 술취함에서 시작했습니다. 술주정꾼에게는 저녁이 밤보다 어둡고, 그 후에는 정죄가 있습니다. 청년이여, 당신은 삶을 신성모독으로 시작했습니다. 헛된 맹세자에게는 지옥의 칙칙한 불빛을 제외하고, 어두울 때에 빛이 없습니다. 당신의 저녁이 그렇게 되지 않도록 주의하십시오! 당신은 쾌락으로 인생을 시작했습니다. 쾌락으로 시작한 인생이 영원한 슬픔으로 끝나지 않도록 주의하십시오.

하나님이 여러분 모두를 그리스도와 함께 시작하게 하시기를 바랍니다! 여러분이 지혜를 선택하기를 바랍니다! 왜냐하면 "지혜의 길들은 즐거운 길이요, 지혜의 모든 행위는 화평"(잠 3:17, KJV)이기 때문입니다. 어떤 종교적인 사람들은 비참합니다. 하지만 종교가 그들을 그렇게 만들지 않았습니다. 참된 종교는 행복한 것입니다. 그리스도를 알기까지, 나는 진심 어린 웃음을 알지 못했고, 행복한 얼굴이 무엇을 의미하는지 알지 못했습니다. 하지만 그분을 알고 나서, 나는 이 세상에서도 마치 세상에 속하지 않은 사람처럼 행복한 사람으로 살 수 있다고 믿습니다. 내 눈을 들어 구주께로 향하며, 나는 다윗과 더불어 말할 수 있습니다. "내 영혼아 여호와를 송축하라 내 속에 있는 것들아 다 그의 거룩한 이름을 송축하라"(시 103:1). 그분을 송축할 줄 알게 되었다는 것이 얼마나 복된 일인지요!

아, 만약 당신이 인생의 한창때에, 인생의 젊은 날에, 성령에 의해 당신을 하나님께 헌신할 수 있게 되었다면, 당신은 생의 마지막에 이르렀을 때, 비록 어느 정도의 슬픔으로 당신의 연약함을 되돌아보겠지만, 그러나 그보다 훨씬 큰 기쁨으로 은혜를 되돌아볼 수 있을 것입니다. 당신의 유년 시절에 시작되었고, 당신의 장년 때에도 보전되었던 은혜, 그 은혜가 당신을 노년의 때에 성숙하게 하고, 마침내 마치 온전히 무르익은 곡식이 곡식 창고로 저장되듯이 당신을 천국 창고에 들여지게 할 것입니다. 우리 주 예수 그리스도로 말미암아, 위대하신 하나님이 이 말씀으로 우리 각 사람에게 은혜를 베푸시길 바랍니다. 아멘.

제 13 장

말 방울 소리

"그날에는 말 방울에까지 여호와께 성결이라 기록될 것이라" - 슥 14:20

이미 지나간 날들 가운데는 우리가 보았더라면 하고 바랄 만한 날들이 많이 있습니다. 하나님이 라합을 치시고 깊은 물 속에 있는 그 용을 깨뜨리시던 날을 보았더라면 누가 기뻐하지 않았을까요? 미리암이 이스라엘 딸들과 함께 소고를 들고 나아가서 노래했을 때를 보았더라면 누가 기뻐하지 않았을까요? "여호와를 찬송하라 그는 높고 영화로우심이요 말과 그 탄 자를 바다에 던지셨음이로다"(출 15:21). 사사들이 이스라엘의 압제자들을 격퇴할 때, 혹은 다윗이 골리앗을 죽이고 돌아오던 때, 그 영광스러운 승리를 목격하기를 바라지 않는 자들이 누구일까요? 혹은 솔로몬 성전이 비길 데 없이 웅장한 모습을 드러내면서 봉헌되고, 많은 백성이 풍성한 희생 제물을 들고 와서 참 하나님께 예배드리던 그 경사스러운 아침을 보았더라면, 어느 누가 기뻐하지 않았을까요? 유대 교회의 연대기에는 잊을 수 없는 많은 날이 있습니다. 붉은색으로 표시해 둘 만한 날들, 하나님이 그의 팔을 드러내시고 그의 능력을 나타내셨던 날들이 있습니다.

그리스도의 역사에서도 우리가 보았더라면 큰 특권이었을 그런 날들이 있었습니다. 그리스도의 탄생의 날, 그날에 우리가 저 목자들 가운데 있었더라면 얼마나 좋았을까요? 그들이 들에 있을 때 천사들이 노래하는 것을 들었습니다. "지극히 높은 곳에서는 하나님께 영광이요 땅에서는 하나님이 기뻐하신 사람들 중에 평화로다"(눅 2:14). 혹은 그분의 죽음의 날, 그분이 "다 이루었다"고 소리치고 그 영혼이 떠나시던 날은 어떨까요? 혹은, 더 좋은 것으로서, 그분의 부활의 날 곧 그분이 우리의 모든 원수를 무찌르시고 우리의 의를 이루기 위하여 다시 일어나시던 날을 보았더라면, 또는 그분의 승천의 날 곧 사로잡힌 자들을 사로잡으시고 높은 곳으로 오르시던 날을 보았더라면 어땠을까요? 오순절 날도 있습니다. 그때 하나님의 영이 제자들에게 임하셨고, 그때 성령이 그들에게 말하게 하심을 따라 다른 방언으로 설교했을 때, 많은 믿는 사람의 수가 교회에 더해지고 영원한 생명을 얻었습니다. 그런 날들이 지나갔습니다. 우리는 믿음으로 그런 날들을 돌아보면서, 아브라함이 앞을 내다보고 기뻐했듯이, 우리는 뒤를 돌아보며 기뻐합니다.

하지만 다가올 날들이 있으며, 우리는 그날의 도래를 열망하는 것이 마땅합니다. "에브라임은 유다를 질투하지 아니하며 유다는 에브라임을 괴롭게 하지 않을"(사 11:13) 날이 있습니다. 그리스도의 모든 교회가 성령으로 하나가 될 것이기 때문입니다. "물이 바다를 덮음같이 여호와를 아는 지식이 세상에 충만할"(사 11:9) 날이 있습니다. 또한 이스라엘이 자기 땅으로 회복될 날이 있을 것이며, 그때 그 땅은 더는 황무지라 일컬어지지 않고 '쁄라'로 불리게 될 것입니다(참조. 사 62:4, 쁄라는 결혼한 여자라는 뜻으로 버려진 황무지와 대조됨-역주). 그 땅은 더는 버려지지 않을 것이며, 또 '헵시바'(나의 기쁨이 그녀에게 있다-역주)라는 이름을 가질 터인데, 주께서 그 땅의 백성을 기뻐하시기 때문입니다. 특히, 재림의 날이 있습니다. 그날은 날들 가운데 최고의 날입니다. 내가 생각하기에, 앞서 지나간 다른 모든 날은 그날을 위해 있습니다. 그날 모든 세대의 총합이 있고, 최종적으로 합산됩니다. 때가 찬 날이 올 것이며, 그리스도는 충만한 영광으로 오셔서 백성을 다스리실 것입니다. 우리가 보기를 열망하는 날들의 목록 가운데, 오늘 본문에서 말하는 날도 포함될 수 있다고 나는 생각합니다. "그날에는 말 방울에까지 여호와께 성결이라 기록될 것이라."

오늘 아침 설교의 목적은 이날과 내가 앞서 언급한 다른 날들 사이에 어떤 연결이 있을 수 있는지의 여부를 설명하는 것이 아닙니다. 나는 이날이 우리 각 개인에게 성취되는 날이 되기를 바랍니다. 또 나는 주님께서 그 행복한 날이 어서 오게 하셔서 보편적으로 온 교회에서 이 본문이 성취되기를 바랍니다. 그때 말들의 목에 단 방울들에도 "여호와께 성결"이라는 글이 새겨질 것입니다.

여러분이 보듯이, 본문은 유대 법으로는 부정한 말들에 대해 다루고 있습니다. 하지만 본문에서 언급되는 날에는, 말들도 천함이나 부정함에서 정결하게 됩니다. 마구(馬具)도 대제사장의 의복이 분명 그런 것처럼 하나님께 거룩히 봉헌됩니다. 그날은 진정 행복한 날일 것입니다. 말을 다루는 사람들은 그저 정직하고 올바른 부류의 사람일 뿐인데, 그날에는 그들의 통속적인 활동에서도 하나님께 성결함을 나타낼 것입니다. 심지어 말의 도구에도 "여호와께 성결"이라는 글이 새겨질 것입니다. '방울들'이라고 번역된 히브리 원어는 아주 특이합니다. 왜냐하면 누구도 정확하게 그것이 무엇을 의미하는지 모르기 때문입니다. 사실상, 히브리인들은 말에 대해 아는 것이 적고 말을 많이 사용하는 것이 금지되었기 때문에, 마구라든가 기타 장비들을 묘사할 어휘가 많지 않습니다. 어떤 비평가들은 그 단어를 '방울들'이라고 번역하지만, 다른 이들은 '재갈들'이라고 번역하고, 어떤 이들은 리본 같은 '이마 장식들'로, 또 다른 이들은 목에 거는 '목걸이'로 번역하기도 합니다. 칼빈(Calvin)은 '곁눈 가리개'라고 번역하였는데, 한편으로 그 단어가 '마사(馬舍)'를 의미할 수도 있다고 넌지시 말했습니다. 그러므로 그 단어들은 포괄적으로 "말들의 기구들에도 여호와께 성결이라 기록될 것이다"라는 의미일 것입니다.

그리고 의심의 여지 없이 여기에는 말들과 대제사장 사이의 대조가 있습니다. 만약 그것이 이마 장식들이라면, 즉 마치 대제사장이 히브리어로 "여호와께 성결"이라는 글이 새겨진 순금 패를 그의 이마에 착용한 것처럼, 말들의 이마 장식에도 "여호와께 성결"이라는 글이 새겨진다는 것입니다. 그리고 대제사장이 방울들을 의복에 단 것처럼, 말들을 은 방울로 장식할 때, 그 방울들에 "여호와께 성결"이라는 글이 새겨질 것을 의미합니다. 만약 그것이 다른 종류의 의복 장식을 의미한다면, 마치 제사장이 그의 에봇과 흉패에 성결이라고 새기듯이, 말이 착용하는 모든 물품에도 여호와께 성결이라는 글이 매우 또렷하게 나타날 것임을 의미합니다. 그렇습니다. 마구들처럼, 거룩하게 구별될 수 없다고 생각되는 것들도, 그날에는 하나님께 성별될 것입니다. 가장 천한 용도로 사용되도록 지어진 가장 평범한 건물들도, 여호와를 예배하는 자들이 자주 찾는 곳이 될 것이며, 통회하고 마음이 겸손한 자와 함께 계시는 그분의 성전이 될 것입니다.

이 본문의 단순한 의미는 이것입니다. 한 날이 올 것입니다. 그날에는 평범한 삶에서도 '성결'이 길잡이 별이 될 것입니다. 그래서 사람들의 일상적인 행동이 하나님께 드리는 예배가 될 것이며, 마치 제단의 희생 제물처럼 여겨지며, 혹은 성소의 휘장 안으로 들어갈 때의 대제사장의 임무와 다를 바 없이 여겨질 것입니다. 아주 멸시를 받던 모든 것, 말들, 결코 성스러운 용도로 구별될 수 없을 곳으로 여겨졌던 장소들, 마구간들, 가장 거룩하지 않게 보였던 것들, 심지어 말들의 마구들까지, 이 모든 것이 하나님의 뜻에 따라 철저히 순종하여 사용될 것이며, 그래서 어디에서나 "여호와께 성결"이라고 기록된다는 것입니다. 그러므로 스가랴가 언급하는 그날에는, 천한 것들도 하나님께 구별되어 바쳐지고 그분을 섬기는 일에 쓰임받게 됩니다.

나는 이 큰 개념을 다소 새로운 방식으로 풀어보려고 합니다. 먼저, 우리가 그 말들의 방울 소리를 들읍시다. 둘째, 그들의 음악을 칭찬합시다. 셋째, 집으로 가서 우리의 방울들을 울립시다. 그 소리가 이 거룩한 종소리와 조화되도록 합시다— "여호와께 성결!"

1. 말들의 방울 소리를 들읍시다.

제일 먼저, 그 말들의 방울 소리를 들읍시다. 본문에 따르면, 그 소리는 "여호와께 성결"이라는 천상의 음조에 맞추어져 있습니다.

우선, 전장으로 나설 때의 군마의 모습에 주목하십시오. 그는 재갈을 씹으며 싸움터로 나아가길 바랍니다. 그의 콧소리는 두렵고, 그의 목은 번쩍이는 천으로 둘렀으며, 전투의 한가운데서 그는 소리칩니다. "아하! 아하! 아하!" 전쟁은 우리의 생각에는 하나님께 정당화하기가 가장 어려운 일입니다. 기독교의 기풍은 어떤 종류의 싸움에도 반대하는 것이며, 치명적인 무기를 가지고 충돌하는 것에 대해서는 더더욱 그러합니다. 하지만 전쟁 자체가 숭고하게 되는 경우가 생길 수도 있습니다. 이 시대에 싸움터에 나서야 하는 사람들 가운데 많은 이들이 성별된 사람들인 것을 우리가 부인해서는 안 됩니다. 고넬료의 경건한 부하 병사처럼(참조. 행 10:7), 민간인으로서와 마찬가지로 군에서도 진실로 그리스도의 종이 된 사람들이 있습니다. 다시 말하지만, 나는 전쟁 옹호자가 아닙니다. 내 영혼에서부터 나는 그것을 혐오하며, 그리스도인으로서 전사의 위치에 있는 것을 나는 이해하지 못합니다. 하지만 이 시대에 군대 안에서도 하나님을 경외하고 그분의 가르침을 따르는 자들이 발견되는 것을 나는 크게 기뻐합니다.

나는 감히 저 폭군 찰스 1세(Charles I)와 맞서는 전쟁이 신성한 싸움이었다고 말할 수 있습니다. 엘리자베스(Elizabeth)와 제임스(James)와 찰스의 통치하에서, 하나님의 백성은 마치 산에 있는 메추라기들처럼 사냥을 당했습니다. 마침내 사자 같은 정신을 가진 사람들이 궁지에 몰려 대들었고, 그들의 용감한 분노 앞에서 원수들이 뒤로 물러났습니다. 그때 크리스천 영웅인 크롬웰(Cromwell)은 군마에 올라 그의 경건한 용사들에게, 한 손에는 칼을 들고 다른 한 손에는 성경을 들고, 잉글랜드의 자유를 위해 싸우라고 명령했습니다. 그 명령을 받고 그들은 "만군의 여호와께서 우리와 함께하시니 야곱의 하나님은 우리의 피난처시로다"(시 46:7)라고 하며 전쟁의 함성을 외쳤습니다. 내가 생각하기에, 그때 만약 그들의 말들의 이마 장식과 목에 거는 마구와 재갈에 새겨진 글이 있었다면, 그것은 "여호와께 성결"이었을 것입니다. 그런 전쟁이 다시 일어나지 않기를 바랍니다. 하지만 그 숭고한 용사들의 유해에는 경의를 표합니다!

만약 내가 미국의 북부 사람들에게 모든 노예를 해방하려는 진지한 열망이 있다고 믿을 수 있다면, 나는 "하나님께서 그들의 검을 빠르게 하시고 그들의 팔을 능하게 하소서"라고 말하고 싶습니다. 만약 내가 그 사슬이 끊어질 것이라 믿을 수 있고, 그렇게 하는 것이 그들의 의도였다고 믿을 수 있으며, 그들이 블러드하운드(사람을 찾거나 추적할 때 이용하는 사냥개-역주)의 주인과 협상하고 계약할 것이라고 염려하지 않을 수 있다면, 그래서 그 주인으로 인간 영혼과 육체에서 피로 물든 재산을 취하지 않게 하리라고 믿을 수 있다면, 나는 그 전쟁이 성별화된 전쟁이 될 수 있다고 말하고 싶습니다. 그리고 그들의 말의 재갈도 "여호와께 성결"하다고 말할 수 있을 것입니다.

하지만 그것은 말하기 어려운 난제이고, 내가 앞서 말했듯이 기독교의 기본 정신은 모든 전쟁에 반대하는 것이기 때문에, 군마들의 방울 소리가 "여호와께 성결"이 되는 경우가 있다고 믿지만, 나는 전쟁 자체보다는 개인들에 관하여 말하고 싶습니다. 사심 없는 정신으로 살아오고, 권력 강화라든가 이기적인 명예에 대한 어떤 욕망도 없이 살았으면서도, 그 손에 검을 쥔 사람이 있다면, 가리발디(Garibaldi, 19세기 이탈리아 장군이자 애국자. 이탈리아 통일과 왕국 형성에 공헌하였음-역주)가 그런 사람일 것입니다. 나는 그가 영웅일 뿐 아니라, 그의 말에 따르면, 그리스도인이었다고 생각합니다. 그는 교황주의에 대한 응징이요, 모든 폭정의 적수입니다. 그의 전쟁의 복장은 "여호와께 성결"이었다고 말할 수 있을 것입니다.

그와 같은 말을 우리는 헤들리 비카르스(Hedley Vicars, 크림 전쟁에서 사망한 영국군 장교이자 복음주의자-역주)에 대해서도 할 수 있습니다. 그에 대한 역사는 아주 잘 기록되어 있기 때문에 여러분이 종종 읽었을 것입니다. 그리고 헤이블록(Henry Havelock, 1857년에 발발한 인도 세포이 항쟁 때 당시 동인도회사의 군대와 민간인들이 포위되었던 칸푸르의 탈환에 공을 세운 영국 장군-역주)은 우리의 아내들과 자매들의 구출을 위해, 은밀하게 그의 적수에게 돌진하여, 피에 굶주린 사나운 호랑이의 발톱에서 여성들과 어린아이들을 구해냈습니다. 이 사람들은 가는 곳마다 그리스도를 전했습니다. 나는 그들의 무역을 좋아하진 않지만, 그들을 좋아합니다. 나는 그들이 칼을 칼집에 넣어두기를 바랍니다. 하지만 그들이 검을 뺐을 때, 나는 그들이 의무를 행한다는 확신으로 그렇게 했다고 믿습니다. 비록 그것이 오류를 정당화하지는 않겠지만, 우리가 그들을 정죄해서는 안 됩니다.

나는 그들이 하나님 앞에서 그 일을 했다고 믿으며, 그들에게는 그들이 한 일이 "여호와께 성결"이었습니다. 오! 전쟁이 다시는 없기를 바랍니다! 평화가 다스리기를 바랍니다! 하지만 전쟁이 있어야 한다면, 그 전쟁들이 모두 정당한 전쟁이 되기를 바랍니다! 만일 싸움이 있어야 한다면, 그것이 노예의 해방과 힘없는 자들의 구출을 위한 것이기를 바랍니다! 그리고 이 모든 일에서, 심지어 전투 가운데서도, 피 묻은 복장을 한 와중에도, 화염으로 가득한 가운데서도, 여전히 사람들이 여호와를 인정하기를 바라며, 그 불붙은 들판을 가로질러 "여호와께 성결"이 기록되기를 바랍니다!

우리는 본론에서 잠시 벗어납니다. 다른 말들이 오고 있으며, 그들의 방울들이 "여호와께 성결"이라고 울리기 때문입니다. 말들은 국가에서 사용됩니다. 장엄한 행차 속에서, 왕들, 제후들, 그리고 나라의 고위 재판관들이 말을 타고 군중 사이를 지나갑니다. 본문은 "그날에는 말 방울에까지 여호와께 성결이라 기록될 것이라"고 말합니다. 근사한 군마들이 마차를 끄는 가운데, 값비싸고 번쩍이는 성장(盛裝)을 하고서, 지위 높은 인물이 군중 사이를 지나갑니다. 그는 주권자입니다. 그런데 오! 한 나라의 주권자인 그가 하나님 앞에 경배하는 마음을 가질 때, 그리고 쇠하지 않는 불멸의 면류관에 대한 소망을 가질 때, 그때 그 국왕의 나라는 성별되는 것이며, 말 방울에까지 "여호와께 성결"이라 기록되는 것입니다.

매튜 헤일(Matthew Hale, 17세기 영국의 대법관) 경이 정의를 시행하려고 재판관의 마차를 탔을 때, 정녕 나라의 대법관이 돌보았던 국사는 "여호와께 성결"이었습니다. 토머스 애브니(Thomas Abney, 18세기 초 런던의 상인이자 은행가로서 런던 시장도 역임한 바 있음--역주) 경이, 심지어 시장을 위해 열린 연회의 밤에도, 잠시 그의 가족과 하인들과 기도하기 위해 물러났을 때, 당시 너무 지나치게 화려했던 도시의 행사도 그때만큼은 "여호와께 성결"이었습니다. 그리고 윌버포스(Wilberforce, 영국 정치인이자 행동하는 복음주의자. 1833년 통과된 노예제 폐지에 크게 공헌하였음--역주)가 하원에 갔을 때, 그가 말을 탔다면, 그가 탄 말의 마구는 "여호와께 성결"이었을 것입니다. 우리가 통치자들에게 의례적인 명예를 표현할 수밖에 없다면, 우리는 그것을 성별해야 합니다. 왕국들이 존재하는 한, 나라가 거룩한 나라가 되도록 하는 것이 그리스도인들의 기도여야 합니다. 또 나라의 관리와 통치자들이 경건하고 정직한 사람이 되도록 기도해야 합니다.

내 형제들이여, 만약 우리가 조지 4세(George IV, 1820~1830 국왕 재위. 왕세자 시절부터 방탕하고 품행이 나빠 비웃음과 비난의 대상이 되었음--역주) 때의 재위 기간으로 되돌아간다면, 나라의 고위직에서 곧 어떤 악행이 행해질는지 알지 못합니다. 만약 다시 한번 저명한 인사들이 이 도시의 불량배처럼 가장 천박한 유희에 빠지는 것으로 발견되고, 다시금 몰염치한 뇌물이 판결을 더럽히고, 피에 주린 법관들이 다시금 하나님의 성도를 협박하게 된다면, 그때 우리는 왕들과 당국자들을 위해 하나님께 기도하는 것이 얼마나 중요한 문제인지를 인식하게 될 것입니다. 내 형제들이여, 그것이 중요한 문제인 것을 지금 아는 것이 낫지 않겠습니까? 그리고 매일 이 나라가 하나님께 더욱 성결해지도록 기도해야 하지 않겠습니까? 그래서 장엄한 행사에서 말들이 행진하는 동안, 그 방울들에까지 "여호와께 성결"이라고 기록되어야 하지 않겠습니까?

하지만 나는 다른 방울들이 딸랑거리는 소리를 듣습니다. 그날이 올 것입니다. 그날에는 전쟁과 국사만 하나님께 성별되는 것이 아니라, 놀이와 휴식마저도 "여호와께 성결"이 될 것입니다. 여러분이 알프스 지역을 여행하게 되면, 말들에 달린 작은 방울 소리에 즐거워할 것입니다. 여러분이 그곳에 갈 때는 안식을 위해서나 몸의 회복을 위해서 가겠지만, 그 안식이 성결의 영 안에서 누리는 것이 되게 하십시오. 휴가를 위해 바닷가를 찾을 때, 혹은 유럽의 시골 지방을 찾을 때, 많은 사람이 신앙을 뒤에 남겨두고 가는 것을 나는 우려합니다. 그래서는 안 됩니다. 다른 모든 것에서와 마찬가지로 우리의 휴식이나 즐거움에서도, 말 방울들에서 "여호와께 성결"이라는 소리가 울리게 해야 합니다. 그리스도인도 다른 사람과 마찬가지로 휴양이 필요합니다. 당겨진 활을 느슨하게 풀어주어야 합니다. 일을 위해서 항상 긴장해 있는 영혼은 곧 수고할 힘을 잃게 됩니다. 때때로 신선한 시골 공기를 마시고, 들판의 목초지를 바라보는 것이 필요합니다. 벽돌로 이루어진 이 거대한 미로의 도시에서, 그런 날들이 수고하는 가난한 사람들에게 더 자주 주어지기를 나는 바랍니다. 푸른 잎이 무성한 땅에서, 연기 없는 하늘에서, 여러분의 웃는 얼굴을 더 자주 볼 수 있기를 바랍니다!

하지만 이 점을 유념하십시오. 우리가 어디에 가든지 그리스도인으로서 본문의 정신을 간직합시다. 즉 우리가 휴양할 때에도, 하나님 보시기에 우리가 성찬에 참여할 때에나 다른 엄숙한 날들과 다를 바 없이, 말들의 방울에서 "여호와께 성결"이라는 소리가 울려 퍼지도록 합시다. 휴양이 죄를 의미하는 것입니까? 그렇다면 휴양하지 마십시오. 즐거움이 죄악을 의미합니까? 그렇다면 자기를 부인하십시오. 여러분이 알프스 지역을 지날 때, 여러분의 생각이 산 정상에 서게 하시고, 하나님과 대화를 나누도록 하십시오. 혹 여러분이 영국의 아름다운 시골길을 걸을 때, 그 조용한 휴가지가 여러분에게 작은 예배당이 되게 하십시오. 여러분이 바라보는 모든 것이, 풀밭의 미나리아재비에서부터 산의 백향목에 이르기까지, 여러분으로 하나님을 찬미하게 하십시오. 그럴 때 말 방울에서까지 "여호와께 성결"의 소리가 울리는 것입니다.

만약 여러분이 휴식을 구하면서 진정 주님을 섬기는 데 쓸 힘을 얻기를 바란다면, 단지 여러분 자신의 즐거움을 위해 휴식을 취하는 것이 아니라, 다시금 여러분의 근육들을 조율하고 여러분의 영혼의 음조를 맞추어서, 더 큰 활력으로 다가오는 날에 그분을 섬기기를 원한다면, 그렇다면 그때는 말 방울에까지 "여호와께 성결"이라고 할 수 있습니다. 만약 여러분이 휴양하는 기간에도 여러분이 지나치며 만나는 사람들에게, 혹은 여행 중에 우연히 교제를 나누는 사람들에게, 주어지는 기회를 활용하여 친절한 말과 그리스도를 위한 말을 한다면, 그런 경우가 말 방울에까지 "여호와께 성결"인 것입니다.

대단히 유감스러운 것은, 바닷가 휴양지로 가는 사람들, 특히 파리로 가는 사람들 대다수가, 경건을 뒤에 남겨두고 간다는 것입니다. 오라뚜아르(Oratoire du Louvre, 1611년 건립된 파리에 있는 유서 깊은 개신교회-역주) 교회의 목회자들 가운데 한 분이 내게 말하기를, 영국 기독교인들이 파리에서 안식일을 보내는 태도는 프랑스 교회의 성장에 매우 심각한 장애물이라고 했습니다. 사람들은 외국에 나갈 때는 그들이 국내에서 행하던 습관을 뒤에 남겨놓고 떠난다고 생각합니다. 내가 아는 바로, 바닷가 휴양지에서 매우 빈번하게 발생하는 일을 말하자면, 그리스도인들이 알고서도 고의로 그들이 숙박하고 있는 집의 주인들을 예배당에 가지 못하도록 붙잡는다는 것입니다. 그들이 안식일에 먹을 사치스러운 식사를 준비하도록 하기 위해서입니다. 그렇게 하여 실질적으로 일 년에 6개월에서 9개월 동안 그들로 하나님의 말씀을 듣지 못하게 하는 것입니다. 여러분 가운데 조만간 해외로 나갈 사람들이 더러 있을 것입니다. 휴양을 떠나면서 여러분의 신앙을 뒤에 남겨놓지 말기를 바랍니다. 여러분은 검정 코트를 벗고 여행용 가방을 들고 갈 때, 그리스도인으로서 여러분의 정신을 꼭 챙기시기를 호소합니다. 왜 신앙을 한 지역에서만 지키는 것이라 여기고, 머물던 사회에서 벗어나면, 마치 그것이 일종의 억압이라도 되는 듯이, 다른 사람들처럼 자유롭게 죄를 지을 수 있다고 여기는 것입니까?

다시 방울 소리를 들어보십시오. 말들은 여행을 위해 사용됩니다. 우리 모든 사람은 때때로 여행을 해야 합니다. 그리고 우리가 여행할 때, 말들의 방울 소리와 증기 기관차의 날카로운 비명도 "여호와께 성결"이 되어야 합니다. 선교사가 바다를 건너고 있습니다. 아마도 우리가 편안하게 여기에 앉아 있는 바로 이 시간에, 그가 탄 배는 산 같은 파도와 물결을 연이어 넘고 있을 것입니다. 나는 그 배의 모든 움직임이 "여호와께 성결"이라고 믿습니다. 왜냐하면 그 배는 이방인 가운데 복음을 전파하도록 하나님이 임명하신 사절을 태우고 있기 때문입니다. 배에는 복음을 전하러 가는 것이 아니라 이민을 가서 정착하기 위한 그리스도인들도 있습니다. 만약 그들이 가려는 곳에 도착해서 그리스도의 교회를 세우고자 하는 의도가 있다면, 그 배의 모든 움직임은 "여호와께 성결"입니다. 어쩌면 그 배는 외국에 가서 무역을 하고 다시 돌아오려는 상인들을 태우고 있을 것입니다. 하지만 만약 그들이 그리스도인으로서 무역하고, 그들의 물질을 하나님께 바치고자 한다면, 비록 그 배가 지나가면서 하늘에 검은 연기 자국을 남기겠지만, 그 연기는 희생 제물의 연기처럼 받아들여질 것이며, 그 배는 "여호와께 성결"일 것입니다. 참된 마음을 가진 사람이 있는 곳이면, 그 사람을 태운 말도 성별된 것입니다. 하나님 앞에서 행합시다. 우리는 빛입니다. 빛이 움직인다면, 그 빛은 다른 지역들에 빛을 비추어야 합니다. 우리는 소금입니다. 소금이 뿌려지고 흩어진다면, 그 맛과 보존하는 영향력이 더욱 널리 느껴져야 합니다. 주님을 모시고 갈 수 있다고 느끼지 못한다면, 차라리 여행을 떠나지 마십시오. 집을 떠날 때는, 주님을 위해 무언가를 행하기를 항상 힘쓰십시오. 그러면 여행지를 떠나 돌아올 때는 여러분 뒤에 향기를 남길 수 있을 것입니다. 계속 여행을 하도록 부름을 받은 사람들은 얼마나 좋은 일을 많이 할 수 있는지요! 예를 들어, 이 교회에는 상업적으로 여행하는 사람들이 더러 있습니다. 나는 그들 가운데 한두 사람은 한 마을에 들어갈 때마다 거기서 말씀을 전한다는 것을 알고 있습니다. 또 내가 아는 다른 사람들은, 영업 공간에서도 기독교를 멸시하는 어떤 사람들을 만날 때 담대하게 진실을 말합니다. 그들은 일상의 여행을 통해서도 마치 안식일에 예배당의 한 장소를 채우는 여느 그리스도인들과 마찬가지로 귀하게 쓰임을 받습니다. 그러므로 여러분이 여행하는 와중에서도 언제나 이 방울 소리가 울리도록 합시다. "여호와께 성결!"

하지만 예전에 말들은 상업적 용도로 활용되기도 했습니다. 짐 나르는 말들이 길게 늘어섰을 때, 맨 앞에 있는 말들이 항상 벨을 울려 어둠 속에서도 다른 말들의 안내자 역할을 했습니다. 나는 본문에 이런 암시가 있다고 생각합니다. 즉 동양의 대상(隊商)들의 풍속이 그러했듯이, 본문은 우리의 일상적인 상업활동이나 무역에서도 "여호와께 성결"이 되어야 한다는 뜻을 내포합니다. 오 선생들이여! 여러분이 아침에 가게 문을 열 때, 그날 여러분이 감당해야 할 업무가 마치 교회의 목사로서 내가 수행하는 업무와 마찬가지로 하나님께 산 제물이 되도록 기도하십시오. 여러분이 계산대 뒤에 섰을 때, 여러분의 거래가 비록 그 일이 사람의 눈에는 흔한 일이겠지만, 하나님 보시기에는 그 내면적인 영성에서 "여호와께 성결"이 되도록 하시기 바랍니다. 때때로 여러분 가운데 어떤 분들이 설교에서 자극을 받고서, 나를 찾아와 이런 식으로 말합니다. "스펄전 목사님, 제가 중국에 갈 수 있을까요? 제가 선교사가 될 수 있을까요? 제가 목사가 될 수 있을까요?" 아주 많은 경우에, 그런 제안을 하는 형제들은 그런 종류의 섬김에는 전혀 적합하지 않습니다. 그들에게는 표현력의 은사가 거의 없으며, 그런 종류의 일에 적합성이나 타고난 재능도 거의 없습니다. 그래서 나는 한결같이 빈번하게 이렇게 말해야 합니다. "내 사랑하는 형제여, 당신의 일상생활의 소명에 헌신하십시오. 영적인 직분을 가지려 애쓰지 말고, 당신의 일상적인 직무가 영적인 일이 되도록 하십시오."

많은 목사가 자기 강단을 속되게 하는 동안, 구두 수선공도 그의 무릎돌(무릎에 얹고 가죽을 두드리는 돌-역주)을 성별할 수 있습니다. 농부도 마치 성직자가 그 손으로 성찬의 떡을 다루는 것처럼 자기의 쟁기를 거룩한 방식으로 손에 잡을 수 있습니다. 작은 물건이나 잡화를 다룰 때, 벽돌과 대패를 다룰 때, 여러분은 구약 시대에 황소를 잡아 그것을 거룩한 불에 태우던 사람들과 마찬가지로, 진실로 하나님을 향해 참된 제사장들이 될 수 있습니다. 우리는 위대한 설교자들을 원하는 것 이상으로 선하고 정직한 상인들을 원합니다. 우리가 간절히 바라는 것은 단지 교회 내 직분자로서의 집사나 장로들이라기보다, 일상의 삶에서 그리스도를 위하는 집사들이며, 일상적인 대화에서도 진실로 교회의 장로다운 사람들입니다.

선생들이여, 비록 그리스도께서는 몇 사람을 사람 낚는 어부로 삼으셨지만, 모든 사람을 그물을 버려두고 사람 낚는 어부가 되도록 부르려고 오신 것이 아닙니다. 그분은 모든 마르다를 마리아로 만들려고 오신 것이 아닙니다. 그분은 마리아와 마르다 모두에게 복을 주셨습니다. 그분은 여러분이 계속해서 주부이기를 바라십니다. 그래서 여러분의 가정에서 은혜로운 자매들이 되기를 바라십니다. 그분은 여러분이 상인이 되길 바라시고, 사는 자와 파는 자가 되기를 바라시며, 여전히 수고하는 노동자이기를 바라십니다. 왜냐하면 기독교의 목적은 사람들을 설교자로 만드는 것이 아니라, 거룩한 사람으로 만드는 것이기 때문입니다. 설교자는 도구일 뿐입니다. 그는 때때로 하나님의 집의 발판에 지나지 않을 수 있습니다. 하지만 여러분은 하나님의 밭이요 하나님의 집입니다(고전 3:9). 여러분은 일상의 행동과 일상적인 활동에서 하나님을 섬기는 자들이 되어야 합니다. 로마 교회가 꾸며낸 악한 가설은, 성당들은 거룩한 곳이고 우리의 집들은 거룩하지 않다고 생각하게 만듭니다. 그렇지 않습니다. 내 친구들이여, 우리의 집은 교회나 예배당처럼 거룩하며, 또 거룩해야 합니다.

어떤 이들은 회랑과 떡갈나무 좌석, 돌기둥, 고딕 양식의 아치에는 어떤 특별한 신성함이 있다고 생각하는 것 같습니다. 거룩함은 돌에 속할 수 없습니다. 거룩함은 지성적인 존재의 행위와 생각을 제외하고는 그 어떤 것과도 관계가 없습니다. 만약 거룩함이 은유에 의해 장소나 물질에 속할 수 있다면, 그런 것들과 관련된 그리스도인의 거룩한 생각을 통해서 그렇게 되어야 합니다. 내가 만약 여러분이 사는 방에서 기도와 찬미를 드린다면, 나는 전혀 저기 있는 국교회 건물이나 이 장소가 여러분의 방보다 더 거룩하다고 여기지 않을 것입니다. 오, 형제들이여, 여러분은 성찬용 식탁, 물을 담는 주발, 세례용 욕조 같은 것을 거룩하다고 생각해서는 안 됩니다. 그래서는 안 됩니다. 만약 그런 것에 거룩함이 있다면, 당신 자신의 식탁에도 거룩함이 있을 수 있으며, 당신의 노동과 당신이 사용하는 연장에도 거룩함이 있을 수 있습니다. 적어도, 여러분이 거룩한 생각으로 그 양쪽에서 하나님을 섬긴다면, 후자도 전자와 마찬가지로 거룩할 수 있습니다. 한정된 성결, 그것은 미신입니다. 보편적 성결, 그것이 기독교입니다. 제단에 올려진 큰 사발이 거룩한 것이 아니라—그렇게 생각하는 것은 유대교입니다—말 방울들이 거룩합니다. 그것이 참되고 살아 있는 경건이며 생명력 있는 기독교입니다. 그러므로 그리스도인 친구들이여, 여러분이 일상적으로 하는 일에서, 말 방울에까지 "여호와께 성결"이 되도록 유의하십시오.

하지만 말들은 고된 일을 위해서도 사용되었고, 그것은 지금도 마찬가지입니다. 이미 내가 이 주제를 언급한 바 있지만, 우리의 수고는 "여호와께 성결"이 되어야 합니다. 말이 쟁기와 함께 밭이랑을 돌고 있습니다. 만약 그것을 경건한 농부가 몰고 있다면, 그 말에 달린 방울들에서 "여호와께 성결"이라는 소리가 들릴 것입니다. 지금은 건초를 베고 수레에 실을 때입니다. 만약 농부가 감사의 마음을 품고 땅의 소산을 집으로 가져간다면, 그것을 수레에 실어 나르는 행위도 "여호와께 성결"입니다. 수확기가 돌아오면 온 나라가 기뻐할 터인데, 추수를 기뻐하며 외치는 소리는 거룩한 함성이어야 합니다. 땅을 경작하는 사람의 이마에 깃든 모든 미소가 거룩한 미소가 되어야 합니다. 황금 물결을 이루는 곡식단을 농부가 성별하여 하나님께 드릴 때, 그가 자기 수확의 일부를 가난하고 궁핍한 자들에게 주었을 때, 그리고 그가 무릎을 꿇고 모든 선을 베푸신 우주의 시혜자에게 감사를 드릴 때, 그때 그 농부의 수고는 "여호와께 성결"입니다.

내 사랑하는 형제들이여, 나는 여러분이 여러분의 일상에서의 수고를 "여호와께 성결"이 되게 하시기를 바랍니다. 여러분의 식사를 마치 성찬이라도 되는 듯이 바라보시기 바랍니다. 여러분의 옷을 제사장의 의복인 것처럼 여기십시오. 여러분이 일상에서 하는 말이 마치 여러분이 매일 설교하는 것처럼 되게 하십시오. 그리고 여러분의 매일의 생각을 마치 안식일에 거룩한 일들을 생각하는 것처럼 되게 하십시오. 항상 신앙에 관해서만 이야기하라는 것이 아니라, 신앙적으로 이야기하듯이 말하라는 것입니다. 그것이 그리스도인다운 것입니다. 외적인 상징적 행위들을 수행하는 것이 아니라, 내적으로 항상 그리스도인의 정신을 소유하고 있어야 합니다. 가난하고 궁핍한 사람들을 방문하여 여러분의 물질을 그들에게 나누어주는 일, 나는 거기에 큰 경건이 있다고 믿습니다. 누더기를 입은 불쌍하고 무지한 어린아이를 가르치는 일, 힘겹게 애쓰는 가난한 상인들을 도우려는 일, 나는 그런 일이, 자주 길게 기도하고, 자주 경건한 체하면서 흐느껴 울고, 심지어 자주 길고 웅변적인 연설을 하는 것보다 더욱 경건하다고 믿습니다. 상식이 전혀 천박한 것이 아니듯, 그런 일상적인 경건을 우리는 실천해야 할 필요가 있습니다. 만약 내가 여러분 가운데서 한 사람을 이런 식으로 성별(聖別)되게 할 수 있다면, 나는 여러분 수십 명을 인도의 평원에 파송하고, 중국인들을 교화하거나 혹은 에디오피아 사람들을 가르치기 위해 파송하는 것만큼이나 큰 일을 했다고 생각할 것입니다. 우리는 여러분이 여기서 선교사들처럼 되기를 원합니다. 우리는 여러분이 일상의 삶에서 선교사들처럼 되기를 원합니다. 우리는 여러분을 그렇게 되도록 만들어야 하는데, 그렇지 않고서는 교회가 성장하지 않을 것이며, 그리스도의 이름도 높임을 받으실 수 없기 때문입니다.

지금까지 나는 여러분이 말 방울들의 소리에 귀를 기울이도록 노력했습니다.

2. 방울에서 울리는 음악을 칭찬합시다.

이제 두 번째 요점으로서, 말들의 방울에서 울리는 음악을 칭찬합시다.

우선, 일상생활에서의 경건을 내가 칭찬해야 할 이유는 그 소리의 크기 때문입니다. 교회의 종소리는 듣지 않지만 말 방울 소리는 기꺼이 듣는 사람들이 많습니다. 이 말의 의미는, 우리가 자주 전할 수 있어도 어떤 사람들은 우리의 말을 믿으려 하지 않는다는 것이며, 그러나 그들이 여러분의 삶에서 보는 것을 믿지 않을 수 없다는 것입니다. 우리가 그리스도를 칭송할 때 그들은 "저건 저 사람의 할 일이고 의무이지"라고 말할 수 있습니다. 하지만 만약 여러분의 행동이 정당하고, 여러분의 삶이 예수의 정신으로 가득하다면, 그들은 거기서 무언가를 듣지 않을 수가 없습니다. 그들이 손가락으로 귀를 막고 우리의 설교를 듣지 않을 수 있지만, '여러분의' 설교는 듣는 수밖에 없을 것입니다. 왜냐하면 여러분이 일상의 삶에서 그리스도의 복음을 따라 행한다면, 그들은 귀를 통해서뿐 아니라 눈을 통해서도 들을 수 있기 때문입니다.

또 내가 이 말 방울의 음악 소리를 칭찬하는 이유는, 그 소리의 크기 때문만이 아니라 그 소리의 선명함 때문입니다. 많은 사람이 우리의 설교를 이해하지 못합니다. 우리가 사용하는 말에는 그들이 이해할 수 없는 말이 있고, 또 어떤 말은 육신적인 생각으로는 받아들일 수도 없습니다. 하지만 그들이 비록 내 설교는 이해하지 못하더라도 '여러분의' 설교는 이해할 수 있습니다. 여러분이 공정하게 거래를 하고, 부당한 이득을 취하는 대신 오직 여러분에게 합당한 것만 취한다면, 여러분이 거짓말하기를 거부하고 거짓말을 통해 얻을 수 있는 이득을 거부하는 것을 그들이 본다면, 비록 다른 사람들이 여러분을 향해 바보라고 하며 미친 사람이라고 비웃는 한이 있더라도 여러분이 정직성에 굳게 서 있는 모습을 그들이 볼 수 있다면, 결국 그들은 여러분의 정직성을 이해할 것입니다. 내 설교는 안개로 뒤덮인 것처럼 느껴질 수 있어도 여러분의 설교는 그렇지 않을 것입니다. 교회의 종은 이따금 갈라진 소리를 내지만, 말 방울에서 나는 소리는 선명할 것이며, 사람들은 그들의 양심을 통해 여러분이 가르치는 것을 믿을 수밖에 없을 것입니다.

또한, 내가 이 방울의 음악 소리를 칭찬하는 이유는 그 소리의 항구성 때문입니다. 교회의 종은 일주일에 한 번만 울립니다. 나는 한 주에 세 번 혹은 네 번의 설교를 합니다. 하지만 여러분은, 만약 여러분이 일상적인 일들을 성별한다면, 온종일 설교할 수 있습니다. 여러분은 말들이 고개를 끄덕일 때마다 그들의 목에 달린 방울들이 계속해서 소리를 내게 할 수 있습니다. 그들이 움직일 때마다 딸랑거리는 새로운 소리가 있을 것입니다. 항상 소리가 울리게 할 수 있다는 것, 그것이 종들을 교회의 첨탑이 아닌 말의 목에 다는 것의 이점입니다. 이 장소는 일주일의 상당한 시간 동안 문이 닫히고, 오직 이따금 예배를 위해서만 열립니다. 하지만 여러분은 여러분이 설교할 장소를 항상 열어두어야 합니다. 계산대 뒤편, 바로 그곳이 여러분의 강단이 되게 하십시오. 곡물 거래처나 시장터에서, 혹은 가정에서, 여러분은 항상 설교하고 있어야 합니다. 여러분의 삶은 언제나 지속적인 성찬식이 되어야 하고, 끊임없이 하나님을 섬기는 예배가 되어야 합니다. 그러므로 나는 그 소리의 크기와 선명함 때문만이 아니라 항구성 때문에도 말 방울의 음악 소리를 칭찬합니다.

또한, 우리는 그 소리의 보편성 때문에 말 방울의 음악 소리를 칭찬해야 합니다. 내 교회의 종은 한 장소에서만 울릴 수 있습니다. 그리고 국교회 교구 교회의 종들은 그것이 매달려 있는 뾰족한 첨탑에서만 울립니다. 하지만 말들에 달린 종들은 말들이 가는 곳이라면 어디에서나 울립니다. 여러분의 경건도 마찬가지입니다. 그것은 여러분이 가는 곳이라면 어디에서나 울릴 것입니다. 여러분은 임시 하숙집에서도 설교할 수 있고, 주로 가난한 사람들이 사는 골목의 후미진 방에서도 설교할 수 있고, 하나님의 섭리가 여러분을 두는 어디에서나 여러분은 설교할 수 있습니다. 회의 석상에서, 회사에서, 상원에서, 하원에서, 하나님이 여러분을 부르시는 어느 곳에서나 여러분은 설교할 수 있습니다. 다시 말하지만, 말 방울들이 말들이 가는 어디에서나 울리듯이, 여러분의 경건도 여러분이 있는 어디에서나 울려야 합니다. 모든 구역, 모든 길, 모든 샛길에서의 이 보편적인 설교는 우리가 이따금 말로 전하는 설교보다 훨씬 효과적입니다.

한 가지 더, 내가 말들의 방울 소리를 칭찬하는 이유는 그 소리의 조화 때문입니다. 여러분이 알다시피 우리 교회의 종들은 각기 다른 음색으로 울립니다. 한 교회로 들어가면, 여러분은 퓨지주의(Puseyism, 19세기에 옥스퍼드 대학을 중심으로 교회 의식, 성찬, 주교직의 계승 등을 강조한 사상으로, 옥스퍼드 운동, 고교회 전통 등과 관련되어 있음-역주)의 소리를 듣습니다. 다른 교회에 가면, 여러분은 복음적인 교리의 소리를 듣습니다. 또 다른 곳으로 들어가면, 여러분은 순전히 불신앙에 지나지 않은 소리를 듣습니다. 교회의 종들은 옥타브 전체의 음조로 울립니다. 참된 그리스도인들 가운데서도, 우리의 종들은 종종 약간 다르게 울립니다. 나의 웨슬리파 형제들의 종은 나와 같이 울리지 않습니다. 나의 종도 독립주의파 형제들의 종과 정확히 똑같이는 울리지 않습니다. 하지만 말들의 방울 소리는 모두가 비슷하게 울린다는 것을 유의하십시오. 한 그리스도인의 삶은 다른 그리스도인의 삶과 비슷합니다. 비록 교리적인 면에서는 차이가 있어도, 실제적인 삶의 설교에서는 모순되는 것이 없습니다. 비록 교회의 음성적인 증언은 다소 갈라졌지만, 교회의 삶의 증언은 만약 그것이 "거룩, 거룩, 여호와께 거룩"이라면 언제나 하나입니다. 그러므로 여러분이 이러한 말의 방울 소리를 불협화음 없이, 사랑스러운 조화를 이루며 울리도록 유의하시기 바랍니다.

한 가지 더, 내가 말들의 방울 소리를 칭찬하는 것은 그것이 거룩한 음조로 울리기 때문입니다. 우리의 교회 종들은 항상 그렇지는 않습니다. 때때로 우리의 설교는 설교자에게 약간의 명예와 영광을 돌리고, 또 특정한 교회에 약간의 명예와 영광을 돌립니다. 하지만 말들의 방울들은 사람에게 영광을 돌리는 소리를 내지 않고 여호와께 성결이라는 소리를 냅니다. 오직 주님께, 주님께만 영광을 돌리는 것입니다. 그러므로 만약 당신이 당신의 전 삶을 성별되도록 하려면, 그 삶의 증언이 당신에게 명예가 될 순 있겠지만, 그보다 훨씬 더 많이 하나님께 명예와 영광을 돌리는 것이어야 합니다. 당신이 진정 성별된 사람이라면, 당신 자신의 경건한 헌신에 대해서와, 당신의 겸손과 고결성, 깨어 있음, 근면성, 인내, 의의 길 안에서의 지속 등에 대해서 스스로 명예를 취할 우려가 없을 것입니다. 당신의 말들의 방울에서 울리는 소리가 강단의 종들에서 울리는 소리보다 더 거룩한 음조로 울릴 것입니다. 지금까지 나는 말들의 방울에서 나는 음악 소리를 칭송했습니다.

3. 우리의 방울을 거룩한 음조로 울립시다.

이제 말씀을 맺으면서, 나는 여러분에게 집으로 가서 여러분의 방울들을 이 음조에 맞추어 울리도록 요청합니다.

여러분의 집에는 많은 종(bell)이 있습니다. 집으로 가서 먼저 모든 방의 종들을 조율하십시오. 그리스도인 남편이 세상 사람보다 나쁜 남편이 되는 것은 악한 일입니다. 남편과 아내가 그리스도의 은혜에 함께 참여하는 자로서 살아가지 못하는 것은 악한 일입니다. 아마도 여러분은 이 말이 매우 가정적인 진술이라고 말하겠지만, 나는 그것이 필수적인 진술이라고 생각합니다. 만약 한 사람이 자기 자신의 가정에서 잘 처신할 수 없다면, 교회에서는 그가 어떤 사람이 되겠습니까? 교회에서 유력했던 많은 사람 가운데, 만일 사생활에서 조금만 더 검증을 받았더라면, 작은 시련에서도 손상을 입고 보기 흉한 모습으로 판명되고 말았을 것입니다. 여기 있는 그리스도인 남성 가운데서 그리스도의 명령에 따라 행동하지 않는 사람이 있다면, 그리고 여기 있는 그리스도인 여성 가운데서 자기 손으로 자기 가정을 허무는 사람이 있다면, 게으름과 부주의함으로 그렇게 하는 사람들이 있다면, 그들을 향해 나는 말하겠습니다. 그런 남편이 어떻게 기도 모임에서 다른 사람들에게 덕을 세울 수 있다고 생각할 수 있습니까? 먼저 그가 자기 자신의 가정에서 덕을 세우지 않고서 어찌 그럴 수 있겠습니까? 남편은 아내를 사랑하되 그리스도께서 교회를 사랑하신 것처럼 사랑해야 합니다. 아내는 자기 남편을 공경하고 있는지 살펴보아야 합니다. 자녀들은 순종적이어야 하며, 가정의 일은 분별력 있게 처리되어야 합니다. 그렇지 않으면 여러분의 종들은 "여호와께 성결"이라는 소리를 내지 못합니다.

그 점을 살핀 후, 다음으로는 주방의 종(bell)을 살펴보십시오. 그것이 "여호와께 성결"이라는 소리를 내는지 확인해보십시오. 종(servant)은 사람을 기쁘게 하려는 자처럼 눈앞에서만 상전을 섬기는 자가 되어서는 안 되며, 상전은 자기의 종에게 정당하고 공평한 몫을 주도록 신경을 써야 합니다. 오, 주방에 경건이 있다면 그것은 복된 일입니다. 그때 온 가정은 하나의 교회인 것입니다. 내 형제들이여, 나는 기쁨으로 하나님을 경외하는 종들을 거느린 한 사람에 대해 말할 수 있습니다. 내가 내 가정에서 누려왔던 평화와 기쁨과 영혼의 안식으로 인해, 자주 내 눈에는 눈물이 고입니다. 하나님께서 내게 그분의 이름을 경외하는 자들을 주셨기 때문입니다. 주방의 종이 여러분의 객실의 종과 반대되는 음조로 소리를 내지 않는지 살피십시오. 만약 주방에서 "내 주인 양반은 바깥에서는 경건하지만 가정에서는 악하다. 그는 강단에서는 아주 좋은 말을 할 수 있고 기도회에서 근사하게 기도할 수 있지만, 우리를 무시한다. 그는 거칠고, 지배적이고, 성을 잘 낸다"라고 말할 수 있다면, 그것이 내 설교 전체를 망칠 것입니다. 만약 여러분이 주방의 그 여종에게 "와서 우리 목사님의 설교를 들으세요"라고 말한다면, 그녀는 이렇게 말할 것입니다. "나는 그분의 설교를 듣고 싶지 않습니다. 만약 그분이 당신보다 더 나은 사람이 아니라면, 그는 나에게 큰 유익을 주지 못할 것입니다." 그러므로, 말들의 방울이 성결해야 한다면, 주방의 방울들도 성결해야 함을 유의하십시오.

다음으로 여러분 가운데 일부에게는 가게의 종이 있습니다. 누군가가 들어오면 곧바로 울리는 작은 종이지요. 그 작은 종이 "여호와께 성결"의 소리를 내는지 살피십시오. 혹 사람들이 다른 가게에서는 속더라도, 당신의 가게에서는 속는 일이 없도록 하십시오. 그렇지 않으면 그들은 틀림없이 이런 말을 할 것입니다. "아하! 당신은 스펄전 목사에게서 설교를 듣지. 그렇게 행동하는 것이 당신의 종교요, 그런 것이오?" 그들은 당신만 아니라 당신의 종교를 비난할 것입니다. 다른 가게에서는 무게를 속여서 파는 일이 있더라도, 당신의 가게에서는 그런 일이 없게 하십시오. 다른 가게에서는 정직성이나 정중함이나 친절이 결핍되어 있더라도, 당신의 가게에서는 그런 것이 결핍되지 않게 하십시오. 당신의 종교가 당신의 거래에 도움이 되게 하려고 애쓰기보다는, 도리어 당신의 거래가 언제나 당신의 종교에 종속되게 하여, 당신이 하는 모든 일에서 하나님을 영화롭게 하려고 애쓰십시오.

여러분 가운데 어떤 분들에게는 공장의 종이 있습니다. 그 종이 특정한 시간에 울리면, 일꾼들은 거리를 지나서 일하러 몰려 들어옵니다. 그 종이 "여호와께 성결"의 소리를 내게 하십시오. 고용인과 노동자 사이에 이런 분쟁들이 끝날 시대는 언제나 올까요? 그들 모두가 완전한 평화와 조화를 추구하는 날은 언제나 올까요? 이는 그들 양쪽 모두의 관심사이니, 그들이 알기를 바랍니다. 오! 노동자가 모든 것이 정당하고 공평하다고 느끼는 때는 언제일까요? 반대로, 고용주로서는 한 치를 주니 한 자를 달라고 요구하는 사람들을 대할 필요가 없고, 도리어 그가 그들에게 그렇게 하는 것처럼 그들도 그를 정당하게 대하는 것으로 인해 서로 만족하게 느끼는 때는 언제나 올까요? 만약 이곳에 큰 방직 공장의 주인들이 있다면, 많은 일꾼을 고용한 공장주가 있다면, 그런 사람들은 공장의 종들을 신앙으로 잘 조율하시기 바랍니다. 그렇지 않으면 나는 그들의 신앙을 전혀 인정하지 않을 것입니다.

또 여러분 가운데 어떤 분들에게는 방문의 종이 있습니다. 나는 그 위에 "방문자들"이라는 글귀가 쓰여 있는 것을 보았습니다. 고위층 사람들 가운데 방문이란 무엇일까요? 내가 언젠가 어느 응접실의 한쪽 구석에 앉아서, 사람들의 대화를 들었던 일은 내게는 불운이었습니다. 그 대화에 담겨 있는 의미나 유용성을 압축할 수 있다면, 일 초의 천 분의 일과 같다고 말할 수 있을 것입니다. 하지만 그 방문은 오랜 시간을 끌었고, 아무것도 아닌 일에 대해서 말에 말이 이어지고, 또 말이 이어졌습니다. 대화가 끝나고, 그들이 떠났을 때, 나는 정말이지 심신이 녹초가 되었습니다. 그리스도인의 방문은 절대 그런 식이 되어서는 안 됩니다. 만약 여러분이 누군가를 만나러 간다면, 무엇을 위해 가는지, 가지고 가는 소식이나 말은 무엇인지, 어떤 의도를 가지고 가는지 알고 가시기 바랍니다. 만약 하나님이 여러분과 내가 여기저기 날아다니는 방문으로 시간을 허비하는 것을 원하셨다면, 그분은 우리를 사람이 아니라 나비로 만드셨을 것입니다. 만약 그런 것이 하나님이 원하시는 것이었다면, 그분은 우리를 시간이 그 가치 면에서 금강석과도 비교할 수 없을 정도로 소중한 사람으로 만드는 대신, 차라리 벌들처럼 꽃들 사이를 날아다니면서 달콤한 즙이나 마시는 존재로 만드셨을 것입니다. 여러분의 방문이 사소한 일로 시간을 낭비하거나 혹은 당대의 유행에 대해 헛되이 칭송하는 것이 되게 하지 마십시오. 도리어 여러분의 방문이 아픈 자들에게는 위로를 주며, 가난한 자들에게는 도움을 주고, 친구들에게는 따뜻한 우정을 보이는 것이 되게 하십시오. 그리고 경건한 자들에게는 새롭게 경건이 회복되는 느낌을 주는 방문이 되게 하십시오.

먹든지 마시든지 무엇을 하든지, 우리가 하는 모든 일을 하나님의 영광을 위해 하십시오. 의사여, 당신의 문에 종이 있으니, 그 종이 "여호와께 성결"이 되게 하십시오. 가난하고 고통받는 자들을 향한 당신의 친절한 행동이, 질병으로 고통을 겪고 있는 가난한 임시 숙박객을 향한 당신의 친절함이, 당신의 치료 행위를 거룩하게 합니다. 당신의 종이 "여호와께 성결"이 되게 하십시오. 여러분 각 사람은, 직업의 소명이 무엇이건, 그 직업이 그리스도의 영광에 이바지하도록 특별한 길을 찾으려 노력하십시오. 여러분 각 사람은 플레이아데스 성단(Pleiades, 육안으로 관찰 가능하며 '일곱 자매의 별들'로 알려진 일곱 별을 포함하는 매우 밝은 성단-역주) 가운데 있는 하나의 작은 별입니다. 북극성이 되기를 바라지 마십시오. 만약 여러분이 플레이아데스 성단에서 빠진다면, 그 별자리는 지금의 별자리가 아닐 것입니다. 여러분이 있는 자리에 머물되, 여러분의 특별한 광선을 지구를 향해 비추십시오. 비록 여러분이 작은 별이어도, 작은 별들이 함께 하면 많은 빛을 발할 것이고, 만약 그 별들이 모두 꺼지면 지구는 어둡지 않겠습니까?

나는 단순하고 따뜻한 설교를 하려고 노력했습니다만, 목적을 이루지 못한 것 같습니다. 어쩌면 나는, 여러분이 느끼기를 내가 바랐던 것을 여러분으로 느끼게 하지 못했을 것 같습니다. 나는 모든 청소부의 종이 "여호와께 성결"이 되기를 바랍니다. 여러분의 직업이 무엇이건, 비록 당신이 쓰레기더미를 치우는 사람이건, 건널목을 청소하는 사람이건, 구두를 닦는 사람이건, 그 외에 무슨 일을 하건, 그 모든 일이 하나님께 영광이 되도록 합시다. 만약 누군가가 그런 일은 가능하지 않다고 말한다면, 여러분이 그 방법을 보여주십시오. 최상의 실제적인 증거는 사실의 증거이기 때문입니다.

말 방울에까지 "여호와께 성결"이라는 주제로 나는 오늘 설교할 수 있고, 또한 같은 주제로 스무 번을 더 설교할 수도 있습니다. 하지만 만약 여러분이 개인적인 대화를 적절하게 조율하지 않으면, 본문은 일부 사람들에게는 웃음을 자아낼 수 있을 것이며, 누구에게도 어떤 실제적인 유익을 주지 못할 수도 있습니다.

가정에서 잘못된 것이 있습니까? 가서 그것을 바로 잡으십시오. 가게나 주방에서 잘못된 것이 있습니까? 만약 여러분이 그리스도인으로서 마땅히 해야 하는 대로 행하지 못했다면, 거래에서 마땅히 해야 할 방식대로 행하지 못했다면, 가서 더욱 잘하시기 바랍니다. 이 말을 하는 것은 여러분이 행위로써 구원을 받기 때문이 아닙니다. 나는 이미 구원받은 사람들을 향해 말하고 있습니다. 구원받았으므로, 당신이 믿는 바를 당신의 직업에서 보여주고, 당신의 행위로써 당신의 주님을 영화롭게 하십시오. 이 본문을 자주 생각하기를 바랍니다. "그날에는 말 방울에까지 여호와께 성결이라 기록될 것이라."

말라기

제
1
장

큰 차이

"정의의 하나님이 어디 계시냐?" – 말 2:17
"그 때에 너희가 돌아와서 의인과 악인을 분별하고 하나님을 섬기는 자와 섬기지 아니하는 자를 분별하리라" – 말 3:18

먼저 여러분에게 감사의 말을 하고 싶습니다. 지난 주일 저녁에, 여러분은 이 자리에 없었고, 다른 사람들에게 말씀을 들을 기회를 제공하기 위해 멀리 떨어져 있어야 했습니다. 그것은 여러분의 의무이자 특권이었습니다. 하지만 그때 내 설교의 주제는 우리의 하늘의 아버지께서 해를 악인과 선인에게 비추시며 비를 의로운 자와 불의한 자 모두에게 내려주신다는 내용에 관한 것이었습니다(마 5:45). 그때 나는 하나님의 보편적인 은혜를 제시하였으며, 또한 그분이 정의의 시행을 늦추시고 인내하고 오래 참으시는 기간을 두시는 그분의 방식에 대해서도 제시했습니다. 이 은혜로운 사실로 인해 사람들은 회개로 이끌려야 마땅하건만, 인간 본성의 완고함으로 인해, 사람들은 도리어 그것을 다른 목적으로 이용하곤 합니다. 사람들은 이런 식으로 말합니다. "그분은 선한 자뿐 아니라 악한 자에게도 복을 주신다. 해는 모두에게 마찬가지로 비춘다. 비는 구두쇠의 밭이나 관대한 사람의 목초지에 차별 없이 내려 그들 모두의 땅을 비옥하게 한다. 정의의 하나님은 어디 계시냐? 그런 하나님이 계시는 것이 맞냐? 우리가 그분을 경외하든지 무시하든지 결과는 마찬가지 아니냐?"

이런 생각과 나란히, 다른 상황이 오해되기도 합니다. 하나님은 이 세상의 삶에서 더 나은 세상을 위하여 자기 백성을 준비시키시는데, 그 과정의 일부는 시련과 고통에 의해 실행됩니다. 그래서 악인들은 형통을 누리는 동안 경건한 자가 역경에 처하는 일이 자주 발생합니다. 하나님이 자기 백성을 향해 가지신 그런 계획이 악인들을 향해서는 달리 없기에, 하나님은 그들이 하고 싶은 대로 즐기도록 허용하십니다. 그래서 종종 그들은 비옥한 목초지에 있는 살진 황소들과 같습니다. 하지만 그들은 도살을 위해 살이 찐다는 것을 망각합니다. 반면에 의인들은 매우 낮아지고, 종종 빈곤에 처하며, 자주 병들고, 심령의 의기소침에 빠지는 일이 드물지 않지만, 그런 일이 모두 영광의 나라에 들어가기 위해 그들을 준비시키는 것입니다.

경건한 자들에게 시련은 당연히 지혜와 사랑 안에서 보내어진 것입니다. 그런데 근시안적인 사람은 그것을 보고 마치 하나님은 인간의 성품에는 관심을 두지 않으시고 심지어 그분을 가장 잘 섬기는 자들을 가장 나쁘게 대하신다는 식으로 유추하는 것입니다. 말라기 시대에 불경한 말을 일삼은 패거리는 심지어 하나님이 악인의 편을 든다고 말했으며, 다음과 같은 식으로 말함으로써 하나님을 괴롭게 했습니다. "모든 악을 행하는 자는 여호와의 눈에 좋게 보이며 그에게 기쁨이 된다"(말 2:17a). 그런 다음 그들은 지극히 무례하고 노골적인 질문을 했습니다. "정의의 하나님이 어디 계시냐?"(17b).

형제들이여, 실로 이 빈약한 눈으로 우리 주변의 일들을 바라볼 때, 크게 뒤얽혀 혼란스러워 보이고, 이상한 사건들이 뒤섞여 연속되는 것 같습니다. 우리는 지상의 진정한 제후들은 흙먼지 속을 걷고 소인배가 말을 타는 것을 봅니다. 하나님의 종들과 하늘의 상속자들이, 마치 나사로처럼, 불경한 구두쇠의 문 앞에 병든 채 누워있는 동안, 악하고 방탕한 사람이 호화롭게 연회를 즐기고 쾌락으로 가득한 잔을 마시는 것을 볼 때, 우리는 탄식합니다. 실마리를 알아채기까지, 섭리는 하나의 미로여서 그 중심으로 우리가 뚫고 들어갈 수가 없습니다. 하지만 그 모든 비밀을 열 수 있는 실마리가 있습니다. 심판의 하나님이 계시며, 그분은 눈감고 무관심하게 하늘에만 앉아계시지 않습니다. 그분은 인간들을 내려다보시며, 모든 때에 의의 목적을 위해 이루기 위해 일하고 계십니다.

지금 내가 말하고자 하는 것은, 하나님이 의인과 악인 사이를 구분하신다는 사실과, 애굽과 이스라엘 사이를 혼동하지 않으신다는 사실입니다. 주님은 자기에게 속한 자들을 아십니다. 비록 그분의 처분을 우리가 항상 이해할 수 있는 것은 아니지만, 그럼에도 그분은 자기 백성과 세상을 혼동하지 않으시며, 악한 자에게 내릴 응징의 매를 의인들에게 내리지 않으십니다. 그분은 그분을 경외하는 자들을 오른손으로 용납하시고, 그분을 경외하지 않는 자들을 왼손으로 심판하십니다. 이 구분은 아직은 미래와 달리 분명하지 않습니다. 하지만 이제 우리는 그 두 부류를 구분하는 선이 점점 넓어지고 있다는 것을 추적할 것이며, 여전히 심판의 하나님이 계심을 제시할 것입니다. 그리하여 마침내 가장 어두운 눈을 가진 사람도 의인과 악인 사이를 분간할 수 있을 것이며, 하나님을 섬기는 자와 그분을 섬기지 않는 자를 분별할 수 있을 것입니다.

1. 의인과 악인을 가르는 분리의 징표들

먼저, 의인과 악인 사이에는 분리의 징표들이 있습니다.

첫 번째 징표는 성품의 명백한 차이에서 발견됩니다. "여호와를 경외하는 자"(말 3:16)에 대한 언급이 있습니다. 즉, 여전히 지면에는 하나님이 계심을 믿는 자들, 그분이 주신 계시를 믿는 자들, 그분이 제공하신 속죄를 받아들이는 자들, 그분이 선포하신 뜻에 순종하기를 기뻐하는 자들이 더러 있습니다. 그들이 어떻게 여호와를 경외하게 되었습니까? 그 대답은, 그것이 은혜의 선물이면서 또한 성령의 일하심이라는 것입니다. 그것이 아주 깊고, 아주 실제적인 차이를 만들어내며, 결과적으로 아주 지속적인 차이를 만들어냅니다. 왜냐하면 그 차이는 영원까지 이어지기 때문입니다. 최악의 시대에도, 하나님에게는 여전히 은혜의 선택에 따라 남은 자가 있다는 것을 생각하며 하나님을 송축합시다. 신성모독자들이 죄 가운데 담대해져서 "심판의 하나님이 어디 계시냐?"라고 말하는 때에도, 원수들의 격분을 넘어, 높이 들리신 주님을 바라보는 숨겨진 소수의 사람은 여전히 있습니다. 지존하신 하나님을 경외하는 마음을 가졌기 때문에, 그분에게 무릎을 굽히며 경배하는 한 무리의 사람은 언제나 있을 것입니다. 하나님이 자기 백성에게 그분의 임재를 내적으로 의식하게 하시고, 결과적으로 그분에 대해 거룩한 두려움과 성스러운 경외심을 갖게 하실 때, 그분은 세상으로부터 그분의 택하신 자들을 분리하기 시작하신 것입니다. 분리의 작업은 여기, 곧 마음의 성향과 흐름에서 시작합니다.

진정한 성품에서의 이 차이는 곧 생각과 묵상의 두드러진 변화에서 저절로 나타납니다. 본문의 구절에 따르면, "여호와를 경외하는 자들"은 또한 "그 이름을 존중히 여기는 자들"(그 이름을 생각하는 자들, KJV)이라고 묘사되기도 합니다. 그들의 생각은 이 세상의 지나가는 것들을 항상 향하지 않으며, 도리어 영원하신 하나님과 그분의 진리를 더 생각합니다. 그들은 피조물을 추종하여 항상 비굴하게 굴지 않으며, 도리어 창조주를 향해 날아오릅니다. 존중히 여긴다는 단어에는 히브리어로 "계산하다, 고려하다"는 개념이 포함되어 있습니다. 그들은 행동을 위한 근거를 계산할 때 하나님을 주된 고려의 대상이라고 여깁니다. 다른 사람들은 그분을 고려하지 않으며, 마치 하나님이 아예 계시지 않는 것처럼 행동합니다. 하지만 의인은 그분을 많이 생각하고, 그분을 그들의 계산과 고려에서 가장 큰 요인으로 간주합니다. 그들은 고통에 처할 때 하나님에게로 물러나며, 즐거울 때도 그분 안에서 기뻐합니다. 그들은 만군의 주를 고려하지 않고 생각하는 법이 없습니다. 그들은 말합니다. "최상의 것은, 하나님이 우리와 함께 하시는 것이다." 어떤 고려나 행동이, 만약 그분의 뜻과 배치된다면, 그들은 그것을 거부합니다. 만약 그것이 그분의 뜻에 부합된다면, 그들은 그분을 생각하면서, 그 일을 기쁘게 수행합니다. 이것이 그들의 삶의 과정에서 큰 차이를 만들고, 그들의 행복에서도 마찬가지입니다. 사랑하는 청중이여, 여러분 가운데는 하나님을 묵상하는 것이 매우 달콤하고, 또 주님 안에서 기뻐한다고 진실로 말할 수 있는 사람들이 있다고 나는 믿습니다. 그렇다면, 이것이 여러분과, 하나님을 잊은 악인들 사이를 구분하는 요소입니다. 즉 여러분은 여호와를 경외하며, 은밀하게 그분을 묵상하는 것을 즐거워하지만, 세상 사람은 그것을 이해하지 못합니다.

여러분과 부주의한 자들을 구별하는 그 점은, 필연적으로 계속해서 다음의 방향으로도 작동합니다. 즉, 여러분은 그들의 시시한 대화에 싫증을 낼 것이고, 그들은 여러분의 진지한 발언을 견디지 못할 것입니다. 그래서 두 무리가 형성되는데, 마치 옛적에 두 계보가 있었던 것과도 같으니, 바로 하나님의 자녀들과 가인의 자녀들입니다. 만약 여러분이 생각 없는 속물과 경건한 그리스도인을 자세히 살펴보면, 여러분은 곧 이스마엘과 이삭을 볼 것이며, 에서와 야곱이 살아가는 모습도 볼 것이며, 그들이 얼마나 크게 다른지를 알아볼 것입니다. 생각과 감정의 이 차이로부터 교제로 이어지는 분리가 나타납니다. "그 때에 여호와를 경외하는 자들이 피차에 말하매"(말 3:16). 이는 그들이 자주 만난다는 것과 교제를 즐거워한다는 것을 보여줍니다.

각 사람은 불경건한 자들 가운데서 자신이 미약하다고 느끼고, 그래서 그는 교제를 통해 힘을 얻게 해 줄 형제를 찾습니다. 각 사람은 자신이 마치 이리 떼 가운데에 있는 양과 같다고 느낍니다. 하지만 양의 본성은 모이기를 좋아하기 때문에, 각 사람은 자기의 동료를 찾고, 서로 무리를 이룰 수 있으며, 한 무리의 양 떼로서 그들은 선한 목자 주변에 모여들 수 있습니다. 그렇습니다. 가장 죄 많은 시대에도, 여기저기에 은혜의 사람들이 있을 뿐 아니라, 이 선택된 영혼들이 이런저런 수단을 통해 서로를 찾아내고, 서로 모여서, 살아계신 하나님의 가시적인 교회를 형성합니다. 가이사 시대의 로마에서, 그리스도인이 되는 것은 무자비하게 정죄를 받아 죽을 수 있다는 것을 의미했습니다. 그런 때에도 믿는 자들은 그들의 가정에서 모일 수 없다면 죽은 자들의 거처인 지하 묘지에서도 모였습니다. 그들은 반드시 모여야 합니다. 홀로 천국에 가려고 하지 않는 것이 하나님의 자녀들의 본성입니다. 그들은 동료들과 무리 지어 성전에 올라가는 것을 더 좋아하고, 속담처럼 그들의 수가 많을수록 그들은 더 즐거워했습니다. 그들은 거룩한 날에 무리 지어 함께 지내는 것을 즐거워하고, 마치 비둘기 떼처럼 함께 창을 향해 날아가는 것을 즐거워하기 때문입니다. 그리스도인의 교제에는 거룩한 달콤함이 있으며, 모든 참된 성도는 그 안에서 즐거워합니다. 우리 종교의 정수는 사랑입니다. 형제를 사랑하지 않는 자는 곧 하나님을 사랑하지 않는 자이며, 또한 그리스도인의 성품에서 본질적인 요소를 결핍한 것입니다. 거룩한 형제 사랑의 발휘를 통해, 주님은 계속해서 자기의 친 백성을 불러내시며, 이런 식으로 분명한 분리를 창조해내십니다. 성품과 생각의 유사성은 상호간에 이끌림을 창출해내고, 그렇게 하나의 집합체를 형성합니다. 그리고 개별적인 은밀한 일들이 전체에서는 명백하게 됩니다. 선택된 돌들이 채석장에서 뜨여지고, 하나의 궁전처럼 세워집니다. 주 예수 그리스도의 신령한 몸을 이루기 위해 그들이 모여 뼈와 뼈처럼 연결된다고 말해도 무방하지 않겠습니까?

이 독특한 교제가 그들을 특이한 활동으로 이끌어줍니다. "여호와를 경외하는 자들이 피차에 말하매." 그들은 다른 사람들이 주님을 반대하여 말하는 것을 듣고서, 그들도 말하기로 결의합니다. 다른 사람들에 대하여 주님이 한탄하며 말씀하십니다. "너희가 완악한 말로 나를 대적하도다"(말 3:13). 이 사람들은 만약 침묵하면 그것이 그들에게 수치스러운 일이라고 느꼈습니다. 그들은 돼지 앞에 진주를 던지지는 않았지만, 돼지가 아닌 성도들이 그들을 볼 수 있는 곳에서는 그들의 진주를 착용했습니다. 진리를 알아보는 교제 속에서 그들은 뒤로 물러서지 않았고, 도리어 "피차에 말했습니다." 당시는 소란과 혼란의 시대였습니다. 그때는 주님을 심하게 거역하며 말하는 시대였습니다. 그러므로 그들이 서로 모여 주님을 위해 말하고, 각 사람이 입을 열었을 때, 주님에게 증언자들이 부족하지 않았던 것입니다. 나는 그 표현을 그들이 그들의 증언을 새롭게 하고 또 반복했다는 의미로 간주합니다. "여호와를 경외하는 자들이 피차에 말하매." 그들은 말했습니다. "아, 우리는 불경한 자들이 말하는 것에 대답할 수 있습니다. 우리의 경험이 그들이 옳지 않은 말을 하고 있음을 증언합니다. 하나님을 섬기는 일은 헛되지 않습니다. 형제여, 그것을 경험으로 알지 않습니까?" 그러면 그 형제가 이렇게 말합니다. "나는 그것이 내 영혼에 큰 위로와 힘이 되는 것을 발견합니다. 그들은 '우리가 그분의 규례를 지키는 것에 무슨 이득이 있느냐?'고 말했습니다. 하지만 나는 그것이 지극히 이롭다는 것을 발견했습니다. 그분의 계명을 지키는 것에는 큰 보상이 있기 때문입니다."

그러자 세 번째 사람이 말합니다. "하나님의 뜻을 따라 행하는 것은 우리의 영혼을 유복하게 했습니다. 그리고 그분의 집의 복된 규례에서 우리의 영혼은 배불리 먹고 풍성한 자양분을 공급받았습니다." 네 번째 사람이 덧붙입니다. "불경한 사람들은 우리가 만군의 여호와 앞에서 슬퍼하는 것이 헛되다고 말합니다. 하지만 형제여, 과연 그렇습니까?" 그 대답은 이럴 것입니다. "아닙니다. 내가 슬퍼하는 날들이 종종 아주 유익한 날들이었습니다. 마치 소나기와 구름의 날들이 추수와 밀접한 관련이 있는 것과 마찬가지였습니다." 이처럼, 서로의 증언을 통해, 그들은 그 시대에 유행하는 불경한 사람과 사상에 맞서고 서로의 마음을 격려합니다. 그들은 믿지 않는 사람들의 악의적인 거짓에 대항하여 사려 깊은 경험을 제시합니다. 그렇게 함으로써 그들은 하나님을 영화롭게 하고 서로를 유익하게 합니다.

그들이 "피차에 말할" 때, 나는 그들이 서로를 향한 그들의 애정을 표현했다고 믿습니다. 그들은 말했습니다. "세상이 우리를 미워하더라도 이상히 여기지 맙시다. 우리 주님께서 '세상이 너희보다 먼저 나를 미워한 줄을 알라'(요 15:18)고 말씀하시지 않았습니까? 그분이 우리에게 사람을 조심하라고 말씀하시지 않았습니까? 그분이 우리에게 우리의 최악의 원수가 우리의 집 안에 있을 수 있다고 상기시키지 않았습니까?" 그들은 피차에 말하곤 했습니다. "예, 형제들이여, 서

할 수 있지 않습니까? 우리가 서로를 기뻐할 수 있고, 또 경험을 서로에게 말할 수 있을 때, 우리는 거기서 기쁨을 발견하고, 그것이 광야와 외로운 곳도 즐거운 곳으로 바꾼다고 우리는 말할 수 있지 않습니까? 무엇보다도, 이러한 의사소통 가운데서, 거룩한 교제와 은혜로운 사귐이 있을 때, 하나님이 친히 함께하심을 우리는 발견하지 않습니까? 하나님은 자기 백성과 함께 계시며 또 그들을 아십니다. 반면 그분은 악인들로부터는 멀리 계십니다. 이것은 커다란 구별입니다. 주님은 자기 백성의 소리를 옛적부터 귀 기울여 들으셨고, 여전히 귀 기울여 들으십니다. 또 주님은 성소에서 자녀들의 기도에 응답하시고, 그의 이름을 찬송하며 높이는 자들을 받으신다는 증거들을 보내십니다. "만군의 여호와께서 우리와 함께 하시니 야곱의 하나님은 우리의 피난처시로다"(시 46:7).

오, 오십시오, 하나님 앞에서 크게 기뻐합시다. 그분이 우리에게서 멀리 계시지 않고, 그분의 얼굴을 우리에게서 숨기지 않으셨기 때문입니다. 그룹 천사들 가운데 거하시는 그분이 그분의 아들의 인격 안에서 그의 성도 가운데 거하시며 빛을 비추십니다. 세상에 대해서는 그렇지 않으시지만 우리에 대해서는 자기 자신을 분명히 나타내십니다. 바로 지금도, 애굽에 있는 이스라엘은 애굽이 아닙니다. 왜냐하면 하나님이 자기 백성의 탄식과 부르짖음을 들으시고 그들을 불쌍히 여기시기 때문입니다. 아라비아 광야에 있는 이스라엘은 아라비아가 아닙니다. 오, 저 불과 구름 기둥을 보십시오! 그것은 마치 높이 들린 깃발처럼, 한 분리된 백성을 그 주변으로 모읍니다. "이 백성은 홀로 살 것이라 그를 여러 민족 중의 하나로 여기지 않으리로다"(민 23:9). 지금도 세상에서 나와 분리되고 있는 믿음의 사람들은 이 약속이 성취된 것을 발견합니다. "내가 그들 가운데 거하며 두루 행하여 나는 그들의 하나님이 되고 그들은 나의 백성이 되리라"(고후 6:16). 여기에 "정의의 하나님이 어디 계시냐?"는 질문에 대한 첫 번째 대답이 있습니다. 분리는 이미 시작되고 있습니다. 지금 그 징표들이 있습니다.

2. 최종적인 분리를 위한 준비

둘째로, 최종적인 분리를 위한 준비 조치들이 있습니다. 우리는 16절에서 이러한 준비 조치에 관하여 배울 수 있습니다. "여호와께서 그것을 분명히 들으시고 여호와를 경외하는 자와 그 이름을 존중히 여기는 자를 위하여 여호와 앞에 있는 기념책에 기록하셨느니라." 마치 양들을 염소들에게서 분리하듯이, 하나님이 두 부류의 사람들을 서로에게서 분리하시는 날이 다가옵니다. 거대한 그물이 바다 밑바닥에서 올려지고 있습니다. 그물이 끌어 당겨져, 기슭에 올려지는 날이 옵니다. 얼마나 잡다하게 그 그물은 좋은 물고기와 나쁜 물고기를 포함하고 있을까요? 그물은 기는 것과 해초와 조개와 돌멩이도 포함하고 있을 것입니다. 이 내용물들은 분리되어야 합니다. 그때 좋은 것들은 용기에 담아지고, 나쁜 것들은 버려질 것입니다. 그 일은 매우 엄중하고도 신중하게 수행될 것입니다. 의인들을 악인들로부터 분리하는 일에는 판별의 기준이 적용될 것입니다. 마치 어떤 재판에서 모든 증거를 제출해야 하는 것처럼, 최종적인 분리를 위한 작업은 우리를 위해 매일 준비되고 있으며, 증거가 수집되고 또 기록되고 있습니다. 의인에게 유리한 증거는 적절하게 보존되지 않으면 망각될 수 있습니다. 분리가 완결되는 그 날에 실수가 없도록, 또 위대하신 재판장의 판결에 누구도 이의를 제기할 수 없도록, 증거가 수집되고 있습니다.

사랑하는 친구들이여, 이 점을 기억하십시오. 그 증거는 한 책에 기록되고 있습니다. 그것은 모든 때에 하나님을 향한 신실성의 증거입니다. 다른 사람들이 생각에서 하나님을 거역하고, 말에서 하나님을 거역할 때, 그분을 위하여 말하는 사람들이 더러 있습니다. 그들은 하나님을 경외하며, 그분의 이름을 존귀하게 생각하기 때문입니다. 그런 그들의 독특한 행위가 연대기에 기록됩니다. 하나님의 은혜로우신 눈은, 모독과 비난의 한가운데서도 그분을 위해 결정하는 단 하나의 행위까지 절대 간과하지 않습니다. 만약 어느 유약한 소녀가 그리스도를 믿지 않는 가족 안에서 계속되는 비난을 참고 인내하며, 자기 주님의 진리를 굳게 붙든다면, 비록 그녀가 웅변적으로 말하지는 못해도, 그것은 기념책에 기록됩니다. 비록 그녀의 눈물이 종종 그녀의 가장 강력한 표현이 될 뿐이어도, 그것 역시 책에 기록되어 잊히지 않을 것입니다. 가게의 노동자가 추악한 언어에 반대하는 말을 할 때, 안식일을 옹호하는 말을 하고, 자기 주님을 위한 말을 할 때, 그 모든 것이 기념책에 기록됩니다. 여호와를 경외하고 그분의 이름을 존중히 여기는 자들을 위해 증거 수집을 하는 위원회가 소집됩니다. 사랑하는 친구들이여, 여러분은 증거를 제공하고 있습니까? 여러분이 제공하는 증거가 참으로 여러분이 경건하다는 것을 입증한다고 생각합니까? 여러분은 동료들 가운데서 분명히 두드러지고, 분명히 분리되어 있습니까? 다른 사람들이 주님을 비난할 때 여러분은 주님을 진실로 경외하였다는 것을, 사탄조차도 마지막 날에 주어진 증거를 반박할 수 없을 것이 확실합니까?

이 증거는 주님에 의해 직접 수집되고 있습니다. 여기에 많은 위로가 있습니다. 다른 사람들은 편견을 가질 수 있고, 우리가 행하는 일을 비우호적인 관점으로 볼 수도 있습니다. 하지만 주님이 친히 증언하실 때 진실은 명백히 드러납니다. "여호와께서 그것을 분명히 들으시고"(16절), 그것은 아주 강한 표현입니다. 그분은 단순히 듣기 위해 애쓰는 사람처럼 경청하실 뿐 아니라, 실제로 모든 말을 들으십니다. 하나님은 자기 성도를 위하여 얼마나 우호적인 증언이 되어 주실까요? 우리가 진정으로 그분을 경외하고 그분의 이름을 존중히 여긴다면, 그분은 우리의 거룩한 경외심, 우리의 경건한 생각, 우리의 은혜로운 말을, 우리를 위한 증거로 제시하실 것입니다. 그분은 우리의 동기를 읽으십니다. 그 동기란 우리 성품의 깊고도 중요한 부분입니다. 다른 사람들은 판단을 그르칠 수 있지만, 그분은 그렇지 않습니다. 그분은 듣는 것을 정확히 들으시고 또 정확히 이해하십니다. 진리 그 자체이신 증언자에 의해, 증거가 수집되고 있습니다.

이 증거는 항상 하나님의 눈앞에 있습니다. 만약 여러분이 "여호와 앞에 있는 기념책에 기록하셨느니라"(16절)는 구절을 주목한다면, 모든 항목이 기록되는 동안, 그 책은 그분이 보시는 앞에 펼쳐져 있습니다. 행동 자체와 마찬가지로 기록도 그분에게서 감추어질 수 없습니다. 과거의 덕스러운 행동들이 그분의 눈 앞에 펼쳐집니다. 모든 기록된 은혜의 행위가 특히 주님에 의해 관찰되고, 참으로 하나님을 경외하는 삶에서의 모든 말과 행위가 주목되고, 무게로 재어지며, 평가되고, 가치가 매겨지고, 안전하게 기록되어 보전됩니다. 마지막 거대한 분리의 날에 있을 평결을 정당화하기 위해서입니다. 사랑하는 이여, 그것을 잘 생각해보십시오. 하나님께 겸손하고 신실한 여러분 안에서 활동하는 모든 은혜의 일들이 기록되고 있습니다. 그런 일은 어떤 연차 보고서에서도 공표되지 않고, 잡지에 인쇄되지 않을 것이며, 당신에게 명성을 가져다주기 위해 신문에 광고되지도 않을 것입니다. 하지만 주님 앞에 있는 기념책에 그것이 기록되고 있습니다. 그 기록이 그분 앞에 있습니다. 그분의 승인이 세상의 명성보다 중요합니다. 거기서, 한쪽을 읽어보십시오. "아무개는 내 이름을 존중히 여겼다. 누구누구는 그의 형제에게 나에 대해 말했고, 한 몸 안에서 덕을 세우는 데 도움을 주었고, 오류의 공격에 맞서 진리를 위해 강력하게 증언했다."

더 나아가, 사랑하는 친구들이여, 이 증거는 영적인 것에 속합니다. 그것이 다른 누구에 의해서가 아니라 하나님에 의해 수집되는 한 가지 이유는 바로 이것입니다. 즉 그것은 하나님을 향한 마음의 상태와 관련된 증거이기 때문입니다. 마음을 살피시는 주님이 아니시면 달리 누가 그것을 평가하겠습니까? 하나님 한 분을 제외하고, 누가 사람의 생각을 알겠습니까? 생각을 듣는 귀가 있습니다. 비록 그것이 괘종시계의 똑딱거리는 소리처럼 크게 들리지는 않고, 작은 새의 짹짹거리는 소리처럼 들리지도 않지만, 모든 생각이 지존하신 분에게는 소리처럼 감지되며 기념책에 기록됩니다. 모든 사람이 갈채를 보내는 어떤 위대한 행동들도 그 책에는 포함되지 않을 수 있습니다. 왜냐하면 그 행위들이 과시하려는 동기로 행해졌기 때문입니다. 하지만 누구도 알 수 없었던 생각, 그래서 잊혀진 채로 남았을 일도, 주님에 의해 기록되고 마지막 재판 때에 공표될 것입니다. 아마도 그 내용은 이런 식일 것입니다. "예수님을 위해 내가 무엇을 할 수 있을까? 그분의 불쌍한 백성을 내가 어떻게 도울 수 있을까? 쇠약해가는 아무개 씨의 영혼을 내가 어떻게 하면 격려할 수 있을까? 내 주님을 위하여, 방황하는 한 영혼을 내가 어떻게 하면 얻을 수 있을까?" 이런 생각들은 기록될 가치가 있다고 간주될 것이며, 큰 심판의 판결이 모두에게 정당화되도록, 주님이 수집하시는 증거로 채택될 것입니다.

그 증거는 외관상 작은 일들과 관련됩니다. 왜냐하면 본문이 이렇게 언급하기 때문입니다. "여호와를 경외하는 자들이 피차에 말하매"(16절). 사람들은 모일 때 남의 일로 수군거립니다. 그런 대화가 무엇입니까? 오, 그런 종류의 잡담이란 대체 무엇입니까? 여기에 중요한 문제가 있습니다. 거룩한 주제는 잡담을 천상의 교제로 바꿉니다. 본문에는 그들이 "그 이름을 존중히 여긴다"고 기록되어 있습니다. 아, 형제들이여, 생각하고 말하는 것은 세상에서 매우 강력한 두 가지 힘입니다. 그 둘에서 가장 위대한 행동들이 부화합니다. 생각과 말은 지대한 영향을 가져올 행위들의 씨앗입니다. 그래서 하나님은 이 배아(胚芽)와 싹에 관심을 기울이십니다. 사람들은 그것들을 알지도 못하며, 설혹 안다고 해도 그것들을 대단하게 평가하지 않습니다. 하지만 그것들은 항상 지존하신 하나님 앞에 펼쳐져 있는 기념책에 기록됩니다.

이 모든 일은 매일 낮과 매일 밤 동안 계속됩니다. 마치 모래시계에서 시간의 모래가 필연적으로 떨어지는 것과 마찬가지입니다. 글자와 글자, 획과 획, 그리고 이야기들이 기념책에 기록되고 있습니다. 비록 사람들은 그것을 볼 수 없지만, 지극히 엄숙한 일에 사용되기 위해 증거는 수집되고 있습니다. 천사들의 화려한 행렬 가운데서, 저 위대하신 재판장이 아버지께 복을 받은 사람들과 저주를 받은 사람들 사이를 갈라놓을 것입니다. 그래서 매일같이 심판의 하나님은 그날을 위해 일하고 계시며, 그때는 가장 부주의한 자들조차 의인과 악인을 분별할 것입니다.

3. 최종적인 분리에서 분명하게 나타날 원리들

이것이 우리를 세 번째 요점으로 인도합니다. 그 분리에서 큰 원리들이 분명하게 나타날 것입니다. 시간상 그 원리들을 신속하게 다루어야겠습니다.

첫째, 선택의 원리가 나타날 것입니다. 하나님은 자기의 소유가 될 한 백성을 얻으실 것입니다. "만군의 여호와가 이르노라 나는 내가 정한 날에 그들을 나의 특별한 소유로 삼을 것이라"(17절). "모든 영혼이 다 내게 속한지라"(겔 18:4)라고 하나님이 말씀하시고, 그분의 증언은 참입니다. 하지만 그분은 어떤 영혼들은 죄 때문에 거절하시며, 또 말씀하십니다. "너희는 내 백성이 아니라"(호 1:10). 그분이 선택하신 자들에 대해 말하자면, 그들은 그의 분깃이며, 그의 특별한 보화이며, 그의 훈장이며, 그의 면류관의 보석이며, 영원토록 그의 것입니다. 그때 특별한 사랑과 독특한 선택이 명백히 나타날 것입니다. 그 분리의 날에 주께서 자기 소유인 그들을 아신다는 사실이 드러날 것입니다. 하나님이 다른 사람들은 단지 들판의 돌들처럼 여기시지만, 성도에 대해서는 마치 그분 면류관의 보석들처럼 마음에 귀중히 여기십니다.

다음의 원리로서, 그때는 본질적인 가치가 드러날 것입니다. 즉 주님의 백성은 그분의 소유일 뿐 아니라, 그분의 보석들입니다. 그들 속에는 은혜가 거기에 둔 무언가가 있으며, 그것이 그들을 다른 사람들보다 고귀하게 만듭니다. "의로운 자는 자기 이웃보다 뛰어나거니와"(잠 12:26, KJV). 하나님의 은혜는 그분의 자녀들을 인류 가운데 다른 사람들보다 더 순수하고, 더 거룩하고, 더 고상하게 만듭니다. 그들이 불순하고 무가치한 무리로부터 분리되는 것은 정당합니다. 마지막 날에 그들은 사람들 가운데서 보석들이었음이 증거로써 입증될 것이며, 아무도 그들의 가치에 의문을 제기하지 못할 것입니다. 모든 사람이 그들이 조약돌 가운데 섞여 있던 보석들이요, 찌꺼기 가운데 있던 황금이었음을 시인할 것입니다.

다음으로, 공개적인 시인의 원리가 나타날 것입니다. 그들은 주님의 것이며, 그렇게 시인될 것입니다. "만군의 여호와가 이르노라 나는 내가 정한 날에 그들을 나의 특별한 소유로 삼을 것이라." 그분이 친히 그 사실을 선언하실 것입니다. 왜냐하면 성경에 그렇게 기록되어 있기 때문입니다. "그러므로 형제라 부르시기를 부끄러워하지 아니하시고"(히 2:11). 그날에 주 예수님이 말씀하실 것입니다. "여기 내가 있고, 또 주께서 내게 주신 자녀들이 있습니다"(참조. 히 2:13). 오, 이렇게 예수님이 우리를 친히 공개적으로 시인하실 때 그 기쁨이 얼마나 클까요? 지금은, 비록 우리가 하나님의 백성이어도 알려지지 않았습니다. 세상이 우리를 알지 못하는 것은 그것이 우리 주님을 알지 못했기 때문입니다. 또 우리는 죽었고, 우리의 생명은 그리스도와 함께 하나님 안에 감추어져 있기 때문입니다. 하지만 우리의 생명이신 그분이 나타나실 때 우리도 그분과 함께 영광 가운데서 나타날 것입니다. "그 때에 의인들은 자기 아버지 나라에서 해와 같이 빛나리라"(마 13:43). 그 때 감추어진 것 중에 알려지지 않을 것이 없다는 원리가 실현될 것입니다. 그 때 알려지지 않았던 주님의 종들에 대해 그들의 섬김의 증거가 온 회중 앞에서 크게 낭독될 것이며, 만인의 재판장이신 하나님이 이렇게 선언하기를 부끄러워하지 않으실 것입니다. "그들은 나의 것이며, 그들은 나의 특별한 소유라."

하나님의 소유된 백성인 경우에, 긍휼의 원리가 두드러질 것입니다. 나는 여러분이 이 사실을 특히 주목하기 바랍니다. "그들을 나의 특별한 소유로 삼을 것이요 또 사람이 자기를 섬기는 아들을 아낌 같이 내가 그들을 아끼리라"(17절). 관대함은, 다른 방식으로는 심판의 정죄를 면할 수 없는 자들에게 적용됩니다. 율법 아래에서의 공로에 관한 질문이 제기되면, 그들 역시 다른 사람들과 마찬가지 운명에 처할 수밖에 없습니다. 하지만 주께서 말씀하십니다. "내가 그들을 아끼리라." 오 하나님, 비록 당신께서 선택하신 자들을 당신의 특별한 소유로 삼으셨고, 또 그들을 아끼시더라도, 증거는 그들이 공로가 있음을 입증하지 않으며, 도리어 그들이 그리스도 예수 안에서 구원받았고 그로 인해 당신을 경외하도록 가르침을 받았음을 보여줍니다! 바울 사도는 그가 귀하게 여기는 한 친구로부터 대단히 친절한 섬김을 받았을 때 그를 위해 기도했습니다. 아마 여러분은 그의 기도가 매우 진지하고 또 포괄적일 것이라고 확신할 것입니다. 하지만 그의 기도는 이러했습니다. "주께서 그로 하여금 그날에 주의 긍휼을 입게 하여 주옵소서"(딤후 1:18). 그것이 우리가 기대할 수 있는 전부입니다. 그리고 하나님께 감사하기는, 그것이 우리에게 필요한 전부입니다. 정의의 문제는 우리의 위대한 대속자에 의해 해결되었으며, 우리에게는 긍휼이 값없이 베풀어집니다. 지상에서 그리스도의 형상을 반영하는 가장 눈부신 성도라도 처음부터 끝까지 은혜로만 구원을 받아야 합니다. "내가 그들을 아끼리라"고 주님이 말씀하십니다. 그분이 만일 율법의 근거로 그들을 대하시고, 속죄의 희생을 통해 흐르는 은혜 없이 그들을 판단하셨더라면, 그분은 그들을 달리 대하셨을 것입니다. 참으로, 그들은 보석들이며 주님의 특별한 소유이지만, 만약 그분이 그들에게 있는 은혜의 표징이 아닌 그들의 죄를 증거로 채택하신다면, 그분 앞에서 기록되는 기념책이 심판의 근거로서 그들의 부족함과 허물에 대한 설명을 담고 있다면, 그들의 운명은 달라질 것입니다. 그러나 지금 그분은 그들의 경외심과 그들의 거룩한 생각들과, 그들의 거룩한 대화를 기억하시며, 따라서 그들을 아끼십니다.

그들은 또한 관계의 원리로 다루어질 것입니다. "또 사람이 자기를 섬기는 아들을 아낌 같이 내가 그들을 아끼리라." 당신은 당신의 아들이 당신을 섬기기 위해 최선을 다하고 있다는 것을 알 때 그를 아낍니다. 그가 실수할 수도 있습니다. 만약 그가 단지 고용된 종이었다면 당신은 화를 낼 수도 있습니다. 하지만 아들에 대해 당신은 이런 식으로 말합니다. "아, 나는 내 아들이 그가 할 수 있는 모든 것을 하고 있음을 압니다. 그리고 그는 곧 더 잘할 것입니다. 그러므로 나는 그를 엄하게 대할 수 없습니다. 나는 그가 불완전하다는 것을 알지만, 동시에 그가 나를 사랑하며, 사랑하는 아들로서 행동하는 것도 잘 압니다." 여기서 사용된 말은 동정과 긍휼을 의미합니다. "아버지가 자식을 긍휼히 여김 같이 여호와께서는 자기를 경외하는 자를 긍휼히 여기시나니"(시 103:13). 그분은 마지막 때에도 우리를 사랑으로 바라보실 것이며, 그 사랑에는 긍휼이 섞여 있을 것입니다. 그날에도 우리에게는 긍휼이 필요할 것이기 때문입니다. 그분은 "우리가 단지 먼지뿐임을"(시 103:14) 기억하실 테고, 우리에게 있는 많은 잘못과 우리에게서 발견되는 많은 약점에도 불구하고, 우리를 받아주실 것입니다. 그분이 우리를 받아주시는 이유는, 우리가 그리스도 예수 안에서 그분의 자녀이기 때문이며, 은혜로 그분을 섬기기를 원하기 때문입니다. 우리가 그분을 섬겨서 자녀가 되는 것이 아니라, 자녀이기 때문에 섬기는 것입니다. 하나님의 자녀는 달콤한 이름입니다. 그리스도인은 아들이면서 섬기는 종, 곧 아버지를 섬기는 종입니다. 그리스도인은 그분의 자녀이기 때문에, 삯을 위해 섬기는 것이 아니며, 억지로 섬기는 것도 아니며, 사랑으로 섬기는 것입니다. 그런 섬김은 종의 청구서가 아니라 자녀의 증거로서 언급될 것입니다. 우리는 은혜로 구원을 얻는 것이며, 자녀의 거룩한 섬김은 그 은혜의 증거입니다.

사랑하는 이여, 이런 원리들에 따라 하나님은 최종적으로 사람들을 분리하십니다. 그분이 말씀하실 것입니다. "너는 내 것이다. 내가 너를 택하였다. 너희는 나의 성도다. 너희 안에 은혜의 탁월함이 있다. 나는 너를 내 소유로 인정하며, 그렇게 시인하는 것을 부끄러워하지 않는다. 너는 내 성품을 닮았기 때문이다. 나는 은혜로 너를 선택했고, 내 선택의 결과로, 나는 너를 나의 자녀이자 섬기는 종으로 삼았다. 나를 향한 너의 신실한 사랑의 증거로서 나는 너의 거룩한 대화를 받아들인다. 그리고 너를 내 영광으로 받아들이고, 영원히 나의 소유로 삼을 것이다."

4. 모두에게 분명해질 분리

이제 마지막으로, 그 분리는 모두에게 분명해진다는 확실한 진리를 다루겠습니다. 그때 점치는 자들과 간음하는 자들, 품꾼의 삯에 대하여 남을 억울하게 하는 자들과 나그네를 억울하게 하는 자들, 거짓 맹세하는 자들과 하나님을 대적했던 자들은 애통할 것입니다. 여러분은 지금은 자기 길로 행하면서 이렇게 말할 수 있습니다. "하나님은 의로운 자들과 악한 자들에 신경 쓰지 않으신다. 그는 모든 사람을 비슷하게 대하시며, 심지어 자기 자녀들을 가장 심하게 징계하신다." 하지만 여러분은 머지않아 다른 면을 보게 될 것입니다. 이 덧없이 지나가는 세상으로부터 어쩔 수 없이 다른 방향으로 머리를 돌려서, 여러분은 여러분을 놀라게 할 무언가를 보게 될 것입니다. 비록 당신이 그것을 원치 않아도, 그런 당신조차도, 경건한 자들 이상으로 "의인과 악인을 분별하고 하나님을 섬기는 자와 섬기지 아니하는 자를 분별할" 것입니다(18절).

그 분리는 날카롭고 단호할 것입니다. 성경 어느 곳을 읽든지 여러분은 오직 두 부류의 사람들을 발견할 것입니다. 세 번째 부류의 사람들은 찾지 못할 것입니다. 여러분은 오직 의인과 악인을 발견할 것이며, 하나님을 경외하는 자와 그분을 경외하지 않는 자를 발견할 것입니다. 어떤 사람들은 이렇게 구분하는 우리를 당혹스럽게 만듭니다. 왜냐하면 그들이 어느 쪽에 속했는지 우리가 알 수 없기 때문입니다. 하지만 기념책이 종결되고 또 공개될 때, 그들을 알아보는 데에 어려움이 없을 것입니다. 두 부류의 사람들은, 모세가 지팡이를 들었을 때 홍해의 두 부분처럼 떨어져서 모일 것이며, 그 사이에는 공간이 있을 것입니다. 이 말씀을 듣는 여러분이여, 여러분은 어느 쪽에 있을까요? 두 견해 사이에서 머뭇거리는 당신이여, 당신은 어느 쪽에 있을까요? 국경 지대는 없을 것입니다. 어정쩡한 중립 지대는 없을 것입니다. 당신은 그때 하나님을 경외하는 자들 가운데 있든지 아니면 그분의 이름을 경외하지 않는 자들 가운데 있을 것입니다. "그가 임하시는 날을 누가 능히 당하리요?"(말 3:2). 그날은 신속히 올 것입니다. 인자가 나타나는 그 날과 시를 우리는 아무도 모르기 때문입니다. 그 분리는 날카롭고 확정적일 것이며, 결정되지 않고 남은 사람은 없을 것입니다.

그것은 무수한 허세를 지울 것입니다. 그날은 마치 화덕처럼 타올라 모든 거만한 자들은 그루터기처럼 될 것입니다. 천국 백성 가운데서 자기 자리를 차지하리라고 생각한 바리새인들은, 주의 날에 그들의 성구함과 넓은 옷단이 불태워지는 것을 발견할 것이며, 한 주에 세 번씩 금식하고 박하와 회향과 근채를 바치는 것에 대한 그들의 자랑이, 아무 가치가 없어서 기념책에 기록되지도 않은 것을 발견할 것입니다. 거기에 기록된 것은 주를 경외하는 것, 그분의 이름을 존중히 여기는 것, 그리고 피차에 서로 말하는 것입니다. 하지만 의식과 까다로운 절차의 준수 따위는 기록하는 펜으로 한 획도 기록할 가치가 없는 것들입니다. 그 책에는 교만한 자에게 우호적인 증거로서 기록된 것은 아무것도 없으며, 온통 그를 정죄하는 것만 있습니다. 그러므로 그날은 그를 태우고, 그와 그의 소망을 완전히 소멸할 것입니다.

그 분리는 보편적일 것입니다. 왜냐하면 악하게 행한 모든 사람은 그루터기처럼 될 것이며, 피하는 자는 아무도 없을 것이기 때문입니다. 비록 그들이 자기들의 사악함을 감추고 선한 이름을 가졌더라도, 비록 그들이 그들을 살피는 사람들로부터 그들의 죄를 숨기고, 마치 유다가 사도들의 무리 가운데서 그랬던 것처럼 교회에 다니면서 그 안에서 명예를 얻었더라도, 그들이 행한 악행들이 다 드러날 것입니다. 그들이 어떻게 말하더라도, 아무리 변명을 하더라도, 그들의 외적인 행위가 하나님에게서 멀어진 그들의 내면의 지표가 될 것이며, 심판의 날에 불이 그들을 땅에서 소멸할 것입니다.

그때 양쪽 부류는 그 구분이 매우 다른 운명과 관련되어 있음을 알게 될 것입니다. 3장 3절에 따르면, 한때는 의인들이 불 속에 있었습니다. 주님은 연단하는 분으로서 풀무 안에 있는 은처럼 그들을 정결하게 하셨습니다. 하지만 이제는 주객이 전도되어, 교만한 자들과 악을 행하는 자들이 더 끔찍한 불 속에 있습니다. 그날은 마치 화덕처럼 타오를 것입니다! 의인들은 그 불에 의해 유익을 얻습니다. 그들은 좋은 금속이기 때문입니다. 그들에게서 찌꺼기가 떨어져 나가는 것은 손실이 아닙니다. 하지만 악인들은 너무나 천한 금속이어서, 완전히 그 시련의 불에서 소멸되고 말 것입니다. 다시 한번 주객이 전도될 것입니다. 한때는 의인들이 악인들의 발아래 있었습니다. 악인들이 의인들을 조롱하고 비웃었으며, 그들을 "까다로운 자들이요 위선자들"이라고 불렀습니다. 하지만 그때는 불경한 자들이 낮은 곳에 처할 것이며, 의인들이 그들을 마치 발아래 있는 재처럼 밟을 것입니다. 악의 이유도 닳아빠진 것이 될 것이며, 타버릴 것이며, 그래서 지상에는 아무것도 남지 않고 그것의 옛 권세와 그것을 태워버린 불에 대한 기억만 남을 것입니다. 그날이 오면, 하나님을 거역했던 사람들 가운데서 강한 자들도 알게 될 것입니다. 마치 그루터기가 화염을 견딜 수 없는 것 이상으로, 그들은 주님의 임재의 두려움을 더는 견디지 못할 것입니다. 구더기도 죽지 않고 불도 꺼지지 않는 곳에서 그들이 한탄할 때, 그들은 심판의 하나님을 알게 될 것이며, 그분이 땅에서 그들을 어떻게 완전히 소멸하셨는지를 알 것입니다.

의인들의 운명을 보십시오. 의의 태양이신 그리스도께서 떠오르시고 그의 빛을 비추실 때, 새 하늘과 새 땅이 있을 것입니다. 의인들은 기쁨으로 나아가 그분을 맞이할 것이며, 마치 예전에 가축이 울타리를 뛰어넘듯이 즐거이 뛸 것입니다. 불경한 자들의 일은 아무것도 남지 않을 것입니다. 오는 세상과 관련하여 그것들은 완전히 그리고 전적으로 사라졌습니다. 그때는 선술집의 노래나 대폿집의 음담패설이 없을 것입니다. 마을의 난봉꾼들이 없어질 것이며, 그들 주변에 마을의 청년들이 모여 호색적이고 신성모독적인 말로 탈선하는 일도 없을 것입니다. 그때 부끄러움도 모르는 욕쟁이가 없을 것이며, 신성모독적인 욕쟁이들이 누가 만군의 여호와께 가장 악독한 모독의 말을 할 수 있는지 겨루기라도 하던 공간도 없을 것입니다. 그때는 동정녀의 성당이나, 성자의 성당이나, 혹은 우상, 혹은 십자가에 못 박힌 예수상의 성당도 없을 것입니다. 미신들이 일소될 것입니다. 그때에는 복음 설교자인 체하는 자들이 새로운 철학을 다루고, 새로 고안된 회의주의를 제시하는 집회도 없을 것입니다. 그때에는 그런 자들이, 실상은 과거의 케케묵은 오류에 지나지 않는 것 곧 옛 시대에 싫증이 나서 퇴비 더미에 던져진 것들 가운데서 주워온 것을 마치 새로운 것인 양 제시할 수도 없을 것이며, 사람들이 그것을 받아들일 거라는 희망조차 품을 수 없을 것입니다. 죄는 모두 사라지고 흔적조차 남지 않을 것입니다.

하지만 여기에 의와 화평이 거할 것이며, 온유한 자들이 땅을 기업으로 받을 것이며, 성도 각 사람이 자기 분깃을 받을 것이며, 주님이 친히 영광스럽게 다스리실 것입니다. 모든 언덕과 골짜기에서 지존하신 하나님을 향한 영광의 찬송이 울려 퍼질 것이며, 박동하는 모든 심장이 그분의 이름을 송축할 것입니다. 그리고 그분이 마침내 "심판의 하나님이 어디 계시냐?"고 하는 질문에 답변하실 것입니다. 그때, 지옥의 밑바닥에 던져져서, 마귀와 그의 사자들을 위해 예비된 곳에서, 불경한 자들이 다시는 "심판의 하나님이 어디 계시냐?"고 묻지 못할 것입니다. 그리고 주 안에서 승리한 성도는 주와 함께 영원무궁토록 다스릴 것이며, 그들 역시도 의인과 악인을 분별하시고 하나님을 섬기는 자와 섬기지 아니하는 자를 구분하시는 그분을 알게 될 것입니다. 사랑하는 이여, 어디에, 오 당신은 어디에 있을 것입니까? 그날에, 나는 어디에 있을까요?

제
2
장
—

정련자(精鍊者)의 좌정하심

—

"그가 은을 연단하여 깨끗하게 하는 자 같이 앉아서 레위 자손을 깨끗하게 하되 금, 은 같이 그들을 연단하리니 그들이 공의로운 제물을 나 여호와께 바칠 것이라" – 말 3:3

이 구절은 주님이 오실 때 그 결과들 가운데 하나로서 언급된 것입니다. 그분은 모든 것을 시험하고 정련하시며, 거짓되고 악한 것은 멸하시고, 그가 남기기로 허용하신 것을 정결하게 하십니다. 보십시오, 약속된 분이 오셨습니다! 이스라엘이 찾았던 그분이 별안간 언약의 사자로 그분의 성전에 나타나셨습니다. 시므온과 안나와, 그분을 고대했던 모든 사람의 눈이 즐거웠습니다. 그리고 오늘 메시야가 나타나셨음을 선포하는 우리의 목소리가 즐겁습니다. 영광스러운 하나님의 아들, 지존자의 기름 부음을 받으신 분이 사람들 가운데 계셨으며, 신실한 증인들이 그분에 관해 증언했습니다. "우리가 그의 영광을 보니 아버지의 독생자의 영광이요 은혜와 진리가 충만하더라"(요 1:14). 천사들의 노래와 무수한 축복의 예언으로 포고되었던 이 오심은, 사람들에게 순수한 광명의 날이어야 했습니다.

하지만 인간의 위선과 교만과 이기심으로 인해 그렇지 못했습니다. 반대로, 그것은 많은 사람에게 빛의 날이 아닌 어둠의 날이었습니다. 우리 주님의 첫 번째 강림이 유대 민족에게 큰 시련의 날이었음을 말해주는 풍부한 역사적 증거가 있습니다. 예루살렘의 포위라든가, 그와 유사한 사건들을 기억할 때, 우리는 선지자가 이렇게 물었던 것에 대해 놀라지 않습니다. "그가 임하시는 날을 누가 능히 당하며 그가 나타나는 때에 누가 능히 서리요? 그는 금을 연단하는 자의 불과 표백하는 자의 잿물과 같을 것이라"(말 3:2). 그분의 사역은 종교를 시련하는 것이었고, 그 시기의 정통을 시험하는 것이었습니다. 왜냐하면 그분의 사역은 그 시대의 종교의 천박성을 드러내었고, 종교적 계층으로부터 적개심을 불러일으켰기 때문입니다. 소위 그 시대의 종교 지도자들이라 하는 자들은 주 예수를 미워했고, 그분을 나무에 못 박는 것을 원했습니다. 그분의 가르침은 너무나 참되고 선하여 그들의 말재주나 '의식 만들기' 따위로는 그것을 견디지 못했습니다.

우리 주님이 오셨을 때, 그분은 정련(精鍊)하는 분으로 앉으셨고, 당시의 시대를 테스트하셨습니다. 그때 이후로 그분의 복음, 그분의 성령, 그분의 가르침, 그리고 그분의 삶—이 모든 것은 이 세상에서 하나의 시금(試金)이 되고, 시련(試鍊)이 되며, 사람들 가운데서 무게와 가치를 재는 일종의 기준이 되었습니다. 모든 것이 그들에게는 시험이자 시련입니다. 여러분은 끊임없이 이 시대가 "위기"라는 말을 들어왔으며, 그 말은 사실입니다. 주님이 정련자로 앉으시는 동안에는 언제나 위기가 있습니다. 모든 것이 용광로에 넣어지고, 불은 최고도로 타오르며, 아무것도 그 화염을 견디지 못합니다. 모든 선한 것은 보전될 것이며, 깨끗하게 되고, 더 빛나게 될 것입니다. 하지만 모든 악한 것은, 그것이 무엇이든지, 온 세상이라도, 그리스도께서 오신 이후로는 불로 연단을 받고 해체될 것입니다. 우리 주님이 두 번째 오실 때, 그 검증은 한층 더 강화될 것입니다. 그분이 더 분명히 나타나시고, 오시는 목적이 은혜가 아닌 심판이 될 때, "그가 임하시는 날을 누가 능히 당하리요?"

우리가 잘 알고 있는 사실이 있습니다. 그것은 예수 그리스도께서 한 영혼을 가까이하실 때마다, 그분은 최상의 은혜로 그 영혼을 깨끗하게 하려고 오신다는 것입니다. 그분 자신이 형언할 수 없는 사랑의 화신이기 때문에, 그분이 오신다는 것은 언제나 그분이 그 영혼을 깨끗하게 하려 하신다는 것을 의미합니다. 죄를 제거하는 것이 최고의 은혜이기 때문입니다. 사랑의 목적 안에서, 하나님이 행하실 수 있는 가장 위대한 일은 우리를 깨끗하게 하여 그분의 영광스러운 거룩함에 들어가게 하시는 것입니다. 그리스도는 그분의 교회를 사랑하셨고, 바로 이것이 그 사랑을 보이신 방법입니다. "그리스도께서 교회를 사랑하시고 그 교회를 위하여 자신을 [주셨으니, 이는] 자기 앞에 영광스러운 교회로 세우사 티나 주름 잡힌 것이나 이런 것들이 없이 거룩하고 흠이 없게 하려 하심이라"(엡 5:25, 27). 사랑의 주님은 그가 선택하신 사람들을 말씀을 통해 물로 씻어 정결하게 하기를 원하십니다. 그것이 그분의 사랑의 방식입니다. 참된 사랑은 언제나 거룩의 길을 택하기 때문입니다. 사랑하는 대상을 죄로 이끌 수 있는 사랑은 정욕입니다. 그것은 사랑이라는 이름을 갖기에 합당하지 않습니다. 하지만 참된 사랑은 언제나 그 대상의 최고의 건강과 온전함과 거룩함을 추구합니다. 순수한 애정은 잘못을 볼 때 탄식할 것이며, 어리석음을 볼 때 슬퍼할 것이고, 얼룩을 볼 때 그것을 지워주려고 할 것입니다. 온전한 사랑은 그것이 사랑하는 대상의 온전함을 바랍니다. 그리스도의 완벽한 사랑이 그런 것입니다. 한 영혼에게 오실 때마다 그분은 정련자(精鍊者)로서 오십니다. 은에서 찌꺼기를 없애고 정금을 더 순결하게 하는 것, 그분은 이 목적을 위해 오십니다. 가장 날카로운 조치를 취하실 때도, 그분이 의도하시는 것은 우리가 나빠지는 것이 아니며, 오히려 가장 거룩한 선을 이루는 것입니다. 그분은 우리를 고통스럽게 하는 것을 바라지 않으시며, 오히려 영원한 복락으로 이끌기를 원하시고, 그 복락의 뿌리와 꽃은 모두 절대적인 완전함에서 발견됩니다.

나의 청중이여, 여러분 가운데서 지금 주님을 찾는 이가 있다면, 그것이 무엇을 의미하는 것인지를 이해하기를 바랍니다. 당신은 당신을 시련할 불을 구하고 있는 것이며, 당신에게 귀하게 여겨졌던 많은 것을 태우기를 구하고 있는 것입니다. 우리는 그리스도께서 오셔서 우리를 죄 가운데 두신 채로 구원하시기를 기대하지 않습니다. 그분이 오신다면 그분은 우리를 죄로부터 구원하실 것입니다. 그러므로, 만약 당신이 믿음으로 그리스도를 구주로 붙들 수 있다면, 당신은 그분을 정결케 하는 분으로서 또 정화하는 분으로서 붙드는 것임을 기억하십시오. 그분이 우리를 구원하시는 것은 죄로부터의 구원이기 때문입니다. "이름을 예수라 하라 이는 그가 자기 백성을 그들의 죄에서 구원할 자이심이라"(마 1:21). 이것이 그분이 목적으로 삼은 독특한 구원입니다. 물론 그분이 사람들을 지옥에 떨어지지 않도록 구해내시지만, 그렇게 하심으로써 지옥 불꽃의 연료가 되는 죄로부터 그들을 구해내시는 것입니다. 비록 그분이 우리에게 천국을 주시지만, 우리에게 천국에 합당한 마음 곧 거룩하시고 사랑이 많으신 아버지께 대한 순종의 마음을 주시는 것이, 우리를 천국으로 이끄시는 그분의 방법입니다. 우리 본성과 성품의 정화야말로 그분의 무한한 사랑이 지혜롭게 우리에게 실현되는 방식입니다.

우리는 정결하게 하는 과정에 대해 말할 것입니다. "그가 은을 연단하여 깨끗하게 하는 자 같이 앉으리라." 이러한 정련은 어떻게 실행되고 있을까요?

그 일부는 하나님의 말씀에 의해 실행됩니다. "내 말이 불 같지 아니하냐?"(렘 23:29). 복음이 순전하고 철저하게 전파되는 곳마다, 그것은 찌끼를 태우는 놀라운 불입니다. 나는 세속성으로 죽었던 한 회중을 압니다. 그곳은 부유한 신앙 고백자들이 자주 가는 곳이었고, 그리스도를 향한 그들의 사랑은 겉치레에 불과했습니다. 그들이 모이던 곳 가까이에서, 나는 영적으로 살아있으며 주님을 위한 열정으로 가득한 또 하나의 교회를 보았습니다. 어디서 이런 차이가 생겼을까요? 대체로 그 이유는 여기에 있습니다—한쪽에서는 사람의 사역이 있었고, 다른 쪽에서는 주님의 말씀 사역이 있었습니다. 성령의 사역자들을, 세속적인 사람들은 참지 못합니다. 그들은 분명한 증언을 싫어합니다. 그것이 그들의 양심을 괴롭힙니다. 그들을 교회에서 나가도록 조치를 취할 필요가 없습니다. 그들 스스로 떨어져 나갑니다. 그런 교회는 그들을 위한 곳이 아닙니다. 그런 교회는 그들을 위해서는 너무 뜨겁습니다. 내 말은 그들에게 너무 거룩하다는 것이고, 너무 영적이며, 너무 경건합니다. 곧 그들의 기분은 상하고, 불평스러워하면서 그들은 이주(移住)를 준비합니다. 그들이 용인할 수 없는 것들이 너무 많고, 그들이 보기에 지나치게 정통적이고, 편협하고, 고집불통인 면이 너무 많습니다. 그래서 그들은 총총걸음으로 그들 자신에게 어울리는 집단으로 떠나갑니다. 그렇습니다, 그들은 그렇게 해야 합니다. 그것이 하나님이 자기 양무리를 지키시는 방법입니다. 하나님의 말씀에 뿌리를 내린 자들이 가장 좋게 뿌리를 내린 자들입니다.

아마도 우리는 항상 이런 식으로 가라지를 알곡으로부터 분리하고 있을 것입니다. 그런 분리는 하나님의 검증과 인간 자신의 양심에 달린 것이기 때문에, 부당하게 행해질 수가 없습니다. 만일 곡식 가운데서 가라지를 뿌리 뽑기 위해 출교를 하려 들면, 곡식까지도 뽑을 우려가 있습니다. 하지만 말씀을 통하여, 만약 말씀이 성령의 능력으로 전해진다면, 그런 과정이 항상 진행될 것입니다. 하나님의 용광로는 시온에 서 있습니다. 만약 여러분 가운데 누구든 말씀 때문에 불편해진다면, 바라건대 나는 여러분이 불편해지기를 바랍니다. 우리는 절대 여러분을 위해 말씀을 변경하지 않을 것입니다. 만약 진리가 여러분의 양심에 사무치게 와 닿아서 여러분을 화나게 한다면, 화를 내되, 단지 그것을 말한 자에게만 화를 낼 것이 아니라, 그 말씀의 원천이신 그분에게 화를 내십시오. 그러면 여러분은 그런 분노가 얼마나 어리석은지를 볼 것이며, 하나님 앞에 자기를 낮추고, 그분의 진리를 받아들이게 될 것입니다. 그렇게 되면 당신은 살고, 당신의 죄는 죽게 될 것입니다. 하나님이 그렇게 해 주시기를 바랍니다.

또 다른 정화의 작용은 하나님이 택하신 백성들을 복되고 영광스러운 그분 자신과 더 많은 친교를 하게 하심으로써 이루어집니다. 마음을 정결케 하는 모든 수단 중에서 이것을 능가하는 것은 없습니다. 주님께서 큰 은혜로 자기 자녀를 그분께로 이끄실 때, 그리고 그로 그분의 사랑을 느끼게 하실 때, 또한 의심 없이 그것을 알게 하실 때, 그때 은혜를 입은 마음은 모든 일에서 거룩해지기를 열망합니다. 주님께서 자기 종에게 그분의 사랑으로 가득하게 하시고, 그로 그가 사랑을 받는 자인 것을 달콤하게 의식하며 즐거워하게 하시고, 또 그 사랑을 받는 자가 그분의 것임을 알게 하실 때, 그때 거룩한 열망이 그 영혼 안에서 타오르며, 그 마음은 이렇게 부르짖게 됩니다. "내 사랑하는 주님을 근심하시게 하는 것이 있는가? 그것을 죽게 하라! 내가 생각하거나 바라거나, 말하거나 행하는 것 중에서, 성스러운 친교를 깨뜨리고, 그분을 떠나시게 하는 것이 조금이라도 있는가? 그것을 즉시 제거하라!" 마음은 신중하게 자기를 살피기 시작하고, 가능하다면, 그 저주받은 것을 제거하려고 할 것입니다. 그리스도께서 근심하시는 일이 없도록 하기 위해서입니다. 항상 타오르는 불꽃들 가운데서, 이것이 가장 격렬하게 타오르는 불의 하나입니다. 질투는 무덤보다 잔인하며, 거룩한 열망은 우리의 마음에 있는 죄에 대해 엄격한 조치를 시행합니다. 그것은 달콤한 죄를 태양 앞에서 매달고, 공중의 새들에게 "와서 그 시신을 먹으라"고 소리칩니다. 오, 우리가 그리스도를 더 잘 알고, 그분의 얼굴빛 안에서 더 살아간다면, 그때 우리는 타오르는 영처럼 정결하게 될 것입니다.

결국, 믿는 자들을 죄에 대한 사랑에서 정련하기 위해, 시온에서 타오르는 큰 불은 성령이십니다. 말씀을 사용하시는 분이 그분이고, 친교를 활용하고 다른 모든 것을 활용하여 은에서 찌끼를 제거하듯 성도에게서 죄를 제거하시는 분이 그분입니다. 그분은 성화의 직접적인 행위자이시며, 다른 모든 것은 그분의 솜씨 좋은 손에 들린 수단이라고 우리는 간주해야 합니다. 그분에게 영원토록 우리의 사랑과 찬미를 올려드립니다.

부차적인 수단으로, 주님은 섭리를 사용하십니다. 나는 그분이 아주 빈번하게, 우리가 흔히 부르듯이, '은혜로운 섭리'를 사용하신다고 믿어 의심하지 않습니다. 은혜로운 섭리란 우리의 자연적인 욕망을 만족시킴으로써 우리를 기쁘게 하는 섭리입니다. 어떤 사람들은 형통을 통해 정결해지기도 했지만, 나는 그런 경우는 많지 않다고 생각합니다. 좋은 약이 입맛에 좋은 경우는 희박합니다. 만약 우리가 마땅히 되어야 하는 상태가 되었다면, 우리에게 오는 모든 은혜는 우리를 만족하게 하고, 또 그것이 우리로 하나님을 사랑하게 할 것입니다. 그것이 하나님을 더 닮아가고 더 거룩해지는 것이 아니면 무엇이겠습니까? 하지만, 오호라, 우리가 육신으로 말미암아 연약하기에, 더 부드러운 방식의 사랑은 더 거친 과정에 비해 훨씬 자주 실패합니다. 그런 연고로, 만약 우리가 꿀 안에서 보전될 수 없다면, 부패가 우리를 사로잡지 못하게 하려면, 우리에게는 소금과 불이 필요합니다. 우리의 육신이 너무나 완고하기 때문에 주님은 그분의 용광로를 위한 연료로 호되고도 무거운 시련을 사용하십니다. 역경은 다양한 형식을 취합니다. 그리고 그 모든 것과 각각의 경우에서 주님은 그것을 자기 백성의 유익을 위해 어떻게 써야 하는지를 아십니다. 형통이 떠나게 하시고, 부한 자를 가난하게 하실 때, 그리스도는 정련자로서 앉아계십니다. 그분은 종종 사랑하는 친구들을 잃어버리게 하심으로써 사람들을 정련하십니다. 사별은 마치 용광로처럼 타오릅니다. 오, 얼마나 많은 육의 사랑이 그것에 의해 소멸되는지요!

우리는 영혼의 침울함, 내적인 고통, 영혼의 슬픔을 통과함으로써 성령에 의해 크게 정결하게 된 사람들을 압니다. 어떤 사람들에게는 영적인 고통이 복이 되었지만, 더 많은 사람의 경우에는 육체의 고통이 복이 되었습니다. 고통 그 자체는 사람을 성화시키지 않습니다. 그것은 심지어 사람을 더 자기 자신 속에 가둘 수 있고, 그로 침울하고, 안달하며, 이기적인 사람으로 만들 수도 있습니다. 하지만 하나님이 거기에 복을 주실 때, 그것은 아주 유익한 결과를 만들어냅니다. 녹이고 부드럽게 하는 힘이 바로 그것입니다. 슬픔은 마치 단단한 금속에 부은 일종의 용해제와 같아서, 귀한 광석에서 찌꺼기를 분리되게 만드는 작용을 합니다.

그렇습니다. 환난은 많은 믿는 자들이 이런 구절을 읽을 때 생각하는 것입니다. 하지만 나는 그것에 대해 너무 많은 생각을 하지 말라고 그들에게 경고합니다. 그것은 정련자가 쓰시는 유일한 불이 아니며, 그분의 최상의 불도 아니기 때문입니다. 환난은 '왕의 정련 장치'의 일부에 지나지 않습니다. 그것은 위대하신 주님이 귀한 것을 악에서 분리하기 위해 쓰시는 도구의 하나입니다.

나는 여러분이 이 본문을 읽으면서 다음의 세 가지에 주목하기를 바랍니다. 첫째, 나는 여러분이 정련자의 태도를 관찰하시기를 바랍니다—"그가 은을 연단하여 깨끗하게 하는 자 같이 앉아서." 둘째, 그분이 정련하시는 목적에 주목하십시오—"레위 자손을 깨끗하게 하되 금, 은 같이 그들을 연단하리니." 셋째, 정련의 결과입니다—"그들이 공의로운 재물을 나 여호와께 바칠 것이라."

1. 정련자의 태도

그 정련자의 태도를 주의하여 살펴보십시오—"그가 앉아서." 만약 교훈적인 것이 아니었다면 그분의 자세가 본문에 언급되지 않았을 것입니다.

앉는 것은 무관심의 태도처럼 보입니다. 뜨거운 열에 고통을 겪는 금속이 있습니다. 그리고 여기 정련자가 앉아 있습니다. 고통의 병상에 있는 하나님의 자녀가 소리칩니다. "나의 주여, 오셔서 저를 도와주소서." 거기에 정련자가 앉아계시고, 바라보십니다. 고통 가운데서 가라앉는 하나님의 자녀가 있습니다. 베드로처럼, 그는 한 걸음만 더 떼면 가라앉을 것 같아 두려워합니다. 거기에 주님이 침착하고 흔들림 없이 계십니다. 사도들이 탄 배가 바다에 나갔다가 폭풍 속에서 요동칠 때, 그리스도는 배의 고물에서 주무시고 계셨습니다. 제자들의 고통에 무관심하신 듯이 보이기 때문에 불신앙이 그분의 사랑을 의심합니다: 그분이 어떻게 가만히 앉아계시며 우리가 고통당하는 것을 보고 계실까요? 불신앙은 중얼거립니다. "그분은 무관심하시다, 우리에게 신경 쓰지 않으신다." "우리가 죽게 된 것을 돌보지 아니하시나이까?"(막 4:38)가 불신앙의 외침입니다. 실제로 마음으로 그 말을 하기에 앞서, 이런 식으로 생각하기 시작합니다. '하나님의 인자하심은 어디에 있는가? 내가 이렇게 고통을 당해야 하는가? 무슨 연고로 내가 이토록 시련을 겪어야 하는가? 돕는 자도 없이 나는 이렇게 물결 따라 요동쳐야 하는가?' 하지만 우리의 모든 울부짖음과 눈물 배후에 여전히 정련자가 앉아 계십니다! 그렇습니다. 그분이 우리의 기도와 간구에 무관심하게 보여도, 그분은 본문의 묘사를 성취하십니다—"그가 앉아서."

하나님이 종종 그분의 백성을 향해 전적으로 무관심하게 보이신다는 것은 놀라운 일입니다. 그리고 그리스도께서 긍휼로 가득하신 것도 놀라운 일입니다. 그리스도는 모든 면에서 우리와 같이 시험을 받으셨지만, 우리의 슬픔을 동요 없이 침착하게 바라보십니다. 나는 한때 어느 웨일스 사람이 자기 지방의 언어로 설교하는 것을 들은 적이 있습니다. 그것은 설교자가 그의 주제에 마음을 쏟은 설교였고, 그는 마치 영감을 받은 사람처럼 말했습니다. 그는 아주 단순한 예화를 들면서 이렇게 말했습니다. "어머니가 그녀에게 귀한 아기를 무릎 위에 둡니다. 아기를 씻겨줄 때입니다. 그녀는 아기의 얼굴을 씻습니다. 그 작은 아이가 웁니다. 아기는 비누를 좋아하지 않고, 물도 좋아하지 않습니다. 그래서 아기는 웁니다. 여기에 큰 슬픔이 있습니다! 아기의 울부짖음을 들어보십시오! 자기 가슴이라도 칠 듯한 태세입니다. 어머니는 무엇을 하는 걸까요? 그녀가 슬퍼합니까? 그녀가 웁니까? 아닙니다, 그녀는 줄곧 노래를 부르고 있습니다. 그 아이가 잠깐만 불편을 참으면 얼마나 유익한지를 알기 때문입니다. 때가 묻어서 더러워진 아기의 얼굴은 곧 다시 환하고 아름다운 모습이 될 것이기 때문입니다. 이처럼 위대하신 아버지는 그분의 사랑 안에서 잠잠하시며, 우리가 탄식하며 울부짖는 동안에도 노래하며 우리를 보고 즐거워하십니다."

우리의 고통은 아기의 슬픔에 지나지 않습니다. 격렬한 듯하지만 깊지 않습니다. 우리 슬픔의 가장 큰 원인은 온전하게 하시는 주님의 큰 계획에 무지하기 때문입니다. 주님은 우리의 어린아이와 같은 슬픔에 연민을 느끼십니다. 하지만 그분은 씻기시는 손을 멈출 만큼 그것을 크게 여기지도 않으십니다. "아들을 징계하되 죽일 마음은 두지 말지니라"(잠 19:18)라고 솔로몬이 말했습니다. 우리의 지혜로우신 아버지께서는 우리를 징계하실 때 우리를 죽이실 마음이 없으며, 또 우리가 운다고 손을 거두지도 않으십니다. 금속이 용광로에 넣어질 때 그 도가니가 너무 뜨겁다고 한들, 이렇게 소리를 치겠습니까? "오, 나를 꺼내주시오. 불이 너무 뜨겁습니다. 나는 그것을 견딜 수 없습니다. 나는 해체되고 있어요. 나는 녹고 있습니다. 나를 꺼내주시오." 금속의 순도를 분석하는 사람이 그 금속의 탄원에 괘념하겠습니까? 아, 그렇지 않습니다! 정련자는 가만히 앉아 있습니다. 왜 그가 당황한단 말입니까? 그분은 그가 어디에 있는지를 알며, 자기의 거룩한 방식이 지혜롭고 무오하다는 것을 아십니다. 그분은 은을 상하게 하지 않으시고, 도리어 은의 가치를 위해 영구적인 공헌을 하고 있습니다. 그분은 은이 불필요한 절차를 거치도록 하지 않으십니다. 금속의 정련을 위해 비록 그분이 가장 긴 시간을 보내는 듯이 보일 때도, 실상 그분은 최단 시간의 작동 방식으로 일하고 계십니다. 서둘면 성공을 거두지 못합니다. 하나님은 서둘지 않으십니다. 비록 더디게 보여 우리를 조급하게 할지라도, 그분은 완벽한 속도로 움직이십니다. 당신이 "나를 돌보지 않으시나이까?"라고 말할 때도, 주님은 정련자로서 가만히 앉아계십니다.

육적인 생각으로는 자기 백성이 불꽃 가운데서 녹을 때 편히 앉아계시는 듯이 보이는 그분을 무관심하다고 판단할 수도 있습니다. 하지만 믿음은 거룩한 정련자의 태도에 진정한 관심이 있다고 확신합니다. 왜 정련자는 앉아 있는 것입니까? 그것은 그가 도가니를 꾸준히 살펴보려고 결심했기 때문이 아닙니까? 그는 그곳을 떠나 멀리 가지 않습니다. 잠시도 떠나지 않습니다. 온도가 너무 뜨거워지거나 특정한 시점을 지나쳐버리지 않고, 정련의 과정이 성공적으로 되려면, 정련자가 그 자리에 좌정하여 있는 것이 필수적입니다. 정련자가 앉아서 은을 바라볼 때, 마침내 그 속에서 자기 자신의 형상을 볼 수 있을 때까지 그렇게 한다는 말을 나는 종종 들었습니다. 하지만, 비록 내가 그 유서 깊은 이야기를 여러 번 들었고, 그 이야기에 명백히 교훈적인 요소가 있음을 이해하지만, 그것이 사실인지는 의심스럽습니다.

나는 분명 그런 일을 해야 하는 임무를 가진 정련자가 되고 싶지는 않습니다. 왜냐하면 도가니가 최고의 온도에 도달할 때, 잠시만 그것을 쳐다보아도 눈을 상하게 하기에 충분하기 때문입니다. 그리고 나는 어떤 사람도 용해된 거대한 양의 은이 도가니에서 작열할 때 그 속에서 자기 자신의 형상을 볼 때까지 그것을 쳐다볼 수 있다고 믿지 않습니다. 그러나 그리스도의 눈은 그 불꽃을 견딜 수 있으며, 그분은 불 속에서도 우리를 관찰하실 수 있습니다. 하지만 내가 좀 전의 이야기를 예화로 사용하지 않는 이유는, 그 사실성에 대해 의심을 가지기 때문입니다. 우리 주님이 정련자로서 도가니의 입구에 앉으시는 것은, 그분이 그것에 주의를 기울이시기 때문입니다. 그분은 사실상, 거기 앉아서 자기의 보화를 지켜보시기 위해 다른 모든 관심사를 포기하셨습니다. 그분은 자기의 종들을 정결하게 하려고, 레위 자손을 깨끗하게 하려고 결심하셨습니다. 그래서 그분은 거기에 계시며, 다른 모든 일을 제쳐두고서, 그분의 온 마음과 정신이 그분이 정련하고 있는 백성에게로 향하게 하십니다.

당신이 말합니다. "오, 하지만 만약 당신이 주님이 자기 백성의 한 사람에게 그분의 온 마음과 뜻을 기울이신다고 말한다면, 그것은 과장일 것입니다." 아니요, 과장하는 것이 아닙니다. 주 예수님은, 마치 다른 사람들은 없는 것처럼, 자기 백성 각 사람을 집중하여 살펴보십니다. 유한한 정신은 어딘가에 중심이 있으며, 그 중심은 생각과 행동의 환경이 바뀌면서 달라집니다. 하지만 하나님에게는 모든 곳이 중심이며, 상황이 그분을 달라지게 하지 못합니다. 우리 각 사람은 하나님의 생각에서 중심에 있을 수 있으며, 그러면서도 그로 인해 구속받은 백성 가운데 누구도 그분에게서 멀어지는 일은 생기지 않습니다. 예수님은 여러분 각 사람을 살펴보십니다. 당신과 나를, 그리고 수만 명의 다른 사람들을 살펴보십니다. 그들 모두가 그분이 택하신 백성이며, 그분이 연단하여 깨끗하게 하시는 과정을 거치고 있습니다. 그분은 각 사람을 살펴보시되, 마치 다른 사람은 없는 것처럼 살펴보십니다. 복되신 그분의 눈이 각각의 사람을 가만히 살펴보십니다. 그분은 온통 관심을 기울이며 택하신 각 사람을 보시되, 어린이들이 불 속에 있는 병정개미들을 바라보듯이 바라보는 것이 아니라, 실제적인 연단자로서 고귀한 금속들을 바라보시는 것입니다.

가련하고 풀 죽은 영혼이여, 예수님은 당신에게 많은 관심을 기울이십니다. 그분이 앉아계시는 것은, 그분이 잊지 않으시기 때문이며, 도리어 당신을 기억하시기 때문입니다.

> "시온에 하나님의 용광로가 있으니,
> 시온의 하나님이 그 곁에 앉아계시네.
> 정련자가 자기 금을 바라보듯이,
> 그분이 자기 백성을 살펴보시네."

항상 살펴보고, 항상 바라보십니다. 예수님이 앉아계십니다. "그가 은을 연단하여 깨끗하게 하는 자 같이 앉으리라."

하지만 그 이상의 사실을 우리는 인식할 수 있습니다. 나는 정련자가 앉아계시는 모습에서 확고한 인내심을 보는 듯합니다. 마치 그분이 이렇게 말씀하시는 것처럼 느껴집니다. "이는 엄중한 일이다. 그러니 내가 앉을 것이다. 이 일은 돌봄이 필요하고, 시간과 지속적인 관찰이 필요할 것이다. 이 금속은 흙 도가니에서 일곱 번 단련될 필요가 있다. 내가 그 일을 완수해야 할 것이니, 그러므로 나는 이 자리에 앉을 것이다. 나는 이 사람을 그의 잘못에서 온전히 건질 때까지 이 사람을 참고 견딜 것이다. 나는 이 여인이 훌륭한 모습이 될 때까지, 그녀의 성품을 악화시키고 해롭게 하는 것을 제거할 때까지, 참고 견딜 것이다. 나는 이 불쌍하고, 까다롭고, 의심 많으며, 불평하고, 이기적이며, 슬퍼하는 사람을 오래도록 참으려 한다. 그에게는 나를 향한 사랑이 얼마간 있고, 내 안에 있는 생명도 어느 정도 가졌으니, 나는 마침내 그의 생명과 사랑이 모든 지상의 추함을 정복할 때까지 그를 오래도록 인내할 것이다. 마침내 그는 한 덩이의 순수한 금이 되어 내 아버지의 보화로 여겨지기에 합당하게 될 것이다."

주님은 우리 가운데 일부 사람들에게 이미 무한한 인내를 보이셨습니다. 우리에게는 정결함이 필요하지만, 정결케 되는 일에서는 매우 더디었습니다. 그토록 많은 설교를 듣고서도, 우리가 말씀으로 정결하게 된 것은 얼마나 적은지요? 성령께서 자주 우리와 더불어 씨름하셨지만, 우리의 생각은 아직 성령으로 온통 사로잡히지 않았습니다. 우리는 종종 그리스도와 더불어 친밀하고도 참된 교제를 누려왔지만, 여전히 그분을 저버린 적이 있습니다! 그토록 빈번하게 환난의 도가니를 견뎌야 했으면서도, 우리의 찌꺼기는 아직 제거되지 않았습니다. 정련자는 여전히 인내하시며 멈추지 않는 사랑으로 앉아계십니다. 그분은 그분의 은혜의 임무를 멈추지 않으실 것입니다. 그분은 서둘러 제련실에 들어오셔서 우리를 거기에 두고 문을 닫지 않으셨고, 우리를 그곳에 방치한 채로 다른 문제들만 신경을 쓰신 것이 아닙니다. 그분은 일을 시작하신 이래로 줄곧 자기 일의 대상에 가까이 앉아계십니다. 그분은 그 일이 끝나지 않은 동안에는 계속 그곳에 머물고자 하십니다. 일을 마칠 때까지 그분은 떠나지 않으실 것입니다. 불신앙은 감히 주님의 무감각과 무관심을 의심하지만, 믿음은 주님의 거룩한 목적과 확고한 인내심을 봅니다.

나는 '앉다'라는 단어가 성경에서 보좌에 앉은 왕의 자세를 묘사할 때 자주 사용되는 것을 발견했습니다. 그것은 일종의 왕의 좌정(坐定)입니다. 그러므로 우리는 여기서 권세 있는 자세를 볼 수 있습니다. "그가 은을 연단하여 깨끗하게 하는 자 같이 앉아서." 내가 보기에, 이 구절은, 일면 무관심한 듯 앉아계시는 그분이, 실제로는 중단없이 인내하며 관찰하시고, 모든 것을 주관하는 무한한 힘을 소유하였으며, 그래서 그가 지켜보시는 과정이 그분의 뜻에 따라 점검되기도 하고 촉진되기도 한다는 것을 나타냅니다. 그는 정련자로서 다스리십니다. 그분은 모든 영혼에 대해 권세를 가지시며, 화염이 분출하는 모든 과정을 주관하시고, 불에 주입되는 공기와 바람을 통제하시며, 도가니의 가장 격렬한 중심부도 제어하시고, 그 속의 금속 자체와 찌꺼기까지도 주관하시고, 그것의 훌륭한 점과 흠결까지도 다 주관하십니다. 오, 이것이 얼마나 큰 위로인지요! 우리를 깨끗하게 하는 일을 착수하신 그분이 그 일을 완성하실 수 있습니다. 아무것에도 부족함이 없는 전능하신 구주는 나를 구원하실 수 있습니다. 만약 사람들이 그리스도가 신성을 가진 분이 아니라고 제시할 수 있다면, 그것은 전적으로 내게는 새로운 소식입니다. 그리스도가 신적인 구속자가 아니시라면 내가 결코 온전해질 수 없다는 것을 나는 압니다. 나를 만드신 분의 능력이 아니면 나를 새롭게 만드실 수도 없습니다. "나는 죽이기도 하며 살리기도 한다"(신 32:39)고 말씀하시는 분이, 내 죄를 죽이고 하나님을 향해 나를 살게 하실 수 있습니다. 오, 그리스도인이여, 이것이 당신에게 기쁨이 되어야 합니다. 정련자로 앉으신 그분은 당신을 연단하는 동안 보좌에 앉으신 것입니다. 그리고 그분의 주권적인 은혜와 무한한 능력으로 당신의 영혼을 다루고 계신 것입니다. 예수님은 성화의 일을 주관하고 다스리십니다. 모든 일이 그분의 처분에 달렸고, 그분은 자기가 시작하실 일을 완수하실 수 있습니다.

"은혜는 은혜가 시작한 일을 마치리니,
슬픔과 죄에서 구원하는 일이라네.
지혜가 착수한 일을
영원한 자비가 저버리지 않으리."

영원한 능력은 영원한 사랑이 계획한 일을 수행합니다. 그러므로 나는 이 본문이 또 우리에게 자기 백성을 정결하게 하는 일에서 그리스도의 완벽한 인내를 가르친다고 생각합니다. "그가 은을 연단하여 깨끗하게 하는 자 같이 앉아서." 여러분이 일단 성화의 높은 단계에 이른 후에, 다시 타락함으로써, 그리스도를 실망시키고 결국 그분이 여러분을 떠나시게 만드는 일이 있을 수 있을까요? 만약 "나는 하나님이라. 나는 변하지 않는다"는 그분의 말씀이 진실이 아니라면, 그분은 당신이 소멸되도록 당신을 떠나셨을 것입니다. 하지만 당신이 소멸되지 않는 것은 하나님이 자기의 복된 목적을 변경하지 않으시기 때문입니다. 오, 얼마나 자주 여러분과 나는 성결을 향해 진보하는 듯이 보였다가, 다시 어리석은 상태로 퇴보하고, 그럼으로써 우리의 불순물이 얼마나 많은지를 나타냅니다. 복된 은혜의 불꽃이 우리를 빛나도록 하는 일을 시작한 듯이 보였지만, 우리는 둔하여 다시 옛 상태로 퇴보하기도 했습니다. 하지만 정련자는 어디에 계십니까? 그분이 가셨습니까? 절대 그렇지 않습니다. 그분이 계십니다! 그분은 정련자로 줄곧 앉아계셨고, 지금도 앉아계십니다. 여기 성경의 복된 구절이 있습니다. "그는 쇠하지 아니하며 낙담하지 아니하리라"(사 42:4). 그분을 낙담하시게 할 일들이 많아도 그분은 낙담하지 않으십니다. 그분으로 그 일을 단념하게 하실 만한 요소가 많지만, 그분에게는 그 일을 단념하실 뜻이 없습니다.

그분의 생각은 확고합니다. 그 일을 위해 그분은 피와 같은 땀을 흘리셨고, 그분 심장의 피를 대속(代贖)의 값으로 치르고 우리를 사셨습니다. 주님은 자기 목숨을 값으로 치르고 성취하려 하신 일을 중도에 내버려두지 않을 것입니다. 그분이 구속하신 백성을 친히 깨끗하게 하실 것입니다. 겟세마네와 골고다는 그 정련자를 자기 임무에 얽매이게 했습니다. 그분은 엄청나게 수고로운 일을 착수하셨고, 끝까지 관철하여 마침내 나무에 달려 "다 이루었다"고 외치셨습니다. 그러므로 우리는 그분이 그의 위대한 계획의 추가적인 부분도 하늘의 보좌에서 끝까지 수행하실 것이라고 확신할 수 있습니다. 마침내 그분이 우리 각 사람을 보실 때 "티나 주름 잡힌 것이나 이런 것들이 없이"(엡 5:27) 순수한 금과 은 덩이와 같음을 보실 것이며, 우리를 점도 흠도 없게 하시는 과업을 완수하신 것을 보고 "다 이루었다"고 선언하실 것입니다. 오 복된 희망이여! 전능하신 구주의 임재 안에서가 아니면 우리가 달리 어디에서 이런 기쁨을 누리겠습니까? 그분의 불변하시는 맹세가 우리를 온전케 하는 일을 완수하도록 그분을 매이게 했습니다.

2. 정련의 목적

사랑하는 형제들이여, 이제 우리 주님이 정련하시는 작업의 목적에 대해 말하고자 합니다. 이 요점은 줄곧 대두되어왔던 것입니다. 이 주제와 관련하여 하나님의 영이 우리를 가르쳐주시기를 바랍니다.

그분이 정련하시는 큰 목적은 우리를 모든 악에서 구하고, 우리로 온전하게 하려는 것입니다. 깨끗하게 하시는 대상은 그분이 선택하신 자들인 것을 기억하십시오. "그가 레위 자손을 깨끗하게 하되." 레위는 하나님을 섬기도록 따로 구별한 지파입니다. 주님에게는 자기에게 따로 떼어 놓으신 한 백성이 있으며, 그분은 이들을 깨끗하게 하실 것입니다. 이 선택의 행위로써 그분이 부당하게 행하신다고 여기는 다른 사람들이 있습니까? 그들이 깨끗하게 되기를 원합니까? 그렇다면, 틀림없이 주님은 그들을 깨끗하게 하기를 거절하지 않으실 것입니다. 아니, 그들의 트집 잡기와 거짓말에는 그 속에 진실이 없습니다. 사람들은 선택하시는 하나님의 사랑에 대해 화를 내는 체합니다. 정작 그들 자신이 그것을 바라지도 않으면서 말입니다. 하나님의 선택은 거룩을 향하도록 하는 선택인데, 이는 그들이 마음 깊은 곳에서 바라지 않는 일입니다.

선생들이여, 만약 여러분이 정결함과 거룩함을 바라지 않는다면, 무엇 때문에 여러분은 그분이 그것을 여러분에게 주시지 않는다고 그분과 다툰단 말입니까? 그런데도 불경한 사람들은 거룩을 위한 선택을 격렬하게 비난하고, 그것을 불공평이라고 부릅니다. 심술쟁이들이여, 당신들은 당신들이 갖기를 원치도 않는 것을 하나님이 자기 양들에게 주신다는 이유로, 항상 하나님을 향해 악을 쓰며 말합니다. 만약 여러분이 그것을 원한다면, 여러분은 그것을 가질 수 있습니다. 하늘 아래에서 그것을 바라는 모든 영혼은 값없이 복음에 접근할 수 있습니다. 주님은 이렇게 선언하십니다. "원하는 자는 값없이 생명수를 받으라"(계 22:17). 하지만 사람들이 언제나 흐르는 하늘의 샘에 등을 돌린다면, 나중에 그들은, 하나님이 그분의 능력의 날에 그분이 원하시는 사람들을 오게 하셨다는 이유로, 선택에 대해 언쟁하려 할 것입니다. 원한다면 그들이 논쟁할 수 있을 것입니다. 하지만 두려운 천둥과 같은 엄중한 말씀이 머리 위에서 들려옵니다. "내가 긍휼히 여길 자를 긍휼히 여기고 불쌍히 여길 자를 불쌍히 여기리라"(롬 9:15). 하나님이 은혜의 선물을 주시는 것은 그분의 주권이며, 그분의 뜻에 달린 것입니다. 그분은 누구에게도 은혜를 거절하지 않으시지만, 그분에게는 거룩하게 하는 일이 이루어져야 할 친 백성이 있습니다. "그가 레위 자손을 깨끗하게 할 것이라."

정련자는 자기 백성에게서 정결의 필요를 발견하시므로 그 일을 시작하십니다. 뭐라고요! 레위 자손을 깨끗하게 하신다고요? 그들이 그것을 원합니까? 정녕 르우벤, 므낫세, 갓, 이런 족속도 깨끗하게 되는 것을 원할 수 있습니다. 하지만 레위는 하나님의 집의 문을 열기도 하고 닫기도 합니다. 희생 제물을 드리고, 휘장 안으로 들어가는 사람은 레위 사람입니다. 그에게 깨끗함이 필요할까요? 예, 그렇습니다. "그가 레위 자손을 깨끗하게 할 것이라." 하나님께 가까이 오는 사람들은 최상이며, 가장 거룩하고, 순전한 은이요 정금과 같은 자들입니다. 하나님은 이들을 정결하게 하십니다. 형제여, 자매여, 당신은 정결함이 필요치 않다는 개념을 가지고 있습니까? 그런 생각을 버리십시오. 만약 우리가 하나님이 빛 가운데 계신 것 같이 빛 가운데서 행하고, 하나님과 가장 친밀한 교제를 누린다면, 여전히 우리에게는 정결하게 하는 피가 필요합니다. "그 아들 예수의 피가" 여전히 "우리를 모든 죄에서 깨끗하게 하실 것입니다"(요일 1:7). 여전히 우리는 정결케 하시는 성령이 필요합니다. 그렇지 않으면, 은혜가 막지 않으면, 비록 하늘의 문에 가장 가까이에 있는 사람에게 남아 있는 악이라도 그를 가룟 유다로 만들기에 충분할 것입니다. "그가 레위 자손을 깨끗하게 할 것이라." 정결한 자들이 정결케 될 것이며, 깨끗한 자들이 더 깨끗해질 것입니다. 칼날의 감촉을 가장 예민하게 느끼는 가지, 가장 많이 잔가지가 제거된 가지는, 죽은 가지가 아닙니다. 시들고 굽은 가지를 농부는 칼로 상처를 내지 않습니다. 가장 좋은 가지, 열매를 맺는 가지가 정원사가 돌볼 가치가 있는 가지이며, 정원사의 애정 어린 돌봄을 받을 것입니다. 그 속에 금을 많이 함유한 원석(原石)이, 그 함유된 비율에 따라, 연단의 불 속으로 들어가게 될 것입니다. 많이 정결케 된 자에게 그리스도께서는 정결케 하는 일을 계속하여 수행하십니다. "그가 레위 자손을 깨끗하게 할 것이라."

더 나아가, 그분은 그들에게 이 정결함이 필요하다는 것을 발견하실 뿐 아니라 그들의 불결을 치유하기도 하십니다. 그분은 실제로 그들을 은이나 금처럼 정결하게 하십니다. 요점은 그 일의 철저함입니다. 내 강단을 구성하는 이 나뭇 조각은, 만약 이것이 더러워지고 먼지가 묻으면, 즉시 충분히 닦일 수 있습니다. 여러분의 접시도 씻으면 되고, 그것으로 충분합니다. 여러분의 가구는 먼지를 털고, 망치로 두드리고, 기타 과정들이 필요할 수 있습니다. 하지만 그런 일은 본문의 은유에 나타난 묘사와는 비교되지 않습니다. "그가 금, 은같이 그들을 연단하리라." 그들은 불 속으로 들어가야 합니다. 하나님이 자기 백성을 깨끗하게 하시는 일은 컵이나 접시처럼 바깥을 씻는 것이 아닙니다. 그것은 영혼 곧 마음을 씻는 일이며, 인간의 내면을 씻는 일입니다. 불은 단순히 금속 주변만 통과하는 것이 아니라, 그것에 침투하여, 그 속까지 관통합니다. 금속은 뜨거워집니다. 그것은 녹습니다. 그것은 용액처럼 흐릅니다. 불은 그 덩어리를 용해합니다. 우리의 찬송가 가사에 "정결케 하는 불이, 내 마음을 통과하여"라는 구절이 있습니다. 그것이 본문에 가장 근접한 표현입니다. 하지만 불이 단지 금속을 관통하는 그 이상의 무언가가 있습니다. 그것은 그 금속의 정수이자 본질, 그리고 성질 속으로 뚫고 들어가며, 금속으로 그것의 최고의 힘을 느끼게 만듭니다. 자기 백성을 천국에서 그분과 함께 지내도록 합당하게 만드시기 위한 주님의 정화는 일종의 불의 과정이며, 신비롭고도 내면적이면서, 우리의 내면을 관통하고, 소멸하며 변화시키는 일입니다. 그분의 영은 불처럼 타오릅니다. 그분의 말씀은 불처럼 우리의 영을 관통합니다. 그분과의 거룩한 교제는 우리로 "내 사랑하시는 주님이 말씀하실 때 내 마음이 녹았다"라고 말하게 합니다. 성령에 의해 복이 주어질 때, 그분의 불 같은 시련도 인간이라는 존재 자체를 녹게 만드는 듯이 보입니다.

이 불의 과정은 철저하고도 지속적인 과정으로 의도되었습니다. 여러분이 금이나 은 덩이를 가졌을 때, 불을 통과한 뒤에는, 그 빛깔이 다시 흐릿해질 수는 있어도, 다시 불순해지거나 다른 금속과 뒤섞여 질이 떨어질 수는 없습니다. 은은 그 표면이 빨리 산화될 것이지만, 은으로 된 그릇의 몸통 전체가 해를 입지는 않을 것입니다. 불을 통과한 이후 그것은 여전히 순은으로 남아 있습니다. 그 일은 완수되며, 철저하게 완수됩니다. 정결케 하시는 하나님의 일은 영원토록 그 효능이 지속됩니다. 우리를 깨끗하게 하는 그리스도의 일이 완수되면 다시 그 일이 필요치 않다는 사실을 묵상해본 적이 있습니까? 하나님께 감사하게도, 연옥의 불이라는 건 없습니다. 우리는 다른 세계에서 정화의 불을 다시 통과해야 한다고 두려워할 필요가 없습니다. 예수님이 레위 자손을 깨끗하게 하셨으며, 그들은 온전히 깨끗하기 때문입니다. 믿는 자들은 이 세상을 떠나자마자 즉시 천국으로 옮겨집니다. 만약 우리가 그곳에 들어가기 전에 철저하게 정결하게 되지 않았다면, 우리는 교만해지려는 강한 유혹을 받을 것입니다.

내 형제여, 그저 당신 자신을 하나의 종려나무 가지로 여기십시오! 당신도 역시 믿음의 싸움을 서투르게 싸웠을 뿐입니다. 손에 수금을 든 당신이여, 부드러운 현(絃) 하나를 튕겨서 당신이 행한 일이나 겪은 일을 칭송하려는 유혹이 있습니까? 당신은 그런 유혹을 받지 않는다고 말하지 마십시오. 천사도 하늘에서 떨어졌습니다. 아침의 아들, 당신보다 큰 존재가 낙원의 영광 가운데서 제 자리를 지키지 못했습니다. 교만이 천국에서 루시퍼를 끌어내렸고, 그를 가장 어두운 구덩이로 내던졌습니다. 오, 기쁘고 또 기쁘게도, 그와 같은 일이 당신에게는 절대 일어나지 않을 것입니다. 당신은 낙원에서 교만해지지 않을 것입니다. 당신은 천국에서 불만을 품지 않을 것입니다. "내가 불만족하다고 생각하지 않을까요?"라고 당신이 말합니다. 만약 당신이 지금의 모습 그대로 천국에 간다면, 그것이 어떨는지 나는 모르겠습니다. 지금은 당신이 천국에 성전도 없고 바다도 없는 것을 유감스럽게 여길 수 있습니다. 또 지금은 많은 것들이 당신을 불만족하게 만들지 모르지만, 장차 당신은 불만을 품지 않을 것입니다. 왜냐하면 당신은 깨끗하게 될 것이기 때문입니다. 당신은 천국에서 이웃에게 거칠게 말하지 않을 것입니다. 당신은 다른 누군가가 너무 시끄럽게 노래한다고 생각하지 않을 것이며, 혹은 그가 예배에서 감정을 너무 그대로 나타낸다고 생각하지도 않을 것입니다. 당신은 천국에서 누구와도 다투지 않을 것입니다. 왜냐하면 당신 속에는 당신을 죄로 이끌 수 있는 것이 없을 것이기 때문입니다.

정련자가 그분의 일을 얼마나 근사하게 이루시고, 영원히 지속되도록 그 일을 어떻게 완수하시는지를 보십시오. 이 가련한 세계가 연기 속에서 해체될 때, 태양이 마치 소멸하는 석탄처럼 타버리고, 달이 검은 머리털처럼 검게 변할 때, 그리고 지상에서 난 모든 것이 백발이 되고 부패해질 때, 당신은 하나님이 당신을 사랑하신 그대로, 또 그분이 만드신 그대로, 여전히 신선하고 순수하고 온전한 모습일 것입니다. 오, 불이 붙고, 숯불이 뜨겁게 작열하여도, 우리는 만족할 수 있습니다. 왜냐하면 그 과정은 잠시뿐이며, 그런 후에는 영원무궁한 날이 올 것이기 때문입니다. 우리가 준비된 후에는, 하나님과 그리스도와, 우리를 위해 예비해두신 천국이 임할 것입니다. 이것이 그분이 정결케 하시는 일의 목적입니다.

3. 정련의 결과

세 번째이자 마지막 결론입니다. 그리스도께서 수행하시는 정결케 하는 일의 직접적인 결과가 무엇일까요? 그 결과는 이것입니다. "그들이 공의로운 제물을 나 여호와께 바칠 것이라."

먼저, 이 레위 사람들이 자기 임무를 수행할 것입니다. 그들은 줄곧 성전에서 일해야 했었지만, 높은 소명을 망각했습니다. 땅을 이스라엘 지파별로 나눌 때, 하나님이 레위 자손에게 아무런 분깃을 주지 않으셨지만, 그들은 이 세상에서 그들의 분깃을 취했습니다. "여호와의 분깃은 자기 백성"(신 32:9)이었듯이, 레위 자손에게는 여호와가 그들의 기업의 분깃이었습니다. 레위 사람들은 그들의 영적인 소명에서 떠나버렸고, 이런저런 생각에 젖었습니다. 하지만 하나님이 그들을 깨끗하게 하실 때, 그들은 그들 고유의 일을 시작할 것입니다. "그들이 공의로운 제물을 나 여호와께 바칠 것이라."

오 사랑하는 이여, 만약 당신이 말씀으로 단련되고, 성령으로 정결하게 되고, 하늘의 소망으로 깨끗하게 되었다면, 그리고 거룩한 슬픔으로 정화되었다면, 당신은 이전의 어느 때보다 하나님을 더 많이 섬기기를 바랄 것입니다. 만약 그동안 어느 정도 자기를 위해 살았더라면, 이제 당신은 기도하며 용서받으려 할 것입니다. 이제 당신은 그리스도를 향해 살기를 원하고, 오직 그분만을 향해 살기를 바라기 때문입니다. 한 사람의 레위인으로서, 이제 당신은 말합니다. "하나님을 위해 내가 무엇을 할 수 있을까? 이 땅에서 오직 그분을 사랑하고 섬기는 일 외에는, 위해서 살아갈 가치가 있는 것이 아무것도 없구나. 주님, 이곳에서, 주님께서 제가 하기 원하시는 일이 무엇인지 알려주소서. 저는 즉시 그 일을 하기 원합니다."

형제여, 당신이 겪은 모든 시련에 대하여, 만약 그것이 당신으로 당신의 제물을 주께 바치도록 인도하였다면, 하나님께 감사하십시오. 내가 만약 나의 제사장직을 수행할 수 있다면, 나는 나 자신이 겪은 모든 것에 대하여 하나님을 송축할 것입니다. 우리는 제사장 나라요, 하나님께 제물을 드리도록 따로 구별된 특별한 백성이 아닙니까? 우리가 선한 일을 하고 하나님을 섬기는 것, 이것이 정결함의 결과여야 합니다. 여러분 가운데 일부는 이 방향으로 좀 더 나아가기를 바랍니다. 많은 그리스도인이 마치 신앙의 요체가 그저 스스로 즐기는 것인 줄로 여기며 살아간다는 것을 나는 압니다. "나는 그 설교가 즐거웠어요. 나는 그 기도회가 좋았어요"라고 하는 식입니다. 예, 아주 좋습니다. 하지만 당신이 어떤 일을 했습니까? 당신은 주님을 섬겼습니까? 예수님께 당신이 무언가를 바친 것이 있습니까? 그분의 영광을 위해 당신이 열매를 맺었습니까? 오, 물을 공급받는 것은 좋은 일이며, 따스한 햇살을 받으며 자라는 것은 복된 일입니다. 하지만 물과 햇빛을 받은 후에는 열매를 맺어야 합니다. 그렇지 않으면 우리는 결국 열매 없는 무화과나무처럼 될 것입니다. 그래서 여러분이 보다시피 본문은 이와 같이 말하는 것입니다. "그들이 공의로운 제물을 나 여호와께 바칠 것이라."

하지만 다음으로, 그들은 그들의 일을 할 뿐만 아니라, 그것을 잘해야 합니다. "그들이 공의로운 제물을 나 여호와께 바칠 것이라." 오, 우리는 하나님을 위해 꽤 근사하게 보이는 많은 일을 할 수 있습니다. 하지만 우리가 시련의 과정에 들어가고, 도가니의 빛으로 우리의 섬김을 돌아볼 때, 우리는 우리가 한 일을 대단하게 생각하지 않습니다. 시간을 내어 여러분이 하나님을 섬긴 것이 어떤지 돌아본 적이 있습니까? 여러분이 그 일을 너무 잘못했다는 것에 스스로 놀란 적이 없습니까? 여러분은 이렇게 말한 적이 없습니까? "오 하나님, 만약 그 학급에서 다시 말할 수 있다면, 더 진지하고 뜨겁게 말할 수 있을 겁니다." 또 이렇게 말한 적은 없습니까? "오 하나님, 만약 다시 그 마을에 가서 말씀을 전할 수만 있다면, 온 힘을 기울여 말하고, 그리스도 외에는 아무것도 나의 주제가 되지 않을 것입니다." 우리는 종종 "만약 우리가 일생의 일을 다시 할 수 있다면 그것을 더 잘할 수 있을 텐데"라고 바라지 않습니까? 나는 그런 소원은 아무 소용이 없다고 생각합니다. 우리는 지난 과거를 되돌리기를 바라기보다, 미래에 할 수 있는 일을 더 잘하도록 합시다. 우리의 하는 일이 주님에게 바쳐지는 공의로운 제물이 되도록, 우리의 장비를 갖추고, 영적으로 더 집중할 수 있도록 하나님께 은혜를 구합시다.

이 정결함의 또 다른 결과는 그들이 받아들여지는 것입니다. 본문의 구절에서 다음과 같이 말하고 있기 때문입니다. "그 때에 유다와 예루살렘의 봉헌물이 옛날과 고대와 같이 나 여호와께 기쁨이 되리라"(4절). 하나님이 우리를 받으실 때, 그분은 우리의 제물을 받으십니다. 하지만 우리 자신이 받아들여지지 않으면, 그때는 우리가 하는 일도 거절됩니다. 주 예수 그리스도께서 우리로 그분 안에서 믿음으로 살게 하시고, 우리가 "사랑하시는 자 안에서 받아들여진" 자들임을 보게 하시며, 또한 믿음이 우리로 바른 정신으로 일하고 순수한 동기로 하나님을 섬기도록 도울 때, 그때 우리 자신과 우리의 일은 옛날과 같이 하나님께 기쁨이 될 것입니다. 하나님께서 섭리의 복된 과정과 자기 백성에게 베푸시는 은혜로 여러분과 내 안에서 계속해서 역사하시기를 바랍니다. 또한 우리로 우리의 사는 날 동안 온전한 마음으로 그분을 섬기게 해 주시기를 바랍니다.

누군가는 이런 말을 할 수도 있습니다. "나는 그런 과정을 통과하고 싶지 않습니다. 나는 그런 연단을 바라지 않습니다." 당신은 사람들이 도가니에서 제거하여 버리는 찌꺼기를 본 적이 있을 것입니다. 그것들은 용광로 입구에 놓여 무더기로 쌓입니다. 이런 것이 당신과 당신의 영원한 상태를 묘사하는 그림일까요? 당신은 영원히 버려지는 찌꺼기가 될 것인가요? 오 영원, 영원이여! 기슭이 없는 바다에서 영원토록 파선한다는 것이 어떤 의미일까요? 하나님으로부터 멀어져 희망도 없이 영원히 부유물이 되어 떠도는 것이 어떤 것일까요? 영원, 영원이여! 하나님 앞에서 거절당하고 쫓겨나는 것, 그분의 영광에서 떠나 우주의 쓰레기 더미로 내던져지고, 영원히 버려진 상태로 된다는 것이 무엇일까요? 그런 상태에 떨어지지 않도록 하나님이 구원하시기를 바랍니다! 오, 존재의 가치가 있게 하는 것 즉 하나님의 의를 얻을 수만 있다면, 천 개의 지옥이라도 헤치며 지나갈 가치가 있습니다. 하지만, 하나님의 사랑 외에는 달리 잃을 것이 없다면, 거룩한 일들을 소홀히 함으로써 하나님께 거절당하는 것 외에 다른 아무것도 얻을 것이 없다면, 나는 여러분이 지금 온 마음으로 주님을 찾으라고 호소하고 싶습니다. 거룩하신 구주를 소리쳐 부르십시오. 그분이 지금 그분의 보혈로 당신의 모든 죄를 씻어주시도록, 그런 후에는 두 번째의 과정으로 죄의 권세와 습관과 오염에서 당신을 정결하게 하시도록, 당신으로 그분을 닮게 하시고, 모든 것을 아시는 분 앞에서 흠이 없게 하시도록, 주님을 찾고 부르십시오! 하나님이 예수님을 위하여 그런 은혜를 베푸시길 바랍니다, 아멘.

제 3 장

—

하나님의 불변성

—

"나 여호와는 변하지 아니하나니 그러므로 야곱의 자손들아 너희가 소멸되지 아니하느니라" - 말 3:6

어떤 사람은 "인류에 관한 타당한 연구는 결국 사람이다"라는 말을 했습니다. 나는 그 생각에 반대하지 않습니다. 하지만 나는 "하나님의 선택에 관한 타당한 연구는 하나님이시며, 그리스도인에 관한 타당한 연구도 결국 하나님이시다"라는 진술이 마찬가지로 참이라고 믿습니다. 최고의 학문, 가장 높은 수준의 사색, 가장 강력한 철학을 망라하여, 하나님의 자녀의 관심을 끄는 것은 결국 그가 아버지라고 부르는 위대하신 하나님의 이름, 본성, 인격, 일, 행위, 그리고 존재와 관련되어 있습니다. 하나님의 신성을 묵상하는 일에는 사람의 정신을 크게 개선되게 하는 무언가가 있습니다. 그것은 너무나 방대한 주제이기에, 우리의 모든 생각은 그 무한성 속에서 길을 잃습니다. 그것은 너무나 깊은 주제이기에, 우리의 교만은 그 무한한 깊이 가운데 잠겨버립니다.

다른 주제들은 우리가 이해하고 파악할 수 있습니다. 그런 가운데 우리는 일종의 자기 만족을 느끼며, 더 나아가 "보라 나는 지혜롭다"고 하는 생각을 가질 수도 있습니다. 하지만 우리가 이 최고의 학문에 이르러서는, 우리의 다림줄로는 그 깊이를 측량할 수 없고, 독수리 같은 눈으로도 그 높이를 볼 수 없다고 느낍니다. 거기서 우리는 헛된 인간이 지혜로울 수 있다는 생각을 떨쳐버리고, 사람은 단지 들나귀 새끼와 같다고 생각하면서 엄숙히 외치게 됩니다. "우리는 어제부터 있었을 뿐이라. 우리는 아는 것이 없도다"(욥 8:9). 하나님에 대한 생각보다 인간의 마음을 더 겸손하게 만드는 묵상의 주제는 없습니다. 우리는 이렇게 느낄 수밖에 없습니다—

"위대하신 하나님, 당신은 얼마나 무한하시며,
우리는 얼마나 무가치한 벌레와 같은지요!"

하지만 이 주제가 사람의 마음을 겸손하게 하지만 한편으로 그것은 사람의 마음을 넓혀주기도 합니다. 하나님을 자주 생각하는 사람은 단지 이 좁은 지구 주위만 터벅터벅 걷는 사람보다 넓은 마음을 가지게 될 것입니다. 그는 자연주의자가 될 수 있으며, 딱정벌레를 해부하고, 파리 한 마리를 상세히 분석할 수 있고, 혹은 곤충들과 동물들을 잘 발음하기도 어려운 용어들로 잘 분류할 수 있는 그의 능력을 자랑할 수 있을 것입니다. 그는 지질학자가 되어, 메가테리움과 플레시오사우루스와 그 외 모든 종류의 멸종된 동물들에 대해 논할 수도 있을 것입니다. 그는 아마 그의 학문이, 그것이 무엇이건, 그의 생각을 품위 있게 하고 확장한다고 상상할 것입니다. 그렇다고 말할 수 있겠지요. 하지만 결국, 영혼을 확장하는 가장 뛰어난 학문은 그리스도에 관한 학문이며, 그분이 십자가에 달리신 일과, 영광스러운 삼위일체로 계시는 하나님에 관한 지식입니다. 하나님에 관한 위대한 주제를 경건하고, 진지하게, 꾸준히 탐구하는 것만큼 인간의 지성을 넓히고 영혼을 확장하는 것은 없을 것입니다.

한편으로 마음을 겸손하게 하고 또 다른 한편으로는 마음을 확장하게 하는 이 주제는, 확연하게 위로를 주는 주제이기도 합니다. 오, 그리스도를 묵상하는 일에는, 모든 상처를 위한 연고가 있습니다. 아버지를 깊이 생각하는 일에는, 모든 근심을 잠재우는 힘이 있습니다. 성령의 감화력 가운데는, 모든 쓰린 상처를 다스리는 향유가 있습니다. 여러분의 슬픔을 벗어버리기 원합니까? 여러분의 근심을 내려놓기 원합니까? 그렇다면, 가서 하나님의 깊은 바다에 빠지십시오. 그분의 무한성 속에 빠지십시오. 그러면 여러분은 안식의 침상에서 새로워지고 원기를 회복하여 일어나는 것처럼 다시 일어날 것입니다. 하나님에 관한 주제를 경건하게 묵상하는 것만큼, 영혼을 그토록 위로하고, 고통과 슬픔으로 화끈거리는 상처를 진정시켜주는 것을 나는 달리 알지 못합니다. 이것이 오늘 아침에 내가 여러분을 초대하고 싶은 주제입니다. 우리는 그 넓은 주제 가운데 한 가지를 제시할 것입니다. 그것은 영광스러운 여호와의 불변성에 관한 것입니다. 본문은 말합니다. "나는 여호와라"(그렇게 번역되어야 합니다). "나는 여호와라. 나 여호와는 변하지 아니하나니 그러므로 야곱의 자손들아 너희가 소멸되지 아니하느니라."

이 아침에 전하려고 하는 세 가지 요점이 있습니다. 첫째로, 불변하시는 하나님입니다. 둘째로, 이 영광스러운 속성으로부터 유익을 얻는 사람입니다. "야곱의 자손들." 셋째로, 그들이 얻는 유익입니다. 그들은 "소멸되지 않습니다." 나는 이 세 가지 요점을 다룰 것입니다.

1. 하나님의 불변성의 교리

첫째로, 우리 앞에 하나님의 불변성에 관한 교리가 펼쳐져 있습니다. "나는 하나님이라. 나는 변하지 않는다." 나는 이 주제를 설명하려고 시도할 것입니다. 그것은 아마 우리 생각을 넓히는 시도일 것입니다. 그런 다음에 나는 그 진리를 입증할 몇 가지 논증을 제시할 것입니다.

1) 이 본문을 약간 풀어서 설명하겠습니다. 우선, 하나님은 여호와이십니다. 그리고 그분은 본질에서 변하지 않으십니다. 우리는 여러분에게 하나님의 신성이 무엇인지 말할 수 없습니다. 우리는 우리가 하나님이라고 부르는 분의 본질이 무엇인지 알지 못합니다. 그것은 한 실재이며, 존재입니다. 하지만 그것이 무엇인지는 우리가 알지 못합니다. 하지만, 그것이 무엇이건, 우리는 그것을 그분의 본질이라 부르며, 그 본질은 변하지 않습니다. 필멸하는 존재의 본질은 늘 변합니다. 흰 눈을 면류관처럼 쓰고 있는 산들은, 여름에는 그 머리의 왕관을 벗습니다. 눈이 녹아 비탈을 따라 강물이 되어 흐릅니다. 폭풍 구름이 산들에 또 다른 대관식을 제공하기도 합니다. 바다의 그 힘센 물결은, 햇살이 그 물결에 입을 맞출 때 잠잠해집니다. 햇살이 바닷물을 낚아채면 바닷물은 수증기가 되어 하늘로 올라갑니다. 태양 자체도 자기 용광로를 늘 타오르도록 유지하려면, 무한한 전능자의 손에서 공급받는 새로운 연료가 필요합니다. 모든 피조물이 변합니다. 사람은, 특히 그 몸과 관련하여서는 항상 변화를 경험하지요. 내 몸속에 있는 어느 한 세포도, 몇 년 전 그대로인 것은 아마 하나도 없을 것입니다. 이 몸의 골격은 외적인 활동으로 닳아지고, 그 미세한 부분들이 마찰로 제거되며, 그런 와중에 새로운 세포들이 내 몸에서 끊임없이 생겨나고 보충되었을 것입니다. 하지만

그 실체는 변합니다. 이 세계의 구성물은 항상 지나가게 되어 있습니다. 마치 흐르는 물처럼, 물방울들이 흘러내리는 동안 다른 물방울들이 그 뒤를 따르고, 여전히 그 강은 가득하지만, 또 언제나 그 요소는 바뀌고 있습니다.

하지만 하나님은 영원히 같으십니다. 그분은 어떤 물질이나 재료로 구성된 분이 아닙니다. 그분은 영이십니다. 순수하고, 본질적이며, 완전한 영이십니다. 그래서 그분은 불변하십니다. 그분은 영원히 동일하게 남을 것입니다. 그분의 영원한 이마에는 주름이 없습니다. 어떤 세월도 그분을 쇠하게 하지 못하며, 어떤 긴 세월의 흐름도 그분에게 기념의 흔적을 남기지 못합니다. 그분은 세월이 지나가는 것을 보시지만, 동시에 그분에게는 세월이 언제나 현재입니다. 그분은 위대하신 여호와, 스스로 존재하는 분이시며, 영원한 불변자이십니다.

그분의 본질은 그것이 인성과 연합하였을 때도 변하지 않았다는 것을 기억하십시오. 전에 그리스도께서 필멸의 흙으로 옷 입으셨을 때도 그의 신성의 본질은 변하지 않았습니다. 육체가 하나님이 된 것이 아니며, 하나님이 본성의 실제적인 변화에 의해 육체가 된 것도 아닙니다. 두 본성이 위격적 연합(Hypostatic Union, 성자 하나님이 인간의 본성을 취하는 것을 가리키는 신학적 용어-역주) 안에서 연합하였지만, 신성은 여전히 그대로였습니다. 그것은 그분이 구유에 누인 아기였을 때도 그대로였습니다. 그것은 그분이 하늘의 휘장을 펼치셨을 때도 그대로였습니다. 십자가에 매달리신 분이, 그 피를 붉은 강물처럼 흘리신 분이, 그 영원한 어깨로 세상을 짊어지시고 또 그 손에는 사망과 지옥의 열쇠를 쥐고 계신 동일하신 하나님이십니다. 그분은 본질에서 바뀌지 않으셨고, 그분의 성육신에 의해서도 바뀌지 않으셨습니다. 그분은 영원히 동일하시며, 영원토록 불변하시는 한 분 하나님이십니다. 그분은 빛들의 아버지이시며, 그에게는 변함도 없고 회전하는 그림자도 없습니다(약 1:17).

2) 그분은 속성에서 변하지 않으십니다. 하나님의 속성이 아무리 오래되었어도, 그 속성들은 지금도 같습니다. 그리고 그 각각의 속성들에 대해 우리는 이렇게 노래할 수 있습니다—

> "처음에 그러셨듯, 지금도 그러하며,
> 앞으로도 그러하고, 영원토록 그러하리라. 아멘."

그분이 강력하셨습니까? 비존재의 자궁(womb)으로부터 세상을 말씀으로 창조하셨을 때, 그분은 강하신 하나님이셨습니까? 산들을 쌓아 올리시고 또 낮은 곳을 파헤쳐 경사진 구덩이로 만드실 때 그분이 전능하셨습니까? 예, 그렇습니다. 그분은 그때 강력하셨습니다. 그리고 그분의 팔은 지금도 약해지지 않았습니다. 그분은 그 힘에 있어서 동일하게 위대하십니다. 그분의 강건함은 그 활력이 약해지지 않았고, 정신의 힘도 영원토록 동일합니다. 그분이 이 지구를 조성하시고, 이 우주의 터를 놓으실 때 지혜로우셨습니까? 그분이 우리의 구원의 길을 계획하셨을 때, 영원 전에 장엄한 계획을 세우셨을 때, 그분에게 지혜가 있었습니까? 그렇습니다. 그리고 지금도 그분은 지혜로우십니다. 그분의 솜씨는 줄지 않았고, 그분의 지식도 줄지 않았습니다. 만물을 살피시는 그분의 눈은 흐려지지 않았습니다. 자기 백성의 모든 부르짖음과 탄식과 흐느낌과 슬피 우는 소리를 들으시는 그분의 귀는, 그들의 기도를 들어오셨던 세월에 의해 조금도 둔해지지 않았습니다. 그분은 지혜에서 변하지 않으십니다. 그분의 지식은 언제나 한결같으며, 늘지도 않고 줄지도 않습니다. 그분에게는 여전히 완벽한 솜씨가 있고, 무한한 예지의 능력이 있습니다.

그분은 그의 정의에서도 변하지 않으시니, 그분의 이름을 송축합니다! 그분은 과거에도 공의롭고 거룩하셨으며, 지금도 공의롭고 정의로우십니다. 그분은 그의 진리에서도 변하지 않으십니다. 그분은 약속하신 것을 이행하십니다. 그분이 말씀하셨으면, 그것은 이루어질 것입니다. 그분은 인자하심에서도 변하지 않으십니다. 그분 본성의 관대하심과 선하심에서도 변하지 않으십니다. 그분은 전능한 폭군이 아니며, 도리어 전능하신 아버지이십니다. 하지만 그분의 강한 사랑은 마치 화강암처럼 굳게 서 있으며, 우리의 불의의 태풍에 의해서도 요동하지 않습니다. 또 우리가 그분의 귀한 이름을 송축하는 이유는, 그분이 그의 사랑에서도 변하지 않으시기 때문입니다. 그분이 처음에 언약을 기록하셨을 때, 그분의 마음은 자기 백성을 향한 애정으로 얼마나 가득했던지요! 그분은 그 언약의 조항을 만족시키기 위해서는 자기 아들이 죽어야 하는 것을 아셨습니다. 그분은 가장 사랑하는 아들이 그 품에서 떠나 세상으로 보내져야 하고, 피 흘리고 죽어야 하는 것을 잘 아셨습니다. 그분은 그 언약에 서명하기를 주저하지 않으셨습니다. 그리고 그 언약의 성취를 피하지도 않으셨습니다. 그분은 그때 사랑하셨던 것만큼 지금도 사랑하십니다. 태양이 비추기를 멈추고, 달이 그 희미한 빛을 발산하기를 멈출 때, 그분은 여전히 영원토록 멈춤 없이 사랑하실 것입니다.

하나님의 속성 어느 것 하나라도 꼽아보십시오. 그러면 나는 그것이 항상 마찬가지라는 것을 제시할 것입니다. 여러분이 지금 하나님에 대해 말할 수 있는 한 가지를 꼽아보십시오. 그러면 그것이 어두운 과거에서뿐 아니라, 밝은 미래에서도 언제나 마찬가지일 것이라고 나는 말할 수 있습니다. "나는 여호와라. 나는 변하지 아니하느니라."

3) 다음으로, 하나님은 그분의 계획에서 변하지 않으십니다. 사람이 집을 세우기 시작한 후에 마치지 못할 수도 있습니다. 사정에 따라 그는 계획을 바꾸는데, 모든 지혜로운 사람이 그런 식으로 행합니다. 작은 기초에서 세우기 시작했다가 처음부터 다시 시작하기도 합니다. 하지만 하나님이 세우기 시작하셨다가 마치지 못한 것이 있습니까? 그런 일은 없습니다. 그분의 명령에 따라 사용될 수 있는 무한한 보고가 있고, 그분의 오른손은 아침 이슬처럼 무수한 세계를 창조하실 수 있습니다. 그분이 능력이 없어 지체하시는 경우가 있을까요? 혹은 그분이 실행하실 수가 없어서 계획을 뒤집거나 바꾸거나 취소하는 경우가 있을까요?

어떤 이가 말합니다. "하지만, 어쩌면 하나님께 계획이 없을 수도 있습니다." 선생이여, 당신은 하나님을 당신보다 어리석은 분으로 생각합니까? 당신은 계획 없이 일하러 갑니까? 당신은 말합니다. "아니요, 나는 항상 계획이 있습니다." 하나님도 그렇습니다. 모든 사람이 자기 계획이 있으니, 하나님께도 계획이 있습니다. 하나님은 배후의 조종자이십니다. 그분은 그의 위대한 지성 안에서 실제로 행하시기 전에 모든 것을 조정해두십니다. 그래서 일단 그 일이 시작되면, 그분은 절대 그것을 변경하지 않으십니다. 그 점에 주목하시기 바랍니다. "이 일이 될 것이다"라고 그분이 말씀하시면, 운명의 손이 그 일을 기록해두고, 또 실제로 그 일은 일어나게 됩니다. "이것이 나의 목적이다"라고 하시면, 그 일은 굳건히 서고, 땅이나 지옥도 그것을 바꾸지 못합니다. "이것이 나의 작정이다"라고 그분이 말씀하시면, 천사들이 그 일을 널리 공표합니다. 천국 문에서 시작하여 마귀들에게까지 그 일이 공표됩니다. 천사든지 마귀든지 그분의 작정을 바꾸지 못합니다. 그 작정은 그대로 이루어질 것입니다. 하나님은 그분의 계획을 바꾸지 않으십니다. 그분이 그럴 이유가 무엇입니까? 그분은 전능하시니, 자기의 기뻐하시는 뜻을 이루실 수 있습니다. 그분이 계획을 무엇 때문에 바꾸신단 말입니까? 그분은 너무나 지혜로우시니, 계획을 잘못 세우실 수가 없습니다. 왜 그분이 계획을 바꾸시겠습니까? 그분은 영원하신 하나님이십니다. 그러므로 사람처럼 자기 계획이 성취되기도 전에 사망하는 일이 없습니다. 왜 그분이 변하신단 말입니까? 너희 무가치한 존재의 미물이여, 하루살이 같은 존재들이여! 월계수 잎에 기어다니는 곤충 같은 존재들이여! 너희는 계획을 바꾸겠지만, 그분은 절대, 절대, 그분의 계획을 바꾸지 않으시리라! 그분이 나를 구원하는 것이 그의 계획이라고 말씀하셨습니까? 만약 그렇다면, 나는 안전합니다.

> "그분의 손바닥에 새겨진 내 이름
> 영원의 시간이라도 지울 수 없네.
> 그 이름은 그분의 마음에 새겨져 남으리니
> 지울 수 없는 은혜의 표지라네."

4) 또한, 하나님은 그분의 약속을 변경하지 않으십니다. 우리는 하나님의 감미로운 약속에 관하여 말하기를 좋아합니다. 하지만 만약 그 약속들 가운데 하나라도 바뀔 수 있다고 가정한다면, 우리는 약속들에 관하여 더 이상 말하려 하지 않을 것입니다. 만약 영국 은행의 수표가 다음 주에는 현금으로 바꿀 수 없다고 생각되면, 나는 그 수표를 별로 갖고 싶지 않을 것입니다. 내가 만약 하나님의 약속들이 성취되지 않으리라고 생각한다면, 하나님이 그분의 약속 가운데서 어떤 말씀을 변경하실 수도 있다고 내가 생각한다면, 내게는, 성경이여 안녕입니다! 나는 불변하는 것들을 원합니다. 그리고 나는 성경을 펼칠 때 불변하는 약속들을 얻는다고 생각합니다. 왜냐하면 "하나님이 거짓말을 하실 수 없는 이 두 가지 변하지 못할 사실"(히 6:18) 때문입니다. 그분의 모든 약속을 그분이 친히 서명하셨고, 확증하셨고, 보증하셨습니다. 복음은 "예 그리고 아니요"가 아닙니다. 그것은 오늘 약속하고 내일 부정하는 것이 아닙니다. 복음은 "예, 예" 하여 하나님께 영광을 돌리는 것입니다.

믿는 자여! 당신이 어제 받은 즐거운 약속이 있습니다. 오늘 아침에는 당신이 성경을 펼칠 때, 그 약속이 달콤하지 않습니다. 왜 그런지 아십니까? 그 약속이 바뀌었다고 생각합니까? 아, 그렇지 않습니다! 당신이 바뀐 것입니다! 거기에 문제가 있습니다. 당신은 소돔의 포도를 약간 먹었고, 그로 인해 당신의 입은 맛을 잃었습니다(참조. 신 32:32). 그래서 당신이 달콤함을 느끼지 못하는 것입니다. 하지만 약속에는 여전히 같은 꿀이 있습니다. 분명 그 속에는 변치 않는 소중함이 있습니다. "오!" 하나님의 자녀 가운데 한 사람이 말합니다. "저는 견고한 약속 위에 한때 내 집을 굳건히 세웠습니다. 바람이 불었고, 그때 내가 말했습니다, '오 주님, 저는 무너졌고 길을 잃었습니다.'" 오! 그 약속이 무너진 것이 아닙니다. 기초가 옮겨진 것이 아닙니다. 당신은 당신 자신의 보잘것없는 "나무나 풀이나 짚으로"(고전 3:12) 세우고 있었던 것입니다. 무너진 것은 그것입니다. 당신은 반석 위에서 흔들린 것이지, 그 반석이 당신 아래에서 흔들린 것이 아닙니다. 여러분에게 세상에서 살아가는 최상의 방식을 알려드리도록 하겠습니다.

한 신사가 한 흑인에게 다음과 같이 말했다고 전해 들었습니다. "나는 당신이 어떻게 그렇게 항상 주 안에서 기뻐할 수 있는지 이해할 수가 없소. 나는 자주 침울해지오." 그가 대답했습니다. "선생님, 저는 약속 위에 납작 엎드립니다. 저는 거기에 누워있고, 당신은 그 위에 서 있습니다. 당신에게는 누워있을 이유가 거의 없으니까요. 그런데 바람이 불면 당신은 무너져서 소리치십니다. '오, 내가 무너졌구나.' 하지만 저는 약속에 납작 엎드려 있으니 무너질 염려가 없지요." 그러므로 우리는 항상 이렇게 말합시다. "주님의 약속이 있습니다. 그것을 성취하는 것은 당신의 일입니다." 나는 약속에 납작 엎드립니다! 약속 위에 엎드리는 것, 그것이 여러분이 해야 할 일입니다. 기억하십시오, 모든 약속은 반석이며, 불변하는 것입니다. 그러므로 그분의 발치에 엎드리고, 거기서 영원히 안식하십시오.

5) 하지만 이제 이 주제를 흩트리는 한 가지 상충하는 진술이 있습니다. 여러분 가운데 어떤 이들에게는 하나님이 그분의 위협에서도 변치 않으십니다. 만약 모든 약속이 굳게 선다면, 언약의 모든 맹세는 성취될 터이니, 그대 죄인이여, 잘 들으십시오! 이 말씀을 기억하십시오. 당신의 육적인 소망에 종말을 알리는 소리입니다. 당신이 육체적으로 신뢰하는 것의 장례식을 보십시오. 하나님의 모든 경고는, 모든 약속과 마찬가지로 성취될 것입니다. 하나님의 칙령에 대해 말하자면, 나는 한 가지 칙령을 말하겠습니다. "믿지 않는 사람은 정죄를 받으리라!"(막 16:16). 그것이 포고문이며, 결코 변할 수 없는 법령입니다. 당신이 아무리 선하고, 도덕적이며, 할 수 있는 한 정직하려 노력하고, 최대한 올바르게 행하

더라도, 여기에 변하지 않는 경고가 있습니다—"믿지 않는 사람은 정죄를 받으리라!"

도덕주의자여, 당신은 거기에 대해 무어라 말하겠습니까? 오, 당신은 그것을 바꾸고 싶고, 그 구절이 이렇게 말하기를 바랍니다. "거룩한 삶을 살지 않는 사람은 정죄를 받으리라." 그것은 사실일 것입니다. 하지만 성경은 그렇게 말하지 않습니다. 성경의 구절은 "믿지 않는 사람은"이라고 말합니다. 여기에 거치는 돌이 있습니다. 걸려 넘어지게 하는 반석이 있습니다. 당신이 그것을 바꾸지 못합니다. 당신은 믿어야 하며, 그렇지 않으면 정죄를 받습니다. 성경이 그렇게 말합니다. 하나님이 변치 않으시는 것처럼 그분의 경고도 변하지 않음을 기억하십시오. 지옥의 고통스러운 세월이 천년이 지나도, 여전히 당신은 불로 새겨진 글을 볼 것입니다—"믿지 않는 사람은 정죄를 받으리라."

당신이 "하지만 주님, 저는 이미 정죄를 받았습니다"라고 말할지 모릅니다. 그러나 성경은 여전히 "받으리라"고 말합니다. 백만 년의 세월이 흘러도, 당신이 고통과 고뇌로 완전히 기진해도, 여전히 당신은 눈을 들어 "정죄를 받으리라"는 글을 읽을 것입니다. 변하지 않고, 변할 수 없는 말씀입니다. 당신이 생각하기를, 영원함이 그 마지막 실타래를 풀고, 우리가 영원이라 부르는 시간의 모든 부분이 다 지나갔을 것이라고 여길 때도, 당신은 여전히 거기에 기록된 말씀을 볼 것입니다—"정죄를 받으리라."

오 두려운 생각입니다! 내가 어찌 그것을 입 밖으로 내겠습니까? 하지만 나는 말해야 합니다. 선생들이여, 여러분은 경고를 받아야 합니다. 여러분이 "이 고통받는 곳에 오지 않도록"(참조. 눅 16:28) 하기 위해서입니다. 여러분은 거친 일들에 대해 들어야 합니다. 왜냐하면, 하나님의 복음은 거친 것이 아니어도, 율법은 거친 것이기 때문입니다. 시내산은 거친 것입니다. 불경건한 자들에게 경고하지 않는 파수꾼에게는 화가 있을 것입니다! 하나님은 그분의 경고에서도 불변하십니다. 오 죄인이여, 각성하십시오. "살아계신 하나님의 손에 빠져 들어가는 것이 무서운"(히 10:31) 일이기 때문입니다.

6) 이 주제를 마치기 전에 한 가지 생각을 더 언급해야겠습니다. 그것은, 하나님은 그의 사랑의 대상에 있어서도 불변하시다는 것입니다. 그분은 사랑에서 변치 않으실 뿐 아니라 사랑의 대상에서도 변하지 않으십니다.

"무슨 일이 일어나서
그리스도의 양이 사라지기라도 하면,
오호라, 변덕스럽고 연약한 내 영혼은
하루에도 천 번이라도 무너진다네."

만약 하나님의 귀한 성도 한 사람이 멸망할 수 있다면, 모두가 그럴 수 있습니다. 만약 언약의 한 조항이 상실된다면, 모든 조항이 그렇게 될 수 있습니다. 그러면 복음의 약속은 참되지 않은 것이 됩니다. 성경은 거짓말이 되고, 거기에는 내가 받아들일 가치가 아무것도 없게 됩니다. 하나님의 성도 한 사람이 최종적으로 멸망할 수 있다고 내가 믿을 수 있다면, 나는 즉시 불신자가 될 것입니다. 만약 하나님이 한번 나를 사랑하셨으면, 그분은 영원히 나를 사랑하실 것입니다.

"예수님이 한번 내게 빛을 비추셨으니,
예수님은 영원히 내 편이시네."

영원한 사랑의 대상은 절대 변하지 않습니다. 하나님은 부르신 자들을 의롭다고 하실 것이고, 의롭다고 하신 그들을 거룩하게 하실 것이며, 거룩하게 하신 그들을 영화롭게 하실 것입니다.

지금까지 상당히 많은 시간을 썼습니다. 불변하시는 하나님에 대한 사고를 단순히 확장하는 차원에서, 이제 나는 그분이 변하실 수 없음을 입증하고자 합니다.

1) 나는 그렇게 논쟁적인 설교자가 아닙니다. 하지만 내가 언급하고 싶은 한 가지 논증은 이것입니다: 내게는 하나님의 존재와 본질, 그 자체가 불변성을 내포한다고 여겨집니다. 잠시 생각해 봅시다. 하나님이 계십니다. 이 하나님은 모든 것을 다스리고 통치하십니다. 하나님이 세상을 조성하셨습니다. 그분이 그것을 붙들고 유지하십니다. 그분은 어떤 존재여야 합니까? 내 느낌으로는 여러분이 불변하시는 하나님을 생각하지 못하는 것 같습니다. 내가 보기에, 만약 여러분이 잠시라도 변하시는 하나님을 생각한다면, 그런 생각은 상식에 반하는 것이

라고 여겨집니다. 그런 논증은 무너지고, 여러분은 이렇게 말할 수밖에 없을 것입니다. "그렇다면 그분은 친절한 사람임에 틀림없습니다." 그것이 하나님에 대한 몰몬교도의 생각입니다. 나는 변하는 하나님을 생각하는 것이 불가능하다고 여깁니다. 적어도 나에게는 그렇게 여겨집니다. 다른 사람들은 그런 생각을 하는 것이 가능할지 모르지만, 나는 그런 생각을 받아들일 수 없습니다. 내가 변하는 하나님에 대해 생각할 수 없는 것은, 내가 둥근 사각형을 생각할 수 없는 것과 마찬가지입니다. 그런 생각은 너무나 불합리한 생각이기에, 일단 내가 하나님에 대해 말할 때, 그 말에는 하나님이 불변하시는 존재라는 개념이 포함되어 있다고 결론을 내릴 수밖에 없습니다.

2) 한 가지 논증만으로도 충분하다고 생각하지만, 또 다른 좋은 논증이 하나님의 완전성이라는 사실에서 발견될 수 있습니다. 나는 하나님이 완전하신 존재라고 믿습니다. 자, 만약 그분이 완전한 존재라면, 그분은 변하실 수 없습니다. 이것을 이해할 수 있지 않습니까? 내가 오늘 완전하다고 가정해 보십시오. 그런데 만약 내가 변하는 것이 가능하다면, 그런 변화 후에 내가 내일 완전할 수 있습니까? 만약 내가 변한다면, 나는 좋은 상태에서 더 좋은 상태로 변해야 하거나 혹은 좋은 상태에서 다 나쁜 상태로 변해야 할 것입니다. 만약 내가 더 좋은 상태로 변할 수 있다면, 지금은 완전하지 않은 것입니다. 만약 내가 나빠질 수 있다면, 나는 그때 완전하지 않은 것입니다. 만약 내가 완전하다면, 내가 변할 때는 반드시 불완전해지는 것입니다. 만약 내가 오늘 완전하다면, 나는 내일도 같은 상태를 유지해야 하며, 그래야만 그때도 완전한 것입니다. 마찬가지로, 하나님이 완전하시다면, 그분은 한결같으셔야 합니다. 변화는 지금의 불완전함 혹은 변화 후의 불완전함을 내포하기 때문입니다.

3) 또한, 하나님의 무한성이라는 사실이 있습니다. 그것은 변화를 불가능하게 합니다. 하나님은 무한하신 존재입니다. 그것이 무엇을 의미합니까? 무한의 존재라는 말이 무엇을 의미하는지 설명할 수 있는 사람은 없습니다. 하지만 무한자가 둘일 수는 없습니다. 만약 하나가 무한하다면, 다른 하나를 위한 여지는 없습니다. 무한이란 모든 것을 의미하기 때문입니다. 그것은 경계가 없고, 한정되지 않으며, 끝이 없다는 의미입니다. 자, 무한자가 둘일 수는 없습니다. 만약 하나님이 오늘 무한하시고, 변화하시고 내일도 무한하시다면, 무한자가 둘이 되는 셈입니다. 하지만 그런 일은 있을 수 없습니다. 그분이 무한하시고 그런 다음

변화하신다고 가정해보십시오. 그렇다면 그분은 필시 유한하시게 되는 것이며, 하나님이실 수가 없습니다. 그분이 오늘 유한하고 내일도 유한하든지, 혹은 오늘 무한하고 내일 유한하든지, 혹은 오늘 유한하고 내일 무한하든지 해야 하는데, 이런 모든 가정은 매한가지로 불합리합니다. 그분의 존재가 무한의 존재라는 사실이 즉각적으로 그분의 존재가 가변의 존재라는 생각을 파기합니다. 무한은 '불변성'이라는 단어의 이마에 새겨져 있는 글씨입니다.

4) 사랑하는 친구들이여, 다음으로 과거를 돌아봅시다. 거기서 우리는 하나님의 불변하시는 본성에 관하여 몇 가지 증거들을 얻을 수 있습니다. 그분이 말씀하신 것을 행하시고, 그분이 맹세하신 것을 이루시지 않았습니까? 여호와께서 그분의 모든 뜻을 이루시고, 그분의 모든 목적을 성취하셨다고 말할 수 있지 않습니까? 블레셋을 살펴보고, 그것이 어디에 있는지를 물어보십시오. 하나님이 말씀하셨습니다. "성문이여 슬피 울지어다, 성읍이여 부르짖을지어다. 너 블레셋이여 다 소멸되리로다"(사 14:31). 아스돗과 가사가 어디에 있습니까? 에돔이 어디에 있습니까? 페트라와 폐허가 된 그 성벽들을 향해 물어보십시오. 그 폐허가 에돔은 먹이가 되고 파멸되리라는 하나님 말씀의 진실성을 메아리로 들려주지 않겠습니까? 바벨론이 어디에 있으며, 니느웨가 어디에 있습니까? 모압은 어디에 있고 암몬은 어디에 있습니까? 하나님이 멸하겠다고 말씀하셨던 나라들이 어디에 있습니까? 하나님이 그 나라들을 뿌리째 뽑으시고 지면에서 유물만 남기지 않으셨습니까? 또한, 하나님이 그분의 백성을 버리셨습니까? 그분이 한 번이라도 약속을 잊으셨습니까? 그분이 한 번이라도 자기의 맹세와 언약을 어기셨습니까? 혹은 그분의 계획을 버리셨습니까? 아, 그렇지 않습니다! 역사에서 하나님이 변하셨다는 한 가지 사례라도 지적해 보십시오! 선생들이여, 그럴 수 없을 것입니다. 왜냐하면 모든 역사를 통틀어, 하나님이 자기의 목적에서 불변하셨다는 사실은 확고하기 때문입니다.

어떤 사람이 아마 이런 식으로 말할 수 있겠다는 생각이 듭니다. "나는 성경에서 하나님이 변하셨다는 한 대목을 기억합니다." 나도 한 번은 그렇게 생각했습니다. 내가 의미하는 그 경우는 히스기야의 죽음에 대한 것입니다. 이사야가 와서 말했습니다. "여호와의 말씀이 너는 집을 정리하라. 네가 죽고 살지 못하리라 하셨나이다"(왕하 20:1). 그러자 히스기야는 낯을 벽으로 향하고 기도하기 시작했습니다. 그리고 이사야가 성읍 가운데까지 이르기도 전에, 돌아가서 히스기야에게 말을 전하라는 여호와의 말씀이 임했습니다. "내가 네 날에 십오 년을 더할 것이다"(왕하 20:6). 당신은 그것이 하나님은 변하신다는 증거라고 생각할지 모르겠습니다. 하지만 나는 실제로 그 일에서 조금의 증거도 볼 수 없습니다. 하나님이 그 일을 모르셨다고 당신이 어떻게 압니까? 오! 하나님은 그것을 아셨습니다. 그분은 히스기야가 살 것을 아셨습니다. 그때 그분은 변하신 것이 아닙니다. 만약 그분이 그것을 아셨다면, 어떻게 그분이 변하실 수 있었을까요? 내가 알고 싶은 것이 그것입니다. 하지만 당신은 이 한 가지 작은 일을 압니까? 즉 히스기야의 아들 므낫세는 그때 태어나지 않았고, 그때 히스기야가 죽었다면, 므낫세는 없었을 것이고, 요시야도 없고, 그리스도도 없었을 것입니다. 그리스도께서 그 계보에서 나셨기 때문입니다. 당신은 므낫세가 그의 부친이 죽었을 때 십이 세였다는 것을 발견할 것입니다. 그러므로 그는 이 일이 있은 지 삼 년 후에 태어난 것이 틀림없습니다. 당신은 하나님이 므낫세의 출생을 작정하셨으며, 그것을 미리 아셨다고 믿지 않습니까? 틀림없이 믿을 것입니다.

하나님은 이사야가 히스기야에게 가서 그가 질병에서 낫지 않을 것이라고 말하도록 하시고, 한편으로는 "하지만 내가 그 병을 치료할 것이며, 너는 살 것이다"라고 말씀하신 것입니다. 하나님은 히스기야가 각성하여 기도하도록 그렇게 말씀하신 것입니다. 그분은 처음에 사람의 입장에서 말씀하신 것입니다. "인간의 모든 가능성에 따르면 너의 질병은 불치이다. 너는 반드시 죽을 것이다." 그런 다음 그분은 히스기야가 기도할 때까지 기다리셨습니다. 그리고 그 문장 끝에 "그러나"가 뒤따릅니다. 이사야는 그 문장을 마치지 않았습니다. 그는 말했습니다. "너는 네 집을 정리하라. 어떤 사람도 네 병을 고칠 수 없기 때문이다. 하지만," (그리고 그때 그는 걸어 나왔습니다. 히스기야는 기도했고, 이사야가 다시 들어와서 말했습니다.) "하지만 내가 너를 치유하리라." 주님과 맞서 싸우려 하고, 그분을 가변적인 존재로 만들기 원하는 자들의 머리에서가 아니면, 거기에 어떤 모순이 있습니까?

2. 불변하시는 하나님의 속성에서 유익을 얻는 사람들

이제 두 번째 요지로, 불변하시는 하나님의 속성으로부터 유익을 얻는 사람들에 대해 말하고자 합니다. "나는 하나님이라. 나는 변하지 아니하나니, 그러므로 야곱의 자손들아 너희가 소멸되지 아니하느니라." 자. "야곱의 자손들"이 누구입니까? 누가 불변하시는 하나님 안에서 즐거워할 수 있습니까?

1) 먼저, 그들은 하나님이 선택하신 자녀들입니다. 성경에 다음과 같이 기록되었기 때문입니다. "내가 야곱은 사랑하고 에서는 미워하였다"(롬 9:13). 그 자식들은 아직 나지도 아니하고 무슨 선이나 악을 행하지 아니한 때였습니다(롬 9:11). 그리고 또 기록되기를, "큰 자가 어린 자를 섬기리라"(롬 9:12) 하였습니다. 야곱의 자손들은—

"하나님의 선택의 자녀들이며,
주권적인 은혜로 말미암아 믿는 자들이니,
영원한 작정에 따라
은혜와 영광을 얻으리라."

"야곱의 자손들"이라는 말에 하나님의 선택의 의미가 담겨 있습니다. 이들은 하나님이 미리 아신 자들이며, 영원한 구원에 이르도록 예정된 자들입니다.

2) 두 번째로, "야곱의 자손들"이 의미하는 것은 특별한 권리와 칭호를 누리는 사람들입니다. 여러분이 알다시피, 야곱은 출생의 권리가 없었지만 곧 그것을 획득했습니다. 그는 팥죽 한 그릇으로 그의 형 에서와 거래를 했고, 장자의 권리를 획득했습니다. 나는 그 수단을 정당화하지 않습니다. 하지만 그는 복을 얻었고, 특별한 권리도 획득했습니다. 여기서 "야곱의 자손들"이라는 말은 특별한 권리와 칭호를 가진 사람들을 의미합니다. 믿는 자들에게, 하나님은 하나님의 자녀가 되는 권리와 권세를 주셨습니다. 그들은 그리스도의 피와 관련이 있습니다. 그들은 "문들을 통하여 성에 들어갈 권세를"(계 22:14) 받았습니다. 그들은 영원한 명예의 칭호를 받았습니다. 그들은 영원한 영광의 약속을 받았습니다. 그들은 하나님의 자녀들이라 불리는 권리를 가졌습니다. 오! "야곱의 자손들"에게만 속하는 특별한 권리와 특권들이 있습니다!

3) 세 번째로, 이 "야곱의 자손들"은 특별한 현시를 경험한 사람들입니다. 야곱은 그의 하나님으로부터 특별한 현현의 은혜를 받았고, 이로써 그는 높은 명예를 얻었습니다. 언젠가 밤에 그가 누워 잠들었을 때였습니다. 울타리가 그의 휘장이었고, 하늘이 그의 덮개였으며, 돌이 그의 베개였고, 땅이 그의 침상이었습니다. 오, 그때 특이한 현현이 있었습니다. 한 사닥다리가 있었고, 하나님의 천사

들이 오르락내리락하는 것을 그는 보았습니다. 그는 땅에서 하늘까지 닿는 사닥다리로서 그리스도 예수의 현현을 보았고, 그 사닥다리를 통해 천사들이 우리에게 은혜를 가지고 오는 것을 보았습니다. 또 마하나임에서의 현현은 어떠했던가요? 그때 하나님의 천사들이 그를 만났습니다. 또 브니엘에서, 그가 하나님과 씨름했을 때, 그는 하나님을 대면하여 보았습니다. 그 일들은 특별한 현현이었습니다. 그리고 이 구절은, 야곱과 마찬가지로, 특별한 현현을 경험한 사람들을 지칭합니다.

자 그러면, 여러분 가운데 얼마나 많은 분이 개인적인 현현을 경험했습니까? 어떤 이가 말합니다. "오! 그것은 열광주의입니다. 광신주의입니다." 음, 야곱의 자손들이 특별한 현현을 경험했다면, 그것은 복된 열광주의입니다. 그들은 마치 사람이 자기 친구와 얘기하듯이 하나님과 이야기를 나누었습니다. 그들은 여호와의 귀에 속삭였습니다. 그리스도께서 그들과 함께 저녁을 드시며 함께 하셨고, 그들은 그리스도와 함께 했습니다. 성령께서 그들의 영혼에 빛을 비추셨고, 그 광채가 너무나 강하여, 그들은 특별한 현현을 의심할 수 없었습니다. "야곱의 자손들"은 이러한 현현을 누리는 사람들입니다.

4) 네 번째로, 그들은 특별한 시련의 사람들입니다. 아, 가여운 야곱이여! 만약 내가 야곱의 축복을 전망하지 못한다면, 나는 야곱의 운명을 선택하지 않을 것입니다. 그의 운명은 가혹한 것이기 때문입니다. 그는 아버지의 집에서 라반의 집으로 도망쳐야 했습니다. 그 후 그가 그곳에 있는 동안 그 심술궂은 늙은 라반이 그를 긴 세월 동안 속였습니다. 그의 아내 문제로 그를 속였고, 임금 문제로 그를 속였으며, 양 떼 문제로 그를 속였고, 그와 관계된 이야기 전반에 걸쳐 그를 속였습니다. 이윽고 야곱은 라반에게서 도망쳐야 했으며, 라반은 그를 추격하여 따라잡았습니다. 그다음에는 에서가 그를 치려고 사백 명의 남자들을 거느리고 왔습니다. 그때 기도의 시간이 있었습니다. 야곱은 씨름했으며, 그의 인생 후반에 줄곧 허벅지 다리가 어긋난 채로 절며 지내야 했습니다. 하지만 얼마 후에는 그가 사랑했던 라헬이 죽었습니다. 그 후 그의 딸 디나가 유혹에 빠져 욕을 당했고, 그의 아들들이 세겜 사람들을 살해했습니다. 머지않아 애지중지하던 아들 요셉이 애굽으로 팔려 갔고, 기근이 찾아옵니다. 그때 르우벤이 그의 침상에 올라 그것을 더럽힙니다. 유다는 자기 며느리와 근친상간을 범합니다. 모든 자식이 그에게는 근심거리였습니다. 마침내 베냐민이 잡혀갔습니다. 그 나

이 많은 사람이 너무나 마음이 상하여 부르짖습니다. "요셉도 없어졌고 시므온도 없어졌거늘 베냐민을 또 빼앗아 가고자 하는구나"(창 42:36). 야곱보다 시련을 많이 겪은 사람이 없습니다. 모든 것이 그의 형을 속인 한 가지 죄로 말미암은 것입니다. 그의 인생에서 하나님은 줄곧 그를 징계하셨습니다.

하지만 나는 이 나이 든 야곱에게 동질감을 느끼는 사람들이 많다고 믿습니다. 그들은 야곱처럼 많은 시련을 통과해야 했습니다. 십자가를 진 사람들이여! 하나님이 말씀하십니다. "나는 변하지 아니하나니, 그러므로 야곱의 자손들아 너희가 소멸되지 아니하느니라." 시련을 겪는 불쌍한 영혼들이여! 여러분의 하나님이 불변하시기 때문에 여러분은 소멸되지 않을 것입니다. 안달하지 말 것이며, 여러분이 겪은 고통에 대해 자만심을 가지고 "나는 환난을 많이 겪은 사람이다"라고 말하지 마십시오. 왜냐하면, 저 "슬픔의 사람"(사 53:3, KJV)이 당신보다 환난을 훨씬 많이 겪었기 때문입니다. 예수님은 진정으로 슬픔의 사람이셨습니다. 당신은 그저 환난의 겉옷 자락을 보았을 뿐입니다. 당신은 결코 그분과 같은 시련을 겪지 않았습니다. 당신은 고난이 무엇을 의미하는지 이해하지 못합니다. 당신은 고난의 잔을 그저 홀짝이며 맛을 보았을 뿐입니다. 당신은 그저 한 방울 혹은 두 방울을 맛보았을 뿐이지만, 예수님은 가라앉은 찌꺼기까지 다 마셨습니다. 두려워 마십시오. "나 여호와는 변하지 아니한다"고 하나님이 말씀하십니다. 그러므로 야곱의 자손들인 여러분이여, 특별한 시련의 사람들인 여러분이여, 여러분은 "소멸되지 않을" 것입니다.

5) "야곱의 자손들"에 관한 한 가지 생각을 더 전하도록 하겠습니다. 나는 여러분 자신이 "야곱의 자손들"인 것을 발견하기 바랍니다. 그들은 특별한 성품의 사람들입니다. 비록 야곱의 성품에는 우리가 칭찬할 수 없는 몇 가지가 있지만, 하나님이 칭찬하시는 한두 가지가 있습니다. 야곱의 믿음이 있습니다. 믿음 때문에, 야곱은 땅에서는 약속을 받지 못했으나 하늘의 약속을 받는 고귀한 사람들 가운데 그 이름이 기록되었습니다. 사랑하는 이여, 당신은 믿음의 사람입니까? 당신은 믿음으로 행하고, 믿음으로 사는 것이 무엇인지를 압니까? 믿음으로 일용할 양식을 얻고, 영적인 만나를 먹으며 사는 것이 무엇인지를 압니까? 믿음이 당신의 삶의 법칙입니까? 만약 그렇다면 당신은 "야곱의 자손"입니다. 다음으로, 야곱은 기도의 사람이었습니다. 그는 씨름하고, 신음하고, 기도했던 사람입니다. 이 아침에 저기에, 하나님의 집에 오기 전에는, 절대 기도하지 않는 한 사람이

있습니다. 아, 불쌍한 이방인이여, 당신은 기도하지 않습니까? 그가 말합니다. "아니요, 나는 그런 것을 생각해본 적이 없습니다. 수년 동안 나는 기도하지 않았습니다." 음, 당신이 죽기 전에 기도하기를 바랍니다. 기도 없이 살다 죽으면, 당신은 지옥에 갔을 때 충분히 오래 기도할 것입니다. 한 여인이 있습니다. 그녀는 오늘 아침에 기도하지 않았습니다. 그녀는 자녀들을 주일학교에 보내느라 너무 바빴고, 기도할 시간이 없었습니다. 기도할 시간이 없다고요? 옷 입을 시간은 있습니까? 하늘 아래 모든 목적을 위해서는 시간이 있는데, 만약 기도하기를 원했다면, 당신은 기도했을 것입니다. 하나님의 자녀들은 기도 없이 살 수 없습니다. 그들은 씨름하는 야곱들입니다. 그들은 그 속에서 성령이 활동하시는 사람들이며, 그들이 기도 없이 살 수 없는 것은 내가 숨 쉬지 않고 살 수 없는 것과 마찬가지입니다. 그들은 기도해야 합니다. 선생들이여, 주목하십시오, 만약 여러분이 기도 없이 살고 있다면, 여러분은 그리스도 없이 지내고 있는 것입니다. 그리고 그렇게 살다가 죽으면, 불타는 못이 여러분의 운명이 될 것입니다. 그런 운명에서 하나님이 당신을 구속하시기를, 당신을 건져내시기를 바랍니다! 하지만 "야곱의 자손들"인 여러분이여, 위로를 얻으십시오. 하나님은 불변하시기 때문입니다.

3. 야곱의 자손들이 얻는 유익

세 번째로, 나는 한 가지 요점에 대해서만 짧게 말하겠습니다. 이 "야곱의 자손들"이 불변하시는 하나님으로부터 받는 유익에 대한 것입니다. "너희가 소멸되지 아니하느니라." 소멸된다구요? 어떻게요? 어떻게 사람이 소멸될 수 있습니까? 자, 두 가지 방식이 있습니다. 우리는 지옥에서 소멸될 수도 있었습니다. 만약 하나님이 변하시는 하나님이셨다면, 오늘 아침 여기에 있는 "야곱의 자손들"은 지옥에서 소멸되었을 것입니다. 하나님의 불변하시는 사랑이 아니었다면, 나는 불에 떨어진 나뭇조각처럼 되었을 것입니다. 하지만 이 세상에서 소멸되는 방식도 있습니다. 죽기 전에 정죄 받은 사람이 있으며, 그는 "이미 정죄를 받은" 것입니다. 그런 사람은 살아있는 것 같으나, 실제로는 완전히 죽은 것입니다. 우리가 우리 자신의 욕망에 따라 살도록 남겨졌으면, 지금 우리는 어디에 있을까요? 술주정뱅이들과 흥청거리면서, 전능하신 하나님을 훼방하며 살지 않을까요?

오, 사랑하는 이여, 그분이 당신을 버려두셨다면, 그분이 만약 변하는 하나님이셨다면, 당신은 더러운 자들 가운데서도 가장 더러운 자가 되었을 것이며, 악한 자들 가운데서도 가장 악한 자가 되었을 것입니다. 당신의 삶에는 내가 느꼈던 것과 비슷한 시기가 있지 않았습니까? 그것을 기억하지 못합니까? 나는 곧장 죄의 가장자리로 갔습니다. 어떤 강력한 유혹이 내 두 팔을 사로잡았고, 나는 그것과 싸울 수 없었습니다. 나는 줄곧 내몰렸고, 끔찍한 사탄의 권세에 의해 어떤 두려운 절벽 끝까지 끌려갔습니다. 나는 내려다보았고, 내 운명을 보았습니다. 나는 파멸의 가장자리에서 떨었습니다. 나는 머리털이 쭈뼛 설 정도로 공포에 질렸습니다. 나는 내가 막 범하려는 죄를 보았고, 저 끔찍한 구덩이 속으로 막 떨어지려 하였습니다. 한 강한 팔이 나를 구원하였습니다. 나는 깜짝 놀라 물러섰고 부르짖었습니다. "오 하나님! 제가 그토록 죄에 가까이 가고서도, 다시 돌아올 수 있을까요?" 타오르는 풀무 불에 그토록 가까이 갔는데, 어찌하여 나는 던져지지 않았고, 느부갓네살의 신하들처럼 그 열기에 삼켜지지 않을 수 있었을까요? 오, 내가 지은 죄들을 생각하고, 내 악한 상상 속에서 떠올랐던 죄악들을 생각하면, 오늘 아침에 내가 이곳에 있는 것이 어찌 가능했을까요? 그렇습니다. 나는 소멸되지 않고 여기에 있습니다. 주님께서 변하지 않으시기 때문입니다. 오, 만일 그분이 변하셨다면, 우리는 다양한 방식으로 소멸되었을 것입니다.

만약 주님이 변하셨다면, 여러분과 나는 자기 자신에 의해 소멸되었을 것입니다. 왜냐하면, 결국, 자아 씨(Mr. Self)는 그리스도인에게 있는 최악의 원수이기 때문입니다. 우리는 우리 자신의 영혼을 스스로 죽인 것을 입증했을 것입니다. 만약 주님이 불변하시는 하나님이 아니셨다면, 그리고 우리 손에서 우리가 막 마시려 했던 잔을 내치지 않으셨다면, 우리는 우리 자신의 영혼을 위해 독이 든 잔을 마셨을 것입니다.

그리고 하나님이 불변하시는 분이 아니었다면, 하나님에 의해 우리는 소멸되었을 것입니다. 우리는 하나님을 아버지라 부릅니다. 하지만 이 세상에는, 만약 하나님이 자기 백성에 의해 겪으신 것처럼 자기 자식들 때문에 큰 괴로움을 겪고 또 자식들 때문에 크게 노하였더라면, 오래전에 자식들 모두를 죽이지 않았을 아버지는 없을 것입니다. 하나님에게는 온 세상에 아주 골칫거리인 가족이 있습니다. 곧 불신하고, 배은망덕하며, 거역하고, 망각하며, 반역하고, 방황하며,

불평하고, 목이 곧은 가족입니다! 그분은 오래 참으시는 하나님이십니다. 그렇지 않았더라면 그분은 회초리를 드실 뿐 아니라, 오래전에 칼을 드셨을 것입니다. 우리 속에는 먼저 사랑할 요소가 전혀 없었고, 지금도 다르지 않습니다.

존 뉴턴은 기발한 이야기를 자주 했고, 또 그 이야기에 웃곤 했습니다. 한 여인에 관한 이야기입니다. 그 여인은 선택의 교리를 입증하기 위해 이렇게 말했습니다. "아! 목사님, 주님께서는 제가 태어나기 전에 저를 사랑하신 것이 틀림없습니다. 그렇지 않았다면, 주님은 제가 태어난 후에는 저에게서 사랑할 만한 것을 전혀 찾으실 수 없었을 테니까요." 내 경우에는 그것이 사실이라고 나는 확신합니다. 그리고 하나님의 백성 대다수의 경우에 그것은 사실이라고 나는 확신합니다. 그들이 태어난 후에 그들에게는 사랑할 요소가 거의 없습니다. 만약 하나님이 그 전에 그들을 사랑하지 않으셨다면, 그분은 그 후에 그들을 선택하실 아무런 이유도 찾지 못하셨을 것입니다. 하지만 그분이 행위와 무관하게 그들을 사랑하셨기에, 여전히 그분은 행위와 무관하게 그들을 사랑하십니다. 그들의 선행이 그분의 애정을 획득하는 것이 아니며, 그들의 악행이 그분의 애정을 끊어내는 것이 아닙니다. 그들의 의가 그분으로 그들을 사랑하도록 묶는 것이 아니듯, 그들의 악함이 그 황금의 사슬을 끊을 수도 없습니다. 그분은 순수한 주권적인 사랑으로 그들을 사랑하셨습니다. 그리고 여전히 그들을 그렇게 사랑하실 것입니다. 하지만, 하나님이 변하는 분이었다면, 우리는 마귀와 우리의 원수들과 세상에 의해 소멸되었을 것이며, 우리의 죄와 우리의 시련과 그 외 수백 가지의 방식으로 소멸되었을 것입니다.

자, 이제 시간이 다 되었습니다. 이제 할 수 있는 말이 조금밖에 없습니다. 나는 그저 본문을 피상적으로 다루었을 뿐입니다. 이제 이 본문을 여러분에게 넘겨드립니다. 주님께서 "야곱의 자손들"인 여러분을 도우셔서, 여러분이 고기의 한 부분을 집으로 들고 가서, 그것을 잘 소화하고, 잘 섭취하기를 바랍니다. 성령께서 이 기록된 말씀의 영광스러운 것들을 달콤하게 적용해 주시기를 바랍니다! 그래서 여러분이 "골수가 가득한 기름진 것과 오래 저장하였던 맑은 포도주"(사 25:6)를 얻으시기 바랍니다. 다른 무엇이 변하든, 하나님은 불변하는 분이심을 기억하십시오. 여러분의 친구는 애정이 식을 수 있고, 여러분의 사역자들이 떠날 수 있고, 모든 것이 변할 수 있습니다. 하지만 하나님은 변하지 않으십니다. 당신의 형제들이 변하여 당신의 이름을 악하다고 비난할 수 있습니다. 하지만 하나님은 변함없이 당신을 사랑하실 것입니다. 당신의 삶의 위치가 바뀌고, 당신의 형통이 떠나고, 당신의 온 삶이 흔들리고, 당신이 약해지고 병이 들어도, 모든 것이 떠나더라도, 변화가 그 손가락도 댈 수 없는 한 곳이 있습니다. 가변성이라는 말이 절대 쓰일 수 없는 한 이름이 있고, 절대 변할 수 없는 마음이 있습니다. 그 마음은 하나님의 마음이며, 그 이름은 사랑입니다.

> "그분을 신뢰하라.
> 그분은 결코 너를 속이시지 않으리.
> 그분은 결코 너를 떠나지 않을 것이며,
> 너로 그분을 떠나게 하시지도 않으리."

제
4
장

하나님의 것을 도둑질하는 자들

"사람이 어찌 하나님의 것을 도둑질하겠느냐? 그러나 너희는 나의 것을 도둑질하였도다" – 말 3:8

만약 왕의 집에 거하는 자들이 부드러운 말을 사용해야 한다면, 선지자들은 불쌍한 궁정 소속의 목사들이 되었을 것입니다. 말라기는 여기서 그 백성의 도둑질을 비난하는데, 가장 강력한 언어를 사용하여, 신성모독이라는 차원에서 그들을 비난합니다. 그는 주님의 대변자로서 말합니다. "사람이 어찌 하나님의 것을 도둑질하겠느냐? 그러나 너희가 나의 것을 도둑질하였도다." 천국의 메신저들이 딱하게도 반역자들의 아첨꾼으로 전락하기도 합니다. 만약 그들이 그런 천박한 상태로 전락하면, 그들을 지으신 분이 그들을 제거하신다고 예상하는 것이 마땅합니다. 주님이 자기 종들을 보내실 때, 그들은 진리를 아주 분명하게 말하고, 죄와 불신앙을 꾸짖고, 지속하여 불의를 행하는 자들을 향해 하나님의 정죄의 판결을 공표해야 합니다. 인간의 영혼은 정직하게 다루어져야 하며, 만약 그럴 필요가 있다면 엄격하게 다루어져야 합니다. 하나님의 진리는 단호하고 명백하게 다루어져야 합니다. 주님이 이렇게 말씀하셨기 때문입니다. "내 말을 받은 자는 성실함으로 내 말을 말할 것이라"(렘 23:28).

하지만 말라기 선지자가 끊임없이 약속과 경고를 뒤섞고 있다는 점에 주목하십시오. 그는 사람들의 악에 대해서는 날카로운 양날 검과 같으면서도, 죄의 질병을 느끼고 치유되기를 바라는 사람들에게는 길르앗의 향유와도 같습니다.

경고의 천둥소리 사이에 은혜로운 위로의 은빛 소낙비가 내립니다. 그는 죄에 대해서는 폭풍입니다. 하지만 죄를 시인하는 자들에 대해서는 평화입니다. 이 본문의 다음 구절에 이런 말씀이 뒤따릅니다. "만군의 여호와가 이르노라. 너희의 온전한 십일조를 창고에 들여 나의 집에 양식이 있게 하고 그것으로 나를 시험하여 내가 하늘 문을 열고 너희에게 복을 쌓을 곳이 없도록 붓지 아니하나 보라"(10절). 신실한 사역자들은 그들 속에 내쫓는 율법과 끌어당기는 복음의 혼합물을 간직한 자들입니다.

형제들이여, 우리는 율법을 그것의 합당한 목적에 따라 사용해야 합니다. 만약 우리가 악을 발견하고 책망하는 일을 빠뜨린다면, 우리는 우리 의무의 아주 본질적인 부분을 빠뜨리는 것입니다. 만약 사람들이 죄를 깨닫지 못하면, 그들이 어떻게 용서를 바라겠습니까? 만약 양심이 깨어나지 않으면, 우리가 무엇을 전할 수 있겠습니까? 빵이 진미(珍味)로 배부른 사람들에게는 맛이 없듯이, 자기를 의롭게 여기는 사람들에게 약속이 달콤하지 않다면, 약속을 전하는 것은 헛된 일이 되고 맙니다. 자만심으로 가득하여, 자기 자신의 행위로 이미 의롭다고 여기는 사람이, 믿음으로 말미암는 칭의에 무슨 신경을 쓰겠습니까? 상처를 느끼는 사람들만이 하늘의 의사에게 호소할 것입니다. 나는 오늘 아침에 설교하면서, 내 심령이 거칠지 않기를 바라며, 한편으로는 스스로 무죄하다고 느끼며 안일에 빠진 영혼들을 향해서는 엄하게 말할 수 있기를 바랍니다. 내 설교를 통해, 우리 모두 자기의 부족함을 보고, 그래서 깜짝 놀라 자복하고 기도하기를 바라며, 겸손히 위대하신 구주를 신뢰하게 되기를 바랍니다.

선지자는 본문에서 매우 진지하게 비난합니다. 그는 사람들을 도둑이요 강도라고 부릅니다. 그는 온 나라가 하나님의 것을 강탈하고 있다고 비난합니다. 우리는 그처럼 혹독한 비난을 진지하게 숙고해야 하며, 특히 오늘날 그것이 우리 자신에게로 향하는 것일 수도 있다고 여겨야 합니다. 먼저, 본문에는 경악의 표현이 나타난 것을 볼 수 있습니다. "사람이 어찌 하나님의 것을 도둑질하겠는가?" 그런 일은 있을 수 없다는 듯 선지자는 놀라서 묻습니다. 둘째로, 이 엄중한 비난을 마음에 새길 필요가 있습니다. 이 요점은 자백을 위한 도움이라는 제목으로 다룰 것입니다. 우리는 이런 도둑질이 발생하는 특정한 형태들을 자세히 언급할 것입니다. 이는 우리 자신의 행위를 살피기 위함이며, 우리가 그 죄를 범하지 않는가를 살피기 위함입니다. 만약 유죄라면, 그것이 비록 만왕의 왕에 대한 반역이라는 차원에서 유죄여도, 우리의 마음은 죄를 회개하도록 감동될 수 있고, 또 죄를 담당하시는 주님께 대한 믿음을 통해 우리는 용서받을 수 있습니다! 마지막으로, 회개의 지침이라는 제목으로, 참회하는 이들이 올바른 길로 향하도록 도울 것입니다. 만약 우리가 하나님의 것을 도둑질하였다면, 비록 그 자체는 매우 끔찍하지만, 그것이 긍휼이 베풀어질 범주를 벗어난 것은 아닙니다. 이런 죄에 대해서도 하나님의 용서가 있습니다. 하나님의 아들 예수 그리스도의 피가 모든 죄에서 우리를 씻어주기 때문입니다. 나는 용서받을 수 있는 길에 대해 말할 것입니다. 오, 이 엄숙한 문제를 다룰 때, 성령님이 우리의 생각과 마음과 입술을 주장하시기를 바랍니다!

1. 경악의 표현

첫째로, 본문에는 경악의 표현이 있습니다. "사람이 어찌 하나님의 것을 도둑질하겠느냐?" 이 질문은, 마치 그런 일이 불가능하지는 않더라도, 있을 법하지 않은 일로 제기됩니다. 살기 위해 그 호흡을 하나님께 의지하는 보잘것없는 피조물인 인간이, 선하고 공의로우시며, 위대하시고, 엄위하시며, 한순간에 인간을 가루로 만드실 수 있는 분인 하나님의 것을 강탈한다는 말인가요? "사람이 어찌 하나님의 것을 도둑질하겠느냐?"

우선, 이런 경악은 그 행동이 전적으로 부자연스럽다는 사실에서 대두됩니다. 그것은 비논리적이며, 자기를 정죄하는 사실입니다. 우리가 하나님을 믿는다면, 어찌 그분의 것을 도둑질한단 말입니까? 이방인을 보십시오. 그들에게는 그들 나름의 신이 있습니다. 더 나은 신을 알지 못하기 때문에 이방인들은 스스로 나무나 돌이나 흙으로 신을 만듭니다. 그들이 거짓 신들을 만들었을 때, 그들은 마치 그것들이 진짜 신들이라도 되는 듯이 거기에 경의를 표합니다. 이 신들을 위해 그들은 신전과 제단과 사당을 세웁니다. 옛 시대에는 은행이 없었습니다. 하지만 신전에 보관된 보화는 도둑질로부터 안전했습니다. 도둑이 신전에 침입하는 일은 상상할 수 없었습니다. 그렇게 하는 것은 크나큰 죄였습니다. 사람들의 머릿속에는, 비록 거짓 신들임에도 불구하고, 신들의 것을 강탈하는 짓은 극악무도한 죄라고 여기는 경외심이 있었습니다. 궁전을 약탈할 수 있었던 사람도, 제우스나 아테나나 아르테미스의 신전에서는 뒤로 물러났습니다. 누구도 그가 신이라고 여기는 형상 하나도 훔치지 못했습니다. 이방인들조차 그들의 신들에게 속한 것을 도둑질하려 하지 않았거늘, 살아계시고 참되신 한 분 하나님에 대해 더 많은 빛을 받은 우리가 감히 그런 짓을 한단 말입니까? 신앙을 고백하고 자기를 그리스도인이라고 부르는 사람들이, 이방인조차 진저리를 치며 물러서는 불경한 짓을 감히 자행한단 말입니까? 고트족과 반달족조차도, 문명 세계를 침공하던 시대에, 그리스도의 사역자가 앞으로 나서 그들의 약탈에 반대했을 때 교회 문 앞에서 돌아섰다고 알려졌습니다. 그 사나운 이방인도 거룩한 곳을 존중하는 법을 배웠거늘, 하물며 참되신 하나님을 안다고 하는 우리가 감히 그분의 명예가 있는 신성한 울타리를 뚫고 들어가서, 그분의 영광과 영적인 보화를 도둑질했다면, 그것은 중범죄일 것입니다. 하나님의 것을 도둑질하는 것은 도가 넘는 사악한 짓이고, 심각한 범죄이며, 뻔뻔하고도 도발적인 행위입니다. 사람이 그런 죄를 지을 수 있을까요? "사람이 어찌 하나님의 것을 도둑질하겠느냐?"

다음으로, 하나님의 것을 도둑질하는 것은 지독하게 무모한 짓입니다. 도둑이 자기 동료 곧 자기와 동등한 인간의 것을 훔쳐도, 그에게는 법을 두려워할 이유가 있습니다. 그는 경비에게 들켜 법의 심판을 받을 것을 염두에 두어야 합니다. 하지만 이 낮은 세상의 경찰과 치안판사와 재판장들이 온 땅의 재판장이신 하나님에 비하면 무엇입니까? "사람이 어찌 하나님의 것을 도둑질하겠느냐?" 그 범죄는 하나님 앞에서 행해졌기 때문에 더욱 무모합니다. 만약 도둑이 주님의 뒤로 가서 그분의 것을 훔칠 수 있다면, 그의 오만방자함이 그토록 두드러지지는 않을 것입니다. 하지만 주님의 눈은 어디에나 있기에, 그런 범죄는 고약하고도 뻔뻔스럽습니다. 도둑 중에서 최악의 도둑일지라도, 우리 눈앞에서 무언가를 훔치려 하지는 않을 것입니다. 도둑질은 어둠 속에서 행해지거나, 몰래 이루어지거나, 교묘하게 이루어집니다. 하지만 하나님이 보시지 않는 곳은 없고, 그분의 눈이 살피지 않는 곳은 없기에, 사람이 하나님의 것을 도둑질할 때 그는 그분 앞에서 그런 행동을 하는 것입니다. "사람이 어찌 하나님의 것을 도둑질하겠느냐?" 뭐라고요! 하나님의 눈이 그를 지켜보신다고요? 그런데 그가 이처럼 자기 조물주를 무시한다고요? 그런 범죄가 사람의 생각에서 고안되고 또 자행된다는 사실에 우리는 놀라서 손을 듭니다. 나는 우리 가운데 많은 사람이 다양한 방식으로 이런 무모한 죄를 범하고 있음을 제시하려 합니다. "사람이 어찌 하나님의 것을 도둑질하겠느냐?"

더 나아가, 그것은 수치스럽고 배은망덕한 짓입니다. 하나님이 우리를 만드셨고, 우리는 스스로 존재하는 것이 아닙니다. 그러므로 우리는 그분을 섬겨야 하며, 모든 의로운 본능이 우리가 그분의 것을 도둑질하는 것을 금합니다. 피조물이 자기의 창조주에게 해를 끼친단 말입니까? 만약 우리가 살면, 그것은 그분이 오래 참으시기 때문입니다. "사람이 어찌 하나님의 것을 도둑질하겠느냐?" 누가 그에게 자비를 베풀겠습니까? 만약 구원받는다면, 그것은 그분의 거룩한 속량 때문임에 틀림없습니다. 그런데 사람이 자기의 구속주를 강탈합니까? 만약 몸을 위해 음식을 공급받는다면, 그것은 하나님이 날마다 베푸시는 공급 때문입니다. 그런데 사람이 자기에게 끊임없이 은혜를 베푸는 분에게 도둑질합니까? 오, 인간을 보존하시는 주여, 사람들이 주님의 것을 훔치나이까? 주 예수를 믿는 사람들이여, 하나님은 여러분의 아버지이시며, 그런 여러분에게서 이런 범죄가 발생한다면 그것은 칠 배나 지독할 것입니다. 사람이 자기 아버지의 것을 도둑질하겠습니까? 그 심장에서 하나님이 주신 생명이 박동하는 사람이, 하나님의 것을 도둑질하는 비행을 저지른다는 것이 있을 수 있는 일입니까? 두렵지만, 그런 일이 있습니다. 하지만 그런 일이 일어난다면, 그것은 너무나 추악한 배은망덕이기에 도무지 믿을 수 없을 정도입니다. 모든 나라, 모든 세대에서, 배은망덕은 정당한 사람들에게서 혐오스럽게 여겨졌습니다. 그것은 극악한 부도덕입니다. 그것은 경멸할 만하고 참을 수 없는 일입니다. 우리는 그것을 경멸할 뿐 아니라 혐오합니다. 모든 목소리가 배은망덕을 비웃습니다. 하지만 사람이 하나님의 것을 도둑질할 때, 그것은 큰 글씨로 새겨진 배은망덕입니다. 사람의 영혼을 지옥의 가장 낮은 곳으로 침몰시키는 것이 배은망덕입니다. "사람이 어찌 하나님의 것을 도둑질하겠느냐?" 주께서 그런 천박한 행위에서 우리를 건져주시기 바랍니다!

그것은 인간 자신에게도 어리석고 해로운 짓입니다. 하나님의 것을 도둑질하는 것은 우리 자신을 약탈하는 짓입니다. 하나님을 위해 사는 사람이, 정녕, 진실로, 가장 높은 의미에서, 자기 자신을 행복에 이르게 하는 사람입니다. 자기 자신에게서 하나님을 제거하는 사람은, 하나님에게서 자기 자신을 제거하는 사람입니다. 하나님을 잃어버리는 것은 우리의 최고의 선을 잃어버리는 것입니다. 하나님의 것을 도둑질하는 것은 우리 자신의 재산을 탕진하는 것입니다. 정녕 그것은 자기 자신의 사형집행 영장에 서명을 하는 행위입니다. 벨사살은 여호와의 거룩한 기물들을 강탈했고, 술판을 벌이는 연회에서 그 그릇에 포도주를 담아

마셨습니다. 하지만 성경은 이렇게 기록되어 있습니다. "그날 밤에 벨사살이 죽임을 당하였다"(단 5:30). 사람이 가난한 사람들에게 마땅히 필요한 것을 주지 않을 때, 가난해지는 경향이 있습니다. 누구도 하나님의 것을 도둑질하고 실제로 형통할 수는 없습니다. 사람은 자기 재산을 정욕을 위해 낭비함으로써 하나님의 것을 도둑질하기도 합니다. 하지만 결국에는 그의 방탕함이 질병과 마음의 슬픔과 영원한 파멸로 이르게 합니다. 사람이 하나님의 것을 도둑질할 때 그는 자기 자신의 재산을 탈취하는 셈입니다. 하나님의 보물고에서 훔쳐낸 모든 동전은 구멍이 숭숭 뚫린 자루에 담깁니다. 그런 이득은 가난에 이르게 합니다. 하나님을 섬기는 사람은 자기 자신과 그의 후손에게 복을 가져오는 사람입니다. 하나님의 것을 도둑질하는 사람은 이 본문 뒤에 따르는 말씀을 경청해야 합니다. "너희가 나의 것을 도둑질하였으므로 너희가 저주를 받았느니라"(9절). 이 때문에 삼키는 자가 그의 재산을 삼키고, 낭비하는 자가 그의 경작지의 생산물을 먹으며, 파괴자가 그의 교역의 결과를 난파시킵니다. 만약 한 사람이 하나님의 것을 도둑질할 때 실제로 자기 자신의 행복을 망치고 있는 것을 안다면, 끔찍한 무덤에 자기 자신의 현재의 평화와 미래의 희망을 파묻고 있다는 것을 안다면, 정녕 그는 주님의 소유에 손을 대기 전에 멈출 것입니다! 그 부정한 행동에 수반되는 저주를 볼 때 "사람이 어찌 하나님의 것을 도둑질하겠습니까?"

한 가지 더 말하겠습니다. 그가 처벌을 확신할 때, "사람이 어찌 하나님의 것을 도둑질하겠습니까?" 도둑은 도망치기를 바랍니다. 인간이 찾는 것은 실패로 끝날 수도 있습니다. 만약 붙잡혀서, 심문을 받고, 정죄당할 것을 확실하게 안다면, 그 도둑은 타인의 가택에 침입하지 않을 것입니다. 하지만 그는 교묘하게 빠져나가기를 바라고, 혹은 허위 진술로 법망을 벗어날 수도 있으며, 그래서 그는 감히 죄를 범하는 것입니다. 그러나 누구도 하나님의 것을 훔칠 때 빠져나가기를 바랄 수 없습니다. 오, 도둑이여, 당신이 어디로 가려 합니까? 어떤 은밀한 장소에 가서 숨으려 합니까? 로마의 권력이 최고조에 달했을 때, 로마 황제에 관한 이야기가 있습니다. 그에게 전 세계는 단지 하나의 거대한 감옥이었고, 그 안에서 가이사에게 잘못을 범한 사람들은 죄수들이었습니다. 범죄자가 어디로 도망을 치건, 로마의 법이 그에게 미쳤습니다. 그에게 망명하여 숨을 수 있는 외국 땅은 없었고, 눈에 띄지 않게 살 수 있는 먼 나라도 없었습니다. 일단 가이사에게 미움을 받으면, 그의 운명은 정해졌던 것입니다. 하나님께 반역한 자여, 당신이 어디로 갈 수 있습니까? 당신이 하늘에 오른다 해도, 거기서 그분이 영광스럽게 다스리십니다. 당신이 지옥으로 뛰어내린다 해도, 거기서 그분이 공포로 다스리십니다. 당신이 바다 먼 곳에 가더라도 그분의 손이 당신을 따라 미칠 것입니다. 비록 당신의 돛배가 폭풍보다 앞서 달아나도, 그분이 당신을 앞지를 것입니다. 어둠이 당신을 숨기지 못할 것이며, 무덤도 안식처를 제공하지 않을 것입니다. 하나님은 어디에나 계시고, 그분의 정의는 원수들을 찾아냅니다. 주께서 말씀하십니다. "갈멜 산 꼭대기에 숨을지라도 내가 거기에서 찾아낼 것이요 내 눈을 피하여 바다 밑에 숨을지라도 내가 거기에서 뱀을 명령하여 물게 할 것이요"(암 9:3). 하나님이 이렇게 분명히 찾아내시고 벌하시는 것을 생각할 때 "사람이 어찌 하나님의 것을 도둑질하겠습니까?" 그렇습니다. 하나님의 것을 도둑질하는 자는 이미 발각된 것입니다. 하나님이 그를 보셨습니다. 그의 반대 증인은 실수가 없습니다. "사람이 어찌 하나님의 것을 도둑질하겠느냐?" 어떻게 그처럼 무모할 수 있단 말입니까? 하나님을 대적하여 손을 뻗고, 스스로 힘을 내어 전능자에게 대적한단 말입니까? 곧은 목으로 그분에게 달려들고, 그분의 두꺼운 원형 방패를 향해 돌진한단 말입니까? 사람이 지혜롭다면, 무한하신 분의 소유를 강탈하려고 더는 꿈도 꾸지 않을 것입니다.

이 모든 것을 종합하여, 하나님의 것을 도둑질하는 것에 대한 선지자의 놀람을 여러분이 공유하기 바랍니다. 그러면 여러분은 진지하게 기도하게 될 것입니다. "하나님이여, 그런 사악한 죄에 빠지지 않도록 우리를 지켜주소서." 이런 최악의 죄로부터 우리가 멀리 떨어지기를 바랍니다. 그것을 혐오스럽고도 가장 치명적인 악이라고 간주하기를 바랍니다.

2. 자백을 위한 도움

두 번째로, 이제 나는 첫 번째 요지를 다룰 때보다 좀 더 핵심에 다가섰습니다. 나의 청중이여, 양심을 위해 촛불을 들고 비추어, 여러분의 삶과 마음을 살피게 되기를 바랍니다.

우선, 나는 이 도둑질의 일반적인 형태들을 언급할 것입니다. 여기 그런 일 가운데 몇 가지가 있습니다. 많은 사람이, 하나님의 오래 참으심 때문에 연장되어 온 전 생애를 통틀어 외형적인 예배조차 드린 적이 없습니다. 마음에서도, 개인적인 기도에서도, 가정에서도, 그들은 주님께 예배를 드린 적이 없습니다. 그들은 한 번도 가정에서 제단을 쌓은 적이 없고, 주의 이름을 부른 적이 없습니다. 이곳에 있는 남성들과 여성들 가운데는 아이들의 부모이면서 가정의 가장들이 있을 것입니다. 그렇지만 삼십 년, 사십 년, 오십 년, 아니 그 이상의 세월 동안, 그들은 하나님의 이름에 합당한 영광을 드리지 않았습니다. 그들은 기쁨으로 그분께 찬양을 드린 적이 없으며, 겸손히 기도를 올린 적도 없습니다. 부주의하고 불경스러운 경우를 제외하면, 그분의 거룩하신 이름이 그들의 입술에 올려진 적이 없습니다. 내가 그런 사람의 손을 잡을 때 이렇게 말하는 것은 너무 거친 것입니까? "당신은 평생 하나님의 것을 도둑질했습니다." 그분이 당신을 만드셨습니다. 하지만 그분은 당신에게서 아무것도 받지 않으셨습니다. 그분이 날마다 당신을 먹이셨고, 당신의 호흡이 그분의 손에 있습니다. 하지만 당신은 그분을 전혀 섬기지 않았습니다. 어떤 사람이 암소를 사면, 그는 그 암소에게서 우유를 기대합니다. 만약 그가 말을 돌본다면, 그는 그 말이 수고할 것을 기대합니다. 만약 그가 개를 소유했다면, 그는 호각 소리에 그것이 달려올 것을 기대합니다. 하나님이 당신을 지으셨고, 당신을 먹이셨고, 당신의 삶을 돌보셨는데, 그분이 당신에게서 아무런 보답도 얻지 못하신단 말입니까? "사람이 어찌 하나님의 것을 도둑질하겠느냐?" 여러분 가운데 많은 사람이, 만약 가족을 부양한다면, 빚을 갚고, 착실하게 살고, 그 외 여러분이 필요하다고 생각하는 바를 행할 것입니다. 그런데 하나님은 당신의 삶 어디에도 없고 당신에게 아무것도 아닙니까? 당신이 그렇게 행하는 동안, 당신은 하나님을 세상 밖에 두는 셈입니다. 당신은 마치 하나님이 안 계신 것처럼 살아갑니다. 내 친구여, 이것이 옳을 수는 없습니다. 모든 존재 가운데 가장 위대하시고 선하신 분에게 이토록 부당하게 대하고, 매일 당신을 생각하시는 분에게 이토록 무심한 것은, 잘못된 것이 틀림없습니다! 부끄러워하며 머리를 숙이고, 즉시 당신의 잘못을 시인하십시오.

많은 사람이 또 다른 방식으로 습관적으로 하나님의 것을 도둑질하고 있습니다. 하나님이 그들을 형통하게 하실 때, 그들에게 만사가 잘 되어갈 때, 여러분은 그들이 이렇게 외치는 것을 들을 것입니다. "나는 행운아야! 내 행운의 별에게 감사를!" 이런 식의 말을 통해 그들은 하나님으로부터 그분에게 합당한 감사를 도둑질하는 것입니다. '운' 혹은 '행운'이라고 불리는 허상의 권세에 대해 말하는 것은 어리석고 악한 짓입니다. 사람들이 누리는 형통에 하나님의 손길이 분명하게 보임에도 불구하고, 그들은 그것을 보기를 거절하고, '기회'에 대해서만 말합니다.

당신이 그분에게서 찬미를 강탈하고 있으니, 오, 하나님이 당신을 용서하시기를 바랄 뿐입니다.

다른 사람들은, 세상에서 형통할 때 자기 자신에게 경의를 표하며, 자신의 근면과 분별력과 업무 능력에 찬사를 돌립니다. 그들은 자기 자신을 자수성가한 사람이라고 부릅니다. 자수성가한 사람들은 일반적으로 매우 나쁘게 일어선 사람들입니다. 만약 그들이 파산하여 그리스도 예수 안에서 새롭게 만들어질 수 있다면, 그것은 큰 자비일 것입니다. 하지만 자기 자신의 재능으로 재산을 모았다고 떠벌리고 자랑하기 시작할 때, 그는 하나님에게서 그분의 인자하심에 합당한 명예를 빼앗는 것입니다. 느부갓네살을 보십시오. 그는 거대한 성을 거닙니다. 그는 바벨론의 넓은 성곽을 바라보고, 공중에 높이 매달린 숲인 공중 정원에 감탄합니다. 그리고는 소리칩니다. "보라, 이 큰 바벨론은 내가 능력과 권세로 건설하여 나의 도성으로 삼고 이것으로 내 위엄의 영광을 나타낸 것이 아니냐?"(단 4:30). 불과 몇 주 후에, 그는 미치광이가 되어 황소와 더불어 풀을 뜯고, 사람들의 주거지에서 쫓겨났습니다. 그의 머리털은 마치 독수리의 깃털처럼 자랐고, 그의 손톱은 새들의 발톱처럼 되었습니다. 그제야 그는 영광스러운 하늘과 땅의 주께서 얼마나 신속하게 강력한 군주라도 짐승의 수준으로 낮추실 수 있는지를 알았습니다. 그때 그는 겸비해졌고, 지존자를 송축하였으며, 영원히 사시며 그 통치가 영원하신 분에게 찬미와 영광을 돌렸습니다. 나는 여러분이 총기를 잃어버리지 않기를 바라지만, 그렇게 될 수도 있습니다. 어쩌면 여러분에게 최상의 이성이 돌아오고, 한동안 교만이 쫓겨날 때, 그것이 내가 바라는 목적에 이바지할 것입니다. 왜냐하면 그럴 때 여러분은 여러분에게 재물 얻을 힘을 주시는 분이 하나님이심을 기억할 것이기 때문입니다. 당신 자신이 얼마나 근면한가에 따라 형통함이 어느 정도 올 수는 있어도, 그 역시도 당신이 근면할 수 있도록, 또 맡은 일을 수행할 수 있도록, 당신에게 건강과 힘을 허락하시는 하나님의 크신 호의 덕분이라고 인정되어야 합니다. 모든 복의 원천을 망각함으로써 사람은 하나님의 것을 도둑질합니다.

여기에 덧붙여, 마음으로 주님을 경외하는 사람들도 이런 죄를 범할 수 있다는 것을 말해야겠습니다. 만약 하나님께서 당신을 쓸모 있게 하셨다면, 당신이 스스로 자랑하면 그것은 끔찍한 일이 될 것입니다. 회중이 많을 때, 설교자는 "이것은 내 웅변력 때문이야"라고 생각하기가 아주 쉽습니다. 회심자가 생겼을 때,

그는 속으로 "이것은 내 성실성 탓이지"라고 속삭일 정도로 충분히 사악해질 수 있습니다. 아아, 나여! 그물에 물고기가 가득하다고 해서 그 공을 우리가 소유한 그물 탓으로 돌립니까? 나무를 쓰러뜨린 도끼가 그것을 사용한 손을 대적하여 자기에게 영광을 돌립니까? 이런 죄에 빠지지 않도록 주께서 우리를 지켜주시길 바랍니다! 당신은 그리스도를 위하여 자녀들의 영혼을 얻고자 애쓰고 있습니까? 하지만, 아마도 당신은 많은 사람을 모으지 못했고, 많은 회심자를 보지 못했을 것입니다. 어쩌면 그것은 주님이 큰 성공을 당신에게 맡기실 수 없었기 때문은 아닐까요? 어떤 일꾼들은 성공해서는 안 됩니다. 그 대가로 그들의 영혼을 잃을 가능성이 있기 때문입니다. 그들은 스스로 영광을 취할 것이며, 그렇게 함으로써 하나님의 것을 도둑질할 것입니다.

나는 한 사람을 압니다. 그는 어떤 곳에서 하나님이 큰 복을 주셨던 사람인데, 그 때문인지 그의 설교는 엉망이 되고 말았습니다. 그는 큰 예배당을 짓고, 열심 있는 청중들로 그곳을 가득 메웠습니다. 전에 없었던 분발이 있었습니다. 그는 성공적인 구령자(soul-winner)였고, 그가 그것을 알았습니다. 오호라, 그가 그것을 알았습니다! 그리고 그가 그것을 알았다는 것을 다른 사람들도 볼 수 있었습니다! 그는 설교자로서 두드러진 능력이 있는 사람이었습니다. 그리고 그가 그것을 알았습니다. 그는 영향력이 탁월한 사람이었고, 그의 말과 태도에서 그것이 드러났습니다. 그는 지금 어디에 있습니까? 여러분에게 알려줄 수가 없습니다. 별안간 유용성이 중단되고, 어리석은 행동이 나타나더니, 그는 은혜로운 사람들에게 근심거리가 되었습니다. 만약 우리가 순종하는 종이 아닌 주인을 세우면, 우리는 낯선 섬김을 위해 지시를 받을 것이며, 왕의 얼굴을 더는 볼 수 없게 될 것입니다. 오호라, 우리가 스스로 명예를 취함으로써 하나님의 것을 도둑질할 때, 우리 힘의 근원이 우리에게 있지 않다는 것과, 우리의 영적 능력이란 단지 우리에게 맡겨진 것이라는 사실이 입증될 것입니다. "사람이 어찌 하나님의 것을 도둑질하겠느냐?" 아아, 우리가 이런 잘못을 얼마나 흔히 범하는지요! 주님께서 그런 잘못에서 우리를 보호해 주시기를 바랍니다!

이제, 나는 이 악의 교리적인 형태에 대해 언급할 것입니다. "사람이 어찌 하나님의 것을 도둑질하겠느냐?" 아, 나의 친구들이여, 얼마나 많은 사람이 이 악한 시대에 이런 방식으로 하나님의 것을 도둑질하는지요! 어떤 이들은 우리 구주 예수 그리스도의 신성을 부인합니다. 영원히 복되신 하나님의 아들로부터 하나님과 동등하게 여겨질 권리를 빼앗는 것만큼 더 큰 강탈은 없다고 나는 생각합니다. 영원한 말씀을 마치 한 날의 피조물인 것처럼 생각하는 것은, 천박한 강탈입니다. "우리와 함께 하시는 하나님" 곧 그 이름이 임마누엘이신 분을, 단지 선생이나 본보기일 뿐이며 "참 하나님에게서 난 참 하나님"(very God of very God, 그리스도의 신성을 인정하는 고백을 담은 325년 니케아 신조의 문구-역주)이 아닌 분으로 간주하는 것은 반역의 죄입니다. 여기 있는 사람 가운데 그리스도에게서 하나님으로서의 신성을 강탈하려는 자가 있다면, 주께서 그 사람을 긍휼히 여기시기를 바랄 뿐입니다. "사람이 어찌 하나님의 것을 도둑질하겠느냐?"

어떤 이들은 성령에게서 그분의 인격성을 강탈합니다. 그들에게는 그분이 어떤 영향력으로 언급될 뿐, 참되신 하나님으로 언급되지 않습니다. 그들에게 성령은 "그분"(He)이 아닌 "그것"(It)으로 언급됩니다. 그들에게서 성령님은 복되신 삼위일체의 한 위격으로서 경배를 받지 못하십니다. 너무 많은 사람이 실질적으로 성령을 무시하며, 마치 그분의 도움 없이도 할 수 있는 것처럼 설교합니다. 이렇게 함으로써 그들은 하나님의 일과 관련하여 성령에게서 그분의 참된 지위를 강탈하는 것입니다. 오 친구들이여, 성령 하나님에게서 그분의 것을 도둑질하는 것을 삼가 주의하십시오. 그런 악은 땅바닥에 던져 짓밟아야 합니다.

하나님 아버지에게서 강탈하는 일도 있을 수 있습니다. 그리스도의 희생을 전하면서, 아들을 높이면서도 아버지의 명예를 훼손하는 일이 있을 수 있습니다. 아버지를 자비로운 분으로 만들기 위해 아들이 죽은 것처럼 설명해서는 안 됩니다. 복되신 하나님, 거룩한 삼위일체의 제1위격인 하나님은 사랑이십니다. 그래서 그분이 사람들을 위해 아들을 주신 것입니다. 우리는 아버지를 경배하듯이 아들을 경배해야 합니다. 하지만 아들의 사랑이 아버지의 사랑보다 크다고 말하는 것은 하나님의 것을 도둑질하는 것입니다. 우리 가운데 누구도 복되신 삼위의 어느 한 위격을 불명예스럽게 하는 사람이 없기 바랍니다. 하나님의 각각의 위격에 대하여 우리는 이렇게 노래합시다—

> "하나님을 찬미하고, 합당한 권리를 주께 드리며,
> 모든 영광과 권세, 지혜와 능력을 그분께 돌리세;
> 하늘의 천사들과 함께 그분의 무한한 사랑을 송축하며,

모든 명예와 그치지 않는 감사를 그분께 드리세."

비록 우리가 삼위일체의 신비를 이해하지는 못하지만, 우리는 믿고 경배할 것이며, 그래서 하나님께 합당한 것을 강탈하는 죄를 피하도록 합시다.

사랑하는 이여, 어떤 이들은 하나님의 합법적인 요구를 제한하려는 유혹에 굴복합니다. 그들은 그분에게서 그분의 정당하고 공의로운 율법의 권리를 강탈하려 합니다. 어떤 신학자들은 하나님이 우리에게 율법에 대한 완벽한 순종을 요구하지 않으시며, 단지 진지한 순종을 요구하실 뿐이라고 가르쳐왔습니다. 우리가 할 수 있는 만큼만 하면, 그것으로 충분하다고 그들은 말합니다. 그것은 사실이 아닙니다. 주의 율법은 영원히 굳게 섭니다. 주님은 "마음을 다하며 목숨을 다하며 힘을 다하며 뜻을 다하여 주 너의 하나님을 사랑하고, 또한 네 이웃을 네 자신 같이 사랑하라"(눅 10:27)고 하셨습니다. 이 완벽한 율법의 요구를 누그러뜨리고, 사람들을 율법의 모든 부분에 순종할 의무에서 면제하는 것은, 하나님의 것을 강탈하는 것이며, 다른 사람에게도 그렇게 하도록 가르치는 것입니다. 비록 우리가 우리의 죄악된 이성으로는 완벽한 순종을 이행하지 못하나, 그 때문에 하나님이 비난을 받으실 수는 없으며, 합당한 권리를 잃으셔도 안 됩니다. 만약 내가 빚을 갚을 수 없다면, 빚은 남아 있습니다. 나는 율법을 지켜야 할 의무를 지고 있습니다. 기록되었듯이 "누구든지 율법 책에 기록된 대로 모든 일을 항상 행하지 아니하는 자는 저주 아래에 있는 자라"(갈 3:10) 하였습니다. 하나님 앞에 와서 이렇게 말하는 것이 우리의 본분입니다. "율법은 거룩하고, 정당하며, 선합니다. 하지만 제가 육신적이고, 죄 아래 팔렸습니다." 만약 우리가 율법이 선하다는 것을 인정하지 않으면, 우리는 율법을 만드신 하나님으로부터 그의 인자하심과 지혜와 공의를 강탈하는 것입니다.

또한, 적지 않은 사람들이 하나님의 주권에 반대함으로써 하나님의 것을 도둑질합니다. 내가 하나님의 주권을 전하고 있을 때, 분노로 입술을 깨물고 이를 갈았던 사람들을 나는 압니다. 하지만 내가 전한 것은 사실입니다. 하나님께 항변하는 자가 누구입니까? 하나님은 긍휼히 여길 자를 긍휼히 여기고 불쌍히 여길 자를 불쌍히 여기십니다. 그분이 다그쳐 물으십니다. "내 것을 가지고 내 뜻대로 할 것이 아니냐?"(마 20:15). 사람들은 마치 하나님이 죄 많은 사람에게 구원을 베푸셔야 할 의무가 있는 것처럼 생각하는 것 같습니다. 그들은 권리에 대해 말하면서, 죄로 인해 벌을 받아야 한다는 문제는 제외하고는, 마치 누구든지 하나님의 보좌 앞에서 어떤 권리라도 가지고 있는 듯이 말합니다. 죄인에게 자비가 베풀어질 수 있는 것은 오직 왕의 사면권에 근거를 두고 있습니다. 그것은 하나님의 은혜의 자유로운 행위입니다. 만약 어떤 죄인이 죽음에서 구원을 받았다면, 그것은 하나님의 기뻐하시고 선하신 뜻에 따라 그렇게 된 것입니다. 오늘날의 공론가들은 하나님을 인정하는 듯하지만, 실제 그들의 주장으로는 하나님이 왕이어서는 안 됩니다. 무슨 말인가 하면, 그들은 신이 아닌 신을 선택하고, 사람들의 통치자보다는 종을 선택합니다. 하지만 우리는 하나님을 대신하여 선언합니다. "원하는 자로 말미암음도 아니요 달음박질하는 자로 말미암음도 아니요 오직 긍휼히 여기시는 하나님으로 말미암음이니라"(롬 9:16). 이 교리의 진술에 대해 그들은 분노하여 발을 쿵쿵거립니다. 그들은 하나님에게서 그분의 면류관을 강탈하려 하며, 그분을 보좌도 없고, 의지도 없는 상태에 두려고 합니다. 나에게는 그렇지 않습니다. 내 마음은 기쁘게 말합니다. "이는 여호와이시니 선하신 대로 하실 것이니라"(삼상 3:18). 그분에게 기쁨이 되는 것이면 무엇이든 내게도 기쁨이 될 것입니다. 만약 주께서 나를 정죄하신다 해도, 나는 그분이 부당하다고 말할 수 없습니다. 하지만 그분이 나를 긍휼히 여기신다면, 나는 그것을 전적으로 그분의 자유롭고 주권적인 은혜의 탓으로 돌려야 할 것입니다. 하나님에게서 그분의 주권을 강탈하려 하지 마십시오. 도리어 주께서 다스리시는 것과 그분이 기뻐하는 대로 행하시는 것을 즐거워하십시오.

하나님의 신적인 주권과 유사하며, 또 그분의 면류관에서 가장 밝은 보석들 가운데 하나인 풍성한 은혜의 영광을, 많은 사람이 훔치려 하는 것을 나는 우려합니다. 하나님은 공로에 따라 구원하지 않으며, 자비를 따라 구원하십니다. "죄의 삯은 사망이요 하나님의 은사는 그리스도 예수 우리 주 안에 있는 영생이니라"(롬 6:23). 구원은 값없이 주어지는 것입니다. 인간의 공로 때문이 아니며, 오직 여호와께서 그것을 원하시기 때문입니다. 구원은 은혜에 속한 것이지, 행위에 속한 것이 아닙니다. 나는 그것을 '값없는 은혜'(free grace)라 부르는데, 그 표현에 대해 유사어 반복이라고 투덜거림이 있습니다. 나는 그것을 압니다. 하지만 우리는 그것이 이해되기를 바랍니다. 구원이 임하는 것은 하나님이 구원하기를 바라시기 때문입니다. 은혜는 사람들 가운데서도 가장 무가치한 자들에게 주어지는데, 이는 그것이 은혜이며, 채무가 아니라는 것을 나타내기 위함입니다. 하지만 아!

이 악한들, 그들은 다른 방식으로는 구원을 얻을 수 없다는 듯이, 인간의 선함이나 힘으로 뒤꿈치를 질질 끌며 걷습니다. 하나님의 은혜의 풍성함을 망치고, 그렇게 함으로써 하나님에게서 영광을 강탈하는 것이, 많은 그릇된 설교자들의 야망입니다. 값없는 은혜의 바다에 인간의 공로를 한 방울이라도 떨어뜨리는 설교는 그 모든 것을 망칠 것입니다. "만일 은혜로 된 것이면 행위로 말미암지 않음이니 그렇지 않으면 은혜가 은혜 되지 못하느니라"(롬 11:6). 형제들이여, 우리가 은혜로 구원받았다는 것에 굳게 서십시오. 악한 날에 굳게 서고, 예수 그리스도로 말미암은 구원의 원천으로서 하나님의 주권적인 은혜를 감추려는 '다른' 복음에 반대하십시오.

이제 나는 좀 더 여러분의 아픈 곳을 찌를 터인데, 여러분이 하나님의 것을 도둑질하는 실제적인 행태를 언급할 것입니다. 너무 많은 사람이 하나님으로부터 그분에게 속하는 시간의 일부를 강탈합니다. 하나님이 시간의 어떤 부분을 요구하십니까? 일곱 날 중의 하루입니다. 그분이 우리에게 6일을 주셔서 우리의 일에 활용하도록 하셨습니다. 하지만 그분은 7일 중에 하루는 그분 자신을 위해 남겨두셨고, 이 역시도 우리의 유익을 위해 하신 일입니다. 우리 주 예수 그리스도는, 안식일 율법이 유대 랍비들에 의해 해석되면서 우리에게 속박이 되는 부분을 제거하셨습니다. 그리고 본보기와 말씀으로 우리에게 필수적인 행동들, 자비의 행위, 경건의 행위가 안식일에 허용된다는 것을 알려주셨습니다. 안식일의 고통스러운 준수를 우리 주님은 반대하셨습니다. 그분은 우리에게 참된 안식을 주고자 하셨습니다. 하지만, 많은 방식으로, 사람들은 하나님이 거룩하게 하신 날을 하나님에게서 강탈하려고 작당하고 있습니다. 이날에 성스러움으로 남아야 하는 작은 부분이 지금 위협당하고 있고, 그것이 우리의 국가적인 손해입니다. 안식일을 버리면, 나라는 노예의 상태로 위축됩니다. 안식일 없는 한 주간은 지속적인 속박입니다. 한 날을 멈추고 안식하는 것이, 힘겹게 수고하는 사람들이 살아갈 수 있게 해 줍니다. 오호라, 이날에, 이 나라에서 가장 고위층에 있는 사람들이 주의 날의 신성함을 무시하는 본보기가 되고 있습니다! 다른 면에서는 존중을 받아왔던 한 사람에 대해 나는 탄식하며 이렇게 말할 수밖에 없습니다. 하지만 사실이 그렇습니다. 왕의 본보기로 인해, 안식일이 본래의 거룩한 목적에서 벗어납니다. 우리의 기독교 안식일이 위험에 처한 것은 상스럽고 불경한 사람들 때문만은 아닙니다. 그 본보기가 중요시되는 사람들에 의해서도 그렇게 되고 있는데, 이는 오랜 세월 동안 정당하게 존중되었던 그들의 미덕과 명예 때문입니다. 하나님이 그런 오류를 용서하시고, 그런 행태가 멈추어지게 해 주시길 바랍니다! 형제들이여, 우리는 할 수 있는 한 힘을 다해, 하나님을 위해 그분의 거룩한 날을 보전해야 합니다. 그렇지 않으면 그분의 것을 도둑질하는 죄를 범하게 됩니다. 조금 전에 우리는 매우 진지하게 이런 노래를 불렀습니다—

"환영하네, 달콤한 안식의 날이여,
주께서 부활하신 날이네.
우리 마음이 소생하고 우리 눈은 즐거우니
어서 오라, 안식의 날이여."

모든 시간이 주님의 것이며, 인간의 전 삶이 주님의 것입니다. 우리는 그분에게서 우리의 청춘의 시기를 도둑질하지 맙시다. 그분이 젊은이들에게 말씀하십니다. "너는 청년의 때에 너의 창조주를 기억하라"(전 12:1). 젊은이여, 하나님에게서 당신의 전성기를 도둑질하지 마십시오. 당신의 인생에서 아침에 해당하는 시간을, 젊음의 이슬이 당신에게 내리는 시간을, 세상과 죄에 넘기지 마십시오. 하나님에게서 당신은 이른 장년기를 도둑질하지 말고, 그분에게 봉오리가 싹트는 당신의 꽃을 바치십시오. 매일, 모든 날, 전 삶이 하나님께 속했습니다. 그분을 노엽게 할 수 있는 일에는 일 분도 허비하지 말도록 합시다. 도리어 매 순간을 그분이 소유하실 수 있도록 합시다. 그분이 우리를 위해 영원한 상을 준비하시기 때문입니다.

"사람이 어찌 하나님의 것을 도둑질하겠느냐?" 그런데 많은 사람이 그분에게 마음을 드리지 않음으로써 그분의 것을 도둑질합니다. 그분이 말씀하셨습니다. "내 아들아 네 마음을 내게 다오"(잠 23:26). 그분은 당신 자신을 요구하십니다. 당신 자신을 그분에게 드리십시오. 그분이 당신을 만드셨고, 그분만이 당신을 구원하실 수 있으니, 그분에게 당신을 드리십시오. 사람이 하나님의 것을 도둑질하겠습니까? 그렇게 하지 않기를 여러분에게 호소합니다. 주님께 당신의 영혼과 목숨과 몸을 바치십시오. 당신에게 자기를 위해서만 쓰는 재능이 있습니까? 당신은 하나님의 것을 도둑질하는 것입니다. 재능도, 힘도, 당신이 가진 목숨도, 모두 그분의 소유입니다. 이런 것들은 당신이 당신의 주님을 위해 이자를 남겨드려야 하는 자본입니다. 그분을 위해 쓰이지 않는 것이 일부라도 있으면, 당신은 청지기 직분에서 신실하지 못한 자로 발견될 것입니다.

자기가 받았다고 믿는 은혜를 증언하지 않는 사람들도 하나님의 것을 도둑질한다고 말할 수 있습니다. 당신은 구원을 받았습니다. 그러나 당신은 누구에게도 그 기이한 복에 대해 말한 적이 없습니다. 아니, 당신의 아내에게조차도 말하지 않았습니다. 당신은 회심했습니다. 적어도 그렇다고 당신은 희망합니다. 하지만 당신은 그것을 고백한 적이 없으며, 당신의 자녀들에게조차 고백하지 않았습니다. 당신이 세상을 향해 증언함으로써 하나님에게 올 수도 있는 영광의 수입을, 당신은 도둑질하고 있는 것이 아닙니까? 만약 모든 그리스도인이 당신처럼 입을 다문다면, 하나님에게는 지면에서 아무런 증언자도 남지 않을 것입니다. 은혜의 체험을 통해 하나님의 말씀을 확증할 기회를 그분에게서 도둑질하겠습니까?

당신에게 영향력이 있습니다. 이 또한 하나님에게서 도둑질하겠습니까? 우리는 모두 얼마간의 영향력이 있으며, 그것은 마치 해 아래서 걸을 때 모두가 그늘을 드리울 수 있는 것과 마찬가지입니다. 당신의 영향력을 하나님을 위해 활용하고 있습니까? 그렇지 않다면, 당신은 그분이 그 이름의 영광과 그 나라의 확장을 위해 사용하기를 원하셨던 큰 선물을 그분에게서 강탈하고 있는 것입니다. 어쩌면 당신은 영향력 이상을 가졌을 것입니다. 즉 힘을 가졌을 수도 있습니다. 당신이 가족의 머리이면, 식구들에게 명할 수 있고, 당신의 자녀들이 당신을 따르게 할 수 있습니다. 당신은 식구들과 자녀들을 그릇된 길로 이끌고 있진 않습니까? 당신은 주님의 부관(副官)으로서 작은 영역을 맡았는데, 그 힘을 반역의 방식으로 활용하고 있지 않습니까? 당신은 당신 자신이 악이라고 알고 있는 일을 다른 사람들에게 행하라고 가르칩니까? 오호라, 당신은 하나님의 것을 도둑질합니다! 계속해서 하나님의 것을 도둑질하겠습니까? 여러분을 아버지로, 어머니로, 혹은 노동자들의 고용주가 되게 하심으로써, 하나님은 여러분에게 그분 자신의 권력을 일정 부분 맡기신 것입니다. 그런데 여러분이 그것을 여러분의 주권자에게 반대하는 방식으로 활용한단 말입니까? 당신은 사회에서 지도자입니까? 하나님의 것을 도둑질할 것입니까? 당신은 상원의원입니까? 의회에 가서 도덕과 종교에 해가 되는 법안에 찬성표를 던질 것입니까? 당신은 치안판사입니까? 악행을 눈감아 줄 것입니까? 당신은 우리의 거리에서 외설과 부도덕을 용인할 것입니까? 정의가 악의 종이 될 것입니까? 이런 식으로 하나님의 것을 도둑질하는 자들을 하나님이 부디 용서해 주시기를 바랍니다!

사람들이 하나님에게서 그분의 묶인 재물을 도둑질할까요? 나는 이 문제를 빠뜨릴 수 없습니다. 재물의 봉헌 문제와 관련하여 나는 분명하게 말해야 할 필요를 느낍니다. 얼마나 많은 신앙 고백자들이 하나님의 것을 도둑질하고 있는지요! 우리가 그리스도인이라면, 우리는 우리가 가진 모든 것이 하나님의 것이라고 고백합니다. 여러분은 이 진술을 논박하지 않을 것입니다. 좋습니다. 그렇다면, 사람이 긁어모을 수 있는 모든 것을 모았을 때, 그는 하나님의 것을 도둑질하고 있진 않나요? 그리스도인이라고 고백하는 많은 사람이 그랬듯이, 한 사람이 엄청난 부자로 죽을 때, 그는 하나님의 것을 도둑질한 것이 분명하지 않습니까? 그런 사람들은 주님의 재산을 받아 관리하면서, 곧바로 자기의 청지기 직분을 내던진 것이 아닙니까? 그리스도인은 큰 부자로 죽는 것보다 비교적 가난하게 죽는 편이 낫습니다. 부자들의 유언장은, 고인이 자기 재산을 주님을 위해 쓰지 않고 자기 자신을 위해 썼다는 것을 보여줄 것입니다.

많은 그리스도인이 하나님이 그들의 재산의 첫 번째 소유자이심을 보지 못하고 있습니다. 그들은 주님의 대의를 위해서 적은 부분을 찔끔 기부합니다. 하지만 바치지 않고 간직해 둔 것에서 도둑질한 것은 없습니까? 얼굴 들고 부인할 수 없을 것입니다. 그들의 이웃들에 비하면 그들은 관대하기까지 합니다. 하지만 하나님께 대한 의무에서 비교해보면, 그들이 하나님의 것을 도둑질한 것이 아닙니까? 만약 우리가 우리 자신을 위해서는 한도 없이 소비하고, 필요한 이상의 사치를 위해서는 아낌없이 과도하게 소비하면서, 우리 재산의 정당한 일부를 하나님의 목적과 가난한 자들을 돕는 일에 바치고 있지 않다면, 우리는 정녕 지존자의 것을 도둑질하고 있는 것입니다. 염려하건대, 부자는 죽어가는 침상에서 황금이 딱딱한 베개라는 것을 발견할 것입니다. 만약 그가 드릴 수도 있었던 돈의 부족 때문에, 선교 활동이 약해지고, 교회가 힘쓰는 일들이 위축되고, 수많은 선한 일들이 초기에 중단되는 것을 본다면, 그의 양심은 많은 고통을 겪을 것입니다. 만약 믿는 사람들이 그들을 구속하신 주님의 목적에 일반적으로 정직하기만 하다면, 주님의 일은 결코 구걸하는 식이 되지 않을 것입니다. 내가 이렇게 주장하는 것에 대해 누군가는 반대를 제기할 것입니다. 하지만 나로서는 어쩔 수 없습니다. 나는 나 자신을 위해서는 아무것도 구하지 않습니다. 나는 오직 내 주님의 권리를 주장할 뿐입니다. "사람이 어찌 하나님의 것을 도둑질하겠느냐?"

내가 말하는 것이 틀림없이 여러분 가운데 많은 사람의 가슴에 와 닿았으리라고 생각합니다. 이제 이 말로 이 요점을 마무리하겠습니다. 어떤 사람들에게는 이 악이 특이한 형태로 나타납니다. 저기 어떤 사람이 병들어 누웠고, 자신이 죽음의 문턱에 있다고 생각했을 때, 이렇게 말했습니다. "오 주여, 저를 일으켜주소서." 그때 그는 주님에게 자기 재산의 일부를 거룩한 목적을 위해 바치겠다고 맹세했습니다. 만약 그가 그 엄숙한 약속을 지키지 않았다면, 나는 그에게 이 질문을 강하게 제기합니다. "사람이 어찌 하나님의 것을 도둑질하겠느냐?" 수년 전에, 한 친구가 마음에 두려움과 근심을 안고서 여기에 왔습니다. 그가 내게 말하기를, 그는 수년 전에 상당한 액수의 재물을 하나님께 바치겠다고 맹세했다고 합니다. 하지만 그는 이행을 미루었습니다. 마침내 그의 양심이 그를 괴롭혔고, 그는 낮이건 밤이건 안식할 수가 없었습니다. 그가 크게 안도하게 된 것은 그가 그 액수를 고아원과 목회자 대학과 다른 활동을 위해 기부했을 때였습니다. 정녕 그는 받는 것보다 주는 것이 복되다는 것을 그날 알았습니다. 그런 큰 도움으로 인해 내가 그에게 감사했을 때, 그는 격하게 만류하며 말했습니다. "저에게 고맙다고 하지 마세요. 주님을 위해 이 돈을 쓰는 수고를 맡아주셔서 오히려 제가 목사님께 감사드립니다." 서원은 천천히 하고, 갚는 것은 신속히 하십시오. 서둘러 "나는 이것저것을 하겠다"고 말하지 마십시오. 하지만 당신이 일단 그것을 말했으면, 반드시 그 일을 하고, 그 일을 완수하십시오. 아나니아와 삽비라처럼 되지 마십시오. 그들은 주님과 교회에 바쳤다고 시인한 땅 판 값 중에서 일부를 감추었습니다. 만약 우리가 실제로 글자 그대로 다 이행하지 않았다면, 우리가 주님을 위해 이것이나 저것을 했다고 절대 자랑하지 맙시다. 왜냐하면 그렇게 함으로써 우리는 위험한 지경에 빠지기 때문입니다. 나는 그 문제를 하나님과 여러분의 양심에 맡깁니다. 단지 나는 다시 한번 이 엄숙한 질문을 제기합니다. "사람이 어찌 하나님의 것을 도둑질하겠느냐?"

3. 회개의 지침

아주 간략히, 회개의 지침을 제시하며 말씀을 맺으려 합니다. 만약 여기 있는 분들 가운데 누구든 양심에 가책을 느낀다면, 나는 그런 분들이 우리 주님에 의해 가책을 받고서 그냥 나가지 말기를 요청합니다. 나는 오히려 우리가 이곳에 남아 있는 동안, 하나님을 향한 우리의 부족함 때문에, 깊은 부끄러움을 느낄 수 있기를 바랍니다. 만일 하나님의 것을 도둑질하는 것이라고 언급된 방식들 가운데 한 가지라도 있다면, 당혹스러움이 우리 마음에 엄습하길 바랍니다. 주님을 섬겼다고 말할 수 없는 사람은, 하나님의 것을 강탈한 것에 대해 회개하십시오. 여기 앉아 있는 강한 남성들과 아름다운 여성들이여, 누가 여러분에게 힘과 아름다움을 주었습니까? 여러분은 여러분의 전 삶을 자기를 위해 살아오지 않았습니까? 뭐라고요! 하나님을 생각하지 않았습니까? 여러분은 여러분의 창조주를 잊었습니다. 당신은 그분에게 속했는데, 실질적으로 그분을 부인해왔습니다. 그 잘못을 시인하십시오. 그 문제에 대해 자기를 낮추십시오. 성령 하나님이 역사하셔서, 당신에게 온전한 죄의 자각을 주시고 당신을 진정한 참회로 이끌어주시길 바랍니다.

다음으로, 당신에게 달린 만큼은, 배상하십시오. 선지자가 어떻게 표현하는지를 보십시오. "너희의 온전한 십일조를 창고에 들여 나의 집에 양식이 있게 하라"(10절). 하나님은 당신이 그분을 속여서 취한 것을 당신에게 요구하십니다. 당신은 "죄송합니다"라고 말하고는 똑같이 불의한 방식으로 지내서는 안 됩니다. 만약 당신이 누군가에게 잘못했다면, 그에게 배상할 때까지는 안식하지 마십시오. 만약 사업에서, 속임수로 조금씩 빼돌리거나, 다른 사람에게 손해가 가도록 부당하게 이득을 취했다면, 그것을 바로잡으십시오. 그렇게 하기까지, 당신의 힘으로 최대한 할 수 있는 데까지 그것을 바로잡기 전에는, 당신의 양심이 평화를 얻는다고 기대할 수 없습니다. 주님께 대해서도, 만약 당신이 그분의 것을 도둑질한 것이 있다면, 그 일을 처리하십시오. "너희의 온전한 십일조를 창고에 들이라." 그분의 대의를 지원하십시오. 그분의 집을 위한 비용에 당신에게 적절한 몫을 지불하고, 마땅히 해야 할 의무를 보류하지 마십시오.

무엇보다, 저 위대한 배상자를 보십시오. 이렇게 말씀하신 분이 계십니다. "내가 빼앗지 아니한 것도 물어주게 되었나이다"(시 69:4). 오직 주 예수님만이 하나님의 것을 도둑질한 당신의 죄를 제거하실 수 있습니다. 그분은 죄를 제하려고 자기 자신을 주셨습니다. 그렇습니다. 그분은 죄인들이 멸망하지 않도록 친히 정의의 칼에 자기를 맡기셨습니다. 그분은 두 강도 사이에서 죽으셨습니다. 이 나라에는 하나님의 것을 강탈하는 자들이 많습니다. 여러분의 도둑질에 대한 하나님의 정의는 예수님의 죽음에 의해 누그러집니다. 두려워 말고 하나님을 바라보십시오! 그분을 바라보고, 구원을 받으십시오. 하나님은 예수님을 위하여 여러분의 모든 잘못을 기꺼이, 너그러이, 용서하실 것입니다. 그분을 신뢰하십시오. 지금 그분을 믿기만 하십시오. 그러면 그분이 하나님의 것을 강탈하는 모든 자에게 따르는 저주에서 당신을 해방하실 것입니다. 믿으면, 당신의 죄가 사라집니다.

"끝없는 대양에 잠기듯
구속주의 피 안에 잠기네."

마지막으로, 당신이 구원받았다면, 당신의 영혼에게 이렇게 말하십시오—"과거는 용서되었다. 하나님의 것을 도둑질하던 두려운 죄는 용서받았다. 그러므로 더는 그분의 것을 도둑질하지 않겠다. 하나님의 도우심으로, 주님을 위해 쓰고 또 쓰임을 받는 것이 나의 기쁨이 될 것이다. 그리고,

'만약 내가 얼마간 떼어 비축할 수 있고,
그것이 내 의무에 저촉되지는 않아도,
내 하나님을 뜨겁게 사랑하므로
그 모든 것을 그분에게 드리리라.' "

나는 온전한 봉헌을 위해 호소합니다. 거기에서 미달하는 것은 하나님의 것을 도둑질하는 것입니다. 당신을 사랑하셔서 당신을 위해 자기를 주신 그분을 위해 사는 것이, 하나님을 향한 당신의 채무입니다. 온 세상 앞에서 선택되었으니, 당신은 주님의 소유가 되지 않겠습니까? 은혜의 가족으로 입양되었으니, 당신의 하늘의 아버지를 섬기지 않겠습니까? 하나님의 상속자가 되고, 예수 그리스도와 함께 상속자가 되었으니, 당신을 이 존엄한 위치로 올리신 그분을 영화롭게 하지 않으시렵니까? 영원한 행복이 예정되었고, 당신의 이마에 올려질 면류관이 기다리고 있으며, 당신의 손에 들려질 종려나무 가지가 있으며, 선구자로 앞서가신 영광스러운 주님에 의해 영광스러운 거처가 당신을 위해 마련되었으니, 당신은 하나님을 영화롭게 하지 않으시렵니까? 내가 여러분에게 간청할

필요가 있습니까? 아니, 그렇지 않을 것입니다. 하지만 여러분이 여러분을 사랑하신 그리스도를 사랑하므로, 나는 호소합니다. 여러분의 몸을 하나님께 산 제물로 드리십시오. 그것이 여러분이 드릴 합당한 예배입니다. 귀하신 주님을 위하여 여러분의 삶과, 여러분의 모든 것을 드리기를 거절할 정도로 어리석게 되지 않기를 바랍니다. 아멘.

제
5
장

하나님을 시험하여 보기

"나를 시험하여 보라" – 말 3:10

얼마 전에, 이 전체 구절로 여러분에게 말씀을 전한 것은 나의 기쁨이자 특전이었습니다. "만군의 여호와가 이르노라 너희의 온전한 십일조를 창고에 들여 나의 집에 양식이 있게 하고 그것으로 나를 시험하여 내가 하늘 문을 열고 너희에게 복을 쌓을 곳이 없도록 붓지 아니하나 보라."

내가 옳게 기억한다면, 그때 우리는 복을 쌓을 여지가 충분히 있었습니다. 하지만 얼마 후, 하나님을 섬기느라 우리가 더 열심을 쏟았을 때, 그분은 실제로 너무 많은 복을 부어주셔서 우리에게는 주시는 복을 받아들일 여유가 없었습니다. 그때 우리는 이 건물을 확장했습니다. 그런데도 계속 풍성한 복이 흘러들어와 받아들일 여유가 없어졌습니다. 그래서 나는 같은 본문을 다시 설교했고, 여러분에게 그 약속을 상기시켰을 것입니다. 오늘 아침에, 나는 우리가 하나님의 명예와 영광을 위하여 새로운 일을 시작한다고 느끼면서, 기억을 환기하며 여러분의 정신을 분발하도록 해야겠다고 생각했습니다. 그런 목적에서 나는 이 본문을 선택했습니다. "나를 시험하여 보라."

우리나라의 법률에 따르면, 유죄가 입증되기까지는 누구도 비난당할 수 없습니다. 우리가 우리의 동료 인간에게 기대하는 정의를 하나님을 향해서도 이행한다면 좋을 것입니다. 하지만 얼마나 빈번하게 사람들은 하나님의 행동이 마치 엄하고 불친절한 것인 양 비난하려고 하는지요! 그들이 대놓고 그렇게 말하지는 않습니다. 감히 그렇게 말하지는 않습니다. 그렇게 생각한다고 그들이 공개적으로 말하는 경우는 좀처럼 없습니다. 하지만 고의적인 경우는 드물어도, 그런 생각은 그들의 상상 속에 잠복해 있으며, 그것이 그들을 두려워하게 만들고, 하나님이 은혜 베푸시기를 잊으셨으며 더는 그들에게 관심을 두지 않는다고 여기도록 만듭니다.

내 친구들이여, 하나님에게 반대되는 무언가를 분명히 입증하기까지는, 우리의 하나님을 절대 엄한 분이라고 생각하지 말기 바랍니다. 하나님은 그분의 인자하심과 은혜를 의심하는 모든 자녀에게 말씀하십니다. "지금 나를 시험하여 보라! 나를 반대하여 입증할 것이 조금이라도 있느냐? 나에게 불명예가 될 만한 것을 조금이라도 입증할 수 있느냐? 언제 내가 내 약속을 어겼더냐? 내가 내 말을 성취하기를 어떤 일에서 실패했더냐? 아, 너는 그렇게 말하지 못할 것이다. 만약 나를 거슬러 말할 것이 조금이라도 있다면, 지금 나를 시험하여 보라. 지금까지 네가 약속에 따라 기도하고도 응답과 복을 받지 못한 것이 있다면, 지금 입증하여 보라. 내가 너에게 호소하니, 네가 그렇게 입증할 수 있기까지는, 나를 거짓되다고 단정하지 말라."

게다가, 누군가에 대해 반대되는 무언가를 입증하기까지, 그 사람을 나쁘게 생각하는 것은 정당하지도 않을 뿐더러, 그렇게 자기 동료를 항상 의심하는 것은 지극히 지혜롭지 못한 처사입니다. 물론 경솔하게 믿는 것은 아주 어리석은 일이지만, 나로서는 지나치게 의심하는 것이 그보다 더 나쁘다고 생각합니다. 모든 사람을 믿는 사람은 곧 속을 것입니다. 하지만 모든 사람을 의심하는 사람은 속지는 않겠지만, 큰 괴로움을 겪을 것입니다. 끊임없이 자기 동료를 불신하며 사는 사람은 행복할 수가 없습니다. 그런 사람은 평화와 행복을 빼앗긴 사람이며, 우정이나 애정의 달콤함을 누릴 수 없는 자리에 있는 것입니다.

나는 내 동료들을 지나치게 의심하느니 차라리 지나치게 믿는 편을 택할 것입니다. 그들이 나를 속여서 나로 하여금 그들을 본래 모습보다 훌륭하다고 믿도록 하는 편이, 내가 그들을 속이거나 그들을 본래 모습보다 나쁘게 생각하는 것보다 낫다고 생각합니다. 우리가 다른 사람을 속이기보다 때로는 우리 자신이 속는 편이 낫습니다. 의심할 것 없는 성품을 가진 사람을 의심하는 것은 남을 속이는 것과 마찬가지입니다. 우리는 사람들 사이에 도덕성이 있다는 것을 인정합니다.

그런데 우리는 하나님을 향해서는 그렇게 행동하지 않습니다. 우리는 그분을 신뢰하기보다 그분에 대한 거짓말을 곧장 믿으려 합니다. 시련과 고난 가운데 있을 때, 우리는 하나님이 우리를 버리실 거라고 말하는 마귀를 믿으려 합니다. 처음부터 거짓말쟁이인 마귀를, 우리가 믿는다는 말입니다! 그러나 하나님이 무언가를 약속하실 때, 우리는 이런 식으로 말합니다. "이 약속은 너무나 좋은 약속이기에 사실일 리가 없어." 그렇게 우리는 약속의 성취를 의심합니다. 그것이 정확히 우리가 기대하는 때와 방식으로 오지 않는다는 이유로 말입니다.

하나님에 대해 그런 의심을 품지 마십시오. 우리가 놀라며 "모든 사람이 거짓말쟁이라"(시 116:11)고 말하더라도, 이 한 가지 진실을 간직하도록 합시다—"하나님은 거짓말을 하시지 못한다"(딛 1:2; 히 6:18). 하나님의 뜻은 불변하시며, 또 그분이 맹세로 그것을 확증하셨습니다. 이는 그리스도 예수 안에서 "앞에 있는 소망을 얻으려고 피난처를 찾은 우리에게 큰 안위를 받게 하려 하심입니다"(히 6:18b). 그러므로 우리의 믿음이 두려움과 어울려 빈둥거리지 않도록 합시다. 오히려 은혜를 구하고, 확실히 믿고, 하나님의 입에서 나온 말씀을 확실히 의지합시다.

"만약 네가 내 말을 의심한다면, 지금 나를 시험하여 보라. 네가 만약 내 은혜가 달콤하다고 생각하지 않으면, 주의 인자하심을 맛보고 알지어다. 네가 만약 내가 반석이 아니라 생각하고, 내 일이 완벽하지 않다고 생각한다면, 지금 오라. 그리고 내 반석 위에서 밟아보고, 그것이 얼마나 견고한가를 확인하라. 반석 위에 집을 세워보고, 그것이 얼마나 튼튼한지를 살펴보라. 만약 네가 내 팔이 짧아서 구원하지 못한다고 생각한다면, 와서 구하라. 그러면 내가 내 팔을 펼쳐 너를 보호하리라. 만약 네가 내 귀가 둔하여 내가 듣지 못한다고 생각한다면, 와서 시험하여 보라. 나를 부르라. 내가 네게 응답하리라. 만약 네가 의심을 품고 있다면, 내 약속을 시험해 보라. 그러면 네 의심이 제거될 것이다. 하지만 오, 나에 대해 불신할 만한 증거를 찾기까지는, 나를 의심하지 말라. '지금 나를 시험하여보라.'"

나는 이 말씀에서 한 가지 사실이 표현되어 있고, 한 가지 도전이 주어지고, 한 때가 언급되며, 한 가지 주장이 제기된 것을 발견합니다. 그것이 오늘 아침에 내가 전하려는 네 가지 요점들입니다.

1. 본문에 표현된 사실

첫째로, 우리는 본문에서 하나님이 그분 자신을 입증해보도록 허용하신다는 사실을 대합니다. "나를 시험하여 보라."

이 주제를 묵상하면서, 내게 떠오르는 생각은 창조의 모든 일이 하나님의 증거물이라는 것입니다. 그것들은 하나님의 영원한 능력과 신성의 증거입니다. 하지만 그분은 창조주이실 뿐 아니라 그 모든 것을 유지하시는 분이기에, 창조물들은 그분에 대해서와, 그분의 인자하심과 신실하심과 돌보심에 대한 지속적인 증거가 됩니다. 내 생각으로는, 하나님이 그분의 손에서 해를 내보내며 그 길을 가게 하실 때, 이렇게 말씀하셨을 것 같습니다. "자, 나를 입증하라. 태양이여, 만약 내가 네 일을 마칠 때까지, 네 질주를 마칠 때까지, 너를 붙들어주지 않으면 어떻게 될 것인가? 너는 '경주하는 용사'처럼 즐거워해도 좋다. 하지만 네가 순회의 길을 달리는 동안, 아무것도 네 열기에서 숨지 못하리니, 너는 내 영광을 입증하고, 내가 만든 것들에 빛을 비추라."

우주 공간에서 지구를 돌게 하셨을 때, 그분이 이렇게 말씀하셨을 것 같습니다. "땅이여, 나를 입증하라. 내가 만약 너의 계절을 지속하도록 하지 않으면, 너에게 '파종기와 추수기, 추위와 더위, 여름과 겨울, 낮과 밤'을 주지 않으면 어떻게 될 것인지, 중단없는 섭리로 너를 새롭게 하지 않으면 어떻게 될 것인가?"

그리고 그분이 만드신 모든 피조물에 대해서, 전능자가 이렇게 말씀하셨다고 생각할 수 있습니다. "나를 입증하라. 너 자그마한 각다귀여, 너는 햇빛 아래에서 춤을 출 것이니, 너는 나의 선함을 입증할 것이다. 거대한 리바이어던이여, 너는 깊은 물을 휘젓고 거품이 일게 할 것이다. 가서 나의 힘을 증명하라. 너희 생물들이여, 내가 너희에게 다양한 본능을 주었으니, 나를 바라라. 때를 따라 내가 너희에게 먹을 식물을 주리라. 그리고 너희 강한 천둥과 번개들이여, 세상에 가서 경외심을 가르치고, 나의 전능함을 나타내라."

이처럼, 나는 모든 피조물이 하나님의 존재를 입증할 뿐 아니라, 그분의 무한한 지혜와 인자하심과 은혜를 나타내는 증거라고 생각합니다. 피조물의 가장 낮은 것에서부터 가장 힘센 것에 이르기까지, 각각, 그리고 모든 것이, 어느 정도는 하나님의 인자하심을 입증하며, 우리에게 그분이 얼마나 놀라운 분인지를 가르쳐줍니다.

하지만 하나님은 그분이 만드신 만물 위에 뛰어난 은혜를 사람에게 주셨으니, 사람은 의도적이고 지성적인 증거물이 될 수 있습니다. 사람이 하나님을 입증할 때는 무심결에 그렇게 하지 않습니다. 땅의 사물들이 하나님을 입증하지만, 사물들이 그렇게 할 의도를 가진 것은 아닙니다. 짐승들도 하나님을 찬미하고, 언덕에 있는 가축도 그분의 명예를 나타내고, 사자들의 울부짖는 소리도 그분을 칭송합니다. 하지만 짐승들이 의도를 가지고 그렇게 하는 것이 아니며, 판단력과 의지를 갖고 그렇게 하는 것이 아닙니다. 그리고 비록 태양이 조물주의 위엄과 힘을 입증하기는 하지만, 태양에는 정신과 사고가 없으니, 하나님을 영화롭게 하는 것이 그것의 의도된 뜻은 아닙니다. 하지만 성도는 의도적으로 그렇게 합니다.

사랑하는 이여, 하나님은 그분의 모든 자녀가 그분의 본성의 다양한 속성들을 입증하는 증거가 되기를 바라십니다. 그것은 분명한 사실입니다. 나는 하나님의 자녀 가운데 누구도 하나님의 모든 것을 입증하지는 못한다고 생각합니다. 하지만 그들 모두가 그분의 위대한 성품의 다양한 면들을 입증할 수 있다고 생각합니다. 그래서 섭리의 전체 역사가 기록되고, 모든 성도의 삶이 기록될 때, 그 책의 제목은 "하나님의 증거들"이 될 것입니다. 그분이 진정 하나님이시며, 변하지 않으시며, 그분에게는 "변함도 없으시고 회전하는 그림자도 없으시다"(약 1:17)는 것을 입증하는 큰 증거가 있습니다.

여러분은 한 명의 성도가 얼마나 특별하게 하나님의 오래 참으심을 입증하였던가를 기억할 것입니다. 하나님은 그가 거의 파멸에 이를 정도로 자기 길을 고집하며 가는 것을 허용하셨습니다. 그가 십자가에 달렸을 때, 그를 그토록 오래 참았던 인내가, 마침내 그를 구원에 이르게 했습니다. 그는 "임종의 순간에" 구덩이로 떨어지고 있었습니다. 그때 주권적인 은혜가 그의 추락을 멈추고, 영원한 팔이 그의 영혼을 붙잡았으며, 예수께서 친히 그를 낙원으로 데려가셨습니다.

여러분은 또 다른 성도의 사례도 기억할 것입니다. 그 성도는 수많은 죄에 빠졌고, 가장 더러운 정욕에 빠졌습니다. 하지만 그녀는 그리스도께로 인도되었습니다. 그리스도께서 그녀에게서 일곱 귀신을 쫓아내셨습니다. 그렇게 막달라 마리아는 용서받은 죄인의 감사가 얼마나 감미로운지를, 그리고 주님의 용서의 은혜가 얼마나 풍성한지를 입증했습니다. 주님께서 기꺼이 용서하신다는 것은 분명한 사실이며, 이 여인은 그 사실에 대한 큰 증거입니다.

욥이 있었습니다. 그는 궤양으로 고통받았고, 질그릇 조각으로 자기 몸을 긁어야 했습니다. 그는 "주는 가장 자비하시고 긍휼히 여기시는 분"(약 5:11)임을 입증했습니다. 그에게서 우리는 하나님이 비할 수 없는 고통 가운데서도 우리를 붙들어주시는 분이라는 증거를 얻습니다. 솔로몬이 어떻게 하나님의 관대하심을 입증했는지를 말하고 싶습니다. 그가 지혜와 지식을 구했을 때, 주님은 그의 요청을 들어주셨을 뿐 아니라, 부와 재물과 명예까지도 더해 주셨습니다. 그가 자신이 꾼 꿈의 경험을 해석하여 잠언의 교훈에 담았을 때, 하나님의 풍성하심의 증거를 얼마나 잘 나타내었던가요? 그가 우리에게 지혜를 얻으라고 조언할 때, 그는 우리에게 지혜의 "오른손에는 장수가 있고 그의 왼손에는 부귀가 있다"(잠 3:16)는 것을 확신하게 만듭니다.

또한, 이 세상에서 "은혜로 택하심을 따라 남은 자"(롬 11:5)를 유지하시는 일과 관련하여, 하나님의 특별 섭리의 위대한 증거를 우리는 엘리야의 역사에서 볼 수 있습니다! 저 외로운 사막 로뎀나무 아래에, 한 덕망 있는 선견자가 앉았습니다. 위대하지만 슬픈 사람, 존귀하지만 버림을 받은 지존자의 한 선지자가 있었습니다. 그가 호렙에 이르렀을 때, 한 동굴을 유숙할 곳으로 삼고, 자기 영혼의 깊은 고독을 토로하는 그를 주목하십시오. "오직 나만 남았거늘 그들이 내 생명을 찾아 빼앗으려 하나이다"(왕상 19:10). 오, 그의 두려움이 실현되었습니까? 성도가 한 사람도 없으면 세상에 어떤 공백이 생겼을까요! 하지만 엘리야는 하나님의 입으로부터 그런 일이 불가능함을 입증했습니다. 그는 자기 자신을 위해서뿐 아니라, 우리를 위하여, 혹독한 박해의 시기에도 하나님이 어떻게 성도를 보전하시는지를 입증했습니다. 지구의 오래된 기둥이 서 있는 동안에는 세상에 여전히 교회가 있으리라는 것이 입증되었습니다.

우리는 증언자들의 증언이 중단될 것이라고 상상할 필요가 없습니다. 하나님의 성도 각 사람이 세상에 보내어지고, 하나님의 성품의 어떤 부분을 입증할 것입니다. 어쩌면 나는 편안한 골짜기에 살면서, 많은 안식을 누리며, 달콤한 약속의 새들이 내 귀에 노래하는 것을 듣는 사람들 가운데 한 사람일 것입니다. 대기는 온화하고 향기롭습니다. 양들은 내 주위에서 풀을 뜯고 있습니다. 모든 것이 고요하고 평화롭습니다. 자, 그럴 때, 나는 달콤한 교제 안에서 하나님의 사랑을 입증할 것입니다. 오, 어쩌면, 나는 폭풍 구름이 일어나는 곳에 서도록 부름을 받을지도 모릅니다. 그곳에서는 번개가 치고, 산 위에서 사나운 바람이 휘

몰아치고 있습니다. 자, 그때 나는 우리 하나님의 능력과 위엄을 입증해야 할 것입니다. 위험 가운데서도 그분이 나를 감동하여 용기를 주실 것입니다. 수고로움 가운데서, 그분이 나를 강하게 하실 것입니다. 어쩌면 흠 없는 성품을 유지해야 하는 것이 나의 책무일 수 있습니다. 그렇게 함으로써, 하나님을 향한 헌신의 고백에서 뒤로 물러나는 것이 허용되지 아니하고, 거룩하게 하시는 은혜의 능력이 입증되는 것입니다. 그때 나는 은혜의 전능한 능력의 증거가 될 것이며, 오직 은혜의 능력만이 사람을 죄와 죄의 권세로부터 구원할 수 있음을 입증할 것입니다.

주님의 가족 안에서 일어나는 다양한 경우는 그분의 길의 다양한 부분을 예증(例證)하도록 의도된 것입니다. 천국에서 우리의 복된 일 가운데 일부는, 모든 성도의 경험을 기록한 큰 책을 읽는 것이며, 또한 그 책에서 하나님의 성품이 실례로써 입증된 사례를 모으는 것이라고 나는 생각합니다. 각각의 그리스도인은 하나님의 이런저런 성품이 표현되고 나타난 사례들입니다. 다양한 부분이 우리 각 사람에게 속할 수 있지만, 그 전체가 결합되고, 모든 증거의 빛들이 한데 모여 하나의 태양이 되고, 정오의 광채를 발하게 된다면, 우리는 그리스도인의 경험에서 우리 하나님의 아름다운 계시를 볼 것입니다.

그러므로 하나의 중요한 사실로서, 하나님이 우리로 이 세상에 살게 하신 것은 그분을 입증하도록 하기 위함인 것을 기억합시다. 그렇게 하도록 노력하고, 우리가 할 수 있는 대로 하나님의 속성을 찾아내고 또 입증하도록 항상 애쓰기 바랍니다. 기억하십시오, 우리에게는 우리의 일생에서 입증할 모든 약속이 있습니다. 마지막 큰 날에, 그 모든 것이 성취되었음이 발견될 것입니다. 지금 우리가 읽는 약속들이 이렇게 묻는다고 할 수 있습니다. "그 약속의 증거가 될 사람이 누구인가?" 어쩌면 그 질문은 거의 모두에게 보편적으로 적용되는 특정 약속과 관련되었을 것입니다. 수백만의 성도가 일어나 이렇게 말할 것입니다. "우리가 그 약속의 진실성을 입증합니다." 혹은 성경에는 하나님의 자녀의 어떤 특정한 사람에게만 드물게 적용되는 약속이 있을 수 있습니다. 그것은 아주 특이하여, 그것을 이해할 수 있는 사람은 거의 없었습니다. 하지만 주목하십시오. 그것을 증언할 증인들도 더러 있을 것입니다. 그리하여 하나님의 모든 약속이 교회의 연합된 경험 안에서 성취될 것입니다. 이것은 사실입니다. 하나님은 그분의 자녀들이 그분을 입증하도록 허락하십니다.

2. 본문에서 주어진 도전

이제 두 번째로, 여기서 우리에게 주어진 한 가지 도전이 있습니다. "나를 시험하여 보라!" "나를 의심하는 너희여, 나를 시험하여 보라. 나를 불신하는 너희여, 나를 시험하여 보라. 원수 앞에서 떠는 너희여, 나를 시험하여 보라. 너희 일을 이룰 수 없어서 두려워하는 너희여, 내 약속을 믿고, 와서 나를 시험하여 보라."

이제, 나는 이 도전을 여러분에게 설명하고, 그것이 실행될 수 있는 방식에 대해 설명하겠습니다. 하나님의 말씀에는 다양한 종류의 약속이 있고, 그 약속들은 다양한 방식으로 입증되어야 합니다. 성경에는 세 종류의 약속들이 있습니다. 첫 번째 부류를, 나는 '조건적인 약속들'이라고 분류합니다. 그런 약속은 특정한 인물들을 위해 의도되었고, 그들에게만 주어졌으며, 또 특정한 조건에서만 그들에게 적용됩니다. 두 번째 부류의 약속이 있는데, 그것은 전적으로 '미래에 관련된 약속'이며, 그 성취는 현재와는 관련이 없습니다. 반면에 세 번째이면서 아주 영광스러운 부류의 약속이 있는데, 그것은 '절대적인 약속들'이라고 불립니다. 여기에는 어떤 조건이 없으며, 조건적인 약속들이 요구하는 조건들을 은혜롭게 보충합니다.

먼저, 조건적인 약속들입니다. 우리가 완벽한 방식으로 조건적인 약속을 입증할 수는 없습니다. 증명의 방식은 그 약속이 입증되어야 하는 특성과 일치되어야 합니다. 이러한 약속을 그 예로 들 수 있습니다. "구하라. 그리하면 받으리라"(요 16:24). 여기서 그 약속을 입증하기 위해서는 내가 구해야 한다는 것이 아주 명백합니다. 유익을 얻기 위해서는 내가 채워야 할 한 가지 조건이 있습니다. 약속을 주신 분의 신실하심과 약속의 진실성을 시험해보는 방식은, 명백하게 이것입니다. 그 규정을 따르는 것입니다. 하나님께서 "내 영을 너희 속에 두어 너희로 내 율례를 행하게 하리라"(겔 36:27)고 말씀하실 때는, 약속도 매우 다르고, 그 증명도 다릅니다. 여기에서 우리는 단순히 전능자의 의지를 대합니다. 그러한 약속의 성취는, 우리 편에서 조건을 만족해야 하는 약속과는 입증의 방식이 매우 다릅니다. 하지만 이에 대해서는 조금 후에 다루겠습니다.

조건적인 약속들을 입증하기 위해서는, 하나님이 그 약속들에 부가하신 조건을 우리가 이행하는 것이 필요합니다. 그분이 말씀하십니다. "너희의 온전한 십일조를 창고에 들여 나의 집에 양식이 있게 하고, 그것으로 나를 시험하여 보라." 이 약속과 관련하여, 하나님의 집에 온전한 십일조를 가져오기까지는, 누구도 하나님을 입증하지 못합니다. 왜냐하면 "그것으로" 이 약속은 입증되어야 하기 때문입니다. 주님께서 이렇게 말씀하신다고 가정해보십시오. "환난 날에 나를 부르라. 내가 너를 건지리니 네가 나를 영화롭게 하리로다"(시 50:15). 예, 그분이 그렇게 하실 것입니다. 하지만 우리가 조건을 이행해야 합니다. 또 우리가 조건을 이행할 수 있도록 그분에게 은혜를 구하는 것이 필요합니다. 왜냐하면 약속에 수반된 조건들을 우리가 이행하지 않고서는 그런 약속을 우리가 입증할 수 없기 때문입니다. 아주 달콤하고도 조건적인 약속들이 많습니다. 그 가운데 하나는 내 영혼을 안심시키는 데 도움을 준 것인데, 바로 이 말씀입니다. "땅의 모든 끝이여 내게로 돌이켜[나를 바라보라 그리고, KJV] 구원을 받으라"(사 45:22). 여기에 조건이 있습니다. "나를 바라보라"입니다. 하지만 여러분은 그리스도를 바라보지 않으면 그 약속을 입증하지 못합니다. 또 하나의 예가 있습니다. "누구든지 주의 이름을 부르는 자는 구원을 받으리라"(롬 13:13). 이 얼마나 복된 약속인지요! 하지만 여러분이 주의 이름을 부르지 않으면 그 약속을 입증할 수 없습니다. 그러므로, 어떤 약속에 조건이 결합된 것을 볼 때마다, 그것을 우리 자신의 경험으로 입증하기를 원한다면, 우리는 그 조건을 이행할 은혜를 주시도록 하나님께 구해야 합니다. 이것이 하나님을 입증하는 한 가지 방식입니다.

하지만 어떤 이들은 말할 것입니다. "이런 조건들이 하나님의 약속의 너그러움과 은혜로움을 제한하지 않습니까?" 오, 사랑하는 이여, 그렇지 않습니다. 왜냐하면, 먼저, 그 조건들이 제시된 이유는 종종 그 약속들이 주어진 사람들을 묘사하는 것이기 때문입니다. 내 형제여, "[그가] 가난한 자의 부르짖음을 잊지 아니하시도다"(시 9:12)라고 기록되었을 때, 그 약속은 당신의 고통당하는 영혼에 적합합니다. 주께서 "무릇 마음이 가난하고 심령에 통회하며 내 말을 듣고 떠는 자 그 사람은 내가 돌보려니와"(사 66:2)라고 말씀하실 때, 당신은 그 묘사가 사실은 당신 자신에 대한 묘사인 것을 인지할 수 있을 것입니다. 그리고 그분이 "내가 떡으로 그 빈민을 만족하게 하리로다"(시 132:15)라고 말씀하실 때, 여러분 가운데 어떤 분들은 그 약속이 그 복을 받기에 합당한 조건에 있는 당신을 찾는다는 사실에 위안을 얻을 것입니다. 하지만 한편으로, 조건이 상태가 아니라 의무에 대한 것일 수도 있습니다. 조건으로 기도가 있어야 합니다. 그분은 기도의 영을 주십니다. 믿음이 있어야 합니다. 그분은 믿음의 수여자이십니다. 온유함이 있어야 합니다. 그분은 당신에게 온유로 옷을 입혀 주시는 분입니다. 그러므로 그 조건들은 하나님의 자녀들의 마음을 약속에 이끌리도록 하고, 또 "은혜 위에 은혜"(요 1:16)를 주시는 분의 풍성함을 나타내는 것에 이바지합니다.

다음으로 절대적인 약속이 있습니다. 그것은 모든 것 가운데 가장 크고 좋은 약속입니다. 왜냐하면 만약 그 약속들이 모두 조건적이었다면, 그리고 그 조건들을 이행하는 것이 우리에게 달렸다면, 우리 모두 망할 것이기 때문입니다. 만약 절대적인 약속들이 없다면, 구원받는 영혼은 없을 것입니다. 만약 어떤 이들에게 조건적인 약속들이 주어지고, 어떤 절대적인 약속도 주어지지 않으면, 그들은 그 모든 하나님의 약속에도 불구하고 모두 멸망할 것입니다. 만일 그분이 단순히 "믿는 자는 구원을 받으리라"고 말씀하셨다면, 우리는 모두 잃은 자가 될 터인데, 왜냐하면 그분의 은혜 없이는 우리가 믿을 수 없기 때문입니다. 절대적인 약속은 어떤 것을 행함으로써 입증되는 것이 아니며, 단지 그것을 믿음으로써 입증되는 것입니다. 절대적인 약속과 관련하여 내가 할 수 있는 전부는 그것을 믿는 것입니다. 만약 내가 어떤 조건을 이행하려고 노력한다면, 그것은 하나님에게 받아들여지지 않을 것입니다. 왜냐하면 그런 종류의 약속에는 아무 조건도 수반되지 않기 때문입니다.

그분이 당연히 내게 이렇게 말씀하실 것입니다. "네가 만약 다른 약속의 조건을 이행한다면, 그 약속을 받을 것이다. 하지만 이 약속에는 내가 아무런 조건도 부여하지 않았다. 나는 '내가 내 영을 너희 속에 두어 너희로 내 길에서 행하게 할 것이다. 너희는 내 백성이 되겠고 나는 너희의 하나님이 되리라'고 말했다. 그것은 아무런 조건이 없는 약속이다." 비록 하나님의 자녀가 죄를 지어도, 그 약속은 유효하며, 그는 자기 잘못을 알게 되고, 회개하여, 온전히 용서받을 것입니다. 그런 약속을 우리는 믿을 뿐입니다. 그런 약속과 관련하여 우리는 어떤 조건도 이행할 수 없습니다.

우리는 그 약속을 하나님께 들고 가서 이렇게 말합니다. "그리스도께서 '자기 영혼의 수고한 것을 보리라'(사 53:11)고 주께서 말씀하시지 않았습니까? 주여, 우리가 그것을 믿나이다. 그분으로 자기 영혼의 수고를 보고 만족하게 하소서. 주께서 또 '내 말은 헛되이 내게로 되돌아오지 아니한다'(사 55:11)고 말씀하시지 않았습니까? 주여, 주께서 그렇게 말씀하셨으니 그 일을 이루소서."

또 그분이 말씀하시지 않았습니까? "내게 오는 자는 내가 결코 내쫓지 아니하리라"(요 6:37). 그러니 당신도 가서 이렇게 말하십시오. "주여, 제가 이제 옵니다. 당신께서 말씀하신 대로 행하소서." 절대적인 약속과 관련하여, 내가 당신에게 말할 수 있는 것은, 믿음이 좋은 발판이라는 것입니다. 조건적인 약속들은 종종 영혼을 격려합니다. 하지만 믿음은 반석 위에 굳게 서기를 기뻐하며, 그 반석은 곧 절대적인 약속입니다.

사랑하는 친구들이여, 오늘 여러분의 마음에 약속이 다가왔습니까? 여러분 가운데 많은 이들은 침상에서 일어날 때 하나님이 주신 약속이 있을 것입니다. 내가 항상 확신하는 것은, 아침에 내 주님으로부터 한 가지 좋은 본문을 얻을 때 그날이 가장 행복한 날이라는 것입니다. 내가 하루에 두세 편의 설교를 해야 할 때, 나는 주님에게 아침의 분량을 구하고, 그것을 기초로 전합니다. 그리고 다시 저녁의 분량을 구하고, 내 영혼의 위로를 위하여 그 본문을 묵상한 후에, 그 본문을 토대로 말씀을 전합니다. 규칙적인 설교 작성자의 직업적인 방식이 아니라, 나 자신을 위해 그 본문을 묵상하는 것입니다. 그런 단순한 방식이 내가 한 주간을 설교문을 작성하느라고 보냈던 때보다 더 많은 유익을 끼쳤습니다. 왜냐하면 그 본문은 내 양심으로 받아들인 직후에, 내 마음에서부터 따뜻한 상태로 나오기 때문입니다. 그렇게 할 때 본문이 잘 전달되고, 잘 이해되었으며, 잘 음미되었고, 잘 느껴지곤 했습니다.

그러면, 당신의 약속은 무엇입니까? 그것이 조건적인 약속입니까? 그러면 이렇게 말하십시오. "주여, 주께 간청하오니, 저로 그 조건을 이행할 수 있게 하소서." 만약 그 약속이 당신의 영혼에 한 가지 조건과 더불어 적용된다면, 그분이 당신에게 그 조건과 약속을 모두 주실 것입니다. 왜냐하면 그분은 결코 어중간하게 주시지 않기 때문입니다. 그분이 당신의 영혼에 이 말씀을 넣어주셨습니까? "악인은 그의 길을, 불의한 자는 그의 생각을 버리라"(사 55:7). 그렇다면 그분은 당신에게 당신의 길과 생각을 버릴 수 있는 은혜를 주실 것입니다. 그분이 당신에게 조건적인 약속을 주실 때는, 적절한 시기에, 당신에게 그 조건 또한 주실 것입니다.

하지만 당신의 영혼에 절대적인 약속이 임했습니까? 그렇다면 당신은 행복한 사람입니다. 하나님께서 당신의 영혼 깊은 곳에 이와 같은 위대하고 고귀한 약속을 주셨습니까? "산들이 떠나며 언덕들은 옮겨질지라도 나의 자비는 네게서 떠나지 아니하며 나의 화평의 언약은 흔들리지 아니하리라"(사 54:10). 조건을 생각하려고 멈추지 마십시오. 그 약속을 있는 그대로 받아들이십시오. 무릎을 꿇고 이렇게 말하십시오. "주여, 당신께서 그렇게 말씀하셨나이다." 또한, 주께서 "내가 결코 너희를 버리지 아니하고 너희를 떠나지 아니하리라"(히 13:5)는 약속을 하셨습니까? 그 약속에 호소하십시오. 혹시 당신은 고난 중에 있습니까? 적절한 약속을 찾아서 이렇게 말하십시오. "당신께서 말씀하셨습니다. '네가 물 가운데로 지날 때에 내가 너와 함께 할 것이라 강을 건널 때에 물이 너를 침몰하지 못할 것이라'(사 43:2). 주여, 제가 믿나이다! 제가 시험을 당하지만, 주께서는 제가 감당치 못할 시험 당함을 허락하지 않는다고 하셨습니다. 주여, 충만한 은혜를 제게 주소서. 저로 능히 이기는 자가 되게 하소서."

가서 하나님을 시험하여 보십시오. 두려워하지 말고 놀라지도 마십시오. 하나님이 약속을 주신다면, 그분은 그것을 입증해 보도록 당신에게 권유하시는 것입니다. 하나님이 당신에게 한 가지 말씀을 주시면, 그분이 의도하시는 것은 곧 당신이 그 말씀을 다시 그분에게로 가져와서, 그 말씀대로 구하며 아뢰는 것입니다. 왜냐하면 주께서 이같이 말씀하셨기 때문입니다. "그래도 이스라엘 족속이 이같이 자기들에게 이루어주기를 내게 구하여야 할지라"(겔 36:37). 그렇게 하십시오. 당신에게 권하니, 주님으로 그분이 주신 약속을 생각하게 하십시오. 그러면 그분은 그 약속을 틀림없이 성취하실 것입니다. 여기에 모든 구속받은 백성을 향한 도전이 있습니다. "나를 시험하여 보라."

3. 본문에서 언급되는 때

세 번째로, 본문에 언급된 한 시기가 있습니다. "지금 나를 시험하여 보라"(Prove me now, KJV).

그리스도인의 삶에서 가장 위험한 때가 언제인지 아십니까? 한순간에 내 머리에 스치는 생각이 있습니다. '지금'입니다. 많은 사람이, 거의 모든 그리스도인이 현재의 시간을 가장 우려합니다. 그들이 고난 가운데 있다고 생각해 보십시오. 비록 이전에 열 배나 힘든 고난을 겪었어도, 그들은 그 모든 것을 잊습니다. 그들은 '지금'이 가장 큰 위기의 날이라고 생각합니다. 혹은, 그들이 현재 편안하다면, 이렇게 말할 것입니다—

"이 편안함이 언제 깨어질지 모르니
머리 위에서 우르릉거리는 폭풍보다 두렵구나."

그들은 삶에서 '지금'보다 위험한 상태는 없다고 생각합니다. 사자들이 그들 앞에 있으니, 그들이 처한 위험이 얼마나 큰지요! 얼마 전에, 편안한 정자에서 두루마리를 잃었을 때(「천로역정」의 내용-역주), 그때 그들은 얼마나 두려웠는지요! 그들이 미끄러운 땅에 이르러 언덕 아래로 내려갈 때는, '지금'이 그들에게 가장 위험한 때처럼 보였습니다. 그들이 조금 더 나아갔을 때, 아볼루온이 그들을 만납니다. 그들이 말합니다. "여기에, 모든 시련 중에 최악의 시련이 있구나." 그다음에 사망의 음침한 골짜기가 나옵니다. 그들이 말합니다. "지금이야말로 내 삶에서 가장 위험한 때로구나."

사실 '지금'이 우리가 보호되어야 하는 때라고 느끼는 것은 어느 정도는 옳습니다. 어제와 내일을 우리는 내버려둘 수 있습니다. 하지만 '지금'은 우리가 깨어 있어야 하는 때입니다. 하나님은 내일의 약속을 오늘 내 마음에 두시지 않습니다. 왜냐하면 내가 긴급하게 그것을 필요로 하지 않기 때문입니다. 약속의 말씀은 때에 맞추어, 장소에 맞게 주어지며, 그분이 계획하시고 의도하신 방식에 따라 성취됩니다. 그리스도인들이 하나님을 잘 의지하지 못하는 때는 '지금'이라고 말할 때, 여러분 가운데 일부는 분명 내 말에 공감할 것입니다.

한 사람이 말합니다. "오! 만약 내가 이전과 같은 상태에 있다면 행복할 텐데. 그때는 내 주님을 지금보다 신뢰할 수 있었지. 하지만 지금은 안심하고 구주의 품에 내 머리를 기댈 수가 없구나. 내가 아플 때 약속의 말씀들이 얼마나 달콤했었던가? 그때 나는 말할 수 있었지—

'그분의 손안에 눕는 것이 아늑하고
그분의 뜻 외에는 아무것도 구하지 않으리.'

하지만 이제 나는 변했구나. 웬일인지 권태로움이 몰려왔구나. 내가 그리스도인이 맞는지조차 믿을 수 없구나."

당신은 어떤 형제와 비교하면서, 만약 당신이 그와 같을 수만 있다면, 믿음을 가질 것이라고 느낍니다. 가서 그 형제에게 말해보십시오. 아마 그는 이렇게 말할 것입니다. "내가 오히려 당신처럼 될 수 있으면 좋을 텐데요." 그렇게 그들은, 각 사람이 자기가 처한 상황에서 하나님을 신뢰하지 못하는 경험을 교환합니다. 하지만 주님은 언제나 우리가 처한 특정한 자리에서 적합한 말씀을 주시기를 기뻐하십니다. "지금 나를 시험하여 보라."

잠시 비유로 말하겠습니다. 바다에 배가 한 척 있습니다. 그것은 주님이 보내신 배이며, 바라는 항구로 가도록 주님이 명하신 배입니다. 바다는 평온합니다. 물결이 부드럽게 찰랑거리고, 배는 꾸준히 앞으로 나아갑니다. 주님이 말씀하십니다. "지금 나를 시험하여 보라." 선원이 갑판 위에 서서 말합니다. "주님, 주께서 이처럼 평온한 항해를 허락하셔서 감사드립니다. 하지만 아, 내 주님이시여, 어쩌면 이 편안함과 위안이 저의 은혜를 망칠 수도 있습니다." 한 음성이 들립니다. "지금 나를 시험하여 보라, 그리고 내가 폭풍 가운데서 너를 지킬 수 없는지를 보라." 곧 하늘에 먹구름이 모이고, 바람이 거세게 몰아치기 시작합니다. 물결도 소리를 높이고, 그런 동안 저 가련한 배는 깊은 물 위에서 이리저리 흔들립니다. 야단스러운 폭우와 울부짖는 바람 속에서, 나는 한 음성이 들려오는 것을 듣습니다. "지금 나를 시험하여 보라." 보십시오, 저 배는 바위에 부딪혔습니다. 배는 부서져 거의 산산조각이 날 것 같습니다. 선원은 배에 물이 차는 것을 봅니다. 아무리 퍼내도 물은 줄지 않습니다. 그때 이 음성이 울려 퍼집니다. "지금 나를 시험하여 보라." 오호라! 배가 거의 가라앉습니다. 파도가 한 번만 더 치면 그것을 침몰시키기에 충분합니다. 여전히 이 음성이 울려 퍼집니다. "지금 나를 시험하여 보라." 이제는 한 방울만 더 불어도 배는 완전히 가라앉을 것 같습니다. 그때 이 음성이 울려 퍼집니다. "지금 나를 시험하여 보라."

그 선원은 하나님을 시험하여 보고, 자기의 모든 환난에서 안전하게 구출됩니다. 배는 이리저리 흔들리고, 마치 술 취한 사람처럼 비틀거렸습니다. 사람들은 곤경에 빠져 어찌할 바를 몰랐습니다. 하지만 그분이 그들을 바라던 항구로 인도하셨습니다. 이제 배는 순풍을 받고 질주합니다. 그리고 보십시오, 배가 수평선 가까이에 이르렀습니다. 안개가 사방에 몰려들었고, 이상한 환영들이 밤의 물결 위에서 춤을 춥니다. 창백한 빛이 저녁의 그림자들 사이로 지나갑니다. 이윽고 밤이 다시 찾아옵니다. 이따금 선원이 전에 본 적이 없는 무언가가 배 주위에 드리워져 있습니다. 뱃머리 아래의 물은 검고, 축축한 공기가 사방에 자욱합니다. 선원의 얼굴에 끈적한 땀이 맺혀 있습니다. 전에 느껴본 적이 없는 새로운 두려움이 그를 사로잡았습니다. 바로 그때, 그가 무엇을 해야 할지 모를 때, 한 음성이 들려옵니다. "지금 나를 시험하여 보라." 그는 그렇게 했고, 주를 향해 부르짖었으며, 구원을 받습니다.

아, 사랑하는 친구들이여, 나는 여러분에게 일백 가지의 예화도 더 제시할 수 있습니다. 나는 이 오래된 성경이 오늘 내게 말한다고 생각합니다. 나는 여러분 가운데서 하나님의 군사로서 성경을 검처럼 휘두릅니다. 이 성령의 검은 여러분 가운데 많은 사람의 가슴을 찌르고, 비록 그 마음이 화강암처럼 딱딱해도, 그것을 갈라 조각을 냅니다. 여러분 가운데 어떤 이들은 억센 심령의 사람들이었지만, 이 오래되고 훌륭한 예루살렘의 칼날에 산산조각이 났습니다. 오늘 밤에 우리는 전례 없이 거대한 군중이 모이는 곳에서 집회를 열 것입니다. 어쩌면 한가한 호기심으로 하나님의 말씀을 듣기 위해 오는 사람도 있겠지요. 하지만 이 음성이 내 귀에서 소리칩니다. "지금 나를 시험하여 보라!" 내 목회의 직무 기간에 많은 사람이 왔습니다. 빈틈없이 무장을 갖추고, 비늘 갑옷을 입고 왔습니다. 하지만 이 단련된 검이 그들을 갈랐고, 그들의 관절과 골수를 찔러 쪼개었습니다. 하나님이 말씀하십니다. "지금 나를 시험하여 보라! 훼방하는 자들 앞에 가서 나를 입증하라. 버림받은 자들에게 가서 나를 입증하라. 가서 지금 나를 입증하라!" 생명의 십자가를 높이 드십시오. 그것을 다시 사람들 앞에 드러내십시오. 사망의 영역으로 가서 생명의 말씀을 선포하십시오. 이 도시에서 역병으로 가장 큰 피해를 입은 곳으로 가십시오. 구주의 공로라는 향로와 향을 가지고 가서, 그분이 지금 어떻게 역병을 멈추실 수 있고, 또 질병을 제거하실 수 있는지를 입증하십시오.

하지만 하나님이 교회를 향해서는 무어라고 말씀하십니까? "너는 이전에 나를 시험하여 보았고, 위대한 일들을 시도했었다. 비록 너희 가운데 일부가 소심하여 '우리는 모험을 해서는 안 됩니다'라고 말했지만, 너희 중에 다른 이들은 믿음으로 나를 시험하여 보았고 입증하였다. 나는 다시 말한다. '지금 나를 시험하여 보라.'"

하나님이 무엇을 하실 수 있는지 보십시오. 여러분에게 설교하도록 하나님이 세우신 사람의 머리 위에 구름이 드리울 때, 가서 지금 그분을 시험하여 보십시오. 전에는 꿈꾸지도 못했던 복을 그분이 여러분에게 부어주시지 않는가를 보십시오. 그분이 우리에게 오순절의 복을 내려주시지 않는가를 살펴보십시오.

"지금 나를 시험하여 보라." 왜 우리가 불신한단 말입니까? 우리로 불신하게 할 만한 일이 한 가지라도 있습니까? 우리는 약합니다. 그것이 무엇입니까? 우리 자신이 가장 약할 때 우리는 하나님 안에서 가장 강한 자들이 아닙니까? 우리는 어리석습니다. 사람들이 그렇다고 말합니다. 실제로 우리는 어리석고, 우리도 그것을 압니다. 하지만 하나님은 어리석은 자를 택하여 지혜로운 자들을 부끄럽게 하십니다. 우리는 비천합니다. 하지만 하나님은 세상의 천한 것들을 택하셨습니다. 우리는 학식이 부족한 자들입니다—

"우리는 학자들의 미묘한 기술을 알지 못하네."

그렇지만 우리는 약함 가운데서 그리스도의 능력이 우리에게 머무는 것을 기뻐합니다. 사람들이 우리를 실제 우리보다 나쁘게 묘사한다면 그렇게 하도록 내버려두십시오. 그들이 우리를 가장 밉살스러운 인물로 묘사하더라도, 우리는 그들을 축복할 것이며 그들의 유익을 바랄 것입니다. 주님이 쓰시기만 한다면, 무기가 돌이면 어떻고, 나귀 턱뼈이면 어떻습니까? 어떤 이들이 말합니다. "당신들은 지혜로운 사람들이 무어라고 말하는지 모르십니까?" 예, 우리는 알고 있습니다. 하지만 우리는 그들의 예언을 거꾸로 읽을 수 있습니다. 그들의 말은 그들의 지혜의 산물이지요. 우리는 누가 그들을 가르쳤는지를 알고, 또 그가 처음부터 거짓말쟁이인 것을 압니다.

오 어리석고 마음이 둔한 자들이여! 당신들은 진리에서 물러날 것입니까? 비방과 체면 때문에 움츠러들 참입니까? 그렇다면 당신들에게는 마땅히 있어야 할 주님을 향한 사랑이 없는 것입니다. 만약 여러분이 용감하고 진실한 사람이라면, 계속해서 나아가 정복하십시오. 두려워하지 마십시오. 여러분이 승리할 것입니다. 하나님의 거룩한 복음이 다시 한번 땅을 흔들 것입니다. 깃발이 높이 들렸고, 수많은 사람이 그 깃발 아래로 몰려들고 있습니다. 바리새인들이 모여 의논하고, 학식 있는 자들이 당황하며, 현자인 체하는 자들이 당혹스러워합니다. 그들은 어찌해야 할지를 모릅니다. 작은 자를 하나님이 크게 하셨고, 멸시받던 자를 높이셨습니다. 그러므로 그분을 신뢰합시다. 그분이 끝까지 우리와 함께 하실 것입니다. 그분이 친히 말씀하셨습니다. "보라, 내가 세상 끝날까지 너희와 항상 함께 있으리라"(마 28:20).

4. 본문에서 제기되는 주장

내 주제의 마지막 부분은 한 가지 주장입니다. 그리고 나는 이미 그것을 일부 다루었습니다. "지금 나를 시험하여 보라."

왜 우리가 하나님을 시험하여 보아야 합니까? 사랑하는 이여, 왜냐하면 우리가 그렇게 하는 것이 그분을 영화롭게 할 것이기 때문입니다. 찬장에 빵 한 조각도 없는 가난하고 배고픈 하나님의 자녀가 "주여, 주님께서 제게 빵이 주어질 것이라 말씀하셨고, 물도 틀림없이 마실 수 있다고 하셨습니다. 이제 저는 당신을 시험하여 보겠습니다"라고 말할 때, 그 단순한 증명으로 대천사들의 할렐루야 찬양보다 하나님께 더 많은 영광을 드릴 수 있습니다. 어느 불쌍하고 가망 없는 죄인이, 말씀 주변에서 안절부절못하며 서성이다가, 희망을 가지고 이렇게 말할 수 있습니다—

"어느 달콤한 약속 위에 빛이 비치니
절망을 막아주는 든든한 울타리라네."

그런 사람이 하나님의 약속을 믿을 때, 그에게 불리한 증거에도 불구하고 약속을 믿는 일에서 흔들리지 않을 때, 그때 그는 하나님을 영화롭게 합니다.

만약 여러분이 오늘 아침에 자신이 거의 저주받은 죄인임을 인식하고, 또 자신이 모든 사람 가운데서 가장 악한 자라고 느끼면서도, 그리스도께서 당신을 사랑하시며 또 그분이 죄인인 당신을 구원하러 오셨다고 믿으면, 당신은 당신의 손가락으로 낙원의 황금 수금을 타면서 하나님을 영화롭게 하는 것만큼이나 하나님을 영화롭게 할 것입니다. 우리는 하나님을 입증함으로써 그분을 영화롭게 합니다. 하나님을 시험하여 보십시오. 이것이 기독교 신앙의 영광스러운 요소가 발휘되도록 하는 방법입니다. 그리스도인으로서 우리의 거룩한 전쟁의 의무를 위해 비범한 태도로, 순교의 정신으로, 용감하게, 하나님을 섬기기 위해 기꺼이 위험을 감수함으로써, 우리는 하나님께 영광을 돌릴 수 있습니다. 하나님이 말씀하십니다. "지금 나를 시험하여 보라." 성도여, 당신은 그분에게서 그분의 영광을 빼앗을 겁니까? 당신은 그분에게서 그분의 명예를 뺏으려 합니까? 당신은 더 많은 면류관을 그분에게 드리지 않으시렵니까? 오, 그분을 시험하여 보십시오. 그렇게 함으로써 당신이 그분의 이름을 영화롭게 할 수 있습니다.

당신이 전에 그분을 입증했듯이, 다시 그분을 입증하십시오. 당신이 매우 낮아졌을 때, 당신이 이렇게 말할 수 있었을 때를 기억하지 않습니까? "이 곤고한 자가 부르짖으매 여호와께서 들으시고 그의 모든 환난에서 구원하셨도다"(시 34:6). 뭐라고요? 당신은 그분을 다시는 시험하여 보지 않을 거라고요? 당신이 입증했던 그분의 선하심에 더는 관심을 두지 않을 거라고요? 당신이 "나는 거의 넘어질 뻔하였고 나의 걸음이 미끄러질 뻔하였다"(시 73:2)고 말했을 때, 그분이 당신을 붙들어주시지 않았던가요? 그래서 당신이 시편 기자와 더불어 "내가 항상 주와 함께 하니 주께서 내 오른손을 붙드셨나이다"(시 73:23)라고 말할 수 있지 않았던가요? 당신의 발이 미끄러졌습니까? 당신은 지금까지 베푸신 그분의 자비를 증언할 수 있지 않습니까? 그렇다면 당신을 붙들어주신 그분을 계속해서 신뢰하십시오.

또한, 이 도전을 받아들여, 하나님의 말씀을 시험하여 보십시오. 그분이 당신에게 그렇게 해 보도록 말씀하셨으니, 그것이 얼마나 큰 복을 당신에게 가져다주는지를 시험하여 보십시오! 사랑하는 형제들이여, 우리가 이 세상에서 필요한 정도보다 열 배나 많은 근심을 하는 이유는, 우리가 믿을 수 있는 절반만큼도 하나님의 약속을 신뢰하지 않기 때문입니다. 우리가 더 많이 하나님의 약속을 의지해서 살고, 더 적게 인간적인 느낌에 따라 살 수 있다면, 우리는 더 행복한 사람들이 될 것입니다. 우리가 항상 약속을 믿는 믿음으로 살 수 있다면, 원수의 화살들이 결코 우리에게 미치지 못할 것입니다. 그러므로 끊임없이 그분을 시험하여 보도록 노력하십시오.

조지 뮐러(George Müller, 스펄전과 동시대인으로 기독교 복음주의자이며, 믿음의 방식으로 일만 명이 넘는 고아원을 돌본 것으로 유명함-역주) 씨는 하나님을 시험하여 봄으로써 얼마나 많은 일을 했던가요! 그는 특별한 일을 위해 하나님의 부름을 받았습니다. 그가 하는 일이 무엇입니까? 그는 고아원을 설립하고, 그 일을 하나님께 의탁합니다. 그에게는 규칙적인 수입이 없습니다. 하지만 그는 말합니다. "나는 하나님이 기도를 들으신다는 것을 세상에 입증할 것입니다." 그래서 그는 기도의 삶을 삽니다. 비록 때로는 그에게 마지막 한 실링밖에 없을 때도 있지만, 그의 어린이들이 자리에 앉아 충분한 빵을 먹지 못할 때는 없었습니다. 우리의 일은 그의 일과는 다를 것입니다. 하지만 우리의 일이 무엇이건, 그 일을 믿음으로 행하여, 그래서 누구든 그것을 보는 사람이 이렇게 말할 수 있게 합시다. "그는 이런저런 약속의 말씀으로 하나님을 시험하여 보았고, 그의 삶은 약속이 실패하지 않는다는 확실한 증거였다." 약속이 무엇이건, 여러분의 삶이 약속과 관련하여 마치 입증되어야 할 문제를 푸는 것처럼 되게 하십시오. 마치 처음에 진술되고 마지막에 입증되는 유클리드(Euclid, 기원전 300년경 그리스의 기하학자-역주)의 어떤 명제처럼, 우리도 우리 삶의 시작에 성경에서 발견하는 본문을 성취되어야 할 약속으로 알고, 마지막에는 그것이 설명되고, 입증되고, 실행되는 삶이 되도록 합시다.

하지만 사랑하는 친구들이여, 설교를 마무리하면서, 여기 있는 사람들 가운데 자기의 잃어버리고 망가진 상태를 알게 된 사람들에게 이 메시지를 기억하라고 호소하고 싶습니다. "지금 나를 시험하여 보라." 오 죄인이여, 내 하나님이 당신을 향해 말씀하십니다. "누구든지 주의 이름을 부르는 자는 구원을 받으리라"(롬 10:13). 사랑하는 이여, 당신은 잃어버리고 몰락한 상태입니까? 지금 하나님을 시험하여 보십시오. 그분이 말씀하십니다. "나를 부르라. 내가 네게 응답하리라." 지금 오십시오, 그분을 부르십시오. 그분이 말씀하셨습니다. "구하라, 찾을 것이라." 오, 지금 그분을 구하십시오. 그분이 또 말씀하십니다. "두드리라, 그리하면 네게 열리리라." 하늘의 문고리를 들고, 온 힘을 다해 두드려 소리를 내십시오. 혹은 당신이 너무 허약하여 두드릴 수 없거든, 그 문고리가 저절로 떨어지게 하십시오. 그분이 말씀하셨습니다. "구하라 그리하면 너희에게 주실 것이요, 찾으라 그리하면 찾아낼 것이요, 문을 두드리라 그리하면 너희에게 열릴 것이라"(마 7:7).

가서, 지금 그 약속을 시험하여 보십시오. 그것을 입증하려고 시도해 보십시오. 당신은 가련하고, 병들고, 상처 입은 죄인입니까? 당신은 예수 그리스도께서 당신의 상처를 치유하실 수 있고, 당신의 혈관에서 독을 빼내실 수 있으며, 또 그러기를 원하신다는 말을 들었습니까? 그분을 시험하여 보십시오. 불쌍한 영혼이여, 그분을 시험하여 보십시오. 당신은 자신이 잃은 자라고 생각합니다. 그리스도의 이름으로 당신에게 호소하니, 이 약속을 시험하여 보십시오. "나 곧 나는 나를 위하여 네 허물을 도말하는 자니 네 죄를 기억하지 아니하리라"(사 43:25). 이 말씀을 듣고 그분에게 가십시오. 그리고 이렇게 말하십시오. "오 하나님, 저는 당신의 말씀을 신뢰하는 믿음을 원합니다. 저는 당신이 하신 말씀의 의미를 압니다. 오늘 아침에, 당신은 당신의 종의 입술을 통해 '지금 나를 시험하여 보라'고 말씀하셨습니다. 주여, 지금 저는 당신을 시험하여 볼 것입니다. 바로 오늘, 당신이 저에게 응답하시도록 해 질 때까지 시도해 볼 것입니다."

내 사랑하는 이여, 오래 지나지 않아 당신은 이처럼 노래할 수 있을 것입니다—

"나는 용서받았네, 나는 용서받았네!
내가 곧 은혜의 기적이라네!"

"하나님은 나 같은 자의 말을 듣지 않으실 거야. 내 병은 그분이 고치시기에는 너무 지독해"라고 말하지 마십시오. 가서 시험해 보십시오, 당신 손으로 그분의 옷자락을 만져 보십시오. 그때, 만약 피가 멈추어지지 않으면, 당신이 하나님이 틀리신 것을 입증했노라고 세상에 가서 말하십시오. 감히 그렇게 할 수 있다면, 가서 그렇게 말하십시오. 하지만 오! 당신은 그럴 수 없을 것입니다. 당신이 그분의 옷자락을 만진다면, 나는 당신이 이렇게 말하게 될 것임을 압니다. "저는 주의 인자하심을 맛보았습니다! '내게 피하라. 내가 너를 건지리라'고 그분이 말씀하셨습니다. 저는 그분을 신뢰했고, 그분이 저를 건지셨습니다." 약속은 언제나 성취될 것입니다. "지금 나를 시험하여 보라"고 하나님이 말씀하십니다.

제
6
장

하나님의 보석들

"만군의 여호와가 이르노라 나는 내가 정한 날에 그들을 나의 특별한 소유로 삼을 것이요" – 말 3:17

이 말씀은 타락한 시대, 종교가 사람들에게 아주 혐오스럽게 여겨지던 시대에 들려진 말씀입니다. 그때 사람들은 하나님의 제단을 비웃었고, 그분을 섬기는 일에 대해 "이 얼마나 따분한 일이냐!"라고 말했습니다. 그리고 조롱하듯이 물었습니다. "우리가 그의 명령을 지키는 것이 무엇이 유익하리요?"(14절). 하지만, 그토록 어두운 밤에도 밝은 별들이 있어 침울하지는 않았습니다. 비록 하나님의 집에 모이는 큰 회중은 조롱거리에 지나지 않았지만, 하나님이 기쁘게 바라보시는 더 작은 모임들이 있었습니다. 비록 국가적인 예배의 집은 종종 버림을 받았지만, "여호와를 경외하는 자들"과 "피차에 말하는"(16절) 사람들의 은밀한 집회소가 있었고, 양보다 질을 중시하시는 우리 하나님은 이 선택된 '두세 사람'을 귀하게 보셨습니다(참조. 마 18:20). 하나님은 그들이 모여 피차에 말하는 것을 "분명히 들으시고"(16절), 친히 주목하시고 들으신 것을 승인하셨으며, 또 그것을 기록하겠다고 선언하셨습니다. "여호와를 경외하는 자와 그 이름을 존중히 여기는 자를 위하여 여호와 앞에 있는 기념책에 기록하셨느니라"(16절). 그렇습니다. 그분은 이 숨은 자들을 귀중히 여기셨고, "신실하지 못한 자들 가운데서 신실한 자들"로 여기셨기에, 그들을 그분의 "보석들"이라고 부르십니다(17절 KJV, "내가 나의 보석들을 만드는 그 날에 그들을 나의 소유로 삼을 것이요"). 그리고 그분은 자기 왕권의 상징물들, 휘장들, 곧 왕의 특별한 보물을 모으는 큰 날에, 이 감추어진 자들을 에메랄드와 루비와 진주들보다 더 값지게 보실 것이라고 선언하셨습니다. 그분이 말씀하십니다. "내가 나의 보물들을 모아 내 보물 상자에 영원히 간직하는 그 날에, 그들을 나의 특별한 소유로 삼을 것이다."

우리는 '보석들'이라는 이 은유를 살펴볼 것입니다. 우리의 첫 번째 요점은 하나님의 백성은 보석으로 비유된다는 것입니다. 두 번째 요점은 보석을 모아 꾸미는 일에 대한 것이며, 세 번째 요점은 그들 가운데서 발견되는 특권에 대한 것입니다.

1. 보석으로 비유되는 하나님의 백성

주님은 자기 백성을 보석으로 비유하십니다. 가장 먼 고대로부터, 사람들은 보석을 대단하게 여겼습니다. 보석을 위해 거의 터무니 없는 돈이 지불되기도 했고, 광채와 크기로 유명한 어떤 보석을 차지하기 위해 유혈 전쟁이 일어났던 적도 있습니다. 사람들은 금을 찾아다닙니다. 하지만 다이아몬드라면 더 열정적으로 찾아다닙니다. 일 년 총생산량이 한 손아귀에 잡힐 정도만 되면, 브라질의 한 다이아몬드 광산에서 오백 명의 일꾼들이 일 년 열두 달을 일할 것입니다. 광채가 탁월하고 진귀한 하나의 보석을 얻기 위해, 제후들은 자기 영토의 전부라도 주려 하고, 혹은 한 나라 영토의 절반이라도 주고 교환하려고 합니다. 그러기에 우리는, 다른 곳에서는 시온의 자녀들을 정금에 비유하신 주님께서, 여기서는 그들을 보석으로 비유하신 것에 놀라지 않습니다. 그들이 사람들에게는 얼마나 보잘것없이 여겨지더라도, 위대한 보석 감정가이신 주 예수 그리스도는 그들을 값을 매길 수 없는 고귀한 존재라고 평가하십니다. 그분의 목숨은, 우리에게 목숨이 소중한 것처럼 그분에게도 소중했습니다. 그러나 그분은 그분이 가지신 모든 것, 자기 목숨까지도, 그분이 선택하신 자들을 위해 주셨습니다. 그분은 겟세마네 동산에서 피와 같은 땀방울들로 자기 보석들의 값을 매기셨습니다. 자기 백성을 속량하기 위해 그분은 고귀한 피를 흘리셨고, 자기 심장을 내어놓으셨습니다. 우리는 우리 주님을 최상의 진주를 찾는 상인으로 비유할 수 있습니다. 그분은 자기 교회의 한 진주를 발견하셨을 때, 그 기쁨 때문에, 그것을 자기 소유로 삼기 위해 가서 자기가 가진 모든 것을 파셨습니다.

하나님은 자기의 보석이라 부르시는 자들에게 큰 가치를 부여하십니다. 우리는 그것을 큰 희생을 치른 그들의 속량에서뿐 아니라, 모든 섭리가 그들을 연마하여 윤을 내고 완벽하게 하기 위한 하나의 바퀴에 불과하다는 사실에서도 추정할 수 있습니다. 에스겔이 보았던 엄청난 바퀴들은 위대한 보석세공사의 기계 중에서 일부에 지나지 않았습니다. 그 기계에 의해 그분은 자신의 참된 보석들의 단면들을 깎아서 다듬고, 그의 금강석들을 그의 면류관에 어울리도록 만드십니다. 성경에 "하나님을 사랑하는 자 곧 그의 뜻대로 부르심을 입은 자들에게는 모든 것이 합력하여 선을 이루느니라"(롬 8:28)고 기록되지 않았습니까? 주님은 자기 백성을 매우 높이 평가하십니다. 그들 가운데 부자들만이 아니라, 그들 중에서 가장 은혜로운 자들만이 아니라, 믿는 자들 가운데 사람의 눈에는 가장 작고 하찮게 보이는 자들도 여호와의 보석들입니다. 여호와를 경외하고 그의 이름을 존중히 여기는 것은(참조. 16절) 경건의 아주 단순한 지표입니다. 하지만 우리가 이 증거들이 가리키는 기준을 향해 오기만 하면, 우리는 하나님께 귀한 자들입니다. 비록 우리가 어떤 특별한 은사나 탁월한 은혜들을 소유하지 못했어도, 우리의 음성이 유명한 도시들의 군중 가운데서 울려 퍼진 적이 없어도, 그분의 이름을 존중히 여기고 또 우리 마음이 주 예수를 향하기만 한다면, 우리는 그분에게 고귀한 자들입니다.

보석은 그리스도인을 잘 묘사합니다. 왜냐하면 그것들은 아주 단단하고 내구성이 좋기 때문입니다. 대개의 보석은 유리를 긁습니다. 보석 가운데 어떤 것은 유리를 자르기도 하는데, 그러면서도 그 자체는 가장 날카로운 쇠줄로도 자를 수 없습니다. 많은 보석이 가장 강력한 산(酸)에 의해서도 해를 입지 않습니다. 그리스도인이 그런 존재입니다. 그는 그 속에 썩지 않고, 더럽혀지지 않으며, 영원히 지속하는 한 원리를 간직하고 있습니다. 폼페이(Pompeii, 나폴리 인근에 있던 고대 도시로, 베수비오 화산 폭발로 79년에 매몰됨)와 헤르쿨라네움(Herculaneum, 폼페이와 함께 매몰된 도시)에서, 발굴자들이 보존 상태가 아주 뛰어난 보석들을 발견했습니다. 반면 조각상들과 철 기구들은 심하게 훼손되었음을 보았습니다. 보석들은 세계가 존속하는 시간에 끝까지 존속할 것이며, 해가 빛나는 동안에는 반짝일 것입니다. 비록 도둑이 들어와 훔쳐 갈 수는 있어도, 녹이 그것들을 부식시키지 못하며, 좀이나 동록이 그것을 삼키지 못합니다. 그리스도인은 죽지 않고 영원히 사는 썩지 않는 씨로 태어났습니다. 세상이 종종 하나님의 금강석들을 부수거나 파괴하려고 시도해왔지만, 그 악한 분노의 시도들은 모두 실패했습니다. 그 모든 적대감은, 하나님의 손에서, 단지 그분의 보석들의 고상함과 뛰어

남을 나타내는 수단이 될 뿐이었습니다. 가짜 그리스도인, 모조품 보석일 뿐인 자는 곧 시련에 굴복합니다. 그는 자만심이라는 해로운 연기 속으로 증발하며, 그것으로 끝입니다. 작은 박해의 뜨거움이 있을 때, 그 인위적인(man-made) 그리스도인은 어디에 있습니까? 하지만 진정한 그리스도인, 참된 보석, 하나님이 선택하신 보석은, 시간의 불을 견디고 생존할 것이며, 불로 해체하는 마지막 날이 올 때에도, 흠 없이 그 용광로에서 나올 것입니다.

보석이 높이 평가되는 것은 그 광채 때문입니다. 보석의 광택은, 상당 부분 그 보석의 가치의 증거이자 평가의 기준입니다. 보석들의 색깔은 가장 밝다고 알려져 있고, 또 지금까지 발견된 태양 광선의 스펙트럼에 가장 근접합니다. 정녕, 진실한 그리스도인에게서 반사되는 빛과 같은 것은 없습니다. 새로워진 마음은 의의 태양 광선을 받고, 또 그것을 반사합니다. 물론 우리는 유한한 인간이기에 굴절이 없는 것은 아닙니다. 그러나 우리는 많은 영광의 빛을 발하는데, 그 이유는 우리가 불멸이며, 하나님이 우리 안에 거하시기 때문입니다. 금강석이 어떻게 번쩍이며 빛나는지를 보십시오! 그것은 최우량 보석에 속하며, 어떤 특정한 조건에 있을 때, 혼탁한 것이나 아무런 얼룩도 없습니다. 오, 한 그리스도인이 진실한 성도일 때, 그에게 어떤 광채와 빛남이 있는지요! 그는 주 예수 그리스도를 닮고, 겸손하면서도 담대하며, 온순하면서도 확고하고, 부드러우면서도 용기가 있습니다. 자기 주님처럼, 그는 그를 보내신 분의 뜻을 행합니다. 비록 악한 세상이 그를 사랑하지 않을 수는 있으나, 그의 광채를 인식하지 않을 수는 없을 것입니다.

리처드 백스터(Richard Baxter)를 보십시오. 키더민스터(Kidderminster, 영국 중서부에 있는 도시)에 있을 때, 그는 얼마나 빛나는 금강석이었는지요! 물론 그에게도 약간의 흠이 있었습니다. 하지만 그의 밝기는 놀라울 정도입니다. 심지어 선술집에 앉은 욕쟁이들도 그가 하늘에서 난 고결한 사람임을 알아보았습니다. 우리는 모든 기독 교회에서 명예로운 이름들을 인용할 수 있습니다. 여러분은 그 이름들이 하나님의 빛나는 광채들이었음을 즉시 알아볼 것입니다. 그들에게는 본성의 어둠이 매우 적었고, 은혜의 밝기는 매우 커서, 맹인이 아니라면 그들을 칭송하지 않을 수 없었습니다. 보석들은 광물 세계의 꽃들입니다. 그것들은 광산의 꽃봉오리들이며, 동굴 속에 핀 장미들과 백합들입니다. 대제사장의 흉패(胸牌, 참조. 출 35:9)보다 더 아름다운 사물을 본 사람은 거의 없을 것입니다.

거기에는 열두 보석들이 장식으로 박혀 있었고, 각각의 보석이 발하는 광채는 눈부신 조화를 이루었습니다. 비록 허례허식의 모조품들은 건전한 정신을 가진 사람에게 거의 영향을 미칠 수 없지만, 루비와 진주와 에메랄드와 다른 값비싼 보석들로 장식한 면류관을 보고도 전적으로 무덤덤할 수 있는 사람이 있다고는 나는 믿기 어렵습니다.

그리스도인에게는 아름다움, 곧 거룩하고 초인간적인 아름다움이 있습니다. 그는 볼품없는 옷을 입고 누추한 집에 살 수는 있습니다. 그는 가난할 수도 있고, 그의 이름이 위인들 가운데서 언급되지 않을 수도 있습니다. 하지만 보석상들은 나쁜 환경에 놓였을지라도 귀한 보석이라면 높이 평가합니다. 사랑하는 이여, 독생자 다음으로는, 하나님이 친히 주 예수를 닮도록 지으신 자들을 보는 것보다 그분을 기쁘시게 하는 것은 없습니다. 여러분은 그리스도께서 인자들을 기뻐하시는(참조. 잠 8:31) 것과, 그분이 자기 백성의 성결, 인내, 헌신, 열심, 사랑, 믿음을 귀중히 여기시는 것을 알지 못합니까? 어떤 피조물이라도 지존하신 분에게 그분의 성화된 백성이 모인 것보다 더 아름다운 광경을 제공할 수가 없습니다. 그들 안에서 그분은 자기 자신의 성품이 반영된 아름다움을 보십니다. 여러분과 내가, 성령에 의해 우리에게 주어지는 "성결의 아름다움"을 많이 간직할 수 있기를 바랍니다! 주께서 이루 말할 수 없이 완벽한 그분 자신의 태양 광선의 스펙트럼을 우리에게서 보시고, 그리하여 우리를 보실 때 크게 만족하실 수 있기를 바랍니다!

그리스도인들은 그들의 희귀성 때문에 보석에 비유됩니다. 세상에는 보석이 많지 않습니다. 그 가운데서도 더 작은 것들은 많을 수 있습니다. 하지만 귀중한 보석들은, 너무나 희귀하여 어린아이라도 알아볼 것입니다. 세상에는 파라곤(paragon, 100캐럿 이상의 완전한 금강석)이라고 불리는 매우 큰 금강석이 오직 여섯 개뿐이라고 알려졌습니다. 그처럼 하나님의 백성은, 시냇가의 자갈처럼 무수히 많은 거듭나지 못한 사람들에 비하면 소수입니다. 그리스도인은 루비와 금강석과 에메랄드처럼, 피조물 가운데서 최상급에 속합니다. 보석들은 광물계의 귀족이며, 그리스도인들은 사람들 가운데서 귀족입니다. 그들은 하나님의 귀족들입니다. 배틀 수도원(Battle Abbey, 런던 남동쪽의 배틀이라는 소도시에 있는 수도원. 여기에 1066년 해스팅스/Hastings 전투에서의 정복자 윌리엄의 동료들을 기념하는 목록이 새겨져 있음-역주)의 명부, 여러분이 그것을 한 번 읽어본 적이 있습니까?

자, 그것은 거의 중요치 않습니다. 그보다 훨씬 나은 명부가 있습니다. 만약 여러분의 이름이 거기에 기록되어 있으면, 그것이 여러분에게는 무한대로 더 중요할 것입니다. '둠스데이 북'(Doomsday Book, 심판의 책, 노르만의 정복자 윌리엄이 국왕이 된 후 조세 징수를 위해 토지 현황을 조사하여 정리한 책. 이 책에 기록되면 감면이나 면책이 없어 최후 심판과 같다는 의미에서 이런 이름으로 불리게 됨-역주), 거기에 여러분과 같은 이름이 기록되어 있을까요? 그런 이름이 있을지 없을지에 대해 신경 쓰지 마십시오. 둠스데이 북이 사람들에게 중요하였으나, 심판의 날에는 그보다 훨씬 중요한 심판의 책(Doom's-day Book)이 있습니다. 육체를 따라 지혜 있는 사람들의 이름, 위대하고 고귀한 사람들의 이름이 그 책에는 많지 않을 것입니다. 하지만 하늘에 기록된 사람은 모두, 다른 의미에서 지혜롭고 위대하고 고귀한 사람들이며, 하나님이 친히 은혜로 그들을 그렇게 만드셨습니다. 나라들을 부유하게 만든 보석들도 많지 않을 것이며, 사람들 가운데 빛난 성자들도 많지 않을 것입니다. 천국으로 가는 길은 좁고, 그래서 구주께서 슬퍼하시며 말씀하십니다. "그것을 찾는 자가 적음이라"(마 7:14). 한 도성이 있으니, 거기에는 진주와 벽옥(碧玉)과 홍옥(紅玉)과 취옥(翠玉)이 흔한 것입니다. 오 아름다운 예루살렘이여! 우리의 눈이 그 성루와 첨탑을 보게 될 날은 언제일까요?

보석이 하나님의 생산품이라는 것에 주목할 필요가 있습니다. 금강석들이 불에 타기도 했고, 다른 보석들도 다양한 원소로 분해되었습니다. 하지만 아무리 애써 시도해도, 지금까지 어떤 화학자도 금강석을 만들지는 못했습니다. 사람이 고르디우스의 매듭(Gordian knot, 복잡하게 얽힌 전설의 매듭으로 누구도 풀지 못했으나 알렉산더 대왕이 칼로 잘랐다고 전해짐-역주)을 끊을 수는 있어도, 그것을 다시 묶을 수는 없습니다. 보석을 만들어보려는 시도로 많은 사람이 일생의 시간을 소비했으나, 여전히 보석은 만들어지지 않았습니다. 보석은 하나님의 기술로 만들어진 은밀한 제품입니다. 그것이 어떻게 만들어질 수 있었는지 화학자들이 알지 못하며, 그들이 아는 것은 단지 그 원소일 뿐입니다.

그처럼 세상이 그리스도인이 어떤 사람인지를 안다고 생각할 수는 있겠지만, 한 사람의 그리스도인도 만들어 낼 수는 없습니다. 세상의 모든 지혜를 모아도 하늘로부터 난 생명의 신비를 밝힐 수는 없습니다. 그리고 모든 성례전, 성직자의 제의(祭衣), 사제들, 기도, 교황주의의 번잡한 도구와 절차들이 한 사람의 그리스도인도 창조해 내지 못합니다. 한 사람이 말합니다. "예, 우리는 약간의 물을 가지고, 유아를 '그리스도의 지체로, 하나님의 자녀로, 그리고 천국의 상속자'로 만듭니다." 선생이여, 당신이 그렇게 말할 때, 당신은 자기 자신을 거짓말쟁이로 만들 뿐입니다. 당신에게나 다른 어떤 사람에게도, 물 가지고 하든 물 없이 하든, 어떤 의식적인 행위로 영혼을 중생하게 할 능력은 없습니다. 당신이 부싯돌을 아무리 오래 닦아도 그것을 금강석이 되게 할 수는 없습니다. 그리스도의 면류관을 장식할 보석들을 만드는 것은 하나님의 일이며, 오로지 하나님의 일입니다. 우리는 우리의 혀가 굳을 때까지 전할 수 있고, 사람들의 귀가 먹을 때까지 말할 수 있겠지만, 살아있는 영혼이 하나님의 은혜를 받는 일은 우리의 말만 가지고 되는 일이 아닙니다. 성령이 말씀과 함께 역사하셔야 하며, 그렇지 않고는 설교는 그만큼의 숨만 허비하는 것이 되고 맙니다. 오직 주님만이 은혜의 자녀를 창조하실 수 있으니, 사람이 그리스도인이 되는 일은 마치 나사로가 무덤에서 일어났을 때처럼 그 자체로 기적입니다. 믿는 자를 만드는 일은 세상을 창조하는 것과 마찬가지로 하나님의 큰 일입니다.

또한, 보석에는 종류가 많다는 것을 언급할 필요가 있습니다. 금강석의 가장 순수한 흰색에서부터, 루비의 붉은 색, 에메랄드의 밝은 녹색, 사파이어의 청색에 이르기까지, 스펙트럼에 있는 광선 가운데서 보석에 나타나지 않는 색채는 하나도 없을 것입니다. 하나님의 백성들도 마찬가지입니다. 그들은 모두 같지 않으며, 앞으로도 같지 않을 것입니다. 획일화하려는 모든 시도는 반드시 실패할 것이며, 또 실패하는 것이 아주 타당합니다. 우리는 획일의 의미에서 하나가 되려고 바랄 필요가 없습니다. 우리가 바라는 것은 통일성입니다. 모두가 하나의 보석이 되는 것이 아니라, 하나의 면류관에 많은 보석이 장식되는 것입니다. 우리가 주님이 자기 보석을 만드시는 그날에 그분의 소유가 되기만 한다면, 우리가 사파이어처럼 푸르게 빛나거나, 에메랄드처럼 초록으로 빛나거나, 루비처럼 붉거나, 혹은 금강석처럼 희게 빛나느냐의 여부는 거의 중요치 않습니다.

보석들의 크기도 매우 다양하지만, 어쨌거나 그것들은 모두 보석입니다. 어떤 것은 코이누르(Koh-i-noor, 1849년 이래 영국 왕실 소장의 인도산 다이아몬드. 106캐럿으로 세계 최대이며 말뜻은 '빛의 산'-역주)이며, 그야말로 빛의 산입니다. 하지만 그것이 비록 더 귀하긴 하지만, 크다고 해서 금강석 이상의 것이 되는 것은 아닙니다. 보석 세공인의 회전 기구에서 떨어진 금강석의 가장 작은 티끌도 국왕의 왕관에서 빛나는 가장 비싼 보석과 같은 재료로 만들어진 것입니다. 그와 마찬가지로, 작은 믿음과 적은 은혜를 가진 그리스도인들도 믿음의 가족에서 가장 밝고 아주 고귀한 그리스도인들과 마찬가지로 하나님의 작품입니다. 게다가, 다른 보석들이 보석상자에 들어 있을 때 그들 역시도 같은 보석상자에 있을 것입니다. 왜냐하면 주님께서 그들 모두에 대해 "내가 나의 보석들을 만드는 그날에 그들을 나의 소유로 삼을 것이요"라고 말씀하셨기 때문입니다.

한 가지 더 말하자면, 보석들은 온 세계에서 발견됩니다. 동토의 땅에서, 산악의 꼭대기에서, 그리고 광산의 가장 깊은 곳에서 보석들이 발견되어왔을 뿐 아니라, 열대 지역에 그 수가 가장 많다고 합니다. 하나님께 감사하게도, 에스키모인들도 항구적인 얼음의 땅에서 임마누엘을 송축하는 노래를 불러왔으며, 열대 지역의 자녀들도 그 뜨거운 지역에서 의의 태양을 찬양하는 법을 배웠습니다. 하지만 하나님의 은혜의 열대 지역이면서 복음이 거리마다 전파되는 나라인 영국에서, 우리는 다수의 믿는 자들이 복음적인 특권의 주야 평분선(晝夜平分線)에 누워 있는 것을 발견합니다. 여기서는 가장 순수한 형태의 복음과 하나님의 은혜가 주어집니다.

보석들이 어디에서 발견되든, 어떤 면에서는 서로 다르더라도, 그것들은 다른 것들과 서로 비슷하며, 왕들은 그것들을 기뻐하고, 그것들을 왕의 장식에 사용하기를 기뻐합니다. 그처럼, 주님께서 자기의 귀한 성도를 동이나 서나, 남이나 북이나, 어디에서 찾으시든, 그분은 그들 안에서 일치하는 무언가를 보시며, 또 그들을 기뻐하십니다. 우리 주 예수님은 그들을 자기의 진정한 장식품으로 간주하시며, 마치 신랑이 장신구로 꾸미고 신부가 보석으로 단장하듯이, 그들로 자기를 치장하십니다. 그리스도인들이 세계의 어느 지역에서 오든지, 하나님은 그들을 기뻐하십니다. 비록 그들이 쓰는 방언이 다양하고, 그들의 피부색이 매우 다양해도, 그들은 여전히 그분이 보시기에 매우, 매우 귀하며, 그래서 그들은 그분이 자기의 보석을 만드시는 날에 그분의 소유가 될 것입니다.

2. 보석들을 모아 꾸미는 일

두 번째로, 그 보석들을 구성하여 꾸미는 일에 대해 생각해 봅시다. 그 보석들을 꾸미는 그날이 아직은 오지 않았습니다. 그들 가운데 일부가 지금은 숨겨져 있고 발견되지 않았기 때문입니다. 분명, 많은 보석이 아직은 더 발견되어야 합니다. 지금 이 순간, 금강석 발굴자들은 땅굴에서 그것들을 찾고 있으며, 광산의 흙을 씻어내면서 그것들을 찾고 있습니다. 하나님이 선택하신 많은 사람이 아직 나타나지 않았습니다. 이방 나라에 있는 선교사들이 우상 숭배의 진창 가운데서 그들을 찾아내려 애쓰고 있습니다. 나의 일상의 업무이자 소명은 보석 발굴자의 그것과 같으며, 이 강단은 내가 악한 것으로부터 귀한 것을 분리하려고 시도하는 장소입니다. 주일학교 교사들과 다른 일꾼들 역시 금강석 발굴자들입니다. 그들은 수백만의 금과 은보다 귀한 보석들을 다룹니다. 오, 모든 그리스도인이 영혼을 찾는 자들이기를 바랍니다. 왜냐하면 그 일에 많은 손이 필요하고, 또 그 일은 노동자에게 충분한 보상이 있는 일이기 때문입니다. 아직은 모든 선택된 자들이 구원받은 것이 아닙니다. 피로 사신 수많은 영혼이 계속해서 모여들어야 합니다. 오, 그들을 부지런히 찾을 수 있는 은혜가 주어지기를 바랍니다! 주님의 보석들 가운데 많은 이들의 부재로 인해, 그 보석들로 "꾸미는" 일이 아직 이루어지지 않았기 때문입니다. 지금은 그 일을 위해 서둘러야 하는 때입니다.

많은 보석이 발견되었지만, 그들은 아직 다듬어지지 않았습니다. 그들은 귀한 보석입니다. 하지만 그들은 단지 최근에야 광산에서 채굴되었습니다. 금강석이 처음 발견될 때, 그것은 조금 반짝입니다. 여러분은 그것이 보석이라는 것을 알아볼 수 있지만, 어쩌면 절반 이상을 깎아내고 나서야 비로소 그것은 완전한 광채를 발할 것입니다. 보석 세공인은 그의 회전 기구에서 그것을 고통스럽게 연마해야 하고, 수없이 두드리고 연마하는 과정을 거치고서야 그 온전함에 도달합니다. 어떤 경우에는 금강석이 완벽한 탁월함을 드러내려면 수천 번 타격이 가해져야 합니다. 주님의 백성 가운데 많은 사람도 마찬가지입니다. 그들은 의롭다 하시는 은혜를 받았으나, 완전히 성화된 것이 아닙니다. 그들이 위대하신 왕의 면류관에 장식되려면, 부패가 진압되어야 하고, 무지가 제거되어야 하며, 불신앙이 깎여져 나가야 하고, 세속성이 벗어져야 합니다. 이를 위해 왕이 기다리십니다. 그분의 보석들은 아직 "장식되지" 않은 것입니다.

주님의 보석들 가운데 많은 것이 부분적으로만 다듬어졌습니다. 정녕, 지상에 있는 동안 완벽해진 사람은 없습니다. 이곳은 완성의 땅이 아닙니다. 어떤 사람들은 그것을 꿈꿉니다. 그들의 억측은 단지 꿈에 불과합니다. 우리는 어떤 사람들이 완벽하다고 말하는 것을 듣지만, 실제로 그들은 겸손의 미덕에서 완벽하지 않습니다. 만일 그들이 온전하다면 그들은 그렇게 허망한 방식으로 자랑하지 않을 것입니다. 성도는 여전히 '보석 세공인'의 손에 있습니다. 주님은 먼저 한쪽

면을 깎으시고, 그다음에는 다른 면을 깎으시며, 그렇게 해서 우리가 어리석게도 귀중히 여겼던 것을 깎아내십니다. 하지만 이 절단의 과정을 통해 우리는 머지않아 영광스럽게 빛날 것입니다. 그래서 지상에서 우리를 알았던 사람들이 천국에서 우리가 달라진 것을 보고는 깜짝 놀랄 것입니다. 아마도 우리가 죄를 정복한 것을 인식하고, 거룩한 손이 지상에서 빈약하고 볼품없던 돌들을 영광스럽고 아름답게 빛나게 하신 것을 보는 것이, 천국에서 우리 기쁨의 일부일 것입니다.

단장이 늦추어지는 것은, 부분적으로 다듬어져 왔던 보석들 가운데 어떤 것이 보이지 않기 때문입니다. 당신이 말합니다. "오, 주님께서 그분의 보석들 가운데 어떤 것을 잃어버리기도 하시나요?" 아니요, 그런 일은 없습니다. 하지만 한동안 그들을 잃어버린 것처럼, 보이지 않을 때가 있습니다. 대단히 명성이 높았던 푸른 색조의 어떤 금강석이, 어떤 사정 때문인지 프랑스 혁명의 시기에 분실되었고, 그 이후로는 그것에 관한 이야기가 들려오지 않습니다. 그와 마찬가지로 방황하는 사람들이 더러 있으며, 우리는 그들이 어디에 있는지를 알지 못합니다. 하지만 여전히 "주께서는 자기 백성을 아시며"(딤후 2:19), "인자가 온 것은 잃어버린 자를 찾아 구원하려" 하심입니다(눅 19:10). 신앙의 퇴보자여, 당신은 한때 교회에서 보석이었습니다. 당신의 이름이 교회 지체의 명부에 기록되었습니다. 하지만 교회의 보석상자에서 사탄이 당신을 훔쳤습니다. 아, 하지만 당신은 그에게 속하지 않았으며, 그가 당신을 계속 소유할 수도 없습니다! 당신은 그의 소유가 되겠다고 동의했지만, 당신의 동의는 아무 소용이 없습니다. 당신은 당신 자신의 것이 아니며, 그래서 당신은 자기 자신을 다른 누군가에게 주어버릴 수가 없습니다. 그리스도는 당신에 대한 최초의 그리고 유일한 소유권을 주장하실 수 있습니다. 그리고 그분은 여전히 은혜의 전능한 힘으로 그 권리를 소유하고 계십니다. 이 잃어버린 보석들 때문에, 하나님은 오래 참으시고 기다리십니다. 하지만 정한 날이 오고 있습니다. 빠른 속도 때문에 그 바퀴의 차축이 뜨겁습니다. 홍보석, 황옥, 녹주옥이 같은 면류관에서 석류석, 남보석, 홍마노와 더불어 반짝일 때, 호박, 백마노, 자수정, 녹보석, 호마노, 벽옥도 그에 못지않게 반짝일 것입니다. 그들은 다 금 테에 물려 있을 것입니다(참조. 출 39:10-13).

3. 보석들 가운데서 발견되는 특권

여호와의 왕관의 보석들과 함께 헤아림을 받는 명예로운 특권에 대하여, 몇 분간에 걸쳐 짧게 말하려 합니다. 우선 자기 점검에 관한 말로 시작하겠습니다.

"그들을 나의 소유로 삼을 것이다." 이 말씀은 모든 사람을 포함하는 것이 아니라 "여호와를 경외하는 자와 그 이름을 존중히 여기는 자"에 대한 것입니다. 이 거대한 회중 가운데 서서, 내 청중 가운데 높은 비율의 사람들이 그리스도께 대한 신앙을 고백한다는 것을 기억하면서, 나는 보석으로 단장된 큰 집에 있는 것 같아 행복합니다. 하지만 보석을 모방하는 일이 아주 쉽고, 그래서 가장 숙련된 보석상에 의해서가 아니면 모조품인지 알아차릴 수 없다는 것을 생각하면, 여러분 가운데 누구도 속지 않기를 바라는 마음이 내게 엄숙하게 느껴집니다. 얼마 전에 한 숙녀가 일만 파운드 가치가 나가는 것으로 추정되는 사파이어를 소유했습니다. 그녀는 친척에게 알리지 않고서 그것을 팔았으며, 그것과 아주 정교하게 빼닮은 모조품을 조달했습니다. 그녀가 죽었을 때, 유산 상속세를 내기 위해 한 보석상에 의해 그것이 평가되었고, 실제로 부동산 신탁 관리인들은 정부에 일만 파운드에 대한 상속세를 지불했습니다. 실제로는 몇 펜스의 값어치에 지나지 않았지만, 그들은 그것이 진짜 사파이어라고 생각했기 때문입니다. 자, 만일 물질적인 보석을 감정하는 일에서 잘 숙련된 사람들이 이처럼 속을 수 있다면, 마음과 영의 보석들과 관련하여 가짜를 분별하기가 매우 어렵다는 것에 여러분은 놀라지 않을 것입니다.

당신은 목사를 속이고, 집사들과 교회를 속일 수 있습니다. 아니, 당신은 자기 자신마저도 쉽게 속일 수 있습니다. 그리고는 재산 상속세를 지불하기까지 할 것입니다. 당신은 당신이 생각하는 대로 참된 신앙을 위한다는 이유로 헌신하고 의무를 수행할 수도 있습니다. 하지만 실제로는 그런 이름으로 불릴 가치가 없는 것을 위해 그렇게 하는 것일 수 있습니다. 주 안에서 사랑하는 이여, 살아있는 경건을 위해 열심을 내고, 위선을 미워하며, 기만을 피하고, 형식주의를 경계하십시오. 나는 잠시 멈추고 여러분에게 시간을 주려 합니다. 몇 분간 침묵하면서 필요한 기도를 하기 위해서입니다. "하나님이여 나를 살피사 내 마음을 아시며 나를 시험하사 내 뜻을 아옵소서 내게 무슨 악한 행위가 있나 보시고 나를 영원한 길로 인도하소서"(시 139:23-24). 모든 가짜 보석, 모든 유리 모조품들은, 마치 화덕처럼 불타는 그날에 틀림없이 감지될 것입니다. 그 두려운 검증의 날에, 우리 모두 주님의 진품 보석들로 판명되기를 바랍니다!

우리가 주님의 소유라면, 우리의 특권들은 어떠할까요! 그렇다면 우리는 안전할 것입니다. 우리가 진정으로 마지막에 저울을 통과하면, 더는 질문도 없고, 의심도 없고, 검증도 없고, 무게 측정이나 절삭의 과정도 없을 것입니다. 위대한 평가자가 우리를 진품으로 받아들이실 때, 그때 우리는 영원히 안전할 것입니다.

사랑하는 이여, 그것이 전부가 아닙니다. 우리는 전부 명예롭게 될 것입니다. 보석들이 어디에서 영원히 빛날 것인지를 기억하십시오. 예수께서 친히 그 보석들을 그분의 영광이자 기쁨으로 착용하실 것입니다. 믿는 자들은 영원무궁토록 하나님의 은혜의 영광을 나타내는 비길 데 없는 예증들이 될 것입니다. 여러분은 우리의 영광스러운 주님을 볼 수 있습니까? 거기에 그분이 앉아 계십니다. 천사들이 흠모하고 사람들이 찬미하는 분이 그분입니다! 하지만 그분이 지니시는 장식들이 무엇입니까? 세상이라 하더라도 그분의 손가락에 있는 반지가 되기에는 너무 작으며, 하늘의 12궁도 역시 그분의 신발 끈을 묶기에도 빈약합니다. 하지만, 오, 그분이 얼마나 눈부시며, 얼마나 영광스러우신지요! 그분의 아름다움을 나타내는 보석들이 무엇입니까? 그 보석들은 바로 그분이 죽음으로 속량하여 구덩이에 빠지지 않도록 하신 영혼들입니다. 피로 씻은 죄인들입니다! 그분을 위하여, 불 속에서도 고통을 견디려 했던 남자와 여자들입니다! 그러나 이제 그들이 즐거이 노래합니다. "우리를 사랑하사 그의 피로 우리 죄에서 우리를 해방하시고 그의 아버지 하나님을 위하여 우리를 나라와 제사장으로 삼으신 그에게 영광과 능력이 세세토록 있기를 원하노라"(계 1:5,6).

그처럼, 일단 그리스도의 소유로 인정되면, 여러분은 안전할 뿐 아니라 영원토록 그리스도와 가장 가까운 교제 속에 있게 됩니다. 그것이 천국의 행복입니다. 바로 지금, 이러한 생각이 여러분의 머리에서 섬광처럼 번쩍이고, 그와 더불어 뜨거운 불꽃이 여러분의 마음을 관통하기를 바랍니다. 여러분은 언젠가 임마누엘 하나님의 영광을 나타낼 것입니다. 여러분은 "교회로 말미암아, 하늘에 있는 통치자들과 권세자들에게 하나님의 각종 지혜를 알게 할"(참조. 엡 3:10) 것입니다. 여러분은 그분의 소유가 될 것이며, "황옥을 물린 황금 반지들"(참조. 아 5:14)이 될 것입니다. 그분의 희생의 보상인 여러분으로 인해 그분은 "아로새긴 상아에 청옥을 입힌 듯"(참조. 아 5:14) 할 것입니다. 여러분은 그분에게 너무나 귀하여 그분이 자기 피로 여러분을 사셨으니, 이는 여러분이 "순금으로도 바꿀 수 없고 은을 달아도 그 값을 당하지 못하기"(욥 28:15) 때문입니다.

하지만 나는 구슬프게 우는 소리를 듣습니다. "이 모든 것은 보석들에 관련된 것이며, 나를 위해서는 아무것도 없구나. 한때는 나도 나 같은 죄인을 위해서도 무언가가 있을 것이라고 희망을 가졌건만." 그렇다면 당신은 무엇입니까? 당신은 보석이 아닙니까? 당신이 소리칩니다. "아닙니다, 저는 보석이 아닙니다. 저는 흔한 돌일 뿐입니다. 저는 찾아서 취할 가치가 없는 자입니다. 저는 삶의 기슭에 있는 많은 조약돌 가운데 하나일 뿐이니, 죽음의 조수가 곧 내게 덮쳐 영원의 바다로 쓸어가겠지요." "하나님이 능히 이 돌들로도 아브라함의 자손이 되게 하시리라!"(마 3:9). 그렇습니다. 오늘 밤에, 하나님은 이 거대한 군중 가운데서 우리 주변에 있는 이 돌들을 능히 보석으로 만드실 수 있으며, 그분이 정하신 날에 그분의 특별한 소유로 삼으실 수 있습니다. 그렇게 되도록 당신은 자기 자신을 높일 수 없고, 나 또한 당신을 위해 그렇게 할 수 없습니다. 하지만 은밀하고도 신비로운 과정이 있으며, 그것에 의해, 하나님의 솜씨에 의해, 평범한 돌도 금강석으로 변화됩니다. 비록 당신이 죄로 검어진 돌이어도, 혹은 죄의 피로 붉게 물든 돌이어도, 혹은 불경스러움으로 들쭉날쭉한 모서리를 가진 더러운 돌이어도, 심지어 사탄이 진리를 향해 던지는 데 자주 쓰던 돌이어도, 하나님이 당신을 보석으로 변하게 하실 수 없을까요? 그분은 즉시 그렇게 하실 수 있습니다.

그분이 어떻게 그 일을 하실 수 있을까요? 그분에게는 비길 데 없는 변화를 일으키시는 경이로운 지팡이가 있습니다. 그 지팡이는 십자가입니다. 예수 그리스도께서 고통을 당하신 것은 죄인들이 고통당하지 않도록 하시기 위해서입니다. 예수 그리스도께서 죽으신 것은 죄인들이 죽지 않도록 하기 위함이며, "그를 믿는 자마다 멸망하지 않고 영생을 얻게 하려 하심입니다"(요 3:16). 비록 죄인이어도 십자가 아래로 온다면, 그리고 신뢰하는 마음으로 하나님의 아들을 바라본다면, 당신은 구원받을 것입니다. 그리고 그 구원은 본성의 완벽한 변화를 포함하며, 그것에 의해 당신은 여호와를 경외할 것이며, 그분의 이름을 존중히 여길 것이며, 믿는 이들과 더불어 피차에 말하는 사람이 될 것입니다(16절 참조). 그리고 그분이 자기의 보석들로 장식하시는 날에 틀림없이 그분의 특별한 소유가 될 것입니다. 아멘